Spezielle Betriebswirtschaftslehre der Grundstücks- und Wohnungswirtschaft

Spezielle Betriebswirtschaftslehre der Grundstücks- und Wohnungswirtschaft

3. Auflage 2000

Herausgegeben von

Dipl.-Hdl. Dr. EGON MURFELD
Oberstudiendirektor i. E.
Ausbildungswerk der Wohnungswirtschaft Bochum

Verfasst von

Lehrern und Dozenten
der immobilien- und wohnungswirtschaftlichen Fachrichtung

Mitarbeiter des Arbeitskreises:

Prof. Dr. Bach, Hansjörg	Dipl.-Hdl., Dipl.-Kfm.	Geislingen/Steige
Dr. Bauer, Ludwig	Dipl.-Kfm.	München
Buchner, Florian	Dipl.-Kfm.	Landshut
Flach, Karl	Dipl.-Hdl., Oberstudienrat	Bad Malente
Dr. Murfeld, Egon	Dipl.-Hdl., Oberstudiendirektor i. E.	Bochum
Pulletz, Werner	Dipl.-Hdl., Studiendirektor	Berlin
Sailer, Erwin	Dipl.-Volkswirt	München
Tacke-Unterberg, Helmut	Dipl.-Ökonom, Studiendirektor i. E.	Bochum
Traub, Martin	Oberstudienrat	Bochum

Leitung des Arbeitskreises und redaktionelle Bearbeitung:
Dr. Egon Murfeld, Springorumallee 20, 44795 Bochum

HVH
Hammonia-Verlag GmbH Hamburg

ISBN 3-87292-086-3
3. Auflage 2000

Umschlaggestaltung: Ewald Czerny
Satz: der typograph p & p GmbH, Itzehoe
Druck: Clausen & Bosse, Leck

Vorwort des Herausgebers

Das Leistungsangebot der Unternehmen der Grundstücks- und Wohnungswirtschaft wird zunehmend umfangreicher und differenzierter. Die Mitarbeiterinnen und Mitarbeiter der immobilienwirtschaftlichen Unternehmen haben immer höheren Anforderungen zu genügen. Neben einem breiten Grundwissen benötigen sie ein hohes Maß an Spezialkenntnissen.

Die „Spezielle Betriebswirtschaftslehre der Grundstücks- und Wohnungswirtschaft“ bietet in systematischer Darstellung einen ausführlichen Einblick in die Wirkungsfelder immobilien- und wohnungswirtschaftlicher Unternehmen.

Immobilien- und wohnungswirtschaftliche Zusammenhänge werden aufgezeigt und erläutert. Die hierzu erforderlichen rechtskundlichen Informationen und Erklärungen sind eingefügt.

Das Buch ist eine Gemeinschaftsarbeit von Verfassern, die in Unternehmen, an Berufsschulen, Wirtschaftsfachschulen und Akademien in der Aus-, Weiter- und Fortbildung für die Grundstücks- und Wohnungswirtschaft tätig sind.

Die Verfasser haben die „Spezielle Betriebswirtschaftslehre der Grundstücks- und Wohnungswirtschaft“ als Lehr- und Lernbuch konzipiert. Bei der Gestaltung des Stoffes stand das Bemühen im Vordergrund, die differenzierten und oft schwierigen Tatbestände und Zusammenhänge möglichst in einfacher, verständlicher Sprache darzustellen, ohne auf die notwendige Genauigkeit und die Vermittlung von Einzelfakten zu verzichten.

Innerhalb der Stoffgebiete erleichtert eine straffe und einprägsame Darstellung das Lernen. Skizzen, grafische Darstellungen, Übersichten und Zusammenfassungen sowie zahlreiche Beispiele sollen den Lernenden auch schwierige Zusammenhänge in anschaulicher Weise erläutern und den Überblick über den Stoff erleichtern.

Die Angabe von Gesetzesparagrafen am Rande des Textes ermöglicht ein Nachschlagen des genauen Wortlautes eines Gesetzes.

Die Fragen und Aufgaben am Ende der einzelnen Kapitel dienen der Sicherung und der Kontrolle des Lernerfolges. Sie sollen darüber hinaus das Wissen vertiefen und zu kritischem Denken anregen.

Ein Lösungsheft zu den Aufgaben und Fragen ist über den Verlag zu beziehen.

Das Buch hat ein ausführliches Inhaltsverzeichnis und ein umfangreiches Sachwortverzeichnis. Das umfassende Sachwortverzeichnis macht das Lehrbuch auch als Nachschlagewerk verwendbar.

Die „Spezielle Betriebswirtschaftslehre der Grundstücks- und Wohnungswirtschaft“ berücksichtigt den Ausbildungsrahmenplan für die Berufsausbildung zum Kaufmann/Kauffrau in der Grundstücks- und Wohnungswirtschaft und den Rahmenlehrplan „Betriebswirtschaftslehre der Grundstücks- und Wohnungswirtschaft“ der ständigen Konferenz der Kultusminister. Damit erfüllt das Lehrbuch auch alle Lernziele der Lehrpläne der Bundesländer für das Fach Betriebswirtschaftslehre der Grundstücks- und Wohnungswirtschaft.

Durch die ausführliche und vertiefte Darstellung der Wirkungsfelder und der Funktionen immobilienwirtschaftlicher Unternehmen entspricht das Lehrbuch auch den gestiegenen Anforderungen an die Fort- und Weiterbildung der Mitarbeiter in der Immobilien- und Wohnungswirtschaft und empfiehlt sich nicht nur für den Einsatz in der Grundausbildung, sondern auch in der Fort- und Weiterbildung in Wirtschaftsfachschulen, Akademien, Fachhochschulen und für die innerbetriebliche Schulung.

Trotz aller Erfahrung und Sorgfalt werden dem Lehrbuch Unvollkommenheiten anhaften. Für jede kritische Stellungnahme und Anregung, die einer Verbesserung dienen, sind die Verfasser dankbar.

Für seinen Einsatz bei der abschließenden redaktionellen Durchsicht des Manuskripts ist Herrn Bernd Middel, Hamburg, besonders herzlich zu danken.

Das Manuskript ist am 31.5.1994 abgeschlossen worden.

Ratingen-Hösel, im Januar 1995 Der Herausgeber

Vorwort zur zweiten Auflage

Die erfreuliche Aufnahme der ersten Auflage macht eine neue Auflage notwendig, die eine Reihe von Anregungen und Verbesserungen berücksichtigt und einige Erweiterungen vornimmt.

So wurde der Themenkreis „Steuern der Grundstücks- und Wohnungswirtschaft“ und „Investition und Finanzierung“ neu bearbeitet. Neu aufgenommen wurde der Themenkreis „Controlling“.

Die Verfasser danken für die vielen wertvollen Anregungen und Vorschläge und verbinden damit die Bitte, sie auch in Zukunft durch konstruktive Kritik bei der Verbesserung des Lehrbuches zu unterstützen.

Bochum, im August 1997 Der Herausgeber

Vorwort zur dritten Auflage

Die dritte Auflage wurde nochmals kritisch durchgesehen und auf den der Zeit entsprechenden Stand gebracht.

Entwicklungen in der Immobilienwirtschaft seit der 2. Auflage wurden berücksichtigt und die betroffenen Themenbereiche aktualisiert und überarbeitet.

Auch wurden die Literaturangaben auf den neuesten Stand gebracht und das Stichwortverzeichnis erweitert.

Die aus Benutzerkreisen zugegangenen Anregungen, für die wir danken, wurden berücksichtigt.

Bochum, im August 2000 Der Herausgeber

Euro-Fahrplan:
Währung, Zahlungsmittel, Geld:
Was gilt wann?

Was die Gültigkeit der alten und der neuen Währung sowie deren Verwendung als gesetzliche Zahlungsmittel bzw. als Buch- und Bargeld betrifft, gilt auch für das Lehrbuch folgender Zeitplan:

Zeitraum	bis 31.12.1998	1.1.1999 bis 31.12.2001	1.1.2002 bis 28.2.2002*	ab 1.3.2002*
Währung	DM	Euro	Euro	Euro
gesetzliches Zahlungsmittel	DM	DM + Euro	Euro	Euro
Buchgeld	DM	DM + Euro	Euro	Euro
Bargeld	DM	DM	DM + Euro	Euro

* Über die Dauer der parallelen Verwendung von Euro und DM als Bargeld (und damit der Verpflichtung zur doppelten Preisauszeichnung für Händler) ab 1.1.2002 wurde am 8.11.1999 durch die EU-Finanzminister entschieden. Danach bleiben DM und Euro-Bargeld ein- bis maximal zwei Monate parallel im Umlauf.

Am 1.1.1999 starteten also elf EU-Mitgliedsstaaten mit dem Euro als neuer Währung: Belgien, Deutschland, Finnland, Frankreich, Irland, Italien, Luxemburg, die Niederlande, Österreich, Portugal und Spanien. Wann Dänemark, Großbritannien, Schweden und Griechenland hinzustoßen werden, steht noch nicht fest.

Inhaltsverzeichnis

Themenkreis 3: **Wohnungs- und Gewerbebau**

Themenkreis 4: **Wertermittlung von unbebauten und bebauten Grundstücken**

Themenkreis 5:
Bewirtschaftung von Wohn- und Gewerbeimmobilien

Themenkreis 6: **Begründung und Verwaltung von Wohnungs- und Teileigentum**

Themenkreis 7: **Die Betreuung**

Themenkreis 8: **Unternehmensführung und Personalwirtschaft in Unternehmen der Grundstücks- und Wohnungswirtschaft**

Themenkreis 9: **Marketing in der Grundstücks- und Wohnungswirtschaft**

Themenkreis 10: **Investition und Finanzierung**

Themenkreis 11:
Steuern bei Immobilien

Themenkreis 12:
Versicherungen

Themenkreis 13: **Der Makler als Dienstleister am Immobilienmarkt**

Themenkreis 14: **Controlling**

Themenkreis 15:
Technisches Grundwissen in der Grundstücks- und Wohnungswirtschaft

Abkürzungsverzeichnis

a. a. O	am angegebenen Ort
AbfG	Abfallgesetz
Abs.	Absatz
Abschn.	Abschnitt
AfA	Absetzung für Abnutzung
AG	Aktiengesellschaft
AG	Amtsgericht
AGBG	Gesetz zur Regelung des Rechts der Allgemeinen Geschäftsbedingungen
allg.	allgemein
Anm.	Anmerkung
AO	Abgabenordnung
Art.	Artikel
Aufl.	Auflage
AVB	Allgemeine Versicherungsbedingungen
AZ. Az.	Aktenzeichen
BAnz	Bundesanzeiger
BauGB	Baugesetzbuch
BauGB-MaßnG	BauGB-Maßnahmegesetz
BauNVO	Baunutzungsverordnung
BauO	Gesetz über die Bauordnung (übernommen ehem. DDR)
BauONW	Bauordnung Nordrhein-Westfalen
BAV	Bundesaufsichtsamt für das Versicherungswesen
BayObLG	Bayerisches Oberstes Landgericht
BBauBl	Bundesbaublatt
BBiG	Berufsbildungsgesetz
Bd.	Band
BetrVG	Betriebsverfassungsgesetz
BeurkG	Beurkundungsgesetz
BewÄndG	Bewertungsänderungsgesetz
BewDV	Bewertungsdurchführungsverordnung
BewG	Bewertungsgesetz
BewRGr	Richtlinien für die Bewertung des Grundvermögens
BfA	Bundesversicherungsanstalt für Angestellte
BGB	Bürgerliches Gesetzbuch
BGH	Bundesgerichtshof
BGBl.	Bundesgesetzblatt
BMZ	Baumassenzahl
B-Plan	Bebauungsplan
Buchst.	Buchstabe
BV	wohnungswirtschaftliche Berechnungsverordnung
II. BV	Verordnung über wohnungswirtschaftliche Berechnungen (zweite Berechnungsverordnung)
BVerfG	Bundesverfassungsgericht
BVerfGE	Entscheidungen
BVerwG	Bundesverwaltungsgericht
bzw.	beziehungsweise
cbm	Kubikmeter
DIN	Deutsche Industrie-Norm/Deutsches Institut für Normung
DWW	Deutsche Wohnungswirtschaft
EDV	Elektronische Datenverarbeitung
ErbbauVO	Verordnung über das Erbbaurecht
ErbbRVO	

ErbStG	Erbschaftsteuergesetz
EStG	Einkommenssteuergesetz
EStR	Einkommenssteuerrichtlinien
etc.	(et cetera) und so weiter
evtl.	eventuell
EW	Einheitswert
f., ff.	folgende
FG	Finanzgericht
FödG	Fördergebietsgesetz
F-Plan	Flächennutzungsplan
GBO	Grundbuchordnung
GbR	Gesellschaft bürgerlichen Rechts
GBVerf.	Allgemeine Verfügung über die Einrichtung und Führung von Grundbüchern
GewO	Gewerbeordnung
GFZ	Geschossflächenzahl
GG	Grundgesetz
ggf.	gegebenenfalls
GmbH	Gesellschaft mit beschränkter Haftung
GrdstVG	Grundstücksverkehrsgesetz
GrEStG	Grunderwerbsteuergesetz
GrStG	Grundsteuergesetz
GRZ	Grundflächenzahl
GSB	Gesetz über die Sicherung der Bauforderungen
HeizKV	Heizkostenverordnung
HGB	Handelsgesetzbuch
h. M.	herrschende Meinung
HöfeO	Höfeordnung
HöfeVfo	Verfahrensordnung für Höfesachen
HOAI	Honorarordnung für Architekten und Ingenieure
Hrsg.	Herausgeber
i. d. R.	in der Regel
i. M.	im Monat
i. V. m.	in Verbindung mit
KG	Kommanditgesellschaft
KG	Kammergericht Berlin
KO	Konkursordnung
KostO	Kostenordnung
KWG	Gesetz über das Kreditwesen
LAG	Lastenausgleichsgesetz
LG	Landgericht
lt.	laut
LVA	Landesversicherungsanstalt für Arbeiter
m^2	Quadratmeter
m^3	Kubikmeter
MaBV	Makler- und Bauträger-Verordnung
MaBVO	Makler- und Bauträger-Verordnung
MBO	Musterbauordnung
MDR	Monatsschrift für Deutsches Recht
MHG	Gesetz zur Regelung der Miethöhe
ModEnG	Modernisierungs- und Energieeinspargesetz
MV	Mietvertrag, Mietverhältnis
nachf.	nachfolgend
NJW	Neue Juristische Wochenschrift, Rechtsprechungsreport Zivilrecht
NMV 70	Verordnung über die Ermittlung der zulässigen Miete für preisgebundene Wohnungen (Neubaumietenverordnung 1970 – NMV 70)
Nr.	Nummer
OHG	Offene Handelsgesellschaft
OLG	Oberlandesgericht

PangV	Preisangaben-Verordnung
PlanzVO	Planzeichenverordnung
ProdHaftG	Produkthaftungsgesetz
RDM	Ring deutscher Makler
Rdnr.	Randnummer
RE	Rechtsentscheid
RegVBG	Registerverfahrensbeschleunigungsgesetz
RGZ	Entscheidungen des Reichsgerichts in Zivilsachen
RHeimstG	Reichsheimstättengesetz
ROG	Raumordnungsgesetz
s.	siehe
StBauFG	Städtebauförderungsgesetz
StGB	Strafgesetzbuch
u. a.	unter anderem
UmweltHG	Umwelthaftungsgesetz
UStG	Umsatzsteuergesetz
usw.	und so weiter
u. U.	unter Umständen
UWG	Gesetz gegen den unlauteren Wettbewerb
VAG	Versicherungsaufsichtsgesetz
VDM	Verband Deutscher Makler
VermKatG	Vermessungs- und Katastergesetz
VGB	Verbundene Wohngebäude-Versicherung
vgl.	vergleiche
VO	Verordnung
VOB	Verdingungsordnung für Bauleistungen
VStG	Vermögensteuergesetz
VVG	Gesetz über den Versicherungsvertrag
WEG	Wohnungseigentumsgesetz
WertR	Wertermittlungsrichtlinien
WertV	Wertermittlungsverordnung
WHG	Wasserhaushaltsgesetz
WiStG	Wirtschaftsstrafgesetz
WM	Wohnungswirtschaft und Mietrecht
WGG	Wohnungsgemeinnützigkeitsgesetz
WoBauErlG	Wohnungsbauerleichterungsgesetz
WoBauG	Wohnungsbaugesetz
WoBauFördG 1994	Wohnungsbauförderungsgesetz
WoBindG	Gesetz zur Sicherung der Zweckbestimmung von Sozialwohnungen (Wohnungsbindungsgesetz)
WoGG	Wohngeldgesetz
WoModG	Wohnungsmodernisierungsgesetz
WoPG	Wohnungsbauprämiengesetz
WoVG	Wohnungsvermittlungsgesetz
z. B.	zum Beispiel
ZMR	Zeitschrift für Miet- und Raumrecht
ZPO	Zivilprozessordnung
z. T.	zum Teil
ZVG	Zwangsversteigerungsgesetz

Themenkreis 1:
Unternehmen und Märkte der Immobilienwirtschaft

Die von immobilienwirtschaftlichen Grunderfahrungen ausgehenden Unternehmensphilosophien, die sich aus dem Blickwinkel des zu Ende gegangenen Jahrhunderts ableiten lassen, drehen sich um existenzielle menschliche Kernbereiche.

Das Feld, auf dem sich immobilienwirtschaftliche Unternehmen bewegen, ist überwiegend gekennzeichnet durch **Notwendigkeiten**, die sich aus der Existenz zivilisierter Menschen ergeben. Viele anderen Wirtschaftszweige sind nicht durch vergleichbare Notwendigkeiten der Bedarfsdeckung geprägt, auch wenn in ihnen beachtliche Leistungen hervorgebracht werden. Aber die sind nichtsdestoweniger „berechtigt", weil die Güter, die sie produzieren, von Menschen zur Gestaltung ihrer Existenz innerhalb der Gesellschaft, in der sie leben, nachgefragt werden, auch wenn sie nicht davon abhängig wären. So ist Leben auch ohne Reisen möglich, was z. B. der Philosoph Imanuel Kant vorgemacht hat, der das weitere Umfeld seiner Heimatstadt Königsberg (heute Kaliningrad) zeit seines Lebens nie verlassen hat.

Alle Menschen leben in den für sie **erfahrbaren** Kategorien von Raum und Zeit und erhalten sich naturgemäß durch die Zeit hindurch in Räumen, von denen jeder jeden Menschen mitprägt. Aus der Gestaltung dieser Räume entstehen die vergänglichen räumlichen Dimensionen der Kulturen, in die die menschlichen Gesellschaften eingebettet sind. Mit diesem Fragenbereich befasst sich die **Theorie der Kulturen**, wobei die „Siedlung" als Zelle des gesamten Kulturhaushaltes verstanden wird. Räume und Landschaften prägen Menschen und Gesellschaften. Dies ist unbestritten. Umgekehrt nimmt aber auch der Mensch erheblichen Einfluss auf die natürliche und kulturelle Umwelt. Dies spiegelt sich am Lebenszyklus der von ihm errichteten Bauwerke ebenso wider, wie an der laufenden Verdichtung der Verkehrsnetze, der Verschiebung in den Gewichten der Bewirtschaftung von Flächen im Umbruch von der Produktions- zur Dienstleistungsgesellschaft u. dergl. Am Anfang des 20. Jahrhunderts lebten 14 % der Weltbevölkerung in Städten. Am Anfang des 21. Jahrhunderts ist es über die Hälfte der inzwischen rasant gestiegenen Weltbevölkerung. Nach einer Studie der Vereinten Nationen wird damit gerechnet, dass es im Jahr 2015 bereits $^2/_3$ sein werden.

Betrachtet man die vordringlichen menschlichen Bedürfnisse in der Gegenwart unter einer **weltweiten** Perspektive, so steht nicht an erster Stelle das Bedürfnis nach einem schützenden Obdach, sondern jenes nach Nahrung und Wasser. Jährlich verhungern Millionen von Menschen. Trotz des Überangebots an Nahrungsmitteln in den so genannten entwickelten Volkswirtschaften handelt es sich in vielen so genannten unterentwickelten Ländern um das **Primärbedürfnis,** das es zu stillen gilt.

In den Volkswirtschaften der Industrieländer spielt dieses Bedürfnis kaum eine Rolle. Es würde heute deshalb in einem europäischen Staat niemandem einfallen, etwa ein „Grundrecht" auf Nahrung einzufordern. In der Skala des Bedürfnisbewusstseins rangiert hier vielmehr die **Wohnung** mit an erster Stelle.

Von ebenso existenzieller Bedeutung für die überwiegende Zahl der Haushalte ist außerdem der **„Arbeitsplatz"** als Voraussetzung für die Fähigkeit, ein gesellschaftlich akzeptables Niveau der Befriedigung von Konsumwünschen – auch im Wohnungsbereich – zu erreichen. Die Arbeitsplätze in den Betrieben stehen bei knappen verfügbaren Siedlungsflächen in **Raumkonkurrenz** zu Wohnungen.

Die Immobilienwirtschaft steht somit in den entwickelten Volkswirtschaften im **Brennpunkt** der von Haushalten und Betrieben ausgehenden konsumtiven und produktiven Standortentscheidungen und -verwirklichungen in Gestalt von Wohnungen und Arbeitsplätzen.

Mit dem Boden in seiner Siedlungsfunktion (Wohn- und Betriebsstandorte, Verkehrsnetze) trat vor allem seit den 70er-Jahren des vergangenen Jahrhunderts der Boden in seiner Funktion als **natürlicher Freiraum und Lebensraum für Pflanzen und Tiere** in eine zunehmende weitere „Konkurrenzbeziehung". Dieser Tatsache ging im Hinblick auf die verstärkte Umweltbelastung und die Erkenntnis der **„Endlichkeit der Ressourcen"** ein Bewusstseinswandel voraus, der in Westdeutschland relativ früh einsetzte (Mitte der 60er-Jahre des vergangenen Jahrhunderts) und in Ostdeutschland erst nach der Wiedervereinigung zur Geltung kam.

Im Juni 1992 trat die „EG-Richtlinie zur Erhaltung der natürlichen Lebensräume sowie der wild lebenden Tiere und Pflanzen" **(„Fauna-Flora-Habitat-Richtlinie")** in Kraft, die die europäischen Mitgliedstaaten verpflichtete, unter dem Namen „Natura 2000" besondere Schutzgebiete zur Bewahrung der Artenvielfalt und Lebensräume für wild lebende Pflanzen und Tiere einzurichten oder wiederherzustellen. Die deutsche Gesetzesgrundlage bildet das Bundesnaturschutzgesetz. Ziel ist es, 10 % des Landes zu Schutzgebieten zu erklären.

Auf internationaler Ebene befassten sich die Vereinten Nationen mit der Siedlungsentwicklung auf dieser Erde. Nach einer Habitat-Konferenz in Vancouver (Habitat I) fand 1996 die HABITAT II Konferenz (**„2. Weltkonferenz zu Fragen menschlicher Siedlungen"**) in Istanbul statt. Zwei Hauptbereiche standen auf der Tagesordnung:

- „Angemessene Unterkunft für alle" (menschenwürdige Grundversorgung mit Wohnraum einschließlich aller Infrastruktureinrichtungen)
- „Nachhaltige Siedlungen in einer zur Verstädterung strebenden Welt". (Dabei stand die in der Agenda 21 beschriebene Notwendigkeit im Mittelpunkt, „innerhalb eines globalen Handlungsprogramms für Umwelt und Entwicklung Grundsätze für eine nachhaltige umweltverträgliche Siedlungsentwicklung und ein leistungsfähiges städtisches Umweltmanagement zu erarbeiten und umzusetzen" (Kapitel 7 der Agenda 21 = Agenda 21. Jahrhundert). Verabschiedet wurde die Agenda 21 im Jahr 1992 auf der Konferenz von Rio de Janeiro.

Das 21. Jahrhundert wird durch erhebliche Bemühungen geprägt sein, der zunehmenden Verslumung in den Großstädten der Entwicklungsländer entgegenzuwirken. (27 der derzeit insgesamt 33 „Megastädte" (Städte jeweils mit über 8 Millionen Einwohner) liegen in den Entwicklungsländern. 600 Millionen Menschen der Stadtbevölkerung leben in Slums am Rande von Großstädten. Nach der Erklärung von Istanbul geht es um die Entwicklung globaler Aktionspläne für **lebenswerte Städte** durch Stärkung der kommunalen Selbstverwaltung und einer entsprechenden Finanzausstattung und Förderung des Selbsthilfegedankens. Es besteht ein internationaler Konsens darüber, dass die „Ziele wirtschaftlicher und sozialer Entwicklung und des Umweltschutzes als sich gegenseitig bedingende und verstärkende Komponenten nachhaltiger Entwicklung" anzusehen sind. (Protokoll des Kopenhagener Sozialgipfels 1995).

In Deutschland werden Umsetzungskonzepte der Agenda 21 auf Bundes-, Länder- und Gemeindeebene diskutiert und erstellt, wobei auch nichtstaatliche Organisationen mit einbezogen werden. Auf der gesetzgeberischen Ebene fanden viele Inhalte der „Verpflichtungen" von Istanbul aber auch über EG-Richtlinien ihren Niederschlag. So wird im **Bundes-Bodenschutzgesetz** eine Gleichwertigkeit der natürlichen, natur- und kulturgeschichtlichen und der wirtschaftlichen Bodenfunktionen hergestellt. Das Bundesnaturschutzgesetz und das **Baugesetzbuch** in seiner neuen Fassung sorgt für **Ausgleichsflächen**, die „an die Natur" zurückgegeben werden, wenn es zu siedlungsbedingten Eingriffen in die Natur kommt. Konzepte der **„Sozialen Stadt"** wurden erstellt und werden in Modellversuchen in fast allen Bundesländern umgesetzt, um ein-Abgleiten in die Verslumung von Stadtteilen zu verhindern.

Es ist klar, dass in die große Verpflichtungskette im Spannungsfeld zwischen den ökonomischen und ökologischen Bodenfunktionen in zunehmenden Umfang auch die Immobilienwirtschaft mit einbezogen wird.

1.1 Geschichtliche Rahmenbedingungen

1.1.1 Die Bevölkerungsentwicklung im 19. Jahrhundert

Die **Problemgeschichte** der Immobilienwirtschaft und speziell des **Mietwohnungsbaus** beginnt in der **Neuzeit** im 19. Jahrhundert. Auf Erscheinungen in früheren Zeiten, etwa im antiken Rom (z. B. Mietskasernen in Ostia), in den Großstädten der Griechen oder gar in Kulturkreisen, die auf unser heutiges europäisches Bewusstsein kaum einen Einfluss haben, soll hier nicht eingegangen werden. Wir befassen uns mit dem Beginn des Geschichtsabschnittes, dessen Erscheinungen unser Bewusstsein und unsere Haltung zur Immobilienwirtschaft entscheidend mitgeprägt hat. Die Geschichte setzt mit einem Phänomen ein, das wir als Zeitzeugen heute in anderen Gegenden der Erde beobachten können, ohne unmittelbar betroffen zu sein. Man hat dieses Phänomen als **„Bevölkerungsexplosion"** bezeichnet. Die Bevölkerung vermehrte sich im Europa des 19. Jahrhunderts, von Land zu Land allerdings unterschiedlich, ungewöhnlich schnell. 1800 hatte Europa 174 Mio. und hundert Jahre später 403 Mio. Einwohner. Innerhalb des 19. Jahrhunderts wuchs die Bevölkerung in **Deutschland** trotz hoher Sterblichkeitsziffern und hoher Auswanderungszahlen von 24,4 auf 56,4 Mio. um das 2,3fache an. Eine ähnliche Entwicklung war in **Großbritannien** festzustellen, das 1800 nur etwa 11 Mio. Einwohner hatte und 1900 bei 38 Mio. Einwohnern lag (ein Anstieg um das 3,5fache!). In **Frankreich** dagegen, das zu Beginn des 19. Jahrhunderts mit rund 27 Mio. mehr Einwohner als Deutschland hatte, verlief die Entwicklung wesentlich flacher. Die französische Bevölkerung war im 19. Jahrhundert nur um das 1,4fache auf rund 39 Mio. angewachsen. In der Mitte des 19. Jahrhunderts begannen in Frankreich die Bevölkerungszahlen zu stagnieren.

Vermindert wurde der Bevölkerungsdruck auf den europäischen Raum durch **Auswanderungen,** besonders stark ausgeprägt in Großbritannien, Italien und Österreich-Ungarn. Aber auch von Deutschland aus ging ein Wanderungsstrom in außereuropäische Länder. Zahlenmäßig erfasst sind die 5,2 Mio. Auswanderungen zwischen 1830 und 1910 allein nach Amerika. Allerdings begann der Wanderungssaldo nach 1890 wegen der stärker einsetzenden Einwanderungen wieder positiv zu werden.

Deutschland war zu Beginn des 19. Jahrhunderts, etwa im Gegensatz zu dem sich schon im Industrialisierungsprozess befindlichen Großbritannien, ein durch die **Agrarwirtschaft** geprägtes Land. Die Bevölkerung lebte vorwiegend in Dörfern und ernährte sich von dem, was die Natur bei Bewirtschaftung der Böden an Erträgen zuließ. Für den eigenen Bedarf wurden viele andere Produkte hergestellt oder teilweise von Handwerkern bezogen. Auch der **Wohnbedarf** wurde in eigener Bauherrenschaft mit Hilfe von Bauhandwerkern, die man hierzu beschäftigte, selbst abgedeckt.

Handel und Gewerbe waren längst nicht so entwickelt wie etwa in Frankreich oder England, die ihre Kolonialreiche ausbauten. Aus den sich weitgehend selbstversorgenden bäuerlichen Betrieben heraus konnten sich keine Impulse einer wirtschaftlichen Entwicklung ergeben, die eine zusätzliche Versorgungsgrundlage für die schnell wachsende Bevölkerung geschaffen hätte.

Historisch wären die Entwicklungsperspektiven ziemlich dunkel gewesen, wenn nicht gleichzeitig eine Wandlung im geistig-gesellschaftlichen Bereich stattgefunden hätte.

Von den geistigen Strömungen her gewann der **Liberalismus** die Oberhand, der die Grundlage für einen allmählichen wirtschaftlichen Wandel ermöglicht hatte. Freie Berufswahl, Fortfall alter Bindungen (Freizügigkeitsbeschränkungen), Gewerbefreiheit wurden gesetzlich ermöglicht. Wenn auch mit einer zeitlichen Verzögerung von einem halben Jahrhundert begann nach England auch in Deutschland die so genannte **„industrielle Revolution“**. Ein Großteil der in der Landwirtschaft nicht mehr produktiv einsetzbaren „Überschuss“-Arbeitskräfte fand in den neu entstehenden Industrien Brot und Arbeit. Der Arbeitskräfteüberschuss („industrielle Reservearmee“) drückte erheblich auf das Lohnniveau bei den neu entstehenden Industrien. Begünstigt wurde der Prozess durch den Abbau von Vorbehalten gegen den Einsatz neuartiger Produktionstechniken. Diese wurden durch bahnbrechende neue Erfindungen möglich. Gleichzeitig vervielfältigten die neuen Produktionsmittel wie Spinnmaschinen, mechanische Webstühle, Dampfmaschinen, die Produktivität der Arbeit in großem Ausmaß.

Der Prozess der Umformung von Gesellschaft und Wirtschaft in einem liberalen Geist führte allerdings auch zu erheblichen **sozialen Spannungen** und **Verwerfungen.**

Die durch neue, rationelle Produktionsverfahren in großen Mengen hergestellten Waren traten in Konkurrenz zu den zeitaufwendig hergestellten Produkten der Handwerker. Ein **Verdrängungswettbewerb** fand in großem Umfange statt. Viele Handwerksbetriebe konnten nicht mithalten und gaben auf. Meister und Gesellen der verdrängten Betriebe fanden oft als qualifizierte Arbeiter in Fabriken eine neue Beschäftigung. Dieser „Absprung“ gelang allerdings nicht jedem. Andere wiederum wurden selbst zu Gründern eigener Unternehmen.

Schlechter erging es den ungelernten **„Hilfsarbeitern“**, die aus den Bauernhöfen in die neuen Industriestädte wanderten. Der gnadenlose Preiswettbewerb, bedingt auch durch die fortgeschrittene englische Konkurrenz, ließ keinen großen Spielraum für ein dem Mengenergebnis der Arbeit entsprechendes Ansteigen der Reallöhne. Sie lagen am unteren Rande dessen, was zur Sicherung des Existenzminimums unbedingt notwendig war.

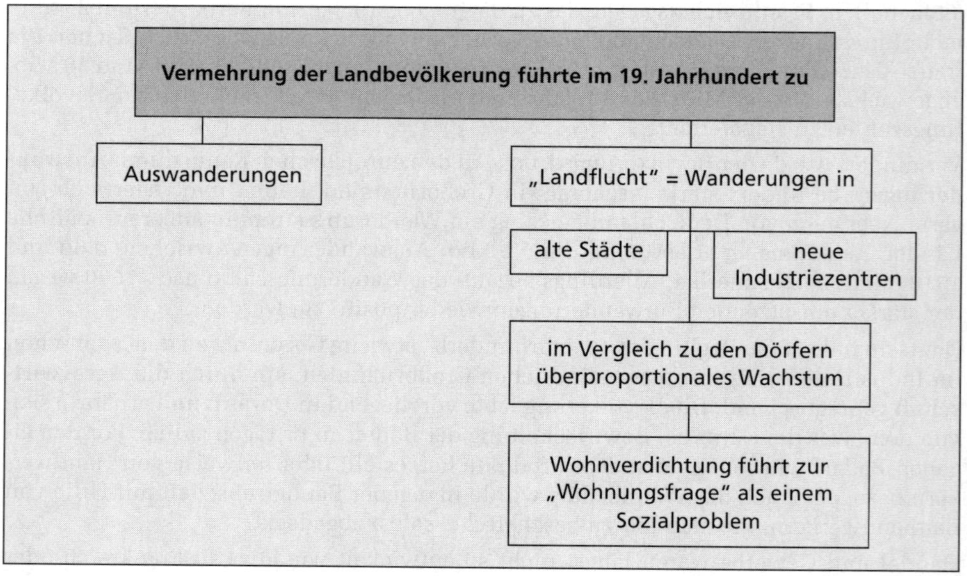

1.1.2 Die Wohnungsfrage

Als Spezialproblem, wie es sich in dieser Schärfe besonders in Deutschland herausbildete, kam die **Wohnungsnot der Arbeiter** hinzu. Während in England der Großteil der

Bevölkerung bereits zu Beginn des 19. Jahrhunderts in Städten lebte und das Bevölkerungswachstum mit einem entsprechenden Wachstum der Städte in ihren traditionellen Wohnformen einherging, kam es in Deutschland zu einer Konzentration der vom Lande abwandernden Bevölkerungsteile in den Städten. Die deutschen Städte wuchsen überproportional. Dieses Städtewachstum (**„Landflucht“**) begann etwa zwischen 1840 und 1850. Zwar wuchsen die Einwohnerzahlen vorher auch schon. Doch entsprach dieses Wachstum dem allgemeinen Bevölkerungswachstum. Der neue Wanderungsstrom richtete sich teils auf die alten Städte, teils auf die neuen Industriezentren z. B. im Ruhrgebiet. Er wurde teilweise auch als Befreiung von den Bindungen innerhalb der dörflichen Gemeinschaft empfunden: „Stadtluft macht frei“. 1871 betrug der städtische Bevölkerungsanteil noch 36 %, 1910 dagegen bereits 60 %. Die Zahl der Großstädte (Städte mit über 100 000 Einwohnern) stieg von 8 im Jahre 1871 auf 33 im Jahre 1900 und auf 48 im Jahre 1910.

Ein Beispiel für eine industriebedingt völlig neu entstandene Stadt bildet **Oberhausen**, das 1862 mit den 6.000 Bewohnern der entstandenen Siedlungen den Gemeindestatus erhielt, 1874 Stadt wurde und bis 1910 die 100.000 Einwohnerzahl überstieg. **Bochum**, das 1842 nur 4.200 Einwohner zählte, wuchs innerhalb von 65 Jahren auf 120.000 Einwohner.

Hinter den damit verbundenen **enormen Wohnbauzahlen** verbirgt sich teilweise eine gravierende Verdichtung der Bausubstanz auf engstem Raume. Ursache für diese Verdichtung war das völlige **Fehlen städtebaulicher Konzepte** und steuernder Eingriffsmöglichkeiten. Im Gegenteil begünstigten manche Stadtverwaltungen diese verdichteten Bauformen, die z. B. in den rheinischen Städten bis zu einer 75%igen Überbauung des Bauplatzes führen konnte. Die Bauherren haben jedoch nur in seltenen Fällen die Grenzen der zugelassenen Verdichtung ausgeschöpft. Die mangelhafte sanitäre Ausstattung, die nicht ausreichende Belichtung in engen Hinterhöfen und die Sauerstoffknappheit verhinderten eine gesunde Lebensführung in diesen **„Mietskasernen“**. (Allerdings war das Wohnen in den engen historischen Altstadtkernen keineswegs gesünder.) Dieser hauptsächlich in Berlin gebaute Haustyp besteht in einem meist vier- bis fünfgeschossigen Wohnblock (bei geschlossener Bauweise) mit bis zu 4 Hinterhöfen. Der an der Straße liegende Gebäudeteil wurde an zahlungskräftige Bürger vermietet. Im hinteren Bereich waren weniger zahlungskräftige Mieter oder Handwerker mit ihrem Gewerbe einquartiert.

In der Statistik der damaligen Zeit war eines der Verdichtungsmaße die so genannte **„Behausungsziffer“**. Es handelt sich um die **Durchschnittszahl** der Bewohner pro Hauseinheit. Die großen Unterschiede in den Behausungsziffern in den Jahren **vor dem Ersten Weltkrieg** lassen ahnen, wie unterschiedlich sich die Städte entwickelt haben. Einige charakteristische Beispiele:

Bremen	7,83	(Stadt verhinderte Verdichtung!)
Frankfurt/M	17,09	
Essen	17,61	(Arbeitersiedlung von Krupp)
Köln	18,05	
Stuttgart	18,61	
Düsseldorf	19,11	

dagegen:

Magdeburg	31,08	
Dresden	34,56	
München	36,59	(zum Vergleich 1990: 13,8)
Hamburg	38,66	(zum Vergleich 1990: 6,3)
Breslau	51,91	(Polnisch Wroclaw)
Berlin	75,90	(zum Vergleich 1990: 10,3)

Beispiele ausländischer Städte:

Wien	50,74
Prag	40,92
Zürich	17,26
Genf	23,43
Paris	38,00
Antwerpen	8,49
Rotterdam	10,90
Amsterdam	13,44

Sonderfall Großbritannien:

Birmingham	4,79
Sheffield	4,65
Manchester	4,86
Liverpool	5,57
London	7,89

Aus diesen unterschiedlichen Zahlen lässt sich erkennen, dass die **„Wohnungsfrage“** keineswegs in allen Städten in gleicher Weise ein gravierendes Problem war. Es gab vor allem die **Problemzentren** Berlin (z. B. Kreuzberg, Prenzlauer Berg), Wien, Prag. Aber auch die Verdichtung in Dresden, München und Hamburg war beachtlich. In den Niederlanden und in Großbritannien ergibt sich ein anderes Bild. Hier dominierte während des ganzen 19. Jahrhunderts das eigene Haus. Die Mietwohnung und damit das Mietwohnhaus hatte nur eine geringe Bedeutung bei der Wohnraumversorgung der Bevölkerung. Allerdings gab es auch hier Verdichtungsprobleme, z. B. in den Arbeitervierteln von Manchester oder London. Die berüchtigten „Back-to-back-Häuser“ (rückwärts aneinandergebaute Reiheneinfamilienhauszeilen mit ihren fensterlosen Hinterzimmern) waren regelmäßig durch zwei Familien belegt.

1.1.3 Das Entstehen der unternehmerischen Wohnungswirtschaft

Am Anfang der immobilienwirtschaftlichen Entwicklung standen in Deutschland keine Wohnbauunternehmen im klassischen Sinne. Die Organisation des Städtebaus erfolgte in der zweiten Hälfte des 19. Jahrhunderts meist privatwirtschaftlich über **Bodenunternehmer** (Terraingesellschaften) und den **Bodenhandel**. Das Baugeschehen wurde beherrscht von dem liberalen Grundsatz der **Baufreiheit.** Im Wesentlichen gab es von Stadt zu Stadt unterschiedliche Bauordnungsvorschriften, deren Einhaltung der **baupolizeilichen** Aufsicht unterstand. Sie dienten teilweise der Standsicherheit des Gebäudes. Gegen Ende des 19. Jahrhunderts erst wurden zunehmend behördliche Beschränkungen im Interesse des gesunden Wohnens erlassen. Die ersten bodenordnenden Schritte gab es bereits 1868 und 1875 mit dem Badischen bzw. Preußischen Flurlinien-Gesetz. 1904 wurde in Preußen die Errichtung von Wohngebäuden in „Außengebieten“ von einer Ansiedlungsgenehmigung abhängig gemacht und 1918 das preußische Wohnungsgesetz erlassen. 1919 entstand das Reichssiedlungsgesetz, das die Beschaffung landwirtschaftlicher Siedlungsflächen regelt. 1922 wurde der 1917 eingeführte Mietenstopp außer Kraft gesetzt, bis er 1936 wieder eingeführt wurde. Im Wesentlichen blieben die Beschränkungen im Bereich der Bodenordnung im 19. Jahrhundert im Vergleich zu heute minimal.

Terraingesellschaften waren meist Tochtergesellschaften von Banken und hatten überwiegend die Rechtsform von Aktiengesellschaften oder Gesellschaften mit beschränkter Haftung. Das Geschäft der Terraingesellschaften bestand in dem, was man heute als **„Bodenordnung“** und **„Baulanderschließung“** bezeichnen würde: Erwerb der zersplitterten Flurstücke in den Vorstädten, ihre für Bebauungszwecke sinnvolle Neuordnung (Umlegung), Parzellierung und Erschließung und schließlich Verkauf an Bauunternehmen, Bodenhändler („Baustellenzwischenhändler“) oder Privatleute. Die Bedeutung dieser Gesellschaften lässt sich daran messen, dass es allein in Berlin um die Wende des 19. zum 20. Jahrhundert 172 Terraingesellschaften gab, davon 72 in der Rechtsform der Aktiengesellschaft.

Das mit diesem Geschäft verbundene **Risiko** war enorm. Das Hauptrisiko bestand in den sog. „Zwangsstücken“, Parzellen, die man zur Abrundung des Baugebietes, für Straßenfortführung usw. brauchte, die aber von „eigensinnigen“ Eigentümern nicht verkauft wurden. Untersuchungen haben ergeben, dass die weitaus überwiegende Zahl der Terraingesellschaften ihr Vermögen in der Spekulation auf Gewinn bringende Wiederverkäufe restlos eingebüßt hat. Dies, obwohl besonders die Zeit zwischen 1870 und 1910 von einem erheblichen Bodenpreisauftrieb gekennzeichnet war. Nach 1918 wurden die Träger der **„Bodenspekulation“** durch die kommunale und staatliche Wohnungspolitik ausgeschaltet.

Die Baudurchführung lag bei einer großen Zahl meist kleiner **Bauunternehmen.** Vielfach waren diese abhängig von Terraingesellschaften, Bodenhändlern oder Banken, die ihnen ständig die Kredite für die Baudurchführung gaben. Manche Bauunternehmen beteiligten sich aber auch selbst am spekulativen Grunderwerb, um in eigener Regie Baumaßnahmen durchzuführen und die fertig gestellten Häuser zu verkaufen. Diese Unternehmen waren ein Mischtypus zwischen dem heutigen Generalunternehmer und Bauträger. Aus ihnen heraus entwickelten sich später die **„freien“ Wohnungsunternehmen.**

Eine zweite Wurzel der Wohnungsunternehmen mit dem Schwerpunkt der **Wohnungsbewirtschaftung** waren die „berufsmäßigen“ oder **nebenberuflichen Hauseigentümer**, die zu ihrer Zeit oft mitleidig als „Verwalter ihrer Hypothekengläubiger“ bezeichnet wurden. Die Hauptverlustrisiken dieser „Wohnungsunternehmer“ bestanden in der Gefahr des Wohnungsleerstandes (wenn zu forsch gebaut worden war und keine Mieter aufgetrieben werden konnten, die mindestens eine den Kapitaldienst und die Bewirtschaftungskosten deckende Miete bezahlten). Eine weitere erhebliche Verlustgefahr bestand in der Schwierigkeit, in Zeiten des Kapitalmangels gekündigte Hypotheken zurückzuzahlen. Diese Situation führte dazu, dass viele Hauseigentümer einen ständigen Mieterhöhungsdruck ausübten, um ihr Risiko zu mindern.

Zu den **Enderwerbern** der gebauten Häuser zählten neben diesen Wohnungsunternehmern meist „Pensionäre“ (Privatleute), selbstständige Handwerksmeister, aber auch Bankiers, die aus den Mieterträgen ihre „Rente“ zu beziehen trachteten. Dies war auch die bedeutendste Gruppe der **Mietwohnungsanbieter.** Rund 95 % des Angebots entfiel auf sie. Werkswohnungen hatten darin einen geringen Anteil. Nur 5 % des Wohnungsbestandes hielten Wohnungsunternehmen. Die (Roh-)Mieterträge lagen zwischen 1890 und 1910 bei 4,75 % und 5,25 % der Kaufpreise.

Neben den Terraingesellschaften und dem Bodenhandel spielten die **Industrieunternehmen** in der zweiten Hälfte des 19. Jahrhunderts als Wohnbauherrn zunehmend eine Rolle. Sie standen vor der Notwendigkeit, den Arbeitern Wohnungen zur Verfügung zu stellen, die sich diese selbst nicht beschaffen konnten. Gleichzeitig sollte damit eine Bindung des Arbeiters an die Fabrik erreicht werden. Im Nebenbetrieb bauten die Fabrikherrn Kleinwohnungen für ihre Arbeiter. Diese Nebenbetriebe der Industrieunternehmen entwickelten sich im Laufe der Geschichte vielfach in die Richtung der Gemeinnützigkeit. Der **Werkswohnungsbau** wurde als ein Instrument **betrieblicher Sozialpolitik** aufgefasst. Manche Industrieunternehmen gründeten eigene **Tochtergesellschaften,** die die Aufgaben der klassischen Wohnungsunternehmen wahrzunehmen hatten. Musterbeispiel ist die Wohnstätten AG, eine Gruppe gemeinnütziger Wohnungsunternehmen der Vereinigten Stahlwerke (Gründung 1933).

Um die Zeit von 1845/60 bildeten sich Gruppierungen, die für den Bau von Wohnungen für ärmere Schichten der Bevölkerung eintraten. Sie setzten auf die Lösung der Wohnungsfrage durch **Gemeinnützigkeit** mit freiwillig übernommenen Bindungen. Das erste gemeinnützige Wohnungsunternehmen war die von Sozialreformern 1847 gegründete und von Prof. Victor Aimé Huber initiierte **„Berliner gemeinnützige Baugesellschaft“**, die heute noch in der „Alexandra-Stiftung“ fortlebt. Berlin, das ein besonderer Brennpunkt der damaligen Wohnungsnot war, wurde auch zum Ausgangsort des bürgerlichen Teils der deutschen Bodenreformbewegung unter dem Berliner **Adolf Damaschke.** Er setzte sich für die Besteuerung des Bodenertragszuwachses (in Anlehnung an den Amerikaner Henry George) ein. Aus der Ideenwelt der Bodenreformer entsprang auch der **Heimstättengedanke.** Der Grundgedanke der Heimstätte besteht darin, sie durch einen beschränkten Schutz vor Zwangsvollstreckung „krisensicherer“ für den Eigentümer der Heimstätte zu machen. Seine konkrete Realisierung erfuhr der Heimstättengedanke in der „Weimarer Zeit“ durch das Reichsheimstättengesetz vom 10.5.1920. Die Heimstätte hat allerdings seine Aktualität eingebüßt. Das Reichsheimstättengesetz wurde mit Wirkung zum 1. Oktober 1993 aufgehoben. Nachwirkende Schutzvorschriften des Reichsheimstättengesetzes traten am 31.12.1998 außer Kraft.

1862 entstand die erste **Wohnungsbaugenossenschaft.** Ihr folgten mehrere Gründungen, denen jedoch wegen des Risikos der unbeschränkten Haftpflicht der Genossen ein größerer Erfolg versagt blieb. Erst als 1889 dieses Manko beseitigt wurde und den Baugenossenschaften die Finanzierungsquellen aus dem Deckungsstock der Sozialversicherung geöffnet wurden, begann nach 1918 eine Blütezeit der Wohnungsbaugenossenschaften. Vorher, zwischen 1862 und 1915, waren von den rund 1 400 Genossenschaften lediglich 125 000 Wohnungen im Deutschen Reich errichtet worden.

Die Grundidee der Genossenschaft ist die der **Selbsthilfe** durch solidarisches Handeln. Anfangs wurden Einzelhäuser für die Mitglieder erstellt, die in deren Eigentum übergingen. Später gingen die Genossenschaften zum Bau von Mietwohnungen über.

Entwicklungslinien der unternehmerischen Wohnungswirtschaft beginnen in der 1. Hälfte des 19. Jahrhunderts

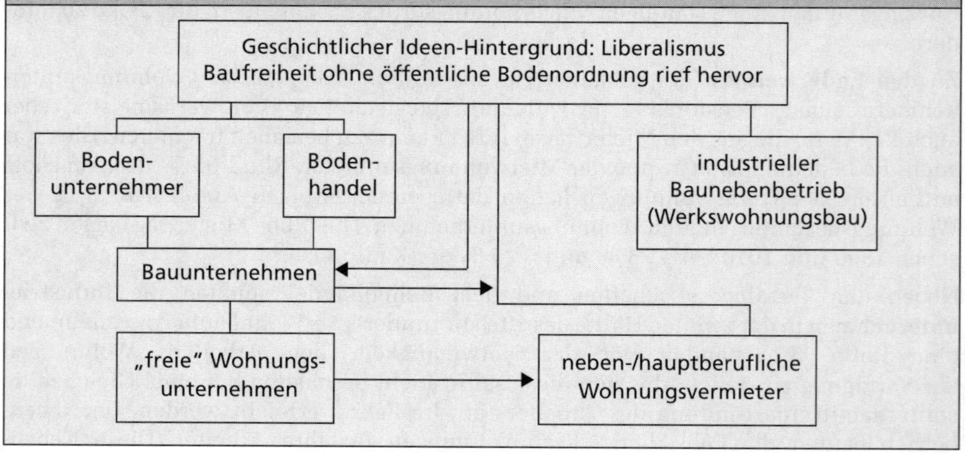

1.1.4 Wohnungsunternehmen im 20. Jahrhundert im Überblick

Mit Beginn des **Ersten Weltkrieges** ging die liberale Epoche der Wohnungswirtschaft, wie sie etwa um die Mitte des 19. Jahrhunderts entstanden war, zu Ende. In dieser Zeit wurden bereits jene Konzepte einer staatlichen Boden- und Bauordnung diskutiert, die später, im 20. Jahrhundert, entweder durchgeführt oder mit denen experimentiert wurde.

Gegen Ende des Ersten Weltkrieges begann die Zeit der **staatlichen Eingriffe** und der Lenkungsmaßnahmen in der Wohnungswirtschaft. Darauf wurde oben bereits hingewiesen. Durch Einführung der **Wertzuwachssteuer** im Jahre 1911 sollte dem Bodenhandel und dem Bodenunternehmertum die wirtschaftliche Grundlage entzogen werden. Es ist allerdings festzustellen, dass bereits in den Jahren vor dem Ersten Weltkrieg der Bodenhandel wirtschaftlich bedeutungslos geworden war und Grundstückshändler vielfach durch **Grundstücksmakler** ersetzt worden sind. Auch das Bodenunternehmertum lag bereits am Boden. So hatte die Wertzuwachssteuer bis zu ihrer Überführung in einen Zuschlag zur Grunderwerbsteuer 1944 keinerlei fiskalische Bedeutung erlangt.

Der Wohnbedarf der nur noch langsam wachsenden Bevölkerung in der Weimarer Zeit konnte durch den Bau von 3,5 Mio. Wohnungen allmählich befriedigt werden. Dies geschah unter Einsatz von 30 Mrd. RM (Reichsmark) Finanzierungsmitteln, darunter 9 Mrd. zinsverbilligte öffentliche Mittel.

Die **gemeinnützigen Wohnungsunternehmen** und die **Wohnungsbaugenossenschaften** wurden nach 1918 die **Hauptstützen des Wohnungsbaus** und gleichzeitig Träger der staatlichen und kommunalen Wohnungspolitik. Das Kapital für die Bauaktivitäten stammte zum großen Teil aus öffentlichen Haushalten. Durch Vergabe der Förderungsmittel an die Genossenschaften wurde deren Grundidee der Selbsthilfe ergänzt durch **Hilfe vom Staat.** Der **Gemeinnützigkeitsbegriff** wurde 1930 erstmals rechtlich in der Gemeinnützigkeitsverordnung gefasst. Er galt für Wohnungsbaugenossenschaften wie für gemeinnützige Wohnungsunternehmen gleichermaßen. Die Baugenossenschaften erlebten einen Gründungsboom. Ehrenamtliche Mitarbeiter wurden zunehmend durch fest angestellte Fachleute ersetzt. In ihren besten Jahren (1928/29) erstellten sie ein Drittel aller Wohnungen.

– Periode des „Dritten Reiches“

Während des Dritten Reiches gewannen die gemeinnützigen Wohnungsunternehmen gegenüber den Wohnbaugenossenschaften wieder die Oberhand. Allerdings gingen die Wohnbauzahlen insgesamt zunächst erheblich zurück. 1933 wurden nur noch 42 % der Wohnbauzahlen von 1929 (= 312 270) erreicht. Der Rückgang bei den gemeinnützigen Wohnungsunternehmen war noch drastischer. Sie produzierten nur noch 18 % der Wohnungen, die sie 1929 gebaut hatten. Allerdings lag dazwischen eine Phase tiefster **wirtschaftlicher Depression** und **hoher Arbeitslosigkeit,** die den unternehmerischen Wohnungsbau stärker betraf als den privaten. Die Hauptlast des Wohnungsbaus im Dritten Reich lag mit zwischen 65 % bis 75 % bei den Privatbauherrn.

1940 wurde das Wohnungsgemeinnützigkeitsgesetz (WGG) verabschiedet, das die Unternehmen einerseits steuerlich privilegierte, ihnen andererseits Tätigkeitsbeschränkungen und Pflichten (etwa die Baupflicht) auferlegte. In der Kriegszeit schrumpfte der Wohnungsbau erheblich. Allerdings schon ab 1935/36 gab es Schwerpunktverlagerung auf Kriegsbauten wie Kasernen, Monumentalbauten, Rüstungsbetriebe. Während der Kriegsjahre wurden insgesamt nur noch ca. 100 000 Wohnungen neu gebaut. Ein Großteil des städtischen Wohnungsbestandes wurde dagegen durch **Kriegshandlungen** total zerstört, viele Wohnungen erheblich beschädigt. Auf dem Gebiet der späteren Bundesrepublik waren 2,17 Mio., auf dem Gebiet der späteren DDR 0,61 Mio. Wohnungen vernichtet worden.

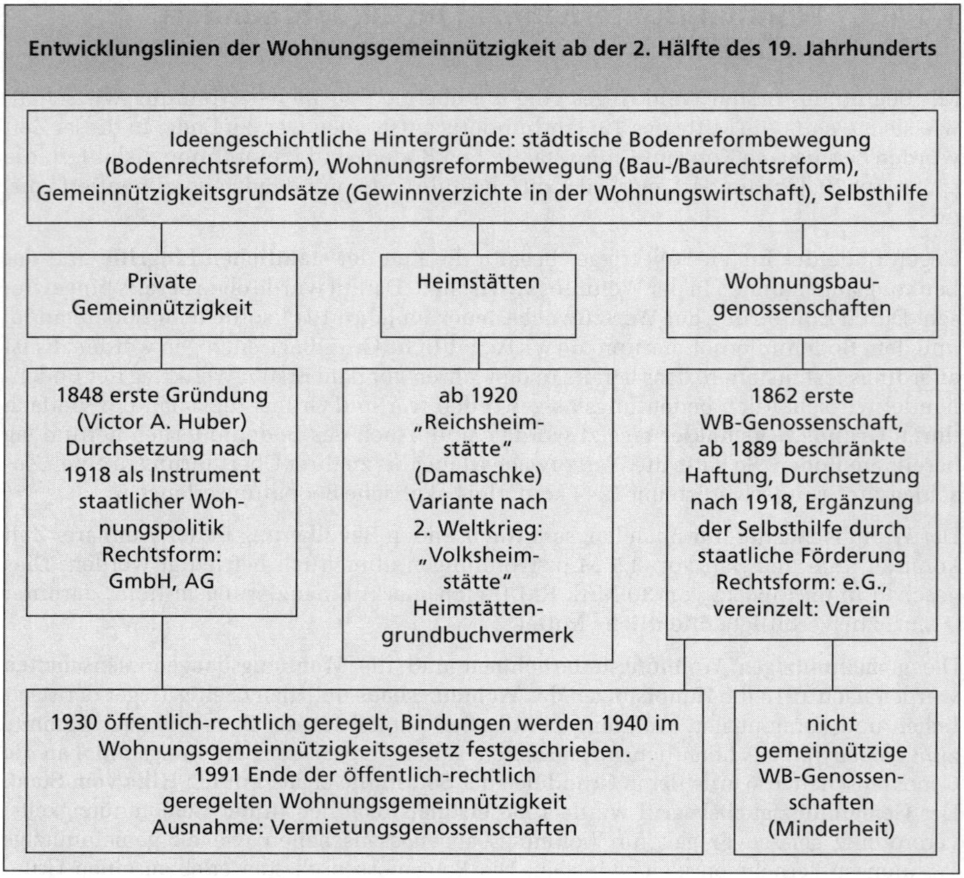

Finanzielle Träger der gemeinnützigen Wohnungsunternehmen in der Rechtsform der Aktiengesellschaften und der Gesellschaften mit beschränkter Haftung waren öffentlich-rechtliche Körperschaften, insbesondere Bund (Sondervermögen), Länder, Kommunen, Kirchen sowie Stiftungen, Industrieunternehmen, Gewerkschaften und Privatpersonen.

– Neubeginn nach dem Zweiten Weltkrieg in West und Ost

Nach dem Zweiten Weltkrieg begann mit der Teilung Deutschlands in zwei Staatsgebilde, die unterschiedlichen Wirtschaftsordnungen angehörten, eine Spaltung der Entwicklung.

• Die Grundentscheidungen

In der **Bundesrepublik Deutschland** kam es zu einer Grundentscheidung zugunsten der **Marktwirtschaft mit sozialer Absicherung.** Sie knüpfte an das liberale Ideengut des 19. Jahrhunderts an, was die Bejahung der Güterverteilung durch Märkte anlangte. Gleichzeitig sollte der Staat die rechtlichen Rahmenbedingungen für den Wettbewerb in einer Weise schaffen, die die Aushebelung der Marktfunktionen durch „kapitalistische" Kartellbildungen verhindert. Der soziale Ausgleich für Nachteile von Bevölkerungsgruppen, die von der Erwirtschaftung des Sozialproduktes und damit von der Einkommensverteilung ausgeschlossen sind oder nur in geringem Umfange daran partizipieren, sollte aus den Ergebnissen eines permanenten Wirtschaftswachstums finanziert werden. Das Konzept der sozialen Marktwirtschaft setzte danach eine wachstumsorientierte Wirtschaftspolitik voraus. Dies gilt auch heute noch.

In der **DDR** (Deutsche Demokratische Republik) wurde das **sozialistische Ideengut,** das sich in der Konfrontation mit dem Liberalismus des 19. Jahrhunderts herausgebildet hatte, zur Grundlage der Wirtschaftspolitik gemacht. Es beruht auf der Übertragung des Eigentums an Grund und Boden und an den Produktionsmitteln auf die tatsächlichen Träger der Staatsgewalt als Voraussetzung für eine an langfristigen Wirtschaftsplänen orientierte Produktion und Zuteilung von Gütern. Das sozialistische System wollte den historischen Beweis seiner ökonomischen Überlegenheit über den „Kapitalismus" antreten.

Man muss erkennen, dass weder in der Bundesrepublik noch in der DDR im Bereich der **Wohnungswirtschaft** die Grundsatzentscheidung für die jeweilige Wirtschaftsordnung stets voll durchgehalten wurde.

• Modifizierungen in der Wohnungswirtschaft

In der **Bundesrepublik** wurden insbesondere der Wohnungsmarkt stärker reguliert und die Wohnungswirtschaft stärker subventioniert, als es den ordnungspolitischen Grundüberlegungen entsprach. Anstelle der Förderung der dem Wettbewerbssystem sozial unterlegenen Schichten trat die Förderung „breiter Schichten" der Bevölkerung. Sukzessive abgebaut wurde zwar die Wohnungszwangswirtschaft, was schließlich mit einer Freigabe der Mieten endete. Das Mieterschutzgesetz von 1942 wurde teils am 31.12.1967, teils ein Jahr später außer Kraft gesetzt. Parallel zum Abbau der Wohnungszwangswirtschaft wurden der Mietwohnungsbau (I. WoBauG von 1954) und in schnellem Tempo danach der Bau von Einzeleigentum (II. WoBauG von 1956) gefördert. Dies sah aber bereits die Förderung der o. g. „breiten Schichten der Bevölkerung" vor. Ab 1971 wurde damit begonnen, im Interesse des **Mieterschutzes** die Vertragsfreiheit wieder einzuschränken. Mit dem Gesetz zur Regelung der Miethöhe wurde ab 1.1.83 auf eine Begrenzung des Mietanstiegs hingewirkt.

In der **DDR** wurden keineswegs, so wie etwa in der früheren Sowjetunion, Grund und Boden und das Privateigentum an Miethäusern total enteignet. An der Klassifizierung des **Eigentums** in gesellschaftliches Eigentum (Volkseigentum), genossenschaftliches Eigentum, (legitimes) persönliches Eigentum und (notgedrungen geduldetes, aber systemfremdes) kapitalistisches Eigentum wurde bis zuletzt festgehalten. Jedes Eigentum, das zur Erzielung von Einnahmen verwendet wurde, ist als „kapitalistisches" Eigentum gebrandmarkt worden. Die Industrien waren im Wesentlichen verstaatlicht. Der private Miethausbesitz wurde nur bei Vorliegen besonderer Umstände enteignet.

• Träger des Wohnungsbaus

Was die Entwicklung der Unternehmen betraf, so entfaltete sich in der **Bundesrepublik** eine **rege Wohnbautätigkeit** im Rahmen des „steuerbegünstigten" wie auch des mit öffentlichen Mitteln geförderten Wohnungsbaus. Die der gemeinnützigen Wohnungswirtschaft zuzuordnenden Unternehmen, einschließlich Siedlungsgesellschaften, und die anerkannten Betreuungsunternehmen aus dem Bereich der freien Wohnungswirtschaft übernahmen die Rolle als Träger staatlicher und kommunaler Wohnungspolitik – eine Parallelerscheinung zur Zeit nach dem Ersten Weltkrieg.

Die durch den **vernichteten Wohnbestand** einerseits und den zusätzlichen Wohnbedarf der **Heimatvertriebenen** andererseits bedingte Wohnungszwangswirtschaft mit genereller Mietpreisbindung und Wohnungszuweisung wurde schrittweise abgebaut und den unternehmerischen Wohnbauaktivitäten freie Hand gelassen. Die **Bauträger** als neue, marktwirtschaftlich orientierte Unternehmensgruppe sicherten sich einen hervorragenden Platz im Rahmen der Wohnungsproduktion. Begünstigt wurde diese Entwicklung durch erhebliche **steuerliche Vorteile,** die den Bauherren und Ersterwerbern von Häusern eingeräumt wurden.

Der Wohnungsbau wurde insgesamt zu einem wichtigen Konjunkturmotor. Mitte der 50er-Jahre wurde der Wohnungsbestand von 1939 wieder erreicht. Im Rekordbaujahr 1974 wurden 714 000 Wohnungen gebaut. Es gab allerdings auch Einbrüche, etwa die Bauträgerkrise nach 1974. Das Jahr mit den niedrigsten Wohnbauzahlen seit 1949 war das Jahr 1988 mit nur noch 208 000 Wohnungen. Der Wohnbedarf schien damals gesättigt. Seitdem wird, bedingt durch den enorm steigenden Einwanderungsüberschuss, wieder mehr gebaut. Allerdings gilt durchgehend bis heute, dass der überwiegende Teil der Wohnungsproduktion in der Hand der **Privatbauherren** liegt.

In der **DDR** lag die Wohnungsproduktion bei den **staatlichen Baukombinaten** und bei den **Wohnungsbaugenossenschaften.** In geringem Umfange war eine private Bauherrenschaft (Einfamilienhäuser auf der Grundlage von Nutzungsrechten an volkseigenen Grundstücken) möglich. Neben die gemeinnützigen Wohnungsbaugenossenschaften, die 1945 auf dem Gebiet der DDR bereits bestanden, traten nach 1954 noch neu gegründete **„Arbeiterwohnbaugenossenschaften".** Ein privater Neubau zu Zwecken der Vermietung war ausgeschlossen. Dadurch wäre „kapitalistisches Eigentum" neu begründet worden.

1950 war die (geringfügige) Neubautätigkeit noch zu 61 % privat und zu 30 % staatlich. Ab 1954 war nur noch Bauen auf volkseigenem Grund möglich. 1955 sind 73 % der gebauten Wohnungen staatlich, 17 % privat und 10 % genossenschaftlich entstanden. Erhebliche Umsetzungsmängel staatlicher Planvorgaben führten 1958 zur Verkündung des Prinzips der **territorialen Planung,** mit der Folge, dass 1960 der staatliche Wohnbauanteil auf 44 %, der private auf 6 % zurückgingen, und der genossenschaftliche auf 50 % anstieg. Das relativ selbstständige Agieren der Genossenschaften wiederum führte zu Friktionen im Planungsapparat, was 1963 die Verkündung des „Neuen Ökonomischen Systems" mit einem Zurück zur **Zentralisierung** zur Folge hatte. 1968 waren infolgedessen wieder 75 % des Wohnungsbaus staatlich, 20 % genossenschaftlich und 5 % privat.

Mit Verkündung des neuen Wohnbauprogramms der DDR im Jahre 1971, verbunden mit dem Ziel, die „Wohnungsfrage" als soziale Frage bis 1990 zu lösen, wurde der Wohnungsbau in der DDR angekurbelt. Es entstanden die Großsiedlungen in der **„Plattenbauweise"**. 1975 hatte die DDR die Bundesrepublik hinsichtlich der Wohnbauzahlen, bezogen auf die Einwohner, mit 8,24 pro Tausend (Bundesrepublik 7,3 pro Tausend) überholt. Allerdings betrug die Durchschnittsgröße der bundesrepublikanischen Neubauwohnung 90,8 m², jene der DDR nur 59,9 m². Die Wohnbauzahlen in der DDR wurden von da an relativ konstant bis zur Wiedervereinigung gehalten.

Ein **quantitativer** Vergleich zeigt deutlich, dass trotz großer Anstrengungen, laufender Korrekturen im Planungsbereich und bei Einsatz „ökonomischer Hebel" die DDR im Bereich der Wohnraumversorgung den Experimentalbeweis für die Überlegenheit des sozialistischen Systems nicht erbringen konnte.

Die Fakten:

1989	Früheres Bundesgebiet	Neue Bundesländer einschl. Berlin-Ost
Wohnungen je 1 000 Einwohner	425	415
Wohnfläche je Wohnung	86,4 m²	64,3 m²
Wohnfläche je Einwohner	36,7 m²	27,4 m²
Räume je Wohnung	4,4	3,8
Räume je Einwohner	1,9	1,6

Dass das Wohnbauergebnis der früheren **DDR** auch einem **qualitativen** Vergleich mit der nach der DDR-Terminologie „kapitalistischen" Bundesrepublik nicht standhielt, ergab sich aus der Gegenüberstellung der **Wohnwerte**. Der weitaus überwiegende Teil der Wohnungen in der damaligen DDR gehörte einem einfachen Wohnwert an. Um nur einige Merkmale zu nennen: Aufputzleitungen, schalldurchlässige Konstruktionen, keine raumbezogene Regulierung der Heizung, Infrastrukturmängel hinsichtlich der Wohnlage, sehr geringer Modernisierungs- und Instandsetzungsgrad bei den Altbauten, Einförmigkeit des Typenbaus u.dergl. kennzeichnen viele Wohngebäude der früheren DDR. Nahezu 30 % der Wohnungen hatten kein Innen-WC.

Der fehlenden Wohnqualität werden häufig die niedrigen Mieten entgegengehalten. Sie waren in der vierzigjährigen Geschichte der DDR in der Tat eingefroren, die Altbaumieten auf dem Niveau von 1936, als im Dritten Reich der **Preisstopp** verfügt wurde, die Mieten für Wohnungen, die nach dem 31.12.1966 fertig gestellt wurden, auf einem Niveau zwischen –,80 DM und 1,25 DM pro m². Die Mieten waren längst nicht kostendeckend, woraus sich der Verfall der Gebäudesubstanz in der DDR erklärt. Zwar wurden die Mietergemeinschaften zur Durchführung von Instandsetzungsmaßnahmen in die Pflicht genommen. Die entsprechenden Vorschriften im DDR-Zivilgesetzbuch (dem Nachfolgegesetz des BGB) fanden aber kaum Beachtung.

Nach 40 Jahren DDR-Geschichte erfolgt eine Anpassung der Immobilienwirtschaft an die westdeutschen Verhältnisse. Durch verschiedene Gesetze wurde der **Anpassungsvorgang** beschleunigt, insbesondere durch die gesetzliche Regelung der Restitutionsansprüche (Eigentums-Rückübertragungsansprüche) unter Berücksichtigung des besonderen Investitionsinteresses. Im Mietpreisrecht wurde die Anpassung mittlerweile durchgeführt. Die Überführung des Grundstücksrechts an die westdeutsche Rechtslandschaft erfolgte bzw. erfolgt noch im Rahmen des Sachenrechtsbereinigungsgesetzes sowie anderer Vorschriften, z. B. das Grundbuchbereinigungsgesetz, das Bodensonderungsgesetz, sowie durch die entsprechenden Verordnungen. Der öffentliche Glaube des Grundbuchs soll in den östlichen Bundesländern ab Anfang 2001 hergestellt werden (2. Eigentumsfristengesetz).

1.2 Die Unternehmen in der Immobilienwirtschaft

1.2.1 Die Unternehmen und ihre Funktionen in der Immobilienwirtschaft

Die Entwicklung der Immobilienwirtschaft verlief uneinheitlich. Auf der einen Seite ist sie gekennzeichnet durch den sich herausbildenden und gesetzlich bis ins Einzelne geregelten Bereich der **gemeinnützigen Wohnungswirtschaft**, die zu gefestigten Begriffsinhalten (etwa dem des „Wohnungsunternehmens") führte. Es entwickelten sich hier definierte Kalkulationsschemata, die notwendig waren, um die Grenzlinien zwischen „gemeinnützig" und „frei" aufzuzeigen. Da gemeinnützige Unternehmen vorwiegend auch Träger des „sozialen Wohnungsbaus" waren und ihre Geschäftsaktivitäten, die den Wohnungsbau betrafen, in erheblichem Ausmaß von den Fördervolumina der öffentlichen Hände abhingen, kam es zu einer Art von Identifikation der Grundsätze, wie die von gemeinnützigen Unternehmen durchzuführenden Maßnahmen zu kalkulieren seien, mit den Vorschriften über die Kalkulation des sozialen Wohnungsbaus. Dies war lange Zeit eine Welt für sich.

Es gibt (Stand 1999) etwa 3 167 Wohnungsunternehmen einschließlich Wohnungsbaugenossenschaften, davon 1 800 in den alten Bundesländern, die dem ehemals gemeinnützigen Bereich zuzuordnen sind. In den östlichen Bundesländern sind darunter auch die kommunalen Wohnungsunternehmen enthalten, die sich aus den kommunalen Wohnungsverwaltungen entwickelt haben. Alle Wohnungsunternehmen zusammen haben einen Eigenbestand von ca. 6,9 Mio. Wohnungen. Organisiert sind diese Unternehmen im Gesamtverband der Wohnungswirtschaft.

Auf der anderen Seite gab es die nicht gebundenen Unternehmen, die sich in bewusster Abgrenzung als **„freie“ Wohnungsunternehmen** bezeichneten, obwohl viele von ihnen den Wohnungsbau nur als einen des ihnen freistehenden Aktionsrahmens begriffen. Je nach Marktchancen waren viele mal mehr Gewerbebauträger, mal mehr Wohnungsunternehmen.

Die Zahl der im „Verband der freien Wohnungsunternehmen“ organisierten Wohnbauträger liegt bei etwa 1 800 (1999). Sie verfügen „nur“ über einen eigenen Wohnungsbestand von ca. 650 000 Wohnungen. Dafür entfalten sie größere Wohnbauaktivitäten für Einfamilienhaus- und Eigentumswohnungs**erwerber.**

– Die Neugliederung der Wohnungsunternehmen

Wenn an die Geschichte der Unternehmen in der Immobilienwirtschaft angeknüpft wird, dann kann im Bereich der auf die **Wohnungswirtschaft** spezialisierten Unternehmen unterschieden werden zwischen den Wohnungsunternehmen, die vor Aufhebung des Wohnungsgemeinnützigkeitsrechts als **gemeinnütziges** Wohnungsunternehmen firmierten, und den **freien** Wohnungsunternehmen. Diese Unterscheidung ist nicht bedeutungslos geworden. Frühere gemeinnützige Wohnungsunternehmen stehen heute in der Situation, die bestand, bevor das Wohnungsgemeinnützigkeitsrecht geschaffen wurde.

Nach wie vor besteht die Möglichkeit, sich als Wohnungsunternehmen die der Gemeinnützigkeit entsprechenden wirtschaftlichen Ziele zu setzen und in der **Satzung** zu verankern. Man spricht in einem solchen Fall von Gemeinnützigkeit kraft Satzung. Im Vergleich zur gesetzlichen Gemeinnützigkeit besteht allerdings die Möglichkeit, die Art der Bindungen zur Erreichung der Sachziele selbst zu wählen. Sicher gehören dazu der generelle Verzicht auf **Gewinn** und eine Begrenzung der **Verzinsung** des eingesetzten Eigenkapitals.

Unabhängig davon, ob die Zielsetzung des Unternehmens nach der Entlassung aus der gesetzlichen Wohnungsgemeinnützigkeit an gemeinnützigen Grundgedanken festhält oder nicht, gelten für sie ab 1. Januar 1994 die Vorschriften der Gewerbeordnung und der Makler-Bauträger-Verordnung. Dies gilt auch für **Baugenossenschaften**.

Ausgenommen sind lediglich **Vermietungsgenossenschaften,** bei denen die Einnahmen aus nicht begünstigten Geschäften unter 10 % der Gesamteinnahmen bleiben. Diese behalten nach wie vor den Status der Gemeinnützigkeit, wie die übrigen Erwerbs- und Wirtschaftsgenossenschaften. Die Einnahmen aus nicht begünstigten Geschäften werden wie ein abgegrenzter wirtschaftlicher Geschäftsbetrieb behandelt, mit der Folge, dass für diesen Teil Gewerbe-, Körperschafts- und Vermögensteuerpflicht besteht. Wichtig ist vor allem, dass zu den begünstigten Geschäften die Überlassung von Genossenschaftswohnungen an Mitglieder der Genossenschaft gehören, während die Vermietungen an Nichtmitglieder nicht begünstigt sind. Damit sind die Vermietungsgenossenschaften steuerlich auf den genossenschaftlichen Grundgedanken der Selbsthilfe festgelegt.

– Wohnungsunternehmen oder Bauträger?

Die **gemeinnützigen** Wohnungsunternehmen konnten zur Zeit des Wohnungsgemeinnützigkeits-Gesetzes definiert werden über die Bindungen an die Geschäftsbereiche:

Danach waren sie zuständig für
  Wohnungsbau („Baupflicht“),
  Bewirtschaftung des eigenen Wohnungsbestandes,

Objektbetreuung,
Verkauf von ihnen bebauten Grundstücken,
Träger bzw. Treuhänder von öffentlichen Erschließungs- und städtebaulichen Sanierungs-/Entwicklungsmaßnahmen.

Als Nebenleistungen konnten sie Sondereinrichtungen für Mieter und für die Bewirtschaftung betreiben, unbebaute Grundstücke und von ihnen veräußerte Eigenheime und Kleinsiedlungen finanziell verwalten sowie Wohnungseigentumsanlagen verwalten. (Zum Begriff Sondereinrichtungen s. 5.10.3.1 + 6)

Die **freien** Wohnungsunternehmen unterscheiden sich in den Tätigkeitsbereichen lediglich dadurch, dass es keinerlei Bindungsvorschriften und auch keinen Bauzwang gibt. Heute bestehen zwischen früher gemeinnützigen und freien Wohnungsunternehmen **keine** funktionalen Unterschiede mehr.

Klargestellt werden muss in diesem Zusammenhang der Begriff des **Bauträgers.** Früher wurden vielfach Bauunternehmen, die im eigenen Betrieb Bauleistungen erbrachten, dann zu den Bauträgern gezählt, wenn sie Objekte in eigenem Namen und auf eigene Rechnung für den Markt produzierten. Heute ist klar, dass Bauträger **Organisatoren** und wirtschaftliche Träger der Bauvorhaben sind, die für die Bauausführung stets andere Betriebe des Bauhaupt- und Baunebengewerbes einschalten. Sie produzieren darüber hinaus stets für den Markt.

Wohnungsunternehmen sind also insoweit **Bauträger,** als sie in dem genannten Sinne Organisatoren und wirtschaftliche Träger von **Wohnbauvorhaben** sind. Der Begriff Wohnungsunternehmen selbst ist ein Sammelbegriff für **wohnungswirtschaftliche Leistungsträger** in verschiedenen Bereichen. Sie produzieren sowohl für den Markt als auch zur Mehrung des Eigenbestandes.

Bauträger organisieren in eigenem Namen und für eigene Rechnung nur **Bauleistungen** zur Erstellung eines Bauwerkes unabhängig von dessen Zwecksetzung (Wohnungen, Gewerbe, öffentliche Bauten usw.).

Wohnbauunternehmen sind demgegenüber auf den Wohnungsbau **spezialisierte** Bauträger (Wohnbauunternehmen = Wohnbauträger).

Die Entwicklung lässt sich wie folgt darstellen:

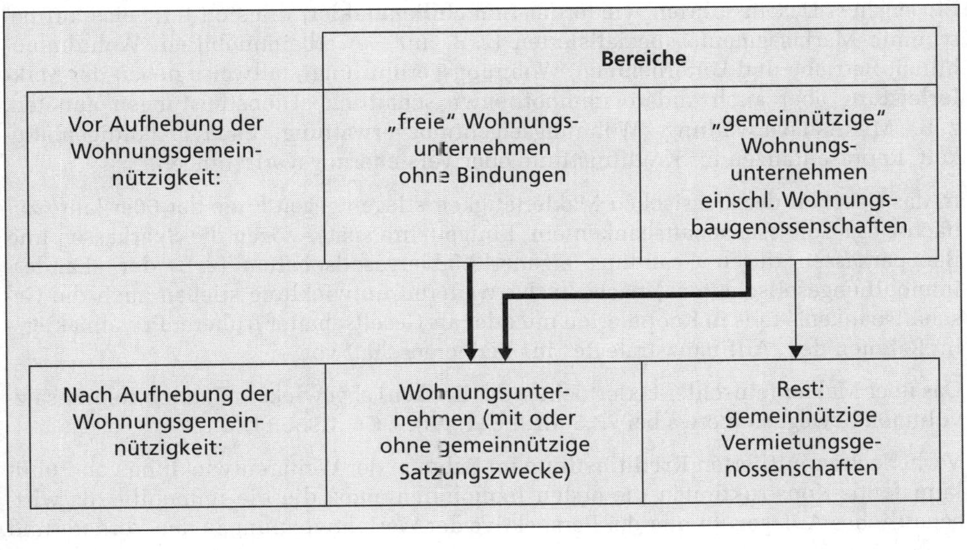

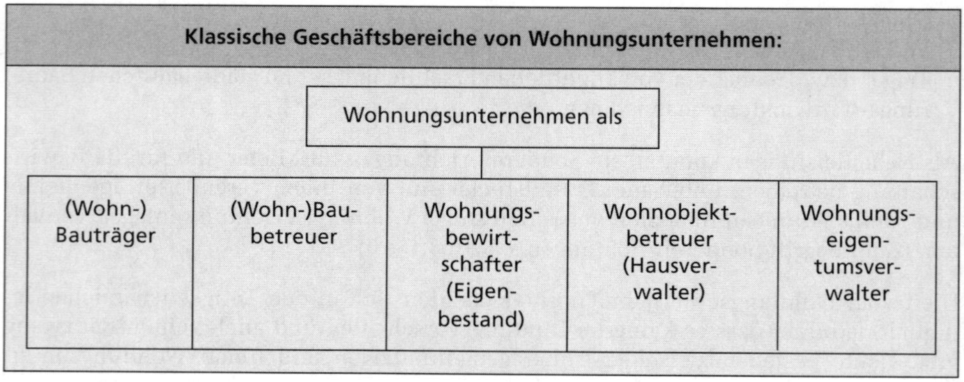

Eine Sonderrolle spielten innerhalb der „freien" Wohnungsunternehmen die „Betreuungsunternehmen" i. S. d. II. WoBauG. Sie waren befugt, ebenso wie gemeinnützige Wohnungsunternehmen, mit öffentlichen Mitteln geförderte Wohnbauvorhaben durchzuführen. Die Sonderrolle endete im Zusammenhang mit der Aufhebung der Wohnungsgemeinnützigkeit.

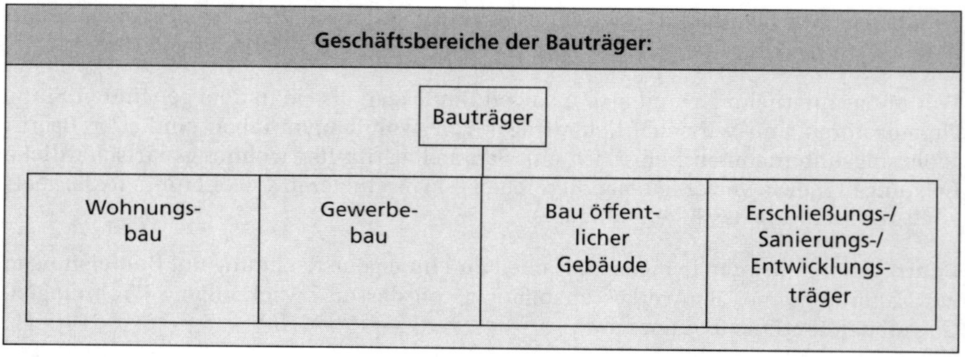

(Zu den Begriffen Generalunternehmer, Generalübernehmer, Baubetreuer s. 7.2.1)

– Immobilienmakler

Ein eigenes Dasein führten wiederum **Immobilienmakler,** die sich teilweise auf bestimmte Marktsegmente spezialisierten (z. B. auf Gewerbeimmobilien, Wohnimmobilien, Betriebe und Unternehmen, Wohnungsvermittlung), teilweise neben der **Maklerleistung** aber auch andere immobilienwirtschaftliche Dienstleistungen anboten, z. B. Miethausverwaltung, Wohnungseigentumsverwaltung, Sachverständigentätigkeit, Repräsentanzen für Kreditinstitute oder Versicherungsvertretungen.

In das Geschäft der klassischen Maklertätigkeit stiegen gegen Ende der 60er-Jahre zunächst die Genossenschaftsbanken ein. Einige Jahre später zogen die Sparkassen und Bausparkassen durch Gründung eigener Maklergesellschaften (z. B. der „Landesimmobiliengesellschaften") nach. In der weiteren Entwicklung stießen auch die Geschäftsbanken – teils in Kooperation mit oder als Gesellschafter früherer Privatmakler – im Rahmen der „Allfinanzstrategie" ins Maklergeschäft vor.

Das über Makler (einschl. Maklertöchter der Banken) abgewickelte Immobilienumsatzvolumen bewegt sich etwa bei 72,5 Mrd. € (1998). 1 € = 1,9558 DM..

Vorher schon initiierten **Kreditinstitute** im Rahmen der Weiterentwicklung von Publikumsfonds-Konstruktionen die ersten Immobilienfonds, die die Immobilie als wirtschaftliches Anlagegut unter der Perspektive der Wertentwicklung in den Vordergrund stellte und in dieser neuen Form marktgängig machte. Der erste deutsche Immobilienfonds wurde im Februar 1959 aufgelegt (iii-Fonds Nr. 1). Das Sondervermögen der inzwischen 15 **offenen Immobilienfonds** betrug Ende 1999 etwa 50 Mrd. € (= 98 Mrd. DM).

– Geschlossene Immobilienfonds, Bauherrenmodelle, Immobilienleasing

Daneben traten **Initiatoren** von **geschlossenen** Immobilienfonds, die mit dem Angebot sowohl Immobilieninteressenten aus dem Anlegerbereich ansprachen, als auch Interessenten, denen es vorwiegend um Steuerersparnisse ging. Fondsobjekte sind in der Regel gewerbliche Immobilienobjekte. Das Marktvolumen der geschlossenen Fonds ist amtlich nicht erfasst. Es wurde für 1991 noch auf etwa 15 Mrd. € geschätzt. Die Fonds nahmen einen rasanten Aufschwung. Allein in der Zeit zwischen 1995 und 1998 erhöhte sich das Fondsvolumen um knapp 46 Mrd. €. Geschlossene Immobilienfonds waren überwiegend so konstruiert, dass sich daraus bei Erstanlage erhebliche steuerliche Vorteile erzielen ließen.

Mit dem Inkrafttreten des Steueranpassungsgesetzes 1999, 2000, 2002 am 1. April 1999 dürfte die Zeit für Investitionen in geschlossene Immobilienfonds aus Gründen der Steuervermeidung vorüber sein. Initiatoren geschlossener Immobilienfonds konzentrieren sich heute mehr auf Objekte mit realen Renditezuwachschancen, wobei zunehmend auch Anlagen im europäischen Ausland in Betracht kommen.

Einen eigenen Markt eröffneten Initiatoren von **Bauherrenmodellen,** bei deren Konzeption vielfach **Steuerberater, Wirtschaftsprüfer und Kreditinstitute** mitwirkten. Hier wurden systematisch die Möglichkeiten und „Schlupflöcher“ des Steuersystems genutzt, um steuersparwilligen Bürgern Anlagemöglichkeiten aufzuzeigen, wobei die Immobilie selbst nur eine untergeordnete Rolle spielte. Nach diesen Modellkonstruktionen dürften in deren Blütezeit (zwischen 1975 und 1985) etwa 240 000 Eigentumswohnungen gebaut worden sein.

Nachdem die Ära der klassischen Bauherrenmodelle zu Ende ging, wurden für ein Publikum, das einen institutionellen Bedarf für Geldanlagen im Immobilienbereich hatte, neue Vertriebsformen **(„Strukturvertrieb“)** ins Leben gerufen, die einen erheblichen Einfluss auf die private Geldanlagepolitik der von ihnen beratenen Kundschaft nahm. Auch hier ist die Immobilie einerseits ein „Rechenobjekt“, andererseits Spekulationsobjekt. Neben der Augenblicksrendite spielen Wertentwicklungserwartungen eine wichtige Rolle. Genutzt werden bei diesen Vertriebsformen u. a. auch die unterschiedlichen regionalen Preisniveaus. Hauptobjekte der Strukturvertriebe sind Eigentumswohnungen.

Schließlich ist auch noch das **Immobilienleasing** zu nennen, das sich – teilweise auch in Verbindung mit Formen des geschlossenen Immobilienfonds – einen zunehmenden Marktanteil auf dem Gewerbeimmobiliensektor erobert hat. Es handelt sich um komplizierte Konstruktionen, deren wirtschaftlicher Grundgedanke der ist, dass einem Unternehmen – durch Zurverfügungstellung des Immobilienanlagevermögens durch die Leasinggesellschaft – eine langfristige Kapitalbindung erspart wird. Es handelt sich um ein besonderes Finanzierungsinstrument. Das „Darlehen“ wird in Form des betrieblichen Immobilienanlagevermögens zu 100 % gegen **Amortisation** und **Verzinsung** innerhalb einer bestimmten Nutzungszeit gewährt. Verbunden wird die Zurverfügungstellung dieses „Sachkapitals“ mit einem Verwaltungsservice. Gesellschafter der Leasinggesellschaften sind in der Regel Kreditinstitute. Die Leasingraten setzen sich zusammen aus den Zinsen für das vom Leasingunternehmen investierte Kapital (Eigen- und Fremdmittel), der Tilgung bis zur Höhe der Abschreibung, den Verwaltungskosten und einem Risiko- und Gewinnaufschlag. Leasingobjekte sind im Bereich der Wirtschaft Handelsobjekte, Büro- und Geschäftsgebäude, Produktionsgebäude und Lagerhallen, komplette Produktions- und Versorgungsanlagen und sonstige Spezialobjekte. Im Rahmen des kommunalen Leasing werden Gebäude für die öffentliche Verwaltung zur Verfügung gestellt.

Die 25 Mitgliedsgesellschaften des Bundesverbandes Deutscher Leasinggesellschaften, die sich mit Immobilienleasing befassen, haben allein 1999 426 Immobilienleasingverträge mit einem Investitionsvolumen von knapp 6 Mrd. € abgeschlossen.

1.2.2 Wirtschaftliche Bedeutung der einzelnen Geschäftsbereiche immobilienwirtschaftlicher Unternehmen

Betrachtet man die Wirkungsfelder der immobilienwirtschaftlichen Unternehmen im Einzelnen, dann kann man im Wesentlichen folgende Bereiche unterscheiden:

1. Mitwirkung bei Bodenordnung und Baulanderschließung
2. Beschaffung von/Versorgung mit Baugrundstücken
3. Beschaffung von Finanzierungsmitteln
4. Errichtung von Gebäuden
5. Bewirtschaftung von Gebäuden einschließlich der Verwaltung von Wohneigentum
6. Vertrieb (Vermietung und Verkauf) von Objekten
7. Mitwirkung bei städtebaulichen Sanierungs- und Entwicklungsmaßnahmen

1.2.2.1 Mitwirkung bei Bodenordnung und Baulanderschließung

Die unternehmerischen Aufgaben in der Immobilienwirtschaft setzen bereits im Zusammenhang mit der **„Produktion" von Bauland** ein. Im Gegensatz zum 19. Jahrhundert, wo diese Funktion fast ausschließlich in den Händen der Terraingesellschaften lag, ruht heute die Kompetenz für die Festsetzungen von Art und Maß baulicher Nutzung bei den Gemeinden und – wo solche existieren – den gemeindlichen Planungsverbänden. Vorläufer der heutigen Regelungen des Baugesetzbuches waren gemeindliche Staffelbauordnungen, die die bebaubare Gemeindefläche in Bauzonen mit unterschiedlich dichter Bebauung einteilten.

– Städtebauliche Verträge als Grundlage für unternehmerische Aktivitäten

Die Einbeziehung von Unternehmen in Maßnahmen, die in den originären hoheitlichen Aufgabenbereich der Gemeinden fallen, erfolgen im Rahmen von städtebaulichen Verträgen (§ 11 BauGB). Sie können sich u. a. beziehen auf die Vorbereitung und Durchführung städtebaulicher Maßnahmen (z. B. Sanierungs- und Entwicklungsmaßnahmen) auf eigene Kosten (hierzu siehe 1.2.2.7), die Neuordnung der Grundstücksverhältnisse (Bodenordnung), die Bodensanierung, die Übertragung von städtebaulichen Planungsleistungen (z. B. Erstellung von Bebauungsplänen) wobei die Verantwortung hierfür stets bei der Gemeinde bleibt, sowie auf die Durchführung von Erschließungsmaßnahmen.

Im Interesse der Beseitigung dringender Wohnungsnot von Bevölkerungsrandgruppen oder zur Deckung des Wohnbedarfs der einheimischen Bevölkerung können ebenfalls vertragliche Vereinbarungen im Zusammenhang mit dem Bauleitplanungsverfahren getroffen werden (z. B. bei so genannten **„Einheimischen-Modellen"**). Unternehmen können aber auch eingeschaltet werden, um den **Ausgleich** der mit der Bauleitplanung verbundenen Eingriffe in Natur und Landschaft zu besorgen, der nach dem Baugesetzbuch zu leisten ist. (§ 1 a BauGB)

Ausdrücklich wird es Gemeinden ermöglicht, bauwilligen Investoren in einem Vertrag die Kosten und Aufwendung für Planungen und städtebauliche Maßnahmen sowie Anlagen und Einrichtungen aufzubürden, die der Allgemeinheit dienen. Damit erhielt die schon seit langem praktizierte Übernahme von Folgekosten durch Bauträger eine zusätzliche gesetzliche Grundlage (**„Folgekostenverträge"**). Allerdings wird diese

Vereinbarungspraxis gleichzeitig auch begrenzt. Wenn nämlich ohnehin ein Anspruch auf Baugenehmigung besteht, ist die Vereinbarung der Übernahme von Kosten außerhalb des erschließungsfähigen Beitragsaufwandes nicht zulässig.

– Bodenordnung

Ein Umlegungsbeschluss kann von der Gemeinde bereits zu einem Zeitpunkt gefasst werden, zu dem ein rechtskräftiger Bebauungsplan noch nicht vorliegt. Da aber die Umlegung der „Verwirklichung des Bebauungsplanes" dient, muss zumindest eine Grundkonzeption vorhanden sein, die Voraussetzung für den Beschluss ist, einen Bebauungsplan aufzustellen. Aufstellungsbeschluss und **Umlegungsanordnung** erfolgen oft am selben Tag. Das Baugesetzbuch kennt neben der amtlichen auch die **„freiwillige Umlegung"**. In manchen Bundesländern vor allem in Süddeutschland überwog für lange Zeit die „freiwillige Umlegung" das amtliche Verfahren. Heute ist die freiwillige Umlegung teilweise in den Hintergrund getreten. Die Einschaltung von Unternehmen zur Bodenordnung über städtebauliche Verträge ist jedoch überall dort anzutreffen, wo die Gemeinden nicht in der Lage sind oder nicht über die entsprechenden Kapazitäten verfügen, um solche Maßnahmen selbst durchführen zu können. Private Initiativen für Bodenordnungen gehen sogar amtlichen Verfahren vor.

Umlegung und **Grenzregelung** haben den Zweck, die ursprünglichen Grundstücke den Vorgaben des Bebauungsplanes enzsprechend neu zu ordnen („parzellieren"). Der ursprüngliche Grundstücksbestand wird dabei zur Umlegungsmasse vereinigt, nach Abzug der Erschließungsflächen wird der neu geordnete Boden (Verteilungsmasse) an die ursprünglichen Grundstückseigentümer zurück übertragen. Bodenumlegungen finden nicht nur im Zusammenhang mit Neuerschließungen auf der Grundlage von Bebauungsplänen statt (so genannte **„Erschließungsumlegung"**), sondern auch im Zusammenhang mit der Neuordnung der Bodenverhältnisse bei Durchführung städtebaulicher Sanierungsmaßnahmen (so genannte **„Neuordnungsumlegung"**). Eine Umlegung ist auch denkbar im Innenbereichen, für den kein Bebauungsplan aufgestellt wird, wo sich also die Bebauung nach der Umgebungsbebauung richtet.

– Erschließung

Neben der Bebauungsplanung und der Bodenordnung ist der dritte Schritt der Baulandproduktion die Erschließung des Rohbaulandes. Darunter versteht man alle baulichen Maßnahmen zur Herstellung der Verkehrswege (Anliegerstraßen, Fußwege), der Beleuchtung, der Grünanlagen, der Versorgungsleitungen (Strom, Gas, Wärme, Trinkwasser) und der Abwasserbeseitigung (Kanalisation). Näheres hierzu s. auch 3.2.

Die Erschließungshoheit liegt, wie die Planungshoheit, bei den Gemeinden. Sie kann die Erschließungsanlagen selbst herstellen, aber auch an Unternehmen übertragen. Diese sind dann **„Erschließungsträger"**. In einem Erschließungsvertrag mit der Gemeinde verpflichtet sich das Unternehmen, auf eigene Rechnung und in eigenem Namen die **Erschließungsanlagen** herzustellen. Dieser Vertrag bedarf der Schriftform, muss dann aber **notariell** beurkundet werden, wenn darin die Verpflichtung des Unternehmens enthalten ist, Grundstücksflächen (z. B. für die Straßenführung) an die Gemeinde zu übertragen. Dies ist der Regelfall

Erschließt die Gemeinde selbst, beträgt der beitragsfähige Erschließungsaufwand höchstens 90 % der Erschließungskosten. 10 % muss die Gemeinde selbst tragen. Bei Übertragung der Erschließung auf ein Unternehmen kann vereinbart werden, dass das Unternehmen die Kosten der beitragsfähigen wie auch der nicht beitragsfähigen Erschließungsanlagen **ganz** oder teilweise übernimmt. Der Bauträger kann die Erschließungskosten in den Kaufverträgen mit den Erwerbern anteilig geltend machen.

BauGB § 124 Abs.2

Die Erschließung des Rohbaulandes kann die Gemeinde natürlich auch Unternehmen übertragen, die nicht anschließend als Wohnungsunternehmen oder Bauträger die Bebauung des erschlossenen Gebietes übernehmen. Zu unterscheiden ist dabei, ob es sich um die bloße Beauftragung fremder Tiefbauunternehmen handelt, weil die Kapazitäten des gemeindlichen Bauhofes nicht ausreichen, oder ob die Trägerschaft übertragen wird. Im letzten Fall handelt das Unternehmen in eigenem Namen und stellt der Gemeinde den vereinbarten Festpreis oder den Abrechnungspreis in Rechnung.

Erschließungsträger sind in der Regel größere **Wohnungsunternehmen** und **Bauträger,** die auf den erschlossenen Grundstücken ihr Bauvorhaben ausführen. Aber auch ländliche Siedlungsgesellschaften und spezielle **Erschließungsunternehmen** kommen hierfür in Betracht, die über eine der Maßnahme entsprechende Größe und Finanzkraft verfügen und das erforderliche Know-how besitzen.

Bei größeren Projekten, insbesondere im **gewerblichen Bereich,** müssen unter Umständen die Vorgaben der Gemeinden im Bebauungsplan daraufhin überprüft werden, ob oder inwieweit sie mit den Erschließungsnotwendigkeiten bei Realisierung des vorgesehenen Projektes übereinstimmen. Diese Prüfungen nehmen als eine ihrer Aufgaben **Projektentwickler** vor. Gegebenenfalls muss mit den maßgeblichen Entscheidungsträgern, insbesondere den Bauplanungsbehörden, aber auch mit anderen Ämtern und Stellen (etwa Feuerwehr, Verkehrsbetriebe) eine Abstimmung erfolgen. Die Bauleitplanung hat sich nicht nur den Zielen der Raumordnung und Landesplanung anzupassen. Sie steht auch unter dem Gebot gerechter Abwägung privater und öffentlicher Belange (§ 1 Abs.6 BauGB). Dies kann nur im Dialog zwischen den beteiligten Ämtern und den Privatinvestoren erfolgen. Art, Frequenz und Zeiten des Verkehrsaufkommens, benötigte Parkflächen u.dergl. nach Durchführung der Investition sind in einer Modellprognose mit den aus den gegebenen Planvorgaben resultierenden Werten zu vergleichen. Die Modellprognose führt zu einem Anforderungskatalog an die Netze der Fuß- und Fahrradwege, Straßen und öffentlichen Verkehrsmittel, Kfz-Stellplätze u.dergl. Bei den Erörterungen sind neben den Gesetzen und Verordnungen auch zahlreiche technische Regelwerke (DIN-Normen, VDI-Richtlinien, Richtlinien für die Anlage von Verkehrswegen der Forschungsgesellschaft für Straßen- und Verkehrswesen und weiterer Dienststellen) zu beachten.

Bei diesem Aufgabenbereich handelt es sich um ein Teilgebiet der **„Immobilienentwicklung“**. Im deutschen Sprachraum wird das englische Wort **„Development“** in diesem Zusammenhang oft gebraucht.

1.2.2.2 Beschaffung von/Versorgung mit Baugrundstücken

Die Beschaffung von Baugrundstücken für Wohnungsunternehmen, Bauträger, Investoren und Privatleute gehört in den typischen Aufgabenbereich des **Immobilienmaklers.** Er fungiert als Marktleistungsträger, indem er Angebot und Nachfrage zusammenführt (s. insbesondere 1.3.4).

Damit der Markt auf die Nachfrage nach Baugrundstücken flexibel reagieren kann, ist stets ein gewisser **Vorrat** an sofort verfügbaren und bebaubaren Grundstücken notwendig. Die Gemeinden müssen daher eine Baulandvorratspolitik betreiben, um diese Marktflexibilität zu gewährleisten. Gleichzeitig handelt es sich bei der Baulandvorratsproduktion um ein Instrument der Bodenpreispolitik.

Zielvorgaben über Größe, Art und Streuung von Baulandreserven gibt es allerdings derzeit auch in den Regionalplänen nicht, so dass sich die deutschen Gemeinden schwertun, den auf sie treffenden notwendigen Beitrag zu der im geografischen Gesamtzusammenhang zu sehenden Baulandbevorratung zu erkennen.

1.2.2.3 Beschaffung von Finanzierungsmitteln

Investitionen in der Immobilienwirtschaft sind **kapitalintensiv.** 1999 betrug das Volumen der Hypothekarkredite der Kreditinstitute (ohne Bausparkassen) im Bereich der Wohnungswirtschaft im ganzen Bundesgebiet 960,7 Mrd. €, also etwa 1,879 Billionen DM. Die Wohnungswirtschaft absorbierte damit 58 % des langfristigen Kreditvolumens der Kreditinstitute. Sie tritt zu anderen Bereichen der Wirtschaft in eine erhebliche **Nachfragekonkurrenz** im Bereich des langfristigen Kredits. Dies führt in Fachkreisen immer wieder zu der strittig behandelten Frage nach der Produktivität des Wohnungsbaus.

Darlehensgeber sind Kreditinstitute, im Wesentlichen nämlich Realkreditinstitute (Hypothekenbanken, Landesbanken), Sparkassen, Kreditgenossenschaften (Volks- und Raiffeisenbanken) und Geschäftsbanken sowie private und öffentliche Bausparkassen. Außerdem spielen Versicherungsgesellschaften als Kreditgeber eine größere Rolle. Hinzu kommt die öffentliche Hand, die aus öffentlichen Haushalten zur Förderung des Wohnungsbaus gering verzinsliche Darlehen gewährt.

Die **Darlehensbeschaffung** durch Einschaltung von Kreditinstituten mit einem regional begrenzten Geschäftsbereich (Sparkassen, Raiffeisen- und Volksbanken) erfolgt heute in der Regel direkt, ohne Zwischenschaltung von Darlehensvermittlern. Makler, die in das Objektvermittlungsgeschäft eingeschaltet sind, sind in der Regel bei der Darlehensbeschaffung als Serviceleistung behilflich. Kreditinstitute mit überregionalem Wirkungskreis unterhalten in Gebieten, in denen sie keine Zweigniederlassungen unterhalten, Repräsentanzen, die bei der Objektbeleihung behilflich sind. In manchen Fällen handelt es sich dabei um Unternehmen, die auch als Makler tätig sind. Bausparkassen und Versicherungsgesellschaften verfügen über ein hausinternes Vertretersystem. (Näheres zur Objektfinanzierung s. 10.2)

Der **Kapitalmarktzin**s beeinflusst infolge der hohen Finanzierungslasten in erheblichem Maße die Investition in der Immobilienwirtschaft. Ein Zinsunterschied von 1,5 % bedeutet bei 100 000 DM Fremdkapitalbedarf einen monatlichen Belastungsunterschied von 125 DM für den potenziellen Erwerber einer Eigentumswohnung. Die Zahl der Immobiliennachfrager sinkt bei steigender Zinsbelastung, wodurch bei unverändertem Einkommen die Immobilienangebotspreise stagnieren oder gar sinken.

Die für Wohnungsunternehmen und Bauträger wichtigsten **Märkte** sind auf der Nachfrageseite der **Kapitalmarkt** (hinsichtlich der Entwicklung des Realzinses) und der **Arbeitsmarkt** (hinsichtlich der realen Einkommensentwicklung) einerseits und auf der Angebotsseite der **Markt für Bauleistungen** (Bauhaupt- und Ausbaugewerbe) andererseits. Eine weitere entscheidende Größe für die Entwicklung der Geschäftstätigkeit sind die vorhandenen Baulandreserven und die Struktur und Menge des Angebots von Objekten aus dem Bestand.

1.2.2.4 Errichtung von Gebäuden

Von den gesamten **Anlageinvestitionen** des Jahres 1998 in Deutschland in Höhe von ca. 341 Mrd. € entfielen auf Bauinvestitionen 216 Milliarden €. Die Bauinvestitionen einschl. Erwerb von Baugrundstücken teilen sich auf in Wohnbauten mit 122 Mrd. €, Wirtschaftsbauten mit 64 Mrd. € und Bauten der öffentlichen Hand mit 30 Mrd. €. Produziert wurden 26,1 Mill. m^2 Neubauwohnfläche.

An der Organisation des Baugeschehens sind nicht nur Unternehmen beteiligt, die der Immobilienwirtschaft zugeordnet werden (Wohnungsunternehmen, Gewerbebauträger, Baubetreuungsunternehmen, Generalunternehmer), sondern neben Privathaushalten auch der Staat und Industrieunternehmen. Werden **Großobjekte** wie etwa der Bau eines Flughafens durchgeführt, tritt als „Generalunternehmer" oft ein Industrieunternehmen auf, weil die Gebäude nur die Hülle einer hochwertigen technischen Apparatur darstellen.

In der Immobilienwirtschaft teilen sich in die Produktion von Gebäuden vornehmlich die Wohnungsunternehmen, die für den eigenen Bestand oder als Baubetreuer für fremde Bauherren tätig werden, Bauträger, Generalunternehmer und die als reine Organisatoren des Baugeschehens auftretenden Generalübernehmer (zu den einzelnen Begriffen s. 7.2.1).

Immobilienfonds und Immobilienleasinggesellschaften lassen sich meist bei ihren immobilienwirtschaftlichen Investitionen betreuen oder schalten Generalunternehmer ein.

Die Vorbereitung und Durchführung der Baumaßnahmen geschieht unter **technischen** und **wirtschaftlichen** Aspekten. Sie haben auf die Unternehmensstruktur Einfluss.

Für den technischen Leistungsbereich sind entweder unternehmensinterne oder fremdbeauftragte selbstständige Architekten, Bauingenieure und „Sonderfachleute“ zuständig. Der technische Leistungsbereich könnte am Muster der in der Honorarordnung für Architekten und Ingenieure (HOAI) beschriebenen **Grundleistungen** dargestellt werden. In § 15 der HOAI sind aufgeführt:

HOAI § 15

1. Grundlagenermittlung,
2. Vorplanung,
3. Entwurfsplanung
4. Genehmigungsplanung,
5. Ausführungsplanung,
6. Vorbereitung der Vergabe, Ermittlung der Mengen und Aufstellung von Leistungsverzeichnissen,
7. Mitwirkung bei Vergabe, Ermittlung der Kosten, Mitwirkung bei Auftragsvergabe,
8. Objektüberwachung, Ausführungsüberwachung,
9. Objektbetreuung und Dokumentation, Mängelbeseitigung.

Neben diesen Grundleistungen enthält die HOAI auch die Beschreibung der **„besonderen Leistungen“**, die im Unternehmen teils dem technischen, teils dem kaufmännischen Bereich zuzuordnen sind. Hierzu zählen beispielsweise Standortanalysen, Prüfung der Umweltverträglichkeit, Durchführung der Voranfrage, Aufstellung eines Finanzierungsplanes, Wirtschaftlichkeitsberechnung, Aufstellung vergleichender Kostenübersichten usw. Die HOAI gilt für Rechtsbeziehungen zwischen Bauherrn (z. B. Wohnungsunternehmen/Bauträger) und freischaffenden Architekten und Bauingenieuren (Näheres s. 3.3 ff.).

Eine wesentliche Verständigungsgrundlage für die an der Erbringung der Bauleistungen Beteiligten ist die **„Verdingungsordnung für Bauleistungen“** (VOB). Sie enthält Teil A (Allgemeine Bestimmungen über die Vergabe von Bauleistungen mit zusätzlichen Bestimmungen der EG-Baukoordinierungsrichtlinie [Geltungsbereich für öffentliche Auftraggeber] und der EG-Sektoren-Richtlinie [Berücksichtigung der Sektoren Wasser-, Energie- und Verkehrsversorgung und Telekommunikation]), Teil B (Allgemeine Vertragsbedingungen für die Ausführung von Bauleistungen) und Teil C (Allgemeine Technische Vertragsbedingungen für Bauleistungen). Die VOB gilt nur, wenn sie als Vertragsgrundlage vereinbart wird. In Teil B werden die Rechtsbeziehungen zwischen dem Bauherrn (also Wohnungsunternehmen, Bauträger u. a.) und den bauausführenden Firmen geregelt – nicht aber für die Rechtsbeziehung zum Architekten (Näheres s. 3.4). Seit 1. Juli 1998 ist auch die **Baustellenverordnung**, die der Sicherheit und dem Gesundheitsschutz auf Baustellen dient, zu beachten. Sie verpflichtet den Bauherren, entweder selbst die Rolle eines **Baustellenkoordinators** zu übernehmen oder einen Dritten für die Koordination zu beauftragen. Besondere Pflichten im Interesse des Arbeitsschutzes treffen die Arbeitgeber.

1.2.2.5 Bewirtschaftung von Gebäuden einschließlich der Verwaltung von Wohnungseigentum

Wie schon oben (s. 1.2.1) ausgeführt, bewirtschaften Wohnungsunternehmen einen erheblichen Eigenbestand an Wohnraum. Darüber hinaus gibt es zahlreiche Unternehmen, die als Hausverwalter fremden – in der Regel privaten – Miethausbesitz im Rahmen eines Betreuungsverhältnisses mit dem Eigentümer bewirtschaften. (Näheres zur Objektbetreuung s. 7.1).

Ökonomisch sinnvolle Ziele der Bewirtschaftung sind die langfristige Erhaltung und Sicherung des Gebäudebestandes und seiner Ertragsfähigkeit durch **Instandhaltung** und eine Optimierung der **Mieterträge** und der **laufenden Aufwendungen.** Andererseits kann Ziel auch die qualitative Verbesserung der Gebäude, die bessere Nutzung der Raumkapazitäten und die Verbesserung der Wirtschaftlichkeit durch Anpassung der Räume an die sich ändernden Prioritäten der Nachfrage sein. Die Bewirtschaftung reicht hinein bis zur Erstellung und Durchführung neuer Verwertungskonzepte im Rahmen der **Immobilienentwicklung.**

Die mit diesem Aufgabenbereich befassten Unternehmen müssen ihre Ziele oder die Ziele der vertretenen Hauseigentümer immer abgleichen mit den Zielen des **Städtebaus** (die sich z. B. aus einer Erhaltungssatzung ergeben können) und des **Umweltschutzes.** Auch hier gilt das Gebot des gerechten Ausgleichs der Belange der Öffentlichkeit mit denen des Hauseigentümers.

Verlässliche Zahlen über fremdverwaltete Einheiten sind nicht vorhanden.

Eine ständig steigende Bedeutung gewinnt die **Wohnungseigentumsverwaltung.** Während sich das im Wohnungseigentumsgesetz kodifizierte **eigentumsähnliche Dauerwohnrecht** nicht durchsetzen konnte, gewann die Eigentumswohnung in der Gunst der Nachfrage eine kaum erwartete Wertschätzung.

Eigentumswohnungen sind ein **„doppeltes" Marktgut.** Sie werden von zwei grundverschiedenen Nachfragetypen erworben. Für die eine Gruppe ist die Eigentumswohnung das **„Eigenheim in der Etage"** (oft als Ersatz für das noch nicht erschwingliche Reiheneinfamilienhaus, oft primär zur Eigenheimbefriedigung in zentralen großstädtischen Lagen). Für die zweite Gruppe ist die Eigentumswohnung der Einstieg in die **Immobilienvermögensanlage.** Wegen der erheblichen steuerlichen Förderung in der Vergangenheit hat sich der Bau von Eigentumswohnungen in beträchtlichem Umfange zu einem **Mietwohnungsersatzbau** entwickelt.

Am Markt wird die Eigentumswohnung häufiger „umgeschlagen" als ein Einfamilienhaus. Die durchschnittliche Verweildauer eines Haushaltes in der Eigentumswohnung liegt zwischen 10 und 14 Jahren. Als Einsteigerangebot wird es häufig nur für die ersten Jahre erworben, um dann umzusteigen auf ein Einfamilienhaus. Dies ist einer der Gründe, warum zwischen 40 % und 60 % des **großstädtischen Immobilienumsatzes** jährlich auf den Sektor der Eigentumswohnungen entfallen.

Im Vergleich zur Bewirtschaftung von Miethäusern lässt sich die Bedeutung der Eigentumswohnungen für die Unternehmen, die sich mit deren Verwaltung befassen, wesentlich eindeutiger bestimmen. Da die Eigentümergemeinschaften die Bestellung des Verwalters nicht ausschließen können, kommt jährlich mit der **Fertigstellung** von Wohnungseigentumsanlagen ein **zusätzlicher Verwaltungsbedarf** auf diese Unternehmen zu.

Der **gesamte Bestand** an Eigentumswohnungen dürfte Ende 1998 in den alten Bundesländern bei 3,8 Mio. gelegen haben. Sie sind zusammengefasst in über 495 000 Wohnungseigentumsgemeinschaften mit dem entsprechenden Verwaltungsbedarf.

In den letzten Jahren ist eine Entwicklung im Bereich der Gebäudebewirtschaftung zu beachten, die unter dem Stichwort des „Facility Managements" ihren Ausdruck findet.

Es handelt sich um eine in Amerika entstandene Managementstrategie, deren Gegenstand betriebliche Anlagen, Einrichtungen und Immobilien sind. Der Grundgedanke besteht darin, die Betriebe von Aufgaben zu entlasten, die nicht unmittelbar zu ihrem Kerngeschäft – der Produktion von Sach- und Dienstleistungen – gehören.

Facility Management kann im Unternehmen als eigenes **Profit-Center** (eine auf Gewinnorientierung ausgerichtete, in sich abrechenbare betriebliche Einheit) installiert sein oder auch auf Betreuungsunternehmen übertragen werden. Neben der kaufmännischen und technischen Dienstleistung bietet Facilitymanagement für den oder die Nutzer zusätzliche zentrale Dienste an (sog. infrastruktureller Leistungsbereich).

Facility Manager arbeiten mit Hilfe von CAD-Systemen („Computer Aided Design") und elektronischen Datenbanken, mit deren Hilfe alle Anlagen grafisch und mit allen für die Betreuung wichtigen Merkmalen erfasst sind. Man spricht auch vom „Computer-Aided-Facility Management" (CAFM).

1.2.2.6 Vertrieb (Verkauf/Vermietung)

Die von Wohnungsunternehmen und Bauträgern erstellten Objekte werden in der Regel **für den Markt** produziert. Sie decken **fremden Raumbedarf.** Viele Unternehmen verfügen über eine eigene Vertriebsabteilung. Andere bedienen sich der Makler. Welcher der beiden Vertriebswege beschritten wird, ist meist eine Frage der vorhandenen Kapazitäten und der Vertriebskosten. Makler werden vielfach eingeschaltet, wenn eigene Verkaufsbemühungen nicht zum Erfolg führen, wenn die zu vertreibenden Objekte nicht am Geschäftssitz des Unternehmens liegen (vor allem bei der Vermietung) oder wenn sich das Unternehmen die Kosten einer eigenen Vertriebsabteilung ersparen will.

Das Hauptgeschäft der Makler bezieht sich allerdings nicht auf den Vertrieb von Objekten der Wohnungsunternehmen bzw. Bauträger, sondern auf die Vermittlung von Bestandsobjekten.

Von Bauträgern ausgegliederte **Vertriebsabteilungen** sind – jedenfalls soweit die Objekte des Bauträgers vermarktet werden – keine Makler, obwohl sie, wie diese, Marktleistungen erbringen. Es fehlt ihnen an der die Makler kennzeichnenden Drittstellung zwischen den Parteien (s. 13.1 „Prinzip der gegenseitigen Unabhängigkeit").

Ein **Zwischenhandel** beim Verkauf von Bauträgerobjekten hat sich nicht entwickelt.

Der jährliche **Umsatz von Kaufimmobilien** weist seit Jahren eine steigende Tendenz auf. Er lässt sich anhand der Grunderwerbsteuerstatistik annähernd bestimmen. Danach dürfte das Immobilienveräußerungsvolumen 1998 etwa 150 Mrd. € betragen haben.

Zur Ermittlung des Gesamtvolumens der jährlichen Mietvertragsabschlüsse über Wohn- und Nichtwohnraum gibt es weder statistische Erhebungen noch eine Sekundärstatistik, aus der sich Zahlen ableiten lassen. Immerhin lag der **Jahresmietwert** bei Wohnraum (einschl. Mietwert eigengenutzter Wohnungen) im Jahre 1998 bei 199,2 Mrd. € = 389,7 Mrd. DM. (Nach einer Studie des Bundesamtes für Bauwesen vom Juni 1999 lag die Miete/der Mietwert in den neuen Bundesländern pro m^2 bei 8,83 DM, in den alten bei 10,59 DM).

1.2.2.7 Mitwirkung bei städtebaulichen Sanierungs- und Entwicklungsmaßnahmen

Das Baugesetzbuch regelt die beiden Bereiche der städtebaulichen Sanierungs- und Entwicklungsmaßnahmen. Wie schon bei der Baulanderschließung kann sich die Gemeinde auch zur Durchführung solcher Maßnahmen wirtschaftlicher Träger aus dem Bereich der immobilienwirtschaftlichen Unternehmen bedienen.

– Sanierungsmaßnahmen

Sanierungsmaßnahmen dienen der Behebung **städtebaulicher Missstände** im Bereich der Wohn- und Arbeitsverhältnisse sowie **funktioneller Störungen** im Hinblick auf die Zwecksetzung der baulichen Nutzung eines Gebietsteiles einer Gemeinde. Kriterien, die für das Vorliegen von Missständen sprechen, sind:

Ungenügende Belichtung, Besonnung und Belüftung der Wohnungen und/oder Arbeitsstätten,
Ausmaß baulicher Mängel,
Unzulänglichkeit der Grundstücke,
Beeinträchtigungen durch das Nebeneinander von Wohnungen und Gewerbe,
Unzulängliche Nutzung der unbebauten und bebauten Grundstücke,
Belästigungen durch Emissionen, Lärm und Erschütterungen,
Erschließungsmängel

Die **Funktionsfähigkeit** des Gebietes kann beeinträchtigt sein im Bereich des Verkehrs, der wirtschaftlichen Situation und Entwicklungsmöglichkeiten des Gebietes in Bezug auf die zugedachte Versorgungsaufgabe etwa für andere Gebiete, der mangelnden Infrastruktur (Grünanlagen, Spiel- und Sportplätze, Anlagen des Gemeinbedarfs).

Sanierungsmaßnahmen dienen dem Wohl der Allgemeinheit und unterliegen dem Gebot der gerechten Abwägung öffentlicher und privater Belange gegen- und untereinander.

Sanierungsgebiete sind oft gekennzeichnet durch alte Bausubstanz der Häuser, die zur Verschlechterung der Lebensbedingungen führt, Überalterung der Bewohner, Konzentration sozialer Randgruppen, fehlende/nicht ausreichende Infrastruktur, kapitalschwache Hauseigentümer und kaum belastbare Mieter.

Die **Vorbereitung** einer Sanierungsmaßnahme umfasst nach § 140 BauGB die vorbereitenden **Untersuchungen** nach dem oben dargestellten Kriterienkatalog, die **förmliche Festlegung** des Sanierungsgebietes, die Bestimmung der **Ziele und Zwecke** der Sanierung, die **städtebauliche Planung**, die **Erörterung** mit den Betroffenen, die Erarbeitung und Fortschreibung des **Sozialplanes**, gegebenenfalls Ordnungs- und Baumaßnahmen, die **vor** der förmlichen Festlegung des Sanierungsgebietes durchgeführt werden. Im Grundbuch für die Grundstücke, die im Geltungsbereich des Sanierungsgebietes liegen, wird ein Sanierungsvermerk eingetragen. BauGB § 140

Bei der **Durchführung** unterscheidet das BauGB zwischen Ordnungs- und Baumaßnahmen. Zu den **Ordnungsmaßnahmen** zählen BauGB § 147

Bodenordnung einschl. Erwerb von Grundstücken,
Umzug von Bewohnern und Betrieben,
Freilegung der Grundstücke,
Herstellung/Änderung der Erschließungsanlagen,
sonstige Maßnahmen, die Voraussetzung für die Durchführung der Baumaßnahmen sind.

Zu den **Baumaßnahmen** im Zusammenhang mit der städtebaulichen Sanierung gehören:

Modernisierung und Instandsetzung,
Neubebauung und Ersatzbau,
Errichtung und Änderung von Gemeinschafts- und Folgeeinrichtungen,
Verlagerung oder Änderung von Betrieben.

Sanierungsträger können wegen ihrer treuhänderischen Funktion nur solche Unternehmen sein, die nicht selbst als Bauunternehmen tätig oder von Bauunternehmen abhängig sind. Dadurch wird vermieden, dass sie sich nicht selbst zur baulichen Ausführung der Sanierungsmaßnahme (unter Einsatz öffentlicher Mittel) beauftragen können. Der unternehmerische Sanierungsträger muss aufgrund seiner wirtschaftlichen Verhältnisse geeignet und in der Lage sein, die Maßnahmen ordnungsgemäß durchzuführen. Er hat sich außerdem einer Überprüfung seiner wirtschaftlichen Verhältnisse und seiner Geschäftstätigkeit zu unterziehen (sofern sie nicht schon kraft Gesetzes erfolgt).

Die Gemeinde darf nur solche Unternehmen als Sanierungsträger beauftragen, denen die übergeordnete Behörde **bestätigt** hat, dass sie die genannten Voraussetzungen erfüllen.

Der Sanierungsträger, der in eigenem Namen handelt, kann **Treuhänder** der Gemeinde oder der **wirtschaftliche Träger** bei Durchführung der Ordnungs- und Baumaßnahmen sein. Hinsichtlich der Verfügung über die öffentlichen Mittel ist er stets Treuhänder (zum Begriff s. 7).

BauGB § 159

– Entwicklungsmaßnahmen

BauGB §§ 165 ff.

Entwicklungsmaßnahmen zielen ab auf die **erstmalige** Entwicklung eines Ortes oder von Ortsteilen oder auf ihre **Entwicklung** im Rahmen einer neuen städtebaulichen Konzeption. Vorhandene Orte werden in diesem Fall zu neuen Siedlungseinheiten entwickelt oder um neue Ortsteile ergänzt. Die Gemeinde legt in einer Entwicklungssatzung das Teilgebiet der Gemeinde förmlich fest, in dem die Entwicklungsmaßnahme durchgeführt werden soll.

Das Verfahren läuft ähnlich ab wie bei der Sanierung. Auch hier können immobilienwirtschaftliche Unternehmen als Träger eingesetzt werden. Es gelten die gleichen Qualifikationsanforderungen wie für Sanierungsträger.

Die wirtschaftliche Bedeutung dieses Geschäftszweiges ist, ähnlich dem des unternehmerischen Sanierungsträgers, relativ gering, wenn sie am Umfang anderer Leistungsbereiche gemessen wird. Häufig führen die Städte solche Maßnahmen selbst oder unter Einschaltung **kommunaler Trägerunternehmen** durch. Für andere Unternehmen bleibt deshalb kein großer „Markt". Wichtig für die betroffenen Grundstückseigentümer ist das rechtzeitige Reagieren und Artikulieren ihrer Belange, die bei der Interessenabwägung berücksichtigt werden sollen. Insoweit können qualifizierte Unternehmen aus dem Bereich der Immobilienentwicklung **Beratungsleistungen** anbieten.

1.2.3 Rechtliche Rahmenbedingungen immobilienwirtschaftlicher Unternehmen

Die Zugangsvoraussetzungen für einen immobilienwirtschaftlichen Betrieb sind vom Grundsatz der Gewerbefreiheit geprägt. Besondere Anforderungen an die **fachliche** Eignung der **Personen,** in deren Verantwortung ein immobilienwirtschaftliches Unternehmen betrieben wird, sieht die Gewerbeordnung nicht vor. Die einzige Ausnahme bilden die im Immobilienbereich tätigen **Sachverständigen,** wenn sie öffentlich bestellt und vereidigt oder zertifiziert werden wollen.

1.2.3.1 Erlaubnis nach § 34c Gewerbeordnung

GewO § 34c

Soweit nach § 34c GewO immobilienwirtschaftliche Unternehmen

Verträge über Grundstücke, grundstücksgleiche Rechte, Gewerbe-/Wohnräume oder Darlehen vermitteln und die Gelegenheit zum Abschluss solcher Verträge nachweisen (also **Immobilien- und Darlehensmakler**),

Bauvorhaben
- in eigenem Namen für eigene oder fremde Rechnung vorbereiten oder durchführen und dabei Vermögenswerte der Erwerber, Mieter, Pächter oder sonstiger Nutzungsberechtigter verwenden (also **Bauträger**)
- oder als **Baubetreuer** in fremdem Namen und für fremde Rechnung **wirtschaftlich** vorbereiten oder durchführen,

bedürfen sie der Erlaubnis der Gewerbebehörde.

Sie wird erteilt, wenn der „Antragsteller“ über die für den Betrieb erforderliche **Zuverlässigkeit** verfügt und sich in **geordneten Vermögensverhältnissen** befindet.

Als zuverlässig gilt, wer sich keiner Vermögensdelikte oder keiner Verbrechen schuldig gemacht hat oder bei dem keine sonstigen Unzuverlässigkeitsmerkmale (Steuerhinterziehung, Gewerbeuntersagung, Nichtabführung von Sozialversicherungsbeiträgen usw.) feststellbar sind.

In geordneten Vermögensverhältnissen befindet sich, über dessen Vermögen kein Insolvenzverfahren eröffnet und der nicht ins „Schuldnerverzeichnis“ eingetragen wurde.

Stellen **natürliche Personen** einen Antrag auf Erlaubnis, wird das Vorliegen der Erlaubnisvoraussetzungen bei ihnen geprüft. Wenn **juristische Personen** einen Antrag stellen, wird die Voraussetzung der Zuverlässigkeit bei den **gesetzlichen Vertretern** und das Vorliegen geordneter Vermögensverhältnisse bei der juristischen Person geprüft.

Mit dem Betrieb darf nicht **vor** Erteilung der Erlaubnis begonnen werden.

Nicht einbezogen in die erlaubnispflichtigen Tätigkeiten sind die Unternehmen, die sich mit der Verwaltung von Eigentumswohnanlagen und mit der Objektbetreuung befassen, wenn sie damit nicht eine erlaubnispflichtige Tätigkeit verbinden. Das gleiche gilt für Erschließungs-, Sanierungs- und Entwicklungsträger. Nicht einbezogen sind ferner Architekten (als Angehörige eines freien Berufs). Generalunternehmer und Generalübernehmer fallen deshalb nicht unter die Erlaubnisvorschrift, weil sie Bauvorhaben auf dem Grundstück des **Bauherrn** durchführen und deshalb nicht selbst Bauherren sind. Sie schließen keinen Bauträger-, sondern einen Bauvertrag.

Ausgenommen sind ferner solche Personen, die die erlaubnispflichtigen Tätigkeiten nicht **gewerbsmäßig,** sondern nur gelegentlich ausüben. Eine gewerbliche Tätigkeit ist nicht nur gekennzeichnet durch **Selbstständigkeit** und **Gewinnerzielungsabsicht**, sondern auch durch **Nachhaltigkeit.**

Unabhängig von der Erlaubniserteilung muss der Gewerbebetrieb beim Gewerbeamt der Gemeinde **angemeldet** werden. Die Beendigung des Betriebes ist nicht gleichzusetzen mit der Rückgabe der Erlaubnis. Sie bleibt vielmehr erhalten und erlischt nur durch Entzug, Tod oder – bei juristischen Personen – mit Löschung im Handelsregister. Ergänzende Vorschriften über die Anzeigepflicht bei Anstellung oder Wechsel der Leiter von Zweigniederlassungen enthält der § 9 MaBV. Entfallen nach Erteilung der Erlaubnis die Erlaubnisvoraussetzungen, wird die Erlaubnis widerrufen. Allerdings kann im Interesse der Erhaltung des Unternehmens der Widerruf nicht vor oder während der Dauer des Insolvenzverfahrens erfolgen, sondern erst dann, wenn es zu keinem Ergebnis führt, das die Fortführung des Unternehmens ermöglichen würde.

MaBV
§ 9

1.2.3.2 Makler-Bauträger-Verordnung

GewO
§ 34c

Wer der Erlaubnis nach § 34c GewO bedarf, unterliegt auch den Vorschriften der **Makler-Bauträger-Verordnung (MaBV).** Die MaBV ist verbraucherschutzorientiert. Im Mittelpunkt steht der **Schutz der Vermögensinteressen** der Geschäftspartner, denen die Verbraucherfunktion zukommt. Das sind alle, die auf der Nachfrageseite stehen. Beim Makler also der Miet- bzw. Kaufinteressent, beim Bauträger der Objekterwerber, beim Baubetreuer der Bauherr.

Nicht angewendet wird die MaBV bei **Versicherungs- und Bausparkassenvertretern,** soweit sie Leistungen im Namen der von ihnen vertretenen Versicherungsgesellschaft bzw. Bausparkasse erbringen. Dies betrifft den Darlehenssektor.

Auch **Miethausverwalter** brauchen die MaBV im Rahmen ihrer regulären Objektbetreuungstätigkeit nicht zu beachten.

– Absicherungspflichten

MaBV § 2, MaBV § 4, MaBV § 5, MaBV § 6, MaBV § 8

Makler und Baubetreuer, soweit sie **Vermögenswerte** ihrer (Nachfrage-)Auftraggeber entgegennehmen, müssen die Vorschriften über die Sicherheitsleistung (Bankbürgschaft) bzw. den Abschluss einer „Vertrauensschadenversicherung" beachten. Fremde Vermögenswerte dürfen grundsätzlich nur im Rahmen ihrer Zweckbestimmung verwendet werden. Die Mitarbeiter, die mit der Regelung von Geschäften beauftragt sind, die zur Entgegennahme von Vermögenswerten der Auftraggeber führen, müssen vom Gewerbetreibenden auf Einhaltung der Sicherungsbestimmungen der MaBV verpflichtet werden. Letztlich müssen die Vermögenswerte des Auftraggebers von denen des Gewerbetreibenden getrennt gehalten werden (also getrennte Bankkonten!). Schließlich ist in der MaBV noch eine Vorschrift über die **Rechnungslegungspflicht** enthalten, wenn über Gelder des Auftraggebers verfügt wurde. Näheres zu diesem Komplex siehe bei 7.2.3.

Der Anwendung der genannten Vorschriften können die Gewerbetreibenden ausweichen, wenn sie grundsätzlich keine Vermögenswerte vom Auftraggeber annehmen und sich auch nicht ermächtigen lassen, über solche zu verfügen. Dies ist beim Makler ohnehin kein Problem, weil treuhänderische Geldverwahrung durch Makler nicht geschäftstypisch ist.

Baubetreuer sind von der Einhaltung der Vorschriften dann befreit, wenn sie Überweisungsaufträge, die das Bauherrenkonto belasten, stets vom Bauherrn gegenzeichnen lassen und die Überweisung vereinbarungsgemäß nur unter dieser Bedingung möglich ist.

MaBV § 3

Für **Bauträger** gilt anstelle des § 2 über die Absicherung der Vermögenswerte des Auftraggebers § 3 MaBV, in dem die Voraussetzungen genannt sind, die erfüllt sein müssen, wenn der Bauträger über die Kaufpreisteile der Erwerber verfügen will. Wir haben also zwei unterschiedliche Rechtsregelungen für Baubetreuer und Bauträger. Außerdem sind in § 3 MaBV Begrenzungen der einzelnen Baufortschrittsraten enthalten. Die Regelungsinhalte gehören zum Standardinhalt der notariellen Kaufverträge mit Bauträgern (Näheres s. 7.2.3.1).

MaBV § 7

Befreien kann sich der Bauträger davon, wenn er dem Erwerber eine **selbstschuldnerische Bankbürgschaft** zur Absicherung aller etwaigen Rückforderungsansprüche bei Verletzung oder Rückgängigmachung des abgeschlossenen Kaufvertrags zur Verfügung stellt. Makler und Baubetreuer haben diese Möglichkeit auch. Sie ist für sie nur ohne jede praktische Bedeutung.

– Buchführungs- und Informationspflichten

MaBV § 10, MaBV § 11

Wichtig für alle immobilienwirtschaftlichen Unternehmen, die der MaBV unterliegen, sind die Vorschriften über die gewerberechtliche „Buchführung" und die Informationspflicht. Die Vorschriften stellen sicher, dass die Betriebe auf die Einhaltung der MaBV-Vorschriften auch wirksam überprüft werden können und dass das Informationsinteresse der Auftraggeber befriedigt wird.

Grundsätzlich gilt, dass die Tatbestände, über die Aufzeichnungen gemacht oder Unterlagen bzw. Belege gesammelt werden müssen, Grundlage der schriftlichen Informationspflicht sind. Es gibt zwar noch einige betriebsinterne Daten, die der Aufzeichnungspflicht (= Buchführungspflicht) unterliegen. Sie haben aber nur untergeordnete Bedeutung. Über die Pflichten der Bauträger und Baubetreuer im Einzelnen siehe 7.2.3.3. Bauträger kommen der Informationspflicht durch Zurverfügungstellung der für das Bauvorhaben wichtigen Unterlagen (Pläne, Baubeschreibung, schriftliche Angebotsunterlagen) nach. Makler verwenden Exposees (s. 13.3.6).

– Pflicht zur Inseratesammlung und Aufbewahrung

Gewerbetreibende, die der MaBV unterliegen und in Tageszeitungen, Zeitschriften oder Fachblättern inserieren, sind zur chronologischen Sammlung und zur Aufbewahrung je eines Inserates oder des Inseratetextes in Verbindung mit einer Rechnungskopie verpflichtet. Betroffen davon sind vor allem Makler und Bauträger. Die Sammlungspflicht gilt auch für Prospekte, Exposees u.dergl., mit denen sich der Gewerbetreibende an die Öffentlichkeit wendet. Daneben sind auch noch alle Aufzeichnungen nach § 10 MaBV sowie Unterlagen, Belege, aus denen sich aufzeichnungspflichtige Tatbestände ergeben, 5 Kalenderjahre lang aufzubewahren.

MaBV § 13
MaBV § 10
MaBV § 14

1.2.4 Die Überprüfung der immobilienwirtschaftlichen Betriebe

Jemandem öffentlich-rechtliche Pflichten aufzuerlegen, hat nur dann einen Sinn, wenn nachgeprüft werden kann, ob sie auch eingehalten werden. Im Bereich immobilienwirtschaftlicher Betriebe, auf die die MaBV Anwendung findet, gibt es drei Wege für eine Überprüfung:

1. Jährliche Pflichtprüfung
2. Prüfung aus besonderem Anlass
3. Behördliche Nachschau, behördliches Auskunftsverlangen

MaBV § 16 Abs.1
§ 16 Abs.2
MaBV § 15

Die Pflichtprüfung erstreckt sich auf ein Kalenderjahr. Die Prüfung muss im darauf folgenden Jahr durchgeführt werden, und zwar so rechtzeitig, dass der anzufertigende Prüfungsbericht jeweils bis zum Jahresende (31. Dezember) bei der zuständigen Behörde eintrifft. Zuständig ist die Gewerbebehörde auf Landkreisebene, die auch die Erlaubnis erteilt hat.

1.2.4.1 Geeignete Prüfer

Der Auftrag zur Durchführung der Prüfung wird vom Unternehmen selbst erteilt. Als Prüfer kommen in Frage alle **Wirtschaftsprüfer, vereidigte Buchprüfer, Wirtschaftsprüfungs- und Buchprüfungsgesellschaften.** Außerdem können **Prüfungsverbände** beauftragt werden, die sich selbst zur Durchführung der Prüfung des genannten Personenkreises bedienen oder bei denen mindestens ein Wirtschaftsprüfer gesetzlicher Vertreter des Verbandes ist. Schließlich kommen auch solche Prüfungsverbände in Frage, die die Voraussetzungen für die Prüfung von Erwerbs- und Wirtschaftsgenossenschaften erfüllen.

Prüfungsverbände dürfen allerdings nur ihre **Mitglieder** prüfen und stehen anderen Gewerbetreibenden nicht offen. Da für Aktiengesellschaften, Gesellschaften mit beschränkter Haftung und Genossenschaften Jahresprüfungen nach den jeweils für sie geltenden Vorschriften durchzuführen sind, können bei Beauftragung des eigenen Prüfungsverbandes beide Prüfungen in einem Prüfungsgang durchgeführt werden.

Soweit sich die Erlaubnis nach § 34c GewO ausschließlich auf die Maklertätigkeit erstreckt, können auch andere Prüfer mit der Durchführung der Prüfung beauftragt werden. Dies sind vornehmlich **Steuerberater** und **Rechtsanwälte.**

GewO § 34c

Für den Fall, dass in dem zu überprüfenden Jahr keinerlei Geschäftstätigkeit entfaltet wurde, genügt es, wenn der Behörde gegenüber eine sog. Negativerklärung abgegeben wird.

1.2.4.2 Gegenstand der Prüfung

Die Prüfung ist eine **Ordnungsmäßigkeitsprüfung,** die die Behörde darüber informieren soll, ob der Gewerbetreibende seine ihm obliegenden Pflichten nach der MaBV eingehalten hat. Nicht zu prüfen ist die Einhaltung anderer öffentlich-rechtlicher Vorschriften, z. B. der Preisangaben-Verordnung, des Wirtschaftsstrafgesetzes oder des Wohnungsvermittlungsgesetzes. Es gehört auch die Prüfung steuerlicher Vorschriften nicht zum Prüfungsbereich. Der Prüfer muss sich im Prüfungsverfahren (in der Regel ein Stichprobenverfahren) hinreichend Gewissheit verschaffen, ob die in den einzelnen Vorschriften enthaltenen Bestimmungen eingehalten wurden. Er konzentriert sich dabei auf alle Unterlagen, Belege, Aufzeichnungen, aus denen sich die prüfungsrelevanten Tatbestände ergeben. Anhand von Exposees wird er z. B. prüfen können, ob die Informationspflichten eingehalten wurden. Anhand von Baubeschreibungen wird er erkennen, ob alle informationspflichtigen Merkmale des Bauprojektes enthalten sind. Aus Rechnungsabschriften und Bankbelegen, die sich auf das Bausonderkonto beziehen, wird er in Verbindung mit dem Kaufvertrag erkennen, ob der Abruf der Baufortschrittszahlungen den Vereinbarungen bzw. den Vorschriften des § 3 MaBV entsprach usw.

MaBV § 3

Zu seiner Absicherung verlangt der Prüfer vom Unternehmer eine **Vollständigkeitserklärung.** In ihr wird versichert, dass dem Prüfer alle Unterlagen vorgelegt wurden, die prüfungsrelevant sind.

Der Prüfer muss in dem Prüfungsbericht, alle Verstöße, die er festgestellt hat, aufnehmen. Fehler können während der Prüfungshandlung verbessert werden, soweit dies möglich ist. Der Prüfer kann dies dann auch bestätigen. Die festgestellten Verstöße sind Ordnungswidrigkeiten und können mit Bußgeld geahndet werden.

Der Prüfer handelt im Auftrag des Unternehmens, steht also mit ihm in Vertragsbeziehung. Er ist nach der MaBV einerseits zur gewissenhaften und unparteiischen Prüfung, andererseits aber auch zur Verschwiegenheit verpflichtet. Ein Verstoß führt zu Schadenersatzansprüchen des Unternehmens gegen den Prüfer.

Der Auftraggeber des Prüfers, also der Gewerbetreibende, hat ebenfalls Pflichten. Er muss ihm Einsicht in die Bücher, Aufzeichnungen und Unterlagen gestatten und ihm alle Aufklärungen und Nachweise geben, die erforderlich sind, damit sich der Prüfer ein für die Beurteilung ausreichendes Bild machen kann.

Die Kosten der Prüfung müssen vom Gewerbetreibenden getragen werden.

1.2.4.3 Prüfung aus besonderem Anlass

Unabhängig davon, ob der Gewerbetreibende pflichtgemäß seinen Prüfungsbericht abgegeben hat, kann dieser „aus besonderem Anlass" einen Prüfer von sich aus mit einer weiteren Überprüfung des Gewerbebetriebs beauftragen. Anlässe können Beschwerden sein, die über den Betrieb bei der Behörde eingegangen sind, oder begründete Zweifel an der Richtigkeit des abgegebenen Prüfungsberichts. Solche Prüfungen kommen selten vor.

1.2.4.4 Behördliche Nachschau, Auskunftsverlangen

Die gleichen Gründe, aus denen die Behörde eine Prüfung aus besonderem Anlass anordnen kann, können auch zu einer behördlichen Nachschau im Geschäftslokal des Gewerbetreibenden führen. Diese unterscheidet sich von der Pflichtprüfung und der Prüfung aus besonderem Anlass in einem wesentlichen Punkt. Im Rahmen der behördlichen Nachschau kann auch die Einhaltung von Vorschriften überprüft werden, die nicht in der MaBV geregelt sind. So kann beispielsweise geprüft werden, ob die vom Gewerbetreibenden verlangten Mietpreise für Wohnungen im Sinne des Wirtschaftsstrafgesetzes überhöht sind oder ob gar Wucher i. S. d. Strafgesetzbuches vorliegt.

Die Behörde kann auch Auskünfte zur Aufklärung von Sachverhalten verlangen. Der Gewerbetreibende kann sie nur dann verweigern, wenn er sich oder seine Angehörigen der Gefahr strafrechtlicher Verfolgung aussetzen würde.

1.2.5 Die Vorschriften der Preisangaben-Verordnung (PangV)

Wie die MaBV, so dient auch die Preisangaben-Verordnung dem Verbraucherschutz. Außerdem hat sie wettbewerbsrechtliche Bedeutung. Dem Letztverbraucher soll ein objektiver Preisvergleich möglich sein. Dies gilt auch auf dem Immobiliensektor sowohl hinsichtlich der Immobilienpreise als auch in Bezug auf die „Preise" für Dienstleistungen, die angeboten werden, z. B Maklerleistungen, Betreuungsleistungen usw.

Wer lediglich Immobilienobjekte in der Zeitung **bewirbt,** braucht noch keine Preise anzugeben. Tut er dies aber, dann muss es sich um den **Endpreis** handeln. Will er trotzdem die Preise aufgliedern, dann muss der Endpreis gegenüber den Teilpreisen hervorgehoben werden.

Beim **Anbieten** von „Waren" (also z. B. Eigentumswohnungen) müssen stets Endpreise angegeben werden. Es ist demnach zwischen Werben und Anbieten zu unterscheiden.

Die Preisangabenverordnung gilt für jeden, der „gewerbs- oder geschäftsmäßig oder regelmäßig in sonstiger Weise Waren oder Leistungen anbietet oder in Zeitungen, Zeitschriften, Prospekten, auf Plakaten ... unter Angabe von Preisen für Waren oder Leistungen gegenüber Letztverbrauchern wirbt". Sie ist also nicht auf die Unternehmen in der Immobilienwirtschaft beschränkt. Der Fragenbereich der Preisangaben-Verordnung wird unter 13.5.5 näher behandelt.

1.2.6 Rechtsformen immobilienwirtschaftlicher Unternehmen

1.2.6.1 Rechtsformen im Überblick

Bei den Rechtsformen ist zunächst zwischen privatrechtlichen und öffentlich-rechtlichen Formen zu unterscheiden. Zu den privatrechtlichen Formen zählen:

1. **Einzelunternehmen**
2. **Personengesellschaften:** Gesellschaft des bürgerlichen Rechts (GbR), offene Handelsgesellschaft (oHG), Kommanditgesellschaft (KG), stille Gesellschaft
3. **Kapitalgesellschaften:** Aktiengesellschaften (AG), Gesellschaften mit beschränkter Haftung (GmbH)
4. **Mischformen:** Kommanditgesellschaft auf Aktien (KGaA), AG/GmbH & Co KG, Doppelgesellschaft
5. **Genossenschaften**
6. **eingetragene Vereine (eV)**
7. **Stiftungen des Privatrechts**
8. **Versicherungsvereine auf Gegenseitigkeit**

Öffentlich-rechtliche Formen sind:

1. **Ohne eigene Rechtspersönlichkeit:** Regiebetriebe, Eigenbetriebe, Sondervermögen
2. **Mit eigener Rechtspersönlichkeit:** Öffentlich-rechtliche Körperschaften, Anstalten, Stiftungen des öffentlichen Rechts

In der **Wohnungswirtschaft,** aus dem Bereich der früheren Wohnungsgemeinnützigkeit, sind die Rechtsformen der Genossenschaft, GmbH, AG und (in geringem Umfange) der Stiftung (des privaten Rechts), des eingetragenen Vereins und der Körperschaften des öffentlichen Rechts vertreten.

Bei den Unternehmen der übrigen **Immobilienwirtschaft** treten die Rechtsformen des Einzelunternehmens (als Einzelfirma oder nicht im Handelsregister eingetragenes Einzelunternehmen) der GbR, der GmbH, der GmbH & Co und (seltener) der KG, oHG und AG auf.

Wohnungsunternehmen, soweit sie nicht Baugenossenschaften sind, und Bauträger treten vorwiegend in der Rechtsform der GmbH in Erscheinung. Bei Bauträgern ist dies bedingt durch das hohe Kapitaleinsatzrisiko, bei den aus dem Bereich der Gemeinnützigkeit stammenden Unternehmen darüber hinaus durch die Konstruktion der Wohnungsgemeinnützigkeit.

Bei **Immobilienmaklern** steht wegen des persönlichen Dienstleistungscharakters ihrer Tätigkeit das Einzelunternehmen im Vordergrund. Mit zunehmender Betriebsgröße spielt aber auch die GmbH eine wichtige Rolle. Das gleiche gilt für **Hausverwaltungen** und **Verwalter von Wohneigentum.** Gelegentlich sind auch Gesellschaften des bürgerlichen Rechts anzutreffen. (Die Wohnungseigentumsverwaltung kann allerdings nicht unter dieser Rechtsform betrieben werden.) Sehr selten sind offene Handelsgesellschaften und Kommanditgesellschaften.

1.2.6.2 Merkmale der am häufigsten anzutreffenden Unternehmensformen

Einzelunternehmen

Seit der Neufassung des HGB ist jeder, der ein Gewerbe betreibt, Kaufmann („Istkaufmann"), es sei denn, dass das Unternehmen nach Art und Umfang einen in kaufmännischer Weise eingerichteten Geschäftsbetrieb nicht erfordert. Zu den Kaufleuten zählen also im Regelfall auch Makler und Baubetreuer ebenso wie Hausverwalter und Bauträger. Von einer bestimmten Größenordnung an besteht für die Einzelunternehmen eine Verpflichtung, sich ins Handelsregister eintragen zu lassen. Es wird eine Größe vorausgesetzt, die einen kaufmännisch zu führenden Geschäftsbetrieb erforderlich macht. Bei der Prüfung dieser Voraussetzung gehen die Industrie- und Handelskammern von einem Provisions- bzw. Vergütungsumsatz von ca. 250 000 – 300 000 DM aus.

Wer als Einzelunternehmen ins Handelsregister eingetragen wurde, muss die Firmeneigenschaft durch den Zusatz „eingetragener Kaufmann" bzw. „eingetragene Kauffrau" oder eine verständliche Abkürzung wie „e.K." „e.Kfm" „e.Kfr" kenntlich machen. Die frühere Vorschrift, dass die Firma aus einem Firmenkern mit ausgeschriebenen Vor- und Familiennamen bestehen muss, ist im neuen HGB nicht mehr enthalten. Die Firma muss jedoch gegenüber anderen Firmen „Unterscheidungskraft" besitzen.

Denkbar wäre z. B. für Immobilienmakler eine Firmierung wie folgt:

„Real-Immobilien München" oder

„Bauland-Immobilien-RDM"' oder

„Ihr Wohnungsmakler Müller".

Im **Rechtsverkehr** (Verwendung von Briefbögen) muss die im Handelsregister eingetragene Bezeichnung verwendet werden. Ein längerer Firmenname kann in der Werbung auch abgekürzt wiedergegeben werden.

Nicht im Handelsregister eingetragenen Einzelunternehmen ist die Führung einer Firma und damit die Verwendung eines eine Firma kennzeichnenden Zusatzes nicht gestattet.

Beim Einzelunternehmen vertritt der Inhaber sein Unternehmen uneingeschränkt nach außen. Er führt die Geschäfte und haftet mit seinem gesamten Vermögen.

– Gesellschaft mit beschränkter Haftung (GmbH)

Die Rechtsverhältnisse der GmbH sind im GmbH-Gesetz geregelt. Der oder die Gesellschafter haften mit ihrer Einlage. Das Stammkapital muss mindestens 50 000 DM betragen, wovon mindestens 25 000 DM einzubringen sind. Bei der Gründung durch eine Person muss für den nicht eingebrachten Teil Sicherheit geleistet werden.

Die Satzung der GmbH oder eine Änderung derselben muss notariell beurkundet werden. Sie kann eine Nachschusspflicht für die Gesellschafter enthalten. In der Satzung (Gesellschaftsvertrag) kann bestimmt sein, dass die Gesellschafter über den Betrag der Stammeinlagen hinaus die Einforderung von weiteren Einzahlungen (Nachschüsse) beschließen können. Die Satzung kann eine beschränkte oder unbeschränkte Nachschusspflicht vorsehen. Soweit Gegenstand der GmbH erlaubnispflichtige Makler-, Bauträger- oder Baubetreuungsgeschäfte sind, ist die Erlaubnis Voraussetzung für die Eintragung in das Handelsregister. Der Antrag muss also vorher von der „GmbH in Gründung" gestellt werden. GmbHG § 26

Die Gesellschaft wird durch einen oder mehrere Geschäftsführer vertreten. Ihnen steht die Leitungsbefugnis in der im Vertrag geregelten Weise zu.

Die **Verflechtung** Gesellschafter/Geschäftsführer ist möglich. Steuerliche Probleme können sich daraus ergeben, dass der Vertrag mit dem **„geschäftsführenden Gesellschafter"** atypische Regelungen vorsieht, aus denen eine verschleierte Gewinnentnahme resultieren kann.

Die Gewinne der GmbH unterliegen der Körperschaftsteuer, wobei im Steuersatz zwischen ausgeschütteten und nicht ausgeschütteten Gewinnen unterschieden wird.

Fremdfinanzierungsmöglichkeiten im Bereich der Unternehmensfinanzierung stoßen auf Grenzen, wenn die Gesellschafter nicht als Bürgen zur Verfügung stehen wollen.

Die **Firma** kann eine Namens- oder Sachfirma sein.

Beispiele:

Namensfirma: Johann Mayer GmbH

Sachfirma: Haus und Grund GmbH

Im Geschäftsverkehr verwendete Briefbogen müssen die Rechtsform (GmbH) und Hinweise auf die handelsregisterliche Eintragung (Amtsgericht und HR-Nummer), den/die Geschäftsführer sowie – wenn vorhanden – den Vorsitzenden des Aufsichtsrates enthalten.

Eingetragene Genossenschaft (eG)

Die Genossenschaft ist eine **Personenvereinigung,** die einen wirtschaftlichen Zweck verfolgt und sich dazu eines gemeinschaftlichen Geschäftsbetriebes bedient. Die Grundidee ist jene der solidarischen Hilfe zur Selbsthilfe.

Das Kapital der Mitglieder setzt sich aus **Geschäftseinlagen** zusammen. Der **einbezahlte** Betrag wird als Geschäftsguthaben bezeichnet. Die Haftung muss sich mindestens auf die Höhe der Geschäftseinlage beziehen.

Die Mitgliederzahl darf nicht geschlossen, ein Wechsel der Mitglieder muss möglich sein. Der Gesellschaftsvertrag (Statut) bedarf der Schriftform. Die Eintragung erfolgt im Genossenschaftsregister des Amtsgerichts, in dessen Bezirk die Genossenschaft ihren Sitz hat. Mit der Eintragung entsteht die Genossenschaft als juristische Person. Die Firmierung muss sich aus dem Gegenstand der Genossenschaft ergeben.

Die Firma muss eine Sachfirma mit dem Zusatz „eingetragene Genossenschaft" oder der Abkürzung „eG" sein. Bei den Wohnungsbaugenossenschaften handelt es sich um den Typ der Beschaffungsgenossenschaft mit der Zwecksetzung des Wohnungsbaus, der Wohnungsverwaltung und Wohnungsbetreuung.

Die Mitglieder sind unabhängig von der Geschäftseinlage gleichberechtigt und haben in der Generalversammlung jeweils eine Stimme („Demokratieprinzip").

Vertreten wird die Genossenschaft vom **Vorstand.** Er besteht aus mindestens zwei Mitgliedern. Sie vertreten die Genossenschaft gemeinschaftlich.

Der aus mindestens drei Mitgliedern bestehende **Aufsichtsrat** wird in der Generalversammlung in der Regel für 3 Jahre gewählt. Sie müssen Mitglieder der Genossenschaft sein. Der Aufsichtsrat ist Überwachungsorgan des Vorstandes.

Bei den Wohnungsbaugenossenschaften entscheiden Vorstand und Aufsichtsrat in der Regel gemeinsam über wichtige **Grundsätze** wie über das Wohnbauprogramm, die Grundsätze, nach denen Genossenschaftswohnungen vergeben und Eigenheime veräußert werden, Grundsätze der Wohnungsbewirtschaftung u.dergl.

Nach dem **Identitätsprinzip** sind Träger und Nutzer der Genossenschaft identisch. Bei Vergabe einer Genossenschaftswohnung an ein Mitglied wird dies deutlich. Es erhält als Dauernutzung eine Stellung, die einerseits durch mietrechtliche Züge – Gebrauchsüberlassung von Wohnungen gegen Entgelt – und andererseits durch mittelbare Eigentümerschaft als Mitglied der Genossenschaft gekennzeichnet ist.

Gemeinnützige **Vermietungsgenossenschaften** nehmen eine besondere Stellung ein (s. 1.2.1).

1.3 Der Boden in der Volkswirtschaft

Der Boden steckt den Wirtschaftsraum einer Volkswirtschaft ab. Volkswirtschaft ist die Gesamtheit aller Wirtschaftseinheiten und deren Aktivitäten innerhalb der Grenzen eines Staates. In der Regel ist der **Boden nicht vermehrbar.** Dies gilt auch für die in ihm enthaltenen Rohstoffe (Mineralien, Erdöl u.dergl.). Es gibt jedoch von Land zu Land höchst unterschiedliche „Bodenvorräte", die in einen geplanten Bewirtschaftungsprozess nicht einbezogen sind. Man denke z. B. an die Wüstengebiete Afrikas und Asiens. In Europa sind Bodenvorratsflächen gering. Auch in der Bundesrepublik wird der „Flächenvorrat" von nicht kultivierten Moor- und Heidegebieten und von sog. „Unland" immer kleiner. Im Übrigen stiften auch diese Vorräte wegen ihrer **ökologischen Bedeutung** einen volkswirtschaftlichen Nutzen.

Mit zunehmender Bevölkerungsdichte verringern sich Bodenvorräte. Dies ist jedoch nicht das Hauptproblem. Da bisher nicht genutzter Boden oft nur unter sehr hohem Kapitaleinsatz einer ökonomischen Nutzung zugeführt werden kann (z. B. Bewässerung der Wüste), stellt sich immer zuerst die Frage nach den sinnvollsten **Nutzungsverhältnissen** des heute nutzbaren Bodens. „Mit Grund und Boden soll sparsam und schonend umgegangen werden." So lautet deshalb der Gesetzesauftrag an die Gemeinden in der Bundesrepublik.

BauGB § 1a Abs.1

In den meisten Ländern der Erde steht Boden als **freies Gut** wegen gefestigter Eigentumsordnungen nicht mehr zur Verfügung. Boden könnte nur dort ein freies Gut sein, wo seine Inbesitznahme jedem Menschen ohne staatliche Auflagen, vertragliche Regelungen und Gegenleistungen offenstünde. Es ist also davon auszugehen, dass der Boden jedenfalls in den entwickelten Volkswirtschaften stets ein **wirtschaftliches Gut** ist, für dessen Nutzung oder Erwerb ein Preis zu bezahlen ist.

Selbst dort, wo die Nutzung des Bodens aufgegeben wurde, weil die Kosten der Nutzung den Ertrag überstiegen (sog. **Sozialbrache**), wird heute in Ländern mit zunehmender Bevölkerungsdichte ein spekulativer Preis im Hinblick auf mögliche Entwicklungschancen oder ein Preis für die Nichtbewirtschaftung („Stillegungsprämien") oder die Renaturierung (Biotop!) bezahlt.

Im Zusammenhang mit den Verpflichtungen, die die Staaten der **Europäischen Union** zur Bereitstellung von Schutzgebieten für wild lebende Pflanzen und Tiere (**Fauna-Flora-Habitat-Richtlinie**) eingegangen sind, wird diesem Aspekt künftig noch besondere Bedeutung zugemessen werden müssen. Die Bodenreserven für Siedlungszwecke werden hierdurch noch weiter beschränkt.

Das Bundes-Bodenschutzgesetz unterseheidet in § 2 Abs. 2 zwischen drei grundlegenden **„Bodenfunktionen“** nämlich.

„1. **natürliche** Funktionen als
   a. Lebensgrundlage und Lebensraum für Menschen, Tiere, Pflanzen und Bodenorganismen,
   b. Bestandteil des Naturhaushalts insbesondere mit seinen Wasser- und Nährstoffkreisläufen,
   c. Abbau-, Ausgleichs- und Aufbaumedium für stoffliche Einwirkungen auf Grund der Filter-, Puffer- und Stoffumwandlungseigenschaften insbesondere auch zum Schutz des Grundwassers,

2. Funktionen als **Archiv der Natur- und Kulturgeschichte** sowie

3. **Nutzungs**funktionen als
   a. Rohstofflagerstätte,
   b. Fläche für Siedlung und Erholung,
   c. Standort für die land- und forstwirtschaftliche Nutzung,
   d. Standort für sonstige wirtschaftliche und öffentliche Nutzungen, Verkehr, Ver- und Entsorgung.“

Im Bereich der Immobilienwirtschaft ist Gegenstand der Betrachtung der Boden im Rahmen seiner Nutzungsfunktionen als wirtschaftliches Gut.

1.3.1 Der Boden als wirtschaftliches Gut

Zum Boden im wirtschaftlichen Sinne zählt nicht nur die Erdoberfläche. Dazu gehören auch **Bodenschätze,** die **Bodenertragskraft** und die im Boden vorhandenen natürlichen **Energieressourcen.** Boden in diesem Sinne sind auch **Binnengewässer** (Flüsse, Seen, Weiher).

Der Boden hat **Rohstoffcharakter.** Er ist der „Rohstoff“ für unterschiedliche Nutzungsarten. Je enger die Räume besiedelt sind, desto stärker konkurrieren die verschiedenen Bodennutzungen miteinander. Dies führte in der Vergangenheit in Europa, aber auch in anderen industrialisierten Zonen der Erde zu staatlichen Grundregelungen der Bodenordnung.

Eine **unabgestimmte,** ausschließlich aus der jeweiligen Interessenlage des Bodeneigentümers bestimmte Nutzung würde zu Beeinträchtigungen der Aktivitäten einiger oder vieler anderer Wirtschaftssubjekte im Konsum- und im Produktionsbereich führen.

Beispiele:

> Würde ein Grundstückseigentümer autonom eine industrielle Nutzung seines in einem Wohngebiet liegenden Grundstücks beschließen können, führte dies wegen der damit verbundenen Lärm- und Geruchsbelästigungen und dem notwendig werdenden Lkw-Verkehr zu einer erheblichen Beeinträchtigung des Wohnens in der unmittelbaren Umgebung des Betriebes.
>
> Ein anderer Bodeneigentümer könnte durch Festhalten an der bisherigen gärtnerischen Bodennutzung den Bau einer zur verkehrsmäßigen Versorgung eines Gewerbegebietes notwendigen Straße verhindern, wenn dazu ein Teil seiner Grundstücksflächen benötigt würde.

Die mit dem Eigentum an Grund und Boden verbundenen Verfügungs- und Nutzungsmöglichkeiten müssen deshalb aus Gründen des **Gemeinwohls** beschränkt werden. Die individuellen wirtschaftlichen Interessen der Bodeneigentümer müssen im Rahmen der staatlichen Bodenordnung mit den gesamtwirtschaftlichen Interessen in Übereinstimmung gebracht werden. Zum gesamtwirtschaftlichen Interessenbereich zählen in jüngster Zeit verstärkt auch **ökologische Ziele.**

Bei der Beurteilung der Frage, wie mit dem „Rohstoff" Boden wirtschaftlich sinnvoll umgegangen werden soll, müssen aber auch die mit der unterschiedlichen Nutzung verbundenen sog. **„externen Effekte"** berücksichtigt werden, die auch im Rahmen einer gegebenen Bodenordnung unvermeidlich entstehen.

Das sind Vorteile (z. B. Ersparnisse) oder Nachteile (z. B. Kosten), die andere aus konkreten Bodennutzungen oder behördlichen Nutzenfestsetzungen ziehen bzw. erleiden. Externe Effekte sind dadurch gekennzeichnet, dass sie nicht über einen Marktpreis ausgeglichen werden.

Beispiele:

Ein Blumenhändler kann einen Laden in der unmittelbaren Nähe eines Krankenhauses anmieten. Da viele Krankenbesucher Blumen bei ihm erwerben, die nicht zu ihm kämen, wäre der Laden weitab vom Krankenhaus entfernt, erzielt er allein durch diese Lagebeziehung zum Krankenhaus einen größeren Umsatzerfolg, ohne dafür an den Krankenhausträger einen Preis bezahlen zu müssen.

Die Gemeinde beschließt einen Bebauungsplan. Sofort steigen wegen der neuen Nutzungsmöglichkeiten die Grundstückspreise, ohne dass der begünstigte Bodeneigentümer eine Gegenleistung für den entstandenen „Planungsgewinn" zu erbringen hat.

Durch einen neu gebauten Tunnel wird der Verkehrsstrom umgeleitet, wodurch ein ganzes Stadtviertel vom Durchgangsverkehr entlastet wird. Die Wohnwerte dieses Gebietes steigen sofort, ohne dass die so begünstigten Wohnungsinhaber einen Preis an den Kostenträger des Tunnels hierfür bezahlen müssten.

Ein Flugplatz für Hobbyflieger wird gebaut. Der entstehende Fluglärm beeinträchtigt das Wohnen in der unmittelbaren Nähe des Flugplatzes. Die Bewohner erhalten (in der Regel) hierfür keine Entschädigung. Ein Landwirt erzielt für seinen Baugrund nicht mehr den Preis, den er vor dem Flugplatzbau erzielt hätte.

Boden mit dem, was er enthält, und seiner Ertragskraft ist „Rohstoff" für			
Land-/Forstwirtschaft Fischerei Weinbau Energiegewinnung	Abbau und Förderung von organischen u. anorganischen Stoffen	Verkehrswege: Straßen Schienen Flughäfen Flüsse Kanäle	Standorte: Betriebe Wohnungen Behörden Organisationen

Bodennutzung führt zu externen Effekten (nicht über den Preis abgegoltene Effekte)	
bei produktiver Nutzung zu Ersparnissen und Kosten	bei konsumtiver Nutzung zu Konsumvorteilen und Konsumnachteilen

1.3.2 Bodennutzung

Die **wirtschaftlichen Hauptnutzungsarten** des Bodens sind:

1. land- und forstwirtschaftliche sowie energiewirtschaftliche Nutzung (Ackerland, Wald, Stausee)
   – Boden als Träger reproduzierbarer Güter
2. montanwirtschaftliche Nutzung (Bergbau)
   – Boden als Träger erschöpflicher Rohstoffe
3. verkehrswirtschaftliche Nutzung
   – Boden als Medium zur Überwindung von Entfernungen
4. Nutzung als Siedlungsraum
   – Boden als Standort

Von den **Flächenanteilen** her betrachtet, spielen die montanindustrielle Nutzung (Abbauflächen) und die energiewirtschaftliche Nutzung keine ins Gewicht fallende Rolle.

Die Nutzungsverhältnisse sind nicht ein für allemal festgeschrieben. Es finden vielmehr laufend **Umwidmungsprozesse** statt. Aus landwirtschaftlich genutzten Flächen wird Bauland, durch Errichtung von Staumauern werden früher anders genutzte Böden einer energie- und wasserwirtschaftlichen Nutzung zugeführt, Flächen stillgelegter Bergwerke werden „rekultiviert", ehemalige Steinbrüche werden Biotope usw.

Eine **zunehmende** Bevölkerung erzwingt eine Intensivierung der Nutzung des Bodens als **Siedlungsraum** zu Lasten anderer Nutzungsarten. Im europäischen Raum liegen die Hauptreserven des Siedlungsbodens in bisher landwirtschaftlich genutzten Flächen.

Es gibt einen Zusammenhang in der Entwicklung der Nutzungsarten. Eine Ausdehnung des Siedlungsraumes führt stets auch zur Vergrößerung der Verkehrsflächen und in der Regel auch der Erholungsflächen. Sie geht gleichzeitig zu Lasten anderer Nutzungsflächen und/oder vorhandener Bodenvorräte.

Die **Bodennutzung in Deutschland** wird jährlich vom Statistischen Bundesamt erfasst. Unterschieden wird dabei nach dem „Verzeichnis der flächenbezogenen Nutzungsarten im Liegenschaftskataster" zwischen

Gebäude- und Freiflächen,
Verkehrsflächen,
Erholungsflächen,
Betriebsflächen,
landwirtschaftlichen Flächen,
Waldflächen,
Wasserflächen und
Flächen anderer Nutzungsarten.

Gebäude- und Freiflächen sind Flächen mit Gebäuden (jeglicher Art) und baulichen Anlagen sowie unbebauten Flächen, die den Zwecken der Gebäude untergeordnet sind (Vor- und Hausgärten, Höfe, Spiel- und Stellplätze, Betriebsgelände u.dergl.). Gebäude- und Freiflächen haben immobilienwirtschaftlich gesehen den Charakter von **Standorten** (Betriebsstandorte, Standorte der Privathaushalte, Vereinigungen, öffentliche Verwaltung usw.). Es handelt sich um die Flächen, die den Siedlungsraum im engeren Sinne widerspiegeln.

Verkehrsflächen sind Flächen für den Straßen-, Schienen-, Schiffs- und Luftverkehr, Brücken, Böschungen, Rad- und Gehwege, Parkstreifen sowie Plätze für Fahrzeuge, Märkte und Veranstaltungen.

Erholungsflächen sind unbebaute Flächen für Sport, Erholung, Freizeitgestaltung, Kleingärten, Wochenend- und Campingplätze.

Betriebsflächen sind überwiegend Abbauflächen, aber auch Halden und Mülldeponien gehören dazu, ebenso Lagerplätze (sofern sie nicht Freiflächen von Betriebsgebäuden sind).

Landwirtschaftliche Flächen sind Flächen des Ackerbaus, der Wiesen- und Weidewirtschaft, des Garten- und Weinbaus, Moor- und Heideflächen.

Wald sind hauptsächlich forstwirtschaftlich genutzte Flächen, Pflanzgärten, Wildäsungsflächen.

Wasserflächen sind Binnengewässer, ständig oder zeitweise mit Wasser bedeckte Flächen, unabhängig davon, ob es sich um natürliche oder künstliche Gewässer handelt.

Flächen anderer Nutzung sind Friedhöfe, Übungsgelände und „Unland" (nicht nutzbares Land wie Schutthalden, Gletscher, Felsen).

Zur **„Siedlungs- und Verkehrsfläche"** zählt die amtliche Statistik neben den Gebäude-/Freiflächen und den Verkehrsflächen auch Betriebsflächen, soweit es sich nicht um Abbauflächen handelt, Erholungsflächen und die Friedhofsflächen. Sie betrugen 1997 in Deutschland 11,8 % der Gesamtfläche, im dichter besiedelten früheren Bundesgebiet 13,3 % und im Gebiet der früheren DDR 8,4 %.

(Zum Liegenschaftskataster s. 2.2.1)

Entwicklung Flächennutzung für Gebäude und Freiflächen für Verkehr und Landwirtschaft in der alten Bundesrepublik einschl. Westberlin in km² und in % der Gesamtfläche des Bundesgebietes
– 1997 Zahlen für ganz Deutschland

Jahr	Gebäude-Freiflächen		Verkehrsflächen		landwirtschaftliche Flächen.		Gesamtfläche. = 100%
1961	8.430	3,4 %	10.070	4,0 %	142.220	57,6 %	247.290
1971	10.070	4,3 %	11.280	4,6 %	135.030	54,5 %	247.770
1981	13.600	4,4 %	11.690	4,7 %	137.600	55,3 %	248.690
1989	15.480	6,2 %	12.420	5,0 %	133.550	53,7 %	248.610
1993	16.160	6,5 %	12.680	5,1 %	133.100	53,5 %	248.630
1997	***21.940***	***6,2 %***	***16.440***	***4,7 %***	***191.360***	***54,1 %***	***357.000***

Quelle: Statistisches Bundesamt

Da in der vorstehenden Tabelle das **Jahr 1997** sich auf das **ganze** deutsche Staatsgebiet bezieht, wodurch wegen der dünneren Besiedlung im östlichen Teil (frühere DDR) der Gesamtdurchschnitt von Gebäude- und Freiflächen sowie der Verkehrsflächen nach unten gezogen wird, sei vorsorglich darauf hingewiesen, dass gegenüber 1993 die **Siedlungs- und Verkehrsfläche** dennoch um 4,3 % zugenommen hat.

Von der Gebäude- und Freifläche (21.970 km²) dienen 9.720 km² der **Wohnnutzung** und 4.980 km² Gebäuden des **produzierenden und des Dienstleistungsgewerbes.** Die neben der Gebäude- und Freifläche zur Siedlungsfläche zählenden Betriebs- (ohne Abbaufläche) Erholungs- und Friedhofsflächen sind in der amtlichen Statistik mit 3.330 km² ausgewiesen.

Der Überblick zeigt, dass Gebäude und Freiflächen relativ stärker zugenommen haben als Verkehrsflächen. Der Zunahme bei der Siedlungs- und Verkehrsfläche entspricht andererseits einer Abnahme der landwirtschaftlich genutzten Flächen.

Die im obigen Überblick nicht aufgenommene Waldfläche liegt – seit Jahren konstant bei 29,4 % und die Wasserfläche bei 2,2 % der gesamten Bodenfläche Deutschlands. Abbauland, Unland und sonstige Flächen beanspruchen weitere 2,5 %.

Berechnungen haben ergeben, dass der durch **Wohngebäude versiegelte Teil** der Gebäude- und Freiflächen etwas über 1 % beträgt. Der Anteil der nicht versiegelten Freiflächen (Gärten, Vorgärten) ist fast doppelt so hoch.

Die Siedlungsflächen haben in den einzelnen **Bundesländern** ein unterschiedliches Gewicht. Es gibt hierfür **historische** und **natürliche** Gründe. So zog z. B. der Bergbau im vergangenen Jahrhundert viele Zuwanderer aus dem In- und Ausland ins Ruhrgebiet. Es kam zu einer außerordentlichen Zusammenballung des Siedlungsraumes. Aus kleinen Orten wurden Großstädte. Dortmund hatte 1840 lediglich 7 200 Einwohner, 1910 waren es 260 000. In Essen stieg die Einwohnerzahl im gleichen Zeitraum von 6 400 auf 410 000 (s. auch 1.1.2).

Im südlichen Bayern schränkte die **Natur** durch ihre Landschaftsformen (Gebirgszüge in Oberbayern und im Allgäu) die Siedlungsmöglichkeiten ein.

Gebäude- und Freiflächen in den westlichen Bundesländern 1961 und 1989 und Bevölkerungsdichte 1990

Bundesland	in tausend ha und in % der Gesamtfläche Gebäude und Freiflächen 1961	1989	Bevölkerung je km² 1990
Baden-Württemberg	99 (2,8 %)	218 (6,1 %)	275
Bayern	159 (2,3 %)	280 (4,0 %)	162
Berlin (West)	9 (19,8 %)	20 (42,0 %)	4 281
Bremen	7 (18,0 %)	12 (30,7 %)	1 686
Hamburg	14 (18,0 %)	26 (34,0 %)	2 188
Hessen	66 (3,1 %)	135 (6,4 %)	273
Niedersachsen	159 (3,4 %)	276 (5,8 %)	156
Nordrhein-Westfalen	222 (6,6 %)	375 (11,0 %)	509
Rheinland-Pfalz	50 (2,5 %)	95 (4,8 %)	190
Saarland	14 (5,4 %)	28 (10,9 %)	417
Schleswig-Holstein	43 (2,7 %)	83 (5,3 %)	167

Bevölkerungsdichte **östliche** Bundesländer: Brandenburg 89, Mecklenburg-Vorpommern 156, Sachsen 260, Sachsen-Anhalt 139, Thüringen 161. Gesamtberlin: 3 862

Die Statistik zeigt für die Bundesländer Baden-Württemberg, Berlin (West), Hessen und das Saarland zwischen 1961 und 1989 ein überdurchschnittliches, für Bremen, Niedersachsen und Nordrhein-Westfalen ein unterdurchschnittliches **Wachstum** an **Siedlungsfläche.**

Von den Flächenstaaten der westlichen Bundesländer zeigt das Saarland die höchste **Bevölkerungsdichte** (Einwohner je km², bezogen auf die Gesamtfläche des Bundeslandes), gefolgt von Hessen und Nordrhein-Westfalen, während Niedersachsen, Bayern und Schleswig-Holstein am dünnsten besiedelt sind. Die **östlichen** Bundesländer Brandenburg, Sachsen-Anhalt, Mecklenburg-Vorpommern und Thüringen sind allerdings noch dünner besiedelt. Die hohe Bevölkerungsdichte der **Stadtstaaten** ergibt sich aus den großstädtischen Verdichtungserscheinungen.

Die auf Städte bezogene **Bevölkerungsdichte** lässt als **Maßzahl der Knappheit** des Wohnsiedlungsbodens unter marktwirtschaftlichen Bedingungen bei vergleichbarer Einkommenssituation in den zu vergleichenden Räumen einen Schluss auf das relative immobilienwirtschaftliche Preisniveau der Städte zu.

Die oben dargestellten Zahlen lassen z. B. auf Bremen als ein Niedrigpreisgebiet im Vergleich zum Hochpreisgebiet Westberlin schließen.

1.3.3 Ordnungs- und Planungsinstanzen

Entsprechend der **föderalen Staatsstruktur** der Bundesrepublik (Gemeinden – Bundesländer – Bund) gibt es eine gleichläufige Kompetenzgliederung für die Städtebauplanung, Landesplanung und Raumordnung. Der Bundesgesetzgeber hat die entscheidende Kompetenz für die Flächenplanung im Baugesetzbuch den Gemeinden und gemeindlichen Planungsverbänden, soweit solche bestehen, übertragen.

BauGB § 2 Abs. 1 § 205

Übergreifende Leitvorstellungen zur Ordnung der Struktur des Bundesgebietes enthält das Raumordnungsgesetz (ROG). Aufgabe der Raumordnung ist es, den Gesamtraum der Bundesrepublik Deutschland und seine Teilräume durch zusammenfassende, übergeordnete Raumordnungspläne zu ordnen und zu sichern. Dabei sind unterschiedliche Anforderungen an den Raum aufeinander abzustimmen und die auf der jeweiligen Planungsebene auftretenden Konflikte auszugleichen sowie Vorsorge für einzelne Raumfunktionen und Raumnutzungen zu treffen.

ROG § 1

Leitvorstellung bei der Erfüllung dieser Aufgabe ist eine nachhaltige Raumentwicklung, die die sozialen und wirtschaftlichen Ansprüche an den Raum mit seinen ökologischen Funktionen in Einklang bringt und zu einer dauerhaften, großräumig ausgewogenen Ordnung führt. Im Einzelnen gibt es folgende Leitvorstellungen

- Gewährleistung der freien Entfaltung der Persönlichkeit in der Gemeinschaft und in der Verantwortung gegenüber künftigen Generationen
- Schutz und Entwicklung der natürlichen Lebensgrundlagen
- Schaffung der Standortvoraussetzungen für wirtschaftliche Entwicklungen
- Langfristige Offenhaltung der Gestaltungsmöglichkeiten der Raumnutzung
- Stärkung der Vielfalt der Teilräume bei gleichzeitiger Herstellung gleichwertiger Lebensverhältnisse
- Ausgleich der räumlichen und strukturellen Ungleichgewichte zwischen den alten und neuen Bundesländern und schließlich
- Schaffung der räumlichen Voraussetzungen für den Zusammenhalt in der Europäischen Gemeinschaft und im größeren europäischen Raum.

Die Raumplanung und Raumordnung finden auf **verschiedenen Raumebenen** statt: Auf der europäischen Ebene verfügt die Union auf mehreren Sektoren über Regelungskompetenzen, die die Raumplanung und Raumordnung beeinflussen (z. B. in der Landwirtschaft). Eine Richtlinienkompetenz hinsichtlich der Durchsetzung bestimmter Ziele der Raumordnung hat die EU jedoch nicht. Trotz allem steuert die EU über Förderungsmittel aus Strukturfonds eine auf Ausgleich in den Lebensbedingungen bedachte Raumordnung.

– Rolle des Bundes

Dem Bund kommt bei der Raumplanung eine „Rahmenkompetenz" zu. Die von den **Gemeinden** zu erstellenden Bauleitpläne sind den **Zielen der Raumordnung und Landesplanung** anzupassen. Auf diese Weise werden die überörtlichen Raumordnungspläne mit den örtlichen Bauleitplänen verzahnt (s. 2.1.3.1).

BauGB § 1 Abs.4

Konkrete **Bedeutung für den Bund** erhält das Raumordnungsgesetz bei Maßnahmen des Bundes. Hierzu gehören z. B. der Bau von Bundesfernstraßen, Eisenbahnlinien, Flugplätzen u. dergl. mit dem entsprechenden Flächenbedarf. Sie müssen mit den betroffenen Gemeinden als Träger der Bauleitplanung abgestimmt werden.

Es gilt das Gebot des Aufeinander und gegenseitigen Abstimmens aller **raumbedeutsamen Maßnahmen** und **Planungen** unter den für die Raumordnung zuständigen Stellen, insbesondere zwischen Bund und dem betroffenen Bundesland und den betroffenen Gemeinden. Die Übereinstimmung raumbedeutsamer Planungen und Maßnahmen mit den Erfordernissen der Raumordnung und die Art und Weise ihrer Abstimmung und Durchführung wird durch **Raumordnungsverfahren** herbeigeführt, („Raumverträglichkeitsprüfung"), sofern nicht auf andere Weise die Berücksichtigung die Erfordernisse der Raumordnung gewährleistet werden kann.

– Rolle der Bundesländer

Nach § 8 ROG stellen die **Bundesländer** für ihr Gebiet „zusammenfassende und übergeordnete **Pläne**" auf (in den Stadtstaaten Berlin, Hamburg und Bremen identisch mit den Flächennutzungsplänen), in denen die Leitbilder des Raumordnungsgesetzes konkretisiert werden. Benachbarte Bundesländer stimmen ihre Raumordnungspläne (Landesentwicklungspläne) aufeinander ab. Nach § 9 ROG bilden die nächstfolgenden Planungsebenen darunter die Regionalpläne, die aus dem Raumordnungsplan des betreffenden Bundeslandes unter gleichzeitiger Beachtung der Flächennutzungspläne der Gemeinden und der gemeindlichen Planungsverbände zu entwickeln sind. Auch hier gilt, dass benachbarte Planungsregionen ihre Pläne aufeinander abstimmen müssen. In bestimmten Fällen kann zugelassen werden, dass der Regionalplan die Funktion eines **regionalen Flächennutzungsplanes** mit übernimmt.

ROG § 8

ROG § 9

Entsprechend diesem Auftrag haben die Bundesländer **Landesplanungsgesetze** verabschiedet. Darin wird das Gebiet des jeweiligen Bundeslandes in **Regionen** aufgeteilt, für die die dafür konstituierten regionalen Planungsverbände **Regionalpläne** aufgestellt haben. Bei einer Region handelt es sich um ein förmlich festgelegtes Gebiet, das mehrere zusammenhängende Landkreise bzw. kreisfreie Städte umfasst.

> Beispiel: Die Region München (Region 14) umfasst als flächenmäßig größte bayerische Region z. B. das Gebiet der Landeshauptstadt sowie die Landkreise München, Starnberg, Landsberg/L, Fürstenfeldbruck, Dachau, Freising, Erding und Ebersberg. Die Region 14 ist eine der insgesamt 18 bayerischen Regionen.

Die Regionaleinteilung hält sich nicht immer an Landkreisgrenzen. Es kommt vor, dass Teile des Gebiets eines Landkreises verschiedenen Regionen zugeordnet sind.

In den von regionalen Planungsverbänden aufgestellten Regionalplänen werden die **„überfachlichen"** und **„fachlichen"** Entwicklungsziele und Grundsätze unter Berücksichtigung der regionalspezifischen Besonderheiten detailliert beschrieben: z. B. Entwicklung der zentralen Orte (**Ober-, Mittel-, Unterzentren**) und der **Verkehrsachsen** mit regionaler oder überregionaler Bedeutung – das sind überfachliche Ziele. Die Festlegung der Entwicklung der Wohn- und Gewerbeansiedlungen, der gewerblichen Wirtschaft usw. gehört zu den fachlichen Zielen. Jedes der genannten Ziele wird eingehend begründet.

Zur Veranschaulichung enthalten die Regionalpläne eine umfangreiche **kartografische Dokumentation,** aus der beispielsweise die Wohnbauflächen und die gewerblichen Flächen der Gemeinden in der Region entnommen werden können. Für die Unternehmen der Grundstücks- und Wohnungswirtschaft sind die Regionalpläne eine ähnlich wichtige Informationsgrundlage wie die Bauleitpläne der Gemeinden, wenn eigene unternehmerische Ziele mit den regionalplanerischen Zielvorstellungen in Einklang gebracht werden sollen.

– Rolle der Gemeinden

Den **Gemeinden** steht die „Hoheit" der **örtlichen Planung** zu, deren mögliche Inhalte durch das Baugesetzbuch geregelt wird **(Bauleitplanung).** Sie findet auf zwei verschiedenen Ebenen statt. Im **Flächennutzungsplan** ist „für das **ganze** Gemeindegebiet die sich aus der **beabsichtigten** städtebaulichen Entwicklung ergebende **Art** der Bodennutzung" in den Grundzügen darzustellen (s. auch 2.1.3.2).

BauGB § 5 Abs.1

Auf der Grundlage des Flächennutzungsplanes kann die Gemeinde **„Bebauungspläne"** aufstellen, die **rechtsverbindliche Festsetzungen** für die städtebauliche Ordnung enthalten. Ein Flächennutzungsplan ist nur dann nicht erforderlich, wenn der Bebauungsplan ausreicht, um die städtebauliche Entwicklung zu ordnen. Auch ein „Parallelverfahren" ist möglich (= gleichzeitige Aufstellung von Flächennutzungs- und Bebauungsplan). In dringenden Fällen kann sogar die Aufstellung des Bebauungsplans der Aufstellung des Flächennutzungsplanes vorgezogen werden (§ 8 Abs.4 BauGB). (Siehe 2.1.3). Auf die Aufstellung von Bauleitplänen besteht kein individueller Anspruch eines Grundstückseigentümers. Der Bebauungsplan wird im Rahmen einer Gemeindesatzung verabschiedet. Für die Beurteilung der Zulässigkeit von Bauvorhaben ist die Unterscheidung zwischen dem **qualifizierten** und dem **einfachen** Bebauungsplan wichtig. Der qualifizierte Bebauungsplan enthält detaillierte Festsetzungen über Art und Maß baulicher Nutzung, überbaubare Grundstücksflächen und Verkehrsflächen. Bei einfachen Bebauungsplänen richtet sich die Zulässigkeit der Bebauung soweit keine Festsetzungen getroffen sind, nach der Eigenart der umliegenden Bebauung („Innenbereich") oder nach den Kriterien, die für eine Bebauung im Außenbereich heranzuziehen sind.

BauGB § 34
BauGB § 35

Der ursprünglich im Rahmen eines Überleitungsrechts vorgesehene **Vorhaben- und Erschließungsplan** wurde nach Außerkrafttreten des Maßnahmegesetzes zum Baugesetzbuch als Dauerrecht in das Baugesetzbuch (§ 12 BauGB) übernommen. Auf der Grundlage eines Flächennutzungsplanes können hier Investoren (**„Vorhabenträger"**) für ein bestimmtes Vorhaben in Abstimmung mit der Gemeinde selbst einen Plan erstellen. Befürwortet die Gemeinde das Vorhaben, verabschiedet sie einen „vorhabenbezogenen Bebauungsplan". Der Vorhabenträger ist **verpflichtet**, die Baumaßnahme samt erforderlicher Erschließung innerhalb einer bestimmten Frist auf eigene Kosten durchzuführen. Nach Ablauf der Frist soll die Gemeinde den vorhabenbezogenen Bebauungsplan wieder aufheben, wenn der Vorhabenträger die Maßnahme nicht durchgeführt hat.

Die Gemeinden können zur **Sicherung** der Bauleitpläne Veränderungssperren beschließen, Grundstücksteilungen verhindern und Vorkaufsrechte ausüben. **Bodenordnende** Maßnahmen (Umlegung und Grenzregelung) dienen der Vorbereitung der in den Bauleitplänen vorgesehenen Nutzung. Auch die **Erschließung** des neu geschaffenen Baulandes zählt zu ihren Aufgabenbereichen.

Erheblichen Einfluss auf die Gestaltung des Gemeindegebietes haben die Gemeinden dadurch, dass sie **städtebauliche Sanierungs- und Entwicklungsmaßnahmen** durchführen können, um Missstände zu beseitigen und Teile des Gemeindegebietes neu zu entwickeln. Über das Instrument der **Erhaltungssatzung** kann verhindert werden, dass bestimmte bauliche Anlagen oder die Eigenart eines Gebietes verändert werden. Schließlich steht den Gemeinden auch das (kaum genutzte) Instrumentarium von **Geboten** (Bau-, Modernisierungs-, Instandsetzungs-, Pflanz- und Abbruchgebot) zur Verfügung. Pflanzgebote finden sich allerdings häufig in Bebauungsplänen.

Der Einfluss der Gemeinden auf die Nutzung der Gemeindefläche ist außerordentlich groß. Besonders die Planungshoheit verleiht ihnen eine sehr starke Stellung. Wirtschaftlich gesehen verfügen sie über ein **räumlich beschränktes Produzentenmonopol** für Bauland und können damit faktisch das Baulandpreisgefüge stark beeinflussen.

Auch zur Sicherung einer geregelten Bewirtschaftung von **land- und forstwirtschaftlichen Flächen** gibt es Vorschriften. Die **öffentlich-rechtliche Regelungskompetenz** auf diesem Sektor kommt in den Maßnahmen der Flurbereinigung und der Genehmigungsvorbehalte nach dem Grundstücksverkehrsgesetz und dem damit verbundenen Vorkaufsrecht nach dem „Reichssiedlungsgesetz" zum Ausdruck. Ziel dieser Eingriffsmöglichkeiten ist es, einerseits den in der Vergangenheit durch unkontrollierte Veräußerungs- und Erbvorgänge zersplitterten landwirtschaftlichen Grundbesitz wieder zu betriebswirtschaftlich sinnvollen Einheiten zusammenzufügen und andererseits einer weiteren Zersplitterung oder der nicht sachkundigen Bewirtschaftung land- und forstwirtschaftlicher Flächen durch Erwerber, die keine Landwirte sind, vorzubeugen. Das Genehmigungserfordernis und damit das Vorkaufsrecht hängt von einer landesrechtlich bestimmten Mindestgröße der verkauften Flächen ab (in der Regel 2 ha).

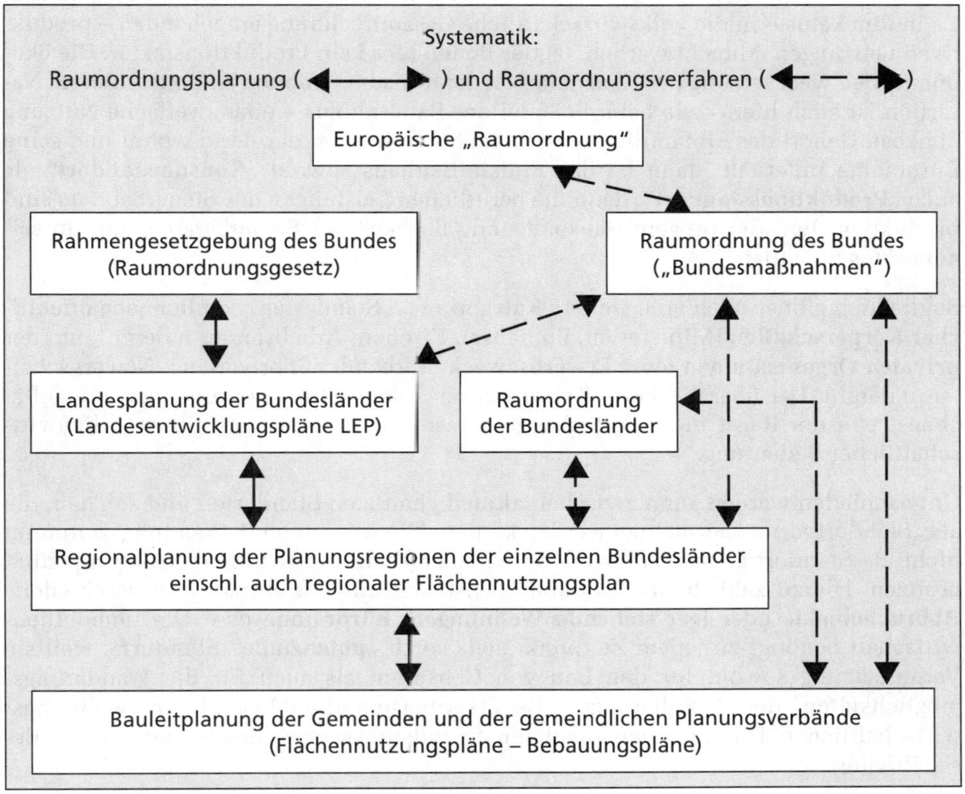

1.3.4 Der Boden als Standort

Wenn von Immobilien die Rede ist, versteht man landläufig darunter **„Immobilienobjekte"**, die am Immobilienmarkt gehandelt werden können. Eine Immobilie ist immer gleichzeitig ein Stück Boden, der bebaut oder nicht bebaut sein kann. Wie bereits dargestellt, ist der Boden der Rohstoff für unterschiedliche Verwertungs- und Nutzungsmöglichkeiten.

Betrachtet man den Hof eines Landwirts, dann sehen wir in ihm zwei Nutzungsmöglichkeiten verwirklicht. Zum einen den des **landwirtschaftlichen Betriebes,** der die Bodenflächen bewirtschaftet, um über den Verkauf der Ernte zu einem Ertrag zu kommen, zum anderen den Hof als **Wohnstätte** des Landwirts und der zu seinem Haushalt gehörenden Personen. Beides kann – getrennt oder zusammen – ein auf dem Immobilienmarkt veräußerliches Gut sein. Im ersten Fall steht der Boden als landwirtschaftlicher **„Produktionsfaktor"** im Vordergrund, im zweiten Fall der Boden als **Standort** eines Privathaushaltes.

Ist der Betrachtungsgegenstand eine Maschinenfabrik, dann ist der Boden ausschließlich **Standort** eines **Industrieunternehmens.** Das Unternehmen nutzt weder die natürliche Ertragskraft des Bodens, auf dem der Betrieb steht, noch die möglicherweise im Boden enthaltenen Mineralien. Dennoch ist der Boden, der den Betrieb trägt, ebenfalls ein Produktionsfaktor, denn ohne ihn wäre der Produktionsprozess undenkbar. In der Immobilienwirtschaft konzentriert sich das Interesse in diesem Fall auf die **Standorteigenschaft** dieses (oder eines anderen an diesem Standort ansiedelbaren) Betriebes.

Ein Einfamilienhaus ist in der Regel ausschließlich **Standort** eines **Privathaushaltes.** Da in ihm keine – in die volkswirtschaftliche Gesamtrechnung eingehenden – produktiven Leistungen erbracht werden, ist der Boden hier **kein** Produktionsfaktor. Die ökonomische Zwecksetzung des Haushaltes ist der Konsum. **Wohnen ist Konsumieren.** Natürlich ist auch hier – wie beim Beispiel des Bauernhofes – eine zweifache Nutzung denkbar. Gehört das Einfamilienhaus einem Steuerberater, der darin wohnt und seine Büroräume unterhält, dann ist das Einfamilienhaus sowohl **„Konsumstandort"** als auch **„Produktionsstandort"**, denn die beruflichen Leistungen des Steuerberaters sind produktive Dienstleistungen. Haushalt und „Betrieb" des Steuerberaters sind in seinem Haus vereinigt.

Schließlich gibt es noch eine weitere Kategorie von Standorten, nämlich jene **öffentlicher Körperschaften** (Ministerien, Rathäuser, Kirchen, Arbeitsämter u.dergl.) und der **privaten Organisationen ohne Erwerbszweck** (Verbände, Sportvereine, Gewerkschaften u.dergl.). Der überwiegende Teil der durch solche Stellen gebundenen Bodenflächen ist in der Regel nicht verfügbar und insoweit von geringerer immobilienwirtschaftlicher Bedeutung.

Unterschieden werden kann zwischen **aktuell** genutzten Standorten und solchen, die als „Standortvorrat" bezeichnet werden können. Sie werden im Betrachtungszeitpunkt nicht als Standort genutzt, obwohl sie wirtschaftlich und rechtlich Standortqualität besitzen. Hierzu zählt **baureifes Land** ebenso wie aus der Nutzung ausgeschiedene **Abbruchobjekte** oder **leer stehende Wohnungen, Büroräume** usw. Die Immobilienwirtschaft benötigt zu jedem Zeitpunkt stets solch **„potenzielle" Standorte**, weil sie Voraussetzung sowohl für den Bau von Gebäuden als auch für die Wanderungsmöglichkeiten der Bevölkerung („Bevölkerungsmobilität") sind. In wohnungswirtschaftlichen Unternehmen dient ein Grundstücksvorrat der Sicherung der Beschäftigung.

Vom Ausmaß der „Standortvorräte" kann u. a. auch das regionale **Immobilienpreisniveau** oft entscheidend abhängen.

Allerdings nützen zunehmende Standortvorräte in Regionen, aus denen mehr Betriebe oder Haushalte ab- als zuwandern, nicht viel. Sie befinden sich dann am falschen Ort oder in der falschen Region.

Boden als Produktionsfaktor		
Träger reproduzierbarer Güter	Träger erschöpflicher Rohstoffe	Standort von Betrieben
Beispiele Gärtnerei Weideland Stausee	Beispiele Kohle Erdöl Uran	Beispiele (siehe Boden als Standort)

Boden als Standort		
Standort für Betriebe	Standort für Haushalte	Standort für Behörden, private Organisationen usw.
Beispiele Konzernverwaltung Friseurgeschäft Autohaus Arztpraxis Wohnungsunternehmen Filmtheater	Beispiele Einfamilienhaus Eigentums- wohnung Mietwohnung Ferienwohnung Wochenendhaus	Beispiele Rathaus Kirche AOK Staatskanzlei Finanzamt Verbandsgeschäftsstelle

Fragen:

1. Ist der Boden ein freies oder wirtschaftliches Gut?
2. Wann spricht man von einer Sozialbrache?
3. Was zählt zum Boden im wirtschaftlichen Sinne?
4. Mit der Bodennutzung verbunden sind sog. externe Effekte. Was versteht man darunter?
5. Der Boden ist „Rohstoff" für verschiedene Nutzungsarten. Um welche Nutzungsarten handelt es sich im wesentlichen?
6. Welche Entwicklungstendenzen für die Bodenflächennutzung sind für die Zeit nach dem Zweiten Weltkrieg erkennbar?
7. Was versteht man in der Bodennutzungs-Statistik unter „Gebäude- und Freiflächen"?
8. In welchem Gesetz sind die Leitbilder zur Ordnung der Struktur des Bundesgebietes dargestellt?
9. Welche Bedeutung hat ein Raumordnungsverfahren?
10. Was ist eine Region i. S. d. Landesplanungsgesetze?
11. Wem steht die Planung für das Gebiet einer Gemeinde zu?
12. Welche Gesetze zielen darauf ab, eine geregelte Bewirtschaftung von land- und forstwirtschaftlichen Flächen sicherzustellen?
13. In welchen Fällen zählt der Boden als Standort zu den „Produktionsfaktoren"?
14. Nennen Sie Beispiele für Betriebs- und Haushaltsstandorte.

1.4 Der Immobilienmarkt

„Der“ Immobilienmarkt ist der **Markt der Standorte.** Die Besonderheit des Gutes, das auf diesem Markt angeboten und nachgefragt wird, besteht in seiner **Unbeweglichkeit** (Immobilität). Ein Immobilienobjekt zeichnet sich durch seine einmalige Lage und – bei bebauten Grundstücken – durch die individuelle Standortverwirklichung aus. Der Immobilienmarkt ist die Summe einer großen Anzahl von Teilmärkten. Sie sind durch unterschiedliche Nutzungsmöglichkeiten, unterschiedliche Entwicklungszustände und Raumstrukturen u.dergl. bedingt.

Immobilität, Individualität und die für Immobilienmärkte typischen Knappheitsverhältnisse auch in guten Zeiten bedingen im Marktverhalten einen Rollentausch von Angebot und Nachfrage im Vergleich zu den meisten Warenmärkten.

1. Bei **beweglichen** Gütern („bewegliche Sachen“ im bürgerlichen Recht, „Waren“ im Handelsrecht) setzt die Funktionsfähigkeit der Märkte eine **Mobilität des Angebots** voraus.

   Die Funktionsfähigkeit der Immobilienmärkte hängt einerseits sehr stark von der **„Transparenz“** des Angebots und andererseits von der **Mobilität der Nachfrage** ab.
2. Die Mobilität des Warenangebots führt in Zeiten wirtschaftlicher Prosperität und hoher Einkommen zu einem **konkurrierenden Angebot** gleicher oder gleichartiger Güter an nahezu jedem beliebigen, normal erreichbaren Ort. Die **Nachfragekonkurrenz** spielt auf diesen Märkten des relativen Überflusses dagegen kaum eine Rolle.

   Bei den Immobilienmärkten ist die Angebotskonkurrenz um so geringer, je kleiner der Raum für Standortentscheidungen der Nachfrager ist. Die **Nachfragekonkurrenz** kann dagegen gerade in Zeiten wirtschaftlicher Prosperität erheblich sein.
3. Die Warenmärkte werden in der Regel durch eine Reihe von Orten des **konzentrierten** Angebots repräsentiert, die leicht auffindbar sind. Die räumliche Struktur der Warenmärkte ist relativ konstant.

   Bei den Immobilienmärkten bewegt sich die Nachfrage zum Angebot. Sie kann nur unter **ortsverschiedenen** Objekten wählen. Der Anbieter muss den Nachfrager suchen. Aus der Perspektive von Kauf- oder Mietinteressen werden die Immobilienmärkte durch die ihnen jeweils **bekannt gewordenen** Verkaufs- oder Vermietungsobjekte im Bereich einer **zufälligen** räumlichen Streuung repräsentiert. Die räumliche Angebotsstruktur wandelt sich laufend.
4. Beim Warenmarkt werden vom **Anbieter** Preise festgesetzt, zu denen jeweils eine bestimmte Menge der Waren verkauft werden kann.

   Auf den Immobilienmärkten werden – von Bauträgerobjekten einmal abgesehen – die Preise in der Regel durch den jeweiligen **Nachfrager** bestimmt, der in den Augen des Anbieters die günstigsten Bedingungen bietet.
5. Die **rechtlichen Rahmenbedingungen** für verbindliche Kaufentscheidungen sind auf den Immobilienmärkten ungleich komplizierter als auf den normalen Warenmärkten.

Diese Eigenheiten der Immobilienmärkte führen zu einer völlig anders gearteten „Marktlandschaft“, als wir sie im täglichen Wirtschaftsleben vorfinden. Das Agieren auf diesen Märkten bedarf oft der sachkundigen Mitwirkung von Marktleistungsträgern, zu denen in erster Linie Makler und die unternehmerische Wohnungswirtschaft zählen.

1.4.1 Versorgungssysteme

Grundsätzlich kann zwischen einer **marktwirtschaftlichen Güterverteilung** und einem System behördlich **reglementierter Güterzuteilung** unterschieden werden. Das Zuteilungssystem war eines der die **Zentralverwaltungswirtschaft** der früheren DDR kennzeichnenden Merkmale. Es ist allgemein bekannt, dass das System nicht nur eine auffallend geringe wirtschaftliche Effizienz aufwies, sondern dass auch das Ziel einer **Verteilungsgerechtigkeit** nach einem objektiv definierten Bedarf nicht erreicht wurde. In der Bundesrepublik wurde von Anfang an eine marktwirtschaftliche Ordnungspolitik praktiziert. In der Wohnungswirtschaft wurde der Übergang von einer Zwangswirtschaft in die Marktwirtschaft relativ schnell vollzogen. Dieser Übergang wurde begleitet durch eine erhebliche staatliche Wohnungsbauförderung. Die unterschiedlichen Ergebnisse zwischen der Zentralverwaltungswirtschaft und einem marktwirtschaftlichen Gesetzen gehorchenden Wirtschaftsprozess ist besonders deutlich in Bereichen der Immobilienwirtschaft zu erkennen.

Allerdings kann auch in Deutschland nicht jeder Bedarf an Standorten über ein Marktangebot gedeckt werden. Gerade in der **Wohnungswirtschaft** gibt es daneben auch noch Zuteilung verbilligten **Wohnraums** an einen Personenkreis, der aufgrund seiner Einkommenssituation Marktmieten nicht oder nur unter unverhältnismäßig hohem sonstigen Konsumverzicht bezahlen kann. Es handelt sich im Wesentlichen um Wohnungen, die aufgrund des Einsatzes öffentlicher Mittel nicht nur **preis-**, sondern auch **belegungsgebunden** sind (Näheres s. 5.6.3).

Die Parallelität der beiden Versorgungssysteme entspricht dem Grundgedanken der sozialen Marktwirtschaft, die das wirtschaftspolitische System der Bundesrepublik kennzeichnet. Dessen Sinn ist es, „das Prinzip der Freiheit auf dem Markte mit dem des sozialen Ausgleichs zu verbinden" (Müller-Armack).

Es gibt noch andere Beispiele dafür, dass in der Immobilienwirtschaft im Interesse bestimmter Personengruppen behördliche Zuteilungsregelungen einem marktwirtschaftlichen Verteilungsprozess vorgezogen wurden. So entstanden in neuerer Zeit sog. **„Einheimischen-Modelle"** vor allem im oberbayerischen Raum, der sich durch ein besonders hohes Grundstückspreisniveau auszeichnet. Die Grundidee dieser Modelle besteht darin, der einheimischen Bevölkerung den Erwerb von **Baugrundstücken** durch künstliche Absenkung des Preises im Gemeindebereich zu ermöglichen, die sonst gegen die kaufkräftige Zuwanderungsnachfrage am Markt keine Chance hätte. Die Ausweisung von Bauland wird in diesen Fällen mit einer Verpflichtung der Grundeigentümer zur Veräußerung entweder an die Gemeinde oder an die von der Gemeinde zu benennenden Bürger zu festgelegten Kaufpreisen verbunden. Gleichzeitig soll ein spekulativer Grundstückserwerb durch den begünstigten Personenkreis durch entsprechende Vertragsgestaltung unterbunden werden.

Die Auswirkungen des marktwirtschaftlichen Preisbildungsmechanismus werden im Bereich des nicht gebundenen Wohnungsbestandes durch Vorschriften im Wirtschaftsstrafgesetz (§ 5) beschränkt. Danach darf für die **Vermietung von Wohnraum** aus dem Bestand keine „überhöhte" Miete verlangt werden. Als überhöht gilt jede Miete, die die ortsübliche Vergleichsmiete (s. 5.1.3.7) um mehr als 20 % überschreitet. Wurde eine überhöhte Miete bezahlt, wird der Überhöhungsbetrag zusammen mit einem verhängten Bußgeld von der zuständigen Behörde eingezogen. Der Mieter erhält auf Antrag von der Behörde den eingezogenen Überhöhungsbetrag zurück. Die ausschließlich gewinnorientierte Verteilung des Wohnraums wird durch diese Vorschrift erheblich beschränkt.

WiStG § 5

In den übrigen Marktbereichen der Immobilienwirtschaft gibt es solche preisbegrenzenden Vorschriften nicht. Ebenso ist der **freie Marktzugang** auf der Anbieter- wie auch auf der Nachfragerseite innerhalb vorgegebener Nutzungsfestsetzungen in der Regel gewährleistet.

1.4.2 Strukturmerkmale des Immobilienmarktes

Immobilienmarkt ist ein abstrakter Begriff. Er bezeichnet in Wirklichkeit eine große Anzahl von Einzelmärkten, denen im Wesentlichen die einmalige Ortsgebundenheit des Marktgutes gemeinsam ist. Jeder dieser Einzelmärkte ist ein **Teilmarkt.**

Darunter versteht man einen wirtschaftlich in sich **abgeschlossenen** Markt. Er ist dadurch gekennzeichnet, dass das Marktgeschehen auf einem solchen Markt (insbesondere die Preisbildung) keinen unmittelbaren Einfluss auf andere Teilmärkte des Immobilienmarktes ausübt und umgekehrt. Natürlich gibt es an den **„Rändern"** mehr oder weniger ins Gewicht fallende **Wechselwirkungen** zwischen den einzelnen Teilmärkten. Deshalb ist die Abgeschlossenheit tatsächlich nur relativ.

Beispiele von Teilmarkterscheinungen:

Ein Ehepaar mit Kind benötigt und sucht eine 3-Zimmer-Wohnung. Die in diesem Zeitpunkt angebotenen Apartments sind relativ billig. Ein „Ausweichen" auf diesen Teilmarkt ist nicht möglich.

(Andererseits ist denkbar, dass jemand, der ein Apartment sucht, mangels Angebot, vielleicht nur vorübergehend, auf eine angebotene 3-Zimmer-Wohnung ausweicht.)

Überhaupt nichts nützt dem Ehepaar ein Überangebot an Büroräumen.

Trotz der Abgeschlossenheit der Teilmärkte gibt es aber – oft mit zeitlichen Verzögerungen („time-lags") – tendenziell in die gleiche Richtung verlaufende Entwicklungstendenzen auf dem gesamten Immobilienmarkt, also in allen Teilmärkten. Dies ist auf **Markteinflussfaktoren** zurückzuführen, die von außen her auf den Immobilienmarkt einwirken. Hierzu zählen z. B. der Kapitalmarktzins, die Entwicklung der steuerlichen Be- und Entlastungen der Privathaushalte, Förderungsprogramme für den Wohnungsbau, die Entwicklung der Beschäftigungssituation (Arbeitslosenquote) u.dergl. In ihrer **Einflusswirkung** können sie sich gegenseitig verstärken, abmildern oder aufheben. So verstärken sich zunehmende Unsicherheit der Arbeitsplätze und hoher Kapitalmarktzins bei der „Marktabschwächung". Wohnbauförderungsprogramme können die Wirkung hoher Kapitalmarktzinsen dagegen abmildern oder aufheben.

Das Fehlen von Marktausgleichswirkungen zwischen den Teilmärkten wird durch die Überlagerung von Wirkungen der Markteinflussfaktoren überdeckt, so dass die Bedeutung der Marktdifferenzierungen (Teilmarktbildung) oft nicht erkannt wird.

– Teilmärkte nach dem Entwicklungszustand

Wir haben gesehen, dass der Boden Rohstoff für verschiedene Hauptnutzungsarten ist. In der Regel ist der landwirtschaftlich genutzte Boden der Rohstoff für die Nutzung zu Siedlungszwecken.

Soll nach dem Flächennutzungsplan und den Absichten der Gemeinde der Boden Siedlungszwecken dienen, spricht man von **„Bauerwartungsland".** Baurechte bestehen nicht. Wer Bauerwartungsland erwirbt, spekuliert damit, dass in absehbarer Zeit ein Bebauungsplan erstellt und damit ein **Baurecht** geschaffen wird. Dadurch entstünde **„Rohbauland". Baureife,** und damit ein Anspruch auf Genehmigung eines Baugesuchs, ist erst gegeben, wenn die Erschließung des Grundstücks gesichert ist. Wenn schließlich das Grundstück bebaut ist, wird die Nutzung als **Gebäude** möglich (s. auch 2.1.2.1).

Nach diesen **Entwicklungsstufen** entstehen auch die ihnen entsprechenden **Teilmärkte.** Auf ihnen agieren unterschiedliche Marktpartner. Allerdings gibt es auch hier Personen, die von einem Markt auf den anderen ausweichen können.

Beispiele:

Wer beabsichtigt, ein Einfamilienhaus zu erwerben, kann auch auf den Baugrundstücksmarkt ausweichen und selbst Bauherr des Hauses sein. Wenn er gleich bauen will, nützt ihm allerdings kein Bauerwartungsland. Er benötigt ein baureifes Grundstück.

Viele aber wollen sich die Mühe des Bauens ersparen. Für sie kommen nur fertige Objekte in Betracht.

Dagegen sind Bauträger nicht am Erwerb fertiger Häuser, sondern nur am Erwerb von Baugrundstücken interessiert.

Wer eine Eigentumswohnung selbst bauen will, der muss andere Bauherren finden und sich mit ihnen zu einer Bauherrengemeinschaft zusammenschließen, um zunächst das hierfür geeignete Baugrundstück zu erwerben. Wer diese Konstruktionsform wählt, hat in der Regel die damit verbundenen steuerlichen Vorteile im Auge. Für konventionell erstellte Wohnungen oder Bestandswohnungen besteht bei diesem Personenkreis wiederum kein Interesse.

Diesen Beispielen ist zu entnehmen, dass sich auf den aufgeführten Teilmärkten das Nachfragerpublikum überwiegend nicht „überschneidet“ – ein Zeichen dafür, dass wir es mit Teilmärkten zu tun haben.

In der nachfolgenden Grafik ist die Teilmarktbildung am Entwicklungszyklus der Immobilie dargestellt. Den verschiedenen Entwicklungsständen entsprechen bestimmte Nachfragegruppen. Bei Neubau- und Bestandsimmobilien scheinen sich Privatinteressenten mit Selbstnutzungsabsichten und Privatinteressen, die Immobilien zur Kapitalanlage erwerben wollen zu überlappen. Es gibt aber auch hier ziemlich streng von einander getrennte Teilmärkte, die sich auf der „Zeitachse“ der Immobilienentwicklung nur nicht darstellen lassen.

Teilmärkte nach Entwicklungskriterien
(typische Nachfragegruppen)

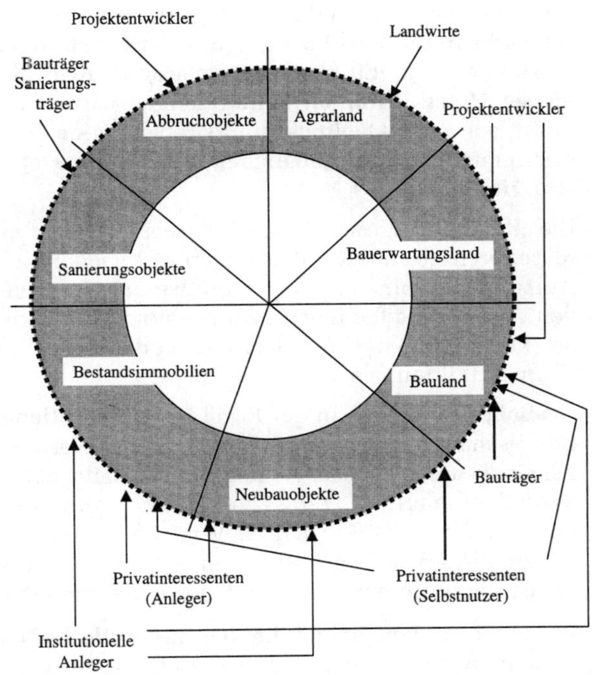

– Teilmärkte nach immobilienwirtschaftlichen Nutzungskriterien

Teilmärkte entstehen durch unterschiedliche **Nutzungsfestsetzungen** des Bodens. Unter marktwirtschaftlichen Bedingungen wären die Grenzen zwischen den nutzungsbedingten Teilmärkten fließend. Das besondere Problem dieser Teilmärkte besteht jedoch darin, dass marktwirtschaftliche Nutzungsumwidmungen des Bodens weitgehend nicht möglich sind. Wer Wohnräume als Büroräume wegen des höheren Mietertrages vermieten will, scheitert meist daran, dass diese **Zweckentfremdung** nicht genehmigt wird. Auf einem Baugrundstück für ein Einfamilienhaus kann kein Handwerksbetrieb errichtet werden. Ackerland, für das kein Baurecht besteht, ist wohnungswirtschaftlich nicht nutzbar usw. Die Unterschiede im Preisniveau für Böden verschiedener Nutzungsarten und -intensitäten beruhen also zum Teil auch darauf, dass eine privatwirtschaftlich autonome **Angebotsanpassung** an eine sich ändernde Nachfragestruktur nicht möglich ist und die öffentlich-rechtlichen Planungsträger die Nutzungen nicht automatisch **„marktkonform“** festsetzen und jeweils ändern.

Gliedert man die **„sachlichen“** Teilmärkte des Immobilienmarktes, dann können wir vier wichtige Hauptgruppen unterscheiden:

1. Markt für Objekte der **wohnlichen** Eigennutzung (Haushaltsstandorte = Wohnungen)
2. Markt für Objekte **gewerblicher** oder **sonstiger** nicht wohnlicher Eigennutzung (Betriebsstandorte)
3. Markt für Objekte zu Zwecken der **Geldanlage**
4. Markt für Objekte des **primären Produktionssektors** (land- und forstwirtschaftliche Betriebe, Bergwerke u.dergl.)

Jede dieser vier Marktgruppen ist zu unterteilen nach **Objektarten, Qualitäts- und Größentypen,** um zu realen Erscheinungsformen von Teilmärkten zu kommen.

Zu den Objekten wohnlicher Eigennutzung gehören insbesondere **Mietwohnungen, Eigentumswohnungen** und **Einfamilienhäuser** verschiedener Qualität und Größentypen.

Zu den Objekten gewerblicher Eigennutzung gehören **Büro- und Verwaltungsobjekte, Gebäude und Räume für Fertigung, Lagerhaltung, Forschung und Entwicklung, Handelsimmobilien (Einkaufszentren/großflächige Einzelhandelsbetriebe/Läden), Parkhäuser, Hotels, Kliniken, Seniorenheime** usw. Auch hier gibt es teilmarktbildende Unterschiede nach Qualitäts- und Größenmerkmalen. Soweit ein Objekt nur eine ganz bestimmte Nutzung ermöglichen (z. B. Klinik, Hotel, Parkhaus), spricht man von einer **„Spezialimmobilie“**.

Die „Betreiber“ dieser Objekte (Betriebsinhaber) sind oft nicht deren Eigentümer. Diese rekrutieren sich aus Kapitalanlegern unterschiedlicher Herkunft. Die Objekte haben als Anlageobjekte einen eigenen Marktbereich. Auch vermietete Wohnobjekte, angefangen von der vermieteten Eigentumswohnung bis hin zum Wohnblock, werden als Anlageobjekte angeboten. Unter dem Aspekt der Kapitalanlage herrscht eine größentypische Teilmarktbildung vor.

Großobjekte werden in der Regel von **„institutionellen Anlegern“** gesucht. Dies sind Gesellschaften, die über Sondervermögen verfügen, z. B. **Offene Immobilienfonds, Pensionskassen, Lebensversicherungsgesellschaften.** Sondervermögen ist das durch Kapitalansammlung (z. B. Lebensversicherungsbeiträge) beim Unternehmen entstehende (bei diesem Beispiel für Versicherungsleistungen) zweckgebundene Vermögen, das zugunsten der Einleger Gewinn bringend anzulegen ist. Ausländische Anleger treten häufig in Konkurrenz zu inländischen Interessenten.

Die Funktion von **Immobilienleasinggesellschaften** geht in der Regel über die reine Objektverwaltung hinaus. Die Gebäude werden vom Leasinggeber nach den Wünschen des Kunden konzipiert und errichtet und für die vereinbarte Leasingzeit funktionsfähig vorgehalten. Der Markt für Immobilienleasingobjekte ist ein besonderer Teilmarkt, dessen Gegenstand nicht nur das Objekt, sondern – im Rahmen des gesamten Leistungspaketes – auch die volle Fremdfinanzierung ist.

Mittlere und kleinere Anlageobjekte werden überwiegend von **Privatleuten** nachgefragt. Aus deren Perspektive stellen sich solche Objekte als Alternative zu anderen Geldanlageformen (Rentenpapiere, Aktien, Gold) dar. Zunehmend spielt bei einer solchen Anlage in Immobilien auch der Gedanke an eine zusätzliche **Alterssicherung** eine Rolle. Die drei wesentlichen Gründe für die Anlage in Immobilien sind die hieraus fließenden laufenden Erträge (Verzinsung des eingesetzten Kapitals), die erwartete Wertsteigerung und die Wertbeständigkeit.

Beim Markt für Objekte, bei denen der Boden als natürlicher Produktionsfaktor eine Rolle spielt, stehen **landwirtschaftliche** Betriebe und land- und forstwirtschaftlich genutzte Bodenflächen im Vordergrund. Sie bilden einerseits die Reserveflächen für die Entwicklung von wohnungswirtschaftlichen oder gewerblichen Siedlungsaktivitäten.

In diesem Falle sind meist **Bauträger** und **Gemeinden** die Geschäftspartner der die Böden anbietenden Landwirte. Auf diesem Markt finden andererseits die Verkäufe und Verpachtungen zwischen den **Landwirten** statt. Bei Verkäufen von Flächen ab 2 ha aufwärts an Nichtlandwirte steht ländereigenen Siedlungsgesellschaften ein Vorkaufsrecht nach dem Reichssiedlungsgesetz zu.

Teilmärkte nach Nutzungskriterien

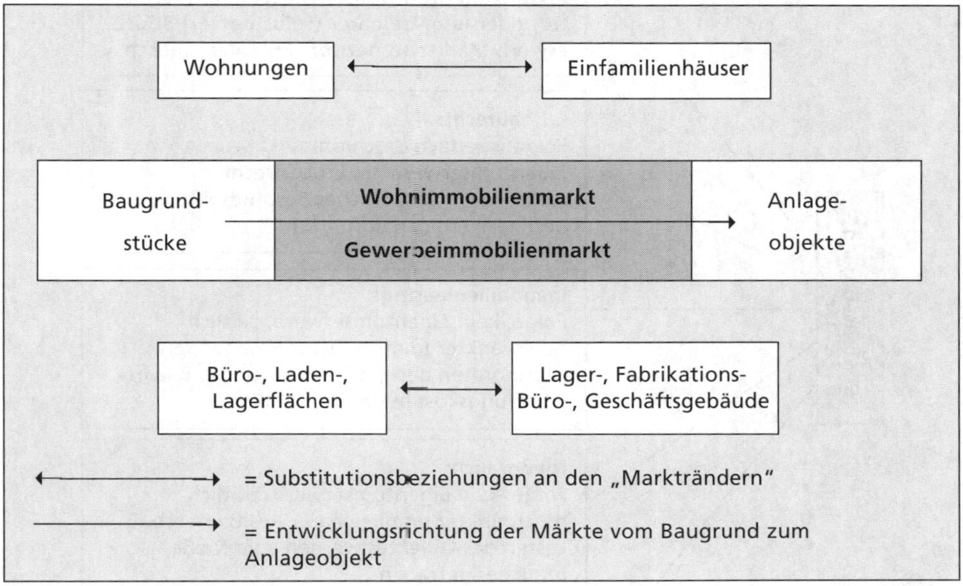

– Teilmärkte nach Vertragskriterien

Die Nutzung kann auf unterschiedlichen **Vertragsgrundlagen** beruhen. Eine Eigentumswohnung kann **vermietet** oder **verkauft** werden, ein Baugrundstück kann verkauft oder es kann ein **Erbbaurecht** an ihm begründet werden. Eine Betriebsstätte kann vermietet oder (als eingerichteter) Betrieb **verpachtet** werden. Diese Umsätze finden auf verschiedenen Teilmärkten statt. Auch das oben bereits erwähnte **Immobilienleasing** mit seiner besonderen Vertragskonstellation könnte hier als Alternative zum Miet- oder Pachtvertrag erwähnt werden.

Bestimmte einkommens- oder vermögensstarke Nachfragergruppen haben eine **ökonomische Wahlmöglichkeit** zwischen Kauf und Miete eines Objektes. In diesen Grenzbereichen ist ein Ausweichen der Nachfrager von dem einen zum anderen Markt möglich. Trotzdem kann auch hier von Teilmarktbildungen ausgegangen werden. In einer großen Zahl von Fällen bleibt die Wohnungsnachfrage auf den Mietwohnungsmarkt beschränkt.

Andererseits streben auch viele Mieter die Alternative des Eigentums an. Für sie kommt deshalb ein Mietwohnungsangebot nicht in Betracht. Sie wohnen ja bereits zur Miete und wollen diesen Zustand verändern. Diese Nachfrage beschränkt sich auf den Markt für selbst genutztes Wohneigentum.

Es gibt aber auch Eigentümer, die aus wirtschaftlichen Gründen (z. B. Überschuldung) ihr Eigentum aufgeben müssen und nur noch auf den Mietwohnungsmarkt ausweichen können.

Aus diesen Beispielen lässt sich erkennen, dass die Teilmarktgrenzen sehr häufig nicht überwunden werden können, so dass eine Einteilung in Teilmärkte nach Vertragskriterien auch im wohnungswirtschaftlichen Bereich zur Erkenntnis des Marktgeschehens sinnvoll ist.

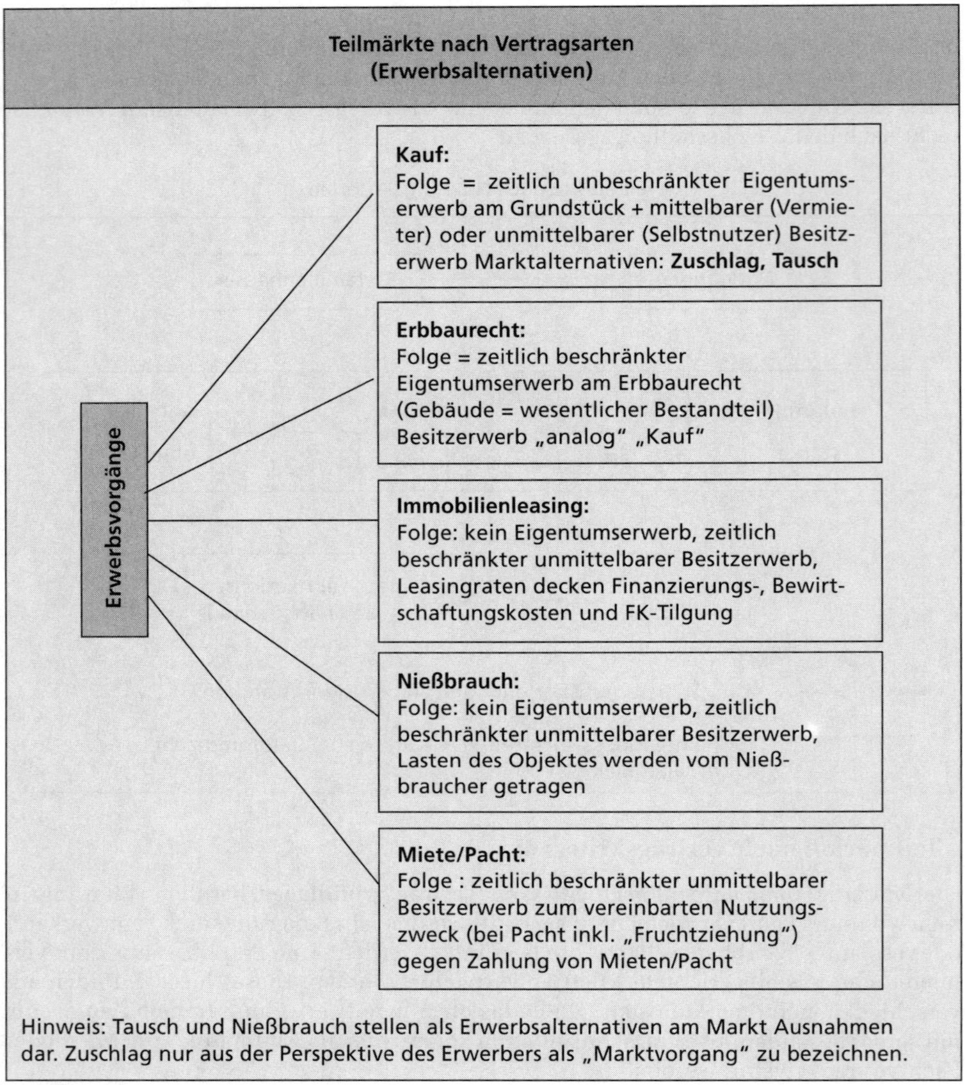

– Teilmärkte nach räumlichen Kriterien

Eine der Besonderheiten des Immobilienmarktes beruht, wie wir gesehen haben, in der Tatsache, dass auf diesem Markt sich nicht das Angebot zur Nachfrage, sondern wegen der Immobilität des Marktgutes der Nachfrager sich zum Angebot bewegt. Dies begründet räumliche Teilmärkte. Relativiert werden sie an den „Rändern“ nur durch das **Verkehrsnetz,** das es in eingeschränktem Umfang z. B. erlaubt, in einem von mehreren Orten zu wohnen, um in einem ganz bestimmten Ort zur Arbeit zu gehen.

Mit zunehmender Entfernung nimmt die Bedeutung der räumlichen Teilmarktgrenzen zu. Es ist offensichtlich, dass jemand nicht wegen des in Bremen niedrigen Mietniveaus oder der niedrigen Einfamilienhauspreise dort zu wohnen wünscht, wenn er in Stuttgart beschäftigt ist und seinen Arbeitsplatz nicht aufgeben will. Dagegen kann Augsburg wegen der guten Bahnverbindungen ein alternativer Wohnstandort zu München für eine Familie sein, wenn der Vater in München zur Arbeit geht.

Unterschieden werden kann zwischen

- **lokalen,**
- **regionalen** und
- **überregionalen**

Immobilienmärkten.

Bei den überregionalen Immobilienmärkten kann auch noch differenziert werden zwischen dem **nationalen** und dem **internationalen** Markt.

Welchem der räumlichen Teilmärkte ein Immobilienobjekt zugeordnet werden kann, entscheidet sich an der Frage, ob und inwieweit das Angebot dieses Objektes in eine **Angebotskonkurrenz** zu vergleichbaren Objekten aus anderen Räumen tritt.

Beispiel für den lokalen Markt:

Ladenlokale in „1a-Lagen". Kommt für bestimmte Nachfrager nach Ladenlokalen nur eine Lage in einigen wenigen Straßenzügen mit der entsprechenden „Passantenfrequenz" in Frage, verringert sich der Marktraum auf die Läden in diesen Straßen. Das Ladenangebot in einem Vorort tritt mit diesem Angebot nicht in Konkurrenz.

Beispiel für den regionalen Markt:

Eigentumswohnungen zum Selbstbezug (wohnliche Eigennutzung). Hier treten Angebote von Eigentumswohnungen nicht nur des Stadtgebietes, sondern auch des (näheren) Umlandes miteinander in Angebotskonkurrenz, wenn davon ausgegangen werden kann, dass ein für das Marktgeschehen beachtlicher Teil der Nachfrager unter Angeboten dieses Raumes ihre Kaufentscheidung treffen können.

Beispiel für den überregionalen Markt:

Großes Anlageobjekt. Hier kann ein institutioneller Kapitalanleger z. B. wählen zwischen Objekten aus verschiedenen Regionen. Erscheint das Angebot aus Hamburg von den Ertragserwartungen her günstiger als vorhandene Angebote aus Würzburg, Mannheim, Düsseldorf und Lübeck, dann wird sich der Kapitalanleger dafür entscheiden. Reduziert der Anbieter aus Mannheim den Preis für sein Objekt so weit, dass er im Vergleich zum Angebot aus Hamburg die besseren Konditionen bietet, wird der Anleger auf dieses Angebot ausweichen.

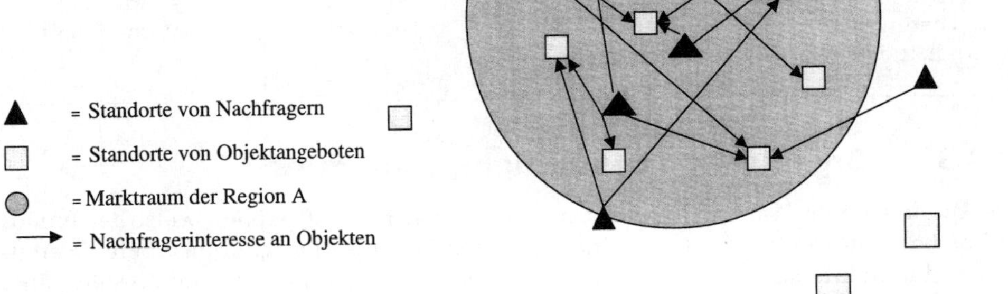

Merkmale des regionalen Marktes:

1. An Objekten außerhalb der Regionen sind Nachfrager nicht interessiert.
2. Nur Anbieter von Objekte innerhalb der Region treten damit in eine Angebotskonkurrenz zu einander

Strukturmodell: „Überregionaler Immobilienmarkt"

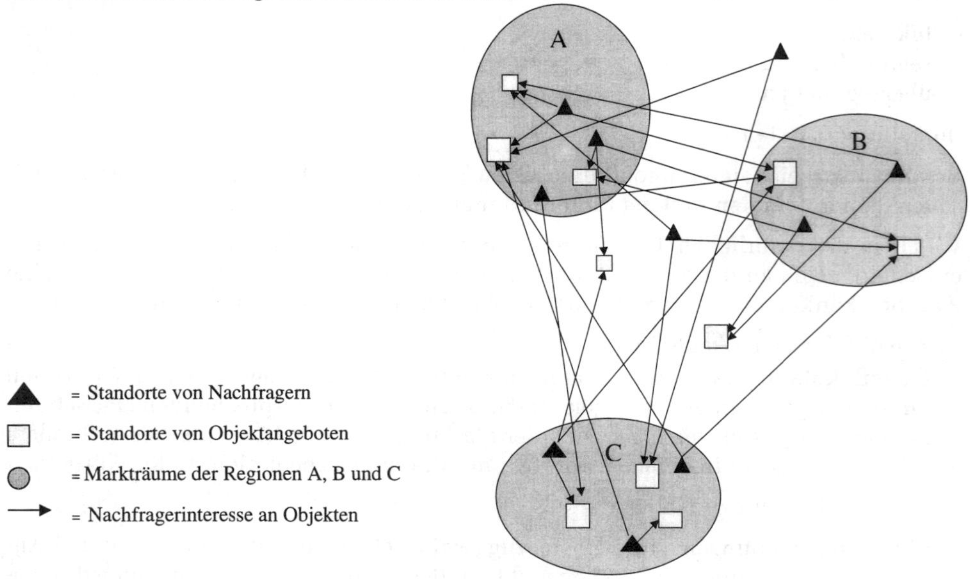

Merkmale des überregionalen Marktes:

1. Nachfrager machen die Befriedigung ihrer Nachfrage nicht vom Objektstandort abhängig.
2. Deshalb treten auch Anbieter von Objekten außerhalb einer Region miteinander in eine Angebotskonkurrenz.

Kommen Nachfrager aus dem **Ausland** mit ins Spiel, handelt es sich um ein Objekt, das auf dem internationalen Markt angeboten werden kann.

Teilmarktstruktur des Immobilienmarktes			
Teilmärkte aufgrund von Unterschieden in der			
Nutzung	Entwicklung	Vertragsart	Raumbegrenzung
Eigennutzung – wohnlich – gewerblich Kapitalanlage natürlicher Produktionsfaktor	Rohbauland baureifes Land Gebäude Abbruch-objekte	Kauf Erbbaurecht Miete Pacht Leasing	lokale regionale überregionale – nationale – internationale

1.4.3 Organisation des Immobilienmarktes

Im Vergleich zum Warenmarkt oder gar zum Markt für Wertpapiere weist der Immobilienmarkt in Deutschland nur einen geringen Organisationsgrad auf. Beim Warenmarkt durchläuft das Produkt vom Hersteller bis zum Endverbraucher mindestens eine, meist aber mehrere Umsatzstufen über ein Handels- und/oder Vertretersystem. Bei den Wertpapieren gibt es die Börse als Organisationsform des Marktes.

Die Organisation des Immobilienmarktes zielt – im Gegensatz zu den Organisationsformen auf dem Warenmarkt – nicht auf unmittelbare Umsatzleistungen ab. Dies hängt mit den Formvorschriften und den höchst individuellen Regelungsinhalten der Verträge zusammen, die auf diesem Markt geschlossen werden. Vielmehr kann eine Marktorganisation im Immobilienbereich nur im **Vorfeld** des Marktes auf Schaffung von **Markttransparenz** für die unmittelbaren Marktteilnehmer abzielen. Markttransparenz wird erreicht durch **Informationsbeschaffung** über das jeweils aktuelle Angebot und/oder die aktuelle Nachfrage.

Im Vergleich zum Ausland werden Immobilien aus dem Bestand noch häufig vom Privatanbieter an den Privatnachfrager direkt verkauft. Dieser **nicht organisierte Privatmarkt** umfasst derzeit allein etwa 30–35 % des gesamten Immobilienumsatzvolumens. Kennzeichnend für diesen Markt ist eine weitgehend **fehlende Markttransparenz** bei den Marktteilnehmern, was zu willkürlichen Verhandlungsergebnissen und Immobilienpreisen führt. Die vereinbarten Preise weichen nicht selten erheblich von den Preisen ab, die unter der Bedingung eines hohen Informationsniveaus der beteiligten Marktpartner erzielt würden.

Daneben gibt es gewerbsmäßige Anbieter von und Nachfrager nach Immobilien – auch als **institutionelle Anbieter bzw. Nachfrager** bezeichnet. Hierzu zählen Bauträger einschließlich Wohnungsunternehmen, Immobilienfonds, Immobilienleasinggesellschaften, Projektentwickler u.dergl. Ihr Umsatzanteil liegt derzeit bei etwa 20–25 % des Umsatzvolumens. Es handelt sich um miteinander in Konkurrenz stehende professionelle Marktteilnehmer, die jedoch aus sich heraus keine den Markt organisierenden Initiativen entfalten. In der Regel sind bei diesen Marktteilnehmern durch ihren ständigen Umgang mit dem Markt entsprechende Erfahrungen vorhanden.

Der Rest (etwa 40–45 %) wird über **Makler** abgewickelt. In Großbritannien oder den Vereinigten Staaten liegt die Quote der maklervermittelten Immobilienumsätze etwa doppelt so hoch. Einen institutionellen **Immobilien- oder Grundstückshandel** selbst, vergleichbar mit dem Warenhandelssystem, gibt es auf dem deutschen Immobilienmarkt wegen des hohen Kapitaleinsatzrisikos nicht. Sofern der Begriff des Immobilien- oder Grundstückshändlers in der Praxis gebraucht wird, ist er **irreführend,** wenn eigentlich Makler gemeint sind. Diese haben keinerlei Händlerfunktion. In manchen Ländern ist den Maklern sogar der Abschluss von Geschäften in eigenem Namen und für eigene Rechnung untersagt. In Deutschland führt die Bekundung des Eigeninteresses zum Provisionsverlust.

Makler werden sowohl von privaten als auch von institutionellen Marktteilnehmern zur Geschäftsvermittlung eingeschaltet.

Die besondere Bedeutung der Makler am Immobilienmarkt besteht darin, dass sie jedem Interessierten kostenlose **Marktinformationen** („Objekt- und Interessennachweise“) liefern und dadurch ein höheres Maß an **„Markttransparenz“** herstellen. Der größere Marktüberblick gewährt mehr **Entscheidungssicherheit** beim Kauf oder Verkauf. Davon profitieren auch die Marktteilnehmer, die am Ende auch ohne Maklereinschaltung ein Geschäft abwickeln.

Im Rahmen des **Maklermarktes** selbst aber gibt es Organisationsstrukturen in Form von **„Immobilienbörsen“** und **Maklerverbünden.** Bei den Immobilienbörsen handelt es sich nicht um Einrichtungen, auf denen – etwa wie bei den Wertpapierbörsen – Verkäufe durchgeführt werden. Es handelt sich vielmehr um eine Informationsbörse für Börsenmitglieder (ausschließlich Makler) über das auf dem Markt vorhandene Angebot. Die beteiligten Makler können dann im Rahmen von so genannten **Gemeinschaftsgeschäften** bei Objektverkäufen zusammenarbeiten. Auf der einen Seite steht in solchen Fällen der **Objektmakler,** der über einen Objektvermittlungsauftrag verfügt. Auf der anderen Seite steht der **Interessentenmakler,** der den Interessenten für das Objekt hat.

Bei **Maklerverbünden** (auch Maklerkooperationen genannt) besteht – im Gegensatz zu den Immobilienbörsen – stets eine Verpflichtung zur Eingabe aller Objekte in den **Objektpool** und eine Verpflichtung zum Gemeinschaftsgeschäft. (Achtung: Maklerverbünde dürfen nicht mit den Maklerverbänden – RDM und VDM – verwechselt werden, die ganz andere Aufgaben wahrnehmen.)

Da jedes Mitglied einer Immobilienbörse oder eines Maklerverbundes auch die Objekte der angeschlossenen Kollegen anbieten kann, ist es in der Lage, ein noch größeres Maß an Markttransparenz abrufbar zu machen als keiner Börse angehörende Einzelmakler.

Große Maklerfirmen, die überwiegend auf dem überregionalen Immobilienmarkt agieren, unterhalten **Filialen** in verschiedenen Schwerpunktregionen. Ein Teil dieser Firmen sind ausländische Unternehmen. Es gibt aber auch Maklerunternehmen als **Tochtergesellschaften** von **Banken,** die sich eines solchen Filialsystems bedienen. Einige davon entfalten ihre Maklertätigkeit auch auf den regionalen Märkten.

Eine andere marktrelevante maklerische Organisationsform ist das **Franchisesystem.** Der Franchisegeber gibt den Franchisenehmern weitgehend eine einheitliche Geschäftsstruktur, einheitliche Geschäftsgrundsätze, ein einheitliches Erscheinungsbild vor, so dass sie nach außen als ein großes Unternehmen in Erscheinung treten. Der Franchisegeber (in der Regel eine GmbH) fungiert darüber hinaus als Servicestelle der Franchisenehmer und führt Maßnahmen der „Verkaufsförderung" durch.

1.4.4 Bestimmungsgründe von Angebot und Nachfrage

Unter Bestimmungsgründen **(Determinanten)** versteht man die dauerhaften, die Entwicklung eines Marktes bestimmenden Faktoren. Das Bedürfnis nach Stillung von Hunger und Durst lässt einen Bedarf nach Nahrungsmitteln und Getränken entstehen, der zur Nachfrage nach diesen Gütern führt. Nimmt die Zahl der Menschen zu, wächst dieser Bedarf und damit tendenziell die Nachfrage. Die Menge und Qualität der zur Produktion von Gütern einsetzbaren Rohstoffe und Produktionsfaktoren bestimmen die Grenzen der Produktion der Güter, die auf dem Markt angeboten werden können.

Auf dem Immobilienmarkt, auf dem Standorte für Haushalte und Betriebe sowie der Produktionsfaktor Boden angeboten und nachgefragt werden, werden ebenfalls Determinanten dieses Angebots und dieser Nachfrage wirksam.

Neben den ursächlichen Bestimmungsgründen wirken Einflussfaktoren auf den Markt, die die sich aus den Bestimmungsgründen ergebende Entwicklungsrichtung des Marktes abschwächen oder verstärken, aber niemals außer Kraft setzen können.

Steigen auf einem nicht staatlich regulierten Markt wegen eines witterungsbedingten Ernteausfalls die Getreidepreise, wird dies zu Einschränkungen beim Brotkonsum, aber nie zu einem völligen Verzicht führen.

Die wichtigsten, für das **Immobilienangebot** entscheidenden Bestimmungsgründe sind der zu **Siedlungszwecken** zur Verfügung stehende oder produzierbare **Bodenvorrat,** die Produktionsfaktoren und die Entwicklungsfähigkeit der Produktivität in der **Bauindustrie** und das sich aus **Standortaufgaben** ergebende Marktangebot. Die Aufgabe von Haushaltsstandorten kann durch Wegzug des Haushaltes oder Tod des Wohnungsinhabers (Auflösung des Haushaltes) bedingt sein, bei Betrieben durch Verlagerung der Betriebsstätte oder Liquidierung des Unternehmens, mit der Folge der Auflösung des Betriebes.

Die wichtigsten Bestimmungsgründe für die **Immobiliennachfrage** sind die für den Marktraum relevante natürliche Bevölkerungsentwicklung, die Wanderungsbewegung und die sich daraus entwickelnden neuen **Nachfrageeinheiten** nach Wohnungen (Privathaushalte) einerseits und für den betrachteten Raum relevante Neuansiedlungen von Betrieben sowie der Auf- oder Abbau von Raumkapazitäten bereits bestehender Betriebe andererseits.

Die Intensität, mit der sich Angebot und Nachfrage auf dem Immobilienmarkt entfalten, ist naturgemäß ein Ergebnis der allgemeinen Wirtschaftsentwicklung, vor allem der Entwicklung des Einkommens, des auf den Marktraum entfallenden Inlandsproduktes und der Geldwertstabilität. Viele Teilmärkte des Immobilienmarktes sind stark „konjunkturanfällig".

Fragen:

1. Wodurch unterscheidet sich der Immobilienmarkt von den Märkten für bewegliche Güter?
2. Wie kann der Immobilienmarkt definiert werden?
3. Welche Grundtypen der Verteilung wirtschaftlicher Güter kennen Sie?
4. Wo trifft man in der Immobilienwirtschaft eine öffentlich-rechtliche Preis- und Raumbelegungsbindung an?
5. Welche Idee liegt der „sozialen Marktwirtschaft" zugrunde?
6. Welche besondere Mietpreisbindung bei Wohnraum kennen Sie?
7. Nennen Sie Kriterien und Beispiele für Teilmarktbildungen am Immobilienmarkt.
8. Welches Ziel wird durch die Organisation des Immobilienmarktes verfolgt?
9. Welche Formen der unternehmerischen Organisation des Immobilienmarktes kennen Sie?
10. Was sind Bestimmungsgründe von Angebot und Nachfrage auf dem Immobilienmarkt?

1.5 Die Preisbildung auf dem Immobilienmarkt

1.5.1 Der Marktpreis

Bei den Anbietern von Immobilien muss unterschieden werden zwischen solchen, die gewerbsmäßig Gebäude und Wohnungen erstellen, um sie zu verkaufen oder zu vermieten (Bauträger, Wohnungsunternehmen), und solchen, die ein Objekt aus dem Bestand verkaufen wollen.

Bauträger werden bei der Festsetzung des Preises z. B. von Eigentumswohnungen eine Basiskalkulation aufstellen. Sie enthält die gesamten Herstellungskosten und einen Gewinnaufschlag. Dies ist der **Angebotspreis.** Stellt sich heraus, dass die Herstellungskosten den vermutlich erzielbaren Preis übersteigen, ist kein Raum für einen Gewinnaufschlag. Die Realisierung des Bauvorhabens erfolgt nicht. Der Gewinnaufschlag ist also keinesfalls eine beliebig festlegbare Größe. Vielmehr wird sich der Bauträger immer am **Markt** orientieren. Er wird untersuchen, ob genug kaufkräftige Nachfrage für seine Wohnungen vorhanden ist und welche Konkurrenzangebote zum gleichen Zeitraum auf den Markt gelangen. Wenn von den anderen Unternehmerrisiken abgesehen wird, sind es vornehmlich zwei Kostenpositionen, die den kalkulierbaren Gewinn schmälern können, nämlich die Kosten der **Vorfinanzierung,** wenn das zeitliche Verkaufsziel nicht erreicht wird, und die **Vertriebskosten,** die durch vermehrte Vertriebsanstrengungen entstehen. Notfalls muss der Bauträger seine **Preisansätze** korrigieren, um die letzten Wohnungseinheiten verkaufen zu können. Angebots- und **Abschlusspreis** fallen dann auseinander. Maßgeblich für den Umsatz am Markt ist natürlich der Abschlusspreis.

Am Ende stellt sich heraus, welcher Gewinn tatsächlich erzielt wurde. Sofern das ursprünglich vorgegebene Gewinnziel erreicht wurde, stellt sich für den Bauträger die Frage, ob der Markt so beschaffen war, dass er auch einen höheren Gewinn hätte realisieren können. Er wäre dann unter den vom Markt her gebotenen Möglichkeiten geblieben. Wurde das Gewinnziel nicht erreicht oder kam es gar zu einem Verlust, ist dies ein Zeichen dafür, dass er seine Preiskompetenz mehr oder weniger auf die Nachfrager übertragen musste.

Bei **Bestandsimmobilien** fehlt in der Regel für die Preisfestsetzung durch den Verkäufer eine Kalkulationsgrundlage. Der Verkäufer, der keine Nachteile erleiden will, ist vollständig darauf angewiesen, dass es ihm gelingt, jenen Preis zu „finden“, den er gerade noch am Markt erzielen kann. Er kann versuchen, Preise für vergleichbare Objekte in Erfahrung zu bringen, um einen Anhalt für seinen Angebotspreis zu erhalten. Aber auch das führt nicht zu zuverlässigen Ergebnissen. In der Regel liegt deshalb die **Preiskompetenz** auf dem Markt für Bestandsimmobilien bei der Nachfrage. Das Objekt wird zu dem Preis verkauft, den der in den Augen des Verkäufers beste aller informierten **Interessenten** geboten hat.

Dabei bleibt meist offen, ob dieser Interessent einen nicht noch höheren Preis geboten hätte, wenn noch ein konkurrierender Interessent das gleiche oder ein höheres Gebot abgegeben hätte.

Der bei einem Verkauf eines bestimmten Objektes aus dem Bestand erzielte Preis ist in der Regel das Ergebnis von **Preisverhandlungen.** Es hätte stets auch anders ausfallen können. Der tatsächlich erzielte Preis liegt somit zwischen einem denkbaren oberen und einem denkbaren unteren Grenzpreis, der die unterschiedlichen „Wertbezüge“ der Marktpartner zum Objekt widerspiegelt.

Der **obere Grenzpreis** wird durch den „besten“ Interessenten bestimmt. Einen höheren Preis ist diesem Interessenten das Objekt nicht „wert“. Würde er vom Verkäufer gefordert werden, fände ein Verkauf nicht statt.

Der **untere Grenzpreis** wird vom Anbieter bestimmt. Es handelt sich um den Preis, zu dem das Objekt zu verkaufen der Anbieter äußerstenfalls bereit wäre.

Dass es solche Grenzpreise geben muss, ergibt sich schon aus der Tatsache, dass der Verkäufer nie den Preis erzielt, der vom Käufer **wirtschaftlich** bezahlt wird. Dieser bezahlt nämlich über den im Vertrag vereinbarten Preis hinaus in der Regel noch Notar- und Gerichtskosten, Grunderwerbsteuer und gegebenenfalls Maklergebühren. (Immerhin betrug die Grunderwerbsteuer bis 31.12.1982 allein schon 7 %!)

In der Regel kann davon ausgegangen werden – ohne dies im Einzelfall rechnerisch belegen zu können –, dass trotz der Kostenbelastung von Verkaufsvorgängen für beide Marktpartner oder mindestens für einen Marktpartner das abgeschlossene Geschäft „vorteilhaft" ist. Dies trifft stets dann zu, wenn der Verkauf insgesamt nicht zu „Grenzbedingungen" stattfindet, so dass für beide Seiten eine positive Differenz zwischen den Grenzpreisen und den Abschlusspreisen auch unter Berücksichtigung der Verkaufskosten besteht.

Betrachtet werden muss noch die Situation, bei der der Verkäufer in seiner Fähigkeit, Preisverhandlungen zu führen, eingeschränkt ist. Ein zum Verkauf stehendes Immobilienobjekt kann so belastet sein, dass eine Preisherabsetzung zur Unterdeckung dieser Belastung führen würde. Wenn der Verkäufer nicht in der Lage ist, diese Unterdeckung mit anderweitigen Mitteln auszugleichen, hängt ein Verkauf **ausschließlich** davon ab, ob zum entsprechenden Zeitpunkt ein Interessent vorhanden ist, der bereit ist, das Objekt mindestens zu dem Preis zu übernehmen, der gerade ausreicht, die Belastungen abzudecken. In der Regel aber verlagert sich in solchen Fällen der Marktvorgang vom „freihändigen" Verkauf in die Veräußerung durch Zwangsversteigerung.

1.5.2 Preisbindung

Das Angebot eines Produktes zu gebundenen Preisen unterscheidet sich vom marktorientierten Angebotspreis dadurch, dass in der Angebotskalkulation die Gewinnkomponente entweder durch ein Kartell bestimmt wird oder ganz fehlt. Preiskartelle (Preisabsprachen zwischen Unternehmen) sind aber verboten. Hier interessieren nur **wohnungswirtschaftliche** Preisbindungen.

Wird ein Wohnungsbauvorhaben mit **öffentlichen Mitteln** gefördert, dürfen nur Kostenpreise (Kostenmieten) verlangt werden. Teilweise werden allerdings unternehmerische Wagnisse (Mietausfallwagnis), der Unternehmerlohn (Verwaltungskosten) und die Eigenkapitalverzinsung durch Kostenansätze in der Preiskalkulation berücksichtigt. Bei diesen Kostenpositionen handelt es sich um Grundbestandteile des unternehmerischen Einkommens, das bei einem Marktpreis nach Abzug aller Fremdkosten verbleibt.

Allein durch die Beschränkung des Angebotspreises auf die in dieser Weise definierten Kosten ergäben sich jedoch keine oder nur geringfügige Unterschiede zu Marktmieten. Seit vielen Jahren liegen die so ermittelten Kostenmieten in Deutschland sogar zum Teil über den Marktmieten.

Der mit der Einführung der Kostenmiete verfolgte Zweck, solche Wohnungen einer einkommensschwachen Bevölkerungsschicht zur Verfügung zu stellen, wäre damit also noch nicht erreicht. Die Fördermittel werden deshalb zinslos oder erheblich verbilligt vergeben, um die Miete künstlich auf ein für diese Schichten tragbares Niveau (**„Bewilligungsmiete"**) zu senken. Sofern dieses Niveau dadurch noch nicht erreicht wird, können die Unternehmen selbst auf die Einbeziehung bestimmter, in der Mietkalkulation normalerweise enthaltenen „Aufwendungen" verzichten. In solchen Fällen tragen neben dem Staat auch die Unternehmen zur Realisierung von Vorhaben im Rahmen des „sozialen Wohnungsbaus" bei.

Volkswirtschaftlich ergeben sich Wirkungen hauptsächlich nach zwei Seiten. Einerseits wird durch die Verbilligung von Mieten beim begünstigten Personenkreis mehr „Konsumfreiheit" geschaffen. Die zusätzlich geschaffene Kaufkraft fließt in andere

Wirtschaftsbereiche. Andererseits entzieht der Staat durch die Wohnbauförderung dem Kapitalmarkt Mittel, mit der Folge einer Verknappung (Verteuerung) des Kapitals für andere investive Zwecke.

Vertragliche Preisbindungen entfalten ähnliche Wirkungen wie staatliche. In der Wohnungswirtschaft wären hier die Genossenschaften zu erwähnen. Allerdings basiert die Preisbindung – sofern keine öffentliche Förderung vorliegt – ausschließlich auf Gewinnverzichten, die über die jeweils zu beschließenden Dividenden hinausgehen. Soweit die Empfänger möglicher Dividenden Inhaber der Genossenschaftswohnungen sind, wirkt sich ein Verzicht darauf als Verbilligung des Wohnens aus.

Für die **Mietpreisbildung** auf dem **freien Wohnungsmarkt** gilt nur zum Teil das, was zum Markt für Kaufobjekte ausgeführt wurde. Bei neu erstellten Wohngebäuden wird die Miete vom Vermieter festgesetzt, wobei die vom Markt gesetzten Grenzen oft viel schneller erreicht sind als beim Markt für Kaufobjekte. Der Vermieter hatte in der Vergangenheit jedoch die Möglichkeit, den zu Beginn vereinbarten Mietpreis über die Inflationsrate hinaus durch entsprechende Vertragsvereinbarungen nach oben zu korrigieren. Damit konnte er die (am Anfang in der Regel mäßige) Ertragslage des Objektes verbessern. Orientierungsmaß für die anfängliche Mietpreisfestsetzung sind also zwar die „laufenden Aufwendungen". Grundsätzlich wird aber mit Mieterhöhungsmöglichkeiten gerechnet. Ohne diese Möglichkeiten würde die Wohnungsbewirtschaftung nur unter Inkaufnahme von in der Zukunft progressiv verlaufenden Verlusten möglich sein. Zu diesen Bedingungen wäre aber niemand bereit, Mietwohnungen zu bauen.

Bei Vermietung von Wohnungen aus dem Bestand können aus rechtlichen Gründen nicht immer Marktmieten vereinbart weden, und zwar auch dann nicht, wenn die Mietzahlungsfähigkeit des Mieters dies ohne Weiteres zuließe (s. 13.2.1). Regelmäßig behalten sich Vermieter Anpassungsmöglichkeiten nach dem Miethöhegesetz (MHG) im Mietvertrag vor.

Preisbildung auf dem Immobilienmarkt

Bauträgerobjekte:
Preiskompetenz des Bauträgers ist relativ;
möglicher Verhandlungsspielraum beschränkt auf Gewinnbereich

Objekte aus dem Bestand:
Preiskompetenz liegt in der Regel beim Kaufinteressenten;
Preisvereinbarungen zwischen oberem und unterem „Grenzpreis";
Verhandlungsspielraum des Verkäufers kann durch Belastungen eingeschränkt sein

Wohnungserstvermietung:
Mietpreisfestsetzung in Verbindung mit vertraglich abgesicherten Mieterhöhungsmöglichkeiten

Wohnungsvermietung aus dem Bestand:
Marktmieten können nicht immer vereinbart werden (§ 5 WiStG);
Mieterhöhungsmöglichkeiten werden vertraglich abgesichert

Themenkreis 2:
Grundstück, Grundstücksrecht und Grundstückserwerb

2.1 Grundstück und Grundstücksmarkt

2.1.1 Der Grundstücksbegriff

Der Begriff des Grundstücks ist durch die Rechtsordnung geschaffen, wird aber vom Gesetz nicht umschrieben. Es gibt keine einheitliche Definition des Begriffes Grundstück.

Man unterscheidet Grundstücke im natürlichen, Grundstücke im katastertechnischen und Grundstücke im Rechtssinne.

Unter einem **Grundstück im natürlichen Sinne** wird ein Teil der Erdoberfläche verstanden, der von einer in sich zurücklaufenden Grenzlinie umschlossen ist.

Grundstück im katastertechnischen Sinn sind ein oder mehrere Grundstücke im natürlichen Sinne, die in der Flurkarte unter einer besonderen Nummer aufgeführt werden. RGZ 68,25

Ein **Grundstück im Rechtssinn** sind ein oder mehrere Grundstücke im katastertechnischen Sinne, die im Grundbuch unter einer laufenden Nummer im Bestandsverzeichnis gebucht sind. Zwischen den Kataster-Parzellen, die ein Grundstück im Rechtssinn bilden, besteht i. d. R. – nicht notwendigerweise – ein räumlicher und/oder wirtschaftlicher Zusammenhang. VermKatG GBO § 2,2

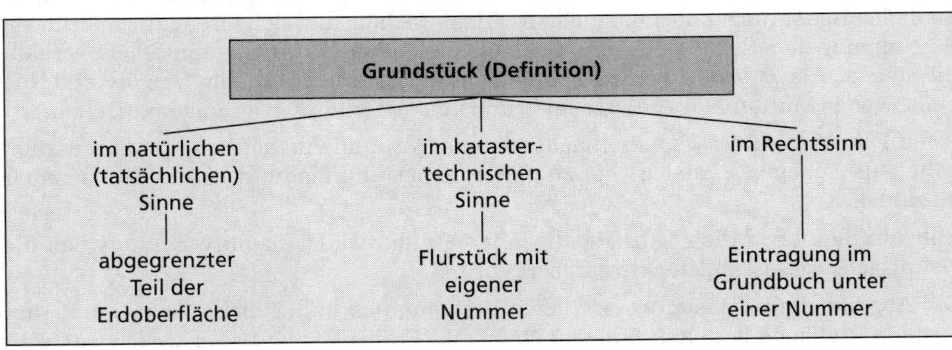

Das Eigentum am Grundstück beschränkt sich allerdings nicht nur auf die Erdoberfläche, sondern erstreckt sich auch auf den Raum über und unter der Erdoberfläche. Der Eigentümer kann allerdings Einwirkungen nicht untersagen, die in einer Höhe und Tiefe vorgenommen werden, so dass er am Ausschluss der Einwirkungen kein Interesse mehr hat, z. B. das Überfliegen des Grundstücks durch Flugzeuge, die bergwerkliche Ausbeutung von Kohlevorkommen. BGB § 905

Damit ist das Grundstück ein Körper, der aus Bestandteilen zusammengesetzt ist.

Das Bürgerliche Gesetzbuch unterscheidet folgende Bestandteile eines Grundstücks:

BGB § 94

- wesentliche Bestandteile:
  - Mit dem Grund und Boden fest verbundene Sachen; z. B. Gebäude, andere Baulichkeiten wie Brücken, Mauern, in fester Verbindung mit dem Boden stehende Einzäunungen.
    Zu den wesentlichen Bestandteilen eines Gebäudes gehören eingefügte Sachen wie z. B. Türen, Fenster, Heizkörper, Öltank, Zentralheizungsanlage, Waschbecken und Badewannen.
  - Erzeugnisse des Grund und Bodens, solange sie mit ihm zusammenhängen; z. B. Bäume, Sträucher, alle Arten von Pflanzen im Boden, Obst und Früchte, solange sie mit den Pflanzen zusammenhängen.
- unwesentliche oder nichtwesentliche Bestandteile:
  - Rechte, die mit dem Eigentum des Grundstücks verbunden sind; (s. 2.3) z. B. Grunddienstbarkeiten, Überbau, Notwegrenten, das zugunsten des jeweiligen Eigentümers eines Grundstücks bestellte Vorkaufsrecht, Gewerbeberechtigungen, Ausbeuterechte.

BGB § 96

BGB § 95 Keine Bestandteile des Grundstücks sind die so genannten **Scheinbestandteile.**

Scheinbestandteile sind Sachen, die nur zu einem vorübergehenden Zweck mit dem Grundstück verbunden oder in ein Gebäude eingefügt sind.

Beispiele:

Baracken, Wohncontainer, Baugerüst, zum Verkauf bestimmte Pflanzen einer Gärtnerei.

BGB § 97 Abs.1 Satz 1 Neben den gesetzlichen Bestandteilen eines Grundstücks ist auch das Zubehör von erheblicher Bedeutung. **Zubehör** sind bewegliche Sachen, die nach ihrer wirtschaftlichen Bestimmung dem Grundstück bzw. Gebäude dienen und in einem räumlichen Verhältnis stehen. Als Zubehör werden z. B. der in den Tanks befindliche Heizölvorrat, die hauseigenen Mülltonnen, die auf dem Grundstück lagernde Fertiggarage angesehen.

BGB § 98 Auch Fahrzeuge eines Unternehmens, die zur An- und Auslieferung bestimmt sind, gelten als Zubehör. Ferner ist hierzu gewerbliches und landwirtschaftliches Inventar zu zählen.

BGB § 314 § 926 Zubehör bleibt rechtlich selbstständig, gilt aber im Zweifel als mitverkauft, wenn die Hauptsache (das Grundstück) veräußert wird.

Die Abgrenzung zwischen wesentlichen Bestandteilen und Zubehör kann unter Umständen Probleme bereiten. Einbaumöbel (z. B. Einbauküchen) sind weder wesentlicher Bestandteil noch Zubehör, wenn sie an anderer Stelle problemlos wieder aufgestellt werden können. Ist eine Einbauküche allerdings besonders in das Gebäude eingepasst, dann ist sie wesentlicher Bestandteil.

Fragen:

1. Wie ist die im BGB § 905 angesprochene Eigentumsbegrenzung zu verstehen, welche Interessenkonflikte können hier auftreten?
2. Ist der Eigentümer eines Grundstücks zwangsläufig auch Eigentümer des darauf errichteten Hauses? Erläutern Sie bitte die rechtliche(n) Situation(en).
3. Warum ist die Einschätzung einer Sache als Zubehör wichtig?

2.1.2 Grundstücksarten

Grundstücke lassen sich differenzieren:

- nach Baunutzungsverordnung BauNVO § 1
  - Wohnbauflächen (W)
  - gemischte Bauflächen (M)
  - gewerbliche Bauflächen (G)
  - Sonderbauflächen (S)
- nach Wertermittlungsverordnung WertV § 4
  - Flächen der Land- und Forstwirtschaft
  - Bauerwartungsland
  - Rohbauland
  - Baureifes Land
- nach Bewertungsgesetz
  - unbebaute Grundstücke BewG § 72
  - bebaute Grundstücke BewG § 74
    - Mietwohngrundstücke
    - Geschäftsgrundstücke
    - gemischt genutzte Grundstücke
    - Einfamilienhäuser
    - Zweifamilienhäuser
    - sonstige bebaute Grundstücke

2.1.2.1 Grundstücksarten nach Baunutzungsverordnung

– Wohnbauflächen können sein

- Kleinsiedlungsgebiete BauNVO § 2
- reine Wohngebiete BauNVO § 3
- allgemeine Wohngebiete BauNVO § 4
- besondere Wohngebiete BauNVO § 4a

– gemischte Bauflächen können sein

- Dorfgebiete BauNVO § 5
- Mischgebiete BauNVO § 6
- Kerngebiete BauNVO § 7

– gewerbliche Bauflächen können sein

- Gewerbegebiete BauNVO § 8
- Industriegebiete BauNVO § 9

– Sonderbauflächen können sein

- Sondergebiete, die der Erholung dienen BauNVO § 10
- sonstige Sondergebiete BauNVO § 11

2.1.2.2 Grundstücksarten nach Wertermittlungsverordnung

WertV § 4

– Land- und forstwirtschaftlich genutzte Grundstücke sind alle Grundstücke, die land- oder forstwirtschaftlich genutzt werden oder auf denen nach wirtschaftlichen Gesichtspunkten eine ordnungsgemäße land- oder forstwirtschaftliche Nutzung möglich ist. Es kommt deshalb auch nicht auf die Zuordnung zu einem landwirtschaftlichen Betrieb an.

  Als land- und forstwirtschaftliches Grundstück ist auch der Hofbereich und der Hausgarten eines landwirtschaftlichen Betriebes anzusehen.

  Zu den landwirtschaftlichen Grundstücken zählen auch die Binnengewässer, die der berufsmäßigen Fischerei dienen.

WertV § 4 Abs.2

– Bauerwartungsland
  ist nicht ausreichend erschlossenes Land, das in einem Gebiet liegt, welches in einem Flächennutzungsplan als Baugebiet dargestellt ist oder wenn ein Flächennutzungsplan nicht besteht, so dass die Bebauung nach der Verkehrsauffassung unter Berücksichtigung einer geordneten Entwicklung des Gemeindegebiets in absehbarer Zeit zu erwarten ist.

WertV § 4 Abs.3

– Rohbauland
  sind nicht ausreichend erschlossene Flächen, die entweder im räumlichen Geltungsbereich eines bereits rechtsverbindlichen oder zumindest öffentlich ausgelegten Bebauungsplanes oder innerhalb der im Zusammenhang bebauten Ortsteile liegen, für die ein Bebauungsplan nicht erforderlich ist, oder in einem Gebiet, für das die Gemeinde beschlossen hat, einen Bebauungsplan aufzustellen.

WertV § 4 Abs.4

– Baureife Grundstücke
  liegen vor, wenn sie in einem Bebauungsplan festgesetzt sind oder ihre sofortige Bebauung möglich ist.

2.1.2.3 Grundstücksarten nach Bewertungsgesetz

BewG § 72

– unbebaute Grundstücke

  Ein Grundstück ist unbebaut, wenn sich auf ihm
  - keinerlei Bauwerke befinden,
  - nur Betriebsvorrichtungen und/oder eine Einfriedigung vorhanden sind,
  - nur Gebäude im Zustand der Bebauung befinden, solange sie noch nicht benutzbar sind (Bezugsfertigkeit),
  - nicht mehr benutzbare Gebäude befinden, weil sie zerstört oder dem Verfall preisgegeben sind,
  - Gebäude von untergeordneter Bedeutung befinden.

BewG § 75

– bebaute Grundstücke
  - Mietwohngrundstücke
    sind Grundstücke, die zu mehr als 80 % Wohnzwecken dienen und nicht Einfamilienhäuser oder Zweifamilienhäuser sind.
  - Geschäftsgrundstücke
    sind Grundstücke, die zu mehr als 80 % der Jahresrohmiete eigenen oder fremden gewerblichen oder öffentlichen Zwecken dienen.
  - Gemischt genutzte Grundstücke
    sind Grundstücke, die teils Wohnzwecken, teils eigenen oder fremden gewerblichen oder öffentlichen Zwecken dienen (80 : 20) und nicht Mietwohngrundstücke, Geschäftsgrundstücke, Einfamilienhäuser oder Zweifamilienhäuser sind.
  - Einfamilienhäuser
    sind Wohngebäude mit nur einer Wohnung.
  - Zweifamilienhäuser
    sind Wohngebäude mit nicht mehr als zwei Wohnungen.

- Sonstige bebaute Grundstücke
  sind Grundstücke, die nicht unter die vorher genannten Grundstücksarten fallen, z. B. Vereinshäuser, Jagdhütten, Altenheime und Altenwohnheime.

2.1.3 Die öffentlich-rechtliche Ordnungsstruktur der Grundstücksmärkte

Zu allen Zeiten haben Menschen den Erdraum, ihren Lebensraum, zur Bedürfnisbefriedigung genutzt; zunächst war die Erdoberfläche vor allem Ernährungsraum.

Der „Landschaftsbedarf“ bzw. „Landschaftsverbrauch“ ist, ausgelöst durch Bevölkerungswachstum, Industrialisierung, Verstädterung, Verkehrserschließung etc. von Jahrzehnt zu Jahrzehnt gestiegen.

Der Boden ist aber eine gegebene Größe, er ist nicht beliebig vermehrbar. In unserer heutigen Gesellschaft ist dieser Raum nicht mehr frei verfügbar, er muss verplant werden. Dem Staat erwachsen daraus neue Aufgaben in der Raumordnung und Raumplanung.

Die Bundesforschungsanstalt für Raumordnung und Landeskunde (BfLR) kommt in ihrer Raumordnungsprognose 2010 zu dem Ergebnis, dass bis zum Jahre 2010 bundesweit insgesamt 370 000 ha Bauland für das erwartete Neubauvolumen bereitgestellt werden müssen.

Raumordnung und Raumplanung haben die Aufgabe, den Raum entsprechend den Bedürfnissen der Gesellschaft hinsichtlich einer gerechten und zweckmäßigen Ordnung des kulturellen, wirtschaftlichen und sozialen Lebens zu gestalten.
Unter Raumordnung versteht man also die räumliche Verteilung der „menschlichen Funktionen“, wie Arbeiten, Wohnen, Freizeitgestaltung, Bildung usw.
Die Raumplanung in der Bundesrepublik Deutschland erfolgt in vier Planungsstufen (siehe hierzu besonders Kapital **1.3.3**).
Diesen vierstufigen Aufbau soll die nachfolgende Übersicht verdeutlichen.

Öffentlich-rechtliche Ordnungsstruktur der Grundstücksmärkte

Planungsebene	Planungsinstitution	Planungsgrundlage
Bundesplanung	Bundesministerium für Raumordnung, Bauwesen und Städtebau	GG Artikel 72 Abs.2
= Grundsätze der Raumordnung		
Landesplanung	Zuständiges Landesministerium (Ministerpräsident, Innenminister)	GG Artikel 72 Abs.2 und 75 Abs.4; ROG § 6 u. 8 Landesrechtliche Bauordnungen und baurechtliche Bestimmungen
= Landesentwicklungsprogramme, Landesentwicklungspläne		
Regionalplanung	Regierungsbezirk, Regionale Planungsgemeinschaften	GG Artikel 72,2 GG Artikel 75 Abs.4 ROG § 9
= Gebietsentwicklungspläne, Verbandspläne		
Gemeindeplanung (Bauleitplanung)	Gemeindeverwaltung	GG Artikel 28 Abs.2 BauGB BauNVO PlanzV
Stadtentwicklungsplan, Flächennutzungsplan, Bebauungsplan		

*) In den Ländern Berlin, Hamburg und Bremen ist die Landesplanung mit der Gemeindeplanung (Flächennutzungsplan) identisch. (ROG § 8 Abs. 1 Satz 2)
**) Eine Region ist ein förmlich festgelegtes Gebiet, das z. B. mehrere Landkreise umfassen oder aus einem Regierungsbezirk bestehen kann.

2.1.3.1 Rahmenkompetenz

GG Art. 74 Abs.4 – ROG § 1 – ROG § 2

Die rechtlichen Grundlagen der Raumordnung der Bundesrepublik Deutschland sind im Grundgesetz und im **Raumordnungsgesetz** (ROG) festgelegt worden. Im Raumordnungsgesetz ist bestimmt, dass der Gesamtraum der Bundesrepublik Deutschland und seine Teilräume durch Raumordnungspläne auf der Basis einer Leitvorstellung und unter Beachtung bestimmter Grundsätze zu entwickeln, zu ordnen und zu sichern ist.

ROG § 6

Die Rechtsgrundlagen für eine Raumordnung sind durch die jeweiligen Bundesländer für ihr Gebiet (Landesplanung) im Rahmen der Vorgaben des Raumordnungsgesetzes (§§ 7 bis 16) zu schaffen.

ROG § 9 Abs.4

Zum Schutz der Rechte der Gemeinden ist in bestimmten Fällen vorzusehen, dass auch die Gemeinden und Gemeindeverbände an der Raumplanung beteiligt werden.

ROG § 18

Das für Raumordnung zuständige Bundesministerium entwickelt auf der Grundlage der Raumordnungspläne und in Zusammenarbeit mit den für Raumordnung zuständigen obersten Landesbehörden insbesondere Leitbilder der räumlichen Entwicklung. Darüber hinaus beteiligt sich der Bund in Zusammenarbeit mit den Ländern an einer Raumordnung in der Europäischen Gemeinschaft.

BauGB § 1 Abs.4

Der funktionellen Verzahnung von Raumordnung und städtebaulichen Maßnahmen trägt das Baugesetzbuch Rechnung.

Das **Baugesetzbuch**, in dem das so genannte Städtebaurecht geregelt ist, beschreibt die raumordnerischen Maßnahmen der Gemeinden. Es regelt vor allem die Bauleitplanung, den Bodenverkehr, die bauliche Nutzung und die Bodenordnung in Städten und Landgemeinden; während die übergeordnete Planung für größere Gebiete Gegenstand der Regionalplanung, Landesplanung und Raumordnung ist (s. bes. **1.3.3**).

Das Baugesetzbuch bestimmt also, ob und in welchem Umfang ein Grundstück überhaupt bebaut werden kann und stellt somit einen der beiden Hauptbereiche des öffentlichen Baurechts dar.

Dabei sind die Bauleitpläne den Zielen der Raumordnung und Landesplanung anzupassen.

Bauliche Vorhaben gestalten und prägen nicht nur den jeweiligen Ort und das direkte Umfeld, sondern wirken sich u. U. auch auf die weitere Umgebung aus, z. B. durch erhöhtes Verkehrsaufkommen und Bedarf an infrastrukturellen Einrichtungen. Je mehr Grund und Boden durch bestimmte Vorgaben in Anspruch genommen werden, desto größer sind auch die Einflüsse auf die Region. Solche Vorhaben müssen sich daher in die Gesamtstruktur des überörtlichen Raumes (Region) einfügen.

Beispiel:
Errichtung von Feriendörfern, Hotelkomplexen und sonstigen großen Einrichtungen für die Ferien- und Fremdenbeherbergung sowie von großen Freizeitanlagen.

Den anderen Hauptbereich des öffentlichen Baurechts stellen die **Bauordnungen** der jeweiligen Bundesländer dar.
Hier finden sich beispielsweise Vorschriften über Baugenehmigungsverfahren, den Brandschutz und die Erschließung.

2.1.3.2 Sinn und Zweck von Bauleitplänen

BauGB § 1 Abs.1

Die Bauleitpläne haben laut Baugesetzbuch die Funktion, die städtebauliche Entwicklung der Gemeinde nach Maßgabe des BauGB vorzubereiten und zu leiten. In der Bauleitplanung wird die bauliche (z. B. Wohnen) und sonstige (z. B. Grünfläche) Nutzung des Grund und Bodens geregelt.

BauGB § 1a Abs.1

Im Rahmen der Bauleitplanerstellung sind umweltschützende Belange – wie sparsamer Umgang mit Grund und Boden und Begrenzung von Bodenversiegelungen – besonders zu berücksichtigen.

Als Ausgleich für die zu erwartenden Eingriffe in Natur und Landschaft sind z. B. so genannte Ausgleichsflächen als Inhalt des Bebauungsplanes festzusetzen. BauGB § 1a Abs.3

Diese naturschützenden Ausgleichsmaßnahmen sind auch außerhalb des Bebauungsplangebiets möglich und können zeitlich und räumlich von den Baumaßnahmen getrennt durchgeführt werden.

Die Bauleitplanung ist Pflichtaufgabe der Gemeinden und gehört zu den schwierigsten Selbstverwaltungsaufgaben. BauGB § 1 Abs.3

Der Gesetzgeber hat genau unterschieden zwischen der (formalen) Aufstellung der Bauleitpläne und der Ausarbeitung der Planentwürfe. BauBG § 2 Abs.1

Die Aufstellung der Bauleitpläne ist Sache der Gemeinden, während die Ausarbeitung des Planentwurfs innerhalb des Aufstellungsverfahrens Aufgabe des Planbearbeiters ist.

Diese Arbeiten werden in größeren Gemeinden zumeist von den kommunalen Bauverwaltungen erledigt. In vielen Fällen, vor allem in kleineren Gemeinden werden sie aber auch an private Architektur- und Planungsbüros vergeben.

Das Baugesetzbuch eröffnet auch den Bürgern die Möglichkeit, durch die so genannte vorgezogene Bürgerbeteiligung, sich schon in einem sehr frühen Zeitpunkt, in dem die Planung noch nicht verfestigt ist, zu artikulieren. BauGB § 3 Abs. 1

Die Gemeinde muss die allgemeinen Ziele und Zwecke der Planung mit ihren voraussichtlichen Auswirkungen der Allgemeinheit bekannt machen.

An die Darlegung der Planung schließt sich die öffentliche Anhörung an, in der die Planung mit den Bürgern erörtert wird.

Amtliche Bekanntmachung
Betr.: Bauleitplanung der Gemeinde Timmendorfer Strand
hier: Frühzeitige Beteiligung der Bürger an der Aufstellung einer 4. Änderung des Bebauungsplanes Nr. 45 für ein Gebiet im Zentrum von Timmendorfer Strand

Die Gemeinde Timmendorfer Strand beabsichtigt, für die Verkehrsflächen im Zentrum von Timmendorfer Strand zwischen Herrenbruchstraße und Bergstraße und für den Weg „Am Rathaus" sowie für die verkehrsfreie Kurpromenade eine 4. Änderung des Bebauungsplanes Nr. 45 aufzustellen.

Übersichtsplan

Strandallee bzw. Timmendorfer Platz sollen entsprechend der heutigen Nutzung als verkehrsberuhigter Bereich festgesetzt werden, während die Verbindung „Am Rathaus" den Fußgängern vorbehalten bleibt. Die Kurpromenade soll planungsrechtlich dem Kurpark zugeschlagen werden.

Gemäß § 3 Abs. 1 des Baugesetzbuches (BauGB) werden die allgemeinen Ziele und Zwecke der Planung in der Zeit vom 01. Februar 2000 bis zum 15. Februar 2000 in der Gemeindeverwaltung Timmendorfer Strand, Strandallee 42, Bauamt, Zimmer Nr. 22, dargelegt. Den Bürgern wird Gelegenheit zur weiteren Information sowie zur Äußerung und Erörterung gegeben. Ferner können schriftlich Äußerungen bis zum 20. Februar 2000 vorgebracht werden.

Timmendorfer Strand, 20. 01. 2000

Gemeinde Timmendorfer Strand
Der Bürgermeister
gez. Fandrey
(Dienstsiegel)

BauGB § 4 Die Gemeinde hat bei der Aufstellung eines Bauleitplanes auch die Behörden und Stellen, die Träger öffentlicher Belange sind, zu beteiligen.

BauGB § 6 Abs.5 BauGB § 12 Bauleitpläne entfalten in einer unbestimmten Vielzahl von Fällen rechtliche Wirkungen nach außen. Sie müssen daher öffentlich in ortsüblicher Weise bekannt gemacht werden, damit der Bürger sich an ihnen orientieren kann.

Der Aufbau der Bauleitplanung ist zweistufig.

BauGB § 1 Abs.2 BauGB § 1 Abs.2 Das Baugesetzbuch kennt

- den Flächennutzungsplan (vorbereitender Bauleitplan) und
- den Bebauungsplan (verbindlicher Bauleitplan).

BauGB § 8 Abs.2 Grundsätzlich sind beide Pläne aufzustellen, und zwar zuerst der Flächennutzungsplan und anschließend der Bebauungsplan.

BauGB § 8 Abs.2 In Ausnahmefällen kann bei der Bauleitplanung von einem Flächennutzungsplan abgesehen und nur ein Bebauungsplan erstellt werden; Voraussetzung ist, dass dieser ausreicht, um die bauliche und sonstige Entwicklung im Gemeindegebiet zu ordnen.

BauGB § 8 Abs.4 In Ausnahmefällen kann die Aufstellung eines Bebauungsplanes der Aufstellung des Flächennutzungsplanes vorangehen. Ein Bebauungsplan kann vor einem Flächennutzungsplan aufgestellt, geändert, ergänzt oder aufgehoben werden, wenn dringende Gründe es erfordern und der Bebauungsplan der beabsichtigten Entwicklung des Gemeindegebietes nicht entgegenstehen wird.

BauGB § 8 Abs.3 Es ist auch möglich, im so genannten Parallelverfahren mit der Aufstellung eines Bebauungsplanes auch den Flächennutzungsplan aufzustellen.

BauGB § 5 Der **Flächennutzungsplan** als vorbereitender Bauleitplan muss das gesamte Gemeindegebiet umfassen.

Er stellt die beabsichtigte Art der Bodennutzung nach den vorhersehbaren Bedürfnissen der Gemeinde unter Anpassung an die Ziele der Raumordnung und Landesplanung dar. Der einzelne Bürger kann keine Rechte aus diesem Plan geltend machen.

BauGB § 7 Er allein ist auch keine ausreichende Grundlage für die Entscheidungen und Maßnahmen des Baugesetzbuches. Er bildet aber die Grundlage für die weitere Planung der Gemeinde und bindet (in beschränktem Umfang) die bei seiner Aufstellung beteiligten öffentlichen Planungsträger, soweit sie dem Plan nicht widersprochen haben.

BauGB § 9 BauGB § 8 BauGB § 10 Der **Bebauungsplan** als zweite Planungsstufe verdichtet und konkretisiert die Darstellungen des Flächennutzungsplanes über die städtebaulichen Ordnung und enthält die für jedermann rechtsverbindliche Festsetzungen für die Ordnung des Gemeindegebietes. Um die ihm beigelegte Rechtswirkung zu sichern, ist der Bebauungsplan von der Gemeinde als Satzung aufzustellen. Er beschränkt sich zumeist nur auf kleinere Gebiete der Gemeinde, die verbindlicher Festsetzungen bedürfen.

BauGB § 9 BauGB § 45 BauGB § 80 BauGB § 85 BauGB § 25 Der Bebauungsplan legt nicht nur die im Flächennutzungsplan bereits vorgegebene Flächenaufteilung im Einzelnen fest, sondern enthält auch detaillierte Bestimmungen über die Höhenentwicklung, die Dichte der Bebauung und die sonstige Nutzung (dreidimensionale Gestaltung). Die zentrale Bedeutung des Bebauungsplanes kommt auch darin zum Ausdruck, dass er grundsätzlich Voraussetzung und Grundlage für Baulandumlegungen, Grenzregelungen, Enteignungen, Erschließungen und für die Ausübung des allgemeinen gemeindlichen Vorkaufsrechts ist.

Die **Zusammenarbeit mit Privaten** (public-private-partnership) im Rahmen der Bauleitplanung ist nach Baugesetzbuch auf der Grundlage von

BauGB § 11 a) städtebaulichen Verträgen der Gemeinden und

BauGB § 12 b) vorhabensbezogenen Bebauungsplänen in der Form von Vorhabens- und Erschließungsplänen

möglich.

Vorschriften über den städtebaulichen Vertrag und den Vorhabens- und Erschließungsplan haben sich im Rahmen des BauGB – MaßnahmenG bewährt und wurden ins Dauerrecht des Baugesetzbuches übernommen.

a) Die Gemeinde kann mit einem privaten Unternehmen einen **städtebaulichen Vertrag** abschließen, der z. B. die Vorbereitung und Durchführung städtebaulicher Maßnahmen (wie beispielsweise die Neuordnung der Bodenverhältnisse sowie die Ausarbeitung der städtebaulichen Planungen) auf Kosten des privaten Unternehmens zum Inhalt hat. BauGB § 11

   Durch einen städtebaulichen Vertrag kann sich z. B. auch ein Wohnungsbauträger verpflichten, soziale Folgeeinrichtungen, wie Spielplatz oder Kindergarten zu finanzieren oder am Wohnungsmarkt benachteiligte Bevölkerungsgruppen aufzunehmen.

b) Der Vorhabens- und Erschließungsplan ist dadurch gekennzeichnet, daß ein Investor (Vorhabensträger) diesen Plan der Gemeinde vorlegt und mit ihr abstimmt. Er erklärt sich gegenüber der Gemeinde vertraglich zur Durchführung des Vorhabens und der Erschließungsmaßnahmen innerhalb einer bestimmten Frist bereit. Der Investor trägt auch (je nach Vertrag) ganz oder teilweise die Kosten der Planung und der Erschließung. Dieser Plan wird Bestandteil der gemeindlichen Satzung. BauGB § 12

   Dieser Vorhabens- und Erschließungsplan ist – anders als der Bebauungsplan – stärker abhängig von dem Zusammenwirken zwischen Gemeinde und Investor und ist grundsätzlich auf die unmittelbare Plandurchführung angelegt.

   Diese beiden Instrumente – der städtebauliche Vertrag und der Vorhabens- und Erschließungsplan tragen dem Umstand Rechnung, dass die Gemeinden oftmals nicht über die personellen und finanziellen Mittel zur Planung und Durchführung städtebaulicher Maßnahmen verfügen.

   Die Zusammenarbeit von Gemeinden und privaten Investoren (public-private-partnership) ermöglicht es, zügig und zum Vorteil beider Vertragspartner Bauland auszuweisen.

   Gerade mit dem Vorhabens- und Erschließungsplan kann eine auf den konkreten Bedarf zugeschnittene planerische Lösung realisiert werden, die auf die Reglementierungen der Baunutzungsverordnung keine Rücksicht zu nehmen braucht.

   Der Vorhabens- und Erschließungsplan wird im Baugesetzbuch folgerichtig auch als vorhabensbezogener Bebauungsplan bezeichnet.

Zu den wichtigsten Aussagen in einem Bebauungsplan und in einem Vorhabens- und Erschließungsplan gehören die Aussagen über die Art und das Maß der baulichen Nutzung sowie über die Bauweise und die zu überbaubaren und nicht überbaubaren Grundstücksflächen. Das Baugesetzbuch enthält aber keine inhaltlichen Aussagen zu diesem Themenkreis. BauGB § 9 Abs.1

Es enthält allerdings eine Ermächtigung zur rechtlichen Regelung über die Art und das Maß der baulichen Nutzung etc. Diese Regelungen sind in der so genannten Baunutzungsverordnung enthalten. Als weitere ergänzende Regelungen zum Baugesetzbuch muss noch die **Planzeichenverordnung**, durch die eine Vereinheitlichung bei der Ausarbeitung der Baupläne und der Darstellung des Planinhaltes gesichert ist, genannt werden. BauGB § 2 Abs.5 BauNVO PlanZVO

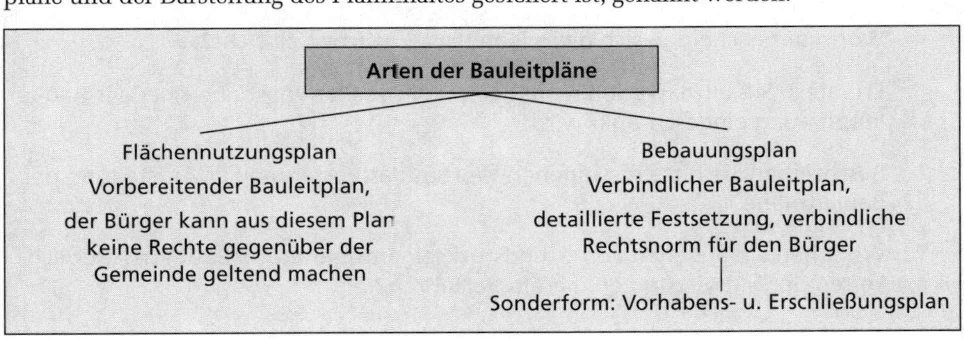

Ablauf eines Bauleitplanverfahrens

1.	Aufstellungsbeschluss mit ortsüblicher Bekanntmachung	BauGB § 2 Abs.1
2.	Ausarbeitung des Planentwurfs durch Architekten oder gemeindliches Planungsbüro	
3.	Vorgezogene Bürgerbeteiligung Gemeinde kann u. U. darauf verzichten	BauGB § 3 Abs.1
4.	Beteiligung der Träger öffentlicher Belange	BauGB § 4 Abs.1
5.	Evtl. Umarbeitung aufgrund der Bürgerbeteiligung und der Stellungnahmen der Träger öffentlicher Belange	
6.	Billigungs- und Auslegungsbeschluss des Gemeinderates	
7.	Ortsübliche Bekanntmachung der öffentlichen Auslegung	BauGB § 3 Abs.2 Satz 2
8.	Öffentliche Auslegung	BauGB § 3 Abs.2 Satz 1
9.	Prüfung der Bedenken und Anregungen	BauGB § 3 Abs.2 Satz 4
10.	Evtl. (bei Änderung der Planung) Wiederholung der Schritte 6 – 9	
11.	Feststellungsbeschluss (Flächennutzungsplan) respektive Satzungsbeschluss (Bebauungsplan) Mitteilung an die Personen, die Einwendungen vorgebracht haben	BauGB § 10 BauGB § 3 Abs.2 Satz 4
12.	Genehmigungsantrag mit Vorlage der nichtberücksichtigten Bedenken und Anregungen oder Anzeige mit Vorlage der nicht berücksichtigten Bedenken	
13.	Genehmigung (B-PLäne, die aus dem F-Plan entwickelt sind bedürfen keiner Genehmigung.)	BauGB §§ 6 und 10
14.	Bekanntmachung der Genehmigung oder der Durchführung des Anzeigeverfahrens Mit der Bekanntmachung treten die Pläne in Kraft	

Fragen:

1. Woraus ergibt sich die Notwendigkeit der hier dargestellten öffentlich-rechtlichen Ordnungsstruktur der Grundstücksmärkte?
2. Welche Aufgaben hat die Bauleitplanung?
3. Kennzeichnen Sie bitte die Arten der Bauleitpläne und ihre Bedeutung für Grundstückseigentümer und Bauherrn.
4. Worin unterscheiden sich diese Pläne in rechtlicher Hinsicht?
5. Erläutern Sie bitte, wodurch die gemeindliche Planungshoheit bei der Bauleitplanung eingeschränkt wird.
6. Beschreiben Sie bitte mit eigenen Worten das Verfahren zur Aufstellung der Bauleitpläne.
7. Wo sehen Sie aus Sicht von Grundstückseigentümern und Bauherrn Möglichkeiten der Mitwirkung an diesem Verfahren?

2.2 Grundbuch- und Grundstücksrecht

2.2.1 Das Liegenschaftskataster

Das Liegenschaftskataster ist ein amtliches Verzeichnis der Grundstücke, nach dem sie im Grundbuch benannt werden.

Die kleinste Buchungseinheit im Kataster ist das **Flurstück** (Parzelle).

Es ist ein Teil der Erdoberfläche, der von einer in sich zurücklaufenden Linie umschlossen und im Liegenschaftskataster unter einer besonderen Nummer geführt wird.

Der zeichnerische Nachweis der Flurstücke erfolgt auf den Flurkarten, der beschreibende Nachweis im Flur- und Liegenschaftsbuch.

Auf dieser Registrierung baut das Grundbuch auf: Es benutzt sie, um die Grundstücke hinsichtlich der Beschreibung, der örtlichen Lage und des Umfangs zu bezeichnen. Die Unterlagen des Liegenschaftskatasters nehmen, soweit sie den Bestand und Umfang der Grundstücke nachweisen, am öffentlichen Glauben des Grundbuchs teil. Der öffentliche Glaube (vgl. 2.2.6.1) erstreckt sich nicht auf Lage, Wirtschaftsart und Größe der Grundstücke.

Das Grundbuch (s. 2.2.3) behandelt als Grundstück ein Stück Land mit einer Flurstücksnummer, für das außerdem ein Grundbuchblatt angelegt ist.

Das Verhältnis von Grundbuch zum Liegenschaftskataster läßt sich so ausdrücken:

Ein Grundstück im Sinne des Grundbuchs kann aus einer oder mehreren Flurstücksnummern im Sinne des Katasters bestehen, je nachdem wie viele Grundbuchblätter angelegt sind. Mindestens muss es jedoch eine Flurstücksnummer sein.

Beispiel:

> Mehrere zusammenliegende Äcker haben im Vermessungsverzeichnis drei Flurstücksnummern, im Grundbuch jedoch nur ein Grundbuchblatt. Sie sind damit rechtlich gesehen ein einziges Grundstück.

Während das Grundbuch über die Grundstücke Auskunft in rechtlicher Hinsicht (Eigentumsverhältnisse, Belastungen) gibt (vgl. 2.2.3), hat das Liegenschaftskataster die Aufgabe, die Grundstücke in tatsächlicher Hinsicht zu beschreiben. Dies geschieht zum Zwecke des Eigentumsnachweises (zusammen mit dem Grundbuch), der Grundbesitzverwaltung, Grundstücksbewertung, Finanzverwaltung, Bauleitplanung (vgl. 2.1.3.2), für Bodenordnungsmaßnahmen und Immobilienhandel (vgl. 13.2).

Die Nachweise des Liegenschaftskatasters gliedern sich in einen beschreibenden und einen darstellenden Teil.

Der **beschreibende** Teil (Katasterbuchwerk) besteht aus Verzeichnissen, in denen alle Bodenflächen registriert (Flurstücksnummer) und nach ihrer jeweiligen Lage (Straße, Hausnummer), Gebäudebestand, Größe, Nutzungsart und Bodenertragsfähigkeit beschrieben sind. Außerdem sind hier enthalten: Namen und Adressen der Eigentümer (= Grundbuch), Hinweise auf die Grundbuchstelle (Band und Blatt), Baulasten usw.

Der **darstellende** Teil besteht aus

- den Flurkarten und
- den Schätzungskarten sowie
- dem zugrunde liegenden Zahlenwerk.

Die **Flurkarten** halten Flurstücksnummern, Flurstücksgrenzen und Grenzeinrichtungen, Gebäude, Verkehrswege und Gewässer, politische Grenzen, Straßennamen und andere topografische Informationen grafisch fest. (Topografie = Beschreibung und Darstellung geografischer Örtlichkeiten.) Die Flurkarte ist zudem amtliche Grundlage für den Grundstücksverkehr und für die Beleihung von Grundstücken sowie die Kreditgewährung bei Bauvorhaben. In der Bauleitplanung ist die Aufstellung von Bebauungsplänen ohne sie nicht denkbar. Die Flurkarte gewährleistet auch, dass alle an die Planung sich anschließenden, rechtsbegründenden Maßnahmen wie Baulandumlegungen, Enteignungen usw. durchgeführt werden können.

In den **Schätzungskarten** sind die Ergebnisse der amtlichen Bodenschätzung dargestellt. Diese Karte kennzeichnet den landwirtschaftlich genutzten Boden und seine Ertragsfähigkeit aufgrund der natürlichen Ertragsbedingungen wie Bodenbeschaffenheit, Geländegestaltung usw. und dient in erster Linie als Unterlage für die Einheitsbewertung.

Das **Katasterzahlenwerk** vereint alle Angaben, die der mathematischen Festlegung der Flurstücksgrenzen und des geodätischen Aufnahmenetzes dienen. (Die Geodäsie betreffend. Geodäsie = Wissenschaft von der Erdvermessung.)

Eine Besonderheit des Katasters ist die Unterteilung der Gemeindegebiete (öffentlich-rechtliche Körperschaft) in Gemarkungen (Katasterbezirk), Fluren und Flurstücke (s. vorn).

Das **Gebiet der Gemeinde** wird durch die Gesamtheit der Grundstücke gebildet, die nach geltendem Recht zu der Gemeinde gehören.

Die **Gemarkung** umfasst im topografischen Zusammenhang liegende Flurstücke.

Gemarkung und Gemeindegebiet sollen sich decken, wobei große Gemeindegebiete in weitere Gemarkungen unterteilt werden können. Die Gemarkungen sollen dauerhafte und örtlich sichtbare Grenzen haben.

Die **Flur** ist ein topografisch abgegrenzter Teil der Gemarkung. Die Fluren sind innerhalb der Gemarkungen im rechtsläufigen Sinn so zu nummerieren, dass im Norden bzw. Nordwesten mit „1“ begonnen wird.

Für jede Flur führt das Katasteramt eine Flurkarte (vgl. Auszug aus der Flurkarte, Flur 4).

Mehrere **Flurstücke** bilden eine Flur.

Für die Einrichtung und Fortführung des Liegenschaftskatasters und die hierzu erforderlichen Vermessungen sind die Katasterämter zuständig.

Für die Grundstücksvermessungen sind neben den Katasterämtern die öffentlich bestellten Vermessungsingenieure als anerkannte Vermessungsstelle zuständig.

Der Inhalt des Liegenschaftskatasters ist in den verschiedenen Ländern der Bundesrepublik relativ einheitlich, allerdings werden verschiedene Formen der Buchung praktiziert. Gegenwärtig erfolgt mit der Einführung der elektronischen Datenverarbeitung die Umstellung der Register des Liegenschaftskatasters auf elektronische Datenträger.

Mit dieser Umstellung wurde den wachsenden Anforderungen der Raumordnung und Stadtplanung sowie den Bedürfnissen von Wirtschaft und Verwaltung entsprochen.

Die Möglichkeiten der Auskunfterteilung, Auswertung und Aktualisierung sind damit erheblich verbessert. So wurde mit der **automatisierten Liegenschaftskarte (ALK)** ein digitales Informationssystem geschaffen, mit welchem alle Flurkarten in eine digitale, datenverarbeitungsgerechte Form überführt werden.

Die ALK enthält prinzipiell die gleichen Informationen wie die amtlichen Flurkarten. Neu ist jedoch, dass die Inhalte logisch strukturiert sind in Folien und Objekte. Durch dieses so genannte Deckfolienprinzip wird die Flurkarte in mehrere Ebenen (Inhalte) geliedert.

Gleichartige Inhalte sind durch gleiche Foliennummern zusammengefasst.

Beispiele:

Folie	Bezeichnung
-001	Flurstücke
-002	Gemarkung, Flur
-003	Politische Grenzen
-011	Gebäude
-021	Tatsächliche Nutzung
-023	Grenzeinrichtungen

Der Nutzer hat damit die Möglichkeit alle dargestellten Elemente auf den einzelnen Ebenen direkt anzusprechen und damit einen gezielten Zugriff auf gewünschte Informationen, verbunden mit der Erstellung von Auszügen mit beliebigem Inhalt, Umfang und Maßstab vorzunehmen.

Die Umstellung des gesamten Flurkartenwerkes auf digitalen Nachweis soll z. B. in Schleswig-Holstein im Jahre 2005 abgeschlossen sein.

Die beschreibenden Angaben des Liegenschaftskatasters für sämtliche Flurstücke des Landes werden in das **automatisierte Liegenschaftsbuch (ALB)** in eine datenverarbeitungsgerechte Form übernommen. Dazu zählen die katastertechnische Bezeichnung und Lage sämtlicher Flurstücke, Flächenangaben und Angaben zur Nutzung von Grundstücken.

Die bei den Katasterämtern vorhandenen Nachweise können – mit Ausnahme des Zahlenwerks – von jedem, der ein berechtigtes Interesse darlegt, eingesehen oder in Form von Kopien bzw. Ausdrucken bezogen werden.

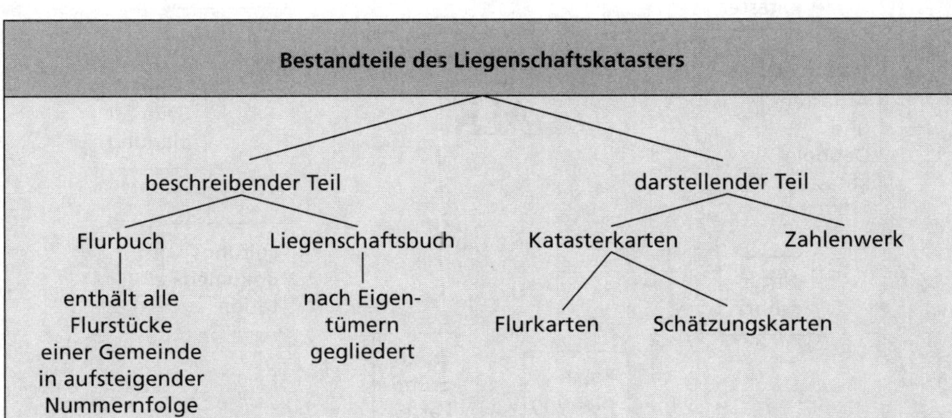

Inhalte und Anwendungsmöglichkeiten der automatisierten Liegenschaftskarte (ALK)

a) Inhalt

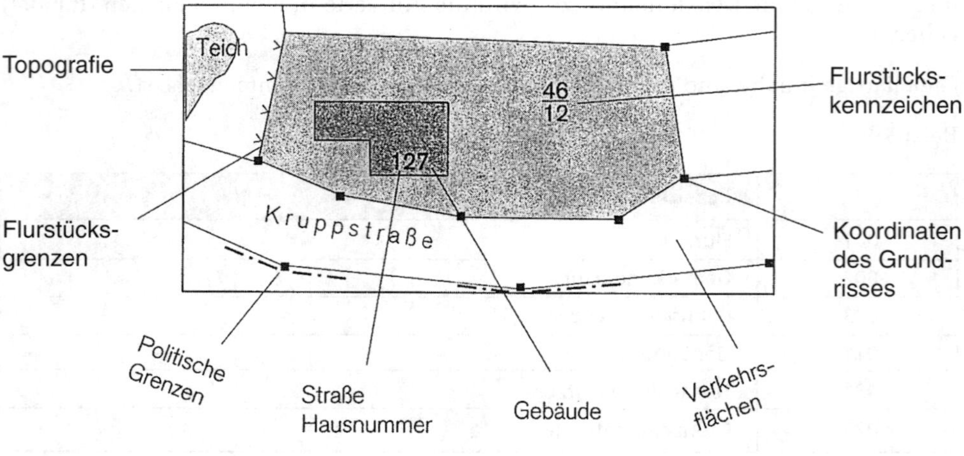

b) Anwendungsmöglichkeiten

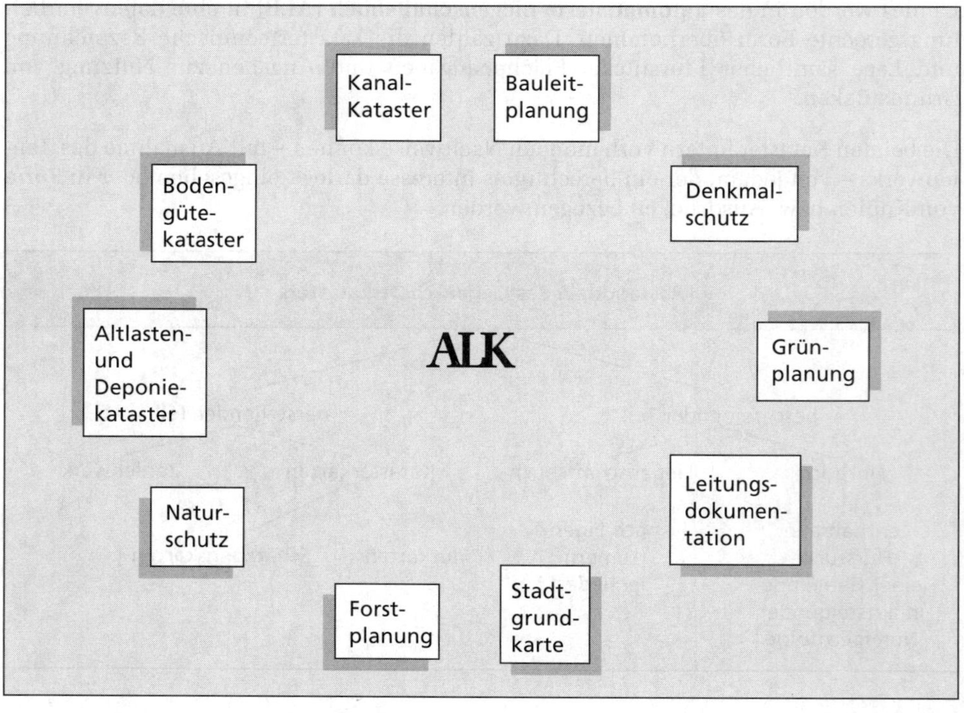

Auszug aus dem Liegenschaftsbuch/Muster

0 1 2 3 4 5 6 7 8 9 10 11 12 13 14 15 16 17 18 19 20 21 22 23 24 25 26 27 28 29 30 31 32 33 34 35 36 37 38 39 40 41 42 43 44 45 46 47 48 49 1000 2000 3000 4000 5000

Gemeinde / Gemarkung / Grundbuch	Eigentümer	Bestand Nummer
Gemeinde: M a l e n t e	1963 ~~a) Breifeld, Hanno, Monteur~~	1165
Gemarkung: M a l e n t e	1964 ~~b) Breifeld, Lisa, geb. Ehm, Ehefrau zu je 1/2 Anteilen~~	Insgesamt 1 Seiten
Grundbuchbezirk: Malente	1981 a) Breifeld, Lisa geb. Ehm	
Grundbuch Band/Blatt: 3323	b) Breifeld, Reinhard, Heizungsbauer zu je 1/2	
Erbbaugrundbuch Band/Blatt:		

Flur/ Rahmenkarte	Flurstück	Lage	Nutzungsart	Fläche ha	Fläche a	Fläche m²	Klasse (Ackerland: Bodenart, Zustandsstufe, Entstehung; Grünland: Boden, Klima, Wasser) / Wertzahlen (Bodenzahl, Ackerzahl; Grünlandgrundzahl, zahl)	Ertragsmeßzahl	Gesamtfläche ha	Gesamtfläche a	Gesamtfläche m²	Fortführung Jahr	Fortführung von Nr. an Nr.	Bemerkungen
1	2	3	4	5			6	7	8			9		10
4	6/12	Steenkamp	Hf		10	74				10	74			
	1											1963		

Unbeglaubigter Auszug aus dem Liegenschaftsbuch
teilweise

Vervielfältigung, Umarbeitung und Veröffentlichung gesetzl. geschützt

Dieser Auszug enthält...Blatt

Eutin, den ....
Katasteramt Eutin

Auszug aus der Flurkarte, Flur 4, Gemarkung Malente/Muster

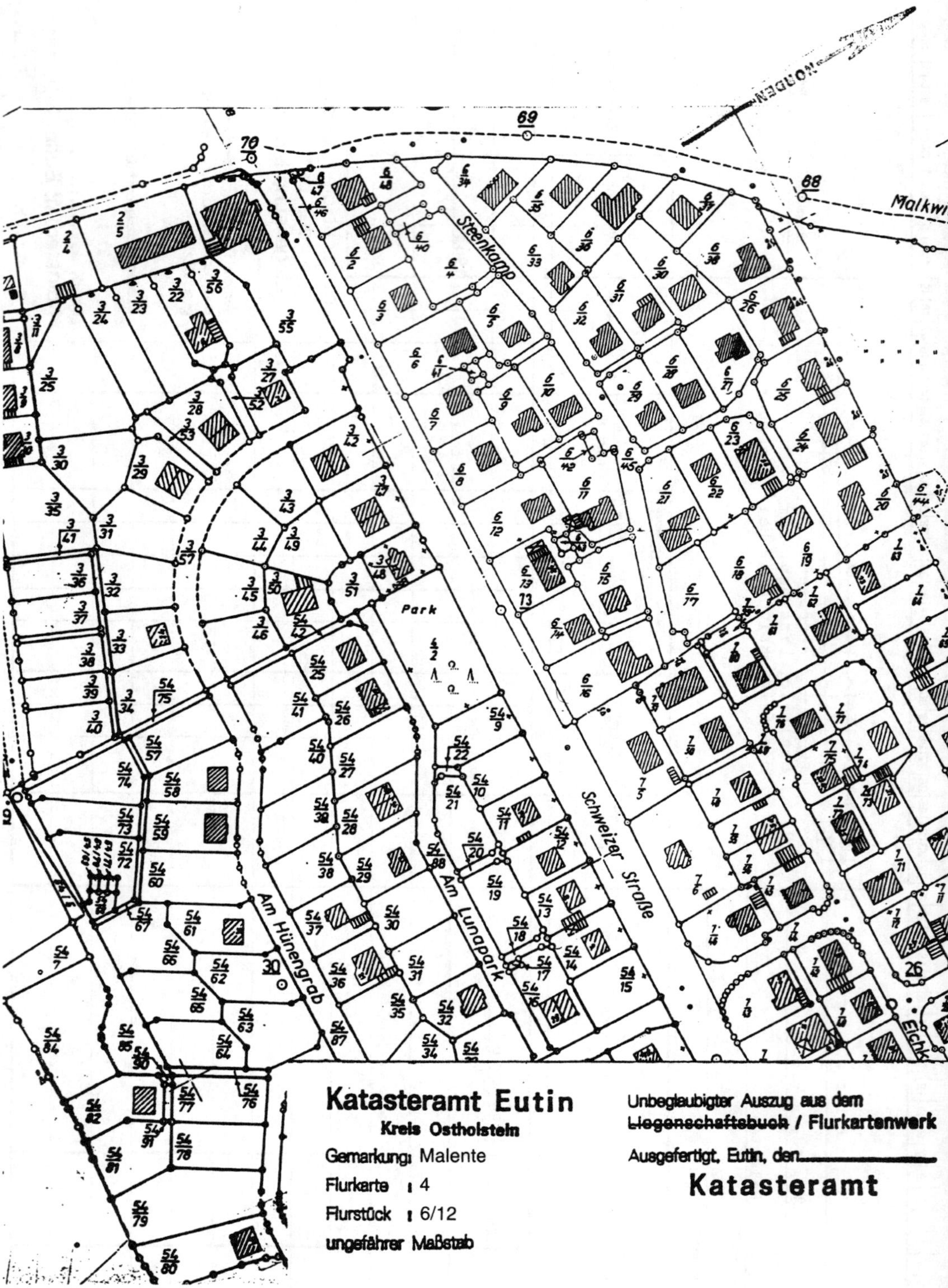

Fragen:

1. Grundstücke werden sowohl im Liegenschaftskataster als auch im Grundbuch geführt.

   Welche Aufgabe haben dabei Liegenschaftsbuch und Flurkarte?

2. Erläutern Sie bitte den Unterschied zwischen Flurstück und Grundstück.

3. Unter welchen Voraussetzungen kann man entsprechende Nachweise (z. B. die Flurkarte) vom Katasteramt erhalten?

– **Exkurs:**

Beispiele für die Nummerierung der Flurstücke:

Die Nummerierung der Flurstücke beginnt im Norden oder Nordwesten der Flur und wird von außen nach innen im Uhrzeigersinn fortgesetzt.

Wird ein Flurstück zerlegt, erhält jedes einzelne eine neue Flurstücksnummer (Fortführung). Die alte Flurstücksnummer wird nicht wieder verwendet, sie entfällt.

Beispiel 1: Nummerierung nach der Abstammung

– Zerlegung des Flurstücks 178

– Weitere Zerlegung des Flurstücks $\frac{178}{3}$

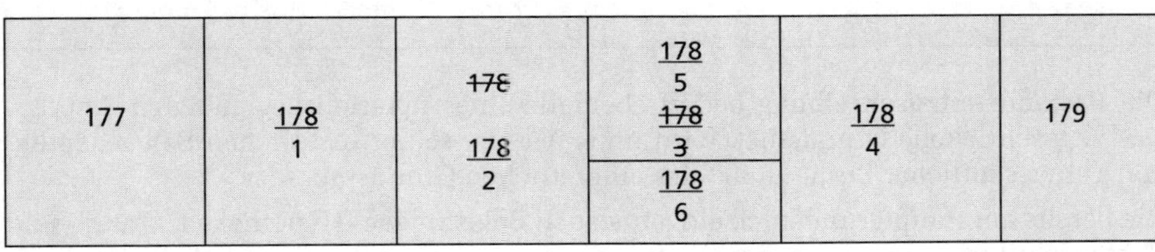

Beispiel 2: Freie Nummerierung

Der Eigentümer des Flurstücks 79 erwirbt aus dem Flurstück 78 eine Teilfläche

Vor dem Eigentumsübergang:

Nach dem Eigentumsübergang:

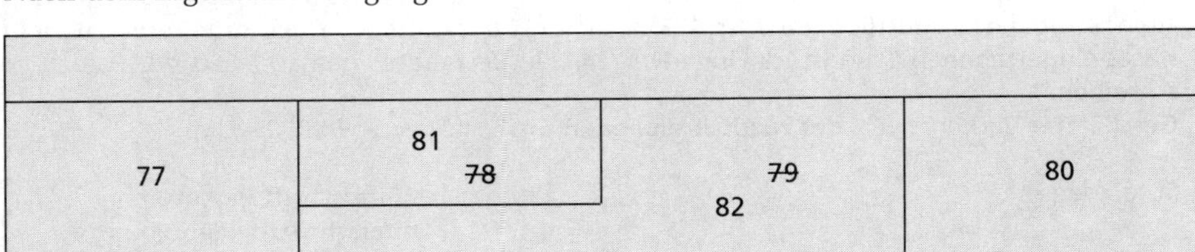

2.2.2 Verbindung und Teilung von Grundstücken

2.2.2.1 Verbindung von Grundstücken

Zwei oder mehrere Grundstücke des gleichen Eigentümers können im Grundbuch in der Weise miteinander verbunden werden, dass

BGB § 890 Abs.1
- sie zu einem Grundstück vereinigt werden oder

BGB § 890 Abs.2
- das eine Grundstück dem anderen oder mehrere einem Grundstück als Bestandteil zugeschrieben werden.

Die **Vereinigung** gemäß BGB bedarf eines notariell beglaubigten Antrags des Grundstückseigentümers. Die vereinigten Grundstücke verlieren ihre Selbstständigkeit und werden unwesentliche Bestandteile des einheitlichen Grundstücks.

Die an den bisher selbdtständigen Grundstücken eingetragenen Belastungen bleiben unverändert an den entsprechenden Teilgrundstücken bestehen.

Neue Belastungen dagegen erfassen das ganze (neue) Grundstück.

Beispiel (Vereinigung):

> An das Amtsgericht
> Grundbuchamt
> 23701 Eutin
>
> Als Eigentümer der im Grundbuch von Malente Blatt 3328 eingetragenen Grundstücke Flur 5, Nummern 178/1 und 178/2 beantrage ich, diese Grundstücke zu einem Grundstück gem. § 890,1 BGB zu vereinigen.
> Der Verkehrswert der beiden Grundstücke beträgt 210.000,– DM.
>
> Malente, den ...
> Unterschrift Eigentümer
> Unterschriftsbeglaubigung

Die **Bestandteilzuschreibung** bedarf ebenfalls eines notariell beglaubigten Antrags. Das zugeschriebene Grundstück wird unter Verlust seiner rechtlichen Selbstständigkeit „unwesentlicher Bestandteil" des einheitlichen Grundstücks.

BGB §§ 1131, 1192, 1200 BGB § 1131

Die bereits am Hauptgrundstück eingetragenen Belastungen (Hypotheken, Grund- und Rentenschulden) erstrecken sich auch auf das zugeschriebene Grundstück. Am zugeschriebenen Grundstück schon bestehende Belastungen haben in diesem Fall jedoch Vorrang. Andere Rechte (Reallasten, Vorkaufsrechte, Dienstbarkeiten) bleiben im bisherigen Umfang bestehen und belasten jeden Teil besonders.

Neue Belastungen können nur auf dem gesamten Grundstück eingetragen werden.

Beispiel (Bestandteilzuschreibung):

> An das
> Amtsgericht
> Grundbuchamt
> 23701 Eutin
>
> Ich beantrage, das im Grundbuch von Süsel Blatt 313 – lfd. Nr. 6 des Bestandsverzeichnisses – eingetragene Grundstück Flur 7 Nr. 123/2 dem dort unter lfd. Nr. 7 des Bestandsverzeichnisses eingetragenen Grundstück Flur 7 Nr. 124/2 als Bestandteil gemäß § 890,2 BGB zuzuschreiben.
> Geschätzter Verkehrswert des zuzuschreibenden Grundstücks ca. 60.000,– DM.
>
> Süsel, den ...
> Unterschrift Eigentümer
> Unterschriftsbeglaubigung

2.2.2.2 Teilung von Grundstücken

Ein Grundstück kann in der Weise geteilt werden, dass ein Teil im Grundbuch abgeschrieben und als selbstständiges Grundstück im Bestandsverzeichnis eingetragen wird. Dazu bedarf es eines Antrags des Eigentümers in beglaubigter Form und der Eintragung des abgetrennten Teilstücks unter einer eigenen Nummer im Grundbuch. GBO § 29

Die Zulässigkeit einer Teilung ergibt sich aus dem Bürgerlichen Gesetzbuch. BGB § 903

Die Teilung ist nur einzutragen, wenn das Grundstück neu vermessen worden ist und der abzuschreibende Teil eine besondere Nummer im Liegenschaftskataster erhalten hat. GBO § 2 Abs.3

In einzelnen – gesetzlich definierten – Fällen ist für eine Grundstücksteilung die Genehmigung der zuständigen Stelle erforderlich. BauGB §§ 19, 51 und 144

Durch die Teilung werden bestehende Rechte am Grundstück nicht beeinträchtigt. Diese Rechte bestehen – mit Ausnahmen bei Dienstbarkeiten und subjektiv-dinglichen Reallasten – fort. BGB §§ 1025, 1026 und 1109 Abs.3

Die Abschreibung kann ausnahmsweise entbehrlich sein, wenn ein Grundstücksteil (z. B. ein Grundstück besteht aus mehreren Flurstücken) mit einer Dienstbarkeit oder Reallast belastet werden soll. GBO § 7 Abs.2

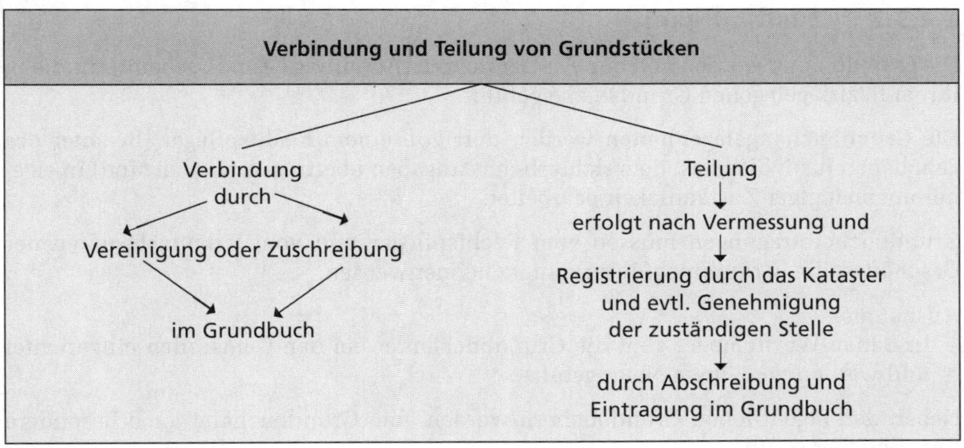

Fragen:

1. a) Unterschieden Sie bitte Vereinigung und Bestandsteilzuschreibung.
   b) Erläutern Sie bitte bei Vereinigung und Bestandsteilzuschreibung die rechtliche Situation von bestehenden und neu einzutragenden Belastungen.
2. Die Teilung eines Grundstückes bedarf in einigen Fällen der Genehmigung der zuständigen Stelle.
   Erarbeiten Sie bitte anhand des Baugesetzbuches entsprechende Beispiele für die Notwendigkeit einer Genehmigung.

2.2.3 Das Grundbuch und seine Einrichtungen

2.2.3.1 Formelles und materielles Grundstücks- und Grundbuchrecht

Bestands-, Eigentums- und Belastungsverhältnisse an Grund und Boden sind durch öffentliche Bücher (Grundbücher) auszuweisen.

Das **formelle Grundbuchrecht** ist u. a. in der Grundbuchordnung (GBO) geregelt. Hier ist vor allem die Einrichtung des Grundbuchs, die Organisation der Grundbuchämter, das Grundbucheinsichtsrecht und das Verfahren in Grundbuchsachen geregelt.

Das **sachliche (materielle) Grundbuchrecht** befasst sich mit dem Wesen und Inhalt der an einem Grundstück möglichen Rechte (sog. dingliche Rechte), hier besonders mit den Voraussetzungen für den Erwerb, den Belastungen, den Änderungen und der Aufhebung solcher Rechte (vgl. 2.3). Es ist im dritten Buch des Bürgerlichen Gesetzbuchs geregelt.

BGB §§ 873 ff.

ErbbauVO WEG

Sachenrechtliche Sondergesetze sind die Verordnung über das Erbbaurecht und das Gesetz über das Wohnungseigentum und das Dauerwohnrecht (Wohnungseigentumsgesetz).

2.2.3.2 Zuständigkeit

GBO § 1 Abs.1

Die Grundbücher werden von den Amtsgerichten (Abteilung Grundbuchamt) für die in ihrem Bezirk gelegenen Grundstücke geführt.

Die Grundbuchangelegenheiten werden dort von einem Rechtspfleger (Beamter des gehobenen Justizdienstes, dem richterliche Aufgaben übertragen worden sind) in eigener unabhängiger Zuständigkeit bearbeitet.

Grundbucheintragungen müssen vom Rechtspfleger und vom Urkundsbeamten der Geschäftsstelle (Grundbuchführer) unterzeichnet werden.

Ausnahme:

In Baden-Württemberg sind die Grundbuchämter bei den Gemeinden eingerichtet und werden von einem Notar geführt.

Neben den eigentlichen Grundbüchern werden vom Grundbuchamt auch besondere Grundbücher geführt.

Besondere Grundbücher

- WEG § 7 → Wohnungs- und Teileigentumsgrundbuch (vgl. Themenkreis 6)
- ErbbauVO § 1 → Erbbaugrundbuch (vgl. 2.3.3.4)
- HöfeVfo § 6 → Grundbuch mit Hofvermerk

HöfeO § 1

Ein Hof im Sinne der Höfeordnung ist „eine im Gebiet der Länder Hamburg, Niedersachsen, Nordrhein-Westfalen und Schleswig-Holstein belegene land- oder forstwirtschaftliche Besitzung mit einer zu ihrer Bewirtschaftung geeigneten Hofstelle, …“

HöfeO § 3

In der Höfeordnung wird ausdrücklich geregelt, dass auch das Hofeszubehör (z. B. vorhandenes Vieh, Wirtschafts- und Hausgerät, vorhandener Dünger, Vorräte an landwirtschaftlichen Erzeugnissen) zum Hof gehört (Zubehör, vgl. auch 2.1.1).

Ein solcher Hof wird auf Ersuchen des Landwirtschaftsgerichts im Grundbuch als Hof eingetragen. Dieser Vermerk findet sich auf dem Titelblatt (Aufschrift) des entsprechenden Grundbuches und lautet: HöfeVfo § 2 HöfeVfo § 6

„Hof gemäß Höfeordnung. Eingetragen am …"

Diese Hofeigenschaft ist für die Erbfolge in einem Hof von Bedeutung. Der Hof fällt nur einem Erben (Hoferbe) zu. Weiteren Miterben, die nicht Hoferben geworden sind, steht i. d. R. anstelle eines Anteils am Hof ein Anspruch gegen den Hoferben auf Zahlung einer Abfindung in Geld zu. HöfeO § 4

Damit wird der Bestand der Besitzung gesichert und eine Aufsplitterung der bewirtschafteten landwirtschaftlichen Grundstücke verhindert.

Das Grundbuchamt führt neben den Grundbüchern die sogenannten **Grundakten.**

Diese Grundakten enthalten alle Urkunden und sonstigen Unterlagen, die mit den Anträgen zum Grundbuch eingereicht sind und auf denen die Eintragungen beruhen (Kaufverträge, Auflassungsprotokolle, Erbbaurechtsverträge, Wohnungseigentumsverträge, Teilungserklärungen, Hypothekenbestellungsurkunden, Eintragungsbewilligungen usw.). In jeder Grundakte befindet sich ein so genanntes Handblatt, welches in Form und Inhalt dem Grundbuchblatt entspricht. Dieses Handblatt erleichtert die Bearbeitung der Grundbuchsachen. GBV § 24

Der gesamte Inhalt dieses Aktenstücks kann bei berechtigtem Interesse eingesehen werden. GBV § 46

2.2.3.3 Form des Grundbuchs

a) Grundbuch in Papierform

Seit seiner Einführung wird das Grundbuch in Papierform geführt. Die Eintragungen erfolgten zunächst in festen Bänden und danach in einem so genannten Loseblattgrundbuch. GBV § 2

Das Loseblattgrundbuch besteht aus zusammengefügten Einlegeblättern, die den einzelnen Teilen des Grundbuchs entsprechen (vgl. 2.2.3.4.).

Die Anlage von neuen Grundbuchblättern erfolgt nur noch in Loseblattform.

Das Loseblattgrundbuch ermöglicht eine leichtere Beschriftbarkeit (maschinelle Eintragungen).

In vielen Bundesländern werden die Einlageblätter der Loseblattgrundbücher mit Unterstützung der EDV ausgedruckt.

Weiterhin ist eine Umschreibung in einen anderen Band bei Raummangel nicht mehr erforderlich. GBV § 23

b) Maschinell geführtes Grundbuch als automatisierte Datei

Die Landesregierungen können durch Rechtsverordnung bestimmen, dass und in welchem Umfang das **Grundbuch** in maschineller Form **als automatisierte Datei** geführt wird. GBO § 126

Die rechtliche Grundlage für die Einführung des EDV-Grundbuches wurde durch das Registerverfahrensbeschleunigungsgesetz (RegVBG) vom 20. Dezember 1993 geschaffen.

Das RegVBG fügt einen 7. Abschnitt in die Grundbuchordnung (GBO) ein, der die Vorschriften über das EDV-Grundbuch enthält. GBO §§ 126 ff.

Damit werden die unter a) genannten Grundbuchformen wohl bald der Vergangenheit angehören.

Die bislang geltende Einteilung des Grundbuchs (vgl. 2.2.3.4.) bleibt bestehen.

Wenn auch die Umsetzung des Gesetzes noch einige Zeit in Anspruch nehmen wird, so werden schon in einigen Ländern bzw. Grundbuchbezirken die Grundbücher nur noch elektronisch geführt.

Beim elektronisch geführten Grundbuch werden alle eingegebenen Daten in codierter Form auf üblichen Datenträgern (z. B. Festplatte) gespeichert (CI-Speicherung).

Diese Daten können dann im Rahmen der Grundbuchführung elektronisch verändert werden.

GBO § 126 Es muss aber sichergestellt werden, daß die Daten so unverändert wiedergegeben werden, wie sie zur Abspeicherung eingegeben werden. Sie sind so zu speichern, dass sie auf Dauer in lesbarer Form wiedergegeben werden können.

Die bereits vorhandenen Grundbuchdaten werden durch Scanner erfasst und in nicht codierter Form (NCI-Speicherung) auf optischen Speichermedien (Worm-Platten) abgespeichert. **Worm = write once read multiple**

Die auf diesen Platten gespeicherten Informationen können weder gelöscht noch überschrieben werden.

Das Grundbuch kann jedoch auch hier maschinell weitergeführt werden. Die neu einzugebenden Daten werden wie oben beschrieben elektronisch gespeichert (CI-Speicherung) und zusammen mit den bereits vorhandenen und unverändert gebliebenen Grundbuchdaten (NCI-Speicherung) wiedergegeben.

GBO § 129 Die Grundbucheintragung wird wirksam mit der endgültigen Aufnahme in den Datenspeicher und sobald sie auf Dauer inhaltlich unverändert in lesbarer Form wiedergegeben werden kann.

GBO § 127 Durch das elektronisch geführte Grundbuch wird es den Ländern möglich, eine Integration von Grundbuch und Liegenschaftskataster herbeizuführen.

Die derzeit übliche Form der schriftlichen Übermittlung der Daten des Katasteramtes an das Grundbuchamt entfällt beim elektronischen Grundbuch.

Hier können bestimmte Daten des Liegenschaftskatasters unmittelbar in das Grundbuch eingegeben werden. So können z. B. die vom Grundbuchamt benötigten Bestandsangaben in einem automatisierten Verfahren aus dem Liegenschaftskataster abgerufen werden. (GBV § 86,2)

Die Führung des Liegenschaftskatasters in automatisierter Form ist hier vorauszusetzen.

Umgekehrt können Daten natürlich auch vom Grundbuchamt an das Kataster unter den gleichen Bedingungen übermittelt werden.

GBO § 132 Ein weiterer Vorteil des maschinell geführten Grundbuchs liegt darin, dass ein Grundbuchamt Einsicht in das von einem anderen Grundbuchamt geführte Grundbuch gewähren kann.

GBO § 133 Weiterhin besteht die Möglichkeit, dass Gerichten, Behörden und z. B. Notaren Einsicht in diese Grundbücher über elektronische Kommunikationswege gestattet wird.

GBV § 79 Einsicht wird gewährt durch die Wiedergabe des betroffenen Grundbuchblattes auf einem Bildschirm. Unter der Voraussetzung, dass Missbrauch technisch ausgeschlossen ist, darf der Einsichtnehmende den Bildschirm selbst bedienen.

Die Voraussetzungen, unter denen Einsicht in das Grundbuch genommen werden darf, sind unter 2.2.4.4. dargestellt.

Die Einführung des maschinell geführten Grundbuchs als automatisierte Datei wird damit zu einer Erleichterung und Beschleunigung des Grundbuchverfahrens führen und die Übersichtlichkeit verbessern. Nicht zuletzt können erhebliche Personal- und Sachkosten eingespart werden.

Im Folgenden werden Beispiele möglicher Bildschirmdarstellungen wiedergegeben (entnommen aus: Schmidt/Fröhlig, Das maschinelle Grundbuch, 1. Auflage, Neuwied 1995).

Nutzer: Müller | ******Bildschirm-Auskunft Seite 1 von 6****** | **21.10.1996 10.27 Uhr**

Amtsgericht Oberstadt Grundbuch von Marienau Blatt 3567

B e s t a n d s v e r z e i c h n i s (Eintragungen)

Lfd. Nr.	Bish. Nr.	Gemarkung	Flur	Flurstück	Wirtschaftsart u. Lage	Größe/ha-/ar/qm
1		Marienau	2	55/8	Hof- u. Gebäudefläche Neutorstraße 33	3 00
2		Marienau	12	74	Ackerland	
					Am großen Wegkreuz	70 56
3 zu 1		Marienau	Grunddienstbarkeit (Regenwasserableitungsrecht) an dem Grundstück Gemarkung Marienau Blatt 3277 Best.Verz. Nr. 6 in Abt. II Nr. 1; vermerkt am 2. November 1981;			
4		Marienau	13	227	Ackerland Im Klaustaler Wald	39 25
5	2	Marienau	12	74/1	Ackerland	
					Am großen Wegkreuz	23 81

*****Fortsetzung Seite: 2***

F1 = Hilfe F3 = Verlassen F8 = nächste Seite F12 = Abbrechung

Nutzer: Müller | ******Bildschirm-Auskunft Seite 2 von 6****** | **21.10.1996 10.27 Uhr**

Amtsgericht Oberstadt Grundbuch von Marienau Blatt 3567

B e s t a n d s v e r z e i c h n i s (Eintragungen)

Lfd. Nr.	Bish. Nr.	Gemarkung	Flur	Flurstück	Wirtschaftsart u. Lage	Größe/ha-/ar/qm
6		Marienau	12	74/2	Ackerland Am großen Wegkreuz	3 00

B e s t a n d s v e r z e i c h n i s (Zu- und Abschreibung)

zu lfd. Nr.	Bestand und Zuschreibungen	zu lfd. Nr.	Abschreibungen
1, 2	Aus Marienau Blatt 587 übertragen am 17. Oktober 1978	5	Nach Blatt 4938 übertragen am 18.Mai 1984;
3	Eingetragen am 2. November 1981		
4	Aus Marienau Blatt 2371 übertragen am 2. Februar 1983;		
2, 5, 6	Nr. 2 geteilt und als neue Nr. 5 und 6 eingetragen am 18. Mai 1984;		

*****Fortsetzung Seite: 3***

F1 = Hilfe F3 = Verlassen F7 = vorherige Seite F8 = nächste Seite F12 = Abbrechung

Nutzer: Müller	****Bildschirm-Auskunft Seite 3 von 6****	21.10.1996 10.27 Uhr

Amtsgericht Oberstadt Grundbuch von Marienau Blatt 3567

E r s t e A b t e i l u n g (Eintragungen)

Lfd. Nr.	Eigentümer	BVNr.	Grundlage der Eintragung
1.A)	Rainer Unsinn 54432 Marienau zu 1/2 Anteil	1, 2	Aufgelassen am 10. Oktober 1978; eingetragen am 17. Oktober 1978;
1.B)	Maria Unsinn geb. Magin geb. 18.5.1938 54432 Marienau zu 1/2 Anteil	4	Zuschlagsbeschluss des Amtsgerichts Oberstadt vom 23. März 1980; eingetragen am 11. Juni 1980;

Z w e i t e A b t e i l u n g (Eintragungen)

Lfd. Nr.	BVNR	Lasten und Beschränkungen
1	1	Grunddienstbarkeit (Wegerecht für den jeweiligen Eigentümer von Grundstück)

*****Fortsetzung Seite: 4***

F1 = Hilfe F3 = Verlassen F7 = vorherige Seite F8 = nächste Seite F12 = Abbrechung

Nutzer: Müller	****Bildschirm-Auskunft Seite 4 von 6****	21.10.1996 10.27 Uhr

Amtsgericht Oberstadt Grundbuch von Marienau Blatt 3567

		Marienau Blatt 1714, Bestandsverzeichnis Nr. 7 Flur 2 Flurstück 56; gemäß Bewilligung vom 9. Februar 1954; eingetragen am 18. Mai 1954 in Blatt 587 und mit dem belasteten Grundstück hierher übertragen am 17. Oktober 1979.
2	1	Beschränkte persönliche Dienstbarkeit (Wohnungsrecht) für a) Peter Rentier, geb. am 29.1.1917, wohnhaft in 54432 Marienau, b) Ludowiga Rentier, geb. Maid, geb. am 2.4.1925, wohnhaft in 54432 Marienau als Gesamtberechtigte nach § 428 BGB; gemäß Bewilligung vom 10. September 1978; eingetragen am 17. Oktober 1978.
3	2	Auflassungsvormerkung bezüglich einer Teilfläche für die Bauplanungsgesellschaft „Zukunft" mbH in Oberstadt; gemäß Bewilligung vom 12. November 1980; eingetragen am 7. Januar 1981.

Z w e i t e A b t e i l u n g (Veränderungen und Löschungen)

Lfd. Nr.	Veränderungen	Lfd.	Löschungen
2	Der Inhalt des Rechts wurde geändert gemäß Bewilligung vom 13. April 1983; eingetragen am 19. Mai 1983;	1	Gelöscht am 18. Mai 1984;

*****Fortsetzung Seite: 5***

F1 = Hilfe F3 = Verlassen F7 = vorherige Seite F8 = nächste Seite F12 = Abbrechung

Nutzer: Müller ******Bildschirm-Auskunft Seite 5 von 6****** **21.10.1996 10.27 Uhr**

Amtsgericht Oberstadt Grundbuch von Marienau Blatt 3567

D r i t t e A b t e i l u n g (Eintragungen)

Lfd. Nr.	BVNr.	Betrag	Hypotheken, Grundschulden, Rentenschulden
1	1	120.000,– DM	Hypothek (Darlehn) über einhundertzwanzigtausend Deutsche Mark für das Bankhaus König AG in Hauptstadt; Zinsen 15 % jährlich; Nebenleistung 5 % einmalig; vollstreckbar nach § 800 ZPO; Gemäß Bewilligung vom 28. August 1978; eingetragen am 17. Oktober 1978; Mithaft im Grundbuch von Marienau Blatt 1711.
2	1	1.458,– DM	Zwangssicherungshypothek über eintausendvierhundertachtundfünfzig Deutsche Mark nebst 4 % Zinsen jährlich
3	2	7.220,– DM	Zwangssicherungshypothek über siebentausendzweihundertzwanzig Deutsche Mark nebst 4 % Zinsen jährlich für das Finanzamt Oberstadt; Im Verwaltungszwangsverfahren eingetragen am 12. Mai 1980.
4	1	50.000,– DM	Grundschuld ohne Brief über fünfzigtausend Deutsche Mark für den Maurermeister Karl Läppich, 52271 Hohndorf; Zinsen 14 % jährlich;

*****Fortsetzung Seite: 6***

F1 = Hilfe F3 = Verlassen F7 = vorherige Seite F8 = nächste Seite F12 = Abbrechung

Nutzer: Müller ******Bildschirm-Auskunft Seite 5 von 6****** **21.10.1996 10.27 Uhr**

Amtsgericht Oberstadt Grundbuch von Marienau Blatt 3567

D r i t t e A b t e i l u n g (Eintragungen)

Lfd. Nr.	BVNr.	Betrag	Hypotheken, Grundschulden, Rentenschulden
			Gemäß Bewilligung vom 2. September 1983; eingetragen am 25. November 1983.

D r i t t e A b t e i l u n g (Veränderungen und Löschungen)

Lfd. Nr.	Betrag	Veränderungen	Lfd. Nr.	Betrag	Löschungen
2 4	1.458,– DM 50.000,– DM	Dem Recht Abt. III Nr. 4 ist der Vorrang eingeräumt, eingetragen am 27. Januar 1984.	2 3	1.458,– DM 7.220,– DM	Gelöscht am 18. Mai 1984.
1	120.000,– DM	Abgetreten mit Zinsen und Nebenleistungen an die Genossenschaftsbank Marienau; eingetragen am 19. März 1987.			

F1 = Hilfe F3 = Verlassen F7 = vorherige Seite F12 = Abbrechung

2.2.3.4 Einteilung des Grundbuchs

GBO § 3 Abs.1 GBO § 4 Die Ordnung des Grundbuchs erfolgt herkömmlicherweise nach dem Grundstück (Grundsatz des Realfoliums). Dieser Grundsatz wird aber durchbrochen, indem unter gewissen Voraussetzungen die Führung eines gemeinschaftlichen Grundbuchblattes über mehrere Grundstücke desselben Eigentümers (Personalfolium) gestattet ist. Das Grundbuch als Realfolium gliedert sich in das Titelblatt, das Bestandsverzeichnis und die Abteilungen I, II und III.

Die einzelnen Teile unterscheiden sich zusätzlich durch die Papierfarbe.

GBV § 5
- Das **Titelblatt** (Aufschrift, Deckblatt) enthält die Angabe des Amtsgerichts, die Angabe des Grundbuchbezirkes, die Nummer des Blattes, die Bescheinigung der Seitenzahl des Bandes und evtl. folgende Vermerke:

  Schließungsvermerk, Umschreibungsvermerk, Hofvermerk, Erbbaugrundbuch, Wohnungsgrundbuch, Teileigentumsgrundbuch, Wohnungserbbaugrundbuch, Reichsheimstätte.

GBV § 6
- Das **Bestandsverzeichnis** beschreibt das einzelne Grundstück in wirtschaftlicher Hinsicht unter Wiedergabe der äußeren Merkmale des Grundstücks (Gemarkung, Flur, Flurstück, Wirtschaftsart, Lage und Größe).

  Diese Angaben entstammen dem Liegenschaftskataster (s. 2.2.1).

  BGB §§ 93, 94 Im Bestandsverzeichnis können auch die Vermerke über mit dem Grundstück verbundene Rechte (z. B. Wegerecht), die dem jeweiligen Eigentümer des im Bestandsverzeichnis aufgeführten Grundstücks an einem anderen Grundstück zustehen, eingetragen werden (vgl. 2.3). Gebäude werden im Bestandsverzeichnis nicht erwähnt, da sie lediglich wesentliche Bestandteile des Grundstücks sind (vgl. 2.1.2). Sie teilen das Schicksal der Hauptsache, da sie nicht Gegenstand besonderer Rechte sein können.

  Das Bestandsverzeichnis enthält ferner die Spalten „Bestand und Zuschreibung" (von welchem Grundbuch wurde das Grundstück übernommen und ob es durch Teilung oder Vereinigung entstanden ist) und „Abschreibungen" (Übertragung des Grundstücks[teiles] in ein anderes Grundbuchblatt).

GBV § 9
- Die **Abteilung I** dient der Eintragung des Eigentümers. Mit eingetragen wird der Rechtsgrund des Erwerbs (z. B. Auflassung, Erbfolge, Zuschlagsbeschluss im Versteigerungsverfahren).

GBV § 10
- Die **Abteilung II** enthält alle eintragungsfähigen Lasten und Beschränkungen des Grundstücks (vgl. 2.3.3) mit Ausnahme der Gundpfandrechte, die gesondert in Abteilung III eingetragen werden. Ferner werden hier die das Eigentum betreffenden Vormerkungen und Widersprüche (vgl. 2.2.6) eingetragen.

GBV § 11
- Die **Abteilung III** ist für die Eintragung der Hypotheken, Grund- und Rentenschulden (Grundpfandrechte), einschließlich der sich darauf beziehenden Vormerkungen, Widersprüche und Veränderungen vorgesehen.

2.2.4 Grundbucheintragungsverfahren

2.2.4.1 Eintragungsvoraussetzungen

Eine auf einem Rechtsgeschäft beruhende Grundbucheintragung setzt die rechtsgeschäftliche Einigung der Beteiligten über die Rechtsänderung voraus. Ansonsten sind für die Eintragung drei (formelle) Voraussetzungen erforderlich, nämlich:

- der Eintragungsantrag,
- die Bewilligung der Eintragung durch den Betroffenen,
- die Voreintragung des Berechtigten.

Eintragungsfähig sind ganz bestimmte Rechte: Eigentum, Dienstbarkeiten, Reallasten, Vorkaufsrechte, Grundpfandrechte, Vormerkungen, Widersprüche, Verfügungsbeschränkungen zugunsten bestimmter Personen (Konkurs, Testamentsvollstreckung und Zwangsversteigerung).

Nicht eintragungsfähig sind schuldrechtliche Verhältnisse (Miete, Pacht), persönliche Eigenschaften (z. B. Familienstand), diejenigen absoluten Rechte, die auch ohne Eintragung gegen Dritte wirken (z. B. Notwegerechte), und die meisten öffentlichen Lasten.

– Eintragungsantrag

Eine Eintragung, abgesehen von solchen kraft Gesetzes oder von Amts wegen (z. B. Testamentsvollstreckervermerk oder Amtswiderspruch), soll nur auf Antrag eines hierzu berechtigten Beteiligten erfolgen. Berechtigt ist jeder, der von der Eintragung betroffen oder begünstigt wird. Der Antrag an sich ist formfrei. Er darf an keinen Vorbehalt geknüpft sein. Der Zeitpunkt des Eingangs des Antrags beim Grundbuchamt ist auf dem Antrag so genau wie möglich (Tag, Stunde, Minute) von dem zuständigen Beamten zu vermerken. Nach dem Eingangsvermerk richtet sich die Reihenfolge der Bearbeitung und damit oft der Rang der Eintragung.

GBO § 13
GBO § 16 Abs.1
GBO § 13
GBO § 17
GBO § 45

– Eintragungsbewilligung

Eine Eintragung darf nur erfolgen, wenn derjenige sie bewilligt, dessen Recht von ihr betroffen ist. Betroffener ist z. B. bei der Eigentumsübertragung der bisherige Eigentümer. Die Bewilligung bedarf einer besonderen Form. Sie muss durch öffentliche oder öffentlich beglaubigte Urkunden nachgewiesen werden. Eintragungsantrag und Eintragungsbewilligung werden in der Praxis regelmäßig miteinander verbunden („Die Vertragsparteien bewilligen und beantragen …"). Sie müssen sich inhaltlich decken.

GBO § 19
GBO § 29

– Voreintragung des Berechtigten

Für eine Eintragung ist es immer erforderlich, dass der von ihr Betroffene als Berechtigter im Grundbuch eingetragen ist. GBO § 39

Beispiel:

Bewilligt der im Grundbuch noch nicht eingetragene Eigentümer eines Grundstücks die Eintragung einer Hypothek, muss er sich zunächst als Eigentümer eintragen lassen.

Ausnahme:

Wenn z. B. der Betroffene Gesamtrechtsnachfolger ist und die Übertragung des Rechts eingetragen werden soll (z. B. Erbe veräußert das Grundstück an einen Dritten), ist die Voreintragung des Berechtigten (hier des Erben) nicht erforderlich. GBO § 40

2.2.4.2 Grundbucheintragungen

Im Grundbuch ist das einzutragende Recht deutlich und klar zu kennzeichnen. Zur näheren Bezeichnung der Rechtsinhalte kann auf die Eintragungsbewilligung, die sich in der Grundakte befindet, Bezug genommen werden. Die Eintragung des vollständigen Inhalts eines Rechts würde zur Überfüllung und damit zur Unübersichtlichkeit des Grundbuchs führen. BGB § 874

Grundbuchauszug (Handblatt) mit Mustereintragungen
Die Unterstreichungen mit feinen Linien sind im Original rot.

Grundbuch

von

Malente

Blatt 3323

Einlegeblatt 1

Amtsgericht Eutin **Grundbuch von** Malente **Blatt** 3323 **Bestandsverzeichnis**

Laufende Nummer der Grundstücke	Bisherige laufende Nummer der Grundstücke	Bezeichnung der Grundstücke und der mit dem Eigentum verbundenen Rechte					Größe		
		Gemarkung (Vermessungsbezirk)	Karte Flur	Karte Flurstück	Liegenschaftsbuch	Wirtschaftsart und Lage	ha	a	m²
		a	b		c/d	e			
1	2	3					4		
1		Malente	4	6/12	1165	Hof- und Gebäudefläche, Steenkamp		10	74
2 zu 1		Wegerecht an dem Grundstück Malente Flur 4 Flurstück 6/43 eingetragen im Grundbuch von Malente Blatt 3346 in Abt. II Nr. 4							

GS 76 Handblatt Best. Verz. (LB) (3/81)

Einlegeblatt 1 Abt. I

Amtsgericht Eutin **Grundbuch von** Malente **Blatt** 3323 **Erste Abteilung**

Laufende Nummer der Eintragungen	Eigentümer	Laufende Nummer der Grundstücke im Bestandsverzeichnis	Grundlage der Eintragung
1	2	3	4
1 a) b)	Monteur Hanno Breifeld, dessen Ehefrau Lisa Breifeld, geb. Ehm, beide in Malente je zu $^1/_2$	1	Aufgelassen am 10. März 1963 und eingetragen am 26. März 1963 Jensen Schade
2 a) b)	Hausfrau Lisa Breifeld, Heizungsbauer Reinhard Breifeld, beide in Malente, je zu $^1/_2$	1	Aufgrund des Erbscheins des Amtsgerichts in Eutin vom 16. April 1981 – VI 35/81 – eingetragen am 20. Mai 1981 Hennig Prehn
3 a) b)	Wohnungskaufmann Dieter Schatz dessen Ehefrau, Krankenschwester Regine Schatz, geb. Böse, beide in Malente	1	Aufgelassen am 30. September 1983 und eingetragen am 20. Dezember 1983. Hennig Prehn

GS 77 Handblatt Erste Abteilung (LB) (10/82)

Einlegeblatt 1 **Abt. II**

Amtsgericht Eutin **Grundbuch von** Malente **Blatt** 3323 **Zweite Abteilung**

Laufende Nummer der Eintragungen	Laufende Nummer der betroffenen Grundstücke im Bestandsverzeichnis	Lasten und Beschränkungen
1	2	3
1	1	Wohnungsrecht gem. § 1093 BGB für Lisa Breifeld, geb. Ehm in Malente. Unter Bezugnahme auf die Bewilligung vom 20. April 1981 eingetragen am 20. Mai 1981. Hennig Prehn
2	1	Vormerkung zur Sicherung des Anspruchs auf Eigentumsübertragung zugunsten der Eheleute Dieter Schatz und Regine, geb. Böse, in Malente, je zu $^{1}/_{2}$ Anteil. Unter Bezugnahme auf die Bewilligung vom 30. September 1983 eingetragen am 3. Oktober 1983. Hennig Prehn

GS 78 Handblatt Zweite Abteilung (LB) (12/81)

Veränderungen		Löschungen	
Laufende Nummer der Spalte 1		Laufende Nummer der Spalte 1	
4	5	6	7
		1	Gelöscht am 20. Dezember 1983 Hennig Prehn
		2	Gelöscht am 20. Dezember 1983 Hennig Prehn

Fortsetzung auf Einlegeblatt

Amtsgericht Eutin **Grundbuch von** Malente **Blatt** 3323 **Dritte Abteilung** Einlegeblatt **Abt. III**

Laufende Nummer der Eintragungen	Laufende Nummer der belasteten Grundstücke im Bestandsverzeichnis	Betrag	Hypotheken, Grundschulden, Rentenschulden
1	2	3	4
1–8	gelöscht		
9	1	60.000,– DM	Sechzigtausend Deutsche Mark Sicherungshypothek mit 7 v.H. jährlich verzinslich, für die Witwe Lisa Breifeld, geb. Ehm, in Malente. Vorrangsvorbehalt für Grundpfandrechte bis 320.000,– DM nebst 15 v.H. Zinsen und einer einmaligen Nebenleistung von 5 v.H. Mit Bezug auf die Bewilligung vom 30. September 1983 eingetragen am 12. Januar 1984. Hennig Prehn
10	1	130.000,– DM	Einhundertdreißigtausend Deutsche Mark Grundschuld mit 15 v.H. jährlich verzinslich für die Schleswig-Holsteinische Bank in Kiel. Mit Bezug auf die Bewilligung vom 27. Oktober 1983 – brieflos – mit dem Range vor Abt. III Nr. 9 auf Grund Ausnutzung des Rangvorbehalts eingetragen am 12. Januar 1984. Hennig Prehn
11	1	89.000,– DM	Neunundachtzigtausend Deutsche Mark Grundschuld mit 18 v.H. jährlich verzinslich und 5 v.H. Nebenleistung einmalig, vollstreckbar nach § 800 ZPO, für die Kreissparkasse Holstein in Eutin. Mit Bezug auf die Bewilligung vom 8. Dezember 1983 – brieflos – eingetragen am 12. Januar 1984. Hennig Prehn

GS 79 Handblatt Dritte Abt. (LB) (12/81)

Veränderungen			Löschungen		
Laufende Nummer der Spalte 1	Betrag		Laufende Nummer der Spalte 1	Betrag	
5	6	7	8	9	10

Fortsetzung auf Einlegeblatt

GBO § 18

Ist eine beantragte Eintragung so nicht zu vollziehen, weist das Grundbuchamt den Antrag entweder zurück (Angabe von Gründen) oder setzt dem Antragsteller eine Frist, z. B. zur Beibringung fehlender Unterlagen. Werden diese innerhalb der festgesetzten Frist beigebracht, wird die Eintragung vollzogen. Bei jeder Grundbucheintragung ergeht eine Eintragungsnachricht des Grundbuchamtes an die Beteiligten. Der Eintragungsnachricht beigefügt ist eine Kopie des entsprechend geänderten bzw. betroffenen Grundbuchauszuges.

2.2.4.3 Löschung von Grundbucheintragungen

GBO § 46

Sie erfolgt durch Eintragung eines Löschungsvermerks in der entsprechenden Spalte der betreffenden Abteilung (die zu löschende Eintragung wird außerdem rot unterstrichen) oder dadurch, dass sie nicht auf ein neues Grundbuchblatt mit übertragen wird. Bei einer Löschung ist die Zustimmung der/des Hypothekengläubiger/s erforderlich.

2.2.4.4 Einsicht in das Grundbuch

GBO § 12; GBV § 43; GBO § 12 Abs.2

Zur Einsicht in das Grundbuch ist berechtigt, wer ein berechtigtes Interesse darlegt. Diese Darlegung soll dem Grundbuchamt die Prüfung des berechtigen Interesses ermöglichen. Die Grundbucheinsicht kann auf einzelne Abteilungen des Grundbuchs beschränkt werden. Inländische öffentliche Behörden und Notare müssen ein berechtigtes Interesse nicht darlegen. Soweit ein Grundbucheinsichtsrecht besteht, kann auch eine Abschrift (gegen Gebühr) verlangt werden.

Die Erteilung einer Abschrift kommt beim maschinell geführten Grundbuch, im Gegensatz zum Grundbuch in Papierform, nicht in Betracht.

GBO § 131

An die Stelle der Abschrift tritt hier der Ausdruck. Der Ausdruck kann, bei Vorliegen der technischen Voraussetzungen, dem Antragsteller unmittelbar aus dem Datenspeicher elektronisch übermittelt werden.

Beispiele für das Vorliegen eines berechtigten Interesses:

a) Der Gläubiger ist bei Vorliegen eines vollstreckbaren Titels zur Grundbucheinsicht berechtigt.
b) Im Rahmen konkreter (Kauf-)Vertragsverhandlungen mit dem Eigentümer ist der Erwerbsinteressent zur Einsicht berechtigt.

2.2.5 Rangfolgen bei Eintragung mehrerer Rechte

Die im Grundbuch eingetragenen Rechte haben eine Rangordnung. Der Rang eines Rechts ist sein Verhältnis zu anderen Rechten am selben Grundstück.

Er hat Bedeutung für die Sicherheit und den Wert eines Rechtes. Er bestimmt dessen Berücksichtigung und seine Befriedigungsaussichten in der Zwangsversteigerung und Zwangsverwaltung. Bei einer Zwangsversteigerung eines Grundstücks muss das Recht im höheren Rang vor dem Recht im niedrigeren Rang voll befriedigt werden.

2.2.5.1 Das gesetzliche Rangverhältnis

BGB § 879 Abs.1; BGB § 880 Abs.1; BGB § 879 Abs.3

Das gesetzliche Rangverhältnis bestimmt sich, wenn die Rechte in der gleichen Abteilung eingetragen sind, nach der Reihenfolge der Eintragung. Sind die Rechte in verschiedenen Abteilungen eingetragen, hat das unter einem früheren Datum eingetragene Recht den Vorrang (vgl. Beispiel). Die am selben Tag eingetragenen Rechte haben Gleichrang. Das Rangverhältnis kann nachträglich geändert werden, bedarf aber der Eintragung im Grundbuch.

Beispiel für die Bedeutung der Rangordnung bei Zwangsversteigerung des Grundstücks:

Inhalt Abteilung II		Eintragungsdatum
1. Auflassungsvormerkung, bewertet mit	500 000 DM	01.04.19..
2. Reallast, bewertet mit	10 000 DM	01.06.19..
3. Grunddienstbarkeit, bewertet mit	90 000 DM	01.06.19..
Inhalt Abteilung III:		
1. Hypothek	100 000 DM	01.04.19..
2. Grundschuld	200 000 DM	01.05.19..
3. Grundschuld	400 000 DM	01.06.19..
4. Grundschuld	200 000 DM	01.06.19..

Das Ergebnis der Zwangsversteigerung erbrachte 1 010 000 DM.

Rangordnung			Befriedigung
1. Rang	Auflassungsvormerkung	500 000 DM	500 000 DM
	Hypothek	100 000 DM	100 000 DM
2. Rang	Grundschuld	200 000 DM	200 000 DM
3. Rang	Reallast	10 000 DM	3 000 DM
	Grunddienstbarkeit	90 000 DM	27 000 DM
	Grundschuld	400 000 DM	120 000 DM
	Grundschuld	200 000 DM	60 000 DM

Vorranging und damit voll befriedigt werden in diesem Fall die Auflassungsvormerkung (500 000 DM), die Hypothek (100 000 DM) und die Grundschuld (200 000 DM) vom 01.05. (Gesamtsumme: 800 000 DM).
Alle weiteren, nachrangigen Rechte (Gesamtsumme: 700 000 DM) haben Gleichrang, können aber nicht voll befriedigt werden.
Aus dem Erlös der Zwangsversteigerung stehen zur Befriedigung dieser Rechte nur noch 210 000 DM (1 010 000 DM ./. 800 000 DM = 210 000 DM) zur Verfügung.
Die 210 000 DM werden anteilig auf diese gleichrangigen Rechte verteilt.

2.2.5.2 Korrektur des gesetzlichen Rangverhältnisses

Das gesetzliche Rangverhältnis lässt sich korrigieren durch:

Rangänderung	Rangvorbehalt
↓	↓
bewirkt nachträglich eine Änderung der vom Gesetz vorgeschriebenen Rangordnung.	sichert einem Recht von vornherein einen bestimmten Rang und weicht damit von der gesetzlichen Rangordnung ab.

- **Rangänderung:** Das Rangverhältnis kann nachträglich geändert werden. Voraussetzung ist die Einigung zwischen dem zurücktretenden Berechtigten und dem vortretenden Berechtigten. Bei Hypotheken, Grund- und Rentenschulden ist die Zustimmung des Grundstückseigentümers erforderlich. BGB § 880
- **Rangvorbehalt:** Der Grundstückseigentümer kann sich bei der Belastung des Grundstücks mit einem Recht die Befugnis vorbehalten, ein anderes, dem Umfang nach bestimmtes Recht mit Vorrang eintragen zu lassen. BGB § 881

Beispiel:

Ein zweitstelliges Grundpfandrecht soll eingetragen werden, bevor das erststellige Recht eingetragen werden kann.

2.2.6 Die Bedeutung des öffentlichen Glaubens und die Eintragung von Widersprüchen

2.2.6.1 Öffentlicher Glaube

Das Grundbuch erfüllt seine Funktion, Gewissheit über die rechtlichen Verhältnisse an den Grundstücken zu vermitteln, nur dann, wenn jeder sich unbedingt auf seinen Inhalt verlassen kann.

BGB § 891 Abs.1 BGB § 891 Abs.2

Es wird vermutet, dass ein im Grundbuch eingetragenes Recht dem eingetragenen Berechtigten mit dem eingetragenen Inhalt zusteht. Es besteht ferner die Vermutung, dass ein im Grundbuch eingetragenes Recht, wenn es gelöscht wird, für die Zeit nach der Löschung nicht mehr besteht.

BGB §§ 892 und 893

Das materielle Liegenschaftsrecht schützt das Vertrauen auf die Richtigkeit des Grundbuchs (Öffentlicher Glaube) mit der unwiderlegbaren Vermutung, dass der Grundbuchinhalt für den rechtsgeschäftlichen Verkehr als richtig und vollständig gilt; auch wenn er mit der wahren Rechtslage nicht übereinstimmt.

Der Rechtsschein ersetzt das Recht!

Das Verkehrsbedürfnis verlangt neben der bloßen Vermutung der Richtigkeit der Eintragung eine weitere Sicherheit:

Der öffentliche Glaube gilt nur zugunsten des **gutgläubigen (redlichen) Erwerbers** von im Grundbuch eingetragenen Rechten.

BGB § 892 Abs.1

Gutgläubigkeit und Redlichkeit setzt voraus, dass der Erwerber die Unrichtigkeit des Grundbuchs nicht kennt und auch kein Widerspruch im Grundbuch eingetragen ist. Eigentümer und Berechtigter müssen also aufpassen, dass sie der wahren Rechtslage entsprechend im Grundbuch eingetragen sind, um nicht ihre Rechte an einen gutgläubigen Erwerber zu verlieren.

Beispiele für einen gutgläubigen Erwerb:

1. Der Erwerber eines Grundstücks erlangt daran das Eigentum mit seiner Eintragung im Grundbuch auch dann, wenn dieses Grundstück dem als Eigentümer im Grundbuch eingetragenen Veräußerer tatsächlich nicht gehörte.
2. Die Hypothek des Huberth K. ist am Grundstück des Eugen W. vom Grundbuchamt versehentlich gelöscht worden. W. übereignet das Grundstück an Johann E. E. erwirbt nun das Grundstück lastenfrei.

BGB § 892

Der gutgläubige Erwerber ist aber nur bei rechtsgeschäftlichem Erwerb durch Verkehrsgeschäft geschützt. Ein Verkehrsgeschäft liegt dann vor, wenn keine wirtschaftliche (Geschäfte des Einmanngesellschafters mit der Einmann-GmbH) oder persönliche Identität (verschiedene, aber personengleiche BGB-Gesellschafter auf jeder Seite) zwischen Erwerber und Veräußerer besteht.

Der gute Glaube ist nicht geschützt beim Erwerb kraft Gesetz (z. B. Erbfolge, Zwangsversteigerung). Der öffentliche Glaube erstreckt sich auch nicht auf nur tatsächliche Angaben zur Wirtschaftsart, Lage, Bebauung und Größe des Grundstücks (wenn ein Grundstück tatsächlich nur 999 anstatt 1 001 m^2, wie im Bestandsverzeichnis eingetragen, groß ist, kann der Erwerber natürlich nur 999 m^2 erwerben).

Dagegen nehmen Bestandsangaben im Bestandsverzeichnis des Grundstücks, die das Eigentum oder das Recht eines dinglich Berechtigten an einer bestimmten Bodenfläche ausweisen, am öffentlichen Glauben teil.

Der gute Glaube versagt ferner bei nicht eintragungsfähigen Rechten, Belastungen und Beschränkungen. Beispielhaft sind hier zu nennen: Bauverbote, Baulinien, Anliegerbeiträge, Erschließungskosten sowie die gesetzlichen Vorkaufsrechte, z. B. nach Baugesetzbuch.

2.2.6.2 Eintragung von Widersprüchen im Grundbuch

Im Hinblick auf den öffentlichen Glauben des Grundbuchs müsste derjenige, zu dessen Ungunsten das Grundbuch unrichtig ist, ein großes Interesse an der möglichst baldigen Grundbuchberichtigung haben. Bei vorhandener Unrichtigkeit besteht die Gefahr, dass der im Grundbuch (falsch) eingetragene, scheinbar Berechtigte das eingetragene Recht zum Nachteil des „wirklich" Berechtigten verwendet (z. B. gutgläubiger Erwerb).

Die erforderliche Grundbuchberichtigung kann sich aber wegen Beschaffung der erforderlichen Unterlagen längere Zeit hinziehen. In einer solchen Situation ist es möglich, gegen die Richtigkeit des Grundbuchs einen Widerspruch eintragen zu lassen. BGB § 899 Abs.1

Der Widerspruch wird bei dem Recht eingetragen, das von ihm betroffen ist. Der das Eigentum betreffende Widerspruch wird in der zweiten Abteilung eingetragen. Er lehnt sich gegen eine unrichtige Eintragung auf und sichert das wahre Recht gegen das falsche, beseitigt aber nicht die Unrichtigkeit des Grundbuchs.

Der Widerspruch beseitigt den öffentlichen Glauben des Grundbuchs, wodurch der gutgläubige Erwerb ausgeschlossen wird.

Die Eintragung des Widerspruchs erfolgt aufgrund einer einstweiligen gerichtlichen Verfügung oder aufgrund der Bewilligung desjenigen, dessen Recht durch die Bewilligung betroffen ist. BGB § 899 Abs.2

Die Löschung des Widerspruchs kann erfolgen, wenn derjenige die Löschung bewilligt, zu dessen Gunsten der Widerspruch eingetragen war.

Fragen:

1. Beschreiben Sie bitte Aufbau und Funktion des Grundbuchs!
2. Welche Bedeutung hat die zeitliche Reihenfolge des Eingangs von Anträgen beim Grundbuchamt?
3. Wer darf das Grundbuch einsehen?
4. Erklären Sie bitte die Funktion der Grundakte!
5. – Was ist unter „öffentlichem Glauben" zu verstehen?
   – Zu wessen Gunsten und unter welchen Bedingungen gilt der „öffentliche Glaube"?
   – Auf welche Teile des Grundbuchs erstreckt sich der „öffentliche Glaube" nicht?
6. Sie haben rechtmäßig ein Grundstück erworben und erhalten nach einiger Zeit den Grundbuchblattauszug vom Grundbuchamt.

   Ganz überrascht stellen Sie fest, dass Sie nicht der neue Eigentümer geworden sind, weil fälschlicherweise ein anderer Name in das Grundbuchblatt eingetragen wurde.

   Was unternehmen Sie und warum?

2.3 Rechte am Grundstück

Übersicht:

→ **Eigentum** — Abt. I Grundbuch
1. Alleineigentum
2. Miteigentum (Bruchteilseigentum)
3. Gesamthandseigentum

→ **Nachbarrechte** — kein Grundbucheintrag
1. öffentliches Recht
2. privates Recht

→ **Rechte Dritter** — Abt. II Grundbuch
1. Vorkaufsrecht und Wiederkaufsrecht
2. Dienstbarkeiten
   - Grunddienstbarkeiten
   - beschränkte persönliche Dienstbarkeit (Sonderform: Wohnungsrecht)
   - Nießbrauch
3. Reallast
4. Erbbaurecht

→ **Grundpfandrechte** — Abt. III Grundbuch
1. Hypothek
2. Grundschuld
3. Rentenschuld

→ **öffentliche Lasten** — kein Grundbucheintrag
1. Grundsteuer
2. Erschließungsbeiträge
3. kommunale Gebühren

→ **Baulasten** — kein Grundbucheintrag, Baulastenverzeichnis

→ **andere Eigentumsbindungen** — Abt. II Grundbuch
1. Verfügungsbeschränkungen des Eigentümers
2. Auflassungsvormerkung

2.3.1 Eigentum am Grundstück

BGB § 903

Eigentum ist die unmittelbare rechtliche Herrschaft über eine Sache. Gegenstand des Eigentums sind u. a. Grundstücke und grundstücksgleiche Rechte. Nach dem Grundsatz **„Eigentum verpflichtet"** ist der Eigentümer eines Grundstücks in der Ausübung der Herrschaftsgewalt jedoch gebunden an:

- Gesetze, z. B. Grundgesetz, Bürgerliches Gesetzbuch usw.
- Nachbarrechte (vgl. 2.3.2)
- Rechte Dritter (vgl. 2.3.3)

Alleineigentum bedeutet, dass nur eine einzige Person Eigentümer eines Grundstücks ist.

BGB §§ 741 ff.
BGB §§ 1008 ff.

Bruchteilseigentum liegt dann vor, wenn ein Grundstück zwei oder mehreren Personen gehört und wenn jeder dieser Personen ein bestimmter Bruchteil ($^1/_2$, $^{112}/_{10\,000}$) an einem Grundstück als ein selbstständiges dingliches Recht zusteht.

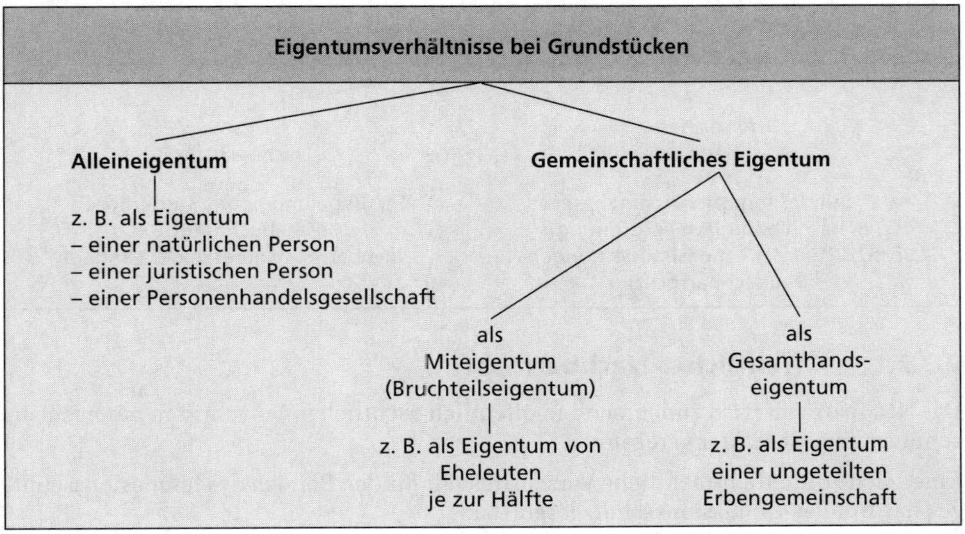

Das Bruchteilseigentum bezeichnet man auch als Bruchteilsgemeinschaft.

Jeder Bruchteilseigentümer kann über seinen Anteil verfügen (veräußern, belasten), ohne dass andere Miteigentumsanteile berührt werden.

Die Bruchteilsgemeinschaft hat eine besondere Bedeutung durch das Gesetz über das Wohnungseigentum und das Dauerwohnrecht (Wohnungseigentumsgesetz) erlangt (s. Themenkreis 6).

Gesamthandseigentum besteht dann, wenn ein Grundstück mehreren gehört, die Anteile der Einzelnen aber zugunsten der Gesamtheit gebunden sind.

Den einzelnen Beteiligten an der Gesamthandsgemeinschaft steht kein bestimmter Anteil an dem einzelnen Grundstück zu, sondern nur ein Anteil am gemeinschaftlichen Vermögen. Über das gemeinschaftliche Grundstück kann der Einzelne allein nicht verfügen. Die Verfügung kann nur gemeinschaftlich von allen erfolgen.

Beispiele:

- die Gesellschaft (Gesellschaft bürgerlichen Rechts) BGB § 718
- der nichtrechtsfähige Verein BGB § 54
- die eheliche Gütergemeinschaft BGB § 1416
- die Erbengemeinschaft vor der Auseinandersetzung BGB § 2032

2.3.2 Die Nachbarrechte

Die Grenze zwischen zwei Grundstücken markiert das Eigentum an Grund und Boden; sie schließt aber Auseinandersetzungen über Objekte unmittelbar auf der Grenze und über Einwirkungen von dem einen Grundstück auf das andere nicht aus. Es sind kaum Grundstücksnutzungen denkbar, die sich nicht in irgendeiner Form auf benachbarte Grundstücke auswirken können.

Es sind daher Rechtsnormen geschaffen worden, die zur gegenseitigen nachbarlichen Rücksicht anhalten und auf einen Ausgleich der widerstreitenden Interessen der Grundstückseigentümer abzielen.

Diese Rechtsnormen stellen sich als Beschränkungen für den Grundeigentümer im Interesse des Nachbarn dar.

Sie bilden in ihrer Gesamtheit das Nachbarrecht.

Nachbarrecht

Öffentliches Nachbarrecht	Privates Nachbarrecht
z. B. Bundesimmissionsschutzgesetz (z. B. Rasenmäherlärmverordnung), Vorschriften der Landesbauordnungen (Baunachbarrecht)	z. B. Regelungen des Bürgerlichen Gesetzbuches (BGB) Nachbarrechtsgesetze der Länder

2.3.2.1 Öffentliches Nachbarrecht

Das Nachbarrecht wird zunehmend in öffentlich-rechtlichen Vorschriften mit nachbarschützendem Charakter geregelt.

Eine solche öffentlich-rechtliche Vorschrift stellt für den Bereich des Immissionsschutzes das **Bundes-Immissionsschutzgesetz** dar.

Weitere Beispiele für öffentlich-rechtliche Vorschriften des Nachbarschutzes finden sich in den jeweiligen **Landesbauordnungen** der einzelnen Bundesländer als sogenanntes Baunachbarrecht. Hier sind z. B. Regelungen über Grenzabstände, den Brandschutz oder über die Verhinderung von Schall- und Geruchsbelästigungen enthalten.

In der Praxis ergeben sich Störungen des Nachbarfriedens u.a. durch Betätigung in Haus und Garten. Dabei kann es sich um ruhestörende Gartenparties, Grillfeste oder die Benutzung von Werkzeugen und Gartengeräten handeln.

Beispiel:

> Nachbar A. Kurat ist stolz auf seinen englischen Rasen. Leider gibt es aber Probleme mit Nachbar E. Lusch.
> A. Kurat muss seinen englischen Rasen in diesem Sommer oft mähen.
> So kommt es vor, dass er auch an einem Feiertag den Mäher benutzt. Dies aber stört den Nachbarn E. Lusch in seiner Feiertagsruhe sehr.
> Er überlegt, was er gegen diese Belästigung unternehmen kann.

Der Versuch, einen Interessenausgleich zwischen dem Ruhebedürfnis des einen und dem Wunsch nach Selbstverwirklichung des anderen herbeizuführen, wird durch das öffentliche Recht unternommen. Für derartige ruhestörende Betätigungen werden zeitliche Beschränkungen festgelegt; in diesem Fall durch die so genannte Rasenmäherlärmverordnung. Danach stellen solche Verstöße gegen die Betriebszeiten (wie im Beispiel) eine Ordnungswidrigkeit dar und können mit Bußgeld belegt werden.

2.3.2.2 Privates Nachbarrecht

Die Rechtsgrundlagen hierzu finden sich im Wesentlichen im BGB und betreffen folgende Bereiche:

- BGB § 904 – Duldungspflicht bei Einwirkungen im Falle eines Notstandes
- BGB § 906 – Zuführung unwägbarer Stoffe wie z. B. Lärm, Gas
- BGB § 907 – Gefahrdrohende Anlagen auf dem Nachbargrundstück
- BGB § 908 – Drohender Gebäudeeinsturz
- BGB § 909 – Gefährliche Vertiefung des Grundstücks
- BGB § 910 – Überhang von Zweigen, eindringenden Wurzeln
- BGB § 911 – Früchte, die auf ein Nachbargrundstück fallen
- BGB §§ 912 bis 916 – Rechtslage und Rechtsfolgen bei Überbau der Grundstücksgrenze
- BGB §§ 917, 918 – Notwegerecht
- BGB §§ 919 ff. – Grenzeinrichtungen

Beispiel:

Nachbar E. Lusch lässt auf seinem Grundstück keinen englischen Rasen, sondern andere Pflanzen (auch als Unkraut bezeichnet) wachsen. Die Unkrautsamen werden durch den Wind nun auch auf den englischen Rasen den Nachbarn A. Kurat geweht und wollen dort wachsen.

A. Kurat ist sehr dagegen und verlangt nun vom Nachbarn Lusch, diese Grundstücksbeeinträchtigung zu unterlassen.

Nachbar A. Kurat hätte in diesem Fall die Möglichkeit, gegen Lusch im Wege der Zivilklage vorzugehen. Es bleibt der Beurteilung des Gerichts vorbehalten, ob hier eine wesentliche Beeinträchtigung des Grundstücks von A. Kurat vorliegt.

Kommt das Gericht zu der Überzeugung, dass eine wesentliche Grundstücksbeeinträchtigung vorliegt, dann besteht gemäß § 1004 ein Abwehranspruch gegen Lusch. BGB § 1004

Das Bürgerliche Gesetzbuch regelt bei weitem nicht alle Bereiche des Nachbarrechts. So finden sich im Bürgerlichen Gesetzbuch beispielsweise keine Regelungen über Grenzabstände von Bäumen und Sträuchern.

Der Bund hat innerhalb des Bürgerlichen Gesetzbuches im Bereich der Nachbarrechte seine Gesetzgebungskompetenz nicht voll ausgeschöpft, sondern es den Ländern überlassen, weitere nachbarrechtsregelnde Gesetze zu verabschieden.

Von dieser Möglichkeit haben die Länder mehr oder weniger umfangreich Gebrauch gemacht und eigene **Landesnachbarrechtsgesetze** verabschiedet.

Diese Gesetze regeln die Rechtsbeziehungen von Grundstücksnachbarn im Zusammenhang mit

- Einfriedung von Grundstücken,
- Nachbar- und Grenzwänden,
- Fenster- und Lichtrecht,
- Hammerschlags- und Leiterrecht,
- Traufrecht,
- Grenzabstände für Bäume, Sträucher und Hecken.

Grenzabstände für Bäume und Sträucher
(entnommen aus Wegner: Nachbarrecht von A–Z, 1995)

Höhe / Grenzabstände	Baden-Württemberg	Bayern	Berlin	Hessen	Niedersachsen	Nordrhein-Westfalen	Rheinland-pfalz	Saarland	Schleswig-Holstein	Thüringen
1) für Sträucher										
– bis 1 m Höhe	0,50		0,50	0,50		0,50	0,50	0,50		0,50
– über 1,20 m Höhe									0,40*	
– bis 2 m Höhe	1,00		0,50	1,00		1,00	1,00	1,00		1,00
– über 2 m Höhe	2,00		0,50	1,00		1,00*	1,00	1,00		1,00
2) für Rebstöcke		Abstand – bis 2 m Höhe: 0,50 – über 2 m Höhe: 2,00			Abstand – bis 1,2 m Höhe: 0,25 – bis 2 m Höhe: 0,50 – bis 3 m Höhe: 0,75 – bis 5 m Höhe: 1,25 – bis 15 m Höhe: 3,00 – über 15 m Höhe: 8,00				Abstand 1/3 der jeweiligen Höhe	
– bis 2 m Höhe	0,75**			0,75**		0,75**	0,75**	0,75**		0,75**
– über 2 m Höhe	0,75					1,50				
3) für Hopfen										
– bis 2 m Höhe	1,50**									
– über 2 mHöhe	1,50									
4) für lebende Hecken										
– bis 1,50 m Höhe	0,50		0,50	0,50		0,50	0,50	0,50		0,50
– über 2 m Höhe	1,00*		1,00	0,75		1,00	0,75	0,75		0,75*
5) für Bäume										
– schwach wachsende	2,00		1,00	1,50		1,00	1,50	1,50		1,50
– Zwetschgen, Pflaumen	3,00		1,00	1,50		1,50	2,00	2,00		2,00
– stark wachsende	4,00		1,50	2,00		2,00	2,00	2,00		2,00
– großwüchsige	8,00		3,00	4,00		4,00	4,00	4,00		4,00
– alle übrigen Allee- und Parkbäume				1,50		2,00	1,50	1,50		1,50

* Mit zunehmender Höhe steigender Abstand; ** Abstände variabel in Abhängigkeit von Lage

Durch die Festlegung von Mindestabständen für Bäume, Sträucher und Hecken soll eine Beeinträchtigung des Nachbargrundstücks von vornherein ausgeschlossen werden.

In einigen Bundesländern sind aufgrund der weitgehend veränderten Baulandverhältnisse (kleinere Baugrundstücke) und der stärker ins allgemeine Bewusstsein getretenen ökologischen Belange auch die Nachbarrechtsgesetze geändert und angepasst worden. So werden z. B. Grenzabstände von Bäumen und Sträuchern durch Nachbarrechtsgesetzänderungen verringert. Auch das Recht zur Beseitigung von Wurzeln wird zum Schutz bestehender Bäume eingeschränkt.

Durch die rechtliche Konstellation des Nachbarrechts (öffentlich und privat) ergeben sich für den Betroffenen i. d. R., zwei Möglichkeiten eine Störung rechtlich abzuwehren:

- Der Betroffene kann im Wege der Zivilklage gegen den Störer vorgehen (vgl. Fallbeispiel Unkrautsamen).
- Der Betroffene kann bei der zuständigen Verwaltungsbehörde intervenieren. Diese kann gegen den Störer einschreiten (z. B. wie im Fallbeispiel auf Basis der Rasenmäherlärmverordnung).

Nachbarrechtliche Streitigkeiten werden sich auch durch Gesetze und Verordnungen nicht aus der Welt schaffen lassen.

Hier sollte aber vor dem Weg zu den Gerichten das Gespräch mit dem Nachbarn stehen, um eine gütliche Einigung zu versuchen.

Fragen:

1. § 903 BGB sagt: „Der Eigentümer einer Sache kann, ..., mit dieser nach Belieben verfahren und andere von jeder Einwirkung ausschließen."

   Was heißt „nach Belieben verfahren und andere von jeder Einwirkung ausschließen"?

   Erläutern Sie dies bitte an Beispielen.

2. Kennzeichnen Sie bitte die Formen des gemeinschaftlichen Eigentums.

3. Bei der Nutzung eines Grundstücks wird deutlich, dass der Eigentümer nicht immer nach Belieben verfahren kann.

   Erläutern Sie dies bitte anhand der Nachbarrechtsregelungen des BGB.

2.3.3 Die dinglichen Rechte (Rechte Dritter)

2.3.3.1 Vorkaufsrecht und Wiederkaufsrecht

– Vorkaufsrecht

Ein Vorkaufsrecht kann gesetzlicher oder vertraglicher Natur sein.

Gesetzliche Vorkaufsrechte werden nicht in das Grundbuch eingetragen. Mithilfe dieser gesetzlichen Vorkaufsrechte wird z. B. Gemeinden, Siedlungsunternehmen und Mietern unter bestimmten Umständen der Zugriff auf bestimmte Grundstücke ermöglicht.

- Vorkaufsrechte der Gemeinde nach dem Baugesetzbuch (Ausübungsfrist 2 Monate) BauGB §§ 24 ff.
- Vorkaufsrecht der Gemeinde nach dem Wohnungsbau-Erleichterungsgesetz WoBauErlG Art.2 § 3
- Vorkaufsrecht nach Denkmalschutzgesetzen, Naturschutzgesetzen, Fischerei- und Forstrecht der Länder
- Vorkaufsrecht für Siedlungsunternehmen nach § 4 Reichssiedlungsgesetz bei Veräußerung landwirtschaftlichen Grundbesitzes
- Vorkaufsrecht des Mieters entsprechend dem Wohnungsbindungsgesetz beim Verkauf einer öffentlich-geförderten Wohnung (Ausübungsfrist 6 Monate) WoBindG § 2b
- Vorkaufsrecht des Mieters bei Veräußerung einer freifinanzierten Wohnung zur Begründung von Wohnungseigentum BGB § 570b

Das vertragliche Vorkaufsrecht bezüglich eines Grundstücks ist im BGB definiert.

„Ein Grundstück kann in der Weise belastet werden, dass derjenige, zu dessen Gunsten die Belastung erfolgt, dem Eigentümer gegenüber zum Vorkauf berechtigt ist.“ BGB § 1094 Abs.1

Aufgrund dieses dinglichen (in Abt. II des Grundbuchs eingetragenen) Vorkaufsrechts kann der Vorkaufsberechtigte im Falle des Grundstücksverkaufs durch den Eigentümer von diesem die Übereignung des Grundstücks zu den in dem Kaufvertrag mit einem Dritten vereinbarten Bedingungen fordern.

Das dingliche Vorkaufsrecht entsteht i. d. R. durch Einigung und Eintragung in das Grundbuch.

Das dingliche Vorkaufsrecht kann bestellt werden

- zugunsten einer oder mehrerer Personen, BGB
- zugunsten des jeweiligen Eigentümers eines anderen Grundstücks, § 1094 Abs.1
- nur für den ersten Verkaufsfall, BGB
- für alle Verkaufsfälle. § 1094 Abs.2

BGB § 1097

Ist das Vorkaufsrecht nur für einen Verkaufsfall bestellt, so erlischt es mit dem Verkauf an einen Dritten, wenn der Vorkaufsberechtigte von seinem Vorkaufsrecht keinen Gebrauch macht. BGB § 1097

Ist das Vorkaufsrecht für alle Verkaufsfälle bestellt, kann der Berechtigte es auch noch bei einem Weiterverkauf durch den Käufer ausüben.

Der Vorkaufsberechtigte muss das Vorkaufsrecht innerhalb einer Frist von zwei Monaten nach der Übermittlung des wirksamen Kaufvertrages ausüben. BGB § 510 Abs.2

Das Vorkaufsrecht wird dadurch ausgeübt, dass der Vorkaufsberechtigte eine entsprechende Erklärung (die **nicht** der für den Kaufvertrag bestimmten Form bedarf) gegenüber dem Verpflichteten abgibt. BGB § 505

In der Praxis wird der Notar damit beauftragt, dem Vorkaufsberechtigten eine beglaubigte Abschrift des Kaufvertrages zustellen zu lassen.

Auf diese Weise werden

- der Zugang des Vertrages,
- der Nachweis seiner Wirksamkeit und
- der Zeitpunkt des Zugangs beim Vorkaufsberechtigten

durch eine öffentliche Urkunde beweisbar.

BGB § 511 Ein Vorkaufsrecht kann nicht ausgeübt werden, wenn es sich z. B. um einen Tausch, eine Schenkung und um einen „Verkauf" an einen gesetzlichen Erben mit Rücksicht auf dessen zukünftiges Erbrecht handelt. Es geht dadurch verloren, wenn es nicht für mehrere Verkaufsfälle bestellt wurde.

BGB § 883 Die Dinglichkeit des Vorkaufsrechts zeigt sich auch darin, dass es kraft Gesetzes von seiner Eintragung an gegenüber Dritten die Wirkung einer Vormerkung hat.

In der Praxis werden Vorkaufsrechte vor allem in Verbindung mit langjährigen Miet- und Pachtverträgen zwischen Nachbarn zur Ermöglichung des Zuerwerbs eines Grundstücks und zwischen Miteigentümern bestellt.

Beispiel:

> Der Grundstückseigentümer Eigner räumt seinem Nachbarn Bahr an seinem Grundstück ein Vorkaufsrecht ein, das in Abt. II des Grundbuchs eingetragen wird.
>
> 2 Jahre später verkauft Eigner das Grundstück an Clever für 100 000 DM und lässt es ihm auf. Bahr wird von diesem Kauf benachrichtigt und übt sein Vorkaufsrecht aus (vielleicht möchte er Clever nicht als Nachbarn akzeptieren). Mit der Ausübung des Vorkaufsrechts kommt kraft Gesetzes ein Kaufvertrag zwischen Eigner und Bahr zustande, und zwar zu den Bedingungen, die Eigner mit Clever vereinbart hat.

BGB §§ 504 ff. Vom dinglichen **Vorkaufsrecht** ist das **schuldrechtliche** zu unterscheiden.

Der Hauptunterschied besteht darin, dass das dingliche Recht nur an Grundstücken, nicht aber an beweglichen Sachen bestellt werden kann.

Das dingliche Vorkaufsrecht verpflichtet den jeweiligen Eigentümer des belasteten Grundstücks, während das persönliche (schuldrechtliche) Vorkaufsrecht nur den Besteller im Rahmen seiner vertraglichen Beziehung zu dem Vorkaufsberechtigten bindet.

Das schuldrechtliche Vorkaufsrecht kann im Gegensatz zum dinglichen Vorkaufsrecht grundsätzlich nicht für mehrere Verkaufsfälle bestellt werden.

Das dingliche Vorkaufsrecht kann zugunsten des jeweiligen Eigentümers eines anderen Grundstücks bestellt werden, während Berechtigter beim persönlichen Vorkaufsrecht nur der Inhaber des schuldrechtlichen Anspruchs ist.

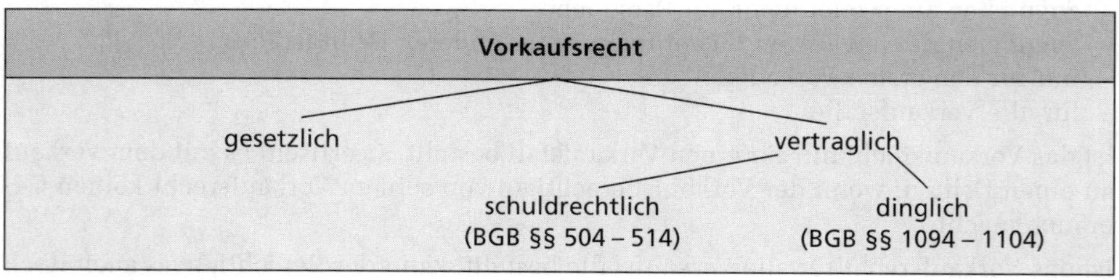

– Das Wiederkaufsrecht

Das Wiederkaufsrecht (Rückkaufsrecht) ist das Recht des Verkäufers, das Kaufobjekt unter bestimmten Bedingungen zurückzukaufen. Es ist ein geeignetes Mittel, um den Käufer in der Verwendung des Kaufgegenstandes zu binden.

So vereinbaren z. B. Gemeinden ein Wiederkaufsrecht, um die mit dem Verkauf verfolgten wirtschaftlichen oder sozialen Ziele zu sichern.

Beispiel:

> Wiederkaufsrecht für den Fall, dass vom Käufer das geplante Wohnhaus nicht innerhalb einer festgelegten Frist auf dem verkauften Grundstück errichtet wird.

Das Wiederkaufsrecht hat allerdings nur schuldrechtliche Wirkung. Der Wiederkaufsberechtigte kann also nicht verhindern, dass der Eigentümer das Grundstück an einen Dritten (vertragswidrig) verkauft.

Der Anspruch auf Eigentumsübertragung nach der Ausübung des Wiederkaufsrechts kann durch die Eintragung einer Auflassungvormerkung zugunsten des Berechtigten „verdinglicht“ werden. Dann sind vertragswidrige Verfügungen des Eigentümers gegenüber dem Berechtigten unwirksam.

Fragen:
1. In welchen Fällen hat die Gemeinde ein Vorkaufsrecht, und unter welchen Voraussetzungen darf die Gemeinde das allgemeine Vorkaufsrecht ausüben? 2. Worin unterscheidet sich in der Praxis das dingliche vom schuldrechtlichen Vorkaufsrecht?

2.3.3.2 Dienstbarkeiten

Dienstbarkeiten sind dingliche Rechte an Grundstücken oder grundstücksgleichen Rechten (vgl. Erbbaurecht), die den Eigentümer des belasteten Grundstücks in dessen Benutzung beschränken und dem jeweils Berechtigten die Befugnis geben, das „dienstbar gemachte“ Grundstück in einem bestimmten Umfang zu nutzen. Das BGB kennt drei Arten von Dienstbarkeiten:

Grunddienstbarkeit, beschränkte persönliche Dienstbarkeit und Nießbrauch.

Eine Sonderform der beschränkten persönlichen Dienstbarkeit ist das dingliche Wohnungsrecht, eine Sonderform hiervon das Dauerwohnrecht bzw. -nutzungsrecht. WEG §§ 31 ff.

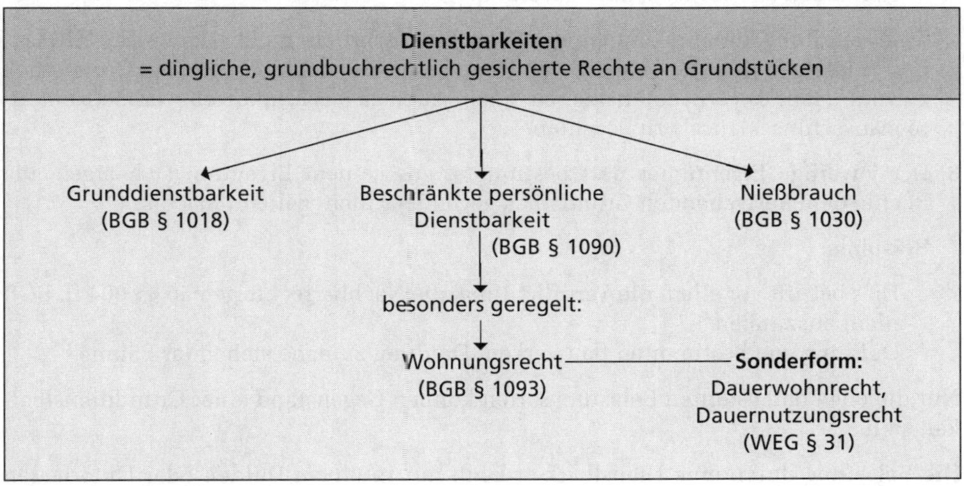

– Grunddienstbarkeit

Bei einer Grunddienstbarkeit hat man es stets mit zwei Grundstücken zu tun (mit dem belasteten und mit demjenigen, dem ein Vorteil anhängt). BGB § 1018

Man spricht vom „dienenden“ und vom „herrschenden“ Grundstück.

Der jeweilige Eigentümer des herrschenden Grundstücks erhält also bestimmte Teilbefugnisse am dienenden Grundstück.

Eine Grunddienstbarkeit kann folgende Inhalte haben:

1. Der Berechtigte darf das fremde Grundstück in einzelnen Beziehungen nutzen (Benutzungsdienstbarkeit). Die Verpflichtung des Eigentümers des belasteten Grundstücks besteht in der Duldung dieser Nutzung.
   Unter Benutzen versteht man ein vorteilhaftes, wiederholtes und regelmäßig wiederkehrendes Gebrauchmachen von dem Grundstück zu bestimmten Zwecken.
   Die Grunddienstbarkeit darf aber nicht die Benutzungsmöglichkeiten eines Grundstücks voll ausschöpfen; hier handelt es sich dann um Nießbrauch.

   Beispiele:

   Der Berechtigte hat die Befugnis zur Überfahrt über das belastete (dienende) Grundstück (Wegerecht; vgl. Grundbucheintragung).
   Der Berechtigte hat das Recht zur Führung und Haltung von Rohrleitungen für Abwasser, Gas usw. über das belastete (dienende) Grundstück (Leitungsrecht).

2. Der Eigentümer verpflichtet sich gegenüber dem Berechtigten, bestimmte Handlungen auf seinem Grundstück nicht vorzunehmen (Unterlassungsdienstbarkeit). Bei der Bestellung der Grunddienstbarkeit müssen die betreffenden Handlungen inhaltlich genau festgelegt und eingetragen werden. Dabei muss es sich um Maßnahmen tatsächlicher Art handeln, zu denen der Grundstückseigentümer, bestünde die Belastung nicht, berechtigt wäre.

   Beispiele:

   Es kann aufgrund einer Grunddienstbarkeit verboten sein, das dienende Grundstück zu bebauen (Bebauungsverbot).
   Durch eine Grunddienstbarkeit können z. B. auch die Gebäudehöhe und Grenzabstände festgelegt werden (Bebauungsbeschränkung). Denkbar sind auch Verbote, die eine gewerbliche Nutzung des dienenden Grundstücks ausschließen oder einschränken (Gewerbeausübungsverbot).

   Eine Handlung, die ihm ohnehin (z. B. nachbarrechtlich) nicht erlaubt ist, stellt keinen zulässigen Belastungsinhalt dar. Unzulässig sind auch Verbote, ein Grundstück zu vermieten, zu verpachten oder zu teilen. Auch ist das Konkurrenzverbot (Konkurrenzausschlussklausel) zu beachten.

3. Der jeweilige Eigentümer darf bestimmte, aus seinem Eigentum sich ergebende Rechte dem herrschenden Grundstück gegenüber nicht geltend machen.

   Beispiele:

   Dies betrifft vor allem die Verpflichtung, die Nachbarrechte gemäß §§ 904 ff. BGB nicht auszuüben.
   Duldung von bestimmten Bauwerken, Duldung zu nahe stehender Bäume.

Nur die oben dargestellten Belastungsarten können Gegenstand einer Grunddienstbarkeit sein.

BGB § 1018

Die Belastung durch eine Dienstbarkeit kann nur in einem Dulden oder Unterlassen bestehen (hierin unterscheidet sich die Dienstbarkeit von der Reallast). Eine Grunddienstbarkeit kann nur in einer Belastung bestehen, die für die Benutzung des Grundstücks des Berechtigten Vorteil bietet.

BGB § 1019

Der Vorteil muss wirtschaftlicher, nicht unbedingt finanzieller Art sein (z. B. dass der Ausblick auf einen See nicht verbaut wird).

Berechtigt aus einer Grunddienstbarkeit ist der jeweilige Eigentümer des herrschenden Grundstücks. Eine Mitbenutzung des dienenden Grundstücks durch Dritte ist damit aber nicht ausgeschlossen.

Beispiel:

Ein Wegerecht kann natürlich auch von Besuchern, Kunden, Mietern, Pächtern usw. ausgeübt werden.

Eine Grunddienstbarkeit begründet über das dingliche Recht hinaus zwischen den Eigentümern des herrschenden und des dienenden Grundstücks ein gesetzliches Schuldverhältnis, aus dem sich z. B. Nebenpflichten ergeben können.

Eine zur Ausübung einer Dienstbarkeit geschaffene Anlage (z. B. ein befestigter Weg), die der Dienstbarkeitsberechtigte auf dem dienenden Grundstück hält, hat er in ordnungsgemäßen Zustand zu erhalten. Somit kann der Berechtigte zur Mittragung von Kosten der Anlegung, des Ausbaus und der Unterhaltung von Versorgungsleitungen (für Elektrizität und Wasser) und Wegen verpflichtet werden (BGH 54, 10 = NJW 1970, 1371). BGB § 1020

Es kann aber auch bestimmt werden, dass der Eigentümer des dienenden (also des belasteten) Grundstücks die Unterhaltung der Anlage zu übernehmen hat. BGB § 1021

Der Eigentümer des herrschenden Grundstücks kann zugleich Eigentümer des dienenden Grundstücks sein. Eine solche Eigentümer-Grunddienstbarkeit ist vor allem bei der Erschließung und Gestaltung von Baugelände erforderlich, weil damit, vor dem Verkauf an Einzelpersonen, vom ursprünglichen Eigentümer die notwendigen Leitungs- und Wegerechte bestellt werden können.

– Entstehung und Löschung

Grunddienstbarkeiten werden zumeist aufgrund eines Rechtsgeschäfts bestellt.

Der Eigentümer des dienenden Grundstücks verpflichtet sich, dieses zugunsten des jeweiligen Eigentümers des anderen Grundstücks mit einer Grunddienstbarkeit zu belasten. Das dingliche Recht wird aber erst durch Einigung und Eintragung im Grundbuch des dienenden Grundstücks, Abteilung II, begründet. Dabei müssen Inhalt und Umfang der Grunddienstbarkeit für jeden Dritten erkennbar sein (z. B. Wegerecht). BGB § 873

Die Grunddienstbarkeit kann durch rechtsgeschäftliche Aufgabeerklärung erlöschen. BGB § 875

Sie kann mit dem Eintritt der auflösenden Bedingung, unter der sie bestellt worden ist, oder des bei ihrer Bestellung bestimmten Endtermins erlöschen. Eine Grunddienstbarkeit erlischt, wenn die Ausübung dauernd ausgeschlossen ist (z. B. bei Veränderung eines der betroffenen Grundstücke) oder wenn der Vorteil für das herrschende Grundstück wegfällt. Berücksichtigt werden nur angemeldete Grunddienstbarkeiten.

Grunddienstbarkeiten erlöschen bei Zwangsversteigerung des dienenden Grundstücks, wenn die Grunddienstbarkeit nicht im geringsten Gebot berücksichtigt worden ist.

Die Grunddienstbarkeit ist nicht selbständig übertragbar, weil sie Bestandteil des herrschenden Grundstücks ist. Sie kann nur zusammen mit dem Grundstück übertragen werden. BGB § 96

– Beschränkte persönliche Dienstbarkeit

Beschränkte persönliche Dienstbarkeiten haben denselben Inhalt wie Grunddienstbarkeiten. BGB § 1090

Daher finden die für die Grunddienstbarkeiten geltenden Vorschriften entsprechende Anwendung. BGB § 1090 Abs.2

Der Unterschied zur Grunddienstbarkeit liegt in der Person des Berechtigten.

Berechtigter aus einer Grunddienstbarkeit ist der jeweilige Eigentümer eines anderen Grundstücks. Die beschränkte persönliche Dienstbarkeit wird dagegen für eine bestimmte Person bestellt, unabhängig davon, ob sie Eigentümerin eines Grundstücks ist oder nicht. Die beschränkte persönliche Dienstbarkeit ist also höchstpersönlich, d. h., BGB § 1092 sie kann nicht auf einen anderen übertragen werden und ist unvererblich. Sie erlischt mit dem Tode des Berechtigten bzw. mit der Auflösung der juristischen Person.

BGB § 1092 Abs. 3 **Ausnahme:** Steht einer juristischen Person oder einer rechtsfähigen Personengesellschaft eine beschränkte persönliche Dienstbarkeit zu, die dazu berechtigt, ein Grundstück für Anlagen zur Fortleitung von Elektrizität, Gas, Wasser etc. sowie für Telekommunikationsanlagen zu benutzen, so ist die Dienstbarkeit übertragbar.

Der Unterschied zum Nießbrauch liegt darin, dass dem Berechtigten nicht die gesamte Nutzung, sondern nur einzelne, genau festgelegte Nutzungsarten zustehen.

Beispiele:

> Bei Hofübergabe- und Altenteilsverträgen kann das dem Übergeber eingeräumte Recht zum Bewohnen und Nutzen bestimmter Gebäudeteile durch eine beschränkte persönliche Dienstbarkeit dinglich gesichert werden. Zugunsten der Telekom und von Stromversorgungsunternehmen können zur Duldung von Telefonleitungen und Stromleitungen beschränkt persönliche Dienstbarkeiten bestellt werden.

– Wohnungsrecht

BGB § 1093 Eine besondere Art der beschränkten persönlichen Dienstbarkeit ist das Wohnungsrecht.

Es gibt dem Berechtigten die Befugnis, ein Gebäude ganz oder teilweise unter Ausschluss des Eigentümers als Wohnung zu benutzen.

Wesentlich ist, dass der Eigentümer in Bezug auf die dem Wohnungsrecht unterliegenden Räume von der Benutzung ausgeschlossen ist. Die Räume müssen dem Berechtigten zu Wohnzwecken überlassen werden. Die Nutzung von Geschäfts- und Arbeitsräumen kann daher nicht Inhalt eines Wohnungsrechts sein. Das Wohnungsrecht schließt auch das Recht zur Mitbenutzung der zum gemeinschaftlichen Gebrauch bestimmten Anlagen und Einrichtungen des Hauses durch den Berechtigten mit ein.

Auch mehrere Personen können hinsichtlich desselben Gebäudes dinglich wohnberechtigt sein.

BGB § 1093 Abs.2 Der Berechtigte ist außerdem befugt, seine Familie sowie Bedienungs- und Pflegepersonal in die Wohnung aufzunehmen.

Praktische Bedeutung hat das Wohnungsrecht bei Grundstücksübertragungen von Eltern auf ihre Kinder.

Beispiel:

> Die Eltern schenken ihrer Tochter unter Vorwegnahme der Erbfolge das ihnen gehörende Hausgrundstück und behalten sich an den im ersten Obergeschoss befindlichen Räumen ein Wohnungsrecht auf Lebenszeit vor.

Der Vorteil für den Benutzer der Wohnung liegt insbesondere darin, dass er vor Kündigung des Eigentümers oder eines Rechtsnachfolgers (z. B. wegen Eigenbedarfs) geschützt wird.

BGB § 1090 Abs.2 BGB § 1093 Abs.1 Der Berechtigte ist lt. Gesetz zur schonenden Ausübung (s. BGB § 1020) und zur Unterhaltung der Wohnung verpflichtet.

– Sonderform: Dauerwohn- und Dauernutzungsrecht

WEG § 31 Das Dauerwohnrecht ist dem Wohnungsrecht nachgebildet und hat zum Inhalt, dass derjenige, zu dessen Gunsten es bestellt wird, berechtigt ist, unter Ausschluss eines Eigentümers eine bestimmte Wohnung in einem auf dem Grundstück errichteten Gebäude zu bewohnen. Das Dauerwohnrecht kann auch an erst zu errichteten Gebäuden bestellt werden.

Das Dauerwohnrecht ist im Unterschied zum Wohnungsrecht vererblich und veräußerlich und gibt das Recht zur Vermietung und Verpachtung. Die Veräußerbarkeit kann jedoch durch Vereinbarung eingeschränkt werden. Die Vererblichkeit kann dadurch ausgeschlossen werden, dass es nur auf Lebenszeit des Berechtigten bestellt wird. WEG § 33 Abs.1 WEG § 37 Abs. 1

Als ein das Grundstück belastendes dingliches Recht unterliegt das Dauerwohnrecht den allgemeinen Vorschriften des BGB über Rechte an Grundstücken. Mit der Schaffung des Dauerwohnrechts verfolgte der Gesetzgeber den Zweck, die Baukostenzuschüsse von Mietern durch Verdinglichung des Mietrechts zu sichern. Dieses Instrument ist jedoch ohne große wirtschaftliche Bedeutung geblieben. WEG § 35 BGB §§ 873 ff.

Für die Nutzung von nicht zu Wohnzwecken dienenden Räumen (z. B. Praxisräume, Läden, Garagen) kann ein so genanntes Dauernutzungsrecht bestellt werden. WEG § 31 Abs.2

Hier gelten die Vorschriften über das Dauerwohnrecht entsprechend.

Ein Dauerwohn- und ein Dauernutzungsrecht können auch als Einheit bestellt werden. WEG § 31 Abs.3

– Nießbrauch

Der Nießbrauch gewährt seinem Inhaber grundsätzlich die gesamten Nutzungen des Gegenstandes (z. B. eines Grundstücks). BGB § 1030

Nießbrauch ist seinem Wesen nach eine persönliche Dienstbarkeit; das Nießbrauchsrecht ist unveräußerlich und unvererblich, es erlischt also mit dem Tod des Berechtigten. BGB § 1061

Allerdings kann die Ausübung eines Nießbrauchs einem anderen überlassen werden. BGB § 1059

Der Nießbraucher kann also die Sache (z. B. ein Grundstück) vermieten oder verpachten. Das Nutzungsrecht erstreckt sich auf Sach- und Rechtsfrüchte. Sachfrüchte sind z. B. Gras, Gemüse, Obst. Rechtsfrüchte sind z. B. die Mieten. Sie stehen dem Nießbraucher zu. Auch die persönliche Nutzung des Grundstücks steht dem Nießbraucher zu.

Der Nießbraucher hat die Pflicht, die wirtschaftliche Bestimmung der Sache zu erhalten und ordnungsgemäß zu wirtschaften. So muss der Nießbraucher z. B. „übliche" Instandhaltungsmaßnahmen bei Gebäuden auf eigene Kosten vornehmen.

Er hat ferner die öffentlichen und privatrechtlichen Lasten (z. B. Grundsteuer, Kosten für die Gebäudeversicherung) des Grundstücks zu tragen.

Die Rechte und Pflichten des Eigentümers und des Nießbrauchers sind im Gesetz geregelt. BGB §§ 1036 ff.

Diese gesetzlichen Regelungen können aber durch vertragliche Abrede geändert werden; um dingliche Wirkung zu entfalten, ist bei einem Grundstücksnießbrauch die Eintragung im Grundbuch Voraussetzung. BGB §§ 873, 877

Der Nießbraucher ist nicht berechtigt, über den nießbrauchsbelasteten Gegenstand (z. B. Grundstück) zu verfügen. Er darf das Grundstück insbesondere nicht veräußern oder belasten, dieses Recht verbleibt dem Eigentümer.

Die wirtschaftliche Bedeutung des Nießbrauchs liegt in erster Linie auf familien- und erbrechtlichem Gebiet; es dient dort in erster Linie Versorgungszwecken, z. B. zugunsten des überlebenden Ehegatten.

Beispiel:

> Franz Wurm setzt seine Tochter Franziska zu seiner alleinigen Erbin ein und vermacht seiner Ehefrau den Nießbrauch an dem in seinem Nachlass befindlichen Wohnhaus.
> Die Tochter Franziska ist nach Eintritt des Erbfalls verpflichtet, ihrer Mutter das Nießbrauchsrecht zu bestellen.

2.3.3.3 Reallast

BGB § 1105 Für die Reallast ist kennzeichnend, dass vom Eigentümer an den Berechtigten „wiederkehrende Leistungen aus dem Grundstück zu entrichten sind".

Inhalt einer Reallast können nur positive (aktive) Leistungen sein, die in einem Geben oder Tun bestehen (im Gegensatz zur Dienstbarkeit, bei der der Eigentümer eine Einwirkung auf sein Grundstück dulden muss oder bestimmte Tätigkeiten auf seinem Grundstück zu unterlassen hat). Bei den Leistungen, die an den Berechtigten zu erbringen sind, kann es sich um Geldzahlungen, Lieferung von Naturalien oder Dienstleistungen handeln.

Es muss sich dabei um wiederkehrende Leistungen handeln.

Beispiele:

Zahlung einer Leibrente,
Lieferung von Lebensmitteln, Wasserlieferung, Stromlieferung,
Pflege einer bedürftigen Person.

Als wiederkehrend gelten auch dauernde Leistungen, die der Erhaltung eines bestimmten Zustandes des belasteten Grundstücks dienen.

Beispiele:

Verpflichtungen zur Instandhaltung von Bauwerken, Zäunen, Grabstätten, Wegen und Brücken.

Eine einmalige Leistung kann nicht Inhalt einer Reallast sein.

Der Reallastberechtigte lässt sich gewissermaßen das Gewollte geben, der Dienstbarkeitsberechtigte darf es sich nehmen.

Beispiel:

Ist der Eigentümer nur verpflichtet, die Benutzung bestimmter Räume als Wohnung zu dulden, so liegt eine beschränkte persönliche Dienstbarkeit vor.
Ist dagegen der Eigentümer ohne Festlegung der Räume allgemein verpflichtet, dem Berechtigten eine Wohnung bestimmter Größe und Qualität zur Verfügung zu stellen, so handelt es sich um eine Reallast.

BGB § 1105 Abs.1 Dass die Leistungen bei der Reallast aus dem Grundstück zu erbringen sind, bedeutet nicht, dass es sich um Leistungen handeln müsste, die das Grundstück hervorbringt. Das kann zwar bei der Lieferung von Naturalien der Fall sein, aber bei der Leistung von Geld oder Diensten wird deutlich, dass der Begriff „aus dem Grundstück" so nicht verstanden werden kann. Dies bedeutet vielmehr, dass der Berechtigte, falls der Eigentümer die geschuldeten Leistungen nicht erbringt, das Grundstück zur Zwangsvollstreckung bringen und sich aus dem Erlös befriedigen kann.

Hier wird sichtbar, dass die Reallast den Grunddienstbarkeiten nahesteht.

– Anwendungsbereiche für die Reallast:

Der Landwirt, der den Hof an seinen Nachfolger übergibt, lässt sich ein **Altenteilsrecht** einräumen. Es enthält üblicherweise ein Wohnungsrecht, die Lieferung von Naturalien entsprechend den Bedürfnissen des Altenteilers und der Produktion des Hofes, die Zahlung einer monatlichen Rente und die Pflege in kranken Tagen.

GBO § 49 Hier zeigt sich die Verbindung einer beschränkten persönlichen Dienstbarkeit (Wohnungsrecht) mit einer Reallast (Natural-, Geld- und Dienstleistungen). In diesem Fall würde ein so genanntes Altenteilsrecht in das Grundbuch eingetragen.

Bei **Grundstücksverkäufen,** bei denen als Gegenleistung eine Rentenzahlung vereinbart wird, kann diese für den Veräußerer dadurch gesichert werden, dass zu seinen Gunsten auf dem übertragenen Grundstück eine Reallast eingetragen wird.

In jüngster Zeit findet die **Industriereallast** zunehmende Verbreitung, bei der es darum geht, die Versorgung von Industrie- und Wohnanlagen mit Strom, Fernwärme, Warmwasser usw. durch eine Reallast sicherzustellen.

Die Reallastvorschriften gelten auch entsprechend für den **Erbbauzins.** ErbbauVO § 9 Abs.1

Die Reallast entsteht wie alle beschränkten dinglichen Rechte durch Einigung und Eintragung in das Grundbuch. Die Eintragung erfolgt auf dem Grundbuchblatt des belasteten Grundstücks in Abt. II.

Sie kann bestellt werden als „subjektiv-persönliches Recht" zugunsten einer bestimmten Person. BGB § 1105 Abs.1

Dann ist sie vererblich und übertragbar, sofern nichts Gegenteiliges vereinbart und in das Grundbuch eingetragen wird.

Die Reallast kann auch als „subjektiv-dingliches Recht" zugunsten des jeweiligen Eigentümers eines anderen Grundstücks bestellt werden. Die subjektiv-dingliche Reallast geht mit dem Eigentum am herrschenden Grundstück auf den Rechtsnachfolger über, da sie wesentlicher Bestandteil des belasteten Grundstücks ist. BGB § 1105 Abs.2 BGB § 1110

Auf Antrag wird eine subjektiv-dingliche Reallast auch auf dem Blatt des herrschenden Grundstücks im Bestandsverzeichnis vermerkt. Die eine Art kann nicht in die jeweils andere Art umgewandelt werden. GBO § 9 BGB § 1110 BGB § 1111

Auch der Eigentümer des belasteten Grundstücks kann Berechtigter sein.

Auf diese Eigentümerreallast finden die Vorschriften über die Eigentümergrundschuld (vgl. 2.3.3.5 Grundpfandrechte) entsprechend Anwendung.

Die Reallast wird durch die Aufgabeerklärung des Berechtigten und Löschung des Rechts im Grundbuch aufgehoben. Sie erlischt ferner bei Eintritt einer auflösenden Bedingung oder eines Endtermins und, falls sie für die Lebenszeit des Berechtigten bestellt war, mit dessen Tod. BGB § 875

Fragen:

1. Grenzen Sie bitte die Arten der Dienstbarkeiten voneinander ab.

2. Ein Wegerecht ist zugunsten des Grundstücks A an Grundstück B eingetragen.

   – Um welches (dingliche) Recht handelt es sich?

   – Welches ist das dienende Grundstück?

   – Wo kann man die Eintragung des Wegerechts finden?

3. Familie Beimer erwirbt ein Einfamilienhaus mit Einliegerwohnung. Die Mutter von Frau Beimer beteiligt sich an der Finanzierung. Sie möchte dafür das Recht haben, die Einliegerwohnung auf Lebzeiten bewohnen zu dürfen. Die Familie diskutiert die hier möglichen grundbuchrechtlichen Absicherungen.

   Erörtern Sie bitte alle Möglichkeiten, und treffen Sie eine begründete Entscheidung für diesen Fall.

4. Welche Rechte am Grundstückseigentum liegen in den folgenden Fällen vor?

   – Ein Hotelbesitzer verkauft die Wiese neben seinem Hotel mit der Auflage, dass die Wiese nicht bebaut werden darf.

   – Bei der Hofübergabe an seinen ältesten Sohn werden dem Altbauern und seiner Ehefrau folgende Rechte eingeräumt:

     - Nutzung als Wohnung von 2 Stuben, Küche, Bad und WC.

     - Nutzung eines 500 m^2 großen Anteils am Gartenland.

   – Die Eltern haben ihrer Tochter ein mit Obstbäumen bestandenes Grundstück übertragen. Da die Tochter diesen Obstgarten nicht nutzen will, die Eltern aber viel Freude an der gesamten Nutzung des Obstgartens hätten, räumt die Tochter den Eltern ein totales Nutzungsrecht an dem Grundstück ein.

   – Eugen E. räumt seiner Mutter das Recht ein, eine abgeschlossene Wohnung in seinem Haus auf Lebenszeit zu bewohnen. Eugen E. verpflichtet sich grundbuchrechtlich weiterhin dazu, die Kosten von Strom, Wasser und Heizung für die Wohnung zu bezahlen.

2.3.3.4 Erbbaurecht

Ein Gebäude, das fest mit einem Grundstück verbunden ist, gilt als dessen wesentlicher Bestandteil, d. h., es teilt das Schicksal der Hauptsache und wird daher Eigentum des Grundstückseigentümers. Dieser kann daher das Gebäude nicht ohne das Grundstück und das Grundstück nicht ohne das Gebäude veräußern oder belasten. BGB § 94

Das Erbbaurecht durchbricht die vorstehend genannten Grundsätze des Bürgerlichen Gesetzbuches und gibt die Möglichkeit der rechtlichen Trennung von Bauwerk und Grundstück auf Zeit.

– Rechtscharakter und wirtschaftliche Bedeutung

Das Erbbaurecht ist durch die Verordnung über das Erbbaurecht vom 15. Januar 1919 geregelt. ErbbauVO

Es ist das veräußerliche und vererbliche Recht, auf oder unter einem fremden Grundstück ein Bauwerk zu haben. Ein solches Bauwerk (z. B. Gebäude) ist dann nicht wesentlicher Bestandteil des Grundstücks, sondern des Erbbaurechts. ErbbauVO § 1

Eigentümer des Grundstücks und Inhaber des Erbbaurechts (= Eigentümer des Gebäudes) können verschiedene Personen sein.

Das Bauwerk kann veräußert oder belastet werden, ohne dass zugleich das Grundstück veräußert oder belastet zu werden braucht.

Aus Sicht des Grundstückseigentümers ist das Erbbaurecht ein beschränktes dingliches Recht, das auf einem Grundstück lastet. Als dingliches Recht muss es im Grundbuch des Grundstücks in Abteilung II, und zwar immer an erster Stelle, als Belastung eingetragen werden, um den Ausfall des Erbbaurechts bei der Zwangsversteigerung des Grundstücks unmöglich zu machen. Gleichzeitig wird damit die Beleihbarkeit des Erbbaurechts gesichert, d. h., das Erbbaurecht kann mit Hypotheken, Grund- und Rentenschulden oder Reallasten belastet werden. ErbbauVO § 10 ErbbauVO § 25 ErbbauVO § 11

Das Erbbaurecht wird wie ein Grundstück behandelt. Als „grundstücksgleiches Recht" erhält es deshalb auch während seines Bestehens ein eigenes Grundbuchblatt, das „Erbbaugrundbuch" (s. Muster S. 113). ErbbauVO § 14

Gegenstand eines Erbbaurechts kann nur eine mit dem Boden fest verbundene bauliche Anlage (Gebäude, Tiefgaragen, Brücken usw.) sein. Eine Nutzung des Erbbaurechtsgrundstücks zu landwirtschaftlichen Zwecken ist also nicht möglich.

Die Beschränkung auf einen Teil des Gebäudes (z. B. Stockwerk) ist unzulässig; eine Ausnahme dazu bildet das Wohnungserbbaurecht. ErbbauVO § 1 Abs.3 WEG § 30

Der Berechtigte eines Erbbaurechts wird Eigentümer des Bauwerks mit dessen Errichtung oder, falls vorhanden, mit Bestellung des Erbbaurechts. ErbbauVO § 12

Erbbauberechtigte können sein:

- natürliche und juristische Personen sowie
- der Grundstückseigentümer (Eigentümererbbaurecht) selbst.

Die wirtschaftliche Bedeutung des Erbbaurechts liegt in Folgendem:

1. Der Erbbauberechtigte spart (abgesehen von der regelmäßigen Entrichtung des Erbbauzinses) den Kaufpreis für das Baugrundstück.
2. Dem Erbbauberechtigten steht ein ansonsten wahrscheinlich nicht zum Kauf stehendes Grundstück (der öffentlichen Hand, der Kirchen usw.) zur Bebauung zur Verfügung.
3. Dem Eigentümer des Grund und Bodens kommt allein die Bodenwertsteigerung zugute. Hinzu kommt, dass das Erbbaurecht nach einer gewissen Zeit erlischt und das Bauwerk dann dem Grundstückseigentümer i. d. R. gegen eine Entschädigung zufällt. ErbbauVO § 12

4. Die öffentliche Hand (z. B. Gemeinden) vergibt häufig ihr Grundeigentum in dieser Rechtsform zu Siedlungszwecken oder um einen Anreiz zur Ansiedlung von Industrie zu bieten.

– Bestellung des Erbbaurechts

BGB § 873 ErbbauVO § 11

Das Erbbaurecht entsteht durch Einigung und Eintragung in das Grundbuch (rangerste Stelle). Grundlage des Erbbaurechts ist ein Vertrag, nämlich die Einigung zwischen dem Grundstückseigentümer und dem Erbbaurechtserwerber, dass an einem Grundstück ein Erbbaurecht begründet werden soll.

ErbbauVO § 11 Abs.2

Gemäß Erbbaurechtsverordnung muss ein Vertrag, durch den sich der eine Teil verpflichtet, ein Erbbaurecht zu bestellen oder zu erwerben oder ein Erbbaurecht zu übertragen, notariell beurkundet werden.

ErbbauVO § 10 Abs.1

Das Erbbaurecht ist im Grundbuch des belasteten Grundstücks in Abt. II an rangerster Stelle einzutragen.

BGB § 880 Abs.2

Daher müssen bereits bestehende andere Rechte gegenüber dem Erbbaurecht im Rang zurücktreten. Dieser Rangrücktritt ist jedoch nur mit Zustimmung des vorrangig Berechtigten möglich (Einigung). Kommt über diesen Rangrücktritt keine Einigung zustande, kann das Erbbaurecht nicht wirksam bestellt werden.

ErbbauVO § 14 Abs.1

Parallel zur Eintragung des Erbbaurechts im Grundbuch des Erbbaurechtsausgebers wird vom Grundbuchamt ein eigenens (weiteres) Grundbuchblatt angelegt.
Dies ist dann das so genannte **Erbbaugrundbuch**.

– Inhalt des Erbbaurechtsvertrages

ErbbauVO §§ 2–8

§ 1 ErbbauVO enthält die gesetzlichen Erfordernisse, die für die Entstehung des Erbbaurechts notwendig sind. Das Gesetz spricht vom „vertragsmäßigen Inhalt" des Erbbaurechts und enthält darüber Vorschriften in der Erbbaurechtsverordnung. Die vorgenannten Vorschriften enthalten keine vollständige Aufzählung der Vereinbarungen, die zwischen den Beteiligten vertraglich geregelt werden können.

Es ist den Parteien freigestellt, darüber hinaus weitere Rechte und Pflichten des Erbbauberechtigten und des Grundstückseigentümers im Vertrag festzulegen.

ErbbauVO § 14 Abs.1 Satz 3

Jedoch haben nur solche Vereinbarungen dingliche Wirkung, d. h. rechtliche Bindung auch Dritten und jedem Rechtsnachfolger (z. B. dem Ersteher in der Zwangsversteigerung) gegenüber, die nach der Erbbaurechtsverordnung zum Inhalt des Erbbaurechts gemacht werden können (s. o.). Voraussetzung hierfür ist, dass diese Vereinbarungen als Inhalt des Erbbaurechts in das Erbbaugrundbuch eingetragen werden.

Darüber hinausgehende Abmachungen wirken nur schuldrechtlich zwischen den Vertragsparteien. Zum eintragungsfähigen Inhalt des Vertrages gehören an erster Stelle Vereinbarungen über die Errichtung, Instandhaltung und Verwendung des Bauwerks. Der Grundstückseigentümer hat nämlich ein Interesse daran, ob und wie sein Baugrund bebaut wird.

ErbbauVO § 2

Beispiele denkbarer Vertragsbestimmungen:

- Festlegung einer Frist zur Bebauung
- Bestimmung von Zahl und Größe der Wohneinheiten und Häuser
- Pflicht zur Unterhaltung
- Verbot eigenmächtiger Änderungen und des Abbruchs
- Verpflichtung, an Wohnungssuchende mit geringem Einkommen zu vermieten

BGB § 1004

Hält sich der Erbbauberechtigte nicht an die Vertragsbestimmungen, hat der Eigentümer gegenüber dem Berechtigten einen vertraglichen Anspruch auf Unterlassung oder Beseitigung.

Muster eines Erbbaugrundbuchs
(entnommen aus Horber/Demharter: Grundbuchordnung, 21. Auflage, München, 1995)

Muster
(Vorderseite)

Amtsgericht Waslingen

Grundbuch

von

Waslingen

Band 5 Blatt 148

(Erbbaugrundbuch)

Einlegeblatt

Amtsgericht Waslingen **Grundbuch von** Waslingen **Blatt** 148 **Bestandsverzeichnis**

<table>
<tr><th rowspan="3">Laufende Nummer der Grundstücke</th><th rowspan="3">Bisherige laufende Nummer der Grundstücke</th><th colspan="5">Bezeichnung der Grundstücke und der mit dem Eigentum verbundenen Rechte</th><th colspan="3">Größe</th></tr>
<tr><th rowspan="2">Gemarkung (Vermessungsbezirk)</th><th colspan="2">Karte</th><th rowspan="2">Liegenschaftsbuch</th><th rowspan="2">Wirtschaftsart und Lage</th><th rowspan="3">ha</th><th rowspan="3">a</th><th rowspan="3">m²</th></tr>
<tr><th>Flur</th><th>Flurstück</th></tr>
<tr><th></th><th></th><th>a</th><th colspan="2">b</th><th>c/d</th><th>e</th></tr>
<tr><th>1</th><th>2</th><th colspan="5">3</th><th colspan="3">4</th></tr>
<tr><td>1</td><td></td><td colspan="5">Erbbaurecht, eingetragen auf dem Grundbuche von Waslingen Band 1 Blatt 23 unter Nr. 2 des Bestandsverzeichnisses verzeichneten Grundstück:</td><td></td><td></td><td></td></tr>
<tr><td></td><td></td><td></td><td>K.Bl.</td><td>Parz.</td><td>Grdst.</td><td></td><td></td><td></td><td></td></tr>
<tr><td></td><td></td><td>Waslingen</td><td>5</td><td>MR
102
66</td><td>27</td><td>Garten an der Wublitz</td><td>–</td><td>25</td><td>15</td></tr>
<tr><td></td><td></td><td colspan="5">in Abteilung II Nr. 1 für die Dauer von 99 Jahren seit dem Tage der Eintragung, dem 1. Juni 1936.
Der Erbbauberechtigte bedarf zur Veräußerung des Erbbaurechts der Zustimmung des Grundstückseigentümers.
Als Eigentümer des belasteten Grundstücks ist der Schlossermeister Walter Breithaupt in Waslingen eingetragen.
Unter Bezugnahme auf die Eintragungsbewilligung vom 25. April 1936 bei der Anlegung dieses Blattes hier vermerkt am 1. Juni 1936.
Fuchs Körner</td><td></td><td></td><td></td></tr>
<tr><td>2</td><td></td><td colspan="5">Als Eigentümer des belasteten Grundstücks ist am 5. Oktober 1937 der Kaufmann Ernst Geßler in Bornim eingetragen worden. Hier vermerkt am 5. Oktober 1937.
Fuchs Körner</td><td></td><td></td><td></td></tr>
<tr><td>3</td><td></td><td colspan="5">Der Inhalt des Erbbaurechts ist dahin geändert, dass der Erbbauberechtigte zur Veräußerung des Erbbaurechts nicht der Zustimmung des Grundstückseigentümers bedarf. Eingetragen am 25. November 1941.
Fuchs Körner</td><td></td><td></td><td></td></tr>
</table>

GS 76 Handblatt Best. Verz. (LB) (3/81)

Amtsgericht Waslingen | Grundbuch von Waslingen | Blatt 148 | Erste Abteilung | Einlegeblatt | Abt. I

Laufende Nummer der Eintragungen	Eigentümer	Laufende Nummer der Grundstücke im Bestandsverzeichnis	Grundlage der Eintragung
1	2	3	4
1	Diplomingenieur Max Köhler in Berlin	1	Bei Bestellung des Erbbaurechts auf Band 1 Blatt 23 in Abt. II Nr. 1 eingetragen und hier vermerkt am 1. Juni 1936. Fuchs Körner
2	Kaufmann Walter Graser in Hildesheim	1	Auf Grund der Eintragung vom 14. November 1940 eingetragen am 20. November 1940. Fuchs Körner

GS 77 Handblatt Erste Abteilung (LB) (10/82)

Amtsgericht Waslingen **Grundbuch von** Waslingen **Blatt** 148 **Zweite Abteilung**

Laufende Nummer der Eintragungen	Laufende Nummer der betroffenen Grundstücke im Bestandsverzeichnis	Lasten und Beschränkungen
1	2	3
1	2	Erbbauzins von 50 (fünfzig) Reichsmark jährlich vom 1. Juni 1936 ab für den jeweiligen Eigentümer des im Grundbuch von Waslingen Band 1 Blatt 23 unter Nr. 2 des Bestandsverzeichnisses verzeichneten Grundstücks. Unter Bezugnahme auf die Eintragungsbewilligung vom 25. April 1936 eingetragen am 1. Juni 1936. Fuchs Körner
2	2	Wegerecht für den jeweiligen Eigentümer des Grundstücks Band 1 Blatt 3 Nr. 2 des Bestandsverzeichnisses unter Bezugnahme auf die Eintragungsbewilligung vom 21. März 1937 eingetragen am 1. April 1937. Fuchs Körner

GS 78 Handblatt Zweite Abteilung (LB) (12/81)

Veränderungen		Löschungen	
Laufende Nummer der Spalte 1		Laufende Nummer der Spalte 1	
4	5	6	7
1	Das Recht ist auf dem Blatte des berechtigten Grundstücks vermerkt am 15. Juni 1936. Hier vermerkt am 20. Juni 1936. Fuchs Körner		

Fortsetzung auf Einlegeblatt

Einlegeblatt Abt. III

Amtsgericht Grundbuch von Blatt Dritte Abteilung

Laufende Nummer der Eintragungen	Laufende Nummer der belasteten Grundstücke im Bestandsverzeichnis	Betrag	Hypotheken, Grundschulden, Rentenschulden
1	2	3	4
1	1	5 000 RM	Fünftausend Reichsmark Darlehen, mit vier vom Hundert jährlich verzinslich für den Rentner Ernst Heidemann in Stettin unter Bezugnahme auf die Eintragsbewilligung vom 23. März 1938 eingetragen am 24. April 1938. Fuchs Körner

GS 79 Handblatt Dritte Abt. (LB) (12/81)

Auszug aus einem Erbbaurechtsvertrag
(Klammervermerke zur Erläuterung)

A. Allgemeines
In diesem Vertrag wird der Besteller des Erbbaurechts als Grundstückseigentümer, der Erbbauberechtigte als der Berechtigte bezeichnet.

B. Gesetzlicher Inhalt
...
§ 2 Inhalt des Erbbaurechts
Der Berechtigte ist berechtigt und verpflichtet, auf dem vorbezeichneten Grundstück, auf oder unter der Oberfläche Bauwerke und Anlagen jeglicher Art für Wohnzwecke einschließlich hierzu benötigter Garagen und Stellplätze zu errichten und zu haben. Das Erbbaurecht erstreckt sich auch auf den für die Bauwerke selbst nicht erforderlichen Teil des Grundstücks, von welchem beliebig große Flächen als Hofraum, Garten, Vorgarten und Weg der zur Erstellung kommenden Gebäude benutzt werden dürfen, soweit die Vorschriften des Bebauungsplanes, des Baugesetzbuches oder andere rechtliche Bestimmungen nicht entgegenstehen.
(Einschränkende Nutzungsklausel)
Auf den Freiflächen dürfen keine Kleintierställe, Schuppen, Häuschen oder ähnliche störende Anlagen errichtet werden. Die Freiflächen dürfen auch nicht als Lagerplatz, Werkstatthof oder als Abstellplatz für Kraftwagen oder in ähnlicher Weise benutzt werden. Hiervon ausgenommen sind Abstellplätze im Sinne der Garagen- und Stellplatzverordnung.

C. Vertraglicher Inhalt
§ 4 Bebauung und Unterhaltung
1. Instandhaltung und Verwendung des Bauwerks
Die Errichtung der Wohngebäude und Garagen auf dem Erbbaugrundstück hat der Berechtigte unter Verwendung guter und dauerhafter Baustoffe binnen eines Jahres

nach Vertragsabschluss an zu beginnen und innerhalb von 24 Monaten fertig zustellen. …

(Instandhaltungspflicht)
Der Berechtigte ist verpflichtet, die auf dem Erbbaugrundstück erstellten Gebäude nebst Zubehör in gutem baulichen und wohnlichen Zustand zu erhalten. Die zu diesem Zweck erforderlichen Ausbesserungen und Erneuerungen sind unverzüglich vorzunehmen. Wesentliche Änderungen an den Bauwerken, ihr gänzlicher oder teilweiser Abbruch bedürfen der vorherigen schriftlichen Zustimmung des Grundstückseigentümers. Die zu errichteten Bauwerke und Anlagen dürfen nur zu Wohnzwecken benützt werden. Eine andere Art der Benutzung bedarf der vorherigen Genehmigung des Grundstückseigentümers.

2. Versicherung und Wiederaufbau
Der Berechtigte ist verpflichtet, das Erbbauwerk gegen Feuer- und Elementarschaden zu versichern. Der Berechtigte ist ferner verpflichtet, jeden Feuer- und Elementarschaden sofort zu beseitigen und das Erbbauwerk im Falle der ganzen oder teilweisen Zerstörung unverzüglich wieder herzustellen.

(Grundstückslasten beim Erbbauberechtigten)
3. Lasten
Der Berechtigte hat auf die Dauer des Erbbaurechts sämtliche das Erbbaurecht und die damit belasteten Grundstücke jetzt und künftig treffenden öffentlichen und privatrechtlichen Verpflichtungen wie ein Grundstückseigentümer selbst zu tragen und zu erfüllen. Darunter fallen vor allem Steuern, Beiträge, Gebühren jeder Art (Grundsteuer, Wasserzins, Klar- und Müllgebühren, Straßen- und Gehwegreinigung und dgl.). Der Berechtigte hat ferner sämtliche Anliegerbeiträge für Straßengrunderwerb und Straßenanlage, die Gehweg- und Randsteinkosten, die Anschlussbeiträge für die Wasserleitung, Kanalisation und Elektrizität und alle etwaigen weiteren Erschließungsbeiträge zu tragen …

6. Erneuerung
Nach Ablauf des Erbbaurechts hat der Berechtigte unter den Voraussetzungen des § 31 der Verordnung über das Erbbaurecht das Vorrecht auf Erneuerung des Rechts. Das Vorrecht fällt fort, wenn die Voraussetzungen des vorzeitigen Heimfalls gegeben sind.
(Entschädigung bei Ablauf nur in Höhe der gesetzlichen Mindestentschädigung)
§ 5 Entschädigung bei Ablauf des Erbbaurechts
Bei Beendigung des Erbbaurechts hat der Grundstückseigentümer dem Berechtigten eine Entschädigung von zwei Dritteln des gesamten Werts der Bauwerke und Anlagen bei Ablauf des Erbbaurechts zu bezahlen …

D. Erbbauzins

§ 7 Zahlung des Erbbauzinses
Der Berechtigte hat an den Grundstückseigentümer für die Dauer des Erbbaurechts einen Erbbauzins zu bezahlen. Dieser beträgt 4,85 DM/qm und Jahr des mit dem Erbbaurecht belasteten Grundstücks… Der Berechtigte bestellt dem jeweiligen Eigentümer des Grundstücks zur Sicherung des Erbbauzinses eine Reallast an dem Erbbaurecht. Der Berechtigte bewilligt die Eintragung dieser Reallast.

E. Schuldrechtliche Vereinbarungen
(Zustimmungspflicht des Eigentümers bei allen Belastungen, auch zur Sicherung von Darlehen)

§ 9 Sonstige Verfügungsbeschränkungen Auch andere dingliche Rechte darf der Erbbauberechtigte an dem Erbbaurecht nicht ohne Zustimmung des Grundstückseigentümers bestellen.
…

§ 12 Besichtigung
Der Grundstückseigentümer ist berechtigt, das Erbbaugrundstück und die Bauwerke zu jeder angemessenen Tageszeit selbst oder durch Beauftragte besichtigen zu lassen. Den Anordnungen des Grundstückseigentümers zur ordnungsgemäßen Instandhaltung hat der Berechtigte binnen einer von ihm zu bestimmenden angemessenen Frist zu entsprechen.

(Preisanpassungsklausel nach altem Recht)

§ 15 Neufestsetzung des Erbbauzinses
Ändert sich der vom statistischen Landesamt amtlich festgelegte Preisindex für die Lebenshaltung der Arbeitnehmerhaushalte mit mittlerem Einkommen künftig um mehr als 10 Punkte nach oben oder unten, so ändert sich der zu zahlende Erbbauzins in dem gleichen prozentualen Verhältnis. Die Änderung tritt ohne Weiteres mit Beginn des Kalendermonats in Kraft, zn welchem die Änderung des Preisindexes erstmals die 10-Punkte-Grenze überschritten hat. Für das Ausmaß der Änderung ist gegebenenfalls die bis zu diesem Zeitpunkt eintretende Veränderung des Preisindexes maßgebend. Die Klausel ist mehrfach anwendbar, und zwar jeweils dann, wenn sich der Preisindex gegenüber dem Stand bei der vorangegangenen Anpassung wiederum um mehr als 10 Punkte nach oben oder unten verändert; der angepasste Erbbauzins verändert sich in diesen Fällen jeweils im gleichen prozentualen Verhältnis wie der Index gegenüber dem Stand bei der letzten Anpassung, frühestens jedoch nach Ablauf von 4 Jahren seit der jeweils letzten Anpassung.
(Beispielrechnung: Bei einem jährlichen Erbbauzins für ein Reihenhausgrundstück von 250 m^2 in Höhe von 1.212,50 DM (250 • 4,85) und einer jährlichen Inflationsrate von 2,5 % wäre der Index nach den ersten vier Jahren um 10,38 % gestiegen, entsprechend würde der Erbbauzins auf 1.338,36 DM steigen. Nach 40 Jahren würde er bei fast 4.000,00 DM und nach 80 Jahren über 10.000,00 DM liegen!)
Zur Wirksamkeit der vorstehenden Wertsicherungsklausel ist eine Genehmigung der Landeszentralbank erforderlich, die von den Beteiligten hiermit beantragt wird.
(Mit Wirkung vom 1.1.1999 ist die gesetzliche Grundlage dieser Wertsicherungsklauseln durch das Euro-Einführungsgesetz aufgehoben worden. Die Genehmigung wird nun durch das Bundesministerium für Wirtschaft erteilt. Nach § 1 Nr. 4 Preisklauselverordnung gilt das Verbot und die somit erforderliche Genehmigung solcher Gleitklauseln aber nicht mehr für Klauseln in Erbbaurechtsbestellungsverträgen und Erbbauzinsreallasten mit einer Laufzeit von mindestens 30 Jahren.)
Zur Sicherung des Anspruchs des jeweiligen Grundstückseigentümers auf Neubestellung einer Erbbauzinsreallast bzw. Erweiterung der bisherigen Erbbauzinsreallast bzw. Bestellung einer weiteren Erbbauzinsreallast für den Mehrbetrag, ist zu Lasten des Erbbaurechts im Rang nach der in § 7 bestellten Erbbauzinsreallast eine Vormerkung nach § 883 BGB einzutragen.
(Nach neuem Recht ist ab 1994 bzw. 1998 zur Wertsicherung der Erbbauzins-Reallast eine solche Vormerkung entbehrlich, da als Inhalt der dinglichen Reallast vereinbart werden kann, dass sich der Erbbauzins ohne Weiteres an veränderte Verhältnisse automatisch anpasst.)

§ 16 Vorkaufsrecht
Der Grundstückseigentümer räumt dem jeweiligen Berechtigten für die Dauer des Erbbaurechts ein Vorkaufsrecht fir alle Verkaufsfälle an dem Erbbaugrundstück ein. Das Vorkaufsrecht erhält Rang nach dem Erbbaurecht.

§ 17
Der Erbbauberechtigte hat alle jetzt und in Zukunft aus diesem Vertrag entstehenden Kosten, die Kosten der Vermessung und Abmarkung sowie die Grunderwerbssteuer zu tragen.

– Heimfall

Im Erbbaurechtsvertrag kann auch vereinbart werden, dass der Erbbauberechtigte unter bestimmten Umständen verpflichtet ist, das Erbbaurecht auf den Grundstückseigentümer zu übertragen (Heimfall). Der Grundstückseigentümer hat bei Vorliegen dieser Umstände einen schuldrechtlichen Anspruch gegen den Erbbauberechtigten auf Übertragung des Erbbaurechts auf ihn. Das Erbbaurecht geht bei Vorliegen der im Vertrag genannten Umstände aber nicht automatisch auf den Eigentümer über. Die Übertragung setzt eine entsprechende Einigung und die Eintragung im Erbbaugrundbuch voraus. Der Erbbaurechtsvertrag soll daher die genauen Gründe bzw. Umstände enthalten, die diesen so genannten Heimfall auslösen.

ErbbauVO § 2 Abs.4

ErbbauVO § 3

Beispiele:

Bei Eröffnung des Konkursverfahrens über das Vermögen des Erbbauberechtigten oder wenn der Erbbauberechtigte gegen Verpflichtungen aus dem Erbbaurechtsvertrag verstößt.

Wenn die entsprechenden Voraussetzungen vorliegen, wird das Heimfallrecht durch eine formlose Willenserklärung gegenüber dem jeweiligen Erbbauberechtigten ausgeübt.

Beansprucht der Grundstückseigentümer das Heimfallrecht, hat er dem Erbbauberechtigten eine angemessene Vergütung für das Erbbaurecht zu zahlen.

ErbbauVO § 32

– Der Erbbauzins

Der Erbbaurechtsvertrag enthält üblicherweise (nicht notwendigerweise) Bestimmungen über die Höhe und Zahlung des so genannten Erbbauzinses. Er wird meist auf die Größe des Erbbaugrundstücks bezogen und nach Höhe und Fälligkeit im Vertrag genau festgelegt. Der Anspruch des Grundstückseigentümers auf Zahlung des Erbbauzinses wird durch die Eintragung einer Reallast in Abteilung II des Erbbaugrundbuchs dinglich gesichert.

ErbbauVO § 9

Es handelt sich dabei um eine subjektiv-dingliche Reallast. Der Anspruch steht dem jeweiligen Grundstückseigentümer zu. Für die fällig werdenden Leistungen haftet der Erbbauberechtigte auch persönlich.

Die Rechtslage im Zusammenhand mit der **Bestimmbarkeit des Erbbauzinses** hat sich durch das Sachenrechtsbereinigungsgesetz (1994) und durch das Euro-Einführungsgesetz (1998) wiederholt geändert.

Erbbauzinsregelungen in alten Erbbaurechtsverträgen (Alt-Erbbaurechtsverträge) können auch nach dieser Gesetzesänderung auf der Grundlage der früheren Bestimmungen unverändert fortbestehen. Bei der Neubestellung von Erbbaurechten ist es den Vertragspartnern möglich, die Erbbauzins-Reallast nach „altem Recht“ (vor 1994) oder nach „neuem Recht“ zu gestalten.

Da die Mehrzahl der Erbbaurechtsverträge noch nach „altem Recht“ zu beurteilen ist, wird im Folgenden die Bestimmbarkeit des Erbbauzinses zunächst nach „altem Recht“ dargestellt.

Nach der Erbbaurechtsverordnung alter Fassung (a. F.) **muss** der Erbbauzins nach Zeit und Höhe für die gesamte Vertragsdauer im voraus **bestimmt werden**. Hiermit soll eine leicht überschaubare und sichere Grundlage für die Beleihbarkeit des Erbbaurechts geschaffen werden. Denn nur wenn die vom Erbbauberechtigten zu erbringenden Leistungen genau bestimmt sind, kann der nachrangige Kreditgeber den Erbbauzins ermitteln.

ErbbauVO § 9 Abs.2 S.1 **a. F.**

Neben der dinglichen Abrede für die Zahlung eines genau bestimmten Erbbauzinses können der Grundstückseigentümer und der Erbbauberechtigte eine schuldrechtliche Vereinbarung zur Anpassung des Erbbauzinses an die jeweiligen Verhältnisse treffen.

Eine solche Wertsicherungsklausel ist üblich und wegen der langen Dauer des Erbbaurechts auch sinnvoll. Diese Vereinbarung wirkt nur im Verhältnis zwischen den Vertragsparteien. In dem Vertrag kann sich der Erbbauberechtigte verpflichten, auch in eine dingliche Änderung des angepassten Erbbauzinses einzuwilligen. Dieser Anspruch des Grundstückseigentümers kann durch eine Vormerkung gesichert werden. Der Anpassungsmaßstab orientiert sich im Allgemeinen an einer bestimmten Preis- und Einkommensentwicklung (z. B. Preisindex für Lebenshaltungskosten). Der Umfang der Abänderung ist hier nicht bindend festgelegt und lässt den Parteien einen gewissen Ermessensspielraum für die Erhöhung des Erbbauzinses. Es handelt sich hier um einen genehmigungsfreien Leistungsvorbehalt.

BGB § 883 ErbbauVO § 9a

Erst durch eine jeweils neue Vereinbarung der Parteien wird der Erbbauzins konkretisiert.

Beispiel:

> Der Erbbauzins bezieht sich auf den heutigen Stand des Lebenshaltungskostenindex. Verändert sich der Lebenshaltungskostenindex um mehr als 2 % nach oben oder unten, so können beide Parteien eine Angleichung des Erbbauzinses verlangen, soweit sie der Billigkeit entspricht.

ErbbauVO § 9 Abs.2 S. 1 **n. F.**

Nach der Erbbaurechtsverordnung neuerer Fassung (n. F.) von 1994 musste der Erbbauzins nur **bestimmbar** sein. Durch das Euro-Einführungsgesetz wurde diese Vorschrift (ErbbauVO § 9 Abs.2 S. 1) wieder aufgehoben.

Um aber in der Sache nichts zu verändern, wurde gleichzeitig eine entsprechende Ergänzung im Bürgerlichen Gesetzbuch (BGB) vorgenommen.

Das nunmehr gültige „neue Recht" in Bezug auf die **Bestimmbarkeit des Erbbauzinses** lautet wie folgt:

BGB § 1105 Abs.1, Satz 2

Als Inhalt der Reallast kann auch vereinbart werden, dass die zu entrichtenden Leistungen sich ohne weiteres an veränderte Verhältnisse anpassen, wenn anhand der in der Vereinbarung festgelegten Voraussetzungen Art und Umfang der Belastung des Grundstücks bestimmt werden können.

Nach „neuem Recht" kann also eine **Wertsicherungsvereinbarung** zum **Inhalt** der **Erbbauzins-Reallast** selbst gemacht werden, die nicht mehr nur (wie vorstehend beschrieben) schuldrechtlich zwischen den (beiden) Vertragsparteien, sondern nunmehr **dinglich** gegenüber allen Rechtsnachfolgern wirkt. Dadurch wird die bisher übliche schuldrechtliche Anpassungsverpflichtung und zusätzliche Vermerkung zur Sicherung des Anpassungsanspruches überflüssig. Der Erbbauzins kann also z. B. durch Koppelung an einen Lebenshaltungskostenindex als unmittelbar wertgesicherte Reallast vereinbart werden. Diese Indexkoppelung muss aber ausdrücklich als Inhalt der Reallast vereinbart, von der Eintragungsbewilligung umfasst und im Grundbuch eingetragen werden.

Die Parteien von Alt-Erbbaurechtsverträgen können nachträglich Regelungen nach „neuem Recht" (z. B. eine Wertsicherungsklausel) vereinbaren.

– Übertragung des Erbbaurechts

ErbbauVO § 1

Das Erbbaurecht ist vererblich und veräußerlich (kann von den Vertragsparteien nicht abbedungen werden).

Unter Veräußerung versteht man die dingliche, also gegenüber jedermann wirksame Übertragung des Erbbaurechts an einen Dritten.

ErbbauVO § 11 BGB § 873 ErbbauVO §§ 5–8

Zur wirksamen Übertragung sind die Einigung des Veräußerers und des Erwerbers über den Übergang des Rechts sowie die entsprechende Grundbucheintragung im Erbbaugrundbuch erforderlich. Es sind aber gewisse Verfügungsbeschränkungen zulässig.

Die Vertragsparteien haben weiterhin die Möglichkeit, schuldrechtliche Vereinbarungen (nicht dingliche) zu treffen. Als Beispiel seien hier Vereinbarungen von Vorkaufs- und Ankaufsrechten genannt. Für die Vererblichkeit des Erbbaurechts gelten die Regelungen des Erbrechts. BGB § 1922 ff.

Die Bestellung eines Erbbaurechts auf die Dauer des Lebens der Erbbauberechtigten ist unzulässig.

– Die Belastung des Erbbaurechts

Zur Sicherung der Marktgängigkeit des Erbbaurechts und weil es wie ein Grundstück behandelt wird, ist die Belastung mit jedem Recht zulässig, das an einem Grundstück bestellt werden kann (Dienstbarkeiten, Reallasten [z. B. Erbbauzins], Nießbrauchsrechte, Dauerwohnrecht gem. WEG § 42, Hypotheken, Grundschulden, Rentenschulden). ErbbauVO § 11

Manche Kreditinstitute dürfen nach Gesetz oder Satzung nur gegen mündelsichere Grundpfandrechte (vgl. Grundpfandrechte) Darlehen gewähren. Da beim Erbbaurecht das Grundstück nicht in die Haftung für das Grundpfandrecht einbezogen ist, sind in die Verordnung über das Erbbaurecht besondere Vorschriften zur Beleihung aufgenommen worden. ErbbauVO §§ 18–20

– Beendigung des Erbbaurechts

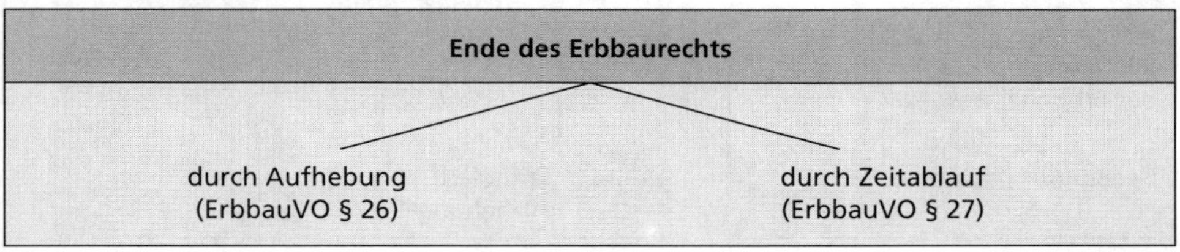

Aufhebung: Das Erbbaurecht kann durch Vereinbarung aufgehoben werden. Der Erbbauberechtigte kann gegenüber dem Grundbuchamt oder dem Grundstückseigentümer erklären, dass er das Erbbaurecht aufgebe. Stimmt der Grundstückseigentümer zu, wird das Erbbaurecht im Grundbuch des belasteten Grundstücks gelöscht.

Die Zustimmung des Grundstückseigentümers kann abhängig sein von einer Entschädigungsforderung des Erbbauberechtigten und deren Höhe sowie von den Verwendungsmöglichkeiten des Grundstücks für den Eigentümer.

Ist das Erbbaurecht mit Rechten Dritter belastet, bedarf es zur Aufhebung des Erbbaurechts auch deren Zustimmung. BGB § 876

Bei Vorliegen dieser Zustimmungen wird das Erbbaugrundbuch von Amts wegen geschlossen. ErbbauVO § 16

Miet- und Pachtverträge, die der Erbbauberechtigte abgeschlossen hat, bleiben bestehen (entsprechend den Regelungen des BGB §§ 571 ff.). ErbbauVO § 30

Zeitablauf: Meistens wird das Erbbaurecht auf bestimmte Zeit bestellt, etwa auf 30, 60 oder 99 Jahre. Es erlischt dann mit Ablauf der bestimmten Zeit von selbst, ohne dass es einer Erklärung der Beteiligten bedürfte. Das Grundbuch des belasteten Grundstücks wird unrichtig. Der Grundstückseigentümer kann von dem Erbbauberechtigten die Zustimmung zur Löschung des Erbbaurechts verlangen. BGB § 894

Ergibt sich die Befristung unmittelbar aus der Grundbucheintragung, kann der Grundstückseigentümer die Löschung des Rechts dadurch herbeiführen. GBO § 22

Das Erbbaugrundbuch ist zu schließen. Die auf dem Erbbaurecht lastenden dinglichen Rechte erlöschen. Das Vertragsende bewirkt, dass das Bauwerk kraft Gesetzes in das Ei- ErbbauVO § 16 gentum des Grundstückseigentümers fällt, wofür dieser den Berechtigten (in dem vertraglich vorgesehenen Umfang) zu entschädigen hat.

Entstehung und Beendigung des Erbbaurechts

Vertrag zwischen Grundstückseigentümer und künftigem Erbbauberechtigtem	→	Rechtsgrundlage: Erbbaurechtsverordnung und individuelle Vereinbarung z. B. über – Versicherung – Heimfall – Entschädigung – Erbbauzins
↓		
Eintragung im Grundbuch in Abteilung II des belasteten Grundstücks an erster Rangstelle und damit Begründung des Erbbaurechts	→	entscheidend für den rechtlichen Weiterbestand des einmal eingetragenen Erbbaurechts, seine Dauer und das Erlöschen
↓		
Anlage des Erbbaugrundbuchs	→	entscheiden für den Inhalt des Erbbaurechts und alle das Erbbaurecht betreffenden Veränderungen (z. B. Belastungen)
↓		
Bebauung und Zahlung des Erbbauzinses		
↓		
Beendigung durch	→	Zeitablauf Aufhebung

Fragen:

1. Kennzeichnen Sie bitte das Wesen und die Eigenart des Erbbaurechts.
2. Ein Bauinteressent überlegt, ob es für ihn günstig ist, ein Erbbaugrundstück zur Bebauung zu nutzen.
   - Welche Vorteile bietet der Erwerb eines Erbbaurechtsgrundstücks?
   - Ist die Aufnahme von Finanzierungsmitteln (durch den Erbbauberechtigten) für die Gebäudeerstellung und deren dingliche Sicherung möglich?

     Wenn ja, wo wird das Recht eingetragen?
   - Nehmen Sie an, ein Erbbaurecht besteht bis zum 1.6.2051. Was kann nach Zeitablauf des Rechts geschehen?
3. Welches Interesse kann der Eigentümer eines Grundstücks haben, ein Erbbaurecht zu vergeben und nicht zu verkaufen?
4. In welcher rechtlichen Beziehung steht der Erbbauzins zum Erbbaurecht?
5. Erörtern Sie bitte die Möglichkeiten einer Zinsanpassung im Rahmen des Erbbaurechtsvertrages.

2.3.3.5 Grundpfandrechte

Ein Grundpfandrecht ist ein Pfandrecht an einem Grundstück. Es ermöglicht, dass Grundstücke und grundstücksgleiche Rechte (z. B. Erbbaurecht) als Kreditsicherheiten für Realkredite verwendet werden können.

Grundpfandrechte sind die Hypothek, die Grundschuld und die Rentenschuld. Alle Grundpfandrechte müssen im Grundbuch in Abt. III eingetragen sein.

Der Grundstückseigentümer erhält z. B. zur Baufinanzierung ein Darlehn, das durch den Grundstückswert gedeckt werden soll.

Grundstücke gelten als wertbeständig und bringen Erträge, aus denen die Tilgungsleistungen und die Zinsen abgedeckt werden können. Die Sicherheit eines Realkredites liegt im Wert des Beleihungsobjektes (vgl. 4.2) und hängt weiterhin vom Rang der Belastung ab (vgl. 2.2.5).

Der Sinn eines Grundpfandrechtes ist der, dass sich der Gläubiger aus dem Grundstück befriedigen kann, wenn der Schuldner mit seinen Leistungen in Verzug kommt. Dies kann durch Zwangsvollstreckung (Zwangsversteigerung, Zwangsverwaltung) erfolgen. BGB § 1147

Ein Grundpfandrecht entsteht i. d. R. durch:

- Einigung zwischen Gläubiger und Schuldner über die Bestellung des Grundpfandrechts, d. h. über die Belastung des Grundstücks und
- Eintragung des Grundpfandrechts in das Grundbuch BGB § 873

– Hypothek

Die Hypothek ist das zur Sicherung einer persönlichen Forderung bestimmte dingliche Recht, aufgrund dessen der Berechtigte (Gläubiger) Befriedigung aus dem Grundstück verlangen kann. BGB § 1113

Die Hypothek ist von dem Bestehen einer zu sichernden Forderung abhängig; man spricht von der „Akzessorietät" (Abhängigkeit) der Hypothek.

Die Höhe der Forderung bestimmt also den Umfang des Pfandrechts. Bei der Forderung handelt es sich i.d.R. um eine Darlehnsforderung. BGB §§ 607 ff.

Beispiel:

> Der Grundstückseigentümer belastet sein Grundstück mit einer Hypothek als Sicherheit für ein Darlehn (z. B. zur Baufinanzierung), das er selbst aufgenommen hat. Die Bank (als Darlehnsgeber) erwirbt die Hypothek erst, nachdem sie das Darlehn ausgezahlt hat, d. h., wenn eine Forderung zugrunde liegt.
>
> Hat der Darlehnsnehmer einen Teil seiner Schuld getilgt, verliert die Bank in Höhe des getilgten Teilbetrages den entsprechenden Teil der Hypothek.

- Der Hypothekengläubiger (Darlehnsgeber) hat zwei Ansprüche:
  - einen dinglichen Anspruch aus der Hypothek und
  - einen schuldrechtlichen (persönlichen) Anspruch aus dem Darlehn.
- Der dingliche Anspruch ist wegen der Akzessorietät der Hypothek von dem Bestehen des schuldrechtlichen (persönlichen) Anspruchs abhängig.
- Der dingliche Anspruch aus der Hypothek umfasst:
  - die Forderung,
  - die gesetzlichen Zinsen (5 % p. a.), BGB § 1118
  - die Kosten der Rechtsverfolgung. BGB § 1118

  Der dingliche Anspruch ist auf Zahlung aus dem Grundstück gerichtet, d. h., der Eigentümer muss die Zwangsvollstreckung in das Grundstück dulden. BGB § 1147

In diesen Anspruch einbezogen sind:
- BGB § 1113 das Grundstück,
- die von dem Grundstück getrennten Erzeugnisse, sonstigen Bestandteile und das BGB § 1120 Zubehör des Grundstücks,
- die Miet- und/oder Pachtzinsforderungen bei vermieteten oder verpachteten BGB § 1123 Grundstücken,
- Ansprüche auf wiederkehrende Leistungen zugunsten des Grundstückseigentü- BGB § 1126 mers (z. B. Reallast),
- BGB § 1127 Versicherungsforderungen.

Dem dinglichen Anspruch des Hypothekengläubigers entspricht die dingliche Haftung des Grundstücks.

• Der schuldrechtliche (persönliche) Anspruch aus der Forderung (Darlehn) erstreckt sich auf das gesamte Vermögen des Schuldners.
Dem schuldrechtlichen (persönlichen) Anspruch des Gläubigers entspricht die persönliche Haftung des Schuldners.

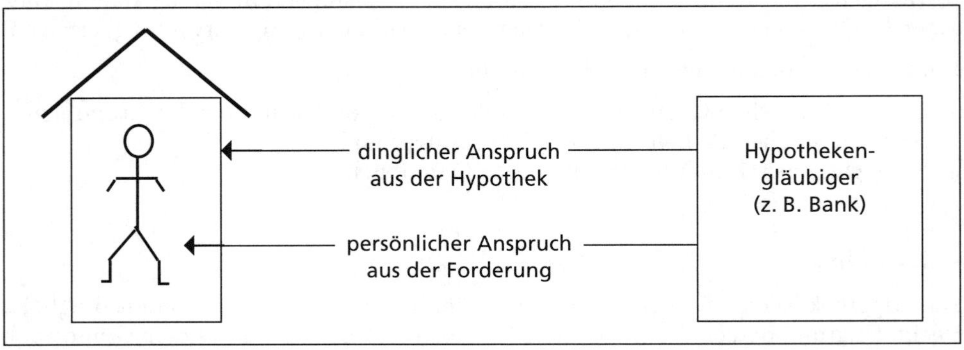

BGB § 1116 Abs.1 Das BGB geht davon aus, dass eine Hypothek i. d. R. als **Briefhypothek** bestellt wird.

Im Fall der Briefhypothek wird vom Grundbuchamt ein Hypothekenbrief ausgestellt, BGB § 1117 Abs.1 ohne dessen Übergabe eine Übertragung der Hypothek nicht möglich ist. Das BGB lässt aber zu, dass die Parteien eine Brieferteilung ausschließen können und diese Vereinba- BGB § 1116 Abs.2 rung z. B. durch den Vermerk „ohne Brief" in das Grundbuch eintragen lassen **(Buchhypothek).**

Die Briefhypothek hat gegenüber der Buchhypothek den Vorteil der leichteren Übertragbarkeit. Während bei der Buchhypothek jede Abtretung in das Grundbuch eingetra- BGB § 1154 gen werden muss, wird die Briefhypothek durch schriftliche Abtretung der Forderung und Übergabe des Briefes an den neuen Gläubiger übertragen.

Brief- und Buchhypothek werden auch als **Verkehrshypothek** (gewöhnliche Hypothek) bezeichnet.

Die Höhe der Forderung richtet sich bei der Verkehrshypothek nach der Grundbucheintragung. Der Gläubiger kann sich auf die Eintragung berufen. Er muss seine Forderung nicht nachweisen.

Der öffentliche Glaube des Grundbuchs erstreckt sich auch auf die Forderung.

Macht der Grundstückseigentümer geltend, daß die Forderung nicht mehr oder nicht BGB § 1138 mehr in voller Höhe besteht, muss er diese Behauptung beweisen.

Eine Hypothek kann daher auch gutgläubig erworben werden, wenn eine persönliche Forderung nicht besteht.

BGB § 1163 Abs.1 Erlischt die zugrunde liegende Forderung, wird die Hypothek ohne Umschreibung zur Eigentümergrundschuld. Die Hypothek entsteht auch nicht wieder, wenn die Forde- BGB § 1177 rung neu entsteht.

Eine Besonderheit stellt die so genannte **Sicherungshypothek** dar. Im Gegensatz zur Verkehrshypothek muss der Gläubiger die Forderung und Forderungshöhe nachweisen und kann seine hypothekarischen Rechte nur in Höhe der bestehenden Forderung durchsetzen (strenge Akzessorietät der Sicherungshypothek). Eine Sicherungshypothek kann daher nicht gutgläubig erworben werden, wenn die Forderung nicht besteht. Eine Sicherungshypothek ist immer Buchhypothek. Eine Briefausstellung ist ausgeschlossen. BGB § 1184 Abs.1 BGB § 1185 Abs.2 BGB § 1185

Die **Höchstbetragshypothek** ist eine Sonderform der Sicherungshypothek. BGB § 1190 Abs.3

Das belastete Grundstück haftet nur bis zu dem im Grundbuch eingetragenen Höchstbetrag, in den Zinsen und Kosten eingerechnet werden. BGB § 1190 Abs.1 Satz 2

Die Höhe der Forderung bzw. mehrerer Forderungen steht nicht von vornherein fest, sondern bleibt einer späteren Feststellung, z. B. durch Einigung zwischen Gläubiger und Hypothekenbesteller oder durch Urteil, vorbehalten. BGB § 1190 Abs.1

Bei Rückzahlung der Forderung entsteht eine Eigentümergrundschuld, die aber als Hypothek wieder entsteht, wenn erneut eine Forderung entsteht.

Die Höchstbetragshypothek eignet sich besonders für Forderungen in wechselnder Höhe, z. B. für den Kontokorrentkredit.

Eine weitere Form der Sicherungshypothek ist die **Zwangshypothek,** deren Eintragung im Wege der Zwangsvollstreckung in ein Grundstück vom Gläubiger betrieben werden kann (s. S. 128, Zwangsweise Befriedigung des Grundpfandgläubigers)

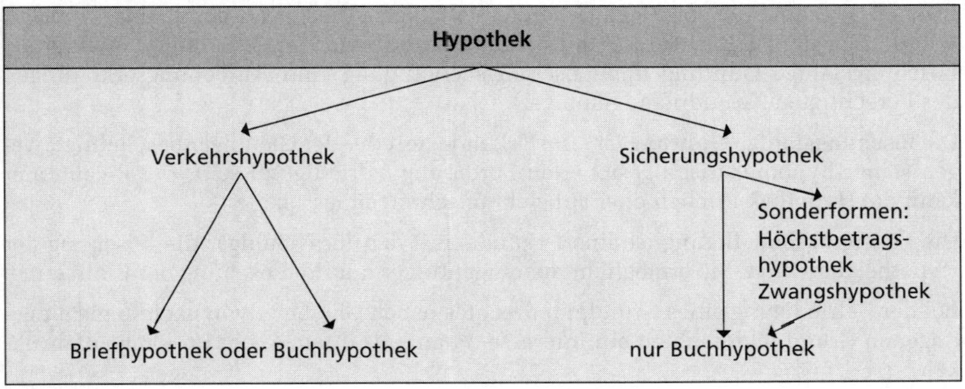

– Hypothekenarten nach der Grundstückshaftung

Für eine **Gesamthypothek** haften mehrere Grundstücke (evtl. auch mehrere Eigentümer). Es bleibt dem Gläubiger überlassen, sich aus einem, mehreren oder allen Grundstücken in Höhe seiner Forderung zu befriedigen. BGB § 1132

Bei einer **Teilhypothek** werden aus einer Hypothek mehrere gebildet und damit die Forderung geteilt.

– Übertragung der Hypothek

Benötigt ein Hypothekengläubiger z. B. seinerseits Geldmittel, so kann er seine (persönliche) Forderung zedieren. Wegen ihrer Abhängigkeit voneinander kann die Forderung nicht ohne die Hypothek und die Hypothek nicht ohne die Forderung übertragen werden. Mit dieser Regelung soll verhindert werden, dass sich der Schuldner plötzlich zwei Gläubigern gegenübersieht (einer, der Ansprüche aus der Forderung und einer, der Ansprüche aus dem Grundpfandrecht geltend macht). Auch soll der Hypothekengläubiger nur einmal wegen seiner Geldforderung befriedigt werden (und nicht einerseits Geld durch den Verkauf der Forderung und andererseits aus der Hypothek erhalten). Die Abtretung erfolgt durch einen sogenannten Abtretungsvertrag zwischen dem Gläubiger (Zedent) und demjenigen, an den BGB § 1153 Abs.2 BGB § 398

BGB § 1153 Abs.1 die Forderung abgetreten werden soll (Zessionar). Mit der abgetretenen Forderung geht dann kraft Gesetzes die Hypothek auf den neuen Gläubiger über.

Buchhypothek	Briefhypothek
Abtretung der Forderung und Eintragung der Abtretung im Grundbuch	– Schriftliche Abtretung der Forderung (notariell beglaubigt) und Übergabe des Hypothekenbriefes (keine Grundbucheintragung nötig) oder – Mündliche Abtretung der Forderung und Übergabe des Hypothekenbriefes und Eintragung der Abtretung im Grundbuch

BGB § 1154

In der Praxis werden nur noch schriftliche Abtretungen vorgenommen.

– Erlöschen einer Hypothek

BGB §§ 875, 1183 Die Hypothek kann durch Rechtsgeschäft aufgehoben werden. Hierfür sind die Aufhebungserklärung des Berechtigten, die Zustimmung des Eigentümers und die Löschung im Grundbuch erforderlich.

BGB § 1144 Nach Befriedigung des Gläubigers kann der Eigentümer die Aushändigung des Hypothekenbriefes und der sonstigen Urkunden verlangen, die zur Löschung der Hypothek erforderlich sind, z. B. eine löschungsfähige Quittung oder eine Löschungsbewilligung. Löschungsfähige Quittung und Löschungsbewilligung sind Aufhebungserklärungen des Berechtigten (Grundpfandgläubiger).

Die **löschungsfähige Quittung** ist eine Urkunde, mit der der Gläubiger bescheinigt, wegen seiner hypothekarisch gesicherten Forderung befriedigt zu sein. Der Eigentümer kann die Hypothek löschen oder auf sich umschreiben lassen.

Die **Löschungsbewilligung** ist eine Urkunde, mit der der Gläubiger die Löschung der Hypothek bewilligt. Sie ermöglicht dem Eigentümer nur die Löschung der Eintragung.

Bei der Befriedigung eines Grundpfandrechtes haben Gläubiger von nachrangig eingetragenen Grundpfandrechten ein Interesse daran, mit ihrem Recht im Rang aufzurükken.

BGB § 1179a Ein Grundpfandrecht schließt das Recht ein, vom Grundstückseigentümer die Löschung vorrangiger oder gleichrangiger Grundpfandrechte zu verlangen, sobald der Grundstückseigentümer sie erworben hat, z. B. durch Rückzahlung des Kredits.

Dieser gesetzliche Löschungsanspruch kann allerdings durch Vereinbarung zwischen Gläubiger und Grundstückseigentümer ausgeschlossen oder eingeschränkt werden. Dies muss dann im Grundbuch eingetragen werden.

– Grundschuld

BGB § 1191 Die Grundschuld ist eine Grundstücksbelastung in der Weise, dass an denjenigen, zu dessen Gunsten die Belastung erfolgt, eine bestimmte Geldsumme aus dem Grundstück zu zahlen ist.

BGB § 1192 Die Grundschuld setzt im Gegensatz zur Hypothek das Bestehen einer persönlichen Forderung nicht voraus (Abstraktheit der Grundschuld). Sie kann als verzinsliche Verpflichtung im Grundbuch eingetragen werden. Auf die Grundschuld finden daher nur diejenigen Vorschriften über die Hypothek entsprechend Anwendung, die nicht auf der Abhängigkeit der Hypothek von der Forderung beruhen (für die Grundschuld ist deshalb eine Unterscheidung wie zwischen Verkehrs- und Sicherungshypothek nicht gültig).

Grundschulden können (wie bei der Hypothek) Buch- oder Briefrechte sein.

Arten der Grundschuld	
Fremdgrundschuld zugunsten des Gläubigers	Eigentümergrundschuld zugunsten des Eigentümers

Eine **Fremdgrundschuld** (normale Sicherungsgrundschuld) wird zugunsten des Gläubigers im Grundbuch eingetragen. Die Eintragung einer Zwangsvollstreckungsklausel (s. S. 129) ist hierbei möglich.

Beispiel:

Ein Grundstückseigentümer belastet sein Grundstück mit einer Grundschuld als Sicherheit für ein Darlehn (z. B. zur Baufinanzierung), das er aufgenommen hat.

- Wirtschaftlich besteht ein Zusammenhang zwischen der Grundstücksbelastung und der Darlehnsaufnahme. Rechtlich besteht kein Zusammenhang.
- Der Grundschuldgläubiger (Darlehnsgeber) hat zwei Ansprüche:
  - einen dinglichen Anspruch aus der Grundschuld auf das Grundstück und
  - einen schuldrechtlichen (persönlichen) Anspruch aus dem Darlehn
- Der dingliche Anspruch ist wegen der Abstraktheit der Grundschuld nicht von dem Bestehen des schuldrechtlichen (persönlichen) Anspruchs abhängig, d. h., die Grundschuld steht dem Gläubiger unabhängig davon zu, ob die gesicherte Forderung besteht oder nicht.

Im Rahmen eines Kreditgeschäftes liegt der dinglichen Grundschuldbestellung regelmäßig ein schuldrechtlicher Vertrag (so genannte Zweckerklärung oder Zweckabrede) zwischen dem Grundstückseigentümer und dem Grundschuldgläubiger zugrunde. Darin vereinbaren die Parteien, dass und in welchem Umfang die Grundschuld zur Sicherung einer oder mehrerer Forderungen dienen soll. Hierdurch erfolgt eine schuldrechtliche Verknüpfung zwischen Forderung und Grundschuld, ohne dass eine Akzessorietät wie bei der Hypothek gegeben ist.

Falls sich der Grundstückseigentümer eine vordere Rangstelle sichern will, um sie später als Kreditsicherungsmittel einzusetzen, so kann er durch einseitige, notariell beglaubigte Erklärung gegenüber dem Grundbuchamt und durch Eintragung im Grundbuch eine **Eigentümergrundschuld** bestellen. BGB § 1196

Die Briefeigentümergrundschuld wird dabei in der Praxis bevorzugt, weil sie übertragen werden kann, ohne dass Eintragungskosten entstehen und ohne dass die Abtretung durch Einsicht des Grundbuchs erkennbar wird.

Der Erwerb einer solchen Eigentümergrundschuld ist für einen Kreditgeber jedoch nicht ohne Risiko. Die Inhaber (neu bestellter) nachrangiger Grundpfandrechte haben einen gesetzlichen Löschungsanspruch gegenüber der Eigentümergrundschuld. Bei Bestellung eines nachrangigen Grundpfandrechts kann aber auch ein Ausschluss dieses Anspruchs vereinbart werden. BGB § 1179a Abs.1 und Abs.5

Die Eigentümergrundschuld kann auch kraft Gesetzes entstehen, z. B. als Folge des Verzichts oder der Befriedigung des Hypothekengläubigers. BGB § 1168

Eine Grundschuld wird durch Abtretung des dinglichen Anspruchs übertragen.

Buchgrundschuld	Briefgrundschuld
Abtretung des dinglichen Anspruchs BGB § 1192, 1154 und Eintragung der Abtretung im Grundbuch	– Schriftliche Abtretung des dinglichen Anspruchs und Übergabe des Grundschuldbriefes (keine Grundbucheintragung nötig) oder – Mündliche Abtretung des dinglichen Anspruchs und Übergabe des Grundschuldbriefes und Eintragung der Abtretung im Grundbuch

BGB § 398

Die Grundschuld und die zugrundeliegende Forderung können wegen der fehlenden Akzessorietät einzeln übertragen und hierdurch voneinander getrennt werden. Die Forderung wird durch einen formlosen Abtretungsvertrag übertragen.

Die isolierte Abtretung der Grundschuld bewirkt, dass der Grundstückseigentümer gegenüber dem Erwerber der Grundschuld in vollem Umfang dinglich haftet, obwohl er ihm persönlich nichts schuldet und die Forderung evtl. nicht (mehr) besteht.

– Zwangsweise Befriedigung des Grundpfandgläubigers

BGB § 1147

Wenn der Hypotheken- oder Grundschuldgläubiger weder vom persönlichen Schuldner noch vom Eigentümer des belasteten Grundstücks befriedigt wird, kann er die **Zwangsvollstreckung** in das Grundstück betreiben, um so an sein Geld zu kommen.

ZPO § 866 ZVG

Die Zivilprozessordnung in Verbindung mit dem Zwangsversteigerungsgesetz kennt drei Möglichkeiten der Zwangsvollstreckung in ein Grundstück:

ZPO § 867 – Eintragung einer Zwangshypothek
ZVG § 66 ff. – Zwangsversteigerung
ZVG § 146 ff. – Zwangsverwaltung

Diese Maßnahmen können einzeln oder nebeneinander vom Gläubiger betrieben werden.

Die **Zwangshypothek** verschafft dem Gläubiger zunächst nur eine dingliche Sicherheit an dem Grundstück mit entsprechender Rangstelle. Diese dingliche Sicherheit bewirkt, dass das Grundstück auch nach der Veräußerung durch den Schuldner weiter für den im Grundbuch eingetragenen Anspruch des Gläubigers aus der Zwangshypothek haftet. Aus dieser Hypothek kann dann später gegebenenfalls die Zwangsversteigerung betrieben werden.

Die Zwangshypothek wird auf Antrag des Gläubigers vom Grundbuchamt in das Grundbuch eingetragen.

Bei einer **Zwangsversteigerung** sollen die Ansprüche des Gläubigers aus dem Versteigerungserlös des Grundstücks, bei einer **Zwangsverwaltung** aus den Erträgen (z. B. Mieteinnahmen) des Grundstücks befriedigt werden.

Für die Zwangsvollstreckung ist in jedem Fall ein vollstreckbarer Titel gegen den Eigentümer erforderlich. Ein vollstreckbarer Titel kann

ZPO § 704 – ein vollstreckbares Urteil oder
ZPO § 794 – eine vollstreckbare Urkunde sein.

Ein vollstreckbares Urteil erreicht der Gläubiger durch eine Klage auf Duldung der Zwangsvollstreckung. Eine vollstreckbare Urkunde hat der Gläubiger, wenn sich der Eigentümer bereits durch eine entsprechende Willenserklärung in der Urkunde zur Bestellung der Hypothek oder Grundschuld freiwillig der Zwangsvollstreckung unterwirft (Unterwerfungsklausel). ZPO § 750

Diese so genannte Zwangsvollstreckungsklausel wird im Grundbuch eingetragen.

Eine solche notarielle Urkunde ermöglicht die Durchführung einer Zwangsvollstreckungsmaßnahme ohne vorheriges Erkenntnisverfahren im Zivilprozess.

Durch Befriedigung des Gläubigers im Wege der Zwangsvollstreckung erlischt das Grundpfandrecht des Gläubigers kraft Gesetzes. BGB § 1181

– Rentenschuld

Die Rentenschuld ist eine besondere Art der Grundschuld. Sie gibt dem Gläubiger das Recht auf regelmäßig wiederkehrende Geldleistungen (als Rente zu regelmäßig wiederkehrenden Terminen). BGB § 1199

Im Grundbuch muss ein Kapitalbetrag eingetragen werden, durch dessen Zahlung der Grundstückseigentümer die Rentenschuld ablösen kann (auch gegen den Willen des Gläubigers).

Die Rentenschuld hat in der Praxis nur eine geringe Bedeutung und ist weitgehend von der Reallast verdrängt worden. BGB § 1105

Fragen:

1. Beschreiben Sie bitte die Unterschiede zwischen Hypothek und Grundschuld.
2. Im Grundbuch ist eine Grundschuld von 80 000 DM eingetragen.

   Kann die tatsächliche Belastung des Grundstücks aufgrund dieser Grundschuld auch höher sein?
3. Welche Unterlagen sind zur Löschung einer Briefhypothek notwendig?
4. Die Kreditinstitute bedienen sich in den letzten Jahren ganz überwiegend der Grundschuld als Kreditsicherungsmittel. Wie ist dies zu erklären?

2.3.4 Grundstücksbelastungen der öffentlichen Hand

Das Eigentum an einem Grundstück kann nicht nur durch Rechte privater Personen an dem Grundstück eingeschränkt sein. Auch der Staat, die Gemeinden, öffentliche Körperschaften und Zweckverbände können Inhaber von Rechten sein, die auf einem Grundstück dinglich lasten.

Dies können zum einen Ansprüche auf finanzielle Leistungen (insbesondere Abgaben) sein oder aber Rechte, die auf ein bestimmtes (tatsächliches) Verhalten des Grundstückseigentümers gerichtet sind (z. B. Baulast).

2.3.4.1 Abgabenrechtliche öffentliche Lasten

Man versteht unter einer öffentlichen Grundstückslast eine Abgabenverpflichtung, die auf öffentlichem Recht beruht. Sie ist durch wiederkehrende oder einmalige Geldleistungen zu erfüllen und setzt neben der persönlichen Haftung des Schuldners auch die dingliche Haftung des Grundstücks voraus.

Zu den öffentlichen Lasten zählen z. B.:

- Grundsteuern (s. 11.5),
- Erschließungsbeiträge,
- Kanalisationsgebühren,
- Schornsteinfegergebühren.

Öffentliche Grundstückslasten entstehen kraft Gesetzes (BauGB, Kommunalabgabengesetze, SchornsteinfegerG). Privatrechtliche Grundstücksrechte dagegen entstehen durch Einigung und Eintragung.

BGB § 873 GBO § 54 BGB § 892

Die Eintragung der öffentlichen Lasten ins Grundbuch ist laut Grundbuchordnung i. d. R. ausgeschlossen. Der Grundstückserwerber genießt in diesen Fällen keinen Gutglaubensschutz.

2.3.4.2 Öffentliche Baulast

MBO § 79

Ein Grundstückseigentümer kann sich durch Abgabe einer entsprechenden Erklärung gegenüber dem Bauaufsichtsamt öffentlich-rechtlich zu einem, sein Grundstück betreffenden Handeln (Tun, Dulden, Unterlassen) verpflichten. Dabei handelt es sich um eine Baulast. Sie stellt im bauordnungsrechtlichen Sinne eine freiwillig übernommene Pflicht zur Herstellung oder Duldung von Verhältnissen dar, die die Voraussetzung für die Rechtmäßigkeit eines Bauvorhabens bilden.

Die von dem Eigentümer rechtswirksam übernommene Verpflichtung wird als Baulast durch das Anlegen eines Baulastenblattes in das Baulastenverzeichnis aufgenommen. Sie ist für jeden Rechtsnachfolger wirksam. Dieses Verzeichnis (oder Baulastenbuch) wird von der Baubehörde eingerichtet und geführt.

Wer ein berechtigtes Interesse darlegt, kann in das Baulastenbuch Einsicht nehmen.

Das Baulastenbuch kann als Ergänzung des Grundbuchs angesehen werden, weil der Inhalt beider Bücher im Wesentlichen die Gesamtbelastung eines Grundstücks (außer öffentlichen Lasten) erkennen lässt.

Das Baulastenbuch dient somit der Rechtssicherheit im Grundstücksverkehr.

Es genießt aber nicht den öffentlichen Glauben. Die rechtswirksam begründete Baulast geht durch einen Verzicht der Bauaufsichtsbehörde (wenn ein öffentliches Interesse nicht mehr besteht) unter.

Die Baulast wird auf der Grundlage der Musterbaurodnung (in den jew. Landesbauordnungen oder dem Gesetz über die Bauordnung) geregelt.

Das Land Brandenburg hat auf die Einrichtung eines Baulastenverzeichnisses ganz verzichtet.

Auch der Freistaat Bayern hat in der Bayerischen Bauordnung keine Möglichkeit zur öffentlich-rechtlichen Sicherung durch Baulasten vorgesehen. Hier wird im Bedarfsfall eine Grunddienstbarkeit zugunsten des ‚herrschenden Grundstücks' und eine inhaltsgleiche beschränkt-persönliche Dienstbarkeit zugunsten der Bauaufsichtsbehörde (z. B. Gemeinde) bestellt.

Die Baulast bewirkt, dass der mit ihr belastete Teil eines Grundstücks in anderer Weise nicht genutzt werden kann.

– Beispiel eines Baulastenblattes (Muster):

Baulastenverzeichnis von Stadt Altstadt — Baulastenblatt Nr. 122 Seite 1

Grundstück

Gemarkung Neudorf — Flur 3 — Flurstück 15

Lfd. Nr.	Inhalt der Eintragung	Bemerkungen
1	2	3
1	Zugunsten des Trennungsstückes 2 wird eine Fläche von mind. 3,20 m Breite (Geh-, Fahr- und Leitungsrecht und für den ungehinderten Einsatz von Feuerlösch- und Rettungsgeräten) freigehalten. Eintragung aufgrund der Verpflichtungserklärung vom 29.08.1986. -6 JAN. 1988 [Siegel: DER LANDRAT DES KREISES OSTHOLSTEIN 3] Der Landrat des Kreises Ostholstein - Kreisbauverwaltungsamt - Im Auftrage: (Bomhof)	60.2/2-15.433

Beispiele für Baulasten:

- Ein Grundstück liegt nicht an einer öffentlichen Straße. Der Nachbar duldet die Zufahrt und übernimmt die öffenlich-rechtliche Sicherung auf sein Grundstück durch Eintragung einer Baulast.
- Die Landesbauordnungen schreiben i. d. R. vor, dass die notwendigen Stellplätze für Kraftfahrzeuge auf dem Baugrundstück selbst herzustellen sind. Die Bauaufsichtsbehörde kann aber auch gestatten, dass diese Einrichtungen z. B. auf dem Nachbargrundstück hergestellt werden, wenn dies öffentlich-rechtlich durch die Eintragung einer Baulast (auf dem Nachbargrundstück) gesichert wird. Dadurch wird eine andere Nutzung des Nachbargrundstücks ausgeschlossen.
- Die Abstandsflächen für ein Bauvorhaben können auf dem Baugrundstück nicht untergebracht werden. Der Nachbar gestattet durch die Eintragung einer Baulast, dass sich die fehlende Abstandsfläche auf sein Grundstück erstrecken kann.

Haben der Baulastübernehmer und der begünstigte Grundstückseigentümer keine entsprechende Vereinbarung über die Baulast getroffen, kann der Begünstigte nicht ohne weiteres die durch Baulast gesicherten Rechte ausüben, da die Baulast i. d. R. nur verwaltungsrechtlich zwischen Bauaufsichtsbehörde und Baulastübernehmer wirkt.
Für die Regelung der zivilrechtlichen Verhältnisse zwischen den Nachbarn ist daher die Bestellung einer mit der Baulast inhaltsgleichen Grunddienstbarkeit zu empfehlen.

2.3.5 Andere Eigentumsbindungen

2.3.5.1 Verfügungsbeschränkungen des Eigentümers

Diese in Abt. II des Grundbuchs eingetragenen Verfügungsbeschränkungen sollen die Veräußerung oder Belastung des Grundstücks verhindern. Mit ihrer Eintragung kann sich ein Dritter nicht mehr auf den Schutz des guten Glaubens berufen.

Beispiele:

- Vermerk über die Anordnung der Nachlassverwaltung: Der Erbe kann das Grundstück nicht veräußern oder belasten.
- Vermerk über die Eröffnung des Konkurses (Konkursvermerk): Der Grundstückseigentümer kann als Gemeinschuldner im Konkurs das Grundstück nicht veräußern oder belasten.
- Vermerk über die Anordnung der Zwangsversteigerung oder Zwangsverwaltung: Der Grundstückseigentümer kann das Grundstück nicht mehr veräußern, aber noch belasten.

2.3.5.2 Auflassungsvormerkung

Die Auflassungsvormerkung (eingetragen in Abt. II des Grundbuchs) dient der Sicherung des Anspruchs auf Eigentumsumschreibung im Grundbuch.

BGB § 883

Sie wird regelmäßig in Grundstückskaufverträgen zugunsten des Käufers (Erwerbers) vereinbart und bewilligt. Verfügungen, die nach Eintragung einer Vormerkung getroffen werden, können durch den Berechtigten erfolgreich abgewehrt werden, wenn sie den zu sichernden Anspruch vereiteln oder beeinträchtigen würden. Der noch als Eigentümer eingetragene Verkäufer (Veräußerer) kann über das Grundstück also nicht mehr verfügen.

2.3.6 Fallbeispiel/Grundbuchauszug

Im Grundbuch von Buchengrund, Grundbuchblatt 1759, Flur 9, Flurstück 470, sind folgende Eintragungen verzeichnet:

Auszug aus dem Grundbuch
Bestandsverzeichnis Wegerecht an dem Grundstück, Gemarkung Buchengrund, Flur 9, Flurstück 471, eingetragen in Blatt 1757 in Abt. II Nr. 5.
Zweite Abteilung: Lasten und Beschränkungen lfd. Nr. 1 <u>Monatliche Geldrente in Höhe von 1 800,00 DM für Martha Pfahl, geb. Harie… löschbar bei Todesnachweis. Unter Bezugnahme auf letztwillige Verfügung eingetragen am 26.04.1988.</u> lfd. Nr. 2 Recht zur Unterhaltung eines Abwasserkanals für den jeweiligen Eigentümer des Grundstücks Gemarkung Buchengrund, Grundbuchblatt 1758, Flur 9, Flurstück 472… Unter Bezugnahme auf die Bewilligung vom 18.01.1998 eingetragen am 24.02.1998 lfd. Nr. 3 Recht der Schleswag AG zur Auslegung und Unterhaltung einer Hochspannungsleitung. Unter Bezugnahme auf die Bewilligung vom 15.03.1998 eingetragen am 22.06.1998 lfd. Nr. 4 <u>Vormerkung zur Sicherung des Anspruchs auf Eigemtumsübertragung für Mark Stück, geb. 14.06.1949. Vorbehalten bleibt der Vorrang für ein noch einzutragendes Grundpfandrecht in</u>

Höhe vom 180 000,00 €. Unter Bezugnahme auf die Bewilligung vom 08.02.1999 eingetragen am 17.02.1999

Veränderungen
Das Recht Abteilung II/2 hat dem Recht Abteilung II/3 den Vorrang eingeräumt. Eingetragen am 22.06.1998

Dritte Abteilung: Hypotheken und Grundschulden

lfd. Nr. 1
Neunzigtausend DM Buchgrundschuld mit 18 % Jahreszinsen für die Sparkasse Flensburg mit Rang vor der Position in Abteilung II Nr. 2. Mit Bezug auf die Bewilligung vom 22.01.1998 eingertagen am 16.03.1998

lfd. Nr. 2
Einhundertachzigtausend € Grundschuld für die Bausparkasse Wüstenei unter Ausnutzung des Rangvorbehalts vor dem Recht in Abteilung II Nr. 4. Unter Bezugnahme auf die Bewilligung vom 25.04.1999 eingetragen am 24.05.1999

Die Flurstücke 470, 471, 472 haben folgende Lage zueinander:

Lage der Flurstücke

Flurstück 470 Grundbuchblatt 1759	
Flurstück 471 Grundbuchblatt 1757	Flurstück 472 Grundbuchblatt 1758

Aufgaben:

1. Nennen Sie bitte die Bezeichnungen für die in der Abteilung II eingetragenen Lasten und Beschränkungen.
2. Stellen Sie bitte die Rangfolge der Grundstücksbelastungen fest.
3. Bei der Eintragung in Abt. III lfd. Nr. 1 findet man den Hinweis „Buchgrundschuld“. Bei der Eintragung lfd. Nr. 2 findet man diesen Hinweis nicht.
   Erläutern Sie bitte die Unterschiede dieser beiden Grundpfandrechte im Hinblick auf diesen Hinweis.
4. Erläutern Sie bitte die aus dem Grundbuch des Grundstücks Grundbuchblatt 1759 hervorgehenden Beziehungen zu den Nachbargrundstücken.

Fragen:

1. Erklären Sie bitte Zweck und Inhalt einer Baulast.
2. Schützt eine Auflassungsvormerkung den Käufer einer noch nicht fertiggestellten Eigentumswohnung vor dem Verlust seiner bereits geleisteten Anzahlung?

Sie nehmen aus berechtigtem Interesse beim Amtsgericht Eutin Einsicht in das Grundbuch von Malente, Blatt 3323 (hier als Ersatz-Grundbuchauszug mit Mustereintragungen, S. 88 ff.).

Klären Sie anhand des Grundbuchs folgende Fragen:

1. Im Bestandsverzeichnis findet man unter der Eintragung lfd. Nr. 1 bei den Angaben zur Wirtschaftsart und Nutzung die Bezeichnung „Hof- und Gebäudefläche". Laut Kaufvertrag (S. 144 ff.) befindet sich auf diesem Grundstück ein Zweifamilienhaus. Warum werden Gebäude im Grundbuch nicht erwähnt?
2. Welche Bedeutung hat die Eintragung im Bestandsverzeichnis – lfd. Nr. 2 –?
3. Wer war ursprünglich Eigentümer des Grundstücks Nr. 1 im Bestandsverzeichnis?
4. Welche Eigentumsart lag hier vor?
5. Wodurch wird die Grundstücksübertragung im Jahr 1981 veranlasst?
6. Kommentieren Sie bitte die Eintragung in Abt. II – lfd. Nr. 2 – im Zusammenhang mit dem Eigentumsübergang im Jahre 1983.
7. – Wann erfolgte im Jahre 1983 der tatsächliche Eigentumswechsel, und was geschieht mit der Eintragung Abt. II – lfd. Nr. 2 –?

   – Welche Unterlagen müssen dem Grundbuchamt zur Eintragung des Eigentums vorliegen?
8. Welchen Sachverhalt können Sie aus der Eintragung in Abt. II – lfd. Nr. 1 – ablesen? Erklären Sie bitte die Eintragung aus grundbuchrechtlicher Sicht.
9. Welche Grundpfandrechtsarten sind in Abt. III eingetragen?
10. – Erläutern Sie bitte die Eintragung in Abt. III Spalte 5 – lfd. Nr. 9 –.

    – Geben Sie bitte die Rangfolge in Abt. III an.
11. Bei den Grundpfandrechten lfd. Nr. 10 und 11 findet man die Anmerkung „brieflos". Welche Bedeutung hat diese Anmerkung?

    Warum fehlt diese Anmerkung bei dem Grundpfandrecht lfd. Nr. 9?

2.4 Grundstückserwerb

Erklärtes Ziel der Wohnungspolitik in der Bundesrepublik Deutschland ist es u. a., „für weite Kreise der Bevölkerung breitgestreutes Eigentum zu schaffen".

II. WoBauG § 1 Abs.2

Diese Form der Eigentumsbildung wird zusammen mit dem Mietwohnungsbau durch die staatliche Wohnungsbauförderung besonders unterstützt.

2.4.1 Bedeutung des Eigentums für den Einzelnen und die sich nach der Verfassung ergebenden Verpflichtungen

Das Bürgerliche Gesetzbuch sichert dem Eigentümer das ausschließliche Recht über sein Eigentum zu, „soweit nicht das Gesetz oder Rechte Dritter entgegenstehen" (vgl. 2.3).

BGB § 903

Der Eigentümer kann widerrechtliche Eingriffe in sein Eigentum abwehren; darüber hinaus sind widerrechtliche Eigentumseingriffe mit Strafe bedroht.

Das Grundgesetz erhebt das Eigentum in den Rang eines Grundrechts und sichert es so vor widerrechtlichen staatlichen Eingriffen. Wie alle Grundrechte ist auch die Eigentumsgarantie ein Abwehrrecht gegenüber staatlichen Institutionen.

GG Art. 14 Abs.1

Unsere Rechtsordnung schränkt aber andererseits, wie in der o. g. Bestimmung des § 903 BGB zu sehen, den privaten Gebrauch des Eigentums ein.

Auch das Grundgesetz nimmt diesen Gedanken auf, wenn es festlegt: „Inhalt und Schranken werden durch die Gesetze bestimmt" und „Eigentum verpflichtet". Hier kommt der sozialstaatliche Auftrag des Grundgesetzes (wenngleich sehr allgemein gehalten) zum Ausdruck.

GG Art. 14 Abs.1 Satz 2
GG Art. 14 Abs.2

In welchem Umfang die freie Verfügungsgewalt des Eigentümers zur Verwirklichung der sozialen Gerechtigkeit eingeschränkt werden darf, bleibt dem Gesetzgeber überlassen. Er hat dies z. B. getan im Baugesetzbuch und im Rahmen des Mietrechts.

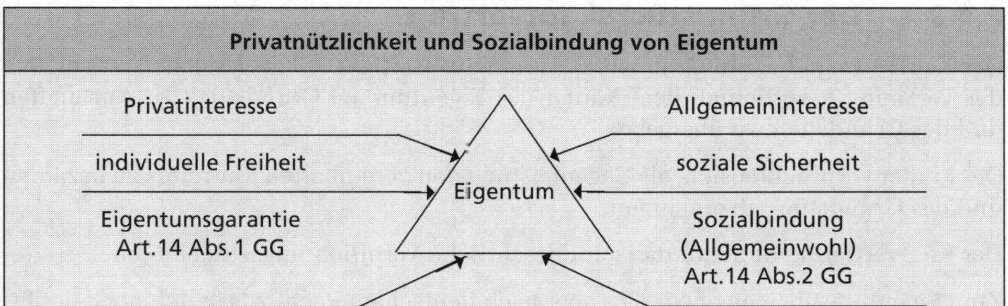

Die Problematik, die sich durch die Privatnützlichkeit von Eigentum an Grund und Boden einerseits und der Sozialbindung andererseits ergibt, wird in einem folgenden Abschnitt am Beispiel der Grundstücksenteignung dargestellt (2.4.5).

2.4.2 Möglichkeiten des Erwerbs eines Grundstücks zur Bebauung

Der Kaufvertrag ist der mit Abstand wichtigste Vertrag im Rahmen des Grundstückserwerbs, daher ist ihm der folgende Abschnitt 2.4.3 gewidmet.

Für Baugrundstücke, die nicht käuflich zu erwerben sind, aber dennoch baulich genutzt werden sollen, bietet sich der Abschluss eines Erbbaurechtsvertrages an.

Erwerbsarten von Grundstücken

entgeltlicher Erwerb	unentgeltlicher Erwerb
1. durch Rechtsgeschäft z. B. Kaufvertrag, Tauschgeschäft, Erbbaurecht, Immobilienleasing	1. durch Rechtsgeschäft z. B. Schenkung
2. durch Hoheitsakt z. B. Zuschlag in der Zwangsversteigerung, Enteignung, Baulandumlegung	2. durch Erbfall
	3. durch originären Eigentumserwerb z. B. Buchersitzung

Dabei behält der bisherige Eigentümer das Eigentum an dem Grundstück und belastet es nur in der Weise, dass dem Erbbauberechtigten das Recht zusteht, auf oder unter der Grundstücksoberfläche ein Bauwerk zu haben. Die Einzelheiten des Erbbaurechts sind
ErbbauVO in der Verordnung über das Erbbaurecht geregelt (vgl. 2.3.3.4).

Der Erwerb von Grundbesitz durch Hoheitsakt wird in den Abschnitten 2.4.4. (Zuschlag in der Zwangsversteigerung) und 2.4.5. (Enteignung) dargestellt.

Der originäre Eigentumserwerb von Grundbesitz ist in der Praxis wenig bedeutsam.

2.4.3 Der Grundstückskaufvertrag

Der Kaufvertrag über ein Grundstück ist ein zweiseitiges Rechtsgeschäft, in dem sich
BGB § 433 der Verkäufer verpflichtet, dem Käufer das Eigentum am Grundstück zu verschaffen und das Grundstück zu übergeben.

Der Käufer verpflichtet sich, als Gegenleistung den vereinbarten Kaufpreis zu bezahlen und das Grundstück abzunehmen.

Der Kaufvertrag stellt damit das schuldrechtliche Verpflichtungsgeschäft dar.

BGB § 925 Zum Eigentumsübergang bedarf es aber nach deutschem Recht zusätzlich noch der Ei-
BGB § 873 nigung über den Eigentumsübergang, bei Grundstücken „Auflassung“ genannt, und der
Abs.1 Grundbucheintragung.

2.4.3.1 Form

BGB § 313 Ein Vertrag, in dem sich der eine Teil verpflichtet, Eigentum an einem Grundstück zu übertragen oder zu erwerben, bedarf der notariellen Beurkundung. Eine Beurkundung
BGB § 128 erfordert die mündliche Abgabe einer Erklärung vor einem Notar und die Aufnahme einer Niederschrift durch diesen.

Die notarielle Beurkundung soll vor unüberlegten und übereilten Grundstücksgeschäften schützen (Warnfunktion) und soll durch die sachkundige Beratung und Belehrung des Notars (Schutzfunktion) sichern, dass der Wille der Beteiligten richtig, vollständig und rechtswirksam niedergelegt wird (Richtigkeitsgewähr). Sie dient zugleich der

Beweissicherung durch die Form der notariellen Urkunde in amtlicher Verwahrung (Beweissicherungsfunktion). Ein privatschriftlich oder mündlich abgeschlossener Grundstückskaufvertrag ist daher nichtig. Dieser Formmangel wird allerdings geheilt, wenn Auflassung und Eintragung im Grundbuch erfolgt sind. Beurkundungszwang besteht auch für Nebenabreden und für wesentliche nachträgliche Abänderungen. BGB § 125 BGB § 313 Satz 2

Für die inhaltliche Ausgestaltung der schuldrechtlichen Verpflichtung gilt der Grundsatz der Vertragsfreiheit. BGB § 305

Die Aufhebung eines Grundstückskaufvertrages ist bis zur Eintragung der Eigentumsänderung formfrei möglich.

2.4.3.2 Beteiligte am Grundstückskaufvertrag

Am Grundstückskauf sind Verkäufer und Käufer beteiligt. Erwerben z. B. mehrere Personen ein Grundstück, so sind entweder ihre Anteile in Bruchteilen (vgl. Musterkaufvertrag S. 144, § 1) oder ihr sonstiges Rechtsverhältnis (z. B. Gütergemeinschaft, Erbengemeinschaft) anzugeben.

Vor der Beurkundung sind also die persönlichen Verhältnisse der Vertragsbeteiligten zu berücksichtigen. Lebt der Verkäufer z. B. im (gesetzlichen) Güterstand der Zugewinngemeinschaft und ist das Grundstück der wesentliche Teil des Vermögens des Verkäufers, kann er sich i. d. R. nur mit Einwilligung des anderen Ehegatten verpflichten, über sein Vermögen im Ganzen zu verfügen. BGB § 1365

Nicht-Geschäftsfähige werden durch ihre gesetzlichen Vertreter vertreten. Bei Grundstücksgeschäften bedürfen die Rechtshandlungen der gesetzlichen Vertreter zusätzlich noch der Genehmigung des Vormundschaftsgerichts. BGB § 1643 Abs.1

2.4.3.3 Kaufgegenstand

Das Grundstück ist gegenüber dem Grundbuchamt übereinstimmend mit dem Grundbuch oder durch Hinweis auf das Grundbuchblatt zu bezeichnen. GBO § 28

Es sollte, damit keine Verwechslungen auftreten können, so genau wie möglich beschrieben werden. Dies gilt z. B. bei einem noch zu vermessenden Grundstücksteil. Hier sollte die Bezeichnung der zu vermessenden Teilfläche durch eine Skizze, die als Anlage zur Urkunde genommen werden kann, erfolgen. Die nach Grundbuchordnung erforderliche grundbuchrechtliche Bezeichnung kann dann nachgeholt werden (so genannte Identitätserklärung). GBO § 28

Gegenstand des Grundstückskaufvertrages sind kraft Gesetzes die wesentlichen Bestandteile (vgl. 2.1.1) des Grundstücks. Zu den wesentlichen Bestandteilen des Grundstücks gehören die Gebäude, zu deren wesentlichen Bestandteilen gehören die zur Herstellung des Gebäudes eingefügten Sachen (z. B. Türen, Heizkörper, Waschbecken). BGB § 94

Im Zweifelsfall ist auch das Grundstückszubehör mitverkauft (z. B. Heizölvorrat im Tank). BGB § 314 BGB § 926 Abs.1

Hier kann es aber im Einzelfall erhebliche Abgrenzungsprobleme geben. Daher empfiehlt sich eine ausdrückliche Regelung, ob eine Sache als Zubehör mitverkauft wird.

2.4.3.4 Kaufpreis

Im Grundstückskaufvertrag sind der Kaufpreis, seine Fälligkeit und die bei Verzug des Käufers von ihm zu zahlenden Verzugszinsen (mangels einer anderen Vereinbarung gilt die gesetzl. Regelung – 4 % p. a.) genau festzulegen. Vielfach wird ein Zinssatz zugrunde gelegt, den der Verkäufer bei Wiederanlage des Kaufpreises auf dem Kapitalmarkt BGB § 288 Abs.1

erzielen könnte. Der Zahlungstermin wird üblicherweise nach Vorlage bestimmter Fälligkeitsvoraussetzungen kalendermäßig vom Notar bestimmt.

BGB § 284 Abs.2 Satz 1

Der Käuferschutz gebietet, den Zeitpunkt der Kaufpreisfälligkeit so zu wählen, dass der Käufer in der Gewissheit, lastenfreies Eigentum zu erwerben, zahlen kann.

Ein notarieller Kaufvertrag, der unrichtige Angaben über den Kaufpreis enthält, ist in vollem Umfang nichtig; eine Heilung tritt ein mit der Eigentumsumschreibung im Grundbuch.

Der Notar hat bei der Belegung des Kaufpreises Regelungen vorzuschlagen, die verhindern, dass eine der Vertragsparteien zu Schaden kommt.

Ein Schaden droht immer dann, wenn eine der Parteien bereits leistet, ohne dass sichergestellt ist, dass sie Gegenleistungen erhält.

So ist das Vermögen des Käufers gefährdet, wenn er den Kaufpreis bezahlt, bevor sein vertragsmäßiger Erwerb sichergestellt ist.

Es wäre denkbar, dass der Verkäufer das Grundstück ja zwischenzeitlich neu belastet, nochmals veräußert oder in Konkurs fällt. Der Vertrag könnte auch an einer erforderlichen Genehmigung scheitern.

Wird das Grundstück bereits vor Zahlung des Kaufpreises auf den Käufer umgeschrieben, besteht für den Verkäufer die Gefahr, dass der Käufer in Vermögensverfall gerät und der Kaufpreisanspruch nicht mehr durchsetzbar ist.

Es ist daher geboten, Regelungen zu vereinbaren, die eine für beide Seiten sichere Abwicklung des Kaufvertrages ermöglichen.

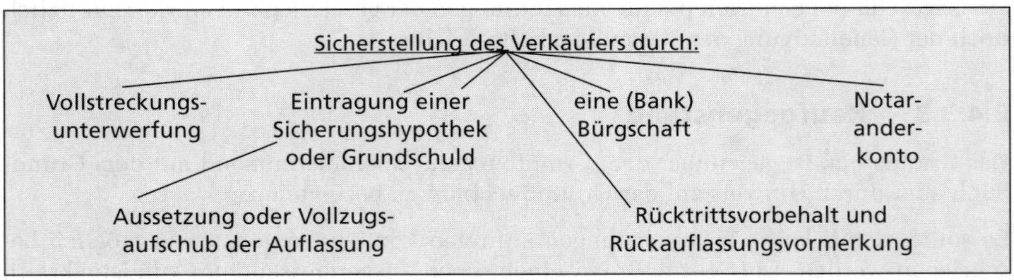

Die Interessen des Verkäufers werden am besten durch die Aussetzung der Auflassung oder deren Vollzugsaufschub bis zur Zahlung geschützt.

In der Praxis kann dies folgendermaßen gestaltet sein:

Die Auflassung wird nicht sofort erklärt. Beide Vertragsparteien verpflichten sich aber, dies unmittelbar nach Kaufpreiszahlung zu tun. Um den Beteiligten einen erneuten Gang zum Notar zu ersparen, werden in der Regel Angestellte des Notars zur Auflassung bevollmächtigt, wenn:

1. der Verkäufer oder ein in die Abwicklung eingeschalteter Treuhänder (z. B. Bank) dem Notar die Kaufpreiszahlung angezeigt hat oder
2. der Kaufpreis beim Notar hinterlegt und die Auszahlung sichergestellt ist.

In der Regel liegt eine längere Zeit zwischen Beurkundung des Grundstückskaufvertrages und der Eigentumsumschreibung im Grundbuch.

Dies erklärt sich daher, weil zu fast jedem Kaufvertrag behördliche Genehmigungen, Verzichtserklärungen usw. erforderlich sind.

Für den Käufer kann ein Risiko entstehen, wenn er den Kaufpreis bezahlt, bevor die Umschreibung gesichert ist. Der Verkäufer könnte bis dahin noch Verfügungen über das Grundstück treffen (veräußern, belasten). Auch Dritte könnten durch Zwangsmaßnahmen (z. B. Zwangsvollstreckung) die Umschreibung auf den Käufer verhindern.

Der Notar sollte daher dem Käufer die Eintragung einer Auflassungsvormerkung vorschlagen (vgl. 2.3.5.2).

Die Auflassungsvormerkung schützt den Käufer

- gegen Verfügungen des Veräußerers und
- gegen Verfügungen seiner Gläubiger im Wege der Zwangsvollstreckung.

Die Auflassungsvormerkung gibt jedoch bei einem genehmigungspflichtigen Kaufvertrag keine Sicherheit, wenn die Genehmigung versagt wird.

Auch wenn der Kaufpreis beim Notar hinterlegt wird, ist eine Auflassungsvormerkung notwendig, denn das „gekaufte" Grundstück ist vor der Umschreibung weiterhin dem Vollstreckungszugriff der Gläubiger des Veräußerers ausgesetzt.

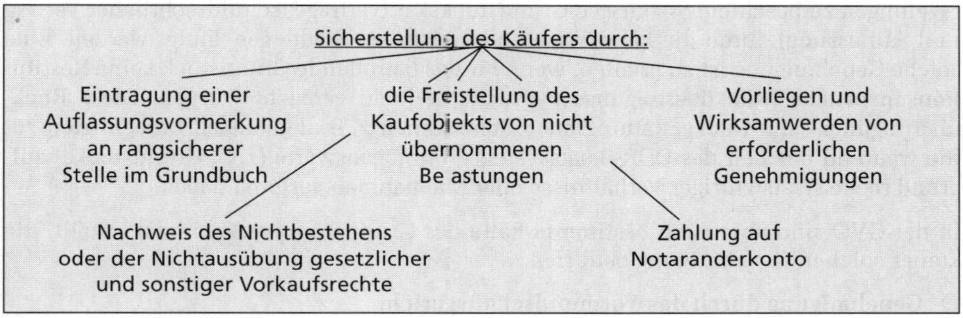

Die Hinterlegung des Kaufpreises beim Notar (Notaranderkonto) und die treuhänderische Abwicklung des Kaufvertrages durch diesen ist ein oft praktiziertes und sicheres Verfahren zur Sicherung des Käufers.

Verkäufer und Käufer vereinbaren im Kaufvertrag, dass der Kaufpreis an den Notar als Treuhänder beider Parteien bezahlt werden soll. Zugleich wird der Notar unwiderruflich angewiesen, den Kaufpreis erst auszuzahlen, wenn der Käufer gesichert ist.

In diesem Zusammenhang ist auch zu vereinbaren, wer die Hinterlegungskosten trägt. KostO § 149

Der Notar muss die Beteiligten eines **Grundstückskaufvertrages** darauf hinweisen, dass für die Wirksamkeit des Vertrages in vielen Fällen **Genehmigungen erforderlich** sind. So kann die Umschreibung des Eigentums erst vorgenommen werden, wenn alle erforderlichen Genehmigungen wirksam geworden sind. Genehmigungen werden wirksam, wenn sie beiden Vertragsteilen zugegangen sind. Der Notar wird i. d. R. im Rahmen des Kaufvertrages mit der Einholung und Entgegennahme der erforderlichen Genehmigungen beauftragt (siehe hierzu ‚Muster eines Grundstückskaufvertrages' S. 144 ff.). Die **Erteilung dieser** notwendigen **Genehmigungen** kann (zur weiteren Sicherstellung des Käufers) **zur Fälligkeitsvoraussetzung** für die **Kaufpreiszahlung** gemacht werden. BeurkG § 18

Im Folgenden sind einige Beispiele evtl. erforderlicher Genehmigungen im Zusammenhang mit dem Grundstückskaufvertrag dargestellt:

❍ **Genehmigungen nach Baugesetzbuch:**

Die Gemeinde kann durch Satzung bestimmen, dass für die Wirksamkeit einer **Grundstücksteilung** im Bereich eines Bebauungsplanes eine Genehmigung (der Gemeinde) erforderlich ist. BauGB § 19

Bei Verfügungen über Grundstücke, die in eine **Baulandumlegung** einbezogen sind, ist eine schriftliche Genehmigung der Umlegungsstelle (Gemeinde) erforderlich. BauGB § 51

Die rechtsgeschäftliche Veräußerung eines Grundstücks bedarf in einem förmlich festgelegten **Sanierungsgebiet** der schriftlichen Genehmigung der Gemeinde. BauGB § 144 ff.

❍ **Genehmigungen nach Wohnungsbauerleichterungsgesetz**

Innerhalb von (durch Satzung festgelegten) **städtebaulichen Entwicklungsbereichen** bedürfen alle Verfügungs- und Verpflichtungsgeschäfte über hier belegene Grundstücke der Genehmigung.

❍ **Genehmigungen nach Grundstücksverkehrsgesetz**

GrdstVG §§ 1, 2 — Die Genehmigung der nach Landrecht zuständigen Stelle ist bei der **Veräußerung eines land- und forstwirtschaftlich nutzbaren Grundstücks** erforderlich.

❍ **Genehmigung nach der Grundstücksverkehrsordnung der neuen Länder**

Beim Grundstückserwerb in den neuen Ländern sind bedingt durch die neue rechtliche Situation im Rahmen der Wiedervereinigung eine Vielzahl von Sonder- und Übergangsregelungen zu beachten. So müssen Grundstückskaufverträge (schuldrechtlicher Vertrag und Auflassung) durch die Landkreise und kreisfreien Städte genehmigt werden. Eine GVO § 1 — solche Genehmigung ist zu erteilen, wenn für das betreffende Grundstück keine **Restitutionsansprüche** (Rückübertragungsansprüche) geltend gemacht wurden. Diese Rückübertragungs- und Rückerstattungsansprüche stehen z. B. denjenigen Berechtigten zu, die während der Zeit des DDR-Staatssystems Vermögenswerte (z. B. Grundstücke) aufgrund rechtsstaatswidriger Verhältnisse oder Maßnahmen verloren haben.

GVO § 2 — In der GVO sind aber auch bestimmte Fälle des Grundstücksverkehrs dargestellt, die keiner solchen Genehmigung bedürfen.

❍ **Genehmigung durch das Vormundschaftsgericht**

BGB § 1643, BGB § 1821 — Erwerben (gegen Entgelt) oder veräußern **Eltern** für das Kind, der **Vormund** für das Mündel oder ein **Betreuer** für den Betreuten ein Grundstück, so bedarf dies der Genehmigung des Vormundschaftsgerichtes.

– Sonderfall: Erwerb vom Bauträger

Ein Bauträgerkaufvertrag beinhaltet, dass ein Unternehmen z. B. ein Eigenheim im eigenen Namen und für eigene Rechnung (als Bauträger) erbaut und das fertige Objekt (inkl. Grundstück) dem Käufer übereignet.

Der Bauträger ist daran interessiert, zu einem frühen Zeitpunkt Zahlungen des Käufers auf den (Gesamt-)Kaufpreis zu erhalten. Er möchte seine Finanzierungskosten niedrig halten.

Dem Käufer ist daran gelegen, Zahlungen erst nach der vertragsmäßigen Fertigstellung des Objekts zu leisten, und auch erst dann, wenn der lastenfreie Erwerb sichergestellt ist.

Die Makler- und Bauträgerverordnung beinhaltet hierzu zwingende Regelungen, die besonders dem Käuferschutz dienen.

MaBV § 3 Abs.1–2 — Der Bauträger darf Gelder des Käufers erst annehmen, wenn folgende Bedingungen erfüllt sind:

- Baugenehmigung muss erteilt sein,
- Kaufvertrag muss rechtswirksam sein,
- Eintragung einer Auflassungsvormerkung im Grundbuch für den Käufer,
- wenn das verkaufte Objekt mit einem Grundpfandrecht zugunsten der den Bau finanzierenden Bank des Bauträgers belastet ist, muss die Freigabe aus dieser Belastung gesichert sein.

MaBV § 3 Abs.2 — Das Fertigstellungsrisiko des Bauträgers wird dadurch eingegrenzt, dass der Kaufpreis dem Baufortschritt entsprechend in Raten fällig gestellt wird.

2.4.3.5 Die Haftung des Verkäufers für Mängel

– Rechtsmängel

Der Verkäufer haftet ohne Verschulden 30 Jahre lang für die Freiheit des Kaufgrundstücks von Rechten Dritter, die gegen den Käufer geltend gemacht werden können (z. B. Dienstbarkeiten, Grundpfandrechte) und von ihm im Kaufvertrag nicht übernommen worden sind. BGB § 434

Im Grundbuch eingetragene Rechte Dritter, die nicht mehr bestehen, hat der Verkäufer auf seine Kosten löschen zu lassen (abweichende vertragliche Regelung möglich). BGB § 435

Der Verkäufer haftet nicht, wenn der Käufer bei Vertragsabschluss den Mangel kannte. BGB § 439 Abs.1
Grundpfandrechte muss der Verkäufer aber auch dann beseitigen, wenn der Käufer sie kennt, es sei denn, der Käufer übernimmt z. B. die eingetragene Hypothek in Anrechnung auf den Kaufpreis. BGB § 439 Abs.2

Werden Grundpfandrechte vom Käufer nicht übernommen, so wird immer der Antrag, diese zu löschen, in den Kaufvertrag aufgenommen. Werden die Rechtsmängel nicht beseitigt, hat der Käufer folgende Rechte: BGB §§ 433, 434

- Erfüllung des Vertrages verlangen BGB §§ 440, 320
- Einrede des nicht erfüllten Vertrages erheben BGB §§ 320, 323
- Zahlung des Kaufpreises verweigern
- Schadensersatz wegen Nichterfüllung verlangen oder BGB § 325
- vom Vertrag zurücktreten BGB § 325

Die Haftung des Verkäufers für Rechtsmängel kann vertraglich ausgeschlossen werden.

Wenn der Verkäufer aber den Mangel arglistig verschwiegen hat, ist dieser Ausschluss nichtig. BGB § 443

Der Verkäufer haftet kraft Gesetzes nicht für die Freiheit des Grundstücks von öffentlichen Lasten, die nicht im Grundbuch eingetragen sind (z. B. Grundsteuer und Erschließungskosten). BGB § 436

– Sachmängel

Der Verkäufer hat zu gewährleisten, dass das Grundstück frei von Mängeln ist, die den Wert oder die Tauglichkeit zu dem gewöhnlichen oder nach dem Vertrag vorausgesetzten Gebrauch aufheben oder mindern (z. B. Hausschwamm, Hausbock, defekte Heizung). Der Verkäufer haftet ferner dafür, dass der Grundbesitz die vertraglich zugesicherten Eigenschaften hat (z. B. Baureife, Bezahlung von Erschließungskosten). BGB § 459 Abs.1

Die Haftung des Verkäufers ist ausgeschlossen, wenn

- der Käufer beim Abschluss des Vertrages den Fehler oder das Fehlen der zugesicherten Eigenschaft kannte, BGB § 460
- die Beteiligten die Sachmängelhaftung vertraglich beschränkt oder ausgeschlossen haben. Der Haftungsausschluss muss eindeutig formuliert sein. Eine solche so genannte Freizeichnungsklausel könnte bei einer gebrauchten Immobilie z. B. lauten: „Jegliche Haftung für Größe, Güte und Beschaffenheit des Grundbesitzes wird ausgeschlossen."

Der Ausschluss ist nichtig, wenn der Verkäufer den Mangel arglistig verschwiegen hat. BGB § 476

Die Gewährleistungsansprüche (nach Wahl) des Käufers sind:

- Rückgängigmachung des Kaufvertrages (Wandlung) BGB § 462
- Herabsetzung des Kaufpreises (Minderung) und unter Umständen BGB § 462
- Schadensersatz wegen Nichterfüllung BGB § 463

Diese Gewährleistungsansprüche verjähren bei Grundstücken in einem Jahr von der Übergabe, bei arglistigem Verschweigen in dreißig Jahren. BGB § 477 BGB § 195

2.4.3.6 Übergang von Besitz, Nutzen und Lasten

Der Zeitpunkt der Übergabe des Grundstücks an den Käufer ist von besonderer Bedeutung, weil mit der Übergabe die Gefahr des zufälligen Untergangs oder der zufälligen Verschlechterung des Grundstücks sowie die Nutzungen und Lasten auf den Käufer übergehen. (BGB § 446)

Vom Übergang dieser Rechte und Pflichten ist der Übergang des Eigentums zu unterscheiden, denn häufig tritt der Käufer in die Rechte und Pflichten aus dem Grundstück ein, bevor er mit der Eintragung im Grundbuch Eigentümer wird.

BGB § 854	Besitzübergabe heißt:	Verschaffung der tatsächlichen Gewalt über das Grundstück (Nutzung des Objektes)
BGB § 446 Abs.1	Gefahrübergang heißt:	Verschlechtert sich der Zustand des Kaufgrundstücks nach diesem Zeitpunkt (z. B. Zerstörung des Gebäudes durch Brand oder Verschlechterung durch Hochwasser), so behält der Verkäufer seinen vollen Kaufpreisanspruch.

BGB § 100 Nutzungen sind z. B. Miete und Pacht. Lasten sind z. B. Grundsteuern und Erschließungskosten.

Der Übergang von Besitz, Gefahr, Nutzungen und Lasten hat im Steuerrecht eine erhebliche Bedeutung. Will der Käufer erhöhte Absetzungen für Abnutzung (AfA) oder Sonderausgaben geltend machen, kommt es darauf an, wann der Erwerber die wirtschaftliche Verfügungsmacht erlangt.

2.4.3.7 Kosten und Steuern

Nach der Regelung des BGB hat der Käufer die Kosten der Beurkundung des Kaufvertrages, der Auflassung und der Eintragung zu übernehmen. Auch die Kosten der zur Eintragung erforderlichen Erklärungen (z. B. behördliche Genehmigungen) hat der Käufer zu tragen. Vermessungs- und Löschungskosten hat der Verkäufer zu tragen. (BGB § 449; BGB §§ 448, 434)

Die Verteilung der Kosten gem. § 449 BGB ist abdingbar. Vielfach werden alle Kosten (auch z. B. Vermessungskosten) dem Käufer vertraglich aufgebürdet. Zur Vermeidung von Streitigkeiten sollte stets eine eindeutige vertragliche Kostenregelung getroffen werden.

Die Maklerkosten fallen nicht unter die Regelung des § 449 BGB.

An Steuern kommt bei einem Grundstückskaufvertrag die Grunderwerbsteuer (sie beträgt 3,5 % der Gegenleistung, z. B. des Kaufpreises) in Betracht. (GrEStG § 11)

Welche Partei trägt (i. d. R.) welche Kosten?	
Käufer	**Verkäufer**
– **Kosten des Vertrages** (üblicherweise), einschließlich Genehmigungen und Erklärungen, die für seine Wirksamkeit (Genehmigung) bzw. seinen Bestand (Nichtausübung eines Vorkaufsrechts) erforderlich sind. – **Grunderwerbsteuer** (3,5 % des Kaufpreises) – **Vom Käufer ausgelöste Kosten** insbesondere für Bestellung von Grundschulden und Hypotheken zur Kaufpreisfinanzierung.	– **Vom Verkäufer ausgelöste Kosten** insbesondere für: Löschung von Belastungen des Kaufobjektes, die der Käufer nicht übernimmt.

2.4.3.8 Auflassung und Grundbucheintragung

Neben dem Abschluss des schuldrechtlichen Vertrages (z. B. Kaufvertrag) ist zur Übertragung des Eigentums an einem Grundstück die Einigung des Verkäufers und des Käufers über den Übergang des Eigentums erforderlich. Diese dinglich wirkende Einigung heißt Auflassung (vgl. S. 146). BGB § 873 BGB § 925

Für den Erwerber können sich durch die Trennung von schuldrechtlichem Kaufvertrag und dinglicher Auflassung und Grundbucheintragung möglicherweise Risiken ergeben, weil der Veräußerer (trotz Vertrag) immer noch Eigentümer ist und daher mit dem Grundstück nach Belieben verfahren kann.

Andererseits bietet diese Trennung auch bestimmte Vorteile. Der Verkäufer eines Grundstücks braucht z. B. das Eigentum nicht bereits mit Abschluss des Kaufvertrages und vor Bezahlung des Kaufpreises zu übertragen, sondern kann mit der Auflassung warten, bis der Käufer seinen Verpflichtungen nachgekommen ist.

Die Auflassung ist die Willenserklärung des Veräußerers und des Erwerbers, dass sie sich über den Eigentumsübergang vom Veräußerer auf den Erwerber einig sind. BGB § 925

Sie ist erforderlich, wenn die Eigentumsübertragung mit dem Wechsel des Rechtsträgers verbunden ist. Beim Grundstückserwerb durch Zuschlag in der Zwangsversteigerung ist beispielsweise keine Auflassung nötig. Hier erfolgt der Eigentumsübergang im Wege der Grundbuchberichtigung.

Die Auflassung muss bei gleichzeitiger, jedoch nicht persönlicher Anwesenheit der Beteiligten zu Protokoll erklärt werden. Diese Erklärung hat vor einer zuständigen Stelle (Notar) zu erfolgen. Eine getrennte Beurkundung von Angebot und Annahme ist ausgeschlossen. Käufer und Verkäufer können aber durch einen Bevollmächtigten (in der Praxis durch Angestellte des Notars) vertreten werden. BGB § 925

In der Regel wird der schuldrechtliche Vertrag (Kaufvertrag) zugleich mit der Auflassung durch den Notar beurkundet. Eine räumliche Trennung der beiden Geschäfte ist in diesem Fall dann nicht erforderlich.

Die Auflassung darf nicht unter einer Bedingung oder Befristung erklärt werden. Sie kann deshalb nicht vom Eintritt bestimmter Umstände, wie z. B. der Zahlung des Kaufpreises, abhängig gemacht werden. BGB § 925 Abs.2

In der Praxis löst man dies Problem, indem man die Auflassung z. B. aussetzt und erst nach Eintritt der Bedingung (Kaufpreiszahlung) erklärt.

Das aufgelassene Grundstück ist genau in Übereinstimmung mit dem Grundbuch zu bezeichnen. Diese Bezeichnung kann nachgeholt werden, wenn z. B. ein noch zu vermessendes, hinreichend beschriebenes Teilstück aufgelassen wird. GBO § 28

Beispiel einer Auflassung (innerhalb eines Grundstückskaufvertrages):

> „Die Parteien erklären sodann die Auflassung wie folgt:
>
> Wir sind darüber einig, dass das Eigentum an dem im § 1 dieses Vertrages genannten Grundbesitz auf den Käufer übergeht. Wir bewilligen und beantragen die Eintragung der Eigentumsänderung in das Grundbuch.“

Mit der Auflassung ist der Grundstückskaufvertrag erfüllt. Aber erst mit der Eintragung im Grundbuch wird der Käufer Eigentümer des Grundstücks.

Üblicherweise stellt der Notar bei Vorliegen der erforderlichen Unterlagen (z. B. Verzichtserklärungen, steuerliche Unbedenklichkeitsbescheinigung) den Umschreibungsantrag. BGB § 873 Abs.1

Das Grundbuchamt benachrichtigt nach Eintragung des Käufers als neuen Eigentümer den Notar, den Verkäufer und den Käufer.

Weiterhin sollen auch diejenigen, die ein dingliches Recht an dem Grundstück haben, vom Grundbuchamt über den Eigentumswechsel informiert werden.

Begl. Ablichtung

Nr. 117 der Urkundenrolle für 1983

Urkunde

des Notars

Jörg Montag

in Malente-Gremsmühlen

Verhandelt

zu Malente am 30. September 1983

Vor mir, dem unterzeichnenden Notar

Jörg M o n t a g

mit dem Amtssitz in Malente

erschienen

1) die Witwe Lisa Breifeld, geb. Ehm, sowie deren Sohn, Heizungsbauer Reinhard Breifeld, beide wohnhaft in Malente, Steenkamp 22,
2) Wohnungskaufmann Dieter Schatz und dessen Ehefrau, Krankenschwester Regine Schatz, geb. Böse, beide wohnhaft in Malente, Kellerseestraße 27.

– ausgewiesen durch Bundespersonalausweise –

Die Erschienenen zu 1), nachstehend Verkäufer genannt, schließen mit den Erschienenen zu 2), nachstehend Käufer genannt, nachstehenden

Grundstückskaufvertrag:

§ 1

Verkäufer sind Eigentümer des im Grundbuch von Malente Blatt 3323 eingetragenen Grundstücks, bestehend aus dem Flurstück 6/12 der Flur 4 Gemarkung Malente, groß 1074 m^2. Das Grundstück ist mit einem Zweifamilienhaus bebaut.

Die Verkäufer verkaufen das vorbezeichnete Grundstück an die Käufer je zur ideellen Hälfte. Die Veräußerung erfolgt so, wie sich heute alles befindet ohne Gewähr für Größe, Güte und Beschaffenheit und so, wie es von den Käufern besichtigt wurde. Jegliche Sachmängelrüge ist ausgeschlossen. Die Verkäufer versichern, dass ihnen vom Vorhandensein wesentlicher Mängel wie Schwamm, Hausbock oder Trockenfäule nichts bekannt sei.

Die Übertragung erfolgt mit allen Rechten und Pflichten, öffentlichen Lasten und

Beschwerden, jedoch frei von Belastungen innerhalb des Grundbuchs. Verkäufer haben auf ihre Kosten reines Grundbuch zu liefern, sofern im Nachstehenden nichts anderes vereinbart ist.

§ 2

Der Kaufpreis beträgt 440 000,– DM, in Worten: Vierhundertvierzigtausend

Der Kaufpreis wird wie folgt belegt:

a) Ein Teilbetrag von 380 000,– DM wird bis spätestens zum 01. Dezember 1983 an dem amtierenden Notar auf dessen Treuhandkonto bei der Vereins- und Westbank Malente Nr. 95/566109 gezahlt. Rechtzeitiger Eingang gilt für die Käufer als Erfüllung.

b) In Höhe des Restkaufgeldes in Höhe von 60 000,– DM gewährt die Verkäuferin, Frau Lisa Breifeld, den Käufern ein Darlehen, welches von den Käufern ab dem 01. Dezember 1983 mit 7 % zu verzinsen ist. Das Darlehen ist von seiten der Verkäuferin ebenso wie von seiten der Käufer mit halbjährlicher Frist kündbar.

Die Zinsen sind jeweils halbjährlich im Nachhinein zu zahlen.

Wegen dieser Darlehnsforderung bewilligen und beantragen die Vertragsparteien für die Verkäuferin, Frau Lisa Breifeld, eine Sicherungshypothek von 60 000,– DM nebst 7 % Zinsen seit dem 01. Dezember 1983 im Grundbuch einzutragen.

Die Vertragsparteien vereinbaren weiter, dass von der hier beantragten Hypothek von 60 000,– DM nebst 7 % Zinsen gleichzeitig ein Rangvorbehalt in Höhe von 320 000,– DM nebst 15 % Zinsen und 5 % einmaliger Nebenleistung für ein oder mehrere Grundpfandrechte eingetragen wird.

Die Parteien bewilligen und beantragen die Eintragung des Rangvorbehaltes im Grundbuch.

Die Vertragsparteien weisen den amtierenden Notar an, das auf dem Notaranderkonto eingehende Treuhandgeld in erster Linie zur Grundbuchbereinigung zu verwenden und den Rest an die Verkäufer auszuzahlen. Die Verkäufer weisen den Notar an, bei der Auszahlung zu berücksichtigen, dass die Valuta der in Abt. III lfd. Nr. 7 und 8 eingetragenen Grundpfandrechte allein zu Lasten des Verkäufers Reinhard Breifeld gerechnet werden sollen und dies bei Auszahlung an die Verkäufer berücksichtigt wird.

Der Notar darf über die Gelder verfügen, sobald die vertragsgemäße Umschreibung des Grundstücks auf die Käufer sichergestellt ist.

§ 3

Über den Sinn und Zweck einer Auflassungsvormerkung sind die Vertragsparteien durch den Notar belehrt. Verkäufer bewilligen, Käufer beantragen die Eintragung einer solchen Vormerkung zugunsten der Käufer. Käufer beantragen schon jetzt die Löschung dieser Vormerkung gegen vertragsgemäße Umschreibung des Eigentums auf sie.

§ 4

Die Übergabe des Kaufobjektes erfolgt am 01. Dezember 1983, jedoch nicht vor vollständiger Hinterlegung des Kaufpreises auf dem Treuhandkonto. Die untere Wohnung des Hauses wird geräumt übergeben. Es ist weiter zwischen den Vertragsparteien vereinbart, dass die Verkäuferin, Frau Lisa Breifeld, lt. noch gesondert abzuschließenden Mietvertrag die obere Wohnung weiter zu monatlicher Kaltmiete von 600,– DM bewohnt.

Vom Tage der Übergabe an gehen Gefahr für Verschlechterung und zufälligen Untergang auf die Käufer über. Käufer treten auch in die für das Grundstück abgeschlossenen Versicherungsverträge mit dem Tage der Übergabe ein. Vorausgezahlte Versicherungsbeiträge sind auf den Tag der Übergabe zwischen den Vertragsteilen zu verrechnen ebenso wie Grundsteuer und andere öffentliche Lasten.

§ 5

Die Kosten des Vertrages und seiner Durchführung einschließlich der Grunderwerbsteuer tragen die Käufer. Die Kosten der Grundbuchbereinigung tragen jedoch die Verkäufer. Sie tragen auch die durch die

Auskehrung der Treuhandgelder in verschiedenen Teilbeträgen entstehenden Mehrkosten der Hinterlegungsgebühr.

Die Beteiligten wurden darüber belehrt, dass sie dem Notar und allen Behörden für sämtliche Kosten und Steuern als Gesamtschuldner haften.

§ 6

Die Auflassung soll beurkundet werden, sobald der Teilkaufpreis in Höhe von 380 000,– DM auf das Notaranderkonto hinterlegt ist. Die Parteien erteilen hierzu unter Befreiung von den einschränkenden Vorschriften des § 181 BGB Einzelvollmacht an

1) Bürovorsteher Holger Buhmann, Kampstr. 7, 2427 Malente
2) Notargehilfin Birgit Peetz, Stolbergstr. 1, 2420 Eutin

mit der Maßgabe, die Auflassung zu erklären und entgegenzunehmen, erforderlich werdende Änderungen oder Ergänzungen dieses Vertrages beurkunden zu lassen, Löschungsbewilligungen und -anträge abzugeben und überhaupt alles zu tun, was zur Durchführung des Vertrages erforderlich ist.

§ 7

Der Notar hat das Grundbuch am 30. September 1983 eingesehen und den Grundbuchstand mit den Beteiligten erörtert. Die Beteiligten baten daraufhin um Beurkundung des Vertrages.

Sie sind auch darüber belehrt, dass der Vertrag behördlicher Genehmigung bedarf und die Umschreibung des Eigentums auf die Käufer erst nach Eingang aller Genehmigungen, mit deren Einholung und Entgegennahme der Notar beauftragt wird, erfolgen kann.

Der Vertrag ist vollständig und richtig wiedergegeben. Mündliche Nebenabreden sind nicht getroffen.

§ 8

Der Vertrag ist durch die Vermittlung der Maklerfirma Schwentine-Immobilien Asmus Franzen – Inhaber Frau Ilse Franzen – in Malente, Bahnhofstr., zu stande gekommen. Verkäufer verpflichten sich 2 %, Käufer verpflichten sich 3 %, jeweils zzgl. gesetzlicher Mehrwertsteuer der Kaufsumme, an die Maklerfirma als Provision zu zahlen. Diese ist mit Unterzeichnung des Vertrages fällig und zahlbar.

Das Protokoll wurde den Erschienenen vorgelesen, von ihnen genehmigt und, wie folgt, eigenhändig unterschrieben.

gez. Lisa Breifeld, geb. Ehm
gez. Reinhard Breifeld
gez. Dieter Schatz
gez. Regine Schatz, geb. Böse
gez. Jörg Montag, Notar

Auflassungserklärung zum vorstehenden Grundstückskaufvertrag:

Nachdem nunmehr die Voraussetzungen hierfür vorliegen, erkläre ich namens meiner Vollmachtgeber die Auflassung wie folgt:

> „Die Vertragsteile sind darüber einig, dass das Eigentum an dem im Grundbuch von Malente, Blatt 3323 eingetragenen Grundstück, bestehend aus dem Flurstück 6/12 der Flur 4 Gemarkung Malente, groß 1074 m² von den Verkäufern je zur ideellen Hälfte lastenfrei übergehen soll. Sie bewilligen und beantragen die Eigentumsumschreibung im Grundbuch."

Anmerkung zur praktischen Handhabung:
In der Regel wird der schuldrechtliche Vertrag (Kaufvertrag) zugleich mit der Auflassung beurkundet. Eine räumliche Trennung der beiden Geschäfte ist dann nicht erforderlich.

Grundstückserwerb durch Kaufvertrag		
1. BGB § 433:	Grundpflichten des Verkäufers und des Käufers	schuldrechtliches Geschäft
2. BGB § 313:	Form der Verpflichtung zur Veräußerung oder zum Erwerb eines Grundstücks	
3. BGB § 873:	Erwerb durch Einigung und Eintragung	sachenrechtliches oder dingliches Geschäft
4. BGB § 925:	Auflassung	

Fragen:

1. Beim Grundstücksverkauf besteht das Risiko des Verkäufers darin, sein Grundstück zu verlieren, aber den Kaufpreis nicht oder nicht vollständig zu erhalten.

   Das Risiko des Käufers liegt darin, den Kaufpreis zu zahlen, aber Besitz und Eigentum am Grundstück nicht dem Vertrag entsprechend zu erhalten.

   Durch welche vertraglichen Vereinbarungen können sich Verkäufer und Käufer vor diesen Risiken schützen?

2. Was heißt „Beurkundung eines Vertrages"?

   Welche rechtliche Wirkung hat die Beurkundung für den Vertrag?

3. Welche Bedeutung hat die Auflassungsvormerkung?

   Warum wird sie im vorliegenden Vertrag durch den Käufer beantragt und durch den Verkäufer bewilligt?

4. Erklären Sie bitte die rechtliche Bedeutung der Auflassung.

5. Die Übergabe des Kaufobjektes erfolgt im vorstehenden Fall am 1. Dezember 1983. Welche Bedeutung hat dieser Termin für den Käufer? Wann ist der Käufer rechtmäßiger Eigentümer?

6. Für welche Mängel haftet ein Grundstücksverkäufer, wenn der Kaufvertrag über Mängelhaftung nichts aussagt?

7. Welche Bedeutung hat der eheliche Güterstand im Zusammenhang mit einem Grundstückskaufvertrag?

2.4.4 Zuschlag in der Zwangsversteigerung

Bei dem Grundstückserwerb durch Zuschlag in der Zwangsversteigerung handelt es sich um einen entgeltlichen Erwerb durch Hoheitsakt.

Die zunehmende Bedeutung dieser Erwerbsform auf dem Immobilienmarkt wird durch die gestiegene Anzahl der Immobilienzwangsversteigerungen in der Bundesrepublik Deutschland belegt.

Mit Zuschlag in der Zwangsversteigerung kann man zum einen eine Immobilie u. U. relativ günstig erwerben, da die Versteigerungspreise im Durchschnitt nur ca. 80 % des Verkehrswertes erreichen und keine Makler- und Notarkosten anfallen.

Zum anderen kann man Objekte erwerben, die aufgrund hoher Belastungen nicht frei veräußerbar sind.

Allerdings ist es angezeigt, dass sich der (Biet-)Interessent gründlich auf diese besondere Erwerbsform vorbereitet und sich intensiv mit dem Verfahren und dessen Ablauf vertraut macht.

2.4.4.1 Informationsbeschaffung

Anstehende Versteigerungen werden an der Gerichtstafel des Amtsgerichts mit Objekt- und Terminangabe ausgehängt.

Die amtlichen Bekanntmachungsblätter (landesrechtlich geregelt, kann von Gericht zu Gericht unterschiedlich sein) geben die entsprechenden Zwangsversteigerungstermine bekannt.

Die Veröffentlichung der Versteigerungstermine erfolgt auch im Immobilienteil der Tagespresse und evtl. unter der Rubrik „öffentliche Bekanntmachungen".

Beispiele:

Grundstücksversteigerung

Am 09. September 1996, 09.00 Uhr, soll im hiesigen Amtsgericht, Jungfernstieg 3, Saal C, der im Grundbuch von Haffkrug-Scharbeutz Blatt 4439, Bestandsverzeichnis Nr. 1 und 2 (Erbbaurecht an dem Grundstück Haffkrug Band 11 Blatt 335, Bestandsverzeichnis Nr. 42: Gemarkung Haffkrug, Flur 2, Flurstück 294/35, Hof- und Gebäudefläche, Karkstieg 59, 514 qm groß; in Abt. II unter Nr. 47 für die Dauer von 99 Jahren seit dem 01. April 1993) eingetragene Grundbesitz zwangsweise versteigert werden. Jeder Erbbauberechtigte bedarf zur Veräußerung und Belastung des Erbbaurechts, zur Bestellung von Wohnungserbbaurechten und zu jeder Änderung des Inhalts der Rechte sowie zur Eintragung von Vormerkungen der Genehmigung des Grundstückseigentümers. Eigentümer: Dr. Jan Müller-Ontjes und Heinrich Müller.

Verkehrswert: 210.000,– DM

3 K 39/94 Amtsgericht Eutin, den 12. August 1996

In Zwangsversteigerung zu erwerben:

ETW in 24149 Kiel, Strohredder 22, in schöner Hanglage, insges. 12 Wohneinheiten mit Reihenhauscharakter.
Wohnung Nr. 4: 62,7 m², 2 ½ Zimmer, Küche, Bad, WC, Abstellraum und Loggia, Bj. 1982.
Kellerraum. Pkw-Stellplatz. Die Wohnung ist vermietet.
Gerichtlich festgesetzter Verkehrswert: DM 190 000,-
Zwangsversteigerungstermin: 5. 9. 96, 10.30 Uhr, Amtsgericht Kiel, Saal 4, Deliusstraße 22, Kiel.
Auskünfte erteilt:
Landesbank Schleswig-Holstein Girozentrale, Kiel,
Tel. 0431/900-1910.

9 K 131/96 FR, 9 K 127/99 bis 9 K 133/99 FR

Zwangsversteigerung

Im Wege der Zwangsvollstreckung versteigert das Amtsgericht Freiburg i. Br. am

Donnerstag, 9. Dezember 1999, nachmittags 14.30 Uhr

Saal 9, Carl-Schurz-Haus, Kaiser-Joseph-Straße 266, 1. OG

folgende Raumeigentumsrechte an dem Grundstück

Flurstück Nr. 3872/5 Hof- und Gebäudefläche
Merzhauser Straße 12, 14 mit 25,36 Ar

– Gebäudeteil auf Flurstück Nr. 3872 –, in Freiburg i. Br., eingetragen in den Raumeigentum-Grundbüchern von Freiburg i. Br.:

Akten-zeichen 9 K../..	Wohng.-Grundb. Blatt Nr.	Miteigen-tum /10000	Sonder-eigentum an Wohnung Nr.	Wohn-fläche m²*	Geschoß **	Anzahl Zimmer	**Verkehrs-wert DM neu**
131/96 FR	24094	78,91	252	33,58	5. OG Mi.	1	**93000,-**
127/99 FR	24095	226,24	253	96,28	5. OG re.	4	**223000,-**
128/99 FR	24096	226,24	261	96,28	6. OG li.	4	**227000,-**
129/99 FR	24097	78,91	262	33,58	6. OG Mi.	1	**94000,-**
130/99 FR	24098	226,24	263	96,28	6. OG re.	4	**216000,-**
131/99 FR	24099	234,75	271	99,90	7. OG li.	3	**247000,-**
132/99 FR	24100	234,75	272	99,90	7. OG re.	3	**236000,-**

Akten-zeichen 9 K../..	Teileigent. Grundb. Blatt Nr.	Miteigen-tum /10000	Sondereigentum an nicht zu Wohn-zwecken dienenden Räumen*	**Verkehrs-wert DM neu**
133/99 FR	24079	179,26	Laut Aufteilungsplan Nr. 201: Ladengeschäft im EG rechts mit 76,28 m² Nutzfläche	**189000,-**

Erläuterung:

Alle Raumeigentumsrechte befinden sich im Hause **Merzhauser Straße 12**

*) Die Wohn- und Nutzflächenangaben und die Anzahl der Einstellplätze sind unverbindlich.

**) Abkürzungen außer den allgemeingültigen: Mi. = Mitte
Zu jedem Wohnungseigentum gehört das Sondereigentum an einem Keller sowie das Sondernutzungsrecht an einem Pkw-Einstellplatz in der Tiefgarage, jeweils mit derselben Nr. bezeichnet.
Zum Teileigentum gehört das Sondernutzungsrecht an den mit derselben Nr. bezeichneten (zwei) Pkw-Einstellplätzen.

Im früheren Versteigerungstermin wurde der Zuschlag wegen Unterschreitung von 5/10 bzw. 7/10 des ursprünglich höher festgesetzten Verkehrswertes **versagt.**

Zur Zeit der Eintragung des Zwangsversteigerungsvermerks (27. 4. 1995) war im Grundbuch die Südstern Gesellschaft zur Vermittlung und Betreuung von Kapitalanlagen mbH, Filderstadt-Plattenhardt, als Berechtigte eingetragen.

Rechte, die zu diesem Zeitpunkt nicht aus dem Grundbuch ersichtlich waren, sind spätestens im Versteigerungstermin vor Aufforderung zur Gebotsabgabe anzumelden und bei Widerspruch des Gläubigers glaubhaft zu machen, da sie andernfalls bei Feststellung des geringsten Gebotes nicht berücksichtigt und bei Verteilung des Versteigerungserlöses dem Anspruch des Gläubigers und den übrigen Rechten nachgesetzt werden.

Es empfiehlt sich, frühzeitig vor Termin eine genaue Berechnung der Ansprüche, getrennt nach Kosten der dinglichen Rechtsverfolgung, Nebenleistungen und Kapital, einzureichen. Wer ein Recht hat, das der Versteigerung des Grundbesitzes oder des in § 55 ZVG genannten Zubehörs entgegensteht, wird aufgefordert, vor Erteilung des Zuschlags die Aufhebung oder einstweilige Einstellung des Verfahrens herbeizuführen, andernfalls für das Recht der Versteigerungserlös an die Stelle des versteigerten Gegenstandes tritt.

Für Gebote kann im Termin nach §§ 67 ff. ZVG Sicherheitsleistung verlangt werden. Bietvollmachten müssen öffentlich beglaubigt sein.

Hinweis: Es gelten neue Vorschriften, u. a. betreffend die Sicherheitsleistung (Art und Höhe = 10 % des Verkehrswertes) und die Mindestzeit für die Gebotsabgabe im Termin (nur noch 30 Minuten)!

Amtsgericht Freiburg i. Br.
– Vollstreckungsgericht –

Auch private Versteigerungsanzeiger und -kataloge bieten eine Übersicht über aktuelle Versteigerungen.

Nähere Informationen zum Versteigerungsobjekt finden sich in der Versteigerungsakte. Die Akte enthält u. a. den Grundbuchauszug und das Verkehrswertgutachten sowie die betrei-
ZVG benden Gläubiger und die zu übernehmenden Lasten. Diese Unterlagen können beim
§ 42 Amtsgericht eingesehen und eigene Aufzeichnungen angefertigt werden (keine Kopien).

Bei allen Fragen zum Verfahren steht der zuständige Rechtspfleger als Ansprechpartner zur Verfügung. Auskünfte werden i. d. R. nur bei einem persönlichen Besuch erteilt.

2.4.4.2 Zwangsversteigerungsverfahren

Bei einer Zwangsversteigerung sollen die Ansprüche des Gläubigers aus dem Erlös des Grundstücks bei dessen Verwertung befriedigt werden (vgl. auch S. 128/129 „Zwangsweise
ZPO Befriedigung des Grundpfandgläubigers"). Die rechtlichen Grundlagen hierzu finden sich
§§ 864 ff. in der Zivilprozessordnung (ZPO) und im Zwangsversteigerungsgesetz (ZVG).

ZVG Der Antrag auf Zwangsversteigerung ist bei dem Amtsgericht (Vollstreckungsgericht)
§ 1 zu stellen, in dessen Bezirk das Grundstück belegen ist. Antragsteller ist in der Regel
ZVG der betreibende Gläubiger. Der Antrag soll das Grundstück, den Eigentümer, den An-
§§ 15, 146 spruch und den vollstreckbaren Titel bezeichnen.

ZVG
§ 16 Dem Antrag sind folgende Unterlagen beizufügen:

– der Vollstreckungstitel mit Klausel,
– ein Grundbuchauszug,
– evtl. sonstige Urkunden (Vollmachten, Erbschein, Genehmigung des gesetzlichen Vertreters)

– Anordnungsbeschluss

Vor Einleitung des Verfahrens hat das Gericht die allgemeinen Voraussetzungen (Schuldtitel, Vollstreckungsklausel und Zustellungsnachweis) zu prüfen. Bei Vorliegen dieser Voraussetzungen ordnet das Gericht durch Beschluss die Zwangsversteigerung
ZVG an. Dieser Beschluss wird dem Schuldner zugestellt; der Gläubiger erhält eine formlose
§ 19,1 Mitteilung. Das Grundbuchamt erhält diesen Anordnungsbeschluss mit der Aufforderung, die Eintragung des **Zwangsversteigerungsvermerkes** in das Grundbuch (Abt. II) vorzunehmen.

Grundbuchauszug mit Mustereintragung eines Zwangsvollstreckungsvermerkes:

Einlegeblatt 1 Abt. II

Amtsgericht Altstadt **Grundbuch von** Neudorf **Blatt** 4711 **Zweite Abteilung**

Laufende Nummer der Eintragungen	Laufende Nummer der betroffenen Grundstücke im Bestandsverzeichnis	Lasten und Beschränkungen
1	2	3
1	1	Grunddienstbarkeit (Geh- und Fahrrecht) für den jeweiligen Eigentümer des Grundstücks Flur 5, Flurstück 6/12, eingetragen im Grundbuch von Neudorf, Blatt 3302. Unter Bezugnahme auf die Bewilligung vom 27. 2. 1989, eingetragen am 9. Mai 1989. Hauser Kienzle
2	1	Die Zwangsverwaltung des Grundstücks ist angeordnet – 6L 8/94 – eingetragen am 29. März 1994. Hauser Kienzle
3	1	Die Zwangsversteigerung des Grundstücks ist angeordnet – 6K 14/94 – eingetragen am 30. Mai 1994. Hauser Kienzle

GS 78 Handblatt Zweite Abteilung (L8) (12/81)

Durch den Zwangsversteigerungsbeschluss wird das Grundstück einschließlich der mithaftenden Gegenstände (vgl. S. 123 „Hypothek") zugunsten des Gläubigers beschlagnahmt. ZVG § 20 ZVG § 10

Von der Beschlagnahme werden aber nicht erfasst:

- land- und forstwirtschaftliche Erzeugnisse, die nicht mehr mit dem Boden verbunden sind, ZVG § 21,1
- Miet- und Pachtzinsforderungen, ZVG § 21,2
- Ansprüche aus einem Recht auf wiederkehrende Leistungen.

Diese Gegenstände können nur im Rahmen der Zwangsverwaltung einbezogen werden. Durch die Anordnung der Zwangsversteigerung ist der Schuldner also nicht an der Verwaltung und Benutzung des Grundstücks (allerdings nur im Rahmen einer ordnungsgemäßen Verwaltung) gehindert. Der Schuldner kann also z. B. wirksam Miet- und Pachtverträge schließen. Die Beschlagnahme bewirkt, dass der Schuldner das Grundstück nicht mehr veräußern darf. Damit ist gemeint, das Verfügungen über das Grundstück oder über Rechte am Grundstück insoweit unwirksam sind, als sie die Rechte des Gäubigers beeinträchtigen. Die Beschlagnahme bewirkt weiter, dass der Gläubiger das Recht hat, sich aus dem Grundstück zu befriedigen. Die Beschlagnahme wird mit der Zustellung des Beschlusses an den Schuldner, oder mit Eingang beim Grundbuchamt wirksam. ZVG § 24 ZVG § 23 ZVG § 10 ZVG § 22 ZVG § 9

An dem Zwangsversteigerungsverfahren beteiligt sind:

- der das Verfahren betreibende (aktive) Gläubiger,
- der Schuldner (i. d. R. der Grundstückseigentümer),
- diejenigen Personen (Grundstücksberechtigte, oder nicht aktive Gläubiger), für welche zurzeit der Eintragung des Zwangsversteigerungsvermerks im Grundbuch ein Recht eingetragen ist (u. a. Grundpfandrechtsgläubiger, Dienstbarkeits- und Reallastberechtigte).

Andere Personen sind nur beteiligt, wenn sie ihre Rechte angemeldet haben. Beispielhaft sind hier die Berechtigten aus Grundstücksrechten zu nennen, die erst nach Eintragung des Versteigerungsvermerks im Grundbuch eingetragen worden sind sowie Berechtigte aus öffentlichen Lasten (z. B. Grundsteuern, Erschließungskosten).

Die Beteiligten am Zwangsversteigerungsverfahren sind durch das Gericht von Amts wegen am gesamten Verfahren zu beteiligen (z. B. rechtzeitige Ladung zum Termin).

– Einstellung und Aufhebung des Verfahrens

Im Verlauf des Versteigerungsverfahrens kann eine einstweilige Einstellung oder eine Aufhebung angeordnet werden. Bei einer einstweiligen Einstellung wird das Verfahren vorübergehend unterbrochen, bei einer Aufhebung wird das Verfahren beendet. ZVG § 30

Die **einstweilige Einstellung** erfolgt auf Bewilligung des Gläubigers oder auf Antrag des Schuldners. Der das Verfahren betreibende (aktive) Gläubiger kann jederzeit ohne Angaben von Gründen die einstweilige Einstellung des Verfahrens bewilligen. Die Bewilligung durch den Gläubiger erfolgt i. d. R. dann, wenn der Schuldner in der Zwischenzeit Zahlungen geleistet oder angekündigt hat. Bleiben aber zum Beispiel die angekündigten Zahlungen des Schuldners aus, so kann der Gläubiger ohne Begründung die Fortsetzung des Verfahrens beantragten. Wird dieser Antrag aber nicht innerhalb von 6 Monaten gestellt, so wird das Verfahren aufgehoben. Die einstweilige Einstellung des Verfahrens kann aber nochmals durch den Gläubiger bewilligt werden; allerdings gilt die dritte Bewilligung als Rücknahme des Versteigerungsantrags und führt zur Aufhe- ZVG § 30,1 ZVG § 31,1 ZVG § 30,1 ZPO § 765 a ZVG § 30 a, 1

ZVG §§ 30 a, b bung des Verfahrens. Auch der Schuldner kann im Rahmen des Vollstreckungsschutzes auf Antrag eine einstweilige Einstellung des Verfahrens für höchstens 6 Monate erwirken. Hierbei müssen bestimmte Voraussetzungen vorliegen, die durch das Gericht überprüft werden.

Der Vollstreckungsschutz nach § 765 a ZPO kann evtl. gewährt werden, wenn der zu erwartende Ersteigerungserlös z. B. unter 40 % des Verkehrswertes liegt.

Die am 01.01.1999 in Kraft getretene **Insolvenzordnung** bietet weitere Möglichkeiten, um unter bestimmten Voraussetzungen eine **einstweilige Einstellung** des Zwangsversteigerungsverfahrens zu erwirken.

So kann der Insovenzverwalter die einstweilige Einstellung des laufenden Zwangsversteigerungsverfahrens beantragen, wenn z. B.

- das Grundstück für die Fortführung des Unternehmens benötigt wird oder
- die Durchführung des Insolvenzplanes durch die Versteigerung gefährdet würde.

Wenn glaubhaft gemacht werden kann, dass zur Verhütung nachteiliger Veränderungen in der Vermögenslage des Schuldners eine Einstellung erforderlich ist, kann die Zwangsversteigerung auf Antrag des vorläufigen Verwalters bereits vor Eröffnung des Insolvenzverfahrens einstweilen eingestellt werden.

Die **Aufhebung des Verfahrens** erfolgt,

- ZVG § 29 wenn der Versteigerungsantrag von dem Gläubiger zurückgenommen wird,
- ZVG § 30,1 wenn der Gläubiger zum dritten Mal die einstweilige Verfahrenseinstellung bewilligt,
- ZVG § 31,1 wenn der Gläubiger nach der einstweiligen Einstellung den Fortsetzungsantrag nicht fristgerecht gestellt hat,
- ZVG § 28 wenn aus dem Grundbuch Rechte ersichtlich sind, die dem Verfahren entgegenstehen (z. B. bei Eigentumsübergang vor Eintragung des Zwangsversteigerungsvermerks),
- ZVG § 77,2 wenn auch im zweiten Versteigerungstermin kein entsprechendes Gebot vorliegt.

Der Gläubiger kann die Zwangsversteigerung aber jederzeit neu beantragen. Dies gilt jedoch nicht, wenn die Aufhebung des Verfahrens aufgrund entgegenstehender Rechte erfolgte.

- Versteigerungstermin

ZVG § 74a Abs.1 Noch bevor der Versteigerungstermin bestimmt wird, setzt das Gericht den **Grundstückswert** fest.

ZVG § 68, Abs.1 Der Grundstückswert wird u. a. zur Ermittlung der so genannten 7/10 und 5/10 Grenze, sowie für die Bemessung der Gerichtskosten und die Höhe der Sicherheitsleistung benötigt.

BauGB § 194 Als Grundlage für die Festsetzung des Grundstückswertes wird i. d. R. ein Gutachten über den Verkehrswert (vgl. Themenkreis 4/Wertermittlung von unbebauten und bebauten Grundstücken) durch das Gericht eingeholt.

Die Bestimmung des Grundstückswertes umfasst auch den Wert der beweglichen Gegenstände (z. B. Zubehör), die von der Beschlagnahme miterfasst sind.

Der Versteigerungstermin wird durch das Vollstreckungsgericht festgelegt. Die Terminbestimmung muss lt. ZVG bestimmte Angaben enthalten (z. B. die Aufforderung zur Anmeldung von Rechten) und ist mindestens sechs Wochen vor dem Termin öffentlich bekannt zu machen (vgl. 2.4.4.1. Informationsbeschaffung). Der Zeitraum zwischen

Bekanntgabe des Termins und dem Versteigerungstermin soll i. d. R. nicht mehr als sechs Monate betragen. ZVG §§ 37, 38

Der Versteigerungstermin ist in drei Teile gegliedert: ZVG §§ 39, 40

Aufruf der Sache zur Vorbereitung der eigentlichen Versteigerung.
Die eigentliche Versteigerung (Bietstunde).
Die Anhörung der Beteiligten über den Zuschlag.

Der **Aufruf der Sache** ist durch das ZVG vorgeschrieben und beinhaltet u. a. die Bekanntgabe der Namen der betreibenden Gläubiger, die Versteigerungsbedingungen und das geringste Gebot. Das **geringste Gebot** ist das Gebot, das unbedingt geboten werden muss. Es muss alle Ansprüche, die dem Anspruch des die Zwangsversteigerung betreibenden Gläubigers im Range vorgehen, umfassen und die Verfahrenskosten decken. Bei Rechten die im Grundbuch nicht bewertet sind, wie z. B. Dienstbarkeiten und Reallasten, setzt das Gericht einen Wert fest. ZVG § 66 ZVG § 44 ZVG § 10 ZVG § 51

Beispiel (vereinfacht):

Ein Grundstück ist wie folgt belastet:

1. Grundschuld	120 000,00 DM
2. Grundschuld	180 000,00 DM

Bestehende öffentliche Lasten sollen mit 1 200,00 DM und die Kosten des Verfahrens mit 2 300,00 DM angenommen werden.

Wird die Versteigerung aus der 1. Grundschuld betrieben, so liegt das geringste Gebot bei 3 500,00 DM (öffentliche Lasten und Kosten des Verfahrens). Betreibt der Grundpfandrechtsgläubiger der 2. Grundschuld die Versteigerung, so ergibt sich für das geringste Gebot ein Gesamtwert von 123 500,00 DM (Kosten des Verfahrens, öffentliche Lasten und Wert der 1. Grundschuld).

Die **eigentliche Versteigerung** beginnt mit der Aufforderung des Gerichts zur Abgabe von Geboten. Sie dauert mindestens 30 Minuten. Diese so genannte Bietstunde kann bei Bedarf allerdings überschritten werden. Die Versteigerung muss so lange fortgesetzt werden, bis ein weiteres Angebot nicht mehr abgegeben wird. Das letzte Gebot wird durch dreimaligen Aufruf durch das Gericht verkündet. Anschließend wird der Schluss der Versteigerung durch das Gericht festgestellt. An der Versteigerung kann sich jede Person, die sich ausweisen kann und die voll geschäftsfähig ist, beteiligen. Eine Person, die nicht in eigenem Namen bietet, benötigt eine beglaubigte **Bietervollmacht**. ZVG § 73 ZVG § 71 Abs.2

Gebote können nicht schriftlich eingereicht werden, sie müssen mündlich im Versteigerungstermin abgegeben werden.

Der bzw. die Bieter müssen auf Verlangen eines Beteiligten Sicherheit leisten. Die **Sicherheitsleistung** beträgt **10 % des Verkehrswertes** (vgl. BauBG § 194); sie muss aber mindestens die Verfahrenskosten abdecken. ZVG § 67 ZVG § 68 Abs.1

Die Sicherheitsleistung kann erbracht werden durch ZVG § 69

- einen bestätigten Bundesbankscheck
- einen Verrechnungsscheck eines anerkannten Kreditinstitutes,
- eine selbstschuldnerische Bankbürgschaft und ausnahmsweise durch
- die Hinterlegung von Bargeld.

Kann ein Bieter die verlangte Sicherheit nicht sofort im Termin leisten, so ist das Gebot zurückzuweisen. ZVG § 70

Nachdem der Schluss der Versteigerung festgestellt wurde, wird i. d. R. die Entscheidung über den Zuschlag verkündet.

Der Zuschlag wird demjenigen Bieter erteilt, der das **höchste Gebot** (**Meistgebot**) abgegeben hat. Der Teil des Meistgebotes, der die bestehen bleibenden Rechte übersteigt, muss bar entrichtet werden (**Bargebot**). (ZVG § 49)

Nur dieses Bargebot wird im Versteigerungstermin als Gebot genannt. Die bestehen bleibenden Rechte sind zur Ermittlung des Grundstücksgegenwertes hinzuzurechnen.

Besteht ein zu übernehmendes Recht jedoch tatsächlich nicht mehr, so hat der Ersteher (unter dem Aspekt der ungerechtfertigten Bereicherung) dessen Wert zusätzlich zum Bargebot zu zahlen.

Die Bewertung der bestehen bleibenden Rechte ergibt sich bei bestehenden Rechten in Abt. III (Grundpfandrechte) aus dem im Grundbuch eingetragenen Betrag, bei bestehenden Rechten in Abt. II (z. B. Grunddienstbarkeiten, Reallasten) legt das Gericht einen Ersatzwert fest. (ZVG § 51)

Beispielsfall (s. o.)

Betreiber des Verfahrens ist der Grundpfandrechtsgläubiger der 2. Grundschuld (180 000,00 DM). Es wird ein Meistgebot von 250 000,00 DM abgegeben.

	Meistgebot	250 000,00 DM
–	bestehen bleibende Rechte (1. Grundschuld)	120 000,00 DM
=	Bargebot	130 000,00 DM

Erhält der Bieter den Zuschlag, muss er also 130 000,00 DM als Bargebot zahlen und die 1. Grundschuld mit 120 000,00 DM als bestehen bleibendes Recht übernehmen.

Die **Übernahme** des in diesem Fall bestehen bleibenden Rechtes bezieht sich dabei „nur" auf das **dinglich gesicherte Grundpfandrecht** (Grundschuld), **nicht** jedoch auf den i. d. R. einer solchen Eintragung zugrunde liegenden **schuldrechtlichen** Darlehnsvertrag und die daraus resultierenden **Forderungen** des Gläubigers gegenüber dem Darlehensschuldner.

In einem solchen Fall ist es aus Sicht des Bietinteressenten ratsam, vor dem Versteigerungstermin die Bedingungen einer möglichen Ablösung eines bestehen bleibenden Rechtes mit dem betreffenden Gläubiger (z. B. Bank) zu klären.

Das Bargebot (abzüglich der evtl. geleisteten Sicherheit) ist ab Zuschlag mit 4 % zu verzinsen und muss schließlich ca. 6 Wochen später im Verteilungstermin (vgl. S. 155) an das Gericht gezahlt oder bei Gericht hinterlegt werden.

Die **Anhörung der Beteiligten** über den Zuschlag

Bleibt das abgegebene Meistgebot einschließlich des Kapitalwertes der nach den Versteigerungsbedingungen bestehen bleibenden Rechte unter 50 % des Verkehrswertes, ist der Zuschlag zum Schutze des Schuldners von Amts wegen zu versagen. (ZVG § 85 a) Diese $^{5}/_{10}$-Grenze gilt aber in einem 2. Versteigerungstermin nicht mehr. Wenn das abgegebene Meistgebot einschließlich des Kapitalwertes der bestehen bleibenden Rechte unter 70 % des Verkehrswertes ($^{7}/_{10}$-Grenze) bleibt, kann ein Berechtigter, dessen Anspruch ganz oder teilweise durch das Meistgebot nicht gedeckt ist, die Versagung des Zuschlages beantragen. (ZVG § 74 a) Wird der Zuschlag versagt, so ist von Amts wegen ein neuer Versteigerungstermin zu bestimmen. Der Zuschlag wird, wenn keine Versagensgründe vorliegen, dem Meistbietenden erteilt. Er wird mit der Verkündung wirksam. (ZVG § 81)

Durch den **Zuschlag** wird der Ersteher **Eigentümer** des Grundstücks; er ist aber **nicht Rechtsnachfolger des Schuldners**. (ZVG § 90) Er erwirbt zugleich die Gegenstände, auf die sich die Versteigerung erstreckt. Die Eintragung im Grundbuch ist hier zum Eigentumserwerb nicht erforderlich. (ZVG § 130) Sie erfolgt später als Grundbuchberichtigung. Mit dem Zuschlag geht die Gefahr des zufälligen Untergangs auf den Ersteher über und er trägt ab diesem Zeitpunkt die Lasten. Andererseits gebühren dem Ersteher die Nutzungen und der Ersteher hat mit dem Zuschlag einen vollstreckbaren Titel auf Räumung und Herausgabe gegen den Besitzer des Grundstücks sowie eines mitversteigerten Gegenstandes. ZVG § 93

Nach der Erteilung des Zuschlages hat das Gericht einen **Termin zur Verteilung** des Versteigerungserlöses (ca. 6 bis 8 Wochen nach dem Zuschlag) zu bestimmen. Zwischenzeitlich kann der Ersteher die Finanzierung regeln. Die Beteiligten reichen vor diesem Termin eine Berechnung ihrer Ansprüche ein. Der Erlösverteilungstermin ist dem Ersteher und den Beteiligten zuzustellen; er ist nicht öffentlich. Das Gericht stellt einen Teilungsplan auf und verhandelt ihn mit den Beteiligten mündlich. ZVG § 105 ZVG § 105 ZVG §§ 113, 114

Dieser Teilungsplan regelt die Verteilung des durch die Versteigerung erzielten Erlöses (Bargebot) auf die geltend gemachten Forderungen. Er enthält weiterhin die Rechte, die bestehen bleiben und vom Erwerber zu übernehmen sind. Die vom Ersteher zu leistende Zahlung erfolgt an das Gericht. Die Kosten des Verfahrens werden vorweg von dem Versteigerungserlös entnommen. Ein nach Deckung aller Rechte evtl. verbleibender Überschuss steht dem Schuldner zu. Gegen den Teilungsplan kann Widerspruch erhoben werden. ZVG § 107

Ist der Teilungsplan ausgeführt und der Zuschlag rechtskräftig, ist das Grundbuchamt durch das Vollsteckungsgericht zu ersuchen, den Ersteher als Eigentümer einzutragen und die durch den Zuschlag erloschenen Rechte und den Zwangsversteigerungsvermerk zu löschen. Nach erfolgter Eintragung in das Grundbuch ist das Zwangsversteigerungsverfahren abgeschlossen.

Fragen:

1. Wie kommt es zu einem Zwangsversteigerungsverfahren, und wer löst es aus?
2. Unter welchen Voraussetzungen kann die Zwangsvollstreckung in das unbewegliche Vermögen vorgenommen werden?
3. Welche Objekte (Gegenstände) können von der Zwangsvollstreckung erfasst sein?
4. Welche Wirkung hat der Zwangsversteigerungsbeschluss?
5. Nennen Sie die an dem Verfahren beteiligten Personen, und informieren Sie sich über ihre jeweiligen Rechte.
6. Das Versteigerungsverfahren kann u. U. einstweilen eingestellt oder aufgehoben werden. Erläutern Sie bitte, unter welchen Bedingungen dies jeweils möglich ist.
7. Im Versteigerungstermin spielen die Gebote eine wichtige Rolle.
   Erläutern Sie bitte:
   a) geringstes Gebot,
   b) Sicherheitsleistung,
   c) höchstes Gebot (Meistgebot),
   d) Bargebot,
   e) bestehen bleibende Rechte.
8. Welche Rechtsfolgen hat die Zuschlagserteilung für die Beteiligten?
9. Welche Bedeutung hat die so genannte $^5/_{10}$- und $^7/_{10}$-Grenze?
10. Wann und wie erfolgt die Verteilung des Versteigerungserlöses?

2.4.5 Das Enteignungsverfahren nach Baugesetzbuch

BVerfGE

Unter Enteignung ist der staatliche Zugriff auf das Eigentum des Einzelnen zu verstehen, mit dem ihm ganz oder teilweise Rechtspositionen entzogen werden, die nach Art. 14 Abs.1 GG geschützt sind.

GG Art. 14 Abs.3

Eine Enteignung ist nur zulässig, wenn das Wohl der Allgemeinheit sie erfordert.

Sie darf nur durch oder aufgrund eines Gesetzes erfolgen, das Art und Ausmaß der Entschädigung regelt.

Beispiel:

> Die Bundesrepublik Deutschland benötigt für den Bau einer Bundesautobahn viele landwirtschaftlich genutzte Grundstücke. Mehrere Landwirte sind nicht bereit, ihr Eigentum (= Grundstück) an den Staat zu verkaufen. Im Wege der Enteignung kann ihnen das Eigentum an den Grundstücken entzogen und auf den Staat übertragen werden.

Dieses Beispiel einer **klassischen Enteignung** stellt einen Güterbeschaffungsvorgang dar, der den freihändigen Erwerb ersetzt. In diesem Fall Entzug des Eigentums und die Übertragung auf einen anderen. Es ist auch möglich, ein Grundstück oder eine Grundstücksteilfläche gegen den Willen des Eigentümers dinglich zu belasten und das neu begründete dingliche Recht auf einen anderen zu übertragen.

Beispiel:

> Recht auf Anlage und Unterhaltung von Überlandleitungen zur Stromversorgung. Es handelt sich dabei um die Belastung mit einer beschränkt persönlichen Dienstbarkeit zugunsten des jeweiligen Stromversorgungsunternehmens.

GG Art. 14 Abs.3

Die **förmliche Grundstücksenteignung** stellt den wichtigsten Fall der klassischen Enteignung dar und ist nur durch oder aufgrund eines Gesetzes zulässig. Neben dem Baugesetzbuch ermächtigen zahlreiche Enteignungsgesetze die höheren Verwaltungsbehörden (als Enteignungsbehörden), Grundeigentum zu belasten oder zu entziehen.

Die Enteignungsgesetze betreffen i. d. R. nur Grundstücke und darauf bezogene Sachen (wesentliche Bestandteile) und Rechte.

2.4.5.1 Zulässigkeit der Enteignung nach Baugesetzbuch §§ 85–92

BauBG § 86 Abs.1

Durch Enteignung können

- das Eigentum an Grundstücken entzogen oder belastet werden,
- dingliche Rechte (z. B. Dienstbarkeiten) entzogen oder belastet werden,
- persönliche Rechte an Grundstücken (z. B. Mietrechte) entzogen werden,
- persönliche Rechtsverhältnisse begründet werden.

Die Verwaltung muss vor der Enteignung in einem förmlichen Verfahren (so genanntes Planfeststellungsverfahren) die Zulässigkeit des Vorhabens klären.

BauGB § 87 Abs.1

Soll ein Grundstück enteignet werden, um es entsprechend den Festsetzungen des Bebauungsplanes zu nutzen, ist im Enteignungsverfahren Folgendes zu beachten: Der Bebauungsplan bestimmt zwar die zulässige Nutzungsart eines Grundstücks, damit steht aber noch nicht fest, dass das Wohl der Allgemeinheit es gebietet, das Grundstück gerade jetzt zuzuführen. Die Enteignungsbehörde prüft insbesondere auch, ob der Enteignungszweck auf andere zumutbare Art nicht erreicht werden kann.

Hierbei gilt der Grundsatz des geringstmöglichen Eingriffs und der Angemessenheit.

Einer Enteignung nach dem Baugesetzbuch können die Umlegung und die Grenzregelung als mildere Mittel zur Erreichung des Enteignungszweckes vorangehen. BauGB §§ 45 ff.

Eine Enteignung ist außerdem nur unter folgenden Voraussetzungen zulässig: BauGB §§ 80 ff.

- Der Antragsteller muss sich zuvor um den freihändigen Erwerb des zu enteignenden Grundstücks bemüht haben. Der Betroffene muss also ein angemessenes Kaufangebot erhalten haben. BauGB § 87 Abs.2 Satz 1
- Der Antragsteller muss glaubhaft machen, dass das Grundstück in einer angemessenen Frist zu dem vorgesehenen Zweck verwendet wird. BauGB § 87 Abs.2 Satz 2

Der vorstehend genannte Grundsatz des geringstmöglichen Eingriffs gilt auch für den räumlichen Umfang und die Art der Enteignung:

- **Räumliche Beschränkung** auf die Teilfläche, die für den Enteignungszweck benötigt wird. Kann der Betroffene aber mit dem Restbesitz nichts mehr anfangen, darf er die Ausdehnung der Enteignung auf den Restbesitz verlangen. BauGB § 92 Abs.1 Satz 1 BauGB § 92 Abs.3

  Beispiel:

  Für die Anlage eines Fußweges reicht die Enteignung einer Grundstücksteilfläche aus, sofern der verbleibende Rest z. B. als Baugrundstück wirtschaftlich verwertbar bleibt.

- **Rechtliche Beschränkung** auf das, was für die Verwirklichung des Enteignungszweckes notwendig ist. BauGB § 92 Abs.1

  Beispiel:

  Für die Verlegung von Versorgungsleitungen reicht i.d.R. die Bestellung einer Leitungsdienstbarkeit zugunsten des Versorgungsunternehmens aus.

Wird die öffentliche Aufgabe, der die Enteignung dienen sollte, nicht erfüllt oder stellt sich nachträglich heraus, dass das enteignete Grundstück hierzu nicht benötigt wird, hat der enteignete frühere Eigentümer einen Anspruch auf Rückerwerb des Grundstücks. BauGB § 102

2.4.5.2 Entschädigung nach Baugesetzbuch §§ 93–103

Das Grundgesetz bestimmt, dass eine Enteignung nur gegen Entschädigung zulässig ist. GG Art. 14 Abs.3

Die Art und Höhe der Entschädigung ist in den jeweiligen Enteignungsgesetzen, z. B. hier dem Baugesetzbuch, geregelt.

– Arten der Entschädigung nach Baugesetzbuch

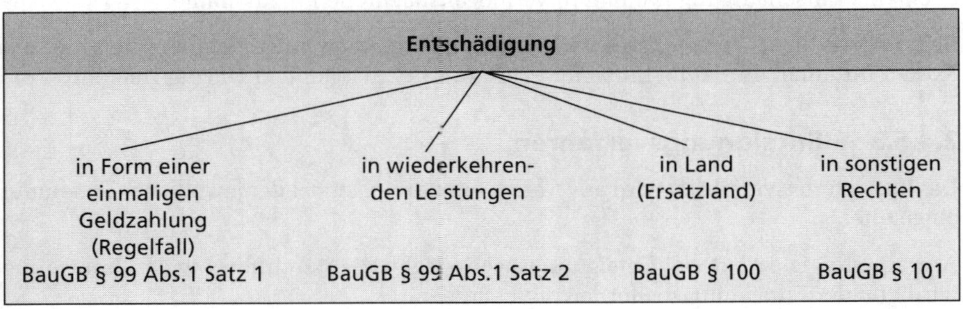

BauGB § 100

Wenn der Eigentümer beispielsweise zur Sicherung seiner Erwerbstätigkeit auf Ersatzland angewiesen ist (z. B. als Landwirt), ist die Entschädigung auf seinen Antrag in geeignetem Ersatzland festzusetzen. Allerdings muss der Enteignungsbegünstigte über geeignetes Ersatzland verfügen oder es sich beschaffen können.

– Höhe der Entschädigung

GG Art. 14 Abs.3 Satz 2

Die Höhe der Entschädigung ist unter gerechter Abwägung der Interessen der Allgemeinheit und der Beteiligten zu bestimmen.

BauGB § 93 Abs.2

Die Rechtsprechung geht davon aus, dass sich die Entschädigung i. d. R. nach dem vollen Wert des entzogenen Rechts bemisst. Der Betroffene sollte also in der Lage sein, sich z. B. ein entsprechendes Ersatzgrundstück zu beschaffen.

Durch eine Entschädigung soll der Verlust der konkret vorhandenen Vermögenswerte ausgeglichen werden.

Künftige Ertragsaussichten bleiben dabei aber unbeachtet.

BauGB § 93 Abs.3

Sind für den Betroffenen durch die Enteignung Vermögensvorteile entstanden, werden diese auf die Entschädigung angerechnet. Hat aber der Betroffene einen Vermögensnachteil mitverschuldet, verringert sich sein Entschädigungsanspruch entsprechend.

Die Ermittlung der Höhe der Entschädigung für den Rechtsverlust vollzieht sich in folgenden Schritten:

1. Ermittlung von Qualität und Eigenschaften des Enteignungsgegenstandes
   - BauGB § 93 Abs.4 — Maßgebend ist der Zustand des Grundstücks in dem Zeitpunkt, in dem die Enteignungsbehörde über den Antrag entscheidet.
   - Für die Beurteilung der Grundstücksqualität ist die rechtlich zulässige und tatsächliche Nutzung entscheidend.
2. Ermittlung des Grundstückswertes
   - BauGB § 95 Abs.1 Satz 1 — Die Höhe der Entschädigung richtet sich nach dem Verkehrswert.
   - BauGB § 95 Abs.1 Satz 2 — Ausschlaggebend für die Verkehrswertermittlung ist im Normalfall der Zeitpunkt der Entscheidung über den Enteignungsantrag.
   - Die Verkehrswertermittlung basiert auf den folgenden Methoden:
     - WertV §§ 13–14 — Vergleichswertverfahren (vgl. 4.2.1)
     - WertV §§ 21–25 — Sachwertverfahren (vgl. 4.2.2)
     - WertV §§ 15–20 — Ertragswertverfahren (vgl. 4.2.3)
     - Differenzverfahren

     Das letztere Verfahren wird bei der Bewertung von Grundstücksteilflächen angewandt. Dabei wird der Wert des Gesamtbesitzes vor der Enteignung und der Wert des Restbesitzes nach der Enteignung gegenübergestellt.

BauGB § 93 Abs.2 Satz 2

Zu der Entschädigung für den durch die Enteignung eingetretenen Rechtsverlust kann auch eine Entschädigung für andere Vermögensnachteile hinzukommen.

BauGB § 96 Abs.1 Satz 2 und 3

Beispielhaft für einen solchen entschädigungspflichtigen Folgeschaden seien hier die Kosten für einen durch die Enteignung erforderlich werdenden Umzug genannt.

2.4.5.3 Enteignungsverfahren

BauGB § 105

Das Enteignungsverfahren wird auf Antrag (einzureichen bei der jeweiligen Gemeinde) eingeleitet.

BauGB § 104

Antragsteller ist i. d. R. der Enteignungsbegünstigte. Die Durchführung der Enteignung wird von der Enteignungsbehörde vorgenommen.

Enteignungsbehörde ist die höhere Verwaltungsbehörde (Bezirksregierung) bzw. in Ländern ohne höhere Verwaltungsbehörde die Oberste Landesbehörde (Ministerium).

An dem Enteignungsverfahren beteiligt sind der Antragsteller, der Eigentümer, die Inhaber dinglicher Rechte, die Gemeinde und evtl. die Inhaber anderer Rechte. BauGB § 106

Die Entscheidung der Enteignungsbehörde wird aufgrund einer nicht öffentlichen mündlichen Verhandlung getroffen.

Die Einleitung des Verfahrens ist in ortsüblicher Weise öffentlich bekannt zu machen, damit weitere von der Enteignung vielleicht betroffene Personen die Möglichkeit haben, ihre Rechte wahrzunehmen. BauGB § 108 Abs.5

Ab diesem Zeitpunkt werden das Grundstück betreffende Veränderungen (z. B. Verkauf) genehmigungspflichtig. BauGB § 109 Abs.1

Auch und gerade während des Verfahrens hat die Enteignungsbehörde auf eine Einigung zwischen den Beteiligten hinzuwirken. BauGB § 110

Kommt keine Einigung zustande, muss die Enteignungsbehörde über den Enteignungsantrag durch Beschluss entscheiden. BauGB § 112 Abs.1

Eine Rechtsänderung tritt mit dem Enteignungsbeschluss jedoch noch nicht ein.

Erst mit dem in der so genannten Ausführungsanordnung festgesetzten Tag wird der bisherige Rechtszustand durch den im Enteignungsbeschluss vorgesehenen Rechtszustand ersetzt. BauGB § 117 Abs.5

Die Kosten des Enteignungsverfahrens trägt i. d. R. der Entschädigungsverpflichtete. BauGB § 121 Abs.1 Satz 1

Fragen:

1. Erklären Sie bitte, was unter Enteignung zu verstehen ist. Nennen Sie bitte auch ein Beispiel für eine klassische Enteignung aus dem Immobilienbereich.
2. Unter welchen Voraussetzungen ist eine Grundstücksenteignung möglich?
3. Das GG Art. 14 Abs.3 bestimmt, dass eine Enteignung nur gegen Entschädigung zulässig ist. Nach welchem Wert wird die Entschädigung bemessen?
4. Erörtern Sie bitte die Probleme, die sich bei der Regelung der Entschädigung (am Beispiel Geld oder Ersatzland) ergeben können.
5. Beschreiben Sie bitte den Ablauf eines Enteignungsverfahrens.

Themenkreis 3:
Wohnungs- und Gewerbebau

3.1 Art und Maß der baulichen Nutzung

BauGB § 5 Abs.2 BauGB § 9 Abs.1

Beim Kauf von Bauland, also einem Grundstück in einem Gebiet mit verbindlichem Bauleitplan, können anhand des Flächennutzungsplanes und des Bebauungsplanes die besondere **Art der baulichen Nutzung**, das **Maß der baulichen Nutzung**, die **Bauweise** und die **überbaubaren** und **nicht überbaubaren Grundstücksflächen** festgestellt werden.

Hier wird für den Grundstückseigentümer deutlich, welche Nutzungsmöglichkeiten im Rahmen des Baugesetzbuchs für sein Grundstück gegeben sind und welche Einschränkungen er bei der Nutzung hinnehmen muss.

Mit der Baunutzungsverordnung als Ergänzung des Baugesetzbuches wird ein festes Schema vorgegeben, nach dem sich die Aussagen in den Bauleitplänen über die Art und das Maß der Nutzung, über die Bauweise etc. zu richten haben.

PlanzV 90 § 1 § 2

Als Unterlagen für die Bauleitpläne sind Karten zu verwenden, die den Zustand des Plangebietes genau und vollständig erkennen lassen. In den Bauleitplänen sollen die in der Anlage zur Planzeichenverordnung enthaltenen Planzeichen verwendet werden.

Die Baunutzungsverordnung und die Planzeichenverordnung sind in erster Linie für die Gemeinden als Hilfsmittel bei der Aufstellung ihrer Bauleitpläne zu sehen.

3.1.1 Art der baulichen Nutzung

BauNVO § 1 Abs.1 BauNVO §§ 2–11

In der Baunutzungsverordnung ist geregelt, welche Arten der baulichen Nutzung es gibt und für welche Nutzungen die einzelnen Baugebiete bestimmt sind. Die Baunutzungsverordnung unterscheidet 11 Baugebiete. Darüber hinaus können die Gemeinden keine weiteren Baugebietstypen festsetzen.

Die Bezeichnung der Baugebiete ist im Flächennutzungsplan und im Bebauungsplan identisch.

Neben den baulichen Nutzungen sind Gemeindebedarfsflächen, Grünflächen und Verkehrsflächen die wichtigsten und regelmäßig in Bebauungsplänen vertretenen Nutzungen.

Die Kurzbezeichnung für die Differenzierung der Bauflächen (z. B. WS für Kleinsiedlungsgebiete) oder die Symbole für die Differenzierung der sonstigen Nutzungen (z. B. „Schule“) sind in der Fläche eingetragen, für die sie jeweils gelten.

PlanzV 90

Für deren Eintragung sollen die in der Anlage zur Planzeichenverordnung enthaltenen Planzeichen verwendet werden.

3.1.2 Maß der baulichen Nutzung

Das Maß der baulichen Nutzung gibt an, wie dicht ein Grundstück bebaut werden kann.

Die Bebauungsdichte ergibt sich aus der Überbauung eines bestimmten Grundstücksteils und aus der Höhenentwicklung des auf dem Grundstück errichteten Gebäudes.

BauNVO §§ 16–21a

Die Vorschriften hierzu finden sich im zweiten Abschnitt der Baunutzungsverordnung.

Art und Maß der baulichen Nutzung

Art der baulichen Nutzung					Maß der baulichen Nutzung			
Bauflächen		Baugebiete		Charakteristik	Höchstgrenzen bei			
						GRZ	GFZ	BMZ
Wohnbauflächen	W	Kleinsiedlungsgebiete	WS	Vorwiegend Kleinsiedlungen und landwirtschaftliche Nebenerwerbsstellen		0,2	0,4	–
		Reine Wohngebiete	WR	Ausschließlich zum Wohnen		0,4	1,2	
		Allgemeine Wohngebiete	WA	Vorwiegend zum Wohnen		0,4	1,2	
		Besondere Wohngebiete	WB	Bebaute Wohngebiete mit besonderer Eigenart und infrastrukturellen Einrichtungen, die mit der Wohnnutzung vereinbar sind		0,6	1,6	
Gemischte Bauflächen	M	Dorfgebiete	MD	Vorwiegend für Wirtschaftsstellen der Land- und Forstwirtschaft und zum Wohnen		0,6	1,2	
		Mischgebiete	MI	Wohnen und gewerbliche Betriebe, die das Wohnen nicht wesentlich stören		0,6	1,2	
		Kerngebiete	MK	Vorwiegend Handelsbetriebe, Einrichtungen der Wirtschaft und Verwaltung		1,0	3,0	
Gewerbliche Bauflächen	G	Gewerbegebiete	GE	Vorwiegend nicht erheblich belästigende Gewerbebetriebe		0,8	2,4	10,0
		Industriegebiete	GI	Ausschließlich Gewerbebetriebe		0,8	2,4	10,0
Sonderbauflächen	S	Sondergebiete, die der Erholung dienen	SO	Ferienhäuser für den Erholungsaufenthalt eines überwiegend wechselnden Personenkreises		0,4	1,2	
				Wochenendhäuser als Einzelhäuser oder Hausgruppen		0,2	0,2	
				Campingplätze und Zeltplätze				
		Sonstige Sondergebiete		Wesentlicher Unterschied von anderen Baugebieten		0,8	2,4	10,0

Z = Zahl der Vollgeschosse
GRZ = Grundflächenzahl
GFZ = Geschossflächenzahl
BMZ = Baumassenzahl

§ 17 BauNVO

BauNVO § 19 Die Kriterien, welche für das Maß der baulichen Nutzung verwendet werden, sind z. B. die Zahl der Vollgeschosse sowie die Grundflächenzahl (GRZ), die Geschossflächenzahl (GFZ), die Baumassenzahl (BMZ) und die Höhe baulicher Anlagen.

Beispiel für die Berechnung der zulässigen Grundfläche mit Hilfe der Grundflächenzahl (GRZ):

BauNVO § 20

> Für eingeschossige Bebauung im reinen Wohngebiet ist eine Grundflächenzahl von 0,3 festgesetzt. Wenn das Grundstück 500 m^2 groß ist, darf die bebaute Grundfläche, d. h. die Grundfläche des Wohngebäudes, 150 m^2 betragen.

Beispiel für die Berechnung der zulässigen Geschossfläche (Summe der Fläche aller Vollgeschosse) mit Hilfe der Geschossflächenzahl (GFZ):

> Für zweigeschossige Bebauung im reinen Wohngebiet ist eine Geschossflächenzahl von 0,5 festgesetzt. Wenn das Grundstück 500 m^2 groß ist, darf die Summe der Flächen der beiden Geschosse 250 m^2 betragen.

LBO S-H § 2 Abs.5 Abs.4 Abs.6 PlanzV Anlage

> **Vollgeschosse** sind oberirdische Geschosse, die über mindestens drei Viertel ihrer Grundfläche eine Höhe von mindestens 2,30 m haben. **Oberirdische Geschosse** sind Geschosse, deren Deckenoberkante im Mittel mindestens 1,40 m über die festgelegte Geländeoberfläche hinausragt. Die festgelegte Geländeoberfläche ist i. d. R. die in einem Bebauungsplan festgesetzte Geländeoberfläche (Landesbauordnung Schleswig-Holstein).
> Die Zahl der Vollgeschosse wird dabei durch eine römische Ziffer dargestellt.

Neben diesen Zahlen, die jeweils Verhältniszahlen zwischen Baumöglichkeit und Baugrundstück sind, können auch absolute Flächenangaben festgesetzt werden, die dann jeweils für ein Baugrundstück gelten.

BauNVO § 16 Abs.4 Die BauNVO vom 27. Januar 1990 sieht vor, dass für die GFZ neben Höchst- auch Mindestmaße festgesetzt werden können. Dies soll der Sicherung einer Mindestausnutzung des Baugrundstücks und damit dem flächensparenden Bauen dienen.

BauNVO § 20 Abs.3 Die Flächen in Nicht-Vollgeschossen (z. B. Dachgeschoss) werden nicht mehr bei der Ermittlung der GFZ mitgerechnet, es sei denn, es ist im Bebauungsplan festgesetzt. Mit dieser Neuregelung soll der Ausbau von Wohnraum in Dachgeschossen etc. erleichtert werden.

BauNVO § 19 Abs.4 Die BauNVO 1990 sieht auch eine Anrechnung der Grundflächen von Garagen und Stellplätzen mit ihren Zufahrten vor. Diese Maßnahmen sollen dazu dienen, nachteilige Auswirkungen auf die Bodenfunktion (z. B. bei Flächenversiegelungen durch Pflasterungen) zu vermeiden.

3.1.3 Bauweise

BauNVO § 22 Für die nähere Bestimmung der Form baulicher Anlagen werden in erster Linie Festsetzungen zur Bauweise getroffen.

BauNVO § 22 Abs.2 BauNVO § 22 Abs.3 Man unterscheidet die offene Bauweise, bei der die Gebäude freistehend mit einem seitlichen Grenzabstand (sog. Bauwich) als Einzel- oder Doppelhäuser oder auch als Hausgruppen in Einheiten von höchstens 50 Metern Länge errichtet werden, und die geschlossene Bauweise, bei der die Häuser lückenlos ohne seitlichen Grenzabstand erbaut werden dürfen. In diesem Zusammenhang stehen auch die Festsetzungen des Bebauungsplanes zur Dachform, Dachneigung und Firstrichtung.

3.1.4 Überbaubare und nicht überbaubare Grundstücksflächen

BauNVO § 23 Diese Grundstücksflächen werden durch Baulinien (auf diesen Linien muss gebaut werden: –••–••–), Baugrenzen oder Bebauungstiefen festgelegt.

Die Baugrenze (--•--•--•--) dient z. B. dazu, die maximale Ausdehnung der Gebäude auf dem Grundstück zu definieren.

Weitere Festsetzungen, die in die Bebauungspläne aufgenommen werden, betreffen die Anpflanzung und Erhaltung von Bäumen und Sträuchern sowie Stellplätze, Garagen und Gemeinschaftsanlagen. BauNVO § 21a

Anzuführen ist auch die Festsetzung von Flächen, die mit Geh-, Fahr- und Leitungsrechten belastet sind (mit Hinweis auf den Begünstigten).

Die wichtigsten und häufigsten Festsetzungen des Bebauungsplanes			
Art der baulichen Nutzung	Maß der baulichen Nutzung	Form baulicher Anlagen	überbaubare Grundstücksflächen
festgesetzt durch:	festgesetzt durch:	festgesetzt durch:	festgesetzt durch:
– Bauflächen – Baugebiete	– Grundflächen- – Geschossflächen- – Baumassenzahl – Höhe	– Bauweise – Dachform – Firstrichtung	– Baugrenzen – Baulinien – Bebauungstiefe

3.2 Erschließung

Das Baugesetzbuch verlangt neben der Übereinstimmung mit dem Bebauungsplan zusätzlich noch die Sicherung der Erschließung. Grundstücke sind erst dann bebaubar, wenn die Erschließung gesichert ist. BauGB § 30 Abs.1

Unter **Erschließung** versteht man die Maßnahmen, die erforderlich sind, um die bauliche oder gewerbliche Nutzung von Grundstücken durch die Herstellung der für die Allgemeinheit bestimmten Verkehrs- und Erholungsflächen (z. B. Straßen und Wege) und der Grundstücksversorgungs- und -entsorgungsanlagen zu ermöglichen. BauGB § 127 Abs.2 II. BV § 5 Abs.2

3.2.1 Erschließungsanlagen

Erschließungsanlagen sind zum einen Anlagen wie z. B. öffentliche Straßen, Wege und Plätze, Parkflächen und Grünanlagen etc. Zum anderen sind es alle leitungsgebundenen Anlagen (z. B. Trinkwasserversorgungs- und Abwasserbeseitigungsanlagen, Versorgungsanlagen für Elektrizität, Gas und Wärme) sowie alle privaten Verkehrsanlagen. BauGB § 127 Abs.2, Abs.4

Für den Anwendungsbereich des II. Wohnungsbaugesetzes und des Wohnungsbindungsgesetzes sind in der Anlage 1 zur II. Berechnungsverordnung entsprechende Regelungen zur Erschließung enthalten. II. BV § 5 Abs.5

Neben diesen auf das einzelne Grundstück bezogenen Erschließungsanlagen sind noch weitere Versorgungseinrichtungen der öffentlichen Hand notwendig, z. B. Schulen, Krankenhäuser, Sportanlagen, überörtliche Verkehrsanlagen usw. Diese so genannten **Infrastruktureinrichtungen** sind nicht mehr grundstücksbezogen und daher für das einzelne Grundstück planungs- und beitragsrechtlich nicht mehr relevant.

3.2.2 Erschließungsträger

BauGB § 123 Abs.1

Für die Herstellung, den Ausbau und die Verbesserung der Erschließungsanlagen (so genannte Erschließungslast) ist nach dem BauGB die Gemeinde verpflichtet.

Damit entscheidet die Gemeinde im Rahmen ihrer (finanziellen) Möglichkeiten darüber, ob, wie und wann sie einzelne Grundstücke erschließt.

BauGB § 123 Abs.3

Ein Rechtsanpruch des einzelnen Grundstückseigentümers auf Erschließung seines Grundstücks besteht nicht.

Der einzelne Grundstückseigentümer kann also i. d. R. die Gemeinde nicht auf Herstellung der Erschließungsanlagen verklagen, um die Bebaubarkeit herbeizuführen.

Die Gemeinde erfüllt bei der Erschließung nicht nur eine öffentliche Aufgabe, sondern sie dient auch den privaten Interessen des einzelnen Grundstückseigentümers.

Ein Grundstück erfährt ja eine Wertsteigerung, wenn es durch die Erschließung bebaubar geworden ist. Daher sind die Gemeinden berechtigt und verpflichtet, die entstandenen Erschließungskosten auf die entsprechenden Grundstückseigentümer umzulegen.

Dieser Erschließungsbeitrag ist also der Preis, den der Grundstückseigentümer für die Erschließung seines Grundstücks bezahlen muss.

BauGB § 129 Abs.1

Weil aber die Erschließung auch im allgemeinen Interesse erfolgt, können nicht alle Kosten auf die Eigentümer umgelegt werden. Die Gemeinde hat mindestens 10 % der Herstellungskosten selber zu tragen.

– **Erschließungsverträge**

In der gegenwärtigen Situation, die durch Einsparungen in den öffentlichen Haushalten gekennzeichnet ist, suchen die Gemeinden bzw. Kommunen verstärkt nach neuen Wegen für die Erfüllung ihrer Aufgaben im Rahmen der Bauleitplanung.

BauGB § 124

So hat die **Gemeinde** bzw. Kommune durch den Abschluss von **Erschließungsverträgen** die Möglichkeit, einer ihrer Aufgaben (der Herstellung der Erschließungsanlagen) nachkommen zu können. Die Gemeinde bzw. Kommune kann dabei die gesamte Erschließung (beitragsfähig und nicht beitragsfähig) auf einen **Erschließungsträger** (Investor/Erschließungsträger) übertragen. Der Erschließungsträger finanziert die Erschließung, führt sie durch und überträgt die fertig gestellten Erschließungsanlagen auf die Gemeinde. Die Finanzierung des Erschließungsträgers wiederum erfolgt durch den Verkauf der Grundstücke (durch ihn) an bauwillige Erwerber und (je nach Vertrag) durch den Gemeindeanteil (10 %).

Diese Vorgehensweise bietet allen Beteiligten gewisse **Vorteile**.

Der **Erschließungsträger** hat die komplette Erschließung in ‚seiner Hand' und damit eine klare Grundlage für die Verkaufskalkulation. Der sich dabei ergebende Gewinn steht dem Erschließungsträger zu; er trägt aber auch das Risiko (beim Verkauf der Baugrundstücke).

BauGB § 124 Abs.2, Satz 2

Für die **Kommune** entfällt durch diese vertragliche Zusammenarbeit die Finanzierung der Erschließungslast. Die Erschließungskosten können komplett (100 %) übertragen werden. Des Weiteren werden die Verwaltungskapazitäten der Kommunen durch den Wegfall von Umlegung und Einzelabrechnung der Erschließungskosten entlastet.

Der bauwillige **Erwerber** hat den Vorteil, dass der zu zahlende Kaufpreis (pro m^2) für sein voll erschlossenes Baugrundstück vor Abschluss des Kaufvertrages feststeht. Er muss bei endgültiger Fertigstellung der Erschließungsanlagen (z. B. nach Durchführung der letzten Baumaßnahmen in einem Baugebiet oft erst nach längerer Zeit) nicht mehr mit Nachforderungen rechnen und kann seine eigene Baufinanzierung ohne größeres Risiko planen.

Hiervon zu unterscheiden ist die **Vergabe von Erschließungsarbeiten** an einzelne Bauunternehmen, weil der Gemeinde eigene Kapazitäten (z. B. Arbeitskräfte) für diese Aufgabe fehlen. Die Gemeinde bleibt hier aber Erschließungsträgerin.

Die Herstellung der Erschließungsanlagen setzt i. d. R. einen Bebauungsplan (B-Plan) voraus. Das bedeutet, dass der B-Plan auch die Art der Erschließung festlegt (z. B. Straßenbreite, Gehwege). BauGB § 125 Abs.1

3.2.3 Erschließungsbeiträge

Das Baugesetzbuch enthält keine erschöpfende Regelung des Erschließungsbeitragsrechts, da das Beitragsrecht als Teil des kommunalen Abgaberechts in erster Linie den Ländern vorbehalten ist. Daher findet man heute für die Herstellung und auch für die Kostenverteilung der Erschließung im weiteren Sinne sowohl bundes- als auch landesrechtliche Regelungen.

Der **bundesrechtliche Erschließungsbeitrag** betrifft nur **ganz bestimmte**, im Baugesetzbuch ausdrücklich genannte **Erschließungsanlagen**. BauGB § 127 Abs.2

Erschließungsbeiträge nach dem Baugesetzbuch können i. d. R. nur für die erstmalige Erschließung (nicht also noch für spätere Erweiterungen und Verbesserungen) verlangt werden. BauGB § 128 Abs.1 Satz 2

Die **Länder** können aber aufgrund ihrer Zuständigkeit für die kommunalen Abgaben auch für **weitere Erschließungsanlagen Beiträge** einführen. BauGB § 127 Abs.4

Dies gilt besonders für Anlagen zur Ableitung von Abwasser, Versorgung mit Elektrizität, Gas, Wärme und Wasser. Die hier entstehenden Kosten sind mit dem jeweils zuständigen Vertragsunternehmen (z. B. Stadtwerke) abzuklären. BauGB § 128 Abs.2

Die Benutzung bestehender Anlagen löst, falls entsprechend geregelt, Gebühren aus (z. B. Abwasser). Beispiele für weitere Beiträge nach Länderrecht sind der Fremdenverkehrsbeitrag und der Kurbeitrag sowie Beiträge für die Verbesserung z. B. von Straßen.

Der Aufwand für eine Erschließungsanlage ist auf die dadurch erschlossenen Grundstücke zu verteilen. Die Verteilung des Erschließungsaufwandes muss durch eine so genannte **Erschließungsbeitragssatzung** der Gemeinde geregelt werden. BauGB § 131 Abs.1 BauGB § 132 Abs.2

Das Baugesetzbuch stellt den Gemeinden mehrere Maßstäbe zur Verteilung des Erschließungsaufwandes zur Wahl. BauGB § 131 Abs.2

Viele Gemeinden haben als Beitragsmaß eine Kombination von Grundstücksfläche mit einem Nutzungsfaktor gewählt, z. B. Zahl der Vollgeschosse oder Geschossflächenzahl. In der Erschließungsbeitragssatzung muss auch ein Unterschied zwischen der normalen Wohnnutzung und der gewerblichen Nutzung eines Grundstücks gemacht werden (Artzuschlag für gewerblich genutzte Grundstücke durch höhere Belastung der Erschließungsanlagen).

Spezielle Regelungen sind auch z. B. für Eckgrundstücke und übergroße Grundstücke angebracht, um eine möglichst gerechte Verteilungsregelung zu finden.

Voraussetzung für die Beitragspflicht ist die Tatsache, dass das Grundstück bebaut werden darf. Die Gemeinde ist verpflichtet, öffentlich bekannt zu geben, welche Grundstücke der Beitragspflicht unterliegen. BauGB § 133 Abs.1

Die Erschließungsbeiträge werden durch einen **Beitragsbescheid** festgesetzt.

Die **Beitragspflicht** entsteht i. d. R. mit der endgültigen Herstellung der Erschließungsanlage. **Beitragsschuldner** ist, wer im Zeitpunkt der Zustellung des Beitragsbescheides Eigentümer ist (ergibt sich aus dem Grundbuch). BauGB § 133 Abs.2 BauGB § 134

Erschließungsanlagen (grundstücksbezogen)

verkehrstechnische Anlagen	Immissionsschutz- und sonstige Anlagen	Ver- und Entsorgungsanlagen (leitungsgebunden)
– öffentliche (befahrbare) Straßen, Wege und Plätze (z. B. Parkplätze) – öffentliche (nicht befahrbare) Fußwege – Grünstreifen – Eigentümerwege (Privat)	– Schallschutzwälle – Schallschutzmauern – Schallschutzzäune – Parkanlagen – Grünanlagen	– Wasserversorgung – Abwasserentsorgung – Elektrizitätsversorgung – Gasversorgung – Fernwärmeversorgung – Telekommunikationseinrichtungen

Fragen:

1. Ein Bauherr ist an dem Grundstück 149/3 interessiert. Er möchte zuvor jedoch Auskunft über die Bebaubarkeit haben:
   Folgende Angaben sind aufgrund des Auszugs aus dem B-Plan zu ermitteln:
   - Größe der bebaubaren Grundfläche bei voller Ausnutzung der Möglichkeiten durch den B-Plan,
   - GRZ,
   - Geschossfläche,
   - GFZ,
   - Charakterisierung des Baugebietes (Baubeschreibung).

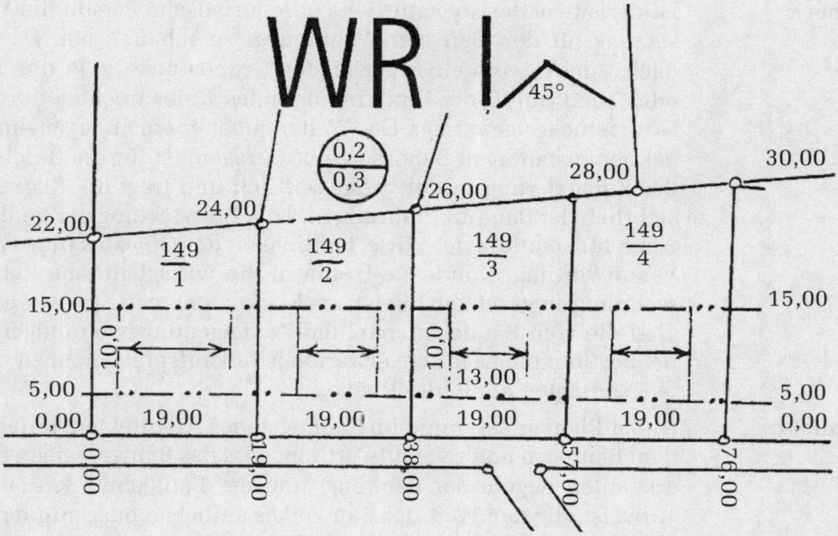

2. Welche Bedeutung haben Baulinien und Baugrenzen für die Verwirklichung eines Bauvorhabens?
3. Die Gemeinde Malente hat für das Teilgebiet „Schweizer Straße" (s. auch Flurkarte S. 76) einen Bebauungsplan aufgestellt.
   Nachdem die erforderlichen Umlegungsmaßnahmen abgeschlossen waren, ließ die Gemeinde die nötigen Erschließungsmaßnahmen durchführen. Der gesamte Erschließungsaufwand für das 5 ha 55 a 45 m² große Teilgebiet belief sich auf 3 188 777 DM. Laut Umlagebescheid legte die Gemeinde jedoch nur 2 568 881 DM auf die erschlossenen Grundstücke um.
   - Wann ist ein Grundstück erschlossen?
   - Wer trägt die Kosten der Erschließung?
   - Begründen Sie bitte, warum die Gemeinde nicht den gesamten Erschließungsaufwand auf die erschlossenen Grundstücke umgelegt hat (Beispiele)?
   - Warum ist eine Umlage der Erschließungskosten (hier 2 568 881 DM) auf die einzelnen Grundstücke gerechtfertigt?
   - Mit welchem Erschließungsaufwand muss der Erwerber eines 600 m² großen Grundstücks rechnen, wenn als Verteilungsmaßstab die Grundstücksfläche herangezogen wird?
   - Welche weiteren Verteilungsmaßstäbe wären denkbar?

3.3 Aufgaben und Stellung der am Bau beteiligten Personen

Im Rahmen der Bautätigkeit hat der Neubau von Wohnungen ein weit größeres Ausmaß als der Gewerbebau. Des Weiteren gelten für den Wohnungsbau oftmals spezielle Gesetzesvorschriften, so dass sich die folgenden Darstellungen primär an den Erfordernissen des Wohnungsbaues orientieren werden.

Die Wohnungserstellung ist eine der Hauptleistungen von Wohnungsunternehmen; sie betätigen sich als Bauherr von Miet- und Genossenschaftswohnungen, Eigentumswohnungen und z. B. Kaufeigenheimen.

Das Hauptbetätigungsfeld der unternehmerischen Wohnungswirtschaft ist der Bau von Mehrfamilienhäusern in Form von Miet- und Eigentumswohnungen.

Bauherr: ist derjenige, der als natürliche oder juristische Person die Voraussetzung für den Bau von Wohnungen zu schaffen hat. Da ist zunächst der Erwerb eines geeigneten Grundstücks, z. B. durch Kauf oder auch durch die Einräumung eines Erbbaurechtes durch den Grundstückseigentümer. Des Weiteren hat er eine Baugenehmigung bei der zuständigen Behörde zu beantragen, ist für die Beschaffung der Finanzierungsmittel verantwortlich und trägt die Risiken hinsichtlich der Baudurchführung und der Entwicklung der Baukosten. Auch hinsichtlich der Wirtschaftlichkeit des Objektes trägt er allein Verantwortung. Können z. B. die in die wirtschaftliche Planungsrechnung eingesetzten Mieten am Markt nicht realisiert werden oder sind die vom Bauherrn erstellten Kaufeigentumswohnungen in einer bestimmten Lage zum erwarteten Verkaufspreis nicht zu verkaufen, so trägt er allein das Risiko.

Architekt: ist der Planverfasser und im Rahmen eines Architektenvertrages mit dem Bauherrn dafür verantwortlich, dass das Bauwerk nach den anerkannten Regeln der Baukunst und der Bautechnik keine Fehler aufweist, die den Wert des Bauwerkes aufheben oder mindern, und über die zugesicherten Eigenschaften verfügt.

Planausführende: sind die Unternehmen, die die erforderlichen Gewerke bei der Bauerstellung aufgrund eines mit dem Bauherrn abgeschlossenen Bauvertrages errichten, und zwar vom Aushub der Baugrube über Maurer- und Stahlbeton-, Zimmerer- und Dachdeckerarbeiten (Rohbau) bis hin zu der gesamten Palette der Ausbaugewerke (Estrich, Installations-, Elektro-, Putz- und Fliesenarbeiten usw.).

3.4 Bauvorbereitung

In der Phase der Bauvorbereitung ist u. a. die Frage zu klären, ob das Wohnungsunternehmen die planerischen Arbeiten durch die eigene technische Abteilung ausführen lassen oder sich der Dienste eines externen Architekten bedienen will. Vorteile für den angestellten Architekten sind:

Er ist
- eng weisungsgebunden
- immer verfügbar
- kostengünstiger als die Honorierung nach der HOAI

Als Nachteile ließen sich nennen:
- in der Regel gleicher bzw. ähnlicher Baustil
- Haftung liegt beim Unternehmen selbst

3.4.1 Der Architektenvertrag

Wenn sich das Wohnungsunternehmen für einen externen Architekten entschieden hat, wird es mit diesem einen Vertrag abschließen. Zwar ist – wie bei den meisten anderen schuldrechtlichen Verträgen auch – eine Schriftform nicht vorgeschrieben; es ist jedoch eigentlich selbstverständlich, dass so wichtige Verträge schriftlich im Sinne des § 126 BGB abgefasst werden. BGB § 126

Die Leistungspflichten des Architekten ergeben sich aus § 15 der HOAI (Honorarordnung für Architekten und Ingenieure). HOAI § 15

	Honoraranteile
1. Grundlagenermittlung	3 %
2. Vorplanung	7 %
3. Entwurfsplanung	11 %
4. Genehmigungsplanung	6 %
5. Ausführungsplanung	25 %
6. Vorbereitung der Vergabe	10 %
7. Mitwirkung bei der Vergabe	4 %
8. Objektüberwachung (Bauüberwachung)	31 %
9. Objektbetreuung und Dokumentation	3 %
	100 %

Allgemein rechnet man die Phasen 1–4 zur so genannten Planungsphase, die Phasen 5–8 zur Ausführungsphase; die Phase 9 umfasst Tätigkeiten des Architekten nach Fertigstellung des Bauvorhabens.

Werden dem Architekten alle 9 Phasen des Leistungskatalogs übertragen, spricht man von Vollarchitektur. Es ist aber auch möglich, nur einzelne Teile des gesamten Leistungskatalogs von dem Architekten ausführen zu lassen.

Die ausgewiesenen Honoraranteile in % geben den Anteil der einzelnen Phasen am Gesamthonorar und den damit verbundenen Arbeitsaufwand wieder.

In den Leistungsphasen 1 und 2 einigen sich Architekt und Bauherr noch vorläufig darüber, wie das Objekt hinsichtlich der Möglichkeiten z. B. des Bebauungsplanes aussehen soll. Die Kontaktaufnahme zur Baubehörde gehört dazu wie erste zeichnerische Entwürfe und eine grobe Kostenschätzung.

Die Entwurfsplanung beinhaltet die Erstellung von Zeichnungen, die den Bau schon konkret erkennen lassen. In dieser Phase ist auch grundsätzlich mit den Behörden zu klären, ob das Objekt so genehmigt werden kann.

In der sich daran anschließenden Genehmigungsplanung stellt der Architekt den Bauantrag zur Erlangung der Baugenehmigung mit allen erforderlichen Unterlagen.

Es schließt sich dann die Phase der Ausführungsplanung an, in der die in den Vorphasen gewonnenen Erkenntnisse und evtl. Auflagen der Baubehörde zeichnerisch ausgestaltet werden. In diese Phase gehört z. B. die Detailzeichnung für den Heizungsinstallateur (Größe und Standort der Radiatoren), den Elektroinstallateur (z. B. Anzahl und Lage der Steckdosen) usw.

Zur Vorbereitung der Vergabe werden vom Architekten aus den aus Phase 5 vorliegenden Unterlagen die sehr detaillierten Leistungsverzeichnisse für die einzelnen Gewerke erstellt. (Nähere Erläuterungen dazu s. 3.5.4.)

In der nächsten Phase wirkt der Architekt bei der Vergabe der Bauaufträge mit. Dazu gehören u. a. die Erstellung der Vertragsbedingungen, später der Vergleich der eingehenden Angebote und die Mithilfe bei der Auftragserteilung durch den Bauherrn.

Nach der Vergabe der Bauaufträge beginnt mit der Objektüberwachung die eigentliche Haupttätigkeit des Architekten. In dieser Phase hat der Architekt den Bauablauf technisch zu überwachen, die zeitliche Abfolge der einzelnen Gewerke zu koordinieren und nach Fertigstellung abzunehmen. Die dann eingehenden Rechnungen der am Bau beteiligten Unternehmen hat er zu kontrollieren, und zwar sachlich (Aufmaße, z. B. lfd. m Dachrinne oder m^2 Wand- und Bodenfliesen) und rechnerisch.

Die letzte Phase ist zwar in der Regel nicht sehr arbeitsaufwendig, kann sich aber über einen langen Zeitraum hinziehen. Denn im Rahmen der Objektbetreuung muss der Architekt z. B. vor Ablauf der Gewährleistungsfristen den Bau auf evtl. Mängel überprüfen und die Beseitigung überwachen.

Der Architektenvertrag ist ein Werkvertrag. Der Architekt hat dafür zu sorgen, dass das Bauwerk nach den anerkannten Regeln der Baukunst und Bautechnik errichtet wird.

Wenn Mängel vorliegen, haftet der Architekt nur, wenn er objektive Pflichtverletzungen begeht; diese müssen ursächlich für den Schaden und von ihm verschuldet sein. Pflichtverletzungen solcher Art können vorliegen, wenn dem Architekten Planungsfehler unterlaufen sind, bei der Ausschreibung z. B. die Leistungsverzeichnisse mangelhaft gewesen sind oder es insbesondere in der Phase der Bauüberwachung durch unzureichende Kontrolle zu Mängeln kommt.

3.4.2 Bauzeichnungen und Grundrisse

Im Rahmen der Entwurfs-, Genehmigungs- und Ausführungsplanung werden vom Architekten im Maßstab 1 : 100 die Grundrisse sämtlicher Geschosse, die Ansichten und Querschnitte zeichnerisch dargestellt. Für die Ausführungsplanung werden Teilzeichnungen in den Maßstäben 1 : 20, 1 : 10, 1 : 5 und teilweise auch 1 : 1 angefertigt.

3.4.3 Das Architektenhonorar nach der HOAI (Honorarordnung für Architekten und Ingenieure)

HOAI

Für die Leistung, die der Architekt in der Planungs- und Bauphase erbringt, erhält er sein Honorar nach der HOAI. Dieses Honorar geht als Baunebenkosten in die Baukosten und somit in die Gesamtkosten für ein Bauobjekt ein; errechnet wird es für erbrachte Grundleistungen bei Gebäuden bzw. raumausbildenden Ausbauten nach folgenden Kriterien:

HOAI § 10

- der Höhe der anrechenbaren Kosten im Sinne § 10 HOAI unter Anwendung des Kostenermittlungsverfahrens nach DIN 276,
- den Grundleistungen nach dem Leistungsbild,
- der Honorarzone, der das Objekt zuzuordnen ist, und
- der Honorartafel gemäß § 16 HOAI.

Als Grundlage für die Ermittlung der anrechenbaren Kosten werden für die Leistungsphasen 1–4 die Beträge der Kostenberechnung zugrunde gelegt, die im Rahmen der Entwurfsplanung zu leisten sind. Für die Phasen 5–9 sind es die Beträge der Kostenfeststellung, die im Rahmen der Leistungsphase 8 (Objektüberwachung) aufzuwenden sind. Auf weitere Einzelheiten soll hier nicht näher eingegangen werden, jedoch gehören z. B. die Grund- und Bodenkosten, die Kosten der Außenanlagen und Baunebenkosten nicht zu den anrechenbaren Kosten im Sinne der HOAI.
Das Leistungsbild nach § 15 der HOAI s. 3.4.1.

Die Honorarzonen gliedern sich wie folgt:	
Honorarzone I:	Gebäude mit sehr geringer Planungsanforderung
Honorarzone II:	Gebäude mit geringer Planungsanforderung
Honorarzone III:	Gebäude mit durchschnittlicher Planungsanforderung
Honorarzone IV:	Gebäude mit überdurchschnittlicher Planungsanforderung
Honorarzone V:	Gebäude mit sehr hoher Planungsanforderung

Gebäude, die im Mietwohnungsbau errichtet werden, fallen in der Regel in die Honorarzone III.

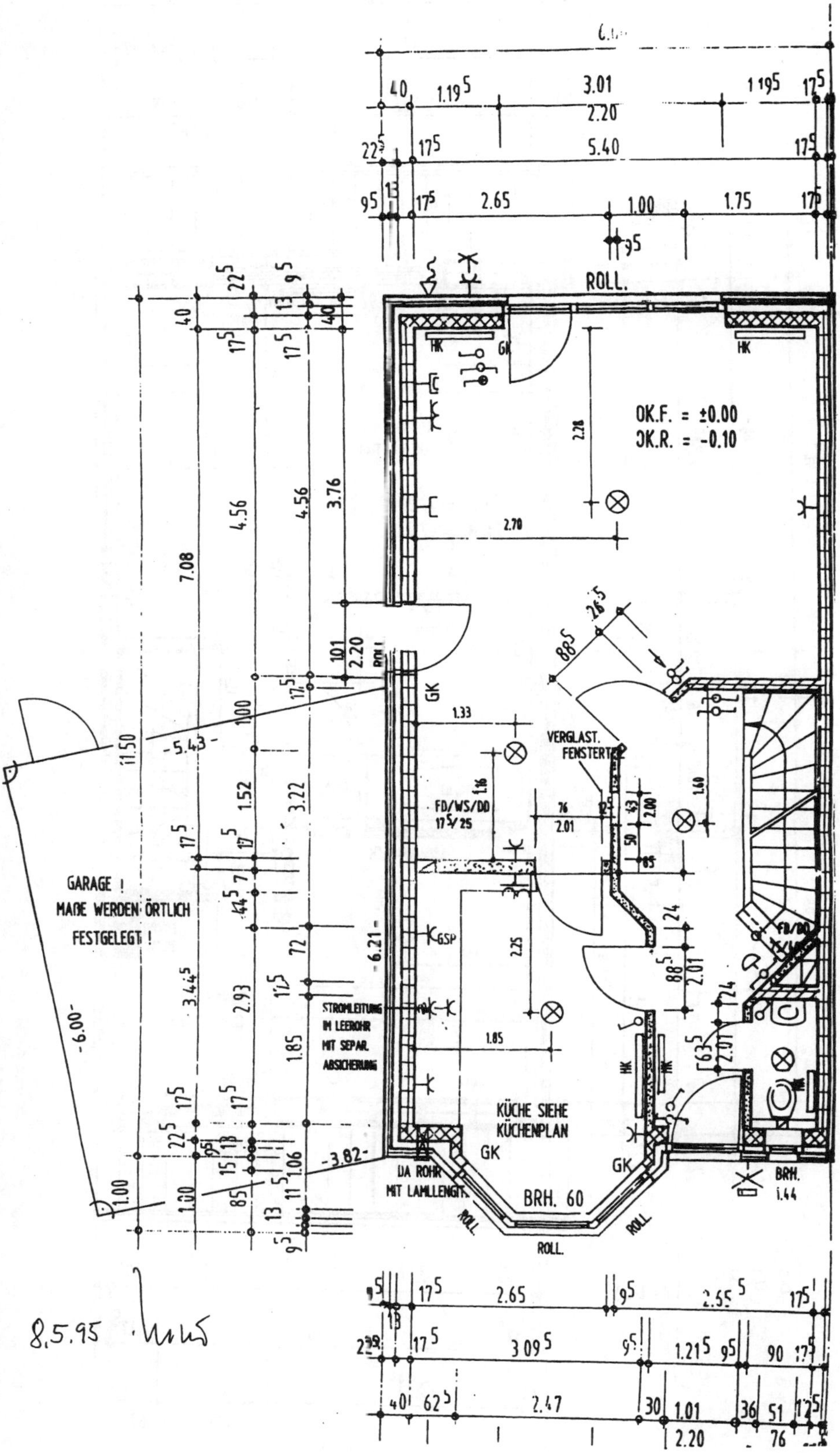
ROLL.
HK
GK
OK.F. = ±0.00
OK.R. = -0.10
VERGLAST.
FENSTERTÜR
FD/WS/DD
17,5/25
GSP
STROMLEITUNG
IM LEEROHR
MIT SEPAR.
ABSICHERUNG
KÜCHE SIEHE
KÜCHENPLAN
BRH. 60
DA ROHR
MIT LAMLLENGIT.
BRH.
1.44
GARAGE !
MAßE WERDEN ÖRTLICH
FESTGELEGT !

8.5.95

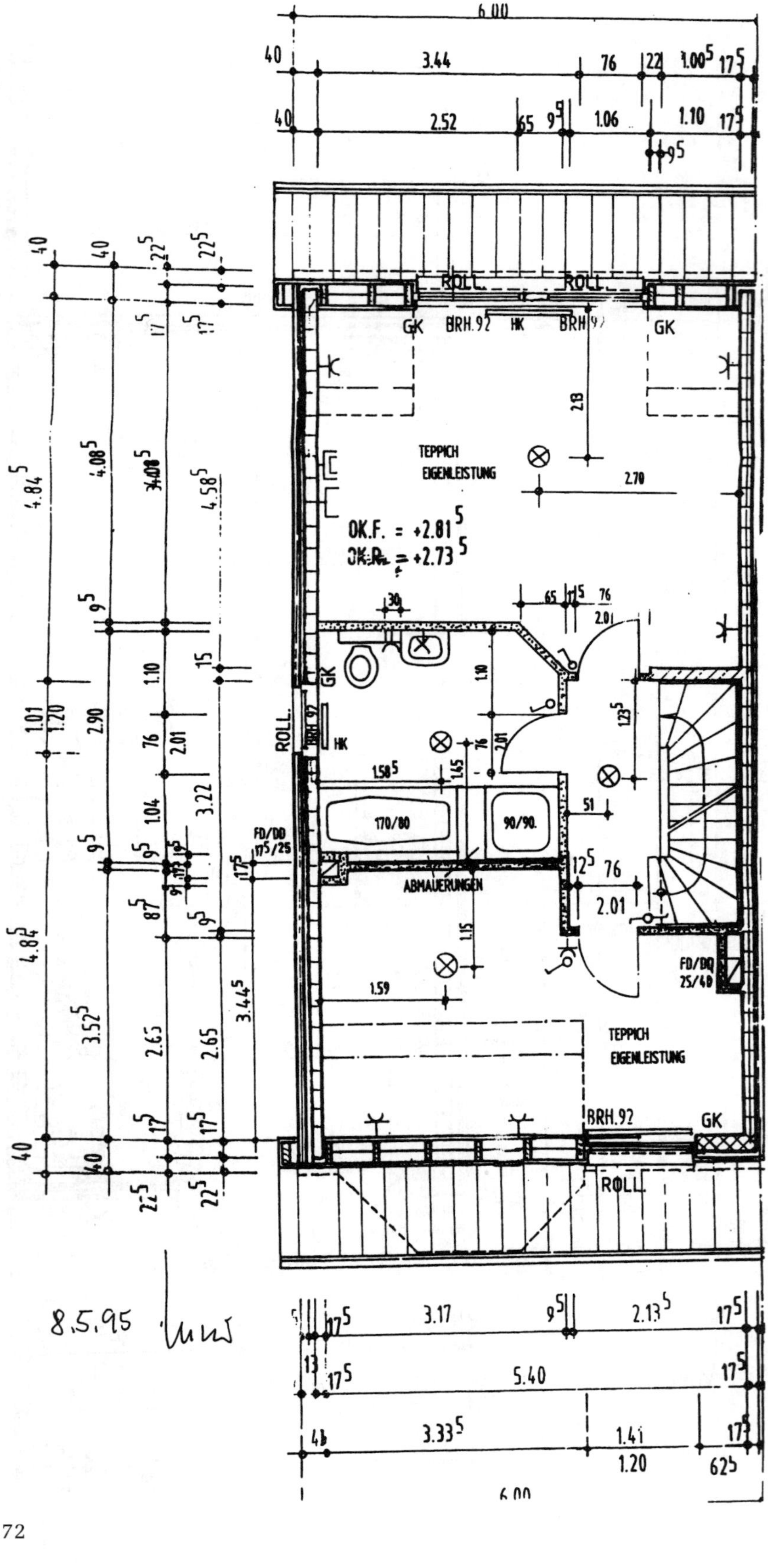

ROLL.
GK
BRH.92
HK
TEPPICH
EIGENLEISTUNG
OK.F. = +2.81 5
OK.R. = +2.73 5
170/80
90/90.
ABMAUERUNGEN
FD/DD
FD/DQ
25/40
BRH.92
GK
ROLL.
8.5.95

In der Honorartafel nach § 16 der HOAI sind je Honorarzone Mindest- und Höchstsätze ausgewiesen. Wird zwischen Bauherr und Architekt keine Vereinbarung hinsichtlich der Höhe des Honorars getroffen, gelten die Mindestsätze als vereinbart. In der Regel müssen vereinbarte Honorare zwischen Mindest- und Höchstsatz liegen. HOAI § 16

Honorartafel für Grundleistungen bei Gebäuden nach § 16 HOAI – Auszug –

anrechenbare Kosten	Zone III – Mindesthonorar
DM 800.000,–	DM 75.810,–
DM 900.000,–	DM 82.160,–

Ein einfaches Beispiel soll den grundsätzlichen Weg für die Errechnung des Architektenhonorars verdeutlichen.

Sachverhalt:
Ein Mietwohnhaus mit 4 Wohnungen à 73 qm Wohnfläche; anrechenbare Kosten DM 840.000,– ; Honorarzone III; Mindesthonorar; alle Leistungsphasen gemäß § 15 HOAI wurden erbracht.

Lösung:
Nach der Honorartafel Zone III beträgt das Mindesthonorar

bei anrechenbaren Kosten von	DM 800.000,– =	DM 75.810,–
bei anrechenbaren Kosten von	DM 900.000,– =	DM 82.160,–
Differenz der anrechenbaren Kosten von	DM 100.000,– =	DM 6.350,–
Differenz der anrechenbaren Kosten von	DM 40.000,– =	DM 2.540,–
Grundwert bei anrechenbaren Kosten von DM 800.000,– =		DM 75.810,–
+ Differenzwert von DM 40.000,–		DM 2.540,–
= Mindesthonorar v. DM 840.000,– =		DM 78.350,–

Auf dieses Honorar ist dann noch die Umsatzsteuer zu entrichten.

Werden die Grundleistungen nur teilweise erbracht, so errechnet sich das Honorar entsprechend dem prozentualen Anteil. Hätte der Architekt nur die Grundleistungsphasen 1–7 erbracht, so betrüge das anteilige Honorar 66 % von 78.350,– DM (100 % minus 31 % Phase 8, minus 3 % Phase 9) = 51.711,– DM zuzüglich Umsatzsteuer.

Insbesondere im Bauträgergeschäft bei z. B. Kaufreiheneigenheimen werden oftmals mehrere Objekte gleichen Typs gebaut; sie unterscheiden sich im Grundriss usw. nicht, u. U. ist der Grundriss spiegelbildlich. Wenn ein Architekt nun z. B. 12 solcher Typhäuser zu errichten hätte, so sind für die erste bis vierte Wiederholung (also 2. bis 5. Haus) die Phasen 1–7 nur zu 50 %, für jede weitere Wiederholung (also 6. bis 12. Haus) zu 40 % ansetzbar; die Phasen 8 und 9 sind immer voll einzurechnen.

3.4.4 Berechnung der höchstzulässigen Kosten der Verwaltungsleistungen (gem. II. BV)

Im öffentlich geförderten Wohnungsbau sind für die bei der Vorbereitung und Durchführung von Bauvorhaben zu erbringenden Leistungen in der Verwaltung Höchstsätze nach § 8 der II. Berechnungsverordnung festgelegt. II. BV § 8 Diese Verwaltungsleistungen, die während der Bauphase anfallen, sind nicht zu verwechseln mit der in der Kostenmiete angesetzten Verwaltungskostenpauschale; sie wird erst ab Bezugsfertigkeit für die Verwaltung von Mietwohnungen angesetzt.

II. BV § 8 Abs.3 — Zur Ermittlung dieses Höchstbetrages ist ein Prozentsatz der Baukosten ohne Baunebenkosten und, soweit der Bauherr die Erschließungen auf eigene Rechnung durchführt, auch der Erschließungskosten zugrunde zu legen. Nach § 8 Abs.3 ergibt sich folgende Staffelung:

Kosten in der Stufe

1. bis DM 250.000,– einschl. = 3,40 v. H.
2. bis DM 500.000,– einschl. = 3,10 v. H.
3. bis DM 1.000.000,– einschl. = 2,80 v. H.
4. bis DM 1.600.000,– einschl. = 2,50 v. H.
5. bis DM 2.500.000,– einschl. = 2,20 v. H.
6. bis DM 3.500.000,– einschl. = 1,90 v. H.
7. bis DM 5.000.000,– einschl. = 1,60 v. H.
8. bis DM 7.000.000,– einschl. = 1,30 v. H.
9. bis DM 7.000.000,– einschl. = 1,00 v. H.

Diese v. H.-Sätze erhöhen sich

1. um 0,5 im Falle der Betreuung des Baues von Eigenheimen, Eigensiedlungen und Eigentumswohnungen sowie im Falle des Baues von Kaufeigenheimen, Trägerkleinsiedlungen und Kaufeigentumswohnungen;
2. um 0,5, wenn besondere Maßnahmen zur Bodenordnung notwendig sind;
3. um 0,5, wenn die Vorbereitung oder Durchführung des Bauvorhabens mit sonstigen besonderen Verwaltungsschwierigkeiten verbunden ist;
4. um 1,5, wenn für den Bau eines Familienheimes oder einer eigengenutzten Eigentumswohnung Selbsthilfe in Höhe von mehr als 10 v. H. der Baukosten geleistet wird.

II. BV § 11 Abs.4–6 — Erhöhungen nach den Nummern 1, 2 und 3 sowie nach den Nummern 2 und 4 dürfen nebeneinander angesetzt werden. Bei der Berechnung des Höchstbetrags für die Kosten von Verwaltungsleistungen, die bei baulichen Änderungen nach § 11 Abs.4–6 erbracht werden, sind Satz 1 und Satz 2 Nr. 3 entsprechend anzuwenden. Neben dem Höchstbetrag darf die Umsatzsteuer eingesetzt werden, wenn die Leistungen von Dritten erbracht werden.

Statt des Höchstbetrages, der sich aus den nach Abs.3, Satz 1 oder 4 maßgebenden Kosten und dem v.H.-Satz der entsprechenden Kostenstufe ergibt, darf der Höchstbetrag der vorausgehenden Kostenstufe gewählt werden.

Beispiele:

1. Mietwohnhaus mit Baukosten von
   DM 920.000,– = 2,8 % — DM 25.760,–
2. Bau von 12 gleichen Kaufeigentumswohnungen mit Baukosten von insgesamt DM 2.340.000,– (= DM 195.000,– je ETW) = 3,4 %
   + 0,5 % = 3,9 % = DM 7.605,–
   /ETW x 12 ETW = DM 91.260,–
3. Mietwohnhaus mit Baukosten von DM 520.000, bei dem besondere Maßnahmen zur Bodenordnung notwendig sind.
   2,8 %
   + 0,5 %
   3,3 % von DM 520.000,– = DM 17.160,–

   Errechnung gemäß Absatz 4
   3,1 %
   + 0,5 %
   3,6 % von DM 500.000,– = DM 18.000,–

In diesem Falle wird man von der Möglichkeit des Abs.4 Gebrauch machen und den

Höchstbetrag der vorangehenden Kostenstufe wählen, also 18.000,– DM statt der nach Abs.3 sich ergebenden 17.160,– DM.

3.5 Baudurchführung

3.5.1 Der Bauablauf vom Bauantrag bis zur Schlussabnahme

In den Bauordnungen der Bundesländer ist festgelegt, dass vor Beginn einer baulichen Maßnahme die Übereinstimmung mit dem materiellen Baurecht zu prüfen ist. Dabei handelt es sich um die Errichtung, die Änderung oder den Abbruch von baulichen Anlagen. Dieses Baugenehmigungsverfahren wird durch einen schriftlichen Antrag bei der zuständigen Gemeinde eingeleitet; zuständig ist die Gemeinde, in der das Grundstück liegt.

Vordruck eines Bauantrags s. nächste Seite.

Im Bauantrag sind in der Regel anzugeben:

1. Lage und Bezeichnung des Bauvorhabens, also die postalische und katastermäßige Bezeichnung des Grundstücks mit der Kennzeichnung des Bauvorhabens, z. B. Mietwohnhaus mit 4 WE.
2. Personalangaben, Namen und Anschriften des Bauherrn, Entwurfverfassers und Bauleiters.
3. Sonstige Angaben, z. B. Rohbaukosten, Gesamtkosten, Summe des umbauten Raums und der Wohnfläche und Nutzfläche.

Mit dem Bauantrag sind die Bauvorlagen einzureichen. Welche das sind, ergibt sich z. B. aus den Bauvorlagenverordnungen der Länder. Normalerweise werden verlangt:

- amtlicher Lageplan
- Baubeschreibung einschl. Nachweise über Wärme-, Schall- und Brandschutz
- Bauzeichnungen (Grundrisse/Ansichten/Schnitte)
- Statische Berechnungen
- Berechnung des umbauten Raums und der Wohn- und Nutzfläche
- Darstellung der Grundstücksentwässerung

Weitere Unterlagen sind denkbar.

Ist die Gemeinde selbst Genehmigungsbehörde, werden sämtliche Unterlagen in zweifacher Ausfertigung verlangt, ansonsten dreifach. Sowohl der Bauantrag als auch alle anderen Bauvorlagen sind vom Bauherrn und Architekten zu unterschreiben; gegebenenfalls auch durch den Bauleiter.

Damit das Genehmigungsverfahren zügig vorangehen kann, ist es sinnvoll, dass die erforderlichen Bauvorlagen mangelfrei und vollständig sind. Die Genehmigungsbehörde prüft die Zulässigkeit des beantragten Bauvorhabens.

Entspricht das beantragte Bauvorhaben den öffentlich-rechtlichen Vorschriften, so ist die Baugenehmigung zu erteilen (Bauschein mit fortlaufender Nummerierung je Kalenderjahr). Häufig werden im Bauschein Nebenbestimmungen vorgegeben, die der Bauherr zu erfüllen hat. Dies können z. B. sein:

- Errichtung von Kinderspielplätzen mit Quadratmeterangabe
- Begrünungsgebot für Freiflächen
- Verwendung feuerfester Türen vom Treppenhaus zum Kellergeschoss
- Lüftungseinrichtungen für WC-Räume und Bäder ohne Fenster
- Stellplatznachweis etc.

Die erteilte Baugenehmigung erlischt, wenn nicht innerhalb einer bestimmten Zeit (je nach Bundesland zwischen 1 und 4 Jahren) mit dem Bau begonnen wurde; auf Antrag kann die Frist verlängert werden.

☐ An die untere Bauaufsichtsbehörde (bei Bauantrag oder Antrag auf Vorbescheid) ☐ An die Gemeinde (bei Vorlage in der Genehmigungsfreistellung)	Eingangsvermerk
PLZ, Ort	Aktenzeichen

☐ **Bauantrag** ☐ **Vorlage an die Gemeinde in der Genehmigungsfreistellung** **(§ 67 BauO NW)**

Weiterbehandlung als Bauantrag, wenn die Gemeinde erklärt, daß ein Genehmigungsverfahren durchgeführt werden soll:

☐ **Antrag auf Vorbescheid** ☐ **ja** (bitte Abschnitt II ausfüllen) ☐ **nein** (bitte Abschnitt III ausfüllen)

Bauherrin/Bauherr Antragstellerin/Antragsteller		**Bevollmächtigte/Bevollmächtigter der Bauherrin/des Bauherrn**		**Entwurfsverfasserin / Entwurfsverfasser**	
Name, Vorname, Firma		Name, Vorname, Firma		Name, Vorname, Firma	
Straße, Hausnummer		Straße, Hausnummer		Straße, Hausnummer	
PLZ, Ort		PLZ, Ort		PLZ, Ort	
Telefon (mit Vorwahl)	Telefax	Telefon (mit Vorwahl)	Telefax	Telefon (mit Vorwahl)	Telefax

Baugrundstück		
Ort, Straße, Hausnummer		
Gemarkung(en)	Flur(en)	Flurstück(e)
Eigentümerin/Eigentümer		

Genaue Bezeichnung des Vorhabens (Errichtung, Änderung, Nutzungsänderung)

z. B. von Wohngebäuden, Gebäuden für landwirtschaftliche Betriebe oder Gewerbebetrieben mit Garagen/Stellplätzen (Anzahl)

Bei Nutzungsänderungen:

Bisherige Nutzung

Beabsichtigte Nutzung

Genaue Fragestellung zum Vorbescheid (Dem Antrag auf Erteilung eines Vorbescheides sind die Bauvorlagen beizufügen, die zur Beurteilung der durch den Vorbescheid zu entscheidenden Fragen des Bauvorhabens erforderlich sind. Bitte erkundigen Sie sich im Zweifelsfall bei Ihrer Bauaufsichtsbehörde, welche Bauvorlagen im Einzelnen zur Klärung Ihrer konkreten Fragen vorzulegen sind.)

Bindungen zur Beurteilung des Vorhabens	**Bescheid vom**	**erteilt von (Behörde)**	**Aktenzeichen**
☐ Vorbescheid			
☐ Teilungsgenehmigung			
☐ Befreiungs-/Abweichungsbescheid			
☐ Baulast Nr.			
☐			

Fortsetzung Blatt 2

Die angekreuzten Bauvorlagen und weitere Unterlagen im Sinne der BauPrüfVO sind beigefügt.
(Die Klammerwerte für die Zahl der Ausfertigungen gelten, wenn der Kreis untere Bauaufsichtsbehörde ist. Weitere Ausfertigungen sollen zur Beschleunigung des Verfahrens eingereicht werden, wenn andere Behörden oder Dienststellen zu beteiligen sind.)

I. Bauvorlagen (Unterlagen und Nachweise bei Vorhaben, die dem üblichen, nicht vereinfachten Genehmigungsverfahren unterliegen)

A. Allgemeine Bauvorlagen

Zu Nrn. 1 und 2: Siehe Hinweise auf der Rückseite von Blatt 3

1. ☐ 2 - (3) - fach Lageplan
2. ☐ 2 - (3) - fach Berechnung des Maßes der baulichen Nutzung (§ 2 Abs. 2 BauPrüfVO) (nur im Bereich eines Bebauungsplanes oder einer Satzung nach BauGB oder BauGBMaßnahmenG)
3. ☐ 2 - (3) - fach Beglaubigter Auszug aus der Liegenschaftskarte/Flurkarte (nur bei Vorhaben nach den §§ 34 oder 35 des Baugesetzbuches; Beglaubigung nicht erforderlich bei Beibringung eines amtlichen Lageplanes)
4. ☐ 2 - (3) - fach Auszug aus der Deutschen Grundkarte 1:5000 (nur bei Vorhaben nach den §§ 34 oder 35 des Baugesetzbuches)
5. ☐ 2 - (3) - fach Bauzeichnungen
6. ☐ 2 - (3) - fach Rechnerischer Nachweis über die Höhe des Fußbodens des höchstgelegenen Aufenthaltsraumes über der Geländeoberfläche
7. ☐ 2 - (3) - fach Baubeschreibung auf amtlichem Vordruck
8. ☐ 2 - - fach Nachweis der Standsicherheit (§ 6 Abs. 1 BauPrüfVO) einschl. d. statisch-konstrukt. Brandschutzes
   ☐ mit Bescheinigung der/des staatlich anerkannten Sachverständigen (§ 72 Abs. 7 BauO NW)
9. ☐ 2 - - fach Nachweis des Schallschutzes (§ 6 Abs. 3 BauPrüfVO)
   ☐ mit Bescheinigung der/des staatlich anerkannten Sachverständigen (§ 72 Abs. 7 BauO NW)
10. ☐ 1 - - fach Bescheinigung der/des staatlich anerkannten Sachverständigen, daß das in den Bauvorlagen dargestellte Bauvorhaben den Anforderungen an den baulichen Brandschutz entspricht (§ 72 Abs. 7 BauO NW)
11. ☐ 1 - - fach Nachweis des baulichen Brandschutzes (nur soweit erforderlich - siehe § 6 Abs. 2 BauPrüfVO)
12. ☐ 1 - - fach Bei Gebäuden: Berechnung des umbauten Raumes nach DIN 277
13. ☐ Bei baulichen Anlagen, die nicht Gebäude sind:

    Herstellungskosten einschl. Umsatzsteuer .... DM

B. Zusätzliche Unterlagen für Vorhaben besonderer Art oder Nutzung

14. ☐ 2 - (3) - fach Betriebsbeschreibung für gewerbliche Betriebe auf amtlichem Vordruck (ggf. mit Maschinenaufstellungsplan mit Rettungswegen und Notausgängen, falls nicht bereits in den Grundrißzeichnungen dargestellt)
15. ☐ 2 - (3) - fach Betriebsbeschreibung für landwirtschaftliche Betriebe auf amtlichem Vordruck
16. ☐ 3 - fach Bauvorlagen für besondere Bauvorhaben (siehe § 20 Garagenverordnung, § 18 Geschäftshausverordnung, § 106 Versammlungsstättenverordnung, § 37 Krankenhausbauverordnung, § 29 Gaststättenbauverordnung, § 8 EltBauVO)
17. ☐ Mehrfachausfertigungen der Unterlagen zu Nr(n). ☐ werden nachgereicht ☐ sind beigefügt

C. Sonstiges

18. ☐ Nachweis der Bauvorlagenberechtigung, soweit erforderlich
19. ☐ Erhebungsbogen für die Baustatistik
20. ☐ **Die in Nr(n) ☐ 8, ☐ 9 genannten bautechnischen Nachweise sind nicht beigefügt. Ich verpflichte mich,**
    ☐ diese Nachweise nachzureichen
    alternativ:
    ☐ diese Nachweise zusammen mit entsprechenden Bescheinigungen staatlich anerkannter Sachverständiger nach § 72 Abs. 7 BauO NW nachzureichen.

Mir ist bekannt, daß die Baugenehmigung erst erteilt werden kann, wenn diese Nachweise und Bescheinigungen der Bauaufsichtsbehörde vorliegen und daß diese von mir die Zahlung eines angemessenen Vorschusses oder einer angemessenen Sicherheitsleistung bis zur Höhe der voraussichtlichen Baugenehmigungsgebühr verlangen wird. Falls die Nachweise und Bescheinigungen nach Ablauf von drei Monaten nach Eingang des Bauantrages der Bauaufsichtsbehörde nicht vorliegen, wird der Bauantrag kostenpflichtig abgelehnt werden.

Fortsetzung Blatt 3

II. Bauvorlagen, Unterlagen und Nachweise bei Vorhaben, die dem vereinfachten Genehmigungsverfahren unterliegen (§ 68 BauO NW)

Zu Nrn. 1 und 2: Siehe Hinweise auf der Rückseite von Blatt 3

1. ☐ 2 - (3) - fach Lageplan
2. ☐ 2 - (3) - fach Berechnung des Maßes der baulichen Nutzung (§ 2 Abs. 2 BauPrüfVO) (nur im Bereich eines Bebauungsplanes oder einer Satzung nach BauGB oder BauGBMaßnahmenG)
3. ☐ 2 - (3) - fach Beglaubigter Auszug aus der Liegenschaftskarte/Flurkarte (nur bei Vorhaben nach den §§ 34 oder 35 des Baugesetzbuches: Beglaubigung nicht erforderlich bei Beibringung eines amtlichen Lageplanes)
4. ☐ 2 - (3) - fach Auszug aus der Deutschen Grundkarte 1:5000 (nur bei Vorhaben nach den §§ 34 oder 35 des Baugesetzbuches)
5. ☐ 2 - (3) - fach Bauzeichnungen
6. ☐ 2 - (3) - fach Rechnerischer Nachweis über die Höhe des Fußbodens des höchstgelegenen Aufenthaltsraumes über der Geländeoberfläche
7. ☐ 2 - (3) - fach Baubeschreibung auf amtlichem Vordruck
8. ☐ 1 - - fach Bei Gebäuden: Berechnung des umbauten Raumes nach DIN 277
9. ☐ 1 - - fach Bei baulichen Anlagen, die nicht Gebäude sind:

   Herstellungskosten einschl. Umsatzsteuer .... DM
10. ☐ Nachweis der Bauvorlagenberechtigung, soweit erforderlich
11. ☐ Erhebungsbogen für die Baustatistik
12. **Erklärung der Entwurfsverfasserin/des Entwurfsverfassers nach § 68 Abs. 4 BauO NW**
    (nur bei Wohngebäuden geringer Höhe)
    Ich erkläre hiermit, daß das in den beigefügten Bauvorlagen dargestellte Bauvorhaben den Anforderungen an den Brandschutz entspricht und die hierzu in den Bauvorlagen gemachten Angaben vollständig und richtig sind.

Nur bei Wohngebäuden mittlerer Höhe und bei Mittelgaragen:

13. ☐ 1 - - fach Bescheinigung der/des staatlich anerkannten Sachverständigen, daß das in den Bauvorlagen dargestellte Bauvorhaben den Anforderungen an den baulichen Brandschutz entspricht (§ 72 Abs. 7 BauO NW)
14. ☐ 2 - - fach Nachweis des baulichen Brandschutzes (nur soweit erforderlich - siehe § 6 Abs. 2 BauPrüfVO)

    Hinweis: Bei **Mittelgaragen** müssen die Bauvorlagen, soweit erforderlich, zusätzliche Angaben enthalten über:
    1. die Zahl, Abmessung und Kennzeichnung der Einstellplätze und Fahrgassen;
    2. die Brandmelde- und Feuerlöschanlagen; 3. Die CO-Warnanlagen; 4. die Lüftungsanlagen.
15. ☐ Mehrfachausfertigungen der Unterlagen zu Nr(n). ______ ☐ werden nachgereicht ☐ sind beigefügt

III. Bauvorlagen, Unterlagen in der Genehmigungsfreistellung (§ 67 BauO NW)

Zu Nrn. 1 und 2: Siehe Hinweise auf der Rückseite von Blatt 3

1. ☐ 1 - - fach Lageplan
2. ☐ 1 - - fach Berechnung des Maßes der baulichen Nutzung (§ 2 Abs. 2 BauPrüfVO)
3. ☐ 1 - - fach Bauzeichnungen
4. ☐ 1 - - fach Rechnerischer Nachweis über die Höhe des Fußbodens des höchstgelegenen Aufenthaltsraumes über der Geländeoberfläche
5. ☐ Erhebungsbogen der Baustatistik
6. **Erklärung der Entwurfsverfasserin/des Entwurfsverfassers nach § 67 Abs. 2 Satz 1 BauO NW**
   Ich erkläre hiermit, daß das in den beigefügten Bauvorlagen dargestellte Bauvorhaben den Anforderungen an den Brandschutz entspricht und die hierzu in den Bauvorlagen gemachten Angaben vollständig und richtig sind.

Mir ist bekannt, daß die Bauaufsichtsbehörde den Bauantrag (Nr. I oder II) gebührenpflichtig zurückweisen wird, wenn die Bauvorlagen unvollständig sind oder erhebliche Mängel aufweisen (§ 72 Abs. 1 Satz 2 BauO NW).

Ort, Datum	Ort, Datum	Ort, Datum
Unterschrift Bauherrin/Bauherr	Unterschrift Bevollmächtigte(r)	Unterschrift Entwurfsverfasser(in)*)

*) Diese Unterschrift gilt, soweit einschlägig, auch für die Erklärung nach Nr. II/12 bzw. Nr. III/6

Ohne Baugenehmigung darf mit dem Bau nicht begonnen werden; es sei denn, es handelt sich um Bauvorhaben, für die nach den Landesbauordnungen eine Bauanzeige genügt (z. B. für Schuppen, Baustelleneinrichtungen usw.).

Da die Abwicklung des Bauvorhabens der Bauaufsicht unterliegt, werden Kontrollen durchgeführt (z. B. Kontrolle der Moniereisen vor dem Gießen von Betondecken). Ist der Rohbau fertig gestellt, erteilt die Behörde die „Bescheinigung Bauzustandsbesichtigung Rohbau". In ihr wird bestätigt, wann die Besichtigung des Rohbaus stattgefunden hat und dass gegen die Fortführung der Bauarbeiten keine Bedenken bestehen. Nach Beendigung der Baumaßnahme wird die „Bescheinigung Bauzustandsbesichtigung Fertigstellung" ausgestellt (Schlussabnahmeschein). Hier bestätigt die Behörde die Besichtigung des fertig gestellten Gebäudes und testiert, dass gegen die Benutzung der baulichen Anlagen keine Bedenken bestehen.

Rohbau- und Schlussabnahmeschein werden auch zum Abruf der Fremdmittel benötigt.

3.5.2 Grundlegende Bestimmungen von Bauordnungen

Die einzelnen Bundesländer haben für die Errichtung baulicher und anderer Anlagen und Einrichtungen Landesbauordnungen erlassen, die sich inhaltlich im Wesentlichen decken. Bauliche Anlagen sind mit dem Erdboden verbunden, aus Baustoffen und Bauteilen hergestellt. Dazu gehören auch z. B. Sport- und Spielplätze und Stellplätze für Kraftfahrzeuge.

Für das Land Nordrhein-Westfalen datiert die Landesbauordnung vom 26.6.1984, zuletzt geändert durch Gesetz vom 7. März 1995. BauONW

Der erste Teil enthält allgemeine Vorschriften hinsichtlich des Anwendungsbereichs, der Begriffe und der allgemeinen Anforderungen. Hier ist z. B. festgelegt, dass als allgemein anerkannte Regeln der Technik, nach denen bauliche Anlagen zu erstellen sind, auch die von der obersten Bauaufsichtsbehörde oder der von ihr bestimmten Behörde durch öffentliche Bekanntmachung eingeführte Bestimmungen gelten.

Im zweiten Teil sind geregelt:

- die Bebauung der Grundstücke mit Gebäuden (z. B. erst nach erfolgter Erschließung)
- die Zufahrten von öffentlichen Verkehrsflächen zum zu bebauenden Grundstück z. B. für die Feuerwehr
- die Abstandsflächen von Gebäuden zu den Nachbargrenzen
- die Teilung von Grundstücken
- die Einfriedung von Grundstücken entlang den öffentlichen Verkehrsflächen etc.

Im dritten Teil finden sich:

- allgemeine Anforderungen an die Bauausführung wie Gestaltung der baulichen Anlagen, Einrichtung der Baustellen, Standsicherheit, Brandschutz usw.
- Regelungen hinsichtlich der zu verwendenden Baustoffe, Bauteile und Bauarten
- die Ausführungsvorschriften für Wände, Decken, Dächer (z. B. für Brandwände)
- die Gestaltung der Treppen, Flure, Rettungswege und Aufzüge sowie der Fenster und Türen
- technische Vorschriften für die Errichtung von haustechnischen Anlagen; z. B. der Feuerungsanlage oder der Lagerung von Brennstoffen
- Ausführungen, wie Aufenthaltsräume, Wohnungen und Bäder beschaffen sein müssen
- die Vorschrift, Garagen oder Stellplätze in ausreichender Anzahl vorzusehen

Der vierte Teil beschreibt die Zuständigkeit und Pflichten des Bauherrn, des Entwurfverfassers, Unternehmens und Bauleiters.

Der fünfte Teil enthält Regelungen über die Bauaufsichtsbehörden und deren Zuständigkeiten, Aufgaben und Befugnisse.

Des Weiteren finden sich hier Vorschriften über genehmigungsbedürftige sowie genehmigungsfreie Bauvorhaben, Geltungsdauer von erteilten Baugenehmigungen, Bauänderungen, Bauzustandsberichte (Rohbau- und Schlussabnahme z. B.) und der Baulasten im Baulastenverzeichnis.

Der letzte Teil behandelt Bußgeldvorschriften (z. B. bei Ordnungswidrigkeiten), Rechts-, Übergangs- und Schlussvorschriften.

In der neuen Bauordnung des Landes Nordrhein-Westfalen finden sich Vorschriften über

genehmigungsfreie Vorhaben nach § 65 BauONW
z. B. – Gebäude bis zu 30 m³ umbauten Raum
- Wochenendhäuser auf genehmigten Wochenendplätzen
- Einfriedungen, Stützmauern
- Stellplätze etc.

genehmigungsfreie Anlagen nach § 66 BauONW
z. B. – Anlagen zur Verteilung von Wärme bei Wasserheizungsanlagen
- Wärmepumpen
- Lüftungsanlagen etc.

genehmigungsfreie Wohngebäude, Stellplätze und Garagen nach § 67 BauONW
z. B. Wohngebäude mittlerer und geringer Höhe, wenn
- das Vorhaben den Festsetzungen des Bebauungsplans entspricht
- die Erschließung gesichert ist
- die Gemeinde nicht innerhalb eines Monats nach Eingang der Bauvorlagen erklärt, dass ein Genehmigungsverfahren durchgeführt werden soll
- dann kann mit dem Bau einen Monat nach Eingang der Bauvorlagen bei der Gemeinde begonnen werden.

vereinfachte Genehmigungsverfahren nach § 68 BauONW, soweit die Vorhaben nicht nach §§ 64 bis 67 genehmigungsfrei sind;
hier hat die Bauaufsichtsbehörde über den Bauantrag innerhalb einer Frist von 6 Wochen zu entscheiden.

3.5.3 Die verschiedenen Arten der Vergabe von Bauleistungen

Die Vergabe ist geregelt in Teil A der Verdingungsordnung für Bauleistungen (VOB). Danach sind Bauleistungen Arbeiten jeder Art, durch die eine bauliche Anlage hergestellt, instand gehalten, geändert oder beseitigt wird. Um für diese Bauleistungen Angebote einzuholen, kann man sich der folgenden Vergabearten bedienen:

VOB, Teil A §§ 2 ff.

- öffentliche Ausschreibung
- beschränkte Ausschreibung ohne öffentlichen Teilnahmewettbewerb
- beschränkte Ausschreibung nach öffentlichem Teilnahmewettbewerb
- freihändige Vergabe ohne öffentlichen Teilnahmewettbewerb
- freihändige Vergabe nach öffentlichem Teilnahmewettbewerb

– Öffentliche Ausschreibung

Bei der öffentlichen Ausschreibung werden Bauleistungen nach öffentlicher Aufforderung einer unbeschränkten Zahl von Unternehmen zur Einreichung von Angeboten ausgeschrieben. Dies geschieht durch Inserate in Tageszeitungen, Fachzeitschriften o. ä. Eine Anzeige könnte so aussehen:

Öffentliche Ausschreibung

Die Wohnbau AG in Musterhausen schreibt für den Neubau von 96 Wohneinheiten zwischen 62 m^2 Wohnfläche und 88 m^2 Wohnfläche folgende Bauarbeiten öffentlich aus:

- Erd- und Gründungsarbeiten
- Maurer- und Betonarbeiten
- Zimmerer- und Dachdeckerarbeiten
- Sämtliche Ausbaugewerke

Ausführungszeit: Oktober 19xy bis Januar 19xz (Näheres regeln die Leistungsverzeichnisse)

Ausschreibungsunterlagen können gegen Überweisung einer Gebühr von 45,– DM je Gewerk angefordert werden.

Submissionstermin: 3. April 19xy, 10.00 Uhr, Sitzungszimmer 3. Stock

Musterhausen, den 4. Januar 19xy
Wohnbau AG, Platanenallee 86–92

Der Vorteil dieses Verfahrens liegt darin, dass die Anzahl der Bieter sehr hoch ist und die abgegebenen Angebotspreise i. d. R. die größte Bandbreite haben; das fördert den Wettbewerb. Nachteilig wirkt sich der relativ hohe Verwaltungsaufwand aus, weil es zeitaufwendig ist, die eingegangenen Angebote sachlich und rechnerisch zu prüfen. Auch ist es nicht leicht, bisher unbekannte Bewerber auf ihre Eignung hinsichtlich Fachkompetenz, Leistungsfähigkeit und Zuverlässigkeit zu beurteilen.

Das Verfahren der öffentlichen Ausschreibung wird i. d. R. von öffentlichen Auftraggebern praktiziert; denn die sind durch Haushaltsgesetze dazu verpflichtet. Wegen der relativ hohen Kosten machen Wohnungsunternehmen eher selten davon Gebrauch.

– Beschränkte Ausschreibung ohne öffentlichen Teilnahmewettbewerb

Die beschränkte Ausschreibung ist in der Praxis der Wohnungsunternehmen die Regel. Hierbei werden die Bauleistungen nach Aufforderung einer beschränkten Zahl von Unternehmen (z. B. 3–6 je Gewerk) zur Einreichung von Angeboten vergeben. Die aufgeforderten Unternehmen und deren Leistungsfähigkeit sind häufig schon näher bekannt und bieten daher Gewähr für gute und termingerechte Arbeit. Des Weiteren ist der Kostenaufwand zur Prüfung der Angebote relativ gering. Andererseits besteht die Gefahr, dass es zu überzogenen Preisforderungen kommt, weil die Bieter sich vor neuen Mitbewerbern sicher sind. Darüber hinaus lernt der Ausschreibende weitere leistungsstarke Unternehmen nicht kennen.

– Beschränkte Ausschreibung nach öffentlichem Teilnahmewettbewerb

Wenn man die grundlegenden Vorteile der öffentlichen und beschränkten Ausschreibung nutzen will, ohne sich jeweils deren Nachteile einzuhandeln, kann man sich der beschränkten Ausschreibung nach vorherigem öffentlichen Teilnahmewettbewerb bedienen. Das Wohnungsunternehmen wird interessierte Bauunternehmer durch Inserate in Zeitungen usw. auffordern, sich um die Teilnahme an der beschränkten Ausschreibung zu bewerben. Aus den meist zahlreichen Bewerbungen werden dann z. B. 3–4 neue Unternehmen sorgfältig ausgewählt und mit den 3–4 bereits bekannten beschränkt ausgeschrieben.

Der Verwaltungsaufwand hält sich in Grenzen, und durch den öffentlichen Teilnahmewettbewerb ist die Wettbewerbssituation verbessert.

– Freihändige Vergabe ohne öffentlichen Teilnahmewettbewerb

Bei der freihändigen Vergabe von Bauaufträgen werden ohne besondere förmliche Vorschriften von mehreren Bietern Angebote eingeholt und dann an den Günstigsten vergeben. Es ist aber auch denkbar, dass an ein einziges Unternehmen ohne Vergleichsmöglichkeit vergeben wird, z. B. bei Patenten oder Lizenzen. Ansonsten soll auch bei der freihändigen Vergabe der Wettbewerb gefördert werden.

Dieses Verfahren wird z. B. angewendet, wenn der Auftragswert im Vergleich zum Gesamtwert des Objekts gering ist, die Ausführung der Leistung besonders eilt oder keine eindeutige Leistungsbeschreibung (z. B. bei Sanierung) möglich ist.

– **Freihändige Vergabe nach öffentlichem Teilnahmewettbewerb**

Dieses Verfahren ist dadurch gekennzeichnet, dass man nach öffentlichem Teilnahmewettbewerb aus den Bewerbungen nach kritischer Auswahl Bauleistungen ohne förmliches Verfahren vergibt.

3.5.4 Die Verdingungsordnung für Bauleistungen (VOB) und der Bauvertrag

VOB

Die VOB ist ein von Praktikern aufgestelltes spezielles Regelwerk, das die Vergabe und Abwicklung von Bauleistungen regelt. Es hatte sich gezeigt, dass die Vorschriften des BGB hinsichtlich des Werkvertragsrechts für Bauobjekte nicht immer befriedigend sind.

Da die VOB weder Gesetzes- noch Verordnungscharakter hat, erfordert sie eine ausdrückliche Vereinbarung zwischen Auftraggeber und Auftragnehmer. Dies geschieht im Regelfall dadurch, dass in den Ausschreibungsunterlagen die Geltung der VOB vorgegeben wird und das Unternehmen sein Angebot danach ausrichten kann.

Die VOB besteht aus drei Teilen.

Teil A: Allgemeine Bestimmungen für die **Vergabe** von Bauleistungen (Konzeption und Durchführung der Vergabe)

Teil B: Allgemeine Vertragsbedingungen für die **Ausführung** von Bauleistungen (z. B. Art und Umfang der Leistung, Vergütung, Abnahme, Abrechnung, Gewährleistung)

Teil C: Allgemeine **technische** Vertragsbedingungen für Bauleistungen (hier wird in DIN-Normen die Art und Weise der technischen Leistungserbringung der Gewerke näher festgelegt)

AGBG

Da die VOB so etwas darstellt wie „Allgemeine Geschäftsbedingungen“, unterliegt auch sie den Bestimmungen des AGBG. Nach herrschender Meinung gilt die VOB jedoch als zwischen den Partnern ausgewogen, wenn sie in allen Teilen dem Vertrag zugrunde liegt.Wenn jedoch nur einzelne Bestimmungen der VOB vereinbart werden, sind im Einzelfall Verstöße gegen das AGB-Gesetz denkbar.

An dieser Stelle soll ein kompletter Ablauf nach VOB dargestellt werden, und zwar der Bauauftrag über Dachdeckerarbeiten.

Das den Auftrag vergebende Wohnungsunternehmen führt für dieses Gewerk eine beschränkte Ausschreibung durch. Es hat insgesamt 7 Unternehmen Vergabeunterlagen geschickt. Dazu gehört das Anschreiben, das alle wichtigen Angaben enthalten soll, z. B. Art und Umfang der Bauleistung, Ausführungsart, voraussichtliche Ausführungszeit, Art der Vergabe, Ablauf der Angebotsfrist, Submissionstermin u. ä. Als zweites sind die dem Anschreiben beigefügten Bewerbungsbedingungen zu nennen.

Auftraggeber, die ständig Bauleistungen vergeben, sollen die Erfordernisse, die die Bewerber bei der Bearbeitung ihrer Angebote beachten müssen, in Bewerbungsbedingungen zusammenfassen. Den Inhalt schreibt die VOB nicht vor; er sollte aber so beschaffen sein, dass das Ausschreibungsverfahren übersichtlich und rationell gestaltet werden kann.

Zu den Verdingungsunterlagen gehören die Leistungsbeschreibung mit Leistungsverzeichnis und Leistungsprogramm, die allgemeinen und zusätzlichen oder besonderen Vertragsbedingungen. Die Leistung ist eindeutig und so erschöpfend zu beschreiben, dass alle Bewerber diese Beschreibung in gleichem Sinne verstehen und ihre Preise sicher und ohne umfangreiche Vorarbeiten berechnen können. Bei Dachdeckerarbeiten müsste man also z. B. schreiben, wieviel m^2 Dachfläche mit welchen Ziegeln (Material, Form, Farbe) anzubieten oder wieviel lfd. m Dachrinne in verzinkter Ausführung vorgesehen sind.

Für die Bearbeitung der Angebote sind ausreichende Fristen geboten; bei der beschränkten Ausschreibung soll die Frist 18 Werktage betragen. Angebote, die beim Auftraggeber eingehen, sind bis zum Submissionstermin verschlossen zu halten. Die Angebotsfrist endet, wenn im Submissionstermin mit dem Öffnen der Angebote begonnen wird. Bis zu diesem Zeitpunkt können Angebote zurückgezogen oder geändert werden.

Am Eröffnungstermin nehmen neben dem Verhandlungsleiter (z. B. Techniker, Architekt) und dem Schriftführer auch die Bieter teil. Nach dem Öffnen der Umschläge werden die Namen der Bieter und die Gesamtangebotssummen vorgelesen, in ein Protokoll eingetragen und von den Anwesenden unterschrieben.

Ab dem Submissionstermin läuft die Zuschlags- und Bindefrist. Sie soll i. d. R. nicht länger als 24 Werktage dauern. Während dieser Frist sind die Bieter an ihr Angebot gebunden und der Auftraggeber soll den Zuschlag erteilen.

Damit er dies tun kann, sind die Gebote sachlich und rechnerisch zu prüfen. Dabei ist insbesondere darauf zu achten, ob die Leistungsverzeichnisse unverändert übernommen worden sind oder ob sich Abweichungen ergeben haben, die den Preisvergleich erschweren. Hat z. B. Dachdecker A die Dachrinnen – wie gefordert – in verzinkter Ausführung angeboten, Mitbewerber B jedoch Kupfer als Material vorgesehen, muss dies berücksichtigt werden.

Die Wertung der Angebote durch den Auftraggeber soll wie folgt ablaufen:

- Ausschluss von Angeboten z. B. wegen formaler Fehler
- Überprüfung der fachlichen, terminlichen und wirtschaftlichen Eignung der Bieter
- Herausnahme von Angeboten mit unangemessen hohen oder niedrigen Preisen
- Bearbeitung von Änderungsvorschlägen usw.
- Auswahl des **vorteilhaftesten** Angebots.

Das vorteilhafteste Angebot muss nicht identisch mit dem billigsten sein. Neben dem Preis spielt auch die fachlich korrekte und termingerechte Erstellung des Gewerkes genauso eine Rolle wie z. B. Erfahrungen von früheren Objekten hinsichtlich der Abwicklung von aufgetretenen Gewährleistungsansprüchen.

Der Zuschlag soll zügig erfolgen, mindestens aber so rechtzeitig, dass er dem Bieter vor Ablauf der Zuschlagsfrist zugeht. Wird der Zuschlag ohne Abänderung des Angebots erteilt, ist der Vertrag abgeschlossen. Bei geändertem Angebot oder verspätetem Zuschlag hat der Bieter die Annahme zu erklären. In der Praxis wird jedoch auch noch eine Vertragsurkunde ausgefertigt; sie ist in zweifacher Ausfertigung von beiden Vertragsparteien rechtsverbindlich zu unterschreiben. Bei der Vergabe ausgeschlossene oder nicht in die engere Wahl kommende Bieter sind sobald wie möglich zu informieren, die übrigen Bieter nach erfolgtem Zuschlag.

Der nun abgeschlossene Bauvertrag ist seinem Wesen nach in jedem Falle ein Werkvertrag im Sinne des § 631 ff. BGB, auch wenn – wie in den meisten Fällen üblich – der Auftragnehmer das Baumaterial liefert. BGB § 631 ff.

Pflichten aus Werkvertrag	
des Auftragnehmers (z. B. Dachdecker)	**des Auftraggebers** (z. B. Wohnungsunternehmen)
– Herstellung des Bauwerkes nach den anerkannten Regeln der Technik – termingerechte Erstellung – Gewährleistung – Gefahrtragung für das Werk	– Entrichtung der vertraglich vereinbarten Vergütung – Mitwirkung – Abnahme – Gefahrtragung für beigestellte Baustoffe

Ist der Bauvertrag erfüllt (z. B. die Dachdeckerarbeiten sind ausgeführt), so kann der Auftragnehmer eine Abnahme durch den Auftraggeber verlangen, obwohl die VOB eine Abnahme nicht ausdrücklich vorschreibt. Verlangt dies der Auftragnehmer, so muss der Auftraggeber das Werk innerhalb von 12 Werktagen abnehmen. Sind noch wesentliche Mängel vorhanden, kann die Abnahme bis zur Beseitigung verweigert werden. Nimmt der Auftraggeber nicht innerhalb der Frist ab, so gilt das Werk als abgenommen. Wurde das Werk vom Auftraggeber in Benutzung genommen, so gilt die Abnahme mit Ablauf von 6 Werktagen als erfolgt, wenn nichts anderes vereinbart ist. Mit der Abnahme ergeben sich nachstehende Rechtsfolgen:

– Die Gewährleistungsfristen beginnen zu laufen.
– Die vereinbarte Vergütung wird fällig.
– Die Gefahr geht auf den Auftraggeber über.

Die Gewährleistungsfristen betragen	
für Arbeiten am Bauwerk	**für Arbeiten am Grundstück**
z. B. Maurer- und Betonarbeiten, Elektroinstallation, Dacheindeckung etc.	z. B. Einfriedung des Grundstücks mit einer Mauer, Verlegung der Abwasserleitung etc.
nach VOB 2 Jahre nach BGB 5 Jahre	nach VOB 1 Jahr nach BGB 1 Jahr

Sehr oft wird die VOB insgesamt zum Vertragsbestandteil gemacht, die Gewährleistungsfrist für Arbeiten am Gebäude mit 5 Jahren aber nach BGB vereinbart.

Durch die vereinbarten Preise werden alle vertraglichen Leistungen des Auftragnehmers abgegolten. Die Vergütung wird nach den vertraglichen Einheitspreisen für die tatsächlich ausgeführten Leistungen berechnet, wenn keine andere Berechnungsart (z. B. durch Pauschalsummen, nach Stundenlohnsätzen oder nach Selbstkosten) vereinbart ist. Weichen die ausgeführten Mengen der unter Einheitspreis erfassten Leistung nicht mehr als 10 % von dem im Vertrag vorgesehenen Umfang ab, so gilt der vertragliche Einheitspreis; für größere Abweichungen nach oben oder unten sieht die VOB entsprechende Regelungen vor. Wurde als Vergütung der Leistung eine Pauschalsumme vereinbart, so bleibt die Vergütung grundsätzlich unverändert.

Der Auftragnehmer sichert sich seine Zahlungsansprüche i. d. R. durch dem Bauablauf angepasste Abschlagszahlungen; gerät der Auftraggeber in Verzug, kann der Auftragnehmer Zinsen in Höhe von 1 % über dem Lombardsatz geltend machen, sofern er keinen höheren Verzugsschaden nachweisen kann. Darüber hinaus kann er die Arbeiten bis zur Zahlung einstellen.

Aber auch der Auftraggeber hat ein großes Interesse daran, die vertragsgemäße Ausführung der Leistung und die Gewährleistung sicherzustellen. Wenn im Vertrag nichts anderes vereinbart ist, kann Sicherheit durch Einbehalt oder Hinterlegung von Geld oder durch Bankbürgschaft nach jeweils bestimmten Bedingungen geleistet werden. Der Auftraggeber hat eine nicht verwertete Sicherheit zum vereinbarten Zeitpunkt, spätestens aber nach Ablauf der Verjährungsfrist für die Gewährleistung zurückzugeben. Soweit jedoch zu dieser Zeit seine Ansprüche noch nicht erfüllt sind, darf er einen entsprechenden Teil der Sicherheit zurückbehalten.

3.5.5 Das Führen des Baubuches

Das Gesetz über die Sicherung der Bauforderungen vom 1.6.1909 zuletzt geändert am 25.6.1969, schreibt vor, dass GSB

- ein Baubuch zu führen ist
- Baugeld nur zur Befriedigung der Forderungen der am Bau Beteiligten verwendet werden darf,
- ein Bauschild aufzustellen ist.

Das Gesetz regelt im Wesentlichen die Verpflichtung des Empfängers von Baugeld, dieses nur zur Befriedigung von Forderungen solcher Personen zu verwenden, die an der Herstellung des Baues beteiligt sind. Bei Zuwiderhandlung gegen die Vorschriften des Gesetzes sind Freiheitsstrafen bis zu einem Jahr bzw. Geldstrafen angedroht.

Inhalte des Baubuches:

- Namen der Bauunternehmer
- übertragene Arbeiten
- vereinbarte Vergütung
- Höhe der zugesicherten Mittel und Namen der Geldgeber
- geleistete Zahlungen
- Abtretungen, Pfändungen und sonstige Verfügungen über die gewährten Finanzierungsmittel

Dieses Baubuch wurde früher noch in Buchform geführt, eingehende Rechnungen wurden chronologisch eingetragen. Die Aufbewahrungsfrist beträgt 5 Jahre; wird das Baubuch innerhalb der Buchhaltung geführt, beträgt die Frist 10 Jahre.

In der heutigen Praxis der Wohnungsunternehmen wird das Baubuch mithilfe der DV geführt. Sie bietet die Möglichkeit, z. B. in wöchentlichen oder monatlichen Zeiträumen ein vollständiges Baubuch abzurufen; längere Zeiträume sind ungünstig, da eine ständige Kontrolle erfolgen soll.

Im Kostenbereich geben die Systeme Auskunft über kalkulierte und tatsächliche Kosten bzw. daraus resultierende Über- bzw. Unterschreitungen. Hinsichtlich der Finanzierung werden ausgewiesen die geplanten/zugesagten Mittel, die geflossenen und noch nicht valutierten Mittel. Zur Abstimmung des Baubuchs werden Eigenleistungen (z. B. technische und kaufmännische Honorare sowie Zwischenfinanzierungskosten) nachrichtlich eingegeben.

3.5.6 Versicherungsschutz während der Bauzeit

3.5.6.1 Bauleistungs-Versicherung (Bauwesen-Versicherung)

Schon mit Beginn der Bauarbeiten hat der Bauherr für Schäden an Bauleistungen aufzukommen, die durch höhere Gewalt oder andere unabwendbare Umstände verursacht werden; gegen diese Risiken schützt die Bauleistungs-Versicherung bis zur schlüsselfertigen Herstellung des Bauwerks.

Folgende Schäden sind z. B. denkbar:
- Die Stahlbetondecke stürzt während des Betonierens ein.
- Unbekannte stehlen sämtliche bereits eingebaute Heizkörper, Waschbecken etc.
- Ein Wasserrohrbruch beschädigt Parkettböden, schwimmende Estriche und Wärmedämmungen.
- Ungewöhnliche Witterungseinflüsse bringen Baugruben-Böschungen zum Einrutschen.

Die Versicherung ersetzt alle Kosten, die während der Bauzeit durch unvorhergesehene Beschädigungen oder Zerstörungen der versicherten Bauleistungen sowie durch Diebstahl eingebauter Materialien entstehen. Dies gilt für Schäden, für die der Bauherr aufkommen muss; aber auch für solche Schäden, für die der Bauunternehmer und die Handwerker das Risiko tragen. Deshalb ist es auch möglich, den Prämienbeitrag entsprechend der Höhe des jeweiligen Auftragswerts auf die Auftragnehmer umzulegen.

Der Beitrag ist bei den verschiedenen Versicherungsgesellschaften unterschiedlich. Als Größenordnung kann gelten:

- bei Versicherungssummen bis 1 000 000 DM je nach Höhe der Selbstbeteiligung von z. B. 300 bis 500 DM etwa 3,2 % (zuzüglich Versicherungssteuer),
- bei Versicherungssummen bis 2 000 000 DM beträgt der Beitrag etwa 2 %.

3.5.6.2 Bauherrenhaftpflicht

Die Bauherrenhaftpflichtversicherung schützt den Bauherrn des zu errichtenden Gebäudes bis zur Bezugsfertigkeit gegen Haftpflichtansprüche Dritter; von z. B. Nachbarn, Besuchern oder Passanten, die zu Schaden kommen, weil etwa die Baustelle oder Zufahrten nicht ordnungsgemäß gesichert waren.

Hier sind folgende Schäden denkbar:

- Ein spielendes Kind fällt in einen nicht ordnungsgemäß abgedeckten Kanalschacht.
- Ein Fußgänger kommt nachts zu Schaden, weil auf dem Gehweg gelagertes Baumaterial unzureichend beleuchtet ist.
- Baumaterial rutscht vom Gerüst und verletzt einen Spaziergänger.
- Bei der Besichtigung eines Rohbaus stürzt ein Besucher von einem ungesicherten Balkon.

Im Schadensfall prüft die Versicherung die Frage, ob der Bauherr für den Schaden ersatzpflichtig ist. Bei berechtigten Ansprüchen wird der Schaden reguliert; unberechtigte Forderungen wehrt die Versicherung ab – gegebenenfalls auch vor Gericht.

Der Beitrag für die Bauherrenhaftpflichtversicherung für eine Bausumme von 1 000 000 DM beträgt etwa 0,95 % bei einer Deckungssumme je Schadenereignis bis 2 000 000 DM für Personenschaden und 500 000 DM für Sachschaden (ohne Versicherungssteuer); für eine Bausumme von 2 000 000 DM beträgt der Beitragssatz etwa 0,78 %.

3.6 Bauabrechnung

Gemäß § 14 VOB hat der Auftragnehmer seine Leistungen prüfbar abzurechnen. Dabei sind die Rechnungen übersichtlich aufzustellen, die Reihenfolge der Posten einzuhalten und die in den Vertragsbestandteilen enthaltenen Bezeichnungen zu verwenden. Die für die Abrechnung notwendigen Feststellungen sind dem Fortgang der Leistung entsprechend möglichst gemeinsam vorzunehmen. VOB § 14

Für die Erstellung der Schlussrechnung gelten – je nach vertraglich vereinbarter Ausführungsfrist des Gewerkes – unterschiedliche Fristen. Sie betragen mindestens 12 Werktage nach Fertigstellung und verlängern sich um je 6 Werktage für je weitere 3 Monate Ausführungsfrist, sofern nichts anderes vereinbart ist.

Wichtig ist, dass – solange prüfbare Abrechnungen nicht vorliegen – Zahlungen nicht fällig werden.

3.7 Bauabnahme

In Kapitel 3.5.1 wurde bereits auf die Abnahme nach VOB hingewiesen. Bei diesen Abnahmen wird – wie auch bei der Wohnungsübergabe – ein Protokoll angefertigt. Darin sind aufgeführt:

- Bauvorhaben
- Gewerke
- Auftraggeber und Auftragnehmer
- teilnehmende Personen
- Aufstellung der Mängel (genaue Bezeichnung des Mangels einschließlich der Lage im Gebäude)
- Frist zur Behebung der Mängel
- Passus, dass mit Unterzeichnung des Protokolls die Bauleistung als abgenommen gilt, und zwar vorbehaltlich der Beseitigung der genannten Mängel
- Ort, Datum und Unterschriften der teilnehmenden Personen

3.8 Durchsetzung der Mängelbeseitigung während der Gewährleistungszeit

Der Auftragnehmer ist nicht nur verpflichtet, zum Zeitpunkt der Abnahme den Werkvertrag mängelfrei zu erfüllen, sondern dies gilt auch für den Zeitraum der vereinbarten Gewährleistung. Die Gewährleistungsfrist beginnt mit der Abnahme der Bauleistung und endet mit Ablauf der Verjährungsfrist.

In § 13 VOB ist festgelegt, welchen Standard die Leistung des Auftragnehmers aufweisen muss. Es sind in Absatz 1 im Einzelnen genannt: VOB § 13 Abs.1

- Vorliegen vertraglich zugesicherter Eigenschaften
- Einhalten der anerkannten Regeln der Technik
- Freisein von Fehlern, die den Wert oder die Tauglichkeit zu den gewöhnlichen oder dem nach dem Vertrag vorausgesetzten Gebrauch aufheben oder mindern

Im Rahmen dieser Gewährleistungspflicht ist der Auftragnehmer verpflichtet, die Mängel auf seine Kosten zu beseitigen, wenn es der Auftraggeber schriftlich verlangt. Kommt er dieser Aufforderung in einer vom Auftraggeber gesetzten angemessenen Frist nicht nach, so hat dieser die Möglichkeit, die Mängel auf Kosten des Auftragnehmers beseitigen zu lassen.

Sofern der Auftragnehmer die Beseitigung von Mängeln verweigert, weil sie unmöglich ist oder nur mit einem unverhältnismäßig hohen Aufwand realisiert werden kann, steht dem Auftraggeber das Recht zur Minderung der Vergütung zu. Bei wesentlichen Mängeln, die die Gebrauchsfähigkeit erheblich beeinträchtigen, stehen dem Auftraggeber grundsätzlich auch Schadensersatzansprüche zu.

Zur Durchsetzung der Gewährleistungsansprüche hat der Auftraggeber die Möglichkeit, auf die vereinbarte Sicherheitsleistung zurückzugreifen (s. 3.5.4).

Fragen:

1. Nennen Sie die am Bau beteiligten Personen.
2. Welche Aufgaben fallen dem Bauherrn zu, welche dem Architekten?
3. Welche Vorteile für das Unternehmen hat der angestellte Architekt gegenüber der Verpflichtung eines freiberuflich tätigen Architekten?
4. Nennen Sie die 9 Leistungsphasen des Architekten nach § 15 der HOAI.
5. Von welchen Faktoren hängt die Höhe des Architektenhonorars ab?
6. Ein Architekt erstellt die Planungen für 7 gleiche Reihenhäuser. Beschreiben Sie die Auswirkungen auf das zu zahlende Honorar.
7. Welche Tätigkeiten im Wohnungsunternehmen sind mit der Berechnung der Verwaltungsleistungen nach der II. Berechnungsverordnung abgegolten?
8. Welche Daten enthält der Bauantrag?
9. Nennen Sie erforderliche Bauvorlagen, die einem Bauantrag beizufügen sind.
10. Für welche Bauvorhaben benötigt man keine Baugenehmigung?
11. Nennen Sie mindestens 5 Vorschriften, die in den Landesbauordnungen geregelt sind.
12. Nennen Sie die verschiedenen Arten der Ausschreibungen von Bauleistungen nach der VOB.
13. Beschreiben Sie die beschränkte Ausschreibung nach öffentlichem Teilnahmewettbewerb.
14. Erläutern Sie Vor- und Nachteile der öffentlichen Ausschreibung.
15. Nennen Sie Inhalte eines Inserates zur öffentlichen Ausschreibung von Bauleistungen.

16 Was versteht man unter dem „Submissionstermin"?

17. Nennen Sie die Pflichten der Vertragsparteien aus dem Werkvertrag.
18. Unterscheiden Sie die Gewährleistungsfristen nach VOB und BGB.
19. Erläutern Sie die „Bauleistungsversicherung" und „Bauherrenhaftpflicht".

Themenkreis 4:
Wertermittlung von unbebauten und bebauten Grundstücken

4.1 Grundlagen der Wertermittlung

Die Ermittlung von Grundstückswerten ist für den Bereich der Grundstücks- und Wohnungswirtschaft von erheblicher Bedeutung.

Besonders bei einem Kauf, Verkauf oder Tausch eines Grundstücks spielen richtige Werte eine Rolle. Bedeutsam sind Wertfeststellungen im Rahmen des öffentlichen Baurechts; z. B. bei Enteignungen, bei Umlegungen, bei Sanierungs- und Entwicklungsmaßnahmen sowie bei der Ausübung des gemeindlichen Vorkaufsrechts.

Auch auf dem Gebiet des Versicherungswesens und des Realkredits stellt sich der Grundstücksbewertung eine wichtige Aufgabe.

Eine sachgerechte Wertermittlung liegt in diesen wie auch in anderen Fällen im Interesse des Grundstückseigentümers und der Allgemeinheit. Der Wert eines Grundstücks wird meist durch ein Verkehrswertgutachten eines Sachverständigen (z. B. Architekten, Bauingenieure, Makler) ermittelt.

„Der Verkehrswert wird durch den Preis bestimmt, der in dem Zeitpunkt, auf den sich die Ermittlung bezieht, im gewöhnlichen Geschäftsverkehr ... (für das Grundstück) ... zu erzielen wäre.“ BauGB § 194

Die Sachverständigen bedienen sich bei der Verkehrswertermittlung der Beurteilungskriterien der Wertermittlungsverordnung. Diese Verordnung über Grundsätze für die Ermittlung der Verkehrswerte von Grundstücken basiert auf dem Baugesetzbuch. WertV BauGB §§ 192–199

Bis zum Jahre 1961 bestanden keine Rechtsvorschriften über die Ermittlung des Verkehrswertes von Grundstücken. Diese Verordnung sollte der Unterschiedlichkeit der Ermittlungsmethoden, die vielfach zu stark voneinander abweichenden Ergebnissen bei der Wertermittlung geführt hat, entgegenwirken. Die heute vorliegende Fassung der Wertermittlungsverordnung gilt seit dem 6.12.1988.

Die Wertermittlungsverordnung ist ein im Bundesgebiet einheitlich anerkanntes Kriterium zur Bewertung von Grundstücken.

Die Wertermittlungsverordnung wird durch die Wertermittlungsrichtlinien, die Hinweise für die Ermittlung des Verkehrswertes von unbebauten und bebauten Grundstücken enthalten, ergänzt. WertR 1

Die Anwendung dieser Richtlinien soll eine objektive Ermittlung des Verkehrswertes von Grundstücken nach einheitlichen und marktgerechten Grundsätzen und Verfahren sicherstellen.

Bei der Wertermittlung werden alle tatsächlichen, rechtlichen und wirtschaftlichen Umstände berücksichtigt, die den Verkehrswert des Grundstücks beeinflussen.

Unberücksichtigt bleiben z. B. Aufwendungen aus Anlass der Veräußerung, wie Abstandszahlungen.

Zur Erstellung eines Wertgutachtens sind umfangreiche Unterlagen erforderlich. Daneben ist immer eine Besichtigung des Grundstücks notwendig.

Unterlagen zur Wertermittlung

- Grundbuchauszug
- Flurkarte
- vorhandener Bauvertrag
- Teilungsplan bei Eigentumswohnungen
- Architektenpläne
- amtlicher Lageplan
- Wohnflächen- und Rauminhaltsberechnungen
- Baulastenverzeichnis
- Auszug aus dem Liegenschaftsbuch
- Farbfotos
- Bescheinigung Erschließungskosten
- Baubeschreibung
- Miet- und Pachtverträge

Ermittlung von Grundstückswerten von unbebauten und bebauten Grundstücken

→ durch Gutachten über den Verkehrswert (§ 194 BauGB); erstellt durch:

- öffentlich bestellte und vereidigte Sachverständige
  ↓
  Bestellung durch die zuständigen Kammern (IHK, Handwerkskammer, Landwirtschaftskammer)
- selbstständige und unabhängige Gutachterausschüsse (§ 192 BauGB)
  ↓
  Bestellung durch die höhere Verwaltungsbehörde auf vier Jahre (Wiederholung möglich)

4.2 Wertermittlung von unbebauten Grundstücken

WertV §§ 13,14 Der Wert eines unbebauten Grundstücks wird i.d.R. durch Preisvergleich oder unter Verwendung von Richtwerten ermittelt.

4.2.1 Unmittelbarer Preisvergleich durch Kaufpreise von Vergleichsgrundstücken

WertV § 13 Abs.1 Hier ist der Bodenwert aus Preisen einer ausreichenden Anzahl, bezüglich der Qualität vergleichbarer Grundstücke, abzuleiten.

WertV §§ 3 ff. Folgende Merkmale sind zu bewerten:

- Grundstücksgröße (Bestandsverzeichnis Grundbuch),
- grundstücksbezogene Rechte (Abt. II Grundbuch),
- Baulasten (Baulastenverzeichnis, vgl. 2.3.4.2),
- Lage,
- Art und Maß der baulichen Nutzung,
- Baureife,
- Vorder- und Hinterland: Bedeutsam bei besonders großen bzw. tiefen Grundstücken, da das sogenannte Hinterland nur eingeschränkt nutzbar und damit nicht so viel wert ist (25–40 %) wie das Vorderland,
- Bodenbeschaffenheit,
- Grundstückszuschnitt,
- Erschließungszustand

4.2.2 Mittelbarer Preisvergleich durch geeignete Bodenrichtwerte

Von den Geschäftsstellen der bei den Gemeinden oder den Landkreisen gebildeten Gutachterausschüsse werden Kaufpreissammlungen geführt. BauGB § 195

Die Kaufpreissammlungen bilden die Grundlage für die Ermittlung der durchschnittlichen Lagewerte (Bodenrichtwerte). Auf dieser Basis erfolgt der mittelbare Preisvergleich. Diese Bodenrichtwertkarten bzw. -übersichten werden in regelmäßigen Abständen aktualisiert und ortsüblich bekannt gegeben. BauGB § 196

4.2.3 Bodenwertermittlung aus dem zu erwartenden Ertrag

Können keine Vergleichsgrundstücke herangezogen werden und stehen im Einzelfall keine Bodenrichtwerte zur Verfügung, so kann der Grundstückswert z. B. auch über den mutmaßlichen Ertrag ermittelt werden. Dabei wird von dem geschätzten Reinertrag des

Übersicht über die Wahl des Wertermittlungsverfahrens bei unbebauten Grundstücken

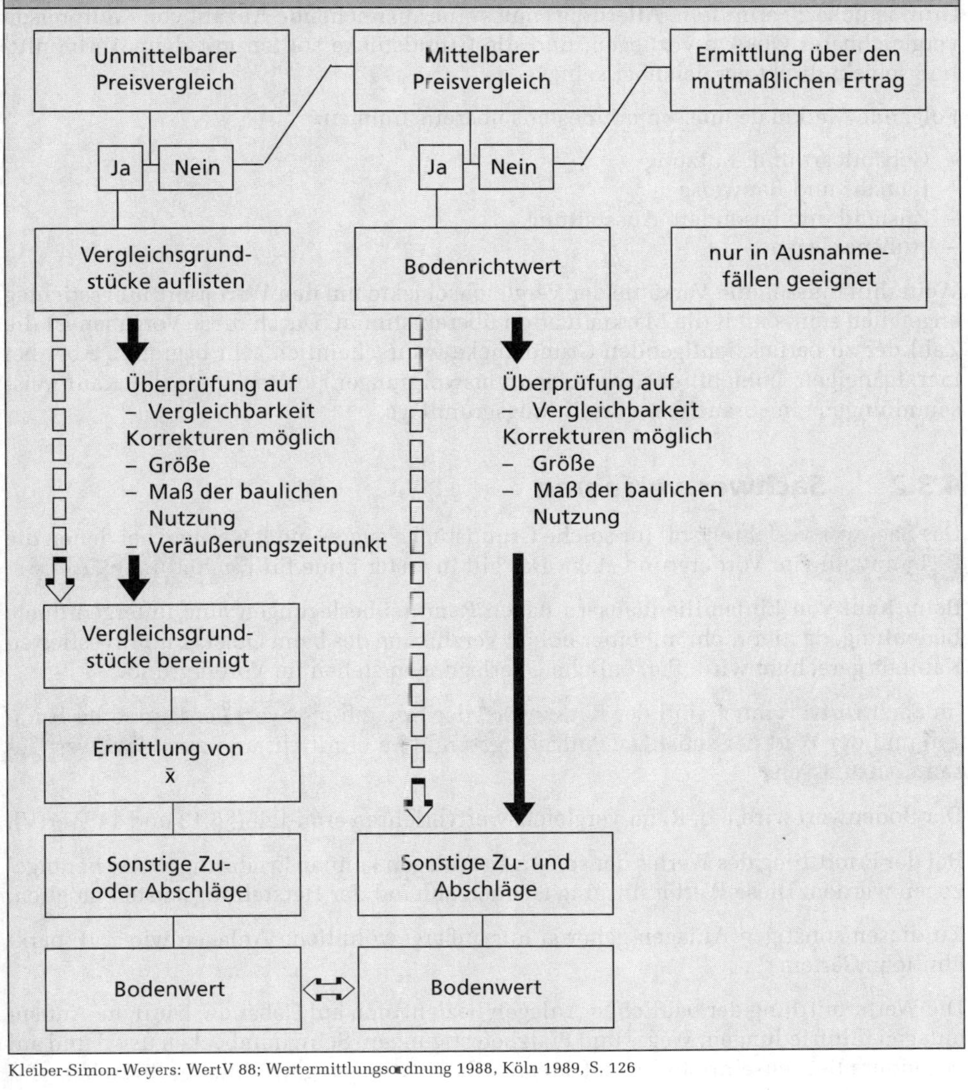

Kleiber-Simon-Weyers: WertV 88; Wertermittlungsordnung 1988, Köln 1989, S. 126

Grundstücks ausgegangen (muss bekannt sein) und der Ertragsanteil des zukünftigen Gebäudes (Gebäudeherstellungskosten müssen bekannt sein) abgezogen. Da dieses Verfahren auf Prognosen basiert, ist es sehr unsicher und nur in Ausnahmefällen geeignet.

4.3 Wertermittlung von bebauten Grundstücken

Bei der Ermittlung des Wertes von bebauten Grundstücken stehen im Allgemeinen drei Wertermittlungsverfahren zur Verfügung:

- Vergleichswertverfahren
- Ertragswertverfahren
- Sachwertverfahren

4.3.1 Vergleichswertverfahren

Beim Vergleichswertverfahren ist der Verkehrswert aus Kaufpreisen vergleichbarer Grundstücke zu ermitteln. Allerdings muss eine ausreichende Anzahl von Kaufpreisen vergleichbarer Objekte vorliegen, und die Grundstücke sollten mit dem Wertermittlungsobjekt direkt vergleichbar sein.

Folgende Merkmale müssen mindestens übereinstimmen:

- Gebäudeart und -nutzung
- Baujahr und Bauweise
- Zustand und besondere Ausstattung
- Außenanlagen

Weiterhin müssen die Verkäufe der Vergleichsobjekte um den Wertermittlungsstichtag angefallen sein, damit die Marktsituation übereinstimmt. Durch diese Vorgaben ist die Zahl der zu berücksichtigenden Grundstücke wahrscheinlich sehr begrenzt. Aber bei marktgängigen Immobilien (wie Eigentumswohnungen) bieten z. B. die Kaufpreissammlungen eine brauchbare Ermittlungsgrundlage.

4.3.2 Sachwertverfahren

Das Sachwertverfahren soll für solche Grundstücke angewendet werden, bei denen die Eigennutzung im Vordergrund steht. Das gilt in erster Linie für Einfamilienhäuser.

Beim Kauf von Einfamilienhäusern haben Renditeüberlegungen eine untergeordnete Bedeutung, da hier nicht mit einer hohen Verzinsung des beim Objektkauf investierten Kapitals gerechnet wird. Persönliche Überlegungen stehen im Vordergrund.

WertV § 21 Im Sachwertverfahren sind der Bodenwert, der Herstellungswert der baulichen Anlagen und der Wert der sonstigen Anlagen getrennt zu ermitteln und zum Sachwert zusammenzufassen.

WertV § 21 Abs.2 Der Bodenwert wird i. d. R. im Vergleichswertverfahren ermittelt (§§ 13 und 14 WertV).

WertV § 21 Abs.4 Bei der Ermittlung des Wertes der sonstigen Anlagen können Erfahrungswerte herangezogen werden. Diese Wertermittlung ist auch anhand der Herstellungskosten möglich.

WertV § 21 Abs.3 Zu diesen sonstigen Anlagen gehören nur außergewöhnliche Anlagen wie z. B. parkähnliche Gärten.

WertV § 21 Abs.4 WertV § 21 Abs.3 Die Wertermittlung der baulichen Anlagen bezieht sich auf Gebäude, bauliche Außenanlagen (Einfriedungen, Wege- und Platzbefestigungen, Schwimmbecken usw.) und auf besondere Betriebseinrichtungen (Hausrat, Einrichtungen gewerblicher Betriebe).

– Herstellungswert der baulichen Anlagen

Die Ermittlung des Herstellungswertes von Gebäuden erfolgt, indem man den umbauten Raum (Berechnung nach DIN 277) oder die Wohnfläche bzw. eine andere Größe mit dem der Bauart und Bauweise entsprechenden durchschnittlichen Preis (einschließlich Baunebenkosten) pro cbm oder m^2 bzw. einer anderen Bezugsgröße multipliziert.

Für die Ermittlung des Gebäudeherstellungswertes ist in der Praxis das Raummeterpreisverfahren die bevorzugte Wertermittlungsmethode. WertR 3.5.2.1

Der Raummeterpreis ergibt sich durch Teilung der so genannten standardisierten Normalherstellungskosten durch die Anzahl der Kubikmeter umbauten Raumes. Standardisierte Normalherstellungskosten sind die Herstellungskosten, die bei Gebäuden der jeweiligen Nutzung (z. B. Einfamilienhaus, Mietwohnhaus), Bauart (ein- oder mehrgeschossig) und Ausstattung durchschnittlich anfallen. WertV §§ 13,14 WertV §§ 15–20 WertV §§ 21–25

Diese Kosten enthalten die reinen Baukosten und die Baunebenkosten (Ingenieur- und Architektenleistungen, öffentliche Gebühren, Finanzierungskosten).

Für Gebäude, die nach dem 31.12.1944 errichtet wurden, sollen die Raummeterpreise des Jahres 1958 zugrunde gelegt werden. Diese Preise müssen mit dem jeweils geltenden Baupreisindex auf den Zeitpunkt der Wertermittlung indiziert werden. WertR 3.5.2.1

Die Außenanlagen werden meist pauschal mit 5 % des Gebäudewertes bewertet.

In der Fachliteratur stehen Tabellen über Raummeterpreise zur Verfügung, in denen Erfahrungswerte für oft vorkommende Gebäude zusammengestellt sind (vgl. Rössler/Langner/Simon: Schätzung und Ermittlung von Grundstückswerten, Neuwied 1986, S. 256 ff.).

– Wertminderung wegen Alters

WertV § 23

In einem nächsten Schritt ist die Wertminderung wegen Alters zu berücksichtigen. Die Wertminderung wegen Alters berechnet sich nach dem Verhältnis der Gesamtnutzungsdauer zur Restnutzungsdauer der baulichen Anlagen. Sie ist in einem Vomhundertsatz auszudrücken (vgl. WertR Anlage 6). Die Wertermittlungs-Richtlinien 1991 enthalten in der Anlage auch Angaben über die technische Lebensdauer von baulichen Anlagen und Bauteilen, von Außenanlagen usw.

– Wertminderung wegen Baumängeln und Bauschäden

WertV § 24

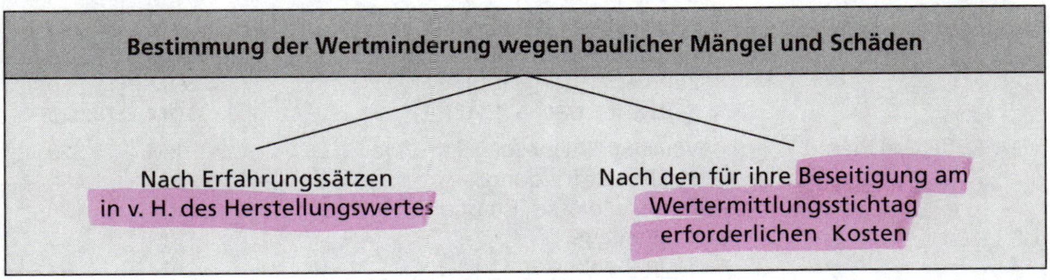

– Berücksichtigung sonstiger wertbeeinflussender Umstände

WertV § 25

Die Restnutzungsdauer der baulichen Anlagen kann durch besondere Verhältnisse beeinflusst werden. Die baulichen Anlagen können z. B. durch umfangreiche Modernisierung in wesentlichen Teilen wirtschaftlich gesehen verjüngt worden sein.

Hier ist dann eine erhöhte/verlängerte Restnutzungsdauer bei der Bewertung zu berücksichtigen.

Aber auch eine schnellere wirtschaftliche Überalterung, als durch die normale Alterswertminderung abgedeckt, kann eintreten (z. B. bei Geschäftsgrundstücken).

In diesem Fall ist ein Abschlag wegen wirtschaftlicher Überalterung vorzunehmen.

Weitere in Betracht kommende wertbeeinflussende Umstände sind:

- zeitbedingte Baugestaltung, Aufbau des Gebäudes, Raumgrößen und -höhen,
- Anordnung der Gebäude zueinander, Zweckentfremdung.

Die hier erfassten Zu- oder Abschläge dürfen nur den Wert der baulichen Anlagen betreffen.

Die Anpassung an die aktuelle Marktlage erfolgt erst, nachdem der Sachwert des Gesamtgrundstücks (einschließlich Grund und Boden) ermittelt wurde. Das Ergebnis ist der aktuelle Verkehrswert.

– Berechnungsbeispiel Sachwertverfahren:

4-Familien-Wohnhaus zum Stichtag 1.11.1990.
Baujahr 1932. Keller, Erdgeschoss, Dachgeschoss, Ausbau von 2 Zimmern im Dachboden. Massiver Baukörper mit Rotsteinverblendung. Doppelschaliges Außenmauerwerk, 42 cm dick. Massive Innenwände. Massive Kellerdecke (Stahlbeton), Geschossdecken mit Balkenlage. Kellertreppe massiv, Geschosstreppen aus Holz. Fußböden mit Dielen.

WertR Anlage 6
WertR 3.6.3.2

Innenwände:	normal	
Bauzustand:	teilweise feuchte Kelleraußenwände	
Lebensalter:	58 Jahre	
Wertminderung	wegen Alterung	45 %
	wegen Feuchtigkeit	4 %
Wertminderung		49 %
Außenanlagen:	Ver- und Entsorgungsleitungen (Wasser, Abwasser, Gas, Strom), Straßeneinfriedung auf Fundament, Zaun. Einstellplatz mit SF-Steinen befestigt (2 Pkw)	
Wertminderung	50 %	

Bauindex des Statistischen Bundesamtes:
November 1990 = 1742 (bezogen auf 1913 = 100)

Raummeterpreis 1913 = RM 20,–

– Wert des Gebäudes:		1.374 m³ x RM 20,–	RM	27.480,–
	+	2 Eingangsüberdachungen	RM	280,–
	+	Kellereingang/Eingangspodest	RM	180,–
			RM	27.940,–
	+	Baunebenkosten 12 %	RM	3.353,–
		Neubauwert 1913 (= 100)	RM	31.293,–
	–	Wertminderung 49 %	RM	15.333,–
		Zeitwert 1913 (= 100)	RM	15.960,–
		Zeitwert 11/90 (= 1742)	DM	278.023,–
– Außenanlagen:		Ver- und Entsorgungsleitungen	RM	320,–
	+	Straßeneinfriedung	RM	460,–
	+	2 Einstellplätze (Pflaster)	RM	130,–
	+	Zaunanlage	RM	60,–
	+	Baunebenkosten (10 %)	RM	97,–
		Neubauwert 1913 (= 100)	RM	1.067,–
	–	Wertminderung 50 %	RM	534,–
		Zeitwert 1913 (= 100)	RM	533,–
		Zeitwert 11/90 (= 1742)	DM	9.285,–
– Bauwerte zusammen:		Gebäude	DM	278.023,–
		Außenanlagen	DM	9.285,–
		Bauwert	DM	287.308,–
– Sachwert Nov. 1990:		Bodenwert (Vergleichswert)	DM	77.000,–
		Bauwert	DM	287.308,–
		Sachwert	DM	364.308,–

Kunststofffenster mit Thermopaneglas (1983 erneuert). WC/Dusche bzw. Badewanne je Wohnung. E-, Gas- und Wasseranschluss. Zentrale Gasheizung (ohne Warmwasseraufbereitung), Baujahr 1969. E-Warmwasserboiler je Wohnung.

– Aufbau des Sachwertverfahrens

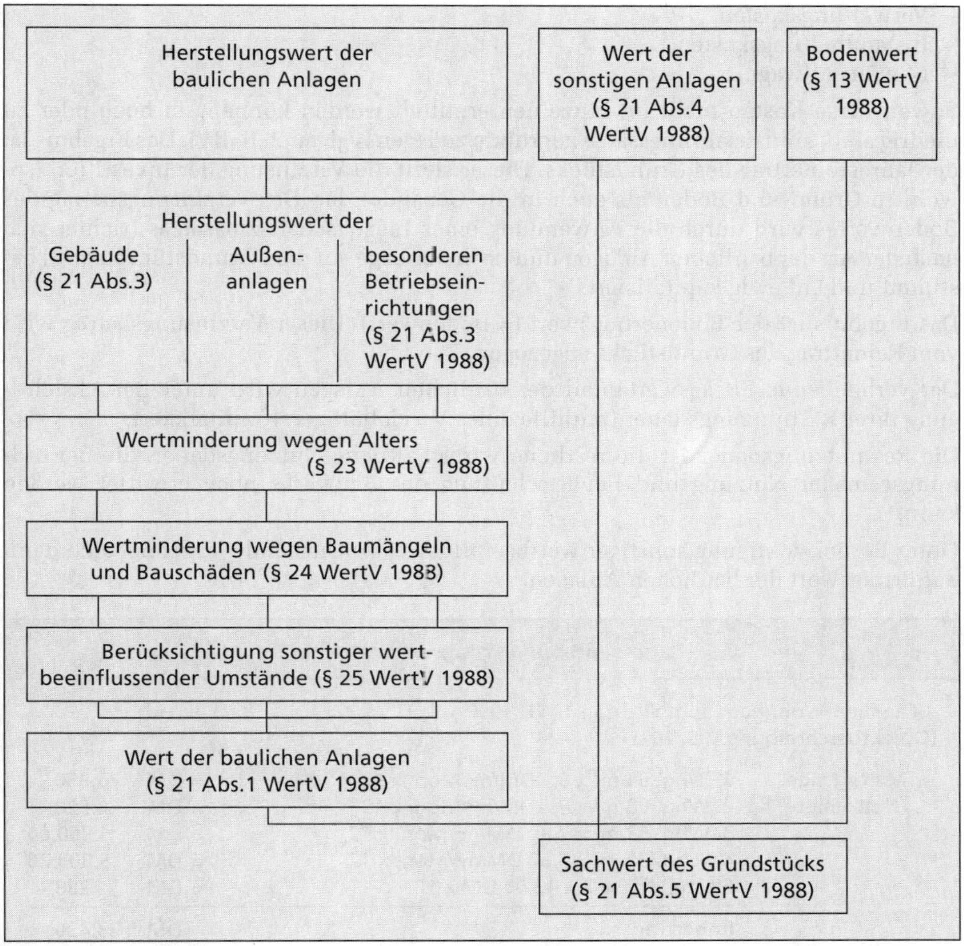

Kleiber-Simon-Weyers: WertV 88; Wertermittlungsverordnung 1988, Köln 1989, S. 185

4.3.3 Ertragswertverfahren

Die Wertermittlung nach dem Ertragswertverfahren wird überwiegend bei Objekten mit sicheren Einkünften angewandt. Typische Ertragswertobjekte sind Mehrfamilienhäuser und gewerblich genutzte Objekte. Bei der Ertragswertermittlung steht die Wirtschaftlichkeit der Investition, bezogen auf die gesamte rechtliche Gebäudenutzungsdauer, im Vordergrund.

Der Ertragswert umfasst den Bodenwert und den Ertragswert der baulichen Anlagen. Der Bodenwert wird i. d. R. im Vergleichswertverfahren ermittelt (§§ 13 und 14 WertV). WertV § 15 Abs.2

– Ertragswertermittlung der baulichen Anlagen

Ausgangspunkt für die Ertragswertermittlung ist der nachhaltig erzielbare Jahresrohertrag des Grundstücks. Der Jahresrohertrag umfasst alle bei ordnungsgemäßer Bewirtschaftung erzielbaren Erträge aus dem Grundstück (z. B. Mieten und Pachten).

Hiervon sind die Bewirtschaftungskosten abzuziehen.

Bewirtschaftungskosten sind regelmäßig anfallende Ausgaben, die sich zusammensetzen aus:

- Abschreibungen,
- Betriebskosten (nicht umlagefähig),
- Verwaltungskosten,
- Instandhaltungskosten,
- Mietausfallwagnis.

Soweit diese Kosten nicht im Einzelnen ermittelt werden können, zu hoch oder zu niedrig sind, sind Erfahrungssätze zugrunde zu legen (vgl. auch II. BV). Das Ergebnis ist der Jahresreinertrag des Grundstücks. Dieser stellt die Verzinsung der Investition (sowohl in Grund und Boden als auch in die Gebäude) dar. Der Verzinsungsbetrag des Bodenwertes wird durch die Anwendung eines Liegenschaftszinssatzes (richtet sich nach der Art der baulichen Anlagen und nach der Lage auf dem Grundstücksmarkt) bestimmt und auf ewig kapitalisiert.

Das Ergebnis ist der Bodenertragswert (= Bodenwert). Dieser Verzinsungsbetrag wird vom Reinertrag des Grundstücks abgezogen.

WertV § 16 Abs.3 WertR Anlage 4

Der verbleibende Ertragswertanteil der baulichen Anlagen wird unter Berücksichtigung ihrer Restnutzungsdauer (mithilfe eines Vervielfältigers) kapitalisiert.

Die Restnutzungsdauer ist die restliche wirtschaftliche Nutzungsdauer, die bei ordnungsgemäßer Nutzung und Bewirtschaftung des Bauwerks noch erwartet werden kann.

Unter Berücksichtigung sonstiger wertbeeinflussender Umstände errechnet sich dann der Ertragswert der baulichen Anlagen.

Beispielrechnung Ertragswertverfahren:

4-Familien-Wohnhaus zum Stichtag 1. 11. 1990
(Objektbeschreibung s. S. 162)

– Mieterträge:	1. Whg. 61 m² x 8,– DM/m²/Mon. x 12		= DM	5.856,–
(Nettomiete)	2. Whg. 68 m² x 8,– DM/m²/Mon. x 12		= DM	6.528,–
	3. Whg. 53 m² x 7,80 DM/m²/Mon. x 12		= DM	4.960,80
	4. Whg. 62 m² x 7,80 DM/m²/Mon. x 12		= DM	5.803,20
	Einstellplätze 2 x 12,00 DM x 12		= DM	288,–
	Rohertrag		DM	23.436,–
–	Bewirtschaftungskosten (lt. WertV § 18) pauschaliert (bei Bj. 1926–1948 = 29 % vom Rohertrag)		DM	6.796,–
	Reinertrag pro Jahr		DM	16.640,–
– Ertragswert-	Bodenwert (Vergleichswert)		DM	77.000,–
berechnung:	Reinertrag	DM 16.640,–		
–	Bodenertragsanteil (4,5 % von DM 77.000,–)	DM 3.465,–		
	Gebäudeertragsanteil	DM 13.175,–		
	Bei einer wirtschaftlichen Restnutzungsdauer von 50 J. und einem Liegenschaftszinssatz von 4,5 % beträgt der Vervielfältiger 19,76.			
	Gebäudeertragswert: DM 13.175,– x 19,76		= DM	260.338,–
	Ertragswert		DM	337.338,–

Der nach Vergleichswertverfahren ermittelte Bodenwert und der Ertragswert der baulichen Anlagen ergeben den Ertragswert.

Unter Berücksichtigung der Marktverhältnisse auf dem Grundstücksmarkt und evtl. durch die Heranziehung anderer Verfahrensergebnisse (z. B. Sachwertermittlung) lässt sich dann der Verkehrswert bestimmen.

4.3.4 Verkehrswertermittlung

Bei Betrachtung der Ergebnisse im vorliegenden Beispiel zeigt sich eine Abweichung zwischen Sachwert- und Ertragswertverfahren.

Diese Abweichung liegt bei Berücksichtigung als 4-Familien-Haus allerdings im Rahmen, denn das Verhältnis von Sachwert zu Ertragswert wird weitgehend von den wirtschaftlichen Möglichkeiten der Grundstücksart bestimmt.

Bei Grundstücken mit Wohngebäuden liegt der Ertragswert allgemein unter dem Sachwert.

– Aufbau des Ertragswertverfahrens

WertV §§ 15–20

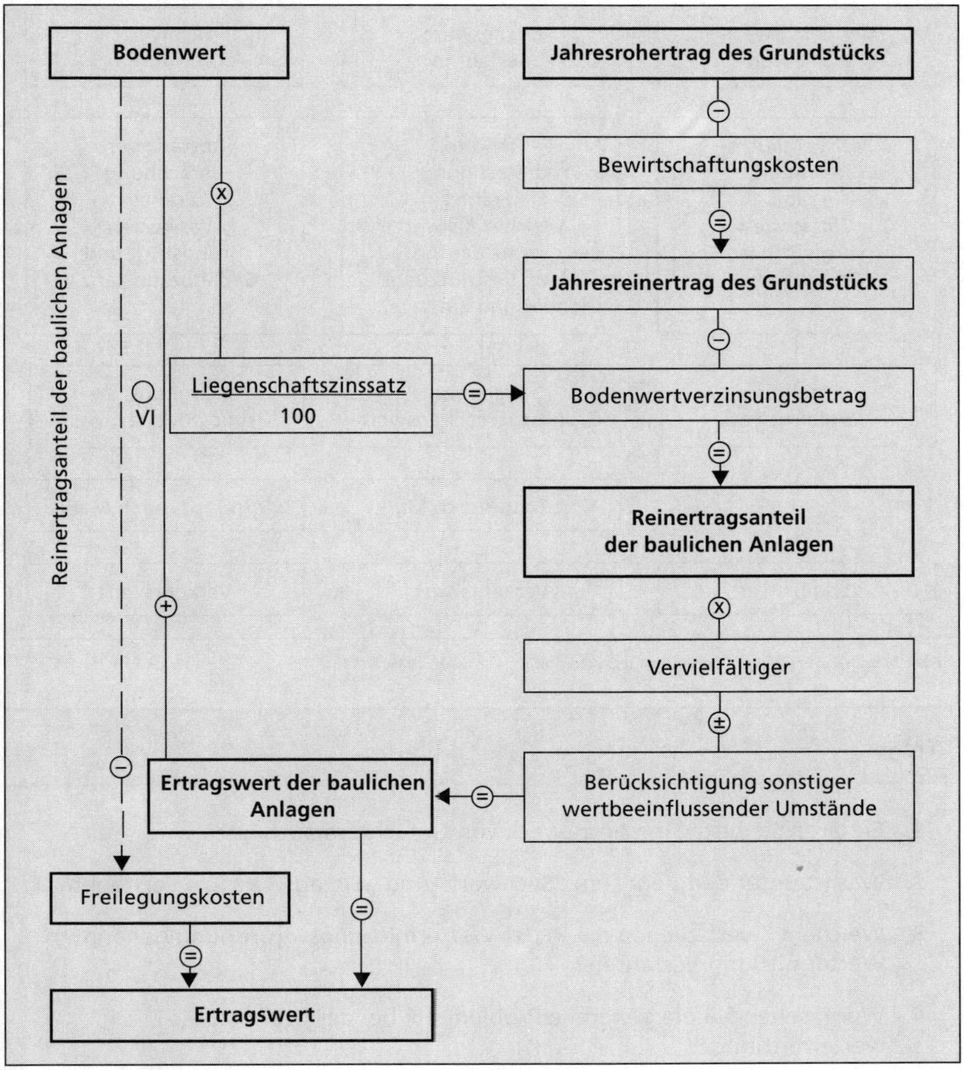

Kleiber-Simon-Weyers: WertV 88; Wertermittlungsverordnung 1988, Köln 1989, S. 154

Es bleibt dem Ermessen des Schätzers überlassen, welches Verfahren er anwendet. Er kann auch beide Verfahren in angemessener, d. h. den Besonderheiten des Einzelfalles angepasster Gewichtung anwenden. In diesem Fall können dann die Ergebnisse beider Wertermittlungsverfahren Einfluss auf den Verkehrswert nehmen.

Da der Verkehrswert den Preis darstellen soll, der sich im Normalfall zum Bewertungsstichtag am Grundstücksmarkt ergeben würde, ist eine sorgfältige Anpassung des ermittelten Wertes an die Marktverhältnisse erforderlich.

Beim Vergleichswertverfahren dagegen dienen die tatsächlich gezahlten Preise für vergleichbare Objekte als direkte Basis der Wertermittlung. Somit entfällt die schwierige Marktanpassung, die bei den anderen beiden Wertermittlungsverfahren erforderlich ist. Allerdings liegt das Problem bei der Bewertung bebauter Grundstücke darin, dass die Objekte nicht direkt vergleichbar sind.

Diesem Mangel könnte aber durch die Speicherung und direkte Auswertung größerer Informationsmengen mit Hilfe der elektronischen Datenverarbeitung begegnet werden.

– Übersicht über die Wertermittlungsverfahren nach der WertV:

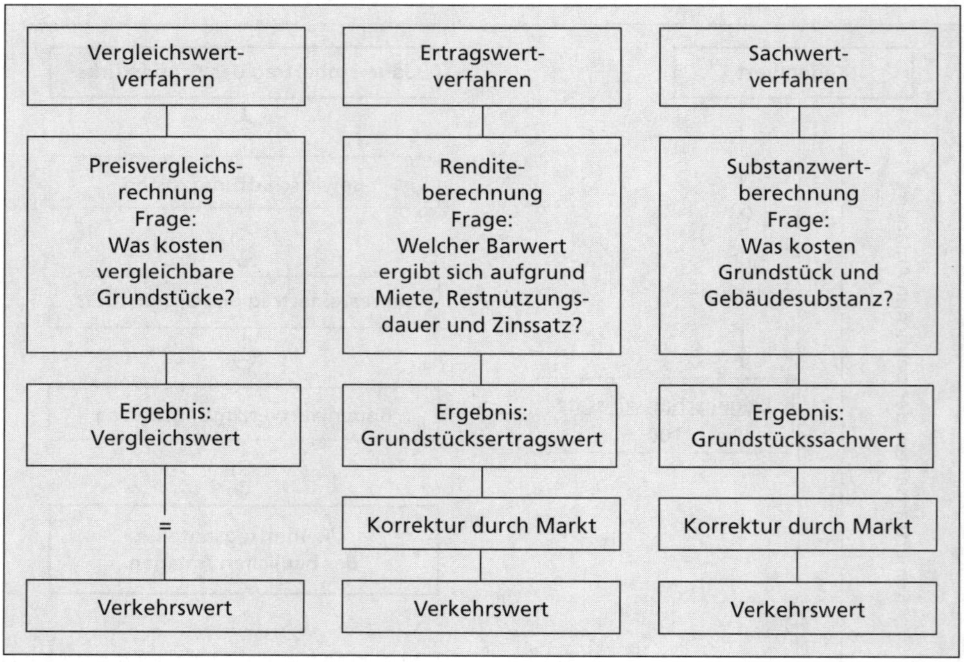

Kleiber-Simon-Weyers: WertV; Wertermittlungsverordnung 1988, Köln 1989, S. 128

Fragen:

1. Erklären Sie bitte Sinn und Zweck von Gutachterausschüssen.
2. Was ist unter den Begriffen „Sachwert“ und „Ertragswert“ zu verstehen?
3. Welchem Zweck dienen die in der Wertermittlungsverordnung genannten Wertermittlungsverfahren?
4. Worin sehen Sie die generelle Problematik bei der Grundstückswertermittlung?

4.4 Beleihungswertermittlung

Der Beleihungswert wird von Kreditinstituten für die Beurteilung zu finanzierender Immobilien ermittelt. Die Beleihungsgrundsätze der Banken sind allerdings nicht einheitlich. Für Hypothekenbanken und Lebensversicherungen bildet das Hypothekenbankgesetz (HBG) die Rechtsgrundlage der Beleihung. Die öffentlich-rechtlichen Sparkassen bedienen sich zur Ermittlung des Beleihungswertes eigener, von ihrer obersten Aufsichtsbehörde erlassenen **Beleihungsgrundsätze.** In der Praxis wird der Beleihungswert nach dem Verkehrswert ermittelt und ein entsprechender Risikoabschlag vorgenommen. Bei der Feststellung des Beleihungswertes kommt es auf die künftige Wertentwicklung und nicht auf den Wert am Bewertungsstichtag an. Da Hypothekenbanken zur Finanzierung von Krediten langfristige Pfandbriefobligationen herausgeben, müssen die ausgeliehenen Gelder auch langfristig vom Kreditgeber gesichert sein. Die Risikoabsicherung ist dabei oberster Grundsatz. Der Beleihungswert stellt somit einen risikogeminderten Verkehrswert dar. Da die Wertentwicklung einer Immobilie unter Berücksichtigung der künftigen wirtschaftlichen Entwicklung besonders auf dem Immobilienmarkt schwer zu prognostizieren ist, stellt die Festsetzung der Höhe des im jeweiligen Fall angebrachten Risikoabschlages ein besonderes Problem bei der Beleihungswertermittlung dar.

HBG § 12

HBG § 12, 2

Übersicht über den Ablauf der Beleihungswertermittlung:

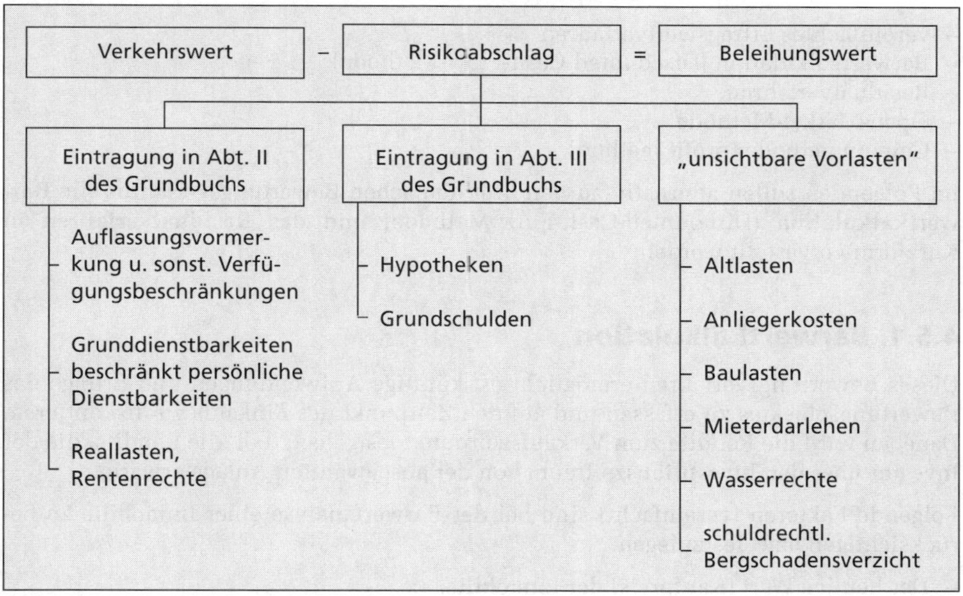

Kleiber /Simon/Weyers, Verkehrswertermittlung von Grundstücken, Köln 1991

Dieser durch einen Sachverständigen festgestellte Beleihungswert bildet die Grundlage für die Beleihungsgrenze.

Bedingt durch gesetzliche und satzungsrechtliche Vorschriften ist eine Beleihung eines Objektes in Höhe des Beleihungswertes durch Hypotheken ausgeschlossen.

Auf der Grundlage des Beleihungswertes wird eine sog. Beleihungsgrenze festgesetzt.

So werden 60–80 % des Beleihungswertes bei Hypothekenbanken,
80–90 % des Beleihungswertes bei Banken und Sparkassen,
45 % des Beleihungswertes bei Lebensversicherern und
80 % des Beleihungswertes bei Bausparkassen

bei Wohnungsbaufinanzierungen als Obergrenze der Fremdfinanzierung festgesetzt (vgl. 10.4.3.2).

4.5 Internationale Bewertungsverfahren

In der Bundesrepublik Deutschland erfolgt die Immobilienbewertung i. d. R. nach Vergleichswert-, Sachwert- und Ertragswertverfahren. Diese herkömmlichen Verfahren unterscheiden zwar zwischen der Verzinsung von Grund und Boden und dem Gebäudeertrag, berücksichtigen aber bestimmte Faktoren, wie z. B. Mietsteigerungspotenziale, Mietausfallwagnis und Standortqualität nicht hinreichend. Solche Faktoren und somit eine dynamischere Betrachtungsweise der Grundstückswertentwicklung finden sich demgegenüber bei den international (besonders im angelsächsischen Raum) gebräuchlichen Bewertungsmethoden. Im Hinblick auf eine zunehmende Internationalisierung der Märkte (bes. im Rahmen der Europäisierungsbestrebungen) wäre es empfehlenswert, international anerkannte Bewertungsverfahren anzuwenden und zu einer Vereinheitlichung im Bereich der Immobilienbewertung zu kommen. Dies würde eine adäquate Einschätzung der künftigen Marktentwicklung bzw. der internationalen Zahlungsströme im Hinblick auf Mietpreisentwicklungen und Renditeerwartungen ermöglichen. Gerade bei der Wertermittlung von Industrieobjekten wird die zukünftige nachhaltige Nutzungsmöglichkeit und die zukünftig zu erwartende Verzinsung des eingesetzten Kapitals den Wert der Immobilie nachhaltig bestimmen.

In den anderen europäischen Ländern werden, insbesondere von großen institutionellen Anlegern, folgende Bewertungsverfahren benutzt:

- vereinfachtes Ertragswertverfahren
- Barwertkalkulation (Discounted-Cash-Flow-Methode)
- Residualverfahren
- Open-Market-Methode
- Gewinnmethode (profit method).

Im Folgenden sollen alternativ zu den drei deutschen Bewertungsverfahren die **Barwertkalkulation** (Discounted-Cash-Flow-Methode) und das **Residualverfahren** in Kurzform vorgestellt werden.

4.5.1. Barwertkalkulation

Dieses Bewertungsverfahren ermöglicht es, künftige Aufwendungen und Erträge des Bewertungsobjektes zu erfassen und auf den Zeitpunkt des Einkaufs zu diskontieren. Daneben wird die Rendite zum Verkaufszeitpunkt festgelegt; d. h. die Rendite, die der Investor über den Investitionszeitraum von der ausgewählten Anlage erwartet.

Folgende Faktoren (vereinfacht) sind bei der Barwertanalyse einer Immobilie zu berücksichtigen bzw. festzulegen:

- Der heutige Wert (Kaufpreis) der Immobilie.
- Liegen indexierte Mietverträge während der Investitionsperiode vor, ist die entsprechende Inflationsrate zu berücksichtigen.
- Mieterträge des Objektes zum Erwerbszeitpunkt.
- Mietpreissteigerungen, die während des Investitionszeitraumes zu erwarten sind.
- Der Wert der Immobilie am Ende des Investitionszeitraumes (Verkaufserlös).
- In Zukunft (während des Investitionszeitraumes) anfallende Kosten, wie z. B. für Instandhaltung und Modernisierung.

Die Barwertkalkulation ermöglicht es einem Investor bei festgelegten Renditevorstellungen den maximalen Kaufpreis einer Immobilie zu bestimmen. Dazu werden sämtliche Einnahmen und Ausgaben (i. d. R.) auf den Bewertungsstichtag abgezinst und addiert, Ausgaben werden dabei negativ und Einnahmen positiv berücksichtigt. Errechnet sich hierbei ein positives Ergebnis, ist die Investition je nach Renditeerwartung des Investors als lohnend anzusehen.

Für institutionelle Anleger, wie Lebensversicherungsgesellschaften und offene Immobilienfonds, lässt sich mithilfe der Barwertkalkulation eine Vergleichbarkeit bei der Anlageentscheidung für ein festverzinsliches Wertpapier oder eine Immobilie herstellen.

Die Schwierigkeiten bei dieser Bewertungsmethode liegen zweifelsfrei in der Einschätzung der künftigen Marktentwicklung, dies besonders im Hinblick auf die Mietpreisentwicklung und die Renditeerwartungen der Immobilieninvestition. Um präzise Ergebnisse zu liefern, verlangt die Barwertkalkulation sehr detaillierte Marktinformationen. Trotz der vorgenannten Schwierigkeiten ermöglicht die Barwertkalkulation im Vergleich zu den herkömmlichen Bewertungsverfahren, in der Zukunft anfallende Aufwendungen und Erträge exakter zu erfassen und ihre Auswirkungen auf den Barwert zu beurteilen.

4.5.2. Residualverfahren

Das Residualverfahren, auch als Bauträgermethode bezeichnet, dient insbesondere Bauträgern zur Ermittlung des Grundstückswertes in Abhängigkeit einer optimalen Nutzung. Ausgangspunkt für die Berechnung des Residuums (tragfähiger Grundstückswert) ist die Verkehrswertermittlung des Grundstücks nach vollendeter Bebauung. Die Verkehrswertermittlung erfolgt, sofern Veräußerungserlöse vergleichbarer Objekte vorliegen, mithilfe des Vergleichswertverfahrens. Fehlen vergleichbare Objekte, erfolgt die Verkehrswertermittlung mithilfe des Ertragswertverfahrens. Vor dem so ermittelten Verkehrswert werden die (fiktiven) Bau-, Entwicklungs- und Vermarktungskosten einschließlich Unternehmergewinn abgezogen. Das Ergebnis ist der Bodenwert, der dem Investor dann als Residuum verbleibt. Dieser so ermittelte Bodenwert stellt also einen Grenzwert dar, den ein Investor im Hinblick auf eine angemessene Rendite tragen kann.

Beispiel:

	Erzielbarer (fiktiver) Veräußerungserlös (durch Vergleichs- oder Ertragswertverfahren ermittelt)	3 700 000,00 DM
–	Bau-, Entwicklungs- und Vermarktungskosten einschließlich Unternehmergewinn	3 100 000,00 DM
	Residuum	600 000,00 DM

Bei der Ermittlung des Verkaufserlöses und bei der Kalkulation der Bau-, Entwicklungs- und Vermarktungskosten ist entsprechende Sorgfalt geboten. Zu bedenken ist hier, dass sich die fehlerhafte Ermittlung des (fiktiven) Verkaufserlöses oder eine Überschreitung von Baukostenvoranschlägen überproportional auf das Residuum auswirken. Entstehen z. B. bei den Bau-, Entwicklungs- und Vermarktungskosten Mehrkosten in Höhe von 10 % (310 000,00 DM), dann vermindert sich der tragfähige Grundstückswert auf 290 000,00 DM (Verminderung um ca. 52 %). Mit der richtigen Annahme der Einzelpositionen steht und fällt das Residualverfahren.

Als Vorteil dieses Verfahrens ist anzusehen, dass hier alle individuellen rechtlichen und tatsächlichen Gegebenheiten eines Objektes (Lasten und Beschränkungen wie z. B. Grunddienstbarkeiten, Gestaltungsvorschriften, Stellplatzfragen, Abstandszahlungen etc.) berücksichtigt werden können, Sie finden Eingang in die Bau- und Entwicklungskosten oder in den zu erwartenden Verkaufserlös.

Das Residualverfahren wird vorwiegend in folgenden Fällen angewandt:
- Beim Grunderwerb zur Ermittlung des maximal noch tragbaren Ankaufspreises für eine Investor in Abhängigkeit einer optimalen Nutzung.
- Bei einem im Eigentum des Investors befindlichen Grundstück zur Berechnung der höchstens noch tragfähigen Baukosten. Dabei muss die wirtschaftliche Verwendungsfähigkeit des Grundstücks nach seiner Bebauung bekannt sein.
- Bei einem im Eigentum des Investors befindlichen Grundstück bei der Bebauung zur Berechnung der Rentabilität.

Themenkreis 5: **Bewirtschaftung von Wohn- und Gewerbeimmobilien**

5.1 Wohnraum- und Geschäftsraummietvertrag

5.1.1 Mietgegenstand

5.1.1.1 Wohnräume

Unter Wohnräumen versteht man die Räume, die zum dauernden Aufenthalt für Menschen geeignet sind.

Räume einer Wohnung sind:

- Wohn- und Schlafräume,
- Küchen und
- Nebenräume (Flure, Dielen, Toiletten, Bäder, Balkone u. a.)

Bei den Wohn- und Schlafräumen unterscheidet man ganze und halbe Zimmer. Ganze Zimmer haben eine Mindestgröße von 10 m² Wfl., halbe Zimmer sind Wohn- und Schlafräume mit einer Größe zwischen 6 und 10 m² Wfl. (Analog DIN 283). Halbe Zimmer werden auch als Wohn- und Schlafkammern bezeichnet.

Im Mietvertrag sind diese Räume möglichst genau zu beschreiben, und zwar unter Angabe der Anzahl der Zimmer bzw. Räume und der zu mietenden Wohnfläche, z. B.:

- 2 Zimmer, Küche, Diele, Bad, 54 m² Wfl. oder
- 5 Räume, insgesamt 54 m² Wfl.

Zur Festlegung der Wohnfläche ist die II. Berechnungsverordnung §§ 42 ff. zu beachten (s. auch 5.1.2).

Darüber hinaus können

- Garagen, Keller, Bodenräume u. a. zum Gegenstand des Mietvertrages zählen.

Weiterhin gehört die Mitbenutzung von

- Fluren, Treppen, Waschräumen, Trockenböden sowie Fahrradkellern und Kinderwageneinstellplätzen u. a.

innerhalb eines Wohngebäudes und

- Kinderspielplätzen, Teppichstangen, Grünanlagen u. a.

im Umfeld des Wohngebäudes mit zum Mietgegenstand.

5.1.1.2 Geschäftsräume

Unter Gewerbe- bzw. Geschäftsräumen versteht man solche Räume, in denen der Betrieb eines Unternehmens abgewickelt wird und die somit nicht zu Wohnzwecken dienen. Ladenlokale, Praxisräume, Gaststätten, Büroräume usw. zählen zu den Geschäftsräumen.

Im Mietvertrag ist – wie bei der Wohnraummiete – das Objekt genau zu beschreiben. Die Aufzählung der Räume innerhalb des Gebäudes (evtl. mit Lageplan) mit den errechneten Nutzflächen ist unerlässlich. Dabei ist auch zu entscheiden, ob bzw. in welchem

Umfang bestimmte Gemeinschaftsflächen, die von mehreren Mietern benutzt werden, in die Mietfläche einzurechnen sind, z. B. Treppenflure und Toiletten. Das ist insbesondere dann wichtig, wenn der Mietzins nach m^2-Nutzfläche angegeben wird; aber auch für die Abrechnung der umzulegenden Betriebskosten ist dies unerlässlich. Auch evtl. mitvermietete Freiflächen wie z. B. Pkw-Stellplätze gehören in den Mietvertrag. Die Nutzfläche für Geschäftsräume wird in der Regel in Anlehnung an die DIN 283 als Nettogrundfläche errechnet. Abweichungen davon können vereinbart werden, z. B. in der Weise, dass die Aufstandsflächen noch aufzustellender Bürotrennwände (Gipskartonwände) übermessen werden sollen (vgl. hierzu Dröge, Handbuch der Mietpreisbewertung 1996, insbes. „Richtlinie zur Berechnung der Mietfläche für Büroraum", S. 451 ff.).

5.1.2 Wohn- und Nutzflächenberechnung

Die Wohnfläche einer Wohnung ist die Summe der anrechenbaren Grundflächen der Räume, die ausschließlich zu der Wohnung gehören. Für öffentlich geförderte Wohnungen ist die Wohnfläche nach § 42 ff. der II. Berechnungsverordnung zu ermitteln. Für alle anderen Wohnungsarten bestehen keine Vorschriften.

Nicht zur Wohnfläche gehören die Grundflächen von Zubehörräumen (z. B. Keller, Dachböden, Trockenräume usw.), Wirtschaftsräumen (z. B. Vorratsräume, Abstellräume usw.), Räumen, die den nach ihrer Nutzung zu stellenden Anforderungen des Bauordnungsrechts nicht genügen, und von Geschäftsräumen (Nutzflächen).

Die Berechnung der Grundfläche eines Raumes erfolgt aus den Fertigmaßen oder den Rohbaumaßen; die vom Bauherrn einmal gewählte Methode bleibt für alle späteren Berechnungen maßgebend.

Fertigmaße sind die lichten Maße zwischen den Wänden ohne Berücksichtigung von Wandgliederungen, Wandbekleidungen und dergleichen; d. h. die Wände sind verputzt und entsprechen den tatsächlichen Maßen nach Baufertigstellung. Im Regelfall wird die Grundfläche jedoch aufgrund der Bauzeichnung nach den Rohbaumaßen ermittelt; deshalb sind die so errechneten Flächen um 3 % zu kürzen.

Dazu 2 Beispiele:

nach Fertigmaßen			
Wohnzimmer	6,43 m x 4,27 m	=	27,46 m^2
Küche	2,53 m x 3,06 m	=	7,74 m^2
Diele	3,15 m x 1,96 m	=	6,17 m^2
Schlafzimmer	3,06 m x 4,56 m	=	13,95 m^2
Kinderzimmer	3,08 m x 3,09 m	=	9,52 m^2
Bad/WC	3,58 m x 2,86 m	=	10,24 m^2
Summe der Grundfläche		=	75,08 m^2
nach Rohbaumaßen (gemäß Bauzeichnung)			
Wohnzimmer	6,46 m x 4,36 m	=	28,17 m^2
Küche	2,55 m x 3,18 m	=	8,11 m^2
Diele	3,20 m x 2,04 m	=	6,53 m^2
Schlafzimmer	3,36 m x 4,56 m	=	15,32 m^2
Kinderzimmer	3,48 m x 3,08 m	=	10,72 m^2
Bad/WC	3,20 m x 2,90 m	=	9,28 m^2
=	Zwischensumme		78,13 m^2
	./. 3 %		2,34 m^2
	= Grundfläche		75,79 m^2

(zum gleichen Ergebnis kommt man, wenn die Zwischensumme mit 0,97 multipliziert wird.)

Von den nach Rohbau- und Fertigmaßen errechneten Grundflächen sind zur Ermittlung der Wohnfläche anzurechnen:

voll	–	die Grundflächen von Räumen und Raumteilen mit einer lichten Höhe von mindestens 2 m
zur Hälfte	–	die Grundflächen von Räumen und Raumteilen mit einer lichten Höhe von mindestens 1 m und weniger als 2 m und von z. B. Wintergärten
nicht	–	die Grundflächen von Räumen und Raumteilen mit einer lichten Höhe von weniger als 1 m

Diese Vorschriften gelten insbesondere für Wohnungen mit schrägen Wänden, z. B. bei ausgebauten Dachgeschossen. Des Weiteren können z. B. die Grundflächen von Balkonen und Loggien bis zur Hälfte auf die Wohnfläche angerechnet werden.

Für die Ermittlung der Nutzfläche bei der Geschäftsraummiete werden i. d. R. vertragliche Vereinbarungen getroffen.

5.1.3 Wohnraummietvertrag

5.1.3.1 Wohnungsarten und Vergabe

Das Verhalten von Vermieter und Mieter wird bei der Vergabe einer Wohnung grundsätzlich von der Marktsituation beeinflusst.

Übersteigt z. B. das Angebot an Wohnungen die Nachfrage, so ist dies für den Mieter günstig, er kann sich seine Wohnung „aussuchen“. Bei einem solchen „Mietermarkt“ muss sich der Vermieter anstrengen, seine Wohnungen am Markt unterzubringen.

Umgekehrt verhält es sich beim „Vermietermarkt“, bei dem die Nachfrage nach Wohnraum größer als das Angebot ist.

Vermieter und Mieter verfolgen unabhängig von der Marktsituation unterschiedliche Interessen.

Die Vermieter streben nach Kostendeckung bzw. Gewinn und haben an ihre Mieter eine unterschiedlich ausgeprägte Erwartungshaltung wie z. B. Aufbringung des Mietzinses, Einpassung in die Mieterstruktur eines Mietshauses, Übernahme von bestimmten Pflichten.

Die Interessen der Mieter sind gekennzeichnet durch einen möglichst geringen Mietzins, bestimmte Wünsche an die Wohnung wie z. B. Lage, Ausstattung, Größe und Mitmieter und einen weitgehend uneingeschränkten Umgang mit der Wohnung.

Die bestehende Vertragsfreiheit ermöglicht es Vermieter und Mieter grundsätzlich, Vereinbarungen über den Mietvertrag frei auszuhandeln. Es gibt jedoch Einschränkungen der Vertrags- bzw. Abschlussfreiheit durch soziale Schutzvorschriften.

Daher ist bei der Vermietung von Wohnungen wie folgt zu unterscheiden:

• frei verfügbare Wohnungen
• zweckgebundene Wohnungen

– öffentlich geförderte Wohnungen
– Wohnungen, die sonstigen Auflagen unterliegen

- Frei verfügbare Wohnungen

  Frei verfügbare Wohnungen sind Wohnungen, für die keine besonderen Ein- bzw. Beschränkungen hinsichtlich der Mieterauswahl oder des Mietpreises bestehen. Frei verfügbar sind Altbauwohnungen, alle frei finanzierten Neubauwohnungen und die steuerbegünstigten Wohnungen, wenn keine zusätzlichen Mittel von der „öffentlichen Hand" gegeben oder Bindungen auferlegt worden sind, sowie Wohnungen, bei denen die Wohnungsbindung ausgelaufen ist.

Man unterscheidet:

Altbauwohnungen	Neubauwohnungen
bezugsfertig bis 20.6.1948	bezugsfertig nach dem 20.6.1948
(Berlin bezugsfertig bis 31.12.1948)	(Berlin bezugsfertig ab 1.1.1950)

Die Möglichkeit, für die frei verfügbaren Wohnungen die Miethöhe frei zu vereinbaren, wird durch die allgemeinen Schranken des § 302a StGB (Wucher) und § 5 WiStG begrenzt (s. hierzu auch 5.1.3.7).

- Zweckgebundene Wohnungen

  Zweckgebundene Wohnungen können öffentlich geförderte Wohnungen, aber auch andere Wohnungen sein. WoBindG § 4 Abs.2 § 5

  Die Zweckbindung bei einer öffentlich geförderten Wohnung besteht darin, dass ein Verfügungsberechtigter die Wohnung einem Wohnungssuchenden nur dann zum Gebrauch überlassen darf, wenn dieser ihm vor der Überlassung einen Wohnberechtigungsschein (WBS) übergibt und wenn die im Wohnberechtigungsschein angegebene Wohnungsgröße nicht überschritten wird. Der Mietbewerber erhält den Wohnberechtigungsschein nur, wenn er aufgrund seiner wirtschaftlichen Verhältnisse zum begünstigten Personenkreis nach § 25 II. Wohnungsbaugesetz (II. WoBauG) gehört.

  Auch nicht öffentlich geförderte Wohnungen können einer Zweckbindung unterliegen. So kann ein Kreditgeber zur Auflage machen, dass die finanzierten Wohnungen nur einem bestimmten Personenkreis, z. B. Landesbediensteten, Werksangehörigen, vermietet werden dürfen (Landesbedienstetenwohnungen, Werkswohnungen).

  - Öffentlich geförderte Wohnungen

    Werden für die Finanzierung eines Wohnobjektes verbilligte „öffentliche Mittel" des Bundes, eines Landes oder einer Gemeinde in Anspruch genommen, dann spricht man vom **„sozialen Wohnungsbau"**.

    Diese öffentlich geförderten Wohnungen (Sozialwohnungen) unterliegen den Bestimmungen des Wohnungsbindungsgesetzes, das u. a. vorschreibt, dass die Wohnungen nur an Personen vermietet werden dürfen, deren Einkommen die Einkommensgrenze nach § 25 II. WoBauG nicht überschreiten.

    Der Mietbewerber muss seine Zugehörigkeit zum begünstigten Personenkreis durch einen Wohnberechtigungsschein (WBS) nachweisen. WoBindG § 8

    Bei Unterschreitung der Einkommensgrenze nach § 25 II. WoBindG um mindestens 20 % wird im WBS angegeben, dass der Wohnberechtigte auch zum Bezug einer Wohnung berechtigt ist, für die die öffentlichen Mittel erstmalig vor dem 1. Januar 1966 bewilligt worden sind. Bei günstigeren wirtschaftlichen Verhältnissen wird im WBS angegeben, dass der Wohnberechtigte nur zum Bezug einer Wohnung berechtigt ist, für die öffentliche Mittel erstmalig nach dem 31. Dezember 1965 bewilligt worden sind. WoBindG § 5 Abs.3

    Soweit Wohnungen bestimmten Personenkreisen vorbehalten sind, darf der Vermieter eine solche Wohnung nur vermieten, wenn sich die Zugehörigkeit zu diesen Personenkreisen aus dem Wohnberechtigungsschein ergibt. WoBindG § 5 Abs.3 Satz 3

So werden bestimmte Wohnungen z. B. kinderreichen Familien, alleinstehenden Elternteilen mit Kindern, jungen Ehepaaren oder älteren Menschen und Schwerbehinderten vorbehalten.

Wohnungssuchende mit „dringendem Wohnbedarf" sollen darüber hinaus vorrangig mit Sozialwohnungen versorgt werden. Der „dringende Wohnbedarf" ist auf dem Wohnberechtigungsschein vermerkt.

Es gibt u. a. z. B. folgende Berechtigungsgruppen:

- Familien mit mindestens einem Kind ohne eine Wohnung oder in räumlich unzureichenden Wohnverhältnissen.
- Eheleute bzw. Verlobte ohne eigene Wohnung, wenn eine Schwangerschaft ab der 14. Woche nachgewiesen ist,
- Schwerbehinderte, wenn die derzeitigen Wohnverhältnisse wegen der anerkannten Leiden für sie objektiv ungeeignet sind.

§ 88a II. WoBauG

Viele Haushalte verdienen zu viel, um einen Wohnberechtigungsschein für eine Sozialwohnung zu bekommen, aber zu wenig, um sich eine frei finanzierte Neubauwohnung leisten zu können. Andere wollen ihre Sozialwohnung aufgeben, scheuen aber diesen Schritt, weil ihnen Neubauwohnungen ohne Zuschüsse zu teuer sind.

Mietverbilligte steuerbegünstigte Wohnungen bieten einen Ausweg, indem das Bundesland dem Bauherren (bzw. Vermieter) für einen bestimmten Zeitraum Mittel zur Senkung der regulären Miete zur Verfügung stellt. Die Höhe der Verbilligung hängt davon ab, in welchem Wohnungsbauförderungsprogramm die jeweilige Wohnung gefördert worden ist.

Bei der Bewilligung der Aufwendungszuschüsse und Aufwendungsdarlehen ist sicherzustellen, dass die geförderten Wohnungen i. d. R. nur Personen zum Gebrauch überlassen werden,

- die durch den Bezug der Wohnung eine öffentlich geförderte Wohnung frei machen, oder
- deren Gesamteinkommen die in § 25 bestimmten Einkommensgrenze nicht um mehr als 60 % übersteigt ...

§ 88d II. WoBauG

Bei der Vergabe von Wohnungen können auch Wohnungen zur Verfügung gestellt werden, die in vertraglich vereinbarten Wohnungsbau durch Zinszuschüsse oder Aufwendungshilfen aus Haushaltsmitteln gefördert wurden, die jedoch keine öffentlichen Mittel für Sozialwohnungen sind. Der Rahmen der zulässigen Vereinbarungen wird in den jeweiligen Richtlinien des Bundeslandes geregelt.

So ist z. B. derjenige für eine solche Wohnung bezugsberechtigt, wer

- eine öffentlich geförderte Wohnung frei macht (Sozialwohnung), oder
- ein Einkommen hat, das die geltenden Einkommengrenzen für Sozialwohnungen um nicht mehr als 130 % übersteigt.

Dabei ist sicherzustellen, dass der Mieter sich gegenüber dem Bauherren auf die Einhaltung der mit dem Darlehens- oder Zuschussgeber vereinbarten Mietzinsregelung berufen kann.

§ 88e II. WoBauG

Weiterhin können Wohnungen zur Vergabe kommen, die aufgrund einer vertraglich vereinbarten einkommensorientierten Förderung errichtet wurden. Diese integrierte (einkommensorientierte) Förderung vereinigt die Zielsetzung des sozialen Wohnungsbaus mit der der bisherigen vertraglichen Förderung.

Mit dieser Förderung sollen Wohnungen geschaffen werden, die von ihrer Mietbelastung sowohl für Einkommensschwächere wie auch für mittlere Einkommensschichten geeignet sind.

Bezugsberechtigt sind dann z. B. Mieter, deren Einkommen die geltende Einkommensgrenze des sozialen Wohnungsbaus um nicht mehr als 100 % übersteigen. Gleichzeitig wird vereinbart, dass durch einen reservierten Wohnungsanteil Haushalte mit einer Einkommensüberschreitung bis 25 % bevorzugt versorgt werden. WoBindG § 5 Abs.4 Satz 2

Der Wohnberechtigungsschein ist im gesamten Bundesgebiet 1 Jahr gültig. § 33,33b

Nachdem der Vermieter einem Wohnungssuchenden die Wohnung überlassen hat, muss er binnen 2 Wochen der zuständigen Stelle den Namen des Mieters mitteilen und die ihm übergebene Bescheinigung übersenden (Überlassungsmitteilung). WoBindG § 4 Abs.6

Dem Mietbewerber darf die Sozialwohnung nur zu einer höchstens kostendeckenden Miete vermietet werden.

- Wohnungen, die sonstigen Auflagen unterliegen

  Frei finanzierte Wohnungen können eine besondere Zweckbindung haben, und zwar in der Form, dass ein Darlehensgeber bestimmte Auflagen macht. So kann z. B. eine Versicherungsanstalt (BfA) Darlehen zur Finanzierung des Wohnungsbaus gegeben und damit die Auflage verbunden haben, 50 % der Wohnungen nur an BfA-Versicherte zu vermieten. Hier muss darauf geachtet werden, dass von der Gesamtzahl der Mieter 50 % Sozialversicherte sind.

– Zweckentfremdungsverbot

Durch das Zweckentfremdungsverbot des Art. 6 MietRVerbessG kann dem Vermieter untersagt werden, bestehenden Wohnraum durch Umwidmung zu anderen als zu Wohnzwecken zu nutzen. Er ist auch verpflichtet, leer stehenden Wohnraum wieder zu vermieten. Andernfalls können gegen ihn im Wege eines Verwaltungszwangsverfahrens bestimmte Verwaltungsmaßnahmen durchgesetzt werden. MietR-VerbessG Art. 6

– Mieterschutz durch das BGB

Die Wohnung hat für die menschliche Existenz eine überragende Bedeutung. Aus diesem Grunde ist im sozialen Wohnraummietrecht zum Schutze des Mieters eine Anzahl von zwingenden mietrechtlichen Vorschriften im Bürgerlichen Gesetzbuch (BGB) eingefügt worden. Im Mietrecht ist der Grundsatz der Vertragsfreiheit durchbrochen. Die Vertragsparteien können beim Wohnraummietvertrag keine Vereinbarungen treffen, die gegen unabdingbare gesetzliche Bestimmungen zum Schutz des Mieters verstoßen, auch wenn der Mieter hiermit einverstanden ist.

5.1.3.2 Das Zustandekommen des Mietvertrages

Im Mietvertrag verpflichten sich der Vermieter zur Gebrauchsgewährung einer Sache und der Mieter zur Zahlung eines Entgelts. BGB § 535

Der Unterschied zum häufigsten Vertrag im privaten Bereich wie auch im Wirtschaftsleben, dem Kauf- oder Liefervertrag, ist deutlich: Durch den Kaufvertrag wird der Verkäufer verpflichtet, das Eigentum am Kaufgegenstand auf den Käufer zu übertragen und den Kaufgegenstand dem Käufer zu übergeben. Der Käufer verpflichtet sich, die Sache anzunehmen und den vereinbarten Kaufpreis zu zahlen.

Der Mieter erhält dagegen lediglich den Besitz, nicht das Eigentum, und gebraucht den Mietgegenstand durch die vertraglich festgelegte Einwilligung des Vermieters.

Die Einzelheiten der gegenseitigen Rechte und Pflichten der Vertragsparteien sind im Mietvertrag näher geregelt. Eine individuelle Einzelregelung ist grundsätzlich zulässig.

Soweit eine Vereinbarung nicht getroffen worden ist oder unabdingbare gegensätzliche Regelungen vorliegen, sind die gegenseitigen Rechte und Pflichten nach den §§ 535 ff. BGB zu beurteilen. Ein Mietvertrag gilt erst dann als wirksam abgeschlossen, wenn sich die Vertragsparteien über alle wesentlichen Punkte geeinigt haben, die nach ihrem Willen regelungsbedürftig sind (BGH ZMR 63, 83).

Für das Zustandekommen eines wirksamen Mietvertrages ist es daher erforderlich, dass sich Mieter und Vermieter zumindest über die wesentlichen Punkte des Vertrages wie

- Mietobjekt
- Mietzweck
- Mietzins
- Mietdauer

geeinigt haben (vgl. BGH WM 76, 26).

Der Vertrag kommt hierbei durch Antrag und Annahme zustande, wobei der Vertragsabschluss immer eine ausdrückliche oder schlüssige, inhaltlich übereinstimmende Willenserklärung voraussetzt.

Dabei ist z. B. als verbindliches Angebot zum Abschluss des Mietvertrages die Zusendung eines von einer Partei unterzeichneten Mietvertrages anzusehen.

Als ein schlüssiges Vertragsangebot gilt z. B. auch das vorbehaltlose Übergeben von Schlüsseln an den Mieter nach Abschluss der Vertragsverhandlungen.

Die Annahme des Vertragsangebots erfolgt i. d. R. durch den mündlich oder schriftlich ausdrücklich erklärten Willen. Die Annahme des Vertragsangebots kann aber auch durch schlüssiges Handeln erfolgen, wie z. B. der Einzug des Mieters in die Mieträume und Bezahlung des Mietzinses, den der Vermieter über längere Zeit vorbehaltlos entgegennimmt (OLG Düsseldorf, ZMR 1988, 54).

– Abschluss des Wohnraummietvertrages

Jeder Vertrag kommt durch zwei übereinstimmende Willenserklärungen zustande. Die zuerst abgegebene Willenserklärung heißt Antrag, die zustimmende Willenserklärung Annahme.

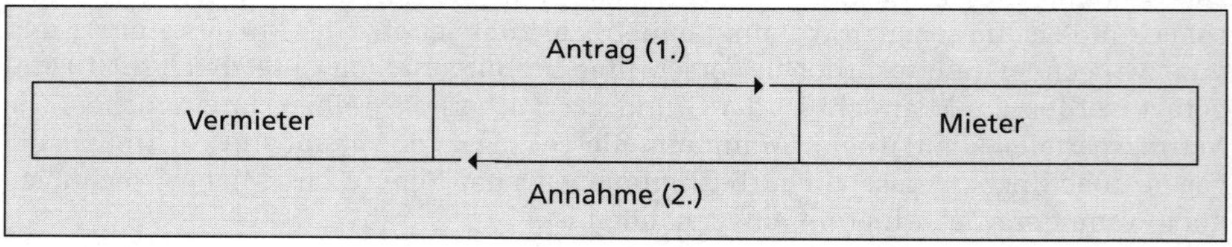

Der Vermieter einer Wohnung kann dem Mieter die Mietbedingungen für eine Wohnung „antragen“. Durch die Annahme dieses Antrages durch den Mieter ist der Mietvertrag geschlossen; z. B.: Vermieter sendet dem Mieter einen unterschriebenen Mietvertrag zu, den der Mieter durch schriftliche oder mündliche Annahmeerklärung annimmt.

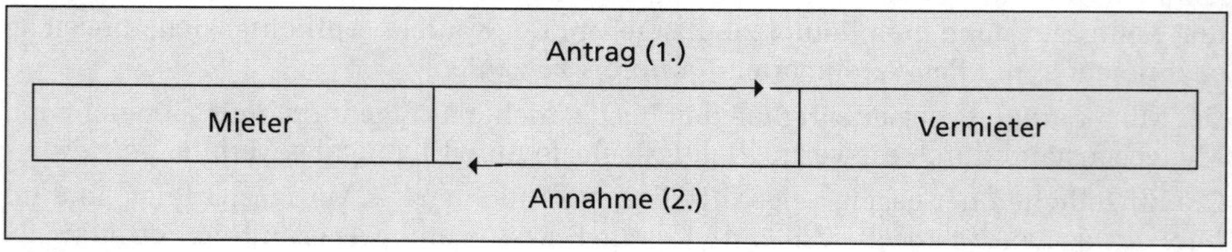

Andererseits kann aber auch der Mieter an den Vermieter einen Mietantrag stellen. Mit der Annahme des Antrages durch den Vermieter ist der Mietvertrag geschlossen; z. B.: Ein Nachmieter stellt einen Antrag auf Überlassung einer Wohnung, und der Vermieter nimmt den Antrag an, indem er den Nachmieter akzeptiert.

5.1.3.3 Parteien des Mietvertrages

Vor Abschluss eines Mietvertrages ist sorgfältig zu klären und festzulegen, wer Vermieter und wer Mieter ist.

Es kommt oft vor, dass sich auf beiden Seiten mehrere Personen gegenüberstehen. So können z. B. mehrere Eigentümer als Vermieter und ein Ehepaar oder Lebensgefährten als Mieter auftreten.

Auch muss es nicht sein, dass der Vermieter gleichzeitig Eigentümer ist. Die Vertragsparteien müssen sich aus dem Mietvertrag eindeutig ergeben. Aus der Sicht des Mieters ist es z. B. wichtig zu wissen, wer berechtigt ist, den Mietzins zu empfangen. Dieser ist dann auch der Vermieter.

Mietverträge müssen nicht persönlich abgeschlossen werden. Die Vertragsparteien können sich bei Vertragsabschluss eines Stellvertreters bedienen. Dies vereinfacht den Abschluss des Vertrages, birgt aber die Gefahr in sich, dass jemand für einen anderen handelt ohne Berechtigung. Daher ist das Stellvertreterverhältnis von den Parteien offenzulegen: Legt ein Stellvertreter nicht offen, dass er für eine andere Person handeln will, läuft er Gefahr, selbst als Vertragspartei mit allen Rechten und Pflichten angesehen zu werden.

Daher sollte der Stellvertreter stets seine Vollmachtsurkunde vorlegen bzw. die andere Vertragsseite auf der Vorlage bestehen.

- **Mehrere Personen als Vermieter**

Beispiel:

> Ein Mietgrundstück (vgl. auch § 580 BGB) ist im Eigentum einer Erbengemeinschaft (Gesamthandseigentum), die aus drei Personen, A, B, C, besteht. A schließt einen Mietvertrag ab mit der Versicherung, er sei berechtigt, auch für die Miteigentümer B und C zu handeln. B und C geben jedoch keine Einwilligung. Somit ist kein wirksamer Vertrag weder mit A noch mit der Erbengemeinschaft zustande gekommen. Die Mieter erlangen kein Gebrauchsrecht und sind auf Schadensersatzansprüche gegenüber A angewiesen.

- **Mehrere Personen als Mieter**

Es entsteht eine ähnliche Lage für den Vermieter, wenn mehrere Personen Mieter werden sollen. Grundsätzlich kann angenommen werden, dass Ehepartner oder Lebensgefährten sich zum Abschluss eines Mietvertrages über eine Wohnung, die sie gemeinsam beziehen wollen, gegenseitig bevollmächtigen, z. B. durch den Zusatz „Zugleich im Namen meiner Ehefrau …". Zusätze dieser Art sind möglich und rechtswirksam. (Wolf/Eckert, Handbuch des gewerblichen Miet-, Pacht- und Leasingrechts A II Rdnr. 15.)

Treten Umstände auf, die Zweifel an der Vertretungsvollmacht der Person, die für eine andere handelt, begründen, sollte ein Nachweis der Vollmacht gefordert werden. Es genügt i. d. R. ein Anschreiben oder ein Anruf bei der Person, für die ein Vertrag abgeschlossen werden soll.

Ist es dagegen auf der Mieterseite so, dass Ehepartner auftreten und nur ein Ehepartner den Vertrag abschließt, so wird nur dieser berechtigt und verpflichtet, der andere Ehepartner wird Mitbesitzer. Der Mitbesitz endet u. a. mit rechtskräftiger Scheidung (BGH NJW 1978, 1529).

Wird der Mietvertrag mit Ehepartner in der Weise abgeschlossen, dass ein Ehepartner die Unterschrift leistet, der Partner hierbei anwesend ist und beide Ehepartner im Mietvertrag als Mieter bezeichnet sind, so werden beide Ehepartner Mieter. Im Zweifel ist anzunehmen, dass der unterschriftleistende Ehepartner den anderen vertreten hat. Ist in der Aufschrift des Mietvertrages nur ein Ehepartner als Mieter genannt, unterschreiben jedoch beide, so werden im Zweifel beide Ehepartner Mieter.

– Risikominderung bei mehreren Mietern

Da bei Wohnraummietverträgen üblicherweise vorgesehen ist, dass mehrere Personen die Wohnung beziehen, sollte vor Abschluss eines Mietvertrages geprüft werden, inwieweit mitverdienende volljährige Kinder oder andere miteinziehende Erwachsene als Vertragspartner und somit als Vertragsverpflichtete herangezogen werden können. Das Mietausfallwagnis wird dann für den Vermieter geringer, wenn möglichst viele Personen als Mitmieter für die Mietzahlung einzustehen haben.

– Mehrere Mieter als Gesamtschuldner

BGB § 421

Nach § 421 BGB haften mehrere Mieter als Gesamtschuldner, jeder schuldet die volle Leistung. Der Vermieter kann nach Belieben, i. d. R. den zahlungsfähigsten Schuldner in Anspruch nehmen. Es ist dann Sache der Gesamtschuldner untereinander, einen Ausgleich zu finden.

– Wohngemeinschaft als Mieter

Erfolgt die Vermietung an eine Wohngemeinschaft, ist gewöhnlich anzunehmen, dass sich der Vermieter auch ohne ausdrückliche Regelung mit einem evtl. Austausch der Mieter einverstanden erklärt hat, soweit nicht die Gesamtpersonenzahl überschritten wird (LG Karlsruhe, WM 1985, 83).

– Minderjährige Mieter

Der Abschluss eines Mietvertrages auf unbestimmte Zeit durch einen Minderjährigen – ab vollendetem 7. bis 18. Lebensjahr – bedarf grundsätzlich der Zustimmung des gesetzlichen Vertreters, der die Haftung übernimmt.

BGB § 1822 Nr. 5

Ein Mietvertrag bedarf der Genehmigung des Vormundschaftsgerichts, wenn ein Mündel durch den Vertrag zu wiederkehrenden Leistungen verpflichtet wird und das Vertragsverhältnis länger als ein Jahr nach dem Eintritt der Volljährigkeit des Mündels fortdauern soll.

BGB §§ 112,113

Schließt ein Minderjähriger ohne Genehmigung seines gesetzlichen Vertreters einen Mietvertrag ab und ist er auch nicht nach §§ 112,113 BGB hierzu ermächtigt, so haftet der Minderjährige weder für die Zahlung der Miete noch für eine Nutzungsentschädigung.

Der Vermieter ist gut beraten, in Zweifelsfällen eine Überprüfung der Volljährigkeit vorzunehmen.

Zusammenfassung
Parteien des Wohnraummietvertrages

→ Mehrere Personen als Vermieter,
z.B. Erbengemeinschaft
- Vertragsparteien können sich eines Stellvertreters bedienen
- Stellvertreter sollte stets Vollmachtsurkunde vorlegen
- Schadensersatzansprüche gegen Vertreter ohne Vertretungsvollmacht

→ Mehrere Personen als Mieter,
z.B. Ehepartner oder Lebensgefährten
- Grundsätzlich ist anzunehmen, dass sich Ehepartner oder Lebensgefährten beim Abschluss eines Mietvertrages über eine gemeinsam zu beziehende Wohnung gegenseitig bevollmächtigen
- Risikominderung bei mehreren Mietern durch gesamtschuldnerische Haftung
- Wohngemeinschaft als Mieter erlaubt Austausch von Mietern innerhalb der Gesamtpersonenzahl

→ Mietvertrag mit Minderjährigen
- Zustimmung des gesetzlichen Vertreters fordern
- Keine Haftung des Minderjährigen bei Nichtzustimmung des gesetzlichen Vertreters wegen Mietzahlung, keine Nutzungsentschädigung

5.1.3.4 Form des Mietvertrages

Mietverträge über Grundstücke, Wohn- und Geschäftsräume, deren Laufzeit länger als ein Jahr beträgt, **müssen schriftlich abgeschlossen werden.** BGB §§ 566 Satz 1, 580

Auch Untermietverträge über diese Mietobjekte werden von der Schriftformvorschrift erfasst, wenn sie absprachegemäß länger als ein Jahr dauern sollen.

Die verstärkte Formvorschrift des § 313 BGB, die notarielle Beurkundung, ist darüber hinaus dann zu beachten, wenn dem Mieter ein Vorkaufsrecht an der Mietwohnung eingeräumt werden soll (s. auch Geschäftsraummietvertrag 5.1.4). BGB § 313

Wird ein Wohnraummietvertrag für mehr als ein Jahr abgeschlossen, so kann er frühestens nach Ablauf des ersten Mietjahres durch eine ordentliche Kündigung aufgelöst werden.

Bei einem befristeten Mietvertrag ist die Schriftform dann erforderlich, wenn eine Fortsetzungsklausel vereinbart wird, die eine ordentliche Kündigung für einen Zeitraum von länger als einem Jahr ausschließt.

Wird z. B., wie es bisweilen vorkommt, ein Mietvertrag zunächst über sechs Monate abgeschlossen, und wird er, aus welchen Gründen auch immer, über diesen Zeitraum fortgesetzt, dann wird aus dem befristeten ein Mietvertrag auf unbestimmte Zeit (Stillschweigende Verlängerung § 568 BGB).

Enthält dieser befristete Mietvertrag jedoch eine Klausel in der Form, „wird das Mietverhältnis über den vereinbarten Zeitpunkt hinaus fortgesetzt, ist es erst nach Ablauf von weiteren 18 Monaten kündbar“, dann bedarf er der Schriftform. BGB § 566

Gleiches gilt, wenn der Mieter die Möglichkeit hat, nach Ablauf der zunächst vereinbarten Zeit den Vertrag aufgrund einer Options- oder Verlängerungsklausel über ein Jahr hinaus zu verlängern (BGH NJW-RR 87, 1277).

Die Jahresfrist wird stets vom Beginn des Mietverhältnisses, nicht vom Abschluss des Vertrages an gerechnet, d. h. ab Beginn des vertraglich vereinbarten Bezuges der Mietwohnung.

Bei Nichteinhaltung der vorgesehenen Schriftform ist der Wohnraummietvertrag dennoch wirksam. Er gilt auf ohne zeitliche Beschränkung abgeschlossen. Auch in diesem Falle ist eine Kündigung vor Ablauf eines Jahres von Mieter- und Vermieterseite nicht möglich, d. h. der **Verstoß gegen die Formvorschrift,** in dem eine Mietdauer von mehr als einem Jahr mündlich vereinbart wurde, hat für die ersten 12 Monate des Vertrages einen Kündigungsausschluss zur Folge. BGB § 566 Satz 2

Beispiel:

> Ein Wohnraummietvertrag wird mündlich für 30 Monate fest abgeschlossen. Trotz Nichtbeachtung der vorgeschriebenen Schriftform ist der Mietvertrag wirksam. Er kann jedoch erst nach Ablauf von einem Jahr mit gesetzlicher Frist ordentlich gekündigt werden.

Beim Abschluss eines Wohnraummietvertrages unter einem Jahr ist auch ein mündlicher Vertragsabschluss rechtswirksam, die Schriftform ist grundsätzlich entbehrlich.

– Schriftform nach Vereinbarung

In den meisten Fällen sind sich die Vertragsparteien aber darüber einig, dass der Vertrag schriftlich abgefasst werden soll, damit ein Beweisstück über die getroffenen Vereinbarungen vorliegt.

Für die Wahrung der Schriftform gibt das Gesetz für einen Vertragsabschluss an, dass Schriftwechsel unter den Parteien, aber auch nur ein Brief des einen Teils und ein Telegramm oder Fernschreiben des anderen genügen. BGB § 127

Formularvordrucke genügen sowohl einer gesetzlich vorgeschriebenen als auch einer vertraglich vereinbarten Schriftform bei Wohnraummietverträgen.

Für das Zustandekommen des Mietvertrages können die Vertragsparteien vereinbaren, dass die getroffenen mündlichen Absprachen erst nach Vorliegen der schriftlichen Fassung wirksam werden sollen. In diesem Falle hat die Schriftform rechtsbegründende Wirkung, erst mit der schriftlichen Abfassung entstehen die vertraglichen Rechte und Pflichten von Mieter und Vermieter, vorher besteht kein Mietvertrag.

Bringen Vermieter und Mieter nach ihren mündlichen Vertragsverhandlungen dagegen nicht eindeutig zum Ausdruck, dass die Einigung über den abzuschließenden Mietvertrag erst mit der Schriftform wirksam werden soll, und vereinbaren lediglich die „schriftliche Abfassung des Vertrages", ist davon auszugehen, dass mit der mündlichen Einigung der Vertrag bereits abgeschlossen wurde. Die schriftliche Abfassung des Vertrages hat lediglich klarstellende Bedeutung.

Die vereinbarte Schriftform hat auch dann lediglich bestätigende Bedeutung, wenn der Mieter absprachegemäß bereits in die Wohnung einzieht, bevor der Vertrag schriftlich niedergelegt wurde. Mit dem Mietbeginn wird der mündlich geschlossene Vertrag vollzogen.

Zusammenfassung
Form des Mietvertrages

→ **Schriftform**
Mietverträge über Grundstücke, Wohn- und Geschäftsräume, deren Laufzeit länger als ein Jahr beträgt, sind schriftlich abzuschließen. Dies gilt auch für Untermietverträge.
Die Jahresfrist wird stets ab Beginn des vertraglich vereinbarten Bezugs gerechnet.

→ **Verstoß gegen die Schriftform**
Bei Nichtbeachtung der Schriftform ist der Mietvertrag dennoch wirksam, er gilt auf unbestimmte Zeit abgeschlossen.

→ **Schriftform nach Vereinbarung**
- Mündliche Absprachen des Mietvertrages werden vereinbarungsgemäß erst bei Vorliegen der schriftlichen Fassung wirksam. Die Schriftform hat rechtsbegründende Wirkung, d. h. mit der schriftlichen Abfassung entstehen Rechte und Pflichten von Mieter und Vermieter, vorher besteht **kein** Mietvertrag.
- Wird nach der mündlichen Einigung über den Vertragsgegenstand das Wirksamwerden des Vertrages nicht ausdrücklich von der Schriftform abhängig gemacht und lediglich „die schriftliche Abfassung des Vertrages" vereinbart, gilt der Vertrag mit der mündlichen Einigung bereits als abgeschlossen. Die schriftliche Abfassung hat lediglich klarstellende Bedeutung.

5.1.3.5 Verwendung von Formularmietverträgen

In der Praxis werden heute die meisten Mietverträge unter Verwendung von Formularverträgen abgeschlossen. Die vorgedruckten Vertragsformulare haben einen vorformulierten, typisierten Vertragsinhalt, dem sich die Mieter von Wohnraum heute weitgehend unterwerfen. Die einzelnen Vertragsbestimmungen werden nicht mehr wie früher zwischen den Parteien frei ausgehandelt.

Obwohl die erhältlichen Formulare vielfach die Bezeichnung „Einheitsvertrag" tragen, weichen sie doch inhaltlich und in der Formulierung erheblich voneinander ab, so dass es zurzeit kein einheitliches Muster gibt.

Auch der aufgrund langer Verhandlungen zwischen den Interessenverbänden 1976 herausgegebene Mustermietvertrag mit Änderungen unter Mitwirkung des Bundesjustizministeriums hat sich in der Praxis nicht allgemein durchsetzen können.

In der Regel werden heute die vorformulierten Mietverträge von der Vermieterseite, z. B. den Haus- und Grundbesitzervereinen oder dem Gesamtverband der Wohnungswirtschaft, verwandt.

Auf diese vorformulierten Mietverträge finden die Bestimmungen des Gesetzes zur Regelung des Rechts der Allgemeinen Geschäftsbedingungen (AGBG) Anwendung.

• Gesetz zur Regelung des Rechts der Allgemeinen Geschäftsbedingungen

Das AGBG verfolgt den Zweck, das wirtschaftliche und/oder intellektuelle Übergewicht des Verwenders (Vermieters) von Formularverträgen zu verhindern und zum Schutz des Verbrauchers (Mieters) ein ausreichendes Maß an Vertragsgerechtigkeit zu gewährleisten.

Demgemäß müssen die Interessenverbände des Vermieters, die einseitig die Bedingungen eines Formularvertrages aufstellen, nach dem Grundsatz von Treu und Glauben schon beim Abfassen derartiger Bedingungen die Interessen ihrer künftigen Vertragspartner angemessen berücksichtigen (BGH, NJW 83, 159).

Das AGBG gilt für den Bereich der Rechtsgeschäfte des täglichen Lebens, also auch des Mietrechts schlechthin.

Nach § 1 AGBG sind „Allgemeine Geschäftsbedingungen" alle für eine **Vielzahl** von Verträgen „**vorformulierten** Vertragsbedingungen, die eine Vertragspartei bei Abschluss eines Vertrages ... stellt". Dabei kommt es nicht darauf an, „ob die Bestimmungen einen äußerlich gesonderten Bestandteil des Vertrages bilden oder in die Vertragsurkunde selbst aufgenommen werden". AGBG § 1

Damit sind die Vorschriften des AGBG nicht nur auf Geschäftsbedingungen i. e. S., d. h. auf das Kleingedruckte auf der Rückseite des Vertrages, sondern z. B. auf jegliche Art von Formular- oder sonstigen vorformulierten Verträgen anzuwenden.

• Individuell ausgehandelte Klauseln verdrängen Vordruck

Der Schutzzweck des § 1 AGBG verbietet aber keineswegs bestimmte Absprachen zwischen den Vertragsparteien.

Das Gesetz schränkt auch keineswegs die Vertragsfreiheit mit so genannten Verbotsregelungen ein, sondern stellt durch ein ausreichendes Maß an Vertragsgerechtigkeit die Vertragsfreiheit sicher. Denn alles, was die Vertragspartner individuell als Vertragsregelung aushandeln, verdrängt stets den vorformulierten, im Vertragsformular stehenden anderweitigen Vertragstext.

Das individuell Ausgehandelte hat Vorrang und ist stärker als jede anders lautende vorformulierte Vertragsregelung.

Die gesetzlichen Vorschriften, die das vorsehen, haben zur Folge, dass alle einzeln ausgehandelten Regelungen außerhalb der Beschränkungen des AGB-Gesetzes liegen. AGBG §§ 1 Abs.4

Beispiel:

Sollte in einem Formularvertrag vorgesehen sein, dass der Mieter

- bei Einzug in die zu mietende Wohnung den Neuanstrich auf seine Kosten,
- sämtliche Anstriche, Erneuerungen und Reparaturen während der Mietzeit auf seine Kosten und
- bei Auszug die Wohnung neu herrichten soll,

so ist diese formularmäßige Regelung ein Verstoß gegen das AGB-Gesetz.

Werden sich dagegen Vermieter und Mieter durch individuelle Absprache, ohne den Text im Formularvertrag zu beachten, einig, dass der Mieter alle Anstriche beim Einzug, während der Mietzeit und beim Auszug vorzunehmen hat, ist diese Regelung vorrangig und damit rechtlich unbedenklich.

• Folgen der Unwirksamkeit von vorformulierten Vertragsklauseln

AGBG § 6

Verstößt ein Formularvertrag in einem oder mehreren Punkten gegen das AGB-Gesetz, dann sind diese Vertragsbestandteile unwirksam, so dass für Vermieter und Mieter hieraus weder Rechte noch Pflichten entstehen.

Bezüglich des Mietvertrages gilt jedoch:

Der abgeschlossene Mietvertrag bleibt als Ganzes bestehen. Die Vertragsbestandteile, die wegen des Verstoßes gegen das AGB-Gesetz unwirksam sind, werden durch die entsprechenden gesetzlichen Vorschriften des Mietrechts ersetzt.

Beispiel:

> In einem Mietvertragsformular steht als Vertragsbestandteil, dass der Mieter während der Mietzeit alle notwendigen Reparaturen in der Wohnung durchzuführen und sämtliche Kosten hierfür zu tragen hat.
>
> AGBG § 9
> BGB § 536
>
> Diese Vertragsklausel ist unwirksam, sie verstößt gegen § 9 AGB-Gesetz in Verbindung mit § 536 BGB.

An die Stelle dieser unwirksamen Vertragsklausel tritt die gesetzliche Regelung nach § 536 BGB, wonach der Vermieter die vermietete Sache dem Mieter in einem zu dem vertragsmäßigen Gebrauch geeigneten Zustand zu überlassen und sie während der Mietzeit in diesem Zustand zu erhalten hat.

• Verbotsvorschriften des AGB-Gesetzes

AGBG §§ 10,11

In den §§ 10 und 11 des AGB-Gesetzes sind Regelungen katalogisiert, die als allgemeine Geschäftsbedingungen im Sinne des § 1 AGBG nicht rechtswirksam vereinbart werden können.

AGBG § 10 Nr. 3

So ist z. B. in Allgemeinen Geschäftsbedingungen die Einräumung eines Rücktrittsrechts für die Vertragspartei, die das Formular stellt (Vermieter), ohne Rücksicht auf die Interessen der Vertragspartner unwirksam.

Auch ist eine Klausel im Formularvertrag, durch die dem Mieter das Recht genommen wird, mit einer unbestrittenen oder rechtskräftig festgestellten Forderung aufzurechnen, nach § 11 Nr. 3 AGBG unwirksam.

AGBG § 9 Abs. 2 Nr. 1 Nr. 2

Neben dem in den §§ 10 und 11 AGBG aufgeführten Verbotsnormen enthält der § 9 des AGBG eine Generalklausel. Sie normiert, dass Regelungen in Formularverträgen unwirksam sind, wenn sie den Vertragspartner entgegen den Geboten von Treu und Glauben unangemessen benachteiligen. Eine unangemessene Benachteiligung liegt vor, wenn die Klausel mit einem wesentlichen Grundgedanken der entsprechenden gesetzlichen Regelung (gesetzliches Leitbild) nicht zu vereinbaren ist oder wenn wesentliche Rechte und Pflichten, die sich aus der Natur des Mietverhältnisses ergeben, so eingeschränkt werden, dass die Erreichung des Vertragszweckes gefährdet ist.

Beispiel:

BGB § 536

> § 536 BGB enthält folgenden wesentlichen Grundsatz des Mietrechts: Der Vermieter hat die vermietete Sache dem Mieter in einem zu dem vertragsgemäßen Gebrauch geeigneten Zustand zu überlassen und sie während der Mietzeit in diesem Zustand zu erhalten. Hierfür zahlt der Mieter als Gegenleistung den Mietzins.

Von diesem Grundsatz weicht eine Regelung ab, die dem Wohnungsmieter die Instandhaltung und/oder Erneuerung der Wohnung überträgt. Eine solche vorformulierte Vertragsbedingung ist nach § 9 AGB-Gesetz unwirksam.

Zusammenfassung
Formularmietverträge und das AGB-Gesetz

→ **Geltungsbereich des AGB-Gesetzes**
- Nach § 1 AGBG sind „Allgemeine Geschäftsbedingungen alle für eine **Vielzahl** von Verträgen formulierten Vertragsbedingungen, die eine Vertragspartei bei Abschluß eines Vertrages ... stellt".
- Die Vorschriften des AGBG sind somit nicht nur auf die Geschäftsbedingungen i. e. S. anzuwenden, sondern auf die Formularmietverträge insgesamt.

→ **Individuell ausgehandelte Klauseln verdrängen Vordruck**
- Der individuell ausgehandelte Vertragstext hat Vorrang und ist stärker als jede anderslautende vorformulierte Vertragsregelung.
- Die Vorschriften in den §§ 1 Abs.2 und 4 AGBG haben zur Folge, dass alle einzeln ausgehandelten Regelungen außerhalb der Kontrollen und Beschränkungen des AGBG liegen.

→ **Folgen bei Unwirksamkeit von vorformulierten Vertragsklauseln**
- Verstoßen Vertragsbedingungen des Formularvertrages gegen das AGBG, dann sind diese Vertragsbestandteile gem. § 6 Abs.1 AGBG unwirksam.
- Es gelten dann die entsprechenden gesetzlichen Vorschriften des Mietrechts.

→ **Verbotsvorschriften des AGB-Gesetzes**
- Nach der Generalklausel des § 9 AGBG sind alle Regelungen in Formularmietverträgen unwirksam, die den Vertragspartner entgegen den Geboten von Treu und Glauben benachteiligen.
- In den §§ 10 und 11 des AGBG sind Regelungen aufgelistet, die in Formularmietverträgen nicht rechtswirksam vereinbart werden können.

5.1.3.6 Inhalt des Mietvertrages

Der Mietvertrag als zweiseitiges Rechtsgeschäft regelt die Rechte und Pflichten von Vermieter und Mieter, und zwar in der Weise, dass aufgrund der gegenseitigen Abhängigkeiten die Pflichten des einen in der Regel die Rechte des anderen sind.

– Die Pflichten des Vermieters

Die Hauptpflichten des Vermieters ergeben sich aus den §§ 535, 536 BGB. Hiernach muss er die vermietete Sache dem Mieter in einem zu dem BGB §§ 535, 536
- vertragsgemäßen Gebrauch geeigneten Zustand überlassen und
- während der Mietzeit in diesem Zustand erhalten.

• Gebrauchsüberlassungspflicht

Aus dem Vertrag ist der Vermieter zunächst verpflichtet, dem Mieter den von ihm vermieteten Wohnraum zu überlassen. Diese Überlassungspflicht erfüllt der Vermieter dadurch, dass er dem Mieter den Besitz an der Wohnung verschafft, d. h. die Möglichkeit des Einzugs sicherstellt und somit der Mieter mit dem Einzug unmittelbaren Besitz erlangt.

○ Zur Wohnung gehörende Räume

Die Überlassungspflicht des Vermieters erstreckt sich auch auf die zur Wohnung gehörenden Räume wie Trockenboden, Keller, soweit diese Räume mitvermietet wurden.

Der Mieter kann auch erwarten, dass der Vermieter ihm die Gemeinschaftseinrichtungen zugänglich macht, die er benötigt, um die gemietete Wohnung ungestört zu nutzen, wie Treppenhaus, Fahrstuhl, Gemeinschaftswaschküche.

- **Übergabetermin**

Der Vermieter hat dem Mieter den gemieteten Wohnraum zum vertraglich vorgesehenen Termin zu übergeben.

Beispiel:

> Vereinbaren die Vertragsparteien, dass die Wohnung dem Mieter am 1.4.19.. überlassen werden soll, und ist der Vermieter hierzu nicht in der Lage, gerät er ohne Mahnung des Mieters in Verzug. Nach § 286 Abs.1 BGB kann der Mieter den Ersatz des Verspätungsschadens verlangen.
>
> Er kann aber auch ggf. Schadensersatz wegen Nichterfüllung oder nach Nachfristsetzung und Androhung nach Fristablauf die Leistung abzulehnen, das Mietverhältnis kündigen.
>
> Der Mieter hat aber auch im Falle der nicht rechtzeitigen Überlassung der Wohnung das Recht, auf Erfüllung des Vertrages zu bestehen und die Mietzinszahlung zu verweigern, bis der Vermieter ordnungsgemäß erfüllt und die Wohnräume überlässt (OLG, Düsseldorf, ZMR 1983, S. 376).

- **Schadensersatzanspruch**

Ein Schadensersatzanspruch des Mieters bei nicht rechtzeitiger Überlassung der Wohnräume setzt ein Verschulden des Vermieters voraus. Ist jedoch durch die Vertragspartner des Wohnraummietvertrages der Einzugstermin des Mieters genau terminiert (s. Beispiel), garantiert der Vermieter den Einzugstermin, so dass der Vermieter dem Mieter auch ohne Verschulden auf Schadensersatz haftet.

- **Schlüsselübergabe**

Zur Überlassungspflicht des Vermieters, den Gebrauch der Mieträume zu gewährleisten, gehört die Schlüsselübergabe. Neben den Schlüsseln der Wohnung ist der Mieter berechtigt, vom Vermieter auch die Schlüssel für die zugehörigen Räume zu fordern, wie Trockenboden, Keller usw. Zweitschlüssel darf der Vermieter nicht gegen den Willen oder ohne Wissen des Mieters anfertigen oder in seinem Besitz halten (vgl. LG Kassel, WM 1973, 103). Dies ist nur mit Einwilligung des Mieters möglich. Bei Verlust von Schlüsseln kann der Vermieter unter Umständen den Einbau eines neuen Schlosses verlangen, i. d. R. ist lediglich ein neuer Schlüssel zu beschaffen.

- **Vertragsgemäßer Zustand**

Die Überlassung der Wohnung hat im vertragsgemäßen Zustand zu erfolgen. Der vertragsgemäße Zustand ergibt sich aus den vertraglichen Vereinbarungen der Parteien. Grundsätzlich hat der Vermieter Mängel vor der Überlassung der Wohnräume zu beseitigen. Die Überlassung im vertragsgemäßen Zustand beinhaltet, dass die Wohnung sich in einem solchen Zustand befinden muss, dass dem Mieter zugemutet werden kann, in die Wohnräume einzuziehen. In der Regel hat vor der Anmietung eine Besichtigung der Wohnung stattgefunden. Der Mieter kann daher annehmen, dass der Zustand der Wohnung, der zum Zeitpunkt der Besichtigung bestand, als vereinbart gilt. Ansonsten kann der Mieter davon ausgehen, dass ihm eine Wohnung überlassen wird, die einem allgemein üblichen Zustand entspricht.

- **Übergabeprotokoll**

Heute ist es üblich, vor der Übergabe der Wohnung eine Besichtigung vorzunehmen und ein Übergabeprotokoll anzufertigen. In diesem Protokoll werden etwaige Mängel festgehalten und festgelegt, wer diese Mängel zu beseitigen hat. Liegt die Mängelbeseitigung beim Vermieter, wird auch der Termin der Mängelbeseitigung festgeschrieben (Übergabeprotokoll vgl. Muster im Mietvertragsmuster am Ende des Kapitels).

- **Instandhaltungs- und Instandsetzungspflicht**

In § 535 BGB ist die Hauptpflicht des Vermieters festgelegt, dem Mieter den Gebrauch der Mietwohnung während der Mietzeit zu gewähren.

Durch § 536 BGB wird diese Pflicht dahingehend ergänzt, dass der Vermieter die Mietsache während der Vertragsdauer auch im vertragsgemäßen Zustand zu erhalten hat. Diese Bestimmung enthält eine grundsätzliche Instandhaltungs- und Instandsetzungspflicht des Vermieters. BGB § 536

- **Instandhaltung**

Unter Instandhaltung ist die Summe aller Maßnahmen zu verstehen, die erforderlich sind, um die Wohnräume im vertragsgemäßen Zustand zu halten. Hierunter versteht man z. B. die laufend anfallenden Reparaturen an Fenstern und Türen, die periodisch anfallenden Außenanstriche der Fenster, Innenanstriche der Treppenhäuser usw.

- **Instandsetzung**

Unter Instandsetzung versteht man die Behebung von baulichen Mängeln, insbesondere von Mängeln, die infolge Abnutzung, Alterung, Witterungseinflüssen oder Einwirkungen Dritter sowie durch Brand oder höhere Gewalt entstanden sind, zur Wiederherstellung des bestimmungsgemäßen Gebrauchs.

Da die Erhaltung des Gebrauchswertes Aufgabe des Vermieters ist, geht die Abnutzung der Mietsache aufgrund des vertragsgemäßen Gebrauchs zu Lasten des Vermieters, es sei denn, im Vertrag sind in Bezug auf Kleinreparaturen und Schönheitsreparaturen andere Regelungen getroffen (siehe hierzu 5.1.3.7). BGB § 548

- **Sonstige Nebenpflichten des Vermieters**

Der Vermieter hat neben der Hauptpflicht der §§ 535, 536 BGB auch vertragliche Nebenpflichten zu erfüllen, die sich aus dem Sinn und Zweck des Mietvertrages herleiten, die sich aber insbesondere daraus ergeben, dass das Mietverhältnis auch ein Dauerschuldverhältnis ist. Der Mietvertrag ist nicht auf einen punktuellen Leistungsaustausch ausgerichtet wie z. B. der Kaufvertrag, sondern ist vielmehr fortdauernd angelegt. Somit bestehen für den Vermieter aus dem abgeschlossenen Mietvertrag noch weitere Pflichten, sog. Nebenpflichten.

- **Durchsetzung des bestimmungsgemäßen Gebrauchs**

Der Mietvertrag als Dauerschuldverhältnis und der Inhalt der Gebrauchsgewährungspflicht, dass der Vermieter für den bestimmungsgemäßen Gebrauch der Wohnungen zu sorgen hat, zwingt den Vermieter, seine Mieter vor Störungen zu schützen, die über das übliche Maß hinausgehen. So muss der Vermieter gegen Störungen einschreiten, die den einzelnen Mieter im Genuss oder in der Benutzung seiner Mietwohnung beeinträchtigen. So hat er z. B. gegen Lärmstörungen durch Feiern, zu lautes Musizieren nach 22.00 Uhr, Hundegebell usw., gegen Beeinträchtigungen durch Kleintierhaltung, Einschleppen von Ungeziefer u. a. mit einer Abmahnung und ggf. mit einer Unterlassungsklage vorzugehen.

- **Verkehrssicherungspflichten**

Weiterhin hat der Vermieter aus dem mit dem Mieter geschlossenen Mietvertrag eine Verkehrssicherungspflicht. Sie soll es dem Mieter ermöglichen, die angemieteten

Wohnräume gefahrenlos zu benutzen. Der Grundgedanke der Verkehrssicherungspflicht ist, dass derjenige, der Gefahrenquellen schafft, auch dafür zu sorgen hat, dass die notwendigen Schutzvorkehrungen getroffen werden. Beim Mietverhältnis ist es daher die Pflicht des Vermieters, Gefahren zu vermeiden bzw. entstandene Gefahrenquellen zu beseitigen. Die Verkehrssicherungspflicht bezieht sich nicht nur auf die eigentlich angemietete Wohnung und die mitvermieteten Räume wie Keller, Garage, sondern auch auf die Zugänge, Treppen, Hausflure, Hofraum, Garten, Fahrstuhl und die sonstigen, der gemeinschaftlichen Nutzung dienenden Einrichtungen wie Fahrradkeller etc.

Damit verbunden, ergeben sich für den Vermieter weitere Pflichten wie Reinigung und Freihaltung der Gehwege vor den Häusern, der Hauszugänge und Vorplätze gem. Ortssatzung sowie Sicherstellung einer ausreichenden Beleuchtung der allgemein zugänglichen Teile des Mietobjektes wie Flure, Treppen und Zugangswege zum Grundstück.

Es besteht für den Vermieter jedoch die Möglichkeit, bestimmte Verkehrssicherungspflichten auf Mieter zu übertragen, z. B. Austausch von Glühbirnen, Schneeräumpflicht. Treffen Vermieter und Mieter eine Vereinbarung zur Übertragung einer Verkehrssicherungspflicht, bleibt der Vermieter verpflichtet, den Mieter zu überwachen (vgl. BGB ZMR 1962, 179). Unterlässt der Vermieter eine sorgfältige Überwachung, trifft ihn ein Verschulden wegen unzureichender Überwachung (Überwachungsverschulden).

Beispiel:

> Überträgt der Vermieter die Schneeräumpflicht einem Mieter persönlich, der schon sehr alt ist und daher altersbedingt und krankheitsbedingt häufig der Schneeräumpflicht nicht nachkommen kann, haftet der Vermieter im Schadensfall, weil ihn ein Verschulden bei der Auswahl des Mieters trifft (Auswahlverschulden).

❍ Fürsorge- und Treuepflicht

Im Rahmen des Mietverhältnisses, das auf Dauer angelegt ist, bestehen für die Vertragsparteien Fürsorge- und Treuepflichten. So hat z. B. der Vermieter eine bestimmte Aufklärungs- und Informationspflicht vor und bei Durchführung von Modernisierungsmaßnahmen bei einer Wohnung oder Siedlung.

BGB § 541b Abs.2

Auch gehört es zur Fürsorgepflicht des Vermieters, z. B. in Bezug auf die Erlaubnis zur Hundehaltung an alle Mieter einen gleichen Maßstab anzulegen.

❍ Tragung der auf der Mietsache ruhenden Lasten

BGB § 546

Nach § 546 BGB hat der Vermieter die auf der Mietsache ruhenden Lasten zu tragen. Falls vertraglich nichts anderes vereinbart ist, sind die Lasten öffentlich-rechtlicher Art (Grundsteuer, Schornsteinfegergebühr, Müllabfuhrgebühr, Kanalisationsgebühr, Straßenreinigungsgebühr) und Lasten privatrechtlicher Natur (Kapitalkosten, Instandhaltungskosten, übrige Betriebskosten) vom Vermieter zu tragen.

❍ Verwendungsersatz

BGB § 547

Nach § 547 BGB ist der Vermieter verpflichtet, dem Mieter die auf die Mietsache gemachten notwendigen Verwendungen zu ersetzen. Hat z. B. der Mieter bei seiner Wohnung Maßnahmen durchführen lassen, die der Erhaltung oder Wiederherstellung der Bewohnbarkeit dienten, besteht ein Ersatzanspruch des Mieters für diese „notwendigen Verwendungen". Hat der Mieter dagegen Aufwendungen vorgenommen, durch die die Mietsache lediglich in einen auch zum vertragsgemäßen Gebrauch geeigneten Zustand versetzt werden sollte, oder wurden z. B. bauliche Maßnahmen im Bad durchgeführt, die der Mieter ausschließlich im eigenen Interesse vorgenommen hat, so ist bei diesen sonstigen Aufwendungen zu prüfen, ob ein Ersatzanspruch des Mieters für die getätigten Aufwendungen besteht. Die Verpflichtung des Vermieters zum Ersatz bestimmt sich hier nach den Vorschriften der Geschäftsführung ohne Auftrag aus § 683 BGB. Sie setzt

BGB § 547 Abs.2

voraus, dass die getroffenen Maßnahmen dem Interesse und dem wirklichen Willen des Vermieters entsprachen.

– Ausschluss der Gewährleistungsrechte

Der Vermieter ist nicht verpflichtet, eine Minderung des Mietzinses, Schadensersatz oder Aufwendungsersatz hinzunehmen, wenn der Mieter den Mangel an der Mietsache bei Vertragsabschluss kannte. BGB § 539

Ist dem Mieter ein wesentlicher Mangel infolge grober Fahrlässigkeit unbekannt geblieben, oder nimmt er die mangelhafte Mietsache an, obwohl er den Mangel kennt, so ist der Vermieter nur verpflichtet, Ansprüche aus Sachmängelhaftung oder Schadensersatz wegen Nichterfüllung zu erfüllen, wenn der Mieter sich diese Rechte beim Einzug ausdrücklich oder zumindest durch schlüssiges Verhalten vorbehalten hat oder wenn der Vermieter die Mängelfreiheit ausdrücklich zugesichert oder den Mangel arglistig verschwiegen hat.

Zusammenfassung
Pflichten des Vermieters aus dem Mietvertrag

→ **Gebrauchsüberlassungspflicht**
- Überlassung des Wohnraumes
- Überlassung der zur Wohnung gehörenden Räume (Trockenboden, Keller, Gemeinschaftseinrichtungen)
- Überlassung zum vertraglich vorgesehenen Termin
- Schadensersatzpflicht bei nicht termingemäßer Überlassung
- Schlüsselübergabe gehört zur Gewährung des Gebrauchs der Mietsache
- Überlassung der Wohnung hat im vertragsgemäßen Zustand zu erfolgen
- Übergabeprotokoll erfolgt, um ordnungsgemäße Übergabe sicherzustellen.

→ **Instandhaltungs- und Instandsetzungspflicht**
- Während der Mietdauer ist die Mietsache im vertragsgemäßen Zustand zu erhalten
- Abnutzung der Mietsache aufgrund des vertragsgemäßen Gebrauchs geht zu Lasten des Vermieters (Ausnahme: Kleinreparaturen und Schönheitsreparaturen sind vertraglich auf den Mieter übertragen).

→ **Sonstige Pflichten**
- Durchsetzung des bestimmungsgemäßen Gebrauchs bei Beeinträchtigung des Mieters in der Nutzung durch Lärm, Musizieren, Geruch usw.
- Verkehrssicherungspflicht, die den Mieter vor Gefahren bei der Nutzung der Mietsache schützt
- Fürsorge und Treuepflicht
- Tragung der auf der Mietsache ruhenden Lasten
- Verwendungsersatz für durchgeführte Maßnahmen des Mieters in seiner Wohnung

– Die Pflichten des Mieters

• Zahlung des Mietzinses

Als Gegenleistung für die Gebrauchsgewährung besteht die Hauptpflicht des Mieters in der Entrichtung des vereinbarten Mietzinses. BGB § 535 Abs.2

Bei Abschluss des Mietvertrages ist es nicht erforderlich, bereits die Miethöhe zu bestimmen, es ist ausreichend, dass die Mietzinshöhe zumindest bestimmbar ist (vgl. Palandt/Putzer, § 535 Rdnr.30).

○ Mietzins und Nebenkosten

Mit dem Mietzins sind gleichzeitig die vertraglich vereinbarten Nebenkostenpauschalen oder Vorauszahlungen zu entrichten.

○ Erfüllungsort der Mietzinszahlung

Erfüllungsort für die Mietzinszahlung ist der Ort, an dem der Mieter seinen Wohnsitz hat. Bei der Mietzinszahlung handelt es sich nach herrschender Meinung um eine Schickschuld, d. h. der Mieter trägt die Transportgefahr und hat den Mietzins auf seine Kosten und Gefahr an den Vermieter zu übermitteln. Er erfüllt seine Übermittlungspflicht, indem er rechtzeitig an seinem Wohnort alles Erforderliche zur Übermittlung des Mietzinses tut (Dauerauftrag, Einzahlung).

BGB § 270

○ Fälligkeit

Der Zeitpunkt der Fälligkeit des Mietzinses kann im Mietvertrag beliebig festgelegt werden. In den üblichen Formularverträgen ist diesbezüglich vereinbart, dass der Mietzins spätestens am 3. Werktag eines Monats im Voraus zu zahlen ist. Ist der letzte Tag der Frist ein Sonnabend, Sonntag oder Feiertag, gilt erst der nächste Werktag als Tag des Fristablaufs. Nach Ablauf dieser Frist gerät der Mieter bei Nichtzahlung in Verzug. Befindet sich der Mieter mit der Zahlung des Mietzinses in Verzug, ist der Vermieter nach § 554 BGB berechtigt, das Mietverhältnis ohne Einhaltung einer Kündigungsfrist zu kündigen.

Bei der Fälligkeitsvereinbarung muss dem Mieter das Recht zur Aufrechnung mit Gegenforderungen eingeräumt werden.

Nebenpflichten des Mieters:

• Obhutspflicht des Mieters

Mit der Vermietung gibt der Vermieter die Mietwohnung in die Obhut des Mieters. Da der Mieter für die Dauer der Mietzeit die Mietsache (das Eigentum) des Vermieters zum Gebrauch erhält, ist er verpflichtet, mit der ihm überlassenen Sache sorgfältig und pfleglich umzugehen, vor Gefahren zu schützen und bestimmungsgemäß zu nutzen.

Zwischen Vermieter und Mieter entsteht ein Vertrauensverhältnis, das gepflegt und nicht gestört werden sollte. Dazu gehört u. a. auch, dass der Mieter auf die Interessen des Vermieters und der anderen Mitbewohner Rücksicht nimmt.

○ Beginn der Pflichten

Die Obhuts- und Anzeigepflichten beginnen nicht erst mit dem Abschluss des Mietvertrages, sondern bereits zu dem Zeitpunkt, zu dem die Mietsache dem Mieter überlassen wird. Dies kann ggf. bereits vor Vertragsbeginn der Fall sein. Nach Beendigung des Vertrages wirken die Obhuts- und Anzeigepflichten solange nach, wie der Mieter die Räume in seinem Besitz hat.

○ Umfang der Pflichten

Der Umfang der Obhuts- und Anzeigepflichten erstreckt sich nicht nur auf die unmittelbar angemietete Wohnung, sondern die Pflichten bestehen für alle Räume des Hauses, an denen der Mieter ein Mitbenutzungsrecht hat, wie z. B. Flure, Treppen, Waschküche, Trockenraum usw.

○ Inhalt der Obhutspflicht

Die Obhutspflicht besteht inhaltlich darin, dass der Mieter jeden unangemessenen Gebrauch der Mietsache zu unterlassen und sie nach Möglichkeit vor Schäden zu bewahren hat.

Hieraus ergeben sich im Einzelnen z. B.:

– Der Mieter einer Wohnung ist verpflichtet, die Räume pfleglich zu behandeln, zu

lüften, in bestimmten Zeitabständen zu reinigen, mit Elektrizität und Gas sorgfältig umzugehen und die sanitären Anlagen schonend zu benutzen.
– Der Mieter hat Vorkehrungen zur Vermeidung von Schäden zu treffen, wie Feststellen offener Fensterflügel, Schließen der Fenster bei Unwetter, Ablassen von Wasser aus Leitungen bei Frostgefahr.
– Sorgfältige Überwachung des Betriebs von Spül- und Waschmaschinen.
– Bei längerer Abwesenheit hat der Mieter für die Betreuung der Wohnung zu sorgen und z. B. seinen Wohnungsschlüssel dem Vermieter oder einer Person seines Vertrauens zu übergeben, um etwaige in der Zwischenzeit auftretende Mängel in den angemieteten Räumen zu erkennen, ggf. zu beheben oder gar Gefahren abzuwenden.

Im Interesse einer ordnungsmäßigen Bewirtschaftung und mit Rücksicht auf die Gesamtheit der Mieter in einem Wohnhaus kann der Vermieter mit Vertragsabschluss den Mietgebrauch in bestimmter Weise einschränken.

Der Vermieter kann vertraglich vom Mieter für bestimmte Handlungen seine schriftliche **Zustimmung** fordern, z. B. wenn der Mieter
– die Wohnung oder einzelne Räume entgeltlich oder unentgeltlich Dritten überlässt, es sei denn, es handelt sich um eine unentgeltliche Aufnahme von angemessener Dauer (Besuch);
– die Wohnung zu anderen als Wohnzwecken benutzt;
– Schilder (ausgenommen übliche Namensschilder an dafür vorgesehenen Stellen), Aufschriften oder Gegenstände jeglicher Art am Haus oder auf dem Grundstück anbringt;
– Waschmaschinen, Trockenautomaten, Geschirrspülmaschinen aufstellt;
– Antennen anbringt oder verändert;
– in den Mieträumen, im Haus oder auf dem Grundstück außerhalb vorgesehener Park-, Einstell- oder Abstellplätze ein Kraftfahrzeug, Moped oder Mofa abstellen will;
– Um-, An- und Einbauten sowie Installationen vornimmt, die Mieträume, Anlagen oder Einrichtungen verändern;
– Heizöl oder andere feuergefährliche Stoffe lagern oder
– weitere Schlüssel anfertigen will.

Damit wird vom Vermieter der angemessene Gebrauch der Mietsache beschrieben und vertraglich fixiert.

Da Vereinbarungen über Verbote des Mietgebrauchs ihre Grenzen in den grundrechtlichen Wertvorstellungen über das Recht zur freien Entfaltung der Persönlichkeit finden, kann die Zustimmung zu den oben genannten Handlungen grundsätzlich nur verweigert werden, wenn sachliche Gründe vorliegen, z. B. Belästigungen anderer Hausbewohner oder Beeinträchtigungen der Mietsache und des Grundstücks zu erwarten sind.

Eine darüber hinausgehende vertragliche Einschränkung wäre demgemäß insbesondere nach § 9 AGB-Gesetz unwirksam. So kann z. B. das Aufstellen von Waschmaschinen, Trockenautomaten oder Geschirrspülern grundsätzlich nur dann versagt werden, wenn schwerwiegende Gründe ein solches Verbot rechtfertigen. AGBG § 9

Zum unangemessenen und **vertragswidrigen Gebrauch** der Mietsache zählen z. B.:

– Waschen und Trocknen von Wäsche (mit Ausnahme sog. kleiner Wäsche) in der Wohnung
– Vernachlässigung der gebotenen Sorgfaltspflicht, daher Ungezieferbefall oder Überlaufen und Verschütten von Wasser mit der Gefahr von Fäulnisbildung und Hausschwamm
– Vornahme baulicher Veränderungen in der Wohnung ohne Kenntnis des Vermieters
– Gewerbliche Nutzung von Räumen der Wohnung
– Untervermietung ohne Einwilligung des Vermieters

– Tätlichkeiten, Beleidigungen und erhebliche Belästigungen gegenüber Mitbewohnern und Vermieter.

- **Anzeigepflicht**

BGB § 545 Die Anzeigepflicht ist ein besonderer Fall der Obhutspflicht. Der Mieter muss dem Vermieter unverzüglich von Mängeln oder nicht vorhergesehenen Gefahren für die Mietsache Mitteilung machen. Dem Vermieter, der oftmals nicht im Hause wohnt oder auch eine behebbare Gefährdung übersieht, muss Gelegenheit gegeben werden, für Abhilfe zu sorgen.

Die Anzeigepflicht für den Mieter erstreckt sich im Wesentlichen auf die folgenden drei Sachbereiche:

1. **Bei jedem auch kleineren Mangel der Mietsache,**
   z. B. tropfendem Wasserhahn, Mauerrissen, Schwammverdacht.
   Bei der Mietwohnung gilt das nicht nur für die vom Mieter genutzten Räume, sondern auch für die mitbenutzten Bereiche wie z. B. Treppen, Hauseingang, Waschraum.
2. Wenn der Mietsache eine **unvorhersehbare Gefahr** droht, z. B. Sturmschaden am Dach, Wassereinbruch, undichter Öltank.
   Die Anzeigepflicht besteht auch dann, wenn der Mieter durch diese Gefahr in seinem Mietgebrauch nicht unmittelbar gestört ist.
3. Wenn **ein Dritter ein Recht** an der Mietsache geltend macht, z. B. Reklameanbringung an der Außenwand, Versetzung des Zaunes, Abstellen eines Pkw auf dem Zufahrtsweg zum Grundstück.

Erlangt der Mieter von einem dieser drei Tatbestände Kenntnis, hat er dem Vermieter unverzüglich schriftlich oder mündlich eine Anzeige zu machen. Kommt der Mieter seiner Anzeigepflicht bewusst, nachlässig oder leichtfertig nicht nach, können ihm erhebliche Nachteile entstehen. Der Vermieter muss allerdings beweisen können, dass der Mieter den Mangel gekannt hat oder ihn hätte kennen müssen. In einem solchen Fall muss der Mieter den entstandenen Schaden ersetzen. Auch kann der Mieter sich wegen der nicht angezeigten Mängel oder Gefahren nicht auf Mietminderung (§ 537 BGB) berufen oder Schadensersatz wegen Nichterfüllung (§ 538 BGB) verlangen.

BGB §§ 537, 538

- **Duldungspflichten**

BGB §§ 541a, 541b Maßnahmen zur Instandhaltung und Instandsetzung hat der Mieter stets zu dulden. Es handelt sich hierbei um solche Arbeiten, durch die der vertragsgemäße Zustand der Mietsache erhalten oder wiederhergestellt werden soll, also Wartungs- und Reparaturarbeiten (s. auch S. 304 ff.).

Maßnahmen, die zur nachhaltigen Verbesserung der gemieteten Räume oder sonstiger Teile des Gebäudes sowie zur Einsparung von Heizenergie dienen (Modernisierung), hat der Mieter grundsätzlich zu dulden, es sei denn, dass die Durchführung der Maßnahme für den Mieter oder seine Familie eine besondere Härte darstellen würde.

So entfällt die Duldungspflicht dann, wenn

1. die vorzunehmenden Arbeiten
   z. B. einen Mieter im hohen Lebensalter durch Schmutz und Lärm erheblich belästigen;
2. die baulichen Folgen,
   z. B. Einbau von neuen Fenstern und Türen im Winter nicht zumutbar ist oder Umbau der Wohnung so vorgenommen wird, dass sie mit dem ursprünglichen Vertragsgegenstand nicht mehr vergleichbar ist, indem eine größere Wohnung in Appartements aufgeteilt wird;

3. vorangegangene Verwendungen des Mieters vorliegen,
   z. B. eine Zentralheizung eingebaut werden soll, der Mieter aber erst kürzlich mit Einwilligung des Vermieters eine Etagenheizung eingebaut hat;
4. die Erhöhung des Mietzinses
   z. B. von einer bisherigen Miete von 650 DM auf 1 400 DM zu erwarten ist.

Die zu erwartende Mieterhöhung bleibt nach § 541b Abs.1 BGB dann unberücksichtigt, wenn die gemieteten Räume lediglich in einen Zutand versetzt werden, wie es allgemein üblich ist. BGB § 541b, Abs.1

Der Vermieter hat dem Mieter zwei Monate vor Beginn der Maßnahme Art, Umfang, Beginn und voraussichtliche Dauer sowie die zu erwartende Erhöhung des Mietzinses schriftlich mitzuteilen.

Unterbleibt die Mitteilung, so ist der Mieter nicht zur Duldung der Modernisierung verpflichtet. Dies gilt auch, wenn die Mitteilungspflicht nur unzulänglich erfüllt wird. Will der Mieter sich nicht den Modernisierungsmaßnahmen seiner Wohnung aussetzen, ist er berechtigt, bis zum Ablauf des Monats, der auf den Zugang der Mitteilung folgt, für den Ablauf des nächsten Monats zu kündigen. Der Vermieter hat dann bis zum Ablauf der Mietzeit die Modernisierungsmaßnahme zu unterlassen. Dies gilt nicht bei kleineren Maßnahmen, die mit keinen oder nur unerheblichen Einwirkungen auf die Mieträume verbunden sind und zu keiner oder nur zu einer unerheblichen Mieterhöhung führen. BGB § 541b, Abs.2

Die Duldungspflicht des Mieters schließt seine Ansprüche auf einen Wertausgleich für Nachteile, die er durch die Verbesserungsmaßnahmen erlitten hat, nicht aus.

Auch kann der Mieter für Aufwendungen angemessenen Ersatz verlangen, die infolge der Maßnahmen unmittelbar erforderlich waren, wie z. B. Aufwendungen für Hotelunterkunft. Durch die Duldungspflicht einer Modernisierungs- und Energieeinsparungsmaßnahme ergibt sich für den Mieter i.d.R. eine zu akzeptierende Mieterhöhung. BGB § 541b, Abs.3

Wird die voraussichtliche Mieterhöhung dem Mieter vom Vermieter nicht mitgeteilt oder weicht die Mieterhöhung gegenüber der mitgeteilten voraussichtlichen Mieterhöhung um mehr als 10 % nach oben ab, wird die Mieterhöhung erst 6 Monate später wirksam. MHG § 3

Bei öffentlich geförderten Wohnungen sind die Modernisierungsmaßnahme und die voraussichtliche Mieterhöhung von der Bewilligungsbehörde zu genehmigen.

○ Betreten und Besichtigen der Mieträume durch den Vermieter

Der Mieter hat das Betreten und Besichtigen der Mieträume durch den Vermieter unter bestimmten Voraussetzungen zu dulden. In folgenden Fällen ist ein Besichtigungsrecht des Vermieters allgemein anerkannt, eine ausdrückliche Vereinbarung kann, muss jedoch nicht im Mietvertrag getroffen worden sein.

- Der Vermieter darf in der Wahrnehmung seiner Instandhaltungspflicht und Verkehrssicherungspflicht die Wohnung des Mieters betreten. Es ist daher nicht nur gerechtfertigt, das Besichtigungsrecht bei Vorliegen z. B. eines Wasserrohrbruches, Frostschadens, vom Mieter geltend gemachten Instandsetzungsanspruch wahrzunehmen, sondern es ist vom Vermieter auch zum Zwecke der Begutachtung, ob die Schönheitsreparaturen durchgeführt worden sind, auszuüben. Eine allgemeine Besichtigung wird in Abständen von 2 Jahren als zulässig angesehen.
- Ist das Mietverhältnis gekündigt oder ist der Mieter darüber unterrichtet, dass der Vermieter das Haus verkaufen will, muss der Mieter dafür sorgen, dass die Mietwohnung während der ortsüblichen Besuchszeiten (i. d. R. wochentags 10.00 Uhr bis 13.00 Uhr und 15.00 Uhr bis 18.00 Uhr) vom Vermieter und den Kauf- oder Mietinteressenten besichtigt werden kann. Der Mieter ist 24 Std. vorher vom Besuchstermin zu benachrichtigen.

- Sollte der Mieter abwesend sein (Urlaub, Reise), muss er die Schlüssel dem Vermieter oder einer Vertrauensperson zurücklassen. Interessenten haben nur Zutritt zur Wohnung in Begleitung des Vermieters oder nach vorheriger Benachrichtigung durch den Vermieter unter Vorlage eines Ausweises.
- Ist das Mietverhältnis gekündigt und bestehen erhebliche Mietrückstände, so kann der Vermieter in Begleitung eines Zeugen vor Auszug Zutritt zur Wohnung verlangen, um von seinem Pfandrecht Gebrauch zu machen (§ 559 BGB, vgl. auch Vermieterpfand und Selbsthilferecht, Kapitel 5.1.3.6).

BGB § 559

- Andererseits steht dem Vermieter, auch wenn keine Mietrückstände vorliegen, ein Besichtigungsrecht zu, um den ordnungsgemäßen Zustand der Räume zu überprüfen und den Mieter zur rechtzeitgen Erfüllung seiner Pflichten bei der Rückgabe der Wohnung anzuhalten.
- Verweigert der Mieter den Zutritt zur Wohnung, darf sich der Vermieter keineswegs mit Gewalt Zutritt verschaffen (Hausfriedensbruch), sondern muss die Verurteilung des Mieters zur Duldung durch ein Gericht bewirken (in Eilfällen durch eine einstweilige Verfügung).

Zusammenfassung
Pflichten des Mieters aus dem Mietvertrag

Pflicht zur Zahlung des Mietzinses
- Mietzins ist mit den Nebenkosten nach üblicher Vereinbarung gleichzeitig zu entrichten
- Erfüllungsort für Mietzahlung ist Wohnsitz des Mieters (Mietschulden sind Schickschulden)
- Mietzins ist i. d. R. am 3. Werktag des Monats im Voraus zu zahlen

Obhuts- und Anzeigepflichten
- Umfang der Pflichten erstreckt sich auf die angemietete Wohnung und alle Räume, an welchen ein Mitbenutzungsrecht besteht
- Inhalt der Obhutspflicht besteht darin, dass der Mieter jeden unangemessenen Gebrauch der Mietsache zu unterlassen und sie vor Schäden zu bewahren hat
- Der Vermieter kann vom Mieter vertraglich für bestimmte Handlungen seine schriftliche Zustimmung fordern, z. B. Untervermietung, gewerbliche Nutzung, Veränderung der Mietsache durch Um-, An- und Einbauten usw.
- Die Anzeigepflicht besteht
  - bei jedem auch kleineren Mangel an der Mietsache;
  - wenn der Mietsache unvorhergesehene Gefahr droht;
  - wenn Dritte ein Recht an der Mietsache geltend machen.

Duldungspflichten
- Maßnahmen zur Instandhaltung und Instandsetzung hat der Mieter stets zu dulden
- Modernisierungsmaßnahmen sind vom Mieter grundsätzlich zu dulden, es sei denn,
  - Arbeiten sind für Mieter eine erhebliche Belästigung z. B. durch Schmutz und Lärm;
  - die baulichen Folgen sind nicht zumutbar, z. B. Einbau neuer Fenster im Winter;
  - es liegen vorangegangene Verwendungen des Mieters vor, wie z. B. kürzlicher Einbau eines Bades mit Zustimmung des Vermieters;
  - die Erhöhung des Mietzinses ist nicht zumutbar, z. B. bisherige Miete 700 DM, Miete nach Modernisierung 1 500 DM
- Das Betreten und Besichtigen der Mieträume durch den Vermieter ist allgemein
  - in Abständen von 2 Jahren, z. B. zur Begutachtung der durchgeführten Schönheitsreparaturen,

  oder von Fall zu Fall
  - bei Wahrnehmung der Instandhaltungs- und Verkehrssicherungspflicht,
  - nach Kündigung des Mietverhältnisses oder Verkauf des Hauses

  zulässig.

– Rechte des Vermieters und Mieters

• Rechte des Vermieters bei Pflichtverletzung des Mieters

Tritt durch schuldhafte Verletzung der Obhutspflicht eines Mieters ein Schaden ein, kann der Vermieter Eratz des entstandenen Schadens verlangen.

Ist der Schadensersatz nur auf die Weise möglich, dass statt der beschädigten Sache ein völlig neues Ersatzstück angeschafft werden muss, so vermindert sich der Ersatzbetrag nach dem Grundsatz „neu für alt" entsprechend der üblichen Gebrauchstauglichkeit des ausgewechselten Gegenstandes und der dadurch erzielten Vorteile für den Vermieter (z. B. vorzeitige Auswechslung beschädigter Badewanne, Gasboiler, Fußbodenbeläge). Fordert der Vermieter Schadensersatz wegen der Beschädigung eines Teppichbodens, so muss er darlegen, welcher Abzug „neu für alt" zu machen ist. Die Beweislast dafür, dass die Beschädigung oder Zerstörung vom Mieter verursacht und verschuldet worden ist, trifft grundsätzlich den Vermieter. Dies gilt ebenfalls für Schäden, die an den gemeinschaftlich benutzten Hausteilen eingetreten sind, wie z. B. an Treppenhaus, Speicher, sonstigen Gemeinschaftsräumen. Eine Klausel im Mietvertrag, wonach alle Mieter anteilig für Schäden an gemeinschaftlichen Hausteilen aufkommen müssen, wenn der Verursacher nicht ermittelt werden kann, verstößt gegen § 9 AGBG und ist unwirksam (OLG Hamm RE v. 19.5.1982, WM 82, 201). AGBG § 9

Der Vermieter wird bei Verletzung der Sorgfaltspflichten oder bei vertragswidrigem Gebrauch der Mietsache durch den Mieter auf Einhaltung der Sorgfaltspflichten drängen und einen vertragswidrigen Gebrauch verbieten.

Dies geschieht in Form der Abmahnung, die eine genaue Beschreibung des Tatbestandes, der verboten wird, enthalten muss. Zeigt eine mündliche Belehrung keinen Erfolg, ist eine schriftliche Abmahnung per Einschreiben vorzunehmen. Bleibt die Abmahnung ohne Erfolg, kann der Vermieter beim Amtsgericht sowohl auf Schadensersatz als auch auf Unterlassung klagen.

Verletzt der Mieter seine Sorgfaltspflichten jedoch so schwer, dass dadurch eine erhebliche Gefährdung des Mietobjektes eintritt, oder unterlässt er nicht den vertragswidrigen Gebrauch der Mietsache, ist der Vermieter nach erfolgloser Abmahnung zur fristlosen Kündigung berechtigt. BGB § 553

• Vermieterpfand- und Selbsthilferecht

○ Begriff

Der Vermieter hat für Forderungen, die aus dem Mietverhältnis entstanden sind, ein gesetzliches Pfandrecht an den in die Wohnung eingebrachten Sachen. Voraussetzung für das Wirksamwerden des Vermieterpfandrechts ist, dass die Sachen vom Mieter in die Mieträume eingebracht werden und somit aufgrund des bestehenden Mietverhältnisses in den Machtbereich des Vermieters gelangen, z. B. Aufstellen eines Wohnzimmerschranks, einer Musikanlage. Eine vorübergehende Einbringung z. B. eines zweiten Fernsehers, den der Mieter verkaufen will, gilt nicht als Einbringung, um ein Vermieterpfandrecht entstehen zu lassen. BGB § 559

Nicht alle eingebrachten Sachen des Mieters unterliegen dem Pfandrecht gem. § 559 BGB. Nach den §§ 811, 812 ZPO sind u. a. die Sachen grundsätzlich unpfändbar, die der Mieter zum Leben oder zur Durchführung seiner Erwerbstätigkeit benötigt. Hierdurch wird die heutige Bedeutung des Vermieterpfandrechts erheblich eingeschränkt. Die Ausübung des Vermieterpfandrechts wird auch dadurch schwierig, dass die eingebrachte Sache im Eigentum des Mieters stehen muss. Ansonsten entsteht kein Vermieterpfandrecht. Auch ist es nicht selten, dass eingebrachte Sachen vom Mieter unter Eigentumsvorbehalt erworben oder Sachen eingebracht werden, die sicherungsübereig- ZPO §§ 811, 812 net sind. In beiden Fällen ist der Mieter nicht Eigentümer, so dass auch kein Pfandrecht des Vermieters entstehen kann.

Ist an eingebrachten Sachen ein Vermieterpfandrecht entstanden, so werden solche Forderungen des Vermieters gesichert, die sich aus dem Mietverhältnis bis dahin ergeben haben, wie z. B. rückständige Miete, Ersatzansprüche, Nebenkosten usw. Auch künftige Entschädigungsforderungen für das laufende und das folgende Mietjahr unterliegen dem Pfandrecht.

○ Entfernen der Pfandsache aus den Mieträumen

BGB § 560

Nach § 560 BGB erlischt das Pfandrecht des Vermieters mit der Entfernung der Sachen von dem Grundstück bzw. aus den Mieträumen, es sei denn, dass die Entfernung ohne Wissen oder unter Widerspruch des Vermieters erfolgt.

Werden vom Mieter Gegenstände gegen den Widerspruch des Vermieters aus den Mieträumen entfernt, hat der Vermieter das Recht, innerhalb eines Monats, gerechnet vom Zeitpunkt, an dem dem Vermieter die Entfernung bekannt wurde, vom Mieter zu verlangen, dass die Gegenstände wieder zurück in die Mieträume gebracht werden.

Jedoch kann der Vermieter der Entfernung der vom Mieter eingebrachten Sachen nicht widersprechen, wenn sie im regelmäßigen Betrieb des Geschäftes des Mieters oder den gewöhnlichen Lebensumständen entsprechend erfolgt oder wenn die zurückbleibenden Sachen zur Sicherung des Vermieters offenbar ausreichen.

○ Selbsthilferecht des Vermieters

BGB § 561

Der Vermieter darf die Entfernung der seinem Pfandrecht unterliegenden Sachen, z. B. wertvolle Möbelstücke, soweit er ihr zu widersprechen berechtigt ist, auch ohne Anrufen des Gerichts verhindern und, wenn der Mieter auszieht, die Sachen in seinen Besitz nehmen.

Hiermit steht dem Vermieter ein Selbsthilferecht zu, und er ist zur Durchsetzung dieses Rechts notfalls befugt, Maßnahmen zum Schutze der Pfandgegenstände zu ergreifen.

Gegen das Wegschaffen von z. B. wertvollen Möbeln darf der Vermieter durch unmittelbaren Eingriff vorgehen, z. B. die Türen der Wohnung versperren oder das Schloss auswechseln.

Das Selbsthilferecht des Vermieters zur Sicherung seines Pfandrechts verstärkt sich in ein außergewöhnliches Selbsthilferecht, wenn der Mieter bei Auszug Pfandgegenstände wegschafft. In diesem Falle ist der Vermieter berechtigt, die Beseitigung der Gegenstände zu verhindern. Er darf sie beim Auszug des Mieters sogar mit Gewalt dem Mieter wegnehmen und in seinen Besitz bringen.

Bei seinem Vorgehen in Ausübung seines Selbsthilferechts muss der Vermieter den Grundsatz der Verhältnismäßigkeit zwischen Mittel und Zweck wahren (OLG Düsseldorf, ZMR 1983, 376). Er ist in keinem Falle befugt, zur Sicherung seines Pfandrechts Vorbeugemaßnahmen zu ergreifen (OLG Düsseldorf ZMR, 1983, 376).

Sollte der Mieter die Sachen ohne Wissen oder unter Widerspruch des Vermieters aus den Wohnräumen entfernt haben, so hat der Vermieter Anspruch auf Zurückschaffung der Gegenstände. Ist der Mieter bereits ausgezogen, kann der Vermieter die Überlassung des Besitzes verlangen.

BGB § 1235
BGB § 1221

Will der Vermieter zur Abdeckung von Mietrückständen die Pfandgegenstände verwerten, so geschieht das nach den Grundsätzen einer öffentlichen Versteigerung.

BGB § 562

Der Mieter hat nach § 562 BGB grundsätzlich das Recht, die Geltendmachung des Pfandrechts durch den Vermieter mit einer Sicherheitsleistung abzuwenden. Auch kann er jede einzelne Pfandsache von dem Pfandrecht befreien, in dem er in Höhe ihres Wertes Sicherheit leistet.

Zusammenfassung
Rechte des Vermieters aus dem Mietvertrag

→ Rechte des Vermieters bei Pflichtverletzung des Mieters
- Ersatz des Schadens durch den Mieter bei schuldhafter Verletzung der Obhutspflicht
- Abmahnung bei Verletzung der Sorgfaltspflichten und bei vertragswidrigem Gebrauch. Bei erfolgloser Abmahnung Klage beim Amtsgericht auf Unterlassung und Schadensersatz.
- Bei schwerer Verletzung der Sorgfaltspflichten und einhergehender erheblicher Gefährdung des Mietobjektes oder bei Fortsetzung des vertragswidrigen Gebrauchs durch den Mieter ist der Vermieter nach erfolgloser Abmahnung zur fristlosen Kündigung berechtigt.

→ Vermieterpfand- und Selbsthilferecht
- Der Vermieter hat für Forderungen, die aus dem Mietverhältnis entstanden sind, ein gesetzliches Pfandrecht an den in die Wohnung eingebrachten Sachen.
- Solche Sachen sind jedoch grundsätzlich unpfändbar, die der Mieter zum Leben oder zur Durchführung seiner Erwerbstätigkeit benötigt.
- Das Pfandrecht erlischt mit der Entfernung der Sachen aus den Mieträumen, es sei denn, die Entfernung geschieht ohne Wissen oder unter Widerspruch des Vermieters.
- Der Vermieter darf die Entfernung der seinem Pfandrecht unterliegenden Sachen auch ohne Anrufen des Gerichts verhindern und, wenn der Mieter auszieht, die Sachen in seinen Besitz nehmen; notfalls ist er sogar befugt, Gewalt anzuwenden.

• Rechte des Mieters bei Pflichtverletzung durch den Vermieter

○ Vorrangiger Erfüllungsanspruch

Der Mieter hat zunächst bei einer Verletzung durch den Vermieter vorrangig einen Erfüllungsanspruch, und zwar z. B.
- auf Überlassung und Gebrauchsgewährung
- auf Herstellung des vertragsgemäßen Gebrauchs oder ganz allgemein
- auf die Vornahme oder Unterlassung jeder Handlung, die auf Vertragserfüllung gerichtet ist

○ Gewährleistungsansprüche

Mängel in der Mietsache liegen vor, wenn die vermietete Sache zur Zeit der Überlassung an den Mieter mit einem Fehler behaftet war, der ihre Tauglichkeit zu dem vertragsgemäßen Gebrauch aufhebt oder mindert oder wenn im Laufe der Miete ein solcher Fehler entsteht. Der Vermieter haftet dann für die Beseitigung der Mängel. BGB §§ 537ff.

Häufige Sachmängel können z. B. auftreten bei

- Türen und Fenstern,
- Fußböden, Wänden, Flurtreppen,
  Türöffneranlagen oder Abschlusstüren,
  beim Wärme- und Schallschutz sowie durch Ungezieferbefall der Wohnung,
  Geräusch- und Geruchsbelästigung durch Nachbarn

Fehlt eine vertraglich zugesicherte Eigenschaft, z. B. ein vertraglich zugesicherter Aufzug, so haftet der Vermieter hierfür wie für einen Sachmangel.

Als Rechtsmängel sind z. B. folgende Mängel zu nennen:

- Vermieter vermietet dieselbe Wohnung mehrfach an verschiedene Mieter,
- Kellerraum ist von einem anderen Mieter in Besitz genommen.

Bei Vorliegen von Mängeln in der Mietsache hat der Mieter ggf. folgende Ansprüche:

- Anspruch auf Herstellung des vertragsgemäßen Zustands, d. h. Mängelbeseitigung
- Recht, den Mietzins zu mindern (§ 537 Abs.1 BGB),

  und bei Hinzutreten weiterer Voraussetzungen kann er

- Schadensersatz wegen Nichterfüllung verlangen (§ 538 Abs.1 BGB) oder
- Aufwendungsersatz geltend machen, nachdem er bei Verzug des Vermieters die Mängel selbst beseitigen ließ (§ 538 Abs.2 BGB).

5.1.3.7 Ausgewählte regelungsbedürftige Tatbestände

– Mietobjekt

Über das Mietobjekt sollten die Vertragsparteien bei Vertragsabschluss konkrete Vorstellungen haben. Es ist ausreichend, wenn das Objekt bestimmbar ist. Es kommt z. B. auch vor, dass Objekte vermietet werden, die noch nicht erstellt sind. In diesem Fall muss das Objekt durch den Bauplan bzw. Grundriss der Wohnung bestimmbar sein.

Die mitvermieteten Zubehörräume wie Keller, Pkw-Abstellplätze, Garagen, Dachkammern sowie evtl. Gartenanteile sollten zweckmäßigerweise, auch wenn es nicht erforderlich scheint, aus Beweisgründen im Mietvertrag genau angegeben werden.

Sollten sich in den zu vermietenden Räumen Einbauschränke, Einbauküchen, Lampen oder Ähnliches befinden, so ist dieses Zubehör im Mietvertrag vollständig aufzuführen, damit bei einem Mieterwechsel keine Zweifel entstehen, wem das Zubehör gehört. Weiter gehören zum Zubehör einer Mietwohnung alle Flächen und Räume, die dem wirtschaftlichen Zweck des Mietobjektes zu dienen haben, wie z. B. Flure, Hoffläche, Treppenhäuser usw.

Sollte andererseits eine Sondernutzung im Mietvertrag nicht vereinbart sein, und nutzt der Mieter z. B. die Hoffläche als Pkw-Abstellplatz, so ist im Zweifel anzunehmen, dass hier lediglich eine Gestattung des Vermieters vorliegt, die jederzeit widerrufen werden kann.

Bei der Beschreibung der Mietsache im Mietvertrag ist gewöhnlich die Wohnfläche angegeben. Diese Angabe gilt i. d. R. als verbindliche Zusicherung des Vermieters, auf die der Mieter Anspruch hat, wenn die Mietpreisvereinbarung auf den m^2-Preis abgestellt ist.

(Zur Regelung der Mietsache vgl. Mietvertrag, hrg. vom Gesamtverband der Wohnungswirtschaft e.V., Ausgabe Februar 1995, § 1 am Ende dieses Kapitels)

– Mietdauer

• Unbefristeter und befristeter Mietvertrag

Von entscheidender Bedeutung ist die Frage, welche Laufzeit des Mietvertrages zwischen den Parteien vereinbart werden soll. Ist ein befristetes oder unbefristetes Mietverhältnis gewollt? Wird eine Mietdauer nicht ausdrücklich vereinbart, gilt der Mietvertrag grundsätzlich als auf unbestimmte Zeit abgeschlossen.

BGB § 565 Die Vertragspartner können solche Mietverträge unter Einhaltung der gesetzlichen Kündigungsfristen durch eine ordentliche Kündigung auflösen. Allerdings hat der Vermieter zu beachten, dass er in diesem Falle eine wirksame Kündigung nur aussprechen
BGB § 564b kann, wenn er ein berechtigtes Interesse geltend machen kann.

Soll ein Mietvertrag für eine bestimmte Dauer abgeschlossen werden, so muss der Endtermin des Mietverhältnisses kalendermäßig eindeutig festgelegt werden, z. B. 31. März 19.., oder bestimmbar sein.

Bei befristeten Mietverhältnissen ist zwischen Verträgen ohne oder mit Verlängerungsklausel zu unterscheiden.

Beabsichtigen die Vertragsparteien einen befristeten Mietvertrag ohne Verlängerungsklausel abzuschließen, endet das Mietverhältnis mit Ablauf des vereinbarten Termins, eine Kündigung durch den Vermieter ist nicht erforderlich.

Bei einem solchen Mietverhältnis hat der Mieter einen **Anspruch auf Verlängerung.** BGB § 564c Abs.1
Unter Hinweis auf § 564c Abs.1 Satz 1 BGB kann der Mieter spätestens zwei Monate vor Beendigung des Mietverhältnisses durch eine schriftliche Erklärung dem Vermieter gegenüber die Fortsetzung des Mietverhältnisses auf unbestimmte Zeit verlangen. Der Vermieter kann die Fortsetzung des Mietverhältnisses nur verweigern, wenn er ein BGB § 564b
berechtigtes Interesse an der Beendigung des Mietverhältnisses hat, er z. B. die Wohnung für Familienangehörige benötigt und somit Eigenbedarf geltend machen kann.

Der Abschluss eines derartigen befristeten Mietvertrages hat bei **Erklärung des Fortsetzungsverlangens durch den Mieter** die Folge, dass die getroffene Vereinbarung über die bestimmte Dauer des Mietverhältnisses gegenstandslos wird. Allerdings ist durch die schriftliche Erklärung auf Fortsetzung des Mietverhältnisses ein aktives Tun des Mieters erforderlich. Ansonsten endet das Mietverhältnis zum festgelegten Termin.

Es ist aber zu beachten, dass selbst wenn der Mieter die 2-Monats-Frist nicht wahrnimmt und kein Fortsetzungsverlangen stellt, er dann immer noch die Möglichkeit hat, sich auf die Sozialklausel zu berufen. BGB § 554c Abs.1 BGB § 556a

Hiernach kann er die Fortsetzung des Mietverhältnisses verlangen, wenn die vertragsgemäße Beendigung des Mietverhältnisses für ihn oder seine Familie eine Härte bedeuten würde. Das Mietverhältnis würde dann solange fortgeführt, wie die soziale Härte gegeben ist.

Soll jedoch ein Mietvertrag für eine Wohnung abgeschlossen werden, die

- nur zum vorübergehenden Gebrauch, z. B. Ferienwohnung oder
- Teil der vom Vermieter selbst bewohnten Wohnung ist, die der Vermieter ganz oder überwiegend mit Möbeln ausgestattet hat und nicht zum dauernden Gebrauch für eine Familie geeignet ist, oder
- der Wohnraum ist Teil eines Studenten- und Jugendwohnheimes,

dann ist ein Fortsetzungsverlangen des Mieters i. S. des § 564c Abs. 1 BGB nicht möglich.

Der Abschluss eines befristeten Mietvertrages, bei dem der Mieter **kein Fortsetzungsverlangen** geltend machen und sich auch nicht auf die Sozialklausel berufen kann, ist im § 564c Abs.2 BGB geregelt (sog. qualifizierter Zeitmietvertrag). In diesem Falle müssen jedoch folgende Voraussetzungen erfüllt werden: BGB § 564c Abs.2

1. das Mietverhältnis ist für nicht mehr als 5 Jahre eingegangen;
2. der Vermieter
   - die Räume als Wohnung für sich, die zu seinem Hausstand gehörenden Personen oder seine Familienangehörigen nutzen will oder
   - in zulässiger Weise die Räume beseitigen oder so wesentlich verändern oder instandsetzen will, dass die Maßnahmen durch eine Fortsetzung des Mietverhältnisses erheblich erschwert würden;
3. der Vermieter dem Mieter diese Absicht bei Vertragsabschluss schriftlich mitgeteilt hat, und

4. der Vermieter dem Mieter drei Monate vor Ablauf der Mietzeit schriftlich mitgeteilt hat, dass diese Verwendungsabsicht noch besteht.

Liegen sämtliche Tatbestandsvoraussetzungen des § 564c Abs.2 Nr. 1–4 vor, endet das Mietverhältnis zum vereinbarten Zeitpunkt. Die Anwendung des § 556b BGB ist ausgeschlossen. Dem Mieter kann in diesem Falle auch keine gerichtliche Räumungsfrist gewährt werden.

ZPO §§ 721, 794c

Verzögert sich die vom Vermieter beabsichtigte Verwendung der Räume ohne sein Verschulden, kann der Mieter eine Verlängerung des Mietverhältnisses um einen entsprechenden Zeitraum verlangen; würde durch diese Verlängerung die Dauer des Mietverhältnisses fünf Jahre übersteigen, kann der Mieter die Fortsetzung des Mietverhältnisses auf unbestimmte Zeit nach § 564c Abs.1 BGB verlangen.

Während der Laufzeit des befristeten Mietvertrages ist eine ordentliche Kündigung durch die Vertragsparteien nicht möglich.

Grundsätzlich ist auch während der Dauer des unbefristeten Mietverhältnisses eine Mieterhöhung gem. §§ 2 bis 7 MHG nicht möglich, es sei denn, der Vermieter hat sich dieses Recht ausdrücklich im Mietvertrag vorbehalten.

• Befristeter Mietvertrag mit Verlängerungsklausel

Beim Abschluss von befristeten Mietverträgen wird oft eine Verlängerungsklausel auf bestimmte oder unbestimmte Zeit vereinbart. In diesen Fällen verlängert sich das Mietverhältnis automatisch, wenn es nicht unter Einhaltung der gesetzlichen Kündigungsfristen gekündigt wird. Sollten in diesem Zusammenhang Vereinbarungen zum Nachteil des Mieters getroffen werden, sind diese unwirksam. Es sei denn, der Mietvertrag bezieht sich auf Mietobjekte gem. § 564a Abs.3 BGB.

BGB § 565

BGB § 564a Abs.3

Bei Abschluss eines derartigen Mietverhältnisses mit Verlängerungsklausel ist auch zu beachten, dass die Kündigung des Mietverhältnisses zu dem im Vertrag festgelegten Termin zu erfolgen hat, eine Kündigung allerdings nur wirksam ist, wenn der Vermieter ein berechtigtes Interesse an der Beendigung des Mietverhältnisses geltend machen kann.

BGB § 564b

So wird bei Abschluss von Mietverträgen häufig vorgesehen, dass sich das Mietverhältnis z. B. jeweils um 3 Monate verlängert, wenn es nicht gekündigt wird. Bei einer solchen Regelung handelt es sich letztlich um einen auf unbestimmte Zeit abgeschlossenen Mietvertrag.

• Verkürzung der ordentlichen Kündigungsfristen gilt nicht für den Vermieter

Die Vertragsparteien können grundsätzlich die Länge der Kündigungsfristen frei vereinbaren. Sie müssen für diesen Fall jedoch die zum Schutze des Wohnraummieters bestehenden Vorschriften des § 565 Abs.2 BGB beachten, der die gesetzlichen Kündigungsfristen bei einer ordentlichen Kündigung regelt. Auch erhält der Mieter diesen Schutz nur dann, wenn sich der Mietvertrag nicht auf Wohnraum bezieht, der nur zum vorübergehenden Gebrauch überlassen wurde oder sich auf Wohnraum gem. § 565 Abs.3 BGB bezieht.

BGB § 565 Abs.2,3

Schließen die Vertragsparteien ein Wohnraum-Mietverhältnis ab, das dem Kündigungsschutz nach § 565 Abs. 2 BGB unterliegt und haben sich die Parteien auf eine Verkürzung der ordentlichen Kündigungsfrist geeinigt, so gilt die verkürzte Kündigungsfrist nicht für den Vermieter. Nur der Mieter kann sich auf die Verkürzung der Kündigungsfrist berufen (vgl. OLG Nürnberg, WM 1967, 202).

Von den Vertragsparteien kann eine längere als die gesetzliche Kündigungsfrist vereinbart werden. Dabei ist jedoch zu beachten, dass eine derartige Verlängerung den Mieter bei einer relativ kurzen Mietdauer nicht unverhältnismäßig benachteiligt. AGBG § 9 Abs.1

Beispiel für eine vertragliche Regelung der Mietzeit:

Mietzeit und ordentliche Kündigung

1. a) Das Mietverhältnis beginnt am ....,
   es läuft auf unbestimmte Zeit, Kündigungsfristen siehe 2.
   b) Das Mietverhältnis beginnt am .... und endet am ..., es verlängert sich jedoch jeweils um ... Monate, um ... Jahre, wenn es nicht gekündigt ist. Kündigungsfristen siehe 2.
   c) Das Mietverhältnis ist auf bestimmte Zeit abgeschlossen. Es beginnt am ... und endet am ..., ohne dass es einer Kündigung bedarf.
   d) Die Wohnung ist zu nur vorübergehendem Gebrauch durch den Mieter gemietet, nämlich wegen ... Sie kann daher jeweils bis zum 3. Werktag jeden Monats zum Schluss dieses Monats schriftlich gekündigt werden.
2. Kündigungsfristen zu 1. a) und 1. b): Die Kündigungsfrist beträgt
   3 Monate, wenn seit der Überlassung des Wohnraums weniger als 5 Jahre vergangen sind;
   6 Monate, wenn seit der Überlassung des Wohnraums 5 Jahre vergangen sind;
   9 Monate, wenn seit der Überlassung des Wohnraums 8 Jahre vergangen sind;
   12 Monate, wenn seit der Überlassung des Wohnraums 10 Jahre vergangen sind.

Die Kündigung muss schriftlich bis zum dritten Werktag des ersten Monats der Kündigung erfolgen, durch den Vermieter unter Angabe sämtlicher Kündigungsgründe und unter Hinweis auf das Widerspruchsrecht. Für die Rechtzeitigkeit kommt es nicht auf die Absendung, sondern auf den Empfang der Kündigung an.

Bei dieser Regelung ist unbedingt zu beachten, dass die nicht gewünschten Regelungen gestrichen werden. Andernfalls gehen bei Unklarheiten wegen nicht vorgenommener Streichungen diese Unklarheiten nach § 5 ABGB-Gesetz zu Lasten des Vermieters, der Verwender von Formularklauseln ist (s. auch Kap. Kündigung). ABGB § 5

Zusammenfassung
Laufzeit des Mietvertrages

→ **unbefristetes Mietverhältnis**

- Wird die Mietdauer nicht ausdrücklich vereinbart, gilt der Mietvertrag grundsätzlich als auf unbestimmte Zeit abgeschlossen.

→ **befristetes Mietverhältnis**

- ohne Verlängerungsklausel (§ 564c Abs.1 BGB)
  - Mietverhältnis endet mit Ablauf des vereinbarten Termins, Kündigung nicht erforderlich.
  - Mieter hat jedoch gem. § 564c Abs.1 Satz 1 BGB 2 Monate vor Beendigung des Mietverhältnisses Anspruch auf Verlängerung.
  - Vermieter kann Verlängerung nur bei Vorliegen eines berechtigten Interesses verweigern.
  - Mieter kann sich bei Vorliegen eines berechtigten Interesses des Vermieters auf Sozialklausel gem. § 556a BGB berufen.

- ohne Verlängerungsklausel (qualifizierter Zeitmietvertrag gem. § 564c Abs.2 BGB)
  - Wenn folgende Voraussetzungen erfüllt sind:
    1. Dauer des Mietverhältnisses beträgt nicht mehr als 5 Jahre
    2. Vermieter macht Eigenbedarf, Abriss oder Sanierung geltend
    3. Vermieter teilt diese Verwendungsabsicht bei Vertragsabschluss mit
    4. Vermieter teilt 3 Monate vor Ablauf der Mietzeit schriftlich mit, daß die ursprüngliche Verwendungsabsicht noch besteht,

    dann
  - endet das Mietverhältnis mit Ablauf des vereinbarten Termins, eine Kündigung entfällt;
  - Mieter kann kein Fortsetzungsverlangen geltend machen;
  - Mieter kann sich nicht auf die Sozialklausel gem. § 556a BGB berufen, kein Kündigungsschutz.
- mit Verlängerungsklausel
  - Die Verlängerungsklausel kann auf bestimmte oder unbestimmte Zeit vereinbart werden.
  - Das Mietverhältnis verlängert sich automatisch, wenn es nicht gem. § 565 BGB gekündigt wird.
  - Wird die Verlängerungsklausel auf bestimmte Zeit vereinbart, hat die Kündigung des Mietverhältnisses zum vereinbarten Termin zu erfolgen und ist nur wirksam, wenn ein berechtigtes Interesse gem. § 564b BGB des Vermieters vorliegt.

– Mietzins, Festsetzung der Miethöhe, Mietanpassungsvereinbarung, Mietzahlung

• Mietzins

BGB § 535 Nach § 535 BGB besteht die Hauptpflicht des Mieters in der Entrichtung des vereinbarten Mietzinses. Vereinbart gilt die monatlich insgesamt zu zahlende Miete, also Einzel-/Grundmiete zuzüglich Zuschlägen, Vergütungen und Vorauszahlungen auf die Betriebskosten.

Der zu vereinbarende Mietzins setzt sich somit aus folgenden Bestandteilen zusammen:

1. Einzel-/Grundmiete
2. Zuschläge
3. Vergütungen
4. Vorauszahlungen auf die Betriebskostenumlage

Unter Nebenkosten werden die neben der Grundmiete erhobenen Zuschläge, Vergütungen und Vorauszahlungen auf die Betriebskosten zusammengefasst.

○ Einzel-/Grundmiete

Die im Mietvertrag aufgeführte „Einzel-/Grundmiete" ist beim preisgebundenen Wohnungsbau die mittels einer Wirtschaftlichkeitsberechnung ermittelte Miete, die den laufenden Anwendungen (Kostenmiete) entspricht. Ohne die Betriebskosten, weil die (II. BV § 27 Abs.3) Betriebskosten gem. § 27 Abs.3 II. BV beim preisgebundenen Wohnraum in der Wirtschaftlichkeitsberechnung nicht mehr angesetzt werden können. Im preisgebundenen Wohnungsbau ist hierfür die Bezeichnung „Einzelmiete" üblich (vgl. § 8a Abs.5 WoBindG). In dieser Einzelmiete sind die Kapitalkosten (Eigen- und Fremdkapitalkosten, insbesondere Zinsen) und die Bewirtschaftungskosten (Abschreibung, Verwaltungskosten, Instandhaltungskosten, Mietausfallwagnis) – mit Ausnahme der Betriebskosten – enthalten.

Im frei finanzierten Wohnungsbau spricht man i. d. R. von der Grundmiete, wenn zum (MHG § 4) Ausdruck kommen soll, dass die Nebenkosten, insbesondere die Betriebskosten, gesondert erhoben werden sollen.

Die Grundmiete im frei finanzierten Wohnungsbau kann die Inklusivmiete sein, wenn die Betriebskosten nach dem Willen der Vertragsparteien in der Grundmiete enthalten sein sollen. Eine solche Inklusivmiete ist nur bei nicht preisgebundenem Wohnraum möglich.

○ Zuschläge

Die Zuschläge im preisgebundenen Wohnungsbau sind in § 26 NMV geregelt. Es handelt sich um Zuschläge für die Benutzung von Wohnraum zu gewerblichen oder zu beruflichen Zwecken, den Untermieterzuschlag, aber auch um den Zuschlag für eine Freistellung von Bindungen usw. NMV § 26

Im nicht preisgebundenen Wohnungsbau können solche Zuschläge grundsätzlich nicht vereinbart werden. Der sogenannte Untermietzuschlag wird vom Gesetz als „angemessene Erhöhung des Mietzinses" bezeichnet. Im Übrigen müsste eine in Grundmiete und Zuschläge aufgespaltene Miete insgesamt mit der ortsüblichen Vergleichsmiete vereinbar sein. BGB § 549

○ Vergütung

Nach § 27 NMV kann der Vermieter neben der Einzelmiete für die Überlassung einer Garage, eines Stellplatzes oder eines Hausgartens eine angemessene Vergütung verlangen. NMV § 27

Bei nicht preisgebundenen Wohnungen empfiehlt es sich, eine getrennte Aufführung neben der Grundmiete vorzunehmen, z. B. für eine Garage, damit spätere Anhebungen dieser Vergütung nicht den Bestimmungen der Wohnraummiete (§ 2 MHG) zugeordnet werden.

○ Vorauszahlungen auf die Betriebskostenumlage

Bei preisgebundenem Wohnraum ist die Umlage der Betriebskosten im Sinne des § 27 II. BV und des Umlageausfallwagnisses zulässig (§ 20 NMV, 1970). Das Umlageausfallwagnis ist ein nur bei preisgebundenen Wohnungen zulässiger Zuschlag zu den Betriebskosten. Gem. § 25a NMV, 1970, ist das Umlageausfallwagnis das Wagnis einer Einnahmenminderung, die durch uneinbringliche Rückstände von Betriebskosten entsteht. Zu diesem Wagnis gehören auch die nicht umlegbaren Betriebskosten infolge Leerstehens von Wohnungen sowie die uneinbringlichen Kosten der Rechtsverfolgung auf Zahlung. Das Umlageausfallwagnis darf 2 % der im Abrechnungszeitraum auf den Wohnraum entfallenden Betriebskosten nicht übersteigen. II. BV § 27 NMV § 20 NMV § 25a

Bei nicht preisgebundenen Wohnungen ist die Vereinbarung eines Umlageausfallwagnisses nicht möglich, da hier das Miethöhegesetz die Mietberechnung abschließend regelt. MHG § 10

Diese wie andere Wagnisse sind bei nicht preisgebundenem Wohnraum durch eine angemessene Gestaltung der Grundmiete oder durch eine Kaution bzw. Bürgschaft zu berücksichtigen.

Bei frei finanziertem Wohnraum ist der Vermieter gem. § 4 MHG bei entsprechender vertraglicher Vereinbarung berechtigt, die Betriebskosten im Sinne von § 27 Anlage 3 II. BV auf die Mieter umzulegen. Im Mietvertrag wird dann eine monatliche Vorauszahlung auf die Betriebskostenumlage vereinbart. MHG § 4

Sollten bei Mietvertragsabschluss durch den Mieter Vorauszahlungen, Darlehen oder Vorschüsse an den Vermieter geleistet worden sein, muss die Möglichkeit der Mieterhöhung bei Mietvertragsabschluss vereinbart werden.

○ Brutto- und Nettomiete

Bei Abschluss des Mietvertrages ist bei der Vereinbarung des Mietzinses deutlich zwischen

Brutto- oder Inklusivmiete und
Netto- oder Exklusivmiete

zu unterscheiden.

Wird eine Brutto- oder Inklusivmiete vereinbart, bedeutet dies, dass alle Betriebskosten durch einen einheitlichen Mietzins abgegolten sind und die Betriebskosten nicht gesondert ausgewiesen werden. Sollten sich nach Vereinbarung der Bruttomiete die Betriebskosten erhöhen, so geht die Erhöhung nicht zu Lasten des Mieters, sondern fällt in den Risikobereich des Vermieters. Es sei denn, der Vermieter hat sich vertraglich vorbehalten, bei gestiegenen Betriebskosten eine Mieterhöhung vorzunehmen. Eine weitere Mieterhöhungsmöglichkeit besteht, wenn die Erhöhung der Betriebskosten gesetzlich zugelassen ist.

MHG § 4 Abs. 2

Von **Bruttokaltmiete** spricht man dann, wenn sämtliche Betriebskosten, außer den Heiz- und Warmwasserkosten, in der Miete enthalten sind.

Die Brutto- oder Inklusivmiete bezeichnet man auch als **Bruttowarmmiete,** weil sie sämtliche Betriebskosten, auch die Heiz- und Warmwasserkosten enthält.

Unter der Vereinbarung der Nettomiete oder **Nettokaltmiete** versteht man, dass die Vertragsparteien vereinbart haben, dass alle Betriebskosten im Sinne der Anlage 3 zu § 27 II. BV aus der Miete herausgerechnet und die anfallenden Betriebskosten dem Mieter gesondert in Rechnung gestellt werden.

Nur in Ausnahmefällen trifft man auf eine **Nettowarmmiete.** Diese Vereinbarung würde bedeuten, dass in der Miete die Heizkosten zwar enthalten sind, nicht aber die sonstigen Betriebskosten.

○ Betriebskosten als Pauschale

Bei der Vereinbarung der Nettomiete können die Betriebskosten auf dem Wege einer Betriebskostenpauschale erhoben werden. Der Vorteil für den Vermieter liegt darin, dass er zu einer Abrechnung über die Betriebskosten nicht verpflichtet ist. Eine Erhöhungsmöglichkeit der Pauschale ist jedoch nur möglich, wenn dies vertraglich vereinbart wurde oder eine Erhöhung gesetzlich zugelassen ist (für nicht preisgebundenen Wohnraum vgl. § 4 Abs.2 MHG).

○ Betriebskosten als Vorauszahlungen

Zum anderen kann der Vermieter Vorauszahlungen auf die zu erwartenden zukünftigen Betriebskosten verlangen, wenn dies vertraglich vereinbart ist. In diesem Falle hat der Vermieter nach Ablauf der jeweiligen Abrechnungsperiode eine für den Mieter nachprüfbare und nachvollziehbare Abrechnung zu erstellen (s. auch 5.2.6).

Diese beiden Grundformen der Betriebskostenerhebung durch den Vermieter können auch kombiniert werden. Man spricht dann von einer Teil-Inklusivmiete, d. h. ein Teil der Betriebskosten ist mit der Miete abgegolten, ein Teil wird gesondert ausgewiesen und auch gesondert vom Vermieter abgerechnet.

○ Mietspiegel basiert auf Netto-Kaltmiete

Die Mietspiegel basieren heute i. d. R. auf der Netto-Kaltmiete, d. h. auch die Heizkosten werden neben der Miete erhoben.

II. BV § 27 Abs.2 NMV § 20 Abs.1

Aufgrund der Verordnung zur Änderung wohnungswirtschaftlicher Vorschriften vom 5. April 1984 gilt dies auch für den Bereich der preisgebundenen Wohnungen, so dass in der Wirtschaftlichkeitsberechnung keine Betriebskosten mehr in Ansatz gebracht werden dürfen.

Eine Vereinbarung, ob und von wem die Nebenkosten zu zahlen sind, ist aus der Sicht des Vermieters auf jeden Fall zu treffen, da das Fehlen einer solchen Vereinbarung zu Lasten des Vermieters geht. Die herrschende Rechtsprechung geht davon aus, dass im Falle einer fehlenden Nebenkostenvereinbarung die Nebenkosten bereits im Mietzins enthalten sind.

Die Vereinbarung über die Nebenkosten besteht in einer genauen Auflistung der Betriebskosten, die der Mieter vom Vermieter verlangen kann. Unterlässt der Vermieter dies oder ist die Auflistung unvollständig oder unklar, geht die herrschende Rechtsprechung davon aus, dass die Vertragsparteien überhaupt keine Vereinbarung über die Betriebskosten getroffen haben, d. h. der Vermieter übernimmt die Nebenkosten.

Sind bei der Umlage der Betriebskosten im Vertrag Alternativen vorgesehen, muss der Vermieter diese Alternativen durch Ankreuzen kenntlich machen, da er sonst Gefahr läuft, dass die Betriebskostenregelung wegen bestehender Unklarheiten unwirksam ist.

(Zur vertraglichen Regelung der Miete vgl. Mietvertrag, hrg. vom Gesamtverband der Wohnungswirtschaft e.V., Ausgabe Februar 1995, § 2, am Ende dieses Kapitels.)

- **Festsetzung der Miethöhe**

Die Mietzinsfestsetzung unterliegt in ihrer Höhe gewissen Schranken.

Nach dem Wohnungsbindungsgesetz ist die Miete für Wohnungen, die mit öffentlichen Mitteln gefördert wurden, auf der Grundlage der Kostenmiete festzulegen. Die Kostenmiete ist die Obergrenze und darf nicht überschritten werden. Bei Überschreitung ist die Vereinbarung unwirksam, der überhöhte Betrag ist zurückzuzahlen. Bei Neuvermietung frei finanzierter Wohnungen sind der Höhe des Mietzinses Schranken gesetzt durch das Wucherverbot (§ 138 Abs.2, § 134 BGB i. V. m. § 291 StGB) und durch das Verbot der Preisüberhöhung im § 5 Wirtschaftsstrafgesetz (WiStG).

BGB § 138 Abs.2, § 134, StGB § 291 WiStG § 5

Unter Mietwucher i.S. des § 291 StGB versteht man, dass der Vermieter bei der vereinbarten Miethöhe die Zwangslage, die Unerfahrenheit, den Mangel an Urteilsvermögen oder eine erhebliche Willensschwäche des Mieters ausgenutzt hat und die Höhe der Miete in einem deutlichen Missverhältnis zur Vermieterleistung steht. Die herrschende Rechtsauffassung sieht ein auffälliges Missverhältnis dann als gegeben an, wenn das vereinbarte Entgelt die ortsübliche Miete um mehr als 50 % übersteigt (BGH MDR 1982, 335, OLG Frankfurt WM 1984, 57).

Der § 291 StGB sieht strafrechtliche Sanktionen wegen Wuchers dann vor, wenn die Mietvereinbarung um mehr als 50 % die ortsübliche Miete übersteigt. Daneben ist § 5 WiStG zu beachten, der besagt, ordnungswidrig handelt der Vermieter von Wohnraum, der vorsätzlich oder leichtfertig unangemessen hohe Entgelte fordert.

Eine verbotene Preisüberhöhung gem. § 5 WiStG liegt dann vor, wenn der ortsübliche Mietzins i. S. des § 2 MHG bei entsprechender örtlicher Mangellage unangemessen überschritten wird; wobei sich der ortsübliche Mietzins aus vergleichbaren Räumen in der gleichen oder einer vergleichbaren Gemeinde ergibt, der in den letzten vier Jahren vereinbart worden ist. Für die Errechnung des ortsüblichen Mietzinses sind also nur die Neuvermietungen bzw. neueren Anpassungen heranzuziehen. In diesem Falle besteht allerdings der ortsübliche Mietzins aus der Nettomiete zuzüglich aller Nebenkosten! So ist z. B. eine Mietzinsvereinbarung als unangemessen hoch einzustufen, wenn sie um mehr als 20 % über der ortsüblichen Vergleichsmiete liegt.

Beispiel:

Vereinbarte Miete beträgt 1 200 DM, die ortsübliche Miete ist 850 DM. Die Nichtigkeit des Mietzinses gilt nur für den Teil, der über 1 020 DM (20 % über dem ortsüblichen Vergleichszins von 850 DM) liegt.

Zu beachten ist in diesem Zusammenhang die Rechtslage, die besagt, dass ein Mieter einen Vertrag mit einem überhöhten Mietzins ohne Vorbehalt unterschreiben und wenige Tage später gegen den Vermieter Anzeige wegen Mietpreisüberhöhung erstatten kann.

Der Vermieter muss mit einem Bußgeld rechnen, wenn die Mietfestsetzung die ortsübliche Vergleichsmiete um mehr als 20 % überschreitet.

Gleichzeitig hat der Mieter das Recht, die Rückzahlung der Beträge, die er zuviel bezahlt hat, zu fordern.

Eine verbotene Mietpreisüberhöhung liegt trotz einer Überschreitung der ortsüblichen Vergleichsmiete um mehr als 20 % nicht vor, wenn der Vermieter nachweisen kann, dass er diese Einnahmen zur Deckung der laufenden Anwendungen (z. B. Zinsen) benötigt.

Während eine verbotene Mietpreisüberhöhung als Ordnungswidrigkeit geahndet wird, liegt bei Erfüllung des Tatbestandes des Mietwuchers gem. § 291 StGB ein Straftatbestand vor, der einen Strafprozess mit einer Verurteilung zur Folge hat.

- **Mietanpassungsvereinbarung**

In Wohnraummietverträgen sind auch Mietanpassungsvereinbarungen auf der Grundlage von Indexierungen möglich.

Beim Abschluss von Mietverträgen ist der Mietzins an den Index aller privaten Haushalte in Deutschland zu koppeln.

Eine Klausel, die dem Vermieter das Recht einräumt, bei einer bestimmten prozentualen Veränderung des Indexes, durch einseitige Erklärung eine Anpassung der Miete herbeizuführen, ist genehmigungsfrei zulässig.

§ 10a MHG Für Wohnraummietverträge kann also schriftlich vereinbart werden, dass die Entwicklung des Mietzinses an die Änderung des vom Statistischen Bundesamt ermittelten Preisindexes für die Lebenshaltung aller privaten Haushalte in Deutschland gekoppelt werden soll.

Das Ausmaß der Mietanpassung muss in der Vereinbarung bestimmt sein. Das Ausmaß der Mietanpassung darf höchstens der prozentualen Indexänderung entsprechen. Weiter muss das Mietverhältnis für den Vermieter für mindestens zehn Jahre unkündbar sein (ausgenommen Fälle der außerordentlichen Kündigung) und der Mietzins jeweils mindestens ein Jahr unverändert bleiben.

Eine Beschränkung des Kündigungsrechts des Mieters ist unwirksam, soweit sie sich auf einen Zeitraum von mehr als vier Jahren seit Abschluss der Vereinbarung erstreckt.

Der erhöhte Mietzins muss vom Vermieter durch schriftliche Erklärung geltend gemacht werden, die auch die Änderung des Indexes benennt. Der erhöhte Mietzins ist ab Beginn des übernächsten Monats nach Zugang der Erklärung zu zahlen.

Sind diese Grundsätze eingehalten, ist die Klausel wirksam. Einer Genehmigung bedarf es nicht.

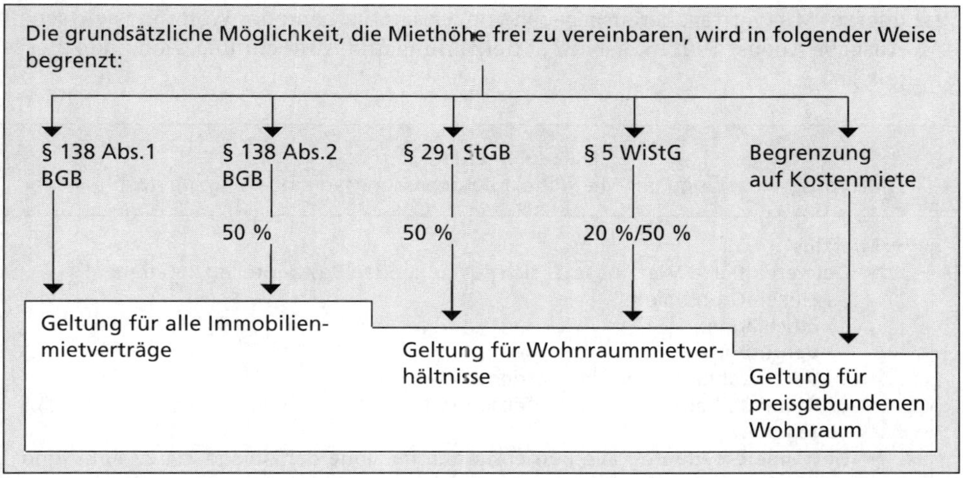

- **Mietzahlung**

BGB § 551 Abs.1 Satz 1 und Satz 2

Nach § 551 Abs.1 Satz 1 BGB ist der Mietzins am Ende der Mietzeit zu zahlen. Wird die Mietzahlung in regelmäßig wiederkehrenden Zeitabschnitten vereinbart (monatlich), so ist nach § 551 Abs.1 Satz 2 BGB der Mietzins erst nach Ablauf des jeweiligen Zeitabschnittes zu entrichten.

Die Formularmietverträge sehen heute, abweichend von der gesetzlichen Regelung, die Zahlung der Gesamtmiete im Voraus, kostenfrei spätestens bis zum 3. Werktag des Monats an den Vermieter vor.

BGB § 193

Ist der Mietzins am 3. Werktag eines Monats zu zahlen und fällt der bestimmte Tag oder der letzte Tag der Frist auf einen Sonntag, einen staatlich allgemeinen Feiertag oder einen Sonnabend, so tritt an die Stelle eines solchen Tages der nächste Werktag.

Häufig wird in Formularmietverträgen vereinbart: „Für die Rechtzeitigkeit der Zahlung kommt es nicht auf die Absendung, sondern auf die Ankunft des Geldes an".

Hier wird die verspätete Mietzinszahlung auf den Mieter abgewälzt. Er hat also so rechtzeitig zu zahlen, dass die Miete spätestens am 3. Werktag beim Vermieter eingeht.

Die Verpflichtung des Mieters in Formularmietverträgen zur Erteilung einer Einzugsermächtigung ist heute angesichts des überwiegenden bargeldlosen Zahlungsverkehrs üblich und zeitgemäß und auch vor dem AGB-Gesetz wirksam. Der Mieter wird dadurch nicht unangemessen benachteiligt, da er aufgrund seines Widerspruchsrechts bei der Bank jederzeit die Möglichkeit des Rückrufs hat. So kann er z. B. seine Rechte aus Minderungsansprüchen geltend machen.

In diesem Zusammenhang wird es auch nicht als Überraschung im Sinne des § 3 AGBG angesehen, wenn der Mieter zugleich zur Unterhaltung eines Kontos bei einem Geldinstitut verpflichtet wird; ein Konto kann heutzutage erwartet werden.

Die Verpflichtung zum Lastschriftverfahren muss allerdings aus wichtigem Grund widerrufbar sein, wie im Vertrag vereinbart. Würde diese Widerrufsklausel im Vertrag fehlen, so hätte der Mieter z. B. bei drohender ungerechtfertigter bzw. streitiger Abbuchung von Nebenkosten nur mindere Rechte. Die Rechtsprechung sieht daher die Klauseln, die Verpflichtungen zur Einzugsermächtigung ohne Widerrufsklausel vereinbaren, als unwirksam an.

Auch ist eine Klausel im Formularmietvertrag, die eine Lohn- oder Gehaltsabtretung des Mieters zugunsten des Vermieters vorsieht, unwirksam, da sie für den Mieter überraschend ist und somit ein Verstoß gegen § 3 AGB-Gesetz vorliegt.

(Vgl. hierzu: Mietvertrag, herausgegeben vom Gesamtverband der Wohnungswirtschaft e.V., Ausgabe August 1992, S. 9, Nr. 2 „Mietzahlung und Aufrechnung", am Ende dieses Kapitels.)

Zusammenfassung
Mietzins, Festsetzung der Miethöhe, Mietanpassungsvereinbarung, Mietzahlung

→ **Mietzins**

- Der vereinbarte Mietzins setzt sich aus folgenden Bestandteilen zusammen:
  - Einzel-/Grundmiete
  - Zuschlägen
  - Vergütungen
  - Vorauszahlungen auf die Betriebskostenumlage
- **Bruttomiete** bedeutet, alle Betriebskosten sind durch einen einheitlichen Mietzins abgegolten.
- **Nettomiete** bedeutet, alle Betriebskosten im Sinne der Anlage 3 § 27 II. BV sind nicht enthalten und werden gesondert abgerechnet.
  Die Abrechnung kann erfolgen als
  - Pauschale oder als
  - Vorauszahlung auf die Betriebskosten.

→ **Festsetzung der Miethöhe**

- **Kostenmiete** als Obergrenze bei öffentlich geförderten Wohnungen
- **Marktmiete** als Obergrenze bei Neuvermietung frei finanzierter Wohnungen, jedoch Schranken gem. §§ 138 Abs.2, 134 BGB i. V. m. 291 StGB und § 5 WiStG.

→ **Mietanpassungsvereinbarung**

- Mietanpassung an den Preisindex für die Lebenshaltung aller privaten Haushalte in Deutschland
- mindestens auf zehn Jahre zu vereinbaren
- Vermieter hat während dieser Zeit kein Kündigungsrecht
- Mieter hat nach vierjähriger Dauer das Recht zu kündigen

→ **Mietzahlung**

- Nach § 551 BGB ist der Mietzins nach Ablauf des jeweiligen Monats an den Vermieter zu zahlen.
- Die heute übliche vertragliche Regelung in den Formularmietverträgen lautet: Zahlung der Gesamtmiete im Voraus, kostenfrei spätestens bis zum 3. Werktag des Monats (vgl. hierzu § 193 BGB).

– Staffelmiete

MHG § 10 Abs.2

Die Vereinbarung einer Staffelmiete für Wohnraum ist grundsätzlich möglich. (Siehe auch Kap. 5.6.2.6, 5.6.2.7.) Eine Mieterhöhung nach den §§ 2, 3 und 5 MHG ist während dieser Zeit ausgeschlossen. Auch muss der Mietzins jeweils mindestens 1 Jahr unverändert bleiben und in einem DM-Betrag angegeben werden. Für die ersten 4 Jahre einer Staffelmietvereinbarung kann der Vermieter das Kündigungsrecht des Mieters beschränken, d. h., es kann z. B. vereinbart werden, dass der Mieter eine über 10 Jahre getroffene Staffelmietvereinbarung in den ersten 4 Jahren nicht kündigen kann. Danach ist eine Beschränkung des Kündigungsrechts des Mieters unwirksam.

Folgende Voraussetzungen müssen bei einer rechtswirksam vereinbarten Staffelmiete erfüllt sein:

- Die Staffelmiete muss schriftlich vereinbart werden.
- Der Mietzins muss in den einzelnen Erhöhungsstufen betragsmäßig ausgewiesen sein.
- Der Mietzins muss jeweils mindestens 1 Jahr unverändert bleiben.
- Die Staffelmiete kann nur für einen Gesamtzeitraum von 10 Jahren vereinbart werden.

Ist eine der Voraussetzungen nicht erfüllt, gilt die Staffelmiete als nicht vereinbart.

Die Staffelmietvereinbarung gilt für den vereinbarten Zeitraum, eine Mieterhöhung gem. §§ 2, 3, 5 MHG ist unzulässig; zulässig bleibt jedoch eine Erhöhung gem. § 4 MHG bei einer Betriebskostensteigerung.

Eine Staffelmietvereinbarung, die prozentuale Erhöhungen – gebunden z. B. an die Veränderungen des Lebenshaltungskostenindex – vorsieht, ist nicht möglich.

Der Abschluss von Staffelmietvereinbarungen ist überall dort empfehlenswert, wo ortsübliche Vergleichsmieten wegen des Fehlens von Mietspiegeln schwierig zu bestimmen und Mieterhöhungen daher schwer zu begründen sind.

Bei Abschluss eines solchen Vertrages ist jedoch zu bedenken, ob in der vorgesehenen Laufzeit Modernisierungsmaßnahmen vorzusehen sind. Bei einer Staffelmietvereinbarung ist eine Mietanpassung wegen Modernisierung ausgeschlossen.

Problematisch ist bei einer Staffelmiete die Festlegung der Erhöhungsstufen, da hier künftige Mietpreissteigerungen geschätzt und Voraussagen über die künftige wirtschaftliche Entwicklung getroffen werden müssen. (Vgl. Muster einer Staffelmiet-Vereinbarung unter 5.1.3.10).

– Übernahme der Schönheitsreparaturen durch den Mieter

Nach § 536 BGB hat der Vermieter die vermietete Sache dem Mieter in einem für den vertragsgemäßen Gebrauch geeigneten Zustand zu überlassen und sie während der Mietzeit in diesem Zustand zu erhalten. Von diesen gesetzlichen Vorschriften sind jedoch abweichende Vereinbarungen möglich. BGB § 536

• Begriff Schönheitsreparaturen

Es bestehen für solche Regelungen in vorgedruckten Formularmietverträgen erhebliche Schranken. Insbesondere durch das Gesetz über die allgemeinen Geschäftsbedingungen sind beim Abschluss von Wohnraummietverträgen für solche Regelungen enge Grenzen gesetzt. Die Verpflichtung zur Übernahme notwendiger Schönheitsreparaturen kann durch Vereinbarung auch in einem Formularmietvertrag rechtswirksam dem Mieter auferlegt werden. Das BGB kennt den Begriff Schönheitsreparaturen nicht. Zur inhaltlichen Bestimmung des Begriffs wird § 28 Abs.4 der II. Berechnungsverordnung herangezogen. Danach erstrecken sich Schönheitsreparaturen auf das Anstreichen, Kalken oder Tapezieren der Wände und Decken, Streichen der Fußböden, Heizkörper einschl. der Heizungsrohre, Streichen der Innentüren und der Fenster und der Außentüren von innen einschließlich der Beseitigung kleinerer Schäden, die der die Schönheitsreparaturen ausführende Handwerker üblicherweise mit erledigt. II. BV § 28 Abs.4

Grundsätzlich obliegen dem Vermieter alle über diese Maßnahmen hinausgehenden Reparaturen und Instandhaltungen, wenn der Mieter nach dem Mietvertrag zur Übernahme der Schönheitsreparaturen verpflichtet wurde. (Zum Begriff Schönheitsreparaturen s. 5.3.4 und 5.3.5.)

Bei der vertraglichen Vereinbarung ist jedoch zu beachten:

Die formularmäßige Übertragung der Anfangsrenovierung auf den Mieter von Wohnraum ist nicht rechtswirksam. Die Verpflichtung des Wohnraummieters, die Raumabnutzung seines Vormieters zu beseitigen, stellt eine zusätzliche Leistung des Mieters dar, der keine Gegenleistung des Vermieters gegenübersteht.

Aus diesem Grund ist auch eine Formularklausel, nach der der Mieter „bei Bedarf" renovieren muss und ein Bedarf mindestens dann als gegeben gilt, wenn die in dem Fristenplan festgelegten Zeiträume verstrichen sind, unwirksam, wenn dem Mieter eine unrenovierte Wohnung überlassen worden war.

Darüber hinaus ist auch eine individuelle Vereinbarung zur Anfangsrenovierung in Wohnraummietverträgen unwirksam, wenn der Mieter daneben die laufenden Schönheitsreparaturen nach Fristplan oder nach Bedarf übernimmt.

Zusammenfassend gilt:

Sowohl die formularmäßige Übertragung der Anfangsrenovierung für sich als auch die individuelle Abwälzung der Anfangsrenovierung neben der formularmäßigen Abwälzung der laufenden Schönheitsreparaturen in Wohnraummietverhältnissen ist rechtlich unwirksam.

• Fristenplan für Schönheitsreparaturen

Hat der Mieter im Mietvertrag die Schönheitsreparaturen übernommen, so kann der Vermieter auf einer regelmäßigen Durchführung in bestimmten Zeitabständen dann bestehen, wenn im Mietvertrag ein Fristenplan zur Durchführung der Schönheitsreparaturen vorgesehen ist.

Allerdings sind auch Vereinbarungen vorzusehen, die ein Abweichen vom starren Fristenplan ermöglichen. Lässt in besonderen Ausnahmefällen der Zustand der Wohnung eine Verlängerung der vereinbarten Fristen zu, oder erfordert der Grad der Abnutzung eine Verkürzung, so kann der Vermieter verpflichtet sein, auf Antrag des Mieters, im anderen Fall aber berechtigt, nach billigem Ermessen die Fristen des Planes bezüglich der Durchführung einzelner Schönheitsreparaturen zu verlängern oder zu verkürzen. (Vgl. auch 5.3.4.)

Der Mieter darf nur mit Zustimmung des Vermieters von der bisherigen Ausführungsart abweichen. Er ist für den Umfang der im Laufe der Mietzeit ausgeführten Schönheitsreparaturen beweispflichtig.

Weil der Mieter darauf verpflichtet wird, die Schönheitsreparaturen in der bisherigen Ausführungsart durchzuführen, wird er keineswegs in der Farbwahl oder der Wahl der Tapetenart eingeschränkt. Er ist aber daran gehindert, z. B. an Stelle von Tapeten deckende Ölfarben zu verwenden, die Grenze ist im Einzelfall zu bestimmen.

Grundsätzlich darf der Mieter einerseits nicht sachfremd in seiner Gestaltungsfreiheit eingeschränkt werden, andererseits muss der Charakter der Wohnung erhalten bleiben.

– Übernahme von Kleinreparaturen (Bagatellschäden) durch den Mieter

Bei Vertragsabschluss kann der Mieter verpflichtet werden, Bagatellschäden auf eigene Kosten zu beseitigen. Mit dieser Vertragsklausel wird die Instandhaltungspflicht des Vermieters für sog. Kleinreparaturen oder Bagatellschäden dem Mieter auferlegt.

II. BV § 28 Abs.3 Eine solche Regelung ist auch für preisgebundene Wohnungen zulässig. Die gesetzliche Bestimmung geht dabei davon aus, dass der Mieter entsprechend weniger Miete zu zahlen hat.

Für den nicht preisgebundenen Wohnraum ist heute die Wirksamkeit einer solchen Regelung allgemein anerkannt. Der Bundesgerichtshof hat in seinem Urteil vom 8. Juni 1989 (WM 89, 324) aber zusätzliche Kriterien aufgestellt, die erfüllt sein müssen, damit eine solche Klausel nicht unwirksam ist.

Es gelten folgende Grundsätze:

1. Die Reparaturpflicht des Mieters darf sich nur auf diejenigen Teile der Mietsache beziehen, die häufig dem Zugriff des Mieters ausgesetzt sind. Hierzu gehören Installationsgegenstände für Elektrizität, Gas und Wasser, Heiz- und Kocheinrichtungen, Fenster- und Türverschlüsse sowie Verschlussvorrichtungen von Fensterläden. Es gehören weiter dazu: Rollläden, Markisen, Jalousien und evtl. mitvermietete Einrichtungsgegenstände wie etwa Kühlschränke, Waschmaschinen usw.

Die Vertragsklausel darf nicht so gefasst sein, dass die Reparaturpflicht auch Rohre und elektrische Leitungen oder solche Gegenstände umfasst, mit denen der Mieter so gut wie nicht in Berührung kommt.

2. Der Mieter darf nur zur Tragung der Kosten der Kleinreparaturen verpflichtet werden.
3. Aus der Vertragsklausel muss sich ergeben, bis zu welchem Betrag eine Reparatur als Kleinreparatur gilt. Die Obergrenze dürfte im Einzelfall bei ca. 150 DM liegen (vgl. OLG Hamburg WM 91, 385).
4. Die Vereinbarung muss auch eine Höchstgrenze für den Fall festlegen, dass zahlreiche Kleinreparaturen z. B. innerhalb eines Jahres anfallen. Für den Jahresgesamtbetrag ist nach den Ausführungen des BGH die Eintragung von 300 DM bzw. bis zu 8 % der Jahresmiete angemessen.

Vereinbarungen, wonach sich der Mieter an Kosten für Reparaturen, für die mehr als 100 DM aufzuwenden sind, mit diesem Betrag beteiligen muss, verstoßen gegen § 9 AGBG. Ebenso sind Klauseln unwirksam, nach denen sich der Mieter auch an jeder Neuanschaffung der von der Kleinreparatur umfassten Gegenstände mit 100 DM zu beteiligen hat (BGH DWW 89, 195).

AGBG § 9

– Mietsicherheit/Kaution

Der Vermieter kann mit dem Mieter bei Vertragsabschluss zur Sicherung seiner Mietforderung eine Kaution vereinbaren. Ist der Mietvertrag einmal ohne Verpflichtung zur Zahlung einer Kaution abgeschlossen, kann der Vermieter nachträglich keine Kaution fordern.

Die Mietkaution für Wohnraum ist in § 550b BGB geregelt. Sie dient der Sicherung der Ansprüche des Vermieters

BGB § 550

- aus dem Mietverhältnis und
- aus den sich nach der Kündigung des Mietvertrages ergebenden Ansprüchen.

Die Kaution besteht gewöhnlich aus der Zahlung eines Geldbetrages. Andere Arten der Sicherheitsleistungen sind z. B. die Leistung einer Bürgschaft, Verpfändung beweglicher Sachen oder die Hinterlegung von Wertpapieren.

Nach § 550b Abs.1 Satz 1 BGB darf die Höhe der Kaution den dreifachen Betrag des vereinbarten monatlichen Mietzinses nicht übersteigen. Bei der Berechnung der Kaution sind aus dem monatlich vereinbarten Mietzins die Betriebs- und Heizungskosten vorher abzuziehen. Der Mieter hat die Kaution zu Beginn des Mietverhältnisses zu zahlen, er kann aber auch verlangen, die Zahlung in drei gleichen Monatsraten vorzunehmen. Die geleistete Kaution ist zu dem für Spareinlagen mit gesetzlicher Kündigungsfrist üblichen Zinssatz zu verzinsen. Die Zinsen stehen dem Mieter zu. In § 550b Abs. 3 BGB bestimmt der Gesetzgeber, dass Vereinbarungen zum Nachteil des Mieters in Bezug auf Höhe, Fälligkeit, Anlage und Verzinsung der Kaution unwirksam sind. Kommt der Mieter im Laufe des Mietverhältnisses mit der Mietzahlung in Verzug, ist der Vermieter berechtigt, auf die Kaution zurückzugreifen. Wird der Tatbestand der fristlosen Kündigung nicht erfüllt, hat der Vermieter dem Mieter gegenüber den Anspruch auf Auffüllung der Kaution bis zur vereinbarten Höhe.

BGB § 550b Abs.1 Satz 1

BGB § 550b Abs.2 u. 3

Die Kaution dient dem Vermieter grundsätzlich zur Sicherung aller sich aus dem Mietverhältnis ergebenden Ansprüche. Daher kann der Mieter eine Mietzinszahlung nicht verweigern mit dem Hinweis, der Vermieter habe ja die Kaution, aus der er sich befriedigen könne.

Die Regelung zur Zahlung einer Mietkaution gilt auch für Wohnungen des sozialen Wohnungsbaus. Bei öffentlich geförderten Wohnungen gibt es jedoch die Einschränkung, dass die Kaution nicht zur Sicherung des Mietausfalls eingesetzt werden darf.

WoBindG § 9

Bei Vertragsabschluss mit Kautionsvereinbarung ist bereits festzuhalten, wann die Kaution nach Beendigung des Mietverhältnisses auszuzahlen ist. So kann z. B. vereinbart werden, dass die Kaution drei Monate nach Rückgabe der Mietsache zuzüglich angefallener Zinsen und unter Abzug evtl. Forderungen des Vermieters an den Mieter zurückzuzahlen ist.

Auch ist eine Vereinbarung möglich, die vorsieht, dass die Kaution erst nach Abrechnung der Heiz- und Betriebskosten ausgezahlt wird, da Heizkosten oftmals erst viele Monate nach Auszug des Mieters abgerechnet werden können.

Aus Verwaltungsgründen sollte im Vertrag festgelegt sein, dass der Mieter die Auszahlung der angefallenen Zinsen für die Kaution nicht jährlich verlangen kann. Durch das Anwachsen des Kautionsbetrages durch die anfallenden Zinsen wird ein Inflationsausgleich geleistet.

Wurde bei Vertragsabschluss keine Vereinbarung über die Rückzahlung der Kaution getroffen, so entsteht der Rückzahlungsanspruch sofort, wenn der Vermieter z. B. im Abnahmeprotokoll die Mangelfreiheit der Wohnung bestätigt hat. Überwiegend wird dem Vermieter von den Gerichten eine Abrechnungsfrist von 3 bis 6 Monaten eingeräumt.

(Vgl. Muster einer Vereinbarung über Sicherheitsleistungen durch Geldleistung in Miet- und Nutzungsverträgen am Ende dieses Kapitels).

– Untervermietung

BGB § 549 Abs.1 Satz 1

Der Mieter ist ohne Erlaubnis des Vermieters nicht berechtigt, den Gebrauch der gemieteten Wohnung einem Dritten zu überlassen, insbesondere die Wohnung weiterzuvermieten.

Sollte der Vermieter die Erlaubnis verweigern, hat der Mieter das Recht, das Mietverhältnis unter Einhaltung der gesetzlichen Frist zu kündigen. Der Vermieter darf jedoch die Erlaubnis zur Untervermietung nicht verweigern, es sei denn, dass in der Person des Dritten ein wichtiger Grund vorliegt. Somit besteht eine Zustimmungspflicht des Vermieters zur Untervermietung immer dann, wenn der Mieter von Wohnraum nach Abschluss des Mietvertrages ein berechtigtes Interesse zur Gebrauchsüberlassung an einen Dritten geltend machen kann.

Beispiel:

> Untervermietung an einen Dritten bei vorübergehender beruflicher Tätigkeit des Hauptmieters an einem anderen Ort.

Bei der Untervermietung unterscheidet man zwischen der vollständigen Weitervermietung des gesamten Wohnraums und der teilweisen Untervermietung eines Teils des Mietobjektes.

BGB § 549 Abs.2

Der Mieter kann vom Vermieter die Erlaubnis zur teilweisen Untervermietung verlangen, wenn für den Mieter von Wohnraum nach Abschluss des Mietvertrages ein berechtigtes Interesse entsteht, einen Teil des Wohnraumes einem Dritten zum Gebrauch zu überlassen. Auch in diesem Fall kann der Vermieter die Erlaubnis nur verweigern, wenn in der Person des Dritten ein wichtiger Grund vorliegt, der Wohnraum übermäßig belegt würde oder sonst dem Vermieter die Überlassung nicht zugemutet werden kann. So liegt z. B. ein berechtigtes Interesse für die Aufnahme von Geschwistern vor, wenn glaubhafte wirtschaftliche und persönliche Gründe angeführt werden (BGH RE WM 85,7).

Auch ist ein berechtigtes Interesse im folgenden Fall gegeben:

Ein Ehepaar mit 3 Kindern bezieht eine große Wohnung mit 6 Zimmern. Im Laufe der Mietzeit verlassen die Kinder die Wohnung. In diesem Falle hätte das Ehepaar durchaus ein berechtigtes Interesse, Teile der Mietsache unterzuvermieten.

Der Vermieter kann jedoch die Erlaubnis zur Untervermietung verweigern, wenn im Laufe der Untervermietung z. B. eine Wohngemeinschaft entstehen sollte.

Ist dem Vermieter die Überlassung nur bei einer angemessenen Erhöhung des Mietzinses zuzumuten – eine zweite Familie zieht in die Wohnung ein – so kann er die Erlaubnis davon abhängig machen, dass der Mieter sich mit einer solchen Erhöhung einverstanden erklärt.

Zu beachten ist jedoch, dass sich ein solcher **Untermietzuschlag** im Rahmen der ortsüblichen Vergleichsmiete bewegen muss und zu begründen ist. Die Tatsache der Untervermietung allein bewirkt nicht automatisch den Untermietzuschlag.

Besteht ein Untermietverhältnis, dann besteht lediglich ein Mietvertragsverhältnis zwischen Hauptmieter und Untermieter. Es besteht kein Vertragsverhältnis zwischen Vermieter und Untermieter. Hieraus ergibt sich, dass der Mieter, der den Gebrauch der von ihm angemieteten Wohnung einem Dritten überlässt, alle Handlungen des Untermieters gegen sich gelten lassen muss. BGB § 549 Abs.3

Stört z. B. der Untermieter nachhaltig den Hausfrieden, kann das zur Kündigung des Mietverhältnisses mit dem Hauptmieter führen. Der Hauptmieter haftet für den Untermieter.

Die Erlaubnis zur Untervermietung kann durch den Vermieter auch durch schlüssiges Verhalten erteilt werden, indem er z. B. längere Zeit ohne Widerspruch die Untervermietung duldet.

Eine vertragliche Vereinbarung bei Abschluss des Mietvertrages, die ein Verbot jeglicher Untervermietung vorsieht, ist unwirksam. BGB § 549 Abs.2

– Tierhaltung

Die Tierhaltung, insbesondere in Mehrfamilienhäusern, verursacht häufig Unfrieden und Streit zwischen Mietern, aber auch zwischen Mieter und Vermieter. Die Streitursache liegt in der Frage, ob und inwieweit die Tierhaltung in der Wohnung zu gestatten ist. Dabei ist zu unterscheiden, ob es sich bei der Tierhaltung in der Wohnung um ein Kleintier handelt oder ein größeres Tier, z. B. Hund, Katze, und ob bei Vertragsabschluss eine Regelung über die Tierhaltung getroffen wurde oder nicht.

Die Kleintierhaltung, z. B. Zierfische, in der Wohnung ist dem Mieter als Bestandteil des normalen vertragsgemäßen Gebrauchs gestattet. Solange es sich um Tiere handelt, von denen ihrer Art nach irgendwelche Störungen oder Schädigungen unter keinen Umständen ausgehen können. In diesen Fällen ist eine mietvertragliche Regelung nicht erforderlich.

Inwieweit eine ausdrückliche Vereinbarung des Vermieters mit dem Mieter erforderlich ist, die den Mieter berechtigt, Hunde in der Mietwohnung zu halten, ist streitig. So ist eine verbreitete Meinung, dass Hundehaltung in der Wohnung heute als zur allgemeinen Lebenshaltung und damit zum vertragsgemäßen Gebrauch gehörend anzusehen ist.

Eine andere Meinung dagegen ist, dass Hundehaltung in der Mietwohnung nur zuzulassen ist bei ausdrücklicher Zustimmung des Vermieters. Begründet wird dies damit, dass sich besonders bei Hundehaltung die Möglichkeit einer Gefährdung oder Belästigung von Mitbewohnern oder Nachbarn nicht ausschließen lasse.

Der Vermieter kann bei Vertragsabschluss Tierhaltung (Hundehaltung) in der Wohnung vertraglich generell verbieten (BVerfG, WM 1981, 77; OLG Hamm, OLGZ 1981, 74). Handelt es sich bei dieser Vereinbarung, die die Hundehaltung im Mietvertrag verbietet, um eine Individualklausel, ist diese Vereinbarung grundsätzlich wirksam. Handelt es sich um eine formularmäßige Klausel in einem Formularmietvertrag, die dem AGB-Gesetz unterliegt, so ist sie unwirksam (BGH AZ: VIII ZR 10/92 vom 20.1.93).

Der Vermieter kann sich aber bei Mietvertragsabschluss die Zustimmung zur Tierhaltung ausdrücklich vorbehalten. Die Vereinbarung einer solchen Klausel bedeutet für den Vermieter, dass er die Erlaubnis zur Tierhaltung nur aus sachlichen Gründen verweigern darf. Eine Verweigerung der Tierhaltung bedarf der Begründung; z. B. Mieter sind allergisch gegen Katzen, Gefährdung anderer Mieter durch bissigen Hund.

Wurde die Erlaubnis zur Tierhaltung erteilt, so kann sie nur durch Vorliegen wichtiger Gründe widerrufen werden, z. B. vom Hund gehen nachweisbare Störungen durch Bellen aus.

BGB § 550

Liegt ein mietvertragliches Verbot der Tierhaltung vor und verstößt der Mieter dagegen, kann der Vermieter gem. § 550 BGB die Entfernung des Tieres verlangen.

BGB §§ 554b Abs.2, 554a

Weigert sich der Mieter nach ergangenem Urteil auf Unterlassung der Tierhaltung, das Tier zu entfernen, kann der Vermieter in besonders schwerwiegenden Fällen gem. § 554b Abs.2, 554a BGB das Mietverhältnis kündigen.

(Vgl. hierzu: Mietvertrag herausgegeben vom Gesamtverband der Wohnungswirtschaft e.V., Ausgabe Februar 1995, S. 10, Nr. 6 „Zustimmungsbedürftige Handlungen des Mieters“, am Ende dieses Kapitels.)

5.1.3.8 Mietvertrag und Hausordnung

Die Aufgabe der Hausordnung ist, Regelungen aufzustellen, die ein geordnetes und störungsfreies Zusammenleben der Mieter in einem Wohnhaus ermöglichen. Die Hausordnung soll daher den Gebrauch der Mietsache durch den Mieter ordnen. Sie konkretisiert mit ihren Bestimmungen Pflichten des Mieters, zu deren Einhaltung er sich bereits im Mietvertrag verpflichtet hat.

Die Hausordnung, die das Zusammenleben von Menschen regeln soll, ist im Nachhinein bei veränderten Bedingungen nur schwer den neuen Verhältnissen anzupassen. So ist vom Vermieter zu bedenken, dass er die Hausordnung nicht einseitig abändern kann. Die Änderung der in der Hausordnung festgelegten Rechte und Pflichten der Mieter bedarf zu ihrer Wirksamkeit einer vertraglichen Vereinbarung zwischen Vermieter und Mieter.

Beim Abschluss eines Formularmietvertrages befindet sich häufig die Hausordnung im Anhang und wird durch den Einbezug in den Mietvertrag Gegenstand des Vertragsverhältnisses.

Wird die Hausordnung dem Mietvertrag nicht beigefügt, sondern ist lediglich im gemeinschaftlich genutzten Treppenhaus ausgehängt, so wird sie allein dadurch nicht Gegenstand der vertraglichen Regelung zwischen Vermieter und Mieter.

Bei einer zulässigen Abänderung der Hausordnung hat der Vermieter darauf zu achten, dass die Hausordnung keine weitergehenden Pflichten für den Mieter vorsieht, als im Mietvertrag festgelegt. Auf keinen Fall darf das Gebrauchsrecht des Mieters durch Regelungen in der Hausordnung beschränkt werden; z. B. ist ein Besuchsverbot nach 22.00 Uhr in der Hausordnung unzulässig.

Bei der Abfassung bzw. Abänderung der Hausordnung muss der Grundsatz der Gleichbehandlung der Mieter eingehalten werden. In der Hausordnung darf keine willkürliche unterschiedliche Behandlung einzelner Mieter geregelt sein.

Zum Beispiel kann die Hausordnung die Verpflichtung zum Schneeräumen nicht den Erdgeschossbewohnern auferlegen, wenn eine solche Verpflichtung nicht auch den übrigen Mietern auferlegt wird. Eine solche, den Mieter einseitig verpflichtende Regelung kann im Mietvertrag ggf. unter Mietkürzung vereinbart werden.

HAUSORDNUNG

Das Zusammenleben in einer Hausgemeinschaft erfordert gegenseitige Rücksichtnahme aller Hausbewohner. Um das ungestörte Zusammenleben zu erreichen, ist die nachfolgende Hausordnung als rechtsverbindlicher Bestandteil des Mietvertrages einzuhalten.

I.

Schutz vor Lärm

1) Vermeidbarer Lärm belastet unnötig alle Hausbewohner. Deshalb ist Musizieren während der allgemeinen Ruhezeiten von 13 bis 15 Uhr und von 22 bis 7 Uhr untersagt. Fernseh-, Radio-und Tongeräte sind stets auf Zimmerlautstärke einzustellen; die Benutzung im Freien (auf Balkonen, Loggien usw.) darf die übrigen Hausbewohner nicht stören.

2) Sind bei hauswirtschaftlichen und handwerklichen Arbeiten in Haus, Hof oder Garten belästigende Geräusche nicht zu vermeiden (Klopfen von Teppichen und Läufern, Staubsaugen, Rasenmähen, Basteln und dergleichen), so sind diese Verrichtungen werktags in der Zeit von 8 bis 12 Uhr und von 15 bis 18 Uhr vorzunehmen.

3) Baden und Duschen sollte in der Zeit von 22 bis 6 Uhr unterbleiben, soweit auf Grund der Bauart des Gebäudes die Nachtruhe der übrigen Hausbewohner gestört wird.

4) Kinderspiel
Kinder sollen möglichst auf den Spielplätzen spielen. Spiel und Sport in den Anlagen muß auf die Anwohner und die Bepflanzung Rücksicht nehmen. Lärmende Spiele und Sportarten (z. B. Fußballspiel) sind auf den unmittelbar an die Gebäude angrenzenden Freiflächen, im Treppenhaus und in sonstigen Nebenräumen nicht gestattet.

5) Festlichkeiten aus besonderem Anlaß, die sich über 22 Uhr hinaus erstrecken, sollen den betroffenen Hausbewohnern rechtzeitig angekündigt werden.

6) Bei schwerer Erkrankung eines Hausbewohners ist besondere Rücksichtnahme geboten.

II.

Sicherheit

1) Zum Schutz der Hausbewohner sind die Haustür von 22 bis 6 Uhr und die Kellereingänge und Hoftüren ständig verschlossen zu halten.
Wer die Haustür zwischen 22 und 6 Uhr oder die Kellereingangstüren und Hoftüren öffnet, hat sie sofort nach Benutzung wieder abzuschließen.

2) Haus- und Hofeingänge, Treppen und Flure erfüllen ihren Zweck als Fluchtweg nur, wenn sie freigehalten werden. Sie dürfen daher nicht zugeparkt oder durch Fahr- und Motorräder, Kinderwagen usw. versperrt werden.

3) Das Lagern von feuergefährlichen, leichtentzündbaren sowie Geruch verursachenden Stoffen in Keller- oder Bodenräumen ist untersagt. Auf dem gemeinsamen Trockenboden dürfen keine Gegenstände abgestellt werden.

4) Spreng- und Explosionsstoffe dürfen nicht in das Haus oder auf das Grundstück gebracht werden. Bei der Lagerung von Heizöl sind die amtlichen Richtlinien zu beachten.

5) Bei Undichtigkeiten oder sonstigen Mängeln an den Gas- und Wasserleitungen sind sofort das Gas- und Wasserwerk sowie das Wohnungsunternehmen zu benachrichtigen. Wird Gasgeruch in einem Raum bemerkt, darf dieser nicht mit offenem Licht betreten werden. Elektrische Schalter sind nicht zu betätigen. Die Fenster sind zu öffnen. Der Haupthahn ist zu schließen.

6) Versagt die allgemeine Flur- und Treppenbeleuchtung, so ist unverzüglich das Wohnungsunternehmen oder sein Beauftragter zu benachrichtigen. Bis Abhilfe geschaffen ist, soll der Hausbewohner für ausreichende Beleuchtung der zur Wohnung führenden Treppe und des dazugehörenden Flures sorgen.

7) Das Grillen mit festen oder flüssigen Brennstoffen ist auf Balkonen, Loggien und auf den unmittelbar am Gebäude liegenden Flächen nicht gestattet.

III.

Reinigung

1) Haus und Grundstück sind rein zu halten. Verunreinigungen sind von dem verantwortlichen Hausbewohner unverzüglich zu beseitigen.

2) Die Hausbewohner haben die Kellerflure, Treppen, die Treppenhausfenster, Treppenhausflure und den Boden abwechselnd nach einem bei Bedarf aufzustellenden Reinigungsplan zu reinigen.

3) Soweit vertraglich nichts anderes vorgesehen, haben die Hausbewohner abwechselnd nach einem bei Bedarf vom Wohnungsunternehmen aufzustellenden Reinigungsplan:

- die Zugangswege außerhalb des Hauses einschließlich der Außentreppen,
- den Hof,
- den Standplatz der Müllgefäße,
- den Bürgersteig vor dem Haus,
- die Fahrbahn, sofern es das in der Gemeinde geltende Ortsrecht bestimmt,

zu reinigen. Schnee- und Eisbeseitigung und das Streuen bei Glätte erfolgt nach einem vom Wohnungsunternehmen aufzustellenden Plan. Maßnahmen gegen Winterglätte müssen zwischen 6 und 21 Uhr wirksam sein, soweit nicht durch behördliche Bestimmungen hierfür andere Zeiten festgelegt worden sind.

4) Abfall und Unrat dürfen nur in den dafür vorgesehenen Müllgefäßen gesammelt werden. Sperriger Abfall, Kartons usw., dürfen nur zerkleinert in die Müllgefäße geschüttet werden. Bitte achten Sie darauf, daß kein Abfall oder Unrat im Haus, auf den Zugangswegen oder dem Standplatz der Müllgefäße verschüttet wird.

5) Waschküche und Trockenräume stehen entsprechend der Einteilung durch das Wohnungsunternehmen zur Benutzung zur Verfügung. Nach Beendigung der Wäsche sind Waschraum und sämtliche Einrichtungsgegenstände gründlich zu reinigen. Waschküchen- und Trockenraumschlüssel sind pünktlich an den Nachfolger weiterzugeben.
Auf den Balkonen darf Wäsche nur unterhalb der Brüstung getrocknet werden.

6) Teppiche dürfen nur auf dem dafür vorgesehenen Platz gereinigt werden. Das Reinigen von Textilien und Schuhwerk darf nicht in den Fenstern, über den Balkonbrüstungen oder im Treppenhaus erfolgen.

7) Blumenbretter und Blumenkästen müssen sachgemäß und sicher angebracht sein. Beim Gießen von Blumen auf Balkonen und Fensterbänken ist darauf zu achten, daß das Wasser nicht an der Hauswand herunterläuft und auf die Fenster und Balkone anderer Hausbewohner rinnt.

8) In die Toiletten und /oder Abflußbecken dürfen Haus- und Küchenabfälle, Papierwindeln u. ä. nicht geschüttet werden.

9) Die Wohnung ist auch in der kalten Jahreszeit ausreichend zu lüften. Dies erfolgt durch möglichst kurzfristiges Öffnen der Fenster. Zum Treppenhaus hin darf die Wohnung, vor allem aber die Küche, nicht entlüftet werden.

10) Keller-, Boden- und Treppenhausfenster sind in der kalten Jahreszeit geschlossen zu halten. Dachfenster sind bei Regen und Unwetter zu verschließen und zu verriegeln.

11) Sinkt die Außentemperatur unter den Gefrierpunkt, sind alle geeigneten Maßnahmen zu treffen, um ein Einfrieren der sanitären Anlagen zu vermeiden.

12) Für die Dauer seiner Abwesenheit oder im Krankheitsfalle hat der Hausbewohner dafür Sorge zu tragen, daß die Reinigungspflichten eingehalten werden. Bei längerer Abwesenheit ist der Schlüssel zu hinterlegen. Das Wohnungsunternehmen ist hierüber zu unterrichten.

13) Das Abstellen von Fahrzeugen auf dem Hof, den Gehwegen und Grünflächen ist nicht erlaubt. Fahrzeuge dürfen innerhalb der Wohnanlage nicht gewaschen werden. Ölwechsel und Reparaturen an Fahrzeugen sind nicht gestattet.

IV.

Gemeinschaftseinrichtungen

Für die Gemeinschaftseinrichtungen gelten die Benutzungsordnungen sowie Bedienungsanweisungen und Hinweisschilder. Einteilungspläne sind zu beachten.

Personenaufzüge

1) Der Aufzug darf von Kleinkindern nur in Begleitung Erwachsener benutzt werden. Es ist darauf zu achten, daß der Personenaufzug nicht unnötig benutzt wird. Dauerbelastungen führen zu Schäden.

2) Der Fahrkorb ist im Innern entsprechend dem Reinigungsplan des Wohnungsunternehmens von den Hausbewohnern zu reinigen. In den Personenaufzügen dürfen schwere und sperrige Gegenstände, Möbelstücke und dgl. nur befördert werden, wenn die zulässige Nutzlast des Aufzuges nicht überschritten wird.

3) Die Benutzung des Fahrstuhls zum Zwecke der Beförderung von Umzugsgut muß dem Wohnungsunternehmen mit Angabe des Transportunternehmens angezeigt werden. Die Fahrkorbkabine ist in diesem Fall in geeigneter Form zu schützen. Verschmutzungen sind unverzüglich zu beseitigen.

Gemeinschaftsantenne

1) Die Verbindung von Antennenanschlußdose in der Wohnung zum Empfangsgerät darf nur mit dem hierfür vorgeschriebenen Empfängeranschlußkabel vorgenommen werden. Soweit das Kabel nicht von dem Wohnungsunternehmen zur Verfügung gestellt wird, hat es der Hausbewohner auf seine Kosten zu beschaffen. Der Anschluß darf nicht mit anderen Verbindungskabeln vorgenommen werden, weil hierdurch der Empfang der anderen Teilnehmer gestört wird. Darüber hinaus besteht die Gefahr, daß das eigene Gerät beschädigt wird.

2) Der Hausbewohner hat Schäden an der Gemeinschaftsantenne oder Störungen im Empfang, die auf Fehler oder Mängel der Gemeinschaftsantenne schließen lassen, unverzüglich dem Wohnungsunternehmen mitzuteilen. Nur Beauftragte des Wohnungsunternehmens sind berechtigt, Arbeiten an der Anlage durchzuführen.

3) Der Hausbewohner hat den vom Wohnungsunternehmen beauftragten Stellen jederzeit Auskünfte hinsichtlich der Empfangsanlage und der angeschlossenen Geräte zu erteilen, zwecks Vornahme von Kontrollen oder Reparaturarbeiten an der Empfangsanlage das Betreten der Mieträume zu verkehrsüblichen Tageszeiten bzw. den Test-Sendezeiten zu gestatten und ggf. die Kontrolle der an der Gemeinschaftsantennenanlage angeschlossenen Geräte zu ermöglichen.

Gemeinschaftswaschanlage

Die Benutzung der Gemeinschaftswaschanlage erfolgt auf eigene Gefahr. Ein Ersatz für verdorbene bzw. beschädigte Wäschestücke wird ausdrücklich ausgeschlossen. Die Anlage ist pfleglich zu behandeln. Bei Störungen ist der Betrieb sofort einzustellen und das Wohnungsunternehmen unverzüglich zu verständigen.

Müllschluckanlage

Die Müllschluckanlage darf nur in der Zeit von 8 bis 20 Uhr benutzt werden. Flaschen, Blechbüchsen und ähnlich schwer bzw. unbrennbare Gegenstände sind in die Mülltonne einzuwerfen, damit eine Beschädigung oder Verstopfung der Müllverbrennungsanlage vermieden wird. Papp- oder Stoffballen sind aus dem gleichen Grund zu verkleinern. Der Einwurfschacht ist durch Rütteln bzw. Schieben mittels Handbesen oder dergleichen nach Benutzung zu leeren. Lautes Poltern ist hierbei zu vermeiden. Vorbeigefallener Müll ist selbstverständlich aufzuheben. Klemmende Schachtdeckel dürfen nicht mit Gewalt geschlossen werden. Die Verstopfung ist dem Hauswart zu melden.

Kinderspielplätze

Die Sauberhaltung des Sandkastens nebst Umgebung gehört zu den Obliegenheiten der Eltern, deren Kinder im Sandkasten spielen. Das Spielen fremder Kinder auf dem zum Hause gehörenden Grundstück ist grundsätzlich nur in Gemeinschaft mit Kindern der Hausbewohner gestattet. Die Eltern der spielenden Kinder haben darauf zu achten, daß das benutzte Spielzeug nach Beendigung des Spielens aus dem Sandkasten entfernt wird. Haustiere sind vom Spielplatz fernzuhalten.

....
Ort, Datum

....
Wohnungsunternehmen

Best.-Nr.: (850-79) 30805

Hammonia-Verlag GmbH Hamburg Fachverlag der Wohnungswirtschaft

Postfach 62 02 28 22402 Hamburg
Tangstedter Landstr. 83 22415 Hamburg

Verstößt ein Mieter gegen die Hausordnung, ist der Vermieter berechtigt, vom Mieter die Unterlassung des Pflichtverstoßes und die Einhaltung der Hausordnung zu verlangen.

Bei andauernden oder schwerwiegenden Verstößen gegen die Hausordnung ist der Vermieter berechtigt, das Mietverhältnis wegen schuldhafter, nicht unerheblicher Vertragsverletzung zu kündigen. BGB § 564b Abs.2 Ziffer 1

5.1.3.9 Veränderungen der Parteien des Mietvertrages

Nach Abschluss des Mietvertrages wird es nicht selten erforderlich, während der Mietzeit die am Vertrag beteiligten Parteien zu ändern. So kommt es in der Mietpraxis vor, dass auf der Mieterseite zusätzliche Personen aufzunehmen oder Mieter nach Stellung eines Ersatzmieters auszutauschen sind. Auf der Vermieterseite kommt es zum Vermieterwechsel durch Verkauf der Mietwohnungen bzw. Umwandlung von Miet- in Eigentumswohnungen.

– Aufnahme von zusätzlichen Personen als Mieter

Zur Aufnahme zusätzlicher Personen und damit zur Erweiterung der Mieterseite kann es z. B. kommen, wenn

- die bisherige unverheiratete Mieterin der Wohnung heiratet, und ihr Ehemann als Mitbewohner in die Mietwohnung einzieht;
- der unverheiratete Mieter seine Lebensgefährtin in der Wohnung aufnimmt, um mit ihr in einer Lebensgemeinschaft zusammen zu wohnen;
- Familienangehörige oder Verwandte in die Wohnung auf Dauer einziehen.

In solchen Fällen ist eine Erweiterung der Mieterseite durch Mietbeitritt der zusätzlichen Personen für den Vermieter empfehlenswert, da sich durch ihren Mietbeitritt das Mietausfallwagnis verringern kann. Der Beitretende wird nach den Regeln des bestehenden Vertrages Mitmieter. Bei mehreren Mietern haftet jeder für die gesamte Mietzahlungspflicht. Im Zweifel ist jeder Mieter verpflichtet, dem Vermieter den vollen Mietzins zu zahlen, einschließlich der Nebenkosten und evtl. Erstattungs- oder Schadensersatzansprüche des Vermieters. BGB §§ 427, 421 ff.

Von einem Anspruch des Vermieters auf Mietbeitritt ist dann auszugehen, wenn er der Aufnahme einer zusätzlichen Person in die Mietwohnung nicht widersprechen kann, z. B. wenn eine Mieterin heiratet und ihren Ehemann in der Wohnung zum ständigen Wohnen aufnimmt.

– Austausch des Mieters

Der Eintritt eines neuen Mieters in einen bestehenden Mietvertrag anstelle des bisherigen Mieters kommt in der Mietpraxis dann vor, wenn ein Mieter vorzeitig, z. B. ohne Einhaltung einer Kündigungsfrist, aus einer Mietwohnung ausziehen will und einen Nachmieter stellt.

Mieter dürfen grundsätzlich keine Vermittlungsprovisionen von ihrem Nachmieter verlangen. Auch ist es nicht zulässig, sich vom Nachmieter die eigene Auszugsbereitschaft honorieren zu lassen. Abstandsvereinbarungen sind dann gültig, wenn der Mietvertrag tatsächlich zustande kommt und der Kaufpreis für die übernommene Einrichtung nicht in einem Missverhältnis zum tatsächlichen Wert steht. WoVG § 2

Akzeptiert der Vermieter den Nachmieter, erfolgt ein Austausch auf der Mieterseite, indem der Mietvertrag mit dem bisherigen Mieter einvernehmlich aufgelöst und mit dem Nachmieter ein neues Mietverhältnis begründet wird. Dies geschieht häufig lediglich durch eine einfache Umschreibung des bisherigen Mietvertrages auf den neuen Mieter. Erfolgt ein solcher Austausch des Mieters, wird der bisherige Mieter aus seinen Rechten und Pflichten aus dem Mietvertrag entlassen. Der Vermieter hat vorher gründ-
WoVG § 2a lich zu prüfen, welche Ansprüche gegen den ausscheidenden Mieter noch bestehen, z. B. Mietrückstand, Erstattung von Nebenkosten, Beseitigung von eingebrachten Einrichtungen in die Mietwohnung usw.

Bei der zusätzlichen Aufnahme von Personen als Mieter und beim Austausch des Mieters gelten die allgemeinen Vorschriften und besonderen gesetzlichen Vorschriften über den Mietvertragsabschluss.

– Wechsel des Vermieters

Wechselt in einem bestehenden Mietverhältnis der Vermieter durch Verkauf der Mietsache, so bleibt der Mietvertrag durch die Veräußerung unberührt. Es gilt der Rechtsgrundsatz „Kauf bricht nicht Miete"; d. h.:

1. Der Eigentümer/Vermieter einer Mietsache wird durch einen bestehenden Mietvertrag nicht gehindert, sein Eigentum auf einen Käufer zu übertragen.
2. Durch einen Verkauf wird ein bestehender Mietvertrag nicht berührt.

Die Veräußerung eines Grundstücks oder Grundstücksteils und nach § 580 BGB auch die Veräußerung einer vermieteten Wohnung erfolgt durch Auflassungserklärung (Einigung des bisherigen Eigentümers/Verkäufers mit dem Käufer, dass das Eigentum vom Verkäufer auf den Käufer übergeben soll, und Eintragung ins Grundbuch [§ 873 BGB]).

Ist das Grundstück oder ein Mietobjekt zum Zeitpunkt des Eigentumsübergangs vermietet, so tritt der Käufer an die Stelle des bisherigen Vermieters in alle Rechte und
BGB § 571 Pflichten aus den bestehenden Mietverhältnissen ein.

BGB § 571 Abs.2 Erfüllt der Käufer die Verpflichtungen nicht, so haftet der bisherige Vermieter für die vom Käufer zu erfüllenden Verbindlichkeiten aus dem Mietvertrag als selbstschuldnerischer Bürge.

Der bisherige Vermieter kann sich von dieser Verpflichtung als Bürge dadurch befreien, dass er dem Mieter schriftlich den Übergang des Eigentums an der Mietsache auf den Käufer mitteilt. Nach Eingang dieser Mitteilung hat der Mieter das Recht, zum frühestmöglichen Zeitpunkt den Mietvertrag zu kündigen.

Macht der Mieter von seinem Sonderkündigungsrecht nicht Gebrauch, wird der bisherige Vermieter von seinen Verpflichtungen gegenüber dem Mieter gem. § 571 BGB frei.
BGB § 571 Abs.2 Satz 2 Der Mietvertrag besteht von nun an zwischen Mieter und dem Käufer des Mietobjektes als neuem Vermieter.

Der neue Vermieter wird erst rechtswirksamer Eigentümer mit Eintragung ins Grundbuch. Solange der Mieter vom Übergang des Eigentums keine Kenntnis hat, erfüllt er
BGB § 407 seine Zahlungsverpflichtung aus dem Mietvertrag an den bisherigen Vermieter.

– Kaution bei Verkauf des Hauses

Wurde bei Abschluss des Mietvertrages zwischen Mieter und bisherigem Vermieter eine Mietsicherheit in Form einer Kaution geleistet, so erlangt der Käufer als neuer Vermieter die Rechte aus der Mietsicherheitsleistung.

Der neue Vermieter ist zur Rückzahlung der Kaution nur verpflichtet, wenn er sie vom bisherigen Vermieter erhalten oder wenn er ihm gegenüber die Verpflichtung zur Rückzahlung übernommen hat. In der Rechtsprechung ist allgemein anerkannt, dass der Mieter vom bisherigen Vermieter verlangen kann, die erhaltene Kaution an den Käufer des Mietobjekts zu übergeben. BGB § 572

– Wechsel des Vermieters bei Umwandlung von Miet- in Eigentumswohnungen

Zu einem Wechsel des Vermieters kommt es auch dann, wenn ein Eigentümer eines Mietwohnhauses das Gebäude in Eigentumswohnungen umwandelt und an einen Erwerber veräußert. Sowohl öffentlich geförderte Wohnungen als auch frei finanzierte Wohnungen können in Eigentumswohnungen umgewandelt werden.

Bei der Umwandlung von Sozialwohnungen in Eigentumswohnungen sind zwei erschwerende Tatbestände zu beachten:

1. Wird eine vermietete Sozialwohnung in eine Eigentumswohnung umgewandelt und verkauft, hat der Mieter ein gesetzliches Vorkaufsrecht. Er kann sich 6 Monate lang überlegen, ob er die Wohnung selbst kaufen will. WoBindG § 2b
2. Der Erwerber hat kein Kündigungsrecht wegen Eigenbedarfs, solange die Wohnung als öffentlich gefördert gilt (vgl. §§ 15, 16 WoBindG). WoBindG § 6 Abs.7

Wird eine frei finanzierte Mietwohnung mit einem bestehenden Mietverhältnis in eine Eigentumswohnung umgewandelt und an einen Dritten verkauft, hat der Mieter ein Vorkaufsrecht. Ausnahme: Der Vermieter verkauft die Wohnung an eine zu seinem Hausstand gehörende Person oder an einen Familienangehörigen. Das Vorkaufsrecht kann nur bis zum Ablauf von 2 Monaten seit dem Empfang der Mitteilung über die Veräußerungsabsicht ausgeübt werden. Nimmt der Vorkaufsberechtigte einer solchen frei finanzierten Wohnung sein Vorkaufsrecht nicht wahr und wird sie an einen Dritten verkauft, hat der Erwerber zunächst die Möglichkeit, das Mietverhältnis wegen Eigenbedarfs zu kündigen. Eine Kündigung wegen Eigenbedarfs ist nicht vor Ablauf von drei Jahren seit dem Erwerb (Eintragung ins Grundbuch) möglich. Ist die ausreichende Versorgung der Bevölkerung mit Mietwohnungen in einer Gemeinde besonders gefährdet, erhöht sich die Frist auf 10 Jahre (Ballungsgebiete). BGB § 570b BGB § 564b Abs.2 Nr.2

Diese Regelung des Kündigungsrechts für den Erwerber einer vermieteten Eigentumswohnung gilt nicht, wenn die Wohnung nach der Begründung von Wohnungseigentum vermietet wurde. In diesem Falle kann ein Erwerber sofort wegen Eigenbedarfs kündigen. Behalten jedoch nach erfolgter Umwandlung der Mietwohnungen in Eigentumswohnungen Mieter ihre Wohnungen weiterhin als Mietwohnungen, so gilt auch hier hinsichtlich der Stellung des Mieters der Grundsatz gem. § 571 BGB „Kauf bricht nicht Miete“.

Der Erwerber tritt an Stelle des Vermieters in die Rechte und Pflichten ein, die sich während der Dauer des Mietverhältnisses mit dem bisherigen Vermieter ergeben haben. Hieraus ergibt sich, dass der Mieter mit dem Erwerber keinen neuen Mietvertrag schließen muss.

Für den neuen Wohnungseigentümer gilt, dass er mit dem Kauf der Wohnung den bestehenden Mietvertrag „erworben“ hat, an seinen Inhalt gebunden und somit nicht möglich ist, die Vertragsbedingungen einseitig abzuändern.

Hieraus ergeben sich Schwierigkeiten bei der Abgrenzung zwischen Sonder- und Gemeinschaftseigentum der entstandenen Eigentümergemeinschaft und den mietvertraglichen Regelungen der weiter bestehenden Mietverträge. So kann z. B. die Teilungserklärung vorsehen, dass dem Sondereigentum an der umgewandelten Wohnung ein

Kellerraum zugeordnet ist, während der bisher zur Mietwohnung gehörende Trockenboden einem anderen Wohnungseigentum als Hobbyraum zugeordnet wird. Oder die Gemeinschaftswaschküche soll als Fahrradkeller dienen.

Es ist aufgrund des bestehenden Mietverhältnisses nicht möglich, die wohnungseigentumsrechtlichen Regelungen in der Teilungserklärung zu realisieren. Dies gilt, solange der Mietvertrag besteht, es sei denn, dass der Mieter freiwillig auf entsprechende Rechte aus seinem Mietvertrag verzichtet.

Durch das Fortbestehen des Mietverhältnisses werden auch die übrigen Eigentümer in ihren Rechten eingeschränkt; wenn sie z. B. den vorgesehenen Fahrradkeller nicht nutzen können, da dieser Raum weiterhin als Gemeinschaftswaschküche der Mieter dient.

Nachdem durch die erwerbenden Eigentümer eine Eigentümergemeinschaft entstanden ist, können sich aufgrund der fortbestehenden Mietverhältnisse folgende Schwierigkeiten ergeben:

- Die in der Eigentümerversammlung getroffenen Gebrauchsregelungen für die Eigentumsanlage weichen von der zum Mietvertrag gehörenden Hausordnung ab. Für den Mieter gelten die Vereinbarungen der Hausordnung.
- Die Abrechnung der Bewirtschaftungskosten erfolgt in einer Eigentümergemeinschaft i. d. R. nach den Miteigentumsanteilen. Der Wohnungseigentümer hat die Abrechnung mit seinem Mieter nach dem mietvertraglich vereinbarten Verteilungsschlüssel, z. B. m^2-Wfl., vorzunehmen.
- Auch kann der Eigentümer nur die Betriebskosten auf den Mieter abwälzen, die mietvertraglich vereinbart sind. Verwaltungskosten und Beiträge zur Instandhaltungsrückstellung sind nicht abwälzbar.

Diese Schwierigkeiten bestehen für denjenigen Erwerber nicht, der ein Objekt im Rahmen der Zwangsversteigerung erwirbt.

Gesetz über die Zwangsversteigerung § 57a

Dieser Erwerber ist bei berechtigtem Interesse berechtigt, das Mietverhältnis unter Einhaltung der gesetzlichen Frist zu kündigen. Die Kündigung ist jedoch ausgeschlossen, wenn sie nicht zum ersten Termin erfolgt, für den sie zulässig ist.

5.1.3.10 Musterverträge

– Wichtige Vertragsmuster

In der unternehmerischen Wohnungswirtschaft werden i. d. R. die vom GdW Bundesverband deutscher Wohnungsunternehmen e.V. herausgegebenen und im Hammonia-Verlag Hamburg erschienenen Musterverträge verwandt.

Hier wird auf ein Vertragsmuster zurückgegriffen, das den Mietvertrag als Grundmuster konzipiert und sowohl für den preisgebundenen Wohnraum als auch für den Wohnraum verwendet werden kann, der dem Mietrecht im Rahmen des BGB und MHG unterliegt.

Zum Mietvertragsmuster gehört auch ein Muster für ein Übergabeprotokoll.

– Die Wahl des richtigen Vertrages

Grundsätzlich ist festzuhalten, dass es kein gesetzlich vorgeschriebenes Mietvertragsformular gibt. Der seinerzeit vom Bundesjustizministerium herausgegebene „Mustermietvertrag 76“ stellt lediglich einen Formulierungsvorschlag für einen Mietvertrag dar.

Derartige Vorschläge sind die üblichen Mietvertragsformulare, die z. B. von den Landesverbänden der Haus-, Wohnungs- und Grundeigentümer oder vom Deutschen Mieterbund herausgegeben werden.

Solche Formulare sind über die örtlichen Mietervereine bzw. Haus-, Wohnungs- und Grundeigentümervereine zu beziehen.

Die über den Schreibwarenhandel erhältlichen Mietvertragsformulare nehmen überwiegend eine neutrale Position ein und orientieren sich an dem erwähnten „Mustermietvertrag 76" des Bundesjustizministeriums.

In der Praxis der unternehmerischen Wohnungswirtschaft sind darüber hinaus aber auch Formular-Musterverträge erforderlich und üblich, die besondere Vermietungsaspekte berücksichtigen. Hier unterscheidet man:

- Mietvertrag – Nutzungsvertrag
- Mietvertrag – Nutzungsvertrag (Miethöhegesetz)
- Dauermietvertrag – Dauernutzungsvertrag
- Zeitmietvertrag
- Mietvertrag (Wohnungsbau für Bedienstete)

Die Wohnungsunternehmen unterscheiden grundsätzlich zwischen den Verträgen für
  Genossenschaften, den Nutzungsverträgen,
und den Verträgen für
  Gesellschaften, den Mietverträgen.

Die Klauseln in beiden Vertragsarten sind weitgehend identisch, jedoch haben die Nutzungsverträge eine andere Terminologie. In einer Genossenschaft sind die Mieter gleichzeitig Mitglieder der Genossenschaft und werden daher im Vertrag auch so benannt. Die Nutzungsverträge enthalten darüber hinaus noch folgende weitere Bestimmungen, und zwar über

- die Koppelung von Mitgliedschaft und Nutzungsverhältnis;
- die Bürgschaft des Ehegatten;
- die Fortsetzung des Nutzungsverhältnisses bei Tod eines Mitglieds.

Die übrigen Verträge weichen neben dieser grundsätzlichen Unterscheidung jeweils innerhalb der beiden Arten Nutzungs- und Mietverträge nur in einzelnen Klauseln voneinander ab.

- Zu Mietvertrag und Nutzungsvertrag

Die beiden Musterverträge sind für die Gesellschaften und Genossenschaften der Wohnungswirtschaft als Grundmuster konzipiert. Sie können als Fomularverträge sowohl für den preisgebundenen Wohnraum als auch für den Wohnraum verwendet werden, der nur dem normalen Mietrecht (BGB und MHG) unterliegt. Auch enthalten diese Verträge in § 1 Abs.3 die für Werkswohnungen erforderliche Vereinbarung.

- Zu Mietvertrag (Miethöhegesetz) und Nutzungsvertrag (Miethöhegesetz)

Diese Mietvertragsformulare werden dann verwendet, wenn die Absicht besteht, Inklusiv- oder Teil-Inklusivmieten zu vereinbaren. Hier fehlen dann die mit Werkswohnungen und mit Mietpreisbindungen zusammenhängenden Klauseln. Formularmietverträge dieser Art gehen davon aus, dass im Geltungsbereich des Miethöhegesetzes kein Zwang zur Umlage der Betriebskosten besteht und die Betriebskosten voll oder teilweise in der vereinbarten Miete enthalten sind.

- Zu Dauermiet- und Dauernutzungsvertrag

Diese beiden Musterverträge unterscheiden sich von den vorgenannten Formularverträgen nur durch die sog. „Dauerklausel". Diese Klausel besagt, dass die Wohnungsgesellschaft bzw. Wohnungsgenossenschaft zugunsten des Mieters bzw. Mitglieds bis auf „besondere Ausnahmefälle" auf eine Kündigung verzichtet.

- Zu Zeitmietvertrag

Das Muster für den Zeitmietvertrag hat die gleiche Grundkonzeption wie der o. g. Mietvertrag. Will ein Wohnungsunternehmen ein absolut befristetes Mietverhältnis begründen, um die Möglichkeit zu haben, nach Ablauf des Vertrages z. B. wesentliche Veränderungen der Mieträume vorzunehmen, dann berücksichtigt dieses Vertragsmuster die Anforderungen des § 564c Abs.2 BGB.

- Zu Mietvertrag (Wohnungsbau für Bedienstete)

Dieses Vertragsmuster trägt den Besonderheiten Rechnung, die im Rahmen der Wohnungsfürsorge für Bedienstete des öffentlichen Dienstes notwendig sind.

Die vorgenannten Vertragsmuster enthalten im Hinblick auf die Einführung des Euro am 1.1.1999 keine vorgedruckte Währungseinheit „DM“ mehr. In allen Vertragsmustern ist offengelassen, welche Währungseinheit die Vertragsparteien wählen. Die gewollte Währungseinheit ist an den gekennzeichneten Stellen einzutragen. Diese Alternative ist gewählt worden, weil die andere Alternative, das Vorhalten aller Verträge in zwei Varianten, aus technischen Gründen nicht sinnvoll ist.

Die Verträge enthalten ausdrücklich keine vorgedruckte Alternative „DM/Euro“, weil befürchtet werden muss, dass in der Vertragspraxis vergessen wird, die Streichung der nicht gewollten Währungseinheit vorzunehmen und es daher zu Abwicklungsschwierigkeiten in der Praxis kommen könnte.

– Muster für Zusatzvereinbarungen

Die abgedruckten Formularmuster ermöglichen folgende grundsätzliche Vereinbarungen im Mietvertrag:

- Staffelmiet-Vereinbarungen und Vereinbarungen einer Staffelnutzungsgebühr

Mit dieser Zusatzvereinbarung besteht die Möglichkeit, eine von vornherein festgelegte Mietzinssteigerung vertraglich festzuschreiben. Eine solche Vereinbarung ist nach § 10 Abs.2 MHG nur im nicht preisgebundenen Wohnungsbestand zulässig.

- Vereinbarungen über Sicherheitsleistungen durch Geldleistung in Miet- und Nutzungsverträgen

Mit dieser Zusatzvereinbarung wird der Abschluss einer Kautionsvereinbarung gem. § 550b BGB ermöglicht.

Mietvertrag

Herausgegeben
vom GdW Bundesverband deutscher Wohnungsunternehmen e.V.

Hammonia-Verlag GmbH

Ausgabe April 1999

Ausgabe 1999

Bestellnummer 30 880, Ausgabe April 1999

Hammonia-Verlag GmbH
Postfach 62 02 28 22402 Hamburg
Tangstedter Landstraße 83 22415 Hamburg

Telefon: (0 40) 52 01 03-36

VERTRAG

Wohnung Nr. ....

(Firma und Sitz des Wohnungsunternehmens) – Wohnungsunternehmen –

schließt mit

....

....

– Mieter –

diesen Mietvertrag.

§ 1 Mietsache

(1) Das Wohnungsunternehmen vermietet dem Mieter vom .... ab zu Wohnzwecken

die Wohnung Nr. ....

im Hause ....
(Ort, Straße und Hausnummer)

....

im .... Geschoß Mitte / rechts / links ....

nebst Garage*) / Stellplatz*) ....

Die Wohnfläche beträgt .... m² nach der II. Berechnungsverordnung.*)

*) Die Lieferung von Wärme und Warmwasser erfolgt nicht durch das Wohnungsunternehmen, sondern durch einen Dritten (vgl. Abs. 5).

(2) Die in Abs. 1 bezeichnete Wohnung besteht aus*):

.... Zimmern,

.... Küche / Kochnische,

.... Bad / Dusche mit WC,

.... bes. WC,

.... Diele / Flur,

.... Garderobe,

.... Balkon(e), Loggia(en), Terrasse,

.... Speisekammer,

.... Abstellraum,

.... Kellerraum-Nr.: ....,

.... Dachbodenanteil.

(3) Die Wohnung ist preisgebunden*) / nicht preisgebunden*). Sie ist mit Mitteln aus öffentlichen Haushalten*) / mit Mitteln ....

....

gefördert worden.*)

Sie wird dem Mieter mit Rücksicht auf das Bestehen des Dienstverhältnisses zu ....

bis zu ....

überlassen*).

*) Nichtzutreffendes streichen

Best.-Nr.: 30 882, Ausgabe April 1999

(4) Zum Mitgebrauch sind folgende gemeinschaftliche Anlagen und Einrichtungen vorhanden:

) Zentralheizung) / Fernwärme*)

) zentrale Warmwasserversorgung) / Fernwarmwasserversorgung*)

) Personen-) / Lastenaufzug*)

) Gemeinschaftsantennen für Hörfunk) / Fernsehen*)

*) Anschluß an das Breitbandkabelnetz

*) maschinelle Wascheinrichtung

(5) *) Die Versorgung der Mietsache mit Wärme für Raumbeheizung und Gebrauchswassererwärmung erfolgt nicht durch das Wohnungsunternehmen, sondern durch das Unternehmen

....

....

*) Der Mieter verpflichtet sich, mit diesem Unternehmen einen Wärmelieferungsvertrag gemäß anliegendem Muster abzuschließen und Wärme von diesem Unternehmen zu beziehen.

*) ....

....

....

§ 2 Miete und Nebenleistungen

(1) Die Miete beträgt monatlich:

a) Einzel-/Grundmiete .... [1])

b) Zuschläge für ....

.... [1])

c) Vergütung für die Überlassung der Garage*) / des Stellplatzes*) .... [1])

d) Vorauszahlungen gem. Abs. 4 .... [1])

Monatlich insgesamt zu zahlende Miete .... [1])

Bei Zahlungsverzug ist das Wohnungsunternehmen berechtigt, die gesetzlichen Verzugszinsen und für jede schriftliche Mahnung .... [1]) pauschalierte Mahnkosten zu fordern, es sei denn der Mieter weist nach, daß wesentlich geringere Kosten entstanden sind.

(2) Die in Abs. 1 genannte Miete erhöht sich insbesondere

*) wegen Abbaus von Aufwendungssubventionen

....

....

a) ab .... um .... [1]) / m^2 Wohnfläche im Monat

b) ....

c) ....

....

....

....

wegen/aufgrund*) ....

....

....

....

*) Nichtzutreffendes streichen

[1]) Die vereinbarte Währungseinheit ist einzutragen.

(3) Das Wohnungsunternehmen ist berechtigt, gesetzlich zulässige Mieterhöhungen vorzunehmen. Das Recht auf Umlage erhöhter Betriebskosten nach § 4 Abs. 2 MHG wird auch für die bereits in der Grundmiete enthaltenen Betriebskosten vereinbart; dies gilt auch für nachträglich neu entstehende Betriebskosten.

Neu entstandene Betriebskosten i.S.v. § 27 der Zweiten Berechnungsverordnung kann das Wohnungsunternehmen auch umlegen, wenn sie in Abs. 4 bei Vertragsabschluß nicht genannt sind. Das Wohnungsunternehmen wird dem Mieter die neuen Betriebskosten sofort nach Bekanntwerden ankündigen.

Bei preisgebundenem Wohnraum gilt die jeweils gesetzlich zulässige Miete als vertraglich vereinbart. Aufgrund der gesetzlichen Regelung der Miete kann sich eine rückwirkende Mieterhöhung ergeben.

(4) Es werden die Betriebskosten im Sinne des § 27 Anlage 3 der Zweiten Berechnungsverordnung – und bei preisgebundenem Wohnraum das Umlageausfallwagnis – umgelegt; hierauf werden Vorauszahlungen erhoben für:

1. Allgemeine Betriebskosten: Vorauszahlungen: (mtl.)[1])

   a) *) laufende öffentliche Lasten des Grundstücks
   b) *) Wasserversorgung und Entwässerung
   c) *) Aufzug
   d) *) Straßenreinigung und Müllabfuhr
   e) *) Hausreinigung und Ungezieferbekämpfung
   f) *) Gartenpflege
   g) *) Beleuchtung
   h) *) Schornsteinreinigung
   i) *) Sach- und Haftpflichtversicherung
   j) *) Hauswart
   k) *) Gemeinschaftsantennen-Anlage
   l) *) private Verteilanlage für Breitbandkabelnetz
   m) *) Grundgebühren für Breitbandanschluß
   n) *) sonstige Betriebskosten ....

   ....

   zusammengefaßt: .... [1])

2. Wärme- und Warmwasserkosten: .... [1])
   *) einschließlich des Entgelts für die Lieferung von Wärme und Warmwasser

   ....

Bei preisgebundenem Wohnraum ist in den Vorauszahlungen jeweils anteilig die Vorauszahlung für das Umlageausfallwagnis enthalten.

Soweit nachfolgend nichts anderes festgelegt wird, erfolgt die Abrechnung für das Kalenderjahr nach dem Verhältnis der Wohnfläche.

Für die folgenden Betriebskosten gelten besondere Berechnungsgrundlagen, Abrechnungszeiträume und Umlegungsmaßstäbe:

a) *) Grundgebühren für Breitbandanschluß

b) *) Wärme und Warmwasser

c) *) ....

....

*) Nichtzutreffendes streichen

[1]) Die vereinbarte Währungseinheit ist einzutragen.

Erhöhen sich während der Abrechnungsperiode die Betriebskosten, so daß die Vorauszahlungen die Betriebskosten voraussichtlich nicht decken, ist das Wohnungsunternehmen auch während des Abrechnungszeitraumes nach Maßgabe der gesetzlichen Vorschriften zur angemessenen Anpassung der Vorauszahlungen berechtigt; das Erhöhungsverlangen ist zu erläutern.
Bei Vorliegen sachlicher Gründe können die Berechnungsgrundlagen, Abrechnungszeiträume und Umlegungsmaßstäbe nach billigem Ermessen unter schriftlicher Mitteilung an den Mieter mit Wirkung für den nächsten Abrechnungszeitraum geändert werden. Die gesetzlichen Vorschriften, insbesondere der Heizkosten-Verordnung, sind dabei einzuhalten. Der Mieter ist berechtigt, in angemessener Zeit nach Zugang der Abrechnung die Unterlagen während der üblichen Geschäftszeiten bei dem Wohnungsunternehmen einzusehen.

Zieht der Mieter vor Ende eines Abrechnungszeitraumes aus, so wird auch seine Abrechnung erst mit der nächsten Gesamtabrechnung fällig. In diesem Falle trägt der Mieter die Kosten der Zwischenablesung einschließlich der Kosten der Berechnung und Aufteilung, es sei denn, der Mieter hat berechtigterweise fristlos gekündigt.

Für jede Benutzung der maschinellen Wascheinrichtung ....

....

wird ein besonderes Entgelt erhoben.

(5) Außerdem sind vom Mieter nach Maßgabe der Allgemeinen Vertragsbestimmungen und der Hausordnung:

a) *) die Schönheitsreparaturen auszuführen (vgl. Nrn. 4 und 11 AVB),

b) *) dem Wohnungsunternehmen die Kosten für die Beseitigung der Bagatellschäden zu erstatten. Bagatellschäden sind kleine Schäden an den Installationsgegenständen für Elektrizität, Wasser und Gas, den Heiz- und Kocheinrichtungen, den Fenster- und Türverschlüssen sowie den Verschlußvorrichtungen von Fensterläden. Die Kosten der Beseitigung dürfen im Einzelfall

den Betrag von .... [1]) und jährlich ....Prozent der Jahresmiete*)/ .... *)[1])
nicht übersteigen. Der Mieter ist von der Kostentragung befreit, wenn er die Bagatellschäden selbst beseitigt.

c) *) die zur gemeinsamen Benutzung bestimmten Räume, Einrichtungen und Anlagen zu reinigen,

d) *) die Schneebeseitigung und das Streuen bei Glatteis entsprechend ....

.... [2]) durchzuführen,

e) *) ....

....,

weil die Miete diese Leistungen nicht deckt.

§ 3 Zusätzliche Vereinbarungen

....

....

....

....

....

....

....

....

....

....

*) Nichtzutreffendes streichen

[1]) Die vereinbarte Währungseinheit ist einzutragen.

[2]) Hier ist z.B. auf die konkrete öffentlich-rechtliche Ortssatzung Bezug zu nehmen.

§ 4 Mietdauer und Kündigung

(1) *) Das Mietverhältnis wird für unbestimmte Zeit abgeschlossen.

(2) Der Vertrag kann vom Mieter bis zum dritten Werktag eines Kalendermonats für den Ablauf des übernächsten Kalendermonats schriftlich gekündigt werden. Die fristlose Kündigung richtet sich nach den gesetzlichen Vorschriften.

(3) Die fristlose Kündigung des Wohnungsunternehmens richtet sich nach Nr. 8 AVB, die ordentliche Kündigung nach den gesetzlichen Bestimmungen.

§ 5 Vertragsbestandteile

(1) Das Übergabeprotokoll wird bei der Wohnungsübergabe aufgenommen, unterschrieben und ausgehändigt.

(2) Folgende Unterlagen sind Bestandteile des Mietvertrages:

Die Allgemeinen Vertragsbestimmungen (AVB) in der Fassung ....

*) Die Hausordnung in der Fassung ....

*) Die Benutzungsordnung

....

....

.............................., den ....

....
(Wohnungsunternehmen)

....
(Mieter)

....
(Mieter)

*) Nichtzutreffendes streichen

Best.-Nr.: 30 884, Ausgabe April 1999

Hammonia-Verlag GmbH Fachverlag der Wohnungswirtschaft

Empfangsbestätigung

Der Mieter bestätigt mit seiner Unterschrift, folgende Unterlagen erhalten zu haben:

Die Allgemeinen Vertragsbestimmungen (AVB) in der Fassung ....

*) Die Hausordnung in der Fassung ....

*) Die Benutzungsordnung

....

....

.............................., den ....

....
(Mieter)

....
(Mieter)

*) Nichtzutreffendes streichen

8

Allgemeine Vertragsbestimmungen

(Fassung MVp April 1999)

Nr. 1
Benutzung der Mietsache, der gemeinschaftlichen Anlagen und Einrichtungen

(1) Die Hausordnung und die Benutzungsordnungen darf das Wohnungsunternehmen nachträglich aufstellen oder ändern, soweit dies im Interesse einer ordnungsmäßigen Bewirtschaftung des Hauses dringend notwendig und für den Mieter zumutbar ist. Etwaige neue oder geänderte Regelungen werden dem Mieter besonders mitgeteilt. Darüber hinausgehende Regelungen bedürfen der Zustimmung des Mieters.

(2) Für Aufstellung und Betrieb von Waschmaschinen, Trockenautomaten und Geschirrspülmaschinen bedarf der Mieter keiner vorherigen Zustimmung (vgl. Nr. 6 AVB) des Wohnungsunternehmens. Der Mieter hat dabei jedoch die einschlägigen technischen Vorschriften und die verkehrsüblichen Regeln zu beachten, um die mit Aufstellung und Betrieb derartiger Geräte verbundenen möglichen Beeinträchtigungen und Schäden zu verhindern.

Nr. 2
Mietzahlung

(1) Die Miete gemäß § 2 ist monatlich im voraus, spätestens bis zum dritten Werktag eines jeden Monats kostenfrei nach näherer Bestimmung des Wohnungsunternehmens zu entrichten.

(2) Der Mieter ist auf Verlangen des Wohnungsunternehmens verpflichtet, die Miete – einschließlich Zuschlägen, Vergütungen und Vorauszahlungen – von einem Konto bei einem Geldinstitut abbuchen zu lassen und die dazu erforderliche Einzugsermächtigung zu erteilen. Der Mieter hat ggf. ein Konto bei einem Geldinstitut anzulegen und für die Deckung des Kontos in Höhe der monatlich zu leistenden laufenden Zahlungen zu sorgen. Die dem Wohnungsunternehmen berechneten Kosten nicht eingelöster Lastschriften hat der Mieter zu tragen. Bei Vorliegen eines wichtigen Grundes ist der Mieter berechtigt, die Einzugsermächtigung zu widerrufen.

Nr. 3
Übergabe der Mietsache

(1) Der Zustand der Mietsache im Zeitpunkt der Übergabe wird im Übergabeprotokoll niedergelegt.

(2) Soweit das Wohnungsunternehmen oder der Mieter Ausgleichsbeträge für unterlassene Schönheitsreparaturen (vgl. Nr. 11 Abs. 4 AVB) vom Vormieter erhalten hat, sind diese zur Durchführung von Schönheitsreparaturen in der Wohnung zu verwenden bzw. bei Ausführung durch den Mieter an diesen auszuzahlen.

Nr. 4
Erhaltung der Mietsache

(1) Der Mieter hat die Mietsache sowie die zur gemeinschaftlichen Benutzung bestimmten Räume, Einrichtungen und Anlagen schonend und pfleglich zu behandeln. Er hat für ausreichende Lüftung und Heizung aller ihm überlassenen Räume zu sorgen.

(2) Schönheitsreparaturen sind fachgerecht auszuführen. Die Schönheitsreparaturen umfassen

> das Anstreichen, Kalken oder Tapezieren der Wände und Decken, das Streichen der Fußböden und den Innenanstrich der Fenster, das Streichen der Türen und der Außentüren von innen sowie der Heizkörper einschließlich der Heizrohre.

Die Schönheitsreparaturen sind spätestens nach Ablauf folgender Zeiträume auszuführen:

in Küchen, Bädern und Duschen dabei sind die Innenanstriche der Fenster sowie die Anstriche der Türen, Heizkörper und Heizrohre spätestens alle vier Jahre durchzuführen,	alle drei Jahre,
in Wohn- und Schlafräumen, Fluren, Dielen und Toiletten	alle fünf Jahre,
in anderen Nebenräumen	alle sieben Jahre.

Der Mieter darf nur mit Zustimmung des Wohnungsunternehmens von der bisherigen Ausführungsart erheblich abweichen. Er ist für den Umfang der im Laufe der Mietzeit ausgeführten Schönheitsreparaturen beweispflichtig.

(3) Läßt in besonderen Ausnahmefällen der Zustand der Wohnung eine Verlängerung der nach Abs. 2 vereinbarten Fristen zu oder erfordert der Grad der Abnutzung eine Verkürzung, so ist das Wohnungsunternehmen verpflichtet, im anderen Fall aber berechtigt, nach billigem Ermessen die Fristen des Planes bezüglich der Durchführung einzelner Schönheitsreparaturen zu verlängern oder zu verkürzen.

(4) Schäden in den Mieträumen, im Hause und an den Außenanlagen sind dem Wohnungsunternehmen unverzüglich anzuzeigen. Der Mieter haftet für Schäden, die durch schuldhafte Verletzung der ihm obliegenden Anzeige- und Sorgfaltspflichten verursacht werden, insbesondere, wenn technische Anlagen und sonstige Einrichtungen unsachgemäß behandelt, die überlassenen Räume nur unzureichend gelüftet, geheizt oder nicht genügend gegen Frost geschützt werden. Er haftet auch für Schäden, die durch seine Angehörigen, Untermieter sowie von sonstigen Personen schuldhaft verursacht werden, die auf Veranlassung des Mieters mit der Mietsache in Berührung kommen.

Nr. 5
Modernisierung und Energieeinsparung

Maßnahmen zur Erhaltung und Verbesserung der gemieteten Räume oder zur Einsparung von Heizenergie hat der Mieter zu dulden, soweit sich die Verpflichtung dazu aus den Paragraphen 541a und 541b des Bürgerlichen Gesetzbuches (BGB) ergibt.

Nr. 6
Zustimmungsbedürftige Handlungen des Mieters

(1) Mit Rücksicht auf die Gesamtheit der Mieter und im Interesse einer ordnungsmäßigen Bewirtschaftung des Hauses und der Wohnung bedarf der Mieter der vorherigen Zustimmung des Wohnungsunternehmens, wenn er

a) die Wohnung oder einzelne Räume entgeltlich oder unentgeltlich Dritten überläßt, es sei denn, es handelt sich um eine unentgeltliche Aufnahme von angemessener Dauer (Besuch),

b) die Wohnung oder einzelne Räume zu anderen als Wohnzwecken benutzt oder benutzen läßt,

c) Schilder (ausgenommen übliche Namensschilder an den dafür vorgesehenen Stellen), Aufschriften oder Gegenstände jeglicher Art in gemeinschaftlichen Räumen, am Hause anbringt oder auf dem Grundstück aufstellt,

d) Tiere hält, soweit es sich nicht um übliche Kleintierhaltung handelt (z.B. Fische, Hamster, Vögel), es sei denn, in § 3 ist etwas anderes vereinbart,

e) Antennen anbringt oder verändert,

f) von der laut Übergabeprotokoll vorgesehenen Beheizungsart abweicht,

g) in den Mieträumen, im Haus oder auf dem Grundstück außerhalb vorgesehener Park-, Einstell- oder Abstellplätze ein Kraftfahrzeug, einschließlich Moped oder Mofa, abstellen will,

h) Um-, An- und Einbauten sowie Installationen vornimmt, die Mieträume, Anlagen oder Einrichtungen verändert,

i) Heizöl oder andere feuergefährliche Stoffe lagern will,

j) weitere Schlüssel anfertigen lassen will.

(2) Die Zustimmung des Wohnungsunternehmens soll schriftlich erfolgen; dies schließt nicht aus, daß die Vertragsparteien im Einzelfall auf die Schriftform verzichten.

(3) Für die Fälle der Überlassung der Wohnung oder einzelner Räume nach Abs. 1 a) gelten die Bestimmungen des Bürgerlichen Gesetzbuches (§ 549 BGB).

Das Wohnungsunternehmen wird im übrigen eine Zustimmung erteilen, wenn keine berechtigten Interessen des Wohnungsunternehmens entgegenstehen und Belästigungen anderer Hausbewohner und Nachbarn sowie Beeinträchtigungen der Mietsache und des Grundstücks nicht zu erwarten sind.

(4) Das Wohnungsunternehmen kann eine erteilte Zustimmung widerrufen, wenn Auflagen nicht eingehalten, Bewohner, Haus oder Grundstücke gefährdet oder beeinträchtigt oder Nachbarn belästigt werden oder sich Umstände ergeben, unter denen eine Zustimmung nicht mehr erteilt werden würde.

(5) Durch die Zustimmung des Wohnungsunternehmens wird eine etwaige Haftung des Mieters nicht ausgeschlossen.

Nr. 7
Besichtigung der Mietsache durch das Wohnungsunternehmen

(1) Beauftragte des Wohnungsunternehmens können in begründeten Fällen die Mietsache nach rechtzeitiger Ankündigung bei dem Mieter zu angemessener Tageszeit besichtigen oder besichtigen lassen.

(2) In dringenden Fällen ist das Wohnungsunternehmen bei Abwesenheit des Mieters berechtigt, die Mieträume auf Kosten des Mieters öffnen zu lassen, sofern die Schlüssel dem Wohnungsunternehmen nicht zur Verfügung stehen.

Nr. 8
Fristlose Kündigung

Das Wohnungsunternehmen kann das Mietverhältnis ohne Einhaltung einer Frist schriftlich kündigen, wenn

a) der Mieter oder diejenigen, welchen der Mieter den Gebrauch der Mietsache überlassen hat, ungeachtet einer Abmahnung des Wohnungsunternehmens einen vertragswidrigen Gebrauch der Mietsache fortsetzen, der die Rechte des Wohnungsunternehmens in erheblichem Maße verletzt, insbesondere einem Dritten den ihm unbefugt überlassenen Gebrauch belassen oder die Mietsache durch Vernachlässigung der dem Mieter obliegenden Sorgfalt erheblich gefährden,

b) der Mieter schuldhaft in solchem Maße seine Verpflichtungen verletzt, insbesondere den Hausfrieden so nachhaltig stört, daß dem Wohnungsunternehmen die Fortsetzung des Mietverhältnisses nicht zugemutet werden kann,

c) der Mieter für zwei aufeinanderfolgende Termine mit der Entrichtung des Mietzinses oder eines Teiles des Mietzinses, der eine Monatsmiete übersteigt, in Verzug ist oder

d) in einem Zeitraum, der sich über mehr als zwei Termine erstreckt, mit der Entrichtung des Mietzinses in Höhe eines Betrages in Verzug gekommen ist, der den Mietzins für zwei Monate erreicht.

Nr. 9
Keine stillschweigende Verlängerung

Das Wohnungsunternehmen ist nicht damit einverstanden, daß eine Verlängerung des Mietverhältnisses eintritt, wenn der Mieter nach Ablauf der Vertragszeit oder einer gewährten Räumungsfrist die Wohnung weiterhin benutzt. § 568 BGB wird ausgeschlossen.

Nr. 10
Beendigung des Mietverhältnisses durch Tod

(1) Ist das Mietverhältnis mit mehreren Mietern abgeschlossen, so wird es nach dem Tod eines der Mieter mit den überlebenden Mietern allein fortgesetzt.

(2) Führt der Mieter mit seinem Ehegatten einen gemeinsamen Hausstand in der Wohnung, so tritt mit dem Tode des Mieters der Ehegatte in das Mietverhältnis ein. Erklärt der Ehegatte binnen eines Monats, nachdem er vom Tode des Mieters Kenntnis erlangt hat, dem Wohnungsunternehmen gegenüber, daß er das Mietverhältnis nicht fortsetzen will, so gilt sein Eintritt in das Mietverhältnis als nicht erfolgt.

(3) Im übrigen gelten im Falle des Todes des Mieters die gesetzlichen Bestimmungen.

(4) *) Die Vorschriften über Dienst- und Werkwohnungen bleiben unberührt.

Nr. 11
Rückgabe der Mietsache

(1) Bei Beendigung des Mietverhältnisses sind die überlassenen Räume in ordnungsgemäßem Zustand zu übergeben.

(2) Hat der Mieter Änderungen der Mietsache vorgenommen, so hat er den ursprünglichen Zustand spätestens bis zur Beendigung des Mietverhältnisses wiederherzustellen, soweit nichts anderes vereinbart ist oder wird. Für Anlagen und Einrichtungen (auch Schilder und Aufschriften) innerhalb und außerhalb der Mieträume gilt das gleiche. Das Wohnungsunternehmen kann verlangen, daß Einrichtungen beim Auszug zurückbleiben, wenn es den Mieter angemessen entschädigt. Dem Wohnungsunternehmen steht dieses Recht nicht zu, wenn der Mieter an der Mitnahme ein berechtigtes Interesse hat.

(3) Hat der Mieter die Schönheitsreparaturen übernommen, so sind die nach Nr. 4 Abs. 2 AVB fälligen Schönheitsreparaturen rechtzeitig vor Beendigung des Mietverhältnisses nachzuholen.

(4) Sind bei Beendigung des Mietverhältnisses Schönheitsreparaturen noch nicht fällig im Sinne von Nr. 4 Abs. 2 AVB, so hat der Mieter an das Wohnungsunternehmen einen Kostenanteil zu zahlen, da die Übernahme der Schönheitsreparaturen durch den Mieter bei der Berechnung der Miete berücksichtigt worden ist. Zur Berechnung des Kostenanteils werden die Kosten einer im Sinne der Nr. 4 Abs. 2 umfassenden und fachgerechten Schönheitsreparatur im Zeitpunkt der Beendigung des Mietverhältnisses ermittelt.

Der zu zahlende Anteil entspricht, soweit nach Nr. 4 Abs. 3 nichts anderes gilt, dem Verhältnis zwischen den vollen Fristen lt. Nr. 4 Abs. 2 und den seit Ausführung der letzten Schönheitsreparaturen bis zur Räumung abgelaufenen Zeiträumen.

Die Kostenanteile des Mieters werden zur Durchführung von Schönheitsreparaturen verwendet (vgl. Nr. 3 Abs. 2). Soweit der Mieter noch nicht fällige Schönheitsreparaturen rechtzeitig vor Beendigung des Mietverhältnisses durchführt, ist er von der Zahlung des Kostenanteils befreit.

(5) Bei Auszug hat der Mieter alle Schlüssel an das Wohnungsunternehmen zu übergeben; anderenfalls ist das Wohnungsunternehmen berechtigt, auf Kosten des Mieters die Räume öffnen und neue Schlösser und Schlüssel anfertigen zu lassen, es sei denn, der Mieter macht glaubhaft, daß ein Mißbrauch ausgeschlossen ist.

*) Nichtzutreffendes streichen

Nr. 12
Personenmehrheit der Mieter

(1) Mehrere Mieter haften für alle Verpflichtungen aus dem Mietvertrag als Gesamtschuldner.

(2) Willenserklärungen sind gegenüber allen Mietern abzugeben; für die Rechtswirksamkeit des Zugangs genügt es, wenn sie gegenüber einem der Mieter abgegeben werden. Diese Empfangsvollmacht, die auch für die Entgegennahme von Kündigungen gilt, kann aus berechtigtem Interesse widerrufen werden.

Nr. 13
Schlußbestimmungen

(1) Änderungen und Ergänzungen dieses Vertrages sind schriftlich zu vereinbaren, dies schließt nicht aus, daß die Vertragsparteien im Einzelfall auf die Schriftform verzichten.

(2) Für Streitigkeiten aus diesem Vertrag ist das Gericht zuständig, in dessen Bezirk die Wohnung liegt.

Anlage: ……………………

Wohnung Nr.: ……………………

Mieter: ……………………

Übergabeprotokoll

Die in § 1 des Mietvertrages bezeichnete Wohnung ist für eine Beheizung mit ……………………

…………………… vorgesehen.

Sie ist mit …………………… Kohle- / Gas- / Öl-Öfen / Etagenheizung / Kachelofenmehrraumheizung / Sammelheizung / zentraler Warmwasserversorgung,

mit einer Gemeinschaftsantennen-Anlage /Anschluß an das Breitbandkabelnetz für Hörfunk / Fernsehen ……………………

…………………… Programm,

Telefon-Leerrohr,

ausgestattet.

Zu der Wohnung gehört die Garage / der Stellplatz ……………………

……………………

Der Mieter bestätigt, folgende Einrichtungsgegenstände übernommen zu haben:

Kohlebadeofen mit Batterie, Standbrause und Aschkasten,

Gasdurchlauferhitzer …………………… Liter, ……………………

Elektro- / Speicher- / Durchlauferhitzer, Kochendwassergerät: …………………… Liter,

Gasheizofen: …………… Heizstrahler,

Badewanne freistehend / eingebaut mit Batterie, Handbrause, Stöpsel und Kette,

…………… Handwaschbecken mit Standbatterie / Zapfhahn,

…………… Toilettenbecken mit Sitz, Deckel und Spülkasten,

…………… Spiegel, …………… Konsole(n), …………… Seifenschale(n),

…………… Handtuchhalter, …………… Papierrollenhalter,

……………………

Kohle- / Gas- / Elektro- / Öl- / komb. Herd (Fabrikat …………………… Nr. ……………),

mit …………… Brennern / Platten, …………… Rosten, …………… Backblechen,

…………… Feuerungsringen, …………… Schürhaken, …………… Abdeckplatten,

……………………

…………… Abstellplatten (zum Herd gehörend),

…………… Geschirrwagen, …………… Grillrost(e),

…………… Ausgußbecken / Spülbecken einfach / doppelt / eingebaut,

…………… Kühlschrank …………… Ltr. (Fabrikat …………………… Nr. ……………),

Best.-Nr.: 30 874, Ausgabe April 1999

Einbauküche: Speiseschrank mit .... Einlegeböden, Arbeitsplatte und .... Schubkästen, ... Tischschrank, ... Wandschrank, ... Besenschrank, ... Hängeschrank mit .... Kunststoff- / Glasschütten,

Arbeitsplatte(n) mit .... Schubkasten,

....

....

Öfen: .... Öl- / Gas-Öfen, ... Allesbrenner, ... Kachel- / eingebaute / transportable Öfen, ... Etagenheizung,

.... Ofenvorsetzer, ... Aschkasten, ... Ringheber, ... Schürhaken,

Schlüssel: .... Haus-, ... Wohnungs-, ... Zimmer-, ... Boden-,

.... Keller-, ... Briefkastenschlüssel,

....

....

.... Anschlußkabel, ...

....

Folgende vom Vormieter übernommene Einrichtungen und Gegenstände gehören nicht zur Mietsache und sind daher auf Verlangen des Wohnungsunternehmens bei Beendigung des Mietverhältnisses zu entfernen. In diesem Fall ist der vorherige Zustand wiederherzustellen.

....

....

....

....

....

....

Bemerkungen zum Zustand der Mietsache:

....

....

....

Das Wohnungsunternehmen verpflichtet sich, die folgenden Arbeiten bis zum .... auszuführen:

....

....

....

Dieses Übergabeprotokoll wird Bestandteil des Mietvertrages.

........, den ....

....

(Wohnungsunternehmen) (Mieter)

....

(Mieter)

Staffelmiet-Vereinbarung

zu dem ....-Vertrag vom ....

(1) Es wird eine Staffel-Miete vereinbart[1]). Demgemäß erhöht sich die bei Vertragsbeginn geltende Miete (§ 2 Abs. 1) wie folgt[2]):

ab dem .... um .... [3])/auf .... [3]) monatlich

ab dem .... um .... [3])/auf .... [3]) monatlich

ab dem .... um .... [3])/auf .... [3]) monatlich

ab dem .... um .... [3])/auf .... [3]) monatlich

ab dem .... um .... [3])/auf .... [3]) monatlich

ab dem .... um .... [3])/auf .... [3]) monatlich

ab dem .... um .... [3])/auf .... [3]) monatlich

ab dem .... um .... [3])/auf .... [3]) monatlich

ab dem .... um .... [3])/auf .... [3]) monatlich

(2) Das Wohnungsunternehmen ist berechtigt, Erhöhungen der Betriebskosten neben den sich aus der vorgenannten Staffelung ergebenden Endbeträgen durch schriftliche Erklärung anteilig auf den Mieter umzulegen.

Das Wohnungsunternehmen wird die jeweils ausgewiesene Miete ermäßigen, soweit es aufgrund gesetzlicher Bestimmungen hierzu verpflichtet ist.

In Abänderung von § 2 des Vertrages sind während des Zeitraumes der Staffelmietvereinbarung andere Mieterhöhungen ausgeschlossen.

In Abänderung von § 4 Abs. 2 ist das Kündigungsrecht des Mieters bis zum .... ausgeschlossen.[4])

---

[1]) Nur bei nicht preisgebundenem Wohnraum zulässig.
[2]) Die Vereinbarung darf nur einen Zeitraum bis zu 10 Jahren erfassen. Die Miete muß jeweils mindestens 1 Jahr unverändert bleiben und betragsmäßig ausgewiesen sein.
[3]) Die vereinbarte Währungseinheit ist einzutragen.
[4]) Das Kündigungsrecht des Mieters darf höchstens 4 Jahre ausgeschlossen werden.

Bestellnummer: 30842, (Euro) Ausgabe August 1990

Hammonia-Verlag GmbH · Postfach 62 02 28 · Tangstedter Landstraße 83 · 22415 Hamburg · Telefon: (0 40) 52 01 03-36

Vereinbarung

über Sicherheitsleistungen durch Geldleistung in Miet- und Nutzungsverträgen

I. Zur Sicherung von Ansprüchen des Wohnungsunternehmens gegen den Mieter/Nutzer aus Schäden an der Wohnung oder unterlassenen Schönheitsreparaturen zahlt der Mieter/Nutzer

am ....

insgesamt .... [1])

Die Sicherheitsleistung wird auf das

*) Treuhandkonto „Sicherheitsleistungen" Nr. ....

bei .... eingezahlt.

*) Konto-Nr. .... bei ....

.... eingezahlt

und durch selbstschuldnerische Bürgschaft einer öffentlichen Sparkasse oder einer Bank ....

....

....

.... gesichert.[2])

II. Die Sicherheitsleistung wird entsprechend dem für Spareinlagen mit dreimonatiger Kündigungsfrist üblichen Zinssatz verzinst. Die Zinsen erhöhen die Sicherheit.

III. Die Sicherheitsleistung und die aufgelaufenen Zinsen sind nach Beendigung des Miet-/Nutzungsverhältnisses und Ablauf einer angemessenen Überlegungs- und Prüfungsfrist abzurechnen und, soweit ein Guthaben besteht, auszuzahlen. Der Auszahlungsanspruch des Mieters/Nutzers kann weder abgetreten noch verpfändet werden.

IV. Bei nicht preisgebundenem Wohnraum dient die Sicherheitsleistung auch zur Sicherung sonstiger Ansprüche aus dem Miet- oder Nutzungsverhältnis.

Ort/Datum: ....

....
(Wohnungsunternehmen)

....
(Mieter/Nutzer)

....
(Mieter/Nutzer)

*) Nichtzutreffendes streichen.

[1]) Die vereinbarte Währungseinheit ist einzutragen.
[2]) Anstelle der Bürgschaft einer öffentlichen Sparkasse oder einer Bank kann das Wohnungsunternehmen auch andere gleichwertige Sicherheiten einer öffentlichen Sparkasse oder einer Bank zur Sicherung seiner Rückzahlungsverpflichtung vorsehen. Diese sind im einzelnen oben aufzuführen.

Herausgegeben vom GdW Bundesverband deutscher Wohnungsunternehmen e.V.

Hammonia-Verlag GmbH · Postfach 62 02 28 22402 Hamburg
Tangstedter Landstr. 83 22415 Hamburg
Telefon: (0 40) 52 01 03-36

Bestellnummer: 30865, (Euro) Ausgabe Dezember 1993

Fragen:

1. Wohnungen, die mit öffentlichen Mitteln gefördert wurden, dürfen nur an einen bestimmten Personenkreis vermietet werden.

   a) Wodurch wird der begünstigte Personenkreis bestimmt?

   b) Womit hat dieser Personenkreis seine Berechtigung nachzuweisen und welches Gesetz ist hierfür die Grundlage?

2. Was versteht man unter Zweckbindung von Wohnraum?

3. Erläutern Sie, wie der Abschluss eines Wohnraummietvertrages zustande kommt!

4. Mietverträge müssen nicht persönlich abgeschlossen werden. Die Vertragsparteien können sich bei Vertragsabschluss eines Stellvertreters bedienen.

   a) Worauf ist zu achten, wenn mehrere Personen Vermieter sind?

   b) Welche Vorteile ergeben sich für den Vermieter, wenn mehrere Personen Mieter sind?

5. Wann ist ein Mietvertrag schriftlich abzufassen?

6. Unter welchen Voraussetzungen ist bei einem befristeten Mietvertrag mit einer Laufzeit von weniger als einem Jahr die Schriftform erforderlich?

7. Welche Wirkung hat die Nichteinhaltung der vorgesehenen Schriftform beim Wohnraummietvertrag?

8. Was versteht § 1 AGB-Gesetz unter „Allgemeine Geschäftsbedingungen", und welche Auswirkungen hat diese Definition auf die Formularmietverträge?

9. Was besagt: „Individuell ausgehandelte Klauseln verdrängen Vordruck" beim Abschluss eines Wohnraummietvertrages?

10. Welche Folgen ergeben sich für den abgeschlossenen Mietvertrag, wenn vorformulierte Vertragsklauseln unwirksam sind?

11. Beschreiben Sie, woraus die Gebrauchsüberlassungspflicht des Vermieters besteht!

12. Woraus ergibt sich die grundsätzliche Instandhaltungs- und Instandsetzungspflicht des Vermieters?

13. Erläutern Sie die Pflicht des Vermieters, den bestimmungsmäßigen Gebrauch der Mietsache für den Mieter durchzusetzen!

14. Der Vermieter hat vor 20 Jahren einem Mieter die Streu- und Schneeräumpflicht übertragen. Der Mieter ist heute weit über 60 Jahre und häufig krank, so dass in einigen Fällen Mieter des Hauses diese Pflicht freiwillig für diesen Mieter übernommen haben. Welche Probleme können sich für den Vermieter aus seiner Verkehrssicherungspflicht ergeben?

15. Unter welchen Bedingungen ist der Vermieter nach § 547 BGB verpflichtet, dem Mieter die auf die Mietsache gemachten „notwendigen Verwendungen" zu ersetzen?
16. Erläutern Sie den Erfüllungsort für die Mietzinszahlung!
17. Beschreiben Sie anhand einiger Beispiele, worin die Obhutspflicht des Mieters besteht!
18. Nennen Sie Beispiele, wodurch vom Vermieter der angemessene Gebrauch der Mietsache beschrieben und vertraglich fixiert wird!
19. Auf welche Tatbestände erstreckt sich die Anzeigepflicht des Mieters?
20. Wann und aus welchen Gründen ist dem Vermieter das Betreten und Besichtigen der Mieträume erlaubt?
21. Erläutern Sie folgende Feststellung: Dem Vermieter steht kraft Gesetz grundsätzlich an allen in die Wohnung eingebrachten Sachen des Mieters ein Pfandrecht zu!
22. Aus welchen Gründen ist die Durchsetzung des Vermieterpfandrechts heute problematisch?
23. Mit welchen Sachmängeln kann eine Mietsache behaftet sein?
24. Welche Rechte hat der Mieter wahlweise bei Vorliegen von Sachmängeln an einer Wohnung?
25. Welche Mietdauer gilt in einem Mietvertrag als vereinbart, wenn sie nicht ausdrücklich festgelegt wurde?
26. Welches Recht hat der Mieter bei Abschluss eines befristeten Mietvertrages nach § 564c Abs.1 BGB?
27. Unter welchen Voraussetzungen kann ein befristeter Zeitmietvertrag abgeschlossen werden, bei dem der Mieter kein Fortsetzungsverlangen geltend machen kann?
28. Aus welchen Bestandteilen kann sich ein vereinbarter Mietzins zusammensetzen?
29. Unterscheiden Sie Zuschläge und Vergütungen!
30. Worauf muss der Vermieter achten, wenn im Mietvertrag für die Umlage der Betriebskosten Alternativen vorgesehen sind?
31. Welchen Schranken unterliegt die Mietzinsfestsetzung in ihrer Höhe?
32. Welche vertragliche Regelung zur Mietzinszahlung sehen gewöhnlich die Formularmietverträge vor?
33. Welcher Fristenplan für Schönheitsreparaturen ist allgemein anerkannt?

34. Welcher jährliche Höchstbetrag darf nicht überschritten werden, wenn bei Mietvertragsabschluss mit dem Mieter die Übernahme von Kleinreparaturen/Bagatellschäden vereinbart wurde?
35. Welche Voraussetzungen müssen bei einer Staffelmiete erfüllt sein?
36. Wozu dient die Mietkaution für frei finanzierten Wohnraum?
37. Wie hoch darf die Kaution nach dem Gesetz vereinbart werden?
38. Kann bei Abschluss eines Mietvertrages von vornherein vereinbart werden, dass jegliche Untervermietung verboten ist?
39. Welche Möglichkeiten hat der Vermieter, wenn ein mietvertragliches Verbot der Tierhaltung vorliegt und der Mieter dagegen verstößt?
40. Die Hausordnung ist grundsätzlich Bestandteil des Mietvertrages! Nehmen Sie zu dieser Aussage Stellung!

5.1.4 Geschäftsraummietvertrag

5.1.4.1 Vertragsparteien

Die am Vertrag Beteiligten sind genau zu bezeichnen; bei Personen also mit Namen, Wohnort und Straße. Wenn es sich um Firmen handelt, sollten die Angaben im Mietvertrag denen der Handelsregistereintragungen entsprechen; bei juristischen Personen ist die Angabe der zur Vertretung berechtigten Personen üblich.

5.1.4.2 Mietzweck

Durch die bauliche Beschaffenheit und Lage innerhalb eines Gebäudes ist oftmals auch der Nutzungszweck bestimmt. Im Erdgeschoss einer Einkaufspassage sind sicherlich Ladenlokale zu erwarten, während in den oberen Geschossen Büro- und Praxisräume vermietet werden. Es ist immer sinnvoll, den genauen Mietzweck vertraglich festzulegen. Dabei möchte der Vermieter u. U. eine sehr enggefasste Formulierung wählen (z. B. Ladenlokal für Verkauf von Damenoberbekleidung), wohingegen der Mieter an einer weiten Fassung interessiert ist (Ladenlokal für den Verkauf von Textilien). Der eingeengte Nutzungszweck hat für den Vermieter den Vorteil, dass er dem ihm obliegenden Wettbewerbsschutz am ehesten nachkommen kann. So darf er nämlich in anderen Räumen seines Gebäudes kein gleiches oder ähnliches Gewerbe zulassen, das geeignet ist, mit dem des anderen Mieters in Wettbewerb zu treten. Diese Vorschrift des BGB kann aber vertraglich abbedungen werden.

Auf der anderen Seite kann es z. B. bei Einkaufspassagen gewollt sein, dass sich in unmittelbarer Nähe mehrere Geschäfte mit dem gleichen Sortiment befinden, um durch diese Wettbewerbssituation die Attraktivität des gesamten Zentrums zu steigern, weil sich die Kunden eine größere Auswahl und günstigere Preisgestaltung versprechen.

Während der Mieter von Wohnraum nicht verpflichtet ist, seine Wohnung zu nutzen, kann es Sinn machen, den Gewerberaummieter vertraglich zur dauernden Ausübung seines Gewerbes zu verpflichten. So kann in den Mietverträgen für Einkaufspassagen vorgesehen werden, dass alle Gewerbetreibenden ihre Ladenlokale am so genannten langen Donnerstag bis 20.30 Uhr geöffnet halten müssen. Würde z. B. der große Supermarkt bereits um 18.30 Uhr schließen, hätte das negative Folgen für die Besucherfrequenz und damit für die übrigen kleineren Fachgeschäfte.

Nutzt der Mieter die Geschäftsräume zu anderen Zwecken als vereinbart, kann der Vermieter auf Unterlassung klagen und u. U. den Mietvertrag fristlos kündigen.

Andererseits hat der Vermieter grundsätzlich für die Eignung zu dem vertraglich vereinbarten Verwendungszweck zu sorgen. Dies gilt insbesondere dafür, dass der Verwendungszweck öffentlich-rechtlich auch zulässig ist. Dem Mieter obliegt jedoch das Risiko, dass er die persönlichen Voraussetzungen für die Erteilung von erforderlichen Genehmigungen erfüllt.

5.1.4.3 Mietdauer

Der Abschluss von Geschäftsraummietverträgen kann sowohl unbefristet als auch befristet erfolgen, wie bei Wohnraummietverträgen auch. Im Gegensatz dazu werden Mietverträge über Geschäftsräume im Regelfall befristet abgeschlossen; und zwar sehr oft auf 10 Jahre bzw. auf 5 Jahre mit der Option für den Mieter auf weitere 5 Jahre. Diese Fristen finden sich insbesondere in solchen Verträgen, für die eine Mietzinsänderungsklausel vereinbart wurde, damit diese auch nach § 3 des Währungsgesetzes von den Landeszentralbanken genehmigt werden kann.

BGB § 565 Abs.1a

Ist der Mietvertrag auf unbestimmte Dauer abgeschlossen worden, kann jede der Parteien das Mietverhältnis durch Kündigung beenden. Nach § 565 Abs.3 Satz 3 BGB ist die ordentliche Kündigung spätestens am 3. Werktag eines Kalendermonats für den Ablauf des übernächsten Monats möglich, jedoch bei Geschäftsraummietverträgen spätestens am 3. Werktag eines Kalendervierteljahres für den Ablauf des nächsten Kalendervierteljahres, z. B. am 3. Werktag des Oktobers zum 31.3. oder am 3. Werktag des Juli zum 31.12.

Einer Begründung für eine ordentliche Kündigung, wie sie bei Wohnraummietverträgen durch den Nachweis eines berechtigten Interesses nach § 564b BGB vorgesehen ist, bedarf es nicht; auch die Schriftform der Kündigung ist gesetzlich nicht vorgeschrieben, wird aber i. d. R. vertraglich vereinbart.

Fristlose Kündigungen sind bei der Geschäftsraummiete aus den gleichen Gründen möglich wie bei Mietverträgen über Wohnraum auch.

5.1.4.4 Miete und Nebenkosten

BGB § 138 Abs.2

Grundsätzlich kann die Miete für Geschäftsräume frei vereinbart werden; eine Mietpreisbindung in Anlehnung an die ortsübliche Vergleichsmiete von Wohnraum gibt es nicht. Die Obergrenze für den Mietzins ist jedoch durch die Vorschriften des § 138 Abs.2 BGB bestimmt (sog. Wuchergrenze). Danach ist ein Rechtsgeschäft insbesondere dann nichtig, wenn sich jemand unter Ausnutzung einer Zwangslage, der Unerfahrenheit, des Mangels an Urteilsvermögen oder der erheblichen Willensschwäche eines anderen für eine Leistung Vermögensvorteile versprechen oder gewährleisten lässt, die in einem auffälligen Missverhältnis zu der Leistung stehen.

Neben dem vereinbarten Mietzins kann der Vermieter vertraglich auch die Umsatzsteuer verlangen.

Des Weiteren muss klargestellt werden, ob der Mieter neben der Miete auch an den Nebenkosten beteiligt werden soll. Da dies im Regelfall so ist – wie bei Wohnraummiete auch –, muss eindeutig vereinbart werden, welche Nebenkosten zu tragen und wie diese Kosten auf den Mieter umzulegen sind. Für die Umlage der Heizungs- und Warmwasserkosten ist die Heizkostenabrechnungverordnung anzuwenden. Der Umlageschlüssel für die übrigen Nebenkosten ist frei vereinbar, i. d. R. wird nach m² Nutzfläche abgerechnet.

Bei befristeten Mietverträgen ist es das Interesse des Vermieters, den Mietzins wertbeständig abzusichern und ihn an die allgemeine wirtschaftliche Entwicklung anzupassen, wie dies z. B. auch bei Erbbaurechtsverträgen nach § 9a der Erbbaurechtsverordnung möglich ist. Auch bei Mietverträgen über Wohnraum besteht mit der Anwendung der § 10 MHG (Staffelmiete) und § 10a MHG (Indexmiete) diese Möglichkeit.

ErbbauVO § 9
MHG §§ 10,10a

Für befristete Geschäftsraummietverträge sind folgende Lösungen denkbar:

- **Vereinbarung einer Staffelmiete**

Hier wird von vornherein festgelegt, dass sich der Mietzins zu bestimmten Terminen erhöht. Auch wenn § 10 MHG nicht angewendet werden muss, macht es Sinn, die Staffelung in z. B. jährlichen Abständen und auch auf 10 Jahre begrenzt vorzunehmen. Eine längere Laufzeit ist nicht zu empfehlen, weil dadurch die Vertragsparteien Gefahr laufen, dass die Mietentwicklung anders verläuft als die allgemeine wirtschaftliche Entwicklung. Ist die Staffelmiete vereinbart, erhöht sich die Miete automatisch und ist entsprechend auch fällig.

- **Vereinbarung einer Wertsicherungsklausel**

Dabei wird die Entwicklung der Miete an einen bestimmten Index gekoppelt, die – je nach Verlauf des Indexes – automatisch zu einer Mieterhöhung oder -senkung führt. Meistens wird der Index der Lebenshaltungskosten zugrunde gelegt. Folgende Formulierung ist denkbar: „Sollte sich während der Laufzeit des Mietvertrages der vom Statistischen Bundesamt veröffentlichte Preisindex für die Lebenshaltung im Bundesgebiet für einen 4-Personen-Arbeitnehmerhaushalt mit mittlerem Einkommen des alleinverdienenden Haushaltsvorstandes in der Gruppe Gesamtlebenshaltung jeweils um mehr als 10 Punkte verändern, so soll sich die Miete im gleichen Umfang verändern (Stand 1980 = 100). Diese Wertsicherungsklausel ist sehr oft in befristeten Geschäftsraummietverträgen enthalten (vgl. Indexmiete nach § 10a MHG).

- **Vereinbarung einer Umsatzmiete**

Bei dieser Lösung ist die Miete abhängig von der Entwicklung des Umsatzes des Mieters. Das bedeutet aber, dass bei sinkenden Umsätzen auch der Mietzins sinkt; deshalb empfiehlt sich die Vereinbarung einer bestimmten Mindest-Festmiete. Problematisch kann die Kontrolle des vom Mieter angegebenen Umsatzes sein.

- **Vereinbarung eines Leistungsvorbehaltes**

Inhalt einer solchen Vereinbarung ist, dass im Falle der Änderung einer Vergleichsgröße – z. B. Lebenshaltungskostenindex – die Parteien einen neuen Mietzins festlegen sollen. Ist eine Einigung darüber nicht möglich, kann ein Dritter (z. B. Gutachter) die neue Miete in Anlehnung an die Veränderung des Lebenshaltungskostenindexes festsetzen. Eine solche Klausel ist zwar genehmigungsfrei, aber sicherlich nicht sehr praktikabel; darüber hinaus ist sie bei Einschaltung des Gutachters noch mit zusätzlichen Kosten verbunden.

- **Vereinbarung einer Spannungsklausel**

Hier ist die Miethöhe abhängig von der Entwicklung der Mieten für Geschäftsräume vergleichbarer Art und Größe, aufgrund derer der Vermieter eine Mieterhöhung durchsetzen kann. Diese Vereinbarung, findet sich jedoch in der Praxis nur sehr selten.

Bei unbefristeten Mietverträgen ist die Mieterhöhung durch eine Änderungskündigung möglich. Der Vermieter kündigt den bestehenden Vertrag durch ordentliche Kündigung, wenn der Mieter die von ihm verlangte Mieterhöhung nicht akzeptiert; bei diesem Verfahren ist der Mieter in einer sehr ungünstigen Vertragsposition.

5.1.4.5 Weitere Vertragskonditionen

Im Übrigen kann die Vertragsgestaltung von Geschäftsraummietverträgen hinsichtlich der Übernahme von Schönheitsreparaturen, Instandhaltungsmaßnahmen, Verkehrssicherungspflicht, Abtretung, baulichen Veränderungen, Untervermietung usw. ähnlich der von den Mietverträgen über Wohnraum sein. Dabei sind Grenzen durch gesetzliche Regelungen und Rechtsprechung der Gerichte weitgehend nicht gegeben, wie sie etwa bei der Wohnraummiete zu finden sind.

5.2 Betriebskosten/Nebenkosten bei Wohn- und Gewerberaum

5.2.1 Betriebskostenmanagement

II. BV § 27 Abs.1, S.1

Das Geschäftsfeld des Betriebskostenmanagements ist der Umgang mit einem Teilsegment des Mietproduktes. Dieses Teilsegment ist ebenfalls eine Vermieterleistung, die flankierend, ergänzend mit dem bestimmungsgemäßen Gebrauch bzw. der Bereithaltung der Mietsache laufend entsteht. Die mit dieser Vermieterleistung entstehenden Kosten nennt man Betriebskosten. Kurzbeispiele an dieser Stelle sind: Wärmelieferung, Reinigung, Entsorgungs- und Serviceleistungen.

Die „Leistungen“, verbunden mit den „Betriebskosten“ sollen – verbal leicht gefordert – stets eine optimale betriebswirtschaftliche Annäherung zeigen. Das Betriebskostenmanagement steht hierbei im Spannungsfeld vielfach wirksamer Bedingungen/Zwänge. Die umgebenden Rahmenbedingungen sind für die Aktivitäten und Handlungsspielräume des Betriebskostenmanagements gestaltend.

Eine Zusammenschau dieser Rahmenbedingungen zeigt, in welchem komplexen Beziehungsgefüge die Betriebskostenthematik eingebunden ist und wie vielgestaltig und abstimmungsbedürftig die sich daraus ergebenden Handlungsansätze sind.

Rahmenbedingungen des Betriebskostenmanagements

Zielvorgaben des unternehmerischen **Investors** (wie z. B. Ertrag, Vermögenswert, stetige Vermietbarkeit; d. h. dann weiterhin z. B. Betriebskosten und ihre Entwicklungen sollen diese Ziele nicht negativ, sondern positiv beeinflussen).

U. U. **Verständnis** und **Tradition** in bisheriger verwaltungstechnischer Handhabung der Betriebskostenthematik (wie z. B. Fehlansatz im formalen Denken, Betriebskosten sind auf den Mieter abwälzbare Kosten; Betriebskosten sind überwiegend von außen bestimmte Kosten).

Vorgaben aus der **Realität** des **Portfoliobestandes** an Wohn- und Gewerbeimmobillen (z. B. Gebäudesubstanz / Architektur / Grundstücksgröße und Zuschnitt / Marktattraktivität. Also, Objekte, die sich gegenüber der Kostenseite – Kapitalkosten, Bewirtschaftungskosten, auch Betriebskosten – durch unterschiedliche Beiträge bei Gewinn und Liquidität qualifizieren.) Entscheidungsfrage: Rechnen sich eigene Investitionen in den Bereich Betriebskosten auch in Zusammenschau auf das Gesamtobjekt oder sind andere Entscheidungen angebracht, z. B. Verkauf oder Abriss. Ein guter Klassifizierungsansatz der Objekte dazu wäre:

Poor dogs Hochhäuser der 70er-Jahre	Cash cows in den 60er-Jahren modernisierte Mehrfamilienhäuser
Question marks neu errichtete / erworbene, gewerblich genutzte Objekte und Gewerbeflächen, neu errichtete/rworbene Wohnanlagen	*Stars* Gewerbeflächen in zukunftsweisenden Branchen. 3 - 5 Jahre alte Wohnanlagen bspw. in ökologischer Bauweise 6

Lit: WIB report, Ausgabe 39, Sept. 99, S. 7

Betriebskostenmanagement

Mieterzufriedenheit bei aktuellen / potenziellen Mietern (wie z. B. Attraktivitat der Mietsache in ihrer Bewirtschaftung und den damit verbundenen Preisen / Betriebskosten; Stichwort „Zweite Miete").

Rechtliche Vorgaben und damit verbundene Handlungsspielräume (wie z. B. Mietverträge, gesetzliche Vorlagen in BGB / MHG / II. BV / NMV, Baurecht, Satzungen).

Wettbewerbsvorgaben von Mitbewerbern am Markt für Vermietungsleistungen (wie z. B. Produkteigenschaften der Mietsache; Miete und damit verbundene Betriebskosten; auch Betriebskostenwettbewerb in Bezug auf objektbezogene Betriebskostenhöhe bzw. auch auf Leistangsstärke als Verwaltungsbetreuer von Mietobjekten).

5.2.2 Betriebskosten, die „Zweite Miete“

Die Höhe der Betriebskosten sowie die nicht übersehbare Kostendynamik werden von verschiedenen Faktoren bestimmt.

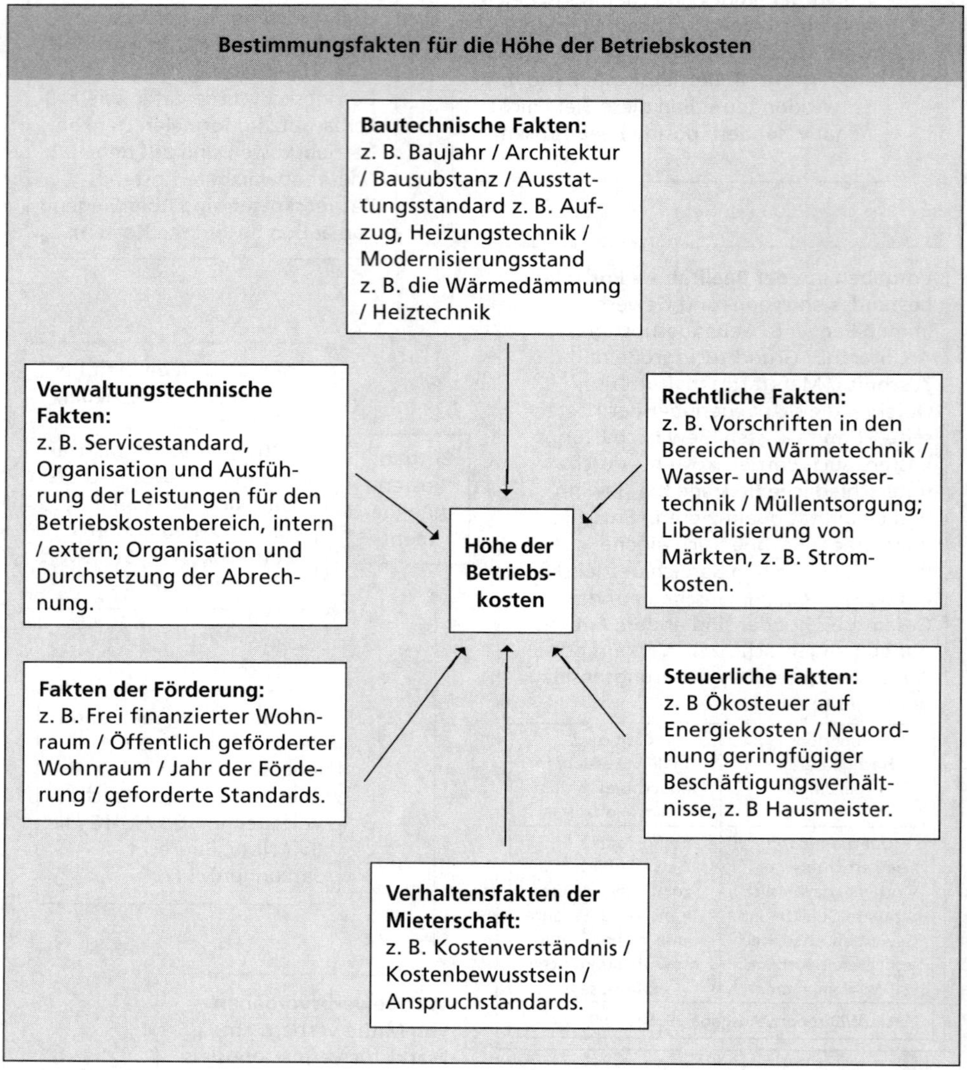

Betriebskosten sind ein Kostenblock im Rahmen der Gesamtmiete.

Kostenblock	
Warme Betriebskosten (vgl. Anlage 3 zur II. BV, lfd. Nr. 4-6,12): z. B. Heizung- und Warmwasser, Kosten der Voll- oder Teilklimatisierung bei Gewerberaum …	**Kalte Betriebskosten** (vgl. Anlage 3 zur II. BV, lfd. Nr. 1-3, 7-11, 13-17): z. B. Wasserver- und -entsorgung, Müllbeseitigung Grundsteuer, Versicherungsprämien …

Dieser stetig steigende Kostenblock ist zwischenzeitlich sowohl im absoluten Betrag als auch im Anteil an der Gesamtmiete eine gewichtige Größe geworden. Aus der Sicht der Wohn- wie Gewerberaummieter nehmen die **Betriebskosten** immer mehr den Charakter einer **„Zweiten Miete“** an.

Das im Folgenden gebrachte Zahlenmaterial stützt sich auf Unterlagen etlicher Wohnungsunternehmen im süddeutschen Raum sowohl in Ballungszentren als auch in Mittel- und Unterzentren. An dieser Stelle dankt der Autor diesen Unternehmen für die intensive Unterstützung seiner eigenen Erhebungen.

Diese Erhebungen geben beispielhaft interessante Aufschlüsse zur „Zweiten Miete“, und zwar zu Spannbreiten bei so genannten kalten Betriebskosten / warmen Betriebskosten als auch Betriebskosten insgesamt sowie in den Relationen der Betriebskosten zur Gesamtmiete.

	Jahr 1998 Spannweite*) DM/m²/p.a.	Jahr 1998 Spannweite*) DM/m²/p.m.
Kalte Betriebskosten	27,72–40,20	2,31–3,35
Warme Betriebskosten	12,72–22,20	1,06–1,85
Betriebskosten gesamt	40,44–62,40	3,37–5,20

*) Soweit öffentlich gefördert zuzüglich 2 % Umlagenausfallwagnis

Die **Quote der Betriebskosten** als „Zweite Miete“ zur Grundmiete/Nettomiete wird beispielhaft an einigen Fällen aufgezeichnet unter Hinzunahme typisierender Eigenschaften der Mietobjekte.

Mit diesen Beispielen wird kein Anspruch auf ein repräsentatives Erhebungsergebnis gestellt, sie sollen vielmehr Anregungen für vergleichende Berechnungen geben. Zu Einzelkosten im Betriebskostenbereich vgl. weiterhin auch 5.2.9.

„Zweite Miete“, Quotenbeispiele

Mietobjekt	Ballungszentrum	Mittelzentrum	Öffentlich gefördert	Frei finanziert	Baujahr	Wohnfläche m²	Kalte BK DM/m²/p.m.	Warme BK DM/m² p.m.	Gesamt BK DM p.m.	Grundmiete DM/m² p.m. Ø	Nettomiete DM/m² p.m. Ø	Gesamtmiete m²/p.m.	Quote „Zweite Miete“ in % zur Grund-/Nettomiete*)
1.	x			x	1957	7183	3,32	1,46	4,78		8,47	13,25	56,43
2.	x		x		1979	2809	3,19	1,53	4,72	9,118		13,84	51,77
3.	x		x		1987	6418	2,88	1,06	3,94	9,459		13,40	41,65
4.	x			x	1956	6652	2,35	–	2,35		7,16	9,51	32,82
5.	x		x		1977	23134	2,99	1,85	4,84	8,50		13,34	56,94
6.	x		x		1990	33170	2,48	1,70	4,18	8,17		12,35	51,16
7.		x	x		1960	2531	3,09	–	3,09	4,57		7,66	67,61
8.		x	x		1974	1013	2,42	1,57	3,99	8,62		12,60	46,34
9.		x	x		1983	6360	2,63	1,14	3,77	9,55		13,32	39,48
10.	x			x	1995	4200	3,48	1,20	4,68		19	23,68	24,63

*) Quote ohne Ansatz eines Umlagenausfallwagnisses in Höhe von 2 % bei öffentlicher Förderung

Die Quote der „Zweiten Miete“ im Verhältnis zur Grundmiete bzw. Nettomiete bewegt sich in diesen Beispielen bei Wohnraum gerundet zwischen 25 und 68 %.

Aus Mietersicht ist die **Endpreisbetrachtung** und die damit verbundene **„Zahllast“** aus der Gesamtmiete relevant im Verhältnis zum verfügbaren **Nettoeinkommen**. Diese

Zahllastquote für die Wohnraummieter beträgt nach Angaben des Statistischen Bundesamtes heute durchschnittlich 24 Prozent des Nettoeinkommens für die Kaltmiete (also inkl. Kalter Betriebskosten), für die Warmmiete dann bis zu 40 Prozent und mehr je nach Einkommen (vgl. auch Handelsblatt vom 7.12.1999). Wohngeld und evtl. Sozialhilfe werden dann für bestimmte Mieterkreise eine dringend notwendige finanzielle Begleitung.

Dieser Anteil der Betriebskosten mit seiner Auswirkung auf die Gesamtmiete ist auch für den Vermieter eine „Lastquote“, die für ihn keinen positiven Beitrag zum Ertrag liefert. Die „Zweite Miete“ wird in ihrer erreichten Quantität vielmehr ein mehrfach wirkender Risikofaktor für den Investor.

Zu nennen sind hier die Stichworte:

- Auftrags- und Vertragsrisiken bei der Abwicklung von „Betriebskosten-Aufträgen“
- Inkassorisiken
  Bei der Umlage von Betriebskosten auf die Mieter (vor allem im frei finanzierten Wohnungsbau, fehlender Ansatz für Umlagenausfallwagnis)
- Abwälzungsrisiken
  bei Leerstand
  bei Kostenvermengungen, z. B. Betriebskosten/Instandhaltungskosten
- Instandhaltungsrisiken
  bei Unterlassung eigentlich notwendiger Investitionen in Betriebskosten
- Wettbewerbs- und Renditerisiken
  Preiswettbewerb über die Gesamtmiete bei evtl. regionalen Mietermärkten zur Vermeidung von Leerständen
  Stichwort: Betriebskosten gehen zu Lasten der Nettokaltmiete. Folge dazu wiederum: weiter rückläufige **Eigenkapitalrendite** vor Steuern.

Diese Risikoaspekte gelten in begrenzterem Maße auch für Gewerbeimmobilien. Hierzu einige Zahlen über die „Zweite Miete“ bei Büroimmobilien aus der Studie „Oscar“ von Jones Lang LaSalle, vgl. auch Süddeutsche Zeitung vom 7.1.2000, Seite 40:

Gebäudetypen	Betriebskosten DM/m²/p. Monat
Vollklimatisierte Büros	7,07
Teilklimatisierte Büros	6,18
Nicht klimatisierte Büros	5,18

Rein formal betrachtet könnte dies als eine bedauerliche Entwicklung eingeordnet werden, der jedoch aus Vermietersicht die mietvertragsrechtliche Absicherung der Weitergabe, auch steigender Betriebskosten, an die Mieter gegenübersteht. Dieser Gesichtspunkt der formal abgesicherten Möglichkeit einer Weitergabe steigender Betriebskosten an die Mieterschaft ginge allerdings kurz- bis mittelfristig ins Leere. Die Bedingungen am Markt für Vermietungsleistungen unterliegen einem grundlegenden Wandel. Aus Investorsicht gewinnt die Höhe der Eigenkapitalrendite bei Vermietungsobjekten im Vergleich zu alternativen Geldanlagen (z. B. Investment in Aktien) je nach Anbieter zunehmende Bedeutung. Die Höhe der Betriebskosten und ihre Möglichkeit zur Weitergabe an aktuelle/potenzielle Mieter ohne Druck auf die Nettomiete stehen in Konkurrenz zu anderen ebenfalls drängenden Kostenfaktoren um die Eigenkapitalrendite.

Eigenkapitalrendite

Für das Vermietungsmanagement ergeben sich Problemfelder aus der Entwicklung der Betriebskosten.

Problemfelder aus Mieter-/Vermietersicht	
Problemaspekte aus Mietersicht	**Problemaspekte aus Vermietersicht**
– Endpreisbetrachtung des Mieters; keine Differenzierung zwischen Grundmiete und Betriebskosten bzw. Netto-/Bruttomiete. – Subjektive und objektive Mietobergrenzen vom Wohnungsmarkt und vom jeweils verfügbaren Einkommen. – Substitution durch Wohnungswechsel bzw. Nachverhandlungen zum Mietpreis bei gegebenen, zum Teil entspannten Marktverhältnissen. – Kauf statt Miete	– Akzeptanz erforderlicher Mieten bei dynamisierten Betriebskosten stößt bei der Mieterschaft an Grenzen. – Vom Markt gegebene Grenzen lassen Weitergabefähigkeit steigender Betriebskosten erschweren. Steigende Betriebskosten gehen möglicherweise im Zeitverlauf zu Lasten der Nettomiete. – Bestandsbewegungen in Form zunehmender Mieterfluktuation, evtl. zunehmende Änderungskündigungen durch die Mieterschaft. – Gefahren von Leerstandquoten bei marktbezogenen Fehlentwicklungen des Mietpreises, z. B. durch stark steigende Betriebskosten. – Rückstellung bzw. Überprüfung von Investitionen in die Neubautätigkeit. – Rückläufige Gebäudeertragswerte der Vermietungsobjekte bei zurückgehender Objektrendite mit Auswirkungen auf Verkehrswert/Beleihungswert.

Die beispielhaft aufgezeigten möglichen Problemaspekte erfordern Handlungsbedarf durch das Projekt- und Mietmanagement. Dieser Handlungsbedarf bezieht sich auf die Projektierung von Neubauten, auf die Modernisierung und Sanierung von Bestandsimmobilien, aber auch auf die laufende Bewirtschaftung von Bestandsimmobilien.

In Bezug auf die Betriebskosten sollte dabei u. a. eine gemeinsame Zielvorgabe sein: Begrenzung der Betriebskosten in ihrer Verursachung und Entwicklung, abgestimmt auf einen der jeweiligen Bedarfsstruktur der Mieterschaft adäquaten Standard der Bewirtschaftung.

Praktische Lösungsansätze für eine Begrenzung der Betriebskosten in ihrer Verursachung und Entwicklung

Ansatzbereiche	
Ansätze in der Projektierung und Projektfortentwicklung	Ansätze in der laufenden Bewirtschaftung z.B.
– Zuschnitt und Größe des anzuschaffenden Grundstücks (z. B. Grundsteuer, Straßengebühren, Bewirtschaftungsflächen). – Ansätze in der Gebäudekonzeption und deren Einrichtungen (z. B. Wärme, Volumina, Gebäudetechnik). – Ansätze in der Konzeption der Außenanlagen (z. B. Bepflanzung, Wege, Spielplätze). – Nutzungsänderungen Desinvestition	– Aktive Informationspolitik, gestützt auf laufende Kontrollinformationen durch das Rechnungswesen (z. B. bei Mietsachbearbeitern, Mietern). – Ansätze in Form von Mietvertragsanpassungen (z. B. Harmonisierung von Vereinbarungen über Betriebskosten). – Überprüfung der Verträge von Fremdfirmen in einzelnen Bereichen der Bewirtschaftung sowie von Versicherungsgebern (z. B. Hauswartfirmen, Gärtnereibetriebe/Wartung; Versicherungsmakler). – Vermeidung anfechtbarer Betriebskostenabrechnungen.

Neben diesen globalen Ansätzen zur Begrenzung der Betriebskosten bieten sich auch konkrete Lösungsansätze bei einzelnen Betriebskostenarten an. Dazu werden Beispiele bei der nachfolgenden Darlegung der Betriebskosten gemäß Anlage 3 zur II. BV aufgezeigt werden.

5.2.3 Mietrechtliche/verwaltungstechnische Ausgangslage für die Betriebskosten

Das BGB spricht von Miete. Eine Trennung des Mietzinses in Grundmiete bzw. Nettomiete und Betriebskosten/Nebenkosten ist nach dem BGB nicht vorgesehen. Der Vermieter hat den Gebrauch der vermieteten Sache zu gewähren, und die auf der vermieteten Sache ruhenden Lasten zu tragen. Will der Vermieter Lasten, z. B. Betriebskosten/Nebenkosten, neben der Grundmiete erheben, bedarf es einer ausdrücklichen Vereinbarung, welche bestimmbaren Lasten, hier Betriebskosten/Nebenkosten, der Mieter zusätzlich neben der Grundmiete zu tragen hat (vgl. Wohnraummietvertrag 5.1.3).

BGB § 535 Satz 1 § 536 § 546

5.2.4 Begriff Nebenkosten

Der Begriff Nebenkosten ist im Gesetz nicht definiert. Ein weit gefasster gesetzlicher Anhaltspunkt ergibt sich aus § 6 Abs. 2 WoVermG, wonach der Wohnungsvermittler beim Anbieten von Wohnräumen verpflichtet ist, neben dem Mietpreis anzugeben und darauf hinzuweisen, ob **Nebenleistungen** besonders zu vergüten sind.

WoVermG § 6 Abs. 2

In weiter begrifflicher Fassung setzt sich die Miete zusammen aus:
Grundmiete/Nettomiete

+

Nebenkosten/Nebenleistungen

– Betriebskosten (eigentlicher begrifflicher **Schwerpunkt**)

II. BV § 27 i. V. m. Anlage 3 zur II. BV NMV § 26 Abs. 1

- Zuschläge
  (z. B. für Benutzung von Wohnraum zu anderen als Wohnzwecken)

NMV §§ 27, 28

- Vergütungen
  (z. B. für Überlassung einer Garage, eines Hausgartens)

Preisrechtlich sind Zuschläge und Vergütungen nur für preisgebundene Wohnungen explizit gemäß § 1 NMV vorgesehen; Voraussetzung: Sie müssen ebenso wie die Betriebskosten mietvertraglich ausdrücklich als Nebenleistungen vereinbart sein. Bei Mietverhältnissen im preisfreien Wohnraum können vertraglich konkrete Zuschläge/ Vergütungen analog zur NMV vereinbart werden, für Verträge über Nichtwohnraum besteht Vertragsfreiheit.

In der **Vermietungspraxis** über **Wohnraum** ist die Begriffsverwendung Nebenkosten zwar gebräuchlich, jedoch inhaltlich weitgehend auf den gesetzlichen **Begriff** der **Betriebskosten reduziert.** Eine Vereinbarung, nach der der Wohnraummieter über die Betriebskosten hinaus Nebenkosten (ausgenommen die oben genannten Zuschläge/Vergütungen) zu tragen hat, ist nur bei Mietverträgen über gewerblich genutzte Räume zulässig. In diesem Fall könnten unter dem Begriff Nebenkosten außer den allgemeingültigen Betriebskosten auch Kosten für z. B. Reparaturen, Instandhaltungen, Verwaltungs- und Kapitalkosten bei eindeutiger inhaltlicher Bestimmung erfasst werden.

5.2.5 Begriff Betriebskosten

II. BV § 27 Abs. 1 MHG § 4 Abs. 1

Der Begriff Betriebskosten ist in § 27 Abs. 1 II. Berechnungsverordnung definiert:

> Betriebskosten sind die Kosten, die dem Eigentümer/Erbbauberechtigten durch das Eigentum am Grundstück (Erbbaurecht) oder durch den bestimmungsgemäßen Gebrauch des Gebäudes oder der Wirtschaftseinheit, der Nebengebäude, Anlagen, Einrichtungen und des Grundstücks laufend entstehen. Der Ermittlung der Betriebskosten ist die dieser Verordnung beigefügte Anlage 3 „Aufstellung der Betriebskosten" zugrundezulegen.

Nicht darunter fallen Kosten, die dem Mieter der Wohnung z. B. aufgrund abgeschlossener Lieferverträge mit Dritten selbst entstehen (z. B. Wärmelieferungsverträge, Stromlieferungsverträge, Telefon).

MHG § 4 Abs.4 Nr.2

In die gleiche Richtung gehend entfällt ein Ansatz von Betriebskosten durch den Vermieter/Eigentümer, soweit z. B. eine Abrechnung der Kosten für Wasserversorgung oder Müllabfuhr vertraglich geregelt unmittelbar zwischen dem Mieter und dem jeweiligen Versorgungsunternehmen bzw. öffentlichen Versorgungsträger erfolgt.

Betriebskosten können somit nur insoweit erhoben werden, als sie mietvertraglich ausdrücklich als vereinbart gelten und vom Mieter nicht unmittelbar selbst bereits getragen werden. Hierbei würde z. B. die Bezugnahme auf Anlage 3 „Aufstellung der Betriebskosten" der II. BV oder auch eine Auflistung von gesondert erhobenen Betriebskosten genügen. Um auch künftig neu eingeführte Betriebskosten der II. BV zu erfassen, ist es zweckmäßig, mietvertraglich zu vereinbaren, dass der jeweils gültige Betriebskostenkatalog der II. BV anzuwenden ist.

5.2.6 Abgrenzung der Betriebskosten zu anderen Bewirtschaftungskosten

– Grenzfälle der Überwälzbarkeit von Betriebskosten

Im Rahmen der Wohnraummiete können bei der Umlage von Betriebskosten Vermengungen mit nachfolgenden Abgrenzungsfällen auftreten. Die Betriebskosten sind dann um Kostenanteile dieser Grenzfälle zu bereinigen.

1. **Instandhaltung** und **Instandsetzung** oder auch allgemein Reparaturkosten gehören auch anteilmäßig grundsätzlich nicht zu den Betriebskosten.

   Beispiel:
   Vollwartungsvertrag für eine Aufzuganlage.
   Reparaturkostenanteile im Wartungsvertrag sind abzusetzen.

2. **Verwaltungskosten** gehören grundsätzlich nicht zu den ansatzfähigen Betriebskosten.

   Beispiel:
   Hauswart erledigt während seiner üblichen Arbeitszeit Aufgaben der Verwaltung, indem er z. B. Unterschriften bei Mietern zu bestimmten Maßnahmen einholt oder Post der Verwaltung an Mieter verteilt.
   Anteilige Arbeitszeit ist abzusetzen. Zweckmäßig für eine Abgrenzung/Absicherung in diesem Zusammenhang: Arbeitsvertrag des Hausmeisters bzw. Arbeitsberichte.

   Auch Verwaltungskosten für die Erstellung von **Betriebskostenabrechnungen,** gleichgültig ob selbst erstellt oder über fremde Rechenzentren, sind als Betriebskosten nicht umlagefähig. Eine **Ausnahme** liegt lediglich bei den Kosten für die Erstellung der **Heizkostenabrechnung** durch Fremdfirmen vor, wenn diese auf der Grundlage der Verwendung von Geräten der Verbrauchserfassung erstellt werden. HeizKV § 7

Grenzfälle der Überwälzbarkeit – wie oben geschildert – wird es im Vermietungsbereich von Gewerberaum dann nicht geben, wenn ein erweiterter Nebenkosten-Betriebskostenbegriff mit klarer inhaltlicher Bestimmung als vereinbart gilt.

5.2.7 Merkmalsvergleich von Vereinbarungen über Betriebskosten/Nebenkosten von Wohnraum/ Gewerberaum

Die nachfolgende Übersicht soll im Vergleich darstellen, wie Betriebskosten/Nebenkosten, eingeengt auf den Begriff gemäß § 27 Abs. 1 II. BV, zur Miete vereinbart und erhoben werden können.

Merkmal	Preisfreier Wohnraum	Preisgebundener Wohnraum	Gewerberaum
Arten der Betriebskosten dem Umfange nach	Obergrenze Katalog, Anlage 3, II. BV. i. V. m. § 4 Abs. 1 MHG	Obergrenze Katalog, Anlage 3, II. BV. i. V. m. § 20 Abs. 1 NMV	Katalog, Anlage 3, II. BV kann Obergrenze sein. Vereinbarungen darüber hinaus möglich
Betriebskosten als Pauschalen neben der Miete ohne Jahresabrechnung, ausgenommen Heizung und Warmwasser	Vereinbarung dieser Art möglich; Einsparung von Abrechnungskosten beim Vermieter; nachteilig: Änderung einer Pauschalvereinbarung vereinbarungsabhängig z. B. von einem Erhöhungsvorbehalt (z. B. Nachweis von Kostensteigerungen, basierend auf Preiserhöhungen, nicht	Vereinbarung dieser Art nicht möglich, § 27 Abs. 3 II. BV	Vereinbarung dieser Art möglich; Einsparung von Abrechnungskosten beim Vermieter; Nachteile wie beim preisfreien Wohnraum, wenn nicht entsprechende vertragliche Änderungsvereinbarungen vorgesehen

Merkmal	Preisfreier Wohnraum	Preisgebundener Wohnraum	Gewerberaum
	dagegen Verbrauchserhöhungen des Mieters), oder von einem vertraglichen Erhöhungsrecht (Anpassungsrecht). Bei fehlenden Vereinbarungen, Gefahr einer preislichen Aushöhlung mangels Fortschreibungsmöglichkeit der Pauschale, vor allem bei lang dauernden Mietverhältnissen		
Betriebskosten mit Jahresabrechnung; Abrechnung in Umlageform, Vorauszahlungen auf den voraussichtlichen Umlegungsbetrag	Vereinbarung dieser Art möglich, § 4 Abs.1 MHG; Höhe der Umlage muss angemessen sein. Zwischenfinanzierungskosten des Vermieters für zu niedrig angesetzte Umlagen nicht umlegbar	Vereinbarung dieser Art möglich, § 20 Abs.1 NMV für die Umlagefähigkeit von Betriebskosten und das dazugehörige Umlageausfallwagnis (§ 25 a NMV); § 20 Abs. 3 NMV für Vorauszahlungen, Abrechnungspflicht, Abrechnungszeitraum	Vereinbarung dieser Art möglich, Höhe der Umlage und Finanzierungskosten, Vertragsfreiheit
Betriebskosten als Teil der Brutto- oder Teilbruttomieten	Vereinbarung dieser Art möglich; vertragliche Form, die dem gesetzlichen Leitbild des BGB gemäß §§ 535, 536, 546 entspricht; in der Vermietungspraxis jedoch zunehmend abgelöst durch Erhebung der Betriebskosten in Umlageform. Einsparung von Abrechnungskosten beim Vermieter. Ausgenommen Heizung und Warmwasser, § 6 HeizKV (Pflicht zur verbrauchsabhängigen Kostenverteilung) sowie bei verbrauchsorientierter Einführung eines Verteilungsmaßstabes bei den Kosten der Müllabfuhr und den Wasser- und Entwässerungs-	Vereinbarung dieser Art nicht möglich, § 27 Abs.3 II. BV	Vereinbarung dieser Art möglich, im übrigen Vertragsfreiheit

Merkmal	Preisfreier Wohnraum	Preisgebundener Wohnraum	Gewerberaum
	kosten, § 4 Abs.5 MHG. Probleme bei der Bruttomieteaus Vermietersicht: Für Mieter werden Betriebskosten nicht sichtbar (s. „Zweite Miete", Kostenbewusstsein); Betriebskostenerhöhungen können gemäß § 4 Abs. 2 MHG nur bei ausdrücklichem Vertragsvorbehalt für die Zukunft weitergegeben werden, ansonsten nur allgemeine Mieterhöhung gemäß § 2 MHG		

5.2.8 Aufstellung der einzelnen Betriebskosten/ansätze zur Kostenbegrenzung

Die nachfolgende Darstellung zu den Betriebskosten berücksichtigt soweit wie möglich u. a. die umfangreichen Auswertungen zu diesem Thema, besonders auch die Entwicklung der Rechtsprechung dazu, wie sie sich in den Kommentaren zum „Wohnungsbaurecht" bei Fischer-Dieskau/Pergande/Schwender, in „Mietsachen" bei A. Wetekamp und in „Mietrecht" bei F. Sternel finden.

5.2.8.1 Die laufenden öffentlichen Lasten des Grundstücks (Anlage 3 Nr. 1 zur II. BV)

Hierzu gehören:
z. B. Grundsteuer, Deich- und Hochwasserschutzabgaben

Stichwort „Zweite Miete"
Kostenhöhe/Kostenbegrenzung am Beispiel „Grundsteuer"

Im Rahmen der eigenen Erhebungen bewegte sich die Grundsteuer im Jahr 1998 bei Geschossbauten in einer Spannweite vom 0,26 bis 0,39 DM/m² Wfl./Monat. Die Spannweite erklärt sich aus unterschiedlichen Grundstücks- und Gebäudegrößen, womit unterschiedliche Einheitswerte verbunden sind sowie verschiedene Hebesätze der diversen Gemeinden (vgl. dazu Steuern/Grundsteuer), Diese Betriebskostenart zählt zu den so genannten harten Betriebskosten, weil vom Vermieter nur wenig beeinflussbar. Kostenbegrenzung bzw. Reduzierung weitgehend nur in der Projektierung möglich. In diesem Zusammenhang ist an die Berechnungsmöglichkeiten (Anrechenbarkeit von Flächen, z. B. § 44 II. BV) bei den Wohn-/Nutzflächen zu denken, die bis jetzt und auch künftig Maßstab für den Einheitswert oder einen dann zugrundezulegenden Wertansatz für die Grundsteuerberechnung bilden. Ein weiterer Reduzierungsansatz für den Vermieter selbst ist der Erlass der Grundsteuer gemäß § 33 GrStG.

5.2.8.2 Die Kosten der Wasserversorgung (Anlage 3 Nr. 2 zur II. BV)

Hierzu gehören:
Kosten des Wasserverbrauchs,
z. B. nach geltenden Tarifsätzen und Verbrauchsmengen; nicht dagegen z. B. erhöhter Wasserverbrauch infolge eines Wasserrohrbruchs oder wegen einer defekten Toilettenspülung.

Grundgebühren und die Zählermiete,
z. B. auch Eichkosten des Kaltwasserzählers (Eichfrist gemäß Eichgesetz 6 Jahre; Verwendung ungeeichter bzw. nicht nachgeeichter Messgeräte Ordnungswidrigkeit); nicht dagegen Kosten der Reparatur von Zählvorrichtungen.

Kosten der Anmietung und Verwendung von Wasserzwischenzählern sowie Kosten der Berechnung und Aufteilung
z. B. bedeutsam, wenn verbrauchsabhängige Wasserabrechnung gilt und die Abrechnungsarbeiten dazu vom Vermieter selbst durchgeführt werden.

Kosten des Betriebs einer hauseigenen Wasserversorgungsanlage,
z. B. bedeutsam, wenn Anschluss an gemeindliches Wasserleitungsnetz fehlt bzw. ergänzend für bestimmte Verwendungszwecke besteht (Außenanlage, Grundwasserentnahme, Regenwassergewinnung) und eine private Anlage in Form einer Wasseranlage, Pumpanlage betrieben wird; ebenso die dazu erforderlichen Kosten der Wasseruntersuchung.

Kosten einer Aufbereitungsanlage einschließlich der Aufbereitungsstoffe,
z. B. bedeutsam, wenn das Wasser entkalkt oder von anderen beeinträchtigenden Stoffen gereinigt werden muss und dafür geeignete Aufbereitungsanlagen betrieben werden.

Stichwort „Zweite Miete"
Kostenhöhe/Kostenbegrenzung am Beispiel „Kosten der Wasserversorgung":

Diese Betriebskostenart zählt zu den semi-harten Betriebskosten. Fixiert sind die Kostenteile, und dann nur einer begrenzten Einflussnahme unterliegend, insofern es sich um Grund- und Bereitstellungsgebühren, Verbrauchspreise pro m^3 handelt. Hier vor allem soweit die Wasserversorgung öffentlich-rechtlich durch Satzungsrecht fixiert ist – im Gegensatz zu privatrechtlichen Lösungen mit Individualregelungen. Die eigenen Erhebungen zeigen hier in 1998 eine Spannweite von 0,17 bis 0,45 DM/m^2 Wfl./Monat. Die Streuung bei Geschossbauten ergibt sich aus unterschiedlichen Wasserbezugspreisen der Wasserversorger sowie aus der unterschiedlichen Haustechnik und Mieterstruktur. Kostenreduzierungen im sog. weichen Teil dieser Betriebskostenart möglich, und zwar dort, wo eine Reduzierung des Verbrauchs über verbrauchsparende Haustechnik und über eine Änderung der individuellen Verbrauchsgewohnheiten einhergeht (z. B. Geräte- und Sanitärtechnik, Wasserrecycling, Überprüfung der Leitungssysteme, zeitvergleichende Gegenüberstellung bei Betriebskostenabrechnung).

5.2.8.3 Die Kosten der Entwässerung (Anlage 3 Nr. 3 zur II. BV)

Hierzu gehören:

Gebühren für die Benutzung einer öffentlichen Entwässerungsanlage,
z. B. nach den geltenden gemeindlichen Gebührenordnungen durch Abgabenbescheide festgesetzt, in Form von Kanalbenutzungsgebühren für Schmutzwasser (umgerechnet nach bezogener Wassermenge) und Regenwasser.

Kosten des Betriebs einer entsprechenden nicht-öffentlichen Anlage,

z. B. bedeutsam, wenn Anschluss an öffentliches Kanalnetz nicht besteht. In diesem Fall Kostenansatz für die Benutzung der hauseigenen Entwässerungsanlage (z. B. Kosten der Entleerung und Reinigung von Klär- und Sickergruben).

Kosten des Betriebs einer Entwässerungspumpe,

z. B. bedeutsam, wenn das Gelände mit dem hauseigenen Entwässerungssystem unter dem Einmündungsniveau des öffentlichen Kanals liegt. In diesem Fall Kostenansatz für z. B. Betriebsstrom der Entwässerungspumpe, ebenso auch für Wartungskosten der Anlage.

Kosten für die Behebung einer Rohrverstopfung im Hauptstrang der Abwasserleitung sind bei den Instandhaltungs- und nicht bei den Betriebskosten zu erfassen.

Stichwort „Zweite Miete"
Kostenhöhe/Kostenbegrenzung am Beispiel „Kosten der Entwässerung"

Diese Betriebskostenart zählt aus den gleichen Gründen wie die Kosten der Wasserversorgung zu den semi-harten Betriebskosten. Ansatzpunkte einer Kostenreduzierung sind im Wesentlichen mittelbar möglich über eine Reduzierung des Wasserverbrauchs. Die eigenen Erhebungen zeigen hier im Geschossbau eine Spannweite von 0,26 bis 0,51 DM/m² Wfl./Monat. Die Streuung ergibt sich auch hier wiederum – wie bei den Kosten der Wasserversorgung – aus den unterschiedlichen regionalen Gebührenregelungen, divergierenden Haustechniken und Mieterstrukturen. Entscheidend wird auch die Entwicklung dieser Kostenart künftig von der Fortentwicklung des Wasserhaushaltsgesetzes geprägt werden (Stichwort z. B. Abwasseranlagen nach den „Regeln der Technik" oder nach dem „Stand der Technik"). Ein Überlegungsansatz bietet sich noch an beim Planen von Außenanlagen, und zwar dann, wenn die Entwässerungssatzung für Flächen der Bodenversiegelung entsprechende Kosten für die Einleitung von Regenwasser in den Kanal vorsieht und diese Versiegelungsflächen durch entsprechende Gestaltung der Außenanlagen reduziert werden.

5.2.8.4 Die Kosten der Heizung (Anlage 3 Nr. 4 zur II. BV)

Unter dieser Position werden folgende vier Arten der Heizungsversorgung und der damit verbundenen Kosten unterschieden:

- Kosten des Betriebs der zentralen Heizungsanlage einschließlich der Abgasanlage
- Kosten des Betriebs der zentralen Brennstoffversorgungsanlage
- Kosten der eigenständig gewerblichen Lieferung von Wärme
- Kosten der Reinigung und Wartung von Etagenheizungen

1. Kosten des Betriebs der zentralen Heizungsanlage = Zentralheizung einschließlich der Abgasanlage (Anlage 3 Nr. 4 Buchstabe a II. BV)

Zu den hier ansatzfähigen Einzelkosten siehe Anlage 3 Ziff. 4 der Aufstellung der Betriebskosten der II. BV, deckungsgleich mit § 7 Abs.2 HeizKV.

Nachfolgend werden zu einzelnen Unterkosten dieser Heizungsversorgung zur II. BV ergänzende inhaltliche Kommentierungen aufgezeigt.

Ergänzend zu **„Kosten der verbrauchten Brennstoffe und ihrer Lieferung"**:

- Der Vermieter soll weitgehende sachliche und zeitliche Dispositionsfreiheit beim Einkauf der Brennstoffe haben, wobei bei der Lieferantenauswahl die Belieferungssicherheit wichtig ist. Preisnachlässe sind weiterzugeben, Skonti dagegen brauchen nicht abgesetzt zu werden.
- Finanzierungskosten beim Einkauf sind keine ansatzfähigen Betriebskosten.
- Betriebskosten der Zentralheizung sind u. a. nur die „Kosten der verbrauchten Brennstoffe"; d. h., der Vermieter wird den Brennstoffverbrauch nach Menge und Kosten chronologisch entsprechend dem Anfangsbestand und den zwischenzeitlichen Zukäufen als verbraucht ansetzen, als „first in, fiktiv first out". Der Restbestand ist damit mit Menge und Kosten zu den verbleibenden letzten Einkäufen anzusetzen.

Ergänzend zu **„Kosten des Betriebsstroms"**:

Gedacht ist hierbei an die Kosten der elektrischen Energie für den Betrieb der zentralen Heizungsanlage, wie z. B. Öl- und Umwälzpumpen, Brenneranlage, Steuerungseinrichtungen, Beleuchtung des Heizraums. Bei fehlendem Zwischenzähler für den Betriebsstromverbrauch ist dieser zu schätzen.

Ergänzend zu **„Kosten der Bedienung, Überwachung und Pflege der Anlage“:**

Gedacht ist hierbei an den Ansatz für Betriebskosten für o. g. Arbeitsleistungen. Diese Leistungen können z. B. durch angestellte Heizer, durch Eigentümer oder Fremdfirmen erbracht werden. Arbeitsleistungen durch den Eigentümer selbst sollen ebenfalls als Betriebskosten anzusetzen sein, und zwar in Höhe des für gleichwertige Leistungen eines Dritten zu zahlenden Entgelts ohne Umsatzsteuer. Auch Zusatzmittel bei einer mit Heizöl betriebenen Anlage wie Tankschutzmittel, Mittel zur Optimierung der Verbrennungsprozesse sowie zur Verringerung der Rußbildung sind ansatzfähige Betriebskosten.

Ergänzend zu **„Kosten der regelmäßigen Prüfung der Betriebsbereitschaft und Betriebssicherheit der Anlage, einschließlich der Einstellung durch einen Fachmann“:**

Hier gilt stellvertretend der Begriff „regelmäßige Wartungskosten“. Dieser Begriff ist getrennt von den „Kosten der Bedienung“ zu sehen. Der Begriff der Wartung wird in Heizanlagen-Verordnung wie folgt umrissen:

HeizAnlV

- Einstellung der Feuerungseinrichtungen
- Überprüfung der zentralen regelungstechnischen Einrichtungen
- Reinigung der Kesselflächen

Diese Leistungen sind durch fachkundige Personen zu erbringen.

Beispiele für typische Wartungsarbeiten können sein:

- allgemeine Überprüfung der Heizungsanlage
- Zerlegung, Reinigung und Wiedereinbau des Ölbrenners
- Überprüfung des Pumpendrucks und der Luftzufuhr
- Überprüfung von Zerstäuberdüsen, Abgastemperaturen, Kohlendioxydgehalt, Rußzahl

Die Regelmäßigkeit der Wartung ist durch zeitlich bestimmte wiederkehrende Arbeiten in Form von Prüfung/Einstellung der Heizungsanlage bestimmt. Betriebskosten sind auch Kosten, die regelmäßig entstehen bei der Überprüfung der Dichtigkeit von Tankanlagen.

Nicht berücksichtigungsfähig sollen Kosten dieser Art sein, wenn sie z. B. durch fehlerhafte Bedienung entstehen. Ebenfalls streng davon zu trennen sind Instandhaltungskosten, die entstehen, wenn Mängel einer Heizungsanlage Reparaturen bzw. den Ersatz schadhafter Teile erforderlich machen, z. B. Einbau einer neuen Pumpe.

Ergänzend zu **„Kosten der Reinigung der Anlage und des Betriebsraumes“:**

Reinigungsarbeiten bei der Heizungsanlage lassen sich beispielhaft wie folgt umreißen:

- Reinigung des Heizkessels
- Reinigung der Abgasanlage
- Reinigung des Schornsteins
- Reinigung der Be- und Entlüftungsleitungen
- Reinigung des Öltanks
  (nicht dagegen Kosten der Beschichtung des Öltanks)

Zu den Reinigungsarbeiten des Betriebsraumes gehören beispielsweise vor allem der personelle Einsatz für die Reinigung des Betriebsraumes und das dazu erforderliche Reinigungsmaterial. Soweit der Hauswart diese Arbeiten übernimmt, entfällt ein gesonderter personeller Kostenansatz dafür.

Ergänzend zu **„Kosten für Messungen nach dem Bundes-Immissionsschutzgesetz“:**

Mit diesem Gesetz wird die Grundlage dafür geschaffen, durch jährlich wiederkehrende Messungen unter Kontrolle zu haben, dass die zentrale Heizungsanlage keine über das gesetzlich zulässige Maß hinausgehende Luftverschmutzung verursacht. Die Kosten, Gebühren für die Messung dieser Emission, gehören zu den umlagefähigen Betriebskosten.

Ergänzend zu **„Kosten der Anmietung oder anderer Art der Gebrauchsüberlassung einer Ausstattung zur Verbrauchserfassung sowie die Kosten der Verwendung einer Ausstattung zur Verbrauchserfassung einschließlich der Kosten der Berechnung und Aufteilung“:** HeizKV § 5

Die hierbei zum Einsatz kommenden Geräte müssen entsprechend DIN technischen Mindestanforderungen genügen.

Für die Verbrauchserfassung kommen folgende Geräte in Betracht:

- Wärmezähler
  Sie ermitteln – vereinfachend zusammengefasst – den Wärmeverbrauch in physikalischen Einheiten (z. B. KWh oder MKh). Der Energieverbrauch ergibt sich aus dem Volumen des Heizwassers und dem Grad der Abkühlung vor Ort, wobei über Sensoren die Temperaturen von Vor- und Rücklaufwasser gemessen werden.

  oder

- Heizkostenverteiler
  Sie ermitteln – vereinfacht dargestellt – den anteiligen Wärmeverbrauch je Heizkörper. Die angezeigten Werte (Stricheinheiten) ergeben einen relativen Umlagemaßstab, d. h. bei den Strichwerten handelt es sich nicht um Messungen in physikalischen Einheiten wie beim Wärmezähler. Im Einsatz sind zwei verschieden arbeitende Gerätearten zu unterscheiden:

(1) Verdunster – Heizkostenverteiler
Ermittlung des Wärmeverbrauchs basiert auf der manuellen Ablesung der verdunsteten Flüssigkeit in den Glasröhrchen.

(2) Elektronischer Heizkostenverteiler
Ermittlung des Wärmeverbrauchs basiert z. B. auf einem Zweifühler-Prinzip, d. h. Messung von Heizkörper und Raumtemperatur, gestützt auf eine Langzeitbatterie. Am einprogrammierten Ablesestichtag wird automatisch der aufgelaufene Ablesewert gespeichert und die neue Verbrauchsperiode programmiert. Durch Fernablesung kann die Datenerfassung für die Verbrauchsabrechnung erfolgen.

Die für diese Geräte entstehenden Kosten, z. B. für Anmietung, für Ablesung des Verbrauchs, für Austausch von Teilen (z. B. Ampullen) sowie evtl. Eichgebühren bei Wärmezählern sind umlagefähige Betriebskosten.

Voraussetzung für den Ansatz der „Kosten der Anmietung“ ist jedoch, dass den Nutzern, Mietern vorher die dafür entstehende Kostenhöhe mitgeteilt wird und innerhalb eines Monats nach Zugang dieser Mitteilung die Mehrheit der Nutzer/Mieter einer Anlage nicht widerspricht. Ist dieses Einvernehmen nicht gegeben, muss der Vermieter die dafür erforderlichen Geräte erwerben. Die anfallenden Investitionskosten sind ansatzfähig als Modernisierung über eine Neuberechnung der Miete. HeizKV § 4 Abs. 2 MHG § 3 II. BV § 11

Zu weiteren möglichen Verteil- bzw. Messverfahren wird auf Fischer-Dieskau, S. 36 ff. zu § 37 II. BV verwiesen.

2. Kosten des Betriebs der zentralen Brennstoffversorgungsanlage (Anlage 3 Nr. 4 Buchstabe b zur II. BV)

Im Gegensatz zur zentralen Heizungsanlage, vgl. 1., sind bei dieser Heizungsart die Wohnungen und in ihnen die einzelnen Räume mit Öfen ausgestattet. Diese Öfen sind im Hinblick auf die Brennstoffversorgung an eine zentrale Versorgungsanlage angeschlossen.

II. BV Anlage 3 Nr.4 Buchstabe b

Nach Anlage 3 Nr.4 Buchstabe b der II. BV sind folgende Betriebskosten ansatzfähig:

- Kosten der verbrauchten Brennstoffe und ihrer Lieferung (zur inhaltlichen Bestimmung vgl. zentrale Heizungsanlage)
- Kosten des Betriebsstroms (ansatzfähig, soweit Betriebsstrom im Kostentragungsbereich der zentralen Versorgung entsteht)
- Kosten der Überwachung (zur inhaltlichen Bestimmung „Überwachung" vgl. zentrale Heizungsanlage, zu Kosten für eine Bedienung, Pflege oder Prüfung der Anlage keine Ansatzmöglichkeiten als Betriebskosten genannt)
- Kosten der Reinigung der Anlage und des Betriebsstroms (zur inhaltlichen Bestimmung vgl. zentrale Heizungsanlage)

3. Kosten der eigenständig gewerblichen Lieferung von Wärme (Anlage 3 Nr. 4 Buchstabe c zur II. BV)

Bei dieser Versorgungsart mit Wärme ist die Produktion und Lieferung getrennt von der/den zu versorgenden Wirtschaftseinheiten zu sehen. Die Wärmelieferungsmöglichkeiten lassen sich dabei in Varianten einteilen:

- Lieferung der Wärme durch ein Fernheizwerk
- Lieferung der Wärme von einer externen zentralen Heizungsanlage, eigenständig betrieben von einem Dritten

Die Anforderungen gemäß Buchstabe c „eigenständig und gewerblich" werden dadurch erfüllt, dass der Wärmelieferant bei Produktion und Lieferung im eigenen Namen und für eigene Rechnung auftritt und sein Handeln gewerberechtliche Merkmale wie Nachhaltigkeit, Gewinnerzielungsabsicht, Selbstständigkeit, Öffentlichkeit erfüllt.

Die Lieferungsverträge selbst sind entweder mit dem Eigentümer/Vermieter oder unmittelbar mit den Mietern geschlossen.

Die umlagefähigen Betriebskosten bestehen bei dieser Versorgungsart aus:

- Entgelt für die Wärmelieferung
- Kosten des Betriebs der dazugehörigen Hausanlagen entsprechend einer zentralen Heizungsanlage, vgl. Anlage 3 Nr. 4 Buchstabe a II. BV.

Bei einem Lieferungsvertrag unmittelbar zwischen dem Lieferanten und dem Mieter bleibt für die Heizkostenabrechnung mit dem Vermieter nur die Betriebskostenposition „Kosten des Betriebs der dazugehörigen Hausanlagen".

4. Kosten der Reinigung und Wartung von Etagenheizungen (Anlage 3 Nr. 4 Buchstabe d zur II. BV)

In diesem Fall hat der Vermieter die jeweilige Wohnung mit einer individuellen Heizung, Etagenheizung versehen. Die hierbei entstehenden Betriebskosten lassen sich in zwei Gruppen einteilen:

- Betriebskosten, die dem Mieter/Nutzer individuell unmittelbar durch die Benutzung der Etagenheizung selbst entstehen, wie z. B. Brennstoffverbrauch, Betriebsstrom und
- Betriebskosten, die die Betriebsbereitschaft der Etagenheizung betreffen und – soweit sie der Vermieter zunächst zu verauslagen hat – als umlagefähige Kosten in Anlage 3 Nr. 4 Buchstabe d II. BV aufgezählt werden.

Das sind je nach Heizungstechnik:
- Kosten der Beseitigung von Wasserablagerungen (z. B. Entkalkung) und Verbrennungsrückständen in der Anlage;
- Kosten der regelmäßigen Prüfung der Betriebsbereitschaft und Betriebssicherheit und der damit zusammenhängenden Einstellung durch einen Fachmann (vgl. dazu Anlage 3 Nr. 4 Buchstabe a II. BV);
- Kosten der Messungen nach dem Bundes-Immissionsschutzgesetz.

Stichwort „Zweite Miete"
Kostenhöhe/Kostenbegrenzung am Beispiel „Kosten der Heizung"

Diese Betriebskostenart kann tendenziell eher zu den sog. weichen Betriebskosten gerechnet werden, weich deshalb, weil die Einflussnahme in hohem Maße beim Vermieter/Mieter liegt. Die Einsparpotenziale liegen in der Heizungs- und Lüftungstechnik, in wärmedämmtechnischen Investitionen (wie z. B. Wohnungseingangstüren mit Schall- und Wärmeisolierung, Kunststofffenster mit Isolierverglasung, Zusatzdämmung für die oberen Geschossdecken zum Dachgeschoss bzw. Flachdach, Austausch veralteter gegen dicht verschließende Hauseingangstüren, Nachrüstung der Außenhaut des Gebäudes mit einem geschlossenen Wärmedämm-Verbundsystem). Dafür bieten sich Ansatzpunkte bei der Projektierung von Neubauten als auch bei der Sanierung und Modernisierung von Bestandsimmobilien. Stichpunkte wie Wärmeeinstrahlung und Niedrigenergiehäuser sollen hier ebenfalls beispielhaft stehen. Rechtliche Maßstäbe liefert dazu die neue Wärmeschutzverordnung vom 1.1.1996. Wesentliche Einsparmöglichkeiten sind auch in der Einflussnahme auf das individuelle Verbrauchsverhalten der Nutzer zu sehen (z. B. Lüftungshinweise, zeitvergleichende Gegenüberstellung der Heizkosten). Zu den warmen Betriebskosten vgl. 5.2.2.

5.2.8.5 Kosten der Warmwasserversorgung (Anlage 3 Nr. 5 zur II. BV)

Unter dieser Position werden folgende drei Arten der Warmwasserversorgung und der damit verbundenen Kosten unterschieden:

– Kosten des Betriebs der zentralen Warmwasserversorgungsanlage
– Kosten der eigenständig gewerblichen Lieferung von Warmwasser
– Kosten der Reinigung und Wartung von Warmwassergeräten

1. Kosten des Betriebs der zentralen Warmwasserversorgungsanlage (Anlage 3 Nr. 5 Buchstabe a zur II. BV)

In konzentrierter Form umreißt die II. BV diese hierbei ansatzfähigen Kosten wie folgt:

„... hierzu gehören die Kosten der Wasserversorgung entsprechend Anlage 3 Nr. 2 II. BV, soweit sie nicht dort bereits berücksichtigt sind, und die Kosten der Wassererwärmung entsprechend Anlage 3 Nr. 4 Buchstabe a II. BV".

2. Kosten der eigenständig gewerblichen Lieferung von Warmwasser, auch aus Anlagen im Sinne von Buchstabe a

Auch hier umreißt die II. BV in konzentrierter Form die ansatzfähigen Kosten wie folgt:

„... hierzu gehören das Entgelt für die Lieferung des Warmwassers und die Kosten des Betriebs der dazugehörigen Hausanlagen entsprechend Anlage 2 Nr. 4 Buchstabe a II. BV".

3. Kosten der Reinigung und Wartung von Warmwassergeräten (Anlage 3 Nr. 5 Buchstabe c zur II. BV)

Diese Versorgungsart mit Warmwasser trifft dann zu, wenn das Warmwasser nicht zentral, sondern über einzelne Warmwassergeräte (Warmwasserboiler) bereitgestellt wird. Die II. BV geht dabei von folgenden Kostenansätzen aus:

„... hierzu gehören Kosten der Beseitigung von Wasserablagerungen (Entkalkung) und Verbrennungsrückständen im Inneren der Geräte

sowie die Kosten der regelmäßigen Prüfung der Betriebsbereitschaft und Betriebssicherheit

und der damit zusammenhängenden Einstellung durch einen Fachmann".

Stichwort „Zweite Miete"
Kostenhöhe/Kostenbegrenzung am Beispiel „Kosten der Warmwasserversorgung"

Diese Kostenart kann man zu den semi-harten Betriebskosten rechnen. Hart ist diese Kostenart, soweit sie generell die Wasserbereitstellungs- und -bezugskosten betrifft (siehe Wasserversorgung). Weiche Betriebskosten liegen vor, soweit es sich um die Energiekosten der Warmwasseraufbereitung handelt. Im letzten Punkt sind die Einsparpotenziale bei Heizung angesprochen, aber auch die Verbrauchsgewohnheiten der Nutzer (z. B. Duschen statt Wannenbad, Einbau von Warmwasserzählern).

5.2.8.6 Kosten verbundener Heizungs- und Warmwasserversorgungsanlagen (Anlage 3 Nr. 6 zur II. BV)

Dies sind Anlagen, durch die die Aufbereitung von Warmwasser und Raumwärme in einer technischen Einrichtung erfolgt.

Unter dieser Position werden wiederum wie bei Heizung und Warmwasser drei Arten von Versorgungssystemen und damit verbundene Kosten unterschieden.

Diese Verbundsysteme und die gesetzlich dazu genannten Kosten werden in einem Zusammenhang in der II. BV aufgezählt, sie haben weitgehend Bezug zu den Einzelkosten bei Heizung und Warmwasser, wie vorhergehend dargestellt.

Die Aufzählung lautet:

- „... bei (einer Versorgung mit) zentraler Heizungsanlage, (Kostenansätze) entsprechend Nr. 4 Buchstabe a (zentrale Wärmeversorgung) und entsprechend Nr. 2 (Kosten der Wasserversorgung) II. BV, soweit sie nicht dort bereits berücksichtigt sind";
  oder
- „... bei (einer Versorgung mit) eigenständig gewerblicher Lieferung von Wärme entsprechend Nr. 4 Buchstabe c und entsprechend Nr. 2 II. BV, soweit sie nicht dort bereits berücksichtigt sind";
  oder
- „... bei (einer Versorgung mit) verbundener Etagenheizung und Warmwasserversorgungsanlage entsprechend Nr. 4 Buchst. d und entsprechend Nr. 2 II. BV, soweit sie nicht dort bereits berücksichtigt sind".

Für die Verteilung der Kosten der Versorgung mit Wärme und Warmwasser bei verbundenen Anlagen ist § 9 HeizKV maßgeblich.

HeizKV § 9

Bei der Ermittlung des Anteils der Brennstoffkosten für die Erwärmung des Wassers sind drei Möglichkeiten gegeben:

(1) Energiemessung über Wärmezähler
(2) Mengenmessung

Brennstoffverbrauch für die Erwärmung des Wassers wird aus dem Gesamtvolumen des Warmwassers sowie der mittleren Warmwassertemperatur ermittelt. Der Brennstoffverbrauch der zentralen Warmwasserversorgungsanlage ist gemäß § 9 Abs. 2 HeizKV in Litern, Kubikmetern oder Kilogramm nach der Formel HeizkV § 9 Abs. 2 Satz 5

$$B = \frac{2{,}5 \times V\,(t_w - 10)}{H\mu}$$

zu errechnen.

B = Brennstoffverbrauch für Warmwasser
2,5 = Rechenfaktor, ergibt sich aus Wirkungsgrad der Warmwasseraufbereitung (Annahme 46 %) und Umrechnung von Kalorien in Wattstunden (Faktor 1,163); 1,163 : 0,46 = 2,5
V = Volumen des verbrauchten Warmwassers im m³
t_w = gemessene oder geschätzte Temperatur des Warmwassers in °C
10 = 10 °C als übliche Zuflusstemperatur des Kaltwassers
Hμ = Heizwert des Brennstoffes

Rechenbeispiel:
Berechnung des Heizölverbrauchs zur Erwärmung von 1 m³ Warmwasser auf 70 °C:

$$\frac{2{,}5 \times 1 \times (70 - 10)}{10} = 15{,}0 \text{ Liter Heizöl}$$

(3) Die auf die zentrale Warmwasserversorgungsanlage entfallende Wärmemenge kann auch pauschal mit 18 v. H. der insgesamt verbrauchten Wärmemenge angesetzt werden (§ 9 Abs. 2 Satz 5 HeizkV), wenn andere Ermittlungsmöglichkeiten ausscheiden.

5.2.8.7 Kosten des Betriebs des maschinellen Personen- oder Lastenaufzugs (Anlage 3 Nr. 7 zur II. BV)

Grundlage für den Betrieb von Aufzügen ist die Aufzugverordnung von 1998. AufzV
Neben den Kosten des Betriebsstroms für das Betreiben der Aufzugsanlage bedingt vor allem die Aufzugverordnung drei ansatzfähige Kostenarten:

– **Kosten der Beaufsichtigung, der Bedienung, Überwachung und Pflege der Anlage.**

  Die AufzV sieht für die Sicherheit vor allem im Aufzug beförderter Personen zwei Kosten verursachende Einrichtungen vor:

  - Bestellung eines Aufzugswärters,
  - Anschluss in der Aufzuganlage an ein zentrales Notrufleitsystem.

  Der Aufzugswärter hat die Anlage regelmäßig zu beaufsichtigen und erkennbare Mängel zu melden. Weiterhin hat er sich bereitzuhalten, im Fahrstuhl eingeschlossene Personen zu befreien bzw. für ihre Befreiung zu sorgen. Die letztgenannte Pflicht zur Bereithaltung entfällt, wenn der Anschluss an ein zentrales Notrufleitsystem besteht. In der Praxis wird in den meisten Fällen auch für die verbleibenden Aufgaben des Aufzugswärters ein Servicevertrag mit einer einschlägigen Fachfirma geschlossen werden.
  Das zentrale Notrufleitsystem ist über einen Notruf im Aufzug die unmittelbare Kontaktstelle eingeschlossener Personen. Es muss Tag und Nacht besetzt sein, zum Eingreifen über geeignete Fachleute verfügen, um umgehende, geeignete Rettungsmaßnahmen für eingeschlossene Personen einzuleiten.
  Der Zeitraum zwischen Hilferuf und Eintreffen des Aufzugswärters bzw. fakultativ statt dessen eines Fachmannes des Notrufleitsystems soll nicht mehr als 20 Minuten betragen.
  Kosten für den Aufzugswärter sowie für den Anschluss an ein zentrales Notrufleitsystem sind Betriebskosten, ebenso Wartungskosten (z. B. Abschmieren, Ölwechsel) und Kosten zur Behebung kleinerer Störungen, soweit sie keinen Austausch schadhafter Teile bedingen.

- **Kosten der regelmäßigen Prüfung der Betriebsbereitschaft und Betriebssicherheit der Anlage einschließlich der Einstellung durch einen Fachmann.**
  Hierbei sind ansatzfähig die Kosten der für alle zwei Jahre vorgeschriebenen Prüfung der Aufzugsanlage durch einen Sachverständigen, ebenso auch Kosten für nicht angekündigte Zwischenprüfungen.
  Die Kosten für die Funktionsprüfung der Anlage werden meist eingebunden sein in einen Servicevertrag einer einschlägigen Fachfirma.

- **Kosten der Reinigung der Anlage**
  Zur Reinigung gehören hier nur Maßnahmen im Aufzugssystem (z. B. Drahtseile, Laufschienen) außerhalb des Fahrstuhlkorbes. Diese Arbeiten sind in der Regel ebenfalls meist in einen Servicevertrag mit einer Fachfirma eingebunden.

Stichwort „Zweite Miete"
Kostenhöhe/Kostenreduzierung am Beispiel „Kosten des Betriebs des maschinellen Personen- und Lastenaufzugs":

Diese Kostenart kann bei gegebener baurechtlicher Voraussetzung zu den harten Betriebskosten zählen. Die Kostenspannweite in der Erhebung liegt hier zwischen 0,10 und 0,21 DM/m^2/Monat. Soweit ein Aufzug baurechtlich gefordert ist, können Kostenersparnisse bestenfalls in der Anschaffung einer bedarfsorientierten energiesparenden Technik und Ausgestaltung gesucht werden bzw. bautechnisch durch eine Reduzierung der „Geschosshaltestellen".

5.2.8.8 Kosten der Straßenreinigung und Müllabfuhr (Anlage 3 Nr. 8 zur II. BV)

Zu dieser Betriebskostenart gehören:

- **Kosten in Form von Gebühren für die öffentliche Straßenreinigung und Müllabfuhr.**
  Öffentliche Straßenreinigung, Kostenerhebung in der Regel durch Abgabenbescheid der Gemeinde; Müllabfuhr ebenfalls meist kommunal erbrachte Leistung, Kostenerfassung mittlerweile regional diffenrenziert z. B. nach
  - Behältervolumen
  - Gewicht

- **Kostenerhebung regional differenziert z. B. nach**
  - Festbetrag durch Bescheid,
    Entsorgung routinemäßig, nach bereit gehaltenem Behältervolumen unabhängig von seiner Ausnutzung
  - Erwerb von Müllmarken,
    Entsorgung routinemäßig oder nur auf Abruf; Kostenbemessung nach Volumen bzw. Gewicht.

- **Kosten entsprechend nicht öffentlicher Maßnahmen.**
  In diesem Bereich wird vor allem die Straßenreinigung angesprochen: Gemeinden können diese Reinigung (z. B. Schneeräumen, Streuen) auf die Eigentümer übertragen. Diese wiederum können dann diese Aufgabe entweder unmittelbar selbst wahrnehmen oder durch vertragliche Vereinbarungen an Dritte übertragen (z. B. Mieter, Wartungsfirmen für Winterdienste). Die dabei zum Einsatz kommenden Mittel (z. B. Streumittel) ebenso wie die Leistung selbst sind ansatzfähige Betriebskosten.

Auch übliche „Trinkgelder" für Entsorgungsleistungen sowie Kosten der Beseitigung von Gartenabfällen, nicht jedoch Bauschutt.

Stichwort „Zweite Miete“
Kostenhöhe/Kostenreduzierung am Beispiel „Kosten der Straßenreinigung und Müllabfuhr“:

Diese Kostenart gehört bestenfalls zu den semi-harten Betriebskosten. Soweit diese Leistungen grundstückgebunden von der Gemeinde, abgesichert durch Satzungen und Gebührenordnungen, erbracht werden, sind wohnungswirtschaftlich vertraglich kaum Gestaltungsspielräume. Ansatzpunkte der Kostenreduzierung können lediglich in einer Rückführung des Leistungsumfanges, z. B. bei der Müllabfuhr, gesehen werden.

Möglichkeiten dazu wären:
- Auswahl der bedarfsgerechten Gefäßart, z. B. Volumen, Gewicht
- Auswahl eines bedarfsgerechten Rhythmus' in der Leerung
- Aktive Information der Mieterschaft über kostengünstige, öffentlich angebotene Recyclingmöglichkeiten
- Anwendung von § 4 Abs. 5 Ziff. 1 MHG „Müllabfuhr nach einem Maßstab umlegen, der der unterschiedlichen Müllverursachung Rechnung trägt“, organisatorisch unter Wohnraummietern bei großen Wohnanlagen schwer umsetzbar
- Vermeidung von besonders kostenintensivem Sondermüll (z. B. Karton, Möbelteile)
- Reduzierung der Entsorgung von Gartenabfällen durch grundseitige Kompostierung
- Vermeidung von sog. Eigentümerwegen und -straßen bei der Planungskonzeption

MHG
§ 4 Abs. 5
Ziff. 1

Die Kosten im Bereich der Straßenreinigung bewegen sich 1998 in eigener Erhebung in einer Spannweite von 0,06 und 0,14 DM/m² Wfl./Monat, die Kosten für Müllabfuhr in der Spanne von 0,41 und 0,72 DM/m² Wfl./Monat.

5.2.8.9 Kosten der Hausreinigung und Ungezieferbekämpfung (Anlage 3 Nr. 9 zur II. BV)

Hierzu gehören gemäß II. BV die Kosten für die Säuberung der von den Bewohnern gemeinsam genutzten Gebäudeteile wie Zugänge, Flure, Treppen, Keller, Bodenräume, Waschküchen, Fahrkorb des Aufzugs, auch z. B. Gully in Waschküchen.

Das sind z. B. Löhne für Reinigungspersonal und Materialausgaben oder bei Fremdvergabe die ortsüblichen Reinigungsentgelte. Auch die Übernahme der Reinigung durch die Mieter des Hauses ist denkbar, in diesem Fall ist ein Ansatz von Betriebskosten nicht möglich.

Kosten der Ungezieferbekämpfung sind z. B. solche Maßnahmen der laufend wiederkehrenden Art, die behördlich angeordnet werden (wie z. B. Kosten der Rattenbekämpfung), nicht dagegen einmalige Kosten wie Maßnahmen an einer mit Ungeziefer belasteten Wohnung.

Die Reinigung der Einstellplätze und ihrer Zufahrt ist von der Hausreinigung zu trennen, sie ist kostenmäßig den vertraglichen Nutzern der Stellplätze zuzuordnen.
Die Kosten der Hausreinigung bewegen sich im Rahmen der Erhebung zwischen 0,10 und 0,37 DM/m² Wfl./Monat. Hier sind evtl. Ansätze der Kostenreduzierung in der Übernahme von Reinigungsarbeiten durch Mieter bzw. auch durch eine kostengünstige Ausgliederung an Fremdfirmen möglich.

5.2.8.10 Kosten der Gartenpflege (Anlage 3 Nr. 10 zur II. BV)

Hierzu gehören gemäß II. BV die Kosten der Pflege gärtnerisch angelegter Flächen einschließlich der Erneuerung von Pflanzen und Gehölzen, der Pflege von Spielplätzen einschließlich der Erneuerung von Sand und der Pflege von Plätzen, Zugängen und Zufahrten, die nicht dem öffentlichen Verkehr dienen.

- **Gartenpflege**
  Die Kosten der Gartenpflege sind generell ansatzfähig, wenn der Garten allen Bewohnern zur Nutzung zusteht, aber auch dann, wenn die Nutzung für die Bewohner eingeschränkt ist und die Gartenanlage der Verbesserung der Wohnumfeldes dient. Die erstmalige Anlage und Bepflanzung dagegen gehört nicht zu den Betriebskosten. An Einzelkosten können beispielhaft genannt werden:
  Kosten des Wasserverbrauchs für den Garten, Rasenmähen, Nachsaat schadhafter Rasenflächen, Unkrautbeseitigung, Düngung, Zuschnitte und Pflege von Bäumen und Sträuchern, auch Kosten für die Beseitigung von Sturmschäden an Bäumen und Gewächsen, Abfuhr von Gartenabfällen, Erneuerung von Pflanzen und Gehölzen.
  Die Anschaffung von Maschinen zur Gartenpflege (z. B. Rasenmäher, Kleintraktor) gehört nicht zu den Betriebskosten, dagegen jedoch die Kosten für deren laufenden Gebrauch.
- **Pflege von Spielplätzen**
  Diese Kosten betreffen die regelmäßige Erneuerung des Sandes auf den Spielplätzen, die Reinigung des Spielplatzes und die Überwachung sowie die Instandhaltung von Spielgeräten (z. B. Schaukel, Rutschen).
  Ein Kostenansatz ist möglich, wenn alle Kinder der Mieterschaft diese Einrichtung nutzen dürfen.
- **Pflege von Plätzen, Zugängen und Zufahrten, die nicht dem öffentlichen Verkehr dienen.**
  Diese Kosten betreffen z. B. Reinigung, Winterdienst obiger Flächen, die generell allen Mietern zugänglich sind.

Stichwort „Zweite Miete“
Kostenhöhe/Kostenreduzierung am Beispiel „Kosten der Gartenpflege“:

Diese Kostenart gehört zu den semi-harten Betriebskosten. Die Kosten werden weitgehend schon in der Projektierung einer Wohnanlage mit ihren Außenanlagen begründet. In dieser Phase können durch eine entsprechende Reduzierung der Gestaltungsvarianten Kosten der Bewirtschaftung optimiert werden (z. B. Verringerung der Wegeflächen, Art der Bepflanzung, Bündelung von Wartungsverträgen). Die Untersuchung ergibt hierbei eine Spannweite in den Kosten von 0,04 bis 0,48 DM/m² Wfl./Monat. Entscheidend für diese enorme Spannweite sind Aspekte wir Größe und Gestaltung der Freiflächen im Bereich der Außenanlagen, Verdichtung der Bebauung auf den Grundstücken.

5.2.8.11 Kosten der Beleuchtung (Anlage 3 Nr. 11 zur II. BV)

Hierzu gehören gemäß II. BV

- die Kosten des Stroms für die Außenbeleuchtung und
- die Beleuchtung der von den Bewohnern gemeinsam benutzten Gebäudeteile wie Zugänge, Flure, Treppen, Keller, Bodenräume, Waschküchen.

Mit dieser Kostenart sind die Stromkosten für die Beleuchtung außerhalb der Wohnungen angesprochen. Die Kosten betreffen den Stromverbrauch und andere dazugehörige Kosten der Bereitstellung. Kosten für den Ersatz defekter Beleuchtungskörper (z. B. Glühbirnen) fallen nicht unter die ansatzfähigen Betriebskosten.

Stichwort „Zweite Miete“
Kostenhöhe/Kostenreduzierung am Beispiel „Kosten der Beleuchtung“:

Diese Kostenart gehört ebenfalls zu den semi-harten Betriebskosten. Im Spannungsfeld stehen Verkehrssicherungspflicht, Verkehrssicherheit und allgemeine Sicherheit der Mieter. Kostenansätze wären der Einsatz von Energiesparlampen, zeitlich angemessene Intervallschaltungen. Die Kosten bewegen sich hier z. B. in der Spannweite zwischen 0,02 und 0,26 DM/m² Wfl./Monat. Mitbestimmend für diese Spannweite ist hier u. a.

der Beleuchtungsbedarf bei den Außenanlagen, die Bebauungsdichte und Bewegungshäufigkeit in den Wohngebäuden.

5.2.8.12 Kosten der Schornsteinreinigung (Anlage 3 Nr. 12 zur II. BV)

Hierzu gehören gemäß II. BV die Kehrgebühren nach der maßgebenden Gebührenordnung, soweit sie nicht bereits als Kosten nach Nr. 4 Buchstabe a (Anlage 3 zur II. BV) berücksichtigt sind.

Nach herrschender Meinung ist diese Position zu integrieren in die Kosten der zentralen Heizung (Nr. 4 Buchstabe a), weiter abgestützt wird dies durch eine entsprechende Vorschrift in § 7 Abs.2 HeizKV. HeizKV § 7 Abs.2

5.2.8.13 Kosten der Sach- und Haftpflichtversicherung (Anlage 3 Nr. 13 zur II. BV)

Hierzu gehören gemäß II. BV

- die Kosten der Versicherung des Gebäudes gegen Feuer-, Sturm- oder Wasserschäden,
- die Kosten der Glasversicherung,
- die Kosten der Haftpflichtversicherung für das Gebäude, den Öltank oder den Aufzug.

Mit dieser Kostenart sind die Prämien für obige Versicherungsarten ansatzfähig. Der Hinweis in Nr. 13 mit dem Wort „namentlich" soll verdeutlichen, dass die dort aufgezählten Versicherungsarten nicht erschöpfend sein sollen.

Es sind noch andere Versicherungen im Ansatz denkbar (z. B. Sachversicherungen für elektronische Anlagen im Wohngebäude, wie z. B. Wechsel- und Gegensprechanlagen).

Stichwort „Zweite Miete"
Kostenhöhe/Kostenreduzierung am Beispiel „Kosten der Sach- und Haftpflichtversicherung":

Diese Kostenart könnte man zu den weichen Betriebskosten rechnen. Gerade hier haben Verwaltungen je nach Prämienvolumen und Organisation der Versicherungsleistungen erheblichen Gestaltungsspielraum. Die Kostenhöhe bewegte sich hier in einer Spannweite zwischen 0,10 und 0,19 DM/m² Wfl./Monat.

Ansatzpunkte der Überprüfung können sein:

- Versicherungsarten/Versicherungsumfang angemessen
  z. B. Notwendigkeit einer Glasversicherung
- Stimmigkeit der Tarife
- Bündelung der Nachfrage nach Versicherungsleistungen/Sondertarife
  z. B. auch Bündelung auf eine Versicherung des Unternehmens mit seinem gesamten Bestand an Wohnfläche.
- Einschaltung eines Versicherungsmaklers
  Angebotsoptimierung

5.2.8.14 Kosten für den Hauswart (Anlage 3 Nr. 14 zur II. BV)

Hierzu gehören gemäß II. BV

- die Vergütung,
- die Sozialbeiträge und
- alle geldwerten Leistungen,

die der Eigentümer (Erbbauberechtigte) dem Hauswart für seine Arbeit gewährt, soweit diese nicht die Instandhaltung, Instandsetzung, Erneuerung, Schönheitsreparaturen oder die Hausverwaltung betrifft.

Soweit vom Hauswart Arbeiten ausgeführt werden, die Arbeitsleistungen nach den Nummern 2 bis 10 der II. BV sind, darf für diese dort kein eigener Kostenansatz mehr erfolgen.

Ein genereller Ansatz an Kosten für den Hauswart wird an mehreren Merkmalen zu prüfen sein:

- Ist die Bestellung eines Hauswarts überhaupt bzw. nach diesem Umfang erforderlich?
  Dies wird im Einzelfall zu prüfen sein, z. B. an der Größe der Anlage, am Umfang auf die Mieter übertragener Arbeiten. Im Einzelfall kann statt eines hauptberuflichen auch ein nur nebenberuflich, stundenweise tätiger Hauswart genügen oder auch die Übertragung auf eine Fremdfirma zweckmäßig sein.
- Ist der Aufgabenkatalog des Hauswarts laut Arbeitsvertrag bzw. bei einer Hauswartfirma laut Werkvertrag im Rahmen der Betriebskosten voll berücksichtigungsfähig?

Arbeiten des Hauswarts Hier eingeengt auf ihre Ansatzfähigkeit als Betriebskosten i. S. der II. BV	
Betriebskosten	**Nicht-Betriebskosten**
Bedienung/Überwachung/Pflege von Gebäudeteilen/Gebäudeeinrichtungen und Außenanlagen, z. B. Heizungsanlage, Überwachung von Reinigungsarbeiten durch Mieter, Meldung besonderer Ereignisse. ↓	Mit Instandhaltungs- und Instandsetzungsarbeiten zusammenhängende Tätigkeiten , z. B. Reparatur von Wasserhähnen, Überwachung von in Auftrag gegebenen Reparaturarbeiten. ↓
Arbeiten in diesen Teilbereichen bereits dort Einzelbetriebskosten bei Fremdvergabe, ansonsten Teil der ansatzfähigen Kosten für den Hauswart ↓	Mit Leistungen der kaufmännischen Hausverwaltung zusammenhängende Tätigkeiten, z. B. Mietinkasso, Wohnungsübergaben, Vertragsabschlüsse zur Bewirtschaftung ↓
Kein doppelter Kostenansatz.	In diesem Teilbereich zeitanteilig kein Kostenansatz als Betriebskosten.

Vgl. dazu auch 5.2.6

Der ansatzfähige Kostenkatalog für den Hauswart umfasst z. B.
Arbeitsentgelt (oder bei Fremdfirma Rechnungsbetrag),
Sozialbeiträge,
Beiträge zur Unfallversicherung,
geldwerte Leistungen (z. B. unentgeltlich überlassene Wohnung),
Kosten für Urlaubsvertretung/Krankheit.

Stichwort „Zweite Miete"
Kostenhöhe/Kostenreduzierung am Beispiel „Kosten für den Hauswart":

Diese Kostenart könnte man zu den weichen Betriebskosten rechnen. Angemessenheit und Leistungsumfang unterliegen, wie oben dargelegt, einem gewissen Gestaltungsspielraum. Die Hausmeisterkosten liegen in der Untersuchung im Bereich zwischen 0,18 und 0,40 DM/m² Wfl./Monat. Die Spannweite ist durch verschiedene Faktoren bedingt, wie z. B. Größe der gesamten Anlagen, Aufgaben des jeweiligen Hausmeisters gemäß „Betriebskostenkatalog", Organisation der Hausmeisterdienste (extern/intern).

Ansatzpunkte der Überprüfung können sein:

- Bedarfsumfang
- Kostenvergleich verschiedener Organisationsformen
- Gegebenenfalls Übernahme von Hauswartaufgaben durch Mieter/Mieterschaft

5.2.8.15 Kosten des Betriebs der Gemeinschaftsantennenanlage und des Betriebs der mit einem Breitbandkabelnetz verbundenen privaten Verteilanlage (Anlage 3 Nr. 15 Buchstabe a und b zur II. BV)

Zu den Kosten des Betriebs der Antennenanlage (Anlage 3 Nr. 15 Buchstabe a zur II. BV) gehören

- die Kosten des Betriebsstromes und
- die Kosten der regelmäßigen Prüfung ihrer Betriebsbereitschaft einschließlich der Einstellung durch einen Fachmann oder
- das Nutzungsentgelt für eine nicht zur Wirtschaftseinheit gehörenden Antennenanlage (also z. B. Antennen-Wartungsvertrag, Nutzungsentgelt für eine gemietete Gemeinschaftsantenne).

Zu den Kosten des Betriebs der mit einem Breitbandkabelnetz verbundenen privaten Verteilanlage (Anlage 3 Nr. 15 Buchstabe b zur II. BV) gehören

- die Kosten entsprechend Buchstabe a, ferner
- die laufenden monatlichen Grundgebühren für Breitbandanschlüsse (also z. B. ebenfalls Wartungsvertrag, Monatsgebühren an die Telekom).

Stichwort „Zweite Miete“
Kostenhöhe/Kostenreduzierung am Beispiel Kabelkosten:

Diese Kostenart könnte man zu weitgehend den harten Betriebskosten rechnen. Überlegungsansätze für eine Kostenreduzierung betreffend evtl. die Empfangstechnik (Satellitenempfang statt Kabel), Bündelung und Dauer von Anschlussverträgen. Lösungen im Wege von Einzelanlagen der jeweiligen Mieter scheiden wohl aus wegen negativer Optik an Gebäudefassaden. Außerdem ist der gegebene Anspruch auf Vielfalt und Bandbreite im Fernsehkonsum ungebrochen, einer Leistungsreduktion würde weitgehend die Akzeptanz fehlen.

Eine zwar wohl rein optische Reduzierung ist gegeben, wenn die Nutzungsverträge dafür nicht über das Wohnungsunternehmen laufen, sondern der einzelne Mieter, der diesen Service in Anspruch nehmen möchte, einen Vertrag mit der jeweiligen Betreiberfirma schließt.

Die Kosten in dieser Betriebskostenart liegen in dieser Untersuchung im Bereich zwischen 0,15 und 0,41 DM/m² Wfl./Monat.

5.2.8.16 Kosten des Betriebs der maschinellen Wascheinrichtung

Hierzu gehören

- die Kosten des Betriebsstroms,
- die Kosten der Überwachung, Pflege und Reinigung der maschinellen Einrichtung,
- die Kosten der regelmäßigen Prüfung ihrer Betriebsbereitschaft und Betriebssicherheit sowie
- die Kosten der Wasserversorgung entsprechend Nr. 2 der Anlage 3, soweit sie nicht dort bereits berücksichtigt sind.

Begrifflich gehören zur maschinellen Wascheinrichtung neben Waschmaschinen auch eventuell davon getrennte Wäscheschleudern, Wäschetrockner, elektrische Bügelmaschinen. Diese Einrichtungen sind dann zu berücksichtigen, wenn sie den Mietern zur Nutzung zur Verfügung stehen.

NMV § 25 Der Umfang der ansatzfähigen Kosten wird einmal von den oben aufgezählten Betriebskosten bestimmt und zusätzlich für preisgebundene Wohnungen (§ 25 NMV) vom Ansatz der Kosten für Instandhaltung in Form eines Erfahrungswertes als Pauschbetrag.

5.2.8.17 Sonstige Betriebskosten (Anlage 3 Nr. 17 zur II. BV)

Das sind die in den Nummern 1 bis 16 nicht genannten Betriebskosten, namentlich die Betriebskosten von Nebengebäuden, Anlagen und Einrichtungen.

Die begriffliche Fassung „sonstige" Betriebskosten soll nach herrschender Meinung keine generelle Ausweitung einzelner Betriebskostenarten eröffnen.

Der Katalog der bisher als gefestigt angesehenen sonstigen Betriebskosten umfasst beispielhaft, soweit vertraglich vereinbart:

- Kosten für den Betrieb von Müllschluckern,
- Kosten für den Betrieb von maschinellen Müllbeseitigungsanlagen,
- Kosten für Feuerlöschgeräte (Prüfung/Auswechseln der Löschsubstanz),
- Kosten für die Reinigung von Dachrinnen,
- Kosten für die Überwachung und Prüfung von Blitzableiteranlagen,
- Kosten für den Betrieb von Gemeinschaftseinrichtungen (z. B. Schwimmbad, Spielräume).

5.2.9 Objektbezogene Betriebskostenansätze und -entwicklungen im 10-Jahres-Vergleich – Beispiele betrieblicher Praxis –

Nachfolgend werden an konkreten Wohnobjekten in verschiedenen Städten die Betriebskosten im Katalog im 10-Jahres-Vergleich zwischen 1988 und 1998 dargestellt, abgestellt auf Einzelkosten in DM pro m^2 Wohnfläche. Vorangestellt werden objektcharakterisierende Merkmale wie Zahl der Wohneinheiten/Geschosszahlen/Baujahr/Wohnfläche/Grundstücksfläche/Förderung soweit gegeben.

Eine vergleichende Betrachtung in der Kostenentwicklung zeigt, welche Quantität und Bedeutung die Betriebskosten als „Zweite Miete" inzwischen erreicht haben.

Bei der Klassifizierung nach Ausstattungsstandard wird unterschieden zwischen einfach/mittel/gehoben in Anlehnung an die nachfolgenden Kostengruppen.

Fall 1: Betriebskosten gemäß Anlage 3 zu § 27 der II. Berechnungsverordnung

Fin.-Art: frei finanzierter Wohnungsbau
(frei finanziert ab 01.01.1996)

Grundstücksfläche in m²:	19.540,00
Wohnfläche in m²:	7.183,81
Heizfläche in m²:	7.158,09
Anzahl Wohneinheiten:	168
Erstbezug:	01.01.57
Ausstattung:	Zentralheizung mit WW-Versorgung
Geschosse:	KG, EG + II. OG
Dachkonstruktion:	Giebeldach

	Kosten 1988 gesamt DM	**Kosten 1988 pro m² Wfl./mtl. DM**	**Kosten 1998 gesamt DM**	**Kosten 1998 pro m² Wfl./mtl. DM**
Heizkosten gesamt (lt. Abrechnung)	95.775,77	1,12	125.414,60	1,46

„Kalte Betriebskosten"	Kosten 1988 gesamt DM	Kosten 1988 pro m² Wfl./mtl. DM	Kosten 1998 gesamt DM	Kosten 1998 pro m² Wfl./mtl. DM
1. Straßenreinigung				
a) Straßenreinigung privat	3.616,95	0,04	7.106,81	0,08
b) Straßenreinigung Stadt	0,00	0,00	0,00	0,00
2. Müllabfuhr Stadt und privat	10.417,52	0,12	62.742,47	0,73
3. Entwässerung/Niederschlagswasser	8.633,90	0,10	18.232,29	0,21
4. Wasser/Beleuchtung/Schmutzwasser	44.085,55	0,51	81.083,21	0,94
5. Kaminkehrer (in der Heizungsabrechnung enthalten)	0,00	0,00	0,00	0,00
6. Gartenpflege	17.783,75	0,21	18.364,27	0,21
7. Versicherungen				
a) Sach-/Haftpflichtversicherung	1.921,52	0,02	8.381,59	0,10
b) Brandversicherung	1.712,58	0,02	3.109,20	0,04
8. Gebäudereinigung	0,00	0,00	0,00	0,00
9. Betrieb der Aufzüge	0,00	0,00	0,00	0,00
10. Hausmeisterkosten	22.951,24	0,27	29.341,33	0,34
11. Sonstige Betriebskosten	442,22	0,01	10.482,46	0,12
12. Grundsteuer	15.944,01	0,18	22.913,80	0,27
13. Thermenwartung	0,00	0,00	0,00	0,00
14. Tiefgaragenaufwand	0,00	0,00	0,00	0,00
15. Breitbandkabelgebühren	0,00	0,00	23.849,28	0,28
Summe „kalte Betriebskosten"	127.509,24	1,48	285.606,71	3,31
Betriebskosten gesamt	223.285.24	2,60	411.021,31	4,77

	1988 pro m² Wfl.	1998 pro m² Wfl.
Grundmiete (durchschnittlich):	5,847	8,470

Ausstattungsstandart:

Kostengruppe	
Fassade	einfach
Fenster	mittel
Dächer	mittel
Sanitär	mittel
Innenwandbekleidung der Nassräume	mittel
Innentüren	einfach
Bodenbeläge	mittel
Heizung	gehoben
Elektroinstallation	mittel

Fall 2: Betriebskosten gemäß Anlage 3 zu § 27 der II. Berechnungsverordnung

Fin.-Art: öffentlich geförderter Wohnungsbau

Grundstücksfläche in m²:	3.701,00
Wohnfläche in m²:	2.809,29
Heizfläche in m²:	2.706,83
Anzahl Wohneinheiten:	42
Erstbezug:	01.11.79
Ausstattung:	Zentralheizung mit WW-Versorgung
Geschosse:	KG, EG + II. OG
Dachkonstruktion:	Giebeldach

	Kosten 1988 gesamt DM	**Kosten 1988 pro m² Wfl./mtl. DM**	**Kosten 1998 gesamt DM**	**Kosten 1998 pro m² Wfl./mtl. DM**
Heizkosten gesamt (lt. Abrechnung)	36.732,13	1,13	49.602,79	1,53

„Kalte Betriebskosten"	Kosten 1988 gesamt DM	Kosten 1988 pro m² Wfl./mtl. DM	Kosten 1998 gesamt DM	Kosten 1998 pro m² Wfl./mtl. DM
1. Straßenreinigung				
a) Straßenreinigung privat	486,11	0,01	824,45	0,02
b) Straßenreinigung Stadt	313,50	0,01	529,53	0,02
2. Müllabfuhr Stadt und privat	6.799,15	0,20	19.326,35	0,57
3. Entwässerung/Niederschlagswasser	2.101,60	0,06	3.759,20	0,11
4. Wasser/Beleuchtung/Schmutzwasser	18.683,61	0,55	30.718,26	0,91
5. Kaminkehrer (in der Heizungsabrechnung enthalten)	0,00	0,00	0,00	0,00
6. Gartenpflege	8.960,65	0,27	6.290,80	0,19
7. Versicherungen				
a) Sach-/Haftpflichtversicherung	596,38	0,02	3.754,06	0,11
b) Brandversicherung	9.18,72	0,03	1.426,90	0,04
8. Gebäudereinigung	8.221,47	0,24	12.564,07	0,37
9. Betrieb der Aufzüge	0,00	0,00	0,00	0,00
10. Hausmeisterkosten	8.975,28	0,27	11.474,18	0,34
11. Sonstige Betriebskosten	162,49	0,00	299,73	0,01
12. Grundsteuer	1.826,45	0,05	10.521,00	0,31
13. Thermenwartung	0,00	0,00	0,00	0,00
14. Tiefgaragenaufwand	0,00	0,00	0,00	0,00
15. Breitbandkabelgebühren	0,00	0,00	5.962,32	0,18
Summe „kalte Betriebskosten"	58.045,41	1,72	107.450,85	3.19
Betriebskosten gesamt	94.777,54	2,85	157.053,64	4,71

	1988 pro m² Wfl.	1998 pro m² Wfl.
Grundmiete (durchschnittlich):	7,090	9,118

Ausstattungsstandart:

Kostengruppe	
Fassade	einfach
Fenster	einfach
Dächer	mittel
Sanitär	mittel
Innenwandbekleidung der Nassräume	mittel
Innenräume	einfach
Bodenbeläge	mittel
Heizung	gehoben
Elektroinstallation	mittel

Fall 3: Betriebskosten gemäß Anlage 3 zu § 27 der II. Berechnungsverordnung

Fin.-Art: öffentlich geförderter Wohnungsbau

Grundstücksfläche in m²:	6.837,00
Wohnfläche in m²:	2.531,04
Heizfläche in m²:	–
Anzahl Wohneinheiten:	48
Erstbezug:	01.11.1960
Ausstattung:	Einzelofenheizung
	Vermieterseitig keine Warmwassergeräte
	Hausreinigung durch Mieter
Geschosse:	3
Dachkonstruktion:	Giebeldach

	Kosten 1988 gesamt DM	**Kosten 1988 pro m² Wfl./mtl. DM**	**Kosten 1998 gesamt DM**	**Kosten 1998 pro m² Wfl./mtl. DM**
Heizkosten (entfällt/Einzelofenheizung)	0,00	0,00	0,00	0,00

„Kalte Betriebskosten"	Kosten 1988 gesamt DM	Kosten 1988 pro m² Wfl./mtl. DM	Kosten 1998 gesamt DM	Kosten 1998 pro m² Wfl./mtl. DM
1. Lfd. öffentliche Lasten des Grundstücks	7.262,52	0,24	7.759,92	0,26
2. Kosten der Wasserversorgung	6.888,18	0,23	10.738,44	0,35
3. Kosten der Entwässerung	5.653,99	0,19	10.948,14	0,36
4.d Kosten der Reinigung und Wartung von Etagenheizungen	0,00	0,00	576,00	0,15
8. Kosten der Straßenreinigung und Müllabfuhr	4.801,05	0,16	18.790,71	0,62
10. Kosten der Gartenpflege	10.153,10	0,33	11.292,21	0,37
11. Kosten der Beleuchtung	523,31	0,02	1.098,35	0,04
12. Kosten der Schornsteinreinigung	2.803,20	0,09	4.860,01	0,16
13. Kosten der Sach- und Haftpflichtversicherung	1.280,32	0,04	3.070,78	0,10
14. Kosten für den Hauswart	5.465,93	0,18	8.225,08	0,27
15. Kosten den Betriebs der mit einem Breitbandkabelnetz verbundenen privaten Verteilanlage	0,00	0,00	12.574,36	0,41
17. Sonstige Betriebskosten	1.561,60	0,05	0,00	0,00
Summe „kalte Betriebskosten"	46.398,20	1,53	89.934,00	3,09
Betriebskosten gesamt	46.398,20	1,53	89.934,00	3,09

	1988 pro m² Wfl.	1998 pro m² Wfl.
Grundmiete (durchschnittlich):	3,71	4,57

Ausstattungsstandart: einfach

Fall 4: Betriebskosten gemäß Anlage 3 zu § 27 der II. Berechnungsverordnung

Fin.-Art: öffentlich geförderter Wohnungsbau

Grundstücksfläche in m²:	13.190,00
Wohnfläche in m²:	15.181,81
Anzahl Wohneinheiten:	202
Erstbezug:	1980
Ausstattung:	Zentralheizung mit Warmwasserversorgung Gebäude mit über 4 Geschossen
Dachkonstruktion:	Satteldach

	Kosten 1988 gesamt DM	**Kosten 1988 pro m² Wfl./mtl. DM**	**Kosten 1998 gesamt DM**	**Kosten 1998 pro m² Wfl./mtl. DM**
Heizkosten Kosten der verbundenen Heizungs- und Warmwasserversorgungs-anlagen inkl. Schonsteinreinigung	129.543,70	0,71	172.425,07	0,95
„Kalte Betriebskosten"	Kosten 1988 gesamt DM	Kosten 1988 pro m² Wfl./mtl. DM	Kosten 1998 gesamt DM	Kosten 1998 pro m² Wfl./mtl. DM
1. Lfd. öffentliche Lasten des Grundstücks	6.171,92	0,03	58.233,52	0,32
2. Kosten der Wasserversorgung	29.296,72	0,16	70.229,71	0,39
3. Kosten der Entwässerung	31.066,66	0,17	63.452,04	0,35
7. Kosten des Betriebs des maschinellen Personen- oder Lastenaufzuges	26.170,52	0,14	26.019,92	0,14
8. Kosten der Straßenreinigung und Müllabfuhr	21.577,19	0,12	96.216,76	0,53
10. Kosten der Gartenpflege	15.200,05	0,08	11.730,37	0,06
11. Kosten der Beleuchtung	52.675,91	0,29	46.584,74	0,26
13. Kosten der Sach- und Haftpflichtversicherung	9.050,96	0,15	18.934,11	0,10
14. Kosten für den Hauswart	26.993,83	0,15	50.724,75	0,28
15. Kosten den Betriebs der mit einem Breitbandkabelnetz verbundenen privaten Verteilanlage	0,00	0,00	50.475,98	0,28
17. Sonstige Betriebskosten	3.935,95	0,02	1.453,23	0,01
Summe „kalte Betriebskosten"	222.139,71	1,21	494.055,13	2,72
Betriebskosten gesamt	351.683,41	1,92	666.480,20	3,67

	1988 pro m² Wfl.	1998 pro m² Wfl.
Grundmiete (durchschnittlich):	6,19	7,61

Ausstattungsstandart: mittel

5.2.10 Abrechnung der Betriebskosten/Nebenkosten

Eine Abrechnung im mietrechtlichen Sinne kann nur erfolgen, wenn der Mieter Vorauszahlungen (Abschlagszahlungen) geleistet hat oder wenn auch ohne vorausgegangene Abschlagszahlungen eine Umlage der Betriebskosten vertraglich vorgesehen ist. Bei einer Bruttomiete bzw. Teilbruttomiete oder Vereinbarung einer Betriebskostenpauschale erfolgt keine Abrechnung (vgl. 5.2.7).

5.2.10.1 Abrechnungsperiode/Abrechnungsfrist/Abrechnungseinheit

NMV § 20 Abs. 3

Die **Abrechnungsperiode** erstreckt sich normalerweise über längstens ein Wirtschaftsjahr. Die jährliche Abrechnungspflicht des Vermieters ist nur für Mietverträge über Wohnraum gesetzlich geregelt. Nur Betriebskosten, die in dieser Abrechnungsperiode angefallen sind, dürfen in die Abrechnung einbezogen werden, ansonsten periodenanteilige Zuordnung. Für Geschäfts- bzw. Gewerberäume wären auch darüber hinausgehende Abrechnungsperioden vereinbar.

MHG § 4 Abs.1

Die **Abrechnungsfrist** ist bisher gesetzlich nur für den **preisgebundenen Wohnraum** geregelt. Danach ist die jährliche Abrechnung dem Mieter spätestens bis zum Ablauf des 12. Monats nach dem Ende des Abrechnungszeitraumes zuzuleiten, wobei diese Frist für eventuelle Nachforderungen vermieterseits eine **Ausschlussfrist** (vgl. 5.2.10.5) ist. Diese Ausschlussfrist soll entsprechend dem Gesetz zur Neuordnung des Mietrechts auch auf den nicht öffentlich geförderten Wohnungsbestand ausgedehnt werden.

NMV § 20 Abs.3

Die **Abrechnungseinheit** bildet normalerweise ein Gebäude, jedoch ist bei den Betriebskosten nach der Entstehung zwischen solchen für Wohnraum und Nichtwohnraum zu trennen. Die Zusammenfassung mehrerer Gebäude einer Wohnanlage zu einer Abrechnungseinheit darf nach Rechtsprechung nicht unbillig werden. Dies läge dann vor, wenn der Größenumfang einer entstandenen Verwaltungseinheit dem Mieter die sachgerechte Ausübung von Kontrollen unzumutbar macht.

NMV § 20 Abs.2

5.2.10.2 Anforderungen an eine Betriebs-/Nebenkostenabrechnung

Gesetz und **Rechtsprechung,** BGH vom 23.11.1981, sichern dem Mieter bestimmte **Anforderungsmerkmale,** die eine Betriebskostenabrechnung kennzeichnen müssen.

Rahmenbedingungen:

- Recht des Mieters auf Einsicht in die Abrechnungsunterlagen
- Abrechnung ist rechtsverbindlich und schriftlich auszufertigen
- Abrechnung ist klar und schlüssig darzustellen, so dass sie gedanklich und rechnerisch für den Mieter nachvollziehbar ist
- Grundsatz der Wirtschaftlichkeit muss gewahrt sein, d. h., es dürfen nur solche Betriebskosten umgelegt (abgerechnet) werden, die bei ordnungsmäßiger Geschäftsführung gerechtfertigt sind.
  Z. B. Ausnutzung von Preisvorteilen, soweit gerechtfertigt. Kostenansätze, soweit dafür auch ein Verbrauch gegenübersteht.

BGB § 259
NMV § 29

NMV § 20 Abs.1
II. BV § 24 Abs.2

Inhaltliche **Mindestangaben** einer Betriebskostenabrechnung:

- Darstellung der Gesamtkosten und deren Zusammensetzung in den einzelnen Betriebskostengruppen, vgl. dazu Katalog Betriebskosten Anlage 3 II. BV
- Erläuterung und Zuordnung der verwendeten Umlageschlüssel für die einzelnen Betriebskosten und ihre Stimmigkeit mit den gegebenenfalls mietvertraglich vereinbarten
- Berechnung des individuellen Anteils des jeweiligen Mieters an den Gesamtkosten
- Berücksichtigung der Umlagenvorauszahlungen bei der Ermittlung des Abrechnungssaldos
  Vgl. dazu Abrechnungsbeispiel 5.2.12

5.2.10.3 Umlegungsmaßstab und Betriebskosten

Auf die umlagefähigen **Betriebskosten**/Nebenkosten, vgl. dazu Wohnraummietvertrag bzw. Anlage 3 zu § 27 II. BV, ist bei der Abrechnung ein Verteilungsmaßstab anzuwenden. Der Vermieter hat zunächst einmal grundsätzlich das Recht, Verteilungsschlüssel für Betriebskosten nach billigem Ermessen einseitig festzulegen soweit dem nicht schon ausgeübte vertragliche (Mietvertag) oder gesetzliche Regelungen (z. B. NMV, HeizKV) entgegenstehen. Änderungen im Verteilungsschlüssel sind eine Vertragsänderung, sie bedürfen des Einvernehmens mit der nicht festlegungsberechtigten Partei, mit dem Mieter. Der Verteilungsschlüssel soll jedoch für die Mieter einer Wirtschaftseinheit gleich und in seiner Anwendung praktikabel sein.

Im Prinzip stehen für die Verteilung zwei Orientierungssätze an:

- Verteilung der einzelnen Betriebskosten nach Verbrauch/Inanspruchnahme, z. B. m^3 verbrauchtes Wasser
- Verteilung nach verbrauchsunabhängigen Bezugsgrößen, z. B. Wohnfläche, umbauter Raum

HeizKV § 6 ff.

Zu beachten ist, dass bei Heiz- und Warmwasserkosten bezüglich des Verteilungsmaßstabes die HeizKV gilt. Für preisgebundenen Wohnraum gelten zusätzlich die Regelungen der NMV, vgl. 5.2.10.4.

MHG § 4 Abs.5 NMV §§ 21 Abs.2 S.3, 22a Abs.2

Im Ansatz neu, den Umgang mit den ökologischen Ressourcen mehr beachtend, ist die verbrauchsorientierte Abrechnung bei der Umlegung der Kosten der Wasserversorgung/Entwässerung sowie der verursachungsorientierten Verteilung der Kosten bei der Müllabfuhr.

II. BV § 11 Abs.6 i. V. m. BGB § 541

Diese Kostenverteilung hat zur wesentlichen Voraussetzung, dass Einrichtungen zur verbrauchs- bzw. verursachungsorientierten Erfassung dieser Betriebskosten vom Vermieter vorgesehen sind (Stichwort: Modernisierung/bauliche Änderung).

Die nachfolgende Übersicht gibt in Zuordnung zur jeweiligen Betriebskostenart den vorgesehenen Umlegungsmaßstab beim preisgebundenen Wohnraum auf gesetzlicher Grundlage wieder.

5.2.10.4 Übersicht über Umlegungsmaßstäbe für Betriebskosten beim preisgebundenen Wohnraum einschließlich Umlagenausfallwagnis

II. BV § 27 Abs.3 NMV § 20 Abs.1

Nach § 27 Abs.3 II. BV ist ein Ansatz von Betriebskosten im Rahmen der Wirtschaftlichkeitsberechnung für preisgebundenen Wohnraum nicht zulässig. Eine Erhebung der Betriebskosten nach der II. BV neben der Einzelmiete in Form von abrechnungspflichtigen Umlagen ist möglich. Art und Höhe der mit der Umlage zu erfassenden Betriebskosten sind bei Überlassung der Wohnung vom Vermieter zu bestimmen.

5.2.10.5 Fälligkeit, Verjährung, Verwirkung für Betriebskosten/ Nebenkosten

Die **Fälligkeit** der Nachforderung des Vermieters aus einer Betriebskostenabrechnung tritt erst ein, wenn folgende Tatbestände vorliegen:

- **Ordnungsmäßige** und **prüffähig nachvollziehbare** Abrechnung liegt vor.
- **Abrechnung** ist dem Mieter **zugegangen.**
- **Angemessener Prüfungszeitraum** für den Mieter ist verstrichen.

BGB § 197

Die **Verjährung** bezüglich der Nachforderung des Vermieters aus Verträgen tritt in 4 Jahren ein, beginnend mit dem Schluss des Kalenderjahres, in dem der Forderungssaldo fällig geworden ist.

Der Einwand der **Verwirkung** durch den Mieter, und damit ein Erlöschen des Anspruchs des Vermieters auf Nebenkosten ist anzunehmen, wenn der Mieter über eine

Katalog-Nr. in der Anlage 3 zur II. BV	Betriebskostenart	Umlegungsmaßstab	Grundlage
Nr. 1	Die laufenden öffentlichen Lasten des Grundstücks	Verhältnis der Wohnflächen	§ 20 Abs.2 Satz1 NMV
Nr. 2	Die Kosten der Wasserversorgung	Verhältnis der Wohnflächen oder nach Maßstab, der dem unterschiedlichen Wasserverbrauch der Parteien Rechnung trägt.	§ 21 Abs.2 NMV
Nr. 3	Die Kosten der Entwässerung	s. Nr. 2	§ 21 Abs.3 NMV
Nr. 4a	Die Kosten des Betriebs der zentralen Heizungsanlage einschließlich der Abgasanlage	Verbrauchsabhängige Kostenverteilung mit mindestens 50 v. H., höchstens 70 v. H. nach dem erfassten Wärmeverbrauch der Nutzer. Übrige Kostenanteile: Verteilung nach Wohnfläche oder nach umbautem Raum; es kann auch nach Wohnfläche/umbautem Raum der beheizten Räume verteilt werden (auch beheizte Wohnfläche).	§ 22 Abs.1 NMV i. V. m. § 7 Abs.1 HeizKV
		Ausnahme bei Wohnraum nach § 11 HeizKV (z. B. Studenten- und Lehrlingsheime)	§ 11 HeizKV § 22 Abs.2 NMV Ziff.1
		Verteilung verbrauchsunabhängig zulässig nach Wohnfläche bzw. umbautem Raum	
Nr. 4b	Die Kosten des Betriebs der zentralen Brennstoffversorgungsanlage	Kosten dürfen nur nach dem Brennstoffverbrauch umgelegt werden.	§ 23 Abs.2 NMV
Nr. 4c	Die Kosten der eigenständig gewerblichen Lieferung von Wärme	s. Nr. 4a	§ 22 Abs.1 NMV
Nr. 4d	Die Kosten der Reinigung und Wartung von Etagenheizungen	Verhältnis der Wohnflächen	§ 20 Abs.2 Satz1 NMV
Nr. 5a	Die Kosten des Betriebs der zentralen Warmwasserversorgungsanlage	Verbrauchsabhängige Kostenverteilung mit mindestens 50 v. H., höchstens 70 v. H. nach dem erfaßten Warmwasserverbrauch der Nutzer. Übrige Kostenanteile nach Wohnfläche	§ 22 Abs.1 NMV i. V. m. § 8 Abs.1 HeizKV

Katalog-Nr. in der Anlage 3 zur II. BV	Betriebskostenart	Umlegungsmaßstab	Grundlage
		Ausnahmen bei Wohnraum nach § 11 HeizKV, Verteilung nach Wohnfläche oder einem Maßstab, der dem Warmwasserverbrauch in anderer Weise entspricht	§ 11 HeizKV § 22 Abs.2 Ziff.2 NMV
Nr. 5b	Die Kosten der eigenständig gewerblichen Lieferung von Warmwasser	s. Nr. 5a	§ 22 Abs.1 NMV i. V. m. § 8 Abs.1 HeizKV
Nr. 5c	Die Kosten der Reinigung und Wartung von Warmwassergeräten	Verhältnis der Wohnflächen	§ 20 Abs.2 S. 1 NMV
Nr. 6a	Die Kosten des Betriebs verbundener zentraler Heizungs- und Warmwasserversorgungsanlagen	(1) Vorwegverteilung: Einheitlich entstandene Kosten sind aufzuteilen nach dem Anteil Brennstoffverbrauch der zentralen Heizungsanlage und dem Verbrauch für die zentrale Warmwasserversorgungsanlage. (2) Einzelverteilung auf Mieter: Umlegung der Kosten der Wärme, s. Nr. 4a (Betriebskosten der zentralen Heizungsanlage). Umlegung der Kosten des Warmwassers, s. Nr. 5a (Betriebskosten der zentralen Warmwasserversorgung).	§ 22 Abs.1 NMV i. V. m. § 9 HeizKV
Nr. 6b	Die Kosten des Betriebs verbundener Anlagen zur eigenständig gewerblichen Lieferung von Wärme und Warmwasser	s. Nr. 6a	§ 22 Abs.1 NMV i. V. m. § 9 HeizKV
Nr. 6 c	Die Kosten des Betriebs verbundener Etagenheizungen und Warmwasserversorgungsanlagen	Verhältnis der Wohnflächen	§ 20 Abs.2 NMV
Nr. 7	Die Kosten des Betriebs des maschinellen Personen- und Lastenaufzugs	Verhältnis der Wohnflächen oder im Einvernehmen mit den Mietern ein anderer Umlegungsmaßstab Wohnraum im Erdgeschoss kann vertraglich von der Umlegung ausgenommen werden	§ 24 Abs.2 NMV

Katalog-Nr. in der Anlage 3 zur II. BV	Betriebskostenart	Umlegungsmaßstab	Grundlage
Nr. 8	Die Kosten der Straßenreinigung und Müllabfuhr	Bezüglich der Kosten der Straßenreinigung Bezüglich der Müllabfuhr, auch verursachungsorientierte Abrechnung möglich, ansonsten nach Verhältnis der Wohnflächen	§ 20 Abs. 2 NMV § 22a Abs.2 NMV
Nr. 9	Die Kosten der Hausreinigung und Ungezieferbekämpfung	Verhältnis der Wohnflächen	§ 20 Abs.2 S.1 NMV
Nr. 10	Die Kosten der Gartenpflege		
Nr. 11	Die Kosten der Beleuchtung		
Nr. 12	Die Kosten der Schornsteinreinigung	Integrierter Kostenbestandteil bei Nr. 4	
Nr. 13	Die Kosten der Sach- und Haftpflichtversicherung		
Nr. 14	Die Kosten des Hauswarts	Verhältnis der Wohnflächen	
Nr. 15a	Die Kosten des Betriebs der Gemeinschaftsantennenanlage		
Nr. 15b	Die Kosten des Betriebs der mit einem Breitbandkabelnetz verbundenen privaten Verteilanlage	Verhältnis der Wohnflächen oder im Einvernehmen mit allen Mietern ein vereinbarter anderer Umlegungsmaßstab. Monatliche Grundgebühr für Breitbandkabelanschluss nach Zahl derWohnungen	§ 24 a Abs.2 NMV
Nr. 16	Die Kosten des Betriebs der maschinellen Wascheinrichtung	Verteilung der Betriebs- und Instandhaltungskosten (Instandhaltungskosten nach pauschalem Erfahrungssatz) anteilig nur auf die Nutzer der Einrichtung	§ 25 NMV
Nr. 17	Sonstige Betriebskosten	Verhältnis der Wohnflächen	§ 20 Abs.2 S.1 NMV
Umlagenausfallwagnis		Maximal 2 v. H. der im Abrechnungszeitraum auf den Wohnraum entfallenden Betriebskosten als Wagniszuschlag für Einnahmenminderungen aus Forderungsausfall/Leerstand/uneinbringliche Kosten einer Rechtsverfolgung auf Zahlung	§ 25a NMV

NMV § 20 Abs.3 ungebührlich lange Zeitdauer keine Geltendmachung einer Abrechnungsnachforderung erhält und nach dem bisherigen Verhalten des Gläubigers, Vermieters, nicht mehr damit zu rechen hat. Ein anderer, rechtlich genauer fixierter Ansatz der Verwirkung liegt im Anwendungsbereich für preisgebundenen Wohnraum vor. Hier ist gemäß § 20 Abs. 3 Satz 4 NMV dem Mieter die jährliche Abrechnung spätestens bis zum Ablauf des zwölften Monats nach dem Ende des Abrechnungszeitraums zuzuleiten, diese Frist ist für Nachforderungen eine **Ausschlussfrist**, es sei denn, der Vermieter hat die verspätete Geltendmachung nicht zu vertreten (vgl. auch Neuordnung des Mietrechts für preisfreien Wohnraum). Verwirkung bedeutet, ein Wiederaufleben einer eventuellen Nachforderung, z. B. durch eine Schuldanerkenntnis des Mieters, ist nicht gegeben.

5.2.11 Sonderfall Abrechnung der Heiz- und Warmwasserkosten

5.2.11.1 Anwendungsbereich, gesetzliche Intention

Nach der Heizkostenverordnung ist zwingend abzurechnen, wenn die Anwendungsvoraussetzung gegeben ist und keine Ausnahmen vorliegen.

HeizKV § 1 ff. — Die Heizkostenverordnung erstreckt sich grundsätzlich auf zentral- und fernwärmebeheizte Räume (preisfreier Wohnraum, preisgebundener Wohnraum, andere Nichtwohnräume/Gewerberäume, Wohnungseigentum). Der Gesetzgeber beabsichtigt, mit der HeizKV einen Beitrag zur Einsparung von Heizenergie zu leisten. HeizKV § 11 — Von einer Abrechnung gemäß Heizkostenverordnung kann nur abgesehen werden, wenn eine der gesetzlichen Ausnahmen vorliegt. In diesen Ausnahmefällen könnte dann nach festen Maßstäben, z. B. nach Wohnfläche, abgerechnet werden.

5.2.11.2 Folgen der HeizKV

– Verbrauchserfassung, umlagefähige Kosten, Verteilungsmaßstäbe

HeizKV §§ 4, 5

- Der Vermieter hat die Räume mit Geräten der **Verbrauchserfassung** für Wärme bzw. Warmwasser **auszustatten** bzw. umzurüsten.

  HeizKV § 4 Abs.2 — MHG § 3 — NMV § 6 — HeizKV § 11 — HeizKV § 12 — HeizKV § 7 Abs.2 i. V. m. § 8 Abs.2

  Will der Gebäudeeigentümer (Vermieter) die Geräte zur Verbrauchserfassung (z. B. Verdunstungsröhrchen) mieten, hat er das dem Mieter vorher unter Angabe der Kosten mitzuteilen. Die Ausstattung ist nur möglich, wenn die Mehrheit der Mieter nach entsprechender Vorinformation nicht innerhalb eines Monats widerspricht. Der Vermieter kann auch durch eigene Investitionen diese bauliche Änderung durchführen und die Kosten dafür gemäß § 3 MHG, § 6 NMV, an den Mieter weitergeben. Vermieter von Geschäfts- bzw. Gewerberaum können eine Mieterhöhung in diesem Fall nur vornehmen, wenn dies vertraglich vereinbart ist.

  Nimmt der Vermieter eine Ausstattung zur Verbrauchserfassung nicht vor – ohne Ausnahmeregelung nach § 11 HeizKV – so hat der Mieter das Recht, bei der nicht verbrauchsabhängig durchgeführten Abrechnung den auf ihn entfallenden Anteil um 15 v. H. zu kürzen.

- Der Vermieter hat das Recht, die **umlagefähigen Kosten** für Wärme und Warmwasser anzusetzen.

  Dazu gehören u. a.:

  - Kosten der verbrauchten Brennstoffe und ihrer Lieferung
  - Kosten des Betriebsstromes
  - Kosten der Bedienung/Überwachung/Pflege der Anlage/Wartung
  - Kosten der Messungen nach dem Bundesimmissionsschutzgesetz
  - Kosten der Reinigung des Kamins
  - Kosten der Anmietung von Verbrauchserfassungsgeräten
  - Kosten (Fremdkosten) der Erstellung von Heizkostenabrechnungen

Ablaufschema zur Verteilung der Heizkosten gemäß § 7 Abs.1 und § 8 Abs.1 HeizKV

Heizkosten der Gebäudeeinheit

WE Nr. 3 = 120 m² Wfl.
Verbrauch = 50.000 Einheiten

WE Nr. 2 = 120 m² Wfl.
Verbrauch = 43.000 Einheiten

WE Nr. 1 = 120 m² Wfl.
Verbrauch = 47.000 Einheiten

Ø Wfl. = 360 m² | Ø Verbrauchseinheiten = 140.000

Gesamtkosten
DM 9.000,–

	z. B. 30 %	z. B. 70 %	
Grundkosten (Verbrauchsunabhängiger Kostenanteil bezüglich Wärme- bzw. Warmwasser-gesamtkosten)	DM 2.700,–	DM 6.300,–	Verbrauchskosten (Verbrauchsabhängiger Kostenanteil der messtechnisch erfassten Wärme- bzw. Warmwasser-gesamtkosten)
	:	:	
m² Wohnfläche der Gebäudeeinheit	360	140.000	Summe der Verbrauchseinheiten
	=	=	
Kostenanteil/DM pro m² Wohnfläche	7,5	0,045	Kostenanteil/DM pro Verbrauchseinheit
m² Wohnfläche je Wohneinheit	x	x	Verbrauchseinheiten je Wohneinheit

WE 1	WE 2	WE 3	WE 1	WE 2	WE 3
=	=	=	=	=	=
DM 900,–	DM 900,–	DM 900,–	DM 2.115,–	DM 1.935,–	DM 2.250,–

	Grundkosten	+	Verbrauchskosten	Gesamt
Heizkosten der WE 1 =	900,– DM	+	2.115,– DM	3.015,– DM
Heizkosten der WE 2 =	900,– DM	+	1.935,– DM	2.835,– DM
Heizkosten der WE 3 =	900,– DM	+	2.250,– DM	3.150,– DM
	2.700,– DM		6.300,– DM	9.000,– DM

- Der Vermieter hat die Pflicht, nach einem **Verteilungsmaßstab** die Kosten für Wärme/Warmwasser zu verteilen.

HeizKV § 7 Abs.1 i. V. m. § 8 Abs.1

Bei der Verteilung der Kosten der Versorgung mit Wärme kann der Vermieter davon zwischen 50 und 70 v. H. nach dem erfassten Wärmeverbrauch verteilen, den verbleibenden Teil der Kosten nach der Wohn- oder Nutzfläche bzw. nach umbautem Raum.

(Zu Arten der Heizungsversorgung und Inhalte der dazu umlagefähigen Betriebskosten, s. 5.2.8.4 und 5.2.8.5.).

5.2.11.3 Kostenaufteilung bei Nutzerwechsel

Ein Sonderproblem für die Abrechnung der Betriebskosten entsteht bei einem Nutzerwechsel während des Wirtschaftsjahres. Soweit die Betriebskosten nicht verbrauchsabhängig abgerechnet werden, ist auf der Grundlage vorliegender Rechnungsunterlagen eine jahresanteilige Zwischenabrechnung gegebenenfalls möglich. Ein vertraglich nicht vereinbartes Zurückhaltungsrecht des Vermieters bezüglich der gestellten Mietkaution wegen noch nicht abgerechneter Betriebskosten ist strittig.

HeizkV § 9

Besondere Anforderungen liegen dagegen für die verbrauchsabhängige Abrechnung der Heiz- und Warmwasserkosten gemäß § 9b HeizkV vor.

HeizkV § 9b Abs.3 § 9b Abs.1

Danach ist der Gebäudeeigentümer grundsätzlich zu einer Zwischenablesung verpflichtet, es sei denn, dass diese nicht möglich bzw. aus technischen Gründen nicht sachgerecht ist (§ 9b Abs.3 HeizkV). Die Verpflichtung des Gebäudeeigentümers gemäß § 9b Abs.1 HeizkV ist aber dann nicht zwingend, wenn für den Fall eines Nutzerwechsels andere vertragliche Regelungen getroffen worden sind oder werden.

Für den Fall einer Zwischenabrechnung für Heizung/Warmwasser ist von folgender Regelfolge auszugehen:

Mit dem Ende des Nutzungszeitraumes während des Jahres wird der bis zum Auszug eingetretene Wärme- und Warmwasserverbrauch gemäß § 4 Abs.1 HeizkV erfasst. Durch diese Vorgehensweise wird eine Basis für die verbrauchsbezogene Kostenverteilung auf Vor- und Nachnutzer geschaffen.

HeizkV § 7 Abs.1 Satz 2

Mit dem Ende des Abrechnungszeitraumes sind die verbrauchsabhängigen Kostenanteile der vom Nutzerwechsel betroffenen Einheiten analog den anläßlich der Zwischenablesung festgestellten Verbrauchseinheiten auf Vor- und Nachnutzer zu verteilen. Die übrigen Kostenanteile des Wärmeverbrauchs gemäß § 7 Abs.1 Satz 2 HeizkV sind entsprechend zeitanteilig zwischen Vor- und Nachmieter aufzuteilen. Die **übrigen Kosten** der Versorgung mit Wärme (also der verbrauchsunabhänige Teil) kann aber **auch** nach Wahl des Vermieters – mangels mietvertraglich entsprechender Bestimmung – nach so genannten **Gradtagszahlen** erfolgen.
Eine Abrechnung nach sog. Gradzahltagen bringt eine bei den übrigen Kosten sonst nicht vorgesehene verbrauchsorientierte Variante ein, weil damit dem unterschiedlichen Wärmebedarf in den jeweiligen Kalendermonaten Rechnung getragen wird.
Die Arbeitsgemeinschaft Heizkostenverteilung legt in ihren Richtlinien vom 1. 12. 1986 die nachfolgend aufgezeigte Tabelle für Gradzahltage (gemäß VDI 2067 Blatt 1 Tab.22, Dezember 1983) für die Aufteilung von Wärmeverbrauchsanteilen im Fall eines Nutzerwechsels zugrunde:

Monat	Promille-Anteile je Monat	Tag
September	30	30/30 = 1,0
Oktober	80	80/31 = 2,58
November	120	120/30 = 4,0
Dezember	160	160/31 = 5,16
Januar	170	170/31 = 5,48
Februar	150	150/28 = 5,36
		150/29 = 5,17
März	130	130/31 = 4,19
April	80	80/30 = 2,66
Mai	40	40/31 = 1,29
Juni Juli August	40	40/92 = 0,43

Beispiel:

Abrechnungsjahr identisch mit Kalenderjahr; Mieterwechsel per 1. 4. d. J. Zwischenablesung per 1. 4. d. J.; für die übrigen Kosten gemäß § 7 Abs.1 Satz 2 wird Verteilung nach **Gradtagszahlen** gewählt. HeizkV § 7 Abs.1 Satz 2

Verbrauchsanteile nach Gradzahl-Tabelle:

Januar	170/1 000
Februar	150/1 000
März	130/1 000
Summe	450/1 000

Damit verteilen sich die **übrigen Kosten** zwischen Vor- und Nachmieter im Jahr des Nutzerwechsels im Verhältnis 450/550 Teilen, der verbrauchsabhängige Abrechnungsteil ergibt sich aus der Zwischenablesung, § 7 Abs.1 Satz 1 HeizkV. HeizkV § 7 Abs.1 Satz 1

Ist eine **Zwischenablesung** gemäß § 9b Abs.3 HeizkV **nicht möglich** oder ist diese wegen des Zeitpunktes des Nutzerwechsels aus technischen Gründen nicht hinreichend genau in der Ermittlung der Verbrauchsanteile (z. B. bei Heizkostenverteilern nach dem Verdunstungsprinzip, Ablesung in den ersten Wochen, Monaten nach dem Austausch der Ableseröhrchen), dann ist ohne Zwischenablesung eine Kostenaufteilung gemäß der übrigen Kosten, § 7 Abs.1 Satz 2 HeizkV, vorzunehmen (starre Größen wie Wohnflächen oder auch Gradzahltage). HeizkV § 9b Abs.3 § 7 Abs.1 Satz 2

Bei der **Warmwasserversorgung** sind die übrigen Kosten gemäß § 8 Abs.1, § 9b Abs.2 HeizkV zeitanteilig auf Vor- und Nachmieter zu verteilen. HeizkV § 8 Abs.1 § 9b Abs.2

5.2.12 Beispiele für eine Betriebskostenabrechnung sowie eine Abrechnung über Heizung und Warmwasser

Als abschließende Zusammenfassung zu den vorangegangenen Ausführungen über Betriebskosten werden nun zwei Abrechnungsbeispiele **zu einer Mietwohnung** gebracht, ein Beispiel zu Heizung und Warmwasser („**Warme Betriebskosten**), ein anderes Beispiel zu den übrigen Betriebskosten („**Kalte Betriebskosten**“). Die Beispiele sind reduziert auf den reinen **Rechenteil** der jeweiligen Abrechnung, ergänzende Erfordernisse wir Adressat, Wohneinheit etc. werden hier aus räumlich organisatorischen Gründen weggelassen. Die rechnerischen Übersichten mit dem Abschlussergebnis stehen in der Regel auch im Mittelpunkt der Betrachtung des Mieters.

1. Beispiel
Auszug aus einer Betriebskostenabrechnung über Heizung und Warmwasser bei verbundenen Anlagen gemäß § 9 HeizKV
Öffentlich geförderter Wohnraum
Abrechnungszeitraum 1.1. bis 31.12. d. J.

Betriebskostenabrechnung über Heizung und Warmwasser

Kostenaufstellung insgesamt					
Energie-kosten	m^3 Gas	Betrag DM	Weitere Kosten der Heizungsanlage	Datum	Betrag DM
Jan. XX	11.071	5.803,35	Übertrag Energiekosten		41.522,87
Feb XX	10.171	5.348,17	Betriebsstrom	Dez. XX	1.246,51
...	...	...	Bedienung, Pflege	Dez. XX	2.765,84
...	...	...	Wartung	Dez. XX	814,88
...	...	...	Kaminkehrer/Messung	Dez. XX	176,52
...	...	...	Verbrauchsabrechnung		2.103,54
Energie-kosten	72.305	41.522,87	Gesamtkosten		48.630,16

Kostenaufteilung Heizung und Warmwasser

Aufteilung der Kosten von 48.630,16 DM

Heizung:	35.903,65 DM	davon 50 % Grundkosten/Wohnfläche	=	17.951,83 DM
		davon 50 % Verbrauchskosten	=	17.951,82 DM
Warmwasser	12.726,51 DM	davon 50 % Grundkosten/Wohnfläche	=	6.363,26 DM
		davon 50 % Verbrauchskosten	=	6.363,25 DM

Ermittlung der Warmwasserkosten gemäß § 9 Abs. 2 HeizKV
Warmwassermenge: 1.766 m³

$$\text{Brennstoffverbrauch/Gas/m}^3 = \frac{2{,}5 \times V \times (t_w - 10)}{H_u} = \frac{2{,}5 \times 1.766\ \text{m}^3 \times (55° - 10)}{10{,}5\ \text{kWh/m}^3} =$$

= 18.921 m³

18.921 m³ Gas wurden für die Wassererwärmung benötigt, das entspricht 26,17 % des Gesamtverbrauchs.
Die Warmwasserkosten ermitteln sich somit aus 26,17 % der Gesamtkosten = 12.726,51 DM.

Einzelabrechnung Wohnung X Heizung und Warmwasser						
	DM	Gesamteinheiten	DM/ Einheit	Einheiten Wohnung X	Zeit-faktor	Anteil Wohnung X in DM
Heizung						
Grundkosten	17.951,83	2.706,83 m² Wfl.	6,632049	56,60 m² Wfl.	–	**374,71**
Verbrauchskosten	17.951,83	2.809,29 Strich-einheiten	6,390166	95 Strich-einheiten	–	**607,07**
Warmwasser						
Grundkosten	6.363,26	2.706,83 m² Wfl.	2,350816	56,50 m² Wfl.	–	**132,82**
Verbrauchskosten	6.363,25	1.766 m³ Warm-wasser	3,603199	46 m³ Warm-wasser	–	**165,75**
		Heiz- und Warmwasserkosten				**1.280,35**
		+ 2 % Umlagenausfallwagnis				**25,61**
		Gesamtbetrag Heiz- und Warmwasserkosten				**1.305,96**
		./. Vorauszahlungs-Soll				**1.450,00**
		Guthaben aus Betriebskosten, Heizung, Warmwasser				**+ 144,04**

2. Beispiel
Auszug (nur Rechenteil) aus einer Betriebskostenabrechnung ohne Heizung und Warmwasser
Öffentlich geförderter Wohnraum
Abrechnungszeitraum 1.1. bis 31.12. d. J.

Berechnungsformel:
Gesamtkosten der Verwaltungseinheit (VE), bezogen auf eine Kostenart:
Gesamtwohnfläche der VE in m² : 365 Tage x m² Wohnfläche Wohnung X x Tage Mietdauer im Jahr = Anteil

Einzelabrechnung Wohnung X Betriebskosten ohne Heizung und Warmwasser					
	Kostenart	Gesamtkosten der VE in DM	Bemessung		Kostenanteil Wohnung X in DM
			Gesamt m² der VE	m² Wohnung X	
1.	Straßenreiniung – privat	672,15	2.809,29	56,5	**13,52**
2.	Straßenreinigung – Stadt	529,53	2.809,29	56,5	**10,65**
3.	Straßenreinigung – Verbrauchsstoffe	120,84	2.809,29	56,5	**2,43**
4.	Straßenreinigung – Maschinen	31,46	2.809,29	56,5	**0,63**
5.	Müllabfuhrgebühren – Stadt	18.865,55	2.809,29	56,5	**379,44**
6.	Müllabfuhrgebühren – Fremdfirmen	459,80	2.809,29	56,5	**9,25**
7.	Entwässerung – Niederschlag	3.759,20	2.809,29	56,5	**75,60**
8.	Allgem. Beleuchtung/Wasser/ Schmutzwasser	30.718,26	2.809,29	56,5	**617,80**
9.	Gartenpflegekosten – Verbrauchsstoffe	383,87	2.809,29	56,5	**7,72**
10.	Gartenpflegekosten – Maschinen	17,00	2.809,29	56,5	**0,34**
11.	Gartenpflege – Gärtner	588,48	2.809,29	56,5	**11,84**
12.	Gartenpflegekosten – Fremdfirmen	5.301,45	2.809,29	56,5	**106,62**
13.	Versicherungen – Sach/Haftpflicht/Sturm/Wasser	3.754,06	2.809,29	56,5	**75,50**
14.	Brandversicherung	1.426,90	2.809,29	56,5	**28,70**
15.	Hausmeisterkosten	11.474,18	2.809,29	56,5	**230,77**
16.	Gebäudereinigung	12.564,07	2.809,29	56,5	**252,69**
17.	Sonstige Betriebskosten	299,73	2.809,29	56,5	**6,05**
18.	Grundsteuer	10.521,00	2.809,29	56,5	**211,60**
	Summe	**101.488,53**			**2.041,13**
	+ 2 % Umlagenausfallwagnis DM 2.041,13				**40,82**
	Gesamtkosten				**2.081,95**
	./. Vorauszahlungs-Soll				**2.100,00**
	Gutschrift aus Betriebskosten (ohne Heizung und Warmwasser)				**18,05**

Abrechnungsgesamtergebnis/Zusammenfassung für Wohnung X Abrechnungszeitraum 1.1. bis 31.12. d. J.	
Wohnung X	**DM**
Guthaben aus Betriebskostenabrechnung Heizung und Warmwasser (Beispiel 1)	**144,04**
Guthaben aus Betriebskostenabrechnung Ohne Heizung und Warmwasser (Beispiel 2)	**18,05**
Gutschrift gesamt	**162,09**

Zusammenfassung zu Betriebskosten/Nebenkosten bei Wohn- und Gewerberaum

Die Entwicklung der Höhe der Betriebskosten hat das Gewicht einer sog. „Zweiten Miete" erreicht. Die quantitative Bedeutung der „Zweiten Miete" (Betriebskosten) zur Netto-/Grundmiete wird dargestellt, ebenso absolute Spannweiten bei kalten/warmen Betriebskosten. Weiterhin wird die Kostendynamik durch einen 10-Jahres-Vergleich deutlich. Die sich daraus ergebenden Probleme bedingen unternehmerisches Handeln sowohl im Gesamtkonzept einer Gebäudeeinheit als auch bei Entscheidungen zu einzelnen Betriebskosten. Dies ist sowohl Aufgabe des Betriebskostenmanagements als auch eine Aufgabe des betrieblichen Controlling.

Mietrechtliche Ausgangslage: Sollen neben der Miete, Grundmiete weitere Lasten, z. B. in Form von Betriebskosten/Nebenkosten, vom Mieter getragen werden, so bedarf es dazu einer ausdrücklichen Vereinbarung über bestimmbare Lasten.

Begriffe Betriebskosten/Nebenkosten

- In der sprachlichen Vermietungspraxis inhaltlich gleich verwendet. Gesetzlich jedoch nur Betriebskosten definiert.
- Nebenkosten können inhaltlich über Betriebskosten hinausgehen, sie sind aber in dieser Dimension nur für Gewerberäume/Nicht-Wohnraum anwendbar.
- In der Praxis Abgrenzungsprobleme zwischen Betriebskosten und anderen Bewirtschaftungskosten (z. B. Instandhaltungskosten).
- Arten der Betriebskosten für Wohnraum erschöpfend definiert in der Anlage 3 zur II. BV in Ergänzung zu § 27 II. BV.

Aktionsmöglichkeiten zur Kostenbegrenzung der „Zweiten Miete" über einzelne Betriebskosten werden dargestellt.

Abrechnung über Betriebskosten/Nebenkosten

- Abrechnungsperiode für Wohnraum normalerweise über längstens ein Wirtschaftsjahr. Abrechnungsfrist gesetzlich besonders geregelt für preisgebundenen Wohnraum. Abrechnung ist bis zum Ablauf des 12. Monats nach dem Ende des Abrechnungszeitraums zuzuleiten, künftig auch für preisfreien Wohnraum; für Nachforderungen vermieterseits ist die Abrechnungsfrist in diesem Fall eine Ausschlussfrist.
  An die Fälligkeit, Verjährung oder Verwirkung von Ansprüchen aus einer Betriebskostenabrechnung sind bestimmte formale/zeitliche Bedingungen gestellt.
- Umlegungsmaßstäbe für Betriebskosten sind grundsätzlich frei vereinbar. Für den preisgebundenen Wohnraum sieht die Neubaumietenverordnung (NMV) differenzierte Umlagenmaßstäbe vor. Umlageausfallwagnis ist ein spezieller Wagniszuschlag auf umlagefähige Betriebskosten bei preisgebundenen Wohnungen.
- Erfassung und Abrechnung der Heizkosten unterliegen einer besonderen gesetzlichen Regelung mit einer verbrauchsorientierten Ausrichtung.

Fragen:

1. Das Betriebskostenmanagement steht mit seinen Entscheidungen in einem Netz von Vorgaben. Die mehr oder weniger quantifizierten Vorgaben sind im Nachhinein zugleich auch Maßstab für den Erfolg des Managements.

1.1 In welcher Hierarchieebene wäre üblicherweise das Betriebskostenmanagement anzusiedeln?

1.2 Rahmenbedingungen bzw. Vorgaben für das Betriebskostenmanagement kann man nach verschiedenen Gesichtspunkten klassifizieren.

1.2.1 Welche Rahmenbedingungen sind typischerweise gültig für eine unternehmerisch/erwerbswirtschaftliche Tätigkeit?

1.2.2 Welche Rahmenbedingungen ergeben sich aus dem Sachgegenstand/ Portfolio der Bewirtschaftung?

1.2.3 Welche Rahmenbedingungen stellt der Markt?

1.2.4 Ein Bereich für Bedingungen sind auch die rechtlichen Vorgaben.

Welche Rechtsbereiche sind hier für die Betriebskostenthematik typisch?

1.2.5 Ein Bedingungsfaktor ist auch bisheriges Verständnis und Tradition im Umgang mit Betriebskosten in verwaltungstechnischer Sicht.

Welche gedankliche Einstellung der mit Betriebskosten befassten Mitarbeiter im Verwaltungsbereich könnte mitwirken, diesen Kosten einen marktorientierten Stellenwert zu geben?

2. Welche Bereiche bieten praktische Lösungsansätze für eine Begrenzung der Betriebskosten?

3. Aus welchen Bausteinen setzt sich rein rechnerisch die Miete in einer „Mietgleichung" zusammen?

4. Wie ist die mietrechtliche Ausgangslage für die Kostentragung von Mietlasten wie z. B. Betriebskosten?

5. Die Begriffe Betriebskosten/Nebenkosten werden in der mietrechtlichen Praxis meist synonym verwendet.

Für welche Mietvertragsverhältnisse sind sie in jedem Fall an die inhaltlichen Grenzen gemäß § 27 II. BV i. V. m. Anlage 3 II. BV gebunden?

6. Der inhaltliche Umfang der Nebenkosten kann durch vertragliche Vereinbarung über den Inhalt der Betriebskosten gemäß II. Berechnungsverordnung hinausgehen.

a) Für welche Mietvertragsverhältnisse ist dies möglich?

b) Welche zusätzlichen Inhalte sind beispielhaft möglich?

7. Betriebskosten sind ein Teil der Bewirtschaftungskosten. In diesem Teilbereich ist ihre Kostenerhebung neben der Wohnraummiete vertraglich möglich.

Welche Teilbereiche der übrigen Bewirtschaftungskosten können sich in bestimmten Fällen mit einzelnen Betriebskostenarten vermengen?

Fragen:

8. Betriebskosten können in der mietvertraglichen Einbindung als Umlage, als Pauschale oder als Bestandteil der Bruttomiete vorgesehen sein.
   Welche Wahlmöglichkeiten entfallen für den öffentlich geförderten Wohnraum?

9. Es gibt Betriebskosten, die verbrauchsorientiert erfasst und abgerechnet werden müssen, und solche, die nach Wahl des Vermieters bei ebenfalls gegebenen Voraussetzungen verbrauchsorientiert abgerechnet werden können.
   Um welche Betriebskosten handelt es sich im jeweiligen Fall?

10. Einzelne Betriebskostenarten sind mit inhaltlichen Kostenbestandteilen zu umschreiben. Beispielhaft hier für die Betriebskostenart „Kosten des Betriebs des maschinellen Personen- und Lastenaufzugs".

11. Betriebskosten/Nebenkosten müssen, soweit der Ansatz nicht im Wege einer Pauschale oder in Form der Bruttomiete erfolgt, abgerechnet werden.
    Welche Abrechnungsperiode bzw. Abrechnungsfrist ist hier für Wohnraummietverhältnisse vorgesehen?

12. Eine Betriebs-/Nebenkostenabrechnung muss vom Anforderungsprofil her bestimmten allgemeinen Rahmenbedingungen genügen.
    Die vier typischen Rahmenbedingungen sind zu nennen!

13. Welche inhaltlichen Mindestangaben muss eine Betriebskostenabrechnung aufzeigen?

14. Betriebskosten müssen, soweit sie mit dem Mieter abgerechnet werden, verteilt werden.
    Welche Verteilungs-/Umlagemaßstäbe sind dabei denkbar?

15. Das Umlagenausfallwagnis bei Betriebskosten ist ein rechtlich feststehender Begriff beim preisgebundenen Wohnraum.
    Welche Wagnisinhalte werden damit angesprochen, in welcher Höhe darf das Umlagenausfallwagnis bei der Betriebskostenabrechnung zum Ansatz kommen?

5.3 Bestandspflege- und -erhaltung

5.3.1 Vorbemerkung

Gebäude unterliegen einem Alterungsprozess. Dieser und weitere vielfältige Einflüsse machen es notwendig, den Verfall bzw. die Einschränkung der langfristigen wirtschaftlichen Nutzung zu verhindern. Dies kann durch Schönheitsreparaturen, Instandhaltung, Instandsetzung, Modernisierung, Energieeinsparung und Sanierung geschehen. Deshalb nehmen diese Tätigkeitsfelder einen breiten Raum im wohnungswirtschaftlichen Tagesgeschäft ein. Sie sind von vitalem Interesse in der Immobilienwirtschaft.

Heute wird von einem „Dreieck" wohnungswirtschaftlicher Bautätigkeit gesprochen, das neben Neubau zur Schaffung gleichwertig auch Modernisierung und Sanierung zur Erhaltung von Wohn- und Gewerberäumen setzt. Das war nicht immer so.

Extensive **Neubautätigkeit** stand nach dem Ende des 2. Weltkrieges zur Behebung der drängenden Wohnungsnot im Vordergrund. Ein großer Teil der Wohnungen war durch Kriegseinwirkung völlig zerstört oder zumindest stark in Mitleidenschaft gezogen. Im Zuge der großen Flüchtlingsströme mussten viele Menschen ein neues Zuhause finden, mit Wohnraum versorgt werden.

Es gab allerdings bereits in den fünfziger Jahren Überlegungen zur Erhaltung der noch vorhandenen Gebäude. Ausgehend von ersten Schritten in Städten mit überwiegend historischen Stadtkernen und geringen Kriegsschäden, wie z. B. Regensburg, begannen erste Versuche weg von der Begeisterung für das Neuzuschaffende hin zur Wertschätzung und Erhaltung des (noch) Bestehenden. Ansonsten lagen konjunkturpolitische Zielsetzungen ähnlich gelagerter Bemühungen zugrunde.

Mit dem Städtebauförderungsgesetz 1971 wurde ein Eckpfeiler für dieses Umdenken zur „Sanierung" gesetzt. Ein Wandel, der im Übrigen noch keinesfalls unumstritten war. Denkmalpflege verstand sich zunehmend auch als Schutz von ganzen Wohnquartieren und nicht nur herausragenden, „monumentalen" Einzelobjekten. Ganze Ensembles wurden durch die Aufnahme in eine Liste denkmalgeschützter Gebäude unter einen besonderen Erhaltungs- und Veränderungsschutz gestellt. Das bayerische Denkmalschutzgesetz beispielsweise, als eines der ersten Landesdenkmalgesetze, trat am 1. Oktober 1973 in Kraft. Ein Abbruch denkmalgeschützter Gebäude und Ensembles war in vielen Fällen nicht mehr möglich. Das denkmalgeschützte Objekt ist grundsätzlich zu erhalten.

Das Europäische Denkmalschutzjahr 1975 dokumentierte unter dem Motto „eine Zukunft für die Vergangenheit" einen weiteren Schritt in diese Richtung.

Es folgte als nächster Schritt zur Erhaltung des Gebäudebestandes durch „Modernisierung" das Wohnungsmodernisierungsgesetz (WoModG 1976) und wenig später dessen Erweiterung zum Modernisierungs- und Energieeinsparungsgesetz (ModEnG 1978).

Die Wertschätzung des Erhaltenen gegenüber dem Neuen ist heute kaum mehr bestritten. Allerdings bedurfte es einiger Zeit, bis das bestehende Gebäude – nachgebessert und modernem Standard angeglichen – weniger als Notbehelf, sondern als gleichwertig anerkannt wurde.

Dieser Wandel im Laufe der Nachkriegszeit hatte zahlreiche Gründe: soziologische, kulturelle, wirtschaftliche, ökologische, aber auch struktur- und konjunkturpolitische.

Die verbesserte Versorgung der Bevölkerung mit Wohnraum durch – wie ausgeführt – massiven Neubau, führte nach und nach zu einem steigenden Niveau des Standards der Wohnungen.

Der Wunsch nach mehr Komfort fand seinen Niederschlag in zunehmendem Wohnflächenbedarf je Bewohner, großzügiger Raumaufteilung, neuen Baumaterialien.

Das steigende Umwelt- und Gesundheitsbewusstsein brachte neue Beurteilungskriterien zum Wirtschaftsgut „Wohnung“ mit sich.

Beispiel:

Verwendung von Holzschutzmitteln und Formaldehyd.

Baumaterialien wurden als gesundheitsgefährdend erkannt und mussten ausgewechselt oder nachbehandelt werden.

Beispiel:

Asbest.

Der Einfluss von Umweltbelastung und Gesundheitsgefährdung durch Baustoffe wird aller Voraussicht nach noch in erheblichem Umfang zunehmen und künftig eine zentrale Rolle bei der Instandhaltung, Instandsetzung und Modernisierung spielen.

Die zunehmende Beurteilung von Immobilien aus ökologischer Sicht hat die Wertschätzung für den vorhandenen Immobilienbestand steigen lassen. Die teilweise stark steigenden Kosten des Abbruchs von Immobilien unterstützen diesen Trend nachhaltig.

Manche Baumaterialien oder deren Verarbeitungsmethoden erfüllten nicht die in sie gesetzten Erwartungen im Hinblick auf ihre Lebensdauer und lösten wesentlich früher als erwartet einen Instandsetzungsbedarf nicht kalkulierten Umfanges aus.

Beispiel:

Betonschäden.

Technische Neuentwicklungen verkürzten zwar nicht die technische Lebensdauer von bestehenden Einrichtungen, brachten jedoch eine rasche tatsächliche Alterung.

Beispiele:

Einrichtungen der Telekommunikation und der Heizungstechnologie.

Viele dieser Entwicklungen zogen eine Nachprüfung, Nachbearbeitung oder Nachbehandlung des Immobilienbestandes nach sich, ergänzt von Veränderungen durch Modeentwicklungen, die auch im Bau- und Wohnbereich in erheblichem Maße gegeben sind.

Aber auch ohne derartige Veränderungen sind Gebäude einem natürlichen Alterungs- und Abnutzungsprozess unterworfen, gegen die geeignete Maßnahmen vorbeugend oder behebend getroffen werden müssen, um den Wert des Wirtschaftsgutes zu erhalten und seine langfristige wirtschaftliche Verwertung (Vermietbarkeit) zu gewährleisten.

Zudem hat die Erhaltung des Bestandes, sei es durch Instandhaltung, Instandsetzung, Modernisierung oder Sanierung, einen entscheidenden Anteil am Baugeschehen und ist wesentlicher Impuls für die Bauwirtschaft. Es wird von Fachleuten sogar geschätzt, dass die Hälfte des Gesamtumsatzes in der Bauindustrie im vereinten Deutschland in Instandsetzung und Modernisierung investiert wird. Dies ist auf dem „Preisniveau 1993“ eine gewaltige Summe von schätzungsweise jährlich 200 Mrd. DM.

Die Wiedervereinigung Deutschlands brachte zusätzliche Aufgaben in einer beträchtlichen Dimension. Allein in Berlin sind nach 1994 veröffentlichten Zahlen 250.000 zu Zeiten der ehemaligen DDR industriell errichtete Wohnungen vorhanden. Aber auch in den alten Bundesländern stehen noch gravierende Instandsetzungsprobleme an. Es ist in diesem Zusammenhang auf die kostenintensive Sanierung von Betonschäden zu verweisen.

Die Bedeutung der Fachausdrücke sind sehr unterschiedlich. Teilweise waren sie bereits von der Praxis geprägt, bevor sie im rechtlichen Zusammenhang Verwendung fanden. Teilweise kamen oder kommen sie auch aus dem technischen Bereich und haben dort eine andere – parallel verwendete – Bedeutung.

Leider sind die Begriffsverwendungen im rechtlichen Bereich nicht aufeinander abgestimmt.

Die Interpretationsmöglichkeiten werden noch vielfältiger dadurch, dass sich die Ver- und Anwendungen zusätzlich unterscheiden bei Mietverhältnissen

- gewerblicher Art,
- preisgebundenem Wohnraum,
- preisfreiem Wohnraum.

Facility Management
Corporate Real Estate Management

Eine große Vielfalt von formellen und inhaltlichen Konzepten hat sich in den letzten Jahren unter dem **Sammelbegriff Facility Management** gebildet.

Die **Ursprünge** des Facility Management (FM) liegen in Entwicklungen in den USA. Aus pragmatischen Überlegungen ergab sich, dass die optimale Gestaltung von Facilities (Flächen, Einrichtungen, Diensten) bei Immobilien, zum Beispiel Büroimmobilien und industriell genutzten Immobilien in engem Zusammenhang mit dem Ergebnis der in diesen Immobilien durchgeführten Arbeitsprozessen steht.

Es etablierte sich 1979 das Facility Management Institut (FMI) in Ann Arbor, Michigan.

Die Gründung eines Verbandes folgte, der einerseits berufsständische Aufgaben in den USA wahrnimmt, gleichzeitig aber auch dazu beitrug, dass sich die Facility Management Bewegung weltweit verbreitete. Eine Vielzahl von Gebäudedienstleistungen bzw. Gebäudedienstleistern sammelt sich unter dem Begriff Facility Management.

Zu Beginn des letzten Jahrzehntes etablierte sich Facility Management in der Bundesrepublik u. a. im Rahmen der **German Facility Management Association (GEFMA)**. Die GEFMA versucht seit 1996 ein eigenes System von **Richtlinien** zu entwickeln, welches u. a. Facility Management-Leistungen detailliert auflistet und beschreibt.

Ein weiteres Regelwerk wurde vom **Verband Deutscher Maschinen- und Anlagenbau e.V. (VDMA)** mit dem **VDMA-Einheitsblatt 24196** (August 1996) **„Gebäudemanagement Begriffe und Leistungen“** vorgelegt

Das **Deutsche Institut für Normung e.V. (DIN)** hat mit dem Entwurf zu **DIN 32 736** im Mai 1999 einen Normentwurf **„Gebäudemanagement – Begriffe und Leistungen“** veröffentlicht.

Sowohl VDMA 24196 als auch DIN 32 736 beinhalten ebenso wie die GEFMA-Richtlinien gebäudeabhängiges Facility Management und gebäudeunabhängiges Facility Management.

Alle Regelwerke haben es sich zum Ziel gesetzt in die Begriffsvielfalt Klarheit des allgemeinen Verständnisses über Fachbegriffe zu bringen und möglichst weitgehende Anerkennung bei Anbietern und Abnehmers von FM Leistungen zu finden.

Bisher ist dies noch keinem Konzept gelungen.

Begriffe wie Facility Management, Immobilienmanagement, Gebäudemanagement, Objektmanagement und Projektmanagement werden in ihrer gegenseitigen Zuordnung bei den verschiedenen Konzepten teilweise unterschiedlich eingeordnet.

Mit ebenfalls unterschiedlicher Ausprägung legen alle Konzepte

- die Betrachtung des ganzen Lebenszyklus einer Immobilie von der
  - Planung bis zum
  - Abriss zugrunde.

Durch Facility Management soll die

- Wirtschaftlichkeit,
- Werterhaltung,
- Optimierung von Gebäudenutzung erhöht und der
- Ressourcen-Einsatz minimiert werden.

Bestandteile des FM sind vereinfacht dargestellt:

- Kaufmännisches Gebäudemanagement (KGM)
  Beispiele:
  Objektbuchhaltung
  Vermietung
  Vertragsmanagement
  Kostenplanung und -kontrolle
- Technisches Gebäudemanagement (TGM)
  Beispiele:
  Betreiben (Bedienen, Überwachen, Messen, Instandhalten, Störungsbehebung)
  Dokumentieren (Datenerfassung, Protokollierung von technischen Vorgängen)
  Energiemanagement (Rentabilitätsberechnungen, Optimierungen)
  Informationsmanagment (CAFM/Computer Aided Facility Managment, Gebäudeinformationssysteme, Mediale Versorgungssysteme)
- Flächenmanagement (FLM)
  Beispiele:
  Nutzungsplanung
  Raumbelegung Umzugsmanagment
  Optimierung von marktgerechten Vermietungseinheiten
  Dokumentation mit CAFM
- Infrastrukturelles Gebäudemanagement (IGM)
  Beispiele:
  Gärtnerdienste
  Ruhender Verkehr
  Interne Postdienste
  Sicherheitsdienste
  Winterdienst
  Entsorgen
  Versorgen
  Catering
  DV Dienstleistung
  Kopier- und Druckereidienste

Es ist bisher noch nicht gelungen, die traditionelle Betrachtungsweise der II. BV, die den wohnungswirtschaftlichen Berechnungen aber auch in analoger Anwendung in großem Umfang den Berechnungen und Mietvertragswerken der Gewerbeimmobilien zugrunde liegt, mit diesen neuen Regelwerken in Einklang zu bringen.

Besonders die klare und durchgehende Trennung zwischen

- Betriebskosten und
- Instandhaltungskosten

findet sich in den FM Konzepten nicht wieder und stört damit eine Zusammenführung dieser Konzepte mit dem Bereich der II. BV entscheidend.

Der bemerkenswerte Erfolg der Facility Management-Konzepte hat eine Reihe von Entwicklungen gefördert bzw. ausgelöst:

- Die richtige und notwendige Lebenszyklus-Betrachtung von Immobilien wurde wieder stärker ins Bewusstsein der Beteiligten gebracht.
- Die Beachtung der Bewirtschaftungsphase/Nutzungsphase von Immobilien im Hinblick auf die Bedeutung im gesamten Lebenszyklus einer Immobilie wurde gestärkt.
- Benchmarking von FM Prozessen im Immobilienbereich beginnt sich zu etablieren.
- Outsoursing von FM Leistungen unter Kostengesichtspunkte wird vermehrt in Betracht gezogen. Traditionelle Handlungsweisen werden überdacht.
- Die Bedeutung der Bestandsdaten wird ihrer Bedeutung nach neu beurteilt.
- CAD gestützte Informationssysteme haben an Akzeptanz gewonnen.
- Die vernetzte Betrachtungsweise aller Aspekte während des ganzen Lebenszyklus der Immobilie gewinnt an Bedeutung.

Die Verdeutlichung der **Marktpotenziale** durch die Bewirtschaftung von Immobilien und die Erbringung von FM Leistungen wurde durch das Facility Management erheblich gefördert. Von Staudt u. a. (s. Literaturverzeichnis) wurden das Marktpotenzial der Nutzung und Dienstleistung für die Immobilien der öffentlichen Hand auf 110 Milliarden DM ermittelt.

Andere Berechnungen gehen von einem sehr beachtlichen Marktpotenzial für das gesamte Facility Management, teilweise bis zu 816 Milliarden DM, aus. Zu beachten ist allerdings, dass es bei diesen Marktpotenzial zu einem erheblichen Teil nur um eine mögliche Neuverteilung handelt.

Im Bereich der **Wohnimmobilien** hat das Facility Management-Konzept erst ansatzweise Fuß gefasst.

Dies liegt vermutlich an der problematischen Vereinbarkeit der Facility Management-Regelwerke mit der II. Berechnungsverordnung. Die großzügigen Handlungsspielräume bei der Gestaltung von mietvertraglichen Vereinbarungen bei Gewerbeimmobilien gegenüber den stark reglementierten Möglichkeiten bei Wohnimmobilien spielt ebenfalls eine Rolle.

Die zunehmende Bedeutung von neuen Dienstleistungen („rund um die Wohnimmobilie“) dürfte die Akzeptanz des Facility Management-Konzeptes aber erhöhen und beschleunigen. Gleiches gilt für die Einführung neuer Technologien in der Haustechnik und medialen Versorgung von Wohnimmobilien und der zunehmend DV-gestützten Leistungen bei den Wohnimmobilien.

Das steigende Kostenbewusstsein und die verstärkte Ertragsausrichtung von Unternehmen, die nicht Immobilienunternehmen sind, hat die Erkenntnis über die Bedeutung der immobilienbezogenen Aspekte dieser Unternehmen gefördert. Unter dem Begriff **Corporate Real Estate Management** fassen sich alle Gesichtspunkte zusammen, die eine Verbesserung sämtlicher immobilienbezogener Aspekte eines Nicht-Immobilienunternehmens zum Gegenstand haben. Dazu gehören

- die Erstellung oder die Verbesserung des immobilienbezogenen Datenmaterials,
- eine Überarbeitung der organisatorischen Eingliederung der Verantwortung fur die Immobilien in den Unternehmen,
- eine Abwägung und Entscheidung über den tatsächlichen betriebsnotwendigen Bedarf an Nutzflächen,
- eine Verbesserung der Transparenz immobilienbezogener Kosten,
- eine bewusste Integration von Immobilien als Vermögenswerte im Hinblick auf Auswirkung in der G+V und Bilanz.

Corporate Real Estate Management und für den Bereich der öffentlichen Hand Public Real Estate Management haben zwar keine grundsätzlich völlig neuen immobilienwirtschaftlichen Aspekte zum Gegenstand, aber sie haben teilweise die nicht oder nicht angemessen beachteten immobilienwirtschaftlichen Aspekte von „Non Property Companies“ in den Fokus gestellt.

5.3.2 Instandhaltung, Instandsetzung, Modernisierung und Sanierung als Gegenstand von Fördergesetzen

Der Begriff **Instandhaltung** wird in § 5 Abs.3 sowohl des WoModG von 1976 als auch im ModEnG von 1978 neben Modernisierung und Instandsetzung verwendet. Eine Abgrenzung ergibt sich somit nicht ohne weiteres aus diesen Gesetzen.

„Die (laufende) Instandhaltung ist also unter denselben Voraussetzungen nach dem ModEnG förderungsfähig, unter denen eine Instandsetzung gefördert werden kann, ja, es ist nicht nötig für das ModEnG zwischen Instandsetzung und Instandhaltung zu unterscheiden“. (Gutekunst/Forster a. a. O. zu § 3/II/3/7)

Unter **Instandsetzung** wurde bereits im WoModG von 1976 die Behebung von vorhandenen Mängeln verstanden. Instandsetzung kann jedoch auch teilweise in den Bereich der Modernisierung fallen.

Während das „Gesetz zur Förderung der Modernisierung von Wohnungen“ (Wohnungsmodernisierungsgesetz – **WoModG**) vom 23.8.1976 als Ziel der Förderung die **Modernisierung** von Wohnungen vorsah, um die Versorgung breiter Schichten der Bevölkerung mit guten und preiswürdigen Wohnungen zu verbessern und dadurch zur Erhaltung von Städten und Gemeinden beizutragen, wurde der Modernisierungsbegriff mit dem „Gesetz zur Förderung der Modernisierung von Wohnungen und von Maßnahmen zur Einsparung von Heizenergie“ (Modernisierungs- und Energieeinsparungsgesetz – **ModEnG**) vom 12.7.1978 – also bereits nach 2 Jahren – erweitert. Die baulichen

ModEnG § 1 Abs.2 § 3 Abs.2

Maßnahmen zur nachhaltigen **Einsparung von Heizenergie** in Wohnungen wurden in den Modernisierungsbegriff, und damit auch in die Förderungstatbestände, ausdrücklich eingeschlossen.

Je besser die allgemeine Wohnungsversorgung ausgeglichen werden konnte, desto wichtiger wurde es, die Wohnungsqualität so zu verbessern, dass sie hinter den neugebauten Wohnungen nicht allzu weit zurückblieb. Ihren ersten gesetzlichen Niederschlag fand die Notwendigkeit, ältere Wohnungen zu verbessern, im Städtebauförderungsgestz vom 27. Juli 1971. Es leitet die Förderung in bestimmte Gebiete („Sanierungsgebiete“), in denen schwerwiegende städtebauliche Missstände bestehen. Sie werden dadurch behoben, dass überalterte Gebäude abgerissen und durch neue Gebäude ersetzt werden; zum Teil werden solche Missstände aber auch mit der Modernisierung erhaltungswürdiger Gebäude behoben. (Gutekunst/Forster, Modernisierungs- und Energieeinsparungsgesetz, § 1/II/1/2)

5.3.3 Rechtliche Grundlagen

BGB § 535

Die vertragliche Hauptpflicht des Vermieters besteht darin, dem Mieter den Gebrauch der vermieteten Sache während der Mietzeit zu gewähren.

BGB § 536

Darüber hinaus ist der Vermieter des weiteren verpflichtet, dem Mieter das Mietobjekt in einem Zustand zu überlassen, der dem vertragsmäßigen Gebrauch entspricht, und während der Mietzeit diesen Zustand zu erhalten.

Hieraus ergibt sich für den Vermieter die Verpflichtung zur Erhaltung der Mietsache durch

Schönheitsreparaturen,
Instandhaltung
sowie Instandsetzung,

gleichgültig, ob es sich um ein Mietverhältnis über Gewerberäume oder Wohnraum handelt. Das Ziel dieser Bemühungen muss sein, die genannte vertragliche Hauptpflicht zu erfüllen, d. h. die vermietete Sache in einem zum vertragsmäßigen Gebrauch geeigneten Zustand zu erhalten.

- **Duldungspflichten**

Damit der Vermieter dieser Verpflichtung durch Schönheitsreparaturen, Instandhaltungsmaßnahmen und/oder Instandsetzungsmaßnahmen nachkommen kann, ist die **grundsätzliche Duldungspflicht des Mieters** in § 541a BGB festgeschrieben. Danach muss der Mieter von Räumen Maßnahmen hinnehmen, die erforderlich sind, um die Mieträume selbst oder das Gebäude zu erhalten. (Hinzuweisen ist in diesem Zusammenhang auch auf die Duldungspflicht gemäß § 175 BauGB. Diese Fälle sind allerdings in der Praxis relativ selten.) BGB § 541a

Klar zu trennen von den §§ 535, 536 und 541a BGB, die die **Erhaltung** der Mietsache zum vertragsgemäßen Gebrauch regeln, sind die Bestimmungen des § 541b BGB, die den Fall der **Verbesserung** der gemieteten Räume oder sonstiger Räume, der **Schaffung neuen Wohnraumes**, der **Einsparung von Heizenergie oder Wasser** betreffen. (Die Einsparung von Wasser sowie die Duldung der Schaffung neuen Wohnraums wurde als neue Bestimmung im Rahmen der Änderungen durch das Vierte Mietrechtsänderungsgesetz vom 21.7.1993 in § 541b BGB aufgenommen). BGB § 541b

Der Mieter ist in den zuletzt genannten Fällen zur **Duldung** der notwendigen Maßnahmen des Vermieters verpflichtet, **mit** den **Einschränkungen**:

„... es sei denn, dass die Maßnahmen für ihn oder seine Familie eine Härte bedeuten würde, die auch unter Würdigung der berechtigten Interessen des Vermieters und anderer Mieter in den Gebäuden nicht zu rechtfertigen ist".

Bei der Beurteilung der zu duldenden Maßnahmen sind demnach zu berücksichtigen: BGB § 541b Abs.1

- die vorzunehmenden Arbeiten,
- die baulichen Folgen,
- vorausgegangene Verwendungen des Mieters und
- die zu erwartende Erhöhung des Mietzinses.

Eine Erhöhung des Mietzinses ist allerdings nicht zu dulden, wenn die gemieteten Räume oder sonstigen Teile des Gebäudes lediglich in einen Zustand versetzt werden, wie er allgemein üblich ist.

Zu der Frage, was allgemein üblich ist, hat der Bundesgerichtshof die Auffassung vertreten, dass die örtlichen oder regionalen Verhältnisse hierbei zu berücksichtigen sind. Sind $^2/_3$ der Gebäude vergleichbaren Alters bereits in dem Zustand, der angestrebt wird, ist das Kriterium des „allgemein üblichen" erfüllt. (Putzo in: Palandt a. a. O. zu § 541b BGB Rn.17). Modernisierungen, die Maßnahmen zum Inhalt haben, welche weit über das allgemein übliche hinausgehen („Luxusmodernisierungen") sollen damit als nicht wünschenswert im Sinne eines Schutzes der betroffenen Mieter abgegrenzt werden von wünschenswerten Maßnahmen, mit denen lediglich ein Defizit an Standard ausgeglichen werden soll.

Zur ordnungsgemäßen Abwicklung einer Maßnahme ist eine **Ankündigung** des Vermieters an den Mieter vorgesehen.

Die Pflichten des Vermieters zur Ankündigung sind in § 541b Abs.2 BGB wie folgt präzisiert: BGB § 541b Abs.2

Zwei Monate vor Beginn der Maßnahme ist der Mieter über

· die Art,
· den Umfang,

- den Beginn sowie
- die voraussichtliche Dauer und
- die zu erwartende Mieterhöhung

schriftlich zu informieren.

Für den Nachweis des Zuganges der schriftlichen Information ist der Vermieter beweispflichtig. Bei größeren Wohnungsbeständen liegt eine Zustellung durch Boten auf der Hand. Ansonsten dient eine Überbringung im Rahmen eines Informationsgespräches durch den Vermieter selbst bzw. durch seinen Beauftragten der Pflege eines guten, partnerschaftlichen Verhältnisses. Dies ist für die reibungslose Durchführung einer Maßnahme unerlässlich.

Von der „beweissicheren", da risikolosen und sogar relativ kostengünstigen Zustellung durch den Gerichtsvollzieher sollte abgesehen werden. Dieser Weg der Zustellung ist dazu geeignet, das für die Abwicklung einer Maßnahme förderliche und für Mieter und Vermieter wünschenswerte partnerschaftliche Zusammenwirken vom Beginn der Maßnahme an zu belasten.

Reaktionsmöglichkeiten des Mieters auf eine Ankündigung nach § 541b BGB:

Er kann kündigen bis zum Ablauf des Monats, der dem Zugang der Mitteilung folgt.

Beispiel:

> Beweisbarer Zugang der Mitteilung am 17. September des Jahres. Mit Ablauf des Monats Oktober endet dann die Kündigungsfrist.

BGB § 541b Abs.2

Die Auswirkungen einer solchen Kündigung in Folge einer wirksamen Ankündigung regelt § 541b Abs.2 BGB, der besagt, dass die beabsichtigte Maßnahme nach der Kündigung durch den Mieter bis zum Ablauf der Mietzeit zu unterlassen ist.

Im Sinne eines Interessenausgleiches zwischen der wünschenswerten Verbesserung und Modernisierung von Wohnraum bzw. Durchführung von Maßnahmen zur Einsparung von Heizenergie oder Wasser und dem Schutz des betroffenen Mieters, sind die vorgenannten Vorschriften des § 541b Abs.2 BGB nicht anzuwenden, wenn diese „... mit keiner, oder nur mit einer unerheblichen Einwirkung auf die vermieteten Räume verbunden sind, und zu keiner oder nur zu einer unerheblichen Erhöhung des Mietzinses führen".

Diese Maßnahmen werden gemeinhin als **„Bagatellmaßnahmen"** bezeichnet.

Beispiel:

> Der Einbau einer Klingelanlage oder Auswechslung früher gebräuchlicher „Auf/zu"-Heizkörper-Ventile durch Thermostatventile

Hinsichtlich der zu erwartenden Mieterhöhung ist nach herrschender Meinung von einer Bagatellmaßnahme auszugehen, wenn diese 5 % der monatlichen Kaltmiete nicht überschreitet. (Geldmacher in Fischer-Dieskau, Pergande, Schwender: Wohnungsbaurecht zu § 541b BGB mit Urteilsangaben.)

BGB § 541b Abs.3

Aufwendungen, die der Mieter wegen der Maßnahme hatte, sind vom Vermieter in angemessenem Umfang zu ersetzen. Vom Vermieter ist auf Verlangen des Mieters auch ein Vorschuss zu bezahlen.

BGB § 541b Abs.4

Wurden bei einem Mietverhältnis über Wohnraum zum Nachteil des Mieters abweichende Vereinbarungen getroffen, so sind diese unwirksam.

BGB § 542

Weiter regelt § 542 BGB das Recht des Mieters zur **fristlosen Kündigung,** falls ihm der vertragsgemäße Gebrauch der gemieteten Sache ganz oder zum Teil nicht rechtzeitig gewährt oder wieder entzogen wird.

Voraussetzung ist, dass der Mieter dem Vermieter eine angemessene Nachfrist gesetzt hat, die verstrichen ist, ohne dass Abhilfe geschaffen wurde. Falls die Erfüllung des Vertrages allerdings für den Mieter wegen des Kündigungsgrundes nicht mehr interessant ist, ist eine Nachfrist nicht notwendig. Ist jedoch die Hinderung oder Vorenthaltung des Gebrauchs nur unerheblich, ist eine Kündigung nur durch ein besonderes Interesse des Mieters gerechtfertigt. BGB § 542 Abs.2

Falls es zu einer berechtigten fristlosen Kündigung durch den Mieter kommt, ist zu beachten, dass eine vertragliche Vereinbarung zwischen Vermieter und Mieter, die die Rechte des Mieters ausschließt oder einschränkt, bei Mietverhältnissen über gewerbliche Räume möglich, bei Mietverhältnissen über Wohnraum jedoch unwirksam ist. BGB § 543

Der Vermieter hat heute bei seinen Maßnahmen der Bestandspflege und -erhaltung mehr denn je darauf zu achten, dass Baustoffe verwendet werden, die umweltverträglich sind und keine Gesundheitsgefährdung der Mieter nach sich ziehen. Der Mieter hat dann ein Recht zur fristlosen Kündigung, wenn die Wohnung oder ein anderer zum Aufenthalt von Menschen bestimmter Raum so beschaffen ist, dass die Benutzung für ihn mit einer erheblichen Gesundheitsgefährdung verbunden ist. BGB § 544

Dieser Schutz des Mieters geht sogar soweit, dass er ihm auch dann zusteht, wenn er den Gefahr bringenden Zustand bei Abschluss des Mietvertrages kannte. Selbst wenn er auf diesen rechtlichen Schutz ausdrücklich verzichtete, kann er von seinem Schutzrecht Gebrauch machen.

Dem Vermieter ist somit ein hohes Maß an Verantwortung beispielsweise für den Ausschluss der Verwendung von gesundheitsgefährdenden Baustoffen auferlegt. Berücksichtigt man die Vielfalt der Baumaterialien, die auch für den Fachmann in ihrer Zusammensetzung und Vielfalt schwer zu überblicken ist, erwächst hier dem Vermieter ein nicht zu unterschätzendes Risiko für die Vermietbarkeit des Mietobjektes; von weiteren Konsequenzen ganz zu schweigen. Interessante Fragen ergeben sich zum Beispiel bei der Durchführung von Schönheitsreparaturen durch den Mieter. Eine Überprüfung der hierbei verwendeten Farben, Lacke usw. durch den Vermieter scheidet bei realistischer Betrachtungsweise in den meisten Fällen aus. Trotzdem muss davon ausgegangen werden, dass der Vermieter die Konsequenzen zu tragen hat, wenn z. B. der Nachfolgemieter in der betroffenen Wohnung Auswirkungen gesundheitlicher Art einer solchen früheren nicht sachgemäß durchgeführten Schönheitsreparatur zu spüren bekommt und sich auf seine Rechte beruft.

Diese „Altlastenproblematik" steht erst am Anfang ihrer tatsächlichen und rechtlichen Aufarbeitung.

Nachdem der Vermieter, sieht man von den Fällen der routinemäßigen Besichtigung und Kontrolle der Mieträume ab, u. U. nicht wissen kann, wann Instandsetzungen erforderlich sind, ist der Mieter gegenüber dem Vermieter zur Anzeige eines Mangels, der der Instandsetzung bedarf, bzw. wenn eine Vorkehrung zum Schutz der Sache gegen eine nicht vorhergesehene Gefahr erforderlich wird, verpflichtet. BGB § 545

Beispiel:

> Der Mieter stellt fest, dass an der Decke des Bades seiner Wohnung ein nasser Fleck entsteht.

Die Mitteilung gegenüber dem Vermieter muss ohne schuldhaftes Zögern des Mieters erfolgen. Unterlässt er eine solche Anzeige, ist er zum Schadensersatz verpflichtet.

Beispiel:

> Der Mieter im vorgenannten Beispiel stellt den nassen Fleck an der Decke des Bades seiner Wohnung fest. Er fährt in einen vierwöchigen Urlaub, ohne vorher den Vermieter von seiner Beobachtung zu unterrichten. Der Rohrbruch, welcher den nassen

Fleck verursacht hat, und seine Folgen weiten sich aus. Der Mieter macht sich durch seine unterlassene unverzügliche Anzeige hinsichtlich der dadurch eingetretenen Weiterungen schadensersatzpflichtig (s. 5.1.3.6).

BGB § 548 Nachdem, wie oben ausgeführt, der Vermieter die Mietsache im vertragsgemäßen Zustand zu erhalten hat, ist er darüber hinaus auch verpflichtet, Veränderungen oder Verschlechterungen der gemieteten Sache, soweit sie im Rahmen des oder durch den vertragsgemäßen Gebrauch entstehen, zu tragen.

Die Kosten, die dem Vermieter hierfür entstehen, sind im Regelfall in der Miete bereits enthalten.

In der Praxis wird bei Wohnraummietverträgen allerdings häufig ein Teil dieser Verpflichtungen des Vermieters vertraglich auf den Mieter übertragen. Dies trifft insbesondere für die Schönheitsreparaturen und Kleinreparaturen, auch Bagatellschäden genannt, zu.

Bei Geschäfts- bzw. Gewerberaummietverträgen, für die weniger der Gesichtspunkt der Schutzbedürftigkeit des Mieters in Frage kommt, ist eine weitgehende Überwälzung dieser Pflichten des Vermieters auf den Mieter üblich.

- **Verjährung der Ersatzansprüche des Vermieters gegenüber dem Mieter**

BGB § 558 Eine kurze Verjährungsfrist von nur 6 Monaten ist

für den Vermieter
für den Ersatz wegen Veränderungen oder Verschlechterungen der vermieteten Sache

für den Mieter
für Ansprüche aus Verwertungen oder auch Gestattung der Wegnahme einer Einrichtung

zu beachten.

Diese relativ kurze Verjährungsfrist von 6 Monaten beginnt mit der Rückgabe der Mietsache, für Ansprüche des Vermieters, bzw. Beendigung des Mietverhältnisses, für Ansprüche des Mieters. Sie greift beispielsweise auch bei Ansprüchen des Vermieters gegenüber dem Mieter, für die vom Mieter vertraglich übernommenen Verpflichtungen zur Durchführung von Schönheitsreparaturen. Ist vom Mieter eine Kaution zur Sicherstellung für Ansprüche des Vermieters gegenüber dem Mieter wegen der vertraglich übernommenen Verpflichtung zu Schönheitsreparaturen geleistet worden, fällt die „Abrechnung" über diese Kaution bei Auszug des Mieters grundsätzlich auch unter diese kurze Verjährungsfrist.

In der Praxis hat diese Bestimmung, die der raschen endgültigen Abwicklung von Ansprüchen nach Beendigung von Mietverhältnissen dient, eine erhebliche Bedeutung. Verhandlungen über strittige Fragen, die mit dem Zustand der zurückgegebenen Mietsache zusammenhängen, ziehen sich oft in die Länge, auch wenn Fachleute oder Sachverständige eingeschaltet werden.

BGB §§ 208, 209 Es kann daher wichtig werden, die Verjährung zu unterbrechen. Die Verjährung wird jedoch nur durch Anerkenntnis oder gerichtliche Geltendmachung unterbrochen. Der gängigste Fall zur Unterbrechung der Verjährung von Ansprüchen – z. B. wegen vom Mieter vertragswidrig bei Auszug nicht durchgeführter Schönheitsreparaturen – ist durch Mahnbescheid.

Vorsicht ist geboten, wenn in diesem Zusammenhang ein gerichtliches Beweissicherungsverfahren zur Feststellung von Ansprüchen durchgeführt wird. Nach herrschender Meinung unterbricht ein Beweissicherungsverfahren die kurze Verjährungsfrist gemäß § 558 BGB nicht.

Die neue Verjährungsfrist, die nach der Unterbrechung wieder beginnt, ist im Regelfall die vorgenannte kurze Verjährungszeit.

Die Unterbrechung der Verjährung bewirkt, dass die Zeit bis zur Unterbrechung nicht weiter auf die Verjährungsfrist angerechnet wird. Nach Beendigung der Unterbrechung beginnt eine neue Verjährungsfrist. BGB § 217

Von der Unterbrechung der Verjährungsfrist ist die Hemmung deutlich zu unterscheiden.

Im Gegensatz zur Unterbrechung wirkt eine Hemmung wie ein Stillstand der Verjährungsfrist. Die bedeutendsten Fälle, welche die Verjährungsfrist hemmen, sind in der Grundstücks- und Wohnungswirtschaft im Zusammenhang mit der Abwicklung von Schönheitsreparaturen die Stundung, sowie die Verhandlung zwischen Vermieter und Mieter. Nachdem es jedoch zweideutig sein kann, wann über die Ansprüche verhandelt wird, ist es dringend zu empfehlen, im Verhandlungsfall ausdrücklich zu vereinbaren, dass beide Seiten auf die Einrede der Verjährung verzichten. BGB § 202 ff. BGB § 205

5.3.4 Schönheitsreparaturen als Teil der Instandhaltung

Schönheitsreparaturen sind regelmäßig durchzuführende Erhaltungsarbeiten hinsichtlich der normalen Nutzung innerhalb von Mieträumen. Diese obliegen gemäß § 536 BGB dem Vermieter im Rahmen seiner Erhaltungspflicht. Üblicherweise wird jedoch deren Durchführung im Mietvertrag dem Mieter im Rahmen eines Fristenplanes übertragen. Dieser Fristenplan hat die Interessen des Mieters und des Vermieters in einem angemessenen Verhältnis zu berücksichtigen. BGB § 536

Bei Mietverhältnissen über Wohnraum ist im Geltungsbereich der II. Berechnungsverordnung die Beschränkung der Schönheitsreparaturen auf die in der Verordnung ausdrücklich aufgeführten Arbeiten zu beachten. Es liegt eine umfangreiche Rechtsprechung zu Einzelheiten vor.

In Mietverträgen über gewerbliche Räume oder preisfreien Wohnraum wird häufig auf die Regelung im Sinne des § 28 II. BV Bezug genommen und diese frei vereinbart. II. BV § 28

Zu den Schönheitsreparaturen als Teil der Instandhaltung in Wohnungen zählen nach der Verordnung über wohnungswirtschaftliche Berechnungen (Zweite Berechnungsverordnung/II. BV) in der Fassung der Bekanntmachung vom 12. Oktober 1990
§ 28 Abs. 4 … nur
- das Tapezieren, Anstreichen oder Kalken der **Wände** und **Decken,**
- das Streichen der **Fußböden, Heizkörper** einschließlich Heizrohre, der **Innentüren** sowie der **Fenster** und **Außentüren** von innen.

Das „Streichen der Fußböden" ist heute praktisch ohne Bedeutung. Selbst wenn Dielenfußböden vorliegen, sind diese im Regelfall mit einem Bodenbelag belegt. Diese Formulierung umfasst auch nicht das Versiegeln eines vorhandenen Parkettfußbodens.

Nach herrschender Meinung müssen die Schönheitsreparaturen entweder in einer im Mietvertrag festgelegten Art oder so wie bisher ausgeführt werden. Ausnahmen sind möglich: Wenn z. B. bei Erstbezug einer Neubauwohnung mietvertraglich vereinbart wurde, dass der Mieter in den ersten beiden Jahren (wegen der Restbaufeuchte im Mauerwerk) nicht tapezieren darf.

Eine Pflicht, die Schönheitsreparaturen durch Fachfirmen ausführen zu lassen, ist nicht gegeben. Allerdings muss der Vermieter eine schlampige Ausführung nicht hinnehmen. Die Vielfalt der Materialien im Heimwerkerbereich birgt zum Beispiel die

Gefahr, Farben aufzubringen, die nicht zur Verwendung auf vorhandene Farbschichten oder gegebenen Untergrund geeignet sind. Das Erkennen einer solchen problematischen Ausführung von Schönheitsreparaturen mit möglicherweise erheblichen finanziellen Spätfolgen ist auch im Rahmen einer Wohnungsbesichtigung oder Wohnungsübergabe an den Nachmieter nicht einfach.

Beispiele:

> Beim Streichen der Wände und Decken wurde eine Farbe verwendet, die das Entstehen von Schimmelpilzen begünstigt. Vorhandener Schimmelpilz wurde nicht fachgerecht behandelt, sondern nur oberflächlich entfernt und überstrichen.

– Durchführung der Schönheitsreparaturen bei Einzug

Eine Vereinbarung, dass der Mieter bei Einzug eine nicht renovierte Wohnung übernimmt und sich verpflichtet, die Schönheitsreparaturen zum Beginn seiner Mietzeit durchzuführen, ist in der Praxis eher selten.

Der Gesamtverband der Wohnungswirtschaft hat in seinen Verträgen hierzu folgende Vertragsregelung vorgesehen:

Der Mieter hat „... die Schönheitsreparaturen ohne besondere Aufforderung innerhalb von 3 Monaten nach Beginn und danach während des Mietverhältnisses durchzuführen".

Wird eine solche Regelung vereinbart, ist der Mieter nicht verpflichtet bei Auszug weitere Schönheitsreparaturen vorzunehmen, die über diejenigen hinausgehen, welche für die Zeit des bestehenden Mietverhältnisses im Rahmen eines Fristenplanes vereinbart wurden.

– Durchführung der Schönheitsreparaturen bei Auszug

Eine weitaus gängigere Regelung ist die Durchführung der Schönheitsreparaturen bei Auszug. Folgende Vertragsregelung schlägt hierzu der Gesamtverband der Wohnungswirtschaft in seinen Mietverträgen vor:

„Hat der Mieter die Schönheitsreparaturen übernommen, so sind die nach ...(Einfügung Fristenplan) ... fälligen Schönheitsreparaturen rechtzeitig vor Beendigung des Mietverhältnisses nachzuholen".

– Abgrenzungsproblematik bei Durchführung der Schönheitsreparaturen sowohl bei Einzug als auch bei Auszug

In beiden Fällen ist eine Ausgleichszahlung für den gemäß Fristenplan (siehe nachstehend) bereits oder noch nicht durchgeführten Teil der Schönheitsreparaturen vorzusehen, der jedoch einen Zeitraum umfasst, welcher noch nicht oder nicht mehr zur Mietzeit gehört. Ein solcher Ausgleich soll verhindern, dass eine der beteiligten Mietparteien unangemessene Vorteile oder Nachteile erfährt.

Als schwer lösbare Sonderproblematik in beiden Fällen stellt sich die Situation dar, wenn der Zustand der Räume objektiv keine Schönheitsreparaturen erforderlich macht und dennoch eine der beteiligten Parteien deren Ausführung oder einen geldwerten Ausgleich verlangt.

– Durchführung der Schönheitsreparaturen während der Vertragszeit

Eine Übertragung der Schönheitsreparaturen während der Vertragszeit auf den Mieter ist nach Auffassung des BGH auch bei Wohnraummietverhältnissen zulässig. Allerdings sind die Fristen, in denen die Schönheitsreparaturen vom Mieter durchzuführen sind, in einem angemessenen Rahmen zu halten.

Der Gesamtverband der Wohnungswirtschaft schlägt in seinen Vertragsformularen folgende Formulierung vor:

Schönheitsreparaturen sind fachgerecht auszuführen. Die Schönheitsreparaturen umfassen das Anstreichen, Kalken oder Tapezieren der Wände und Decken, das Streichen der Fußböden und den Innenanstrich der Fenster, das Streichen der Türen und der Außentüren von innen sowie der Heizkörper einschließlich der Heizrohre.

Die Schönheitsreparaturen sind spätestens nach Ablauf folgender Zeiträume auszuführen:

in Küchen, Bädern und Duschen	alle drei Jahre,
dabei sind die Innenanstriche der Fenster sowie die Anstriche der Türen, Heizkörper und Heizrohre spätestens alle vier Jahre durchzuführen,	
in Wohn- und Schlafräumen, Fluren, Dielen und Toiletten	alle fünf Jahre,
in anderen Nebenräumen	alle sieben Jahre.

Der Mieter darf nur mit Zustimmung des Wohnungsunternehmens von der bisherigen Ausführungsart abweichen. Er ist für den Umfang der im Laufe der Mietzeit ausgeführten Schönheitsreparaturen beweispflichtig.

Lässt in besonderen Ausnahmefällen der Zustand der Wohnung eine Verlängerung der vereinbarten Fristen zu oder erfordert der Grad der Abnutzung eine Verkürzung, so ist das Wohnungsunternehmen auf Antrag des Mieters verpflichtet, im anderen Falle aber berechtigt, nach billigem Ermessen die Fristen des Planes bezüglich der Durchführung einzelner Schönheitsreparaturen zu verlängern oder zu verkürzen.

Wie klar auch immer die mietvertraglichen Regelungen über die Durchführung der Schönheitsreparaturen sein mögen, so ist deren praktische Anwendung schwierig.

Gründe für das Entstehen von Konflikten:

Die Kosten für die Durchführung von Schönheitsreparaturen sind erheblich.

Das Angebot der Heimwerkerindustrie zur Durchführung im „Do it yourself" – Verfahren ist umfangreich. Notwendig sind jedoch neben dem guten Willen auch Kenntnisse über Materialverträglichkeit, Übung und Erfahrung bei der Verarbeitung. Das Sprichwort vom Meister, der noch nicht vom Himmel gefallen ist, kommt nicht von ungefähr.

Die Interessenlagen des Vermieters, des ausziehenden Mieters und des einziehenden Mieters unterscheiden sich grundlegend.

Wegen der beträchtlichen Kosten der Schönheitsreparaturen oder aber einer eventuellen doppelten Mietenzahlung (für die alte und die neue Wohnung) bei zeitaufwendiger Abwicklung ist die Bereitschaft zur gerichtlichen Auseinandersetzung in Streitfragen gestiegen.

Nur in seltenen Fällen ist der technische und rechtliche Sachverstand bei den Beteiligten gleich.

Die Überwachung der vertragsgemäßen Durchführung von Schönheitsreparaturen in bestehenden Mietverhältnissen im Vollzug eines vereinbarten Fristenplanes ist personal- und damit kostenintensiv.

In wirtschaftlich schlechten Zeiten hat die Durchführung von Schönheitsreparaturen im Vollzug eines vereinbarten Fristenplanes, bei einem zum Sparen gezwungenen Haushalts, u. U. keine hohe Priorität.

Die Durchführung von Schönheitsreparaturen im laufenden Mietverhältnis belastet den Mieter nicht nur finanziell. Dies gilt in besonderem Maße für ältere oder kranke Mieter.

5.3.5 Abgrenzung der Schönheitsreparaturen von den kleinen Instandhaltungen

Im allgemeinen Sprachgebrauch werden „Kleine Instandhaltungen", „Bagatellschäden" und „Kleinreparaturen" häufig gleichbedeutend verwendet.

II. BV § 28 Abs.3 Satz 2

Was unter „Kleine Instandhaltungen" fällt, ist aufgeführt in der Verordnung über wohnungswirtschaftliche Berechnungen.

Die kleinen Instandhaltungen umfassen nur das Beheben kleinerer Schäden an den Installationsgegenständen für Elektrizität, Wasser und Gas, den Heiz- und Kocheinrichtungen, den Fenster- und Türverschlüssen sowie den Verschlussvorrichtungen von Fensterläden.

Kleine **Instandhaltungen** sind nur nach **Anfall** durchzuführen. Nach herrschender Meinung kann der Mieter auch nur zur Übernahme der Kosten der Behebung von Bagatellschäden verpflichtet werden, nicht jedoch zur persönlichen Behebung.

Inwieweit bei **Wohnraummietverhältnissen** „Kleine Instandhaltungen" mietvertraglich dem Mieter übertragen werden können, wirft eine Reihe von Fragen und Problemen auf und war mehrfach Gegenstand von Rechtsentscheiden.

II. BV § 28 Abs.3 Satz 1

Bei preisgebundenen Wohnungen, dem Anwendungsbereich der II. Berechnungsverordnung, sind die Kostenansätze in der Miete zu verringern, d. h. es sind 1,90 DM je Quadratmeter Wohnfläche jährlich bei der Kostenmiete zu kürzen.

Es liegt eine umfangreiche Rechtsprechung vor, in welchem Umfang die Überwälzung der Kosten für die kleinen Reparaturen dem Mieter zugemutet werden kann.

Der Bundesgerichtshof hat im Juni 1989 BGH: VIII ZR 91/88 ausdrücklich zu „Kleinreparaturen" – insbesondere unter Berücksichtigung des AGB-Gesetzes – Stellung genommen. In diesem Zusammenhang hat der Bundesgerichtshof bejaht, dass betragsmäßig „Kleinreparaturen" mit einem Kostenaufwand von etwa 100,– DM auf jeden Fall im Rahmen einer akzeptablen Regelung liegen. Bereits ein Jahr später wurde vom OLG Hamburg: 5U 135/90 im Rahmen einer Berufungsentscheidung ein Betrag von 150,– DM in einem konkreten Fall bestätigt.

Grundsätzlich ist zu einer solchen Übernahme der Kosten der Bagatellschäden durch den Mieter anzumerken, dass sich ein vereinbarter fixer Betrag während der (wünschenswert langen) Vertragslaufzeit durch Inflation, deren Höhe bei Abschluss des Vertrages nicht vorhersehbar ist, möglicherweise bereits nach geraumer Zeit sehr relativiert.

Ein weiteres Problem stellt die betragsmäßige Festlegung der Obergrenze aller vom Mieter zu tragenden Kosten für Bagatellschäden, soweit vereinbart, innerhalb eines Jahres dar. Unter Bezugnahme auf Ausführungen des BGH wird eine Jahresbegrenzung auf 300,– DM bzw. 8 % der Jahresmiete für angemessen erachtet (s. 5.1.3.7). Im Hinblick auf Inflationsauswirkungen ist jedoch bei der Festlegung eines Jahreshöchstbetrages eine prozentuale Anpassung an die Jahresmiete vorzuziehen.

Es sind allerdings auch Formularmuster für Wohnraum-Mietverträge bisher unbeanstandet, die eine Kombination von Einzelfallbetrag max. 150,– DM/6 % der Nettojahresmiete/Jahresgesamtbetrag 400,– DM vorsehen.

Die an sich klare Aussage in § 28 Abs.3 Satz 2 II. BV, darüber, was zu den Bagatellschäden gehört, lässt trotzdem mögliche Abgrenzungsprobleme zu.

Beispiel:

> Gehört das Beseitigen einer Verstopfung des Abflusses der Küchenspüle zu den Bagatellschäden?

Selbst wenn man bei Abschluss eines Mietvertrages auf bereits bisher bewährte Vertragsformulierungen zur Übernahme der Bagatellschäden durch den Mieter zurückgreift, besteht nach wie vor ein beträchtliches Maß an Konfliktmöglichkeiten, die vom Vermieter sorgfältig ins Verhältnis zu den möglichen Einsparungen gesetzt werden sollten.

Eine weitgehende Überwälzungsmöglichkeit der Kosten für die Behebung von Bagatellschäden (ebenso wie der Schönheitsreparaturen und Instandhaltung, Instandsetzung) auf den Mieter besteht (im Rahmen des AGB-Gesetzes) bei **gewerblichen Mietverhältnissen**.

5.3.6 Instandhaltung

„Die Vermietung der Wohnungen ist langfristig nur sicherzustellen, wenn der Werteverzehr infolge der Nutzung durch Instandhaltungsmaßnahmen zumindest ausgeglichen wird." Diese Feststellung des Verbandes der Südwestdeutschen Wohnungswirtschaft e. V. (Die interne Revision, S. 87) ist allenfalls noch dadurch zu ergänzen, dass nicht nur dem Verzehr durch Nutzung, sondern auch dem durch natürliche Alterung sowie durch Witterungseinwirkung hervorgerufenen (entsprechend dem Verständnis des § 28 II. BV) durch Instandhaltungsmaßnahmen gegengesteuert werden muss.

Was unter Instandhaltung zu verstehen ist, wird in der Zweiten Berechnungsverordnung über den Begriff „Instandhaltungskosten" festgelegt: II. BV § 28 Abs.1 Satz 1

Instandhaltungen sind die Maßnahmen, die während der Nutzungsdauer der Erhaltung des bestimmungsgemäßen Gebrauches und zur Beseitigung der durch Abnutzung, Alterung und Witterungseinwirkung entstehenden baulichen und sonstigen Mängel dienen.

Die II. BV unterscheidet allerdings, zumindest teilweise im Rahmen der Kostendefinition, nicht zwischen Instandhaltung und Instandsetzung, so dass der Ansatz der Instandhaltungskosten auch zur Deckung der Kosten von Instandsetzungen dienen soll. II. BV § 28 Abs.1 Satz 2

5.3.6.1 Kosten der Instandhaltung

Die Kosten der Instandhaltung sind als eine der vertraglichen Hauptpflichten gemäß den Bestimmungen der §§ 535 und 536 BGB vom Vermieter zu tragen.

Welche Beträge in der Wirtschaftlichkeitsberechnung hierfür angesetzt werden dürfen, regelt für den **preisgebundenen Wohnraum** § 28 Abs.2 II. BV unter individueller Berücksichtigung der Mietsache, z. B. mit eingebautem Bad, mit eingebauter Dusche, mit Sammelheizung oder mit Aufzug. Außerdem wird darauf abgestellt, ob der Mieter vertraglich die Kostentragung für Bagatellschäden übernommen hat. Ein Aufschlag ist zulässig, falls sich der Vermieter zur Durchführung der Schönheitsreparaturen vertraglich verpflichtet hat – in Abweichung von der Annahme, dass sich hierzu der Mieter vertraglich verpflichtet. II. BV § 28 Abs.2

Im **preisfreien Wohnraum** sind die Kosten für die Instandhaltungen im Rahmen der Kostenkalkulation des Vermieters in der Miete enthalten. Eine Überwälzung der Kosten der Instandhaltung auf den Mieter, z. B. für Schönheitsreparaturen und/oder Bagatellschäden, ist im Rahmen der Bestimmungen des AGB-Gesetzes und der relativ engen Rechtsprechung möglich. Bei einer derartigen Regelung ist jedoch ein möglicher Konflikt, z. B. bei der Berücksichtigung von Mietobergrenzen im Hinblick auf mit § 5 Wirtschaftsstrafgesetz (WiStG), zu beachten.

Bei **gewerblichen Mietverhältnissen** ist eine weitgehende vertragliche Überwälzung der Instandhaltung auf den Mieter im Rahmen von Individualverträgen bis zur „Instandhaltung an Dach und Fach" möglich. Diese Vereinbarung bedeutet, dass der Mieter auch für die Erhaltung der Dachsubstanz und der tragenden Gebäudeteile zu sorgen hat. Diese in früheren gewerblichen Mietverträgen häufig verwendete Formulierung stößt heute auf Bedenken im Hinblick auf § 9 AGB-Gesetz.

5.3.6.2 Planung, Organisation und Durchführung der Instandhaltung

Bei der Organisation der Durchführung der Instandhaltung sind in erster Linie Koordinierungsaufgaben zu lösen.

Es ist eine optimale Abstimmung zwischen technischen Anforderungen, finanziellen Möglichkeiten und Anforderungen aus dem Gesichtspunkt der Vermietung vorzunehmen.

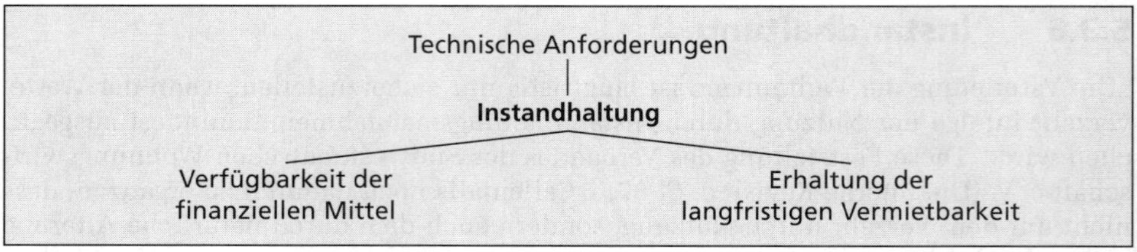

Es empfiehlt sich, **„Instandhaltungsstrategien“** zu entwickeln. Dabei handelt es sich um Regeln, die angeben, zu welchem Zeitpunkt welche Maßnahmen in welcher Weise an welchen Objekten durchgeführt werden.

Diese Strategien sind dann umzusetzen in konkrete **Instandhaltungspläne.**

In Instandhaltungsplänen werden periodisch wiederkehrende Instandhaltungsarbeiten auf der Grundlage von Erfahrungswerten erfasst.

Beispiele:

> Wiederkehrender Pflegeanstrich von lackierten Holzfenstern, in drei- bis spätestens fünfjährigem Rhythmus, je nach Ausrichtung zur Wetterseite.
>
> Jährliches Überprüfen und Schmieren von Garagenschwingtoren.

Teilweise kann auch auf bestehende Vorschriften zurückgegriffen werden, insbesondere bei technischen Anlagen, die besonderen Sicherheitsanforderungen und -vorschriften unterliegen.

Beispiel:

> Instandhaltungs(Wartungs)pläne für Aufzugsanlagen.

Die Instandhaltungspläne sind eine wichtige Grundlage für die Finanzplanung zur Verwendung der pauschaliert kalkulierten und im Rahmen der Miete eingenommenen Instandhaltungskosten. Sie sind einer laufenden Korrektur zu unterwerfen. Dabei ist ein laufender Vergleich des Soll- und Ist-Zustandes durchzuführen. Vorbeugende Maßnahmen zur Bekämpfung von bereits im Ansatz erkennbaren, sich ausweitenden technischen Schäden etc. sind zu berücksichtigen.

Besondere Beachtung verdient im Rahmen der Instandhaltungsplanung der Einfluss der Instandhaltung auf die Vermietbarkeit. Der Erhaltungszustand des Mietobjektes steht in direktem Zusammenhang mit den Möglichkeiten der Vermietung. Dies wird besonders deutlich zu Zeiten, in denen eine ausgeglichene Marktsituation für ein bestimmtes Mietobjekt vorliegt.

Obwohl den üblichen Marktmechanismen des freien Wohnungsmarktes entzogen, trifft dies in veränderter Form auch für den preisgebundenen öffentlich geförderten Wohnraum zu. Nach Ablauf einer zusätzlichen „Anfangssubvention“ in Form von Aufwendungszuschüssen, i. d. R. nach 10–12 Jahren, haben die Wohnungen eines solchen Objektes ihren relativ betrachtet höchsten Mietstand erreicht. Zu diesem Zeitpunkt entspricht jedoch regelmäßig der Instandhaltungszustand nicht mehr dem eines Neubaus.

Der Wohnungssuchende wird deshalb, falls er die Wahl hat, eine relativ preisgünstigere öffentlich geförderte Wohnung jüngeren Baujahres vorziehen.

Die Planung der Instandhaltung beginnt in idealer und sinnvoller Weise mit Fertigstellung eines Neubau-Objektes bzw. dessen Erwerb. Sie muss die kurz-, mittel- und langfristigen Maßnahmen erfassen und diese noch unterteilen in periodische und aperiodische.

Beispiel:

Treppenhausanstrich:

kurzfristig: jährlich periodische Ausbesserung von Verschmutzung, Beschmierung, Beschädigungen durch Umzüge usw.

mittelfristig: Neuanstrich von Teilbereichen, die einer besonderen Beanspruchung unterliegen, wie z. B. Erdgeschoss, Eingangsbereich, Türbereiche bei Aufzügen in den Geschossen usw.

langfristig: periodischer, vollständiger Neuanstrich alle 8–12 Jahre; aperiodische Anpassung an veränderte Trends, z. B. neuer Rauputz

Die Instandhaltungspläne für die einzelnen Objekte sind in einer Gesamtplanung für alle Objekte zusammenzufassen. Diese Gesamtplanung ist in Übereinstimmung mit den vorhandenen oder zu beschaffenden Finanzmitteln zu bringen und in eine vorausschauende verbindliche Jahresplanung überzuführen.

Zugrunde gelegt werden kann eine „fiskalische Betrachtungsweise", d. h. alle für diesen bestimmten Zweck eingehenden Mittel werden in einen Topf eingebracht, aus dem die Kosten der Instandhaltung insgesamt bedient werden oder aber eine Orientierung am Einzelobjekt (eingenommene Mittel werden auf das bestimmte Objekt verwendet). Es ist strittig, welche Methode vorzuziehen ist. Die Anwendung der „fiskalischen Betrachtungsweise" kann jedoch nur dann erfolgreich sein, wenn die kalkulierten und im Rahmen der Miete eingenommenen Beträge tatsächlich auch dem späteren Kostenanfall entsprechen. Ansonsten verschiebt sich zwangsläufig in der Gesamtbetrachtung eines Unternehmens der Grundstücks- und Wohnungswirtschaft die Verwendung der angesammelten Instandhaltungskosten zum Nachteil eines Teiles des Immobilienbestandes.

Wegen der komplexen Problematik bedarf es auch einer laufenden sorgfältigen Kostenüberwachung. In beispielsweise quartalsmäßig durchgeführten Koordinierungsbesprechungen aller im Unternehmen an diesem Tätigkeitsbereich Beteiligten werden die Kosten den veränderten Entwicklungen angepasst.

Eine Kostenkontrolle ist auch nur möglich, wenn sämtliche kostenverursachenden Aufträge, sei es an Handwerksbetriebe oder an eigene Regiebetriebe oder -abteilungen, aber auch an Hausmeister, kostenmäßig bereits bei der Auftragserteilung bewertet werden. Dies kann in Form von „Schätzwerten" erfolgen. Es muss sichergestellt sein, dass sie revidiert werden, sobald erkennbar ist, dass sie von einem vorher festgelegten Prozentsatz abweichen werden. Ohne derartige organisatorische Vorkehrungen ist allenfalls eine ordnungsgemäße Verwaltung von einzelnen, kleinen Immobilienobjekten denkbar, bei denen die Kostenentwicklung unmittelbar auch ohne Organisationsrahmen überblickt werden kann.

Eine zeitnahe Bearbeitung ist, zumindest bei größeren Immobilienverwaltungen, ohne Computerunterstützung schwerlich vorstellbar. Dies gilt umso mehr, als die Kosten- und Abwicklungskontrolle selbstverständlich auch die Vielzahl der kleinen Instandhaltungen umfassen muss.

Verschiedene systematische Ansätze zur Organisation und Durchführung der Instandhaltung sind möglich, z. B. bezogen auf:

- einzelne Wohnungen bzw. Gewerbeeinheiten (z. B. bei Mieterwechsel);
- gesamte Immobilienobjekte;
- ganze Wohn- und Gewerbeviertel;

– die je Einheit im Rahmen von Instandhaltungskostenpauschalen vereinnahmten bzw. angesammelten Beträge;
– den jeweiligen Instandhaltungsanfall;
– Einzelvorgänge, wie z. B. nicht vermietbar ohne vorherige Instandhaltung oder Mieterwechsel.

5.3.6.3 Instandhaltung als technischer Oberbegriff von Wartung, Inspektion und Instandsetzung

Unter dem Oberbegriff „Instandhaltung“ wurden im Rahmen der DIN 31 051 (DIN = Deutsches Institut für Normung) Festlegungen getroffen. „Die Festlegungen sollen dazu dienen, die Bedeutung der bisher mit sehr unterschiedlichen Begriffsinhalten verwendeten Benennungen zu vereinheitlichen und damit die Verständigung in diesem Bereich zu verbessern“. (DIN 31 051 Anwendungsbereich)

Weiterhin sind in diesen DIN-Normen Begriffe und Maßnahmen festgelegt, die für die Arbeit der Instandhaltung von Bedeutung sind. Insbesondere galt es, das Fachgebiet zu strukturieren und zu gliedern. In diesem Sinne wurde Instandhaltung als umfassender Oberbegriff definiert, der lückenlos in die drei Bereiche Wartung, Inspektion und Instandsetzung unterteilt werden kann.

Die Begriffe und Maßnahmen wurden wie folgt (Auszug) festgelegt:

– **Instandhaltung**

Maßnahmen zur Bewahrung und Wiederherstellung des Sollzustandes sowie zur Feststellung und Beurteilung des Istzustandes von technischen Mitteln eines Systems.

Die Maßnahmen beinhalten: Wartung – Inspektion – Instandsetzung.

Sie schließen ein:

– Abstimmung der Instandhaltungsziele mit den Unternehmenszielen
– Festlegung entsprechender Instandhaltungsstrategien.

Anmerkung: Die vier Grundbegriffe Instandhaltung, Wartung, Inspektion und Instandsetzung umfassen jeweils die Gesamtheit aller Maßnahmen, die für die Instandhaltung der technischen Mittel eines Systems (Anlage bzw. Anlagenteile) innerhalb eines Unternehmens (innerbetrieblich) erforderlich sind.

• **Wartung**

Maßnahmen zur Bewahrung des Sollzustandes von technischen Mitteln eines Systems.

Diese Maßnahmen beinhalten: Erstellen eines Wartungsplanes – Vorbereitung – Durchführung – Rückmeldung.

• **Inspektion**

Maßnahmen zur Festlegung und Beurteilung des Istzustandes von technischen Mitteln eines Systems.

Diese Maßnahmen beinhalten: Erstellen eines Planes – Vorbereitung – Durchführung – Vorlage – Auswertung – Ableitung der notwendigen Konsequenzen.

• **Instandsetzung**

Maßnahmen zur Wiederherstellung des Sollzustandes von technischen Mitteln eines Systems.

Diese Maßnahmen beinhalten: Auftrag – Planung – Entscheidung – Vorbereitung – Vorwegmaßnahmen – Überprüfung – Durchführung – Funktionsprüfung – Fertigmeldung – Auswertung.

5.3.7 Instandsetzung

Während Instandhaltung regelmäßig im Zusammenhang mit Maßnahmen steht, die der Erhaltung des bestimmungsgemäßen Gebrauches dienen, wird unter **Instandsetzung** die **Behebung bereits eingetretener Mängel** verstanden.

Das Baugesetzbuch bringt in § 177 eine Definition von Instandsetzung. Der Gesetzgeber bezeichnet hier die Tatbestände, die eine Instandsetzung notwendig machen, als „Mängel", im Gegensatz zu „Missständen", die durch Modernisierung zu beseitigen sind. BauGB § 177

Instandsetzung sind danach Maßnahmen, die Mängel infolge von Abnutzung, Alterung, Witterungseinflüssen oder Einwirkungen Dritter beheben. Weitere Voraussetzungen sind die erhebliche Beeinträchtigung der bestimmungsgemäßen Nutzung der Anlage bzw. die erhebliche Beeinträchtigung des Straßen- oder Ortsbildes oder die Erneuerungsbedürftigkeit einer wegen ihrer städtebaulichen, insbesondere geschichtlichen oder künstlerischen Bedeutung erhaltungswürdigen Anlage.

Diese Definition von Instandsetzung stellt u. a. auf die erhebliche Beeinträchtigung ab, im Gegensatz zu der Definition im zwischenzeitlich aufgehobenen § 3 des Modernisierungs- und Energieeinsparungsgesetzes. Dort wurde jedoch der Instandsetzungsbegriff auch auf Maßnahmen ausgedehnt, die sich auf Gebäudeteile beziehen, welche sich außerhalb der Wohnung befinden, auf zugehörige Nebengebäude und sogar auf das Grundstück und dessen unmittelbare Umgebung, lediglich mit der Einschränkung, dass die Maßnahmen den Wohnungen zugute kommen müssen.

5.3.7.1 Kosten der Instandsetzungsmaßnahmen

Die Kosten für Instandsetzungsmaßnahmen bei Wohnraummietverhältnissen trägt, abgesehen von Bagatellschäden, in der Regel der Vermieter.

Eine Überwälzung der Kosten von Instandsetzungsmaßnahmen bei gewerblichen Mietverhältnissen ist jedoch auf die Behebung der Schäden beschränkt, die durch Verschleiß oder den Mietgebrauch entstanden sind. Nicht jedoch auf Schäden durch höhere Gewalt oder rechtswidrigen Eingriff Dritter.

Beispiel:

Schäden durch Hochwasser.

Was für die organisatorischen Vorkehrungen zur Erfassung und Abwicklung der Instandhaltungsmaßnahmen ausgeführt wurde, gilt auch in vollem Umfang für die Instandsetzungsmaßnahmen.

Zusätzlicher Organisationsbedarf ist jedoch notwendig, um sicherzustellen, dass Instandsetzungsmaßnahmen, die gleichzeitig als Schadensfälle versichert sind, als solche erkannt werden und nicht im Ablauf der allgemeinen Instandsetzungsarbeiten untergehen. Dies erfordert u. a. einen ausreichenden Kenntnisstand über die bestehenden Versicherungen und deren Anwendung bei denjenigen Mitarbeitern, welche die Instandsetzungsarbeiten erfassen und abwickeln. Diesem Tätigkeitsbereich in wohnungswirtschaftlichen Unternehmen ist besondere Aufmerksamkeit durch die interne Revision zuzuwenden. Werden hier durch Versicherungen gedeckte Schadensfälle nicht erkannt und als reguläre Instandsetzung behandelt, entsteht dem Unternehmen ein Schaden.

Beispiel:

Behebung von Durchnässungsschäden infolge eines Rohrbruches; Auswechslung eines durch Frost beschädigten Heizkörpers

Weitere organisatorische Vorsorge ist zum Erkennen und Erfassen von Vorgängen zu treffen, für die ein Kostenersatzanspruch besteht.

Beispiel:

Ein beschädigtes Waschbecken muss ausgewechselt werden. Der Schaden ist durch mutwillige Beschädigung durch den Mieter entstanden.

5.3.8 Modernisierung

Verschiedene Gesetze mit Verordnungen beschreiben, was in ihrem Sinne unter Modernisierung zu verstehen ist. Eine einheitliche inhaltliche Bestimmung gibt es jedoch nicht.

BGB § 541b So verwendet das BGB den Begriff Modernisierung nicht ausdrücklich, beschreibt ihn jedoch inhaltlich mit „Maßnahmen zur Verbesserung der gemieteten Räume oder sonstiger Gebäudeteile".

ModEnG § 3 Abs.1 Das ModEnG enthielt folgende Aufzählung, die, obwohl inzwischen aufgehoben, nach wie vor zur Definition herangezogen wird:

Die Verbesserung von Wohnungen durch bauliche Maßnahmen, die den Gebrauchswert der Wohnungen nachhaltig erhöhen oder die allgemeinen Wohnverhältnisse auf die Dauer verbessern; Heizenergiesparende bauliche Maßnahmen mit nachhaltigem Charakter zählen ebenfalls zur Modernisierung, ebenso Maßnahmen zur Verbesserung der Wasserversorgung und der Entwässerung.

MHG § 3 Das MHG versteht unter „Modernisierung" bauliche Maßnahmen des Vermieters, die den Gebrauchswert der Mietsache nachhaltig erhöhen, die allgemeinen Wohnverhältnisse auf die Dauer verbessern oder nachhaltig die Einsparung von Heizenergie sowie die Einsparung von Wasser bewirken.

II. BV § 11 Abs.6 Nach der II. BV versteht man unter Modernisierung bauliche Maßnahmen, die den Gebrauchswert des Wohnraumes nachhaltig erhöhen, die allgemeinen Wohnverhältnisse auf die Dauer verbessern oder nachhaltig Einsparung von Heizenergie oder Wasser bewirken (entspricht § 3 MHG) sowie darüber hinaus Maßnahmen zum Ausbau und Anbau im Sinne des § 17 Abs. 1 Satz 2 und Abs. 2 des Zweiten Wohnungsbaugesetzes, soweit die baulichen Maßnahmen den Gebrauchswert der bestehenden Wohnungen nachhaltig erhöhen.

BauGB § 177 Das BauGB stellt hinsichtlich „Modernisierung" auf das Vorliegen von Missständen ab, die eine bauliche Anlage nach ihrer inneren und äußeren Beschaffenheit aufweist, insbesondere, wenn die bauliche Anlage nicht den allgemeinen Anforderungen an gesunde Wohn- und Arbeitsverhältnisse entspricht.

5.3.8.1 Organisation und Ablauf einer Modernisierungsmaßnahme

Wichtigste Elemente einer ordnungsgemäßen Planung der Organisation und des Ablaufes einer Modernisierungsmaßnahme sind:

- die sorgfältige Vorbereitung;
- die notwendige Koordinierung zwischen technischen, kaufmännischen, sozialen und rechtlichen Gesichtspunkten;
- die laufende Überprüfung des Soll-Ist-Zustandes während der Durchführung der Maßnahme;
- die offene und regelmäßige Information der betroffenen Mieter vor und während der Maßnahme, auch über mögliche Änderungen, die sich während der Abwicklung der Maßnahme ergeben.

Die Ankündigungspflicht für den Vermieter, die Reaktionsmöglichkeiten des Mieters auf eine Ankündigung, die Duldungspflicht des Mieters und die Mieterhöhung ergeben sich aus den einschlägigen Bestimmungen des BGB sowie des Miethöhegesetzes. Bei preisgebundenem Wohnraum sind die Bestimmungen des Wohnungsbindungsgesetzes zu beachten.

Ablauf einer Modernisierungsmaßnahme

Feststellung des Modernisierungsbedarfs

– in technischer Hinsicht	durch eine Feinanalyse der einzelnen Mieteinheit (Prüfung evtl. bereits erfolgter Mietermodernisierung), im Regelfall durch Fachleute
– in sozialer Hinsicht	durch Analyse der Sozialstruktur bzw. Befragung der betroffenen Mieter
	durch Ermittlung der „sozialverträglichen Obergrenze" einer zu erwartenden Mieterhöhung
	durch Ermittlung der Mitwirkungsbereitschaft, -fähigkeit der betroffenen Mieter
– in kaufmännischer Hinsicht	durch Ermittlung des Finanzierungsbedarfs
	durch Beschaffung von Fördermitteln
	durch Klärung der Konditionen der Fremdfinanzierungsmittel
	durch Ermittlung des Eigenkapitalbedarfs
	Erstellung eines Finanzmittelbedarfs unter Berücksichtigung und in Abstimmung mit dem Bauzeitenplan
– unter Berücksichtigung der Marktsituation	Analyse der gegenwärtigen und zukünftigen Marktentwicklung
	Strukturanalyse der betroffenen Mieter

Unternehmerische Entscheidung

Zur Durchführung der Modernisierungs-Maßnahme nach Abwägung der gewonnenen Informationen in sozialer, kaufmännischer, technischer Hinsicht und der Marktsituation mit den rechtlichen Möglichkeiten und Auswirkungen unter besonderer Berücksichtigung der steuerlichen Aspekte

Erforderliche Vermieteraktivitäten

Geschäftsraum-Mietverhältnisse	preisfreie Wohnraummietverhältnisse	preisgebundene Wohnraummietverhältnisse
– **Einverständnis** mit dem Mieter im Verhandlungswege herbeiführen, insoweit im Mietvertrag nicht ausdrücklich geregelt	**Einverständnis** des Mieters Prüfung der Zumutbarkeit nach § 541b BGB	**Zustimmung** der Bewilligungsstelle zu der beabsichtigten Maßnahme (§ 11 Abs.7 II. BV) einholen Neue Wirtschaftlichkeitsberechnung Prüfung der Zumutbarkeit nach § 541b BGB

– **Zeitpunkt der Ankündigung**		
§ 541b Abs.2, S.1 BGB	§ 541b Abs.2, S.1 BGB	§ 541b Abs.2, S.1 BGB
2 Monate vor Durchführung der Maßnahme Fristberechnung unter Beachtung von §§ 187,188 BGB schriftliche Ankündigung über – Art – Umfang – voraussichtliche Dauer – zu erwartende Mieterhöhung	2 Monate vor Durchführung der Maßnahme Fristberechnung unter Beachtung von §§ 187,188 BGB schriftliche Ankündigung über – Art – Umfang – voraussichtliche Dauer – zu erwartende Mieterhöhung § 3 Abs.2 MHG „Sollvorschrift“	2 Monate vor Durchführung der Maßnahme Fristberechnung unter Beachtung von §§ 187,188 BGB schriftliche Ankündigung über – Art – Umfang – voraussichtliche Dauer – zu erwartende Mieterhöhung
	angemessene Zeit vorher: – keine Formvorschrift – voraussichtliche Höhe der Kosten – voraussichtliche Mieterhöhung	
Folge, wenn nicht:	Folge, wenn nicht:	
Verfahren neu durchführen	Mieterhöhung erst 6 Monate später (§ 3 Abs.4 MHG)	
Sonderkündigungsrecht	Sonderkündigungsrecht erst im Zusammenhang mit der Mieterhöhung	
– **Kosten der Modernisierung**		
vertraglich regelbar, welche Kosten anrechenbar	Kosten und Baunebenkosten, die für die Modernisierung erforderlich waren Hilfsweise §§ 5 bis 10 II. BV (teilweise jedoch ohne Kostenansätze mit kalkulatorischem Charakter)	nur tatsächlich von Bewilligungsstelle anerkannte Kosten Bewilligung von Mitteln aus öffentlichen Haushalten ist dem gleichzusetzen
	Rahmen: wirtschaftlich vernünftig	
	keine Instandsetzungsmaßnahmen	
– **Mieterhöhung**		
muss vertraglich geregelt sein	nach Abschluss: 11 % der für die Wohnung aufgewendeten anrechnungsfähigen Kosten (gem. § 3 Abs.1 MHG); zu beachten: welche Kürzungen vorzunehmen sind	im Rahmen der von den Bewilligungsstellen anerkannten Wirtschaftlichkeitsberechnung, falls nicht ausdrücklich ausgeschlossen.

		Die Erhöhungserklärung hat den Erfordernissen des § 10 WoBindG zu genügen: – Schriftform – Berechnung – Erläuterung – Beifügung der Wirtschaftlichkeitsberechnung bzw. Auszug davon
– **Beginn der Mieterhöhung**		
wie vertraglich vereinbart	Beginn der Mieterhöhung: a) von Beginn des auf die Erklärung folgenden übernächsten Monats, wenn die Ankündigung gemäß § 541b BGB (s. o.) erfolgte	Erhält der Mieter eine ordnungsgemäße schriftliche Mieterhöhung, muss er die erhöhte Miete vom übernächsten Monat an bezahlen. Geht die Mieterhöhung z. B. im Verlaufe des Mai beim Mieter ein (5. 5. oder 20. 5.), ist sie erstmals mit der Juli-Miete zu zahlen.
	b) ist eine Ankündigung gemäß § 541b BGB erfolgt, jedoch die tatsächliche Mieterhöhung um mehr als 10 % höher als die gemäß § 541b Abs.2 BGB gemachte Mitteilung, verlängert sich die Frist um 6 Monate und beträgt somit insgesamt 7 Monate	wurde die Erklärung vor dem Zeitpunkt abgegeben, von dem an das erhöhte Entgelt nach den dafür maßgebenden Vorschriften zulässig ist, dann wird sie frühestens ab diesem Zeitpunkt wirksam
	c) dieselbe lange Frist von 7 Monaten gilt, wenn keine oder keine wirksame Ankündigung gemäß § 541b Abs.2 BGB erfolgte, wenn z. B. bei der Ankündigung überhaupt kein Mieterhöhungsbetrag mitgeteilt wurde	Rückwirkung möglich, wenn mietvertraglich vereinbart, die Bewilligungsstelle zugestimmt hat und weitere Voraussetzungen vorliegen

- **Sonderkündigungsrecht des Mieters ist gem. § 541b Abs.2 Satz 2 BGB zu beachten, und zwar:**
  – bis zum Ablauf des Monats, der auf den Zugang der Mitteilung folgt
  – für den Ablauf des nächsten Monats (§ 130 BGB beachten)

jedoch vertraglich abdingbar bei Individualverträgen (bei Formularverträgen strittig)	weiteres Sonderkündigungsrecht nach § 9 Abs.1 MHG	weiteres Sonderkündigungsrecht nach § 11 WoBindG nicht abdingbar

- Eine **Unterlassungspflicht des Vermieters** zur Durchführung der Maßnahmen besteht nach § 541b Abs.2 Satz 3 BGB bis zum Ablauf der Mietzeit, wenn der Mieter wirksam und fristgerecht gekündigt hat.
- **Bagatellmaßnahmen** gem. § 541b Abs.2 Satz 4 BGB unterliegen weder der Mitteilungspflicht des Vermieters noch lösen sie ein Kündigungsrecht des Mieters aus.

5.3.8.2 Mietermodernisierung

Die Modernisierung durch den Mieter selbst gewinnt zunehmend an Bedeutung. Sie greift insbesondere dort, wo der Vermieter, aus welchem Grund auch immer, nicht modernisiert.

Der Mieter kann hierfür Bausparmittel prämienunschädlich gem. dem Wohnungsbauprämiengesetz (WoPG) einsetzen.

Empfehlenswert ist der Abschluss einer Vereinbarung zwischen Mieter und Vermieter vor Beginn der Mietermodernisierung.

Hinzuweisen ist auf die vorliegende Mustervereinbarung des Bundesministers der Justiz.

Rechtsfolgen für den Mieter:
– Er bleibt Eigentümer der von ihm durch Modernisierungsmaßnahmen geschaffenen Verbesserungen;
– er muss diese Verbesserungen instandhalten und instandsetzen;
– hierdurch dürfen Mitbewohner nicht beeinträchtigt werden;
– er muss die Betriebskosten, die dadurch anfallen, tragen.

Rechtsfolgen für den Vermieter:
– Er darf für die vom Mieter vorgenommene Modernisierung keine Mieterhöhung nach § 2 des Gesetzes zur Regelung der Miethöhe verlangen (Näheres siehe Mustervereinbarung);
– das ordentliche Kündigungsrecht wird vom Grundsatz her nicht ausgeschlossen;
– es entsteht keine Übernahmepflicht der Modernisierungsmaßnahme durch den Vermieter. Bei Beendigung des Mietverhältnisses hat er ein Recht zur Übernahme mit der Folge einer Entschädigungspflicht gem. § 547a Abs.2 BGB.

5.3.8.3 Energieeinsparung

Mit der teilweise drastischen Erhöhung der Energiepreise haben Maßnahmen zur Energieeinsparung große Bedeutung für die Wohnungswirtschaft gewonnen. Die Verknappung von Primärenergie sowie ökologische Überlegungen sind weitere Argumente für energiesparende Maßnahmen.

MHG § 3

Energieeinsparung ist immer Modernisierung. So wird zum Beispiel in § 3 des Miethöhegesetzes für den preisfreien Wohnraum die nachhaltige Einsparung von Heizenergie durch bauliche Maßnahmen ausdrücklich als Modernisierung gekennzeichnet.

II. BV § 16 Abs.6

Gleiches ist für den preisgebundenen Wohnraum in § 16 Abs.6 II. BV geregelt. Auch hier sind bauliche Maßnahmen, die eine nachhaltige Einsparung von Heizenergie bewirken, ausdrücklich Modernisierung.

Zusammengefasst ergeben sich folgende Kriterien für Energieeinsparung:
– Es müssen bauliche Maßnahmen vorliegen, die eine nachhaltige Einsparung von Heizenergie oder Wasser bewirken.

Einen Katalog für energiesparende Maßnahmen enthielt der frühere, zwischenzeitlich aufgehobene § 4 ModEnG.

Dort wurden als nachhaltig energiesparende Maßnahmen insbesondere folgende baulichen Maßnahmen aufgezählt:

- wesentliche Verbesserung der Wärmedämmung von Fenstern, Außentüren, Außenwänden, Dächern, Kellerdecken und obersten Geschossdecken;

- wesentliche Verminderungen des Energieverlustes und des Energieverbrauches der zentralen Heizungs- und Warmwasseranlagen;
- Änderung von zentralen Heizungs- und Warmwasseranlagen innerhalb des Gebäudes für den Anschluss an die Fernwärmeversorgung, die überwiegend aus Anlagen der Kraft-Wärme-Kopplung, zur Verbrennung von Müll oder zur Verwertung von Abwärme gespeist wird;
- Rückgewinnung von Wärme.
- Nutzung von Energie durch Wärmepumpen- und Solaranlagen.

Zu den Maßnahmen zur Energieeinsparung aufgrund wirtschaftlicher Überlegungen der Gebäudeeigentümer treten zunehmend verschärfte rechtliche Bestimmungen. Das Gesetz zur Einsparung von Energie in Gebäuden (Energieeinsparungsgesetz-EnEG) vom 22. Juli 1976 i. d. F. v. 20 Juni 1980 ermächtigt die Bundesregierung durch Rechtsverordnung (mit Zustimmung des Bundesrates) vorzuschreiben, wie Energieverluste vermieden werden können. Im Vollzug dieser Ermächtigung zeichnen sich für die Zukunft verschärfte rechtliche Bestimmungen ab.

5.3.9 Abgrenzung von Instandhaltung und Instandsetzung zur Modernisierung

Im Rahmen von Modernisierungsmaßnahmen werden häufig auch Instandsetzungen durchgeführt. Teilweise beinhalten Modernisierungsmaßnahmen auch anteilige Instandhaltungsmaßnahmen.

Beispiele:

Es werden vorhandene einfache Holzfenster gegen isolierverglaste neue Fenster ausgewechselt.
Ein schadhafter Außenputz wird durch einen Wärmedämmputz ersetzt.
Der Anstrich des Treppenhauses wird nach 20 Jahren erstmalig erneuert, gleichzeitig mit der Erneuerung und Verstärkung der Elektroleitungen.

Eine Abgrenzung ist, insbesondere im Hinblick auf eine Mieterhöhung, nach § 3 MHG manchmal nicht einfach. Das Mieterhöhungsbegehren des Vermieters muss deutlich erkennen lasen, welche Maßnahmen bzw. auch welchen Anteil einer Maßnahme er für werterhöhend einstuft; oder wo lediglich eine fällige oder aufgeschobene Instandhaltung und/oder Instandsetzung „miterledigt“ wurde. MHG § 3

Die praktische Durchführung einer Abgrenzung und Zuordnung der Kosten ist nur in seltenen Fällen problemlos. Möglicherweise werden im Zuge der Modernisierungsarbeiten noch gebrauchsfähige Teile ausgebaut und nicht mehr verwendet. Andererseits können auch aufgestaute Instandsetzungsarbeiten mit der Modernisierung durchgeführt werden.

Kostenvoranschläge für alternative Ausführungen können bei der Abgrenzung zugrunde gelegt werden, soweit sie entweder speziell den gegebenen Vorgang oder zeitnah eingeholt wurden und einen vergleichbaren Vorgang betreffen.

Beispiel:

- Kostenvoranschlag für die Instandsetzung eines schadhaften 3lagigen Putzes mit allen Nebenarbeiten als Alternative für einen Wärmedämmputz.
- Kosten für die Reparaturen von einfachen Wohnungseingangstüren mit einfachen Türschlössern als Kostenvergleich bei der Auswechslung durch neue Wohnungseingangstüren mit Sicherheitsschlössern.

Sind keine Kostenvoranschläge erhältlich, kann auch auf Gutachten von Sachverständigen zurückgegriffen werden. Regelmäßig sind diese jedoch kostspieliger als Kostenvoranschläge. Ob die Kosten der Alternativberechnungen, z. B. die Sachverständigenkosten, in die Mieterhöhung mit einbezogen werden können, ist strittig und vom Einzelfall abhängig.

Werden für die Modernisierung öffentliche Fördermittel eingesetzt, sehen die Richtlinien der (Länder-)Förderprogramme bereits im Förderantrag eine Abgrenzung vor.

Die Bewilligungsstelle sorgt auch für die Prüfung, ob die Abgrenzung ordnungsgemäß durchgeführt wurde. Mieterhöhungen nach Modernisierungen mit öffentlicher Förderung, sowohl bei Wohnungen, die bereits preisgebunden sind oder durch die Modernisierungsförderung werden, sind somit behördlich bereits geprüft.

5.3.10 Die städtebauliche Sanierung

5.3.10.1 Die Ausgangssituation

Sie gehen durch eine Stadt und kommen plötzlich in ein Viertel, in dem die Häuser sich von dem bisher gewohnten Anblick unterscheiden. Hier stehen überwiegend sehr alte Mietwohnhäuser, teilweise noch aus dem 19. Jahrhundert. An den Fassaden fehlt teilweise der Putz, von den Balkonen ragen teilweise nur noch die Eisenträger aus dem Mauerwerk. Die Fenster haben offenbar seit Jahrzehnten keine Farbe mehr gesehen.

Sie betrachten eine interessant aussehende Hauseingangstür aus Holz. Im Neuzustand könnte sie Ihnen sicher gefallen. Das dicke Holz enthält Profile, die geförmte Türklinke aus Schmiedeeisen würde heutzutage an keinem Mietwohnhaus angebracht werden. Leider sieht auch diese Tür stark vernachlässigt aus. Auch hier fehlt die Farbe, alle Eisenteile sind verrostet.

Sie fassen sich ein Herz und gehen durch den muffig riechenden Hausflur auf den asphaltierten Hinterhof. Er ist sehr klein und deshalb schattig. Während Ihnen auf der Straße in der Sonne warm war, beginnen Sie hier leicht zu frösteln. Keine Pflanze wächst hier. Die Müllmänner wechseln gerade lautstark die Mülltonnen aus. Ascheaub entweicht den Tonnen und bedeckt mit einem dünnen Film den Asphalt.

Es überkommt Sie das Gefühl, in diesem Haus nicht wohnen und leben zu wollen. Das traurige ist, dass sich die Mietwohnhäuser in der ganzen Gegend nicht unterscheiden.

5.3.10.2 Die Probleme

Sie informieren sich in Zeitungen und Fachzeitschriften über das Alter der Mietwohnhäuser und stellen die auffallenden Unterschiede der Baujahre in den neuen und den alten Bundesländern fest:

Die Baujahre der Mietwohnhäuser in Deutschland

Baujahre	alte Bundesländer		neue Bundesländer	
vor 1901	10 %	= 30 %	28 %	= 65 %
1901 – 1918	6 %		10 %	
1919 – 1948	14 %		27 %	
1949 – 1968	31 %	= 70 %	12 %	= 36 %
1969 – 1978	18 %		7 %	
1979 – 1987	12 %		8 %	
nach 1987	9 %		9 %	

Quelle: Statistisches Bundesamt/DIW, Globus, in: Hausbesitzer abc: Aktuelle Tips, 1/99

Von den 15,2 Millionen Wohngebäuden im Bundesgebiet sind etwas mehr als ein Drittel Altbauten, die noch vor 1948 errichtet wurden. Fast die Hälfte aller Gebäude entstand zwischen den Jahren 1949 und 1978. In den neuen Bundesländern stammen fast 70 % der Häuser aus der Zeit vor 1949.
(Quelle: Zeitung BERLINER MORGENPOST VOM 29.10.95)

Mehr als 60 % aller Wohngebäude im Ostteil Berlins wurden vor 1949 gebaut. Ungefähr 70 % der Wohngebäude in den Innenstadtbezirken Berlins (Mitte, Prenzlauer Berg und Friedrichshain) stammen noch aus der Zeit vor 1918.
(Quelle: „Gebäude- und Wohnungszählung in den Bezirken von Berlin-Ost am 30.09.95“, Statistisches Landesamt Berlin)

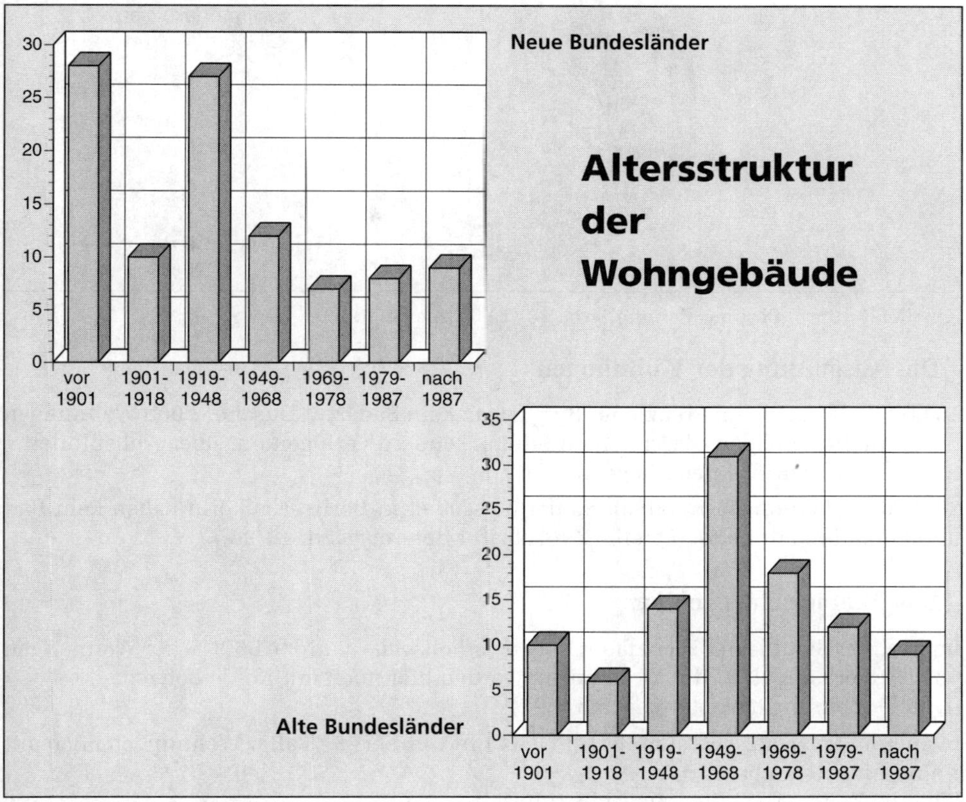

– Der bauliche Zustand der Häuser

In Berlin sind im Westteil noch 150 000 Wohnungen für die Stadtreparatur vorgesehen, im Ostteil wird der gesamte Altbaubestand von ca. 315 000 Wohnungen für erneuerungswürdig angesehen.
(Quelle: Zeitschrift Mietermagazin von 9/96)

Nur 26,5 % der Häuser im östlichen Berlin sind ohne Schäden. Insgesamt stehen fast 26 000 Wohnungen leer.
(Quelle: Zeitschrift Mietermagazin 3/97)

Diese Situation dürfte z. B. auch in bestimmten Regionen Deutschlands ähnlich sein. Sie verschärft sich für die wirtschaftliche Situation von Wohnungsunternehmen, denn nach einer Untersuchung der Bundesregierung stehen im Februar 2000 in den neuen Bundesländern insgesamt 1 Million Wohnungen leer. Seit 1993 bis 2000 hat sich die Zahl der Wohnungsleerstände verdoppelt. In einigen Stadtteilen stehen bis zu einem Drittel der Wohnungen leer. Insgesamt liegt die Leerstandsquote in den neuen Bundesländern bei 13 %.
(Quelle: Vgl. Zeitung „Der Tagesspiegel“ vom 23. Februar 2000)

Die Ursachen werden nicht nur in der Ausstattung liegen, sondern z. B. auch in Bevölkerungsabwanderungen. Es ist die notwendige Aufgabe eines Wohnungsunternehmen, diese Entwicklungen rechtzeitig zu erkennen und unverzüglich mögliche Gegenmaßnahmen zu treffen.

Die folgende Grafik zeigt den Modernisierungszustand per 31.12.1998 der Wohnungen kommunaler und genossenschaftlicher Wohnungsunternehmen in den neuen Bundesländern:

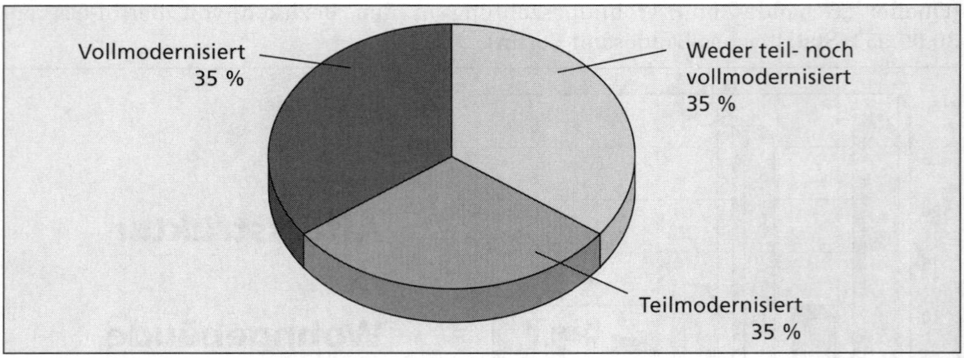

(Quelle: Zeitung „Berliner Zeitung" vom 18./19. Dezember 1999)

– Die Ausstattung der Wohnungen

15 000 Wohnungen im Prenzlauer Berg haben kein Bad bzw. Dusche. 5 000 Wohnungen haben in diesem Bezirk keine Innentoilette, sondern verfügen nur über Außentoilette. (Quelle: Zeitschrift: Mietermagazin 3/97)

20 % der Wohnungen in einem Sanierungsgebiet in Berlin-Neukölln haben kein Bad und keine Innentoilette. (Quelle: Zeitschrift Mietermagazin 10/96)

– Das ökologische Problem

Im Berliner Stadtbezirk Prenzlauer Berg beispielsweise wurden 66,8 % der Wohnungen vor 1918 erbaut. 75 % der Wohnungen werden hier noch mit Kohle beheizt.
(Quelle: Zeitschrift Mietermagazin 3/97)

In einem Sanierungsgebiet in Berlin-Neukölln werden 75 % aller Wohnungen noch mit Kohle-Einzelöfen beheizt.
(Quelle: Zeitschrift Mietermagazin 10/96)

– Die wohnungs- und gesellschaftspolitische Bedeutung

Seit 1992 wurden in Berlin insgesamt 16 Sanierungsgebiete ausgewiesen, in denen 100 000 Menschen wohnen. Das entspricht 23 % des Ost-Berliner Altbaubestandes. Von den im Jahre 1994 festgelegten 11 Sanierungsgebieten liegen 10 im Ostteil der Stadt.
(Quelle: Zeitung DER TAGESSPIEGEL vom 12.10.94)

Im März 2000 existieren in Berlin insgesamt noch 30 Sanierungsgebiete mit 103 000 Wohnungen, in denen ca. 151 000 Einwohner leben.

Die Arbeitslosigkeit in einem Sanierungsgebiet in Berlin-Neukölln beträgt 35 %.
(Quelle: Zeitschrift Mietermagazin 10/96)

– Die Vermietbarkeit

Die Vermieter erzielen wegen der niedrigen Wohnqualität nur Mieten zwischen 2,50 bis 3,50 DM/m^2 (Stand: März 2000). Aus diesem Grunde wohnen hier auch vielfach einkommensschwache Mieter. Wer es sich finanziell leisten kann, der zieht aus. Viele Wohnungen stehen leer und sind nicht mehr vermietbar. Für Geschäftsinhaber ist der Standort wegen der fehlenden Kaufkraft nicht mehr attraktiv. Einkaufsmöglichkeiten sind kaum noch vorhanden, weil Läden geschlossen werden und sich kein Nachfolger findet.

– Der finanzielle Umfang

In den nächsten 15–20 Jahren sollen in Berlin Sanierungsmaßnahmen mit rund 4,6 Milliarden gefördert werden. Allein 1 Milliarde wird es kosten, die Mieter umzusetzen und die Grundstücke freizuräumen.
(Quelle: Zeitung DER TAGESSPIEGEL vom 12.10.94)

Der finanzielle Sanierungsaufwand für eine Wohnung beträgt in vielen Fällen ca. 1 800,– DM bis 3 000,– DM/m². Für eine 70 m² große Wohnung müsste ein Vermieter mitunter 210 000,– DM aufwenden.

– Die finanzielle Bedeutung von Modernisierungs- und Instandhaltungs- bzw. Instandsetzungsmaßnahmen im Vergleich zum Neubau

Bei dem derzeitigen Wohnungsmarkt werden die künftigen Aufgaben der Wohnungsunternehmen wahrscheinlich eher darin bestehen, den vorhandenen Wohnungsbestand instand zu setzen bzw. zu modernisieren. An den jährlichen Investitionen wird der Wohnungsneubau nur noch einen geringeren Anteil betragen.

Das Deutsche Institut für Wirtschaftsforschung (DIW), Berlin, prognostizierte in seinem Herbstgutachten 1999 einen Anteil von 51 %, der auf Sanierungsmaßnahmen entfallen werde.
(Quelle: Zeitschrift: „Das Grundeigentum" Nr. 3/2000)

Die folgende Grafik zeigt die wohnungswirtschaftlichen Investitionen in den Wohnungsbestand in den neuen Bundesländern seit 1990 (in Mrd. Euro):

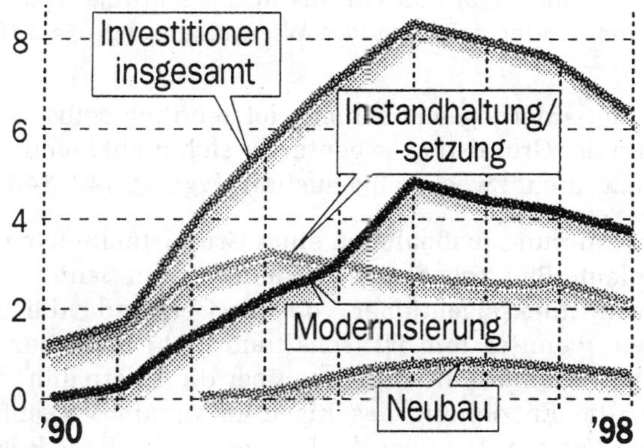

(Quelle: Zeitung „Berliner Zeitung" vom 8. September 1999)

5.3.10.3 Ursachen eines städtebaulichen Missstandes

Die Ziele der Grundstückseigentümer bestehen darin, Wohn- und Geschäftsräume zu vermieten und daraus einen angemessenen Ertrag zu erzielen.

Die Ursachen für den Zustand dieser Gebiete haben historische Wurzeln. Bei diesen Mietwohnhäusern handelt es sich oft um Bauten aus einer Zeit, in der das Renditedenken der Grundstückseigentümer im Vordergrund stand. Der Staat ließ zu, dass die Grundstücke nach unserem heutigen Wohnverständnis überbaut werden konnten. Vermieter haben mitunter jahrzehntelang nur Mieteinnahmen aus den Objekten gezogen, ohne die notwendigen Instandsetzungsarbeiten auszuführen. In anderen Fällen sorgte die Mietpreisbindung mit niedrigen Mieten dafür, dass sich Investitionen für den Vermieter finanziell nicht lohnten, weil man mit dem Objekt Verluste erwirtschaftete.

Ein Grundstückseigentümer wird deshalb Hinterhäuser z. B. nicht mehr reparieren, sondern abreißen wollen, weil kein Mensch mehr in eine dunkle Wohnung mit dem Blick auf eine Hauswand ziehen möchte.

Ließe er andere Wohnungen nun für 1 800,– bis 3 000,– DM/m^2 sanieren, hätte er zwar die baulichen Missstände behoben, könnte aber die Fremd- und Eigenkapitalverzinsung nur bei umfangreichen Mieterhöhungen von den Mietern erhalten. Für Zins- und Tilgungsleistungen müsste man bei einem Darlehen über 210 000,– DM (z. B. Zinssatz 7 %, Tilgungssatz 2 %) im Monat 1 575,– DM für eine Wohnung aufwenden.

Auch wenn der Grundstückseigentümer alle Kosten aus Eigenmittel finanzierte, wäre die Vermietbarkeit nicht sicher. Denn für Mieter ist es nicht attraktiv, wenn nur ein Haus in dem Gebiet den heutigen Wohnstandard aufweist, das Wohnumfeld aber unakzeptabel ist, weil z. B. Einkaufsmöglichkeiten, Kindertagesstätten, Grundschulen, Spielplätze und Grünanlagen fehlen.

5.3.10.4 Die Rolle des Staates

Um in einem Gebiet städtebauliche Missstände zu beheben und es dem heutigen Verständnis nach wieder bewohnbar zu machen, liegt es im öffentlichen Interesse, wenn die komplexe Aufgabe der einheitliche Vorbereitung und Überwachung einer zügigen Durchführung der Gesamtmaßnahme einer städtebaulichen Sanierung von der jeweiligen Gemeinde übernommen wird. Es ist deshalb Aufgabe der Gemeinde, alle städtebaulichen Missstände zu erkunden, die notwendigen Sanierungsmaßnahmen einzuleiten (z. B. Kinderspielplätze anlegen) oder nach den jeweiligen Zielsetzungen die Baumaßnahmen von den Grundstückseigentümern zu verlangen, z. B. Abriss von Häusern oder Modernisierung von Wohnungen, vgl. §§ 140, 141, 147, 148 BauGB).

Die Gemeinde kann die Sanierungsmaßnahmen letztendlich selbst übernehmen und ausführen lassen, wenn der Grundstückseigentümer sich nicht beteiligt oder die Maßnahmen nicht zügig bzw. nicht zweckmäßig ausführt (vgl. §§ 147, 148 BauGB).

Sofern die Gemeinde Sanierungsmaßnahmen eines Grundstückseigentümers nicht genehmigt, weil das geplante Bauvorhaben ihrer Meinung den Sanierungszielen widerspricht, kann der Grundstückseigentümer von der Gemeinde die Übernahme des Grundstücks verlangen, wenn es ihm wirtschaftlich nicht mehr zuzumuten ist, das Grundstück zu behalten. Kommt eine Einigung über die Übernahme nicht zustande, kann der Eigentümer die Entziehung des Eigentums (zum Verkehrswert) an dem Grundstück gemäß den Vorschriften über die Enteignung im BauGB verlangen (§ 145 Abs.2, § 85 ff. BauGB). Eine Gemeinde wird die von den Grundstückseigentümern geforderten Sanierungsmaßnahmen mit finanziellen Förderungen begleiten, um unter anderem Entziehungsanträge der Grundstückseigentümer zu vermeiden.

5.3.10.4.1 Der rechtliche Handlungsrahmen für die städtebauliche Sanierung

Die rechtlichen Grundlagen für eine städtebauliche Sanierung findet man in den §§ 136–191 Baugesetzbuch. In ihnen sind die Aufgaben und Rechte der Gemeinde sowie der Betroffenen (z. B. Grundstückseigentümer und Mieter) festgelegt.

5.3.10.4.2 Der Begriff der städtebaulichen Sanierungsmaßnahmen nach dem Baugesetzbuch

Von städtebaulichen Sanierungsmaßnahmen nach dem Baugesetzbuch (BauGB) spricht man nur dann, wenn in einem

- (vorher von der Gemeinde **förmlich festgelegten) Sanierungsgebiet**
- nach einem **Sanierungsplan** (der Gemeinde)
- **städtebauliche Missstände**
- **bauliche Mängel** beseitigt,
- der **Ausstattungsstandard der Wohnungen** verbessert und
- zusätzliche **Infrastruktureinrichtungen** geschaffen werden.

Die möglichen **Baumaßnahmen** im Rahmen einer städtebaulichen Sanierung können gemäß § 148 BauGB umfassen:

- die **Modernisierung und Instandsetzung,**
- die **Neubebauung** und die **Ersatzbauten,**
- die Errichtung und Änderung von **Gemeinbedarfs- und Folgeeinrichtungen** sowie
- die **Verlagerung oder Änderung von Betrieben.**

5.3.10.4.3 Die Unterschiede zwischen einer gewöhnlichen Modernisierung und Modernisierungsmaßnahmen im Rahmen einer städtebaulichen Sanierung

Eine gewöhnliche Modernisierung erfolgt in der Regel außerhalb eines Sanierungsgebietes und erfolgt nicht gleichzeitig in mehreren Gebäuden eines Bezirks, sondern gewöhnlich nur in einem oder in wenigen Gebäuden nach Entschluss des jeweiligen Grundstückseigentümers. Weitere Unterschiede können dem folgenden Schaubild entnommen werden:

Gewöhnliche Modernisierungsmaßnahmen	Modernisierungsmaßnahmen im Rahmen städtebaulicher Sanierungsmaßnahmen
– Das Grundstück liegt außerhalb oder auch innerhalb eines Sanierungsgebietes.	– Das Grundstück liegt innerhalb eines Sanierungsgebietes.
	– Baumaßnahmen im Rahmen von städtebaulichen Sanierungsmaßnahmen können unter anderem die Modernisierungen zum Ziele haben. Sie sind in der Regel umfangreich und dienen dazu, städtebauliche Missstände zu beseitigen.
– Bei der Modernisierung muss der Vermieter vor allem beachten: das BGB (z. B. § 541b), das MHG (z. B. § 3) oder die II. BV (z. B. § 11).	– Sie werden zusätzlich nach den städtebaurechtlichen Vorschriften des BauGB (§§ 136–191) durchgeführt und von der Gemeinde besonders überwacht.
– Der Eigentümer modernisiert freiwillig, damit der Bestand langfristig vermietet werden kann.	– Der Eigentümer führt die Baumaßnahme gezwungenermaßen nach den in der Gemeinde festgelegten Zielsetzungen durch.
– Die Rechte der Mieter hinsichtlich der Duldung finden sich nur im § 541b BGB.	– In Sanierungsgebieten werden die Bürger zusätzlich öffentlich in den Entscheidungsprozess einbezogen (Sanierungsplan). Um die Sanierung sozialverträglich durchzuführen, werden zum einvernehmlichen Sanierungsablauf Betroffenenvertretungen gebildet und durch ein Sozialplanverfahren und offene Beratung die Belange der Bewohner und gewerblichen Nutzer berücksichtigt.
– Es handelt nur eine Privatperson.	– Es handelt eine ganze Gemeinde, die das Geschehen auch überwacht und leitet.
– Es handelt sich um ein oder nur wenige Gebäude.	– Es handelt sich um viele Gebäude in einem größeren (Sanierungs-)Gebiet.
– Die Finanzierung erfolgt in erster Linie aus Mitteln des Eigentümers. Mitunter fördert der Staat diese Maßnahmen zusätzlich.	– Der Staat unterstützt die Grundstückseigentümer bei den Sanierungsmaßnahmen finanziell mit umfangreichen Förderprogrammen.
– Der Mieter zahlt eine erhöhte Miete (§ 3 MHG).	– Der Grundstückseigentümer darf die Miete nur bis zu einer von der Gemeinde im Sanierungsgebiet festgelegten Höhe erhöhen.
– Die Modernisierung dauert (je nach Umfang) ca. 1–2 Jahre.	– Die Sanierung eines Gebietes dauert sehr lange, z. B. 15 Jahre oder länger.

5.3.10.5 Der organisatorische Ablauf einer städtebaulichen Sanierung

Der Ablauf

zum **Ziel** einer **städtebaulichen Sanierung** lässt sich in zwei Phasen gliedern:

- **Vorbereitung** der städtebaulichen Sanierung und
- **Durchführung** der Sanierungsmaßnahmen.

5.3.10.5.1 Die Vorbereitung der städtebaulichen Sanierung

Es ist Aufgabe einer Gemeinde, die städtebauliche Sanierung vorzubereiten mit dem Ziel, eine notwendige Sanierung anschließend zu planen und durchzuführen (§ 140 BauGB). Die **Aufgaben** in der Vorbereitungsphase umfassen z. B.

1. die vorbereitenden Untersuchungen,
2. die förmliche Festlegung des Sanierungsgebiets,
3. die Bestimmung der Ziele und Zwecke der Sanierung,
4. die städtebauliche Planung (z. B. Bauleitplanung),
5. die Erörterung der beabsichtigten Sanierung (mit den Betroffenen),
6. die Erarbeitung eines Sozialplans.

1. Die vorbereitenden Untersuchungen

Die Gemeinde muss zum Zwecke der städtebaulichen Sanierung erst einmal Gebiete mit **städtebaulichen Missständen** suchen, die nach § 136 BauGB dann bestehen, wenn in einem Gebiet

- **Baumängel** vorliegen,
  d. h., das Gebiet nach seiner **vorhandenen Bebauung** oder nach seiner sonstigen Beschaffenheit den allgemeinen Anforderungen an gesunde Wohn- und Arbeitsverhältnisse oder an die **Sicherheit** der in ihm wohnenden oder arbeitenden Menschen nicht entspricht,
  - z. B. dichte Bebauung, Hinterhöfe, dunkle und feuchte Wohnungen, hoher Instandsetzungsbedarf,

oder

- **Funktionsmängel** vorliegen,
  d. h., **das Gebiet** in der Erfüllung der Aufgaben **erheblich beeinträchtigt** ist, die ihm nach seiner Lage und Funktion obliegen
  - z. B. fehlende Grünflächen und/oder Gewerbeeinrichtungen, die Lärm und Schmutz verursachen.

Die Gemeinde leitet die Vorbereitung der Sanierung durch den **Beschluss über den Beginn** der vorbereitenden Untersuchungen ein. Der Beschluss ist ortsüblich bekannt zu machen (§ 141 BauGB). Grundstückseigentümer und Mieter sind verpflichtet, der Gemeinde oder ihren Beauftragten **Auskünfte zu erteilen,** die für Beurteilung der Sanierung notwendig sind (§ 137 BauGB). Es werden zusammen mit **Planungsgruppen** die nachteiligen Auswirkungen der beabsichtigten Sanierung auf die Betroffenen im wirtschaftlichen und sozialen Bereich und mögliche Lösungsansätze ermittelt. Man stellt die Baumängel fest, das Alter der Mieter und deren finanzielle Belastungen, die Umzugskosten, die staatlichen Förderungen usw.

Die vorbereitenden Untersuchungen enden mit einem Abschlussbericht und der Feststellung, dass das Untersuchungsgebiet keinen Sanierungsbedarf hat oder dass es zum Sanierungsgebiet erklärt werden sollte.

Sofern ein Gebiet nun städtebaulich saniert werden soll, folgt die Planung von Einzelheiten zur Neugestaltung des Sanierungsgebietes.

2. Die förmliche Festlegung des Sanierungsgebiets

Die Bürger müssen wegen der Rechtsfolgen wissen, welches Gebiet in der Gemeinde von städtebaulichen Maßnahmen betroffen ist. Die Gemeinde beschließt, ein bestimmtes Gebiet in der Gemeinde als Sanierungsgebiet festzulegen (= **förmlich festgelegtes Sanierungsgebiet).** Die förmliche Festlegung des Sanierungsgebietes wird als Satzung in der Gemeinde ortsüblich bekannt gemacht wird (= **Sanierungssatzung,** § 142 BauGB).

Die Gemeinde teilt dem Grundbuchamt die rechtsverbindliche Sanierungssatzung mit. Das Grundbuchamt trägt dann in die Abteilung II aller Grundbuchblätter der jeweiligen Grundstücke ein, dass eine Sanierung durchgeführt wird (= S**anierungsvermerk**). Damit hat der Grundstückseigentümer Verfügungs- und Veränderungsbeschränkungen zu beachten, die den Zweck haben, dass beschlossene Sanierungsziele der Gemeinde nicht durch Maßnahmen eines Grundstückseigentümers beeinträchtigt werden (§ 144 BauGB). Der Grundstückseigentümer ist infolgedessen verpflichtet, sich z. B. folgende Maßnahmen vor ihrer Ausführung von der Gemeinde schriftlich genehmigen zu lassen

- (neben der normalen Baugenehmigung nach der Bauordnung) **die Errichtung, Nutzungsänderung und Abbruch von baulichen Anlagen** (z. B. den Einbau einer Heizungsanlage oder eines Aufzuges),
- die **Teilung eines Grundstücks,**
- **befristete Mietverträge von mehr als einem Jahr** (genehmigungsfrei hingegen sind unbefristete Mietverträge),
- die rechtsgeschäftliche **Veräußerung eines Grundstückes** oder die **Bestellung** und **Veräußerung** eines **Erbbaurechtes** (erst mit der Genehmigung kommt ein wirksamer Vertrag zustande),
- die **dingliche Belastung von Grundstücken,** soweit sie nicht im Zusammenhang mit Baumaßnahmen zur Durchführung der Sanierung stehen.

Die bereits bei der vorbereitenden Untersuchung begonnene Planung von der Gemeinde wird detailliert weiterentwickelt. Um das Ziel einer größtmöglichen Mitwirkung der Mieter, Gewerbetreibenden und Grundstückseigentümer zu erreichen, können die Interessengruppen z. B. Betroffenenvertretungen wählen. Gemäß § 137 BauGB haben diese **Betroffenenvertretungen** z. B. das Recht, Einsicht in die Planungen zu nehmen (ausgenommen Baugenehmigungsverfahren), eigene Vorschläge zu unterbreiten und zusammen mit Gutachtern zur Diskussion zu stellen.

Ausschließlich in der städtebaulichen Sanierungsarbeit tätige Unternehmen werden von den Gemeinden oft zur Unterstützung der Beratungs- und Koordinationsarbeit eingesetzt. Sie beraten Grundstückseigentümer, erstellen Gutachten und Konzepte, nehmen zu Bauvorhaben Stellung, informieren und beraten Mieter über ihre Rechte.

Die Sanierung ist ein langfristiger Prozess, der über 15 Jahre oder auch länger dauern kann, so dass der **Sozialplan** mit den Erörterungen und Prüfungen ständig fortgeschrieben wird. Die Gemeinde stellt dabei auch fest, ob man den Bürgern zum Ausgleich wirtschaftlicher und sozialer Nachteile einen finanziellen Ausgleich gewähren kann (= **Härteausgleich,** § 181 BauGB).

3. Die Bestimmung der Ziele und Zwecke der Sanierung

Die Gemeinde muss festlegen, welche Ziele und Maßnahmen sie in diesem Sanierungsgebiet erreichen möchte.

Beispielhaft seien aus einem Sanierungsgebiet in Berlin folgende Ziele genannt:

- Die im Sanierungsgebiet vorhandene Mischung von Wohnnutzung, Einzelhandel und (nichtstörender) gewerblicher Nutzung soll erhalten werden, wobei das Wohnen als Hauptnutzung bestimmend bleiben soll.
- Die Modernisierung und Instandsetzung der Gebäude soll behutsam und sozialverträglich durchgeführt werden.
- Die Wohnungsausstattung soll voll an zeitgemäße Standards, grundsätzlich jedoch nicht an die Standards des Wohnungsneubaus angepasst werden.
- Eine Verdrängung – insbesondere einkommensschwacher Bevölkerungsgruppen soll vermieden werden.
- Die gebäudebezogenen Frei- bzw. Hofflächen sollen soweit wie möglich entsiegelt und begrünt werden.
- Die Ausstattung des Gebietes mit Einrichtungen der sozialen Infrastruktur, mit öffentlichen Spielplätzen und Grünflächen soll verbessert werden.

4. Die städtebauliche Planung

Die allgemeinen Ziele müssen später konkret umgesetzt werden können. Diese Möglichkeit besteht z. B. mit der Erarbeitung von Bebauungsplänen, aus denen Dritte Sanierungsmaßnahmen entnehmen können. Zu ersehen wären z. B. die geänderte Art und das Maß der baulichen Nutzung oder die neuen Grünflächen.

5. Die Erörterung der beabsichtigten Sanierung

Sanierungsmaßnahmen berühren stark die persönlichen Lebensumstände der Betroffenen, so dass die Maßnahmen in einem demokratischen Staat nicht über die Köpfe der Bürger hinweg bschlossen werden dürfen. Deshalb verlangt der Gesetzgeber, dass die geplanten Maßnahmen in öffentlichen Veranstaltungen den Betroffenen vorgestellt und erläutert werden und jeder die Möglichkeit hat, seine Bedenken zu äußern sowie Anregungen zu formulieren.

6. Die Erarbeitung eines Sozialplans

Die Gemeinde hat den Betroffenen bei der Vermeidung bzw. Milderung von nachteiligen Auswirkungen, z. B. durch einen Umzug, organisatorisch und finanziell zu helfen. Das Ergebnis der Erörterungen und Prüfungen sowie die voraussichtlichen Hilfen der Gemeinde werden gemäß § 180 BauGB schriftlich festgehalten (Sozialplan). Wegen der sozialen und finanziellen Folgen muss dieser Plan frühzeitig erstellt und bei Änderungen in späteren Sanierungsphasen angepasst werden.

5.3.10.5.2 Die Durchführung der Sanierungsmaßnahmen

Die Durchführung umfasst gemäß § 146 BauGB alle Ordnungs- und Baumaßnahmen innerhalb eines förmlich festgelegten Sanierungsgebiets, die nach den Zielen und Zwecken der Sanierung erforderlich sind.

1. Die Ordnungsmaßnahmen

Um mit den eigentlichen Baumaßnahmen im Rahmen einer städtebaulichen Sanierung beginnen zu können, müssen Vorbereitungsmaßnahmen (= **Ordnungsmaßnahmen**) durchgeführt werden. Wenn auf einem bebauten Hinterhofgrundstück nach den Zielen der Sanierung zur besseren Belichtung der restlichen Wohnungen eine Grünfläche angelegt werden soll, muss z. B. der auf dieser Fläche stehende Altbau abgerissen werden (= sog. Entkernung).

Die Durchführung dieser Ordnungsmaßnahmen ist Aufgabe der Gemeinde. Hierzu gehören

1. die **Bodenordnung** einschließlich des Erwerbs von Grundstücken (z. B. Umlegung von Grundstücken, Enteignung zum Verkehrswert),
2. der **Umzug** von Bewohnern und Betrieben,
3. die **Freilegung** von Grundstücken (z. B. Abbruch von Gebäuden für Grünflächen),
4. die Herstellung und Änderung von **Erschließungsanlagen** (z. B. Anlegen von Fußgängerzonen) sowie
5. **sonstige Maßnahmen,** die notwendig sind, damit die Baumaßnahmen durchgeführt werden können (z. B. Entschädigung für die Aufgabe von Geschäftsräumen).

Die Gemeinde ist nach § 147 BauGB verpflichtet, alle mit den Ordnungsmaßnahmen zusammenhängenden Kosten zu übernehmen. Dem Grundstückseigentümer sollen nicht die (sog. unrentierlichen) Kosten für die städtebaulichen Zusatzkosten aufgebürdet werden. Die Gemeinde übernähme in unserem Beispiel die Kosten für den Abriss des Altbaus. Der Grundstückseigentümer hätte nur die Baukosten für den Neubau zu tragen.

Sofern der Grundstückseigentümer sanierungsbedingt nicht sofort mit den notwendigen Baumaßnahmen beginnen kann und das Haus z. B. teilweise nicht vermietbar ist, übernimmt die Gemeinde z. B. auch die **Bewirtschaftungsdefizite** bis zum Beginn der Baumaßnahmen.

2. Die Baumaßnahmen

Die Grundstückseigentümer haben zügig und zweckmäßig auszuführen:

- **Instandsetzung,**
- **Modernisierung,**
- **Neu- und Ersatzbebauung**

Die Gemeinde übernimmt den Bau von

- **Gemeinbedarfs- und Folgeeinrichtungen (z. B. Spielplätze, Schulen) und**
- **Baumaßnahmen, die die Grundstückseigentümer nicht zügig und zweckmäßig ausführen.**

Die Bauarbeiten unterscheiden sich somit nicht von ihrer Art her von Baumaßnahmen außerhalb eines Sanierungsgebietes. Sie sind allerdings umfangreicher und sollen bereits vorhandene städtebauliche Missstände in einem Sanierungsgebiet beseitigen.

Die Sanierungsmaßnahmen sollen einem speziell für diesen Zweck erstellten **Sanierungsplan der Gemeinde** entsprechen, der die beabsichtigten Ordnungs- und Baumaßnahmen enthält. Der Grundstückseigentümer muss deshalb zusätzlich zu dem (üblichen) Bauantrag nach der Bauordnung die **sanierungsrechtliche Genehmigung** bei der Gemeinde beantragen. Zu beachten ist, dass diese Genehmigung nicht die gegenüber dem Mieter notwendigen privatrechtlichen Verpflichtungen aus dem Mietvertrag ersetzt, z. B. Ankündigung der Modernisierung nach § 541b BGB.

5.3.10.5.3 Der Abschluss der städtebaulichen Sanierung

Eine städtebauliche Sanierung kann in einem vereinfachten oder einem umfassenden Verfahren durchgeführt werden.

Nur für umfassende Verfahren gelten die §§ 152–156 BauGB. Danach hat der Eigentümer gemäß § 154 BauGB zur Finanzierung der Sanierung an die Gemeinde einen **Ausgleichsbetrag** in Geld zu entrichten, der der durch die Sanierung bedingten Erhöhung des Bodenwerts seines Grundstücks entspricht. Er besteht aus dem Unterschied zwischen dem Bodenwert, der sich für das Grundstück ergeben würde, wenn eine Sanierung weder beabsichtigt noch durchgeführt worden wäre **(Anfangswert),** und dem Bodenwert, der sich für das Grundstück durch die rechtliche und tatsächliche Neuordnung des förmlich festgelegten Sanierungsgebiets ergibt **(Endwert).**

Sobald die Sanierung durchgeführt ist, wird die Gemeinde die **Sanierungssatzung aufheben.** Der Beschluss, durch den die förmliche Festlegung des Sanierungsgebiets aufgehoben wird, ergeht als Satzung und wird ortsüblich bekannt gegeben.

Die Gemeinde ersucht das Grundbuchamt, die **Sanierungsvermerke** in den jeweiligen Grundbuchblättern der Grundstücke zu **löschen** (§ 162 BauGB).

Übersicht: **Der organisatorische Ablauf einer städtebaulichen Sanierung.**

I. Die Vorbereitung **(§ 140 ff. BauGB)**

1. Vorbereitende Untersuchungen
- Beschluss der Gemeinde, Gebiete auf städtebauliche Mängel hin zu untersuchen.
- Eigentümer und Mieter sind auskunftspflichtig.
- Ergebnis:
  a. Gebiet enthält keine Mängel oder
  b. Gebiet soll wegen städtebaulicher Mängel zum Sanierungsgebiet erklärt werden.

Die Neugestaltung des Sanierungsgebietes und das Planungsverfahren:

2. Die förmliche Festlegung des Sanierungsgebietes
- die förmliche Festlegung des Sanierungsgebiets als Satzung

3. Ziele und Zwecke der Sanierung
- der Sanierungsplan

4. Die städtebauliche Planung
- der Bebauungsplan

5. Die Erarbeitung und Fortschreibung des Sozialplans
- soziale sowie wirtschaftliche Folgen mit deren Lösungsmöglichkeiten

II. Die Durchführung **(§146 BauGB)**

1. **Die Ordnungsmaßnahmen**
- die Bodenordnung einschließlich des Erwerbs von Grundstücken,
- der Umzug von Bewohnern und Betrieben,
- die Freilegung von Grundstücken,
- die Herstellung und Änderung von Erschließungsanlagen,
- sonstige Maßnahmen, die notwendig sind, damit Baumaßnahmen durchgeführt werden können, z. B. Entschädigungen für Mietverträge

2. Die Baumaßnahmen
- **Grundstückseigentümer** führen zügig und zweckmäßig aus:
  - Instandsetzung,
  - Modernisierung,
  - Neu- und Ersatzbebauung
- **Die Gemeinde** übernimmt den Bau von
  - Gemeinbedarfs- und Folgeeinrichtungen (z. B. Spielplätze, Schulen) und
  - Baumaßnahmen, die die Grundstückseigentümer nicht zügig und zweckmäßig ausführen.

Der Sanierungsabschluss:
- **Ausgleichsbetrag** der Eigentümer (bei umfassender Sanierung, § 154 BauGB)
- Sanierungssatzung wird aufgehoben und
- der **Sanierungsvermerk im Grundbuch** wird **gelöscht** (§ 162 BauGB)

5.3.10.6 Besonderheiten

Der Verwaltungsaufwand zur Bewältigung einer städtebaulichen Sanierung ist sehr hoch. Es besteht für Gemeinden die Möglichkeit, den Verfahrensablauf zu vereinfachen oder Aufgaben Dritten zu übertragen.

Eine Gemeinde kann sich zur Erfüllung von Aufgaben, die ihr bei der Vorbereitung oder Durchführung der Sanierung obliegen, gemäß den Einschränkungen des § 157 BauGB auch eines von ihr beauftragten Unternehmens (= **Sanierungsträger**) bedienen.

Nach § 11 BauGB kann die Gemeinde einem Dritten durch Vertrag die Vorbereitung und Durchführung städtebaulicher Maßnahmen übertragen (= **städtebaulicher Vertrag**). Gegenstand können z. B. die privatrechtliche Neuordnung der Grundstücksverhältnisse, die Bodensanierung und Freilegung von Grundstücken oder die Ausarbeitung der städtebaulichen Planung sein.

Es ist rechtlich möglich, dass eine Gemeinde versucht, die Sanierungsziele ohne den rechtlichen Rahmen der besonderen Sanierungsvorschriften des BauGB mittels Verträgen zwischen den Grundstückseigentümern und der Gemeinde zu erreichen. Das BauGB bietet einer Gemeinde dafür auch außerhalb eines Sanierungsgebietes z. B. gemäß § 175–179 BauGB die Möglichkeit städtebaulicher **Gebote** (Bau-, Modernisierungs- und Instandsetzungs-, Pflanz- und Abbruchgebote) oder zur Erhaltung baulicher Anlagen oder der Eigenart von Gebieten den Erlass von **Erhaltungssatzungen** (§§ 172–174 BauGB). Daneben bestehen für die Gemeinde die Instrumente zur Sicherung der Bauleitplanung nach § 14 ff. BauGB (z. B. eine Veränderungssperre oder die Zurückstellung von Baugesuchen).

5.3.10.7 Die Rentabilität einer Investition im Rahmen einer städtebaulichen Sanierung

5.3.10.7.1 Die Kosten der Sanierung

Da die Gemeinde die Ordnungsmaßnahmen übernimmt, hat der Grundstückseigentümer nur die Baumaßnahmen zu finanzieren.

Errichtet er im Sanierungsgebiet einen **Neubau,** unterscheidet sich diese Baumaßnahme finanziell nicht von einer Neubaumaßnahme außerhalb eines Sanierungsgebietes. Denkbar wäre es aber, Sanierungsförderungsmittel für den Bau von öffentlich gefördertem Wohnungsbau zu verwenden, sofern andere öffentliche Mittel für diesen Zweck nicht ausreichen.

Werden bestehende **Altbauten** in Sanierungsgebieten saniert, d. h. instandgesetzt und modernisiert, liegen die Kosten für die Sanierungsmaßnahme einer Wohnung in der Regel höher als in Häusern außerhalb eines Sanierungsgebietes. Sie hängen vom Umfang der jeweils notwendigen Arbeiten ab und können z. B. 1 800,– DM/m², aber auch 3 000,– DM/m² betragen, so dass z. B. für eine 70 m² große Wohnung ca. 50 000,– DM oder auch 210 000,– DM an Kosten anfallen können, wenn eine umfassende Sanierung notwendig ist.

5.3.10.7.2 Die Finanzierung der Instandsetzungs- und Modernisierungskosten bei Altbauten

Die Bausubstanz von Mietwohnhäusern in Sanierungsgebieten ist überwiegend stark instandsetzungsbedürftig. Nach Aussagen eines großen Sanierungsträgers in Berlin beträgt das Verhältnis zwischen Instandsetzungskosten und Modernisierungskosten 70 : 30. Die Gründe dafür können in dem Verhalten von Grundstückseigentümern liegen, die jahrzehntelang keine Investitionen vornahmen, sondern nur die Mieteinnahmen vereinnahmen wollten. Es kann aber auch sein, dass die staatliche Mietpreisbindung die Mieten auf einem niedrigen Niveau hielt und den Grundstückseigentümern keine eigenen Mittel aus den Mieteinnahmen mehr für grundlegende Instandsetzungsarbeiten blieben. Auch die Aufnahme von Darlehen hätte sich nicht rentiert, weil man die zu zahlenden Darlehenszinsen nicht auf die Miete hätte abwälzen können.

Auch in der heutige Situation wird sich ein Grundstückseigentümer fragen, ob sich eine Investition in seinen Altbau im Sanierungsgebiet rentiert. Er wird anhand seiner finanziellen Mittel prüfen, ob er die Maßnahmen mit Eigen- oder Fremdkapital finanzieren kann oder will.

Für Sanierungsmaßnahmen werden in der Regel vom Staat (Bund, Ländern und Gemeinden) günstige Mittel zur Verfügung gestellt. Insbesondere gewährt die Kreditanstalt für Wiederaufbau als Förderinstitut des Bundes und der Länder z. B. zinsgünstige Darlehen für Baumaßnahmen, welche im Zuge von Modernisierungs- und Sanierungsvorhaben anfallen. (Die bundeseigene Kreditanstalt für Wiederaufbau, Palmengartenstr. 5-9, 60325 Frankfurt/Main, ist eine Förderbank des Bundes und der Länder. Sie fördert unter anderem auch Investitionsmaßnahmen in der Wohnungswirtschaft, z. B. Modernisierungsmaßnahmen oder Baumaßnahmen junger Familien. Da die KfW die Kredite nicht unmittelbar gewährt, muss der Bauherr den Förderantrag z. B. bei seiner Hausbank stellen.) Sofern das Gebäude unter Denkmalschutz steht, erhält der Grundstückseigentümer mitunter hierfür weitere staatliche Mittel.

Seit 1999 wird der Wohnungsbau **in den neuen Bundesländern** nicht mehr mithilfe des Fördergebietsgesetzes gefördert, sondern mit dem Investitionszulagengesetz. (Gesetz zur Fortsetzung der wirtschaftlichen Förderung in den neuen Bundesländern [BGBl. I 1997, 2070]). Danach erhält der Investor bei bestimmten Baumaßnahmen vom Finanzamt einen einmaligen Betrag (Zulage) ausgezahlt. Diese Zulage ist unabhängig vom Einkommen oder Gewinn des Investors.

5.3.10.7.3 Die Mieterhöhungsmöglichkeiten nach Instandsetzungs- und Modernisierungsmaßnahmen bei Altbauten

Die Sanierungsarbeiten bestehen bei Altbauten aus Instandsetzungsarbeiten und Modernisierungsmaßnahmen. Diese Unterscheidung ist für den Grundstückseigentümer wichtig, weil

- für eine Mieterhöhung nur die Modernisierungskosten zugrunde gelegt werden dürfen und
- nach den Förderungskonditionen des Staates mitunter Instandsetzungs- und Modernisierungsmaßnahmen in unterschiedlicher Höhe gefördert werden.

5.3.10.7.4 Die Rentabilität einer Altbausanierung in einem Sanierungsgebiet

Da der Staat bei einer Sanierung die Kosten der Ordnungsmaßnahmen übernimmt (z. B. Umzugskosten der Mieter für die Bauzeit), muss der Grundstückseigentümer nur die Baumaßnahmen finanzieren.

Der Ausgangsfall:
- Das Mietwohnhaus steht im Ostteil Berlins
- und wurde von dem jetzigen Eigentümer/Wohnungsunternehmen gebaut.
- Baujahr 1900
- Es wird zwar das ganze Haus saniert, die angegebenen Sanierungskosten beziehen sich aus Gründen der Veranschaulichung aber nur auf eine 70 m² große Wohnung:
- Sanierungskosten für eine 70 m² große Wohnung 210 000,- DM,
  davon 120 000,– DM Instandsetzungskosten und
  90 000,– DM Modernisierungskosten,
- Finanzierung:
  Fremdkapital: Tilgungsdarlehen 179 500,– DM (Zinssatz: 7 %, Tilgungssatz: 2,5%)
  Eigenkapital: 31 500,– DM,
- Miete vor der Sanierungsmaßnahme: 2,86 DM/m² (= 200,– DM/p.M.)

1. Die zulässigen Mieterhöhungen nach der Sanierungsmaßnahme

Da es sich um keine öffentlich geförderte Baumaßnahme handelt, erfolgt die Mieterhöhung nach dem MHG, entweder nach § 2 MHG (bis zur ortsüblichen Vergleichsmiete) oder nach § 3 MHG (11 % der Modernisierungskosten pro Jahr).
Die im folgenden Kapitel dargestellten Steuervorteile oder eine Investitionsanlage müssen vom Vermieter nicht mindernd bei einer Mieterhöhung berücksichtigt werden.

Berechnung der Mieterhöhung:

Ausgangssituation:

bisherige Miete	
2,86 DM/m²/pro Monat	200,– DM/pro Monat (ohne Betriebskosten)

1. Alternative einer Mieterhöhung

Mieterhöhung nach § 3 MHG

bisherige Miete	
(= 2,86 DM/m²/pro Monat)	200,– DM/pro Monat (ohne Betriebskosten)
(11 % von 90 000,– DM : 12):	825,– DM/pro Monat (ohne Betriebskosten)
Neue Miete:	1 025,– DM/pro Monat (ohne Betriebskosten)

Der Mieter würde eine Mietsteigerung um 11,78 DM/m² von 2,86 DM/m² auf 14,64 DM/m² finanziell wohl kaum akzeptieren bzw. finanziell verkraften. Auch wenn die ortsübliche Miete für diese Wohnung z. B. bei 15,– DM läge, wird man diese Wohnung möglicherweise schwer vermieten können. In den Sanierungsgebieten und in Gebieten mit einer Erhaltungssatzung gemäß § 172 BauBG können die Gemeinden zwischenzeitlich Mietobergrenzen nach Modernisierungsmaßnahmen zur Erhaltung der Zusammensetzung der Wohnbevölkerung festlegen. (Mietobergrenzen in Sanierungsgebieten im Ostteil Berlins: 7,07 DM bis 10,21 DM, je nach Lage und Wohnungsgröße [vgl. Zeitung „Berliner Zeitung" vom 8. September 1999])

2. Alternative einer Mieterhöhung:

Mieterhöhung nach § 2 MHG

Sofern der Vermieter die Grundmiete in den letzten drei Jahren nicht erhöht hat, kann er die Miete von 200,– DM um maximal 30 % bis maximal zur ortsüblichen Vergleichsmiete (hier: 15,– DM/m²) erhöhen.

bisherige Miete	
(beispielsweise):	200,– DM/pro Monat (ohne Betriebskosten)
(= 2,86 DM/m²/pro Monat)	
Mieterhöhung nach § 2 MHG	
(30 % von 200,– DM):	60,– DM/pro Monat (ohne Betriebskosten)
Neue Miete:	260,– DM/pro Monat (ohne Betriebskosten)

Die Miete würde sich pro Quadratmeter nur auf 3,71 DM erhöhen.

Um anschließend **die Liquidität** zu überprüfen, muss man die **Annuität** (Zins- und Tilgungsbeträge) **für das Fremdkapital** berücksichtigen.

Die Annuität für das Fremdkapital beträgt im ersten Jahr 17 052,50 DM (= 7 % Zinsen von 179 500,– DM : 12 565,– DM, zuzüglich 2,5 % Tilgung von 179 500,– DM: 4 487,50 DM), d. h., monatlich 1 421,04 DM.

Der Eigentümer müsste also eine neue Miete von 1 621,04 DM/p.M.

bisherige Miete	200,– DM/p.M.	
+	1 421,04 DM/p.M.	(Annuität für Fremdkapital)
neue Miete	1 621,04 DM/p.M.	

verlangen, wollte er die Annuität für das Fremdkapital aus der Sanierungsmaßnahme von dem Mieter erhalten. Eine Verzinsung des eingesetzten Eigenkapitalbetrages in Höhe von 31 500,– DM ist bei der Berechnung noch nicht berücksichtigt.

Ergebnis:

Weder aus der Mieterhöhung nach § 2 (wegen mietpreisrechtlicher Grenzen) noch nach § 3 MHG (wegen der fehlenden Durchsetzungsmöglichkeit am Markt) kann die finanzielle Mehrbelastung aus der Baumaßnahme des Vermieters gedeckt werden.

Investitionen in Altbauten in Sanierungsgebieten sind in unserem Finanzierungsbeispiel also nicht durchführbar, wenn man die Zinsen des Fremdkapitals der regelmäßig sehr hohen Sanierungskosten nicht auf die Mieter abwälzen kann.

Aus diesem Grunde werden Sanierungsmaßnahmen oft nur dann von einem Grundstückseigentümer durchgeführt, wenn der Staat diese Maßnahmen finanziell fördert.

2. Die Steuervorteile nach einer Sanierungsmaßnahme

Sofern der Grundstückseigentümer für ein Mietwohnhaus in einem Sanierungsgebiet 120 000,– DM für Instandsetzungsmaßnahmen und 90 000,– DM für Modernisierungsmaßnahmen aufwenden musste, wirken sich diese Maßnahmen z. B. auf die Einkommensteuer (bei Privatpersonen) sowie Körperschaftsteuer (bei Kapitalgesellschaften) folgendermaßen aus (vgl. auch Kapitel 11.1.7):

2.1 Die Auswirkung auf die Einkommensteuer bei Privatpersonen

Die einkommensteuerrechtliche Behandlung der Sanierungskosten von 210 000 DM:

Instandsetzungskosten	Modernisierungskosten
120 000,– DM	**90 000,– DM**
gemäß EStR 157 i. V. § 255 HGB **steuerrechtlich** (Wir gehen davon aus, dass die Zuordnung der entstandenen Kosten zum Erhaltungs- und Herstellungsaufwand steuerrechtlich unproblematisch ist.)	
= Erhaltungsaufwand	**= Herstellungsaufwand**
Die gesamten 120 000,– DM können gemäß § 9 EStG sofort zu 100 % als Werbungskosten bei den Einkünften aus Vermietung und Verpachtung abgesetzt werden.	Das Gebäude befindet sich seit der Erbauung im Jahre 1900 im Bestand des Eigentümers und ist infolgedessen vollständig abgeschrieben. **Die Modernisierungskosten in Höhe von 90 000,– DM** sind steuerrechtlich **Herstellungsaufwand** (vgl. Kapitel 11.1.5.2) und gemäß § 7 Abs.4 EStG auf die Restnutzungdauer des Gebäudes zu verteilen (vgl. Kapitel 11.1.6.1). Bei einer Restnutzungsdauer nach der Modernisierungsmaßnahme (z. B. gemäß einem Gutachten) von 50 Jahren oder länger beträgt der Abschreibungssatz 2,5 %. Kann man dem Finanzamt gegenüber, z. B. aufgrund eines Gutachtens, eine Restnutzungsdauer von weniger als 50 Jahren belegen, z.B. von 30 Jahren, schreibt man mit 4,17 % entsprechend höher ab.

Instandsetzungskosten	**Modernisierungskosten**
120 000,– DM	**90 000,– DM**
gemäß EStR 157 i.V. § 255 HGB **steuerrechtlich** (Wir gehen davon aus, dass die Zuordnung der entstandenen Kosten zum Erhaltungs- und Herstellungsaufwand steuerrechtlich unproblematisch ist.)	
= Erhaltungsaufwand	= Herstellungsaufwand
	Gemäß §§ 7h und 7i EStG besteht die Möglichkeit, statt der Abschreibung nach § 7 Abs.4 EStG die erhöhten Abschreibungssätze des – **§ 7h EStG** (bei einem Gebäude in einem **Sanierungsgebiet**) oder – **§ 7i EStG** (bei einem **Baudenkmal**) zu wählen. Danach hat man folgende Wahlmöglichkeit: 1. Man schreibt nur die Modernisierungskosten von 90 000,– DM in 10 Jahren zu jeweils 10 % ab (den Erhaltungsaufwand von 120 000,– DM sofort zu 100 %). 2. Man schreibt die gesamten Sanierungskosten von 210 000,– DM in 10 Jahren jeweils zu 10 % ab. (Bei nachträglichen Herstellungsarbeiten an einem Gebäude gemäß § 3 Abs.1 Nr. 1 InvZulG und der Anschaffung eines vom Veräußerer noch zu modernisierenden Gebäudes gemäß § 3 Abs.1 Nr. 2 InvZulG kann der Grundstückseigentümer nur dann eine **Investitionszulage** für dieselben Herstellungsarbeiten beanspruchen, wenn er hierfür **keine erhöhte Absetzungen**, z. B. nach § 7h EStG oder § 7i EStG in Anspruch nimmt [sog. **Kumulationsverbot**]; vgl. auch Themenkreis 11).

Die Privatperson könnte damit im Jahr der Baumaßnahme in der Einkommensteuererklärung folgende Beträge als Werbungskosten unter den Einkünften aus Vermietung und Verpachtung aufführen:

	120 000,– DM	100 % der Instandsetzungskosten gemäß § 9 EStG
+	2 250,– DM	2 $^1/_2$ % (normale) Abschreibung der Modernisierungskosten gemäß § 7 Abs.4 EStG
=	122 250,– DM	insgesamt absetzbar

Bei einem Steuersatz von 51 % und einem Solidaritätszuschlag von 5,5 % im Jahre 2000 beträgt die **Steuerersparnis** 53,805 % (51 % + 2,805 % [= 5,5 % von 51] = 53,805 %) von 122 250,– DM **= 65 777,– DM** (Die Steuerersparnisbeträge können nur grob ermittelt werden. Die Beträge wurden kaufmännisch gerundet).

Auswirkungen der Sanierungsmaßnahme unter Berücksichtigung des Miethöhegesetzes und des Steuerrechts:

Der Grundstückseigentümer hat als Privatperson für eine Sanierungsmaßnahme 210 000,– DM in eine 70 m² große Wohnung investiert.

Mietpreisrechtlich könnte der Grundstückseigentümer möglicherweise eine Mieterhöhung nach § 3 MHG von 2,86 DM/m² um 7,14 DM/m² auf 10,– DM/m² vornehmen, sofern die wirtschaftlichen und rechtlichen Rahmenbedingungen es zulassen. D. h.,

- sofern die Mieter bei modernisierten Altbauten wirtschaftlich eine Miete von 10,– DM/m² akzeptieren,
- sofern nicht bei Inanspruchnahme von staatlichen Mitteln eine Mieterhöhungsobergrenze in der Regel einzuhalten ist.

Zusätzlich muss geprüft werden, wie sich der Sachverhalt auf die Liquidität auswirkt:

Liquiditätsberechnung für die Privatperson im Investitionsjahr (1. Jahr):

angenommene Mieterhöhung nach der Investition (7,14 DM/m² x 70 m² x 12):	5 997,60 DM/p.a.
Steuerersparnis im 1. Jahr (Baujahr):	+ 65 777,– DM/p.a.
Finanzieller Vorteil:	= 71 774,60 DM/p.a.
./. Annuität für das Fremdkapital	./. 17 052,50 DM/p.a.
Einnahmenüberschuss	**= 54 722,10 DM/p.a.**

Für eine Investition in Höhe von 210 000,– DM erhält der Grundstückseigentümer im **1. Jahr:**

ohne Berücksichtigung der Steuerersparnis:		**mit** Berücksichtigung der Steuerersparnis:	
		Steuerersparnis	65 777,– DM
Mieterhöhung	+ 5 997,60 DM	Mieterhöhung	+ 5 997,60 DM
Annuität Fremdkapital	./. 17 052,50 DM	Zinsen	./. 17 052,50 DM
Ausgabenüberschuss	**./. 11 054,90 DM**	**Einnahmenüberschuss**	**54 722,10 DM**
Verzinsung der Investition von 210 000,– DM im 1. Jahr	**keine**	**Verzinsung der Investition von 210 000,– DM im 1. Jahr:**	**28,20 %**

Für eine Privatperson kann es also unter Umständen finanziell attraktiver sein, ein nicht saniertes Objekt zu einem niedrigen Kaufpreis zu erwerben und wegen der Einkommensteuerersparnis selbst sanieren zu lassen, statt ein saniertes Objekt zu einem höheren Kaufpreis zu erwerben. Zusätzlich könnte die Grunderwerbsteuer wegen des geringeren Kaufpreises niedriger sein (Wird der Kaufvertrag über eine renovierungsbedürftige Immobilie abgeschlossen und in zusätzlichen Verträgen mit dem Verkäufer die Renovierung des Gebäudes vereinbart, erhebt das Finanzamt die Grunderwerbsteuer von der Gesamtsumme, d. h. von dem Kaufpreis und den Renovierungskosten. Die Gegenleistung des Verkäufers bestand in diesem Beispiel tatsächlich insgesamt aus einer renovierten Immobilie [vgl. BFH-Urteil vom 07.09.1994, BFH/NV 1995, S. 434]).

Es ist bei dem Ergebnis zu bedenken, dass sich die Verzinsung bereits im 2. Jahr erheblich reduzieren muss, weil die Instandsetzungskosten (120 000,– DM) nicht erneut angesetzt werden können.

– Die Investitionszulage

Da der Grundstückseigentümer in unserem Beispiel nur die normalen Abschreibungen gemäß § 7 Abs.4 EStG vornahm und **keine** erhöhten Absetzungen (z. B. gemäß § 7h EStG9) geltend gemacht hat, kann er nach dem Investitionszulagengesetz für die Sanierungsmaßnahmen noch zusätzlich eine einmalige Investitionszulage gemäß **§ 3 InvZulG** beanspruchen, weil hierzu alle **folgenden Voraussetzungen** erfüllt sind (vgl. auch Kapitel 11.3):

1. Das Gebäude liegt in den neuen Bundesländern bzw. im Ostteil Berlins.
2. Es werden nachträgliche Herstellungsarbeiten bzw. Erhaltungsmaßnahmen ausgeführt.
3. Das Gebäude wurde vor dem 01.01.91 fertig gestellt.

4. Die Räume werden nach Beendigung der Arbeiten mindestens 5 Jahre lang vermietet.
5. Die Arbeiten, wurden in der Zeit vom 01.01.99 bis 31.12.2004 durchgeführt und abgeschlossen.

Im Jahre 2000 wurden in der **Wohnung** nachträgliche Herstellungsarbeiten und Erhaltungsarbeiten für insgesamt 210 000,– DM ausgeführt. Die Investitionszulage berechnet sich folgendermaßen:

Maximal geförderte Modernisierungskosten (70 m^2 x 1 200,– DM)	84 000,– DM
tatsächliche entstandene Modernisierungskosten	210 000,– DM
Ausgangsbetrag	84 000,– DM
./. Selbstbehalt/Bagatellgrenze	./. 5 000,– DM
förderungsfähige Modernisierungskosten	= 79 000,– DM
Bemessungsgrundlage (79 000,– DM) x 15 %	
= Investitionszulage	**= 11 850,– DM**

(Die Investitionszulage gehört gemäß § 9 InvZulG nicht zu den steuerpflichtigen Einnahmen)

Zusammen mit der Steuerersparnis und der Investitionszulage hat der Grundstückseigentümer nach der Sanierungsmaßnahme in Höhe von 210 000,– DM im ersten Jahr folgenden Einnahmenüberschuss:

Die Liquiditätsberechnung für die Privatperson im Investitionsjahr zusammen mit der Steuerersparnis sowie der Investitionszulage (1.Jahr):

angenommene Mieterhöhung nach der Investition (7,14 DM x 70 m^2 x 12)	5 997,60 DM/p.a.
Steuerersparnis im 1. Jahr (Baujahr):	+ 65 777,– DM/p.a.
Finanzieller Vorteil:	= 71 774,60 DM/p.a.
./. Annuität für das Fremdkapital	./. 17 052,50 DM/p.a.
+ Investitionszulage	+ 11 850,– DM/p.a.
Einnahmenüberschuss =	+ 66 572,10 DM/p.a.

Das 2. Jahr nach der Sanierungsmaßnahme:

Die Privatperson könnte im 2. Jahr als Folge aus der Sanierungsmaßnahme in der Einkommensteuererklärung zusätzlich nur folgende Beträge als Werbungskosten unter den Einkünften aus Vermietung und Verpachtung aufführen:

–,– DM	Instandsetzungskosten
+ 2 250,– DM	2 $^1/_2$ % (normale) Abschreibung gemäß § 7 Abs.4 EStG
= 2 250,– DM	insgesamt absetzbar

Bei einem Steuersatz von 51 % und einem Solidaritätszuschlag von 5,5 % beträgt die **Steuerersparnis** 53,805 % von 2 250,– DM = **1 211,– DM.**

Liquiditätsberechnung für die Privatperson im 2. Jahr nach der Sanierungsmaßnahme:

angenommene Mieterhöhung nach der Investition (7,14 DM/m^2 x 70 m^2 x 12):	5 997,60 DM/p.a.
Steuerersparnis im 2. Jahr:	+ 1 211,– DM/p.a.
Finanzieller Vorteil: =	7 208,60 DM/p.a.
./. Annuität für das Fremdkapital	./. 17 052,50 DM/p.a.
Ausgabenüberschuss =	**./. 9 843,90 DM/p.a.**

Ergebnis:

Bereits im 2. Jahr hat die Privatperson keine Verzinsung aus der Investition, sondern einen Ausgabenüberschuss in Höhe von 9 843,90 DM. Diese Betrachtung müsste in der Praxis über die gesamte Restnutzungsdauer eines sanierten Gebäudes fortgesetzt werden, um zu entscheiden, ob sich die Investition rentiert.

2.2 Die Auswirkungen auf die Steuern bei Kapitalgesellschaften

2.2.1 Die Auswirkung auf die Körperschaftsteuer

Instandsetzungskosten 120 000,– DM	**Modernisierungskosten 90 000,– DM**
gemäß EStR 157 i. V. § 255 HGB **steuerrechtlich**	
= Erhaltungsaufwand	**= Herstellungsaufwand**
Das Wohnungsunternehmen muss die gesamten 120 000,– DM als Betriebsausgaben absetzen und darf sie nicht auf mehrere Jahre verteilen, weil die Mietwohnhäuser zum Betriebsvermögen zählen.	Das Gebäude befindet sich seit der Erbauung im Jahre 1900 im Bestand des Wohnungsunternehmens und ist infolgedessen vollständig abgeschrieben. Die Modernisierungskosten sind auf die Restlaufzeit zu verteilen (wie unter 2.1).

Berechnungsbeispiel:

Die Instandsetzungskosten in Höhe von 120 000,– DM und Modernisierungskosten in Höhe von 90 000,– DM wirken sich im Jahr der Baumaßnahme auf die zu zahlende Körperschaftsteuer des Wohnungsunternehmens folgendermaßen aus:

1. Jahr (= Jahr der Sanierungsmaßnahme):

(angenommener) **Gewinn** (im Jahr der Sanierungsmaßnahme) – **vor** Berücksichtigung der **Sanierungsmaßnahme**	500 000,– DM
– **Instandsetzungskosten (120 000,– DM)** (100 % absetzbar)	./. 120 000,– DM
– **Modernisierungskosten (90 000,- DM)** – normale Abschreibung gemäß **§ 7 Abs.4 EStG** **2 1/2 % der Modernisierungskosten**	./. 2 250,– DM
absetzbar insgesamt	**./.122 250,– DM**
Gewinn – **nach** Berücksichtigung der **Sanierungsmaßnahme:**	377 750,– DM

Sofern der Gewinn in Höhe von 500 000,– DM nicht an die Gesellschafter ausgeschüttet wird, beträgt die Körperschaftsteuer im Jahre 2000 in der Regel 40 % (sog. Tarifbelastung) zuzüglich 5,5 % Solidaritätszuschlag. Das Wohnungsunternehmen müsste demnach bei einem Gewinn von 500 000,- DM als Körperschaftsteuer einen Betrag von 200 000,– DM + 11 000,– DM an das Finanzamt überweisen.

Da sich der Gewinn um 122 250,– DM reduziert, mindert sich auch entsprechend die Körperschaftsteuer um 51 590,– DM (48 900,– DM + 2 690,– DM Solidaritätszuschlag):

Gewinn:		Körperschaftsteuer (40 %):	
		(40 %) +	(5,5 %)
(vor Sanierung)	500 000,– DM	**200 000,– DM**	**11 000,– DM**
	./. 122 250,– DM	./. 48 900,– DM	./. 2 690,– DM
(nach Sanierung	= 377 750,– DM	**= 151 100,– DM**	**= 8 310,– DM**

Auch die Kapitalgesellschaft erhält für diese Sanierungsmaßnahme gemäß § 3 InvZulG im 1. Jahr zusätzlich eine **Investitionszulage** in Höhe von **11 850,– DM** (Die Investitionszulage berechnet sich wie oben unter Abschnitt 2.1).

2. Jahr (nach der Sanierungsmaßnahme):

(angenommener) **Gewinn** (im 2. Jahr) – **vor** Berücksichtigung der Sanierungskosten	500 000,– DM
– **Instandsetzungskosten**	–,– DM
– **Modernisierungskosten (90 000,– DM)**	
– (normale) Abschreibung gemäß **§ 7 Abs.4 EStG** **$2^1/_2$ % der Modernisierungskosten**	./. 2 250,– DM
absetzbar insgesamt	**./. 2 250,– DM**
Gewinn – **nach** Berücksichtigung der **Sanierungskosten**	**497 750,– DM**

Da sich der Gewinn um 2 250,– DM reduziert, mindert sich entsprechend die Körperschaftsteuer um 950,– DM (900,– DM + 50,– DM Solidaritätszuschlag):

Gewinn:		Körperschaftsteuer (40 %):	
		(40 %) +	(5,5 %)
(vor Sanierung)	500 000,– DM	**200 000,– DM**	**11 000,– DM**
	./. 2 250,– DM	./. 900,– DM	./. 50,– DM
(nach Sanierung)	= 497 750,– DM	**= 199 100,– DM**	**= 10 950,– DM**

Ergebnis:

Auch bei der Betrachtung der steuerlichen Auswirkung einer Sanierungsmaßnahme bei einem Wohnungsunternehmen zeigt sich, dass die finanziellen Vorteile sich nur im 1. Jahr deutlich zeigen. Sie wirken sich aus in einem Liquiditätsvorteil zu Beginn der Abschreibungszeit. Es ist stets zu bedenken, dass jede Ausgabe, also auch für die Sanierungsmaßnahme, insgesamt nur zu 100 % (= 210 000,- DM) abgeschrieben werden kann. Bekommt er die zu zahlende Steuer bereits im 1. Jahr vom Finanzamt zurück, ist es für den Steuerzahler günstiger als in späteren Jahren, weil er sofort im 1. Jahr mit dem Geld wieder arbeiten kann.

Zu prüfen ist außerdem, ob der Steuerzahler im 1. Jahr überhaupt Gewinne macht. Ein Wohnungsunternehmen, das im 1. Jahr und in den folgenden Jahren bereits aus anderen Quellen mit Verlust arbeitet, zieht aus weiteren Abschreibungen keinen steuerlichen Vorteil. Es wird versuchen, die Verluste in die Zukunft zu verschieben, sofern es möglich ist.

Fragen:

1. Nennen Sie die gesetzlichen Grundlagen für die Instandhaltung und Instandsetzung einer Mietsache.
2. Fassen Sie bitte die Kriterien für Instandhaltung und Instandsetzung zusammen.
3. Welche Kriterien kennzeichnen eine Modernisierung und welche eine Maßnahme zur Energieeinsparung?
4. Sind Schönheitsreparaturen der Instandhaltung oder den Modernisierungsmaßnahmen zuzuordnen? Zählen Sie auf, was zu den Schönheitsreparaturen i. S. der II. Berechnungsverordnung zählt.
5. Wo findet sich eine Definition der „Kleinen Instandhaltungen", und welche Maßnahmen umfassen diese?
6. Nennen Sie die Rechtsfolgen einer Mietermodernisierung für den Mieter und den Vermieter.

8. Was versteht man unter städtebaulichen Missständen nach dem BauGB?
9. Worin liegen die Ursachen für diese städtebaulichen Missstände?
10. Was versteht man unter städtebaulichen Sanierungsmaßnahmen?
11. Welcher Unterschied besteht zwischen einer Modernisierung innerhalb und außerhalb eines förmlich festgelegten Sanierungsgebietes?
12. Welche Sanierungsmaßnahmen führt die Gemeinde selbst aus, und für welche Maßnahmen erstattet sie dem Grundstückseigentümer die entstandenen Kosten?
13. Nennen Sie wesentliche Punkte des organisatorischen Ablaufs einer städtebaulichen Sanierung, die Sie zwei großen Abschnitten zuordnen!
14. Welchen Inhalt hat ein Sozialplan?
15. Mit welchen Mitteln verbessert der Staat für Grundstückseigentümer die Rentabilität von Baumaßnahmen in Sanierungsgebieten?

5.4 Überwachungsaufgaben

Eine entgeltliche Überlassung ist im Regelfall die Voraussetzung für das Vorliegen eines Mietverhältnisses.

Die Abgrenzung zwischen Mietverhältnissen über Wohnraum bzw. Geschäftsräume ist nicht immer einfach, insbesondere bei Mischformen. Die Zuordnung hat jedoch beträchtliche rechtliche Auswirkung. Bei Mietverhältnissen über Geschäftsräume sind die Schutzrechte des Mieters häufig vertraglich ausgeschlossen. Die Schutzbedürftigkeit des Mieters, bei dem eine sozial schwächere Position unterstellt wird, ist bei Geschäftsraummietverhältnissen von untergeordneter Bedeutung.

Als wichtigstes Abgrenzungsmerkmal zwischen Wohnraummietverhältnissen und Geschäftsraummietverhältnissen hat sich aufgrund der Rechtsprechung des Bundesgerichtshofes sowie von Rechtsentscheiden die Überlassung an den Mieter zum eigenen Wohnen entwickelt.

Beispiele für Sonderformen:

Studentenwohnheime, Jugendherbergen, Altenheime.

Die Verpflichtung des Vermieters zur vertragsgemäßen Erhaltung der Mietsache und der daraus resultierenden Pflicht zur Überwachung von Immobilienobjekten ergibt sich aus dem Bürgerlichen Gesetzbuch.

BGB § 536 Der Vermieter hat die vermietete Sache dem Mieter in einem zu dem vertragsgemäßen Gebrauch geeigneten Zustand zu überlassen und sie während der Mietzeit in diesem Zustand zu erhalten.

Eine Überwachungspflicht kann außerdem aus den Grundsätzen einer ordentlichen Geschäftsführung hergeleitet werden (s. a. 5.1.3.6).

5.4.1 Überwachungsaufgaben im kaufmännischen Bereich

Die Beachtung der Grundsätze einer ordnungsgemäßen Geschäftsführung gehört ebenso zu den kaufmännischen Überwachungsaufgaben wie z. B. bei sich gemeinnützig verhaltenden Wohnungsunternehmen die Überwachung des Kostendeckungsprinzips.

5.4.1.1 Überwachung des pünktlichen Mieteingangs

Die Überwachung des pünktlichen Eingangs der Miete ist gleichzeitig die Überwachung der Erfüllung einer der Hauptpflichten des Mieters:

BGB § 535 Der Mieter ist verpflichtet, dem Vermieter den vereinbarten Mietzins zu entrichten.

Hieraus ergibt sich somit die wichtigste kaufmännische Überwachungspflicht.

Die regelmäßige Überwachung des pünktlichen Mieteinganges ist eine Voraussetzung dafür, dass Forderungsausfälle vermieden werden bzw. dass die Verjährung von Miet-
BGB § 197 forderungen gehemmt wird. (Verjährungsfrist 4 Jahre gem. § 197 BGB hinsichtlich des Anspruchs des Vermieters auf Mietzinsrückstand bei Raummiete und Grundstücksmiete.) Diese Überwachung ist um so mehr von Bedeutung, als die Verjährungsfristen im Mietrecht in nicht unerheblichem Umfang verkürzt sind. Beispiel hierfür ist die Verjäh-
BGB § 558 rung in 6 Monaten gem. § 558 BGB. (Ersatzanspruch des Vermieters wegen Veränderung oder Verschlechterung der vermieteten Sache.)

5.4.1.2 Verschiedene Arten von Mahnungen

Welche Form und welche Formulierungen im Rahmen des betrieblichen außergerichtlichen Mahnverfahrens angewandt werden, hängt vom Einzelfall ab. Ziel der Mahnungen ist es, ein gerichtliches Verfahren abzuwenden und damit Zeit und Kosten zu sparen. Die Gestaltung von Mahnungen bewegt sich auf dem schwierigen Pfad zwischen kundenorientiertem, höflichem und firmenimagebildendem Verhalten einerseits und wirtschaftlichen Notwendigkeiten andererseits. Eine Differenzierung zwischen Mahnungen im Bereich der Geschäftsraummietverhältnisse und Wohnraummietverhältnisse ist ebenfalls unumgänglich.

Beispiel für ein gestaffeltes Vorgehen:	
– 1. Schreiben: höfliche Erinnerung	Zahlungserinnerung
– 2. Schreiben: deutliche Zahlungsaufforderung	Abmahnung
– 3. Schreiben: letztmalige Zahlungsaufforderung	Androhung eines Mahnbescheides
– 4. Antrag auf Erlass eines Mahnbescheides beim Amtsgericht	

5.4.1.3 Einhaltung erteilter Auflagen und Genehmigungen

Folgende Verfahren zur Überwachung erteilter Genehmigungen und Auflagen sind denkbar:

– Kontrollen durch Besichtigung
– Einholung einer schriftlichen Bestätigung des Mieters, dass er die Auflage erfüllt bzw. durch beauftragte Dritte erfüllen lässt
– Beauftragung von geeigneten und gegebenenfalls sachkundigen Dritten mit der Überwachung

5.4.1.4 Eigen- und Fremdverwaltung

Ob eine Überwachung selbst oder durch Dritte vorteilhafter ist, hängt u. a. auch von Folgendem ab:

– vorhandene Fach- und Sachkenntnis
– Ortsansässigkeit
– Organisationsaufwand
– Kostenvergleich
– Umfang des zu verwaltenden Immobilienbestandes

5.4.1.5 Zentrale und dezentrale Wohnungsverwaltung

Mit zunehmender Verfügbarkeit von kostengünstigen Kommunikationsmitteln, wie Funkgeräten, Datenübertragungsmöglichkeiten etc., gewinnt die Frage der optimalen Organisationseinheit entscheidende Bedeutung: Ob ein Immobilienbestand zentral oder dezentral verwaltet werden soll. Ein weiterer bedeutender Faktor für diese Entscheidung kann u. U. in der Verfügbarkeit von geeignetem und kostengünstigem Fachpersonal liegen. Absolute Aussagen über die optimale Größe von Verwaltungseinheiten sind nicht möglich. Eine differenzierte Aufteilung von zentral vorgenommenen Verwaltungsfunktionen, die von dezentralem Dienstleistungsangebot ergänzt werden, ist zukunftsweisend.

5.4.2 Überwachungsaufgaben im technischen Bereich

5.4.2.1 Nutzung von Sondereinrichtungen

– Arten von Sondereinrichtungen

Die Konkurrenz bei der Vermietung von Wohn- und Geschäftsräumen nimmt zu – und damit auch die Bedeutung von Sondereinrichtungen, die dem Mieter zur Verfügung stehen.

Beispiele hierfür:

> Waschsalon, Gästewohnung, Partyräume, Jugendtreffs, Sauna, Hallenbad, Bastelräume, Spareinrichtungen, Autowaschmöglichkeiten, Reparaturwerkstätten, Gemeinschaftswerbung bei Geschäftsraummietverhältnissen, Mieterzeitungen, Grillplätze usw.

In der Praxis werden die Begriffe Sondereinrichtungen und Gemeinschaftseinrichtungen teilweise sinngleich verwendet.

– Kosten der Sondereinrichtungen

Entweder bietet der Vermieter dem Mieter diese Sondereinrichtungen als kostenlosen Service, oder es werden ganz oder teilweise kostendeckende Benutzergebühren verlangt. In diesem Fall sind diese Kosten getrennt zu erfassen und abzurechnen. Eine Erfassung sämtlicher Kosten einer Sondereinrichtung über die Betriebsabrechnung empfiehlt sich dringend. Damit wird der Überblick über die Kostenentwicklung nicht aus dem Auge verloren. Gleichzeitig ist hiermit eine saubere Trennung z. B. der Betriebskosten von denjenigen der übrigen Verwaltungseinheit sichergestellt. In regelmäßigen Abständen sollte eine Nutzen/Kostenanalyse von Sondereinrichtungen vorgenommen werden.

Neue Möglichkeiten zeichnen sich durch die schnelle Ausbreitung des Internets ab. Kostengünstige Zugangsmöglichkeiten zum Internet, die der Vermieter zur Verfügung stellt, fördern die Attraktivität von Wohnungen für Mietparteien. Ob diese Kosten für neue Sondereinrichtungen dieser Art den Mietern in Rechnung gestellt werden und nach welchem Berechnungsschema lässt sich noch nicht absehen.

5.4.2.2 Verfahren vom Eingang der Reparaturmeldung bis zur Mängelbeseitigung

Wichtigste Voraussetzung einer ordnungsgemäßen Abwicklung von Reparaturmeldungen ist die genaue Festlegung,

- wer zur Entgegennahme von Reparaturmeldungen und bis zu welcher Höhe berechtigt ist;
- wer zur Vergabe von Reparaturarbeiten berechtigt ist;
- wer die termin- und sachgemäße Durchführung der Reparaturarbeiten überwacht.

Intern ist hierüber im Dienstverteilungsplan o. ä. eine klare Zuordnung der Verantwortung zu treffen. Diese nachvollziehbare, im Regelfall schriftlich niederzulegende Regelung kann u. U. bei der Klärung einer Haftungsfrage im Schadensfall von entscheidender Bedeutung sein. Fehlende Organisationsregelungen muss sich im Zweifelsfalle die Geschäftsführung anlasten lassen.

Extern, d. h. im Verhältnis zum Mieter, muss deutlich erkennbar sein, an wen er sich mit Reparaturmeldungen wenden kann. Es empfiehlt sich bereits bei Beginn des Mietverhältnisses, z. B. mit Aushändigung des Mietvertrages im Rahmen eines „Servicepaketes", diese Informationen dem Mieter in einer solchen Form auszuhändigen, die zu einer längeren, möglicherweise jahrelangen Aufbewahrung geeignet ist. Zusätzlich sollte in regelmäßig wiederkehrenden Abständen ein Hinweis hierüber erfolgen. Eine Mieterzeitung ist ebenfalls dazu geeignet wie auch Anschläge an allgemein zugänglichen Informationstafeln in der Verwaltungseinheit.

Ein zuverlässiges Melde- und Abwicklungsverfahren ist bei Reparaturen unumgänglich, deren Behebung den Sicherheitsbereich betreffen. Es ist Vorsorge zu treffen, dass Störungsmeldungen bei Heizungsausfall während der Heizperiode zum raschen Einsatz von Fachkräften führen. Die Einhaltung von Vorschriften z. B. über die Zeit, die maximal bis zu der Befreiung von eingeschlossenen Personen in Aufzügen vergehen darf, ist durch organisatorische Maßnahmen sicherzustellen.

Neue Formen der Abwicklung von Reparaturmeldungen bis zur Erledigung versuchen den damit entstehenden Verwaltungs- und Kostenaufwand zu minimieren:

- So z. B. ist die pauschalierte Vergabe von Arbeiten eines oder mehrerer Gewerke an Pools denkbar von geeigneten Handwerksfirmen, die im Rahmen von vereinbarten Kostensätzen gemeldete Standardreparaturen ausführen und hierbei zur Einsparung von kostenintensiven erneuten Anfahrten auch vorsorgliche, für den Fachmann erkennbare weitere Reparaturen in der Verwaltungseinheit durchführen.
- Offensichtlich positive Erfahrungen werden von Wohnungsverwaltungen berichtet, die ihren Mietern gestatten, Reparaturmeldungen direkt an vorher festgelegte Handwerksfirmen zu melden. Die Überprüfung und Bestätigung der ordnungsgemäßen Durchführung der Reparatur wird ebenfalls, soweit möglich, dem Mieter übertragen. Der Mieter wird hierdurch stärker als bei anderen Organisationsformen bei der Abwicklung von Reparaturen mit in die Verantwortung genommen. Stichprobenweise ist jedoch eine Überprüfung auch dieses Systems durch die Wohnungsverwaltung unumgänglich. Auf die rechtliche Problematik der Haftung etc. ist besonders zu verweisen, ebenso auf eine sorgfältige juristische Prüfung des Risikoumfanges und etwaigen versicherungstechnischen Absicherungsbedarfes.
- Die Vernetzung beteiligter Datenverarbeitungssysteme zwischen Wohnungsunternehmen/Auftraggeber, Handwerksfirmen/Auftragnehmer und weitere Beteiligten, z. B. Sachversicherungen, werden nicht nur zu einer Beschleunigung der Verfahren beitragen, sondern sich auch kostengünstig auswirken. Eine solche Vernetzung mindert zudem das Fehlerrisiko.

5.4.2.3 Verpflichtungen nach Werk- und Dienstvertrag

– Pflichten und Gegenstand des Werkvertrages

Durch den Werkvertrag wird der Unternehmer zur Herstellung des versprochenen Werkes, der Besteller zur Entrichtung der vereinbarten Vergütung verpflichtet. BGB § 631

Gegenstand des Werkvertrages kann sowohl die Herstellung oder Veränderung einer Sache als ein anderer durch Arbeit oder Dienstleistung herbeizuführender Erfolg sein.

– Pflichten und Gegenstand des Dienstvertrages

Durch den Dienstvertrag wird derjenige, welcher Dienste zusagt, zur Leistung der versprochenen Dienste, der andere Teil zur Gewährung der vereinbarten Vergütung verpflichtet. BGB § 611

Gegenstand des Dienstvertrages können Dienste jeder Art sein.

Übertragen auf das Beispiel „Pflege von Grünanlagen" ergeben sich aus der unterschiedlichen Vertragsgestaltung u. a. folgende Auswirkungen:

– Auswirkungen beim Werkvertrag

Genauer Beschrieb der auszuführenden Arbeiten, z. B. 6–8 Rasenschnitte jeweils auf eine Schnitthöhe von ca. 5–8 cm.

Fest vereinbarte Preise, z. B. je m^2 Rasenfläche erhält der Auftragnehmer ... DM (inkl. Umsatzsteuer).

Nebenarbeiten wie z. B. Zusammenrechen des Schnittgutes, Abtransport, Kompostierung etc. können pauschal im Werkvertrag dem Auftragnehmer übertragen werden. Sei es durch Einschluss der notwendigen Nebenarbeiten in die werkvertragliche Vereinbarung oder durch detaillierte Aufführung dieser Arbeiten.

Die Durchführung dieser Arbeiten ist nicht personengebunden. Damit ist sie unabhängig von Erkrankung, Urlaub etc. der Ausführenden. Dem Auftragnehmer obliegt es außerdem, für die notwendigen Maschinen und Gerätschaften Sorge zu tragen. Das Risiko des Ausfalls einer Mähmaschine obliegt ausschließlich dem Auftragnehmer.

Ob die vereinbarten Preise für die Durchführung von Pflege im Grünbereich kostendeckend sind, ist für den Auftraggeber nicht von Bedeutung.

– Auswirkungen beim Dienstvertrag

Der Auszuführende dieser Arbeiten steht in einem Arbeitsverhältnis zum Auftraggeber. Er wird durch Dienstanweisung beauftragt, bestimmte Arbeiten, z. B. Rasenmähen, Heckenschneiden, auszuführen.

Die Wohnungsverwaltung hat in diesem Falle selbst für Personalvertretung im Krankheits- und Urlaubsfall Sorge zu tragen. Ebenso ist für die notwendigen Maschinen Ersatz vorzuhalten. Ob die Arbeiten im vorgesehenen Zeit- und damit Kostenrahmen durchgeführt wurden, ist im Regelfall erst nach Abschluss der Arbeiten durch eine Betriebsabrechnung zu ermitteln.

Bei saisonbedingten Arbeiten im Bereich der Grünpflege muss bei dienstvertraglicher Organisation das Unternehmen für eine Auslastung des Personals sowie des notwendigen Maschinenparks Sorge tragen.

– Abwägung

Bei der Abwägung, ob die Pflege der Grünflächen werk- oder dienstvertraglich organisiert werden soll, spielen Kostengründe eine ausschlaggebende Rolle. Eine sorgfältige Kostenanalyse, wie sie z. B. im Handel bzw. in Produktionsbetrieben schon lange die Regel ist, wird in zunehmendem Maße auch – selbst bei kleineren Wohnungsverwaltungen – unumgänglich. Die Kosten der Pflege der Grünanlagen sind weitgehend Betriebskosten und somit Teil der Gesamtmiete. Deren Höhe ist jedoch entscheidend für die Vermarktung von Mieteinheiten.

Ein weiterer Gesichtspunkt für die werkvertragliche Vergabe dieser Arbeiten ist der zunehmende Bedarf an Fachwissen. Grünanlagenpflege ist keine „Amateurarbeit". Gesetze und Verordnungen zum Schutze der Umwelt sind zu beachten. Die vielerorts bestehenden „Baumschutzverordnungen" sind, ebenso wie Vorschriften beim Einsatz von Herbiziden und Pestiziden, nur einzelne Beispiele. Verstöße hiergegen können beträchtliche rechtliche Konsequenzen nach sich ziehen. Ein Teil der Mieter ist wie die Öffentlichkeit gegen derartige Verstöße sehr sensibel geworden. Unterlässt es eine Immobilienverwaltung bei der dienstvertraglichen Regelung der Pflege des Grünbereiches für ausreichend ausgebildetes Personal zu sorgen, muss sie sich dies im Zweifelsfall anlasten lassen.
Das am 01.04.1999 in Kraft getretene Gesetz zur Neuregelung der geringfügigen Beschäftigungsverhältnisse hat mit seinen sozialversicherungsrechtlichen, steuerlichen

und arbeitsrechtlichen Änderungen erhebliche Auswirkungen auf die Wohnungswirtschaft. Von Seiten des Wohnungsunternehmens ist sorgfältig auf die Einhaltung der in der Anwendung nicht unkomplizierten Vorschriften zu achten. In zahlreichen Wohnungsgesellschaften und Wohnungsgenossenschaften sind von dieser Neuregelung langjährige nebenamtlich Tätige betroffen, die zum Beispiel Hausmeisterdienste versehen.

5.4.2.4 Kontrolle des Zustandes der Wohnungen

– Wohnungsbegehung und Wohnungs- bzw. Bestandskontrolle

Aus wohnungswirtschaftlicher Sicht sind regelmäßige Wohnungsbegehungen (auch Wohnungsbesichtigungen bzw. Objektbesichtigungen genannt) in die Pflichten einer ordnungsgemäßen Objekt-Bewirtschaftung einzureihen, soweit der Objekteigentümer nicht bereits durch Gesetz oder Verordnung hierzu verpflichtet ist.

Beispiele:
aus dem Arbeits- und Gewerberecht:
– Verordnung über elektrische Anlagen in explosionsgefährdeten Räumen (ElexV)
– Arbeitsstättenverordnung (ArbStättV),
– Unfallverhütungsvorschriften,
aufgrund der Versicherungsbedingungen des Verbandes der Sachversicherer, aufgrund landesrechtlicher Vorschriften:
Beispiel: Bayerische Bauordnung
– Warenhausverordnung,
– Versammlungsstättenverordnung,
– Garagenverordnung,
– Gaststättenbauverordnung,
– Hochhausrichtlinien,
– Baugenehmigungsbescheide.
DIN-VDE-Bestimmungen

Unter anderen bieten auch die Technischen Überwachungsvereine (TÜV) eine Reihe von Prüfdiensten zu Erfüllung dieser Verpflichtungen an.

Darüber hinaus empfiehlt es sich, das Recht des Vermieters zur regelmäßigen Wohnungsbegehung im Mietvertrag zu verankern.

Formulierungsbeispiel für einen Wohnraummietvertrag (aus dem Mustermietvertrag 1976 mit Änderungen unter Mitwirkung des Bundesministeriums der Justiz):

- Der Vermieter oder von ihm Beauftragte dürfen die Mietsache zur Prüfung ihres Zustandes oder zum Ablesen von Messgeräten in angemessenen Abständen und nach rechtzeitiger Ankündigung betreten. Auf eine persönliche Verhinderung des Mieters ist Rücksicht zu nehmen.
- Will der Vermieter das Grundstück/die Eigentumswohnung verkaufen oder ist der Mietvertrag gekündigt, so sind der Vermieter oder von ihm Beauftragte auch zusammen mit Kauf- oder Mietinteressenten berechtigt, die Mietsache an Wochentagen von … bis … Uhr, an Sonn- und Feiertagen von … bis … Uhr nach rechtzeitiger Ankündigung zu besichtigen.

- Bei längerer Abwesenheit hat der Mieter sicherzustellen, dass die Rechte des Vermieters nach 1 und 2 ausgeübt werden können.

> Gründe für eine Wohnungsbesichtigung können sein:
>
> - Überprüfung, ob sich die Wohnung in einem vertragsgemäßen Zustand befindet;
> - Überprüfung, ob der Mieter die vertraglich übernommene Verpflichtung zur Durchführung der Schönheitsreparaturen erfüllt;
> - zum Zwecke der Funktions- bzw. Sicherheitskontrolle der technischen Geräte (z .B. Gasgeräte), die im Eigentum des Vermieters stehen;
> - Kontrolle, ob die Mieträume dem vertraglich vereinbarten Zweck entsprechend genutzt werden (z. B. Wohnraumzweckentfremdung, nicht genehmigte Untervermietung).

Zu beachten sind auf jeden Fall bei Wohnungs- bzw. Objektbegehungen:

- eine rechtzeitige im Regelfall schriftliche Ankündigung;
- genaue Angabe des Termins (z. B. „5. August d. J. um 17.30 Uhr“);
- ausreichende Rücksichtnahme auf Belange des Mieters (z. B. berufliche Abwesenheit, Krankheit);
- die ortsüblichen Besuchszeiten (soweit im Mietvertrag nicht bereits geregelt).

Regelmäßige Wohnungsbegehungen sollten jedoch nicht in erster Linie nur unter dem Gesichtspunkt der „Kontrolle“ gesehen werden. Sie sind ein wirksames Mittel der Kontaktpflege zwischen Vermieter und Mieter. Sie helfen, die Gefahr der Anonymität zu bannen, die u. U. bei großen Wohnungsverwaltungen oder auch bei einem nicht ortsansässigen Vermieter besteht. Dieser wichtige Aspekt einer Betonung der Partnerschaft zwischen Mieter und Vermieter muss jedoch sowohl bei der Ankündigung als auch der ganzen Abwicklung der Wohnungsbegehung zum Ausdruck kommen.

Wohnungsbegehungen ohne Zustimmung bzw. in Abwesenheit des Mieters sind – auch für den Fall, dass der Vermieter einen Schlüssel (bzw. Generalschlüssel) zu den Mieträumen hat – ausschließlich auf den Fall zu beschränken, dass Gefahr im Verzuge ist. Es ist zu empfehlen, z. B. im Falle eines Wasserrohrbruches in vermieteten Räumen, während der Abwesenheit des Mieters diese zur Schadensabwehr nur in Anwesenheit vertrauenswürdiger Dritter (i. d. R. der Polizei) zu betreten. Die Grenze zum Hausfriedensbruch ist eng zu ziehen.

StGB § 123

Für Wohnungsbegehungen ist es angezeigt, erfahrenes und besonders geschultes Personal einzusetzen. Häufig sind Wohnungsbegehungen der einzige persönliche Kontakt zwischen Vermieter und Mieter über lange Zeiträume, insbesondere wenn keine besonderen Probleme Anlass hierzu geben. Deshalb sollen derartige Wohnungsbegehungen einen positiven Eindruck beim Mieter hinterlassen. Andererseits soll auch hierbei ein Augenmerk auf eventuell nicht auf den ersten Blick erkennbare Probleme der Mietpartner gerichtet werden.

Beispiele:

- Vereinsamung eines älteren Menschen wegen fehlender sozialer Kontakte
- Alkohol- oder Drogenprobleme

Werden solche Probleme bei einer Wohnungsbegehung erkannt, sollten im Sinne eines partnerschaftlichen Verhältnisses zwischen Mieter und Vermieter – nicht zu verwechseln mit Überwachung – zahlreich vorhandene Hilfs-Organisationen um Unterstützung gebeten werden. Hierdurch könnte manche menschliche Tragödie, die sich in großen Wohnanlagen mit wenig Nachbarschaftskontakten ereignet, vermieden werden.

Eine Immobilienverwaltung muss durch Terminpläne sicherstellen, dass sowohl die Mieteinheiten als auch die Objekte insgesamt einer regelmäßigen Kontrolle unterliegen. Besonderes Augenmerk ist auf Vollständigkeit der durchgeführten Kontrollen zu legen. Mieter, die sich einer solchen zu entziehen trachten, haben u. U. einen Grund dafür, die Besichtigung der Mieteinheit zu vereiteln. Gerade hier ist Anlass zu besonderer Sorgfalt gegeben.

5.4.2.5 Vor- und Nachteile beim Abschluss von Wartungsverträgen

Typische Bereiche, für die Wartungsverträge geschlossen werden:

- Feuerungs-,
- Wärmeversorgungs-,
- lüftungstechnische Anlagen,
- Gasgeräte,
- Aufzüge,
- Rolltore für Garagenanlagen.

Die allgemeinen Wartungsarbeiten sind i. d. R. Maßnahmen zur Bewahrung des Sollzustandes durch Prüfungs-, Nachstell-, Auswechsel-, Schmier- und Reinigungsarbeiten.

Hierfür werden üblicherweise Pauschalpreise vereinbart, die alle dafür anfallenden Löhne, Fahrt- und Nebenkosten abdecken. Preisanhebungen während der Vertragslaufzeit sind i. d. R. an die branchenbezogene Entwicklung der Lohnkosten geknüpft. Es empfiehlt sich, die im Rahmen des Wartungsvertrages durchzuführenden Arbeiten, einschließlich der notwendigen zeitlichen Wiederholungen, zu detaillieren. Hierbei zu berücksichtigen sind evtl. bestehende Vorschriften.

Anhaltspunkte können evtl. bestehende Muster von Fachverbänden liefern.

Mögliche Vorteile beim Abschluss von Wartungsverträgen:
– Preisvergleich bei genauem Leistungsbeschrieb vor Vergabe der Arbeiten möglich – Haftung nach werkvertraglichem Recht – personenunabhängige Arbeitsdurchführung

Mögliche Nachteile beim Abschluss von Wartungsverträgen:
– Beschränkung ausschließlich auf den vereinbarten Arbeitsumfang – mögliche Abgrenzungsprobleme zur „Störungsbehebung“ und/oder zu Instandsetzungsarbeiten

5.4.2.6 Einrichtung eigener Wartungsdienste

So genannte Regiebetriebe werden insbesondere von größeren Immobilienverwaltungen bevorzugt in folgenden Bereichen unterhalten: Heizung, Sanitär, Elektro und Pflege von Grünanlagen sowie Schneeräumdienst.

Gründe, die für die Unterhaltung von Regiebetrieben sprechen:
– Ortskenntnis der Mitarbeiter – kostengünstige Zusammenfassung von unterschiedlichen Arbeiten, soweit die Mitarbeiter hierfür geeignet sind – zeitlich im Rahmen der Dienstzeit verfügbar – Einsatzmöglichkeit zur Kontrolle von Arbeiten, die von Fremdfirmen im Rahmen von Werkverträgen durchgeführt wurden – Beurteilung von Reparaturmeldungen, deren Umfang, Dringlichkeit sowie die zu erwartenden Kosten, ohne persönliche Interessenlage an zu vergebenden Arbeiten

Mögliche Nachteile:
– Anfälligkeit gegen Ausfall von Mitarbeitern – die zunehmende Kompliziertheit von technischen Anlagen erfordert Spezialkenntnisse, die nur unter erheblichem Kostenaufwand für Fort- und Weiterbildung bei eigenem Personal auf angemessenem Niveau gehalten werden können.

Beim Unterhalt von Regiebetrieben sind handwerksrechtliche Bestimmungen sorgfältig zu beachten. Es ist immer zu prüfen:

Welche Arbeiten bedürfen einer handwerksrechtlichen Qualifikation? Ist diese bei den mit den Arbeiten betrauten Mitarbeiter/innen vorhanden?

5.5 Mieter und Vermieter als Partner

5.5.1 Die Partner bei der Geschäftsraummiete

Bei der Geschäftsraumvermietung ist vom Grundsatz der gleichberechtigten Partner auszugehen. Der Gesichtspunkt des Schutzbedürfnisses eines schwächeren Teils ist unerheblich. Der Mieter von Geschäftsraum ist Kunde eines Vermieters.

5.5.2 Die Partner bei der Wohnraummiete

Im Gegensatz dazu wird bei der Wohnraumvermietung von einem wirtschaftlich schwächeren Partner, dem Mieter, ausgegangen, dem ein wirtschaftlich stärkerer Vertragspartner, der Eigentümer und Vermieter der Wohnung, gegenübersteht. Hieraus ergibt sich ein besonderes Schutzbedürfnis für den Mieter gegenüber dem Vermieter. Der Mieter deckt mit der Anmietung einer Wohnung ein existenzielles Bedürfnis. Ausgenommen den Fall, dass die Einnahmen aus der Vermietung der Wohnung/en seine einzige Einnahmequelle sind, wird eine solche existenzielle Verknüpfung mit der Vermietung beim Vermieter nicht unterstellt.

5.5.2.1 Wohnklimabeeinflussung

Mit einer Wohnklimaverbesserung soll sowohl die Entwicklung eines partnerschaftlichen Verhältnisses zwischen Mieter und Vermieter gefördert, als auch die Identifizierung der Mieter mit der Wohnung und Wohnanlage, die nicht sein Eigentum ist, gefördert werden. Besonders letzterer Gesichtspunkt dient der Minderung von Schäden durch Vandalismus sowie der pfleglichen Behandlung von Gemeinschafts- und Sondereinrichtungen, aber auch der gemieteten Wohnung über die vereinbarte Instandhaltung hinaus.

Bei großen Wohnanlagen hat eine positive Wohnklimabeeinflussung auch das Ziel, die Anonymität der Mieter untereinander zu mindern.

Beispiele für Maßnahmen zur Verbesserung des Wohnklimas:
– Mieterversammlungen, Mieterfeste – Balkonblumenschmuckwettbewerbe – Gratulation des Vermieters zu runden Geburtstagen der Mieter – Treueprämien für langjährige Mieterjubiläen – Mieterzeitungen – Gemeinschaftsveranstaltungen bei Erstbezug von Neubauobjekten – Kaffeenachmittage – Mutter/Kind-Treffen – Vogelnistkastenaktionen – Pflanzaktionen in Wohnanlagen zum Tag des Baumes – sorgfältig ausgewogene Auswahl der Mieter

- zurückhaltende Mietenentwicklung
- Patenschaften für Gartenbereiche
- Mieterbeiräte
- regelmäßig wiederkehrende Mieterversammlungen
- Kummerkasten
- Räumlichkeiten für Partys

Die Kosten für solche Maßnahmen sind im Regelfall relativ gering, der positive Effekt jedoch häufig beträchtlich.

Die Kosten neuer zukunftsweisender Maßnahmen zur Beeinflussung des Wohnklimas wie z. B. Concierge-Dienste sind hingegen nicht unerheblich. Die Finanzierung wird bisher – zumeist unter Verweis auf den Pilotchrakter solcher Maßnahmen – von den Wohnungsunternehmen selbst getragen.

5.5.2.2 Lösungswege zur Vermeidung von Spannungen zwischen Vermieter und Mieter

Das wichtigste Element zur Vermeidung von Spannungen zwischen Vermieter und Mieter ist zweifelsohne der gute Wille zur partnerschaftlichen Zusammenarbeit von beiden Seiten. Bereits der Austausch von Informationen und Argumenten trägt dazu bei, Spannungen nicht aufkommen zu lassen bzw. abzubauen. Ein wichtiger Mittler zwischen Vermieter und Mieter ist der Hausmeister bzw. Hauswart. Im Idealfall ist er mit den Gegebenheiten einer Hausgemeinschaft bestens vertraut und kraft seines Amtes im Stande, Probleme und Schwierigkeiten bereits im Ansatz zu erkennen. Ein kluger Vermieter wird sich vor einschneidenden Entscheidungen wie Modernisierung, Mieterhöhungen, Änderung von Gemeinschaftseinrichtungen etc. sorgfältig mit diesem beraten und ihn in die vorbereitenden Maßnahmen eng einbinden. Er muss ein „Vorwarnsystem" für den Vermieter sein, bei sich anbahnenden Schwierigkeiten und Problemen.

Mieterbeiräte wurden bereits in den 60er- und 70er-Jahren als gewählte Vertretungen der Mieterschaft gegenüber dem Vermieter ins Leben gerufen. Sie sollen als Bindeglied zwischen Mieter und Vermieter insbesondere bei großen Wohnungsverwaltungen im Regelfall ehrenamtlich tätig sein. Ihre Tätigkeit ist meist eingebunden in eine Wahlordnung, in Richtlinien sowie eine Geschäftsordnung, die dem Beirat vom Wohnungsunternehmen gegeben werden. Mieterbeiräte haben üblicherweise kein Mitbestimmungsrecht. Sie haben allenfalls beratende Funktion sowie ein Informations- und Anhörungsrecht über Belange von grundlegender Bedeutung gegenüber der Geschäftsführung bzw. dem Aufsichtsrat. Der Erfolg ihrer Tätigkeit hängt weitgehend von den jeweiligen Funktionsträgern ab.

Eine Zusammenarbeit mit Hilfsorganisationen, sei es im Bereich der Schuldnerberatung oder bei Hilfsbedürftigkeit in persönlichen Notlagen, kann Spannungen zwischen Vermieter und Mieter verhindern oder mindern helfen. Die Erfahrung zeigt, dass derartige Spannungen häufig mit Problemen und Schwierigkeiten in anderen Lebensbereichen einhergehen.

5.5.2.3 Gemeinschaftseinrichtungen

Zu den Gemeinschaftseinrichtungen werden die baulichen Anlagen gezählt, die im Zusammenhang mit den Gewerbe- bzw. Wohnbauten errichtet wurden und den Mietern gemeinschaftlich zur Verfügung stehen bzw. der gemeinsamen Nutzung dienen.

Bei Gewerbeobjekten: Werbeanlagen

Bei Wohnobjekten: Gemeinschaftsantenne, zentrale Heizungsanlage, Müllschlucker, Kinderspielplätze u. a.

Bei Wohnobjekten unterscheidet man zwischen

- Sondereinrichtungen für die Mieterschaft wie z. B. Mieterzeitschriften, Büchereien, Leseräume, Gemeinschaftsräume, Kindergärten u. a., die der Vermieter dem Mieter ohne vertragliche Verpflichtung zur Verfügung stellt, und
- Sondereinrichtungen für die Wohnungsbewirtschaftung wie z. B. Gärtnereibetriebe, Instandhaltungsbetriebe u. a., die der Vertragserfüllung des Vermieters dienen.

5.5.2.4 Mobiliarberatung

Eine Mobiliarberatung sollte im Rahmen der Vermietungsgespräche angeboten werden. Dies gilt insbesondere bei außergewöhnlichen Wohnungszuschnitten, z. B. Maisonette-Wohnungen.

5.5.2.5 Möglichkeiten zur Schlichtung von Mieterstreitigkeiten

Den Möglichkeiten, Streitigkeiten von Mietern untereinander zu schlichten, sind enge Grenzen gesetzt. Nicht selten sind die Ursachen für Streitigkeiten zwischen Mietparteien nur der Ausdruck von Problemen oder Spannungen in anderen Lebensbereichen.

Der Vermieter kann durch eine Einladung zu einer gemeinsamen Aussprache allerdings zumindest die Plattform für Gespräche zwischen „verfeindeten Mietparteien" bieten.

Besondere Vorsicht für den Vermieter ist geboten, wenn verfeindete Mietparteien versuchen, diesen zu bewegen, in ihren Streitigkeiten Partei zu ergreifen. Dies ist z. B. dann der Fall, wenn dem Vermieter angedroht wird, die Miete zu kürzen, wenn von ihm nicht Sanktionen gegen die andere Mietpartei verhängt werden.

Fragen:

1. Obliegt die Pflicht zur vertragsmäßigen Erhaltung der vermieteten Sache dem Vermieter oder dem Mieter?
2. Woraus ergibt sich diese Verpflichtung?
3. Nennen Sie eine der wichtigsten Voraussetzungen zur Vermeidung von Mietausfällen.
4. Welche Faktoren bestimmen u. a., ob Überwachungsaufgaben im kaufmännischen Bereich besser selbst oder von Dritten vorgenommen werden sollten?
5. Nennen Sie die wesentlichen Merkmale eines „Werkvertrages" und eines „Dienstvertrages".
6. Nennen Sie einige Gründe für eine Wohnungsbesichtigung.
7. Welche typischen Bereiche für den Abschluss von Wartungsverträgen gibt es in der Grundstücks- und Wohnungswirtschaft?
8. Welche Maßnahmen des Vermieters können zur Verbesserung des Wohnklimas beitragen?

5.6 Erhöhung der Miete

Sowohl die erstmalige Festsetzung der Miete als auch ihre spätere Änderung unterliegen der Festsetzung durch die Vertragsparteien. Diese Grundregel gilt jedoch nicht uneingeschränkt.

5.6.1 Erhöhung der Geschäftsraummiete

Die vereinbarte Miete kann grundsätzlich nicht für die Dauer des Mietvertrages auch nicht wegen einer Modernisierung geändert werden, es sei denn aufgrund eines Gesetzes oder wegen Wegfalls der Geschäftsgrundlage.

Beispiel:

> Anspruch auf Änderung der Miete wegen Änderung des USt.-Satzes (§ 29 UStG)

Um trotzdem zu einer Mieterhöhung zu kommen, kann der Vermieter versuchen, den Mieter dazu zu bewegen, mit ihm eine Vereinbarung über eine Mieterhöhung zu treffen. Dies ist jederzeit möglich, es müssen hierzu alle Mieter und Vermieter bzw. deren Vertreter mitwirken.

Der Vermieter könnte aber auch eine Änderungskündigung aussprechen, verbunden mit dem Angebot, einen neuen Mietvertrag auf einem höheren Mietniveau mit dem Mieter abzuschließen.

Dies ist jedoch dann nicht möglich, wenn das Mietverhältnis nicht gekündigt werden kann, weil es z. B. auf eine bestimmte Dauer abgeschlossen ist.

Sowohl die Mietänderungsvereinbarung als auch die Änderungskündigung sind keine in jedem Fall wirkenden Mieterhöhungsinstrumente. Um eine sichere Basis für Mieterhöhungen zu schaffen, ist die Möglichkeit zukünftiger Mieterhöhungen bereits beim Abschluss des Vertrages zu vereinbaren.

– Mieterhöhungsvereinbarungen bei Mietvertragsabschluss

- **Vereinbarung einer Staffelmiete** (s. auch Staffelmiete für Wohnraum)

  Die Staffelmietvereinbarung legt fest, in welchem Umfang sich die Miete zu bestimmten Zeitpunkten erhöht.

  Beispiel:

  Miete ab 1.4.1992: 1.000,– DM monatlich
  Miete ab 1.4.1993: 1.200,– DM monatlich
  Miete ab 1.7.1995: 1.400,– DM monatlich

  Die einzelnen Änderungen können sowohl in Veränderungsbeträgen, neuen Endbeträgen oder in Prozentsätzen ausgedrückt werden.
  Die vereinbarten Änderungen des Mietzinses sind zu den festgelegten Zeitpunkten automatisch wirksam.

- **Vereinbarung eines Leistungsvorbehalts**

  Hierunter versteht man eine Vereinbarung, die den Vermieter zur Mietänderung berechtigt, wenn ein bestimmter Zeitraum abgelaufen ist oder die vereinbarte Bezugsgröße sich geändert hat.

  Die Höhe der Mietänderung ist damit aber noch nicht festgelegt. Dies muss erst noch bestimmt werden.

Beispiel:

Es wird vereinbart, dass beide Mietvertragsparteien eine Mietänderung verlangen können, wenn sich der Lebenshaltungskostenindex um mehr als 8 % geändert hat. Damit ist die Veränderung der Bezugsgröße lediglich der Anlass für die Mietänderung, die Höhe der Veränderung wird jedoch nicht durch das Ausmaß der Veränderung der Bezugsgröße bestimmt.
Die Höhe der Änderung kann im Verhandlungswege oder nach billigem Ermessen festgesetzt werden. Möglich wäre auch die Festsetzung der Mietveränderung durch einen Schiedsgutachter.

- **Vereinbarung einer Spannungsklausel**
Spannungsklauseln legen eine Bezugsgröße fest, deren Veränderung nicht nur der Anlass für die Mietänderung ist, sondern auch das Ausmaß der Mietänderung diktiert.
Als Bezugsgröße müssen Maßstäbe dienen, die zur Miete gleichartig bzw. mit ihr vergleichbar sind.

Beispiel:

Als Wertmesser wird die Garagenmiete einer auf demselben Grundstück gelegenen Garage bestimmt. Im Maße der prozentualen Veränderung dieser Garagenmiete soll sich auch die Garagenmiete ändern, auf die sich die Spannungsklausel bezieht.

- **Vereinbarung einer Preisklausel**
Preisklauseln binden die Veränderung des Mietzinses an die Änderung bestimmter Kostenelemente des Mietobjekts.
Der Umfang der Miete ändert sich dabei im gleichen Maße wie die Kostenelemente, an die er gebunden ist. Ist nur eine anteilige Änderung vereinbart, spricht man von einer Kostenelementklausel.

Beispiel:

Es ist vereinbart, dass sich die Miete im Maße der Änderung der Kapitalkosten, die für das Mietobjekt anfallen, ändern soll.

- **Vereinbarung einer Umsatz-, Gewinnbeteiligungsklausel**
Die Höhe des Mietzinses wird an den Umsatz oder den Gewinn des Geschäfts des Mieters gebunden.
Es ist auch möglich, die Umsatzmiete mit der Vereinbarung einer Mindestmiete zu koppeln, wie man sie auch nach oben durch Vereinbarung einer Höchstmiete begrenzen kann.

Beispiel:

Die Monatsmiete erhöht sich ab Januar um den Prozentsatz um den sich der Umsatz des Mieters im vorangegangenen Jahr gegenüber dem Vorjahr erhöht hat.

- **Vereinbarung einer Wertsicherungsklausel**
Wertsicherungsklauseln legen eine Bezugsgröße fest, durch die die Höhe der Mietänderung **automatisch** bestimmt wird. Der als Bezugsgröße festgelegte Wertmesser ist zur Miete nicht gleichartig und auch nicht vergleichbar.

Beispiel:

Die Miete erhöht sich ab 1.7. eines Jahres um den Prozentsatz um den sich der von Statistischen Bundesamt veröffentlichte Index der Lebenshaltungskosten aller privaten Haushalte (Basis 1980 = 100) gegenüber dem Stand vom 1.7. des Vorjahres geändert hat.

Die Mieterhöhung braucht nicht angefordert zu werden. In Verzug kommt der Mieter jedoch erst nach Anforderung der Mieterhöhung mit Fristsetzung.

Ist vereinbart, dass sich die Miete entsprechend der Indexänderung ändern soll, so ist im Zweifel der Index für die Lebenshaltung aller privaten Haushalte gemeint.

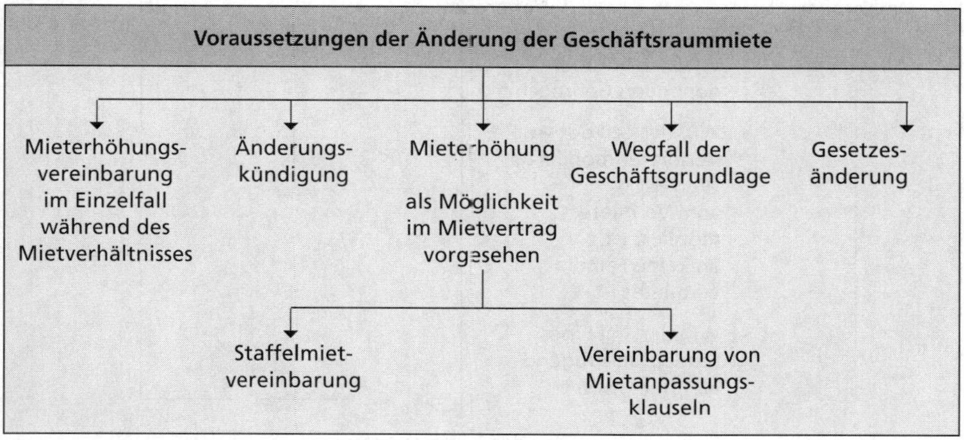

5.6.2 Mieterhöhung bei preisfreiem Wohnraum

5.6.2.1 Grundsatz

Eine Kündigung des Mietvertrages über Wohnraum, der dem Geltungsbereich des Miethöhegesetzes unterliegt, ist zum Zwecke der Mieterhöhung nicht möglich, jedoch bei Geschäftsraummietverhältnissen (s. o.).

Ebenso wie bei Geschäftsraummietverhältnissen ist aber eine Mieterhöhung im Wege der Mieterhöhungsvereinbarung möglich. Bedingungen hierfür sind, dass diese Vereinbarung während der Laufzeit getroffen wird (nicht bereits bei Abschluss des Mietvertrages für die Zukunft), sich auf eine einzelne Mieterhöhung bezieht, die der Höhe nach bestimmt ist und § 5 WiStG beachtet. Die so individuell vereinbarte Mieterhöhung fällt WiStG § 5
dann nicht unter das Mieterhöhungsverfahren und die Erhöhungsgrenzen des Miethöhegesetzes; es kann also eine Miete über der ortsüblichen Miete vereinbart werden.

Das Miethöhegesetz ermöglicht dem Vermieter allerdings, eine Erhöhung der Miete im Rahmen des bestehenden Mietvertrages zu verlangen.

Dieses Recht hat der Vermieter nicht, wenn die Möglichkeit der Mieterhöhung vertraglich ausgeschlossen ist oder sich der Ausschluss aus den Umständen ergibt.

Beispiele:

Die Laufzeit eines Mietvertrages ist auf vier Jahre festgelegt.
Diese Festlegung stellt einen Umstand dar, aus dem gefolgert werden darf, dass eine Mieterhöhung während der Dauer des Mietvertrages nicht möglich sein soll. Will der Vermieter dieses Ergebnis vermeiden, muss er im Mietvertrag klarstellen, dass Mieterhöhungen trotz der festen Laufzeit des Vertrages möglich sein sollen.
Der Vermieter will die Miete erhöhen. Im unbefristeten Mietvertrag findet sich kein Hinweis über die Möglichkeit der Mieterhöhung. Das Fehlen einer Mieterhöhungsklausel stellt für sich alleine keinen Umstand dar, aus dem geschlossen werden kann, dass Mieterhöhungen nicht möglich sein sollen; die Miete kann also erhöht werden.

5.6.2.2 Anwendungsbereich des Miethöhegesetzes

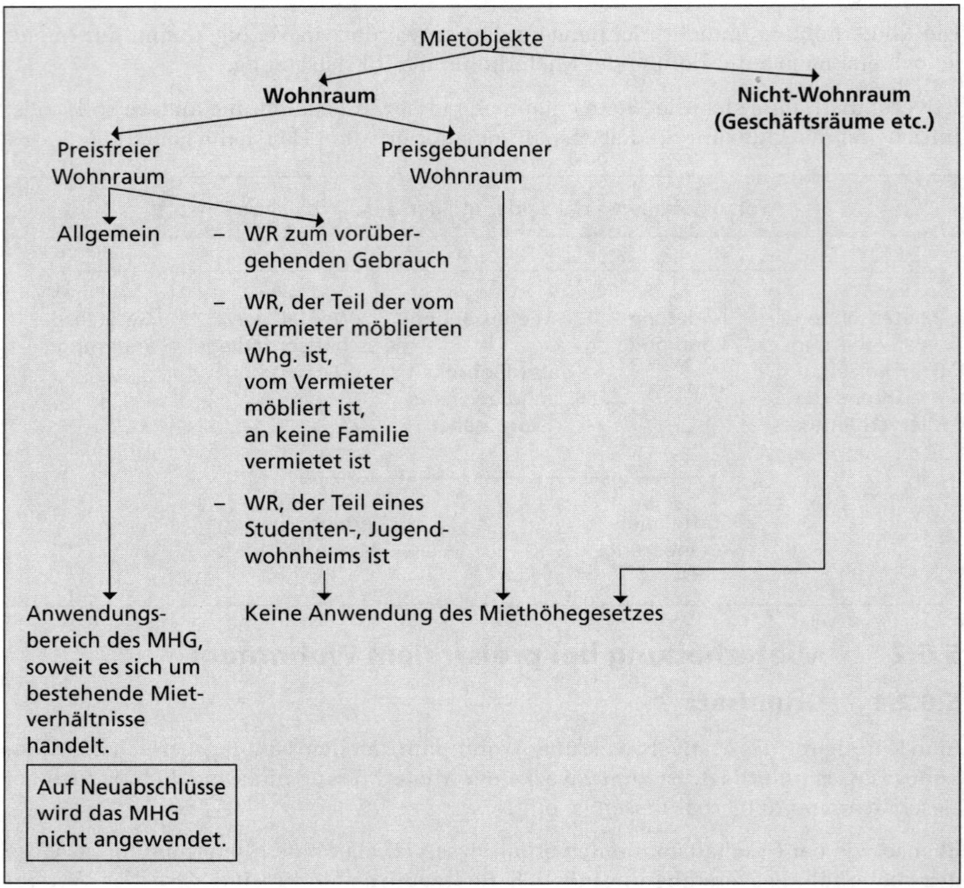

5.6.2.3 Abdingbarkeit der §§ 1–9 Miethöhegesetz

MHG §10 Abs.1 Vereinbarungen, die zum Nachteil eines Mieters von den §§ 1–9 MHG abweichen, sind unwirksam.

Beispiel:

Ausschluss des außerordentlichen Kündigungsrechts des Mieters anlässlich einer Mieterhöhung zur Anpassung der Miete an die höhere ortsübliche Miete.

5.6.2.4 Mieterhöhung bis zur ortsüblichen Miete

– Voraussetzung für den Anspruch auf Zustimmung zur Mieterhöhung

Beachtung der üblichen Mietentgelte	Einhaltung der 1-jährigen Wartefrist	Beachtung der Kappungsgrenze

Der Vermieter kann vom Mieter die Zustimmung zur Mieterhöhung verlangen, wenn

- der verlangte Mietzins zum Zeitunkt der Zustellung des Erhöhungsverlangens die üblichen Entgelte nicht übersteigt, die in der Gemeinde oder vergleichbaren Gemeinden für nicht preisgebundenen Wohnraum vergleichbarer Art, Größe, Ausstattung, Beschaffenheit und Lage in den letzten 4 Jahren vereinbart oder geändert worden sind.

  Beispiel:

  Die letzte Mieterhöhung zur Anpassung der Miete an die ortsübliche Miete vergleichbaren Wohnraums war vor 10 Jahren. Die Miete beträgt seither unverändert 10,– DM/m². Die ortsübliche Miete beträgt 11,– DM/m², die Wohnung könnte derzeit an Interessenten für 13,– DM/m² vermietet werden. Die zulässige Mieterhöhung liegt bei 1,– DM/m² auf 11,– DM/m².

- die Miete von Erhöhungen nach den §§ 3–5 MHG abgesehen seit einem Jahr unverändert ist (d. h. für Mieterhöhungen nach §§ 3–5 MHG ist diese Wartezeit **nicht** zu beachten). Die einjährige Wartefrist beginnt grundsätzlich mit der Wirksamkeit der vorangegangenen Mieterhöhung, bei Neuabschluss des Mietvertrages mit Beginn des Mietverhältnisses. Die Wartefrist endet mit dem Ablauf des Jahres.

  Beispiel:

↑←	**1-jährige Wartefrist**	→↑	Zeit
01.04. 99 Beginn des MV/ Beginn der Wirksamkeit der Mieterhöhung nach § 2 MHG		**31.03.00** Ende der Wartefrist mit Ablauf des 31.03.	

Das Erhöhungsverlangens darf dem Mieter erst nach Ablauf des Jahres zugehen; ein vor Ablauf des Jahres zugehendes Mieterhöhungsverlangen führt zur Unwirksamkeit der Mieterhöhung.

Beispiel:	Fall 1	Fall 2
Eintritt der Wirksamkeit der letzten Mieterhöhung gemäß § 2 MHG	01.04.99	01.04.99
Zeitpunkt des **Zugangs** des Mieterhöhungsverlangens nach § 2 MHG	**01.04.00**	**28.03.00**
Im Erhöhungsschreiben genannter Wirksamkeitszeitpunkt der Mieterhöhung gem. § 2 MHG	01.07.00	01.07.00

Mieterhöhung im **Fall 2 unwirksam** wegen verfrühten Zugangs des Mieterhöhungsverlangens beim Mieter

• der Mietzins, von Erhöhung nach den §§ 3–5 MHG abgesehen

sich innerhalb von 3 Jahren um nicht mehr als 30 % erhöht gegenüber dem Mietzins der 3 Jahre vor dem Wirksamkeitszeitpunkt des Erhöhungsverlangens gegolten hat auch dann, wenn dieses Mietniveau durch Erhöhungen nach §§ 3–5 MHG erreicht wurde.

Beispiel:

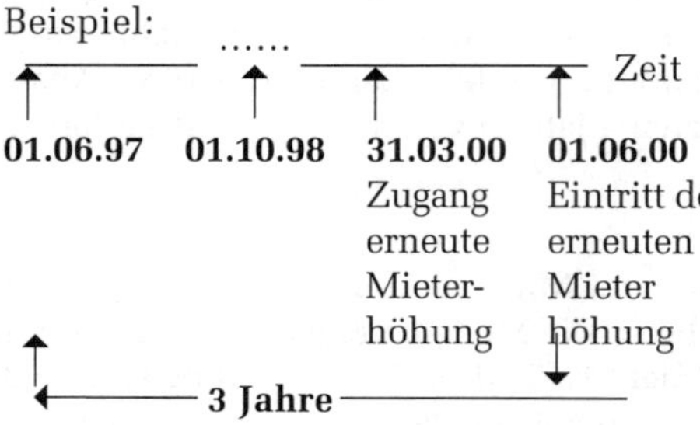

01.06.97
Die zu diesem Zeitpunkt geltende Miete ist die Basis für die Berechnung der 30%-igen Kappungsgrenze.

Beispiel:
Die Miete beträgt am 01.06.97: 1.000,– DM
Mit Wirkung 01.10.98 wurde die Miete gemäß § 2 MHG um 100,– DM auf 1.100,– DM erhöht. Mit Wirkung 01.06.00 soll die Miete erneut gemäß § 2 MHG erhöht werden. Die Miete kann um 200,– DM auf 1.300,– DM erhöht werden.

Beispiel:
Die Miete beträgt am 01.06.97: 1.000,– DM
Mit Wirkung 01.02. 00 ist die Miete gemäß § 3 MHG um 200,– DM auf 1.200,– DM erhöht worden. Die Miete kann gemäß § 2 MHG nach folgender Formel erhöht werden:

Kappungsgrenze = Ausgangswert + 30 % + Mieterhöhungen nach §§ 3–5 MHG, die innerhalb des 3-Jahres-Zeitraums stattgefunden haben.

Die mögliche Mieterhöhung beträgt demnach: **1.000,– DM** + 300,– DM + 200,– DM = **1.500,– DM**

Verbindung zwischen Gebot der Beachtung der Kappungsgrenze und dem Gebot der Beachtung der ortsüblichen Miete: Es gibt neben der Kappungsgrenze noch eine weitere B**egrenzung der Mieterhöhung** nämlich die **ortsübliche** Miete (s. o.).

Diese darf durch eine Mieterhöhung gemäß § 2 MHG **nicht** überschritten werden.

Aussetzung der Kappungsgrenze:
Fällt die Wohnung aus der Preisbindung, fällt auch die für die Wohnung ggf. vom Mieter zu zahlende Fehlbelegungsabgabe weg. Die Mieterhöhung innerhalb der Kappungsgrenze kann u. U. den Vorteil des Mieters aus dem Wegfall der Fehlbelegungsabgabe nicht wettmachen, so dass der Mieter nun weniger Miete bezahlt als ihn vorher die Summe aus Miete und Fehlbelegungsabgabe belastet hat.
Um dies zu verhindern, wird die Kappungsgrenze ausgesetzt. Der Vermieter kann dadurch die Miete bis maximal zur ortsüblichen Miete erhöhen auch wenn der Erhöhungsbetrag die bisherige Miete um mehr als 30 % verändert.

Beispiel:
Ortsübliche Miete 15,– DM/m², vom Mieter zum Zeitpunkt des Wegfalls der Preisbindung zu zahlende Miete 7,– DM/m², vom Mieter zu zahlende Fehlbelegungsabgabe 7,– DM/m², ergibt eine zulassige Mieterhöhung um 7,– DM/m² auf 14,– DM/m².
Liegt die ortsübliche Miete bei 12,– DM/m² ergibt sich eine Mieterhöhung um 5,– DM/m² auf 12,– DM/m². Der Vermieter hat gegenüber dem Mieter das Recht, von ihm Auskunft über die Höhe der Fehlbelegungsabgabe zu verlangen. Wird die Auskunft vom Mieter nicht rechtzeitig gegeben, darf der Vermieter den Höchstbetrag der Fehlbelegungsabgabe (gemäß dem Gesetz zum Abbau der Fehlsubventionierung im Wohnungswesen) unterstellen.

Beispiel:

	Fall 1	Fall 2
Seit 5 Jahren unveränderte Miete	1.000,– DM	1.000,– DM
Ortsübliche Miete	**1.100,– DM**	**1.400,– DM**
Mögliche Mieterhöhung gem. § 2 MHG **um**	100,– DM	300,– DM
auf	1.100,– DM	1.300,– DM

- **Anpassung der Miete nach Modernisierung der Wohnung bei Inanspruchnahme von Finanzierungshilfen**

Will der Vermieter nach durchgeführter Modernisierung die Miete erhöhen, kann er dies auf der Grundlage von § 2 MHG tun. Hat er für die Modernisierung Finanzierungshilfen der öffentlichen Hand oder von Seiten des Mieters erhalten, so hat er diese vom Jahresbetrag der ortsüblichen Miete, auf deren Niveau die Miete erhöht werden soll, abzuziehen.

Beispiel:

Die ortsübliche monatliche Miete für die 100 m²-Wohnung im modernisierten Zustand beträgt 7,– DM/m² das bedeutet eine ortsübliche	700,– DM mtl.	
Jahresmiete von		**8.400,– DM**
Die bisherige Miete für die Wohnung im unmodernisierten Zustand beträgt 5,00 DM/m²	500,– DM mtl.	
Für die Wohnung wurden Modernisierungskosten in Höhe von 30.000,– DM aufgewendet. Dieser Betrag wurde mit 5.000,– DM aus öffentlichen Mitteln bezuschusst. Die ortsübliche Jahresmiete von 8.400,– DM jährlich ist nun **um 11 % des Zuschussbetrages zu kürzen**		– 550,– DM
Des Weiteren wurde die Modernisierung mit einem verbilligtem Darlehen zu einem Zinsatz von 1 % bei einem Marktzins von 6,5 % in Höhe von 8.000,– DM finanziert. Die ortsübliche Jahrsmiete von 8.400,– DM ist **um den Betrag der Verbilligung der Finanzierung** = 5,5 % von 8000,– DM **zu kürzen**		– 440,– DM
Daraus ergibt sich eine reduzierte ortsübliche Jahresmiete für die modernisierte Wohnung von		**7.410,– DM**
Dies ergibt eine reduzierte monatliche ortsübliche Miete für die modernisierte Wohnung von	617,50 DM mtl.	
Mieterhöhung möglich von 500,– DM um 117,50 DM auf	**617,50 DM mtl.**	

- **Nachholung des Erhöhungsverlangens**

Ist einer Klage auf Zustimmung zur Mieterhöhung kein wirksames Erhöhungsschreiben vorausgegangen, so kann der Vermieter das Erhöhungsverlangen im Rechtsstreit nachholen. Die Nachholung ist nichts anderes als ein neues Mieterhöhungsverlangen. Sämtliche Fristen (z. B. Überlegungsfrist des Mieters) beginnen erneut zu laufen. Der Vermieter hat keinen Anspruch auf den erhöhten Mietzins für die Zwischenzeit, falls der Mieter jetzt dem erneuten Mieterhöhungsverlangen zustimmt.

– Form und Begründung des Anspruchs auf Zustimmung zur Mieterhöhung

Der Vermieter hat seinen Erhöhungsanspruch schriftlich geltend zu machen und zu begründen.

Das Schriftformerfordernis erstreckt sich grundsätzlich auch auf die Begründung des Mieterhöhungsverlangens. Besteht das Mieterhöhungsverlangen mit Begründung aus mehreren Blättern, so muss deren Zusammengehörigkeit erkennbar gemacht werden, z. B. durch Verweis **in** der Erhöhungserklärung **auf** beigefügte Anlagen. Erstellt der Vermieter das Erhöhungsverlangen mithilfe „automatischer" Einrichtungen, so muss dieses **nicht eigenhändig** unterschrieben sein, der Handelnde muss jedoch erkennbar bleiben.

Beispiel:

Das Erhöhungsschreiben ist folgendermaßen abgeschlossen: gez. Josef Müller

Die Erhöhungserklärung mittels Telefax erfüllt nicht die vorgeschriebene Form.

Der Zugang der Mieterhöhungserklärung muss vom Vermieter eindeutig nachgewiesen werden können, hierfür gibt es (ohne Einschaltung eines Anwalts) folgende Möglichkeiten:

Einwurf des Erhöhungsverlangens in den Briefkasten des Mieters, hierbei sollte ein Zeuge zugegen sein, der den Inhalt des Schreibens zuvor zur Kenntnis genommen hat (dokumentiert durch Unterschrift des Zeugen auf der Kopie des Erhöhungsschreibens). Das Schreiben sollte nicht direkt an den Mieter in dessen Wohnung ausgehändigt werden.	Zustellung durch den Gerichtsvollzieher

Das Mieterhöhungsschreiben **muss** mindestens enthalten:
- als **Absender** den/die Namen der Vermieter (lt. Mietvertrag bzw. Grundbuch), ein Vertreter muss auf das Vertretungsverhältnis hinweisen (der Name der Vermieter sollte zusätzlich angegeben werden)
- als **Empfänger** die Namen des/der Mieter/s (lt. Mietvertrag)
- die **Ausgangsmiete** und den **Erhöhungsbetrag** oder den Endbetrag
- die Aufforderung zur Abgabe der **Zustimmungserklärung** zur Mieterhöhung
- die **Begründung**, warum die neue Miete ortsüblich ist.

Weitere **nicht zwingende** aber sinnvolle Angaben im Mieterhöhungsschreiben:
- Zeitpunkt der Erhöhung
- Begründung der Einhaltung der Kappungsgrenze
- Hinweis auf eingehaltene Wartefrist
- neue Miete/m^2 um bei einer Begründung mittels Mietspiegel oder Vergleichswohnungen eine Vergleichsbasis zu haben

Anlagen zur Erhöhungserklärung können z. B. sein:
- ggf. Vollmacht grundsätzlich im Original (es sei denn die Vollmacht ist z. B. bereits im Mietvertrag enthalten).
- Begründungsmittel (Sachverständigengutachten in einfacher Kopie bzw. Auflistung der Vergleichswohnungen, Mietspiegel (dieser muss nicht unbedingt beigefügt werden, wenngleich dies sinnvoll ist)

Das Erhöhungsverlangen muss begründet werden. Ausgangsbasis, auf die sich die Begründung stützt, ist die ortsübliche Vergleichsmiete.

Im MHG sind **beispielhaft** folgende Begründungsmittel genannt:

Mietspiegel
Der Vermieter kann sich zur Begründung auf eine Übersicht über die Entgelte in der Gemeinde oder in vergleichbaren Gemeinden (Mietspiegel) stützen. Diese Übersicht muss von der **Gemeinde** oder von **Interessenvertretern** der Vermieter und der Mieter gemeinsam erstellt oder anerkannt sein.

Sachverständigengutachten
Das Gutachten muss von einem öffentlich bestellten oder vereidigten Sachverständigen erstellt sein. Die Kosten hierfür liegen bei ca. 1.000,– DM. Diese hat der Vermieter aufzubringen, sie sind nicht erstattungsfähig

Vergleichswohnungen
Die Vergleichswohnungen müssen überwiegend hinsichtlich Ausstattung, Art, Lage im Haus, Baualtersklasse, Wohnlage, Größe mit der Wohnung übereinstimmen, deren Miete erhöht werden soll. Die Vergleichswohnungen dürfen auch aus dem **eigenen** Bestand kommen. Folgende Angaben zu den genannten **mindestens 3** Wohnungen sind notwendig und müssen im Erhöhungsschreiben enthalten sein:
- Bezeichnung der Wohnungen nach Anschrift (möglichst in der selben Gemeinde) und Lage im Haus, so dass sie auffindbar sind
- Als Angaben zur Vergleichbarkeit: die Miete/m^2 oder die Grundmiete i. V. m. der Wohnfläche, die Mietstruktur
- Miethöhe der genannten Vergleichswohnungen

Darüber hinaus kann das Mieterhöhungsverlangen auch mit **anderen** Mitteln begründet werden, wenn diese konkrete Rückschlüsse auf die übliche Miete erlauben und die Angaben darin nachprüfbar sind.
Beispiel:
Heranziehung einer Gerichtsentscheidung, die das allgemeine Mietniveau vergleichbaren Wohnraums aufzeigt.

Im Prozess kann sich jedoch das Gericht zum Beweis der Höhe der ortsüblichen Miete auch eines anderen Begründungsmittels, als dies der Vermieter getan hat, bedienen.
Beispiel:
Vermieter argumentiert mit den höheren Mieten von 3 Vergleichswohnungen. Das Gericht stützt sich zur Feststellung der ortsüblichen Vergleichsmiete auf ein Sachverständigengutachten.

Ist das Mieterhöhungsverlangen mangelhaft, weil Wartefristen, Form- und Begründungserfordernisse nicht beachtet wurden, ist es nichtig.

Das Erhöhungsverlangen kann wiederholt werden.

Mietspiegel 2000

Stadt Landshut:

A. Allgemeine Erläuterungen zum Mietspiegel 2000 der Stadt Landshut

Dieser Mietspiegel wurde im Auftrag der Stadt Landshut erstellt. Ein öffentlich bestellter und vereidigter Sachverständiger für Grundstücks- und Gebäudebewertung und das Amtsgericht Landshut haben beratend mitgewirkt.

Mit der Datenerhebung und der wissenschaftlichen Ausarbeitung des Mietspiegels war ... beauftragt.

Rechtliche Grundlagen

Der Mietspiegel ist gemäß § 2 Abs. II S. 2 des Gesetzes zur Regelung der Miethöhe (MHG) eine Übersicht über die ortsübliche Vergleichsmiete und gibt Auskunft über das allgemeine Mietpreisgefüge in der Stadt Landshut. Die Grundlage für die Erstellung des Mietspiegels bilden die Bestimmungen des 4. Mietrechtsänderungsgesetzes. Mit der Mietspiegelerstellung kommt Landshut der Erfüllung des § 2 Abs. V S. 1 MHG nach.

Die nach anerkannten statistischen Verfahren ermittelten Vergleichsmieten dienen nicht der Mietpreisfestsetzung, sondern sollen die eigenverantwortliche Mietpreisbildung erleichtern, zur Versachlichung von Mietpreisauseinandersetzungen beitragen und Gerichtsverfahren zwischen den Mietvertragsparteien möglichst vermeiden. Gemäß § 2 MHG Abs. II kann der Mietspiegel neben Vergleichsobiekten und Sachverständigengutachten zur Begründung einer Mietpreiserhöhung herangezogen werden.

Geitungsbereich des Mietspiegels

Der Mietspiegel gilt ausschließlich für nicht preisgebundene Mietwohnungen des frei finanzierten Wohnungsbaus. Er gilt insbesondere nicht für

- Wohnungen des öffentlich geförderten sozialen Wohnungsbaus,
- gewerblich und eigengenutzte Wohnungen,
- Wohnungen, die Teil eines Jugendwohn-, Studentenwohn-, Alten-(pflege)- oder eines sonstigen Heimes sind,
- Dienst- oder Werkswohnungen,
- Wohnungen, die nur vorübergehend vermietet sind (z. B. Ferienwohnungen).
- ganz oder überwiegend möbliert vermietete Wohnungen,
- Wohnungen, die vollständig untervermietet sind.

Datengrundlage

Der Mietspiegel basiert auf Mietdaten, die im Rahmen einer Zufallsstichprobe von ca. 3.500 Wohnungen im Juni/Juli 1999 zum Zweck der Mietspiegelerstellung im Stadtgebiet Landshut durch eine mündliche Befragung bei Haushalten erhoben wurden. Ausgewertet werden konnten knapp 1.000 mietspiegelrelevante Mietobjekte nach Maßgabe der Bestimmungen des MHG. Zum Abgleich wurde zusätzlich Datenmaterial herangezogen, das für die gleichzeitige Erstellung des Altdorfer Mietspiegels gewonnen wurde.

Mietbegriff

Bei der im Mietspiegel dargestellten ortsüblichen Vergleichsmiete handelt es sich um die monatliche Nettomiete (Kaltmiete) pro Quadratmeter. Die Nettomiete ist definiert als der rein für die Überlassung der Wohnung zu leistende Mietpreis. Betriebskosten gemäß Anlage 3 zu § 27 II. BV sind darin nicht enthalten. Auch die Vermietung einer Garage oder eines Stellplatzes ist nicht berücksichtigt. Beim Vergleich der individuellen Vertragsmiete mit den Angaben im Mietspiegel ist darauf zu achten, dass von der Vertragsmiete die evtl. enthaltenen Betriebskosten und Zuschläge abgezogen werden müssen, falls solche in der Vertragsmiete enthalten sind.

B. Aufbau des Mietspiegels

Die Berechnung der Vergleichsmiete erfolgt über die Tabellen 1 bis 7. Mit Hilfe der Tabellen kann je nach Art, Größe, Ausstattung, Beschaffenheit und Lage der Wohnung eine durchschnittliche ortsübliche Vergleichsmiete berechnet werden.

Die Basis des Mietspiegels bildet **Tabelle 1**. Hier sind durchschnittliche Nettomieten in Abhängigkeit von den beiden einflussreichsten Merkmalen auf den Mietpreis – Wohnfläche und Baujahr – enthalten (= Basisnettomiete). Es wird nach 11 Wohnflächenklassen und 8 Baujahresklassen differenziert. Im Grenzbereich zwischen zwei Klassen kann die Basisnettomiete durch Mittelung der beiden Werte gewonnen werden.

Die **Tabellen 2 bis 7** enthalten Zu- und Abschläge in Prozent der Basisnettomiete für Wohnwertmerkmale, durch welche sich eine Wohnung in besonderem Maße von durchschnittlichen

Wohnungen unterscheidet. Tabelle 1 darf nur in Zusammenhang mit den Zu- und Abschlägen der Tabellen 2 bis 7 betrachtet werden. Erläuterungen zu einzelnen Wohnwertmerkmalen finden sich im Anschluss an jede Tabelle. In den Tabellen genannte Ausstattungen müssen vom Vermieter gestellt sein! Falls vom Mieter selbst Ausstattungsmerkmale eingebaut wurden, gelten diese als nicht vorhanden.

Tabelle1: Basisnettomiete In Abhängigkeit von Wohnfläche und Baujahr für die Stadt Landshut (in DM/m^2 und Euro/m^2)

Baujahr	bis 1918	1919–1947	1948–1960	1961–1970	1971–1980	1981–1988	1989–1996	ab 1996
Wohnfläche	**DM/m^2**	**DM/m^2**	**DM/m^2**	**DM/m^2**	**DM/m^2**	**DM/m^2**	**DM/m^2**	**DM/m^2**
25 m^2 bis < 35 m^2	11,58	9,97	9,69	11,46	13,68	14,99	15,65	14,92
35 m^2 bis < 45 m^2	9,84	8,46	8,24	9,74	11,63	12,74	13,30	12,68
45 m^2 bis < 55 m^2	9,00	7,75	7,53	8,91	10,64	11,66	12,17	11,60
55 m^2 bis < 65 m^2	8,59	7,39	7,19	8,50	10,15	11,12	11,61	11,06
65 m^2 bis < 75 m^2	8,40	7,23	7,03	8,32	9,92	10,88	11,35	10,82
75 m^2 bis < 95 m^2	8,33	7,17	6,97	8,25	9,84	10,79	11,26	10,72
95 m^2 bis < 115 m^2	8,38	7,22	7,02	8,30	9,90	10,85	11,33	10,80
115 m^2 bis < 135 m^2	8,45	7,28	7,08	8,38	9,99	10,95	11,43	10,90
135 m^2 bis < 155 m^2	8,40	7,24	7,03	8,32	9,93	10,88	11,36	10,83
155 m^2 bis < 175 m^2	8,20	7,06	6,86	8,12	9,69	10,62	11,08	10,57
ab 175 m^2	7,89	6,79	6,60	7,81	9,32	10,22	10,66	10,16

Baujahr	bis 1918	1919–1947	1948–1960	1961–1970	1971–1980	1981–1988	1989–1996	ab 1996
Wohnfläche	**Euro/m^2**	**Euro/m^2**	**Euro/m^2**	**Euro/m^2**	**Euro/m^2**	**Euro/m^2**	**Euro/m^2**	**Euro/m^2**
25 m^2 bis < 35 m^2	5,92	5,10	4,96	5,86	6,99	7,67	8,00	7,63
35 m^2 bis < 45 m^2	5,03	4,33	4,21	4,98	5,94	6,52	6,80	6,48
45 m^2 bis < 55 m^2	4,60	3,96	3,85	4,56	5,44	5,96	6,22	5,93
55 m^2 bis < 65 m^2	4,39	3,78	3,68	4,35	5,19	5,69	5,94	5,66
65 m^2 bis < 75 m^2	4,29	3,70	3,59	4,25	5,07	5,56	5,80	5,53
75 m^2 bis < 95 m^2	4,26	3,66	3,56	4,21	5,03	5,51	5,75	5,48
95 m^2 bis < 115 m^2	4,28	3169	3,59	4,24	5,06	5,55	5,79	5,52
115 m^2 bis < 135 m^2	4,32	3,72	3,62	4,28	5,11	5,60	5,85	5,57
135 m^2 bis < 155 m^2	4,30	3,70	3,60	4,25	5,08	5,57	5,81	5,54
155 m^2 bis < 175 m^2	4,19	3,61	3,51	4,15	4,95	5,43	5,67	5,40
ab 175 m^2	4,03	3,47	3,38	3,99	4,77	5,22	5,45	5,20

Der durchschnittliche Nettomietpreis in Landshut unabhängig von Wohnfläche und Baujahr beträgt 9,10 DM/m^2.
Über die Mietpreise von Wohnungen unter 25 m^2 und über 200 m^2 kann keine Aussage getroffen werden, da sie in der Auswertungsstichprobe in zu geringer Anzahl vertreten waren.

Tabelle 2: Zu-/Abschläge in Prozent der Basisnettomiete je nach Heizungsausstattung

Heizungsausstattung	Zu-/Abschlag	Übertrag
Zentralheizung, zentrale Etagenheizung (nur Baujahre vor 1971)	+ 6 %	
Zentralheizung, zentrale Etagenheizung (ab Baujahr 1971)	0 %	
Gaseinzelöfen, Elektronachtspeicheröfen	– 5 %	
überwiegend Einzelöfen mit Kohle-, Holz- oder Ölbefeuerung	– 15 %	
keine vom Vermieter gestellte Heizung	– 22 %	

Als Standard gilt eine seit 1971 gebaute Wohnung mit Zentralheizung. Liegen mehrere Heizungsarten vor, ist diejenige Heizungsart heranzuziehen, welche überwiegt.
Der Zuschlag für **Zentralheizung** bzw. **zentrale Etagenheizung** für Wohnungen mit Baujahr vor 1971 ist nur gerechtfertigt, wenn die Beheizung von einer zentralen Stelle außerhalb der Wohnung für den gesamten Wohnbereich erfolgt.

Tabelle 3: Zu-/Abschläge in Prozent der Basisnettomiete je nach Sanitärausstattung

Sanitärausstattung	Zu-/Abschlag	Übertrag
weit überdurchschnittliche Sanitärausstattung	+ 6 %	
gehobene Sanitärausstattung	+ 3 %	
durchschnittliche Sanitärausstattung	0 %	
Toilette außerhalb des Wohnbereichs	– 23 %	

Die **Sanitärausstattung** gilt als **weit überdurchschnittlich**, wenn mindestens 2 der folgenden oder gleichwertiger Charakteristika zutreffen. Sie gilt als **gehoben**, wenn eines dieser oder gleichwertiger Merkmale vorliegt.
- Bad raumhoch gekachelt,
- sowohl Badewanne als auch Dusche im Badezimmer vorhanden
- Fußbodenheizung im Bad vorhanden.

Tabelle 4: Zu- und Abschläge in Prozent der Basisnettomiete je nach Wohnungsausstattung und für besondere Ausstattungsmängel

Allgemeine Wohnungsausstattung und besondere Ausstattungsmängel	Zu-/Abschlag	Übertrag
weit überdurchschnittliche Wohnungsausstattung	+ 8 %	
gehobene Wohnungsausstattung	+ 4 %	
durchschnittliche Wohnungsausstattung	0 %	
einfache Wohnungsausstattung	– 6 %	
ein Ausstattungsmangel vorhanden	– 2 %	
zwei Ausstattungsmängel vorhanden	– 4 %	
mehr als zwei Ausstattungsmängel vorhanden	– 6 %	

Als Charakteristika für eine **weit überdurchschnittliche** bzw. **gehobene Wohnungsausstattung** gelten insbesondere:
- hochwertige und moderne Fenster mit Isolierverglasung,
- offener Kamin,
- Kachelofen,
- Sprechanlage,
- Wohnung mit Galerie.

Ist eines dieser oder gleichwertiger Merkmale vorhanden, ist die Wohnungsausstattung als gehoben einzustufen. Ab 2 Merkmalen gilt die Wohnungsausstattung als weit überdurchschnittlich.

Als Charakteristika für eine **einfache Wohnungsausstattung** gelten insbesondere:
- überwiegend PVC-Böden,
- überwiegend einfache Fensterverglasung,
- unzureichende Lärm- und Wärmedämmung.

Sind mindestens 2 dieser oder gleichwertiger Merkmale vorhanden, ist die Wohnungsausstattung als einfach einzustufen. Bei einer **durchschnittlichen Wohnungsausstattung** überwiegen weder positive noch negative Qualitätsmerkmale.

Als **Ausstattungsmängel** gelten insbesondere:
- keine Küchenräumlichkeit vorhanden,
- Installation (Gas-, Wasser-, Elektroleitungen) liegt überwiegend über Putz,
- schlechte Grundrissgestaltung (z. B. mind. ein Durchgangszimmer),
- mindestens ein Wohnraum ohne fest installierte Heizung vorhanden.

Tabelle 5: Zu- und Abschläge in Prozent der Basisnettomiete je nach Lage und Ausstattung im Haus:

Lage und Ausstattung im Haus	Zu-/Abschlag	Übertrag
Wohnung liegt im Erdgeschoss	– 2 %	
Wohnung liegt in der ersten bis vierten Etage	0 %	
Wohnung ab fünfter Etage und Aufzug nicht vorhanden	– 6 %	
Aufzug vorhanden	+ 3 %	

Der Zuschlag für **„Aufzug vorhanden"** gilt für jede Wohnung. Der Abschlag für Erdgeschosslage gilt nicht bei Ein- und Zweifamilienhäusern mit Gartenbenutzung.

Tabelle 6: Zu- und Abschlage in Prozent der Basisnettomiete je nach Wohnlage

Wohnlage	**Zu-/Abschlag**	**Übertrag**
Beste Wohnlage	+ 7 %	
Gute Wohnlage	+ 5 %	
Durchschnittliche Wohnlage	0 %	
Einfache Wohnlage	– 6 %	
Entfernung vom Stadtzentrum (Rathaus)	– 2 % pro km	

Eine **Wohnlage** gilt als **bestens,** wenn mindestens 7 der nachfolgend aufgelisteten Zuschlagsmerkmale vorliegen, bzw. als gut, wenn mindestens 5 dieser Merkmale vorliegen:

- Der Lärmpegel in unmittelbarer Umgebung ist äußerst niedrig.
- Es gibt keine Beeinträchtigungen durch Rauch, Staub, Geruch, Schmutz, Erschütterungen u. ä.
- Öffentliche Verkehrsmittel sind innerhalb von 5 Minuten zu Fuß gut erreichbar.
- Die Wohnung liegt insgesamt sehr zentral hinsichtlich der Entfernung zur Schule, zum Kindergarten, zu Einkaufsmöglichkeiten für Alltagsbesorgungen, zum Arzt usw.
- Die unmittelbare Umgebung der Wohnung ist gekennzeichnet durch das Vorhandensein von Einkaufsmöglichkeiten für spezielleren Bedarf.
- Die Bebauung ist stark aufgelockert mit Grünflächen, Gärten oder Innenhofgrün bzw. ist geprägt durch Ein- und Zweifamilienhäuser.
- Die Hauptwohnräume liegen in Richtung einer leisen Anliegerstraße oder in Richtung eines Garten/Parks.
- Es handelt sich um eine helle Wohnung mit vorwiegender Ausrichtung der Haupträume nach Süden und Westen.

Eine **Wohnlage** wird als **einfach** bezeichnet, wenn mindestens 4 der nachfolgend aufgelisteten Abschlagsmerkmale vorliegen:

- Die Wohnung liegt insgesamt nicht zentral hinsichtlich Entfernung zur Schule, zum Kindergarten, zu Einkaufsmöglichkeiten für Alltagsbesorgungen, zum Arzt usw.
- Der Lärmpegel in der Umgebung ist als besonders hoch einzustufen.
- Es gibt starke Beeinträchtigungen durch Rauch, Staub, Geruch, Schmutz, Erschütterungen u. ä.
- Die Hauptwohnräume liegen in Richtung einer Hauptverkehrsstraße.
- Öffentliche Verkehrsmittel sind innerhalb von 5 Minuten zu Fuß nicht erreichbar.
- Es handelt sich um eine dunkle Wohnung mit vorwiegender Ausrichtung der Haupträume nach Norden, so dass auch tagsüber häufig das Licht eingeschaltet werden muss.

Bei einer **durchschnittlichen Wohnlage** überwiegen weder positive noch negative Lagequalitätsmerkmale.

Mit zunehmender **Entfernung zum Stadtzentrum** werden die Mietpreise signifikant niedriger. Pro Kilometer Entfernung ist ein Abschlag von 2 % anzusetzen.

Tabelle 7: Zu- und Abschläge in Prozent der Basisnettomiete für besondere Haustypen und Außenanlagen

Besondere Haustypen und Außenanlagen	**Zu-/Abschlag**	**Übertrag**
Einfamilienhaus	+ 8 %	
Wohnung in einem Zweifamilienhaus	+ 8 %	
Garten vorhanden mit ausschließlich eigener Nutzungsmöglichkeit (mind. 200 m²)	+ 10 %	
Garten vorhanden, aber gemeinschaftliche Gartenbenützung mit anderen Bewohnern vorgesehen (mind. 200 m²)	+ 6 %	
direkte Umgebung des Hauses charakterisiert durch Blockbebauung mit Hofflächen ohne großflächige Begrünung	– 3 %	

Es kann nur entweder „Garten vorhanden mit ausschließlich eigener Nutzungsmöglichkeit" oder „Garten vorhanden, aber gemeinschaftliche Gartenbenützung mit anderen Bewohnern vorgesehen" verwendet werden. Beträgt die Gartenfläche weniger als 200 m², ist der Zuschlag in beiden Fällen zu halbieren.

Anmerkungen
Die Angaben der Tabellen 1 bis 7 sind Durchschnittswerte und können im Einzelfall bei ausreichender Begründung modifiziert werden.
Modernisierungsmaßnahmen werden nicht gesondert berücksichtigt, fließen aber indirekt in Form von Zuschlägen bzw. fehlenden Abschlägen bei der Wohnungs-, Heizungs- und Sanitärausstattung usw. in die Bewertung mit ein.
Bei der statistischen Auswertung haben sich insbesondere folgende Wohnwertmerkmale als *nicht unmittelbar mietpreisbeeinflussend* herausgestellt: Anzahl der Räume; Art der Küchenräumlichkeit (Wohn-, Kochküche); besondere Wohnungstypen wie Mansardenwohnung, Maisonette-Wohnung, Appartement-Wohnung; hochwertige Fußböden wie Parkett, Naturstein; Balkon oder Loggia vorhanden; Garage oder Stellplatz vorhanden.

C. Beispiel für die Anwendung des Mietspiegels

1. Ermittlung der ortsüblichen Vergleichsmiete

Für eine Mietwohnung mit folgenden Merkmalen soll die durchschnittliche Vergleichsmiete berechnet werden: 80 m² Wohnfläche, Baujahr 1976, raumhoch gekacheltes Bad mit Badewanne und Duschkabine, Sprechanlage vorhanden, Zentralheizung, ein Durchgangszimmer, im Erdgeschoss eines Mehrfamilienhauses gelegen, Aufzug vorhanden, Lage in 2 km Entfernung vom Zentrum in einer Wohnanlage mit Blockbebauung ohne Begrünung.

Berechnungsschritte	Details	Ergebnis
1. Ermittlung der Basisnettomiete	Tab. 1: 80 m² Wohnfläche Baujahr 1976	9,84 DM/m² (5,03 Euro/m²)
2. Erfassung zutreffender Zu- und Abschläge aus den Tabellen 2 bis 8	Tab. 2: Zentralheizung (Baujahr 1976!) Tab. 3: weit überdurchschn. Sanitärausstattung Tab. 4: gehobene Wohnungsausstattung ein Ausstattungsmangel Tab. 5: Erdgeschosslage Aufzug vorhanden Tab. 6: 2 km Entfernung zum Zentrum Tab. 7: Blockbebauung ohne Begrünung	0 % + 6 % + 4 % – 2 % – 2 % + 3 % – 4 % – 3 %
3. Summe der Zu-/Abschläge		– 2 %
4. Durchschnittliche ortsübliche Vergleichsmiete pro m²	Basisnettomiete + Summe der Zu-/Abschläge: 9,84 DM/m² + (0,02 x 9,84 DM/m²) =	10,04 DM/m² (5,13 Euro/m²)
5. Durchschnittliche ortsübliche Vergleichsmiete	(durchschn. Vergleichsmiete pro m²) x Wohnfläche: 10,04 DM/m² x 80 m² =	803,– DM (411 Euro)

Die Basisnettomiete beträgt 9,84 DM/m² (5,03 Euro/m²). Dazu ist die Summe aller Zu-/Abschläge in Höhe von + 2 % zu addieren. Die durchschnittliche ortsübliche Vergleichsmiete beträgt damit 10,04 DM/m² (5,13 Euro/m²) bzw. insgesamt 803 DM (411 Euro).

2. Ermittlung der eigenen Nettomiete

Für einen Vergleich mit der durchschnittlichen ortsüblichen Vergleichsmiete ist die eigene Netto(kalt)miete pro Quadratmeter zu verwenden. Falls diese nicht bekannt ist, sind die nachfolgenden Berechnungsschritte erforderlich:

- Von dem Betrag, der insgesamt monatlich an Miete anfällt, sind die monatlichen Heizungs- und Warmwasserkosten sowie die weiteren Betriebskosten (gemäß Anlage 3 zu § 27 II. BV), die an den Vermieter zu entrichten sind, abzuziehen.
- Weiterhin abzuziehen sind eventuelle Zuschläge (z. B. für Garage oder Stellplatz).
- Der verbleibende Betrag ist nunmehr durch die Wohnfläche zu dividieren.

– Die Zustimmung des Mieters

Die Zustimmung des Mieters zur Mieterhöhung stellt eine einseitige empfangsbedürftige Willenserklärung dar, sie ist grundsätzlich formfrei, insofern kann sie auch durch schlüssiges Verhalten gegeben werden.

Zahlt der Mieter vorbehaltlos die Mieterhöhung, ist darin nur dann eine Zustimmung zur Mieterhöhung zu sehen, wenn die erhöhte Miete über einen längeren Zeitraum gezahlt wird.

Sind mehrere Personen Mieter, müssen sie grundsätzlich alle der Mieterhöhung im gleichen Umfang zustimmen.

– Erhöhungsverlangen und Fristen

An das wirksame Erhöhungsverlangen ist der Lauf bestimmter Fristen gekoppelt:

die Überlegungsfrist des Mieters, ob er dem Erhöhungsverlangen zustimmen will oder nicht	die Klagefrist des Vermieters im Fall der Verweigerung der Zustimmung des Mieters	die Frist bis zum Beginn der Mieterhöhung
Beginnt mit dem Zugang des Erhöhungsverlangens und endet mit dem Ablauf des darauffolgenden zweiten Kalendermonats. Ist der letzte Tag ein Samstag, Sonntag, Feiertag, so endet die Frist mit dem Ablauf des folgenden Werktags. Besteht die Mieterseite aus mehreren Personen, so ist für den Fristbeginn der Zeitpunkt maßgebend, zu dem das Erhöhungsverlangen dem letzten Mieter zugegangen ist.	Schließt unmittelbar an die Überlegungsfrist an. Sie beträgt 2 Monate. Hat der Vermieter die Klage nicht erhoben, kann unterstellt werden, dass er das Erhöhungsverlangen zurückgenommen hat.	Die erhöhte Miete ist ggf. nach dem Ende des 2. Kalendermonats, der auf den Zugang des Erhöhungsverlangens folgt, zu zahlen.

Im Übrigen steht dem Mieter das Recht zu, statt der Mieterhöhung zuzustimmen, das Mietverhältnis außerordentlich zu kündigen. Die Kündigung muss bis zum Ablauf des 2. Kalendermonats, der auf den Monat des Zugangs des Erhöhungsverlangens folgt, dem Vermieter zugehen. Das Mietverhältnis endet dann mit Ablauf des 4. Monates, der auf den Zugangsmonat des Erhöhungsverlangens folgt. Die Mieterhöhung tritt dann nicht ein.

Fristenschema							
Beispiel:	Zugangsmonat	1. Folgemonat	2. Folgemonat	3. Folgemonat	4. Folgemonat	5. Folgemonat	
Zugang des Mieterhöhungsverlangens	13. 4.						
Zeitdauer der Zustimmungsmöglichkeit des Mieters zur Mieterhöhung			30.	6.			Zeit
Zeitdauer der Klagemöglichkeit des Vermieters				1. 7.	31.	8.	
Beginn der Mieterhöhung				1. 7.			
Zeitdauer der Kündigungsmöglichkeit des Mieters gem. § 9 MHG mit Ablauf des			30.	6.			
Ende des Mietverhältnisses nach Kündigung gemäß § 9 MHG durch den Mieter					31. 8.		

5.6.2.5 Mieterhöhung nach § 3 MHG

– Mieterhöhung wegen baulicher Veränderungen

• **Voraussetzungen, Erhöhungserklärung**

Der Vermieter ist grundsätzlich berechtigt, die Miete zu erhöhen, wenn er bauliche Maßnahmen durchgeführt hat, die sich durch folgende Eigenschaften qualifizieren:

Nachhaltige Erhöhung des Gebrauchswerts der Mietsache	Verbesserung der allgemeinen Wohnverhältnisse auf Dauer	Nachhaltige Einsparung von Heizenergie	Nachhaltige Einsparung von Wasser	Maßnahmen, die aufgrund von Umständen vorzunehmen sind, die der Vermieter nicht zu vertreten hat
Beispiele: Einbau einer Duschkabine im Bad; Einbau einer Wechselsprechanlage	**Beispiele:** Anlage eines Spielplatzes; Anlage von Kfz-Parkplätzen	**Beispiele:** Wärmedämmung von Mauern, Decken, Dächern, Einbau von Thermostatventilen	**Beispiele:** Einbau von Wasseruhren in die Wohnungen	**Beispiele:** Umstellung von Stadt- auf Erdgas; Einbau von Sicherheitstüren in Aufzüge Änderung von Freileitungen in Erdleitungen, Baumaßnahmen zum Denkmalschutz des Wohngebäudes
← Modernisierungsmaßnahmen →				

Der Vermieter muss unbedingt darauf achten, dass der Mieter die nach § 541 b BGB notwendigen Mitteilungen form- und fristgerecht erhält. Die Ankündigung ist entbehrlich, wenn die beabsichtigte bauliche Maßnahme einen Bagatellfall darstellt. Ein solcher kann angenommen werden, wenn die daraus resultierende Mieterhöhung 5 % der Kaltmiete nicht übersteigt.

Duldung der Maßnahmen durch den Mieter:

- Liegt die Maßnahme **innerhalb** der Wohnung und hat der Mieter ihr nicht ausdrücklich zugestimmt, gewährt aber jetzt den Handwerkern den **Zutritt** in die Wohnung, liegt darin eine **Duldung** der Maßnahmen und die Mieterhöhung ist **möglich**.
- Die Maßnahmen liegen **außerhalb** der Wohnung
  - Hat der Mieter den Maßnahmen ausdrücklich zugestimmt, ist die Mieterhöhung **möglich**.
  - Mieter hat den Maßnahmen **nicht** ausdrücklich zugestimmt, die Modernisierungsankündigung war ihm aber fehlerfrei zugegangen und der Mieter ist zur Duldung verpflichtet, ist die Mieterhöhung **möglich**.

Zur Frage der Duldungspflicht des Mieters und zur Informationspflicht des Vermieters über die beabsichtigten Maßnahmen siehe in 5.3.3 Ausführungen zu § 541b BGB. BGB § 541b

Nach Abschluss der baulichen Maßnahmen kann der Vermieter die Mieterhöhung erklären, er hat dabei die Schriftform zu beachten. Die Erleichterung des § 8 MHG gilt auch für diese Mieterhöhung, wenn die Erhöhungserklärung automatisch erstellt ist. MHG § 8

Gibt der Vermieter die Erhöhungserklärung vor Abschluss der baulichen Maßnahmen ab, ist sie unwirksam und muss ggf. wiederholt werden.

Wann der Vermieter nach Abschluss der baulichen Maßnahme die Mieterhöhung geltend machen muss, ist im Gesetz nicht geregelt. Man kann davon ausgehen, dass sein Erhöhungsrecht 4 Jahre nach Abschluss der Baumaßnahmen verwirkt ist.

Inhalt des Erhöhungsverlangens

- **Bezeichnung** der durchgeführten Maßnahmen und Darstellung der Art und Weise der Verbesserung
- Möglichst detaillierte Zusammenstellung der aufgewendeten **Kosten**
- ggf. **Abzug** ersparter Instandhaltungs-, -setzungskosten (soweit **bereits fällige**, nicht also zukünftige Instanhaltungskosten, -setzungskosten durch die Modernisierung gespart werden)
- **Verteilungsmaßstab** (zu bedenken ist, dass der angewandte Umlagemaßstab u. U. vor Gericht begründet werden muss und dass das Gericht den Umlagemaßstab ggf. auch korrigieren kann.)
- Berechnung des konkreten **Erhöhungsbetrages**
- ggf. **Abzug** von Zuschüssen und Finanzierungsverbilligung
- Angabe des **Zeitpunkts**, ab wann die Erhöhung verlangt wird.
- ggf. Bezifferung **neuer** Betriebskosten

- **Umfang der Mieterhöhung**

Der Vermieter kann die jährliche Miete um 11 % der für die Wohnung aufgewendeten Kosten erhöhen.

Zu den aufgewendeten Kosten gehören grundsätzlich alle unter Beachtung des Wirtschaftlichkeitsgebots dem Vermieter als Bauherrn tatsächlich entstandenen Kosten, unter mindernder Berücksichtigung ersparter Instandsetzungskosten.

Beispiele:

Baugenehmigungsgebühren, Baukosten, Materialkosten, Architektenhonorar, Reinigungsgebühren, Instandsetzungskosten und Schönheitsreparaturen soweit durch Modernisierung zwangsläufig bedingt, Aufwandsersatz den der Vermieter dem Mieter gemäß § 541 b BGB zu leisten hat; **nicht jedoch**: Finanzierungs- und Kapitalbeschaffungskosten.

Hat der Vermieter die Modernisierungsmaßnahme in Eigenarbeit fachmännisch durchgeführt, kann er einen Betrag ansetzen, den er bei Einschaltung von Handwerkern für die Ausführung der Arbeiten hätte (ohne Umsatzsteuer) bezahlen müssen.

Von den aufgewendeten Kosten sind jedoch die Kostenbeträge abzuziehen, die vom Mieter, von einem Dritten für den Mieter oder mit Zuschüssen öffentlicher Haushalte gedeckt werden.

Beispiel (nach Sternel, Mietrecht, 3. Auflage):

Die Gesamtkosten der baulichen Änderung in einem Wohngebäude mit 2 Wohnungen zu je 80 m² betragen 32 000 DM.

Die Maßnahme wird u. a. wie folgt finanziert:

Vom Mieter übernommene Kosten		DM 3.000,–
Zuschüsse von öffentlichen Haushalten		DM 5.000,–
Zu berücksichtigender Aufwand:	DM 32.000,–	
	– DM 8.000,–	
	DM 24.000,–	

Mieterhöhung 11 % von DM 24.000,–: DM 2.640,– p. a. für beide Wohnungen

Weiter sind die Vorteile des Vermieters aus zinsverbilligten/zinslosen öffentlichen Darlehen, Mieterdarlehen, Mietvorauszahlungen, Zuschüssen oder Darlehen zur Deckung von laufenden Aufwendungen von der aus dem zu berücksichtigenden Aufwand resultierenden Mieterhöhung abzuziehen.

Fortsetzung des obigen Beispiels:

Obige Maßnahme wird im Übrigen durch folgende Mittel finanziert:

Öffentliches Darlehen zu 1,5 % (Marktzins 8 %)		DM 4.000,–
Zinsloses Mieterdarlehen (Marktzins 8 %)		DM 2.000,–
Zinslose Mietvorauszahlung (Marktzins 8 %)		DM 2.000,–
Fremdkapital (Marktzins 8 %)		DM 10.000,–
Eigengeld des Vermieters		DM 6.000,–
Ersparnisse des Vermieters aus Zinsverbilligungen:		
6,5 % von DM 4.000,–	DM 260,–	
8,0 % von DM 4.000,–	DM 320,–	
Summe der Ersparnisse	DM 580,–	
Abzug dieser Ersparnisse vom oben berechneten Erhöhungsbetrag:		DM 2.640,–
abzgl.		– DM 580,–
Mieterhöhung für beide Wohnungen p. a.		DM 2.060,–
Mieterhöhung für eine Wohnung p. a.		DM 1.030,–
Mieterhöhung für eine Wohnung p. M.		DM 85,83

Die Kürzungsbeträge bleiben, auch wenn sich später die Kapitalmarktzinsen ändern.

MHG § 3 Abs. 4

- **Fristen**

Die Erklärung des Vermieters bewirkt, dass von dem Beginn des auf die Erklärung folgenden übernächsten Monats an die erhöhte Miete an die Stelle des bisherigen Mietzinses tritt.

Die Mieterhöhung verzögert sich um weitere 6 Monate, wenn der Vermieter dem Mieter die zu erwartende Erhöhung des Mietzinses nicht mitgeteilt hat bzw. die tatsächliche Mieterhöhung gegenüber der angekündigten Mieterhöhung um mehr als 10 % nach oben abweicht.

Fristenübersicht								
Beispiel:	Zugangs-monat	1. Folge-monat	2. Folge-monat	3. Folge-monat	4. Folge-monat		8. Folge-monat	
Zugang des Mieterhöhungs-verlangens	10. 4.							
Beginn der Miet-erhöhung			→ 1. 6.					
Zeitdauer der Kündigungsmög-lichkeit des Mieters	→	→	3. Werk-tag					
Ende des Miet-verhältnisses					→ 31. 8.			
Beginn der verzögerten Mieterhöhung							→ 1. 12.	
Zeitdauer der Kündigungsmög-lichkeit des Mieters	→	→	→	→	→	→	3. Werk-tag	
Ende des Miet-verhältnisses								→ 28. 2.

Gibt der Vermieter einen zu kurzen Wirksamkeitszeitpunkt an, so ist dieser umzudeuten in den gesetzlich vorgesehenen, richtigen Zeitpunkt.

Der Mieter hat ein außerordentliches Kündigungsrecht. Er kann dadurch spätestens am 3. Werktag des Kalendermonats, von dem an die erhöhte Miete gilt, für den Ablauf des übernächsten Monats kündigen.

Die Mieterhöhung tritt dann nicht ein.

- **Zusammenhang zwischen den Mieterhöhungen nach § 2 und § 3 MHG**

Nach der Durchführung der Modernisierungsmaßnahme hat der Vermieter ein Wahlrecht zwischen

← der Anpassung der Miete gemäß § 2 MHG unter Berücksichtigung der Modernisierungsmaßnahme

→ der Mieterhöhung gemäß § 3 MHG

Eine Kombination der Mieterhöhungsmöglichkeiten nach §§ 2 und 3 ist möglich

Beispiel:

Miete seit mehr als 3 Jahren unverändert, Kappungsgrenze 30 %

Bisher verlangte Monatsmiete:	800,– DM
Mögliche Modernisierungsumlage gem. § 3 MHG:	100,– DM
Ortsübliche Miete für die **unmodernisierte** Wohnung:	850,– DM
Ortsübliche Miete für die **modernisierte** Wohnung:	930,– DM

1. Möglichkeit

Mieterhöhung gem. § 2 MHG von bisher 800,– DM auf die ortsübliche Miete für mod. Wohnungen, also auf 930,– DM

Eine weitere Anhebung dieser Miete gem. § 3 MHG ist nicht mehr möglich.

2. **Möglichkeit**

Mieterhöhung gem. § 3 MHG von bisher 800,– DM um 100,– DM auf 900,– DM
Da die ortsübliche Miete nicht erreicht wird, kann nach h. M. die Miete gem. § 2 MHG um weitere 30,– DM erhöht werden auf 930,– DM

3. **Möglichkeit**

Zunächst Mieterhöhung gem. § 2 auf das Niveau der ortsüblichen Vergleichsmiete für die unmodernisierte Wohnung, also von 800,– DM um 50,– DM auf 850,– DM
Nach Beendigung der Modernisierung Mieterhöhung gem. § 3 MHG um weitere 100,– DM auf **950,– DM**

- **Zusammenhang zwischen den Mieterhöhungen nach § 3 und § 4 MHG**

Entstehen i. V. m. der Realisierung der baulichen Veränderungen Betriebskosten neu, z. B. Betriebskosten nach erstmaligem Aufzugsanlageneinbau, so stellt es eine vertragliche Nebenpflicht des Mieters dar, mit dem Vermieter eine Vereinbarung über Vorauszahlung und Abrechnung der neuen Betriebskosten zu schaffen. Der Vermieter sollte bereits im Schreiben, mit welchem er die bauliche Veränderung ankündigt, auf diese Problematik hinweisen.

- **Zusammenhang zwischen den Mieterhöhungen nach § 3 und § 5 MHG**

Ändert sich der Zinssatz der für die Finanzierung der baulichen Veränderungen aufgewendeten dinglichen Mittel später ist eine Mieterhöhung nach den Voraussetzungen des § 5 MHG möglich.

- **Bauherreneigenschaft**

Ist der Vermieter nicht selbst Bauherr der baulichen Veränderungen, so kann dieser Vermieter, z. B. der Erwerber, die Mieterhöhung nicht verlangen.

– Betriebskosten und Umlage erhöhter bzw. Ermäßigung von Betriebskosten

Für den Fall, dass der Vermieter die Miete an geänderte Betriebskosten anpassen will, sind zu unterscheiden:

Die Änderung der Betriebskosten im Sinne des § 27 II. BV, die neben der Miete in Form von Vorauszahlungen erhoben werden	Die Änderung der Betriebskosten im Sinne des § 27 II. BV, die in der „Grundmiete" (Brutto-, Teilbruttomiete) enthalten sind	Die Änderung der Betriebskosten im Sinne der II. BV, die neben der Miete in Form einer Pauschale erhoben werden

Beispiel: Im Mietvertrag ist vereinbart, dass für die Heiz- und Warmwasserkosten eine monatliche Vorauszahlung von 100,– DM und für die Gebäude-, Brand- und Haftpflichtversicherung eine monatliche Pauschale von 10,– DM zu entrichten ist.
In dem Mietvertrag sind die 3 Gestaltungsmöglichkeiten zusammen enthalten.

↓

Grundlage für die Änderung der Miete ist § 4 Abs.1 MHG. Danach dürfen bei entsprechender vertraglicher Vereinbarung Vorauszahlungen auf die Betriebskosten in angemessener Höhe verlangt werden. Über die Betriebskosten ist jährlich abzurechnen.
Die Vorschüsse können für die Zukunft wegen derjenigen Betriebskosten, über die Vorauszahlung vereinbart ist, erhöht werden.

Beispiel:
Die Vorauszahlung bleibt um 25 % hinter dem Abrechnungsbetrag des Vorjahres zurück. Der Vermieter kann deshalb einseitig die Vorauszahlung erhöhen.
Das Erhöhungsverlangen muss erklärlich und nachvollziehbar sein, was auch durch die vorhergegangene Abrechnung geschehen kann.
Die Erhöhung ist auch dann möglich, wenn im Mietvertrag hierzu keine ausdrückliche Vereinbarung getroffen ist.

↓

Grundlage der Änderung der Miete ist § 4 Abs. 2 MHG. Es sollte vorsorglich vertraglich vereinbart werden, dass dem Vermieter das Umlagerecht bei einer Erhöhung der Betriebskosten vorbehalten bleibt. Weiter sollte klargestellt werden, welche von den in der Brutto-/Teilbruttomiete enthaltenen Betriebskosten vom Umlagerecht erfasst sein sollen. Voraussetzung für eine Erhöhung ist, dass die Betriebskosten per Saldo gestiegen sind (jährliche Betriebskosten auf heutiger Basis größer als jährliche Betriebskosten zum Zeitpunkt des Mietvertragsabschlusses).
Sind die Betriebskosten gestiegen, kann die Mieterhöhung unter Beachtung der Schriftform erfolgen. Das Erhöhungsschreiben muss enthalten:

- Betriebskosten zum Zeitpunkt des Mietvertragsabschlusses und die von heute
- Grund der Betriebskostenerhöhung
- Erhöhungsbetrag
- Umlagemaßstab
- auf den Mieter entfallenden anteiligen Erhöhungsbetrag

Der Mieter ist verpflichtet, den Erhöhungsbetrag ab dem Beginn des Monats, der auf den Zugang der Erklärung folgt, zu bezahlen. Geht die Erklärung jedoch nach dem 15. eines Monats zu, verschiebt sich die Frist um einen Monat.
Haben sich die Betriebskosten rückwirkend erhöht, ist auch eine rückwirkende Mieterhöhung grundsätzlich zulässig.

↓

Grundlage der Änderung der Miete ist § 4 Abs. 2 MHG. Eine Erhöhung der Pauschale ist nur dann zulässig, wenn diese Möglichkeit im Mietvertrag vereinbart ist.

Ein außerordentliches Kündigungsrecht steht dem Mieter im Fall der Mieterhöhung nach § 4 MHG nicht zu. MHG § 4

Der Vermieter hat die Möglichkeit, durch schriftliche Erklärung die Umlagemaßstäbe für die Kosten der Müllabfuhr und die Wasser- und Entwässerungskosten zu ändern, und zwar dann, wenn er einen Verteilungsmaßstab einführt, der ganz oder teilweise auf den erfassten Verbrauch abstellt bzw. für die Müllkostenverteilung der Müllverursachung Rechnung trägt (für preisgebundenen Wohnraum analog § 21 Abs.2 Satz 5 NMV).

Soweit diese Kosten im Mietzins enthalten sind (Brutto-, Teilbruttomiete), ist der Mietzins entsprechend durch Vereinbarung der Mietvertragsparteien herabzusetzen.

Der einzelne Mieter hat keinen Anspruch auf die Änderung der Umlagemaßstäbe in diese Richtung.

Diese Erklärung des Vermieters kann nur für künftige Abrechnungszeiträume abgegeben werden und zwar nur mit Wirkung zu Beginn eines Abrechnungszeitraumes.

Weiter kann der Vermieter durch schriftliche Erklärung bestimmen, dass die Wasser-, Entwässerungs- und Müllkosten unmittelbar zwischen Mietern und Versorgungsunternehmen abgerechnet werden. Diese Erklärung wirkt jedoch nur zwischen Mieter und Vermieter. Die Versorgungsunternehmen können dadurch nicht gezwungen werden, die Ortssatzungen oder -verordnungen zu ändern, um die bisher mit dem Vermieter durchgeführte Abrechnung jetzt mit dem Mieter vorzunehmen. Obige Regelungen können auch bei vereinbarten Brutto- oder Teilbruttomieten eingeführt werden.

- **Zusammenhang zwischen den Mieterhöhungen nach § 4 Abs. 2 MHG und § 2 MHG**

Wird eine Brutto(kalt)miete gemäß § 2 MHG erhöht, so bedeutet das automatisch, dass auch der bei dieser Mietstruktur darin enthaltene Betriebskostenanteil erhöht wird.

Daher dürfen nur diejenigen Betriebskostenerhöhungen im Zusammenhang mit einer Mieterhöhung nach § 4 Abs. 2 MHG an die Mieter weitergegeben werden, die seit der letzten Mieterhöhung nach § 2 MHG angefallen sind.

Beispiel:
1997: letzte Mieterhöhung wegen Betriebskostenerhöhung gemäß § 4 Abs. 2 MHG
1998: letzte Mieterhöhung der Brutto(kalt)miete gemäß § 2 MHG
2000: Eine geplante Mieterhöhung wegen gestiegener Betriebskosten, darf nur den Betriebskostenanstieg seit der letzten Mieterhöhung gemäß § 2 MHG umfassen.

– Umlage erhöhter bzw. Ermäßigung von Kapitalkosten

- **Voraussetzung der Mieterhöhung**

Der Vermieter ist berechtigt, die Erhöhung der Kapitalkosten durch schriftliche Erklärung auf die Mieter umzulegen, wenn

die Erhöhung des Zinssatzes aus einem dinglich gesicherten Darlehen (Grundschuld, Hypothek) resultiert.	der Zinssatz sich gegenüber dem Zinssatz am 1.1.1973 erhöht bzw. danach gegenüber dem bei Begründung des Mietverhältnisses maßgeblichen Zinssatz.	die Erhöhung auf Umständen beruht, die der Vermieter nicht zu vertreten hat.	das Darlehen bestimmten Verwendungszwecken dient, z. B. Neubau Ausbau, Erwerb, Modernisierung.

- **Umfang der Mieterhöhung**

Die Mieterhöhung ergibt sich unter obigen Bedingungen aus dem Anstieg der Fremdkapitalkosten, das bedeutet, dass Darlehenstilgungen die Kostensteigerung durch den Zinsanstieg kompensieren bzw. teilweise kompensieren.

Beispiel:		Fall 1	Fall 2
Feb. 1990:	Darlehensstand bei Beginn des Mietverhältnisses	DM 60.000,–	DM 60.000,–
	Zinssatz	7 %	7 %
	Zinsbelastung p. a.	DM 4.200,–	DM 4.200,–
März 1993:	Darlehensstand	DM 50.000,–	DM 50.000,–
	Zinssatz	10 %	8 %
	Zinsbelastung p. a.	DM 5.000,–	DM 4.000,–
	Mögliche Mieterhöhung		
	p. a. (5.000,–/4.200,–)	DM 800,–	
	p. a. (4.000,–/4.200,–)		DM 0,–

• **Mieterhöhungserklärung**
Die Erklärung der Mieterhöhung ist nur wirksam, wenn in ihr der Grund für die Erhöhung bezeichnet und erläutert wird.

Damit die Mieterhöhung nachvollziehbar ist, sind die Höhe des dinglich gesicherten Darlehens, die relevanten Zinssätze mit Stichtagen, der Anteil der Wohnung im Verhältnis zum ganzen Objekt und die jährlichen Kapitalkosten vorher und zum Erhöhungszeitpunkt anzugeben.

Die Schriftformerleichterung des § 8 MHG gilt auch für diese Erklärung.

• **Fristen**
Der Mieter schuldet den auf ihn entfallenden Teil der Erhöhung der Kapitalkosten vom Ersten des auf die Erklärung folgenden Monats bzw. vom Ersten des übernächsten Monats an, wenn die Erhöhungserklärung erst nach dem 15. eines Monats abgegeben wird. (siehe auch Fristen bei der Mieterhöhung nach § 3 MHG).

• **Ermäßigung der Kapitalkosten**
Ermäßigt sich der Zinssatz nach einer Erhöhung der Miete, so ist dieser vom Zeitpunkt der Ermäßigung an entsprechend herabzusetzen, höchstens jedoch um die Erhöhung.

Ist das Darlehen getilgt, so ist die Miete um den Erhöhungsbetrag herabzusetzen. Die Herabsetzung ist dem Mieter unverzüglich mitzuteilen.

Die Miete ist nicht herabzusetzen, wenn sich die tatsächliche Belastung nach einer vorausgegangenen Erhöhung lediglich durch die fortschreitende Tilgung verringert.

Die Tilgung wird für die Errechnung der Herabsetzung der Miete nicht berücksichtigt.

Beispiel:

Darlehensstand zum Erhöhungszeitpunkt:	DM 60.000,–
Zinssatzerhöhung von 5 % auf 7 %, also um	2 %
Erhöhungsbetrag p. a.	DM 1.200,–
Darlehensstand zum Zeitpunkt der Zinssenkung	DM 40.000,–
Zinssatzsenkung von 7 % auf 6 %, also um	1 %
Ermäßigungsbetrag (1 % von DM 60.000,–)	DM 600,–

Für weitere Ermäßigungen der Miete wegen Kapitalkostensenkungen stehen noch 600,– DM zur Verfügung.

5.6.2.6 Staffelmietvertrag

Dass Staffelmietverträge für Geschäftsraummietverträge abgeschlossen werden können, wurde bereits festgestellt.

Gemäß § 10 Abs. 2 MHG können auch im Bereich der Wohnraummietverhältnisse Staffelmieten vereinbart werden, jedoch sind eine Reihe von Zulässigkeitsvoraussetzungen zu erfüllen.

– Die Zeiträume, nach deren Ablauf jeweils die Mieterhöhung eintreten soll, müssen klar bestimmt sein. Diese Bestimmung muss nicht kalendermäßig definiert, aber wenigstens genau berechenbar sein. Die einzelnen Intervalle können verschieden lang dauern.
– Der gesamte Zeitraum, auf den sich die Staffelung bezieht, darf nicht länger als 10 Jahre betragen.
– Zwischen den einzelnen Erhöhungsstufen muss ein Mindestzeitraum von einem Jahr liegen.
– Der Mietzins jeder Erhöhungsstufe oder die jeweilige Erhöhung muss betragsmäßig ausgewiesen sein.

Beispiel:

Miete ab 1.3.1992: DM 1.000,–
ab 1.3.1994: DM 1.050,–
ab 1.4.1995: DM 1.300,–

- Die Vereinbarung der Staffelmiete bedarf der Schriftform. Dies gilt auch für unbefristete Mietverträge.

Diese Bedingungen müssen kumulativ erfüllt sein. Wird auch nur eine davon nicht eingehalten, ist die Vereinbarung der Staffelmiete unwirksam.

Ist die Staffelmiete wirksam vereinbart, hat der Vermieter den Vorteil, dass die Mietanhebungen automatisch eintreten. Er hat aber allerdings den Nachteil, dass Mieterhöhungen nach den §§ 2, 3 und 5 (nicht 4) MHG ausgeschlossen sind. Auf der anderen Seite kann sich der Mieter dem Staffelanstieg nicht durch außerordentliche Kündigung gemäß § 9 MHG entziehen. Er ist auf die ordentliche Kündigung angewiesen, will er das Mietverhältnis beenden. Der Weg der ordentlichen Kündigung kann dem Mieter durch Vereinbarung eines maximal 4-jährigen Kündigungsausschlusses verwehrt werden.

Die festgelegten Steigerungsraten müssen sich nicht an der ortsüblichen Vergleichsmiete oder an der Kappungsgrenze orientieren. Die Staffel kann also über die ortsübliche Miete hinausführen und größere Sprünge machen, als dies in der Kappungsgrenzenregelung vorgesehen ist.

5.6.2.7 Mietanpassungsvereinbarung i. S. § 10a MHG

Mit dem Mieter kann schriftlich eine Mietanpassungsvereinbarung getroffen werden.

Danach ist zu beachten, dass

- die Veränderung der Miete durch die Änderung eines vom Statistischen Bundesamt ermittelten Preisindex für die Gesamtlebenshaltung bestimmt wird.
- der Mietvertrag abgeschlossen ist auf die Lebenszeit einer oder beider Vertragsparteien bzw. für die Dauer von mindestens 10 Jahren bzw. über einen kürzeren Zeitraum, jedoch verbunden mit dem Recht des Mieters die Vertragsdauer auf mindestens 10 Jahre zu verlängern bzw. mit einem mindestens 10-jährigen Kündigungausschluss des Vermieters.
- die Indexklausel bei einer Senkung des Indexes auch zur Herabsetzung des Mietzinses verpflichtet. Das bedeutet auch, dass eine Klausel nach der sich der Mietzins gegenüber der Bezugsgröße überproportional erhöht unzulässig ist.

  Beispiel

  Die vereinbarte Klausel setzt die Indexveränderung mit dem Prozentsatz der Mietänderung gleich. Wenn sich nun der Index von 180 Punkten um 20 Punkte auf 200 Punkte ändert und die Klausel den Vermieter berechtigt die Miete deswegen um 20 % anzuheben, ist dies unzulässig, da die tatsächliche prozentuale Indexänderung nur 11,11 % (180 Punkte = 100 %) beträgt.

Im Übrigen muss zwischen den einzelnen Mieterhöhungen der Mietzins mindestens 1 Jahr unverändert bleiben, ausgenommen davon sind allerdings bestimmte Mieterhöhungen gem. §§ 3, 4 MHG. Die Wartefrist beginnt mit dem Zeitpunkt des Mietbeginns bzw. dem Zeitpunkt des Wirksamwerdens einer Mietveränderung

Eine Mietänderung tritt nur durch schriftliche Erklärung gegenüber dem Mieter ein, die eigenhändige Unterschrift des Vermieters ist erforderlich. Damit die Änderungserklärung wirksam ist, muss im Schreiben der neue Mietzins angegeben werden, außerdem die Indexzahlen auf die sich die Änderung stützt und der Änderungsprozentsatz für die Miete.

Die Mietänderung tritt mit Beginn des übernächsten Kalendermonats, der auf den Zugang der Änderungserklärung folgt, ein.

Beispiel:	Zugangsmonat	1. Folgemonat	2. Folgemonat	3. Folgemonat
Zugang der Änderungserklärung	10. 4.			
Beginn der Mietänderung		▶	1. 6.	Zeit ▶

Während der Geltungsdauer der Mietanpassungsvereinbarung kann die Miete

gemäß §§ 2 und 5 MHG nicht erhöht werden.

gemäß § 3 MHG nur dann erhöht werden, wenn eine bauliche Maßnahme durchgeführt wird, die auf Umständen beruht, die der Vermieter nicht zu vertreten hat.

gemäß § 4 MHG kann die Miete erhöht werden.

Der Mieter hat **kein** Recht zur außerordentlichen Kündigung anlässlich einer Mieterhöhung wegen Indexanstiegs. Der Mieter hat aber das Recht, (analog der Regelung zur Staffelvereinbarung) nach vierjähriger Dauer des Mietverhältnisses dieses zu kündigen.

Zusammenfassung

Mieterhöhungsmöglichkeiten nach dem Miethöhegesetz

- Mieterhöhung wegen höherer ortsüblicher Miete (§ 2 MHG)
- Mieterhöhung wegen baulicher Maßnahmen (§ 3 MHG)
- Mieterhöhung wegen Betriebskostensteigerung (§ 4 MHG)
- Mieterhöhung wegen Kapitalkostensteigerung (§ 5 MHG)
- Mietanstieg wegen Staffelmietvereinbarung (§ 10 MHG)
- Mietanpassungsvereinbarung (§ 10a MHG)

Mieterhöhung wegen höherer ortsüblicher Vergleichsmiete

- Obergrenze: ortsübliche Vergleichsmiete bzw. Kappungsgrenze
- Einjährige Wartefrist
- Begründung durch Mietspiegel oder mindestens 3 Vergleichsmieten oder Mietgutachten oder sonstiges

Mieterhöhung wegen baulicher Maßnahmen

Art der Maßnahmen:
- Erhöhung des Gebrauchswertes der Mietsache
- Verbesserung der allgemeinen Wohnverhältnisse
- Energieeinsparung
- Maßnahmen aus Umständen heraus veranlasst, die Vermieter nicht zu vertreten hat

Umfang der Mieterhöhung:
- 11 % der für die Wohnung aufgewendeten Kosten
- Verminderung der Erhöhungsbasis unter bestimmten Umständen
- Verminderung des Erhöhungsbetrages
- unter bestimmten Umständen

Mieterhöhung wegen gestiegener Betriebskosten

Bruttomiete	Nettomiete bei Betriebskosten-vorauszahlung	Teilbruttomiete	Teilbruttomiete mit Pauschale, Nettomiete mit Pauschale
	Betriebskostenmieterhöhung nach		
§ 4 Abs. 2	§ 4 Abs. 1	§ 4 Abs.1 u. 2	§ 4 Abs. 2

Mieterhöhung wegen gestiegener Kapitalkosten

Zinssteigerung gegenüber bestimmter Mietbasis	Einsatz des dinglich gesicherten Darlehens für bestimmte Zwecke

Voraussetzungen zur Staffelmietvereinbarung

- Bestimmung der Staffelintervalle
- Begrenzung der Staffelvereinbarung auf 10 Jahre
- Mindestzeitraum zwischen den einzelnen Erhöhungen 1 Jahr
- Betragsmäßiger Ausweis der einzelnen Staffelstufen bzw. der jeweiligen Erhöhung
- Ausschluss des ordentlichen Kündigungsrechts des Mieters maximal 4 Jahre
- Schriftformerfordernis
- Beachtung der Miethöhegrenzen des § 5 WiStG und des § 291 StGB

Mietanpassungsvereinbarung

- Mietanpassungsklausel muss bestimmten Grundsätzen entsprechen
- Kündigungsausschluss des Vermieters für eine bestimmte Zeit
- Jeweilige Mietanpassung frühestens nach Ablauf eines Jahres möglich
- Ausschluss der Mieterhöhung aufgrund der §§ 2 und 5 MHG, beschränkte Mieterhöhung aufgrund des § 3 MHG, Mieterhöhungsmöglichkeit nach § 4 MHG

5.6.3 Mieterhöhung bei preisgebundenem Wohnraum

5.6.3.1 Festsetzung der Kostenmiete

– Kostenmiete, Durchschnittsmiete, Einzelmiete

WobindG § 8 Abs. 1; II. WoBauG § 87a Abs. 1; II. WoBauG § 88b Abs. 1 u. 2

Bei preisgebundenem Wohnraum darf als Mietobergrenze nicht mehr als die Kostenmiete verlangt werden.

Die **Kostenmiete** ist die Miete, die zur Deckung der laufenden Aufwendungen erforderlich ist.

Bezogen auf ein Gebäude oder eine Wirtschaftseinheit wird die Kostenmiete als **Durchschnittsmiete** pro Quadratmeter Wohnfläche ermittelt, ohne dabei Besonderheiten einzelner Wohnungen zu berücksichtigen.

Bezogen auf eine bestimmte Wohnung wird die Kostenmiete als **Einzelmiete** ermittelt. Sie wird aus der Durchschnittsmiete abgeleitet unter Berücksichtigung der Besonderheiten (Größe, Lage, Ausstattung) der einzelnen Wohnungen.

NMV § 3

Der Bauherr kann bei der Über- oder Unterschreitung der Durchschnittsmiete bei den Mieten der einzelnen Wohnungen eigenverantwortlich vorgehen. Die Summe der Einzelmieten darf jedoch in keinem Fall den zuvor ermittelten Gesamtmietertrag übersteigen, d. h., Überschreitungen der Durchschnittsmiete bei den Einzelmieten müssen durch Unterschreitungen der Durchschnittsmiete bei anderen Einzelmieten des Gebäudes oder der Wirtschaftseinheit kompensiert werden.

Die als Durchschnitts- oder Einzelmiete festgesetzte Kostenmiete wird durch eine Wirtschaftlichkeitsberechnung nach den Vorschriften der II. BV festgestellt.

– Wirtschaftlichkeitsberechnung

- **Objekte der Wirtschaftlichkeitsberechnung**

II. BV § 2

Die Wirtschaftlichkeitsberechnung erfasst

Ein Gebäude oder eine Mehrheit von Gebäuden (Wirtschaftseinheit), wenn folgende Voraussetzungen erfüllt sind:

- die Gebäude gehören demselben Eigentümer
- die Gebäude stehen zueinander im örtlichen Zusammenhang
- die Gebäude sind nach einem einheitlichen Finanzierungsplan errichtet

und die zum Wohnraum gehörenden Nebengebäude, Anlagen und Einrichtungen sowie das Baugrundstück

Beispiele:

Garagen, zentrales Heizwerk, Spielplätze, Stellplätze

Die für die Wirtschaftlichkeitsberechnung maßgebenden Verhältnisse
Die Verhältnisse, vor deren Hintergrund die Wirtschaftlichkeitsberechnung aufzustellen ist, sind im **öffentlich geförderten sozialen** Wohnungsbau die Verhältnisse zum Zeitpunkt des **Antrags auf Bewilligung** öffentlicher Mittel (Antragswirtschaftlichkeitsberechnung).

Ändern sich diese bis zum Zeitpunkt der Bewilligung der Mittel, so können diese Veränderungen noch berücksichtigt werden (Bewilligungswirtschaftlichkeitsberechnung).

Im steuerbegünstigten und im mit Wohnungsfürsorgemitteln geförderten frei finanzierten Wohnungsbau ist auf die Verhältnisse im Zeitpunkt der **Bezugsfertigkeit** abzustellen. *II. BV § 4 Abs. 4*

Soweit Wohnungen mit **Aufwendungszuschüssen** oder **Aufwendungsdarlehen** nach § 88 II. WoBauG gefördert sind, sind die Verhältnisse im Zeitpunkt der **Bewilligung** der Beihilfen maßgebend. Sind für diese Wohnungen auch **Wohnungsfürsorgemittel** nach § 87a II. WoBauG gewährt, sind die Verhältnisse bei **Bezugsfertigkeit** maßgebend.

Die auf der Basis dieser Verhältnisse festgestellten Ansätze in der Wirtschaftlichkeitsberechnung sind für die Zukunft bindend (Einfrierungsgrundsatz).

Nachträgliche Änderungen dürfen nur noch berücksichtigt werden, wenn sie vom Bauherrn nicht zu vertreten sind oder wenn der Sachverhalt aus dem Katalog des § 4a Abs. 1 Nr. 1 bis 4 II. BV stammt.

II. BV § 3

• **Bestandteile der Wirtschaftlichkeitsberechnung**

Unbedingte Bestandteile der Wirtschaftlichkeitsberechnung sind

- die Grundstücks- und Gebäudebeschreibung;
- die Berechnung der Gesamtkosten;
- der Finanzierungsplan;
- die laufenden Aufwendungen und Erträge.

○ Die Grundstücks- und Gebäudebeschreibung

Die Beschreibung hat das Ziel, das Gebäude als Wirtschaftseinheit zu identifizieren.

Aus der Grundstücks- und Gebäudebeschreibung lassen sich z. B. folgende Fragen beantworten:

- Welche Art der Wirtschaftlichkeitsberechnung ist anzuwenden (normale Wirtschaftlichkeitsberechnung, Teilwirtschaftlichkeitsberechnung)?
- Können Gebäude zu einer Wirtschaftseinheit zusammengefasst werden?

II. BV § 5

Die Berechnung der Gesamtkosten

Die Gesamtkosten setzen sich zusammen aus

den Kosten des Baugrundstücks	und aus den Baukosten
Diese bestehen aus dem Wert des Baugrundstücks (Kaufpreis, Verkehrswert), den Erwerbskosten (Ziffer I,2 der Anlage 1 zur II. BV), den Erschließungskosten (Ziffer I,3 der Anlage 1 zur II. BV).	Diese bestehen aus den Kosten des Gebäudes, den Kosten der Außenanlagen, den Baunebenkosten, den Kosten der besonderen Betriebseinrichtungen (Kosten für Personen-, Lastenaufzüge, Müllbeseitigungsanlagen u. a.), den Kosten des Geräts und der sonstigen Wirtschaftsausstattung (z. B. erstmalige Anschaffung von Feuerlöschgeräten). Siehe Anlage 1 II. BV

Die Bewilligungsstellen genehmigen oft nur Anfangsmieten, die unter dem Mietniveau liegen, das zur Erreichung der Kostendeckung notwendig ist.

Um auf dieses niedrigere Mietniveau zu kommen, muss der Bauherr Kostenansätze in der Wirtschaftlichkeitsberechnung zurücknehmen, Kostenverzicht leisten. Dabei hat er grundsätzlich die Wahlmöglichkeit, den Verzicht in Form des Gesamtkostenverzichts oder des Aufwandsverzichts auszuüben. Letztere Verzichtsform hat den Vorteil, dass nach Ablauf von 6 Jahren oder in mit der Bewilligungsstelle vereinbarten kürzeren Frist, den Betrag der laufenden Aufwendungen, auf den er zunächst verzichtet hat, nachgeholt werden kann. Die Frist beginnt mit der Bezugsfertigkeit zu laufen.

II. BV § 4 Abs. 1

○ Der Finanzierungsplan

Der Finanzierungsplan zeigt die Quellen auf, aus denen die Gesamtkosten finanziert sind.

Die Finanzierung kann durch Fremdmittel, verlorene Baukostenzuschüsse und Eigenleistungen erfolgen.

Vor- und Zwischenfinanzierungsmittel werden im Finanzierungsplan nicht erfasst. Zu den Fremdmitteln, die erfasst werden, gehören u. a. Darlehen, gestundete Restkaufgelder, gestundete öffentliche Lasten des Baugrundstücks, Mieterdarlehen, Leibrenten.

II. BV § 12 Abs. 1
II. BV § 13

Zu den im Finanzierungsplan zu erfassenden Eigenleistungen des Bauherrn gehören Geldleistungen, der Wert der Sach- und Arbeitsleistungen, der Wert des eigenen Baugrundstücks u. a. Die im Finanzierungsplan ausgewiesene Gesamtfinanzierung muss den zuvor ermittelten Gesamtkosten entsprechen.

○ Die laufenden Aufwendungen

Aus der Gebäudebeschreibung, der Gesamtkostenberechnung und dem Finanzierungsplan ergibt sich direkt oder indirekt fast das gesamte Datenmaterial zur Erfassung der laufenden Aufwendungen.

Die laufenden Aufwendungen sind die Kosten, die nach Bezugsfertigkeit des Gebäudes/der Wirtschaftseinheit laufend zu tragen sind.

Sie setzen sich zusammen aus

- den Kapitalkosten und
- den Bewirtschaftungskosten.

Die Höhe der Kostenmiete wird durch die laufenden Aufwendungen bestimmt.

II. BV § 18 Abs. 1

Die Kapitalkosten

Hierzu gehören die

Eigenkapitalkosten	Fremdkapitalkosten
Als Eigenkapitalkosten können 4 % Verzinsung angesetzt werden für den Teil der Eigenmittel, der 15 % der Gesamtkosten des Bauvorhabens nicht übersteigt. Für die darüber hinausgehende Eigenkapitalquote 6,5 %, wenn die öffentlichen Mittel nach dem 31.12.1974 bewilligt worden sind. Beispiel: Gesamtkosten: 10.000.000,– DM Eigenkapital: 2.000.000,– DM Verzinsung 4 % von 1.500.000,– DM Verzinsung 6,5 % von 500.000,– DM	Zu den Fremdkapitalkosten gehören z. B. die Zinsen, die Bürgschaftsgebühren, Erbbauzinsen, Verwaltungskostenbeiträge an die die öffentlichen Baudarlehen verwaltende Stelle. Die Zinsen sind mit dem Betrag anzusetzen, der sich aus dem Nominalbetrag der Fremdmittel und dem Zinssatz ergibt. Bei Tilgungsmitteln ändern sich die Fremdkapitalkosten auch durch die fortschreitende Tilgung nicht. Auch bei vollständiger Tilgung bleibt der Zinssatz in der ursprünglichen Höhe. Tilgungen finden grundsätzlich keine Berücksichtigung.

II. BV § 19 Abs. 1
II. BV § 21 Abs. 3

Die Bewirtschaftungskosten

Hierzu gehören

Abschreibung	Verwaltungskosten	Instandhaltungskosten	Mietausfallwagnis	Betriebskosten

– Abschreibung

II. BV § 25 Abs. 1 Die Abschreibung zur Erfassung der verbrauchsbedingten Wertminderung bezieht sich auf Gebäude, Anlagen und Einrichtungen. Die Abschreibung bei Gebäuden beträgt grundsätzlich 1 % der Baukosten, bei Erbbaurechten 1 % der Gesamtkosten.

Als besondere Abschreibung für Anlagen und Einrichtungen dürfen zusätzlich angesetzt werden: z. B. für Öfen und Herde 3 %, Aufzug 2 % der in der Wirtschaftlichkeitsberechnung angesetzten Kosten.

Bei nachträglicher Erhöhung der Gesamtkosten wegen baulicher Änderungen, die auf Umständen beruhen, die der Bauherr nicht zu vertreten hat oder die Modernisierungen darstellen, können die dafür aufgewendeten Baukosten auf die Restnutzungsdauer des Gebäudes verteilt werden.

Beispiel:

Restnutzungsdauer 80 Jahre
Nachträgliche Wärmeisolierung der Fassade für 100.000 DM.
Bezogen auf die Restnutzungsdauer ergibt sich dann ein Abschreibungssatz von 1,25 %.

– Die Verwaltungskosten

II. BV § 26 Die ansetzbaren Verwaltungskosten sind pauschaliert. Die Pauschale stellt den ansetzbaren Höchstbetrag dar.

Damit sind die Verwaltungskosten grundsätzlich losgelöst von ihrer tatsächlichen Höhe ansetzbar.

– Die Instandhaltungskosten

II. BV § 28 Auch die Instandhaltungskosten sind pauschaliert. Die Pauschale stellt den ansetzbaren Höchstbetrag dar.

Die Pauschalen sind u. a. als Jahresbeträge je Quadratmeter Wohnfläche definiert und differenzieren nach Gebäudealter und Gebäudeausstattung.

Beispiel:

Grundpauschale für Wohnungen mit Bezugsfertigkeit ab dem 1.1.1980, 9,– DM je Quadratmeter und Jahr.

Die Instandhaltungspauschale verringert sich, wenn der Mieter im Mietvertrag die kleinen Instandhaltungen übernommen hat. Trägt der **Vermieter** die Schönheitsreparaturen, so erhöht sich die Instandhaltungspauschale.

– Das Mietausfallwagnis

Es soll das Risiko von Ertragsminderungen durch Mietrückstände und Leerstände abdecken.

II. BV § 29 Das Mietausfallwagnis darf mit maximal 2 % der Erträge im Sinn des § 31 Abs. 1 S. 1 II. BV angesetzt werden.

○ Erträge

II. BV § 31 Abs. 1 Als Erträge erfasst man die Einnahmen aus Mieten und sonstigen Vergütungen, die bei ordentlicher Bewirtschaftung des Gebäudes/der Wirtschaftseinheit nachhaltig erzielt werden können.

Da nur die Kostenmiete verlangt werden darf, muss der Gesamtbetrag der laufenden Aufwendungen deckungsgleich mit dem Gesamtbetrag der ausgewiesenen Erträge sein.

Umlagen und Zuschläge, die gemäß §§ 20 und 26 MNG neben der Einzelmiete erhoben werden können, gehören nicht zu den Erträgen in diesem Sinne.

Beispiele:

Betriebskostenumlage, Untermietzuschlag

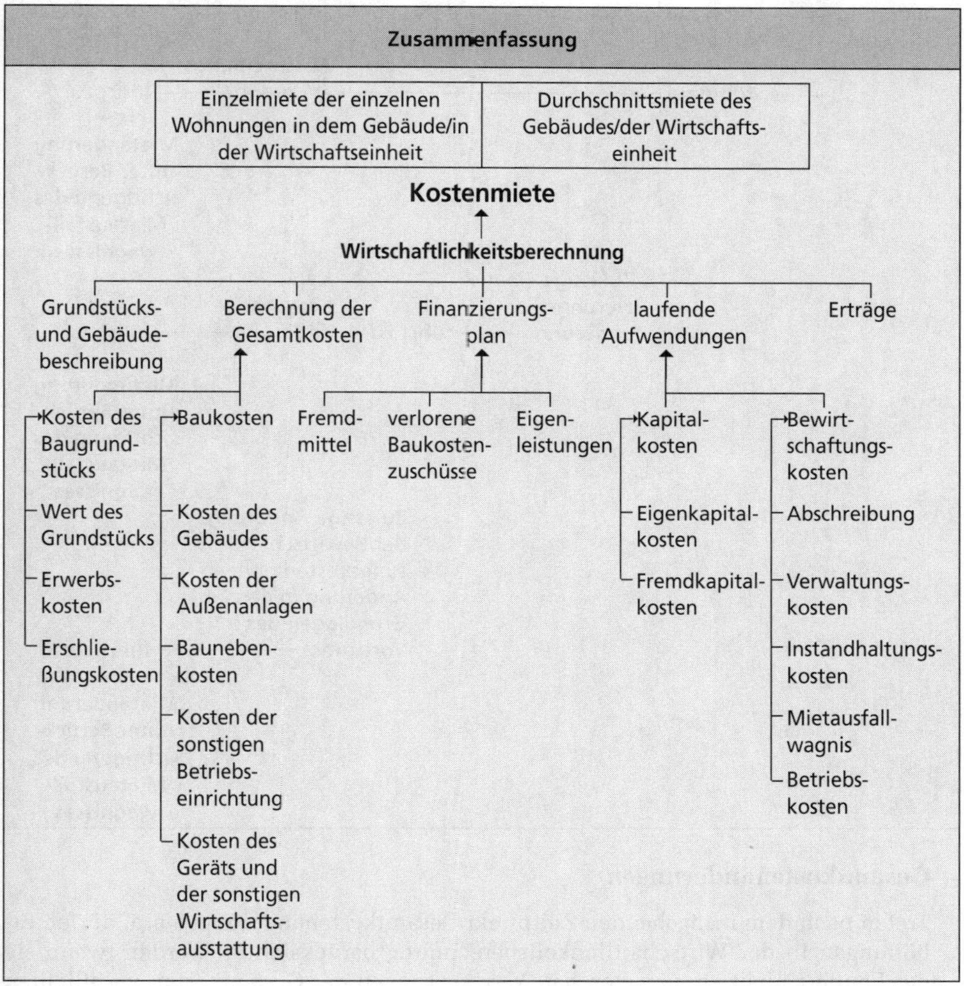

5.6.3.2 Änderung der Kostenmiete

– Grundsatz

Eine Kündigung des Mietvertrages über preisgebundenen Wohnraum zum Zwecke der Mieterhöhung ist nicht möglich. WoBindG § 10, 11, 18a ff.

Jedoch ist eine Erhöhung der Miete im Wege der Vereinbarung auch hier möglich, ohne dass der Vermieter an die formalen Voraussetzungen einer Mieterhöhungserklärung gebunden ist. Das in der Vereinbarung festgelegte Entgelt darf allerdings die Grenze der Kostenmiete nicht übersteigen, in diesem Falle wäre die Vereinbarung unwirksam.

Im Übrigen kann der Vermieter die Miete erhöhen, wenn die vom Mieter zu entrichtende Miete niedriger ist als das zulässige Entgelt.

– **Anlässe der Mieterhöhung**

– **Anlässe der Mietänderung**

Wirkungszusammenhang:

Zulässige Gesamtkostenänderung — führt zur — Finanzierungsplanänderung — führt zur — Kapitalkostenänderung — führt zur ↓

— führt zur — Abschreibungsänderung — führt zur ↓

Mietänderung unter Berücksichtigung des Mietausfallwagnisses

Zulässige Finanzierungsplanänderung — führt zur — Kapitalkostenänderung — führt zur ↓

Mietänderung unter Berücksichtigung des Mietausfallwagnisses

Zulässige Änderung der Bewirtschaftungskosten ohne Änderung in den Grundlagen der Vorstufen — führt zur ↓

Mietänderung unter Berücksichtigung des Mietausfallwagnisses

– **Gesamtkostenänderungen**

Treten nach dem maßgebenden Zeitpunkt Gesamtkostenänderungen ein, dürfen Erhöhungen in der Wirtschaftlichkeitsberechnung berücksichtigt werden, wenn sie der Bauherr nicht zu vertreten hat. Verringerungen der Gesamtkosten verpflichten hingegen zum Ansatz der Verringerung der Gesamtkosten in der Wirtschaftlichkeitsberechnung.

Beispiele: Nach der Bezugsfertigkeit entstehen höhere als die vorausgeschätzten Erschließungskosten.
Die Kosten der Zwischenfinanzierung verändern sich.

Eine Erhöhung der Gesamtkosten ergibt sich auch durch bauliche Änderungen, insbesondere durch Modernisierungen. Das Vertretenmüssen ist hier nicht zu prüfen.

– **Finanzierungsplanänderung**

Sie ergibt sich dann, wenn nach dem maßgebenden Zeitpunkt zur Finanzierung des Bauvorhabens vorgesehene oder verwendete Mittel durch andere Finanzierungsmittel ersetzt werden (Umfinanzierung).

- **Änderungen der laufenden Aufwendungen**

  Sie können sich u. a. dadurch ergeben, dass sich die Zins- und Tilgungssätze der Fremdmittel, der Erbbauzins oder sonstige wiederkehrende Leistungen aus Fremdmitteln nach dem maßgebenden Zeitpunkt ändern.

  Weitere direkte Änderungen der laufenden Aufwendungen können sich ergeben aus dem Wegfall des Verzichtes auf den Ansatz laufender Aufwendungen und aus der zulässigen Änderung der Ansätze für Bewirtschaftungskosten.

  Beispiele:

  Darlehen 1: 200.000,– DM, Zinssatz 8 % p. a., Kapitalkosten: 16.000,– DM
  Ersetzung durch
  Darlehen 2: 200.000,– DM, Zinssatz 6 % p. a., Kapitalkosten: 12.000,– DM
  zzgl. 10.000,– DM Vorfälligkeitsentschädigung

  Mietänderung:

a) Zins		12.000,– DM
b) Zins auf Eigenleistung, 4 % von 10.000,– DM:		400,– DM
c) Erhöhte Abschreibung, 1 % von 10.000,– DM		100,– DM
Summe		12.500,– DM
Mietsenkung	16.000,– DM	
	– 12.500,– DM	
	= 3.500,– DM	

  Die Gesamtaufwendungen für ein Wohngebäude mit einer Wohnfläche von 500 m² betragen 40.800 DM. Die monatliche Kostenmiete beträgt 6,80 DM/m².

  Der Zinssatz des Landesbaudarlehens im Nennbetrag von 100.000 DM und in Höhe von derzeit 80.000 DM nach Berücksichtigung der Tilgung beträgt 1 %. Der Zinssatz wird nun auf 5 % angehoben.

Mieterhöhungsbetrag:	
4 % von 100.000,– DM	= 4.000,– DM
zzgl. 2 % Mietausfallwagnis	
(98 % = 4.000,– DM)	= 81,63 DM
Mieterhöhung insgesamt	= 4.081,63 DM
Mieterhöhung monatlich	
pro m²	= 0,68 DM

  Beispiel:

  In einem Wohngebäude, preisgebunden, mit einer Wohnfläche von 1.200 m², Restnutzungsdauer 100 Jahre minus 20 Jahre, werden folgende bauliche Maßnahmen durchgeführt:
  Isolierverglasung und Außenwanddämmung zu Gesamtkosten von 151.000,– DM
  Bisherige monatliche Kostenmiete 6,10 DM/m²
  Zinssatz des Bankdarlehens zur Finanzierung der baulichen Maßnahmen 9,7 %, Darlehen 151.000,– DM

Mieterhöhung	
Erhöhung der Abschreibung (1 % auf 80 Jahre	
Restnutzungsdauer) 1,25 % von 151.000,–	1.887,50 DM
Kapitalkosten: 9,7 % von 151.000,– DM	14.647,– DM
Zwischensumme	16.534,50 DM
zzgl. 2 % Mietausfallwagnis (98 % = 16.534,50 DM)	337,44 DM
Mieterhöhung insgesamt	16.871,94 DM
Monatliche Mieterhöhung/m²	1,17 DM

– Mieterhöhungserklärung, Form und Begründung

Ist die Mieterhöhung nicht durch vertragliche Vereinbarung mit dem Mieter oder Dritten ausgeschlossen oder ergibt sich dieser Ausschluss nicht aus den Umständen, kann der Vermieter durch Erklärung die Miete erhöhen.

Beispiel:

> Die Vereinbarung einer bestimmten Mietdauer kann ein Umstand sein, der auf den Abschluss der Mieterhöhung schließen lassen kann.

Diese Erklärung ist schriftlich zu geben und hat zum Ausdruck zu bringen, dass sich die Miete um einen bestimmten Betrag, bei Umlagenerhöhungen um einen bestimmbaren Betrag, erhöht.

In der Erklärung muss die Erhöhung berechnet und erläutert sein. Ist dies nicht der Fall, ist die Erhöhungserklärung unwirksam. Der Berechnung der Kostenmiete ist eine Wirtschaftlichkeitsberechnung oder der Auszug daraus, der die Höhe der laufenden Aufwendungen erkennen lässt, beizufügen.

Anstelle der Wirtschaftlichkeitsberechnung kann auch eine Zusatzberechnung zur letzten Wirtschaftlichkeitsberechnung oder, wenn das zulässige Entgelt von der Bewilligungsstelle aufgrund einer Wirtschaftlichkeitsberechnung genehmigt worden ist, eine Abschrift der Genehmigung beigefügt werden.

Hat der Vermieter seine Erklärung mit Hilfe automatischer Einrichtungen gefertigt, so muss es nicht eigenhändig unterschrieben sein.

Dem Mieter steht im Falle einer Mieterhöhung durch den Vermieter ein außerordentliches Kündigungsrecht zu.

– Fristen

Beispiel:	Zugangsmonat	1. Folgemonat	2. Folgemonat	3. Folgemonat	4. Folgemonat
Zugang des Mieterhöhungsschreibens	14. 4.				→
Beginn der Mieterhöhung		1. 5.			Zeit
Dauer der Kündigungsmöglichkeit des Mieters	→	3. Werktag			
Ende des Mietverhältnisses			30. 6.		
Zugang des Mieterhöhungsschreibens	17. 4.				→
Beginn der Mieterhöhung			1. 6		
Dauer der Kündigungsmöglichkeit des Mieters	→	→	3. Werktag		
Ende des Mietverhältnisses				31. 7.	

5.6.4 Mieterhöhung und § 5 WiStG

Ordnungswidrig handelt, wer vorsätzlich oder leichtfertig für die Vermietung von Räumen **zum Wohnen** oder damit verbundene Nebenleistungen, **unangemessen hohe Entgelte** fordert, sich versprechen lässt oder annimmt.

Unangemessen hohe Entgelte liegen vor bei

Ausnutzung eines **geringen Angebots** +	**überschreiten der Wesentlichkeitsgrenze** von 20 % (bzw. 50 %)
Indizien für ein solches: – Bestehen eines Zweckentfremdungsverbotes – Einstufung der Stadt als Gebiet in dem die Versorgung der Bevölkerung mit ausreichendem Wohnraum zu angemessenen Bedingungen besonders gefährdet ist – Das Angebot übersteigt die Nachfrage um nicht mehr als 5 % (LG Hamburg) – für bestimmte Mietergruppen liegt ein geringeres Angebot vor. (OLG Hamm)	= Entgelt übersteigt um mehr als 20 % (50 %) die üblichen Entgelte (= ortsübliche Vergleichsmiete) Ausnahmeregelung 50 % gilt z. B. für nach dem 01.01.1991 fertiggestellte Wohnungen, wenn die Entgelte für die Deckung der laufenden Aufwendungen (Begriffe siehe II. BV) erforderlich sind.

Wird durch Mieterhöhungen, auch durch Staffel- oder Indexmieten, ein ordnungswidriges Entgelt verlangt, hat der Vermieter die Pflicht die Miete wenigstens bis zur maximal noch zulässigen Miete zurückzunehmen und die bis zur Zurücknahme zuviel verlangte Miete dem Mieter zu erstatten.

Beispiel:

Miete vor der Modernisierungsmaßnahme	600,– DM
Mieterhöhung gemäß § 3 MHG mtl.	275,– DM
Miete nach der Mieterhöhung mtl.	**875,– DM**
Ortsübliche Miete für modernisierte Wohnung mtl.	700,– DM
Mietobergrenze nach § 5 WiStG 700,– zzgl. 20 %	**840,– DM**
Mietpreisüberhöhung mtl.	**35,– DM**

Folge:
Rückerstattung bisher zuviel verlangter Beträge,
Absenkung um 35,– DM mtl. der lfd. Miete und
Ordnungswidrigkeit (Bußgeld)

Der Vermieter hat die Pflicht, sich ggf. bei kompetenter Stelle nach der Höhe der ortsüblichen Miete zu erkundigen, damit er in der Lage ist, die Grenzen des § 5 WiStG bei der Mieterhöhung einzuhalten.

Fragen:

1. Welche Miethöhe wird durch § 5 WiStG verboten?
2. Welche Folgen ergeben sich aus der Vereinbarung einer überhöhten Miete?
3. Wodurch unterscheidet sich die Vereinbarung eines Leistungsvorbehalts von der Vereinbarung einer Spannungsklausel?
4. Welche Mietobjekte fallen in den Geltungsbereich des MHG?
5. Welchen Grenzen unterliegt die zustimmungsbedürftige Mieterhöhung gemäß MHG?
6. Welche Mieterhöhungsmöglichkeiten bestehen neben der Mieterhöhung gemäß § 2 MHG für dem MHG unterliegende Mietverhältnisse?
7. Welche Besonderheiten sind beim Abschluß eines Staffelmietvertrages über Wohnraum zu beachten?
8. Wodurch entstehen die so genannten „Entschuldungsgewinne" bei der Vermietung preisgebundenen Wohnraums?
9. Aus welchen Bestandteilen besteht die Wirtschaftlichkeitsberechnung?
10. Aus welchen Teilelementen setzen sich die Bewirtschaftungskosten zusammen?

5.7 Beendigung und Abwicklung von Mietverhältnissen

5.7.1 Beendigung des Mietverhältnisses durch Aufhebungsvertrag

Die Mietparteien können das Mietverhältnis durch Vertrag aufheben. Das Mietverhältnis endet dann vor Ablauf der ursprünglich vereinbarten Mietzeit bzw. vor Ablauf der geltenden Kündigungsfrist.

Am Mietaufhebungsvertrag sind alle Personen zu beteiligen, die den Mietvertrag geschlossen haben, selbst dann, wenn nur eine von mehreren Personen aus dem Mietvertrag entlassen werden soll.

Regelungspunkte des Mietaufhebungsvertrages:

- Aufhebungszeitpunkt
- vom Mieter noch zu erbringende Leistungen (z. B. Schönheitsreparaturen)
- vom Mieter noch zu leistende Zahlungen (z. B. Abrechnung über Nebenkosten)
- vom Vermieter an den Mieter zu leistende Zahlungen (z. B. aus Mietvorauszahlungen)

5.7.2 Ordentliche Beendigung des Mietverhältnisses durch Kündigung und Zeitablauf

Nach Art des Mietobjektes kann unterschieden werden die ordentliche Beendigung von Wohnraummietverhältnissen und die von Geschäftsraummietverhältnissen.

Nach der Vertragspartei kann unterschieden werden die ordentliche Beendigung des Mietverhältnisses durch den Mieter und die durch den Vermieter.

Innerhalb der Gruppe der Wohnraummietverhältnisse gibt es eine Anzahl von Sonderfällen, die abweichend von den grundsätzlichen Regeln behandelt werden.

Zu den Sonderfällen gehören:

- **Wohnraum, der nur zu vorübergehendem Gebrauch vermietet ist**
  Ob die Überlassung zum vorübergehenden Gebrauch erfolgt, hängt vom Vertragszweck ab. Kennzeichen eines vorübergehenden Gebrauchszwecks ist zum einen die zeitliche Beschränkung, zum anderen der besondere Anlass, aus dem sich die Kurzfristigkeit der Überlassung logisch ergibt.

  Beispiel:

  > Anmietung einer Wohnung für die Dauer einer Messe, als Ferienwohnung; **nicht:** kurzfristige Anmietung einer Wohnung zur Abdeckung allgemeinen Wohnbedarfs

- **Wohnraum, der Teil der vom Vermieter selbst bewohnten Wohnung ist und den der Vermieter ganz oder überwiegend mit Einrichtungsgegenständen auszustatten hat, sofern der Wohnraum nicht zum dauernden Gebrauch für eine Familie überlassen ist.**
  Der vermietete Wohnraum ist Teil der vom Vermieter selbst bewohnten Wohnung. Wenn der enge räumliche Zusammenhang dazu führt, dass der Mieter in den Lebensbereich des Vermieters einbezogen wird.

  Beispiele:

  > Einbeziehung durch Mitbenutzung gemeinsamer Anlagen in der Wohnung wie Küche, Bad, Toilette; **nicht:** Einliegerwohnung, lediglich Vorbehalt eines Raums in der Wohnung durch den Vermieter

Selbst bewohnt durch den Vermieter ist die Wohnung dann, wenn der Vermieter dort seinen Lebensmittelpunkt hat.
„Überwiegend durch den Vermieter möbliert", bedeutet, dass der Vermieter verpflichtet ist, die wesentlichen Teile der Einrichtung (Bett, Tisch, Stühle, Schrank, Vorhang) zu stellen.
Damit der Wohnraum nicht an eine Familie überlassen ist, muss er einer Einzelperson oder einer Personenmehrheit, die keine Familie darstellt, überlassen werden.

Beispiel:

Vermietung an zwei „Wochenendheimfahrer"

- **Wohnraum, der Teil der vom Vermieter selbst bewohnten Wohnung ist, jedoch vom Vermieter nicht zur Möblierung verpflichtet ist und/oder von einer Familie bewohnt wird**
- **Wohnung in einem vom Vermieter bewohnten Wohngebäude mit nicht mehr als zwei Wohnungen**
  In dem Gebäude dürfen nur zwei Wohnungen vorhanden sein, in einer davon muss der Vermieter seinen Lebensmittelpunkt haben. Gebäude, die neben zwei Wohnungen auch noch Gewerbeflächen haben, gehören nicht hierher.
- **Wohnung in einem vom Vermieter selbst bewohnten Gebäude mit nicht mehr als drei Wohnungen, wenn mindestens eine Wohnung durch Ausbau oder Erweiterung nach dem 31.5.1990 und vor dem 1.6.1999 fertiggestellt worden ist**
- **Wohnraum, an dem nach der Überlassung an den Mieter Wohnungseigentum begründet und dieses dann weiterveräußert worden ist**
- **Wohnraum, der Teil eines Studenten- oder Jugendwohnheims ist**
  Damit ein Heim gegeben ist, muss grundsätzlich eine entsprechende Zweckwidmung vorliegen. Die Vermietung von Räumen eines Gebäudes an einzelne Studenten oder Jugendliche ergibt für sich allein noch keinen Heimcharakter.
- **Wohnraum in Ferienhäusern und Ferienwohnungen in Feriengebieten, der vor dem 1.6.1995 dem Mieter überlassen worden ist**
- **Wohnraum, den eine juristische Person des öffentlichen Rechts im Rahmen der ihr durch Gesetz zugewiesenen Aufgaben angemietet hat, um ihm bestimmten Personen zu überlassen**
- **Werksmietwohnungen und Werksdienstwohnungen/Dienstwohnungen**
  Werkmietwohnungen werden an den Mieter lediglich aus Rücksicht auf das Bestehen eines Arbeits-, Dienstverhältnisses vermietet. Mietvertrag und Arbeitsvertrag stehen jedoch rechtlich selbstständig nebeneinander.
  Die Rechtsgrundlage für die Überlassung der Wohnung bildet bei Werkdienstwohnungen allein das Arbeits-, Dienstverhältnis.

Zusammenfassung

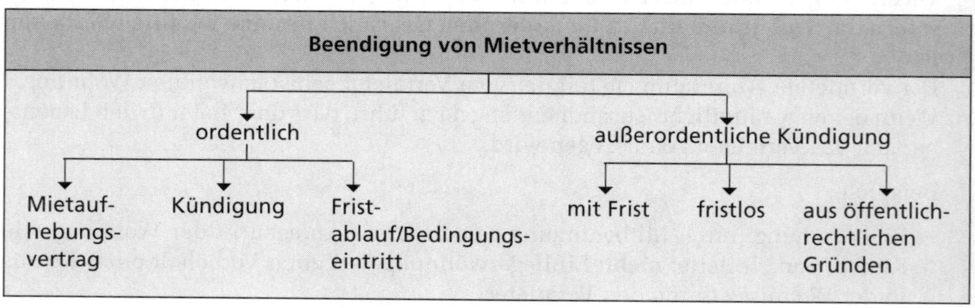

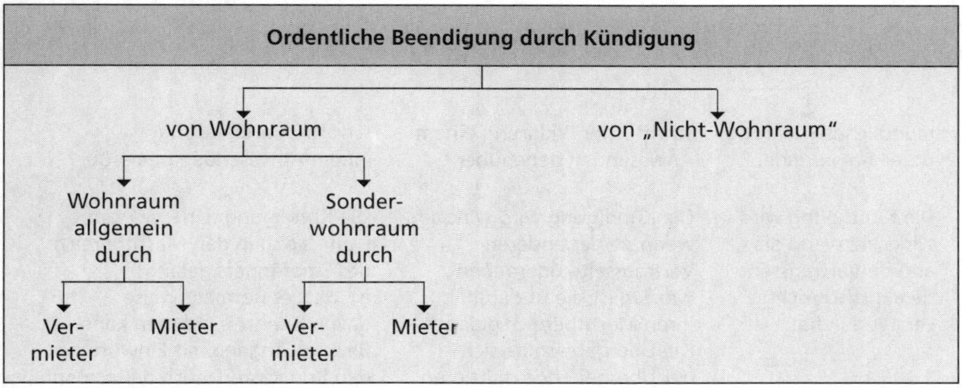

5.7.3 Ordentliche Kündigung

Die Kündigung ist eine **einseitige empfangsbedürftige Willenserklärung,** die das Mietverhältnis nach Ablauf der Kündigungsfrist beendet. BGB §§ 564,564a, 564b, 556a

Die Kündigung muss grundsätzlich von allen Mitgliedern der kündigenden Vertragsseite an alle Mitglieder der anderen Vertragsseite gerichtet sein.

Bevollmächtigung zur Kündigung und zur Entgegennahme der Kündigung ist jedoch möglich. Der kündigende Bevollmächtigte hat die Vollmachtsurkunde in Urschrift vorzulegen. Tut er dies nicht, kann die Kündigung deswegen unverzüglich zurückgewiesen werden.

Die Kündigung muss eindeutig und unmissverständlich erklärt, allerdings müssen die Worte „Kündigung" bzw. „kündigen" nicht verwendet werden.

Die Angabe des Zeitpunkts der Beendigung des Mietverhältnisses ist zwar sinnvoll, berührt aber die Wirksamkeit der Kündigung nicht. Fehlt die Angabe des Endtermins, so endet das Mietverhältnis zum nächsten zulässigen Termin. Wird ein Ende angegeben, das vor dem zulässigen Termin liegt, gilt der nächste zulässige Termin.

Beispiel:

Die Kündigung ist auf den 31.3. möglich; gekündigt wird zum 28.2.

Eine auf einen Teil der Mietsache beschränkte Kündigung ist grundsätzlich nicht möglich.

Beispiele:

Kündigung einer Garage, wenn Gegenstand des einheitlichen Mietvertrages die Wohnung mit Garage ist. Kündigung des Lagerraums, wenn Gegenstand des einheitlichen Mietvertrages der Laden mit dem Lagerraum ist.

Die Kündigung muss der anderen Vertragsseite zugehen.

Das Zugangsproblem liegt in erster Linie in der Beweisbarkeit.

Die Kündigung durch **Einschreibebrief** ist in der Regel ausreichend. Der rechtzeitige Zugang kann in diesem Fall jedoch daran scheitern, dass der Empfänger nicht angetroffen und die Sendung beim Postamt niedergelegt wird; die Benachrichtigung über die Hinterlegung gilt nicht als Zugang. Zugegangen ist die Sendung erst mit ihrer Abholung.

Beispiel:

Der Postbote will den Einschreibebrief am 2.4. zustellen. Der Empfänger ist nicht anwesend und erhält eine Nachricht, dass die Sendung beim Postamt abzuholen ist.

Zugang bei

mündlicher Erklärung unter Anwesenden	schriftlicher Erklärung einem Anwesenden gegenüber	schriftlicher Erklärung einem Abwesenden gegenüber
Die Kündigung wird wirksam, wenn die andere Vertragsseite sie akustisch richtig verstanden hat.	Die Kündigung wird wirksam, wenn sie der anderen Vertragsseite übergeben worden ist, sie ist damit in ihren Machtbereich gelangt. Die Übergabe sollte sich der Übergebende quittieren lassen.	Die Kündigung wird wirksam, wenn sie so in den Machtbereich des Empfängers gelangt ist, dass er normalerweise davon Kenntnis nehmen kann. Beispiel: Zugang mit Einwurf in den Briefkasten, auch dann, wenn der Empfänger gerade im Urlaub ist.

Die Kündigung wird am 7.4. abgeholt, damit ist die Kündigung zugegangen. Die darin ausgesprochene Wohnungskündigung zum 30.6. ist damit nicht mehr möglich, da die Kündigung zu spät zugegangen ist. Der Endtermin verschiebt sich auf den 31.7.

Holt der Empfänger die Sendung nicht ab, kann er sich grundsätzlich nicht darauf berufen, dass ihm die Sendung nicht zugegangen ist; analog bei grundloser Verweigerung der Annahme.

Am sichersten ist die **förmliche Zustellung** der Kündigung durch den Gerichtsvollzieher. Ist der Aufenthalt des zu Kündigenden nicht bekannt, besteht die Möglichkeit der Kündigung im Wege der **öffentlichen Zustellung.**

Eine während der üblichen Geschäftszeit zugehende Kündigung gilt an diesem Tag als zugegangen; kommt die Kündigung erst nach der üblichen Geschäftszeit an, gilt sie am nächsten Tag als zugegangen.

5.7.3.1 Die Form der Kündigung

Die Kündigung bedarf grundsätzlich keiner bestimmten Form.

Sie kann daher auch mündlich oder durch schlüssiges Handeln erfolgen.

Beispiele:

> Eine Kündigung kann dadurch zum Ausdruck kommen, dass der Mieter auszieht und die Schlüssel zurückgibt oder dass der Vermieter dem Mieter den Zugang zu den Mieträumen verweigert.

Die Kündigung von **Wohnraum** bedarf jedoch grundsätzlich der **Schriftform.**

Die Schriftform muss sowohl vom Vermieter als auch vom Mieter beachtet werden.

Beide Vertragsseiten **sollen** im Kündigungsschreiben die Kündigung begründen.

Rechtliche Konsequenzen hat die fehlende Grundangabe jedoch nur bei der Kündigung durch den Vermieter. Fehlt die Begründung bei der Kündigung durch den Vermieter, ist diese zwar nicht unwirksam, jedoch können als berechtigtes Interesse des Vermieters an der Kündigung nur die Gründe anerkannt werden, die in dem Kündigungsschreiben angegeben sind, es sei denn, sie sind erst nachträglich entstanden.

Des Weiteren **soll** der **Vermieter** von Wohnraum auf das Widerspruchsrecht des Mieters und auf die Form und die Frist des Widerspruchs **rechtzeitig** hinweisen. Dieser Hinweis muss nicht im Kündigungsschreiben erfolgen und könnte auch mündlich gegeben werden.

Verstößt der Vermieter gegen diese Informationspflicht, so berührt das die Kündigung als solche nicht, jedoch kann der Mieter seinen Widerspruch noch im ersten Termin des Räumungsrechtsstreits erklären, sein Widerspruchsrecht verfällt also nicht.

Für die Kündigung durch den Mieter ist ein solcher Hinweis nicht nötig, da ein Widerspruchsrecht gegen die Mieterkündigung nicht existiert.

Von diesen Form- und Inhaltsvorschriften sind folgende Sonderfälle ausgenommen:

Wohnraum, der nur zu vorübergehendem Gebrauch gemietet ist, Wohnraum, der Teil der vom Vermieter selbst genutzten Wohnung ist, Wohnraum in Ferienhäusern/Ferienwohnungen, Wohnraum, der von einer juristischen Person des öffentlichen Rechts zu bestimmten Zwecken angemietet ist.

5.7.3.2 Die Kündigungsfristen

Die Kündigungsfrist ist der Zeitraum zwischen dem Zugang der Kündigung und dem Eintritt der Kündigungswirkung (Kündigungstermin). Davon zu unterscheiden ist der Eintritt der Räumungspflicht, die am Tag nach dem Kündigungstermin fällig ist, ist dies ein Samstag, Sonntag oder Feiertag, so ist erst am darauf folgenden Werktag zu räumen. BGB §§ 565

Beispiel:

Tag nach dem Kündigungstermin ist ein Freitag, der ein Feiertag ist. Räumung am folgenden Montag, wenn dies kein Feiertag ist.

Die Kündigungsfristen gelten sowohl für den Vermieter als auch für den Mieter.

Die Kündigungsfristen bei Grundstücken und Räumen hängen von der zeitlichen Bemessung des Mietzinses, nicht von der vereinbarten Zahlungsweise ab.

Ist der Mietzins bei diesen Objekten nach **Tagen** bemessen, ist die Kündigung an jedem Tag (auch Samstag, Sonntag, Feiertag) für den Ablauf des nächsten Tages (auch Samstag, Sonntag, Feiertag) zulässig.

Beispiel:

Die Miete beträgt pro Tag 40 DM, die Miete ist wöchentlich zu zahlen. Zugang der Kündigung ist Dienstag, Kündigungstermin Mittwoch.

Ist die Miete bei diesen Objekten nach **Wochen** bemessen, ist die Kündigung spätestens am ersten Werktag einer Woche für den Ablauf des folgenden Samstags zulässig.

Beispiel:

Zugang der Kündigung am Dienstag nach dem Ostermontag; Kündigungstermin ist der folgende Samstag.

Ist der Mietzins bei diesen Objekten nach **Monaten** oder **längeren Zeitabschnitten** bemessen, ist die Kündigung spätestens am dritten Werktag des Kalendermonats auf den Ablauf des übernächsten Monats zulässig.

Beispiel:

Zugang der Kündigung am 3.6., Kündigungstermin 31.8.

Handelt es sich bei den vermieteten Grundstücken um **gewerblich genutzte unbebaute Grundstücke** und ist der Mietzins nach Monaten oder längeren Zeitabschnitten bemessen, ist die Kündigung spätestens am dritten Werktag eines Monates auf den Ablauf des übernächsten Monats, welches das Ende eines Kalendervierteljahres markieren muss, zulässig.

Beispiel:

Die Miete für ein an einen Gebrauchtwagenhändler vermietetes unbebautes Grundstück beträgt monatlich 5 000 DM und ist quartalsweise im Voraus zu bezahlen. Zugang der Kündigung am 2.1., Kündigungstermin 31.3. Zugang am 9.1., Kündigungstermin 30.6.

BGB § 565 Abs.1a Handelt es sich um ein Mietverhältnis über Geschäftsräume ist die Kündigung spätestens am 3. Werktag eines Kalendervierteljahres für den Ablauf des nächsten Kalendervierteljahres zulässig.

Handelt es sich um einen Stellplatzmietvertrag ist die Kündigung spätestens am dritten Werktag eines Kalendervierteljahres für den Ablauf **dieses** Kalendervierteljahres zulässig.

Beispiel:

Die Kündigung geht dem Mieter der Büroräume am 2.4.1995 zu. Der Kündigungstermin ist dann der 30.9.1995.

Zu beachten ist, dass der Samstag in diesem Zusammenhang erster oder zweiter, nicht aber dritter Werktag sein kann.

Beispiele:

Der 1.5. (Feiertag) ist ein Freitag. Demzufolge ist der Dienstag, der 5.5., der 3. Werktag, an dem die Kündigung spätestens zugehen muss (Samstag, 2.5., ist erster Werktag, Montag, 4.5., zweiter Werktag und Dienstag, 5.5., ist der dritte Werktag).

1.7. ist Donnerstag (Werktag), zweiter Werktag ist Freitag, 2.7., und der dritte Werktag ist Montag, der 5.7.; Samstag zählt als Werktag hier nicht, weil er der dritte Werktag wäre.

Von diesen gesetzlichen Kündigungsfristen kann vertraglich abgewichen werden.

Bei einem Mietverhältnis über **Wohnraum** ist die Kündigung spätestens am dritten Werktag eines Monats für den Ablauf des übernächsten Monats zulässig.

Nach fünf Jahren seit der Überlassung verlängert sich die Kündigungsfrist um weitere 3 Monate (≙ 6 Monate).

Nach acht Jahren seit der Überlassung verlängert sich die Kündungsfrist um weitere 3 Monate (≙ 9 Monate).

Nach 10 Jahren seit der Überlassung verlängert sich die Kündigungsfrist nochmals um weitere 3 Monate (≙ 12 Monate).

Beispiel:

Dem Mieter ist die Wohnung seit 7 Jahren überlassen, die Kündigungsfrist beträgt 6 Monate.

Wohnraum ist dem Mieter grundsätzlich dann überlassen, wenn ihm der Besitz vom Vermieter übertragen worden ist.

Beispiel:

Dem Mieter wird die Wohnung am 1.4. überlassen, der Mietvertrag beginnt jedoch erst am 1.5. Für die Berechnung der Kündigungsfrist ist vom 1.4. auszugehen.

Die gesetzlichen Kündigungsfristen gelten für den Wohnraumvermieter wie für seinen Mieter gleichermaßen. Eine Vereinbarung jedoch, nach welcher der **Vermieter** zur Kündigung unter Einhaltung einer **kürzeren** Frist berechtigt sein soll, ist unwirksam. Wohl aber kann dem Mieter eine kürzere Kündigungsfrist zugestanden werden. Es können jedoch für beide Seiten längere als die gesetzlichen Kündigungsfristen vereinbart werden.

Die Beschränkung der Kündigungsfrist auf den Schluss bestimmter Kalendermonate ist unwirksam.

– Regelungen bei den Sonderfällen

Bei Wohnraum, der zu nur vorübergehendem Gebrauch vermietet ist, kann vereinbart werden, dass auch der Vermieter unter Einhaltung einer kürzeren als der gesetzlichen Kündigungsfrist kündigen kann.

Ist bei Wohnraum, der Teil der vom Vermieter selbst bewohnten Wohnung ist, die Miete nach Tagen oder Wochen bemessen, so ist die Kündigung an jedem Tag für den Ablauf des nächsten Tages bzw. am ersten Tag der Woche für den Ablauf des folgenden Samstags zulässig. Ist der Mietzins jedoch nach Monaten oder längeren Zeitabständen bemessen, ist die Kündigung spätestens am fünfzehnten eines Monats für den Ablauf dieses Monats zulässig.

Bei Wohnraum, der Teil der vom Vermieter selbst bewohnten Wohnung ist, **jedoch vom Mieter selbst möbliert und/oder an eine Familie vermietet** ist, kommt unter Umständen eine um 3 Monate verlängerte Kündigungsfrist in Betracht.

Dies gilt auch für die Kündigung einer Wohnung im vom Vermieter mitbewohnten **Zweifamilienhaus und für bestimmte Dreifamilienhäuser.**

Beispiel:

> Der Vermieter kündigt die vermietete Wohnung in dem auch von ihm bewohnten Zweifamilienhaus, ohne Grundangabe, worauf er hinweist. Die Wohnung ist dem Mieter seit 7 Jahren überlassen. Die Kündigungsfrist beträgt 6 Monate zzgl. 3 weitere Monate, also insgesamt 9 Monate.

Für Werksmietwohnungen und Werksdienstwohnungen/Dienstwohnungen gilt, dass bei Wohnraum, der weniger als 10 Jahre überlassen war, die Kündigung spätestens am 3. Werktag eines Kalendermonats für den Ablauf des

- übernächsten Monats zulässig ist, wenn die Wohnung für einen anderen zur Dienstleistung Verpflichteten benötigt wird.
- nächsten Monats zulässig ist, wenn das Mietverhältnis vor dem 1.9.1993 eingegangen worden ist und der Wohnraum für einen anderen zur Dienstleistung Verpflichteten **dringend** benötigt wird.

Erfordert das Dienstverhältnis seiner Art nach die Überlassung des Wohnraums, welcher in unmittelbarer Beziehung oder Nähe zur Stätte der Dienstleistung steht und wird der Wohnraum aus dem gleichen Grunde für einen anderen zur Dienstleistung Verpflichteten benötigt **(qualifizierter Betriebsbedarf)**, so ist die Kündigung spätestens am dritten Werktag eines Kalendermonats für den Ablauf **dieses Monats** zulässig.

Sind Dienstwohnungen aufgrund eines Arbeitsverhältnisses überlassen worden **(Werksmietwohnungen)**, endet die Wohnberechtigung automatisch, wenn das Arbeitsverhältnis gelöst wird. Hat jedoch der Mieter den Wohnraum überwiegend selbst möbliert oder führt er dort mit seiner Familie einen eigenen Hausstand, gilt die Regelung analog der bei qualifiziertem Betriebsbedarf.

Zusammenfassung

Die ordentliche Kündigung

einseitige empfangsbedürftige Willenserklärung

- **Form (§ 564a BGB)**
  - **Wohnraum**
    - Allgemein → Schriftform
      Soll: Kündigungsgründe für Mieter und Vermieter
      Soll: Hinweis auf Widerspruchsrecht des Mieters durch den Vermieter (nicht unbedingt im Kündigungsschreiben)
    - Sonderfälle → formfrei
  - **Nicht-Wohnraum** → formfrei
- **Frist (§§ 564, 565 BGB)**
  - **Wohnraum**
    - Allgemein → Kündigungsfrist abhängig von der Dauer der Überlassung an den Mieter. Frist gilt grundsätzlich sowohl für Mieter als auch Vermieter
    - Sonderfälle → Sondervorschriften
  - **Nicht-Wohnraum**
    - Grundstücke und Gebäude allgemein → Kündigungsfrist abhängig von der zeitlichen Bemessung des Mietzinses
    - Gewerblich genutzte unbebaute Grundstücke und Geschäftsräume → Kündigung abhängig von der zeitlichen Bemessung des Mietzinses und bei monatlicher bzw. längerer Bemessung des Mietzinses Beachtung des Quartalsendes

5.7.3.3 Das berechtigte Interesse des Vermieters an der Beendigung des Mietverhältnisses

Die Behandlung des Themas wird eingeschränkt auf den **Mietwohnbereich,** dort auf die Kündigung durch den Vermieter.

Ein Mietverhältnis über Wohnraum kann der Vermieter nur kündigen, wenn er ein **berechtigtes Interesse** an der Beendigung des Mietverhältnisses hat.

Als berechtigtes Interesse an der Beendigung ist anzusehen:

- die nicht unerhebliche schuldhafte Verletzung der vertraglichen Verpflichtungen durch den Mieter
- der Eigenbedarf des Vermieters
- die Verhinderung des Vermieters an der wirtschaftlichen Verwertung des Grundstücks
- Schaffung von Wohnraum durch Teilkündigung von Nebenräumen
- sonstiges berechtigtes Interesse

- **Nicht** unerhebliche schuldhafte Verletzung der vertraglichen Verpflichtungen durch den Mieter

Beispiele:

Mehrfache unpünktliche Mietzahlung während eines Jahres und Fortsetzung trotz Abmahnung
Unterlassen der Schönheitsreparaturen trotz Abmahnung
Nichteinhalten der Ruhezeiten trotz Abmahnung

– Eigenbedarf

Eigenbedarf ist gegeben, wenn der Vermieter die Räume für sich, die zu seinem Hausstand gehörenden Personen oder seine Familienangehörigen benötigt.

Die Räume müssen als Wohnung spätestens zum Zeitpunkt der Beendigung des Mietverhältnisses benötigt werden.

Der Vermieter benötigt die Wohnung dann für sich, wenn er die Wohnung selbst bewohnen will. Sind mehrere Personen Vermieter, genügt es, wenn einer von ihnen die Wohnung selbst bewohnen will. Ist der Vermieter der Wohnung eine Personenhandelsgesellschaft, genügt es, wenn einer der Gesellschafter die Wohnung bewohnen will.

Der Vermieter benötigt die Wohnung für hausstandsangehörige Personen, wenn es sich dabei um Personen handelt, die der Vermieter auf Dauer in seiner Wohnung aufgenommen hat und die mit ihm in enger Hausgemeinschaft leben und dort keinen eigenen Hausstand führen.

Beispiele:

Lebensgefährtin, Hilfsperson

Der Vermieter benötigt die Wohnung für Familienangehörige, wenn eine verwandtschaftliche oder schwägerschaftliche Beziehung besteht.

Beispiele:

Eltern, Kinder, Geschwister, Schwiegertochter

Der Vermieter darf sich bei der Begründung des Eigenbedarfs nicht auf die bloße Wiedergabe des Gesetzestextes beschränken. Von ihm kann verlangt werden, darzustellen, in welcher Weise er bisher seinen gewöhnlichen und regelmäßigen Wohnbedarf deckt, dazu gehört ggf. auch ein Hinweis, warum der Vermieter seinen Wohnbedarf gerade in der gekündigten Wohnung decken will.

– Wirtschaftliche Verwertung

Der Vermieter wird durch die Fortsetzung des Mietverhältnisses an einer **angemessenen** wirtschaftlichen Verwertung des Grundstücks gehindert und würde dadurch **erhebliche** Nachteile erleiden. In diesem Fall hat er ein berechtigtes Interesse an der Beendigung.

Beispiele:

für wirtschaftliche Verwertungen: Verkauf, Abriss, Umbau, Sanierung, Modernisierung (wenn ökologisch sinnvoll)

Folgende wirtschaftliche Verwertungen gelten jedoch nicht:

- Möglichkeit einer höheren Miete bei anderweitiger Vermietung
- Absicht, Wohnungseigentum zu begründen und zu veräußern
- Absicht, nach Überlassung an den Mieter begründetes Wohnungseigentum zu veräußern
- Absicht des Erwerbers, nach der Überlassung an den Mieter begründetes Wohnungseigentum zu veräußern, wenn die Wohnung in einem Gebiet erhöhten Wohnbedarfs liegt. Hier ist eine Sperrfrist von 5 Jahren einzuhalten.

- **Teilkündigung von Nebenräumen zur Wohnung**

Der Vermieter ist zur Teilkündigung berechtigt, wenn er Wohnraum zum Zwecke der Vermietung schaffen oder die neu zu schaffenden bzw. die vorhandenen Wohnungen mit Nebenräumen oder Grundstücksteilen ausstatten und deswegen nicht zum Wohnen bestimmte Nebenräume oder Grundstücksteile in Anspruch nehmen will.

- **Sonstiges berechtigtes Interesse**

Beispiele:

Kündigung durch den Sanierungsträger wegen bevorstehender Sanierung; Ausscheiden aus dem Dienst-/Arbeitsverhältnis bei Betriebsbedarf für die Werkswohnung; Ende der Mitgliedschaft in einer Wohnungsbaugenossenschaft bei Bedarf der Wohnung für Genossenschaftsmitglieder

- **Inhalt des Kündigungsschreibens**

Als berechtigtes Interesse des Vermieters an der Beendigung des Mietverhältnisses werden nur die Gründe berücksichtigt, die in dem Kündigungsschreiben angegeben sind, soweit sie nicht nachträglich entstanden sind.

- **Sonderfälle**

a) Für in **Wohnungseigentum umgewandelten Wohnraum** gilt:

Die Möglichkeit der Eigenbedarfskündigung durch den Erwerber verzögert sich um 3 Jahre bzw. um 5 Jahre, wenn die Wohnung in einem Gebiet erhöhten Wohnbedarfs liegt.

Gemäß dem Gesetz über eine Sozialklausel in Gebieten mit gefährdeter Wohnungsversorgung kann sich der Erwerber bis zum Ablauf von 10 Jahren ab Veräußerung nicht auf Eigenbedarf und nicht auf Hinderung an der wirtschaftlichen Verwertung der Mietsache berufen.

Nach Ablauf der 10-Jahresfrist können obige Formen des berechtigten Interesses an der Beendigung dann nicht berücksichtigt werden, wenn die vertragsgemäße Beendigung für den Mieter oder ein bei ihm lebendes Familienmitglied eine nicht zu rechtfertigende Härte bedeuten würde. Bei dieser Sachlage bleibt dem Vermieter nur die Möglichkeit, dem Mieter angemessenen Ersatzwohnraum zu zumutbaren Bedingungen nachzuweisen.

Die Gebiete mit 5- bzw. 10-jähriger Wartefrist werden jeweils durch die Landesregierungen bestimmt.

Die Wartefrist beginnt mit der Eintragung des Erwerbers als Eigentümer im Grundbuch.

Wirksam ausgesprochen werden kann die Kündigung erst nach dem Ablauf der Wartefrist; das Kündigungsschreiben muss also nach der Wartefrist zugehen.

WoBindG § 6 Abs.7

Auf Eigenbedarf an einer öffentlich geförderten Wohnung kann sich der Erwerber der umgewandelten Wohnung erst dann berufen, wenn die öffentliche Förderung beendet ist.

Beispiel:

Der Mieter mietet sich 1990 in die Mietwohnung ein. 1992 werden die Wohnungen des Mietshauses in Eigentumswohnungen umgewandelt. Ein Jahr nach der Umwandlung wird die Wohnung veräußert, der Erwerber wird am 30.9.1993 im Grundbuch als Eigentümer eingetragen. Mit diesem Zeitpunkt beginnt die Wartefrist des Erwerbers.

Gemäß § 570b BGB hat der Mieter von Wohnraum ein Vorkaufsrecht, wenn an dem Wohnraum nach der Überlassung an den Mieter Wohnungseigentum begründet worden ist bzw. begründet werden soll und der Wohnraum an Dritte verkauft wird. Dem Mieter steht das Vorkaufsrecht nur dann nicht zu, wenn der Vermieter die Wohnung an eine zu seinem Hausstand gehörende Person oder an einen Familienangehörigen (der nicht zu seinem Hausstand gehören muss) verkauft. BGB § 570b

Soweit es sich um **preisgebundenen** Wohnraum handelt, besteht bereits seit 1981 ein besonderes Vorkaufsrecht in Umwandlungsfällen.

Ausübung des Vorkaufsrechts

bei preisgebundenem Wohnraum	bei preisfreiem Wohnraum
– gemäß § 570b BGB i. V. m. § 510 Abs. 2 BGB bis zum Ablauf von **2 Monaten** – gemäß § 2b WoBindG bis zum Ablauf von **6 Monaten**	– gemäß § 570b BGB i. V. m. § 510 Abs. 2 BGB **bis zum Ablauf von 2 Monaten**

nach dem Empfang der Mitteilung über den Inhalt des mit dem Dritten geschlossenen Vertrages

b) Im Fall, dass es sich um Wohnraum in dem **vom Vermieter mitbewohnten Zweifamilienhaus** handelt, ist für die Kündigung des Vermieters das Vorliegen von berechtigtem Interesse nicht erforderlich. Im Fall der Kündigung ohne diesen Umstand verlängert sich jedoch die Kündigungsfrist um 3 Monate. Im Kündigungsschreiben ist anzugeben, dass die Kündigung nicht auf das Vorliegen eines berechtigten Interesses an der Beendigung des Mietverhältnisses gestützt wird.

Dies gilt auch für den Fall, dass der vermietete Wohnraum in **bestimmten Dreifamilienhäusern** liegt. Dann sind jedoch noch zusätzliche Informationspflichten dem Mieter gegenüber einzuhalten, um das obige Ergebnis zu erreichen.

Analog zur Wohnung im Zweifamilienhaus wird auch der Wohnraum behandelt, der Teil der vom Vermieter selbst bewohnten Wohnung, **überwiegend vom Mieter möbliert und/oder an eine Familie** überlassen, ist

c) Wohnraum, der zu **nur vorübergehendem Gebrauch** überlassen ist, der **Teil der vom Vermieter selbst bewohnten Wohnung** ist, der **Teil eines Jugend- und Studentenheims** ist oder **Wohnraum in Ferienhäusern/Ferienwohnungen** und **Wohnraum, der an juristische Personen des öffentlichen Rechts** vermietet ist, unterliegt nicht den obigen Beschränkungen.

Der Vermieter benötigt für die Kündigung ebenfalls kein berechtigtes Interesse, wenn es sich bei dem zu kündigenden Wohnraum um eine **Werksdienstwohnung/Dienstwohnung** handelt, in der der Mieter keinen eigenen Hausstand mit seiner Familie führt und/oder der Mieter die Wohnung nicht überwiegend selbst möbliert hat.

5.7.3.4 Die Sozialklausel

Die Sozialklausel gilt nur bei ordentlicher Kündigung des Vermieters von Wohnraum.

Der Schutz des Mieters wird ergänzt durch die **Sozialklausel.**

Danach kann der Mieter der Kündigung **widersprechen.**

Der Widerspruch mit Fortsetzungsverlangen ist eine zugangsbedürftige Willenserklärung, die der Schriftform bedarf. Auf Verlangen des Vermieters soll der Mieter über die Gründe seines Widerspruchs Auskunft geben.

Der Widerspruch muss spätestens 2 Monate vor Beendigung des Mietverhältnisses dem Vermieter gegenüber erklärt werden.

Beispiel:

> Der letzte Tag der Widerspruchsfrist ist ein Samstag (Sonntag, Feiertag). In diesem Fall genügt es, wenn der Widerspruch spätestens am nächsten Werktag zugeht.

Ist die Widerspruchsfrist versäumt, kann die Fortsetzung des Mietverhältnisses vom Vermieter abgelehnt werden, wenn er dem Mieter rechtzeitig über dieses Recht Mitteilung gemacht hat. Hat er dies versäumt, kann der Mieter noch im ersten Termin des Räumungsrechtsstreits der Kündigung widersprechen.

Grundlage für den erfolgreichen Widerspruch ist das Bestehen einer **Härte** für den Mieter oder seine Familie, die auch unter Würdigung des berechtigten Interesses des Vermieters (das ja gegeben ist) dem Mieter die Beendigung des Mietverhältnisses unzumutbar macht.

Beispiele für Härtegründe:

> Angemessener Wohnraum kann zu zumutbaren Bedingungen nicht beschafft werden; hohes Alter in Verbindung mit Krankheit, Gebrechlichkeit, beengten wirtschaftlichen Verhältnissen, Schwangerschaft; Schwierigkeiten bei der Ersatzbeschaffung von Wohnraum wegen vieler Kinder; geringes Einkommen.

In der Folge ist nun abzuwägen zwischen

der Härte, die die Beendigung des Mietverhältnisses für den Mieter bedeutet.	und	dem berechtigten Interesse des Vermieters an der Beendigung des Mietverhältnisses, wobei nur die Gründe zählen, die der Vermieter im Kündigungsschreiben angegeben hat, es sei denn, diese sind nachträglich entstanden.

↓

Ergibt die Abwägung,

↓

dass die Härte für den Mieter schwerer wiegt als das berechtigte Interesse des Vermieters an der Beendigung des Mietverhältnisses, kann der Mieter verlangen, dass je nach Lage des Falls das Mietverhältnis auf bestimmte oder unbestimmte Zeit fortgesetzt wird.

Der Vermieter kann u. U. verlangen, dass im Fortsetzungsfalle eine Anpassung der Mietvertragsbedingungen stattfindet.

Beispiel:

> Anhebung des Mietzinses bis zur ortsüblichen Miete, i. d. R. ohne die Beschränkung des § 2 MHG

Der Mieter kann die Fortsetzung des Mietverhältnisses nicht verlangen, wenn er selbst gekündigt hat oder wenn der Vermieter zur fristlosen Kündigung berechtigt ist (für die außerordentliche Kündigung mit Frist ist die Sozialklausel grundsätzlich anwendbar).

Vereinbarungen, die das Widerspruchsrecht des Mieters beschränken, sind unwirksam.

Für den Fall, dass ein Bedürfnis zur weiteren Verlängerung des durch Einigung oder
BGB § 556c Urteil fortgesetzten Mietverhältnisses besteht, hat der Mieter ein Widerspruchsrecht.

– Sonderfälle

Der Mieter hat kein Widerspruchsrecht gegen die Kündigung, wenn es sich bei dem zu kündigenden Wohnraum **z. B.** um

- zu **vorübergehendem Gebrauch** gemieteten Wohnraum, um Wohnraum,

- **der Teil der vom Vermieter selbst bewohnten Wohnung** ist, um **Wohnraum in Ferienhäusern/Ferienwohnungen** und um **Wohnraum, den eine juristische Person des öffentlichen Rechts** angemietet hat, handelt.

Zusammenfassung

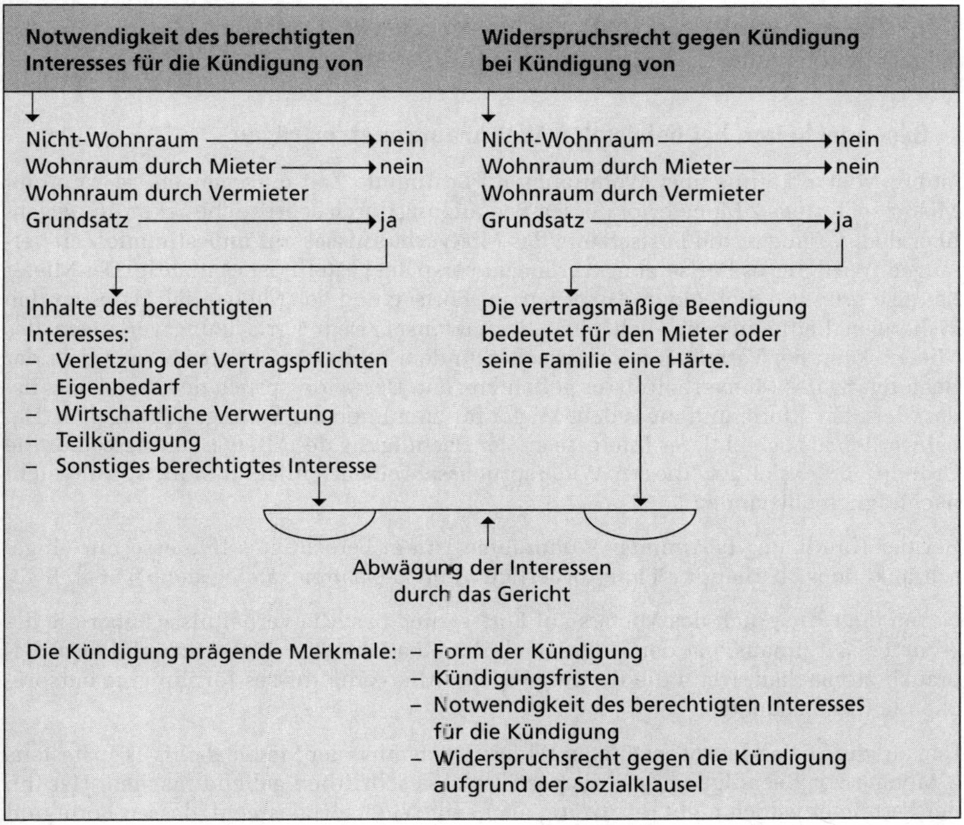

5.7.4 Ordentliche Beendigung befristeter und auflösend bedingter Mietverhältnisse

5.7.4.1 Ordentliche Beendigung befristeter Mietverhältnisse

Ein **befristetes** Mietverhältnis liegt vor, wenn das Ende kalendermäßig feststeht oder wenigstens bestimmt werden kann.

Beispiele:

> Gemäß Mietvertrag endet das Mietverhältnis mit dem Ablauf des 30.4.19..; gemäß Mietvertrag endet das Mietverhältnis mit dem Ende des Abwohnens des vom Mieter geleisteten Finanzierungsvorschusses.

Befristete Mietverhältnisse enden mit dem Ablauf der Zeit, für den sie eingegangen sind. Das Ende tritt automatisch ein, ohne dass irgendwelche Erklärungen notwendig sind. BGB § 567 S. 1

Während der vereinbarten Mietzeit kann das Mietverhältnis nur durch außerordentliche Kündigung oder Mietaufhebungsvereinbarung beendet werden.

BGB § 567 S. 2 Mietverträge, die für länger als 30 Jahre (befristet) abgeschlossen werden, können von jeder Vertragspartei nach 30 Jahren gekündigt werden.

Beispiel:

> Beginn des Mietvertrages am 1.4.1990, vertragsgemäßes Ende 31.3.2030. Nach 30 Jahren kann das Mietverhältnis gekündigt werden.

BGB § 567 S. 2 Auf Lebenszeit des Vermieters/Mieters geschlossene Mietverträge sind von dieser Regelung nicht betroffen, es bleibt beim vereinbarten Ablauf.

– Besonderheiten bei befristeten Wohnraummietverträgen

BGB § 564c Abs. 1 Ist ein Mietverhältnis über Wohnraum auf bestimmte Zeit eingegangen, so kann der Mieter spätestens 2 Monate vor dessen Beendigung durch schriftliche Erklärung gegenüber dem Vermieter die **Fortsetzung des Mietverhältnisses auf unbestimmte Zeit** verlangen. Wird dieses Fortsetzungsverlangen verspätet gestellt, ist es nichtig. Der Mieter hat also grundsätzlich einen Anspruch auf Fortsetzung des Mietverhältnisses zu den bisherigen Bedingungen, auch ohne Sozialklausel. Dem Fortsetzungsverlangen des Mieters kann der Vermieter widersprechen, indem er ein berechtigtes Interesse an der Beendigung des Mietverhältnisses geltend macht. Der Widerspruch des Vermieters bedarf der Schriftform und muss dem Mieter bis zum Ende der Vertragszeit zugehen. Dabei werden als berechtigtes Interesse an der Beendigung des Mietverhältnisses nur die Gründe berücksichtigt, die im Widerspruchsschreiben enthalten sind, soweit nicht nachträglich entstanden. (BGB §§ 556b, 556a)

Bei der Kündigung bestimmter Wohnräume ist ein berechtigtes Interesse nur eingeschränkt oder überhaupt nicht erforderlich. Zum Ausnahmekatalog siehe § 564b BGB.

Neben dem Anspruch des Mieters auf Fortsetzung des Mietverhältnisses über die bestimmte Zeit hinaus, hat der Mieter auch die Möglichkeit, von der **Sozialklausel** Gebrauch zu machen, wenn die Beendigung des Mietverhältnisses für ihn eine entsprechende Härte bedeutet.

Den auf die Sozialklausel gestützten Widerspruch muss der Mieter ebenfalls spätestens 2 Monate vor Beendigung des Mietverhältnisses schriftlich geltend machen. Hat ihn der Vermieter jedoch nicht rechtzeitig über sein Widerspruchsrecht, dessen Form und Frist informiert, kann er den Widerspruch noch im ersten Termin des Räumungstermins einlegen.

Der Mieter kann jedoch nur solche Härtegründe ins Feld führen, die bei Abschluss des Mietvertrages noch nicht bekannt waren.

Bei der Kündigung bestimmter Wohnräume ist die Sozialklausel nur eingeschränkt oder überhaupt nicht anzuwenden. Dieser Ausnahmekatalog gilt auch für befristete Wohnraumverhältnisse.

– **Qualifizierte Zeitmietverträge** (s. auch 5.1.3.7)

Für Wohnräume, die dem Mieter ein gesetzliches **Fortsetzungsverlangen** und/oder ein **Widerspruchsrecht** gewähren, kann ein Zeitmietvertrag geschlossen werden, der dem Mieter diese Möglichkeit nimmt. Dazu muss das Mietverhältnis bestimmte Merkmale erfüllen (qualifiziert sein), die kumulativ gegeben sein müssen:

- Das Mietverhältnis darf auf höchstens **5 Jahre** befristet geschlossen werden und
- der Vermieter muss die Räume unmittelbar nach Ablauf der Mietzeit für **sich,** für zu **seinem Hausstand gehörende Personen** oder für **seine Familienangehörigen** benötigen oder sie in zulässiger Weise **beseitigen** oder **wesentlich verändern/instand set-**

zen wollen, so dass durch die Fortsetzung des Mietverhältnisses diese Maßnahmen erschwert würden; oder der Vermieter will die Räume, die mit Rücksicht auf ein bestehendes Dienstverhältnis vermietet worden sind, nun **an einen anderen zur Dienstleistung Verpflichteten** vermieten und

- der Vermieter muss diese Absicht dem Mieter bei Vertragsabschluss schriftlich mitteilen.

Verzögert sich die vom Vermieter beabsichtigte Verwendung der Mieträume ohne sein Verschulden oder teilt der Vermieter dem Mieter nicht 3 Monate vor Ablauf der Mietzeit schriftlich mit, dass seine Verwendungsabsicht noch besteht, so kann der Mieter eine Verlängerung des Mietverhältnisses um einen entsprechenden Zeitraum verlangen.

Wird die rechtzeitige Mitteilung an den Mieter unterlassen, besteht die Gefahr, dass gemäß das Mietverhältnis auf unbestimmte Zeit fortgesetzt wird. Der Vermieter sollte daher innerhalb 2 Wochen nach Beendigung des Mietverhältnisses dem Mieter gegenüber seinen Willen zur Beendigung des Mietverhältnisses erklären. BGB § 568

5.7.4.2 Auflösend bedingte Mietverhältnisse

Mietverhältnisse, die unter einer auflösenden Bedingung abgeschlossen worden sind, enden automatisch mit Eintritt der Bedingung.

Für Wohnraummietverhältnisse gilt gemäß, dass sich das Mietverhältnis automatisch auf unbestimmte Zeit, nach Eintritt der Bedingung, verlängert. Es kann dann nur durch Kündigung aufgelöst werden. BGB § 565a Abs. 2

5.7.4.3 Befristetete Mietverhältnisse mit Verlängerungsklausel

Ist das Mietverhältnis befristet, aber eine Verlängerungsklausel vereinbart, so endet es, wenn der Verlängerung widersprochen wird. Wird der Verlängerung nicht widersprochen, so setzt sich das Mietverhältnis mit dem bisherigen Inhalt automatisch für die vereinbarte Zeit fort. Dies gilt auch für Wohnraum, jedoch nach den Regeln des § 565a Abs. 1 BGB. BGB § 565a

Beispiel:

> Vereinbarung: Das Mietverhältnis wird auf 5 Jahre abgeschlossen und verlängert sich um ein weiteres Jahr, wenn es nicht mit einer Frist von 6 Monaten gekündigt wird.

5.7.4.4 Befristete Mietverhältnisse mit Option

Steht dem Mieter eine Option zu, so endet das befristete Mietverhältnis, wenn die Option nicht rechtzeitig erklärt wird, mit Zeitablauf.

Der Wohnraummieter hat das Recht, die Fortsetzung des Mietverhältnisses zu verlangen.

Beispiel:

> Das Mietverhältnis endet am 31.07.2000.
> Der Mieter ist berechtigt dem Vermieter durch schriftliche Erklärung, die spätestens bis zum 30.06.2000 diesem zugeht, anzuzeigen, dass sich das bestehende Mietverhältnis zu unveränderten Bedingungen bis zum 31.07.2002 verlängert.

Zusammenfassung

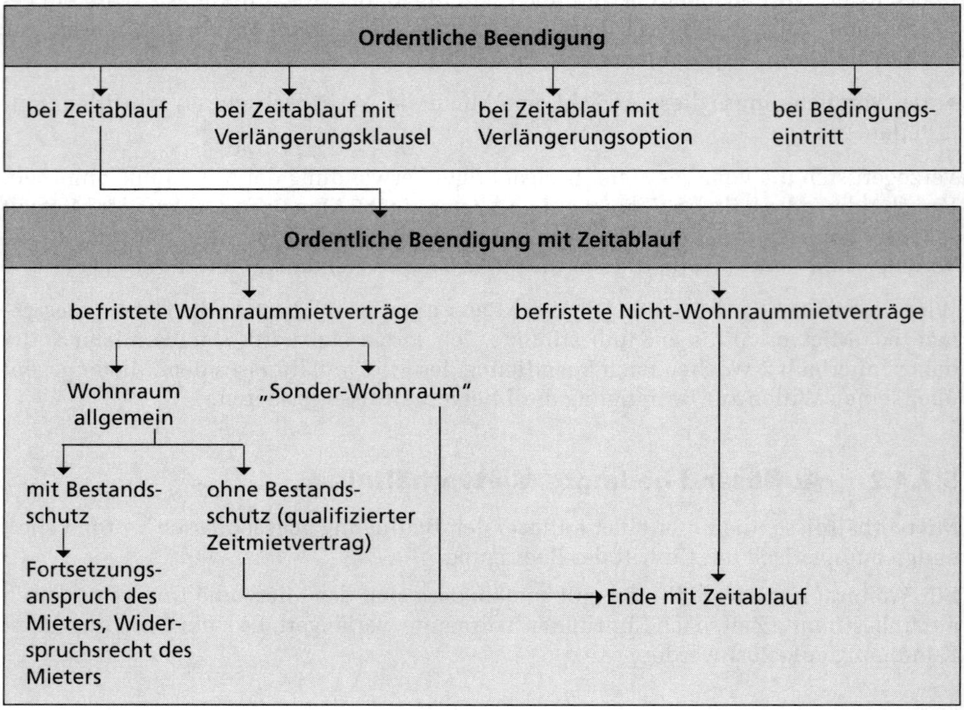

Zeitmietvertrag ohne Bestandsschutz (qualifizierter Zeitmietvertrag)

Folge: Kein Fortsetzungsverlangen des Mieters
Kein Widerspruchsrecht des Mieters nach der Sozialklausel

5.7.5 Außerordentliche Beendigung von Mietverhältnissen

5.7.5.1 Übersicht

Außerordentliche Beendigung

Fälle der fristlosen Kündigung

- Kündigung durch Vermieter
  - Fortsetzung des vertragswidrigen Gebrauchs (§ 553 BGB)
  - Zahlungsverzug des Mieters (§ 554 BGB)
  - Erhebliche Pflichtverletzungen und Störungen des Hausfriedens (554a BGB)
  - Unzumutbarkeit der Vertragsfortsetzung (§§ 242, 626, 723 BGB)
- Kündigung durch Mieter
  - Mängel der Gebrauchsgewährung (§ 542 BGB)
  - Gesundheitsgefährdende Beschaffenheit der Mietsache (§ 544 BGB)
  - Erhebliche Pflichtverletzungen und Störungen des Hausfriedens (§ 554a BGB)
  - Unzumutbarkeit der Vertragsfortsetzung (§§ 242, 626, 723 BGB)

Fälle der außerordentlichen Kündigung mit gesetzlich festgelegter Frist

- Kündigung durch Vermieter
  - Durch Eigentümer bei Erlöschen des Nießbrauchs (§ 1056 BGB)
  - Durch Nacherben (§ 2135 BGB)
  - Durch Ersteher in der Zwangsversteigerung (§ 57a ZVG)
  - Durch Erwerber vom Konkursverwalter (§ 21 Abs. 4 KO)
  - Bei über 30 Jahre befristetem Mietverhältnis (§ 567 BGB)
  - Bei Tod des Mieters (§ 569 BGB)
  - u. a.
- Kündigung durch Mieter
  - Bei Versagung der Untermieterlaubnis (§ 549 Abs. 1 BGB)
  - Bei Versetzung des Mieters im öffentlichen Dienst (§ 570 BGB)
  - Bei Mieterhöhung (§ 9 Abs. 1 MHG, § 11 WoBindG)
  - Bei baulichen Maßnahmen des Vermieters (§ 541b BGB)
  - Bei über 30 Jahre befristetem Mietverhältnis (§ 567 BGB)
  - Bei Tod des Mieters (§ 569 BGB)
  - u. a.

Fälle der außerordentlichen Beendigung aus öffentlich-rechtlichen Gründen

- polizeiliche Maßnahmen
  Beispiel: Dem Vermieter wird der Abbruch des Gebäudes auferlegt
- Wohnungswirtschaftliche Maßnahmen
  Beispiel: Räumungsverfügung für die fehlbelegte Sozialwohnung (§ 34 Abs. 6a WoBindG)
- Städtebauliche Maßnahmen
  Beispiel: Ein Gebäude muss zur Durchführung von Sanierungsmaßnahmen beseitigt werden (§§ 176–179 BauGB)

5.7.5.2 Fristlose und außerordentliche Kündigung mit gesetzlicher Frist

Auch die außerordentliche Kündigung ist eine empfangsbedürftige Willenserklärung. Sie muss eindeutig erklärt werden und kenntlich machen, dass nicht eine bloße ordentliche Kündigung ausgesprochen werden soll. Sie ist an keine Form gebunden; für Wohnraummietverhältnisse gilt jedoch grundsätzlich die Schriftform.

Die fristlose Kündigung wird mit ihrem Zugang wirksam, und zum selben Zeitpunkt wird auch das Mietverhältnis beendet.

Für die außerordentliche Kündigung mit Frist gilt, sofern nichts anderes bestimmt ist, die Frist nach § 565 Abs. 5 BGB.

Die Fälle der außerordentlichen Kündigung sind im Gesetz abschließend geregelt.

Aus der Menge der außerordentlichen Kündigungsanlässe sollen zwei beispielhaft herausgegriffen werden.

BGB § 554 **– Die fristlose Kündigung durch den Vermieter wegen Zahlungsverzugs des Mieters**

Der Vermieter darf das Mietverhältnis ohne Einhaltung einer Kündigungsfrist kündigen, wenn der Mieter mit der Entrichtung des Mietzinses

in **Verzug** geraten ist **und** der Rückstand ein bestimmtes **Ausmaß** angenommen hat.

Umfang des Rückstandes

Der Mieter ist für **2 aufeinanderfolgende** Termine mit der Entrichtung des Mietzinses oder eines nicht unerheblichen Teil des Mietzinses im Verzug.

Bei **Wohnraummiete** ist der rückständige Teil des Mietzinses nur dann nicht unerheblich, wenn der rückständige Teil den Mietzins für **ein Monat übersteigt** (dies gilt nicht für Wohnraum der zu nur vorübergehenden Gebrauch vermietet ist),

Der Mieter ist in einem Zeitraum, der sich über mehr als 2 Termine erstreckt, mit der Entrichtung des Mietzinses in Höhe eines Betrages in Verzug, der den Mietzins für **2 Monate erreicht.**

Mit der Miete laufend zu zahlende Nebenkostenpauschalen oder Nebenkostenvorauszahlungen haben **Mietzinscharakter**, d. h. dass der Vermieter z. B. bei ausbleibenden Nebenkostenvorauszahlungen seine Kündigung auf § 554 BGB stützen kann.
Zu beachten: Eine Nachzahlung aus der jährlichen Nebenkostenabrechnung stellt keinen Mietzins i. S. von § 554 BGB dar, denn die Nachzahlung ist kein Betrag der regelmäßig zu bestimmten Terminen zu entrichten ist.

Beispiele:
Die monatliche Wohnungsmiete beträgt 900,– DM zzgl. 100,– DM Nebenkostenvorauszahlung.

Rückstand Januar: 1.000,– DM
Rückstand Februar: 800,– DM
Folge: Fristlose Kündigung zulässig.

Rückstand Januar: 800,– DM
Rückstand Februar: 300,– DM
Folge:Fristlose Kündigung nach h. M. zulässig, da Rückstand insgesamt mehr als 1 Monatsmiete.

Rückstand Januar: 700,– DM
Rückstand Februar: 200,– DM
Rückstand März: 100,– DM
April **kein** Rückstand
Rückstand Mai 900,– DM
Juni **kein** Rückstand
Rückstand Juli: 200,– DM

Summe Rückstände 2.100,– DM, d. h. im Juli ist die fristlose Kündigung möglich.

Die fristlose Kündigung wegen Zahlungsverzugs ist ausgeschlossen, wenn der Vermieter vor Erhalt der Kündigung vollständig befriedigt wird oder wenn sich der Mieter von seiner Schuld durch Aufrechnung befreien konnte mittels einer Forderung, die vor der Kündigung liegt.

Bei **Wohnraum** gilt, dass die fristlose Kündigung auch dann unwirksam wird, wenn der Vermieter bis zum Ablauf eines Monats nach Eintritt der Rechtshängigkeit des Räumungsanspruchs hinsichtlich des Mietzinses vollständig befriedigt wird. Diese Schonfrist des Wohnraummieters beginnt mit dem Zugang der Kündigung und endet einen Monat nach Eintritt der Rechtshängigkeit der Räumungsklage.

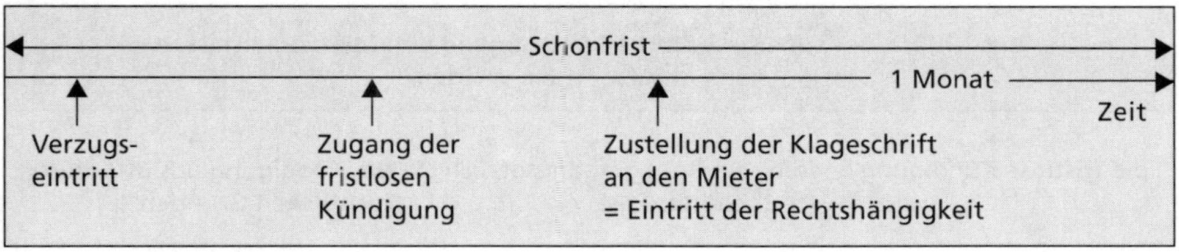

Die Regelungen dürfen bei Geschäftsraummietverhältnissen abbedungen werden, so dass die Kündigungsrechte des Vermieters erweitert werden können. BGB § 554

Für Wohnraummietverhältnisse können diese Regelungen zu Lasten des Mieters nicht eingeschränkt werden.

– Außerordentliche Kündigung bei Tod des Mieters BGB §§ 569, 569a

Grundsätzlich tritt der **Erbe** an die Stelle des Erblassers, übernimmt also den Mietvertrag. Sowohl er als auch der Vermieter können das Mietverhältnis unter Einhaltung der gesetzlichen Frist kündigen.

Diese Grundregel wird aber bei **Wohnraummietverträgen** folgendermaßen durchbrochen:

Der **Ehegatte** tritt in den Mietvertrag des verstorbenen Ehegatten ein, wenn er mit dem verstorbenen Mieter einen **gemeinsamen Hausstand** geführt hat. Er hindert damit ggf. den Erben an der Übernahme des Mietvertrages. Will der überlebende Ehegatte das Mietverhältnis nicht fortsetzen, tritt ggf. der Erbe ein. Es gilt wieder die Grundregel (s. o.).

Familienangehörige können den Mietvertrag des verstorbenen Mieters übernehmen, wenn sie mit dem Verstorbenen einen **gemeinsamen Hausstand** geführt haben. Sie hindern damit ggf. den Erben an der Übernahme des Mietvertrages. Wollen sie das Mietverhältnis nicht fortsetzen, übernimmt ggf. der Erbe. Es gilt dann wieder die Grundregel (s. o.).

Ehegatte und Familienangehörige führten mit dem verstorbenen Mieter einen **gemeinsamen Hausstand.** Es kann nun ggf. zuerst der Ehegatte den Mietvertrag übernehmen; wenn er nicht will, die anderen Familienangehörigen, und wenn auch diese in das Mietverhältnis nicht eintreten wollen, tritt ggf. der Erbe ein. Es gilt dann wieder die Grundregel (s. o.).

Soweit in den übernehmenden Personen (Ehegatte, Familienangehörige) ein wichtiger Grund zur Ablehnung liegt, kann der Vermieter kündigen.

Sind der Verstorbene und sein Ehegatte **gemeinsam** ein Mietverhältnis über Wohnraum eingegangen, führt der überlebende Ehegatte den Mietvertrag fort, wenn sie einen **gemeinsamen Hausstand** führten. Der überlebende Ehegatte hat ein außerordentliches Kündigungsrecht.

5.7.6 Stillschweigende Verlängerung des Mietverhältnisses BGB § 568

Setzt der Mieter nach dem Ablauf der Mietzeit den Gebrauch der Mieträume fort, so gilt das Mietverhältnis auf unbestimmte Zeit verlängert, sofern nicht der Vermieter oder der Mieter seinen entgegenstehenden Willen binnen einer Frist von zwei Wochen dem anderen Teil gegenüber erklärt. (Diese Möglichkeit wird gewöhnlich im Mietvertrag ausgeschlossen.)

Die Frist beginnt für **den Mieter** mit der Fortsetzung des Gebrauchs, für **den Vermieter** mit dem Zeitpunkt, in welchem er von der Fortsetzung des Gebrauchs durch den Mieter Kenntnis erlangt.

Zusammenfassung

Hinsichtlich der außerordentlichen Beendigung von Mietverhältnissen kann unterschieden werden		
die fristlose Kündigung	die Kündigung mit gesetzlich festgelegter Frist	die Kündigung aus öffentlich-rechtlichen Gründen

5.7.7 Abwicklung des beendeten Mietverhältnisses

BGB § 556 Der Mieter ist verpflichtet, die gemietete Sache **nach** Beendigung des Mietverhältnisses zurückzugeben.

Das bedeutet, dass der Mieter dem Vermieter den unmittelbaren Besitz an der Mietsache einzuräumen hat, auch dann, wenn er selbst nur mittelbarer Besitzer ist.

Beispiel:

Die Räumlichkeiten sind untervermietet; Mieter ist in diesem Fall mittelbarer Besitzer

Die Rückgabe wird i. d. R. durch Aushändigung sämtlicher Schlüssel und Entfernung der Sachen des Mieters vom Mietobjekt vollzogen. Werden nur einige Sachen vom Mieter zurückgelassen, so ist die Mietsache trotzdem zurückgegeben.

Die zurückgelassenen Sachen müssen vom Vermieter aufbewahrt werden, außer es handelt sich um Sachen, an denen der Mieter erkennbar sein Eigentum aufgegeben hat.

Beispiel:

Gerümpel

Der Mieter hat im Zuge der Rückgabe des Mietobjekts ihm überlassenes Zubehör inkl. der erhaltenen Schlüssel zurückgegeben. Sollte sich der Mieter Schlüssel angefertigt haben, hat er diese (beweisbar) zu vernichten oder dem Vermieter zu übergeben.

Weiter hat der Mieter sämtliche von ihm zu vertretenden Mängel zu beseitigen und die fälligen von ihm übernommenen Schönheitsreparaturen auszuführen. Bei Nichtausführung fälliger Schönheitsreparaturen zum Ende der Mietzeit, hat der Vermieter Anspruch auf Schadenersatz grundsätzlich nach Fristsetzung und Ablehnungsdrohung. Sofern nichts anderes vereinbart ist, hat der Mieter die Räumlichkeiten besenrein zu übergeben.

Vom Mieter getätigte Einbauten und Einrichtungen sind grundsätzlich auch vom Mieter wieder zu entfernen.

Beispiele:

Beleuchtungen, Ladentresen, Raumteiler, Teppichböden

Andererseits ist der Mieter auch zur Entfernung grundsätzlich berechtigt.

Der Rückgabeanspruch des Vermieters wird mit der Beendigung des Vertrages fällig.

Der Vermieter darf die Rücknahme der Mietsache nicht wegen Beschädigungen oder wegen nicht durchgeführter Schönheitsreparaturen verweigern, auch nicht wegen einiger Einbauten und zurückgelassener Sachen.

Der Vermieter hat nach Beendigung des Mietverhältnisses die Kaution zurückzugeben. Dieser Anspruch des Mieters wird fällig, wenn sicher feststeht, dass dem Vermieter keine Ansprüche gegen den Mieter mehr zustehen oder wenn eine angemessene Frist nach der Rückgabe der Mietsache verstrichen ist, innerhalb der der Vermieter das Bestehen von Ansprüchen überprüfen konnte; i. d. R. sind dies 6 Monate.

Sind allein Nebenkosten noch offen, soll der Vermieter 3 Monatsvorauszahlungen zurückbehalten dürfen.

Beispiel:

> Mtl. Miete 1.000 DM zzgl. Nebenkosten-Vorauszahlung 100 DM. 300 DM der Kaution könnten wegen noch nicht geklärter Nebenkosten zurückbehalten werden.

Ist der Mietzins für eine Zeit nach der Beendigung des Mietverhältnisses im Voraus entrichtet, hat der Vermieter die Pflicht, diesen Betrag zurückzuerstatten. Bei einem Mietverhältnis über Wohnraum ist eine zum Nachteil des Mieters davon abweichende Vereinbarung unwirksam. BGB § 557a

Beispiele für vorausbezahlten Mietzins:

> Mietvorauszahlung, abwohnbarer Baukostenzuschuss

Der Vermieter hat nach Auszug gewerblicher und freiberuflicher Mieter (Steuerberatungspraxis) Hinweisschilder, die auf die neue Adresse des Gewerbebetriebes, der Praxis etc. hinweisen, 3 Monate (andere Meinung 6 Monate) zu dulden.

Für den Fall, dass die Mietsache nicht rechtzeitig geräumt wird, ist der Vermieter nicht berechtigt, selbst Besitz am Mietobjekt zu ergreifen, er muss zur Erreichung seines Ziels Räumungsklage erheben.

Während des Zeitraums zwischen Ende des Vertrags und der Besitzübertragung durch den Mieter besteht ein nachvertragliches **Abwicklungsschuldverhältnis.** Der Mieter hat daraus u. a. die Pflicht, eine **Nutzungsentschädigung** zu zahlen. BGB § 557

Diese Entschädigung kann in der Höhe des bisher **vereinbarten Mietzinses** bestehen. Bei Mietverträgen über **Räume** kann anstelle des bisherigen Mietzinses auch die (höhere) Miete verlangt werden, die für vergleichbare Räume **ortsüblich** ist.

Die Geltendmachung eines weiteren Schadens ist jedoch nicht ausgeschlossen. Für Wohnraum gelten Besonderheiten. Vereinbarungen zum Nachteil des Wohnraummieters sind unwirksam.

Kommt der Mieter mit der Erfüllung der vertraglich vereinbarten Pflicht zur Renovierung und zur Wiederherstellung des ursprünglichen Zustandes in Verzug, so hat er für den dadurch entstehenden Mietausfall Schadenersatz zu leisten, wenn die Mietsache aus diesem Grund nicht anderweitig vermietet werden konnte.

– Verjährung von Ansprüchen aus der Abwicklung des Mietverhältnisses

Die Ersatzansprüche des Vermieters gegen den Mieter wegen Veränderungen oder Verschlechterungen der vermieteten Sache verjähren in **6 Monaten** ab dem Zeitpunkt, in welchem der Vermieter die Sache zurückerhält, also freien Zugang dazu hat. BGB § 558

Beispiele:

> Ansprüche des Vermieters wegen unterlassener Schönheitsreparaturen, Kleinreparaturen sowie die Ansprüche des Vermieters auf Wiederherstellung des früheren Zustandes, also auf Beseitigung von Einrichtungen, Einbauten, aber auch Ansprüche des Vermieters wegen Schäden im Flur des Hauses, im Treppenhaus, verjähren in 6 Monaten.

Der Anspruch des Vermieters auf Besitzverschaffung, Rückgabe des Zubehörs, Herausgabe des Inventars verjährt in **30 Jahren.**

BGB § 558 Die Ansprüche des Mieters auf Ersatz von Verwendungen und auf Gestattung der Wegnahme einer Einrichtung verjähren in **6 Monaten** ab Beendigung des Mietverhältnisses.

Beispiele:

Ersatzansprüche des Mieters bei Zurücklassung von Einrichtungen auf Veranlassung des Vermieters und zurückgelassene Einrichtungsgegenstände

Der Anspruch des Mieters auf Rückgewährung der Kaution verjährt in **30 Jahren,** der auf die Zinsen aus der Kaution in **4 Jahren.**

Der Anspruch des Mieters auf im Voraus entrichteten Mietzins verjährt in **30 Jahren.**

– Protokoll

Im Protokoll sollten Feststellungen getroffen werden zum Zustand der Mieträume, den noch auszuführenden Arbeiten zur Mängelbeseitigung, zu den Schönheitsreparaturen. Weiter sollte es Auskunft geben über die Anzahl der zurückgegebenen Schlüssel sowie die Zählerzwischenstände bei Übergabe der Mietsache (Stromzähler, Wasserzähler, Wärmeverbrauchszähler, Warmwasserverbrauchszähler).

Mängel sind dabei eingehend zu beschreiben, die zu veranlassenden Arbeiten genau darzustellen.

Das Protokoll ist aufzunehmen, da der Vermieter später seine Behauptung, der Mieter habe nicht ordnungsgemäß übergeben, beweisen muss.

Da ein Anspruch einer Partei gegenüber der anderen, an der Protokollaufnahme mitzuwirken, nicht besteht, sollte dieser Anspruch im Mietvertrag vereinbart werden.

Das gemeinsam erstellte und von beiden Seiten unterzeichnete Protokoll hat aber nicht nur für den Vermieter Vorteile. So kann der Mieter darauf vertrauen, dass er hinsichtlich Reparaturen, Schönheitsreparaturen, die im Protokoll nicht festgehalten sind, auch nicht mehr in Anspruch genommen wird. Dies bezieht sich auch auf solche Mängel, die nicht offensichtlich sind.

5.7.8 Räumung und Räumungsklage

Für den Fall, dass der Mieter nach Beendigung des Mietverhältnisses nicht auszieht, kann der Vermieter beim zuständigen Amtsgericht Räumungsklage erheben und ein Räumungsurteil erwirken.

Der Gerichtsvollzieher muss dann den Mieter „**aus dem Besitz setzen** und den Gläubiger (Vermieter) **in den Besitz einweisen**".

Der Gerichtsvollzieher wird auf Antrag des Vermieters tätig.

Um den Mieter aus den Besitz zu setzen, ist dieser u. U. gewaltsam durch den Gerichtsvollzieher aus den Räumen zu entfernen. Weiter hat der Gerichtsvollzieher die Räume von Gegenständen des Mieters frei zu machen. Die Kosten des Abtransports und die Kosten der u. U. notwendigen Verwahrung der entfernten Gegenstände gehen zu Lasten des Mieters, jedoch ist der Vermieter vorschusspflichtig.

Die Einweisung des Vermieters in den Besitz des Mietobjekts geschieht dadurch, dass er vom Gerichtsvollzieher in die Lage versetzt wird, die tatsächliche Sachherrschaft über das Mietobjekt auszuüben. Dies kann durch Übergabe sämtlicher Schlüssel geschehen.

Wird der Mieter mit dem Urteil verpflichtet, die Wohnung zu räumen, kann das Gericht trotzdem dem Mieter auf dessen Antrag oder von Amts wegen vorübergehend Räumungsschutz gewähren, und zwar auch dann, wenn die Parteien sich in einem gerichtlichen Vergleich auf einen bestimmten Räumungstermin geeinigt haben. Die Vollstreckbarkeit des Räumungstitels ist dadurch eingeschränkt.

Diesen Schutz des § 721 ZPO genießen **nur** die Mieter von Wohnräumen. Zu beachten ist, dass bei qualifizierten Zeitmietverträgen keine Räumungsfrist gewährt werden darf. ZPO §§ 721

Die bewilligte Räumungsfrist kann auf Antrag verlängert oder auch verkürzt weden. Sie darf jedoch insgesamt nicht mehr als ein Jahr betragen.

Die gewährte Räumungsfrist hat die Wirkung, dass vor ihrem Ablauf nicht vollstreckt werden darf.

Während des Laufes der Räumungsfrist kann der Vermieter den vereinbarten Mietzins oder wahlweise eine Entschädigung, welche der ortsüblichen Miete entspricht, verlangen.

Gemäß § 765a ZPO kann das Vollstreckungsgericht auf Antrag des Mieters die Zwangsräumungsmaßnahme aufheben, untersagen oder einstellen, also Vollstreckungsschutz gewähren, wenn die Räumung wegen ganz besonderer Umstände eine Härte bedeuten würde, die mit den guten Sitten nicht vereinbar ist. ZPO § 765a

Diese Möglichkeit des Vollstreckungsschutzes besteht nicht nur für Wohnraum, sondern auch bei nicht zu Wohnzwecken dienenden Räumen.

Die durch die Vollstreckung der Räumung dem Mieter drohende **Obdachlosigkeit** steht der Zwangsräumung nicht entgegen.

Der Gerichtsvollzieher muss jedoch unverzüglich die für die Unterbringung Obdachloser zuständige Verwaltungsbehörde benachrichtigen. Diese kann dann eine Einweisung des Mieters in seine bisherige Wohnung verfügen. Die Obdachlosenbehörde hat dem Vermieter eine Nutzungsentschädigung zu zahlen, i. d. R. in Höhe des bisherigen Mietzinses.

Zusammenfassung

Pflichten bei Beendigung des Mietverhältnisses

Mieter:
- Rückgabe rechtzeitig
- Rückgabe des Zubehörs inkl. Schlüssel
- Mängelbeseitigung, Schönheitsreparaturen
- Entfernung von Einbauten und Einrichtungen
- besenrein

Vermieter:
- Aufbewahrung zurückgelassener Sachen
- Rückerstattung der Kaution
- Rückerstattung von Mietvorauszahlung
- Duldung von Hinweisschildern bei Gewerbetreibenden, Freiberuflern hinsichtlich neuer Adresse
- Kein Verweigerungsrecht der Rückgabe wegen Beschädigungen oder unterlassener Schönheitsreparaturen

Wichtig: Beachtung der einschlägigen Verjährungsfristen insbesondere § 558 BGB (6monatige Verjährungsfrist) und der Beweisnotwendigkeit (Protokoll)

Räumung des Mietobjekts für den Fall, dass der Mieter nicht freiwillig auszieht

↓

Räumungsklage

↓

Räumungsurteil
Räumungstitel

Gewährung vorübergehenden Räumungsschutzes gemäß § 721 ZPO	Aufhebung, Untersagung, Einstellung der Zwangsräumungsmaßnahme gemäß § 765a ZPO	daneben: Einweisung des Mieters in seine bisherige Wohnung bei drohender Obdachlosigkeit durch die Obdachlosenbehörde
↓	↓	↓
bei Wohnraum	bei Wohnraum und Nicht-Wohnraum	bei Wohnraum

Fragen:

1. Was versteht man unter einer Kündigung?
2. Welche Form muss für die Kündigung eines Mietvertrages eingehalten werden?
3. Welche rechtliche Folge hat der Verzicht auf die Begründung der Kündigung der Wohnung?
4. Welche Kündigungsfristen gelten bei der Kündigung von Wohnraummietverhältnissen?
5. Der Vermieter von Wohnraum benötigt zur Kündigung ein berechtigtes Interesse. Welche Fälle berechtigten Interesses nennt das Gesetz?
6. Welches Recht verleiht die so genannte Sozialklausel dem Mieter von Wohnraum?
7. Wann endet ein befristetes Mietverhältnis?
8. Welche Bedingungen müssen erfüllt sein, damit ein so genannter qualifizierter Zeitmietvertrag vorliegt?
9. Welche Folgen hat ein qualifizierter Zeitmietvertrag für den Mieter?
10. Dem Wohnraummieter wird wegen Zahlungsverzugs fristlos gekündigt. Wann beginnt und endet die Schonfrist für den Mieter, welche Möglichkeit wird dem Mieter während dieser Frist eingeräumt?
11. Ergänzen Sie:

    Nach Beendigung des Mietverhältnisses hat der Mieter die Pflicht, dem Vermieter den .... Besitz an der Mietsache zu verschaffen.
12. Innerhalb welcher Frist verjährt der Anspruch des Vermieters auf Beseitigung der Einrichtungen des Mieters?
13. Wann beginnt diese Verjährungsfrist (Nr. 12.) zu laufen?

Themenkreis 6
Begründung und Verwaltung von Wohnungs- und Teileigentum

6.1 Grundbegriffe

BGB §§ 93, 94 — Mit der Begründung von Wohnungs- und Teileigentum wird der Grundsatz, dass wesentliche Bestandteile einer Sache – und ein Gebäude ist ein wesentlicher Bestandteil des Grundstücks, auf dem es errichtet ist – nicht Gegenstand besonderer Rechte sein können, dadurch durchbrochen, dass das Miteigentum am Grundstück mit dem Alleineigentum (Sondereigentum) an bestimmten Räumen kombiniert wird.

WEG §§ 1, 3 — Das Miteigentum am Grundstück wird durch die Einräumung der zu den anderen Miteigentumsanteilen gehörenden Sondereigentumsrechte beschränkt.

Raumeigentum

Wohnungseigentum	Teileigentum
=	=
Sondereigentum an einer Wohnung	Sondereigentum an nicht zu Wohnzwecken dienenden Räumen
+	+
Miteigentumsanteil am Gemeinschaftseigentum	Miteigentumsanteil am Gemeinschaftseigentum

Ein Raum ist dann gegeben, wenn ein allseitiger Abschluss durch das Gebäude nach außen oder innerhalb des Gebäudes gegeben ist.

WEG § 1 Abs. 6 — Für das Teileigentum gelten die Vorschriften über das Wohnungseigentum entsprechend.

Beispiele für Gegenstände des Teileigentums:

Büros, Läden, Restaurants, Werkstätten, Schwimmbäder, Garagen

Beispiel zur Darstellung des Sachverhalts in der Teilungserklärung bzw. im Begründungsvertrag (Einräumungsvereinbarung):

A) Wohnungseigentum

Haus 1:

– Miteigentumsanteil zu 16,412/1000
verbunden mit dem Sondereigentum an der 3-Zimmer-Wohnung im Erdgeschoss, mit einer Wohnfläche von ca. 79,63 m², und dem dazugehörigen Kellerabteil, im Aufteilungsplan mit Nr. 1 bezeichnet;
...

B) Teileigentum

25 Miteigentumsanteile zu je 0,835/1000
= zusammen 20,875/1000,
je verbunden mit dem Sondereigentum an den in der Tiefgarage liegenden Pkw-Stellplätzen,
im Aufteilungsplan mit G 1–G 25 bezeichnet.

6.2 Sondereigentum, Miteigentumsanteil am Gemeinschaftseigentum, Mitgliedschaft in der Eigentümergemeinschaft

Über die Elemente Sondereigentum, Miteigentumsanteil und Mitgliedschaft in der Wohnungseigentümergemeinschaft kann nur „im Paket“ verfügt werden, d. h. diese 3 Elemente sind **untrennbar** miteinander verbunden.

Beispiel:

Es ist nicht möglich, dass Eigentümer E die Gemeinschaft verlässt, sein Wohnungseigentum aber behält.

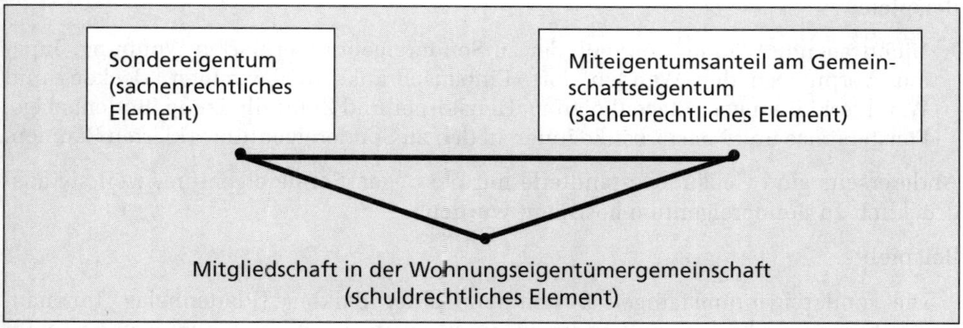

Die Proportionen zwischen den drei Elementen sind im Wohnungseigentumsgesetz nicht ausdrücklich geregelt.

Beispiele:

2 Wohnungen gleicher Größe/gleichen Wertes können unterschiedliche Miteigentumsanteile zugeordnet werden.

Eine größere/wertvollere Wohnung verleiht dem Eigentümer grundsätzlich kein stärkeres Stimmrecht in der Wohnungseigentümerversammlung.

6.2.1 Sondereigentum und Gemeinschaftseigentum

Die Unterscheidung beider Bereiche ist u. a. wichtig zur Klärung der Fragen

- der Zuständigkeit für die Instandhaltung, Instandsetzung
- der Lasten- und Kostenverteilung
- des Gebrauchs und der Nutzung des Eigentums
- der Zuständigkeit für die Verkehrssicherung

Damit ist unmittelbar deutlich, wie wichtig die klare Abgrenzung des Sondereigentums vom Gemeinschaftseigentum für das reibungslose Funktionieren der Eigentümergemeinschaft ist.

6.2.2 Gegenstand des Sondereigentums

Zum Sondereigentum gehören **Wohnungen** und **sonstige Räume,** soweit sie in sich abgeschlossen und zu Sondereigentum **erklärt** sind. Hierzu gehören mangels anderweitiger Vereinbarung auch die wesentlichen Bestandteile des Gebäudes innerhalb der zu Sondereigentum erklärten Räume, wenn durch deren Veränderung, Beseitigung, Einbau das Gemeinschaftseigentum oder das auf Sondereigentum beruhende Recht eines anderen Wohnungseigentümers nicht über Gebühr beeinträchtigt oder die äußere Gestalt des Gebäudes verändert wird. Die Zugehörigkeit zum Sondereigentum wird in diesen Fällen grundsätzlich auch ohne besondere Erklärung angenommen.

Beispiele:

> Nichttragende Wände innerhalb der zu Sondereigentum erklärten Wohnung, Tapeten, Verputz an den Wänden dort, Einbauschränke, Badewannen, Decken- und Wandverkleidungen, Etagenheizung, Heizkörper und Zentralheizung, Bodenbeläge, Fenstersimse und Fensterbänke innen in den zu Sondereigentum erklärten Räumen.

Andererseits sind Gebäudebestandteile nur deswegen Sondereigentum, weil sie ausdrücklich zu Sondereigentum bestimmt wurden.

Beispiel:

> Die sondereigentumsfähigen Bestandteile eines Balkons (Plattenbelag, Innenanstrich u. a.) sind nur dann Sondereigentum, wenn sie ausdrücklich dazu bestimmt sind.

6.2.3 Zugehörigkeit zum Gemeinschaftseigentum

Zum Gemeinschaftseigentum gehören **zwingend** (unabdingbar) das Grundstück, die Teile des Gebäudes, die für dessen Bestand und Sicherheit erforderlich sind, und alle Anlagen und Einrichtungen, die dem gemeinschaftlichen, zweckgebundenen Gebrauch der Wohnungseigentümer zwingend dienen.

Beispiele:

> Fundamente, Geschossdecken, tragende Wände auch innerhalb der zu Sondereigentum erklärten Räume, Brüstung, Bodenplatte, Isolierschicht, Trennwand zum Nachbarbalkon des zu Sondereigentum erklärten Balkons. Estrich auf dem Boden des Sondereigentums, Fenster insgesamt, mit Ausnahme Innenanstrich, Innenbeschläge, Treppenaufgänge, Aufzuganlagen, die Gebäudeinstallation, soweit diese dem gemeinschaftlichen Gebrauch dient, d. h. bis zur Abzweigung zur ausschließlichen Versorgung des Sondereigentums.
> Nicht zwingende Gemeinschaftseinrichtungen sind Schwimmbad und Sauna.

Über die oben definierte Grundmenge hinaus gehören zum Gemeinschaftseigentum alle anderen Teile des Gebäudes und alle anderen Anlagen, Einrichtungen und Räume, soweit diese **nicht zu Sondereigentum erklärt** wurden oder im **Eigentum Dritter** stehen.

Beispiel:

Hausmeisterwohnung

Zum Gemeinschaftseigentum gehören auch diejenigen sondereigentumsfähigen Bestandteile, die durch Vereinbarung **zum gemeinschaftlichen Eigentum erklärt** wurden.

Beispiel:

Zu Gemeinschaftseigentum erklärte nichttragende Wand innerhalb zu Sondereigentum erklärter Räume.

Bestehen hinsichtlich der Zuordnung zum Gemeinschafts- oder Sondereigentum Zweifel, so spricht eine allerdings widerlegbare Vermutung für die Zugehörigkeit zum Gemeinschaftseigentum.

Für die Abgrenzung Sondereigentum/Gemeinschaftseigentum kommt es im Übrigen allein auf die durch Bezugnahme zum Grundbuchinhalt gewordene Teilungserklärung mit Aufteilungsplan an.

6.2.4 Eigentum Dritter

Im Eigentum Dritter stehende Anlagen und Einrichtungen gehören weder zum Sondereigentum noch zum Gemeinschaftseigentum.

Beispiel:

Strom-, Wasserzähler der Stadtwerke

6.2.5 Mitgliedschaft in der Wohnungseigentümergemeinschaft

BGB §§ 741 ff. §§ 1008 ff.

Die Gemeinschaft der Wohnungseigentümer kann als besonders ausgestaltete Miteigentümergemeinschaft nach Bruchteilen gedeutet werden, bei der jedoch die Vorschriften des BGB nur dann zur Anwendung kommen, wenn das WEG, die Vereinbarungen und Beschlüsse keine besonderen Regelungen enthalten.

WEG § 21 Abs. 4 Nr. 5, § 27 Abs. 4, § 16 Abs. 1, § 13 Abs. 2 Satz 2

Den Mitgliedern stehen neben dem gemeinschaftlichen Eigentum (Grundstück, bestimmte Räume und Gebäudeteile) auch die anderen Vermögensgegenstände gemeinschaftlich zu, die das Verwaltungsgemeinschaftsvermögen darstellen.

Beispiele:

Instandhaltungsrücklage, Gelder der Wohnungseigentümer, Nutzungen und Lasten des gemeinschaftlichen Eigentums

Zusammenfassung

- Wohnungseigentum ist das Sondereigentum an einer Wohnung in Verbindung mit einem Miteigentumsanteil am Gemeinschaftseigentum.
- Teileigentum ist das Sondereigentum an nicht zu Wohnzwecken dienenden Räumen in Verbindung mit einem Miteigentumsanteil am Gemeinschaftseigentum.
- Sondereigentum kann nur an Räumen bestehen. Ein Gebäude ist ein Bauwerk mit Räumen.
- Die Elemente Sondereigentum, Miteigentum und Mitgliedschaft in der Wohnungseigentümergemeinschaft sind untrennbar.
- Gemeinschaftseigentum ist alles, was nicht Sondereigentum ist oder im Eigentum Dritter steht.

z. B.: das Gebäudefundament	z. B.: die Hausmeisterwohnung	z. B.: die nicht tragende Wand innerhalb der ETW	z. B.: der Stellplatz in der Tiefgarage	z. B.: Wasserzähler der Stadtwerke
Zwingendes Gemeinschaftseigentum	GE, weil nicht zu SE erklärt	GE, weil dazu erklärt	SE, weil dazu erklärt	Eigentum Dritter

Tatsächliches SE ←→

maximal mögliches SE ←→

Bestimmte Räume + bestimmte Gebäudeteile	=	Sondereigentum (SE)
Grundstück + bestimmte Räume + bestimmte Gebäudeteile	=	Gemeinschaftseigentum (GE)
GE + Verwaltungsgemeinschaftsvermögen	=	den Mitgliedern insgesamt zustehendes gemeinschaftliches Vermögen

6.3 Begründung von Wohnungs- und Teileigentum

Wohnungseigentum kann nicht nur an einem auf dem Grundstück bereits vorhandenen Gebäude begründet werden, sondern nach Maßgabe des Aufteilungsplans auch an einem erst noch **zu errichtenden** Gebäude, für das die Baugenehmigung vorliegt; wobei das jeweilige Sondereigentum mit der Fertigstellung der Umschließung (Raum!) entsteht.

Beispiel:

Möglichkeit des Verkaufes nach Plan

Es ist zu beachten, dass mindestens zwei Wohnungseigentumsrechte geschaffen werden müssen, damit die Einräumung von Sondereigentum möglich ist.

Beispiel:

Ein zu errichtendes Gebäude soll aus 10 Wohnungen bestehen. Mindestens zwei Wohnungen davon müssen zu Sondereigentum erklärt werden.

Das WEG sieht zwei Wege zur Begründung von Wohnungseigentum vor: WEG §§ 2, 3, 8

Die Begründung durch vertragliche Einräumung von Sondereigentum	**Die Teilung durch den (die) Eigentümer oder durch andere Verfügungsberechtigte (z. B. Konkursverwalter)**
↓	↓
Mehrere Miteigentümer des Grundstücks räumen sich durch notariellen Vertrag das Sondereigentum an einer Wohnung ein und beschränken damit die einzelnen Miteigentumsanteile.	Der Eigentümer des Grundstücks teilt durch Erklärung gegenüber dem Grundbuchamt das Eigentum an seinem Grundstück in der Weise in Miteigentumsanteile, dass mit jedem Miteigentumsanteil das Sondereigentum an einer Wohnung verbunden ist. Diese Erklärung hat durch notariell beglaubigte Urkunde zu erfolgen.
↓	↓
Textmuster: ... Die Vertragsteile beschränken durch Vertrag gemäß § 3 WEG das ihnen künftig nach Bruchteilen zustehende Eigentum an dem neu gebildeten Grundstück Fl.St.253/41 der Gemarkung ... zu 0,1621 ha in der Weise, dass jedem Miteigentümer jeweils das Sondereigentum an den Räumen der in der Anl.1 zu dieser Urkunde bestimmten Wohnung sowie dem dazugehörenden, im Aufteilungsplan mit der gleichen Nummer bezeichneten Kellerraum zusteht. ...	**Textmuster:** ... **I. Teilungserklärung** **1. Grundstück** Die Firma ... mit dem Sitz in ... – nachstehend die Eigentümerin genannt – wird Eigentümerin des Grundstücks FlNr. 975/32 ..., Bauplatz zu 0,538 ha, derzeit noch vorgetragen im Grundbuch des Amtsgerichts. Die Eigentümerin errichtet auf diesem Grundstück – ...straße – ein Gebäude mit 73 Wohnungen sowie einer Tiefgarage. **2. Teilung** Die Eigentümerin teilt hiermit das Eigentum an dem vorstehenden Grundstück FlNr. 975/32 der Gemarkung ... gemäß § 8 des Wohnungseigentumsgesetzes – WEG – unter Bezugnahme auf den Aufteilungsplan gemäß § 7 Abs. 4 WEG in Miteigentumsanteile in der Weise auf, dass mit jedem Miteigentumsanteil das Sondereigentum an einer bestimmten Wohnung (Wohnungseigentum) und an den bestimmten Stellplätzen in der Tiefgarage (Teileigentum) verbunden ist.

GBO § 29

Jedem Sondereigentum ist ein Miteigentumsanteil, jedem Miteigentumsanteil ein Sondereigentum zuzuordnen.

Der Eintragungsbewilligung sind als Anlagen beizufügen:

- der Aufteilungsplan als Teil des Einräumungsvertrages bzw. der Teilungserklärung
- die Abgeschlossenheitsbescheinigung

WEG §§ 7, 8 Für jeden Miteigentumsanteil ist grundsätzlich ein besonderes Grundbuchblatt (Wohnungsgrundbuch, bzw. Teileigentumsgrundbuch) anzulegen.

Das alte Grundbuch wird geschlossen, bestehende Belastungen werden grundsätzlich als Gesamtbelastungen in die angelegten Wohnungsgrundbücher eingetragen.

Amtsgericht Landshut
Grundbuch von Landshut weiß Band 392 Blatt 14 820 Bestandsverzeichnis Einlegebogen 1

Lfd.Nr. der Grundstücke	Bisherige lfd.Nr.d. Grundstücke	Bezeichnung der Grundstücke und der mit dem Eigentum verbundenen Rechte: Gemarkung (nur bei Abweichung vom Grundbuchbezirk angegeben) Flurstück a / b	Wirtschaftsart und Lage c	Größe ha	a	m²
1	2	3		4		
1		4o,49/1ooo Miteigentumsanteil an dem Grundstück:				
		13o2/2	Klötzlmüllerstr. 8o, 8oa, 8ob; 2 Wohnblöcke, Garagen, Hofraum, Garten	oo	36	34
		verbunden mit dem Sondereigentum an der Wohnung mit Boden- und Kellerraum Nr. 1 lt. Aufteilungsplan;				
		das Miteigentum ist durch die Einräumung der zu den anderen Miteigentumsanteilen gehörenden Sondereigentumsrechte beschränkt (Bd. 392 Blätter 14.82o mit 14.843);				
		Veräußerungsbeschränkung: Verwalterzustimmung;				
		Ausnahme:	Veräußerung im Wege der Zwangsvollstreckung; durch Konkursverwalter; als Weiterveräußerung durch Grundpfandrechtsgläubiger eines von diesen erworbenen Wohnungseigentums;			
		im übrigen wird wegen des Gegenstandes und des Inhalts des Sondereigentums auf die Eintragungsbewilligung vom 1o.12. 1964 Bezug genommen; hierher übertragen, als Bestand vorgetragen und umgeschrieben am 15.1o.198o.				
		Geppert	Bonholzer			

6.3.1 Teilungserklärung und Einräumungsvertrag

Die Teilungserklärung bzw. der Einräumungsvertrag enthalten die eigentumsmäßige Aufteilung der Wohnungseigentumsanlage, worin sie bestimmen, welche Räume und Gebäudeteile in Übereinstimmung mit dem Aufteilungsplan Gegenstand des Sondereigentums sind.

Teilungserklärung/Einräumungsvertrag und zur Teilungserklärung bzw. im Einräumungsvertrag mitbeurkundete Gemeinschaftsordnung können über die Bestimmung des **Gegenstandes** des Sondereigentums hinaus das Sondereigentum auch **inhaltlich** definieren. Die Summe dieser inhaltlichen Bestimmungen des Sondereigentums erlangt dingliche Wirkung, wenn sie als Inhalt des Sondereigentums im Grundbuch eingetragen wird. So sollte klar definiert werden, welche Räume als Wohnung und welche zu anderen Zwecken bestimmt sind, da durch diese Zweckbestimmung eine Festlegung der Nutzungsmöglichkeiten verbunden ist.

Beispiel:

Die Teilungserklärung weist als Teileigentum Ladenräume aus. Aus dieser Festlegung ergibt sich, dass z. B. eine Discothek in den Räumen nicht betrieben werden darf.

Umgekehrt können auch unzulässige Nutzungen des Sondereigentums festgeschrieben werden.

Beispiel:

Verbot der Ausübung einer Tanzschule in einer Teileigentumseinheit

Die Teilungserklärung bedarf der **notariellen Beglaubigung**, der Einräumungsvertrag der **notariellen Beurkundung.**

Weiter ist zu beachten, dass die Aufteilung u. U. von der zuständigen Baubehörde genehmigt werden muss, und dass in manchen Bundesländern (z. B. Baden-Württemberg) eine Genehmigungspflicht nach Landesbauordnungen besteht. BauGB § 22

– Gemeinschaftsordnung

Sie enthält Bestimmungen, die das Verhältnis der Wohnungseigentümer untereinander regeln unter Berücksichtigung der Besonderheiten der jeweiligen Wohnungseigentumsanlage.

So kann sie Gebrauchsregeln für das Sondereigentum und das gemeinschaftliche Eigentum enthalten, weiter Festlegungen zur Lasten- und Kostenverteilung, zum Stimmrecht in der Eigentümerversammlung, zur Vertretung dort u. v. m.

6.3.2 Die beizufügenden Anlagen

Der **Aufteilungsplan** ist eine Bauzeichnung im Maßstab von mindestens 1:100, der i. d. R. durch Schnitte und Ansichten des Gebäudes die zu Sondereigentum erklärten Räume und die im gemeinschaftlichen Eigentum befindlichen Gebäudeteile identifiziert. Die zum selben Wohnungseigentum gehörenden Einzelräume (insbesondere dazugehörende Keller, Speicher, Garagen, Garagenstellplätze) sind grundsätzlich mit der gleichen Nummer zu bezeichnen. Der Aufteilungsplan wird von der Baubehörde mit Siegel und Stempel versehen. WEG Allg. Verw.-Vorschrift für die Ausstellung von Bescheinigungen gemäß § 7 Abs.4 Nr.2 und § 32

Sondereigentum soll nur eingeräumt werden, wenn die Wohnungen oder die sonstigen Räume in sich **abgeschlossen** sind.

Eine abgeschlossene Wohnung liegt dann vor, wenn ihre Räume die Führung eines Haushalts ermöglichen. Dazu ist erforderlich, dass sich innerhalb der Wohnung Küche oder Kochgelegenheit, Wasserversorgung, Ausguss und WC befinden. Außerdem müssen die Räume baulich durch feste Wände und Decken von anderen Gebäudeteilen getrennt sein und einen eigenen abschließbaren Zugang haben. Zu einer abgeschlossenen Wohnung können auch Räume außerhalb gehören. Diese müssen ihrerseits wiederum abgeschlossen sein.

Beispiele für solche Räume:

Kellerabteil, Speicherabteil, Garage, Stellplatz in der Tiefgarage

Für die Abgeschlossenheit nicht zu Wohnzwecken dienender Räume gelten geringere Anforderungen. So gelten Stellplätze in der Sammelgarage bereits dann als abgeschlos- WEG § 3 sen, wenn ihre Flächen durch dauerhafte Markierungen gekennzeichnet sind. Besonderheiten hinsichtlich der Erfordernisse für den Tatbestand „abgeschlossen" gelten für die neuen Bundesländer.

Die **Abgeschlossenheitsbescheinigung** ist also eine Bescheinigung der Baubehörde, dass die Wohnungen oder die sonstigen Räume in sich abgeschlossen sind.

6.3.3 Änderung der Teilungserklärung, des Einräumungsvertrages und der Gemeinschaftsordnung

Die Änderung dieser Bestimmungen ist nachträglich grundsätzlich nur noch mit Zustimmung aller Wohnungseigentümer möglich.

6.3.4 Begründung von Wohnungseigentum und Grundstück

Wohnungseigentum kann nicht in der Weise begründet werden, dass das Sondereigentum mit Miteigentumsanteilen an mehreren Grundstücken verbunden wird.

Beispiel:

> Ein Bauträger will eine Wohnungseigentumsanlage über zwei aneinander grenzende, aber rechtlich selbstständige Grundstücke errichten, die er beide erworben hat. Die Begründung von Wohnungseigentum ist in diesem Fall nur möglich, wenn zunächst aus den beiden rechtlich selbstständigen Grundstücken, z. B. durch Grundstücksvereinigung, **ein** rechtlich selbstständiges Grundstück wird.

6.3.5 Begründung des Wohnungs- bzw. Teilerbbaurechts

WEG § 30

Die Begründung von Wohnungseigentum ist auch auf der Grundlage eines Erbbaurechts möglich. Das Erbbaurecht steht dann den Wohnungseigentümern nach Bruchteilen zu. Für jeden Anteil wird ein besonderes Wohnungserbbau- (Teilerbbau-)grundbuch angelegt. Im Übrigen gelten die Vorschriften über das Wohnungseigentum entsprechend.

6.3.6 Die Begründung von Sondernutzungsrechten

Sondernutzungsrechte gewähren das Recht, bestimmte Bereiche des gemeinschaftlichen Eigentums unter Ausschluss der anderen Wohnungseigentümer allein zu nutzen.

Beispiele:

> Sondernutzungsrecht an Gartenflächen, Kfz-Stellplätzen, Balkonen, Terrassen, aber auch an Teilen der Hausfassade oder an Dachabschnitten.

Das Sondernutzungsrecht kann für sich alleine nicht existieren, es bedarf eines Wohnungs-, Teileigentums, dem es zugeordnet ist. Das dingliche Sondernutzungsrecht wird durch Vereinbarung bzw. Einräumung in der Teilungserklärung begründet. (Nachträgliche Einräumung durch Vereinbarung ist möglich.)

Beispiel:

> Dem jeweiligen Eigentümer der nachstehenden Wohnungen steht je das Sondernutzungsrecht zu, das ist das Recht auf ausschließlich und alleinige Benützung an folgenden Gartenflächen, wie diese im Lageplan des Aufteilungsplans eingezeichnet sind: Dem Eigentümer der Wohnung Nr. 1 (Haus 1) an der Gartenfläche Nr. 1 im Ausmaß von ca. 31,40 m^2 usw.

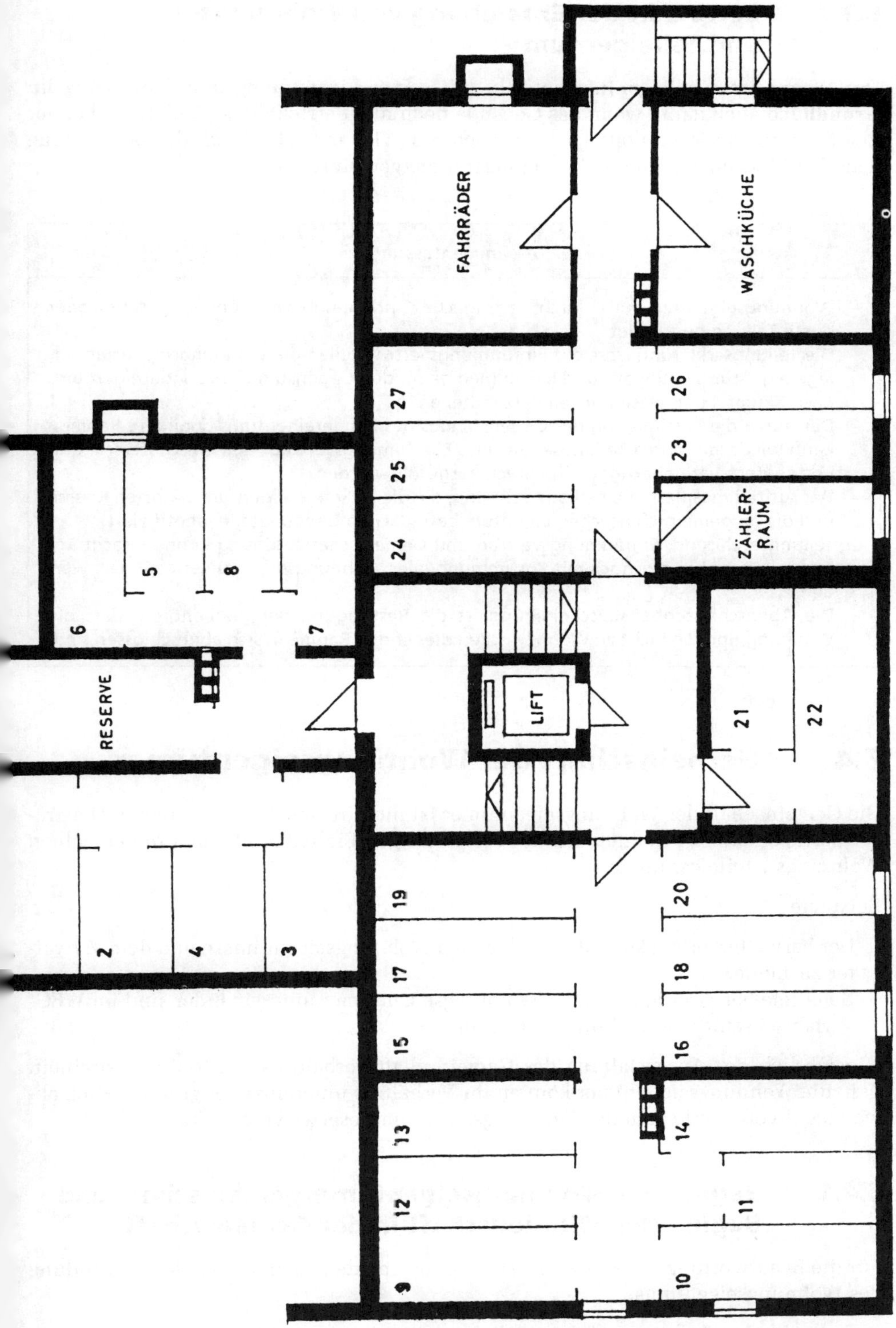

Teil eines Aufteilungsplanes

6.3.7 Zeitpunkt der Entstehung von Wohnungs- und Teileigentum

WEG § 3 Abs. 1

Das Wohnungs-, Teileigentum entsteht mit seiner **Einräumung** und **Eintragung im Grundbuch** auch dann, wenn das Gebäude noch nicht errichtet ist. Anders als bei der Begründung von Wohnungseigentum nach § 3 WEG entsteht durch die Begründung nach § 8 WEG noch keine Wohnungseigentümergemeinschaft.

Zusammenfassung
– Wohnungseigentum wird durch vertragliche Einräumung von Sondereigentum oder durch Teilung begründet. – Die Teilungserklärung bzw. der Einräumungsvertrag teilen die Wohnungseigentumsanlage eigentumsmäßig auf und bestimmen damit den Gegenstand des Sondereigentums nach Räumen und wesentlichen Bestandteilen. – Der durch die Bestimmung des Gegenstandes des Sondereigentums gebildete Rahmen kann wiederum durch Teilungserklärung, Einräumungsvertrag, Gemeinschaftsordnung und spätere Vereinbarungen inhaltlich ausgefüllt werden. – Der Aufteilungsplan ist eine Bauzeichnung, die die zu Sondereigentum erklärten Räume und die im gemeinschaftlichen Eigentum befindlichen Gebäudeteile identifiziert. – Teilungserklärung, Einräumungsvertrag und Gemeinschaftsordnung können nachträglich grundsätzlich nur noch mit Zustimmung aller Wohnungseigentümer geändert werden. – Die Abgeschlossenheitsbescheinigung ist die Bestätigung der Baubehörde, dass die Wohnung und die nicht zu Wohnzwecken dienenden Räume in sich abgeschlossen sind.

6.4 Gemeinschaft der Wohnungseigentümer

Die Gemeinschaft der Wohnungseigentümer ist nicht rechts- und parteifähig. Die Träger der Rechte und Pflichten aus der dreigliedrigen Einheit sind daher die einzelnen Wohnungs-, Teileigentümer.

Beispiele:

Der Verwaltervertrag kommt zwischen den Wohnungseigentümern und dem Verwalter zustande.
Beteiligte bei Streitigkeiten der Wohnungseigentümer untereinander sind im WEG-Verfahren sämtliche Wohnungseigentümer.

Hinsichtlich der Ausgestaltung des Gemeinschaftsverhältnisses gilt Vertragsfreiheit, d. h. die Wohnungseigentümer können ihr Verhältnis untereinander grundsätzlich abweichend von den Regeln des Wohnungseigentumsgesetzes vereinbaren.

6.4.1 Beginn der Wohnungseigentümergemeinschaft und Beginn der Mitgliedschaft in der Gemeinschaft

Für die Beantwortung des Problems ist zu unterscheiden nach der Art der Begründung des Wohnungseigentums.

WEG § 3

Im Falle der Begründung nach § 3 WEG durch Einräumungsvertrag (die Miteigentumsanteile sind hier bereits vergeben) kann davon ausgegangen werden, dass die Gemeinschaft mit der Unwiderruflichkeit der gegenseitigen Verpflichtungen durch die notarielle Beurkundung entstanden ist.

Im Falle der Begründung des Wohnungseigentums durch Teilungserklärung ist die Lage eine andere. Der teilende Eigentümer ist Eigentümer aller Wohnungs- und Teileigentumseinheiten, bis der erste Erwerber einer solchen Einheit im Grundbuch eingetragen ist. WEG § 8

Es ist jedoch anerkannt, dass eine Reihe von Regeln des Wohnungseigentumsrechts bereits vor diesem Zeitpunkt anzuwenden sind, und zwar von dem Zeitpunkt, von dem an neben dem bisherigen Inhaber aller Miteigentumsanteile ein Erwerber Besitz an einer Wohnungs-, Teileigentumseinheit erlangt und als Vormerkungsberechtigter im Grundbuch eingetragen ist. Es liegt dann eine **faktische Wohnungseigentümergemeinschaft** vor.

Beispiele für auf die faktische Gemeinschaft anzuwendende Regeln:

> Die Mitglieder der faktischen Gemeinschaft sind zur Versammlung zu laden und haben dort Stimmrecht. Für den Fall, dass der teilende Eigentümer in dieser Phase eine bauliche Veränderung des gemeinschaftlichen Eigentums vornimmt, brauchen dies die übrigen Mitglieder der faktischen Gemeinschaft nicht hinzunehmen.

6.4.2 Allgemeine Grundsätze

Das Verhältnis der Wohnungseigentümer bestimmt sich nach den Vorschriften des Wohnungseigentumsgesetzes, nach den Vereinbarungen und Beschlüssen und nach gerichtlichen Entscheidungen. WEG § 10 Abs. 1

6.4.2.1 Vereinbarungen

Bei Vereinbarungen handelt es sich um schuldrechtliche Kollektivverträge. Inhalt von Vereinbarungen kann alles sein, was das Verhältnis der Sondereigentümer zueinander in Bezug auf das Wohnungseigentum insgesamt, wie auch in Bezug auf die einzelnen Elemente der dreigliedrigen Einheit betrifft.

Beispiele für Vereinbarungsinhalte:

> Vereinbarung zur Änderung der Miteigentumsquoten, zur Zweckbestimmung der Anlage, zu einer Veräußerungsbeschränkung nach § 12 WEG, von Sondernutzungsrechten, zum Gebrauch des gemeinschaftlichen Eigentums, zum Gebrauch des Sondereigentums, zum Stimmrecht, zur Vertretung in der Wohnungseigentümerversammlung, zu Verzugszinsen, zur Umzugspauschale

Die **Grenze** der Vereinbarungsinhalte wird durch die **unabdingbaren** Vorschriften gezogen, die im WEG und anderen Gesetzen enthalten sind. Das führt dazu, dass Vereinbarungen, die gegen derartige unverzichtbare Bestimmungen verstoßen, nichtig sind.

Folgende Bestimmungen sind u. a. unabdingbar:

- WEG § 5 Abs.2: zwingendes Gemeinschaftseigentum
- WEG § 6: Unauflöslichkeit der Verbindung von Sonder- und Gemeinschaftseigentum
- WEG § 11: Unauflöslichkeit der Gemeinschaft
- WEG § 12 Abs.2 S1: Verweigerung der Zustimmung zur Veräußerung nur aus einem wichtigen Grund möglich
- WEG § 18 Abs.4: Verbot der Einschränkung der Vorschrift über die Entziehung des Wohnungseigentums
- WEG § 19 Abs.1 u. 3: Wirkung des Urteils auf Entziehung des Wohnungseigentums
- WEG § 20 Abs.2: Unmöglichkeit des Ausschlusses der Verwalterbestellung
- WEG § 21 Abs.4: Recht jedes Wohnungseigentümers auf ordnungsgemäße Verwaltung

- WEG § 21 Abs. 5 Ziff 4: Pflicht zur Ansammlung einer angemessenen Instandhaltungsrückstellung
- WEG § 23 Abs. 3: Einstimmigkeit bei Umlaufbeschluss
- WEG § 24 Abs. 2 : Einberufung der Versammlung
- WEG § 26 S 1 u. S 2: Bestellung und Abberufung des Verwalters
- WEG § 27 Abs. 1, 2 u. 4: Aufgaben und Befugnisse des Verwalters; Trennung der Gelder
- WEG §§ 43ff.: Verfahren der FG (Freiwillige Gerichtsbarkeit) für Wohnungseigentumssachen
- WEG §§ 53ff.: Verfahren der freiwilligen Versteigerung
- BGB § 134: Verstoß gegen ein gesetzliches Verbot
- BGB § 138: Verstoß gegen die guten Sitten
- BGB § 242: Treu und Glauben

Vereinbarungen können nur von **sämtlichen Wohnungseigentümern** getroffen werden. Ist in einer Wohnungseigentümerversammlung auch nur ein Wohnungseigentümer nicht erschienen, scheidet die Möglichkeit einer Vereinbarung in der Versammlung aus.

Ist der nicht erschienene Wohnungseigentümer durch Vollmacht vertreten, muss ggf. geprüft werden, ob sich die Vollmacht auch auf die Befugnis zu einer Vereinbarung erstreckt. Um Klarheit darüber herzustellen, ob im Einzelfall ein einstimmiger (allstimmiger) Beschluss oder eine Vereinbarung getroffen wurde, sollte der Abstimmungsantrag als Beschluss oder Vereinbarung bezeichnet werden. Besteht tatsächlich ein Zweifel darüber, ob eine Vereinbarung oder ein allstimmiger Beschluss vorliegt, kann dieser dadurch gelöst werden, dass man entsprechend dem Inhalt der Abstimmung entscheidet und dabei berücksichtigt, dass Vereinbarungen i. d. R. grundlegende und wesentliche Regelungen, die nach dem Gesetz nicht beschlossen werden können, zum Gegenstand haben.

Beispiel:

> Einstimmig wurde eine Umzugspauschale „beschlossen". Es handelt sich um eine Vereinbarung.

Vereinbarungen können nicht angefochten werden, wenn man von allgemeinen Anfechtungsgründen (z. B. Irrtum) einmal absieht. Zu beachten ist, dass Vereinbarungen **gegenüber Sonderrechtsnachfolgern** (z. B. Erwerbern) nur gültig sind, wenn sie **als Inhalt des Sondereigentums im Grundbuch eingetragen** sind.

Vereinbarungen bedürfen als schuldrechtliche Verträge grundsätzlich keiner bestimmten Form. Zum Vollzug im Grundbuch bedarf es allerdings des Nachweises der Bewilligung der Eintragung durch öffentliche oder öffentlich beglaubigte Urkunden.

Diese ist von allen Wohnungseigentümern abzugeben, soweit der Inhalt aller Wohnungseigentümerrechte betroffen und deshalb in allen Wohnungseigentumsgrundbüchern (Bestandsverzeichnis Spalte 6) die Vereinbarung unter Bezugnahme auf die Eintragungsbewilligung einzutragen ist.

BGB §§ 873, 877

Vereinbarungen zur Abänderung von Sonder- und Gemeinschaftseigentum bedürfen der notariell beurkundeten Einigung und der Eintragung der Änderung im Grundbuch.

Die Bestimmungen der Gemeinschaftsordnung und andere Vereinbarungen unterliegen nicht der Kontrolle durch das AGBG.

6.4.2.2 Beschlüsse

Was Gegenstand eines Beschlusses sein kann, kann auch Gegenstand einer Vereinbarung sein; jedoch kann nicht alles, was Gegenstand einer Vereinbarung sein kann, auch Gegenstand eines Beschlusses sein.

Beispiele:

Die Hausordnung kann sowohl vereinbart als auch beschlossen werden, soweit sie im Rahmen ordnungsgemäßer Verwaltung bleibt.

Wird über eine Angelegenheit ein Mehrheitsbeschluss gefasst, die eigentlich einer Vereinbarung bedürfte, so ist der Beschluss wirksam, es sei denn er wird durch Anfechtung für unwirksam erklärt.

Beispiel: Per Beschluss wird eine vereinbarte Hundeerlaubnis verboten (und umgekehrt). Es liegt ein anfechtbarer Beschluss vor.

Damit haben Beschlüsse vereinbarungsersetzende Kraft.

Die Wohnungseigentümer können nach dem Gesetz **Maßnahmen der ordnungsgemäßen Verwaltung** durch Mehrheit beschließen, soweit dem nicht Vereinbarungen oder gesetzliche Vorschriften entgegenstehen und soweit die Zuständigkeit der Wohnungseigentümerversammlung gegeben ist.

Im Übrigen können Teilungserklärung/Gemeinschaftsordnung/Einräumungsvertrag/Vereinbarungen hiervon abweichende Bestimmungen enthalten.

Beispiel:

In der Gemeinschaftsordnung ist bestimmt, dass bauliche Veränderungen entgegen der gesetzlichen Regelung mit einer Mehrheit von $^3/_4$ aller Wohnungseigentümer beschlossen werden können.

Was **Maßnahmen ordnungsgemäßer Verwaltung** sind, ist nach der Verkehrsauffassung unter Berücksichtigung der Umstände des Einzelfalls zu beurteilen. Ordnungsgemäße Verwaltung ist grundsätzlich alles, was dem geordneten Zusammenleben in der Gemeinschaft und dem Interesse der Gesamtheit der Wohnungseigentümer nach billigem Ermessen entspricht.

Maßnahmen ordnungsgemäßer Verwaltung sind insbesondere:

- **die Aufstellung einer Hausordnung**
  Sie darf keine willkürlichen Regelungen enthalten, und der Gebrauch des Sondereigentums darf durch die in ihr enthaltenen Bestimmungen nicht unnötig beeinträchtigt werden. Dann kann sie als Maßnahme ordnungsgemäßer Verwaltung beschlossen werden.
- **die ordnungsgemäße Instandhaltung und Instandsetzung des gemeinschaftlichen Eigentums**
  Hierzu gehören Maßnahmen zur Erhaltung des **ursprünglichen Zustandes** bzw. dessen Wiederherstellung.

  Beispiele:

  Streichen der Fensterstöcke außen, Reparatur des schadhaften Flachdaches

  Weiter fallen hierunter **Ersatzbeschaffungs**maßnahmen

  Beispiel:

  Ersatzbeschaffung eines nicht mehr sinnvoll reparaturfähigen Rasenmähers

  Modernisierungsmaßnahmen und **wertverbessernde Maßnahmen** gehören **nur dann** hierher, wenn Instandsetzungsmaßnahmen ohnehin notwendig sind.

  Beispiel:

  Erneuerung der Heizungsanlage durch Einbau einer modernen energiesparenden Anlage.

  Weiter gehören hierher Maßnahmen zur **erstmaligen Herstellung** eines mängelfreien Zustandes.

Beispiel:

Erstmaliger Einbau einer Balkonisolierung

Hier einzuordnen sind aber auch Maßnahmen, die durch **öffentlich-rechtliche** Bestimmungen vorgeschrieben sind.

Beispiel:

Anpassung der Tiefgaragenentlüftung an neue einschlägige Bestimmungen

Durch diese Begriffsfassung ist sichergestellt, dass die Wohnungseigentumsanlage nicht statisch auf dem einmal Geschaffenen verbleibt und dadurch Wertverluste erleidet, sondern dass sie in vernünftigem Maße dem technischen Fortschritt sukzessive angepasst werden kann.

Im Gegensatz dazu liegen **bauliche Veränderungen** und **Aufwendungen, die über die ordnungsgemäße Instandhaltung und Instandsetzung** hinausgehen, dann vor, wenn bereits vorhandene Gebäudeteile verändert werden oder die auf Dauer angelegten realen Teile des Gemeinschaftseigentums abweichend vom im Aufteilungsplan festgelegten Zustand gestaltet werden.

Beispiele:

Einbau einer Gemeinschaftssauna im Keller; Teeren einer Rasenfläche für Kfz-Stellplätze;
als Aufwand, der über die ordnungsgemäße Instandhaltung und Instandsetzung hinausgeht, kann der notwendige Ersatz von normalen Seitentreppen durch solche aus teuerstem italienischen Marmor angesehen werden.

Sollen derartige Maßnahmen durchgeführt werden, ist dies grundsätzlich nur mit Zustimmung **aller** Wohnungseigentümer möglich.

Dieser Grundsatz gilt allerdings nicht uneingeschränkt. So ist die Zustimmung eines Wohnungseigentümers zur baulichen Veränderung dann nicht erforderlich, wenn durch sie seine Rechte nicht über das in § 14 WEG bestimmte Maß hinaus beeinträchtigt werden. Der nicht zustimmende Wohnungseigentümer hat in diesem Fall keine Kosten der Maßnahme zu tragen. Um von den Kosten freigestellt zu werden, muss der opponierende Wohnungseigentümer ggf. den Beschluss zur baulichen Veränderung anfechten.

Andererseits hat auch der einzelne Wohnungseigentümer ein Recht auf Durchführung baulicher Veränderungen, wenn die übrigen Wohnungseigentümer dadurch nicht über Gebühr beeinträchtigt werden. Die Kosten der Maßnahme hat dann dieser Wohnungseigentümer alleine zu tragen.

Beispiel:

Einbau eines Dachfensters zur Belichtung der Dachwohnung

Die Zustimmung zum Veränderungswunsch einzelner Wohnungseigentümer sollte man von der Beantwortung folgender Fragen abhängig machen:

- Werden die konstruktive Stabilität und Sicherheit beeinflusst?
- Ändert sich der architektonische Gesamteindruck?
- Werden Gebrauchsrechte anderer Wohnungseigentümer beeinträchtigt?
- Welche Störungen durch Lärm, Geruch, Schmutz entstehen?
- Ändert sich die Zweckbestimmung der Anlage?
- Ergeben sich finanzielle Belastungen für die übrigen Eigentümer?
- Ergeben sich Gefährdungen für andere Eigentümer?

- **Die Ansammlung einer angemessenen Instandhaltungsrückstellung**
  Die Rückstellung ist ausreichend zu bilden und zweckgebunden zu verwenden. Die Bildung der Rückstellung zum Jahresende zur Vermeidung von Liquiditätsproble-

men ist zulässig. Es sollte jedoch hierüber ein entsprechender Beschluss gefasst werden.

- **Der Abschluss einer Feuerversicherung für das gemeinschaftliche Eigentum sowie der Abschluss einer angemessenen Haus- und Grundbesitzerhaftpflichtversicherung**

  Der Abschluss einer Gewässerschadenhaftpflichtversicherung und einer Leitungswasser-, Sturmversicherung stellt ebenfalls eine Maßnahme ordnungsgemäßer Verwaltung dar.

- **Die Aufstellung eines Wirtschaftsplans**
- Im Rahmen ordnungsgemäßer Verwaltung zu dulden sind **Maßnahmen zur Herstellung einer Fernsprechteilnehmereinrichtung oder eines Energieversorgungsanschlusses zugunsten eines Wohnungseigentümers.**

Beschlüsse, die den vom Gesetz oder von den Vereinbarungen gezogenen Rahmen überschreiten, sind grundsätzlich **anfechtbar.** Wird der anfechtbare Beschluss jedoch nicht angefochten, bleibt er gültig.

Beispiel:

> Eine bauliche Änderung wird mit einfacher Mehrheit beschlossen. Dieser Beschluss ist grundsätzlich anfechtbar. Er bleibt gültig, wenn er nicht angefochten wird.

Würde ein anfechtbarer Beschluss dadurch bestandskräftig, indem er nicht angefochten wurde, und würde dann ein Beschluss zur Aufhebung den Wohnungseigentümern erneut vorgelegt und die Mehrheit der Wohnungseigentümer würde dem Beschluss zur Aufhebung nicht zustimmen, dann kann jeder Wohnungseigentümer die Zustimmung zur Aufhebung herbeiführen (gemäß § 21 Abs. 4 WEG).

In der Regel weisen die Gerichte aber einen solchen Antrag auf Aufhebung zurück, weil der erste Beschluss, der mit einfacher Mehrheit gefasst wurde und dem innerhalb der gesetzlichen Frist nicht widersprochen worden war, bestandskräftig ist.

Jeder nicht nichtige Beschluss ist vom Verwalter auszuführen, also auch anfechtbare Beschlüsse.

Es besteht jedoch die Möglichkeit, dass sich der Verwalter wiederum durch Beschluss ermächtigen lässt, den erkennbar anfechtbaren Beschluss erst dann durchführen zu müssen, wenn die Bestandskraft des anfechtbaren Beschlusses feststeht.

Beispiel:

> Ein Beschluss ist im Einladungsschreiben nicht ordnungsgemäß angekündigt. Ein Ausführungsaufschub für den erkennbar anfechtbaren Beschluss sollte sinnvollerweise beschlossen werden.

Nichtig sind Beschlüsse nur dann, wenn sie gegen ein zwingendes gesetzliches Verbot oder die guten Sitten oder gegen eine Vorschrift, auf deren Einhaltung rechtswirksam verzichtet werden kann, verstoßen oder die Wohnungseigentümerversammlung mit dem Beschluss ihre Regelungsbefugnis überschritten hat.

Beispiele:

> Beschlüsse, die auf sachenrechtliche Willenserklärungen gerichtet sind, wie auf die Begründung von Sondereigentum oder die Änderung der Miteigentumsanteile, sind nichtig. Beschlüsse, die Gläubigerrechte beeinträchtigen, sind nichtig. Beschluss zur Bestellung des Verwalters auf 10 Jahre ist nichtig.

Ein nichtiger Beschluss ist von Anfang an nicht zustande gekommen.

Die Berufung auf die Nichtigkeit eines Beschlusses ist jederzeit möglich.

Der Verwalter ist nicht verpflichtet und nicht berechtigt, nichtige Beschlüsse auszuführen.

Findet man für einen Beschlussantrag keine Mehrheit, liegt ein **Nicht**beschluss vor.

Beschlüsse sind **Sonderrechtsnachfolgern** (z. B. Erwerbern) gegenüber auch **ohne ihre Eintragung als Inhalt des Sondereigentums im Grundbuch** wirksam, somit sind sie nicht eintragungsbedürftig, aber auch nicht eintragungsfähig.

Ein Mehrheitsbeschluss (einfacher Mehrheitsbeschluss) ist dann gefasst, wenn die in der Versammlung abgegebenen Zustimmungen die ablehnenden Stimmen überwiegen.

Das Gesetz bestimmt, dass für die Beschlussfassung zur Entziehung des Wohnungseigentums mehr als die Hälfte der Stimmen **aller** Wohnungseigentümer erforderlich sind; und dass bauliche Veränderungen und Maßnahmen, die über die ordnungsgemäße Instandhaltung und Instandsetzung hinausgehen, nicht mit Mehrheit beschlossen werden können, also der Einstimmigkeit (Allstimmigkeit) bedürfen.

In Vereinbarungen können weitere besondere Mehrheitserfordernisse enthalten sein.

Beispiel:

> Es wird vereinbart, dass bauliche Veränderungen mit der Zustimmung von $^3/_4$ aller Wohnungseigentümer beschlossen werden können.

Soweit über obige Fälle mit einfacher Mehrheit beschlossen wird, sind die Beschlüsse aus diesem Grunde anfechtbar.

Beschlüsse binden alle Wohnungseigentümer auch im Außenverhältnis ohne Rücksicht darauf, ob sie an der Abstimmung teilgenommen oder gegen den Beschluss gestimmt haben.

Beispiel:

> Der Abschluss eines Versicherungsvertrages wird mehrheitlich beschlossen. Alle Wohnungseigentümer haften für den Vertrag.

Beschlüsse unterliegen nicht der Kontrolle durch das AGBG.

6.4.3 Die Unauflöslichkeit der Gemeinschaft

WEG § 11 Wohnungseigentümer können grundsätzlich nicht die Aufhebung der Gemeinschaft verlangen. Das gilt auch für Pfandgläubiger und Konkursverwalter.

6.4.4 Die Veräußerungsbeschränkung

WEG § 12 Grundsätzlich besteht Veräußerungsfreiheit. Diese kann jedoch dadurch eingeschränkt werden, dass ein Wohnungseigentümer die Zustimmung anderer Wohnungseigentümer oder eines Dritten, i. d. R. des Verwalters, einzuholen hat, wenn er sein Wohnungseigentum veräußern will. Zu beachten ist, dass testamentarische oder erbvertragliche Verfügungen nicht unter den Begriff der Veräußerung fallen, die Zustimmungserfordernis sich hierauf also nicht bezieht.

Die ggf. erforderliche, weil **vereinbarte** Zustimmung, darf jedoch nur aus einem wichtigen Grund versagt werden.

Beispiel:

> In der Gemeinschaftsordnung ist festgelegt, dass der Verwalter die Zustimmung in jedem Fall im Interesse der Gemeinschaft verweigern kann. Die Bestimmung ist in dieser Form nichtig.

Die Erteilung der Zustimmung muss gegenüber dem Grundbuchamt in öffentlich beglaubigter Form nachgewiesen werden. Für die Erteilung der Zustimmung ist keine längere **Prüfungsfrist** als **etwa eine Woche** zuzubilligen.

Hat der Verwalter die Zustimmung zu erteilen, muss er seine Verwaltereigenschaft durch den öffentlich beglaubigten Bestellungsbeschluss laut Niederschrift in der Wohnungseigentümerversammlung bzw. durch Vorlage der Teilungserklärung/Gemeinschaftsordnung/Einräumungsvertrag, worin er zum Erstverwalter bestellt wurde, nachweisen. Wird die Zustimmung durch Beschlussfassung der Wohnungseigentümer erteilt, ist die Niederschrift öffentlich beglaubigen zu lassen.

Solange die erforderliche Zustimmung zur Veräußerung des Wohnungseigentums nicht vorliegt, ist der **Veräußerungsvertrag schwebend unwirksam.**

Es ist zu beachten, dass die fahrlässige Verweigerung der Zustimmung zu Schadenersatzansprüchen des Veräußerers, die fahrlässige Gewährung der Zustimmung zu Schadenersatzansprüchen der Wohnungseigentümer führen können.

Gemäß dem Gesetz zur Heilung des Erwerbs von Wohnungseigentum vom 3.1.1994 ist das der Veräußerung zugrunde liegende Verpflichtungsgeschäft (z. B. Kaufvertrag) geheilt, auch wenn die erforderliche Zustimmung zur Veräußerung fehlt; sofern es sich um die erstmalige Veräußerung dieses Wohnungseigentums nach seiner Begründung handelt, und wenn die Eintragung der Veräußerung oder der Auflassungsvormerkung in das Grundbuch vor dem 15. Januar 1994 erfolgt ist. WEG § 61

Zusammenfassung

- Die Wohnungseigentümergemeinschaft ist nicht rechts- und parteifähig. Im Fall der Begründung von Wohnungseigentum nach § 8 WEG kann eine so genannte faktische Wohnungseigentümergemeinschaft entstehen. WEG § 8
- **Das Verhältnis der Wohnungseigentümer zueinander bestimmt sich nach**
  - dem WEG, ersatzweise BGB (§§ 74ff., 1008ff.)
  - den Vereinbarungen
  - den Beschlüssen
  - den gerichtlichen Entscheidungen

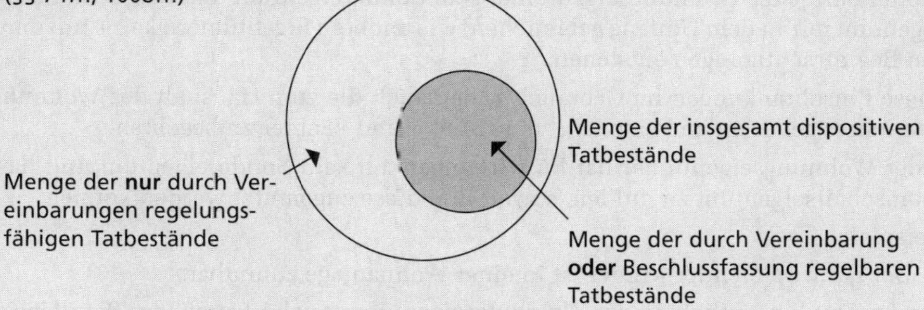

- Die Veräußerung von Wohnungseigentum kann durch Vereinbarung an ein Zustimmungserfordernis geknüpft werden.
  Die Zustimmung darf jedoch nur aus einem wichtigen Grund versagt werden.

6.4.5 Rechte und Pflichten der Wohnungseigentümer

Ihre Rechte und Pflichten beziehen sich entsprechend der dreigliedrigen Einheit des Wohnungseigentums: Auf das Wohnungseigentum insgesamt, das Sondereigentum, das gemeinschaftliche Eigentum und die Mitgliedschaft in der Wohnungseigentümergemeinschaft.

Rechte und Pflichten ergeben sich aus dem WEG (§§ 12, 13, 14, 15, 16, 20ff., Abs.2), aus den Vereinbarungen und Beschlüssen, aber auch aus dem BGB (z. B. §§ 903–924, §§ 985ff., § 1004).

6.4.5.1 Rechte und Pflichten gemäß §§ 13 und 14 WEG

Jeder Wohnungseigentümer kann mit seinem Sondereigentum nach Belieben verfahren.

Beispiele:

Vermietung, Verpachtung der im Sondereigentum stehenden Räume

Außerdem hat jeder Wohnungseigentümer das Recht, andere von Einwirkungen auszuschließen, d. h., er kann sich Störungen durch Dritte, Wohnungseigentümer oder durch die Gemeinschaft verbitten.

Beispiele:

Lärmeinwirkungen, Geruchsbelästigungen, Einwirkungen durch Schäden am gemeinschaftlichen Eigentum braucht der Wohnungseigentümer nicht hinzunehmen.

Diese Rechte des einzelnen Wohnungseigentümers finden ihre Begrenzung im Gesetz und in den Rechten der anderen.

Weiter hat jeder Wohnungseigentümer das Recht auf Mitgebrauch und Mitnutzung des gemeinschaftlichen Eigentums sowie das Recht auf einen Anteil an etwaigen Nutzungen entsprechend seinem Miteigentumsanteil.

Beispiel:

Anteil an den Mieterträgen aus der Vermietung von im gemeinschaftlichen Eigentum stehenden Kfz-Stellfächen

Zu den Pflichten jedes Wohnungseigentümers gehört es, sein Sondereigentum so instandzuhalten/-setzen, dass anderen Eigentümern und der Gemeinschaft keine unzumutbaren Nachteile entstehen.

Beispiel:

Pflicht zur Instandhaltung der zum Sondereigentum gehörenden Abwasserleitung

Weiter darf jeder Wohnungseigentümer sein Sondereigentum und das Gemeinschaftseigentum nur in dem Umfang gebrauchen, wie anderen Eigentümern keine unzumutbaren Beeinträchtigungen entstehen.

Diese Einschränkungen im Gebrauch haben auch die zum Haushalt des Wohnungseigentümers gehörenden Personen, seine Mieter und Pächter zu beachten.

Jeder Wohnungseigentümer hat Einwirkungen auf sein Sondereigentum und das Gemeinschaftseigentum zu dulden, soweit ihm diese zugemutet werden können.

Beispiel:

Der Lärm spielender Kinder ist in einer Wohnanlage zumutbar.

Zu den Duldungspflichten des Wohnungseigentümers gehört auch, das Betreten seines Sondereigentums zu gestatten, wenn dies für die Instandhaltung und Instandsetzung erforderlich ist.

6.4.5.2 Rechte und Pflichten aus Gebrauchsregelungen gemäß § 15 WEG

Spielraum für Gebrauchsregelungen ist dann, wenn die Sache noch keiner Zweckbestimmung unterworfen ist.

Beispiel:

Ein Raum des gemeinschaftlichen Eigentums ist bisher ohne Zweckbestimmung. Eine Gebrauchsregelung könnte derart gestaltet werden, dass der Raum zum Einstellen von Fahrrädern genutzt werden kann.

Spielraum für Gebrauchsregelungen ist aber auch dann gegeben, wenn zwar eine Zweckbestimmung festgelegt ist, diese aber noch präzisiert werden soll.

Beispiel:

> Raum im gemeinschaftlichen Eigentum ist als Trockenraum ausgewiesen. Eine Benutzungsordnung kann die Nutzung des Raumes näher präzisieren, indem sie z. B. vorschreibt, dass Benutzer sich in ein Buch eintragen müssen.

Gebrauchsregeln werden grundsätzlich durch Vereinbarung festgelegt und können sich sowohl auf das Sondereigentum als auch auf das gemeinschaftliche Eigentum beziehen.

Beispiele:

> Vereinbarung zur Einräumung von Sondernutzungsrechten oder Vereinbarung einer Vermietungsbeschränkung für das Sondereigentum

Soweit allerdings Gebrauchsregelungen lediglich einen ordnungsgemäßen Gebrauch gewährleisten sollen, können sie auch mehrheitlich beschlossen werden.

Beispiele:

> Beschluss einer Hausordnung, Benutzungsordnung für den Trockenraum

Für den Fall, dass bestehende Gebrauchsregeln nicht eingehalten werden oder nicht existieren, hat der einzelne Wohnungseigentümer das Recht, einen Gebrauch zu verlangen, der dem Gesetz, den Vereinbarungen und den Beschlüssen entspricht; für den Fall, dass aus diesen Quellen keine Regelung abgeleitet werden kann, einen Gebrauch zu verlangen, der dem Interesse der Gesamtheit der Wohnungseigentümer nach billigem Ermessen entspricht.

6.4.5.3 Rechte und Pflichten des zur Sondernutzung Berechtigten

Die unter Rechte und Pflichten aus Gebrauchsregelungen gem. § 15 WEG dargestellten Grundsätze gelten entsprechend.

Zusammenfassung

- Die Rechte und Pflichten der Wohnungseigentümer nach §§ 13, 14 WEG beziehen sich auf den Gebrauch und die Nutzung des gemeinschaftlichen Eigentums und des Sondereigentums, auf die Instandhaltung und Instandsetzung und auf die Duldung bestimmter Einwirkungen und Maßnahmen.
- Jeder Wohnungseigentümer hat das Recht, einen Gebrauch des Sondereigentums und des gemeinschaftlichen Eigentums zu verlangen, der
  - dem Gesetz entspricht.
  - den Vereinbarungen entspricht.
  - den Beschlüssen entspricht.
  - dem Interesse der Gesamtheit der Wohnungseigentümer nach billigem Ermessen entspricht, für den Fall, dass andere Regelungen nicht vorhanden sind.

6.4.5.4 Recht auf Nutzungen, Pflicht zur Lasten- und Kostentragung

Jedem Wohnungseigentümer gebührt ein seinem Miteigentumsanteil am gemeinschaftlichen Eigentum entsprechender Bruchteil der Nutzungen des gemeinschaftlichen Eigentums.

Jeder Wohnungseigentümer ist dem anderen gegenüber verpflichtet die Lasten und Kosten des gemeinschaftlichen Eigentums mitzutragen. Das Hausgeld des einzelnen Wohnungseigentümers stellt dessen anteilsmäßige Beteiligung an den Lasten und Kosten dar.

Die Lasten und Kosten des **Sondereigentums** hat jeder Wohnungseigentümer alleine zu tragen.

Lasten und Kosten des gemeinschaftlichen Eigentums:

- **Lasten** liegen dann vor, wenn alle Wohnungseigentumseinheiten dinglich für Zahlungsverpflichtung haften (und nicht nur das einzelne Wohnungseigentum).
  Beispiel: Erschließungsbeiträge nach §§ 127ff. BauGB.
- **Kosten der Instandhaltung und Instandsetzung**, zu dieser Kostengruppe gehören die Kosten aller Maßnahmen, die die **ordnungsmäßige** Instandhaltung und Instandsetzung betreffen.
  Beispiel: Kosten der notwendigen Fassadenrenovierung.
- **Kosten des gemeinschaftlichen Gebrauchs**, zu dieser Kostengruppe gehören insbesondere die Betriebskosten im Sinne der Anlage 3 zu § 27 IIBV.
  Beispiel: Kosten der Müllabfuhr (wenn die Leistung von einem privatwirtschaftlich organisierten Entsorgungsunternehmen erbracht wird).
- **Kosten der sonstigen Verwaltung**, hierher gehören alle mit der Verwaltung zusammenhängenden Ausgaben, soweit sie nicht Lasten, Kosten der Instandhaltung und Instandsetzung oder des gemeinschaftlichen Gebrauchs sind.
  Beispiele: Bankgebühren, uneinbringliche Beitragszahlungen von Wohnungseigentümern
  ↓ ↓
- **Kosten der sonstigen Verwaltung sind aber auch**

Die Kosten eines Rechtsstreits zur Entziehung des Wohnungseigentums.	**Ersatz des Schadens der durch das Betreten und die Benutzung des Sondereigentums zur Instandhaltung und Instandsetzug des gemeinschaftlichen Eigentums entsteht** (gemäß „Aufopferungsanspruch des geschädigten Wohnungseigentümers)

- **Kosten eines Verfahrens in Wohnungseigentumssachen gemäß §43 WEG**

  Beispiel: Gerichts- und Anwaltskosten in Verbindung mit dem Verfahren
  Diese Kosten sind grundsätzlich **keine** Verwaltungskosten, d. h. dass die Beteiligten diese Kosten alleine zu tragen haben. Von dieser Regelung ist jedoch dann abzuweichen, wenn das Gericht die gemeinschaftliche Aufbringung der Gelder anordnet.

  Beispiele: Die Grundsteuer, die Kosten des Stromverbrauchs im Sondereigentum.
- **Die Verteilung der Lasten und Kosten**

  Die Lasten und Kosten des gemeinschaftlichen Eigentums sind auf die einzelnen Wohnungseigentümer entsprechend ihren im Grundbuch eingetragenen Miteigentumsanteilen zu verteilen. Es kommt für die Verteilung grundsätzlich nicht auf die tatsächliche Nutzung an.
  Beispiel: Der Wohnungseigentümer der Parterrewohnung hat die Aufzugkosten entsprechend seinem Miteigentumsanteil mitzutragen, unabhängig vom Umfang der Nutzung des Aufzugs durch ihn.
  Vom gesetzlichen Verteilungsschlüssel kann durch Vereinbarung abgewichen werden.
  Beispiel: Vereinbarung der Verteilung der Wasser- und Kanalkosten nach Verbrauch.

Die Kosten baulicher Veränderungen und die Kosten von Maßnahmen, die über die ordnungsmäßige Instandhaltung und -setzung hinausgehen, müssen grundsätzlich nur von den Wohnungseigentümern getragen werden, die der Maßnahme zugestimmt haben.

Die Verteilung der Verfahrenskosten in Wohnungseigentumssachen hat letztlich entsprechend der richterlichen Kostentragungsanordnung zu erfolgen. Die Vereinbarung oder der Beschluss einer davon abweichenden Kostenverteilung ist **nichtig**.

Der Verwalter kann aber Vorschussleistungen aus den gemeinschaftlichen Geldern erbringen und die aufgebrachten Gelder zunächst wie Verwaltungskosten nach Miteigentumsanteilen auf die Eigentümer verteilen, wenn nur letztlich die richterliche Kostentragungsanordnung erfüllt wird.

Beispiel: In 2000 wurden Vorschüsse auf ein Verfahren in Wohnungseigentumssachen in Höhe von 10.000,– DM auf alle 8 Wohnungseigentümer (je Wohnungseigentum 125 Tausendstel Miteigentumsanteile) entsprechend den Miteigentumsanteilen verteilt.

In 2001 bestimmt das Gericht, dass die angefallenen Kosten von der Wohnungseigentümergemeinschaft zu tragen sind und dass der „obsiegende" Wohnungseigentümer der Wohnung Nr. 8 keine Kosten zu tragen hat.

Das bedeutet, dass der Eigentümer der Wohnung Nr. 8 auch indirekt über seine Miteigentumsanteile nicht an der Kostentragung beteiligt werden darf und dass daher der Nr. 8 sein Leistungsbeitrag in Höhe von 1.250,– DM zur Vorschusszahlung in 2001 zurückzuerstatten ist. Die Auszahlung dieses Betrages an ihn ist in der Jahresabrechnung 2001 als Ausgabe auf die Wohnungseigentümer Nr. 1 bis Nr. 7 zu verteilen.

Die HeizkV ist auch auf das Wohnungseigentum anzuwenden. Demzufolge hat die Verteilung der Heiz- und Warmwasserkosten grundsätzlich entsprechend der HeizkV zu erfolgen.

Der geltende Verteilungschlüssel kann (grundsätzlich) geändert werden durch

↓ **Vereinbarung**	↓ **Mehrheitsbeschluss**	↓ **HeizkV**	↓ **Anspruch auf Änderungen**
↓ wobei auch die Änderung durch Mehrheitsbeschluss vereinbart sein kann.	↓ Beschluss zumindest anfechtbar, nach neuer Meinung sogar **nichtig**. Auf dieses Risiko sollte der Verwalter vor Beschlussfassung **hinweisen**.	↓ – Bis zum Ablauf des 3. Abrechnungszeitraums nach Einführung eines der HeizkV entsprechenden Verteilungsschüssels kann dieser durch Mehrheitsbeschluss durch einen anderen der HeizkV entsprechenden Schlüssel für die nächste Abrechnungsperiode ersetzt werden. – Jeder Eigentümer hat Anspruch auf Einführung der Vorerfassung, wenn der Verzicht auf sie zu unzumutbaren Ergebnissen führt. – Im übrigen kann die Verteilung durch Mehrheitsbeschluss geändert werden, wenn bauliche Maßnahmen zu einer nachhaltigen Energieeinsparung führen, Eigentumseinheiten aus der Wärmeversorgung herausgenommen werden oder die Vorerfassung eingeführt wird.	↓ Es gibt keinen völlig gerechten Verteilungsmaßstab für die Umlegung der Lasten und Kosten der mit vertretbaren Aufwand umsetzbar wäre. Daher gibt es einen Anspruch auf Änderung der bestehenden Verteilungsregelung nur, wenn sich die Regelung als von Anfang an völlig **verfehlt** erweist.

– Pflicht zur Hausgeldzahlung

Das Hausgeld ist der anteilige Kostenbeitrag, den der einzelne Wohnungseigentümer an die Gemeinschaft zu zahlen hat, damit eine ordnungsgemäße Verwaltung gewährleistet ist.

Der Verwalter hat das Recht und die Pflicht, Hausgeldvorschüsse entsprechend dem beschlossenen Wirtschaftsplan anzufordern. Die endgültige Hausgeldfestsetzung obliegt dann der Wohnungseigentümerversammlung durch Beschlussfassung.

Die Pflicht zur Zahlung des Hausgeldes (der Hausgeldvorschüsse und der etwaigen Nachzahlungen oder Sonderumlagen) beginnt für den einzelnen Wohnungseigentümer gegenüber der Gemeinschaft mit dem Zeitpunkt der Forderungsfälligkeit i. V. m. seiner Eintragung als Eigentümer im Grundbuch.

Ansprüche der Wohnungseigentümer gegenüber säumigen Miteigentümern auf Zahlung von Rückständen aus beschlossenen Jahresabrechnungen und fälligen Einzelabrechnungen verjähren nach 30 Jahren.

– Haftung

Der einzelne Wohnungseigentümer haftet gegenüber Gläubigern der Gemeinschaft für laufende Lasten und Kosten des gemeinschaftlichen Eigentums gesamtschuldnerisch, d. h. in voller Höhe für die der Gemeinschaft erbrachten Leistungen.

Beispiel:

> Der Verwalter bestellt namens der Gemeinschaft für diese Heizöl im Wert von 15.000 DM. Wenn die Zahlung aus dem Gemeinschaftsvermögen nun nicht möglich ist, kann der Heizöllieferant Zahlung von jedem einzelnen Wohnungseigentümer in voller Höhe verlangen.

Die gesamtschuldnerische Haftung kann jedoch dadurch verhindert werden, dass die Aufträge durch den Verwalter unter dem Vorbehalt einer nur anteiligen Haftung jedes Wohnungseigentümers vergeben werden.

Für Kosten aus der Errichtungsphase (Bauschulden, Kosten der Fertigstellung eines „steckengebliebenen“ Baus) haftet der einzelne Wohnungseigentümer nur anteilig.

– Kosten bei Sondernutzungsrechten

Soll der Sondernutzungsberechtigte insbesondere Instandhaltungskosten, Instandsetzungskosten für das Gemeinschaftseigentum im Bereich seines Sondernutzungsrechts tragen, muss dies in der Teilungserklärung, dem Einräumungsvertrag, der Gemeinschaftsordnung oder späterer Vereinbarung festgelegt sein.

Beispiel:

> Es wird vereinbart, dass der Sondernutzungsberechtigte die Instandhaltungs-, -setzungskosten „seines“ Kfz-Stellplatzes zu tragen hat.

6.4.5.5 Entziehung des Wohnungseigentums

Die Wohnungseigentümer können von einem anderen die Veräußerung seines Wohnungseigentums bei schwerer Pflichtverletzung verlangen. Der Beschluss zur Entziehung des Wohnungseigentums bedarf einer Mehrheit von mehr als der Hälfte aller stimmberechtigten Wohnungseigentümer.

Zusammenfassung

Lasten und Kosten

- des Sondereigentums sind von den jeweiligen Wohnungseigentümern alleine zu tragen
- des Gemeinschaftseigentums sind grundsätzlich von den Wohnungseigentümern gemeinschaftlich zu tragen
  - entsprechend ihrem jeweiligen Miteigentumsanteil
  - entsprechend vereinbarten beschlossenen Verteilungsschlüsseln
  - entsprechend geltenden gesetzlichen Verteilungsbesonderheiten
    - Kosten baulicher Veränderungen bzw. Maßnahmen, die über die ordnungsgemäße Instandhaltung, -setzung hinausgehen
    - Kosten eines Verfahrens nach § 43 WEG (keine Kosten i. S. von § 16 Abs. 2 WEG)
    - Heizkosten, Warmwasserkosten

- Hausgeldvorschüsse sind entsprechend dem beschlossenen Wirtschaftsplan zu leisten.
- Der endgültige Hausgeldbeitrag ist entsprechend der beschlossenen Jahresabrechnung zu leisten.
- Die Wohnungseigentümer haften gegenüber Gläubigern der Gemeinschaft für laufende Lasten und Kosten grundsätzlich gesamtschuldnerisch.
- Unter bestimmten Voraussetzungen kann einem Wohnungseigentümer sein Wohnungseigentum entzogen werden.

6.5 Verwaltung

Im allgemeinen versteht man unter Verwaltung die Geschäftsführung im Interesse aller zum gemeinschaftlichen Besten.

6.5.1 Die Organe der Verwaltung

Die Verwaltung des Sondereigentums obliegt den einzelnen Wohnungseigentümern in eigener Verantwortung. WEG § 20

Die Verwaltung des gemeinschaftlichen Eigentums obliegt den Wohnungseigentümern, dem Verwalter und dem Verwaltungsbeirat.

6.5.2 Die Verwaltung durch die Wohnungseigentümer

Als verwalterisch Handelnde treten in Erscheinung die Wohnungseigentümer gemeinschaftlich/mehrheitlich, einzelne Wohnungseigentümer als Notgeschäftsführer und einzelne Wohnungseigentümer mit ihrem Anspruch auf ordnungsgemäße Verwaltung.

6.5.2.1 Die Verwaltung durch die Wohnungseigentümer gemeinschaftlich/mehrheitlich

Die Verwaltung des gemeinschaftlichen Eigentums steht grundsätzlich den Wohnungseigentümern gemeinschaftlich zu, d. h., dass Verwaltungsmaßnahmen nur mit Zustimmung aller Wohnungseigentümer getroffen werden können.

Dieser Grundsatz wird jedoch in vielen Fällen durch die im Gesetz und in Vereinbarungen eingeräumte Möglichkeit des Mehrheitsbeschlusses durchbrochen.

6.5.2.2 Notgeschäftsführung

Jedem Wohnungseigentümer steht das Recht zu, diejenigen Maßnahmen zu ergreifen, die zur Abwendung eines dem gemeinschaftlichen Eigentum unmittelbar drohenden Schadens notwendig sind.

Die Zustimmung der anderen Wohnungseigentümer ist hierzu nicht erforderlich. Der als Notgeschäftsführer handelnde Wohnungseigentümer hat gegenüber der Gemeinschaft einen Anspruch auf Erstattung seiner Aufwendungen, da es sich bei diesen um Kosten der Verwaltung im Sinne des § 16 Abs. 2 WEG handelt.

6.5.2.3 Einzelanspruch auf ordnungsgemäße Verwaltung

Jeder Wohnungseigentümer hat einen Anspruch auf eine Verwaltung, die dem Gesetz, den Vereinbarungen und den Beschlüssen entspricht. Im Übrigen kann jeder Wohnungseigentümer eine Verwaltung verlangen, die dem Interesse der Gesamtheit der Wohnungseigentümer nach billigem Ermessen entspricht.

6.5.2.4 Die Instrumente verwalterischen Handelns

Die Wohnungseigentümer steuern ihr „Schiff" mittels Vereinbarungen und Beschlüssen, die sie treffen, mit Maßnahmen der Notgeschäftsführung und mittels Durchsetzung des Anspruchs auf ordnungsgemäße Verwaltung. Zu Beschlüssen und Vereinbarungen siehe 6.4.2.1 und 6.4.2.2.

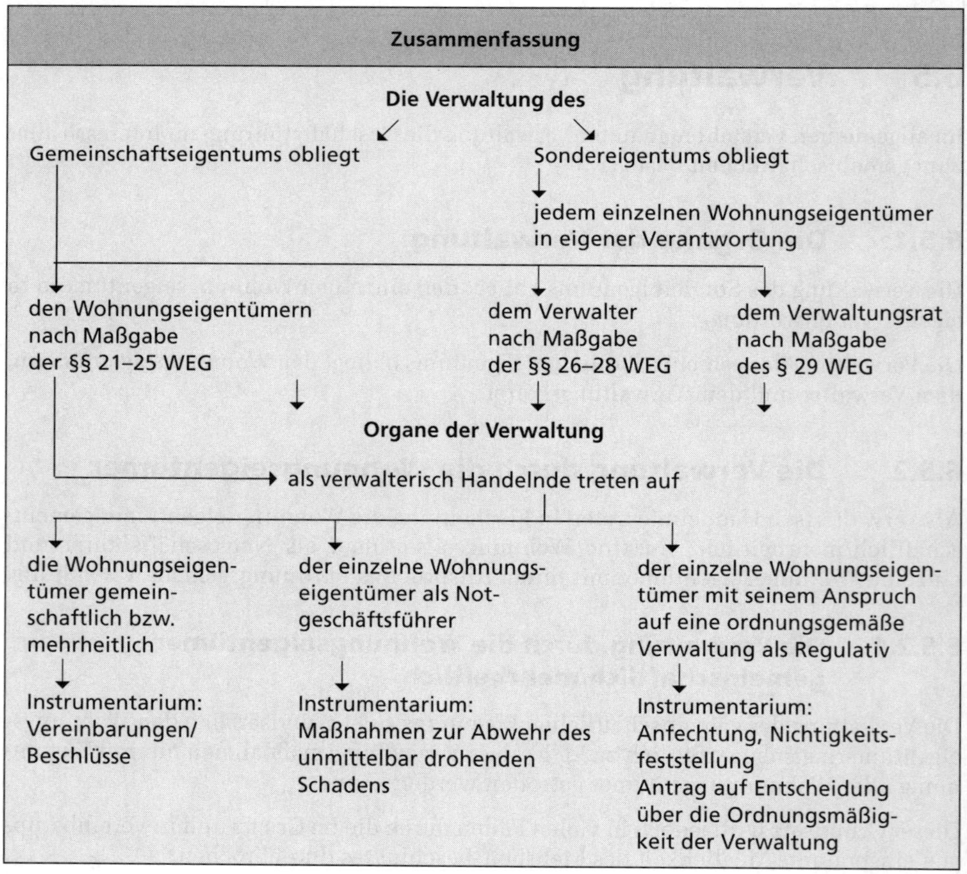

6.5.2.5 Die Wohnungseigentümerversammlung

Angelegenheiten, über die nach dem WEG oder nach einer Vereinbarung beschlossen werden kann, werden geregelt durch ↙ ↘ Beschlussfassung in der Wohnungseigentümerversammlung — oder schriftlichen Umlauf.

– Die Einberufung der Wohnungseigentümerversammlung

WEG § 23, 24, 25

Der **Verwalter** beruft die Wohnungseigentümerversammlung einmal im Jahr ein. Zusätzlich dann, wenn er dies für erforderlich hält, wenn eine Vereinbarung die Einberufung vorsieht oder wenn mehr als ein Viertel der Wohnungseigentümer, nach Köpfen gerechnet, die Einberufung schriftlich unter Angabe des Grundes verlangt.

Es kann jedoch vereinbart werden, dass das „Minderheitenquorum" z. B. nach Miteigentumsanteilen zu berechnen ist.

Weigert sich nun der Verwalter pflichtwidrig, eine Versammlung einzuberufen, oder fehlt ein Verwalter, dann kann die Eigentümerversammlung vom **Verwaltungsbeiratsvorsitzenden** oder dessen **Stellvertreter** einberufen werden.

Weigern sich auch diese Personen pflichtwidrig oder ist ein Verwaltungsbeirat nicht bestellt, dann kann **jeder einzelne Wohnungseigentümer** durch **Antragstellung bei Gericht** die Einberufung einer Wohnungseigentümerversammlung herbeiführen.

Beispiele:

Ein Verwalter fehlt, wenn keiner bestellt ist, wenn er krank ist.

Von dieser komplizierten Regelung kann durch Vereinbarung abgewichen werden. So könnte vereinbart werden, dass bestimmte Wohnungseigentümer oder die Verwaltungsbeiräte das Einberufungsrecht haben.

Die Frage der ordnungsgemäßen Einberufung ist deswegen wichtig, weil Beschlüsse, die auf einer nicht ordnungsgemäß einberufenen Versammlung gefasst wurden, allein deswegen **anfechtbar** sind.

Die Einladung hat **schriftlich** zu erfolgen. Die Einladung ist dabei nur dann wirksam, wenn sie in den Machtbereich des Empfängers gelangt. Dies ist bei einem Einschreibebrief erst dann der Fall, wenn dem Wohnungseigentümer der Brief ausgehändigt wird.

Beispiel:

Der Postbote trifft den Eigentümer nicht an. Er nimmt deshalb den Einschreibebrief wieder mit aufs Postamt. Folge: Der Brief ist nicht in den Machtbereich des Empfängers gelangt.

Es sollte in der Gemeinschaftsordnung eine Bestimmung aufgenommen werden, dass die Ladung als zugegangen gilt, wenn der Verwalter sie an die ihm vom Wohnungseigentümer zuletzt genannte Anschrift gerichtet und abgesandt hat. Die Absendung kann bewiesen werden durch Führung eines **Postausgangsbuches.**

Diese Bestimmung ist für den Verwalter allemal besser in der Gemeinschaftsordnung aufgehoben als im Verwaltervertrag, da dieser i. d. R. der Kontrolle durch das AGB-Gesetz unterworfen ist, Vereinbarungen hingegen nicht.

Wird ein Wohnungseigentümer nicht geladen und nimmt er daher auch nicht an der Versammlung teil, so kann er allein deswegen die auf der Versammlung gefassten Beschlüsse **anfechten.** Diese Möglichkeit hat er nur dann nicht, wenn feststeht, dass die Beschlüsse bei ordnungsgemäßer Ladung genauso gefasst worden wären.

Beispiel:

> Ein Wohnungseigentümer wird nicht geladen. In der Eigentümerversammlung wird die Fassadensanierung beschlossen. Der nicht geladene Wohnungseigentümer will wegen seiner Nichtladung den Beschluss anfechten, räumt aber ein, dass er in der Versammlung ebenfalls für die Sanierung gestimmt hätte. Die Anfechtung ist daher nicht möglich.

Zur Versammlung sind die **im Grundbuch eingetragenen Eigentümer** zu laden. Steht das Wohnungseigentum mehreren Personen zu, ist die Einladung allen Miteigentümern zuzuleiten. Es kann vereinbart werden, dass bei Zustellung der Ladung an einen Miteigentümer die Ladung als allen Miteigentümern zugegangen gilt.

Die Einladungsfrist soll eine Woche betragen. Hierzu sind jedoch abweichende Vereinbarungen, Beschlüsse und Bestimmungen im Verwaltervertrag möglich.

Im Einladungsschreiben sind anzugeben:

- Ort der Versammlung
- Zeitpunkt der Versammlung
  Dieser sollte so gewählt werden, dass möglichst vielen Wohnungseigentümern die Teilnahme möglich ist.
- Tagesordnung
  Einzelne Wohnungseigentümer können die Aufnahme bestimmter Tagesordnungspunkte dem Verwalter gegenüber nicht erzwingen. Liegt jedoch ein sachliches Interesse für die Aufnahme bestimmter Punkte in der Tagesordnung vor, kann wegen ihrer Aufnahme in der Tagesordnung das Gericht angerufen werden.

Die Beschlussgegenstände müssen im Einladungsschreiben hinreichend deutlich dargestellt sein. Nicht genügend deutlich formulierte Beschlussgegenstände ermöglichen grundsätzlich die **Anfechtung** der dazu gefassten Beschlüsse.

Wird ein materieller Beschlussgegenstand in der Einladung nicht aufgeführt, trotzdem aber über ihn beschlossen, kann unter Umständen der Beschluss auch noch nach der gesetzlichen Anfechtungsfrist angefochten werden; wenn nämlich dem anfechtenden Wohnungseigentümer „Wiedereinsetzung in den vorigen Stand" zu gewähren ist.

Diese ist dann zu gewähren, wenn der Antragsteller die Anfechtungsfrist unverschuldet versäumt hat und er spätestens 2 Wochen nach Kenntniserlangung die Anträge auf Ungültigkeitserklärung und Wiedereinsetzung in den vorigen Stand stellt.

Tritt die Kenntniserlangung erst nach Ablauf eines Jahres von dem Ende der versäumten Frist an gerechnet ein, kann die Wiedereinsetzung nicht mehr betrieben werden.

– Die Durchführung der Wohnungseigentümerversammlung

Den Vorsitz in der Versammlung führt grundsätzlich der Verwalter. Jedoch kann durch einfache Stimmenmehrheit ein anderer zum Vorsitzenden bestellt werden.

Die Aufgaben des Vorsitzenden bestehen u. a. in

- der Feststellung der Beschlussfähigkeit
- der Leitung der Versammlung entsprechend der Geschäftsordnung
- der Formulierung der Beschlussanträge
- der Aufzeichnung des Beschlussergebnisses
- der Protokollierung der Beschlüsse

Die Erstversammlung ist dann beschlussfähig, wenn die erschienenen stimmberechtigten Wohnungseigentümer **mehr als die Hälfte der Miteigentumsanteile** vertreten.

Die Hälfte wird gemessen an der Summe der insgesamt vorhandenen Miteigentumsanteile.

Beispiel:

Gesamte Miteigentumsanteile: 1.000; die erschienenen stimmberechtigten Wohnungseigentümer repräsentieren 600 Miteigentumsanteile. Die Versammlung ist beschlussfähig.

Die Miteigentumsanteile der zwar erschienenen, aber **nicht stimmberechtigten** Wohnungseigentümer sind bei der Feststellung der Beschlussfähigkeit nicht mitzuzählen.

Beispiel:

Gesamte Miteigentumsanteile: 1.000; die insgesamt erschienenen Wohnungseigentümer repräsentieren 600 Miteigentumsanteile. Die erschienenen und auch stimmberechtigten Wohnungseigentümer repräsentieren insgesamt 490 Miteigentumsanteile.

Die Versammlung ist nicht beschlussfähig, da nur 490 von 1.000 Miteigentumsanteilen durch die stimmberechtigten Wohnungseigentümer repräsentiert werden.

Bei der Feststellung der Beschlussfähigkeit scheiden auch diejenigen Vertreter von Wohnungseigentümern aus, die ihre **ordnungsgemäße Bevollmächtigung** nicht nachweisen können. Wird die Vertretungsvollmacht angezweifelt, muss sie belegt werden, was allerdings auch nachträglich geschehen kann. Ist für die Bevollmächtigung die Schriftform vorgesehen, kann auch die schriftliche Bevollmächtigung nachgereicht werden.

Es kann vereinbart sein, dass die Vertretungsbefugnis auf bestimmte Personen beschränkt ist, z. B. auf den Verwalter und andere Wohnungseigentümer.

Bei der Berechnung der Beschlussfähigkeit scheiden auch Eigentümer aus, die **geschäftsunfähig** sind, oder **beschränkt Geschäftsfähige ohne Einwilligung ihres gesetzlichen Vertreters.**

Die Beschlussfähigkeit muss für jeden einzelnen Beschluss gegeben sein.

Beispiel:

Zu Beginn der Versammlung ist die Beschlussfähigkeit mit 510 von 1 000 Miteigentumsanteilen gegeben.
Vor der Abstimmung zum Tagesordnungspunkt Nr. 5 verlässt ein Wohnungseigentümer, der 20 Miteigentumsanteile repräsentiert, den Saal. Für diesen Tagesordnungspunkt ist dadurch die Beschlussfähigkeit nicht mehr gegeben.

Ist die Versammlung nicht beschlussfähig, was vermieden werden könnte, wenn durch Vereinbarung diese gesetzliche Regelung „abgeschafft" würde, muss eine neue Versammlung, die Zweitversammlung, mit derselben Tagesordnung einberufen werden. Diese Zweitversammlung ist dann unabhängig von der Anwesenheitsquote in jedem Fall beschlussfähig. Hierauf ist in der Einladung zur Zweitversammlung hinzuweisen.

Zur Erleichterung der Zweitversammlung kann vereinbart werden, dass der Einberufende, i. d. R. der Verwalter, ermächtigt ist, gleichzeitig mit der Ladung zur Erstversammlung, für den Fall der Beschlussunfähigkeit dieser Erstversammlung, zur Zweitversammlung, z. B. eine halbe Stunde später, zu laden **(Eventualeinberufung).** Auch bei dieser Eventualeinberufung darf der Hinweis, dass sie in jedem Fall beschlussfähig ist, unabhängig von der Anwesenheitsquote, nicht fehlen.

- **Die Leitung der Versammlung entsprechend der Geschäftsordnung**

Unter der Geschäftsordnung versteht man die formellen Regeln, nach denen die Wohnungseigentümerversammlung durchgeführt wird.

Die Geschäftsordnung kann vereinbart oder beschlossen werden.

Beschlussfassungen zur Geschäftsordnung müssen in der Tagesordnung zur Versammlung nicht enthalten sein.

Beispiele:

Typische Geschäftsordnungsentscheidungen sind die Art und Weise der Abstimmung, der Beschränkung der Redezeit, Tonbandmitschnitt der Äußerungen in der Versammlung (zu beachten ist hier, dass die unbefugte Aufnahme des nicht öffentlich gesprochenen Wortes eines anderen ohne dessen Zustimmung strafbar ist; die Wohnungseigentümerversammlung ist nicht öffentlich in diesem Sinne).

- **Die Formulierung der Beschlussanträge**

Beschlussanträge sollen nach Möglichkeit schriftlich vorformuliert sein, damit sichergestellt ist, dass die Beschlüsse klar und eindeutig gefasst werden.

Folgende Vorüberlegungen sollten u. a. angestellt werden:

- Welches Problem ist zu lösen, wie kann es dauerhaft gelöst werden?
- Ist das vorhandene Problem überhaupt eine Angelegenheit der Wohnungseigentümer?
- Bedarf es für die Lösung des Problems einer Vereinbarung oder eines Beschlusses, und welche Beschlussmehrheit ist erforderlich?
- Welche Lasten und Kosten entstehen durch den Beschluss, wer hat die Kosten zu tragen, welcher Kostenverteilungsschlüssel ist anzuwenden?

- **Stimmrecht in der Wohnungseigentümerversammlung**

Stimmberechtigt ist der im Grundbuch als Eigentümer Eingetragene.

Beispiele:

Wohnungseigentümer W verstirbt. Kurz nach seinem Tod findet eine Wohnungseigentümerversammlung statt. Im Grundbuch ist der Verstorbene als Eigentümer eingetragen. In diesem Fall ist stimmberechtigt der Erbe des W, weil er Anspruch auf Grundbuchberichtigung hat. **Genauso:** Erwerber in der Zwangsversteigerung, Ehegatte in Gütergemeinschaft; **kein** Stimmrecht haben jedoch Nießbraucher und Dauerwohnberechtigter.
E hat sein Wohnungseigentum nach 10 Jahren verkauft. Auf den Käufer ist der Besitz übergegangen, die Nutzungen und Lasten sind ihm übertragen und eine Auflassungsvormerkung ist zu seinen Gunsten im Grundbuch eingetragen.
Er hat kein Stimmrecht in der Wohnungseigentümerversammlung.

BGB §§ 119ff. BGB §§ 107, 114

Die Ausübung des Stimmrechts ist eine einseitige Willenserklärung. Damit gelten u. a. die Vorschriften zum Irrtum und die Vorschriften zur Abgabe von Willenserklärungen durch Geschäftsunfähige.

Nach dem Gesetz hat jeder Wohnungseigentümer **eine Stimme,** unabhängig vom Umfang seines Wohnungseigentums.

Beispiele:

Ein Wohnungseigentümer ist Eigentümer von 3 Wohnungen in der Anlage. Er hat eine Stimme in der Versammlung.
Ein Wohnungseigentümer ist Eigentümer einer Wohnung und einer Garage in derselben Anlage. Er hat eine Stimme in der Versammlung.

Sind mehrere Personen Eigentümer ein und derselben Wohnung, haben sie zusammen nur eine Stimme und können diese nach außen nur einheitlich einsetzen.

Beispiele:

Ein Ehepaar ist zu je $^1/_2$ Eigentümer einer Eigentumswohnung. Das Ehepaar hat in der Versammlung eine Stimme, die nicht halbiert werden kann.

Der Ehemann ist Eigentümer einer Wohnung, die Ehefrau ebenfalls Eigentümerin einer Wohnung in derselben Anlage; außerdem haben sie dort noch eine Wohnung zusammen im Eigentum.
In der Versammlung hat der Ehemann eine Stimme, die Ehefrau eine Stimme, und zusammen haben sie ebenfalls noch eine Stimme.

Das gesetzliche „Kopfprinzip“ hat den Vorteil, dass Majorisierungen nicht möglich sind.

Es können abweichend vom Kopfprinzip andere Stimmrechtsprinzipien vereinbart werden, wie das „Objektprinzip“ oder das „Wertprinzip“.

Beim Objektprinzip hat der Wohnungseigentümer **so viele Stimmen, wie er selbstständige Wohnungseigentums-/Teileigentumseinheiten** in der Anlage hat.

Beispiel:

Ein Wohnungseigentümer ist Eigentümer von 3 Wohnungen in der Anlage. Er hat 3 Stimmen.

Beim Wertprinzip hat jeder Wohnungseigentümer **so viele Stimmen, wie er Miteigentumsanteile in derselben Anlage** auf sich vereinigt.

Beispiel:

Ein Wohnungseigentümer ist Eigentümer einer Wohnung mit 43 Miteigentumsanteilen, ein anderer ist Eigentümer einer Wohnung mit 16,5 Miteigentumsanteilen und eines Stellplatzes in der Tiefgarage mit 2 Miteigentumsanteilen.

Der eine Wohnungseigentümer hat 43 Stimmen, der andere 18,5 Stimmen.

Auch bei Geltung des Objekt- oder Wertprinzips können die Stimmen nach außen nur einheitlich abgegeben werden.

Das Stimmrecht der Wohnungseigentümer ist kein persönliches Recht, es kann also auch durch bevollmächtigte Dritte ausgeübt werden. Es ist zu beachten, dass nicht ordnungsgemäße Vollmachten zur **Anfechtung** der Beschlüsse führen können.

Beispiel:

Wohnungseigentümer W bevollmächtigt seinen 17-jährigen Sohn für ihn das Stimmrecht in der Wohnungseigentümerversammlung auszuüben.
Die Bevollmächtigung des Sohnes ist trotz dessen beschränkter Geschäftsfähigkeit möglich.

Im Zweifel ist der Bevollmächtigte zur Erteilung einer **Untervollmacht** berechtigt. In der TE/GO, durch Vereinbarung (aber **nicht** durch Beschluss) kann der Kreis der Personen, denen Vollmacht erteilt werden kann, auf den Verwalter, den Ehegatten des Wohnungseigentümers und auf andere Wohnungseigentümer eingeschränkt werden.

Beispiel:

Zu Beginn der Versammlung wird festgestellt, dass der Vertreter V des abwesenden Wohnungseigentümers W wegen der bestehenden Vollmachtsbeschränkung eigentlich nicht zugelassen werden kann, in der Versammlung für W abzustimmen. Niemand nimmt jedoch Anstoß daran, dass V das Stimmrecht für W wahrnimmt. Später will Eigentümer E deswegen die gefassten Beschlüsse anfechten.
Die Beschlüsse können deswegen nicht angefochten werden.

Im Falle einer **Interessenkollision** ist der betreffende Wohnungseigentümer vom Stimmrecht ausgeschlossen. Der Stimmrechtsausschluss erstreckt sich auch auf die anderen Eigentümer des Wohnungseigentums.

Beispiel:

A und B sind zu je $1/2$ Eigentümer einer Eigentumswohnung. A befindet sich in einer Interessenkollision mit der Gemeinschaft, B nicht.
Das Stimmrecht kann insgesamt nicht ausgeübt werden.

Eine Interessenkollision wird in folgenden Fällen angenommen:

- Gegenstand der Beschlussfassung ist die Vornahme eines Rechtsgeschäfts mit dem Eigentümer, welches die Verwaltung des gemeinschaftlichen Eigentums betrifft.

  Beispiele:

  Beschlussfassung zur Beauftragung des Wohnungseigentümers (Inhaber eines Malerunternehmens) mit der Fassadensanierung. Beschlussfassung zur Einräumung eines Sondernutzungsrechts für einen Eigentümer. Beschlussfassung zum Abschluss eines Mietvertrages mit einem Eigentümer.
  In all diesen Fällen ist der betreffende Wohnungseigentümer vom Stimmrecht ausgeschlossen.

- Gegenstand der Beschlussfassung ist die Einleitung, Erledigung eines Rechtsstreits der übrigen Wohnungseigentümer gegen einen Wohnungseigentümer
- Der Wohnungseigentümer ist nach § 18 WEG rechtskräftig verurteilt.

Der Verwalter, der gleichzeitig Wohnungsinhaber ist, ist von dieser Regelung in folgender Weise betroffen:

Er ist vom Stimmrecht ausgeschlossen bei der Beschlussfassung zu seiner Entlastung als Verwalter, zur Jahresabrechnung, zur Erhöhung der Verwaltervergütung, zu seiner Abwahl, wenn die Abberufung aus wichtigem Grund erfolgt und/oder wenn der Beschluss gleichzeitig die Kündigung seines Verwaltervertrages enthält.

Hingegen ist der Eigentümer-Verwalter nicht vom Stimmrecht ausgeschlossen, wenn es um die Beschlussfassung zu seiner Bestellung und zum Wirtschaftsplan geht.

Allgemein für Miteigentümer gilt, dass der Stimmrechtsausschluss sich auch grundsätzlich auf gegebene Vollmachten bezieht. Dies gilt auch für den Verwalter, der gleichzeitig Eigentümer ist, sowie für den Verwalter, der Verwalter ist, ohne gleichzeitig Eigentümer zu sein. Da die oben genannten Grundsätze sinngemäß auch für ihn gelten.

Beispiele:

Ein Wohnungseigentümer soll 3 andere Wohnungseigentümer vertreten. Infolge Interessenkollision ist er vom Stimmrecht ausgeschlossen. Der Wohnungseigentümer kann nun auch nicht für die 3 von ihm vertretenen Eigentümer eine Stimme abgeben.
Der Verwalter hat Vollmacht von Eigentümern bekommen, sie in der Versammlung zu vertreten. Der Verwalter kann, wenn es um seine Entlastung geht, grundsätzlich nicht für die von ihm vertretenen Eigentümer stimmen.

• Beschlussfassung in der Wohnungseigentümerversammlung

Die Abstimmung kann durch Handaufheben, Stimmzettel, geheim, durch namentlichen Aufruf erfolgen.

Bei der Abstimmung ist die Anzahl der Ja-Stimmen, der Nein-Stimmen und der Stimmenthaltungen festzustellen. Anschließend sind eventuelle Stimmrechtsausschlüsse und Fälle des Ruhens des Stimmrechts festzustellen sowie die Vollmachten zu kontrollieren. Danach ist das Beschlussergebnis am rechtlichen Mindesterfordernis für das Zustandekommen des Beschlusses zu messen.

Für das Zustandekommen eines Mehrheitsbeschlusses müssen die **Ja-Stimmen die Nein-Stimmen überwiegen.** Stimmenthaltungen zählen nicht. Bei Stimmengleichheit und beim Überwiegen der Nein-Stimmen über die Ja-Stimmen ist der Beschluss nicht zustande gekommen. Nach der Auszählung der Stimmen ist vom Vorsitzenden der Versammlung das Beschlussergebnis zu verkünden. Der Beschluss ist jedoch auch dann zustande gekommen, wenn das Beschlussergebnis nicht verkündet wird.

Von einem so genannten **Nicht-Beschluss** spricht man, wenn ein Antrag mit Mehrheit der abgegebenen Stimmen abgelehnt wird.

Beispiel:

Der Beschlussantrag, die alte Waschmaschine durch eine neue zu ersetzen, wird mit 8 Nein-Stimmen gegen 4 Ja-Stimmen und bei 3 Stimmenthaltungen abgelehnt. Wohnungseigentümer W will dieses Ergebnis anfechten, weil er es für wirtschaftlich unsinnig hält, da Reparaturen der alten Maschine wegen der Ersatzteillage teuer und zeitaufwendig sind. Anfechtung nicht möglich, da kein Beschluss vorliegt.

Anfechtbare Beschlüsse sind wirksam und werden erst durch erfolgreiche Anfechtung unwirksam.

Beschlüsse sind anfechtbar, wenn sie gegen abdingbare (nicht unverzichtbare) Gesetzesvorschriften verstoßen.

Beispiel:

Beschluss zur Durchführung einer baulichen Veränderung, trotz Gegenstimme

Anfechtbar sind aber auch Beschlüsse, die gegen bestehende Vereinbarungen verstoßen.

Beispiel:

Beschlussfassung, die das Parken auf den Rasenflächen erlaubt, obwohl dem die Gemeinschaftsordnung entgegensteht.

Anfechtbar sind zudem Beschlüsse, die gegen Grundsätze ordnungsgemäßer Verwaltung verstoßen.

Beispiel:

Beschluss einer zu niedrigen Instandhaltungsrückstellung.

Daran ist erkenntlich, dass durch die Möglichkeit der Anfechtung die dispositiven Möglichkeiten der Wohnungseigentümer ihre relative Grenze finden.

Anfechtungsberechtigt sind jeder Wohnungseigentümer und der Verwalter.

Aus Gründen der Rechtssicherheit ist eine **Anfechtungsfrist** von einem Monat vom Tag der Beschlussfassung an einzuhalten. Danach ist eine Anfechtung nicht mehr möglich, es sei denn, es kommt zur Wiedereinsetzung des Anfechtenden in den vorigen Stand.

Um das zu vermeiden, sollte der Verwalter das Protokoll unbedingt spätestens eine Woche vor Ablauf der Anfechtungsfrist zur Einsicht bei sich aufliegen oder an die Eigentümer verschickt haben. Auf die Anfechtbarkeit der Beschlüsse sollte der Verwalter die Eigentümer in der Versammlung hinweisen.

Auch anfechtbare Beschlüsse hat der Verwalter unverzüglich auszuführen.

Der erfolgreich angefochtene Beschluss gilt als von Anfang an unwirksam. Das bedeutet, dass vom Verwalter bereits durchgeführte Maßnahmen rückgängig gemacht werden müssen.

Es empfiehlt sich daher, dass die Wohnungseigentümer in der Versammlung einen terminierten (ca. 8 Wochen) Ausführungsstopp beschließen, bis abzusehen ist, ob tatsächlich angefochten wird – und für den Fall der Anfechtung einen Ausführungsstopp bis zum Ende des Verfahrens.

- **Die Versammlungsniederschrift**

Über die in der Versammlung gefassten Beschlüsse ist eine Niederschrift aufzunehmen; wenn nichts anderes bestimmt ist, genügt ein einfaches Ergebnisprotokoll.

Die Niederschrift ist keine öffentliche Urkunde, sondern eine Privaturkunde, deshalb ist auch ihr Beweiswert geringer.

Die Niederschrift sollte enthalten:

- Die Bezeichnung der Wohnungseigentümergemeinschaft
- Verwalter, Gehilfen, Beiräte, Gäste, Berater
- Ort, Datum und Uhrzeit des Versammlungsbeginns
- Versammlungsleiter
- Schriftführer
- die anwesenden Wohnungseigentümer
- die vertretenen Wohnungseigentümer
- die Feststellung der Beschlussfähigkeit
- die Beschlussgegenstände
- die gefassten Beschlüsse und die Abstimmungsergebnisse
- die notwendigen Unterschriften (des Vorsitzenden, eines Wohnungseigentümers, des Verwaltungsbeiratsvorsitzenden oder dessen Stellvertreters und ggf. des Schriftführers)

Die Niederschrift ist spätestens eine Woche vor Ablauf der Beschlussanfechtungsfrist zur Einsicht beim Verwalter aufzulegen bzw. den Eigentümern zuzustellen.

6.5.2.6 Das schriftliche Umlaufverfahren

Die Beschlussfassung in der Wohnungseigentümerversammlung ermöglicht die Meinungsbildung durch vorherige Diskussion und eröffnet damit die Chance, „Vorurteile" auszuräumen. Das WEG ermöglicht jedoch noch eine andere Form der Beschlussfassung, allerdings unter erschwerten Bedingungen: die Beschlussfassung durch schriftlichen Umlauf.

Umlaufbeschlüsse können **nur einstimmig** und unter Mitwirkung aller Wohnungseigentümer schriftlich gefasst werden.

Der Initiator, der nicht der Verwalter sein muss, sollte, um eine Verwechslung mit einer Vereinbarung zu vermeiden, den Beschluss als „Eigentümerbeschluss im schriftlichen Umlaufverfahren nach § 23 Abs. 3 WEG" bezeichnen.

WEG § 23 Abs. 3

Zweckmäßig ist es für die Durchführung des Verfahrens, dass der Initiator einen Endtermin setzt, bis zu dem spätestens die Eigentümer ihre Zustimmung gegeben haben müssen, soll nicht der Umlauf als gescheitert gelten.

Der schriftliche Umlauf kommt mit der letzten Unterschrift auf dem Umlaufbeschluss bzw. mit Eingang des letzten Stimmscheins beim Initiator (Verwalter, Wohnungseigentümer) zustande. Die Beschlussanfechtungsfrist beginnt von da an.

6.5.2.7 Klassifizierung der Beschlussgegenstände

Einteilung nach sachlichen Kriterien

Beschlüsse zur Ordnung der Verwalterarbeit	Routinebeschlüsse	Beschlüsse zu Verfahrensfragen	Beschlüsse zu außerordentlichen Vorgängen
Beispiele:	**Beispiele:**	**Beispiele:**	**Beispiele:**
Berechtigung des Verwalters, Leistungsrückstände bei Wohnungseigentümern geltend zu machen	Verwalterbestellung	Versammlungs leitung	Zurückstellung der Beschlussausführung wegen angekündigter Anfechtung
Vertretungs- und Zustellungsvollmacht	Entlastung des Verwalters, Beirats	Geschäftsordnung	Sonderumlage wegen Liquiditätsengpass
Anschriftenänderung	Genehmigung des Wirtschaftsplans		große Instandsetzungsmaßnahmen
Änderung der Eigentumsverhältnisse	Genehmigung der Jahresabrechnung		Beauftragung von Sonderfachleuten
Überziehung des Gemeinschaftskontos	Anhebung der Rückstellung		
	Genehmigung der Hausordnung		
	geringfügige Instandsetzungsarbeiten		

Zusammenfassung

Angelegenheiten, über die nach dem WEG oder nach einer Vereinbarung beschlossen werden kann, werden geregelt durch

Beschlussfassung in der Wohnungseigentümerversammlung	oder	**schriftlichen Umlauf**
Wer beruft ein? Grundsätzlich der Verwalter		Wer setzt ihn in Gang? Der Verwalter, der Eigentümer
Grund der Einberufung? Jährliche ordentliche Versammlung und andere Gründe, insbesondere Minderheitenquorum		Grund der Ingangsetzung? Jährliche ordentliche Versammlung und andere Gründe, insbesondere Minderheitenquorum
Form der Einberufung? Schriftlich		Form? Schriftlich
Einzuladender Personenkreis? Die im Grundbuch eingetragenen Eigentümer		Anzusprechender Personenkreis? Die im Grundbuch eingetragenen Eigentümer
Einladungsfrist? Mindestens 1 Woche (soll)		Frist? Es sollte eine Frist für die Entscheidung der Wohnungseigentümer festgesetzt werden.

Vorsitzender? Grundsätzlich der Verwalter Beschlussfähigkeit? Die stimmberechtigten Eigentümer vertreten mehr als die Hälfte aller Miteigentumsanteile bei jedem einzelnen Beschluss Stimmrecht? Nach dem Gesetz Kopfprinzip, andere Verfahren möglich Zu beachten: Fälle des Stimmrechtsausschlusses und des Ruhens des Stimmrechts Beschlussfassung? Für das Zustandekommen eines Beschlusses ist es notwendig, dass die Ja-Stimmen die Nein-Stimmen überwiegen Zu beachten: Negativ-Beschluss Nicht-Beschluss Beschlussqualität? Wirksame Beschlüsse Nichtige Beschlüsse Anfechtbare Beschlüsse (Anfechtungsfrist 1 Monat ab dem Tag der Beschlussfassung)	Empfänger der Rückantworten? Der „Initiator" Zustandekommen eines Beschlusses? Zustimmung aller Wohnungseigentümer erforderlich Anfechtungsfrist? 1 Monat ab Abschluss des Umlaufverfahrens

WEG
§§ 26, 27, 28

6.5.3 Der Verwalter

6.5.3.1 Verwaltungsbegriff und Verwaltungsgegenstand

Zur Verwaltung (siehe auch 6.5) gehört die Unterhaltung, Erhaltung und u. U. auch Wertverbesserung des gemeinschaftlichen Eigentums, die Abwehr von Störungen und Schäden, die Organisation und Ausführung von Vereinbarungen, Beschlüssen und des Rechnungswesens.

6.5.3.2 Person und Stellung des Verwalters

Verwalter kann jede natürliche und juristische Person sein, aber auch Handelsgesellschaften.

Beispiele:

GmbH, AG, OHG, KG; **nicht** Gesellschaft des bürgerlichen Rechts, Ehepaar.

Der Verwalter ist der gesetzliche Vertreter der Wohnungseigentümer in begrenztem Umfang und an rechtmäßige Weisungen der Wohnungseigentümer gebunden.

6.5.3.3 Die Bestellung des Verwalters

Die Rechtsstellung als Verwalter wird erlangt durch die Bestellung einer bestimmten Person zum Verwalter **und** dem **Abschluss eines Verwaltervertrages**.

Im Bestellungsbeschluss liegt i. d. R. zugleich auch das Angebot zum Abschluss des Verwaltervertrages. Dieses kann der Bestellte auch durch Aufnahme seiner Tätigkeit **stillschweigend** annehmen.

Die Bestellung des Verwalters kann **nicht ausgeschlossen** werden. Ein Beschluss oder eine Vereinbarung, die dies vorsieht, ist nichtig.

Diese Aussage bedeutet allerdings nicht, dass jede Wohnungseigentümergemeinschaft einen Verwalter unbedingt haben müsste, sie bedeutet nur, dass die Möglichkeit der Verwalterbestellung nicht von vornherein ausgeschlossen werden kann und dass jeder einzelne Wohnungseigentümer und u. U. ein außenstehender Dritter die Bestellung eines Verwalters verlangen kann.

Möglichkeiten der Verwalterbestellung

Bestellung in der Teilungserklärung im Einräumungsvertrag, in der Gemeinschaftsordnung	Bestellung durch Mehrheitsbeschluss in der Wohnungseigentümerversammlung bzw. durch schriftlichen Umlauf	Bestellung durch richterliche Anordnung

– Bestellung in Teilungserklärung, Einräumungsvertrag, Gemeinschaftsordnung

Es ist zulässig, die Erstbestellung des Verwalters bereits hier vorzunehmen.

Beispiel:

Auszug aus Gemeinschaftsordnung:
… Zum ersten Verwalter wird die Hausverwaltung … bestellt. Der Verwalter führt die Verwaltung für die Dauer der ersten 5 Jahre ab Bezugsfertigkeit und kann von den Eigentümern nur aus einem wichtigen Grund abberufen werden. …

– Bestellung durch Mehrheitsbeschluss

Der Bestellungsbeschluss bringt zum Ausdruck, dass die Wohnungseigentümer darüber einig sind, mit einem bestimmten Verwalter einen Vertrag abzuschließen.

Der Verwalter wird durch **einfache Stimmenmehrheit** durch die Wohnungseigentümer in der Wohnungseigentümerversammlung bestellt.

Es ist nicht möglich, dass die Bestellung durch Dritte, z. B. den Verwaltungsbeirat, vorgenommen wird; auch dann nicht, wenn diese durch Beschluss hierzu ermächtigt wurden. Der Verwalter kann nur für maximal 5 Jahre bestellt werden. Danach ist eine erneute Bestellung erforderlich. Diese Wiederbestellung kann frühestens ein Jahr vor Ablauf der laufenden Bestellzeit mit Wirkung für die Zeit nach der 5-jährigen Bestellzeit erfolgen. Andere Beschränkungen der Verwalterbestellung sind nicht zulässig.

Beispiele:

In der Gemeinschaftsordnung ist vereinbart, dass nur derjenige zum Verwalter bestellt werden kann, der das Vertrauen von mindestens $^2/_3$ aller Wohnungseigentümer in der Versammlung erlangt. Diese Vereinbarung ist nichtig.
In der Gemeinschaftsordnung ist vereinbart, dass zum Verwalter nur die Verwaltungsgesellschaften A-GmbH oder B-GmbH bestellt werden können. Diese Vereinbarung ist nichtig.
Der Verwalter ist auf 5 Jahre bis zum 31.12.1998 bestellt. Wiederbestellung für die Zeit nach dem 31.12.1998 erfolgt am 1.3.1997. Bestellung ist nichtig. Ausweg: Wiederbestellung am 1.3.1997 ab 1.3.1997 auf weitere 5 Jahre.

– Bestellung durch richterliche Anordnung

Fehlt ein Verwalter, so ist dieser in dringenden Fällen auf Antrag eines Wohnungseigentümers oder eines Dritten mit berechtigtem Interesse vom Richter zu bestellen.

Dritte mit berechtigtem Interesse an der Bestellung eines Verwalters sind insbesondere Gläubiger, Mieter oder Behörden.

– Nachweis der Verwalterbestellung

In Fällen, in denen die Verwaltereigenschaft durch öffentliche Urkunde nachgewiesen werden muss, kann dies durch die Niederschrift über den Bestellungsbeschluss geschehen. Die Unterschriften der Niederschrift müssen öffentlich beglaubigt werden.

Beispiel:

WEG § 12 Verwalter hat gemäß § 12 WEG seine Zustimmung zur Veräußerung eines Wohnungseigentums zu geben. Als Nachweis seiner Verwaltereigenschaft genügt die Vorlage der Niederschrift über den Bestellungsbeschluss mit öffentlich beglaubigten Unterschriften.

6.5.3.4 Der Verwaltervertrag

Von der Bestellung des Verwalters ist der Abschluss des Verwaltervertrages zu unterscheiden. Die Bestellung führt nicht automatisch zum Abschluss des Verwaltervertrages. Wie jeder Vertrag kommt auch der Verwaltervertrag durch **Antrag und Annahme** zustande, wobei keine bestimmte Form vorgeschrieben ist.

Beispiel:

In der Wohnungseigentümerversammlung wird durch Beschluss ein Verwalter bestellt und der Verwaltungsbeirat zum Abschluss des Verwaltervertrages ermächtigt.

Wird nun das Vertragsangebot des Beirats durch den bestellten Verwalter angenommen oder nimmt der Verwaltungsbeirat das Vertragsangebot des Verwalters an, ist der Vertrag geschlossen.

Wird mit dem Verwalter ein Vertragsinhalt vereinbart, der dem Gesetz, der Gemeinschaftsordnung oder den Grundsätzen ordnungsgemäßer Verwaltung widerspricht, kann der Beschluss des Verwaltervertrages angefochten werden.

Beispiel:

Es wird ein Verwaltervertrag beschlossen, der u. a. enthält, dass der Verwalter jederzeit abgewählt werden kann, obwohl in der Gemeinschaftsordnung die Abwahl des Verwalters nur aus wichtigem Grund möglich ist.

Der Verwaltervertrag ist

ein unentgeltlicher Auftrag	oder	ein entgeltlicher Geschäftsbesorgungsvertrag
Beispiel: Ein Wohnungseigentümer wird als Verwalter bestellt. Er erhält lediglich seine Auslagen ersetzt.		Beispiel: Der bestellte Verwalter erhält eine Vergütung.

– Der Verwaltervertrag als entgeltlicher Geschäftsbesorgungsvertrag

Der Verwaltervertrag hat hauptsächlich Dienstvertragscharakter, enthält aber auch Werkvertragselemente.

Beispiele:

Pflicht zur Erstellung des Wirtschaftsplans und
Pflicht zur Erstellung der Jahresabrechnung

Daneben hat der Verwalter auch die Pflichten eines Beauftragten.

Beispiele:

Auskunfts- und Rechenschaftspflicht, Bindung an Weisungen, Pflicht zur Herausgabe des Erlangten und Erhaltenen (u. a. Verwaltungsunterlagen) bei Vertragsende.

Das Verwalterhonorar ist durch Bewertung u. a. folgender Kriterien zu ermitteln und dann vertraglich durchzusetzen:

Größe der Wohnanlage, Anzahl der Einheiten, Umfang und Zustand des Gemeinschaftseigentums, Alter, Standort und Wert der Anlage, angebotene Leistungspalette.

Ist die Höhe der Vergütung vertraglich nicht ausdrücklich festgelegt, gilt im Zweifel die **übliche Vergütung** als vereinbart.

Der Verwalter kann **Sondervergütungen** nur dann beanspruchen, wenn er sie mit den Eigentümern rechtswirksam vereinbart hat.

Beispiele:

Sondervergütung für verauslagte Porti, Kopierkosten

Die Vereinbarung von Spannungs- und Leistungsklauseln ist möglich.

Der Verwaltervertrag enthält i. d. R. Aussagen

- zu den Vertragsparteien
- zur Vertragsdauer
- zur ordentlichen Kündigung
- zur Abberufung des Verwalters aus wichtigem Grund
- zur fristlosen Kündigung
- zu den Aufgaben und Befugnissen des Verwalters
- zur Haftung des Verwalters
- zur Verwaltervergütung
- zu Vertragsänderungen
- zur Haftpflichtversicherung des Verwalters
- zum Erfüllungsort und Gerichtsstand
- zum Inkrafttreten des Vertrages

Die Vereinbarungen des Verwaltervertrages unterliegen der Kontrolle durch das Gesetz zur Regelung der allgemeinen Geschäftsbedingungen, sofern es sich nicht um so genannte Individualvereinbarungen handelt.

– Die Übernahme der Verwaltertätigkeit

Vor der Übernahme der Verwaltung sollte sich der Verwalter u. a. Klarheit verschaffen über folgende Fragen:

- Passt die Anlage von ihrer Größe her in das Verwaltungskonzept?
- Ist ein aufgestauter Instandhaltungsbedarf vorhanden?
- Prozesshäufigkeit?
- Häufigkeit des Verwalterwechsels?
- Gewährleistungszeit abgelaufen?
- Baumängel aus der Bauzeit?
- Inhalt von Teilungserklärung/Einräumungsvertrag, Gemeinschaftsordnung?

Bei der Übernahme der Verwaltertätigkeit sind die **Verwaltungsunterlagen und Materialien** von der Vorverwaltung zu übernehmen.

Über die von der Vorverwaltung übergebenen Verwaltungsunterlagen sollte unbedingt ein Verzeichnis, das von beiden Seiten unterschrieben ist, erstellt werden.

Zu den zu übernehmenden Unterlagen gehören u. a.:

- Teilungserklärung und Nachträge hierzu/Einräumungsvertrag/Gemeinschaftsordnung
- Aufteilungsplan und Abgeschlossenheitsbescheinigung
- Namen und Anschriftenliste der Wohnungseigentümer
- Komplette Sammlung der Niederschriften (Originale)
- Aufstellung vorhandener Verträge (Lieferverträge, Wartungsverträge, Versicherungsverträge) inkl. Vertragsunterlagen

- Aufstellung der ergangenen Bescheide (inkl. Unterlagen dazu)
- Hausordnung in gültiger Form
- Buchungsunterlagen einschließlich Kontenplan und Belegunterlagen
- Unterlagen über bestehende Konten bei Geldinstituten
- Aufstellung der vorhandenen Einzugsermächtigungen
- Wirtschaftspläne
- Jahresabrechnungen mit Erläuterungen und Beiratsprüfungen
- Lieferanten- und Handwerkerverzeichnis
- Baugenehmigung, Bauzeichnung, Baubeschreibung, Abnahmebescheinigung
- Statistische Berechnungen inkl. Abnahmebescheinigung
- Entwässerungsgenehmigung inkl. Schlussabnahme und Zeichnungen
- Grundstücksunterlagen wie Grundbuchauszüge, Flurkarte, Lageplan
- Betriebsgenehmigungen, Prüfbücher und Prüfbescheide zu Aufzügen, Antennen, Blitzschutzanlagen, Feuerschutzeinrichtungen, Schornsteinanlagen, Wasseraufbereitungsanlagen
- Heizungspläne mit Berechnungsunterlagen
- Schlüssel- und Schließplan mit Sicherungskarte und Schlüssel
- Abnahmeprotokolle des gemeinschaftlichen Eigentums
- Wartungsunterlagen (Lieferfirmen, ausführende Firmen, Typenbezeichnungen und andere technische Grunddaten)
- Aufmaße für periodisch anfallende Instandhaltungen und -setzungen

Mit Beginn der Verwaltung sind **u. a.** folgende organisatorische Maßnahmen zu veranlassen:

- Festlegung der Bankverbindung
- Zuweisung einer Objektnummer
- Vorstellungsbrief an die Wohnungseigentümer
- Mitteilung an Lieferanten, Versicherungen, Wartungsfirmen, TÜV, Stadtwerke zur Verwaltungsübernahme
- Erfassung der Stammdaten des Objekts, z. B.:
  - Objektnummer
  - Name der Eigentümergemeinschaft
  - Bankverbindung
  - Namen, Adressen, Telefonnummern (privat und geschäftlich) der Verwaltungsbeiräte
  - Datum der Verwalterbestellung
  - Einladungsfrist zur Wohnungseigentümerversammlung
  - Abstimmungsprinzip in der Versammlung
  - Name, Adresse des Versammlungslokals
  - Anzahl der Wohnungseigentums- und Teileigentumseinheiten
  - Wohnflächen und Nutzflächen der einzelnen Wohnungs- und Teileigentumseinheiten
  - Baujahr
  - 1914er-Wert
  - Massen der Fassaden, Dächer, Fenster in Quadratmetern
  - Massen der Balkongeländer in laufenden Metern
  - Fläche des Rasens und des Pflanzbereichs
  - Art des Heizöltanks, Volumen
  - Adresse der Heizkosten- und Warmwasserkostenabrechnungsfirma
  - Versicherungen mit Nummern der Versicherungsscheine
  - Adressen der Wartungsfirmen

Es handelt sich bei diesen Daten um solche, die laufend benötigt werden. Ihre exakte Erfassung und ein leichter Zugriff darauf stellen eine wesentliche Erleichterung der Verwaltertätigkeit dar.

6.5.3.5 Abberufung des Verwalters – Kündigung des Verwaltervertrages

Die Wohnungseigentümer können jederzeit die Abberufung des Verwalters durch Stimmenmehrheit beschließen.

Allerdings kann die Möglichkeit der Abberufung auf das Vorliegen eines wichtigen Grundes beschränkt werden.

Noch weitergehende Beschränkungen der Verwalterbestellung sind nicht mehr möglich.

Beispiele:

> Wichtige Abberufungsgründe sind die Verweigerung der Rechnungslegung durch den Verwalter trotz Anforderung durch die Wohnungseigentümer, unrichtige Protokollführung, Konkurseröffnung über das Verwaltervermögen, Verweigerung der Zusammenarbeit mit dem Verwaltungsbeirat

Eine unzulässige Beschränkung der Verwalterabberufung liegt in der Vereinbarung, dass der Verwalter nur mit Zustimmung Dritter (z. B. der kreditgebenden Bank) abberufen werden kann.

Dauer des Verwaltervertrages

Seine Dauer wird geregelt im Verwaltervertrag.

Fehlt eine Vereinbarung hierüber, so ist **im Zweifel** die Dauer der Bestellung maßgeblich.

Die Vertragsdauer kann bis zu einer Dauer von **5** Jahren frei vereinbart werden.

Eine Klausel im Verwaltervertrag, dass sich dieser mangels Kündigung um eine bestimmte Zeit verlängert ist zulässig, sofern die Gesamtvertragsdauer von 5 Jahren nicht überschritten wird, zumindest dann, wenn der Bestellungszeitraum den Verlängerungszeitraum abdeckt und der Vertrag mit Ablauf des Bestellungszeitraums endet.

Eine formularvertragliche Verländerungsklausel ist gemäß § 11 Nr. 12b AGBG unwirksam, wenn die Verlängerung mehr als 1 Jahr beträgt.

Vereinbaren die Parteien eine kürzere Laufzeit des Verwaltervertrages als es der Bestellungsdauer entspricht, verliert der Verwalter seine Verwalterstellung mit Beendigung des Verwaltervertrages.

Bei einer Verwalterbestellung auf unbestimmte Dauer kann auch der Verwaltervertrag nur auf unbestimmte Dauer wirksam geschlossen werden.

Die Abberufung des Verwalters aus wichtigem Grund beinhaltet grundsätzlich auch die fristlose Kündigung des Verwaltervertrages.

Zusammenfassung

Person des Verwalters

- Natürliche Person
- Juristische Person
- Handelsgesellschaft Partnerschaftsgesellschaft
- Nicht: u. a. Gesellschaft des bürgerlichen Rechts, Ehepaare

Bestellung des Verwalters für maximal 5 Jahre, bei Möglichkeit der Wiederbestellung

- In Teilungserklärung, Einräumungsvertrag, Gemeinschaftsordnung
- durch Mehrheitsbeschluss in der Wohnungseigentümerversammlung, Einstimmigkeit im schriftlichen Umlauf
- durch richterliche Anordnung

Typisierung des Verwaltervertrages

- unentgeltlicher Auftrag
- entgeltlicher Geschäftsbesorgungsvertrag

Abberufung des Verwalters

- jederzeit möglich durch Mehrheitsbeschluss
- beschränkt auf das Vorliegen eines wichtigen Grundes durch Mehrheitsbeschluss

Notwendigkeit der Abstimmung von Abberufungsbeschluss und Kündigungsmöglichkeiten

- ordentlich und außerordentlich bei unbestimmter Dauer des Verwaltervertrages
- außerordentlich bei bestimmter Dauer des Verwaltervertrages

Kündigung des Verwaltervertrages

6.5.3.6 Die gesetzlichen Aufgaben und Befugnisse des Verwalters

Die gesetzlichen Aufgaben und Befugnisse des Verwalters ergeben sich aus den §§ 27, 28 WEG, aus § 23 Abs. 2, § 24 Abs. 1, 2, 4, 5, 6 WEG, § 25 Abs. 4 WEG und aus dem mit dem Verwalter geschlossenen Geschäftsbesorgungsvertrag nach den Bestimmungen des BGB.

WEG §§ 27, 28, 23 Abs. 2, 24 Abs. 1,2,4, 5,6, 25 Abs. 4

Soweit der Verwalter Aufgaben und Befugnisse gegenüber den Wohnungseigentümern hat, stellt sich das Problem, ob er auch nach außen automatisch in diesen Angelegenheiten vertretungsbefugt ist, also im Namen aller Wohnungseigentümer mit Wirkung für und gegen sie handeln kann oder ob er hierfür erst einen ihn legitimierenden Eigentümerbeschluss braucht, um namens der Wohnungseigentümer handeln zu können.

Beispiel:

> „Die Wohnungseigentümer beschließen, den Verwalter zu **beauftragen** und zu **bevollmächtigen,** vom Vorverwalter Fa. .. Rechnungslegung nach § 28 Abs. 4 WEG zu verlangen".

Für seine Aufgaben nach § 27 WEG gibt es hinsichtlich seiner automatischen Bevollmächtigung unterschiedliche Meinungen.

Beispiel:

> Der Verwalter hat nach § 27 Abs. 1 Nr. 2 WEG die Berechtigung und Verpflichtung, die für die ordnungsgemäße Instandhaltung und Instandsetzung des gemeinschaftlichen Eigentums erforderlichen Maßnahmen zu treffen.
> Trotzdem soll er jedoch nicht bevollmächtigt sein, einen außergewöhnlichen, nicht dringenden Instandsetzungsauftrag größeren Umfangs ohne Beschluss der Wohnungseigentümer in deren Namen zu vergeben.

Die Aufgaben und Befugnisse des Verwalters nach § 27 Abs. 1 und 2 WEG unterscheiden sich insofern von den anderen, als sie **zwingend** sind. Das bedeutet, dass diese Aufgaben und Befugnisse nicht eingeschränkt werden können.

WEG § 27 Abs. 1 u. 2

– Die zwingenden Aufgaben und Befugnisse

- **Beschlüsse der Wohnungseigentümer durchführen und für die Durchsetzung der Hausordnung sorgen**

  Beschlüsse müssen vom Verwalter unverzüglich ausgeführt werden. Der Verwalter hat dafür zu sorgen, dass die Ruhezeiten entsprechend der Hausordnung eingehalten werden und ihr entsprechend geräumt und gestreut wird.

- **Die für die ordnungsgemäße Instandhaltung und Instandsetzung des gemeinschaftlichen Eigentums erforderlichen Maßnahmen treffen**

  Ist der Verwalter beauftragt und bevollmächtigt, Instandhaltungsarbeiten zu veranlassen, so hat er dies unverzüglich zu tun. Vor der Auftragsvergabe ist er bei größeren Maßnahmen berechtigt und verpflichtet, mehrere Angebote einzuholen. Er darf sich auf die Empfehlungen von Fachfirmen verlassen, die er auf Veranlassung der Wohnungseigentümer eingeschaltet hat.

  Er hat unter bestimmten Umständen sogar die Pflicht, von seinem Recht der Beschlussanfechtung Gebrauch zu machen, wenn die Eigentümer offensichtlich unsinnige Instandsetzungsmaßnahmen beschließen.

  Beispiel:

  > Die Eigentümer beschließen die Reparatur einer Terrasse in einer billigen aber absolut falschen Art und Weise. In diesem Fall hat der Verwalter das Recht (u. U.

auch Pflicht), den Beschluss anzufechten, um Schaden von der Gemeinschaft abzuwenden.

Der Verwalter hat Maßnahmen immer nur einzuleiten, jedoch nicht selbst auszuführen; es sei denn, er hat die technische Mitwirkung im Verwaltervertrag angeboten. Dann kann er sich die technische Mitwirkung gesondert vergüten lassen.

Die Aufgaben des Verwalters liegen im Bereich der Bedarfsfeststellung, der Ausschreibung, der Massenermittlung, der Angebotsprüfung, der Vergabe und der Rechnungsprüfung bei Routinearbeiten und darin, die erforderlichen Geldmittel bei den Eigentümern anzufordern.

Zur **Instandhaltungsaufgabe** gehören die Aufstellung eines **Instandhaltungsplans** und der Abschluss von **Wartungsverträgen.**

Der Instandhaltungszeitplan wird aus dem **Häufigkeitskatalog** entwickelt.

Beispiel:

Fristen in Jahren	Arbeiten bei normaler Abnutzung (Häufigkeitskatalog)
3 bis 5 Jahre	Außenanstrich Holzwerk
5 Jahre	Außenanstrich Metall
...	

Jahresangabe	1991	1992	1993	1994	1995	1996	1997
1. Außenanstrich Holzwerk	soll				x		
	ist						
2. ...							

Sinnvoll ist der Abschluss von Wartungsverträgen u. a. bei
- Aufzuganlagen
- Heizungsanlagen, Warmwasserbereitungsanlagen
- Wasseraufbereitungsanlagen
- Brandschutzeinrichtungen
- Lüftungsanlagen
- Rauchabzugsanlagen
- Rolltoren von Sammelgaragen

Vor Wartungsabschluss sollte geprüft werden:
- Bonität des Wartungsunternehmens
- Erreichbarkeit des Unternehmens im Notfall
- Zeitintervalle zwischen den einzelnen Wartungsinspektionen
- Wartungsnachweis
- u. a. m.

Mittels der **Instandsetzung** sollen bereits vorhandene Schäden wieder beseitigt werden.

Von seiten des Verwalters sind also Maßnahmen zu treffen, die vorhandene Schäden feststellen.

Dies kann geschehen durch
- Einzelmeldungen der Schäden und deren Erfassung im Reparaturbuch

Beispiel: Reparaturmeldung/Wohnungseigentumsanlage:			
Lfd.Nr.	Datum	Meldender	Art des Schadens

- Anlagen-Begehung
  Der Verwalter ist zur **regelmäßigen Begehung** der Anlage verpflichtet. Sie soll erkennbare Schäden erfassen helfen. Die Einschaltung eines Fachmannes ist erforderlich, um für Nichtfachleute schwer oder nicht erkennbare Mängel aufzudecken.
  Ein Hilfsmittel für die Hausbegehung ist die **Inspektionsliste.**
  Sie kann als Nachweis dafür dienen, dass der Verwalter seinen Pflichten nach § 27 Abs. 1 Nr. 2 WEG nachkommt.

Sind Schäden ermittelt worden, ist deren **Ursache** festzustellen. Diese kann häufig nur durch Einschaltung von Fachleuten ermittelt werden. Nach der Ursachenermittlung hat der Verwalter die notwendigen Arbeiten **auszuschreiben.** Anschließend sind die notwendigen Aufträge **zu vergeben** und die Ausführung zu **überwachen.** Sind die Maßnahmen beendet, sind sie **abzunehmen** und die Rechnungen technisch und rechnerisch zu **überprüfen.**

Die Beschlussfassung zur Instandsetzungsmaßnahme sollte so formuliert sein, dass sie den Erfordernissen der Maßnahme Rechnung trägt – und keine Zweifel darüber aufkommen lässt, wie die Maßnahme finanziert wird, wie die Angebote ausgewählt werden, welche Fachleute eingeschaltet werden können.

Beispiel:

In der Beschlussantragsformulierung sollten folgende Punkte Berücksichtigung finden:
- Art und geschätzter Umfang der Maßnahme
- Entscheidung über Einschaltung von Fachleuten
- Entscheidung über Zeitpunkt der Durchführung der Maßnahme
- Feststellung der Art der Finanzierung der Maßnahme
- Entscheidung über Anzahl der einzuholenden Kostenvoranschläge und darüber, wer sie einholt und von welchen Firmen sie eingeholt werden sollen
- Entscheidung über Versicherungsschutz

Zur Beschlussfassung über die Auftragserteilung sollten folgende Punkte Berücksichtigung finden:
- Leistungsumfang
- Vertrag nach BGB oder VOB, Einheitspreis oder Pauschalpreis
- Termine, Fristen
- Vertragsstrafen, Gewährleistung
- Sicherheiten, Bürgschaften
- Abnahme
- Mängelrüge, Einbehalte
- Zahlung an Unternehmer und Handwerker

- **In dringenden Fällen sonstige zur Erhaltung des gemeinschaftlichen Eigentums erforderlichen Maßnahmen treffen**

Hierbei geht es um die Durchführung dringender Instandhaltungs-, -setzungsmaßnahmen, aber auch um das Vorgehen gegen rechtswidrige Eigenmächtigkeiten von Wohnungseigentümern.

Beispiele:

Maßnahmen gegen einen Rohrbruch; Vorgehen gegen eigenmächtige rechtswidrige Fassadenveränderung

- **Die gemeinschaftlichen Gelder verwalten**

Der Verwalter ist nicht bevollmächtigt, Kreditverträge zu schließen, für die Kreditaufnahme bedarf es eines Beschlusses der Eigentümer.

Im Übrigen hat der Verwalter die Gelder der Wohnungseigentümer **getrennt** von seinem Vermögen und vom Vermögen anderer Wohnungseigentümergemeinschaften zu halten. Diese Verpflichtung ist jedoch abdingbar.

Zur Erfüllung des Erfordernisses der getrennten Geldanlage richtet man ein so genanntes **Treuhandkonto** ein. Der Verwalter ist zwar Kontoinhaber, muss aber der Bank gegenüber klar zum Ausdruck bringen, dass das Guthaben auf dem Konto von ihm nur treuhänderisch gehalten wird.

Hierin liegt ein Restrisiko für den Eigentümer. Wenn man auch dieses vermeiden will, muss man für die Gelder der Eigentümer ein **offenes Fremdkonto** einrichten. Die Wohnungseigentümer sind dann die Kontoinhaber, der Verwalter ist lediglich verfügungsberechtigt.

Beispiele:

Bezeichnung eines offenen Treuhandkontos:
Verwalter Bernhard Müller, Maistraße 4 in Landshut, Treuhandkonto für die Wohnungseigentümergemeinschaft Gabelsbergerstraße 3 in Landshut

Bezeichnung eines offenen Fremdkontos:
Wohnungseigentümergemeinschaft Gabelsbergerstraße 3 in Landshut, vertreten durch den Verwalter Bernhard Müller, Maistraße 4 in Landshut

- **Der Verwalter ist berechtigt, im Namen aller Wohnungseigentümer und mit Wirkung für und gegen sie:**

1. Lasten- und Kostenbeiträge, Tilgungsbeiträge und Hypothekenzinsen anzufordern, in Empfang zu nehmen und abzuführen, soweit es sich um gemeinschaftliche Angelegenheiten der Wohnungseigentümer handelt;
2. alle Zahlungen und Leistungen zu bewirken und entgegenzunehmen, die mit der laufenden Verwaltung des gemeinschaftlichen Eigentums zusammenhängen;
3. Willenserklärungen und Zustellungen entgegenzunehmen, soweit sie an alle Wohnungseigentümer in dieser Eigenschaft gerichtet sind;
4. Maßnahmen zu treffen, die zur Wahrung einer Frist oder zur Abwendung eines sonstigen Rechtsnachteils erforderlich sind;
5. Ansprüche gerichtlich und außergerichtlich geltend zu machen, sofern der Verwalter hierzu durch Beschluss der Wohnungseigentümer ermächtigt ist. Prozessbevollmächtigt ist der Verwalter also nur, wenn er von den Eigentümern eine entsprechende Prozessvollmacht erhalten hat. Diese kann auf ihn durch Mehrheitsbeschluss, Vereinbarung oder Verwaltervertrag übertragen werden.
6. Die Erklärung abzugeben, die zur Einrichtung einer Fernsprechteilnehmereinrichtung, Rundfunkempfangsanlage oder eines Energieversorgungsanschlusses erforderlich sind.

– Weitere Aufgaben des Verwalters nach dem WEG

Gemäß § 28 WEG hat der Verwalter folgende Aufgaben:

- Erstellung des Wirtschaftsplans
- Erstellung der Jahresabrechnung
- Rechnungslegung

Unter Beachtung
- der formellen **GOB**
- der Pflicht zur **Aufbewahrung** der Verwalterunterlagen
- der Pflicht zur **Auskunftserteilung** und zur **Einsichtsgewährung** in Belege und sonstige Unterlagen

Der Wirtschaftsplan

– Begriff

Er ist der **Haushaltsplan** der Gemeinschaft für 1 Kalenderjahr mit dem Ziel den **Hausgeldvorschuss** als Beitrag zu den Lasten und Kosten des gemeinschaftlichen Eigentums des **einzelnen** Wohnungseigentümers zu ermitteln und diesen Hausgeldvorschuss durch Beschluss des Gesamtwirtschaftsplans und der Einzelwirtschaftspläne rechtswirksam zu machen, d. h. für seine Abführung an die Gemeinschaft eine Anspruchsgrundlage zu schaffen.

Der Wirtschaftsplan ist eine **Liquiditätsrechnung**.

– Vorlage zur Beschlussfassung

Der Wirtschaftsplan ist den Eigentümern grundsätzlich in den ersten Monaten, spätestens zum Ende des 6. Monats des Planjahres zur Beschlussfassung vorzulegen, z. B. durch Zusendung des Wirtschaftsplanvorschlages zusammen mit der Tagesordnung an die Eigentümer. Jedem Wohnungseigentümer ist allerdings nur der ihn betreffende Einzelwirtschaftsplan vorzulegen. Die Unterschrift des Verwalters unter den Wirtschaftsplan ist nicht erforderlich.

Vor der Beschlussfassung über den Wirtschaftsplan hat der Verwaltungsbeirat diesen zu prüfen und spätestens in der Versammlung den Eigentümern gegenüber Stellung zu nehmen.

Vor der Beschlussfassung über die Gesamt- und Einzelwirtschaftspläne muss den Wohnungseigentümern die Möglichkeit zur Einsicht in sämtliche Einzelwirtschaftspläne gegeben werden. Dies kann dadurch geschehen, dass die Pläne vor Beschlussfassung im Versammlungssaal ausliegen und dies den Eigentümern mitgeteilt wird.

Der Verwalter kann das **Stimmrecht** bei der Beschlussfassung über den Wirtschaftsplan als Bevollmächtigter und als Eigentümer ausüben.

– Herstellung des Bezugs zu den einzelnen Eigentümern

Komponenten des Wirtschaftsplans

der Gesamtwirtschaftsplan stellt die gesamten geschätzten Ausgaben und Einnahmen dar. Die Gliederung sollte der Gliederung der Jahresabrechnung entsprechen.	die Einzelwirtschaftspläne enthalten die Verteilungsschlüssel und die anteilsmäßige Verteilung der Ausgaben und Einnahmen auf die einzelnen **Eigentümer** und den von diesen im Innenverhältnis (mtl.) aufzubringenden Hausgeldvorschüssen.
Voraussichtliche Ausgaben im Sinne von tatsächlichen Mittelabflüssen/Auszahlungen, Beispiele siehe Wirtschaftsplanmuster **Voraussichtliche Einnahmen** im Sinne von tatsächlichen Mittelzuflüssen/Einzahlungen siehe Wirtschaftsplanmuster.	Grundsätzlich sind die selben Verteilungsschlüssel wie in der Jahresabrechnung anzuwenden.

Beispiel: Muster eines Wirtschaftsplans

Wirtschaftsplan: 01.01.2001 bis 31.12.2001
Frau
Maria Müller
Gabelsbergerstr. 5

84028 Landshut

Wohnungseigentumsaniage Maistr. 4
84031 Landshut
Wohnungsnummmer 24

Schlüsseltabelle

Schlnr.	Bezeichnung	
Nr. 1	Miteigentumsanteile	27 / 1.000
Nr. 2	Anzahl der Wohnungen	1 / 40

Ausgaben	**Gesamtbetrag**	**SchlNr.**	**Anteiliger Betrag**
Wasser	3.000,– DM	1	81,– DM
Abwasser	9.000,– DM	1	243,– DM
Heizung/Warmwasser	18.000,– DM	1	486,– DM
Wartung Aufzug	3.000,– DM	1	81,– DM
Müllabfuhr	3.500,– DM	1	94,50 DM
Hausmeister	6.800,– DM	1	183,60 DM
Strom	1.400,– DM	1	37,80 DM
Gebäudeversicherung	3.800,– DM	1	102,60 DM
Haftpflichtversicherung	800,– DM	1	21,60 DM
Verwaltungskosten	16.704,– DM	2	417,60 DM
Instandhaltung,-setzung	4.000,– DM	1	108,– DM
Instandsetzungsarbeiten **aus Rücklage finanziert**	**7.000,– DM**	1	189,– DM
Ausschüttung vereinnahmter Mieten	2.000,– DM	1	54,– DM
Zuführung zur Instandhaltungsrücklage	10.000,– DM	1	270,– DM
Ausgaben insgesamt	– 89.004,– DM		– 2.369,70 DM
„Echte" Einnahmen			
Mieteinnahmen	**2.000,– DM**	1	54,– DM
Forderung gegen Versicherung aus Sturmschadenerstattung	1.000,– DM	1	27,– DM
Entnahme aus Instandhaltungsrücklage	**7.000,– DM**	1	189,– DM

„Echte" Einnahmen insgesamt	+ 10.000,– DM	+ 270,– DM
Ausgabensaldo	– 79.004,– DM	– 2.099,70 DM
Hausgeld	**79.004,- DM**	**2.099,70 DM**
Monatliches Hausgeld gerundet		**175,- DM**

Zur Zahlung **fällig** werden die Zahlungsansprüche gegenüber dem jeweiligen Eigentümer

zum in der **GO** vereinbarten Zeitpunkt	bzw. zum **beschlossenen** Zeitpunkt	bzw. nach **Anforderung** durch den Verwalter

Die Jahresabrechnung

– Begriff

Sie ist die Rechenschaftslegung des Verwalters für 1 Kalenderjahr über die von ihm verwalteten Gelder der Wohnungseigentümergemeinschaft und die **endgültige Verteilung** der Einnahmen und Ausgaben auf die Wohnungseigentümer. Eine periodengerechte Abgrenzung nach Ertrag und Aufwand findet grundsätzlich nicht statt.

– Vorlage zur Beschlussfassung

Die Jahresabrechnung ist den Eigentümern grundsätzlich möglichst im 3. bis 6. Monat des Abrechnungsfolgejahres zur Beschlussfassung vom Verwalter vorzulegen, indem er sie vor der Beschlussfassung den Eigentümern zuschickt. Jedem Wohnungseigentümer ist nur die ihn betreffende Einzelabrechnung zu übermitteln.

Die Unterschrift des Verwalters unter die Jahresabrechnung ist nicht erforderlich.

Vor Beschlussfassung über die Jahresabrechnung hat der Verwaltungsbeirat die Abrechnung zu prüfen und zu ihrer sachlichen und rechnerischen Richtigkeit Stellung zu nehmen. Ohne die Stellungnahme des Verwaltungsbeirats zur Abrechnung ist ein genehmigender Beschluss anfechtbar.

Vor Beschlussfassung sind alle Wohnungseigentümer, z. B. anlässlich der Übersendung der Jahresabrechnungen an die Eigentümer, auf die Möglichkeit der Einsichtnahme in die anderen Einzelabrechnungen vor und auch während der Versammlung hinzuweisen.

Der Verwalter kann das Stimmrecht bei der Beschlussfassung über die Jahresabrechnung als Bevollmächtigter oder als Eigentümer nur dann ausüben, wenn mit der Beschlussfassung **keine Entlastung** des Verwalters verbunden ist.

Die Ansprüche auf Auszahlung der Abrechnungsguthaben und auf Nachzahlung der Abrechnungsfehlbeträge werden grundsätzlich am **Tag der Beschlussfassung** zur Zahlung **fällig**.

– Herstellung des Bezugs zu den einzelnen Eigentümern

Komponenten der Jahresabrechnung im weiteren Sinne

Gesamtabrechnung	Einzelabrechnungen		Erläuterungen, Erklärungen
– getätigte Ausgaben – erzielte Einnahmen – Anfangsbestand und Endbestand des laufenden Kontos – Ausweis der Rücklagen nach Anfangsbestand, Zuführungen, Entnahmen, Endbestand (Wertpapierbestände zum Kurs des letzten Tages des Abrechnungsjahres) Zu beachten: Die Rücklage muss grundsätzlich **tatsächlich** existieren u. darf nicht aus fiktiven Buchwerten bestehen.	– Verteilungsschlüssel je Position der zu verteilenden Gesamtkosten/ Gesamteinnahmen	– Einzelbeträge je Position der zu verteilenden Gesamtkosten/ Gesamteinnahmen – tatsächliche Hausgeldzahlungen des einzelnen Eigentümers – Abrechnungsguthaben, Abrechnungsfehlbetrag	Darstellung der Forderungs- und Verbindlichkeitenbestände, des Heizölbestandes, des Inventars, der Rechnungsabgrenzungsposten, der Zählerstände und anderer die Abrechnung mit dem Mieter erleichternde Angaben. Angaben zur Zusammensetzung einzelner Ausgaben- und Einnahmenpositionen
← Jahrsabrechnung im engeren Sinne = **Gegenstand der Beschlussfassung = Mindestumfang** der Abrechnung →			← nicht Gegenstand der Beschlussfassung – grundsätzlich **nicht** erforderlicher Teil der Abrechnung →

Ein **Eigentümerwechsel während** des Abrechnungsjahres ist in der Abrechnung grundsätzlich nicht zu berücksichtigen. Abrechnungsguthaben stehen der Person zu, die zum Zeitpunkt der Fälligkeit des Guthabens Eigentümer ist. Für Abrechnungsfehlbeträge haftet der Eigentümergemeinschaft die Person, die zum Zeitpunkt der Fälligkeit des Fehlbetrages Eigentümer ist, vorausgesetzt der ausgeschiedene Eigentümer hat die ihn treffenden (= die während seiner Eigentümerzeit fälligen) Hausgeldvorauszahlungen **vollständig** erbracht. Das bedeutet, dass die Jahresabrechnung objektbezogen erstellt wird und nicht personenbezogen, so dass der Verwalter keine Abrechnungsteilung für die Zeit **vor** und für die Zeit **nach** dem Eigentümerwechsel vornehmen muss.

Beispiel: Eigentümer**wechsel** während des Jahres bei Hausgeld**rückständen** des ausgeschiedenen Eigentümers

1999		2000	2001	Zeit
15.12.1999 Beschluss Wirtschaftsplan 2000, Hausgeld 500,– DM mtl. für diese Whg.	Voreigentümer hat bis 30.06.2000 **kein** Hausgeld bezahlt, Rückstand also 3.000,– DM ↓ **Folge:** der Voreigentümer haftet für **3.000,– DM** aus dem Wirtschaftsplan	**01.07.2000** **Eigentümerwechsel** Neuer Eigentümer **zahlt** für den Rest des Jahres mtl. 500,– DM, insgesamt 3.000,– DM	**25.03.2001** Beschluss der Jahresabrechnung 2000, Einzelabrechnung weist eine Kostenbelastung von 6.500,– DM auf und damit einen Abrechnungsfehlbetrag von 3.500,– DM. ↓ **Folge:** Der neue Eigentümer haftet nur für die so genannte **Abrechnungsspitze** **6.500,– DM** **– 6.000,– DM** **= 500,– DM**	

↓

Der Verwalter hat in der Abrechnung zu kennzeichnen, welcher Teil des Abrechnungsfehlbetrages nicht vom gegenwärtigen Eigentümer zu tragen ist.

Dieses Ergebnis tritt dann nicht ein, wenn in der Teilungserklärung / Gemeinschaftsordnung (als Inhalt des Sondereigentums durch Eintragung im Grundbuch) bestimmt ist, dass der Erwerber für Rückstände des veräußernden Wohnungseigentumers haftet.

Analog Sonderumlage: Die Sonderumlage trifft nur dann den Erwerber, wenn er zum Zeitpunkt der **Fälligkeit** der Sonderumlage Eigentümer ist.

– Folgen der Einnahmen-/Ausgabenrechnung

Maßgeblich für die Erfassung der „Geschäftsvorfälle“ ist grundsätzlich der Zeitpunkt des Geldflusses und nicht die Periode zu der der Geldfluss wirtschaftlich gehört.

Beispiel:

Ein Wohnungseigentümer zahlt das Dezember-Hausgeld im Januar des Folgejahres auf das Konto der Wohnungseigentümergemeinschaft ein. Die Einzahlung ist grundsätzlich in der Abrechnung des Folgejahrs zu berücksichtigen.

Vom Grundsatz, dass der Zeipunkt des Geldflusses maßgebend ist, darf in folgenden Fällen abgewichen werden:

bei **verbrauchbaren** Wirtschaftsgütern wie z. B. den Kosten des Betriebs einer zentralen Heizungs- und Walmwasserversorgungsanlage, **wenn** verbrauchsbezogen abzurechnen ist.	beim Ansatz der **Rückstellung** mit ihrem **Soll**-Betrag auch dann wenn sie im Abrechnungsjahr nicht oder nicht vollständig gebildet worden ist.	bei der Abschreibung von uneinbringlich gewordenen Hausgeldforderungen, durch Ansatz des Abschreibungsbetrages als Ausgabe ın der Jahresabrechnung

– Erstellung der Jahresabrechnung bei Verwalterwechsel

Folgende Fälle sind hierbei zu unterscheiden:

Verwalter scheidet während des Abrechnungsjahres aus	**Verwalter scheidet zum Ende** des Abrechnungsjahres aus	**Verwalter scheidet in den ersten** Monaten des Folgejahres aus	**Verwalter scheidet** erst **in späteren** Monaten des Folgejahres aus
Der **neue** Verwalter ist grundsätzlich zur Erstellung der Abrechnung verpflichtet und der ausgeschiedene Verwalter ist zur Rechnungslegung verpflichtet.			Der **ausgeschiedene Verwalter** ist zur Erstellung Der Jahresabrechnung verpflichtet.

Beispiel: Muster einer Jahresabrechnung

Jahresabrechnung: 01.01.2000 bis 31.12.2000
Frau
Maria Müller
Gabelsbergerstr. 5

84028 Landshut

Wohnungseigentumsaniage Maistr. 4
84031 Landshut
Wohnungsnummmer 24

Schlüsseltabelle

Schlnr.	Bezeichnung	
Nr. 1	Miteigentumsanteile	27/1.000
Nr. 2	Anzahl der Wohnungen	1/40
Nr. 3	nach gesonderter Abrechnung	

Ausgaben	**Gesamtbetrag**	**SchlNr.**	**Anteiliger Betrag**
Wasser	3.400,– DM	1	91,80 DM
Abwasser	10.200,– DM	1	275,40 DM
Heizung/Warmwasser	17.800,– DM	3	540,– DM
Wartung Aufzug	3.000,– DM	1	81,– DM
Müllabfuhr	3.500,– DM	1	94,50 DM
Hausmeister	6.800,– DM	1	183,60 DM
Strom	1.000,– DM	1	27,– DM
Gebäudeversicherung	3.800,– DM	1	102,60 DM
Haftpflichtversicherung	800,– DM	1	21,60 DM
Verwaltungskosten	16.704,– DM	2	417,60 DM
Instandhaltung,-setzung	3.800,– DM	1	102,60 DM
Instandsetzungsarbeiten **aus Rücklage finanziert**	**7.000,– DM**	1	189,– DM
Ausschüttung vereinnahmter Mieten	**2.000,– DM**	1	54,– DM

Zuführung zur Instandhaltungsrücklage	10.000,– DM	1	270,–DM
Ausgaben insgesamt	– 89.804,– DM		– 2.450,70 DM
„echte" Einnahmen			
Mieteinnahmen	**2.000,– DM**	**1**	**54,– DM**
Forderung gegen Versicherung aus Sturmschadenerstattung	1.000,– DM	1	27,– DM
Entnahme aus Instandhaltungsrücklage	**7.000,– DM**	1	189,– DM
„echte" Einnahmen insgesamt	+10.000,– DM		+ 270,– DM
Ausgabensaldo	– 79.804,– DM		– 2.180,70 DM
Hausgeld	**+79.004,– DM**	–	**+ 2.100,- DM *)**
Saldo / Ihr Abrechnungsfehlbetrag	**– 800,– DM**	–	**80,70 DM**
Abrechnungsfehlbetrag	**– 800,– DM**		
Informativ:			
zzgl. in Abrechnung nicht berücksichtigte zugeflossene Abrechnungsfehlbeträge	+ 700,– DM	–	200,– DM
abzgl. in Abrechnung nicht berücksichtigte abgeflossene Abrechnungsguthaben	– 1.000,– DM	–	–
zzgl. in Abrechnung als „Ausgaben" berücksichtigte Beträge, die noch nicht verausgabt wurden, z. B. restliche noch nicht gebildete Rücklage	+ 2.000,– DM		
abzgl. in der Abrechnung als „Einnahmen" berücksichtigte Beträge, die **noch nicht** vereinnahmt wurden	–		
abzgl. Ausgaben, die in der Abrechnung nicht berücksichtigt wurden, aber abgeflossen sind, z. B. Ausgabe für nicht verbrauchtes Heizöl	– 4.000,– DM		
zzgl. Einnahmen, die in der Abrechnung nicht berücksichtigt sind, aber zugeflossen sind	–		
Saldo Gesamtabrechnung und informativer Teil	**– 3.100,– DM**		
zzgl. Anfangsbestand des lfd. Kontos(Guthaben)	**+ 300,– DM**		
=			
Endbestand des lfd. Kontos zum 31.12. 2000 (Fehlbetrag)	**– 2. 800,– DM**		
oder			
Anfangsbestand lfd. Konto	**+ 300,– DM**		
zzgl.			
Saldo Gesamtabrechnung und informativen Teil	**- 3.100,– DM**		
abzgl.			
Endbestand des lfd. Kontos	**+ 2.800,– DM**		
	= 0,– DM		

Je weniger Korrekturen des Ergebnisses der Gesamtabrechnung im Hinblick auf das Erreichen des Endebestandes des laufenden Kontos irn informativen Teil notwendig sind, desto stärker ist das Einnahmen-Ausgaben-Prinzip in der Gesamtabrechnung beachtet. Durch die Ergänzung der Abrechnung durch diesen informativen Teil, ergibt sich ein vollständiger Überblick über die Gesamtheit der tatsächlich erfolgten Einnahmen und Ausgaben.

Zu *): Zu beachten ist, dass die in der Einzelabrechnung anzusetzenden Hausgeldzahlungen **nicht** mit Zahlungsrückständen aus früheren Jahren saldiert werden dürfen, d. h. dass die **tatsächlich** für diese Periode geleisteten Hausgeldvorschüsse ungekürzt anzusetzen sind.

Die Rechnungslegung

Vom amtierenden Verwalter kann jederzeit durch einfachen Mehrheitsbeschluss Rechnungslegung verlangt werden.

Die Rechnungslegung ist inhaltlich und von der Forn her mit der Gesamtabrechnung gleichzusetzen. Der Anspruch hierauf ist innerhalb angemessener Zeit fällig. Bei kleineren Wohnanlagen dürfte die Fälligkeit nach 2 Monaten gegeben sein.

Verwalteraufgaben nach sachlichen Gesichtspunkten

Die Aufgaben des Verwalters können sachlich nach folgenden Kriterien gegliedert werden in:

- Aufgaben der allgemeinen Verwaltung

  Beispiele:

  Einrichtung des Bürobetriebs, Unterlagenordnung, Objektbesuch, Entgegennahme von Beschwerden, Zusammenarbeit mit dem Verwaltungsbeirat
- Aufgabe der Vorbereitung und Leitung der Wohnungseigentümerversammlung

  Siehe unter 6.5.2.5
- Zwingende Aufgaben und Befugnisse

  Siehe unter 6.5.3.6
- Aufgaben der Wirtschaftsverwaltung

  Siehe ebenfalls 6.5.3.6, hier besonders Wirtschaftsplan, Jahresrechnung und Rechnungslegung.
- Aufgaben der technischen Verwaltung

  Beispiele:

  Überwachung und Abwicklung routinemäßiger Arbeiten, Einleiten technischer Sofortmaßnahmen in dringenden Fällen, periodische Begehungen, Kostenschätzung nach DIN 276, Angebotsprüfungen, rechnerische und sachliche Rechnungsprüfung, Kleinreparaturen tätigen lassen
- Aufgaben der juristischen Verwaltung

  Beispiele:

  Verwalterzustimmung nach § 12 WEG, Maßnahmen zur Wahrung von Fristen und zur Abwehr sonstiger Rechtsnachteile
- Aufgaben des Vertragswesens

  Bereiche dort: Kaufverträge (z. B. Heizölkauf), Mietverträge (z. B. über der Gemeinschaft gehörende Kfz-Stellplätze), Dienstverträge (z. B. Hausmeistervertrag), Versicherungsverträge (z. B. Haftpflichtversicherung), Wartungsverträge (z. B. Aufzugwartungsvertrag), Verträge zur Instandhaltung und Instandsetzung (z. B. Bauvertrag nach VOB), Verträge mit Kreditinstituten (z. B. Darlehensvertrag)

6.5.3.7 Entlastung und Haftung des Verwalters

Sie stellt eine einseitige Vertrauensäußerung der Wohnungseigentümer gegenüber dem Verwalter dar.

Die Entlastung bedarf eines Mehrheitsbeschlusses.

Sie kann als negatives Schuldanerkenntnis i. S. des § 397 Abs. 2 BGB betrachtet werden

Folgen der Entlastung:

- Entlastung **nach** Vorlage der Abrechnung bedeutet i. d. R. die Genehmigung der in der Abrechnung dargestellten Verwaltungsmaßnahmen und Vorgänge
- Schadenersatzansprüche der Wohnungseigentümer werden ausgeschlossen soweit deren Ursachen bei der Beschlussfassung bekannt sind oder bei zumutbarer Sorgfalt erkennbar gewesen wären. Die Wohnungseigentümer müssen sich die Kenntnis, das Kennenmüssen des Verwaltungsbeirats zurechnen lassen.
- Die Entlastung befreit den Verwalter i. d. R. von der Pflicht zur weiteren Rechnungslegung und zur Erteilung von Auskünften über einschlägige Vorgänge.
- Der Entlastungsbeschluss kann durch Beschlussfassung der Wohnungseigentümer nicht widerrufen werden.

Stimmrecht des Verwalters

Der Verwalter hat **kein eigenes** Stimmrecht (sollte er Wohnungseigentümer sein) und auch keines welches aus seiner Vertretungsmacht resultiert.

Der zur Stimmabgabe bevollmächtigte Verwalter kann **Untervollmacht** erteilen, wenn ihm dies in der (schriftlichen) Hauptvollmacht ausdrücklich gestattet ist.

Hat er diese Möglichkeit, so darf er dem Unterbevollmächtigten keine bestimmten Weisungen erteilen, ausgenommen die Weisungen des Wohnungseigentümers an ihn weitergeben. Hat der Verwalter trotzdem an der Abstimmung über seine Entlastung teilgenommen, so ist der Entlastungsbeschluss grundsätzlich anfechtbar.

– Die Haftung des Verwalters gegenüber den Wohnungseigentümern (Innenverhältnis)

Der Verwalter haftet den Wohnungseigentümern für die Erfüllung seiner **Vertrags**pflichten mit der Sorgfalt eines ordentlichen Kaufmanns.

Kommt der Verwalter seinen Vertragspflichten schuldhaft verspätet, überhaupt nicht oder nur mangelhaft nach, hat er Ersatz für den daraus entstehenden Schaden entsprechend den Folgen für Verzug, Nichterfüllung oder positiver Vertragsverletzung zu leisten.

Der Verwalter haftet in diesem Zusammenhang auch für seine Erfüllungsgehilfen.

Daneben haftet der Verwalter auch aus **unerlaubter Handlung**. In Bezug auf Hilfspersonen aber nur dann, wenn er diese nicht sorgsam ausgesucht und überwacht hat. Ein wichtiger Bereich dieser Haftung ist die Verletzung der Verkehrssicherungspflicht. Für deren Erfüllung haftet der Verwalter zusammen mit den Wohnungseigentümern.

BGB §§ 823ff.

Beispiele:

> Haftung für Schäden wegen nicht ausreichender Beleuchtung, bei mangelhaftem Räum- und Streudienst, defekten Spielgeräten, schadhaften Waschmaschinen, defekten Aufzügen, defekten elektrischen Garageneinfahrtstoren, schadhaften Plattenbelägen, fehlenden Warntafeln, mangelhaften Brandschutzeinrichtungen

Die Verkehrssicherungspflicht im Bereich von Sondernutzungsrechten obliegt in erster Linie dem Sonderbenutzungsberechtigten selbst. Die Verkehrspflicht im Bereich des Sondereigentums obliegt dem jeweiligen Hauseigentümer.

- **Die Haftung der Wohnungseigentümer für Verwalterverschulden gegenüber Dritten (Außenverhältnis)**

Der Verwalter ist der Vertreter der Wohnungseigentümer. Die Wohnungseigentümer haften deshalb u. a. dann für ihn gegenüber Dritten, wenn er in Erfüllung einer Verbindlichkeit der Wohnungseigentümer einem Dritten gegenüber handelt.

Beispiel:

Der Verwalter zahlt eine Handwerkerrechnung verspätet. Der Handwerker macht deshalb einen Verzugsschaden geltend. Die Wohnungseigentümer haften dem Handwerker für den Verzugsschaden. Sie haben jedoch einen Regressanspruch gegen den Verwalter.

- **Beispiele für die Haftung des Verwalters**

○ Haftung für verspätete Veräußerungszustimmung nach § 12 WEG

○ Haftung für nicht rechtzeitig getätigte Instandhaltungsmaßnahmen am Gemeinschaftseigentum

○ Haftung für mangelhaft überwachte Reparaturaufträge

○ Haftung für Hausgeldausfälle, gegen die nichts unternommen wurde

○ Haftung für Folgen (Anfechtung) von Formverstößen bei der Einladung zur Wohnungseigentümerversammlung

○ Haftung bei Untätigkeit gegenüber Verstößen gegen die Hausordnung

○ Haftung bei Vernachlässigung der Verkehrssicherungspflicht

○ Haftung bei Verstößen gegen das Bundesdatenschutzgesetz

• **Haftungsbegrenzung**

Es liegt nahe, dass der Verwalter versucht, seine Haftung vertraglich zu beschränken. Formularverträge unterliegen jedoch der Kontrolle durch das AGB-Gesetz. Mit diesem vereinbar sind folgende Haftungsbegrenzungen:

○ Beschränkung der Haftung auf Vorsatz und grobe Fahrlässigkeit. Damit ist die Haftung für leichte Fahrlässigkeit ausgeschlossen.

○ Beschränkung der Haftung auf unmittelbare Schäden bei leichter Fahrlässigkeit. Damit ist die Haftung für mittelbare Schäden bei leichter Fahrlässigkeit ausgeschlossen.

  Beispiel für mittelbaren Schaden:

    Entgangener Gewinn

○ Beschränkung der Haftung auf bestimmte Obergrenzen bei leichter Fahrlässigkeit.

○ Begrenzung der Verjährungsfrist für Ansprüche aus Schäden bei leichter Fahrlässigkeit.

Diese Möglichkeiten der Haftungsbegrenzung gelten auch für die Haftung für Erfüllungsgehilfen.

Zusammenfassung

Die gesetzlichen Aufgaben und Befugnisse des Verwalters gliedern sich in

unabdingbare Aufgaben und Befugnisse. | abdingbare Aufgaben und Befugnisse.

Haftung des Verwalters

Verwalter —— Haftung gegenüber → Wohnungseigentümer

Innenverhältnis

Haftung gegenüber | **Außenverhältnis** | Haftung für Verwalter gegenüber | Haftung gegenüber

→ Dritten ←

der einzelne Wohnungseigentümer

6.5.4 Der Verwaltungsbeirat

Der Verwaltungsbeirat ist das dritte Organ der Verwaltung des gemeinschaftlichen Eigentums. Der Beirat ist nicht zwingend vorgeschrieben, d. h. seine Bestellung kann durch Vereinbarung ausgeschlossen werden.

Die Bestellung des Verwaltungsbeirats erfolgt durch Mehrheitsbeschluss auf bestimmte oder unbestimmte Dauer. Es sind grundsätzlich 3 natürliche und unbeschränkt geschäftsfähige Personen zu Beiräten zu bestellen.

Durch Mehrheitsbeschluss ist je 1 Mitglied des Verwaltungsbeirats mit der Position des Verwaltungsbeiratsvorsitzenden und des Stellvertreters zu betrauen (geschieht dies nicht, so wählt sich der Verwaltungsbeirat seinen Vorsitzenden und Stellvertreter selbst).

Daneben können durch Mehrheitsbeschluss z. B. eine Tätigkeitsvergütung, ein angemessener pauschalierter Aufwendungsersatz festgesetzt werden.

Gesetzliche Aufgaben und Befugnisse des Verwaltungsbeirats

– **Unterstützung** des Verwalters

Beispiele:
Unterstützung durch Mitwirkung bei der Vorbereitung und Durchführung der Wohnungseigentümerversammlung durch Mitwirkung bei der Festsetzung der Tagesordnung, des Versammlungtermins, der Feststellung der Beschlussfähigkeit, der Feststellung der Abstimmungsergebnisse u. a.)

Unterstützung durch Einholung von Angeboten, bei der Geldanlage, bei der Überwachung der Hausordnung.

- **Prüfung** von Wirtschaftsplan, Jahresabrechnung, Rechnungslegung, Kostenvoranschlägen. Die Nicht- oder Schlechterfüllung dieser Pflicht kann Schadenersatzansprüche begründen.
- **Einberufung der Wohnungseigentümerversammlung**, durch den Vorsitzenden des Verwaltungsbeirats oder seinen Stellvertreter in den vom Gesetz vorgesehenen Fällen.

- **Unterzeichnung der Versammlungsniederschrift** durch den Vorsitzenden oder seinen Stellvertreter.
- **Nebenpflichten sind** Schäden abwenden, auf Gefahren hinweisen, Risiken aufzeigen, festgestellte Pflichtverletzungen aufzeigen.

Durch Vereinbarung oder Beschluss übertragene Aufgaben und Befugnisses des Verwaltungsbeirats kann z. B. sein seine Beauftragung und Bevollmächtigung durch die Wohnungseigentümerversammlung zur Unterzeichnung des Verwaltervertrages.

Haftung des Verwaltungsbeirates

Die einzelnen Verwbeiratsmtglieder haften **u. a. gegenüber den Wohnungseigentümern** für jegliche rechtswidrige und schuldhafte Pflichtverletzung nach dem allgemeinen Schuldrecht.

Jedes Mitglied des Verwbeirates haftet nur für sein eigenes Verschulden.

Die Haftung des Verwbeirates kann durch Vereinbarung, nicht aber Mehrheitsbeschluss auf vorsätzliches oder grobfahrlässiges Handeln beschränkt werden.

Der Verwbeirat hat grundsätzlich **keinen** Anspruch auf **Entlastung**.

Soll der Verwbeirat als Gremium entlastet werden, so ruhen die Stimmrechte aller Mitglieder des Verwaltungsbeirats.

Die Ansprüche der Weig. gegen den Verwbeirat wegen Pflichtverletzungen verjähren innerhalb von 5 Jahren. Die Frist kann durch Vereinbarung (Mehrheitsbeschluss anfechtbar) verkürzt werden.

Da die Wohnungseigentümer Gestaltung frei sind, können sie durch Mehrheitsbeschluss **weitere Organe** oder **Ausschüsse** schaffen und diese mit zusätzlichen Aufgaben betrauen.

WEG §§ 43ff.

6.5.5 Das gerichtliche Verfahren in Wohnungseigentumssachen

Das Amtsgericht, in dessen Bezirk das Grundstück liegt, entscheidet im Verfahren der freiwilligen Gerichtsbarkeit auf Antrag über die sich aus der Gemeinschaft und aus der Verwaltung des gemeinschaftlichen Eigentums ergebenden Rechte und Pflichten der Wohnungseigentümer, über Rechte und Pflichten des Verwalters, über die Bestellung des Verwalters und über die Gültigkeit von Beschlüssen der Wohnungseigentümer.

– Begriffe

Verfahrensfähigkeit: Die Fähigkeit, Verfahrenshandlungen selbst oder durch selbsterstellte Vertreter wirksam vorzunehmen oder entgegenzunehmen.

Verfahrensführungsbefugnis: Stellt das Recht dar, ein Verfahren als Beteiligter im eigenen Namen zu führen. Die Verfahrensführungsbefugnis auf der **Aktiv**seite heißt **Antragsbefugnis.** Dabei muss dem Antragsteller das geltend gemachte Recht zustehen (**Aktivlegitimation).** Der Antragsgegner ist der **passiv Legitimierte.**

Verfahrensstandschaft: Ist die Befugnis, ein Verfahren im **eigenen** Namen über ein **fremdes** Recht zu führen. Wird die Verfahrensführungsbefugnis durch Rechtsgeschäft übertragen spricht man von **gewillkürter Verfahrensstandschaft.**

Verfahrensvollmacht: Ist die rechtsgeschäftliche **Vertretungsbefugnis** im Verfahren ein **fremdes** Recht im **fremden** Namen geltend zu machen.

– Durchsetzung von Hausgeldansprüchen im Verfahren der freiwilligen Gerichtsbarkeit

Der Begriff Hausgeld (Wohngeld) umfasst

- die auf dem Wirtschaftsplan beruhenden, i. d. R. monatlichen Vorauszahlungen
- die Sonderumlagen
- die Differenz zwischen der anteiligen Gesamtbelastung und den entrichteten Vorauszahlungen

Anspruchsgrundlage sind also der beschlossene Wirtschaftsplan, die beschlossene Sonderumlage und die beschlossene Jahresabrechnung.

Voraussetzung für die Geltendmachung des bestehenden Hausgeldanspruchs sind **Fälligkeit** und **Verzug.**

In der Regel ist für die Fälligkeit der laufenden Vorauszahlung ein bestimmter Termin vereinbart oder beschlossen.

Beispiel:

Die Vorauszahlung ist jeweils zum Ersten eines Monats zu leisten.

Für die Nachzahlung kann durch Vereinbarung oder Beschluss ebenfalls ein Zahlungstermin bestimmt werden. Im Übrigen wird die Nachzahlung mit dem Zugang der Einzelabrechnungen fällig.

In Verbindung mit der Beschlussfassung über die Sonderumlage sollte sinnvollerweise auch der Fälligkeitstermin mitbeschlossen werden.

Im Übrigen tritt die Fälligkeit, wie auch bei der Hausgeldvorauszahlung, mit dem Zeitpunkt der **Beschlussfassung** ein.

Zu beachten ist, dass einseitig vom Verwalter gesetzte Zahlungsfristen keine Fälligkeit begründen.

Beispiel:

Der Verwalter setzt von sich aus auf die Einzelabrechnungen einen Fälligkeitstermin für die Nachzahlung.

Bleibt die fällige Hausgeldzahlung aus, ist der Betrag **anzumahnen** und ein konkretes Zahlungsdatum zu nennen.

Ist jedoch für die Zahlung des Hausgeldes ein konkretes Datum beschlossen/vereinbart, tritt der Verzug auch ohne Mahnung ein, wenn der festgesetzte Termin zur Zahlung vom Wohnungseigentümer nicht eingehalten wird.

Bleibt die Zahlung aus, muss das geforderte Hausgeld **gerichtlich** geltend gemacht werden. Dabei ist zu beachten, dass Gläubiger des Hausgeldanspruchs immer die Gemeinschaft ist, d. h. alle Wohnungseigentümer lt. Eigentümerliste – nie der Verwalter.

Der Anspruch auf das Hausgeld ist immer darauf gerichtet zu Händen des Verwalters auf das gemeinschaftliche Konto zu leisten.

Das wohnungseigentumsgerichtliche Verfahren beginnt mit der Einreichung des Antrags bei dem Amtsgericht, in dessen Bezirk die Wohnungseigentumsanlage liegt, unabhängig von der Höhe des Geschäftswerts. Es besteht kein Anwaltszwang, d. h., der Verwalter könnte das Verfahren auch selbst führen.

Bei Gericht sollte eingereicht werden:

- Antrag mit Begründung
- Kostenvorschuss nach Kostenordnung

- Einzelwirtschaftsplan, bzw. Einzelabrechnung oder Niederschrift, die den Beschluss der Sonderumlage enthält
- Niederschrift über die Beschlussfassung des Wirtschaftsplans bzw. der Jahresabrechnung, die die Einzelabrechnung enthält
- Eigentümerliste, es sei denn, der Verwalter tritt in Prozessstandschaft auf.

Der Hausgeldanspruch kann aber auch mittels **Mahnverfahrens** eingeleitet werden. Das ist immer dann sinnvoll, wenn der Hausgeldanspruch vom angemahnten Wohnungseigentümer bisher nicht bestritten wurde.

WEG § 46a

Die geltend gemachte Forderung ist so genau wie möglich zu beschreiben. Sofern nicht der Verwalter die Prozessstandschaft hat, ist eine Eigentümerliste einzureichen. Im Mahnbescheid ist das Amtsgericht der Wohnanlage und der Zusatz „WEG" einzutragen.

Der Verwalter kann Hausgeldansprüche gerichtlich nur geltend machen, wenn er hierzu durch Beschluss/Vereinbarung ermächtigt ist.

Diese Ermächtigung kann darin bestehen, dass

- der Verwalter berechtigt ist, den Anspruch namens der Miteigentümer geltend zu machen.
- der Verwalter ermächtigt wird, Wohngeldansprüche in Verfahrensstandschaft, also im eigenen Namen gerichtlich zu verfolgen.

Fragen:

1. Welche Bedeutung hat die Feststellung, dass über das Sondereigentum nicht gesondert verfügt werden kann?
2. Was gehört innerhalb von zu Sondereigentum erklärten Räumen auch ohne besondere Erwähnung ebenfalls zu Sondereigentum?
3. Unter welcher Voraussetzung gehört der Fliesenbelag eines Balkons zum Sondereigentum?
4. Nennen Sie 3 konkrete Gebäudeteile, die zwingend zum gemeinschaftlichen Eigentum gehören!
5. Ist das gemeinschaftliche Verwaltungsvermögen mit dem Gemeinschaftseigentum begrifflich gleichzusetzen?
6. Auf welche beiden Arten kann Teileigentum begründet werden?
7. Was beinhaltet der Aufteilungsplan?
8. Welche Anforderungen sind an die Abgeschlossenheit eines Tiefgaragenplatzes zu stellen?
9. Mit welcher Mehrheit kann die Teilungserklärung geändert werden?
10. Was versteht man unter Vereinbarung?
11. Unter welcher Voraussetzung ist die Veräußerung des Teileigentums zustimmungsbedürftig?
12. In welchem Umfang haben die Wohnungseigentümer die Pflicht, ihr Sondereigentum instand zu halten?
13. Innerhalb welchen Rahmens können Gebrauchsregelungen durch Mehrheitsbeschluss aufgestellt werden?
14. Aus welchen Quellen ergeben sich Hinweise zum Gebrauch des Sondereigentums und des Gemeinschaftseigentums?
15. Wie sind nach dem WEG die Lasten und Kosten des gemeinschaftlichen Eigentums auf die Eigentümer zu verteilen?
16. Unter welchen Voraussetzungen können Kostenverteilungsschlüssel geändert werden?
17. Welches sind die Verwaltungsorgane der Wohnungseigentümergemeinschaft?
18. Worin unterscheidet sich die Wirkung von Beschlüssen und die von Vereinbarungen gegenüber Sonderrechtsnachfolgern?
19. Können bauliche Veränderungen mit Mehrheit beschlossen werden?

20. Welche Folge hat die Tatsache, dass eine Wohnungseigentümerversammlung nicht ordnungsgemäß einberufen worden ist, auf die gefassten Beschlüsse?

21. Welcher Anwesenheitsquote bedarf es, damit eine Wohnungseigentümerversammlung beschlussfähig ist?

22. Nach dem Gesetz gilt für das Stimmrecht in der Wohnungseigentümerversammlung das „Kopfprinzip". Was versteht man darunter?

23. Unter welcher Voraussetzung ist ein Wohnungseigentümer vom Stimmrecht ausgeschlossen?

24. Wann beginnt und wie lange läuft die Beschlussanfechtungsfrist?

25. Welcher Mehrheit bedarf es, damit ein Beschluss im schriftlichen Umlaufverfahren zustande kommt?

26. Welche Bedeutung hat die gesetzliche Regelung, dass die Bestellung eines Verwalters nicht ausgeschlossen werden kann?

27. Kann der Verwaltungsbeirat durch Eigentümerbeschluss mit der Bestellung eines Verwalters beauftragt werden?

28. Auf wie viele Jahre kann der Verwalter maximal bestellt werden? Ist danach eine Wiederbestellung möglich?

29. Kann durch Beschluss der Wohnungseigentümer die Möglichkeit der Abberufung des Verwalters völlig ausgeschlossen werden?

30. Welche Aufgaben und Befugnisse des Verwalters sind unabdingbar?

31. Für welchen Zeitraum ist nach dem Gesetz ein Wirtschaftsplan aufzustellen?

32. Welchen Inhalt hat der Wirtschaftsplan?

33. Wofür bilden die beschlossenen Einzelwirtschaftspläne die rechtliche Grundlage?

Themenkreis 7:
Die Betreuung

Die Betreuungsaufgaben in der Immobilienwirtschaft beziehen sich vornehmlich auf zwei Bereiche: die **Objektbetreuung** und die **Baubetreuung.** Beide Betreuungsfunktionen werden von jeweils darauf **spezialisierten** Unternehmen (Hausverwaltungen und Baubetreuern), aber auch von anderen immobilienwirtschaftlichen Unternehmen mit breiterer Zweckbasis angeboten. So findet man vielfach die Kombination der Leistungsbereiche Hausverwalter-Makler, Baubetreuung-Finanzierungsvermittlung, aber auch Baubetreuung-Makler.

Die Baubetreuung kann sich auf **Wohn-,** aber auch auf **Gewerbebauvorhaben** beziehen. Wohnbaubetreuung ist ein klassisches Betätigungsfeld der Wohnungsunternehmen. Der mit öffentlichen Mitteln geförderte Wohnungsbau durfte nur von Unternehmen betreut werden, die als **„Betreuungsunternehmen"** nach § 37 des II. Wohnungsbaugesetzes zugelassen waren. Seit Wegfall der Wohnungsgemeinnützigkeit können die **ursprünglich gemeinnützigen Wohnungsunternehmen** Betreuungsaufgaben beim Gewerbebau übernehmen. Die Bindung an die Erbringung ausschließlich wohnungswirtschaftlicher Leistungen ist entfallen.

Die Miethausverwaltung ist eine sich ausschließlich auf ertragbringenden Grundbesitz beschränkende **Vermögensverwaltung.** Soweit nicht eigener, sondern fremder Grundbesitz verwaltet wird, spricht man auch von **Fremdverwaltung.** Nur im Rahmen der Fremdverwaltung werden Betreuungsleistungen erbracht.

Die Begriffe Fremdverwaltung im Zusammenhang mit der **Hausverwaltung** bzw. **Objektbetreuung** sind inhaltlich gleichbedeutend. Wenn also nachfolgend von Objektbetreuung gesprochen wird, handelt es sich um Verwaltung **fremden** Grund- und Gebäudebesitzes im Namen und auf Rechnung des Eigentümers.

Der Begriff des **Objektmanagements** ist insofern nicht deckungsgleich mit Objektbetreuung, weil sich das Objektmanagement auch auf den **eigenen** Immobilienbestand beziehen kann. (Zum Begriff **Facility Management** siehe 7.1.3)

Betreuungsunternehmen in der Immobilienwirtschaft
Merkmal:
sie handeln in fremden Namen und für fremde Rechnung

Gegenstand:	**Objekt**betreuung während der Bewirtschaftungsphase	**Bau**betreuung während der Bauphase
Unternehmen:	Miethausverwalter Wohnungsunternehmen, Bauträger, Makler usw.	Baubetreuer Wohnungsunternehmen, Bauträger usw.
Bereiche:	Mietwohnhäuser Geschäftshäuser Shopping-Center Gewerbehöfe u.a.	Wohn- und Gewerbebauvorhaben aller Art

Wird zur Bewirtschaftung des eigenen Grundvermögens mit einem Verwalter ein **Anstellungsvertrag** geschlossen, spricht man nicht mehr von Fremdverwaltung. In der Praxis kommen solche Gestaltungsformen in den Grenzbereichen vor, wo im Aufgabenbereich die „Hausmeister-“ bzw. Hauswarttätigkeit überwiegt.

Wer Betreuungsaufgaben als Verwalter fremden Hausbesitzes durchführt, ist kein **Treuhänder** im klassischen Sinne. Dieser handelt in **eigenem** Namen für fremde Rechnung. Es wird nach außen nicht erkenntlich, wer der „Treugeber“ ist. Deshalb ist z. B. bei Vorliegen eines Treuhandverhältnisses im Grundbuch der Treuhänder als Eigentümer des Grundstücks eingetragen und nicht der Treugeber. Klassische Treuhandfunktionen treffen wir z. B. bei geschlossenen Immobilienfonds, wo oft nicht die einzelnen Anteilseigner, sondern Treuhänder die formale Eigentümerstellung halten.

Baubetreuer wie auch Objektbetreuer handeln dagegen stets in **fremdem** Namen und für fremde Rechnung. Die Ausführungen in diesem Kapitel befassen sich mit dem Leistungsbild dieser Unternehmen.

7.1 Objektbetreuung

7.1.1 Grundgedanken der Objektbewirtschaftung

Im Themenkreis 5 wurden ausführlich die Aufgabenbereiche der Bewirtschaftung von Wohn- und Gewerbeobjekten dargestellt. Es handelte sich danach um Aufgaben, die sich einem Unternehmer stellen, dessen **Unternehmenszweck** in der langfristigen **Bereitstellung** von Wohn- und Gewerberäumen zur Nutzung durch Dritte besteht. Die Nutzungsverhältnisse werden in Mietverträgen geregelt. Die Nachfrager, die diese Nutzung „einkaufen“, bezahlen hierfür einen Miet**preis**. Wir haben gesehen, dass die Überlassung und Erhaltung der Räume zum **bestimmungsgemäßen** Gebrauch die elementare Verpflichtung des Vermieters aus dem Mietvertrag ist (s. 5.1.3.6).

Der überwiegende Teil des Wohnungsbestandes der **unternehmerischen Wohnungswirtschaft** ist aus dem Grundgedanken entstanden, für einkommensschwache Bevölkerungsschichten **billigen Wohnraum** zu schaffen. Der Staat unterstützte teilweise den Bau solcher Wohnungen durch Bereitstellung öffentlicher Mittel. Bei der Bewirtschaftung des Wohnungsbestandes stand nicht die Kapitalrentabilität, sondern die Bindung der Mieterträge an die Kosten („laufende Aufwendungen“) im Vordergrund. Der Versorgungsgedanke spielte dabei die erste Rolle. Im Zusammenhang mit diesem Grundgedanken entstanden engmaschige Regeln für die Objektbewirtschaftung, die eine auch heute über die Grenzen des mit öffentlichen Mitteln geförderten Wohnungsbaus hinaus geltende, geschlossene Terminologie und begriffliche Inhaltsbestimmungen zur Folge hatten. Die wichtigsten Begriffe der Objektbewirtschaftung werden in der II. Berechnungsverordnung definiert.

Ein ganz anderer Grundgedanke liegt dem Immobilieneigentum der **nichtunternehmerischen** Wohnungswirtschaft zugrunde. Eigentum an Mietobjekten stellt sich hier als **eine** von mehreren möglichen Formen der „Geldanlage“ dar. Dabei spielt die **Rentabilität** des „investierten Kapitals“ die erste Rolle. Immobilieneigentum wird als eine der Quellen zusätzlichen Einkommens aus Vermögen aufgefasst.

Der dritte Grundgedanke des Immobilieneigentums ist der der **Selbstnutzung.** Der selbst nutzende Wohnungseigentümer entscheidet aus konsumtiven Gesichtspunkten heraus über die Gestaltung, Erhaltung und Modernisierung seiner Wohnung oder seines Hauses. Der selbst nutzende gewerbliche Eigentümer entscheidet unter produktiven Perspektiven. Betreuungsleistungen durch Dritte, die sich auf das Gebäude beziehen, werden i. d. R. nicht in Anspruch genommen.

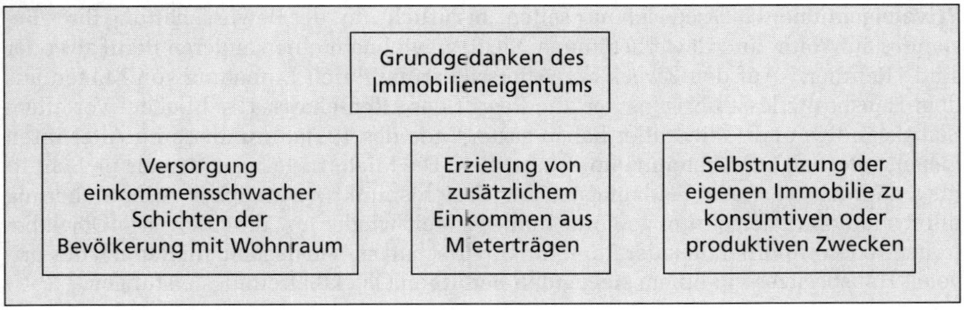

7.1.2 Bedarf an Objektbetreuung

Der **Gesamtbestand der Wohnungen** in Deutschland betrug 1998 nach den Zahlen des Statistischen Bundesamtes 37,5 Millionen, davon im früheren Bundesgebiet 30,0 Millionen und in den neuen Bundesländern 7,5 Millionen. Davon entfielen 59,35 % auf Mieterwohnungen. Die sog. Eigentumsquote für ganz Deutschland betrug sonach 40,65 %, im Westen 43 % im Osten 31,2 %. Von den Mieterwohnungen gehörten ca. 7,8 Millionen Wohnungsunternehmen und Wohnbaugenossenschaften, einschließlich der 3,1 Millionen Wohnungen, die früher als Volkseigentum in der früheren DDR errichtet wurden. Dieses ist weitgehend in das Eigentum kommunaler Wohnungsgesellschaften überführt worden. Insgesamt befinden sich damit 20,8 % des Gesamtwohnungsbestandes in der Hand von Wohnungsunternehmen. Es handelt sich ausschließlich um von Mietern bewohnte oder zur Vermietung bestimmte Wohnungen. Nur auf **Westdeutschland** bezogen ergibt sich ein anderes Bild. Von dem Wohnungsbestand von 27,2 Millionen befinden sich nur rund 4 Millionen also ca. 13,9 % im Eigentum von Wohnungsunternehmen.

Die mit der Überführung des früheren DDR-Wohnungsbestandes verbundene Übernahme der Altschulden führte zu einer drückenden Belastung, der übernehmenden neuen Wohnungsgesellschaften, der durch das **Altschuldenhilfegesetz** von 1993 begegnet werden sollte. Vorgesehen war dabei, dass die neuen Wohnungsunternehmen 15 % ihres Wohnungsbestandes zum Jahr 2003 privatisieren sollten. Dies ist teilweise geschehen. Ein Teil der Wohnungen wurde an Mieter verkauft, ein anderer Teil an Zwischenkäufer. Es gab aber auch einige „Ausgründungen", d. h. Übertragungen an neu gegründete Wohnungsbaugenossenschaften. Einerseits wurden Finanzhilfen aus dem Erblastentilgungsfonds gewährt, andererseits sollten Teile des Veräußerungserlöses aus der „Privatisierung" wieder an diesen Fonds zurückbezahlt werden. Ein Teil der veräußerten Wohnungen verblieb im **Betreuungsbestand** der Wohnungsunternehmen.

Nimmt man zur Bezugsgrundlage nur den Bestand an „Mieterwohnungen", gehören ca. 28,2 % in Deutschland (21,2 % in der alten Bundesrepublik) Wohnungsunternehmen. (Unter Mieterwohnungen versteht die amtliche Statistik Wohnungen, die von Mietern bewohnt werden, z. B. auch vermietete Eigentumswohnungen und Einfamilienhäuser.) Der große Rest dieser Wohnungen verteilt sich hauptsächlich auf **Privateigentümer** und zum geringen Teil nur auf **institutionelle Eigentümer** und **Körperschaften des öffentlichen Rechts.** Eine solche Körperschaft wird in ihrer Eigenschaft als Träger von Eigentum als „öffentliche Hand" oder als „Fiskus" bezeichnet. Mietobjekte im Eigentum der öffentlichen Hand unterliegen den gleichen privat rechtlichen Regelungen (z. B. Kündigungsbestimmungen, Mieterhöhungsmöglichkeiten) wie Objekte des „privaten Eigentums".

Über den sehr differenzierten Bestand an **gewerblichen Einheiten** fehlt eine zuverlässige Gesamtstatistik.

Wohnungsunternehmen bewirtschaften ihren Wohnungsbestand – ihrem Unternehmenszweck entsprechend – selbst und benötigen i. d. R. **keine** Betreuungsleistungen anderer Unternehmen.

Privateigentümer befassen sich nur selten **„beruflich"** mit der Bewirtschaftung ihres Bestandes an Wohn- und Gewerberäumen. Sie üben vielmehr einen anderen Beruf aus oder sind „Rentner". Auf den Zweck der Alterssicherung durch Einnahme von Mieten aus dem Hausbesitz lässt übrigens der alte Begriff des **„Rentehauses"** schließen. Vor allem Selbstständige und Freiberufler haben gegen Ende des 19. Jahrhunderts im Alter ihren Lebensunterhalt aus Mieteinnahmen bestritten. Die Mieterträge lagen damals im Schnitt über dem Zinssatz aus Geldanlagen. Der Gesichtspunkt **zusätzlicher** Alterssicherung durch Immobilieneigentum gewinnt in dieser Zeit wieder an Aktualität. Die Objektbetreuer in den Unternehmen der Immobilienwirtschaft stehen deshalb im Bereich des privaten Hausbesitzes vor einem **steigenden Bedarf** an Objektbetreuungsleistungen.

Soweit **„institutionelle Kapitalanleger"** Eigentümer von Mietobjekten sind, entspricht dies i. d. R. nicht ihrem satzungsgemäßen Hauptzweck. Vielmehr stellt sich das fremdgenutzte Immobilienvermögen in ihren Händen als Mittel zum Zweck dar. Als Institution haben sie im Vergleich zu Wohnungsunternehmen eine andere Zwecksetzung als die der Bewirtschaftung von Immobilien. Diese dienen, ähnlich wie Wertpapiere, der verzinslichen Anlage ihres **Sondervermögens.**

Als Beispiel sei auf die **Lebensversicherungsgesellschaften** hingewiesen. Sie sammeln die von den Versicherten einbezahlten Prämien an. Der so für spätere Versicherungsleistungen entstehende, zweckgebundene „Deckungsstock" wird „angelegt", um das Vermögen durch Zinsen und Mieteingänge zugunsten der Versicherten zu vermehren. Zu diesem Deckungsstock zählen Wertpapiere, dinglich gesicherte Ausleihungen, aber auch ertragsstarke Immobilien.

Auch **offene Immobilienfonds** zählen zu den „institutionellen Kapitalanlegern". Grundlage des Sondervermögens dieser Fonds sind ertragbringende Immobilien vorwiegend mit gewerblicher Nutzung. Um die Anteilscheine dieser Fonds zu einem **„fungiblen"** (leicht handelbaren) Marktgut zu machen – Inhaber von Anteilscheinen sollen die Garantie haben, dass sie jederzeit gegen Bargeld wieder von der Fondsverwaltung zurückgenommen werden –, besteht auch bei diesen Immobilienfonds ein Teil des Sondervermögens aus börsenfähigen Wertpapieren, die täglich zur Refinanzierung der Rücknahme veräußert werden können. Offene Immobilienfonds werden nicht der unternehmerischen Immobilienwirtschaft, sondern der Kreditwirtschaft zugerechnet. Unabhängig davon gehört die Bewirtschaftung des in Immobilien bestehenden Sondervermögens zu den immobilienwirtschaftlichen Aufgaben, der durch die Fondsverwaltungen zu erfüllen sind.

Soweit **Körperschaften des öffentlichen Rechts** (Bund, Länder, Gemeinden, Kirchen usw.) über fremdgenutztes Immobilieneigentum verfügen, spielen oft andere als Ertragsgesichtspunkte, z. B. sozialpolitische bzw. karitative Gesichtspunkte bei der Bewirtschaftung eine Rolle.

„Institutionelle Kapitalanleger" haben meistens eigene Verwaltungsabteilungen oder eigene Verwaltungsgesellschaften, so dass eine Verwaltung durch außenstehende Firmen bzw. Miethausverwalter oft nicht erforderlich ist. Das Gleiche gilt auch für die Verwaltung von Liegenschaften der öffentlichen Hände. Der **Bund** verwaltet einen Teil seines Immobilieneigentums z. B. über die Bundesvermögensverwaltung, die **Bundesländer** haben ebenfalls eigene Verwaltungen. Bei den **Gemeinden** sind die „Liegenschaftsämter" zuständig. Dienste privater Objektbetreuer werden nur selten in Anspruch genommen.

Ähnliches gilt für den **Werkswohnungsbestand** von Industrieunternehmen, dessen Bedeutung stark abgenommen hat. Sie entstanden als Maßnahmen **betrieblicher** Sozialpolitik.

Der Vollständigkeit halber sei noch auf die Erscheinungsform der **gewerblichen Zwischenmieter** hingewiesen. Sie übernehmen nicht nur die Verwaltung von Objekten, sondern – im Gegensatz zu den Objektbetreuern – auch ein unternehmerisches „Hauseigentümerrisiko". Es handelt sich um das Risiko von Mietausfällen, Mietminderungen sowie steigenden Bewirtschaftungskosten und Haftungsrisiken, soweit sie zu zusätzlichen Zahlungsverpflichtungen führen. Der Hauseigentümer erhält einen monatlich gleichbleibenden Mietertrag aus dem Hauptmietverhältnis ohne Rücksicht darauf, ob der Zwischenmieter seinerseits von den Mietern die vereinbarten Mieten einbringen kann oder nicht. Als Zwischenmieter hat er eine Art Zwischenhändlerfunktion. Bei gewerblichen Mietobjekten erfolgt die Vermietung mit Option auf die Umsatzsteuer, so dass die während der Bauphase entstehenden Vorsteuern gegengerechnet werden können. Bei Wohnraum ist eine Option zur Umsatzsteuer nicht möglich. Trotzdem gibt es auch hier gewerbliche, d. h. Gewinn orientierte Zwischenmietverhältnisse.

UStG § 9 Abs.2

Als Ergebnis kann festgehalten werden, dass der **wesentliche Bedarf** an Objektbetreuungsleistungen im Bereich des privaten Hauseigentums gegeben ist. Privateigentümer setzen Objektbetreuer wegen der im Vergleich zur Geldvermögensverwaltung wesentlich schwierigeren Verwaltung des Immobilienvermögens ein. Sie erwarten von ihnen eine professionelle Lösung der mit der Bewirtschaftung von Mietobjekten verbundenen Probleme.

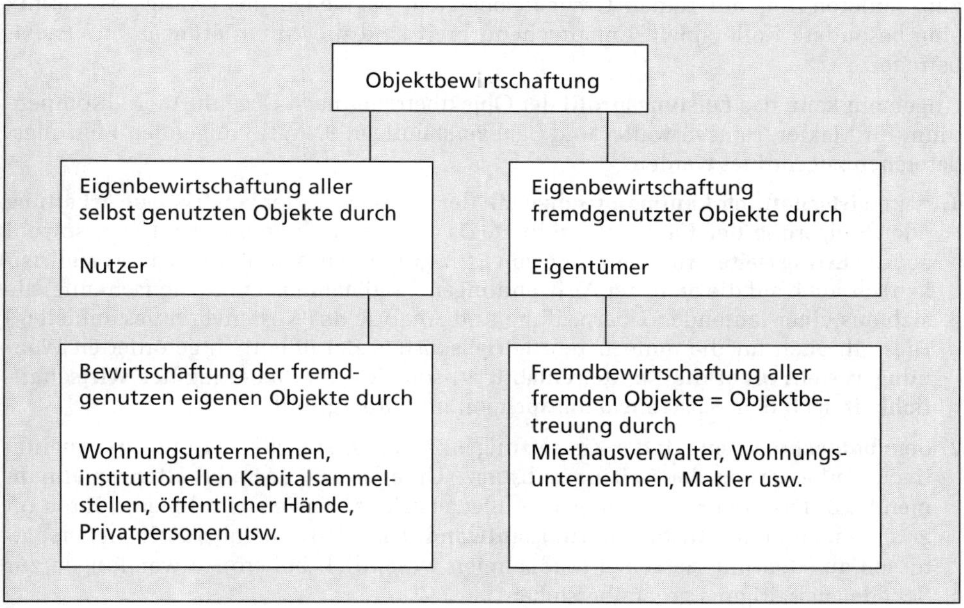

7.1.3 Leistungsbereiche

Als **Mindestanforderung** an die Leistungsfähigkeit eines Objektbetreuers kann gelten, dass er in der Lage sein muss, den privaten Hauseigentümer in der Bewältigung der Aufgaben, die sich aus der Hausbewirtschaftung ergeben, voll zu **ersetzen.** Der Hauseigentümer, der genau so viel und nicht mehr vom Objektbetreuer erwartet, wird diesem eine Vergütung zubilligen, die seinen durch Einschaltung des Betreuers ersparten Kosten und zusätzlichen Zeitgewinn entspräche.

Ein wirklich interessanter Geschäftspartner für private Hauseigentümer wird der Objektbetreuer aber erst dann, wenn sie von ihm **mehr** erwarten können, als sie selbst zu leisten in der Lage sind.

In der Regel bietet ein Objektbetreuer auch mehr, nämlich eine vergleichsweise **professionellere Handhabung,** den Einsatz von mehr **Fachkenntnissen** und mehr praktischem **Know-how.** Dies schlägt sich beim Hauseigentümer sowohl in zusätzlicher Kostenersparnis, in Ertragssteigerung und besserer Substanzsicherung nieder. Schließlich ist zu bedenken, dass sich der Objektbetreuer auf eine betriebliche Aufbau- und Ablauforganisation stützen kann, die für die Verwaltung eines Einzelobjektes zwar zu aufwendig wäre, die aber bei einer größeren Anzahl von Verwaltungseinheiten zu erheblichen Rationalisierungseffekten und damit zu **Einsparungen** bei den Verwaltungskosten führt. Dies ist ein Beispiel für den Effekt, der sich aus einer auf **Arbeitsteilung** ausgerichteten Wirtschaft ergibt.

Während der Bewirtschaftung **eigenen** Wohnungsbestandes durch **Wohnungsunternehmen** i. d. R. auf eine verhältnismäßig einheitliche Struktur der Objekte mit reinem Wohnsiedlungscharakter und dem entsprechenden Wohnumfeld ausgerichtet ist, haben wir es beim Privathausbesitz mit höchst unterschiedlichen Gebäudearten, Lagestreuungen, Nutzungsstrukturen und Größenverhältnissen zu tun. Der Bedarf an Miethausverwaltungen konzentriert sich hauptsächlich auf Großstädte mit alten gewachsenen Kernen. Im Verwaltungsbestand eines Objektbetreuers können Häuser in der Altstadt, im Geschäftskern oder in der Vorstadt ebenso wie im Geltungsbereich eines städtebaulichen Sanierungsgebietes oder einer Erhaltungssatzung liegen. Zum Teil hat er es mit Wohnhäusern zu tun, die mit öffentlichen Mitteln erstellt wurden, zum anderen Teil mit reinen Geschäftsobjekten, bei denen der richtige Mietermix eine besondere Rolle spielt. Entsprechend breit sind die Anforderungen an Objektbetreuer.

Allgemein kann das **Leistungsprofil** der Objektbetreuer nach Gegenfurtner („Kompendium für Makler, Hausverwalter und Sachverständiger, 9. Aufl.) folgenden Führungsbereichen zugeordnet werden:

1. dem **wirtschaftlich-kaufmännischen** mit der Zielsetzung der langfristigen Erhaltung oder Steigerung der Kapitalrentabilität. Das Augenmerk konzentriert sich sowohl auf die **Ertragsseite** (Ausschöpfung von Ertragsreserven, Minderung von Ausfallrisiken) als auch auf die Seite der Aufwendungen. (Maßnahmen zur Kostensenkung, die sich aus einer laufenden Überprüfung und Analyse des Kostenverlaufes anbieten.) Dies gilt auch für die umlegbaren Betriebskosten. Bei öffentlich geförderten Wohnungen steht nicht die Kapitalrentabilität, sondern die Sicherung der **Wirtschaftlichkeit** nach dem Kostendeckungsprinzip im Vordergrund.

2. dem **bautechnischen** mit der Zielsetzung einer langfristigen Erhaltung oder qualitativen Verbesserung der Gebäudesubstanz. Unterlassene **Instandhaltungsmaßnahmen** (z. B. Fassadenrenovierungen, Außenanstriche der Fensterrahmen) führen oft zu einem so hohen **Instandsetzungsaufwand,** dass den scheinbaren Kostenersparnissen aus den unterlassenen Maßnahmen wesentlich höhere Aufwendungen zur Schadensbeseitigung gegenüberstehen.

   Auch Maßnahmen der **Modernisierung und Energieeinsparung** können zur Erhöhung der Gesamtwirtschaftlichkeit des Objektes beitragen.

3. dem **juristischen** mit der Zielsetzung, bei Vertragsgestaltungen (Mietverträgen, Bau- und Wartungsverträgen usw.) die **Rechtsentwicklung** zu berücksichtigen und notwendig werdende vertragliche Anpassungen vorzunehmen oder anzustreben. Die rechtliche Durchsetzbarkeit von Ansprüchen soll einerseits gewährleistet, eine hohe rechtliche Bewegungsfreiheit andererseits gesichert werden.

4. dem **zwischenmenschlich-sozialen** mit dem Ziel, Konfliktfelder zu vermeiden und auftretende Konflikte einvernehmlich regeln zu können. Dabei spielt nicht nur die Beziehungsebene zwischen **Vermieter und Mieter** eine Rolle, bei der der Objektbetreuer als Bindeglied für ein geschäftspartnerschaftliches Klima sorgen muss, sondern auch die Beziehungsebene **zwischen den Mietern.** Wichtige Aufgabe ist es in diesem Zusammenhang, bei der **Mieterauswahl** Rücksicht auch auf die gegebene Mieterstruktur zu nehmen, um Ansatzpunkte für Konflikte zu vermeiden.

5. dem **architektonisch-gestalterischen** mit dem Ziel, die Attraktivität des Wohnens in dem zu betreuenden Objekt zu erhalten oder zu verbessern. Gestalterische Maßnah-

men etwa an Fassaden oder dem Treppenhaus wirken oft als Initialzündung für Maßnahmen im unmittelbaren Wohnumfeld (etwa bei Nachbarhäusern). Besondere Bedeutung erlangt dieses Feld der Objektführung bei denkmalgeschützten Gebäuden.

Vor allem im Bereich der Verwaltung von Gewerbeimmobilien hat sich gegen Ende des vergangenen Jahrhunderts eine neue Objekt-Betreuungsphilosophie entwickelt. Sie stammt aus den Vereinigten Saaten und wurde dort vor allem von Unternehmen der Ausrüstungs- und Gebäude-Einrichtungsindustrie entwickelt. Es handelt sich um das **„Facility Management“.** Der deutsche Verband für Facility Management definiert den Begriff wie folgt:

„Facility Management ist ein unternehmerischer Prozess, der durch die Integration von Planung, Kontrolle und Bewirtschaftung bei Gebäuden, Anlagen und Einrichtungen (facilities) und unter Berücksichtigung von Arbeitsplatz und Arbeitsumfeld eine verbesserte Nutzungsflexibilität, Arbeitsproduktivität und Kapitalrentabilität zum Ziele hat.“

Klar ist damit, dass unter Facility Management mehr verstanden wird als nur Gebäudebewirtschaftung. Es überschneidet sich zwar weitgehend mit den traditionellen Aufgabenbereichen der Gebäudebewirtschaftung, geht durch die besonders akzentuierte Einbeziehung der Bewirtschaftung der in das Gebäude integrierten Anlagen und Einrichtungen darüber hinaus. Facility Management setzt darüber hinaus bereits bei der Projektplanung ein und nimmt damit von der Planungsebene aus Einfluss auf rationelle Bewirtschaftungsabläufe nach Gebäude-Fertigstellung. Schließlich bietet Facility Management zusätzliche objektnutzerspezifische Dienste an, die in der Literatur auch „infrastrukturelles“ Facility Management bezeichnet werden. (Beispiel Sicherheits/Wachdienste, Kopierdienste, Konferenzorganisation, Reinigungsdienste, Botendienste usw.)

Sofern Facility Management durch **Outsourcing** (Ausgliederung) an eigenständige Firmen übertragen wird, gehört Facility Management zur Objektbetreuung im weitesten Sinne. Die traditionelle Objektbetreuung (Hausverwaltung) wird in Fortsetzung der oben dargestellten Leistungsbereiche um einen 6., nämlich den infrastrukturellen Leistungsbereich erweitert. Zum Facility Management siehe 5.3.

7.1.4 Rechtliche Rahmenbedingungen der Unternehmen

Bei den Objektbetreuungsunternehmen, deren Zwecksetzung die Verwaltung fremden Hauseigentums ist, soll vorweg noch unterschieden werden zwischen **Miethausverwaltung** und **Wohnungseigentumsverwaltung.** Der Miethausverwalter vertritt den Eigentümer und handelt für ihn in **allen,** das Hauseigentum betreffenden Angelegenheiten. Der Wohnungseigentumsverwalter ist in seiner Betreuungsfunktion auf das **gemeinschaftliche** Eigentum der Wohnungseigentümergemeinschaft beschränkt (s. 6.2). Er handelt stets für die **Gemeinschaft** und zwar auch mit Wirkung für oder gegen die einzelnen Wohnungseigentümer. Mit der Betreuung des **Sondereigentums,** also der einzelnen Wohnung oder Gewerbeeinheit, ist er nach dem im Wohnungseigentumsgesetz beschriebenen Aufgabenumfang nicht befasst. (Die Verwaltung von Wohnungseigentumsanlagen wurde im Themenkreis 6 bereits behandelt.)

Miethausverwalter sind ist in der Regel **Gewerbetreibende** und damit **Kaufleute, wenn** der Betrieb einen Geschäftsumfang annimmt, der einen „in **kaufmännischer Weise** eingerichteten Geschäftsbetrieb erfordert“. Dabei ist Miethausverwaltung oft nur ein Teil der speziellen privaten **Vermögensverwaltung.** Die verwaltende Tätigkeit alleine begründet aber noch keinen „Gewerbebetrieb“. Es gibt auch Miethausverwalter, die ihr Geschäft **freiberuflich** ausüben und deshalb nicht unter die Vorschriften der Gewerbeordnung fallen. Miethausverwaltung kann z. B. auch eine zulässige Berufsausübung eines Rechtsanwalts sein. (Mit dessen Standesrecht wäre eine gewerbliche Tätigkeit unvereinbar.) Wird Miethausverwaltung freiberuflich betrieben, besteht auch keine Gewerbesteuerpflicht.

Im **Regelfall** ist aber von einem Gewerbe auszugehen. Dann sind die Bestimmungen der Gewerbeordnung zu beachten, nämlich:

- **Anmeldung** des Betriebes (ebenfalls einer Zweigniederlassung und unselbstständigen Zweigstelle)
- Anbringen eines **Geschäftsschildes** am Geschäftslokal mit Vor- und Familiennamen
- Führen des Familiennamens und eines **ausgeschriebenen** Vornamens im rechtsgeschäftlichen Verkehr (Briefbogen!)

[GewO § 34c]

[BGB § 652]

Eine reine Verwaltungstätigkeit des Miethausverwalters, selbst wenn er Kaufmann ist, bedarf noch nicht der **Erlaubnis** nach § 34c GewO. Es wird jedoch die (umstrittene) Rechtsansicht vertreten, dass bereits dann, wenn zum Aufgabenbereich des Gewerbebetriebes auch regelmäßig die Vermietung frei werdender Räume gehöre, eine solche Erlaubnis erforderlich sei, da es sich um eine „Vermittlung" von Mietverträgen handele. (Von dieser öffentlich-rechtlichen Auffassung des Vermittlungsbegriffes soll man sich aber nicht verwirren lassen. Sie deckt sich nicht mit der zivilrechtlichen des § 652 BGB).

[MaBV § 1]

Dagegen ist klargestellt, dass die Vorschriften der MaBV auf den reinen Miethausverwalter nicht anzuwenden sind.

Soweit sich **Wohnungsunternehmen** auch mit der Fremdverwaltung von Miethäusern befassen, gelten sie als Gewerbetreibende im Sinne des § 34c GewO, weil sie (jedenfalls im Normalfall) schon wegen ihrer Bauträger- oder Baubetreuungstätigkeit dieser Erlaubnis bedürfen. Gleiches gilt für viele **Maklerbetriebe,** die wegen ihrer Maklertätigkeit der Erlaubnis bedürfen. Die Objektbetreuung wird in diesen Fällen Teil des Gewerbebetriebes. Eine Aufteilung in eine freiberufliche und eine gewerbliche Tätigkeit innerhalb **eines** Betriebes ist nicht möglich. Den Vorschriften der MaBV unterliegt der Betriebsteil der Objektbetreuung allerdings nicht.

Objektbetreuung (Zulassung)

Regelfall:

gewerbsmäßig –
Erlaubnis nach § 34c GewO erforderlich, aber keine Anwendung der MaBV

Sonderfall:

freiberuflich –
keine Anwendung der GewO,
keine Zulassungsbeschränkung
Voraussetzung für Freiberuflichkeit:
darf kein Teil eines Gewerbebetriebes sein

7.1.5 Hausverwaltervertrag, Verwaltervergütung

[HGB § 347]

Unternehmen, deren Unternehmenszweck in der Objektbetreuung besteht, haben kein einheitliches, auf gesetzlichen Vorgaben beruhendes **Leistungsbild.** Im Zweifel ist von einem **branchenüblichen** Leistungsumfang auszugehen. Grundsätzlich gilt jedoch stets, dass sie **Sachwalter fremden Vermögens** sind. Daraus leiten sich Betreuungspflichten ab. Ein Objektbetreuer hat nicht nur die Sorgfalt anzuwenden, die er in eigenen Angelegenheiten anzuwenden pflegt. Er haftet deshalb auch für Fahrlässigkeit, also für den geringsten Grad des Verschuldens. Sofern der Hausverwalter Kaufmann ist, hat er nach § 347 HGB für die „Sorgfalt eines ordentlichen Kaufmanns einzustehen".

Das Vertragsverhältnis mit einem **selbstständigen** Objektbetreuer ist nach den Vorschriften des **Dienstvertragsrechts** und des **Auftragsrechts** in Verbindung mit der Vorschrift über die **entgeltliche Geschäftsbesorgung** zu beurteilen. Das Wesen des Dienst- BGB § 675
vertrages besteht darin, dass derjenige, der Dienste zusagt, zur Leistung der versprochenen Dienste und der andere zur Gewährung der vereinbarten Vergütung verpflichtet ist. BGB § 611
Im Wesentlichen ergibt sich aus den auftragsrechtlichen Vorschriften, die auf den Miethausverwalter anzuwenden sind:

- das Recht, von **Weisungen** des „Auftraggebers" (= Hauseigentümers) abzuweichen, wenn dies seiner Interessenwahrung dient; BGB § 665
- die Pflicht, auf Verlangen **Auskünfte** zu erteilen und nach Erledigung des Geschäftes **„Rechenschaft"** abzulegen; BGB § 666
- die Pflicht zur **Herausgabe** von „Treugut", d. h. Objektunterlagen, die dem betreuten Hauseigentümer gehören, (hinzuweisen ist darauf, dass der Miethausverwalter nicht BGB § 667
berechtigt ist, ohne Zustimmung des Hauseigentümers Unterlagen, die Treugut sind, nach Ablauf der kaufmännischen oder gewerberechtlichen Aufbewahrungsfristen, zu vernichten);
- das Recht auf Ersatz von „erforderlichen" **Aufwendungen** des Objektbetreuers durch den Hauseigentümer – **neben** der Vergütung nach Dienstvertragsrecht. BGB § 670

Der Hausverwaltervertrag erlischt **im Zweifel** nicht durch den **Tod des Hauseigentümers.** Falls der Vertrag jedoch erlischt, besteht die Verpflichtung, die Hausverwaltung solange fortzusetzen, bis der Erbe „anderweit Fürsorge treffen kann". BGB § 672

Durch **Tod des Objektbetreuers** dagegen erlischt **im Zweifel** der Hausverwaltervertrag. Von einem stillschweigenden Fortbestehen des Vertragsverhältnisses wird man ausge- BGB § 673
hen können, wenn die Fortführung der Objektbetreuung durch das Unternehmen des verstorbenen Objektbetreuers als gewährleistet anzusehen ist.

Aus dem Dienstvertragsrecht sind neben den in § 611 BGB genannten Hauptpflichten BGB § 611
folgende Vorschriften anzuwenden:

- Eine **Vergütung** gilt als stillschweigend vereinbart, wenn die Dienstleistung den Umständen nach nur gegen eine Vergütung zu erwarten war. Die Höhe richtet sich nach **üblichen** Sätzen. In der Regel wird im Miethausverwaltervertrag die Vergütung BGB § 612
festgesetzt und eine Vereinbarung darüber getroffen, ob außerdem noch Aufwendungen zu ersetzen sind.
- Der Objektbetreuer hat **im Zweifel** die Betreuung persönlich zu leisten. Er kann sie nicht übertragen. Dies ist vorwiegend vom nicht gewerbsmäßig tätigen Hausverwal- BGB § 613
ter zu beachten.
- Wenn die Vergütung nach Zeitabschnitten bemessen ist, ist sie **nach** Ablauf der Zeitabschnitte zu entrichten. In der Regel wird eine monatliche Vergütung vereinbart. BGB § 614
- Das Vertragsverhältnis mit dem Hauseigentümer endet mit dem Ablauf der vereinbarten Laufzeit. Wenn die Hausverwaltervergütung (wie üblich) monatlich zu bezah- BGB § 620
len ist, gilt als gesetzliche Kündigungsfrist nach § 621 Abs.3 ein halber Monat. (Kün- § 621 Abs.3
digung spätestens am fünfzehnten eines Monats für den Schluss des Kalendermonats.) Vereinbart werden in der Praxis allerdings längere Kündigungsfristen, meistens 3 Monate zum Ablauf eines Kalendervierteljahres. Bei einer Vertragslaufzeit von mehr als 5 Jahren beträgt die gesetzliche Kündigungsfrist sechs Monate.

Wie schon erwähnt, gibt es, im Gegensatz zum Verwalter nach WEG, kein gesetztypisches Leitbild für den Objektbetreuer, aus dem spezielle Leistungs- und Vergütungspflichten abgelesen werden können. Es müssen deshalb die **branchentypischen Ge-**

pflogenheiten, die in den Hausverwalterverträgen ihren Niederschlag finden, dargestellt werden. Die oben erwähnten gesetzlichen Vorschriften gelten nur dann und insoweit, als in diesen Verträgen nichts anderes wirksam vereinbart wird.

Im Miethausverwaltervertrag sind die **Leistungspflichten** formuliert, die sich aus der **allgemeinen** Aufgabenstellung der Objektbetreuung ergeben. Dabei wird unterschieden zwischen solchen Leistungen, die ohne weitere Einzelabsprache mit dem Hauseigentümer erbracht werden müssen (selbstverständliche Routineleistungen) und den **zu- oder abstimmungsabhängigen** Leistungen, die ein Einvernehmen mit dem Eigentümer voraussetzen.

Zu den selbstverständlichen Leistungspflichten werden z. B. das Mietinkasso, die Überwachung des Mieteingangs, der Zahlungsverkehr usw. gehören. Zu den Leistungen, die branchenüblich zu- oder abstimmungsabhängig sind, zählen z. B. die Neuanstellung eines Hauswarts, die Durchführung von besonderen Mieterhöhungen, soweit sich der Erhöhunganspruch nicht unmittelbar aus dem Vertrag ergibt, die Vergabe von Instandhaltungsaufträgen ab einer bestimmten Summe u. s. w. Ob und inwieweit Leistungen von einem solchen **Zustimmungsvorbehalt** abhängig gemacht werden sollen, hängt davon ab, welche Entscheidungsspielräume sich der Hauseigentümer vorbehalten will.

Die **Vergütung** für diese Leistungen wird i .d. R. als Prozentsatz aus der Ist- oder Sollmiete vereinbart. Hinzu kommt meist ein pauschalierter Aufwendungsersatz pro Mietverhältnis. Die Leistungen des Objektbetreuers sind umsatzsteuerpflichtig.

Neben den Absprachen über allgemeine Leistungspflichten, werden im Vertrag vom Objektbetreuer häufig noch **besondere,** durch den Hauseigentümer abrufbare Leistungen angeboten. Sie reichen von der Ausführung besonderer behördlicher Auflagen über die Verkehrswertermittlung bis zur Betreuung von Um- oder Ausbauten. Solche besonderen Leistungen werden üblicherweise gegen eine **gesonderte** Vergütung ausgeführt.

Bei **selbstständigen** Objektbetreuern, die oft über umfangreiches Personal verfügen, können Hausmeister/Hauswarte deren Angestellte sein. Sie sind dann die **Erfüllungsgehilfen** des Betreuers. In der Regel aber werden sie von ihm im Namen und für Rechnung des Hauseigentümers angestellt und überwacht. Das Gleiche gilt für weiteres Hilfspersonal (Raumpfleger, Aufzugswarte usw.)

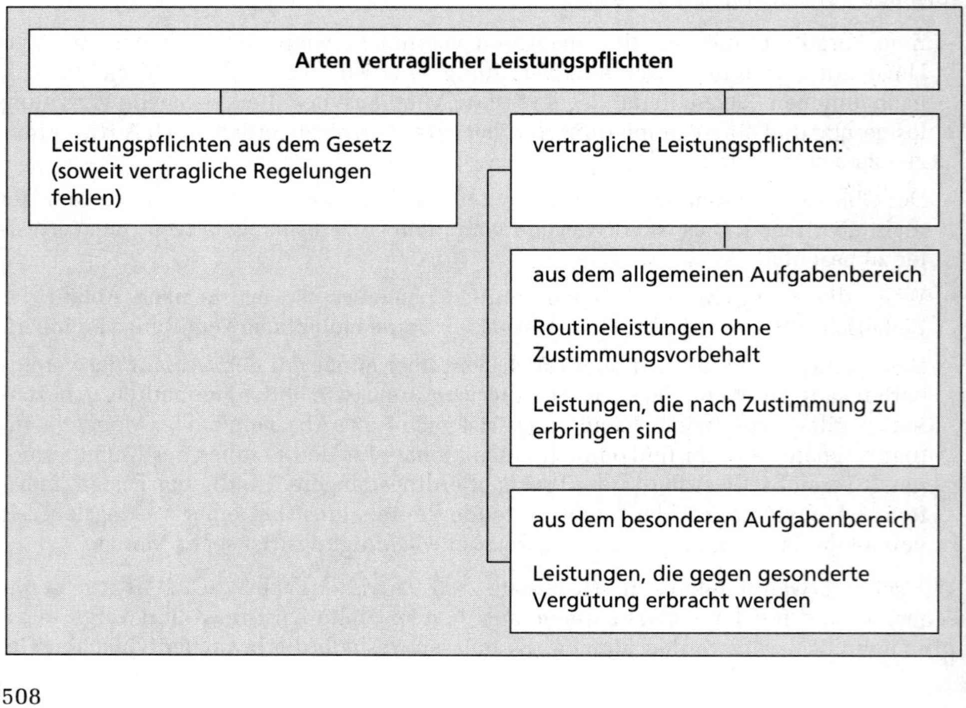

Manche Hauseigentümer schalten Objektbetreuer nur ein, um einen ganz bestimmten Teilbereich der Bewirtschaftung fremd erledigen zu lassen, z. B. die technische Betreuung oder nur die kaufmännische Betreuung. Man kann in solchen Fällen – ähnlich wie bei der Baubetreuung – von Teilbetreuung sprechen. In der Praxis kommen solche Fälle vor allem im Bereich der Betreuung von Gewerbeimmobilien vor. Hier gibt es teilweise spezialisierte Betreuungsunternehmen, die Teilbereiche des Facility Managements übernehmen.

7.1.6 Rechnungslegung, Abrechnungen

Jeder, der Vermögenswerte Dritter betreut, ist zur **Rechnungslegung** verpflichtet („Rechenschaftspflicht"). Dies gilt in jedem Fall bei Beendigung des Hausverwalter-/Objektbetreuungsvertrages. Der Betreute kann Auskünfte verlangen, was auch ein Recht auf Einblick in Unterlagen und Belege, Kontostände und Zahlungsvorgänge miteinschließt. Die Rechnungslegung ist eine zeitlich geordnete Zusammenstellung von Einnahmen und Ausgaben zu dem Zeitpunkt zu dem der Betreute die Rechnungslegung verlangt. Vom Gesetz nicht verlangt wird eine kaufmännische (doppelte) Buchführung, eine „Sollstellung" der Mieten und dergl., obwohl dies heute fast selbstverständlich ist. BGB § 666

Überwiegend erfolgt die Erfassung und Kontrolle der Zahlungseingänge (Mieten und Umlagen) sowie der Zahlungsausgänge unter Einsatz der elektronischen Datenverarbeitung. Die aus einem geordneten Rechnungswesen resultierende zusätzliche Transparenz hat auch für den Eigentümer große Vorteile. Er erkennt selbst die finanzielle Situation und ist einer Beratung vor allem im wirtschaftlichen Führungsbereich durch den Objektbetreuer leichter zugänglich.

Zu den vertraglich vereinbarten Leistungspflichten gehört i. d. R. die Erstellung von **periodischen Abrechnungen.** Üblich ist eine Abrechnung für jedes Kalenderjahr mit meist vierteljährlichen Zwischenabrechnungen. Diese dienen auch der Liquiditätssteuerung.

7.1.7 Vertretungsbefugnisse, Hausverwaltervollmacht

Der Objektbetreuer hat eine Stellvertreterfunktion bei der Bewirtschaftung der betreuten Objekte. Er handelt stets im Namen des Hauseigentümers. Aus den Aufgaben, die durchzuführen der Objektbetreuer sich verpflichtet hat, ergeben sich Vertretungsbefugnisse. Gehört etwa zum vereinbarten Aufgabenbereich die Beschaffung von Heizöl, ist er befugt, die zur Durchführung dieser Aufgabe erforderliche Bestellung des Heizöls beim Händler rechtsverbindlich aufzugeben. Er benötigt dazu weder eine schriftliche noch eine ausdrücklich mündliche erteilte Vollmacht. Sie gilt ihm als stillschweigend erteilt.

Bei der Bestellung muss der Objektbetreuer darauf achten, dass er sie **für den Hauseigentümer** vornimmt und damit diesen rechtsgeschäftlich zur Abnahme und Bezahlung verpflichtet. Kann der Händler nicht erkennen, dass der Objektbetreuer in fremden Namen handelt, muss sich dieser so stellen lassen, als sei **er** der zur Abnahme und Zahlung des Heizöls Verpflichtete. Meist wird dies nicht zu Problemen führen, da die Abnahme und Zahlung auch tatsächlich für den Hauseigentümer erfolgt.

Es kann aber auch Probleme geben, besonders wenn dem Objektbetreuer Fehler unterlaufen. Handelt er augenscheinlich in eigenem Namen, dann geht er ein nicht versicherbares Unternehmerrisiko ein. Keine Versicherung deckt den Schaden, der aus einer falschen unternehmerischen Entscheidung resultiert. Handelt der Objektbetreuer dagegen erkennbar für den Betreuten und fügt er diesem dabei fahrlässig einen Vermögensschaden zu, dann wird er seine Versicherung in Anspruch nehmen können.

Beispiel:

Ein Vorgarten des betreuten Objektes soll in einen Pkw-Abstellplatz umgewandelt werden. Der Objektbetreuer geht irrtümlich davon aus, dass eine Genehmigung nicht erforderlich sei. Die bereits begonnenen Arbeiten müssen wegen fehlender Genehmigung eingestellt werden. Das mit der Durchführung der Arbeiten beauftragte Unternehmen wird sich an seinen Auftraggeber halten.

Hat der Betreuer in eigenem Namen gehandelt, hat er die Rechnung zu bezahlen. Hat er den Hauseigentümer verpflichtet, muss dieser die Zahlung leisten. Den sich für ihn ergebenden Vermögensschaden kann er aber auf seinen Objektbetreuer abwälzen. Nur in diesem Fall kann der Objektbetreuer seine Vermögensschadenversicherung in Anspruch nehmen.

Dem Objektbetreuer steht, wie schon dargestellt, eine Vertretungsbefugnis zu, auch wenn keine schriftliche Vollmacht erteilt wurde. Trotzdem enthält jeder Hausverwaltervertrag eine Bevollmächtigung zur Vornahme aller Rechtsgeschäfte und Abgabe verbindlicher Erklärungen, die das Verwaltungsobjekt betreffen. Außerdem wird vereinbart, dass dem Objektbetreuer – je nach Bedarf – eine oder mehrere gesonderte Vollmachtsurkunden ausgehändigt werden.

Der Objektbetreuer benötigt solche mit der Originalunterschrift des Vollmachtgebers versehene Vollmachtsurkunden für alle einseitigen Rechtsgeschäfte, z. B. Kündigungen oder Mieterhöhungserklärungen. Diese Rechtsgeschäfte sind nämlich unwirksam, wenn der Bevollmächtigte die „**Vollmachtsurkunde** nicht vorlegt und der andere das Rechtsgeschäft aus diesem Grunde unverzüglich zurückweist".

BGB § 174

Beispiel:

Ein Geschäftsraummietvertrag soll zum Ablauf gekündigt werden. Falls die Kündigung nicht rechtzeitig erfolgt, verlängert er sich dem Inhalt des Mietvertrages entsprechend um weitere fünf Jahre. Der Objektbetreuer soll die Kündigung aussprechen, um eine Vermietung zu besseren Bedingungen zu ermöglichen. Geht die Kündigung zwar noch rechtzeitig beim Mieter ein und widerspricht dieser der Kündigung mit Hinweis auf die fehlende Vollmacht, muss eine neue Kündigung unter Vollmachtsbeilage ausgesprochen werden. Trifft diese dann aber erst nach Ablauf des Kündigungstermins ein, kann sie aus diesem Grunde zurückgewiesen werden. Die Folge ist eine Verlängerung des Mietverhältnisses, zu unveränderten Bedingungen.

Auch bei diesem Beispiel kann davon ausgegangen werden, dass der Objektbetreuer für den entstehenden Schaden aufkommen muss, weil er versäumte, dem ersten Kündigungsschreiben die Vollmacht beizulegen.

BGB § 181

Zulässig ist es, dass sich der Objektbetreuer von den Vorschriften des § 181 BGB in der Vollmachtsurkunde befreien lässt. Nach dieser Vorschrift darf der Vertreter nicht im Namen des Vertretenen mit sich selbst ein Rechtsgeschäft vornehmen **(„Insichgeschäft"),** außer es handelt sich um die Erfüllung einer Verbindlichkeit. Ein Beispiel für die Wirkung einer solchen Befreiung:

Der Objektbetreuer, der auch eine Versicherungsagentur unterhält, kann unter Einschaltung dieser Agentur Versicherungsverträge für den von ihm betreuten Hauseigentümer nur abschließen, wenn die Vollmacht die Befreiung von dieser Vorschrift des § 181 BGB vorsieht.

Die Hausverwaltervollmacht bezieht sich i. d. R. auch darauf, für den Hauseigentümer einen Anwalt zur **gerichtlichen Durchsetzung** von Ansprüchen (z. B. rückständige Mieten) zu beauftragen. Als Kläger tritt der Hauseigentümer auf. Der Objektbetreuer kann **nicht** in **eigenem** Namen für den Hauseigentümer klagen. Selbst wenn dem Hausverwalter eine solche **„Aktivlegitimation"** im Vertrag eingeräumt würde, wäre diese unwirksam. Nach Auffassung der Gerichte verstößt eine solche Vereinbarung gegen das Rechtsberatungsgesetz. In diesem Punkt unterscheidet sich der Objektbetreuer vom Verwalter nach dem WEG, der in bestimmten Fällen auch in eigenem Namen Rechtsangelegenheiten bei Gericht für die Wohnungseigentümergemeinschaft erledigen kann.

7.1.8 Haftung des Objektbetreuers

Der Objektbetreuer haftet dem Hauseigentümer gegenüber für eigenes Verschulden und Verschulden seiner Erfüllungsgehilfen, insbesondere seiner Mitarbeiter, wenn er bei der Durchführung der ihm übertragenen Aufgaben die „im Verkehr erforderliche Sorgfalt außer Acht lässt". BGB § 276 BGB § 287

Beispiele:

- Die Rechnung eines Handwerkers wird nicht bezahlt. Dieser schaltet nach vergeblichen Mahnungen einen Anwalt ein. Der Objektbetreuer muss für die entstandenen Verzugszinsen und die Anwaltskosten aufkommen.

  Das gleiche gilt, wenn sich der Objektbetreuer in Urlaub befindet, und sein dafür zuständiger Mitarbeiter (Erfüllungsgehilfe) die fällige Zahlung unterlassen hat.
- Gehört – wie üblich – zum Aufgabenbereich die Prüfung des Versicherungsbedarfs und tritt ein Schadensfall ein, wobei sich herausstellt, dass die Versicherungsleistung wegen Unterdeckung den Schaden nicht ganz abdeckt, haftet der Objektbetreuer für den Differenzbetrag.
- Stellt sich nach Auszug des Mieters aus der Wohnung heraus, dass die Räume erhebliche Beschädigungen aufweisen, die nicht abnutzungsbedingt sind, und versäumt es der Verwalter, innerhalb der halbjährigen Verjährungsfrist die Vermieteransprüche wirksam geltend zu machen, haftet er für die Schadenssumme, die einzutreiben nicht mehr möglich ist und über den einbehaltenen Kautionsbetrag hinausgeht.
- Rechnet der Objektbetreuer die Heiz- und Warmwasserkosten nach der Heizkostenverordnung (HeizkV) nicht in der vorgeschriebenen Weise ab und macht der Mieter von seinem Kürzungsrecht Gebrauch, haftet er dem Hauseigentümer gegenüber für den entgangenen Kostenbetrag. HeizkV § 12

Haftungsbegrenzungen können vertraglich vereinbart werden. Dies gilt für fahrlässiges Verschulden. Eine übliche Haftungsausschlussklausel (Freizeichnungsklausel) ist z. B. „Irrtum vorbehalten". Während Leistungsansprüche aus dem Dienstvertrag (z. B. Anspruch auf Vergütung) in zwei Jahren verjähren, beträgt die Verjährungsfrist für Schadensersatzansprüche wegen positiver Vertragsverletzung 30 Jahre. Überwiegend wird für solche Fälle eine zeitliche Verkürzung vertraglich vereinbart.

Der Objektbetreuer hat die Möglichkeit, durch Abschluss einer Berufshaftpflichtversicherung (**Vermögensschadenversicherung**) die sich aus Schadensersatzansprüchen gegen ihn ergebenden Risiken erheblich zu mindern.

Schwerwiegende (vorsätzlich oder grob fahrlässige) Vertragsverletzungen (die auch von der Berufshaftpflichtversicherung nicht gedeckt werden) können neben Schadensersatzansprüchen auch zu einer fristlosen Kündigung des Hausverwaltervertrages führen.

Beispiele:

- Der Objektbetreuer verschafft seinem Freund in dem von ihm verwalteten Objekt eine Wohnung zur halben „Freundschaftsmiete".
- Er vereinbart mit einem Handwerker Sonderkonditionen, die er aber an den Hauseigentümer nicht weitergibt.
- Er behält für sich abgezogene Skonti oder Rabatte aus bezahlten Rechnungen, die dem Hauseigentümer zustehen.

– Haftung bei Schäden aus unerlaubter Handlung

Der Objektbetreuer kann aber auch unter dem Gesichtspunkt der „unerlaubten Handlung" schadensersatzpflichtig werden, und zwar gegenüber Personen, die meist **nicht** seine Vertragspartner sind. BGB § 823

Beispiel:

> Ein Hausbewohner meldet dem Objektbetreuer einen ständigen Gasaustritt bei der Gasuhr und mahnt, etwas dagegen zu unternehmen. Der Objektbetreuer beachtet dies aber nicht, so dass es eines Tages zu einer Gasexplosion kommt. Unabhängig von strafrechtlichen Folgen hat er für den Schaden an Leben, Körper, Gesundheit und Eigentum der durch das Schadensereignis Betroffenen einzustehen, gegebenenfalls auch gegenüber vorleistenden Versicherungsgesellschaften.

Haftpflichtfälle aus unerlaubter Handlung können auch entstehen durch Nichtbeachtung von **Schutzvorschriften**, vor allem im Bereich der Haustechnik (Prüfungs- und Wartungspflichten bei Personen- oder Lastenaufzügen, Hebebühnen bei Garagenanlagen usw.). Auch im Bereich der „unerlaubten Handlungen" gibt es keine Haftungsausschlüsse.

BGB § 852 Die Verjährung richtet sich nach § 852 BGB. Danach verjährt der sich aus der unerlaubten Handlung ergebende Schadensersatzanspruch in drei Jahren von dem Zeitpunkt an, zu dem der Anspruchberechtigte Kenntnis des Schadens und der Person, die zum Schadensersatz verpflichtet ist, erhalten hat, spätestens aber in dreißig Jahren.

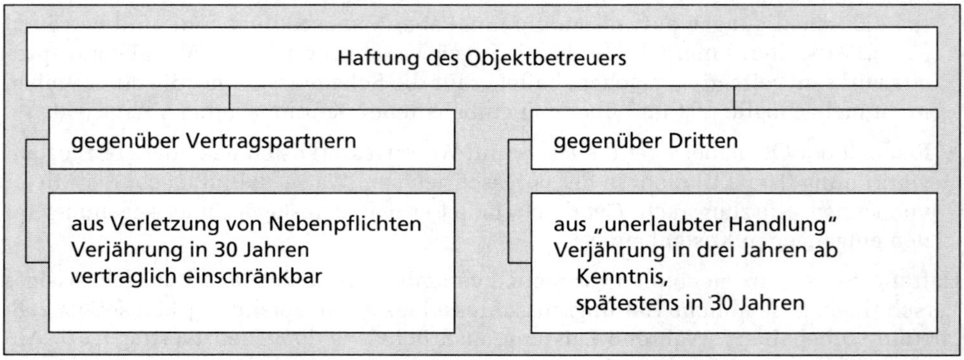

Fragen:

1. Wodurch unterscheiden sich Objektbetreuer (Hausverwalter) und Treuhänder?
2. Welche Gruppen von Eigentümern fremdgenutzter Immobilien kennen Sie?
3. Welche Gruppe von Immobilieneigentümern schaltet vor allem Objektbetreuer zur Bewirtschaftung ihrer Objekte ein?
4. Auf welche Führungsbereiche bezieht sich die Objektbetreuung? Auf welche Ziele in diesen Führungsbereichen sind die Betreuungsaktivitäten auszurichten?
5. Welchem Vertragstypus des BGB ist der Miethausverwalter-Vertrag zuzuordnen, und welche darin genannten Pflichten hat der Objektbetreuer zu beachten?
6. In welchem Fall darf der Objektbetreuer von den Weisungen seines Auftraggebers (Hauseigentümers) abweichen?
7. Welche gesetzlichen Kündigungsfristen gelten für den Miethausverwaltervertrag, wenn die Vergütung nach Monaten bemessen ist?
8. Wie wird üblicherweise die Vergütung des Objektbetreuers vereinbart?
9. Wie weit reicht allgemein die Vertretungsbefugnis des Objektbetreuers?
10. Der Objektbetreuer haftet dem Hauseigentümer gegenüber und auch gegenüber Dritten. Unter welchen rechtlichen Gesichtspunkten sind die Haftungsfälle zu beurteilen?

7.2 Baubetreuung

Der zweite große Bereich, in dem in der Immobilienwirtschaft Betreuungsleistungen angeboten und nachgefragt werden, bezieht sich auf die **Vorbereitung** und **Durchführung** von **Bauvorhaben.**

Wie Objektbetreuer handeln auch Baubetreuer stets in **fremdem Namen** und für **fremde Rechnung.** Auch hier ist zu unterscheiden zwischen Baubetreuer und Treuhänder. Der Treuhänderbegriff tauchte früher im Zusammenhang mit **Bauherrenmodellkonstruktionen** auf. Das Bauherrenmodell (ursprünglich das sog. „Kölner Modell", später umgestaltet in das „große Bauherrenmodell") gehört weitgehend der **Vergangenheit** an und soll hier nur am Rande betrachtet werden.

7.2.1 Baumodelle im Überblick

Der ursprüngliche Grundgedanke des Bauherrenmodells bestand darin, die während des Bauvorhabens zu erbringenden Leistungen, deren Entgelt steuerlich sofort abzugsfähige Werbungskosten waren, aus dem Gesamtleistungspaket (des konventionellen Bauträgers) auszugliedern, so dass die einzelnen Bauherren zu einer möglichst hohen Werbungskostensumme während der Bauphase und damit zur Verringerung der Steuerlast kamen. Außerdem sollten zusätzliche Ersparnismöglichkeiten bei der Grunderwerbsteuer (gekauft wurde nur das Baugrundstück) und der Umsatzsteuer (durch Option für die Umsatzsteuer und der damit verbundenen Vorsteuerabzugsmöglichkeiten) ausgeschöpft werden. Eine Option für die Umsatzsteuer ist nach Änderung des Umsatzsteuergesetzes nur noch beim Gewerbebau möglich, so dass dort noch bauherrenmodellartige Konstruktionen anzutreffen sind. Außerdem wurden durch die Rechtsprechung der Finanzgerichte die Vorteile bei der Grunderwerbsteuer zunichte gemacht und vielen Werbungskosten die Anerkennung versagt.

Eine weitere Ursache für den Niedergang der Bauherrenmodelle beruhte in der Aufblähung der Risiken der Bauherrengemeinschaft. Weil die entstehenden Steuerersparnisse die Finanzierungsgrundlage der Bauherren erweitern sollten, mussten sie in die Lage versetzt werden, mithilfe des Treuhänders selbst die verschiedenen Verträge abzuschließen. Damit verbunden war natürlich die Verlagerung der gesamten Bauherrenrisiken auf die so entstandene Bauherrengemeinschaft.

Die Bauherrenmodell-Konstruktion wurde durch **Ersterwerber-** und **Bauträgermodelle** weitgehend abgelöst. Auch ihr Sinn besteht in einer Aufspaltung der Gesamtkosten in Dienstleistungskosten, die steuerlich zu den Werbungskosten zählen, dem abschreibungsfähigen Teil der Herstellungskosten und den nicht abschreibungsfähigen Grundstückskosten. Die Bauherreneigenschaft und die damit verbundenen Risiken gingen wieder auf den Bauträger zurück. Sowohl beim Ersterwerbermodell (Erwerb bereits fertig gestellter Objekte) als auch beim Bauträgermodell (Erwerb im Bau befindlicher Objekte) stehen dem Erwerber gegenüber dem Bauträger Gewährleistungsansprüche nach dem Werkvertragsrecht zu, die sich beim Bauherrenmodell auf die einzelnen bauausführenden Unternehmen aufgespalten haben.

– Bauträger, Generalunternehmer, Generalübernehmer – Unterschiede zum Baubetreuer

Während der Baubetreuer stets in fremdem Namen und für fremde Rechnung auf fremdem Grund Bauvorhaben vorbereitet und durchführt und keinerlei Bauherrenrisiko übernimmt, ist der **Bauträger** stets selbst **Bauherr.** Er handelt in **eigenem Namen** für **eigene oder fremde Rechnung.** Vom **privaten** Bauherren unterscheidet er sich durch die **Gewerbsmäßigkeit** seiner Tätigkeit. Den Bauträger charakterisiert ferner, dass er Gebäude nicht zur Selbstnutzung erstellt, sondern entweder im **Vorratsbau** für spätere Erwerber (und damit für eigene Rechnung) oder im **Bestellbau** für die bei Baubeginn schon bekannten Erwerber mit Abrechnungspreis (und damit für fremde Rechnung). Der früher vor allem bei der Errichtung von Kleinsiedlungen wichtige Bestellbau hat seine Bedeutung weitgehend eingebüßt. Das Bauträgergeschäft bezieht sich nicht nur auf den **Wohnungsbau,** sondern auch auf den **Gewerbebau.**

Durch den Wegfall der Wohnungsgemeinnützigkeit sind heute die ehemals gemeinnützigen **Wohnungsunternehmen** den Bauträgern **rechtlich** gleich gestellt. Sie können sich ebenfalls dem Gewerbebau widmen. Ein Unterschied zwischen „freien" Wohnungsunternehmen („frei" im Unterschied zu „gebunden" durch Wohnungsgemeinnützigkeit) und Bauträgern bestand ohnehin nicht. Die freien Wohnungsunternehmen haben sich schon immer als auf den Wohnungsbau spezialisierte Bauträger verstanden. Die **Gemeinnützigkeit** (nicht zu verwechseln mit dem Begriff der Wohnungsgemeinnützigkeit) gibt es allerdings noch in Form der Selbstverpflichtung im Bereich kommunaler und kirchlicher Wohnbauunternehmen und bei den Wohnungsbaugenossenschaften.

Neben dem Bauträger, der das volle Bauherrenrisiko trägt, gibt es noch die Erscheinungsform des **Generalunternehmers** und des **Generalübernehmers.**

Der **Generalunternehmer** führt Bauvorhaben auf dem Grundstück des Bauherrn durch. Vom Baubetreuer unterscheidet er sich dadurch, dass er alle Baumaßnahmen für eigene Rechnung durchführt und dem Bauherrn einen **Festpreis** zusichert.

Das Risiko der Überschreitung einer veranschlagten Baukostensumme bleibt beim Generalunternehmer. Der Generalunternehmer erbringt bei der Durchführung des Bauvorhabens eigene Bauleistungen. Soweit fremde Bauleistungen „eingekauft" werden müssen, beauftragt der Generalunternehmer **Subunternehmer** in eigenem Namen und für eigene Rechnung. Meist handelt es sich beim Generalunternehmer um ein Unternehmen aus dem Bereich des Bauhauptgewerbes (Bauunternehmen).

Der **Generalübernehmer** ist reiner Organisator des Baugeschehens. Er erbringt keine eigenen Bauleistungen, sondern schaltet (ebenfalls in eigenem Namen und für eigene Rechnung) ausschließlich Subunternehmer ein.

In die Literatur eingeführt wurde auch der Begriff des **Totalunternehmers**, der nicht nur für die eigenen oder durch Subunternehmer zu erbringenden Bauleistungen sorgt, sondern auch die Planungs- und Projektierungsleistungen im Rahmen der Festpreisabsprache übernimmt.

Auch bei Einschaltung von Generalunter- oder -übernehmern bleibt die **Bauherreneigenschaft** des Auftraggebers erhalten.

Bauherr ist, wer

den **bestimmenden** Einfluss auf **Planung** und **Ablauf** des **gesamten** Bauvorhabens hat,

den **Bauantrag** in eigenem Namen stellt,

Vertragspartner der Unternehmen ist, die den Bau ausführen oder durch Subunternehmer ausführen lassen,

Eigentümer des zu bebauenden Grundstücks oder ein zu dessen Bebauung Berechtigter (Erbbaurecht!) ist.

Im Allgemeinen trägt der Bauherr die Bauherrenrisiken. Hierzu zählen das

Herstellungsrisiko (kann das Bauvorhaben überhaupt oder in der geplanten Weise errichtet werden?)

Baukostenrisiko (Überschreitung der vorausberechneten oder veranschlagten Bausumme)

Risiko der Bauzeitenüberschreitung (vor allem im Hinblick auf mögliche Folgeschäden)

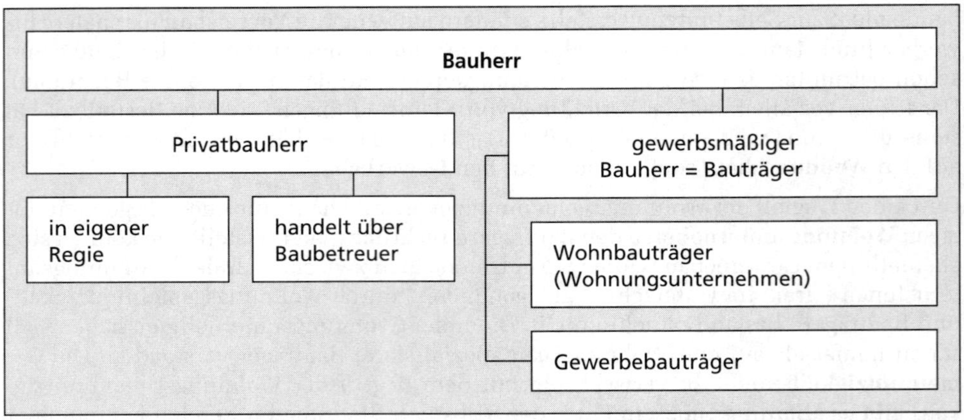

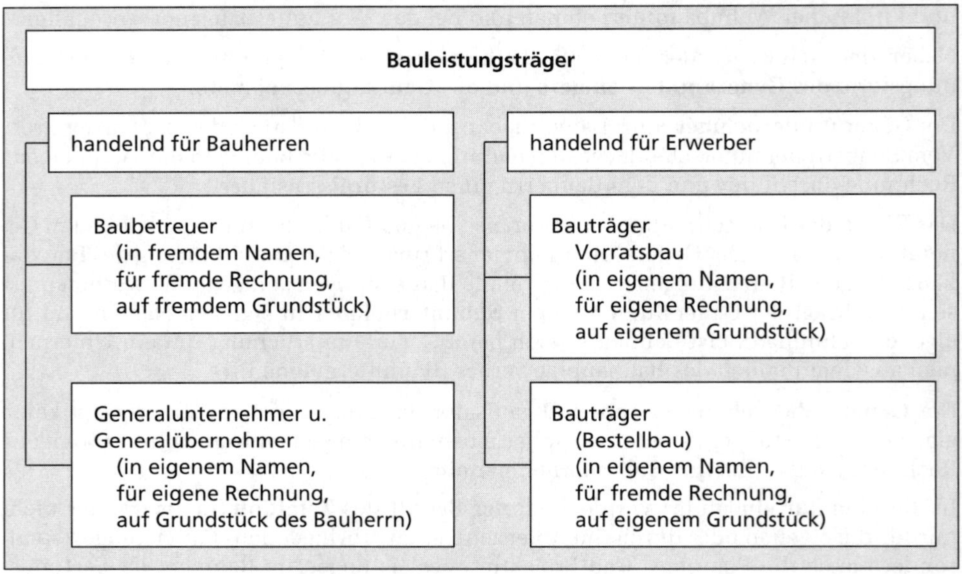

Gewährleistungsrisiko (Selbsteintritt, wenn Gewährleistungsansprüche nicht durchgesetzt werden können)

(Zum Bauherrenbegriff s. auch 3.3)

Wie schon dargestellt, gibt es im Rahmen von Generalunternehmer- oder Generalübernehmerverträgen gewisse Risikoentlastungen für den Bauherrn, z. B. durch Festpreisabsprachen. Die Risiken fallen aber z. B. im Insolvenzfall des Generalunter-/übernehmers auf den Bauherrn zurück.

Der **Baubetreuer** übernimmt keine der genannten Risiken. Lediglich dann, wenn er bei Einschaltung von Vertragspartnern nicht mit der im Verkehr erforderlichen Sorgfalt verfährt, beginnt bei ihm das Haftungsrisiko (s. 7.2.5).

7.2.2 Zulassungsvoraussetzungen, Abgrenzungen

GewO § 34c

Wie Bauträger bedürfen auch **Baubetreuer** der Erlaubnis nach § 34c GewO. Im Gesetzestext wird der Begriff des Baubetreuers im Sinne eines Gewerbetreibenden verwendet, der Bauvorhaben in fremdem Namen für fremde Rechnung **wirtschaftlich** vorbereitet **oder** durchführt. Damit ist klar, dass die rein **technische Baubetreuung** nicht durch § 34c GewO erfasst ist.

Wirtschaftliche Baubetreuung kann auch zu den Leistungen eines Architekten gehören („besondere Leistungen" im Sinne der Honorarordnung für Architekten). Der Leistungsschwerpunkt liegt jedoch im technischen Bereich. Aber selbst dann, wenn Architekten im Zusammenhang mit der Betreuung einer Baumaßnahme wirtschaftliche Betreuungsleistungen übernehmen, bedürfen sie keiner Erlaubnis nach § 34c GewO, da sie diese Leistungen in Durchführung ihrer **freiberuflichen** Tätigkeit erbringen und sich als Nebenleistungen zu den (technischen) Hauptleistungen darstellen.

Ausgenommen sind Unternehmen, die am 31.12.1989 als **Betreuungsunternehmen** im Sinne des II. Wohnungsbaugesetzes zugelassen waren, solange bei diesen Unternehmen die Voraussetzungen für die einmal erteilte Zulassung bestehen. Nach dem 31.12.1989 wurden solche Zulassungen nicht mehr erteilt.

II. WobauG § 37 Abs.2 Buchst.b

Wer eine Erlaubnis nach § 34c GewO benötigt, muss die für ihre Erteilung notwendigen Voraussetzungen nachweisen. Es handelt sich um die **„für den Gewerbebetrieb erforderliche Zuverlässigkeit"** und um **„geordnete Vermögensverhältnisse"**.

Die Zuverlässigkeitsvoraussetzung muss auch bei dem vom Betriebsinhaber bestellten Leiter des Betriebes oder einer Zweigniederlassung gegeben sein.

(Zu den Erlaubnisvoraussetzungen s. 1.2.3.1)

7.2.3 Regeln der Gewerbeausübung (Makler-Bauträger VO)

Der Baubetreuer, der für Bauherren Bauvorhaben wirtschaftlich vorbereitet und/oder durchführt, unterliegt ebenso wie der Bauträger dem Regelungsbereich der **Makler-Bauträger-Verordnung (MaBV).**

7.2.3.1 Sicherungsvorschriften

Baubetreuer müssen die Sicherungsvorschriften der §§ 2, 4, 5 und 6 MaBV beachten. Gesichert werden sollen – der allgemeinen Intention der MaBV entsprechend – die **Vermögensinteressen** der Auftraggeber. Für **Bauträger** gilt anstelle des § 2 der § 3 und ergänzend § 7 MaBV.

MaBV §§ 2, 4, 5, 6
MaBV §§ 3, 7

– die Baubetreuervorschrift (§ 2 MaBV)

Baubetreuer müssen nach § 2 MaBV Vermögenswerte des Bauherrn (in der MaBV als **Auftraggeber** bezeichnet), die sie zur Ausführung von Bauvorhaben erhalten oder zu deren Verwendung sie ermächtigt werden, vorher absichern. Dies geschieht entweder durch Stellung einer **Bankbürgschaft** oder durch Abschluss einer **„Vertrauensschadenversicherung".** (Achtung: Nicht verwechseln mit **Vermögensschadenversicherung!**) Die Vertrauensschadenversicherung hat in der Praxis nie eine Bedeutung erlangt. Absicherungen erfolgten regelmäßig über Bankbürgschaften. Diese müssen einen Verzicht auf die „Einrede der Vorausklage" enthalten. Damit soll dem bürgenden Kreditinstitut die Möglichkeit abgeschnitten werden, aus dem Bürgschaftsvertrag erst zu leisten, wenn die verbürgte Leistungspflicht durch Urteil bestätigt ist. Diese Bürgschaft wird auch als „selbstschuldnerische Bürgschaft" bezeichnet.

Die Bürgschaftsurkunde (bzw. der Versicherungsschein) ist dem Bauherrn auszuhändigen. Die Höhe der Absicherung richtet sich nach dem Umfang der abzusichernden Vermögenswerte. In der Regel bestehen diese Vermögenswerte in den Guthaben, die der Bauherr auf das Baukonto einbezahlt. Dazu zählen auch die Guthaben, die durch Auszahlung von Baudarlehen durch Dritte, insbesondere von Kreditinstituten stammen. Die Absicherung muss bis zur Rechnungslegung, ersatzweise bis zur endgültigen Fertigstellung des Bauvorhabens aufrechterhalten werden.

Gesichert werden sollen **Schadensersatzansprüche** wegen **vorsätzlich** begangener unerlaubter Handlungen im Zusammenhang mit den anvertrauten Vermögenswerten

(z. B. Veruntreuung der Gelder). Solche Schadensersatzansprüche würde die **Vermögensschadenversicherung** des Baubetreuers **nicht** decken.

§ 3 MaBV

– die Bauträgervorschrift

Für **Bauträger** gelten andere, die Vermögensinteressen der Erwerber absichernde. Vorschriften. Sie ergeben sich aus § 3 MaBV.

Folgende Voraussetzungen müssen gegeben sein, damit der Bauträger über Baugelder seiner Kunden verfügen kann:

- Abschluss eines rechtswirksamen **Kaufvertrages.** Darin etwa vorbehaltene Rücktrittsrechte des Bauträgers müssen erloschen sein.
- Eintragung einer **Auflassungsvormerkung** im Grundbuch zugunsten des Erwerbers.
- **Verbindliche Freistellungserklärung** der Grundpfandgläubiger wegen aller im Grundbuch eingetragenen Vorbelastungen, die der Erwerber nicht übernimmt. (Die Freistellung erfolgt in der Praxis „Zug um Zug", d. h. unter unmittelbarer Verwendung von Kaufpreisteilen des Erwerbers.)
- Das Bauvorhaben muss genehmigt sein oder – wenn das Bauvorhaben nicht genehmigungspflichtig ist – es muss eine Bestätigung der Gemeinde vorliegen, dass das Bauvorhaben als genehmigt gilt oder mit dem Bau begonnen werden darf. Ist eine solche Bestätigung nach dem Landesrecht nicht vorgesehen, genügt eine Bestätigung durch den Bauträger selbst. Allerdings darf er dann frühestens nach einem Monat erstmals Baugelder der Erwerber einsetzen.

Der Bauträger muss sich ferner an die vorgeschriebenen Höchstgrenzen bei den **Baufortschrittsraten** halten.

Um die finanzielle Abwicklung zu erleichtern, wurde die frühere, starre Regelung geändert, wonach sich die Baufortschrittsraten in sechs Teilbeträge aufteilten, deren Abruf an bestimmte Fertigstellungsmerkmale einzelner Gewerke geknüpft war.

Der Verordnungsgeber hat eine größere Flexibilisierung zugelassen, um so modernen Produktionsverfahren Rechnung zu tragen. Die Zahl der abrufbaren Teilbeträge wurde auf sieben erhöht, wobei dem Bauträger ein gewisser Spielraum in der Zusammensetzung der nunmehr insgesamt dreizehn Baufortschrittsmerkmale eingeräumt wird.

Die **Baufortschrittsmerkmale** und ihre Anteile sind wie folgt festgesetzt:

1. von der Vertragssumme
   30 % wenn das Eigentum am Grundstück auf den Erwerber übertragen werden soll oder
   20 % wenn ein Erbbaurecht bestellt oder übertragen werden soll, abrufbar jeweils nach Beginn der Erdarbeiten
2. von der verbleibenden Vertragssumme
   40 % nach Rohbaufertigstellung
   8 % für die Herstellung der Dachflächen und Dachrinnen
   3 % für die Rohinstallation der Heizungsanlagen
   3 % für die Rohinstallation der Sanitäranlagen
   3 % für die Rohinstallation der Elektroanlagen
   10 % für den Fenstereinbau einschl. Verglasung
   6 % für den Innenputz, ausgenommen Beiputzarbeiten
   3 % für den Estrich
   4 % für die Fliesenarbeiten im Sanitärbereich
   12 % nach Bezugsfertigkeit
   3 % für die Fassadenarbeiten
   5 % nach vollständiger Fertigstellung

Zu erkennen ist, dass nur noch bei den Baufortschrittsraten für Rohbau, die Bezugsfertigkeit und die völlige Fertigstellung eine (logische) zeitliche Reihenfolge vorgegeben ist. Im Übrigen kann der Bauträger seine sieben Teilbeträge beliebig zusammensetzen, je nach dem, mit welchen Teilarbeiten er jeweils zuerst fertig wird.

Soweit einzelne Leistungen nicht anfallen oder vom Erwerber in Eigenleistung erbracht werden, kann der auf sie entfallende Prozentsatz auf die übrigen Leistungen anteilig verteilt werden.

Die oben genannten Höchstgrenzen gelten analog auch bei der Altbausanierung bzw. Modernisierung.

– gemeinsame Vorschriften für Baubetreuer und Bauträger

Für Baubetreuer und Bauträger gemeinsam gelten die §§ 4, 5 und 6 MaBV. Sie ergänzen die Hauptbestimmungen der §§ 2 bzw. 3 MaBV. MaBV §§ 4, 5, 6 MaBV §§ 2, 3

Danach besteht die Verpflichtung zur **vertragsgemäßen** Verwendung der Baugelder aus Eigen- und Fremdfinanzierung.

Der Baubetreuer bzw. Bauträger muss sicherstellen, dass auch das eingeschaltete Hilfspersonal (Angestellte) die dargelegten Vorschriften der §§ 3 und 4 MaBV beachten. Die Sicherungspflicht der Baubetreuer muss auch das Hilfspersonal mit einbeziehen.

Schließlich schreibt die MaBV zur Sicherung der fremden Vermögenswerte vor, dass Baubetreuer und Bauträger diese von ihrem Vermögen **getrennt** verwalten müssen. Das bedeutet, dass die Gelder des Bauherrn bzw. Ersterwerbers auf einem **Sonderkonto** in der Form eines offenen Fremdkontos zu halten sind, so dass im Falle der Insolvenz des Bauträger-/Baubetreuer die Gläubiger keinen Zugriff auf diese fremden Vermögenswerte haben.

Da für **Baubetreuer** eine Absicherungspflicht nur besteht, wenn sie über das für den Bauherrn eingerichtete Sonderkonto allein verfügen können, wird oft der Weg gewählt, dass die Überweisungsbelege vom Bauherrn entweder alleine oder mitunterzeichnet werden müssen, damit ein Zahlungsvorgang ausgelöst wird. In diesem Fall entfällt nämlich die Sicherungspflicht.

Bauträger können sich von der Einhaltung der beschriebenen Vorschriften der §§ 3–6 MaBV dadurch befreien, dass sie dem Ersterwerber eine **Sicherheit für alle** etwaigen Ansprüche auf Rückgewähr oder Auszahlung seiner Vermögenswerte bieten. Diese Sicherheit kann nur in einer selbstschuldnerischen Bankbürgschaft bestehen. Viele Bauträger machen von dieser Möglichkeit Gebrauch, weil sie durch einen frühzeitigen Zugriff auf die Baugelder der Erwerber Zwischenfinanzierungszinsen ersparen und den eigenen Liquiditätsspielraum vergrößern. MaBV §§ 3–6 MaBV § 7

7.2.3.2 Pflicht zur Rechnungslegung

Beim **Bauträger,** der seine Objekte zum Festpreis verkauft, entfällt die Pflicht zur Rechnungslegung. Soweit nur teilweise ein Festpreis vereinbart ist (z. B. für die Baukosten, nicht aber für noch ausstehende Erschließungsbeiträge) muss ein Nachweis der Mittelverwendung über die Bezahlung der abzurechnenden Leistungen erfolgen. Die Pflicht zur Rechnungslegung entfällt aber auch dann, wenn der „Auftraggeber" (Bauherr, Erwerber) darauf verzichtet hat.

In der Regel ist dies bei vereinbarten Abrechnungspreisen oder bei der Baubetreuung nicht der Fall.

Die Rechnungslegung erfolgt beim **Baubetreuer** nach den gleichen Regeln wie beim Objektbetreuer. Es wird deshalb auf die dortigen Erläuterungen (7.1.6) verwiesen. Hier ist nur zu ergänzen, dass die Pflicht zur Rechnungslegung bei der Baubetreuung ebenfalls nur zivilrechtlicher Natur ist, obwohl sie in die MaBV (§ 8) aufgenommen wurde. Der Anspruch auf Rechnungslegung ergibt sich also auch bei der Baubetreuung aus § 666 BGB. BGB § 666

7.2.3.3 Buchführungs-, Informations- und Inseratesammlungspflicht

MaBV § 10 Die in der MaBV vorgeschriebene „Buchführungspflicht“ ersetzt nicht handels- oder steuerrechtliche Vorschriften über die Buchführung. Vielmehr besteht sie **neben** diesen Pflichten. Sie beziehen sich auf Aufzeichnungen und die Sammlung von Belegen und Unterlagen, denen der von der MaBV vorgeschriebene ordnungsgemäße Geschäftsablauf zu entnehmen sein muss.

Vorgeschrieben ist keine bestimmte Form der Aufzeichnungen. Sie können sich auch aus den aufbewahrten Unterlagen und Belegen ergeben. Vorgeschrieben ist nur die **Übersichtlichkeit** der Unterlagen- und Belegesammlung.

– Buchführungspflicht

Der Aufzeichnungspflicht unterliegen drei Datengruppen:

- Vertragsdaten,
- Daten des Bauvorhabens und
- Daten, die die Einhaltung der Absicherungsbestimmungen belegen

Aus den **Vertragsdaten** muss sich ergeben:

- **Name** und **Anschrift** des Auftraggebers (Bauherr, Erwerber)
- etwaiges **Einverständnis** des Auftraggebers, dass über seine Baugelder durch den Baubetreuer/Bauträger verfügt werden kann
- Information des Auftraggebers über die Verpflichtung zur **auftragsgemäßen Verwendung** der Baugelder
- (nur für Bauträger) Aufklärung über die Bestimmungen des § 3 MaBV
- (nur für Baubetreuer) das Baubetreuungshonorar sowie die Daten, die sich aus der zu leistenden Bankbürgschaft/Vertrauensschadenversicherung ergeben

Soweit diese Daten Bestandteil der aufzubewahrenden Verträge sind (Baubetreuungsvertrag, bzw. Kaufvertrag mit Bauträger), sich also hieraus ergeben, sind keine weiteren Aufzeichnungen erforderlich. Dies ist regelmäßig der Fall.

Aus den Daten, die sich auf das **Bauvorhaben** beziehen, müssen sich ergeben:

- **Lage** und **Größe** des Baugrundstücks,
- das Bauvorhaben mit den genehmigten **Plänen** und die **Baubeschreibung,**
- Zeitpunkt der **Fertigstellung,**
- (beim Baubetreuer) **Kostenvoranschläge** (mit Kostenobergrenzen) und die vom Baubetreuer beschaffte **Fremdfinanzierung,**
- (beim Bauträger) **Kaufobjekt, Kaufpreis,** die vom Erwerber zu übernehmenden Belastungen und vom Bauträger beschaffte **Fremdfinanzierung**.

Zu den Daten, aus denen sich die **Absicherungspflicht** ergibt, gehören:

- alle **Einzahlungen** der Bauherren bzw. Erwerber auf das Sonderkonto sowie alle **Verrechnungsvorgänge,**
- alle **Verwendungen** der Baugelder dem Tage und der Höhe nach,
- (beim Baubetreuer) das **bezahlte** Baubetreuungshonorar, Empfangsbestätigung des Bauherrn über die erhaltene **Bürgschafts/Versicherungsurkunde, Kopie** dieser Urkunden, Bestätigung des Bauherrn über **auftragsgemäße** Verwendung der Baugelder, **Tag** der Beendigung des Bürgschaftsvertrages/der Vertrauensschadenversicherung sowie **Tag** und **Grund** der Beendigung des Baubetreuungsvertrages.

– Informationspflicht

Die **Informationspflicht** des Baubetreuers und des Bauträgers bezieht sich ausschließlich auf Daten, über die auch eine Aufzeichnungspflicht besteht. Sie werden teilweise durch Aufnahme dieser Daten in die Verträge erfüllt, teilweise im Zusammenhang mit übergebenen Angebotsunterlagen, Plänen und Baubeschreibungen. Klar ist, dass ein Baubetreuer seinen Bauherrn natürlich nicht über Daten informieren muss (z. B. Lage und Größe des Grundstücks), deren Kenntnis er vom Bauherrn selbst erhalten hat.

Die Informationen müssen stets schriftlich erfolgen. Letzter Informationszeitpunkt ist der Tag des Vertragsabschlusses (Baubetreuungsvertrag/Kaufvertrag mit Bauträger). Der Vertrag soll in voller Kenntnis der informationspflichtigen Umstände geschlossen werden.

– Inserate- und Prospektsammlungspflicht

Um den Geschäftsablauf vor allem der **Bauträgertätigkeit** leichter nachvollziehen zu können, ist auch eine Pflicht zur Sammlung veröffentlichter **Inserate** und zur Sammlung der im Angebot verwendeten **Prospekte** vorgeschrieben. Für Baubetreuer ist diese Vorschrift nur von geringer Bedeutung, da sie ihre Tätigkeit kaum in Inseraten bekanntmachen. Sie arbeiten auch nicht mit Prospekten, die sich auf Objekte beziehen.

Die MaBV schreibt in § 14 eine **Aufbewahrung** der Aufzeichnungen, Unterlagen und Belege sowie der nach § 13 zu sammelnden Inserate und Prospekte vor. Sie beläuft sich auf 5 Kalenderjahre.

MaBV §§ 13, 14

Dem steht ein Anspruch der Bauherren bzw. Erwerber auf **Herausgabe** bestimmter Unterlagen entgegen. Zu lösen ist das Problem so, dass der Baubetreuer bzw. Bauträger für eigene Aufbewahrungszwecke Kopien des herauszugebenden Schriftgutes anfertigt. Umstritten ist, wie weit die Herausgabepflicht des **Bauträgers** geht. Eine Rechtsmeinung geht dahin, dass der **Bauträger** zumindest Ablichtungen der Baupläne einschließlich der Statik sowie Installationspläne **auf Verlangen** herauszugeben hat. Werden Gewährleistungsansprüche an den Erwerber abgetreten, erstreckt sich die Herausgabepflicht auch auf Bauhandwerkerverträge, Leistungsverzeichnisse und Ausschreibungsunterlagen.

Der Herausgabeanspruch an Baubetreuer ist umfassender. Er bezieht sich auf alle Unterlagen mit Ausnahme der Originalbuchungsbelege, die Beweisgrundlage für seine Rechnungslegung sind. Auch Baubetreuer können deshalb ihrer Aufbewahrungspflicht nur genügen, indem sie entsprechende Kopien anfertigen.

7.2.4 Leistungsbild der Baubetreuung

Bei der klassischen Baubetreuung unterscheidet man zwischen einem **wirtschaftlichen** und einem **technischen** Leistungsbereich. Beide Bereiche greifen während des Leistungsprozesses ineinander über und bedingen einander. Baubetreuer und Bauträger haben weitgehend deckungsgleiche Aufgaben.

Der Baubetreuer als Bevollmächtigter des Bauherrn schaltet die an der Vorbereitung (einschließlich Planung) und Durchführung des Bauvorhabens Beteiligten für den Bauherrn ein. Neben dem Baubetreuer kann auch der Architekt selbstständiger Leistungsträger sein, mit dem der Baubetreuer für den Bauherrn den Architektenvertrag schließt. Der Architekt hat dann seine Leistungen gegenüber dem Bauherrn zu erbringen. Hat der Baubetreuer jedoch einen Architekten beschäftigt, den er mit der Planung und technischen Betreuung des Bauvorhabens betraut, ist dieser der Erfüllungsgehilfe und deshalb nicht Vertragspartner des Bauherrn. Denkbar ist auch, dass der Bauherr Baubetreuer und Architekten jeweils selbst einschaltet, was allerdings leichter zu Problemen bei der Abgrenzung der Zuständigkeiten führen kann und wohl deshalb in der Praxis kaum vorkommt.

– Voll- und Teilbetreuung

Wegen dieser Gestaltungsmöglichkeiten ist zwischen **Voll- und Teilbetreuung** zu unterscheiden. Bei der Vollbetreuung vertritt der Baubetreuer den Bauherrn nicht nur im wirtschaftlichen, sondern auch im technischen Leistungsbereich. Von Teilbetreuung wird gesprochen, wenn nur entweder der wirtschaftliche oder nur der technische Leistungsteil des Bauvorhabens Betreuungsgegenstand ist.

Zum **wirtschaftlichen** Bereich der Baubetreuung zählen im Wesentlichen:

- Regelung der dinglichen Rechte des Baugrundstücks
- Kalkulation der Gesamtkosten
- Aufstellung des Finanzierungsplanes
- Wirtschaftlichkeits-/Lasten-/Rentabilitätsberechnung
- Beschaffung und Veranlassung der dinglichen Absicherung der Finanzierungsmittel
- Sicherstellung der Zwischenfinanzierung
- Abschluss erforderlicher Versicherungsverträge
- Vergabe der Bauleistungen
- Führung des **Baubuches** (s. 3.5.5)
- Prüfung der Rechnungen auf **rechnerische** Richtigkeit
- Zahlungsverkehr
- Führung der Bauakte
- Erstellung der Schlussabrechnung

Zum **technischen** Bereich der Baubetreuung zählen

- Bebaubarkeitsprüfung
- Vorplanung mit Kostenschätzung
- Entwurfsplanung mit Kostenberechnung
- Erstellung der Bauvorlagen
- Stellung des Bauantrages (zusammen mit dem Bauherrn)
- Objektüberwachung (Überwachung der Bauausführung, Koordination der beteiligten Gewerke, gemeinsames Aufmaß, Überwachung des Bauzeitenplanes, Führung des Bautagebuches, Abnahme einzelner Bauleistungen und Feststellung vorhandener Mängel, Rechnungsprüfung auf sachliche Übereinstimmung mit der Ausführung),
- Objektübergabe sowie Beseitigung festgestellter Mängel und Auflistung der Gewährleistungsfristen.

Wie schon ausgeführt, sind die im Zusammenhang mit der Vorbereitung, Durchführung und Überwachung von Bauvorhaben zu erbringenden Leistungen bei Baubetreuern und Bauträgern identisch. Hier wird auf die ausführliche Darstellung im Kapitel 3 (insbesondere 3.3–3.6) verwiesen.

7.2.5 Haftung des Baubetreuers

Um die zivilrechtlichen Grundlagen der Baubetreuung bestimmen zu können, muss der Baubetreuungsvertrag auf die Art der geschuldeten Leistung untersucht werden. Es wurde bereits zwischen Voll- und Teilbetreuung unterschieden. Der Baubetreuer im Sinne des § 34c GewO ist ausschließlich der **wirtschaftliche** Baubetreuer, also ein Teilbetreuer. Die Leistungen, die er zu erbringen hat, haben eine entgeltliche Geschäftsbesorgung im Bereich des Dienstvertragsrechts zum Gegenstand. Sie sind somit nach **auftrags- und dienstvertragsrechtlichen** Bestimmungen des BGB zu beurteilen.

GewO § 34c

Die **technische** Baubetreuung zielt überwiegend auf die Erstellung eines **„Werkes"** ab (z. B. Bauplanung, Erstellung von Ausführungszeichnungen, Erstellung von Leistungsverzeichnissen). Sie haben eine entgeltliche Geschäftsbesorgung im Bereich des Werkvertragsrechts zum Gegenstand und sind deshalb nach **auftrags- und werkvertragsrechtlichen** Bestimmungen des BGB zu beurteilen.

In rechtlicher Hinsicht ergeben sich erhebliche Unterschiede. Beim Werkvertragsrecht gibt es eine Mängelhaftung, beim Dienstvertragsrecht nicht. Beim Werkvertragsrecht haben wir hinsichtlich der Baumängelhaftung eine Gewährleistungspflicht von 5 Jahren. Zu unterscheiden ist allerdings zwischen der Gewährleistung an einem **Bauwerk** und der Gewährleistung an einem **Grundstück.** Die Verjährungsfrist für Arbeiten am Grundstück beträgt nur ein Jahr. Führt ein Maler Arbeiten an einem Haus aus, ist dies Instandhaltung am Grundstück (1 Jahr Gewährleistung); wird das Dachgeschoss ausgebaut, sind dies Arbeiten an einem Bauwerk (5 Jahre Gewährleistung).

Bei Pflichtverletzungen des **wirtschaftlichen** Baubetreuers gibt es nur Schadensersatzansprüche, die in 30 Jahren verjähren.

Die Grenze, wo bei der Baubetreuung der „Umschlag" vom Dienst- ins Werkvertragsrecht beginnt, ist oft schwer auszumachen. Klassische Haftungsfälle des wirtschaftlichen Baubetreuers sind:

- Erhebliche **Bausummenüberschreitungen** gegenüber seinen, dem Vertrag zugrunde liegenden Berechnungen, sofern nicht der Architekt dafür verantwortlich ist. Die Toleranzgrenze liegt bei 15–20 %.
- **Fehlerhafte** Kostenermittlung, lückenhafter Finanzierungsplan, falsche Berechnung des Kapitaldienstes und steuerlicher Entlastungen, unterlassener Skontoabzug u. dergl.
- **Vorvertragliche** Pflichtverletzungen (es handelt sich um solche, die keine Vertragsverletzungen darstellen, sondern Verstöße gegen Treu und Glauben **vor** Abschluss des Betreuungsvertrages); Beispiele: Verschweigen des Fehlens einer Erlaubnis nach § 34c GewO, bewusst zu niedrige Kostenermittlung oder Verschweigen vorausschaubarer Finanzierungsprobleme, um einen Betreuungsvertrag zu bekommen usw.
- **Prospekthaftung,** sofern der Baubetreuer im Prospekt aufgeführt ist und damit eine Vertrauensstellung einnimmt. Fehler, Unvollständigkeiten oder Irreführungen im Prospekt brauchen nicht auf den Baubetreuer zurückzuführen sein, es genügt seine namentliche Erwähnung.

Schließlich wird auch noch auf die Haftung aus unerlaubter Handlung hingewiesen (s. 7.1.8).

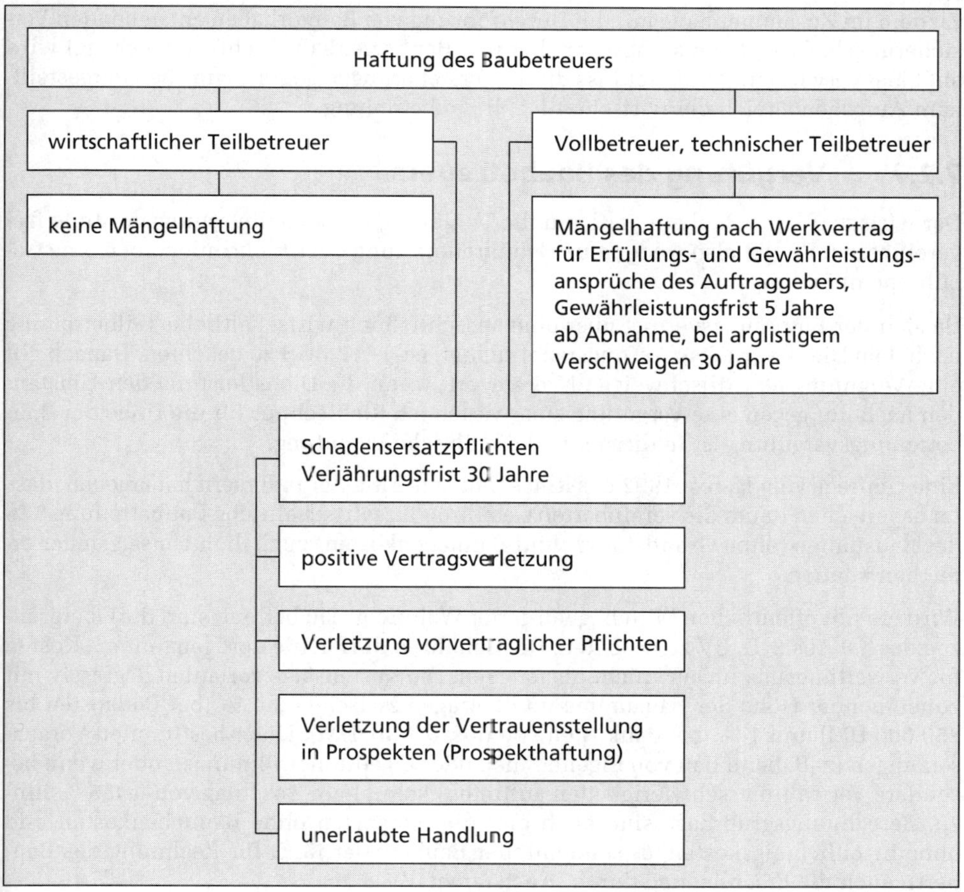

7.2.6 Versicherungen

Der Baubetreuer muss ebenso wie der Objektbetreuer mit Schadensersatzansprüchen für den Fall rechnen, dass er gegen seine ihm obwaltenden Sorgfaltspflichten verstößt und dadurch dem Auftraggeber ein Schaden entsteht.

Der Baubetreuer kann die sich daraus ergebenden Risiken – ähnlich wie Makler, Angehörige der freien Berufe oder Notare – durch Abschluss einer Berufshaftpflichtversicherung verringern. Im Bereich der in der Immobilienwirtschaft tätigen Unternehmer werden gebündelte Versicherungen angeboten, die sich auf Schäden aus der Makler-, Baubetreuungs-, Hausverwaltungs- und Immobilien-Sachverständigentätigkeit beziehen.

Nicht abgesichert sind Ansprüche auf Ersatz von Schäden aus unerlaubter Handlung und Schäden, die durch vorsätzliches Handeln entstehen. Die Höhe der Versicherungsprämie richtet sich nach der Größe des Betriebes (Zahl der Mitarbeiter) und der Versicherungssumme. Eine öffentlich-rechtliche Pflicht zum Abschluss einer solchen Versicherung besteht nicht. Allerdings müssen z. B. die Mitglieder des Ring Deutscher Makler aufgrund der Satzungsbestimmungen eine Berufshaftpflichtversicherung abgeschlossen haben und unterhalten.

Von der Architekten-Haftpflichtversicherung unterscheidet sich die Berufshaftpflichtversicherung für wirtschaftliche Baubetreuer dadurch, dass mit ihr nur Vermögensschäden und nicht Personen- und Sachschäden abgedeckt werden. Bei Vollbetreuung, die im technischen Bereich auch die Aufgaben der örtlichen Objektüberwachung mit den dabei möglichen Personen- und Sachschäden einschließt, sollte deshalb die Berufshaftpflichtversicherung auf den weiterreichenden Umfang der Architekten-Haftpflichtversicherung ausgedehnt werden.

Zu dem im Zusammenhang mit der Durchführung von Bauvorhaben entstehenden Versicherungsbedarf (Bauleistungsversicherung, Bauherrenhaftpflichtversicherung) wird auf 3.5.6 verwiesen. Der Abschluss dieser Versicherungen gehört, wie oben dargestellt, zum Aufgabenbereich der wirtschaftlichen Baubetreuung.

7.2.7 Vergütung des Baubetreuers

Der wirtschaftliche Baubetreuer kann die Vergütung für seine Betreuungsleistung **frei** vereinbaren. Es gibt also weder eine Gebührenordnung oder Richtlinien noch eine Gebührenempfehlung.

Da sich der Betreuungsvertrag über eine ausschließlich wirtschaftliche Teilbetreuung nach dem Dienstvertrags-/Auftragsrecht richtet, ist § 612 BGB zu beachten. Danach gilt eine Vergütung als stillschweigend vereinbart, wenn die Dienstleistung den Umständen nach nur gegen eine Vergütung zu erwarten ist. Richtschnur für die Höhe der Baubetreuungsvergütung ist in diesem Fall die **übliche** Vergütung.

BGB § 612

Eine Umfrage vom Herbst 1992 des Rings Deutscher Makler in Bayern hat ergeben, dass im bayerischen Raum die vereinbarten Gebühren für wirtschaftliche Baubetreuung 5 % der Bausumme (ohne Grundstücks- und Baunebenkosten) zuzüglich Umsatzsteuer erreichen können.

II. BV § 8 Abs.2

Wird ein mit öffentlichen Mitteln geförderter Wohnungsbau betreut, sind die Obergrenzen des § 8 Abs.2 II. BV zu beachten. Die Gebühren dürfen die dort genannten „Kosten für Verwaltungsleistungen" nicht übersteigen. Die Kostensätze verlaufen degressiv mit zunehmender Höhe der Bausumme und betragen zwischen 3,4 % (bei Baukosten bis 250 000 DM) und 1 % (bei Baukosten von über 7 Mio. DM). Unter bestimmten Voraussetzungen (z. B. beim Bau von Eigenheimen oder Eigentumswohnungen oder wenn besondere Verwaltungsschwierigkeiten auftreten) kommt ein Zuschlag von je 0,5 % hinzu. Berechnungsgrundlage sind auch hier die Baukosten ohne Baunebenkosten und ohne Erschließungskosten, es sei denn, der Baubetreuer führt für Rechnung des Bauherrn auch die Erschließung durch (Ausnahmefall).

Fragen:

1. In welchem Zusammenhang spielt der „Treuhänder" im Baugeschehen eine Rolle?
2. Welche Grundgedanken spielen bei den „Ersterwerber-" und „Bauträgermodellen" eine Rolle?
3. Wann spricht man von „Vorratsbau" und wann von „Bestellbau"?
4. Was unterscheidet den Generalunternehmer vom Bauträger?
5. Was unterscheidet den Generalunternehmer vom Generalübernehmer?
6. Was charakterisiert den Baubetreuer?
7. Wer ist Bauherr?
8. Welche Voraussetzungen für die Erteilung einer Erlaubnis nach § 34c GewO müssen Baubetreuer erfüllen?
9. Wie kann ein Baubetreuer, der über das Baukonto des Bauherrn verfügen soll, seiner Absicherungspflicht nach der MaBV nachkommen?
10. In welchem Fall entsteht für den Baubetreuer keine Absicherungspflicht i. S. d. MaBV?
11. Wie wird erreicht, dass Baubetreuer und Bauträger die Baugelder des Bauherrn bzw. Erwerbers getrennt von ihrem Vermögen halten?
12. Welche Voraussetzungen müssen nach der MaBV erfüllt sein, damit Bauträger über die von den Erwerbern auf das Baukonto einbezahlten Gelder verfügen dürfen?
13. Über welche Daten des Baubetreuungsvertrages besteht für den Baubetreuer eine Aufzeichnungspflicht nach der MaBV?
14. Über welche Daten, die sich auf das Bauvorhaben beziehen, muss der Baubetreuer Aufzeichnungen machen bzw. Unterlagen/Belege sammeln und aufbewahren?
15. Welche beiden großen Leistungsbereiche kennzeichnen die Baubetreuung?
16. Wann spricht man von Vollbetreuung, wann von Teilbetreuung?
17. Nennen Sie Leistungen, die zur wirtschaftlichen Baubetreuung gehören.
18. Nennen Sie Leistungen, die zur technischen Baubetreuung gehören.
19. Worin unterscheidet sich die Haftung des wirtschaftlichen Baubetreuers von der des technischen Baubetreuers?

Themenkreis 8:
Unternehmensführung und Personalwirtschaft in Unternehmen der Grundstücks- und Wohnungswirtschaft

8.1 Unternehmensführung

Eine Unternehmung ist eine zielgerichtete Einheit von Stellen und Personen, die zu ihrer Steuerung Führungskräfte benötigt. Die Personengruppe im Unternehmen, die mit Führungsaufgaben betraut ist, bezeichnet man als Unternehmensführung.

Man unterscheidet allgemein die folgenden drei Führungsebenen:

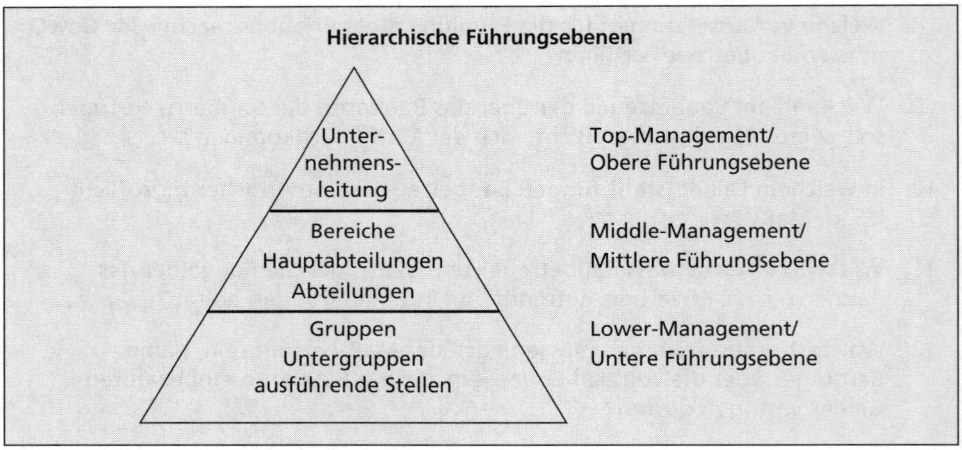

Man kann im Allgemeinen davon ausgehen, dass in jedem Unternehmen diese Führungsebenen vorhanden sind, so dass sich hieraus die unterschiedlichen Führungsfunktionen erkennen lassen.

- Das Top-Management ist überwiegend mit strategischen Aufgaben (Entscheidungen) befasst, wie z. B. Entwicklung von Oberzielen, Auswahl des Tätigkeitsfeldes, der Märkte, der Strategien. Repräsentiert wird diese Führungsebene z. B. durch den Vorstandsvorsitzenden einer Aktiengesellschaft, den alleinvertretungsberechtigten Geschäftsführer einer GmbH.
- Das Middle-Management ist überwiegend mit strukturellen Aufgaben beschäftigt, d. h. mit der Gestaltung einer bestimmten Systemstruktur wie z. B. Kapazitäten, Kapitalausstattung, also einer Ziel-Mittel-Umsetzung.

  Repräsentiert wird diese Führungsebene z. B. durch Prokuristen, Bereichsleiter, Haupt- und Abteilungsleiter.
- Das Lower-Management ist im Wesentlichen mit operativen Aufgaben befasst, z. B. im Ablauf des Verwaltungsprozesses, der Beschaffung, des Verkaufs. Hierzu zählen z. B. die Mitarbeiter in der Vermietungsabteilung, in der Mietenbuchhaltung usw.

Führungsfunktionen sind demnach auf allen Ebenen zu finden und nicht nur an der Spitze der Hierarchie. Die Summe der Entscheidungen von in diesen drei Ebenen Tätigen ist aktive Unternehmensführung (Management).

Im engeren, hierarchischen Sinne wird unter Unternehmensführung die Unternehmensspitze verstanden. Dies können bei einem Immobilienunternehmen in der Rechtsform der GmbH z. B. nur die Geschäftsführer oder der AG nur Vorstandsmitglieder sein. Im weiteren Sinne aber auch die Generalbevollmächtigten oder Prokuristen, dann häufig zur Unterscheidung vom engeren Begriff der Geschäftsführung auch Geschäftsleitung genannt.

8.1.1 Führungsaufgaben

Die wichtigsten Führungsaufgaben im engeren Sinne sind:
Ziele vorzugeben,
zu organisieren,
Entscheidungen zu treffen,
Verantwortung zu tragen und
Kontrolle auszuüben.

Zu diesen „klassischen“ Führungsaufgaben tritt mit zunehmender Bedeutung die Öffentlichkeitsarbeit in vielfältiger Ausprägung.

8.1.2 Führungsziele zur Erreichung von Unternehmenszielen

Führungsziele sind eine Bündelung von mehreren oder vielen Einzelzielen, die auf Erreichung des bzw. der Unternehmensziele ausgerichtet sind.

Vielfach wird anstelle eines **Unternehmenszieles** treffender von einem ganzen System der Unternehmensziele ausgegangen.

Die Entwicklung eines **Unternehmensleitbildes** als Festlegung einer Unternehmensphilosophie wurde in der jüngsten Vergangenheit auch in der Immobilienwirtschaft als geeignetes Mittel zur Formulierung (i. d. R.) globaler Vorgaben für die nachfolgende Präzisierung der Unternehmensziele hervorgehoben. Ein Unternehmensleitbild wird dann am schlüssigsten sein, wenn es die internen Vorgaben in Einklang mit der erstrebten Außenwirkung des Leitbildes bringt. Das Firmenimage (corporate identity, corporate image), das angestrebt wird, muss im Idealfall als Maßstab für alle Unternehmenstätigkeiten ausgerichtet sein. Unternehmensleitbilder sollen sich nicht nur in der Vorgabe für Unternehmensziele niederschlagen, sondern müssen sich auch an konkreten Verhaltensweisen zur Erreichung dieser Unternehmensziele ablesen lassen. Nur wenn die Gesamtheit aller Beteiligten durch ein solches Unternehmensleitbild motiviert ist und die sich daraus herleitenden Ziele aktiv anstrebt, wird sich die erwünschte Wirkung nach außen tragen lassen.

Beispiele für Unternehmensziele in der Grundstücks- und Wohnungswirtschaft, die sich auch in Unternehmensleitbilder niederschlagen:

Sie können bei einer **Wohnungsgenossenschaft** u. a. aus den Zielen

- Versorgung der Mitglieder und ihrer Angehörigen mit Wohnraum, Zufriedenheit der Mitglieder der Genossenschaft,
- Förderung des gut nachbarschaftlichen Zusammenlebens innerhalb der Genossenschaft,
- günstige Mietgestaltung,
- Förderung des Selbsthilfegedankens,
- Schaffung von Wohnraum für kinderreiche Familien,
- Schaffung von Wohnraum für Angehörige besonderer Berufsgruppen (wenn die Genossenschaft für solche gegründet wurde),
- usw. bestehen.

Bei einem **Maklerunternehmen** könnte beispielsweise neben
- der Ausdehnung des Marktanteils als weitere Zielvorstellung stehen,
- ein positives Firmenimage auf dem Markt für hochwertige Immobilien oder für besonders umfassenden Service,
- Eroberung neuer Geschäftsbereiche,
- Sicherung der langfristigen Ertragsfähigkeit usw.

Bei **kommunalen Wohnungsunternehmen** steht vielfach als Zielvorgabe
- die preisgünstige Wohnraumversorgung neben
- sozial verantwortungsbewusstem Verhalten,
- ergänzt durch preisdämpfende Gestaltung der Mietpreise
- bzw. der Preise von Verkaufsmaßnahmen.

Die Bedeutung der auf gemeinnütziges Handeln ausgerichteten Unternehmensziele spielt in der Wohnungswirtschaft nicht mehr die frühere herausragende Rolle. Gemeinnützige Unternehmensziele sind jedoch nach wie vor in zahlreichen Zielsystemen wohnungswirtschaftlicher Unternehmen verwoben.

Eine Festschreibung, sei es eines Unternehmensleitbildes und/oder des bzw. der Unternehmensziele(s), wird häufig im Gesellschaftsvertrag, in einer Satzung oder durch Grundsatzbeschluss erfolgen. Die schriftliche Formulierung zwingt zu konsequentem Durchdenken und zu Ordnung nach Rangfolge und Bedeutung. Im Rahmen dieses Vorganges verdeutlicht sich möglicherweise eine offenkundige oder latente Konkurrenz von Zielen. Die Führungsziele sind auf Erreichung dieser übergeordneten Ziele auszurichten.

Die Umsetzung der Erkenntnisse aus Führungstheorien in praktische Handlungsweisen sollte klugerweise ein „Greifen nach den Sternen" sein, ohne den Bodenkontakt zu verlieren.

8.1.3 Führungsstile

Während die Führungsziele auf die generelle Erreichung des bzw. der Unternehmensziele(s) ausgerichtet sind, wird mit dem Führungsstil bzw. den Führungstechniken festgelegt, wie die Ziele erreicht werden sollen.

Es gibt keinen für jede Situation allgemeingültigen Führungsstil. Er muss dem gesamten Umfeld, in dem unternehmensbezogen Führung stattfindet, angepasst und konsequent sein.

Die Wahl des anzuwendenden Führungsstils bewegt sich im Spannungsfeld zwischen dem Erzielen des aufgegebenen Unternehmenserfolges und einer Orientierung auf die Mitarbeiter/innen hin. Zudem muss er auch der Persönlichkeit der Führungsperson Rechnung tragen – ein Aspekt, dem häufig zu wenig Bedeutung beigemessen wird.

Welcher Führungsstil angestrebt wird, sollte jedoch sowohl dem Führenden als auch den Geführten deutlich sein.

Die Versuche, Führungsstile zu kategorisieren und zu charakterisieren, sind zahlreich und vielfältig. Teilweise sind sie an der Aufgabe oder an den Mitarbeitern oder aber auch daran orientiert, in welchem Rahmen Entscheidungsprozesse ablaufen. Häufig werden extreme Ausprägungen gegenübergestellt. So z. B. der autoritäre Führungsstil, gekennzeichnet durch Anordnung; im Gegensatz zur weitgehenden Kooperation, gekennzeichnet durch gemeinsames Erörtern und Übertragung von Entscheidungsbefugnissen; oder der „Laissez-faire"-Führungsstil, der der Kreativität freien Raum lässt.

8.1.4 Führungsmittel

- **Dienst- bzw. Geschäftsverteilungsplan**

  Der **Dienst- bzw. Geschäftsverteilungsplan** ist wesentlicher Bestandteil der organisatorischen Führungsmittel

Abgesehen von Kleinbetrieben ist ein Dienst- oder Geschäftsverteilungsplan unverzichtbar.

In ihm wird geregelt, wer wofür und mit welchen Kompetenzen zuständig ist. Er muss übersichtlich und klar gegliedert sein. Häufig wird sein Fehlen oder seine Unvollständigkeit erst dann erkannt, wenn rechtliche Auseinandersetzungen drohen oder eingetreten sind. Bei Haftungsprozessen muss sich die Geschäftsführung das Fehlen eines solchen Planes anlasten lassen.

Nicht selten werden in der Praxis die Begriffe Geschäftsverteilungsplan, Dienstverteilungsplan und Organisationsplan sinngleich verwandt.

Die Gliederung eines Geschäftsverteilungsplanes eines mittelgroßen Wohnungsunternehmens mit gemischtem eigenem Immobilienbestand, Bautätigkeit im Neubau, Modernisierungs- und Sanierungsbereich, Erstellung und Verwaltung von eigentumsbildenden Maßnahmen sowie Übernahme der wirtschaftlichen und technischen Betreuung für Dritte könnte z. B. wie folgt gestaltet sein:

Geschäftsverteilungsplan

Geschäftsleitung
- Controlling
- Personalstelle
- Ausbildungswesen
- Interne Revision
- Datenverarbeitung
- Öffentlichkeitsarbeit
- Sicherheitsbeauftragter
- Datenschutzbeauftragter

Kaufmännische Abteilung
- Sachgebiet Finanzwesen
- Sachgebiet Rechnungswesen
- Sachgebiet Buchhaltung
- Sachgebiet Mahnwesen

Abteilung Wohnungsverwaltung
- Sachgebiet Wohnungsbewirtschaftung
- Sachgebiet Hausverwaltung und Außendienst
- Sachgebiet Regiebetrieb und zentrale Materialbeschaffung
- Sachgebiet Vertrags- und Versicherungswesen
- Sachgebiet Kundenbetreuung
- Sachgebiet Instandhaltung

Technische Abteilung
- Sachgebiet Neubau
- Sachgebiet Modernisierung
- Sachgebiet Sanierung
- Sachgebiet Instandsetzung
- Sachgebiet technische Anlagen

Abteilung für Eigentumsmaßnahmen
- Sachgebiet Verkauf
- Sachgebiet Verwaltung

Abteilung für Betreuungsmaßnahmen
- Sachgebiet wirtschaftliche Betreuung
- Sachgebiet technische Betreuung

Der Dienst- oder Geschäftsverteilungsplan ist veränderten Verhältnissen laufend anzupassen, ohne jedoch ein angemessenes Maß an Beständigkeit zu verlieren.

Die Gesamtaufgabe eines Unternehmens gliedert sich in eine Fülle von Einzelaufgaben. Einige davon sind so beschaffen, dass sie in einem Unternehmen die Arbeitszeit einer Person nicht voll beanspruchen, andere bedürfen der Aufteilung auf mehrere Personen. Der Aufgabenumfang in den Abteilungen und Sachgebieten, der durch Personen zu bewältigen ist, muss auf die Kapazität einer Person abgestimmt werden.

Durch die Zusammenfassung von Aufgaben und Befugnissen zum Aufgaben- und Verantwortungsbereich einer einzigen Person entsteht eine Stelle, die die kleinste organisatorische Einheit eines Unternehmens ist.

Das Ergebnis der Stellenbildung wird in einer Stellenbeschreibung zusammengefasst:

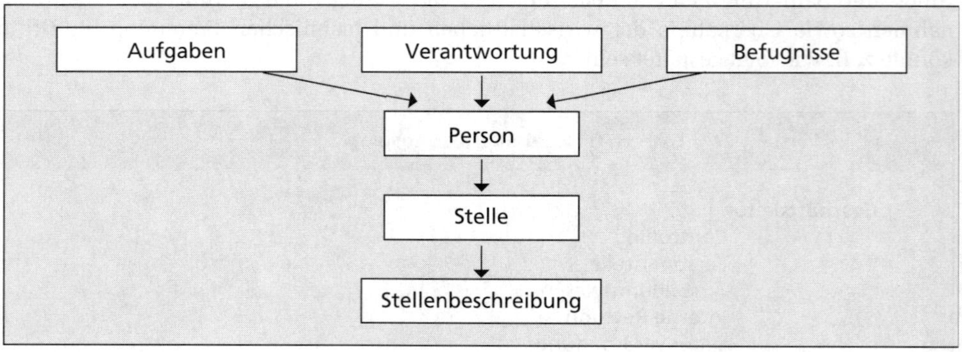

– Stellenbeschreibung

Die Stellenbeschreibung ist die Beschreibung eines Arbeitsgebietes hinsichtlich der zu erledigenden Aufgaben, zu erreichenden Ziele und des Umfanges der jeweiligen Verantwortung einer bestimmten Person. Vorangegangen ist die sorgfältige Analyse eines evtl. bereits vorhandenen Ist-Zustandes, möglicherweise ergänzt durch Überlegungen zum Soll-Zustand.

Soweit eine Stellenbeschreibung für ein bereits tatsächlich vorhandenes Arbeitsgebiet eines Mitarbeiters erstellt werden soll, ist dieser ebenso wie seine Dienstvorgesetzten in den Erarbeitungsprozess eng einzubinden.

Im Regelfall enthält eine Stellenbeschreibung folgende Positionen:

- die Bezeichnung der Stelle
- eine Beschreibung der Arbeitsaufgabe
- eine Beschreibung des vorgegebenen Zieles der Stelle
- Umfang der Entscheidungsbefugnisse, soweit nicht allgemein geregelt
- Umfang der Verantwortung
- die Stellenbezeichnung des Vorgesetzten (unmittelbar und evtl. ergänzend fachlich)
- aktive und passive Vertretung
- quantitative und qualitative Auflistung der unterstellten Stellen sowie des Überwachungsumfanges für diese
- Regelung des Berichtswesens
- Stellenanforderung
- Beurteilungskriterien, soweit nicht allgemein geregelt

– Dienstanweisung

Die **Dienstanweisung** (im Regelfall in schriftlicher Form) ist ein strukturelles Führungsmittel. In ihr wird ein bestimmtes Verhalten oder Vorgehen verbindlich festgelegt.

Beispiele in der Grundstücks- und Wohnungswirtschaft sind:

- Dienstanweisung für den Betrieb und die Überwachung bzw. Wartung technischer Anlagen, wie z. B. von Heizungsanlagen, Lüftungsanlagen, Brandmeldeanlagen,
- Dienstanweisung zur Durchführung des Winterdienstes in Wohnanlagen,
- Dienstanweisung für das Verhalten beim Eintritt von Not- oder Katastrophenfällen wie z. B. Brand, Hochwasser, Wasserrohrbruch etc.

8.2 Personalwirtschaft

Während lange Zeit der Personalwirtschaft bei Unternehmen der Grundstücks- und Wohnungswirtschaft neben traditionellen Bereichen wie Finanzwirtschaft, Produktion etc. – ähnlich Marketing – eine zumindest institutionell untergeordnete Bedeutung beigemessen wurde, hat sich zunehmend die Erkenntnis durchgesetzt, dass dem Faktor Arbeit ein hochwertiger Rang bei der Verfolgung der Unternehmensziele zukommt. Dazu hat auch die stärkere Bedeutung des Dienstleistungscharakters der Unternehmen wesentlich beigetragen. Personalwirtschaft umfasst alle Planungen und Maßnahmen unter Nutzen-Kostengesichtspunkten im weitesten Sinne, die den Faktor Arbeit umfassen.

8.2.1 Personalplanung

Wie immer die Personalplanung im Rahmen der Unternehmensplanung eingeordnet wird, sie ist die Planung eines existenziellen Teiles der unternehmerischen Gesamtplanung. Sie ist eng mit anderen Planungsbereichen eines Unternehmens verbunden. Eine Vernachlässigung des human factors zieht regelmäßig Krisensituationen nach sich. Unternehmen der Grundstücks- und Wohnungswirtschaft sind auf eine den unternehmerischen Zielsetzungen und deren tatsächliche Umsetzung angemessene Personalausstattung angewiesen. Eine schriftliche Niederlegung der Personalplanung zwingt zu konkreter und später nachprüfbarer und den Entwicklungen anpassbarer Planungstätigkeit. Der Personalbedarf muss qualitativ, quantitativ und zeitbezogen mit den gegenwärtig sowie zukünftig geplanten Unternehmensaktivitäten harmonieren.

Voraussetzung für erfolgreiche Personalplanung ist die regelmäßige Personalbestandsanalyse, die beispielsweise folgende Kriterien berücksichtigt: Alter der Mitarbeiter/innen, Bereitschaft zu Fort- und Weiterbildung, Mobilitätsbereitschaft, Belastbarkeit, Motivation.

8.2.2 Personalbeschaffung und -auswahl

Die zeitgerechte Beschaffung von Personal mit fachbezogener Grundaus- bzw. Fortbildung gestaltet sich regelmäßig schwieriger als von Anzulernenden. Fachpersonal macht ein Unternehmen mobiler und mindert die Krisenanfälligkeit bei außergewöhnlichem Arbeitsanfall, längerfristigem Ausfall von Personal usw.

Die Personalauswahl erfolgt immer für eine konkrete Aufgabe unter Zugrundelegung eines angemessenen Anforderungsprofiles.

– Externe Personalbeschaffung

Für alle Stellen, die die Unternehmensleitung nicht mit Angehörigen des Unternehmens besetzen kann oder will, müssen Mitarbeiter von außen geworben werden. Zu den externen Wegen der Personalbeschaffung gehören z. B. Inserate in Zeitungen und Fachzeitschriften oder Anfragen beim Arbeitsamt.

Bei der externen Personalbeschaffung kann sich ein Unternehmen gegenüber konkurrierenden Unternehmen dadurch Vorteile verschaffen, dass es zukünftigen Mitarbeitern Arbeitsbedingungen bietet, die einen hohen Stellenwert auf der persönlichen Werteskala einnehmen: z. B. Selbstverwirklichung, eigene Kompetenzen, mobile Arbeitseinteilung, attraktive Personalentwicklungsperspektiven, leistungsbezogene Vergütung.

– Interne Personalbeschaffung

Für die interne Personalbeschaffung haben die Unternehmen heute vielfach Personalentwicklungssysteme geschaffen, die den Beschäftigten eine konkrete Karriereplanung ermöglichen.

Besonders für die Auswahl von Führungskräften werden in zunehmendem Maße aufwendige Auswahlseminare (Assessment-Centers) durchgeführt.

8.2.3 Unternehmen der Grundstücks- und Wohnungswirtschaft als Ausbildungsbetriebe

Immer mehr setzt sich die Auffassung durch, dass auch Unternehmen in der Grundstücks- und Wohnungswirtschaft die Bezeichnung „Ausbildungsbetrieb" gleichsam als Qualitätsbegriff sehen. Je nach lokalen und regionalen Gegebenheiten ist eine Ausbildung von Fachkräften im eigenen Unternehmen eine entscheidende Möglichkeit, den Nachwuchs von qualifizierten Arbeitskräften sicherzustellen.

In der „Verordnung über die Berufsausbildung zum Kaufmann in der Grundstücks- und Wohnungswirtschaft/zur Kauffrau in der Grundstücks- und Wohnungswirtschaft" vom 13. Februar 1981 wurde der Ausbildungsberuf „Kaufmann/Kauffrau in der Grundstücks- und Wohnungswirtschaft" staatlich anerkannt. Die Verordnung wurde am 11. März 1996 novelliert (BGBl 1996 Teil I Nr. 15/18.03.1996) und trat zum 01.08.1996 in Kraft. Sie hat wesentliche Änderungen mit sich gebracht. So wurde z. B. das „Controlling" neu aufgenommen. Wie vielfältig die Fertigkeiten und Kenntnisse sind, die zur Vorbereitung auf eine Tätigkeit in der Grundstücks- und Wohnungswirtschaft vermittelt werden sollen, zeigt die nachfolgende Zusammenstellung der sachlichen und zeitlichen Gliederung.

1. Ausbildungsjahr: schwerpunktmäßig jeweils 1–3 Monate:

Das Ausbildungsunternehmen	Stellung, Rechtsform und Struktur des Ausbildungsunternehmens	a) Zielsetzung, Geschäftsfelder und Aktivitäten des Ausbildungsunternehmens beschreiben b) Stellung des Ausbildungsunternehmens am Markt darstellen c) Rechte des Ausbildungsunternehmens darstellen d) Aufbauorganisation und Entscheidungsstrukturen des Ausbildungsunternehmens darstellen e) Die Zusammenarbeit des Ausbildungsunternehmens mit Wirtschaftsorganisationen, Verbänden, Behörden und Gewerkschaften beschreiben
	Arbeits- und sozialrechtliche Grundlagen	a) Die für das Arbeitsverhältnis wichtigen arbeits- und sozialrechtlichen Bestimmungen beschreiben und anhand praktischer Beispiele erläutern b) Über die für das Ausbildungsunternehmen wichtigen tarifvertraglichen Regelungen sowie Dienst- oder Betriebsvereinbarungen berichten

		c) Beteiligungs- und Gestaltungsmöglichkeiten des Beschäftigten im Ausbildungsunternehmen sowie Mitbestimmungs- und Mitwirkungsrechte betriebsverfassender oder personalvertretungsrechtlicher Organe erklären
	Berufsausbildung	a) Die Inhalte des Ausbildungsvertrages, insbesondere die Rechte und Pflichten des Auszubildenden und des Ausbildenden beschreiben b) Den betrieblichen Ausbildungsplan mit der Ausbildungsordnung vergleichen c) Wichtige berufliche Fortbildungsmöglichkeiten nennen sowie berufliche Aufstiegsmöglichkeiten beschreiben
	Personalwesen	a) Die betrieblichen Ziele und Grundsätze der Personalplanung und -beschaffung und des Personaleinsatzes beschreiben b) Ziele und Instrumente der Personalführung und -entwicklung im Ausbildungsunternehmen beschreiben c) Arbeitspapiere und Personalunterlagen bearbeiten, insbesondere Nettoentgelte ermitteln d) besondere Datenschutzvorschriften beachten
Organisation, Informations- und Kommunikationssysteme vermitteln	Arbeitsorganisation	a) Die Ablauforganisation im Ausbildungsunternehmen beschreiben und über die Aufgaben für die Leistungserstellung wesentlicher Organisationseinheiten berichten b) Aufgaben, Befugnisse und Verantwortungen im Rahmen der Ablauforganisation des Ausbildungsunternehmens darstellen c) Möglichkeiten der Arbeitsplatz- und Arbeitsraumgestaltung unter Berücksichtigung ergonomischer Grundsätze am Beispiel eines Arbeitsplatzes darstellen d) Betriebliche Arbeits- und Organisationsmittel fachgerecht handhaben und Informationsquellen nutzen e) Verschiedene Arbeitstechniken aufgabenorientiert einsetzen f) Handlungskompetenz der Beschäftigten als wesentliche Voraussetzung für den Kundennutzen und den Unternehmenserfolg an Beispielen darstellen
	Informations- und Kommunikationssysteme	a) Informations- und Kommunikationssysteme aufgabenorientiert einsetzen b) Textverarbeitungsprogramme und fachbezogene Software anwenden c) Wirkung des Einsatzes von Informations- und Kommunikationssystemen

		auf die Arbeitsorganisation und die Mitarbeiter an Beispielen des Ausbildungsunternehmens beschreiben
	Datenschutz und Datensicherheit	a) Wesentliche Regelungen des Datenschutzes für das Ausbildungsunternehmen einhalten b) Datenpflege und Datensicherung begründen sowie Daten sichern
	Rechnungswesen, Steuern	a) Rechtsgrundlagen und Regelungen für das Rechnungswesen im Ausbildungsunternehmen anwenden b) Zahlungsverkehr vornehmen, Kassen führen, Rechnungen erstellen c) Vorbereitende Arbeiten für die Buchführung durchführen, Buchungen gemäß Kontenplan vornehmen
	Bestandspflege	a) Reparaturmeldungen bearbeiten und erforderliche Aufträge vorbereiten b) Rechnungen aufgrund von Wartungs- und Instandhaltungsaufträgen prüfen und anweisen
Kaufmännische Steuerung und Kontrolle	Vermietung	a) Informationen zur Vermietung oder Vermittlung von Objekten zielgruppenorientiert zusammenstellen, Texte von Vermietungsanzeigen erstellen b) Regelungen zur Vermietung preis- und belegungsgebundenen Wohnraums anwenden d) Vermietungsverhandlungen führen e) Miet- oder Nutzungsverträge unterschriftsreif vorbereiten f) Mietobjekte übergeben und Übergabeprotokolle anfertigen
Bewirtschaftung von Immobilien	Verwaltung	a) Vertragliche Regelungen über die Betreuung und Verwaltung fremder Mietobjekte anwenden b) Grundstücks-, Gebäude-, Wohnungs- und Mieterakten führen c) Fragen im Zusammenhang mit Mietverhältnissen klären d) Betriebskostenabrechnungen erstellen e) Grundsteuerbescheide prüfen und gegebenenfalls erforderliche Maßnahmen vorschlagen g) Mieteingänge überwachen und Rückstände anmahnen h) Mietvertragskündigungen bearbeiten, Wohnungsabnahmen durchführen i) Abrechnungen bei Beendigung von Miet- oder Nutzungsverhältnissen durchführen

2. Ausbildungsjahr: schwerpunktmäßig jeweils 1–3 Monate:

Kaufmännische Steuerung und Kontrolle	Planung und Marketing	a) Planung und Marketing als wichtige Voraussetzungen zur Erreichung der Unternehmensziele darstellen b) Die im Ausbildungsunternehmen eingesetzten Marketinginstrumente erläutern
Verkauf von Eigentumsobjekten	Verkaufsvorbereitung	a) Für den Grundstücks- und Wohnungsmarkt wichtige Informationen zusammenstellen und auswerten b) Angebotsunterlagen aufbereiten und Objekte anbieten und erläutern c) Bei zielgruppenorientierten Werbemaßnahmen mitwirken
Bewirtschaftung von Immobilien	Vermietung	a) Informationen zur Vermietung oder Vermittlung von Objekten zielgruppenorientiert zusammenstellen, Texte von Vermietungsanzeigen erstellen b) Regelungen zur Vermietung preis- und belegungsgebundenen Wohnraums anwenden c) Besonderheiten bei der Vermietung von Gewerberäumen beachten d) Vermietungsverhandlungen führen e) Miet- oder Nutzungsverträge unterschriftsreif vorbereiten f) Mietobjekte übergeben und Übergabeprotokolle anfertigen
	Verwaltung	a) Vertragliche Regelungen über die Betreuung und Verwaltung fremder Mietobjekte anwenden b) Grundstücks-, Gebäude-, Wohnungs- und Mieterakten führen c) Fragen im Zusammenhang mit Mietverhältnissen klären d) Betriebskostenabrechnungen erstellen e) Grundsteuerbescheide prüfen und gegebenenfalls erforderliche Maßnahmen vorschlagen f) Mietpreisveränderungen unter Beachtung einschlägiger gesetzlicher Bestimmungen berechnen und ihre Durchsetzbarkeit überprüfen g) Mieteingänge Überwachen und Rückstände anmahnen h) Mietvertragskündigungen bearbeiten, Wohnungsabnahmen durchführen i) Abrechnungen bei Beendigung von Miet- oder Nutzungsverhältnissen durchführen k) Gerichtliches Mahnverfahren einleiten, Zahlungsklagen veranlassen l) Räumungsklagen veranlassen
	Bestandspflege	a) Modernisierungs- und Energieeinsparmaßnahmen begründen, Möglichkeiten der Förderung prüfen

		b) Reparaturmeldungen bearbeiten und erforderliche Aufträge vorbereiten c) Rechnungen aufgrund von Wartungs- und Instandhaltungsaufträgen prüfen und anweisen d) Arten und Leistungsumfang der im Ausbildungsunternehmen bestehenden Versicherungen beschreiben, Schadensfälle bearbeiten
Wohnungseigentum	Begründung von Wohnungseigentum	a) An der Begründung von Wohnungseigentum mitwirken b) Bestimmungen zu der Teilungserklärung und der Gemeinschaftsordnung anwenden sowie ihre Auswirkungen auf die Wohnungseigentumsverwaltung erläutern c) Rechte und Pflichten der Wohnungseigentümer erläutern
	Verwaltung von Wohnungseigentum	a) Den Vorgang der Bestellung und Abberufung von Verwaltern von Wohnungseigentum beschreiben b) Aufgaben und Befugnisse des Verwalters darstellen, bei der Verwaltung des Gemeinschaftseigentums mitwirken c) Wirtschaftspläne aufstellen d) Gesamt- und Einzelabrechnungen für Wohnungseigentümer erstellen e) An Wohnungseigentümerversammlungen einschließlich Vor- und Nachbereitungen mitwirken f) Aufgaben und Funktionen des Verwaltungsbeirates beschreiben
Erwerb und Veräußerung von Grundstücken	Objektanalyse und -bewertung	a) Grundstücksangebote erfassen und auswerten b) Grundstücke nach Lage, Beschaffenheit und Nutzungsmöglichkeiten beurteilen c) Wertermittlungen von Grundstücken zur Vorbereitung von Erwerbs- und Veräußerungsentscheidungen heranziehen
	Maklertätigkeit	a) Methoden und Möglichkeiten der Akquisition von Objektaufträgen beschreiben und Maklervertragsbedingungen beurteilen b) Maklerprovisionsansprüche prüfen c) Exposés erstellen und auswerten
Neubau, Modernisierung, Sanierung	Bauvorbereitung	a) Bebaubarkeit von Grundstücken prüfen b) Unterlagen für Bauanträge zusammenstellen c) Bauzeichnungen erklären
Finanzierung	Finanzierung	a) Unternehmensfinanzienung und Objektfinanzienung unterscheiden b) Aufnahme und Tilgung von Grundstücksankauf- und Erschließungskrediten vorbereiten

		c) Voraussetzungen für Fördermaßnahmen prüfen und Anträge auf Gewährung von Fördermitteln vorbereiten d) Darlehensangebote anfordern, Konditionen vergleichen und alternative Finanzierungspläne entwerfen e) Wirtschaftlichkeits- und Lastenberechnungen aufstellen f) Einzelmieten festlegen
Das Ausbildungsunternehmen	Arbeits- und sozial rechtliche Grundlagen	a) Die für das Arbeitsverhältnis wichtigen arbeits- und sozialrechtlichen Bestimmungen beschreiben und anhand praktischer Beispiele erläutern b) Über die für das Ausbildungsunternehmen wichtigen tarifvertraglichen Regelungen sowie Dienst- oder Betriebsvereinbarungen berichten c) Beteiligungs- und Gestaltungsmöglichkeiten des Beschäftigten im Ausbildungsunternehmen sowie Mitbestimmungs- und Mitwirkungsrechte betriebsverfassender oder personalvertretungsrechtlicher Organe erklären
	Personalwesen	a) Die betrieblichen Ziele und Grundsätze der Personalplanung und -beschaffung und des Personaleinsatzes beschreiben b) Ziele und Instrumente der Personalführung und -entwicklung im Ausbildungsunternehmen beschreiben c) Arbeitspapiere und Personalunterlagen bearbeiten, insbesondere Nettoentgelte ermitteln d) besondere Datenschutzvorschriften beachten
	Arbeitssicherheit, Umweltschutz und rationelle Energieverwendung	a) Die Bedeutung von Gesundheitsschutz, Arbeitssicherheit und Umweltschutz an Beispielen des Ausbildungsunternehmens erklären b) Berufsbezogene Arbeitsschutz- und Unfallverhütungsvorschriften im Ausbildungsunternehmen einhalten, geeignete Maßnahmen zur Verhütung von Unfällen im eigenen Arbeitsbereich ergreifen und sich bei Unfällen situationsgerecht verhalten c) Wichtige Vorschriften über Brandverhütung und Brandschutzeinrichtungen beachten d) Zur Vermeidung betriebsbedingter Umweltbelastungen im beruflichen Einwirkungsbereich beitragen sowie Möglichkeiten der rationellen und umweltschonenden Ressourcenverwendung nutzen e) Zur rationellen Energieverwendung im beruflichen Einwirkungsbereich beitragen

Organisation, Informations- und Kommunikations-systeme	Arbeitsorganisation	a) Die Ablauforganisation im Ausbildungsunternehmen beschreiben und über die Aufgaben für die Leistungserstellung wesentlicher Organisanonseinheiten berichten b) Aufgaben, Befugnisse und Verantwortungen im Rahmen der Ablauforganisation des Ausbildungsunternehmens darstellen c) Möglichkeiten der Arbeitsplatz- und Arbeitsraumgestaltung unter Berücksichtigung ergonomischer Grundsätze am Beispiel eines Arbeitsplatzes darstellen d) Betriebliche Arbeits- und Organisationsmittel fachgerecht handhaben und Informationsquellen nutzen e) Verschiedene Arbeitstechniken aufgabenorientiert einsetzen f) Handlungskompetenz der Beschäftigten als wesentliche Voraussetzung für den Kunden nutzen und den Unternehmenserfolg an Beispielen darstellen
	Informations- und Kommunikations-systeme	a) Informations- und Kommunikationssysteme aufgabenorientiert einsetzen b) Textverarbeitungsprogramme und fachbezogene Software anwenden c) Wirkung des Einsatzes von Informations- und Kommunikationssystemen auf die Arbeitsorganisation und die Mitarbeiter an Beispielen des Ausbildungsunternehmens beschreiben
	Datenschutz und Datensicherheit	a) Wesentliche Regelungen des Datenschutzes für das Ausbildungsunternehmen einhalten b) Datenpflege und Datensicherung begründen sowie Daten sichern

3. Ausbildungsjahr: schwerpunktmäßig jeweils 1–3 Monate:

Kaufmännische Steuerung und Kontrolle	Rechnungswesen und Steuern	d) Beim Erstellen des Jahresabschlusses mitwirken e) Kostenstellen- und Kostenträgerrechnung nach dem Betriebsabrechnungsbogen aufstellen f) Das Rechnungswesen als ein Instrument kaufmännischer Steuerung und Kontrolle an Beispielen des Ausbildungsunternehmens erläutern g) Die Steuern des Ausbildungsunternehmens beschreiben, Auswirkungen auf das Betriebsergebnis an Beispielen erläutern h) Über Aufgaben und Ziele von Revisionen und Prüfungen im Ausbildungsunternehmen berichten

	Controlling	a) Notwendigkeit einer laufenden Kontrolle der Wirtschaftlichkeit der betrieblichen Leistungen begründen b) An kaufmännischen Steuerungs- und Kontrollaufgaben des Ausbildungsunternehmens mitwirken
	Statistik und Berichtswesen	a) Daten für die Erstellung von Statistiken beschaffen, aufbereiten und in geeigneter Form darstellen b) Statistiken auswerten und Ergebnisse entscheidungsorientiert bewerten c) An Aufgaben des kaufmännischen Berichtswesens im Ausbildungsunternehmen mitwirken
Erwerb und Veräußerung von Grundstücken	Grundstücksverkehr	a) Grundstückskauf- und Erbbaurechtsverträge vorbereiten b) Eintragungen, Änderungen und Löschungen beim Grundbuchamt vorbereiten c) Erwerbs- und Erschließungskosten prüfen und ermitteln d) Steuerliche Auswirkungen des Erwerbs und der Veräußerung von Grundstücken beschreiben
Verkauf von Eigentumsobjekten	Verkaufsabwicklung	a) Bei der Kaufpreisermittlung mitwirken b) Bei der Gestaltung von Kaufverträgen des Bauträgers mitwirken c) Kaufinteressenten individuell beraten, insbesondere zu Sonderwünschen, Finanzierungsmöglichkeiten und Steuervorteilen
Neubau, Modernisierung, Sanierung	Baudurchführung	a) Betriebliche Abläufe bei der Ausschreibung, Vergabe und Abnahme von Bauleistungen erläutern b) Möglichkeiten des umweltschonenden und energiesparenden Bauens aufzeigen c) Bauakten führen d) Arten und Leistungsumfang von Versicherungsverträgen für Baumaßnahmen erläutern e) Schadensregulierung überwachen f) Rechtliche Wirkungen unterschiedlicher Abnahmen am Bau beschreiben g) Die Abrechnung von Baumaßnahmen vorbereiten h) Baubetreuer, Bauträger und Generalunternehmer unterscheiden
	Sanierungs- und Entwicklungsmaßnahmen	a) Den Beteiligten die Voraussetzungen von Sanierungs- und Entwicklungsmaßnahmen sowie ihre Auswirkungen erklären b) Unternehmerische Leistungen im Zusammenhang mit Maßnahmen der Bodenordnung und Erschließung erläutern

Finanzierung	Finanzierung	g) Den Einsatz von Finanzierungsinstrumenten zur Objektfinanzierung an Beispielen im Ausbildungsunternehmen erläutern h) Darlehensverträge sowie dingliche Sicherung der Finanzierungsmittel vorbereiten i) Bei Vor- und Zwischenfinanzierungen mitwirken k) Finanzierungsmittel nach Maßgabe der Verträge abrufen l) Möglichkeiten der Umfinanzierung prüfen m) Rentabilität beim Erwerb und der Erstellung von Mietwohnungs- und Gewerbeobjekten ermitteln
Das Ausbildungs-unternehmen	Arbeits- und sozial-rechtliche Grundlage	a) Die für das Arbeitsverhältnis wichtigen arbeits- und sozialrechtlichen Bestimmungen beschreiben und anhand praktischer Beispiele erläutern b) Über die für das Ausbildungsunternehmen wichtigen tarifvertraglichen Regelungen sowie Dienst- oder Betriebsvereinbarungen berichten c) Beteiligungs- und Gestaltungsmöglichkeiten des Beschäftigten im Ausbildungsunternehmen sowie Mitbestimmungs- und Mitwirkungsrechte betriebsverfassender oder personalvertretungsrechtlicher Organe erklären
	Personalwesen	a) Die betrieblichen Ziele und Grundsätze der Personalplanung und -beschaffung und des Personaleinsatzes beschreiben b) Ziele und Instrumente der Personalführung und -entwicklung im Ausbildungsunternehmen beschreiben c) Arbeitspapiere und Personalunterlagen bearbeiten, insbesondere Nettoentgelte ermitteln d) besondere Datenschutzvorschriften beachten
	Arbeitssicherheit, Umweltschutz und rationelle Energie-verwendung	a) Die Bedeutung von Gesundheitsschutz, Arbeitssicherheit und Umweltschutz an Beispielen des Ausbildungsunternehmens erklären b) Berufsbezogene Arbeitsschutz- und Unfallverhütungsvorschriften im Ausbildungsunternehmen einhalten, geeignete Maßnahmen zur Verhütung von Unfällen im eigenen Arbeitsbereich ergreifen und sich bei Unfällen situationsgerecht verhalten c) Wichtige Vorschriften über Brandverhütung und Brandschutzeinrichtungen beachten d) Zur Vermeidung betriebsbedingter Umweltbelastungen im beruflichen Einwirkungsbereich beitragen sowie

		Möglichkeiten der rationellen und umweltschonenden Ressourcen verwendung nutzen e) Zur rationellen Energieverwendung im beruflichen Einwirkungsbereich beitragen
Organisations, Informations- und Kommunikations-systeme	Arbeitsorganisation	a) Die Ablauforganisation im Ausbildungsunternehmen beschreiben und über die Aufgaben für die Leistungserstellung wesentlicher Organisationseinheiten berichten b) Aufgaben, Befugnisse und Verantwortungen im Rahmen der Ablauforganisation des Ausbildungsunternehmens darstellen c) Möglichkeiten der Arbeitsplatz- und Arbeitsraumgestaltung unter Berücksichtigung ergonomischer Grundsätze am Beispiel eines Arbeitsplatzes darstellen d) Betriebliche Arbeits- und Organisationsmittel fachgerecht handhaben und Informationsquellen nutzen e) Verschiedene Arbeitstechniken aufgabenorientiert einsetzen f) Handlungskompetenz der Beschäftigten als wesentliche Voraussetzung für den Kunden nutzen und den Unternehmenserfolg an Beispielen darstellen
	Informations- und Kommunikations-systeme	a) Informations- und Kommunikationssysteme aufgabenorientiert einsetzen b) Textverarbeitungsprogramme und fachbezogene Software anwenden c) Wirkung des Einsatzes von Informations- und Kommunikationssystemen auf die Arbeitsorganisation und die Mitarbeiter an Beispielen des Ausbildungsunternehmens beschreiben
	Datenschutz und Datensicherheit	a) Wesentliche Regelungen des Datenschutzes für das Ausbildungsunternehmen einhalten b) Datenpflege und Datensicherung begründen sowie Daten sichern
Kaufmännische Steuerung und Kontrolle	Planung und Marketing	a) Planung und Marketing als wichtige Voraussetzungen zur Erreichung der Unternehmensziele darstellen b) Die im Ausbildungsunternehmen eingesetzten Marketinginstrumente erläutern
Bewirtschaftung von Immobilien	Verwaltung	a) Vertragliche Regelungen über die Betreuung und Verwaltung fremder Mietobjekte anwenden b) Grundstücks, Gebäude-, Wohnungs- und Mieterakten führen c) Fragen im Zusammenhang mit Mietverhältnissen klären d) Betriebskostenabrechnungen erstellen

		e) Grundsteuerbescheide prüfen und gegebenenfalls erforderliche Maßnahmen vorschlagen f) Mietpreisverändenungen unter Beachtung einschlägiger gesetzlicher Bestimmungen berechnen und ihre Durchsetzbarkeit überprüfen g) Mieteingänge überwachen und Rückstände anmahnen h) Mietvertragskündigungen bearbeiten, Wohnungsabnahmen durchführen i) Abrechnungen bei Beendigung von Miet- oder Nutzungsverhältnissen durchführen k) Gerichtliches Mahnverfahren einleiten, Zahlungsklagen veranlassen l) Räumungsklagen veranlassen

BBiG § 1 Abs.2

Nachwuchskräfte, die in diesem Beruf geordnet und erfolgreich ausgebildet werden, verfügen „... über eine breit angelegte Grundausbildung und die für die Ausübung einer qualifizierten beruflichen Tätigkeit notwendigen fachlichen Fertigkeiten und Kenntnisse ...“. Darauf und auf Berufserfahrung aufbauend soll es die **berufliche Fortbildung** „... ermöglichen, die beruflichen Kenntnisse und Fertigkeiten zu erhalten, zu erweitern, der technischen Entwicklung anzupassen oder beruflich aufzusteigen“, z. B. zum Fachwirt in der Grundstücks- und Wohnungswirtschaft.

BBiG § 1 Abs.3

Viele Unternehmen der Grundstücks- und Wohnungswirtschaft bilden den eigenen Nachwuchs aus.

BBiG § 3 Abs.1
BBiG § 20ff.
HandwO § 21

Ausbildender ist derjenige, der zur Einstellung von Auszubildenden berechtigt ist, bzw. zum Zwecke der Ausbildung einstellt.

Der Ausbilder muss folgende Voraussetzungen erfüllen:
1. Er muss persönlich und fachlich geeignet sein (§§ 20, 76 BBiG). 2. Nach § 20 Abs. 3 BBiG die erforderlichen Fertigkeiten und Kenntnisse besitzen. 3. Erforderliche berufs- und arbeitspädagogische Kenntnisse gem. § 20 Abs.3/2 BBiG nachweisen und 4. das vierundzwanzigste Lebensjahr (§ 76 Abs.1 BBiG) vollendet haben.

JArbSchG § 25

Persönlich nicht geeignet – weder als Auszubildender noch als Ausbilder – ist, wer dem Verbot gemäß § 25 des Gesetzes zum Schutze der arbeitenden Jugend/Jugendarbeitsschutzgesetz – (JArbSchG) unterliegt.

Einen erleichterten Zugang zur Ausbildertätigkeit werden die geprüften Immobilienfachwirte haben, welche sich der Fachwirteprüfung entsprechend der Verordnung zum Geprüften Immobilienfachwirt/Gepürfte Immobilienfachwirtin vom 23. Dezember 1998 (in Kraft getreten 01.01.1999) erfolgreich unterzogen haben. Sie sind zukünftig vom schriftlichen Teil der Ausbildereignungsprüfung befreit und müssen nur noch den mündlichen Teil der Prüfung erfolgreich bestehen.

8.2.4 Personalerhaltung und Personalentwicklung

Ein Personalbestand mit breit angelegter fachbezogener Grundausbildung ist für Unternehmen jeder Größe wichtig.

Vielfach lässt sich das erforderliche Fachpersonal nicht extern, sondern nur intern beschaffen. Dies gilt besonders für Personal, an das höhere Ansprüche gestellt werden muss. Für das Unternehmen ist es deshalb wichtig, die erforderlichen Maßnahmen zur Personalerhaltung und Personalentwicklung zu ergreifen.

- Unter Personalerhaltung versteht man alle Maßnahmen, die dazu dienen, die Leistungsfähigkeit und den Leistungswillen der bereits vorhandenen Mitarbeiter zu erhalten und die ungeplante (ungewollte) Fluktuation verhindern zu helfen.

Während sich die Personalerhaltung im Wesentlichen auf den Bereich der sozialen und objektiven Arbeitsbedingungen konzentriert, haben die Planüberlegungen bei der Personalentwicklung die Veränderungen der subjektiven Arbeitsbedingungen zum Ziel.

- Aufgabe der Personalentwicklung ist, durch gezielte und für die Mitarbeiter geeignete Aus- und Weiterbildungsmaßnahmen dafür zu sorgen, den künftigen qualitativen Personalbedarf weitgehend unternehmensintern zu decken.

Personalentwicklung bedeutet für den einzelnen Mitarbeiter, seine beruflichen Fähigkeiten zu entwickeln und somit für das Unternehmen als motivierte Arbeitskraft attraktiv zu sein.

8.2.5 Personalbeurteilung

Je größer ein Unternehmen ist, desto weniger kann auf eine institutionalisierte Personalbeurteilung verzichtet werden.

Eine Personalbeurteilung hat besondere Bedeutung bei der Einstellung bzw. Beförderung von Mitarbeitern. Auch bei einer Umbesetzung und Entlassung ist eine richtige Personalbeurteilung wichtig.

Sie liefert Aussagen über die Arbeitsleistung und das Arbeitsverhalten des Personals und kann u. a. auch Grundlage für eine Personalbestandsanalyse, einer Überprüfung des Lohn- und Gehaltsgefüges und der Fortschreibung des Personalentwicklungsplanes sein.

Bei der Personalbeurteilung gibt es zwei mögliche Verfahren:

- Freie Beurteilung
  Bei der freien Beurteilung wird die allgemeine Leistungsfähigkeit und die Persönlichkeit des Mitarbeiters aufgrund des Gesamteindrucks beurteilt.
- Kennzeichnungs- und Einstufungsverfahren
  Der Problematik einer möglichst objektiven Beurteilung versucht man bei diesem Verfahren dadurch gerecht zu werden, dass man Beurteilungskriterien verwendet, die sich auf Arbeitsergebnisse stützen.

Von Vorteil ist, dass der Beurteilende auf der Grundlage eines Beurteilungsbogens und anhand von Beurteilungskriterien urteilt, die für alle Mitarbeiter gelten und somit eine objektivierte Einstufung in Bewertungsstufen sowie eine Benotung erfolgen kann.

Beurteilungskriterien können z. B. sein: Vorbildung, berufliche Ausbildung, Kenntnisse und Erfahrungen, Zuverlässigkeit, Aufgabenerfüllung, Bereitschaft zur Fortbildung, Verhalten zu Vorgesetzten und Kollegen.

Als Nachteil ist anzumerken, dass es keine generell anerkannten Merkmale gibt und das gleiche Beurteilungsschema sich nicht für alle Leistungsebenen eignet.

Nach dem Betriebsverfassungsgesetz haben Mitarbeiter das Recht, eine Erörterung ihrer Leistungsbeurteilung zu verlangen. Hieraus kann sich ein Beurteilungsgespräch ergeben, das die Ergebnisse der Beurteilung auswertet und verdeutlicht. BetrVG § 82

8. 3 Berufsqualifikationen

In der Bundesrepublik Deutschland herrscht eine sehr geringe Reglementierung der Qualifikation für die Berufsausübung in der Immobilienwirtschaft.

Die gewerbsmäßige Tätigkeit als Makler, Bauträger oder Baubetreuer setzt lediglich eine Erlaubnis nach § 34 c Gewerbeordnung (GewO) voraus. Diese Erlaubnis kann nur versagt werden, wenn die für den Gewerbebetrieb erforderliche Zuverlässigkeit nicht vorliegt oder aber ungeordnete Vermögensverhältnisse gegeben sind. Fachliche Anforderungen ergeben sich aus den Bestimmungen des § 34c GewO nicht. Die Rechtsprechung hat allerdings im Hinblick auf Aufklärungspflichten Kriterien für ein Mindestmaß an fachlichen Kenntnissen zur Ausübung von Tätigkeiten in diesem Bereich entwickelt.

Sachverständige, die durch Industrie- und Handelskammern bzw. Handwerkskammern öffentlich bestellt und vereidigt sind, müssen sich einer Sachkundeprüfung unterziehen. Abgesehen von diesen öffentlich bestellten und vereidigten Sachverständigen gibt es jedoch keine formellen staatlichen Qualifikationsanforderungen für sonstige im Bereich der Immobilienwirtschaft tätige Sachverständige. Zertifizierungsstellen wie der Verband privater Hypothekenbanken („Hyp-Zert“) gewinnen an Bedeutung.

Eigenständige akademische immobilienwirtschaftliche Studiengänge an staatlichen Hochschulen (z. B. Fachhochschule Nürtingen/Geislingen a. d. Steige, Fachhochschule Anhalt/Bernburg) sind in den letzten Jahren enstanden. In technischen Fachbereichen von Fachhochschulen haben neue Studiengänge eine Ausrichtung auf„Facility Management“.

An staatlichen Universitäten bestehen immobilienwirtschaftliche Schwerpunkte wie z. B. an der Universität Leipzig beim Stiftungslehrstuhl Grundstücks- und Wohnungswirtschaft in der wirtschaftswissenschaftlichen Fakultät.

Aufbau- und Kontaktstudiengänge werden sowohl von staatlichen Institutionen (zum Beispiel Fachhochschule Anhalt/Bernburg) wie auch von privaten Akademien (zum Beispiel: FWI Führungsakademie der Wohnungs- und Immobilienwirtschaft, European Business School, Immobilienakademie GmbH/Oestrich-Winkel, Deutsche Immobilienakademie an der Universität Freiburg). Deren Zulassungsvoraussetzungen, Studiengebühren, Umfang und Inhalt der Lehrveranstaltungen variieren teilweise erheblich. Die schwer überschaubare zunehmende Vielfalt an berufsbegleitenden Ausbildungsangeboten begründet sich teilweise in der späten Entwicklung von immobilienwirtschaftlicher Aus-, Fort- und Weiterbildung im Rahmen traditioneller Bildungswege.

Eine Sonderstellung nehmen landesspezifische Bildungsmöglichkeiten ein, die zum Diplom-Betriebswirt (BA) an den staatlichen Berufsakademien in Baden-Württemberg und Sachsen sowie zum Staatlich geprüften Betriebswirt – Fachrichtung Wohnungswirtschaft und Realkredit in Nordrhein-Westfalen führen.

Für immobilienwirtschaftliche Praktiker hat sich die Weiterbildung zum/zur „Fachwirt/in in der Grundstücks- und Wohnungswirtschaft“ etabliert. Private Bildungsinstitutionen (Akademien) bieten ebenso wie die Industrie- und Handelskammern eine solche praxisnahe Weiterbildungsmöglichkeit in der Regel berufsbegleitend an. Die Verordnung über die Prüfung zum anerkannten Abschluss „Geprüfter Immobilienfachwirt, Geprüfte Immobilienfachwirtin“ vom 23. Dezember 1998 (in Kraft getreten am 01.01.1999) setzte die bis dahin geltenden Kammervorschriften über den Fachwirt in der Grundstücks- und Wohnungswirtschaft außer Kraft. Es ist damit zu rechnen, dass es zukünftig sowohl Angebote entsprechend dieser neuen Verordnung geben wird wie auch Angebote, die auf eigenen Organisations- und Prüfungsformen basieren.

Fragen:

1. Was ist ein Dienst- bzw. Geschäftsverteilungsplan?
2. Wer ist Arbeitgeber?
3. Was sind die wichtigsten Führungsaufgaben?
4. Wodurch ist der autoritäre Führungsstil gekennzeichnet?
5. Was versteht man unter Delegation als Führungstechnik?

Themenkreis 9:
Marketing in der Grundstücks- und Wohnungswirtschaft

9.1 Einführung

Unter Marketing (Market „englisch" = Markt) versteht man alle Anstrengungen eines Unternehmens, die erstellten Produkte am Markt abzusetzen (Absatz = Vorbereitung, Anbahnung, Durchführung und Abwicklung des Vertriebsgeschäftes). Dabei soll der Markt zum Mittelpunkt aller Entscheidungen gemacht werden. Somit ist Marketing eigentlich nichts anderes als die Antwort auf sich verändernde Marktverhältnisse.

Nach dem Zweiten Weltkrieg waren Güter knapp; deshalb konzentrierten sich die Unternehmen primär darauf, wie man Güter am wirtschaftlichsten herstellte. Um den Absatz brauchte man sich nicht groß zu kümmern. Da die Nachfrage nach Gütern auf den meisten Märkten größer war als das Angebot, hatte die Anbieterseite „das Sagen"; man spricht daher auch vom „Verkäufermarkt".

Erst die zunehmende Sättigung auf den Märkten und der aufkommende härtere Wettbewerb machten es erforderlich, sich intensiv um den preis- und qualitätsbewussten Kunden zu kümmern. Das war der Weg vom „Verkäufermarkt" zum „Käufermarkt".

Inhaltlich lässt sich dieser Wandel im Absatzbereich der Unternehmungen nach folgenden Phasen darstellen:

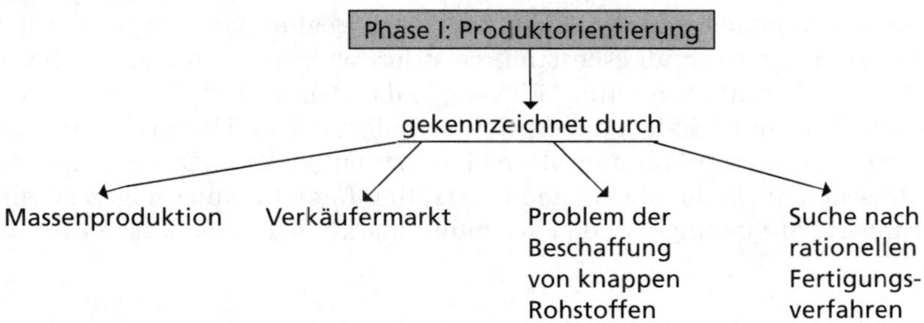

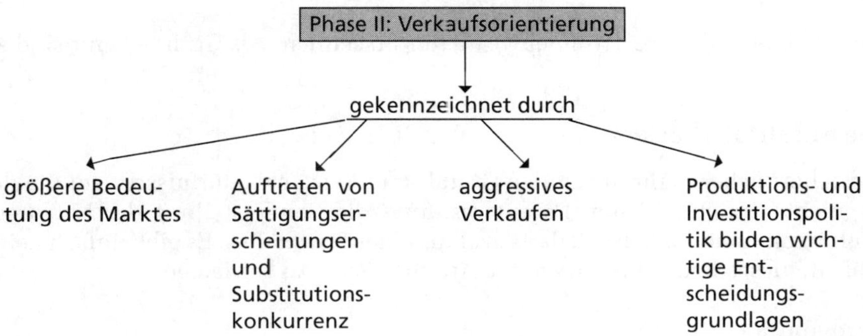

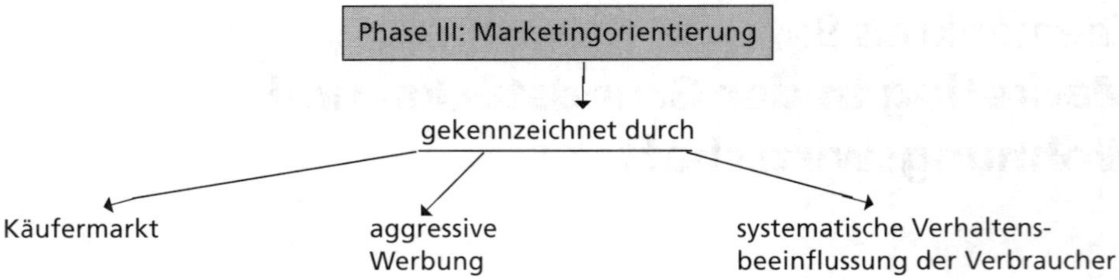

Die Konzeption der Phasen II und III kann man auch wie folgt gegenüberstellen:

Quelle in Anlehnung an: Philip Kotler, Marketing-Management: Analysen, Planung und Kontrolle, Stuttgart 1989, Seite 34

Von dieser Entwicklung vom Verkäufer- zum Käufermarkt blieb der Wohnungsmarkt sehr viel länger verschont als andere Märkte. Erst als zu Beginn der 80er-Jahre zunehmende Leerstände im Mietwohnungsbestand registriert wurden, fand auch in diesem Wirtschaftssektor der Begriff „Marketing" Eingang in das Denken von Wohnungsunternehmen. Wissenschaft und Praxis nahmen sich vermehrt dieses Themas an und versuchten, Strategien gegen die Wohnungsleerstände zu entwickeln. Dabei zeigte sich sehr schnell, dass sich die in der allgemeinen Marketing-Literatur aufgezeigten Methoden und Instrumente nur bedingt auf den Wohnungsmarkt übertragen lassen.

9.2 Besonderheiten des Wohnungsmarktes

Die Besonderheit des Gutes „Wohnen" ist dafür ursächlich. Als Gründe dafür sind zu nennen:

1. keine Substituierbarkeit

Wohnen gehört neben Nahrung zu den Grund- und Existenzbedürfnissen, auf die der Mensch nicht verzichten kann. Daraus resultiert die Sonderstellung der Nachfrage nach Wohnraum innerhalb der Bedarfsstruktur eines Haushaltes. Es gibt einfach keine Möglichkeit, dieses Bedürfnis auf andere Art und Weise zu befriedigen.

2. Heterogenität

Heterogene Güter sind verschiedenartige Güter, da sie in ihren Eigenschaften nicht völlig identisch mit anderen Gütern sind. Dies gilt z. B. für den Markt der Videorecorder oder Waschmaschinen genauso wie für den Automobil- oder Mikrowellenherdmarkt.

Für Wohnungen trifft dies in noch größerem Ausmaß zu. So sind Unterschiede bezüglich der Wohnungsgröße, Anzahl der Zimmer, mehr oder weniger funktionaler Grundrisslösung, qualitativer Ausstattung, Lage im Mehrfamilienhaus und der Lage hinsichtlich der vorhandenen Infrastruktur. Neben diesen Faktoren kommen noch subjektive Aspekte der Nachfrage hinzu, wie z. B. die Entfernung zum Arbeitsplatz oder der Ruf der Wohngegend.

Aufgrund der genannten Kriterien zur Beurteilung des einzelnen Gutes wird klar, dass es eine völlige Identität zwischen mehreren angebotenen Wohnungen nicht geben kann.

3. Immobilität

Wohnungen sind nicht beweglich, sie sind gebunden an einen festen Standort. Damit erfährt das Angebot eine räumliche Zuordnung und Abgrenzung. Des Weiteren sind Wohnungen bodengebunden. Man kann Wohnungen eben nur da errichten, wo geeignetes Bauland zur Verfügung steht. Somit ist Grund und Boden komplementäres Gut für die Erstellung von Wohnungen. Die Entwicklung für Baulandpreise ist deshalb ein Faktor für die Bereitstellung von Wohnraum.

4. Langlebigkeit

Unter allen Gebrauchsgütern gehören Wohnungen zu den langlebigsten lebensnotwendigen Konsumgütern. Je nach Qualität der Gebäude ist von einer Nutzungsdauer von etwa 100 Jahren und mehr auszugehen, wobei ordnungsgemäße Instandhaltung unterstellt wird.

Daraus resultieren folgende Aspekte:
- Wohnungen können von mehreren Haushalten nacheinander genutzt werden, werden also mehrfach nachgefragt.
- Der Neubau von Wohnungen als Zugang zum Bestand und die Abgänge verändern das Angebot insgesamt nur wenig (z. B. je Jahr); deshalb sind mengenmäßige Anpassungen bei Anstieg der Nachfrage nur mit Verzögerung möglich.
- Die hohen Investitionskosten amortisieren sich bei den relativ geringen Rückflüssen durch die Mieten erst nach langen Zeiträumen; diese Tatsache erhöht das Risiko, in den Wohnungsbau zu investieren.
- Weil die Wohnungen ein sehr langfristiges Gebrauchsgut sind, ist es im Zeitablauf unabdingbar, den Bestand den sich ändernden Nachfragebedingungen qualitativer Art anzupassen, also zu modernisieren.

5. Lange Produktionsdauer

Im Gegensatz zu anderen Konsumgütermärkten dauert die Erstellung von Wohnungen relativ lange. So beträgt die Herstellung von der Bauentscheidung über die Planungsphase bis zur schlüsselfertigen Erstellung rund zwei Jahre. Auch hieraus ergibt sich die Schwierigkeit, sich schnell einer gestiegenen Nachfrage anzupassen. Aus diesen Besonderheiten des Wohnungsmarktes ergibt sich verstärkt das Erfordernis, Marktforschung zu betreiben.

9.3 Marktforschung

Marktforschung ist das Bemühen, die für die Erreichung der Unternehmensziele notwendigen Erkenntnisse zu gewinnen. Aber nicht nur die einzelnen Märkte an sich sind Gegenstand der Marktforschung, sondern alle Markteinflussfaktoren, die den Markt von außen beeinflussen können, wie z. B. die ökonomischen, sozialen und rechtlichen Rahmenbedingungen.

Ein Unternehmer, der bei seiner Zielformulierung auf Marktforschung verzichtet, schwebt gewissermaßen im luftleeren Raum. Seine Aktivitäten werden u.U. von Zufallserkenntnissen beeinflusst, die die Realitäten des Marktgeschehens nur ungenügend berücksichtigen.

Besonders deutlich wird die Bedeutung der Marktforschung, wenn man sich die zu bewältigenden Aufgaben in den einzelnen Phasen des Marketingentscheidungsprozesses vor Augen führt.

→ die Anregungsphase:	Erkennen und analysieren eines Marketingproblems.
→ die Suchphase:	Entwicklung alternativer Marketingmaßnahmen, Zielsetzungen formulieren und begrenzende Daten des Marktes erkennen.
→ die Optimierungsphase:	Verfügbare Marketingalternativen systematisch abwägen und die Wahl der günstigsten Maßnahmen treffen.
→ die Realisierungsphase:	Durchsetzung der gewählten Maßnahmen, deren Wirkung durch die Marktforschung überwacht wird.
→ die Kontrollphase:	Sie überlagert den gesamten Prozess von Willensbildung und -durchsetzung und kann bei Abweichungen zwischen Soll- und Istwerten dem Entscheidungsträger entsprechende Informationen vermitteln, die zu Anpassungsmaßnahmen und neuen Entscheidungen führen können.

Im Rahmen der Marktforschung kommen zur Anwendung

- die Marktanalyse
- die Marktbeobachtung
- die Marktprognose.

9.3.1 Marktanalyse

Die Marktanalyse ist eine Zeitpunktbetrachtung. Mit ihr ermittelt man einmalig oder in bestimmten Intervallen die einen Markt kennzeichnenden Faktoren. Sie gibt somit Auskunft über die Struktur des Marktes und die Beschaffenheit lokaler, regionaler und überregionaler Teilmärkte einschließlich der aktuellen Angebots- und Nachfragesituation. Neben den Marktdeterminanten von Angebot und Nachfrage, Höhe des verfügbaren Einkommens, Stand der Haushaltsgröße, Aufbau der Alterspyramide (z. B. Auswirkungen auf das Wohnen und betreute Wohnen im Alter) gehören zum Analyseinhalt auch die sie beeinflussenden Faktoren wie

- Höhe des Kapitalmarktzinses
- Steuer- und Subventionspolitik (z. B. Verringerung der Abschreibungsmöglichkeiten nach dem EStG oder die Regelung für selbst genutztes Wohneigentum nach dem Eigenheimzulagengesetz, Wohngeld)
- rechtliche Rahmenbedingungen (z. B. im Mietpreisrecht oder im Genehmigungsverfahren nach den Landesbauordnungen)
- öffentliche Fördermodelle (z. B. der Länder für Eigentumsmaßnahmen und Miet- und Genossenschaftswohnungen)

Als Beispiel sollen hier dargestellt werden die regionalen Unterschiede des Investitionsverhaltens auf dem Mietwohnungsmarkt, und zwar nach den allgemeinen Investitionsmotiven und Investitionshemmnissen. Die in den folgenden Abbildungen für München, Münster, Dortmund und Halle aufgeführten Antwortkategorien waren als offene Fragen gestellt und nicht als Antwortmöglichkeit vorgegeben.

Die Ergebnisse:

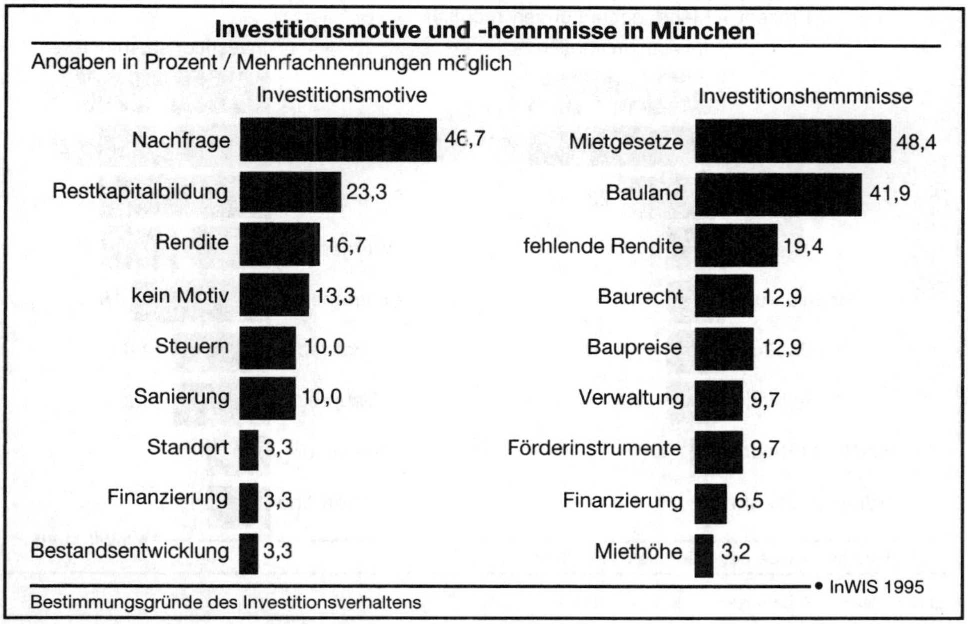

Quelle: Martin Schauerte in InWIS-Bericht Nr. 4/95, Bochum, Seite 30

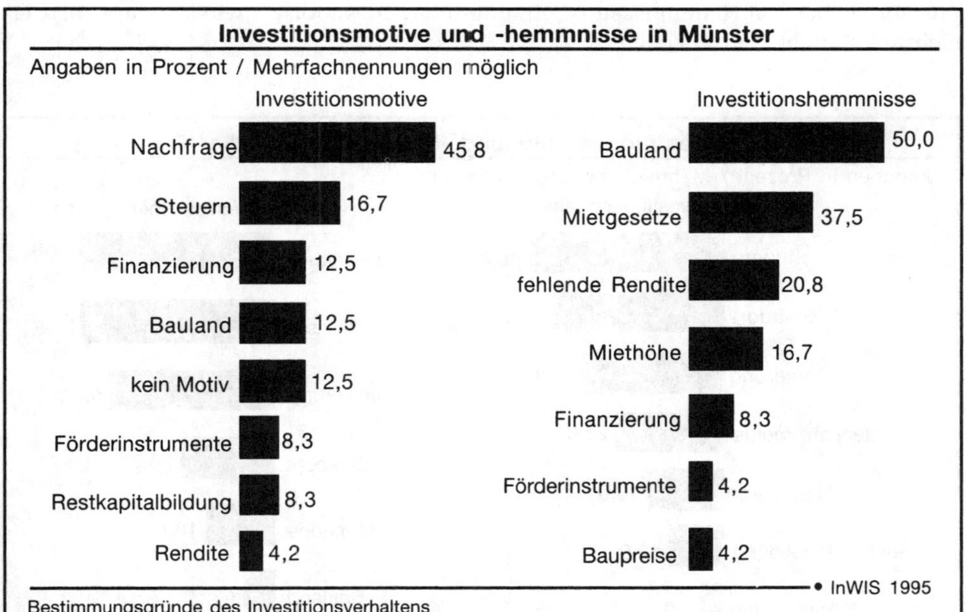

Quelle: Martin Schauerte in InWIS-Bericht Nr. 4/95, Bochum, Seite 30/31

Beim Vergleich München/Münster ist festzustellen, dass die bestehende Wohnungsknappheit das Hauptmotiv für die Investoren darstellt; die übrigen Motive treten in den Hintergrund. In beiden Städten finden sich auch bei den Investitionshemmnissen ähnliche Antwortmuster wieder. So wird neben den restriktiv wirkenden Mietgesetzen die Baulandproblematik genannt.

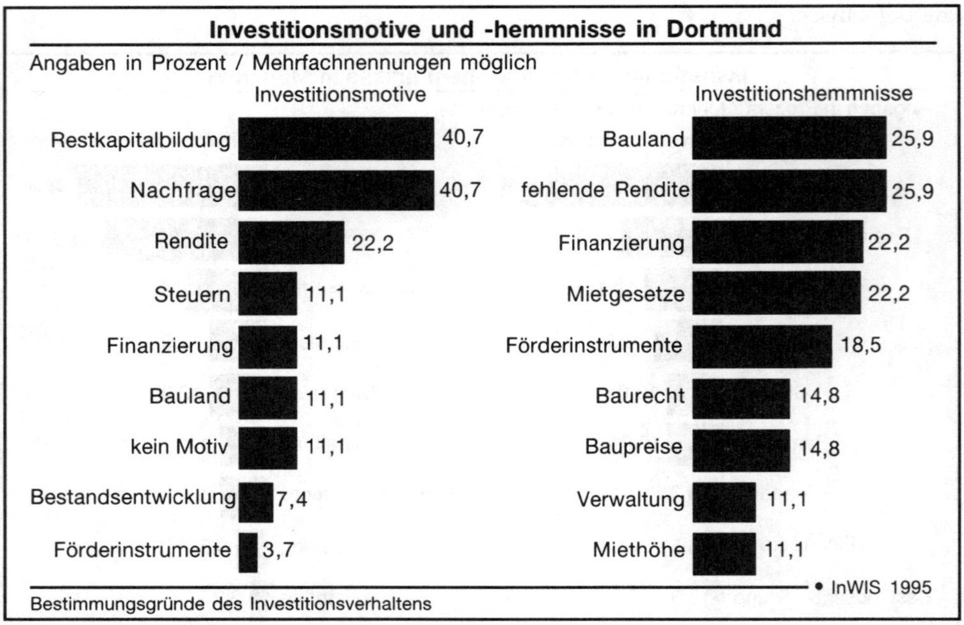

Quellen: Martin Schauerte, a. a. O., Seite 30/31

Für Dortmund gelten die Realkapitalbildung und die Nachfrage als stärkste Investitionsmotive; bei den Hemmnissen ist ein dominierendes Motiv – wie aus der Grafik ersichtlich – nicht auszumachen.

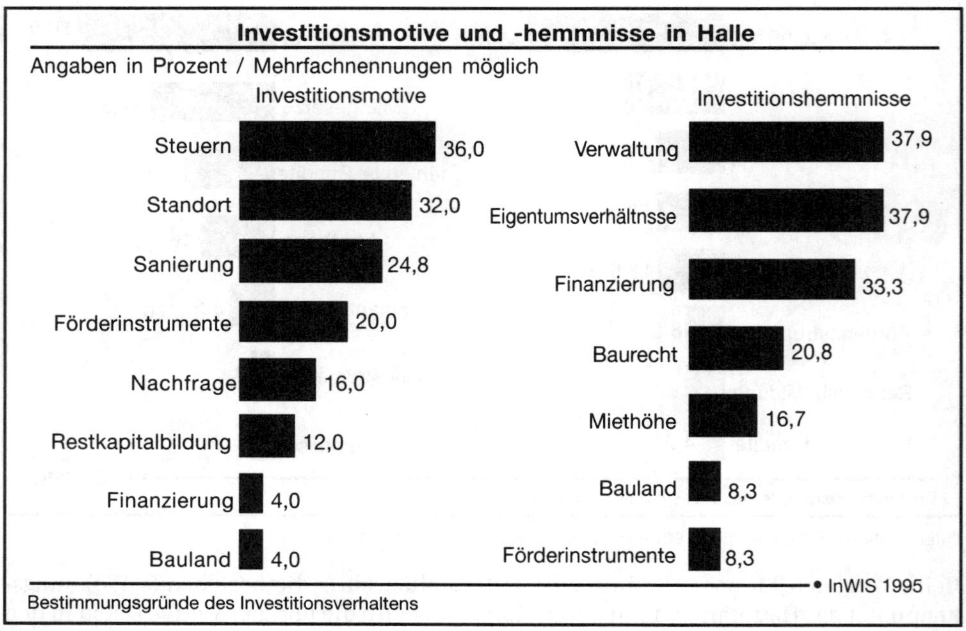

Quelle: Martin Schauerte, a. a. O., Seite 32

Bei den Analysen des Verhaltens der Investoren in Halle (Region Halle/Leipzig) zeigen sich deutlich die Auswirkungen der nach der deutschen Wiedervereinigung eingeführten steuerlichen Sonderabschreibungsmöglichkeiten; sie sind Hauptmotiv. Auch die Hemmnisse zeigen deutliche Unterschiede zu den westdeutschen Städten. Ungeklärte Eigentumsverhältnisse an Grundstücken und Behinderungen durch die Verwaltung sind neben Schwierigkeiten bei der Objektfinanzierung als bedeutend festzustellen.

In ähnlicher Weise lassen sich auch für die anderen Markteinflussfaktoren entsprechende Analysen erstellen.

9.3.2 Marktbeobachtung

Während die Marktanalyse mit wissenschaftlichen Methoden wesentliche Faktoren eines Marktes zu einem bestimmten Zeitpunkt ermittelt, befasst sich die Marktbeobachtung mit der Entwicklung dieser Fakten im Zeitablauf; sie ist also eine Zeitraumbetrachtung und somit für die Unternehmen eine Daueraufgabe.

Ausgehend von den Daten der Marktanalyse werden durch die ständige Beobachtung sich abzeichnende Entwicklungen und Trends erfasst und finden dann Eingang in entsprechende Prognosen.

Als Beispiel dafür lässt sich die Anzahl der geförderten Wohnungen der alten Bundesländer darstellen. Sie sind dem Zahlenmaterial des Statistischen Bundesamtes entnommen.

1986 – 52 066 Wohnungen
1987 – 40 668 Wohnungen
1988 – 38 886 Wohnungen

Hier wird im Zeitablauf der Rückgang der öffentlichen Förderung erkennbar, der sich aufgrund der hohen Leerstände von Wohnungen ab Mitte der 80er-Jahre ergeben hat. Nachdem insbesondere auch durch die Wiedervereinigung und zu Beginn der 90er-Jahre Wohnraum knapp geworden war, entwickelte sich die öffentliche Förderung im früheren Bundesgebiet wieder nach oben.

1991 – 90 162 Wohnungen
1992 – 87 221 Wohnungen
1993 – 111 366 Wohnungen

Ausgelöst durch die Beobachtung von Angebot und Nachfrage am Wohnungsmarkt hatte die Politik auch wieder größere Wohnungsbauprogramme verabschiedet.

Aber nach der Spitze der Bewilligungen im sozialen Wohnungsbau in 1993 ist aufgrund der sich verändernden Marktlage die Förderung sowohl im früheren Bundesgebiet als auch in den neuen Ländern einschließlich Berlin-Ost deutlich zurückgegangen, wie dies der nachstehenden Grafik des Statistischen Bundesamtes 1998 für den Zeitraum bis 1997 zu entnehmen ist.

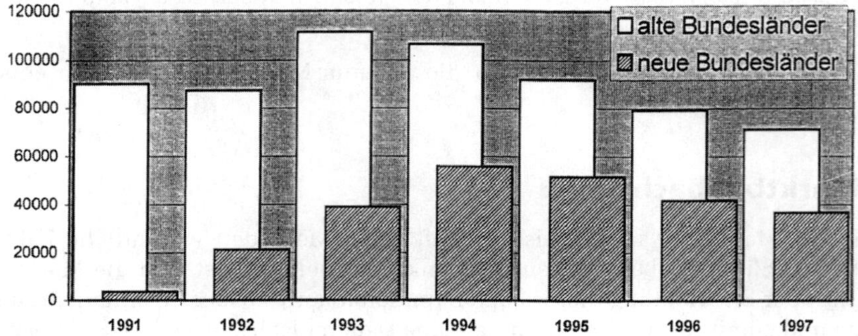

Besonders wesentlich ist natürlich die Beobachtung der am Markt zu erzielenden Mieten. So haben insbesondere nach der Wende viele Bauträger z. B. in den neuen Bundesländern Eigentumswohnungen an Anleger verkauft mit Mietgarantien von 17,– bis 18,– DM je m² Wohnfläche. Am Markt sind solche Mieten heute nicht mehr zu erzielen, was sich verständlicherweise auf die Investitionsbereitschaft auswirkt. Verstärkt wird diese Entwicklung durch die Reduzierung der Abschreibungsmöglichkeiten nach dem Einkommensteuergesetz.

Wohnungswirtschaftlich relevant ist insbesondere die Entwicklung des Nachfrageverhaltens nach Wohnungen in quantitativer und qualitativer Sicht. So hat sich die Nachfrage nach größeren Wohnungen nach dem Zweiten Weltkrieg ständig erhöht (z. B. gemessen an der Größe der Wohnfläche je Person). Aber auch der Bedarf an gehobener Ausstattung der Wohnungen ist ständig angestiegen. Darüber hinaus war aber auch eine Zunahme der Nachfrage nach kleinen Wohnungen von so genannten Single-Haushalten zu beobachten.

So lassen sich veränderte Gewohnheiten im Lebenszyklus und deren Auswirkungen z. B. auch an der Zahl der Personen je Haushalt feststellen. Sie liegt auf dem „flachen Land" (regional unterschiedlich) bei 3,2 Personen je Haushalt, während in den Großstädten Haushaltsgrößen teilweise durchschnittlich unter 2 Personen festzustellen sind. Eine Untersuchung des Landes Nordrhein-Westfalen hat ergeben, dass eine Verringerung der Durchschnittszahl je Haushalt um 0,1 rein rechnerisch zu einem Bedarfsanstieg von etwa 35 000 Wohnungen führen würde.

9.3.3 Marktprognose

Mithilfe der Prognose wird zu ermitteln versucht, wie sich die Marktsituation in Zukunft darstellt; sie baut auf den Ergebnissen der Marktanalyse und Marktbeobachtung auf.

Gerade weil Wohnungen sehr langlebig sind und nicht – da immobil – bei Bedarf einfach in eine andere Region transportiert werden können, ist man auf eine möglichst sichere Prognose angewiesen. Das gilt für die Politik (z. B. Wohnungsbauförderung) genauso wie für das regional tätige Wohnungsunternehmen.

Wohnungsbedarfsprognosen haben den Zweck, die kurz-, mittel- und längerfristigen Neubauvorhaben abzuschätzen, um Fehlinvestitionen und Fehlsubventionen zu vermeiden und möglichst früh auch die öffentlich-rechtlichen planerischen Rahmenbedingungen sicherzustellen (Baulandausweisungen, Planung der Infrastruktur und städtische Entwicklungsmaßnahmen).

Diese Prognosen sind nur sehr schwierig mit Sicherheit zu stellen. Das hat auch zu tun mit den vorgelagerten Märkten, wie dem Bau-, Kapital- und Baumarkt.

Um mittel- und langfristige Vorausschätzungen ermitteln zu können, wird ein Berechnungsmodell verwendet, in das drei Komponenten Eingang finden.

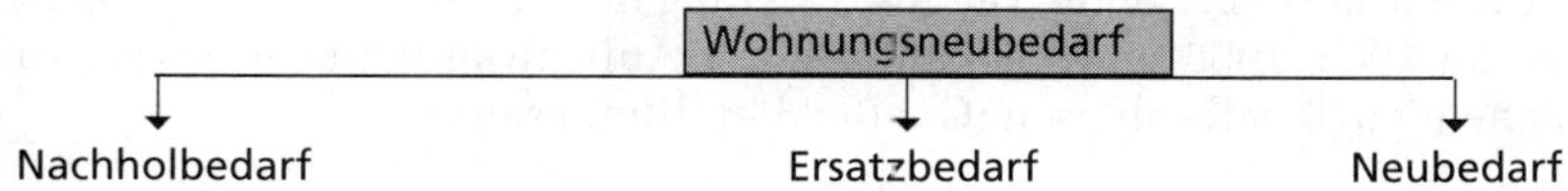

Der Nachholbedarf wird festgestellt, indem man die Differenz zwischen Soll- und Istbestand zu Beginn der Prognose feststellt. Damit wird die bestehende Unterversorgung zum Berechnungszeitpunkt ausgedrückt. Unterversorgt sind solche Haushalte, die z. B. in qualitativ unzulänglichen Wohngelegenheiten oder in überbelegten Wohnungen leben; damit können dann bestehende Disparitäten in der Wohnungsversorgung transparent gemacht werden.

Die zweite Komponente des Wohnungsbedarfes gibt an, wieviele Wohneinheiten aus dem Wohnungsbestand ausscheiden werden und somit durch Neubauten zu ersetzen sind. Erfasst werden hier Abgänge aus dem Bestand durch Baufälligkeit, Abriss oder Umwidmungen von Wohnraum in Geschäftsräume. Dieser Ersatzbedarf wird mit ca. 1 % des jeweiligen Wohnungsbestandes angesetzt; das sind bei etwa 26 Millionen Wohnungen immerhin auch 260 000 Einheiten.

Der Neubedarf an Wohnungen ergibt sich aus der Veränderung der Zahl der Haushalte im Prognosezeitraum, die Wohnungen nachfragen werden. Die Berechnung erfolgt durch Gegenüberstellung der erwarteten Haushaltsgründungen und -auflösungen, wobei insbesondere auf die Vorausschätzung der Bevölkerungsentwicklung zurückgegriffen werden muss.

Dieser aus den drei Komponenten ermittelte Wohnungsneubedarf gibt die Zahl der zu bauenden Wohnungen an, um die vorgegebene Bedarfsnorm für das Prognosejahr zu erfüllen. Wie bereits dargelegt, ist der wesentliche Faktor die Vorausschätzung der Bevölkerung. Ein Konzept dazu ist der folgenden Grafik zu entnehmen.

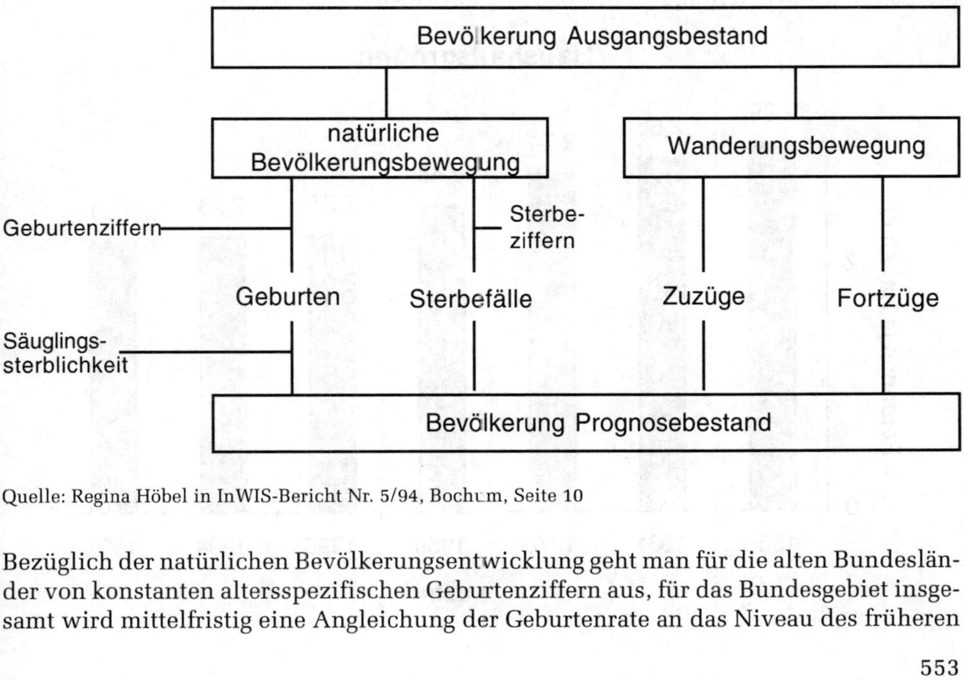

Quelle: Regina Höbel in InWIS-Bericht Nr. 5/94, Bochum, Seite 10

Bezüglich der natürlichen Bevölkerungsentwicklung geht man für die alten Bundesländer von konstanten altersspezifischen Geburtenziffern aus, für das Bundesgebiet insgesamt wird mittelfristig eine Angleichung der Geburtenrate an das Niveau des früheren

Bundesgebiets unterstellt. Die Zunahme der Lebenserwartung hat entsprechende Auswirkungen auf die Sterbefälle.

Bei den rechts in der Grafik dargestellten Wanderungen ist von weiteren Zuwanderungen aus dem Ausland auszugehen. Als Resultat ergibt sich daraus ein Anstieg der Bevölkerung bis zur Jahrtausendwende. Die Entwicklung der Bevölkerung des gesamten Bundesgebiets von 1985–1996 und der Einfluss der Außenwanderungen lassen sich aus der nachstehenden Tabelle ablesen (Quelle: Stat. Bundesamt).

Bevölk.-Entwicklung (je in 1 000) Außenwanderungen

	Zugänge	Fortzüge
1985 – 77 619	511,6	456,6
1989 – 78 677	1 185,5	581,0
1991 – 79 984	1 182,9	582,2
1992 – 80 594	1 489,4	701,4
1993 – 81 179	1 268,0	796,9
1994 – 81 538	1 082,6	767,6
1995 – 81 817	1 096,0	698,1
1996 – 82 012	959,7	677,5

Diese Wanderungsbewegungen sind von gesamtpolitischen und ökonomischen Rahmenbedingungen abhängig, wie z. B. die Öffnung der innerdeutschen Grenze 1989 oder auch Änderungen des Asylrechts etc. Damit ist eine Hauptursache für die Schwierigkeit, Bevölkerungsentwicklungen zu prognostizieren, die mangelnde Kalkulierbarkeit dieser politischen und ökonomischen Einflüsse auf die Wanderungen.

Neben der Prognose der Bevölkerungsentwicklung ist aber auch die Veränderung der Zahl der Haushalte vorauszuschätzen, weil Wohnungen nicht von jeder einzelnen Person, sondern von Haushalten nachgefragt werden. Dabei lässt sich feststellen, dass in der Bundesrepublik eine ständige Verkleinerung dieser Haushaltsgrößen stattgefunden hat und sich im Trend weiter fortsetzen wird. Das hat zur Konsequenz, dass die Zahl der Haushalte und damit der Wohnungsnachfrager selbst dann steigen wird, wenn sich die Zahl der Bevölkerung leicht rückläufig entwickeln würde.

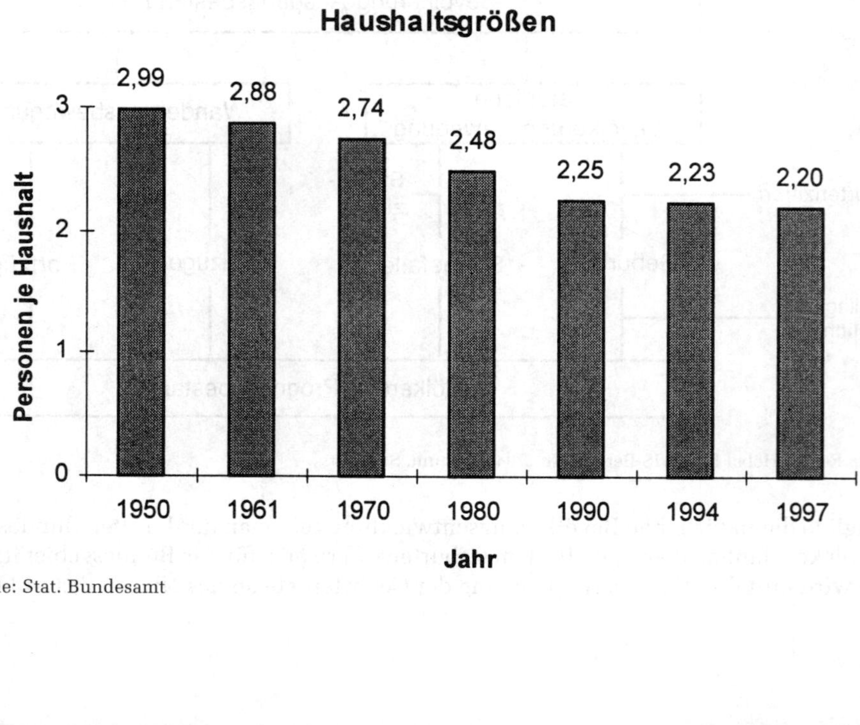

Quelle: Stat. Bundesamt

Die in der Grafik dargestellten Haushaltsgrößen sind Durchschnittswerte für die Bundesrepublik. Regional lassen sich jedoch große Abweichungen erkennen. So finden wir in den Großstädten, wie z. B. München oder Hamburg, Haushaltsgrößen von unter zwei Personen, während in ländlichen Gegenden sich die Zahl der Personen je Haushalt noch um die drei bewegen kann.

Die weitere Entwicklung der Haushaltsgröße ist z. B. abhängig

- vom Aufbau der Alterspyramide der Bevölkerung (bei großem Anteil älterer Menschen sinkt die durchschnittliche Haushaltsgröße)
- von der Veränderung der Lebensgewohnheiten und Familienformen (Single-Haushalte bei jungen Menschen; spätere Heirat; Entwicklung der Scheidungsrate)
- von der Situation von Angebot und Nachfrage auf dem Wohnungsmarkt
- von der Entwicklung der Kaufkraft (hohe Kaufkraft führt eher zu Haushaltsgründungen).

Diese Faktoren haben Auswirkungen auf die Zusammensetzung der Haushalte. Deshalb muss die Prognose der Zahl und Struktur der Haushalte sowohl die Bevölkerungsentwicklung als auch die Annahmen der demographischen, sozialen und ökonomischen Veränderungen beinhalten.

Das Statistische Bundesamt hat für die alten Bundesländer 1992 folgende Haushaltsgrößen prognostiziert:

1990 – 2,25 Personen/Haushalt
1995 – 2,26 Personen/Haushalt
2000 – 2,25 Personen/Haushalt
2005 – 2,24 Personen/Haushalt
2010 – 2,21 Personen/Haushalt

Quelle: Statistisches Bundesamt

Insbesondere ab dem Jahr 2005 ist ein deutlicher Rückgang dargestellt, der durch die weitere Zunahme der Alterung der Bevölkerung erklärt wird. Dabei geht die Prognose z. B. von einem konstanten Haushaltsbildungsverhalten der ausländischen Bevölkerung aus, wonach deren durchschnittliche Haushaltsgröße mit 2,82 Personen je Haushalt bis zum Jahre 2010 angenommen wird.

Die vorstehenden Daten werden auch von größeren Gemeinden erhoben und stehen somit den regional tätigen Wohnungsunternehmen für eine Standortanalyse zur Verfügung.

Andere Untersuchungen gehen davon aus, daß sich eine Annäherung des Verhaltens der ausländischen Bevölkerung an das der deutschen Bevölkerung ergeben wird und somit zu einer Abnahme der durchschnittlichen Haushaltsgröße im Prognosezeitraum führt.

1990 – 2,25 Personen/Haushalt
1995 – 2,26 Personen/Haushalt
2000 – 2,25 Personen/Haushalt
2005 – 2,23 Personen/Haushalt
2010 – 2,19 Personen/Haushalt

Quelle: Regina Höbel, a. a. O., Seite 18

Auch, wenn die Werte für 2005 und 2010 der beiden Tabellen nur sehr gering voneinander abweichen, sei noch einmal dargelegt, dass eine geringfügige Veränderung in der Entwicklung der Haushaltsgrößen sich wesentlich stärker auf den Wohnungsbedarf auswirkt als eine entsprechende Veränderung der Bevölkerungszahlen.

Bedingt durch Wohnungswechsel und durchzuführende Modernisierungen werden immer einige Wohnungen leer stehen. Deshalb sollte der Wohnungsbestand etwas höher angesetzt werden als die Zahl der Wohnungsbedarfsträger. Diese so genannte Mobilitätsreserve wird im Allgemeinen mit ca. 2–3 % des Wohnungsbestandes bzw. Wohnungsbedarfs angesetzt, um die Funktionstüchtigkeit des Wohnungsmarktes zu gewährleisten.

9.3.4 Methoden der Marktforschung

Die erforderlichen Informationen können grundsätzlich mit zwei Erhebungsarten beschafft werden:

- Sekundärerhebung
- Primärerhebung

Die Sekundärforschung (englisch desk-research = Schreibtisch-Forschung) wertet bereits vorhandene Unterlagen aus. Dies können z. B. Statistiken der Verbände, Informationen von Ministerien, Ergebnisse von Volksbefragungen und Auswertungen von Statistischen Jahrbüchern des Statistischen Bundesamtes oder der Behörden der Länder etc. sein.

Daneben gilt es selbstverständlich auch, betriebsinterne Quellen zu erschließen. Solche Quellen dafür sind z. B. Marketing-Statistiken, oft auch als Umsatz-, Absatz- oder Verkaufsstatistik bezeichnet. So können in Unternehmungen ohne großen Aufwand

- Anfragen- und Angebotsstatistiken,
- Auftragseingangs- und Umsatzstatistiken,
- Statistiken über die Außendiensttätigkeit und
- Reklamationsstatistiken

erstellt werden. Diese Statistiken können das in einer Periode erzielte Marketing-Ergebnis detailliert darstellen, Kennzahlen ermitteln, Veränderungen im Zeitablauf erkennbar machen und somit Trends aufzeigen, um dadurch zu einem effizienteren Einsatz der Marketingmittel beizutragen.

Da aus diesem Zahlenmaterial aber keine Aussagen über Gewinn- bzw. Verlust zu ersehen sind, müssen parallel Erfolgsrechnungen betrachtet werden.

Informationen, die man den vorhandenen sekundärstatistischen Daten nicht entnehmen kann, muss man durch Primärerhebung schaffen. Sie ist im Regelfall kostenintensiver als die Sekundär-Forschung. Als mögliche Methoden der Primärerhebungen kommen die Befragung oder Beobachtung in Frage.

Wenn alle Personen befragt werden sollen, spricht man von einer Vollerhebung (aus Kostengründen eher nicht durchführbar). Von Teilerhebung ist die Rede, wenn (wie üblich) nur ein bestimmter Prozentsatz aller interessierenden Personen (z. B. eigene Mieter) befragt werden.

Mögliche Auswahlverfahren zur Festlegung der Stichprobe im Rahmen der Teilerhebung können z. B. sein:

→ einfache Zufallsauswahl
- durch Zufallsgenerator aus der Mieterdatei
- durch Abzählen (jeder n-te Mieter)

→ geschichtete Zufallsauswahl
1. durch Bilden von Schichten nach z. B. Ort, Wohnungstypen, Altergruppen etc.
2. Auswahlsätze für die Schichten festlegen
3. Zufallsauswahl innerhalb der Schichten
4. bei der Auswertung Gewichtung nach dem tatsächlichen Umfang der Subgruppen in der Grundgesamtheit

→ Quotenauswahl
1. Quoten bestimmter Merkmale in der Grundgesamtheit ermitteln (z. B. Alter, Bildung, Beruf)
2. Quoten bestimmter Merkmalskombinationen für die Stichprobe festlegen
3. Auswahl der Befragten nach Quotenvorgaben
4. Gewichtung entsprechend den tatsächlichen Verhältnissen

→ Klumpenauswahl
1. Erhebungsklumpen festlegen (z. B. bestimmte Siedlungen)
2. Totalerhebung innerhalb der Klumpen

Quelle: Verband rheinischer und westfälischer Wohnungsunternehmen e. V., Vorträge, Heft 5, Seite 25

Unter Kostenaspekten ist die Frage nach dem Stichprobenumfang zu stellen. Je kleiner die Stichprobe gewählt wurde, desto größer ist die Gefahr, dass die Ergebnisse durch z. B. atypische Haushalte verzerrt werden. Mittels mathematischer Verfahren lassen sich solche Stichprobenfehler abschätzen. Je genauer die Ergebnisse sein sollen, desto größer ist die Stichprobe anzusetzen.

Aus der Sicht von Wohnungsunternehmen sind Befragungen von Mietern ein durchaus akzeptabler Weg. Dabei muss der zu verwendende Fragebogen besonders sorgfältig zusammengestellt werden. Die Art der Formulierung der Fragen hat erhebliche Auswirkungen auf das Ergebnis; man spricht dabei von so genannten Verzerrungseffekten.
Hier einige Beispiele:

a) **Bejahungstendenz**
Befragte neigen dazu, vorgegebenen Statements eher zuzustimmen als sie abzulehnen.
Abhilfe: unterschiedliche Statements mischen; Antworten z. B. auf positive und negativ vorgegebene Statements vergleichen.

b) **Zustimmungstendenz**
Befragte neigen dazu, vorgegebenen Antwortmöglichkeiten zuzustimmen.
Abhilfe: offene Fragen stellen, also keine Antwortmöglichkeit vorgeben.

c) **Novellierungstendenz**
Befragte vermeiden extreme Antworten, sie bevorzugen mittlere Abstufungen.
Abhilfe: viele Abstufungen verwenden oder durch Verzicht auf Mittelpositionen eine entsprechende Festlegung erzwingen.

d) **Reihenfolgeeffekte**
Bei mündlicher Befragung wird eher die zuletzt vorgegebene Möglichkeit gewählt.
Abhilfe: nicht zu viele Antwortmöglichkeiten oder Veränderung der Reihenfolge im Interview.

Bei schriftlichen Befragungen wird eher die zuerst genannte Möglichkeit gewählt.
Abhilfe: auch hier nicht zu viele Antwortmöglichkeiten, Möglichkeiten einzeln abfragen oder Antwortmöglichkeiten optisch trennen.

e) **Platzierungseffekte**
Bestimmte Fragen wirken sich auf die Beantwortung der nachfolgenden Fragen aus.
Abhilfe: gleiche Sachverhalte an verschiedenen Stellen abfragen.

Quelle: Verband rheinischer und westfälischer Wohnungsunternehmen e.V., Seite 24

Neben den erforderlichen Sachfragen sind aber auch Fragen zu formulieren, die für den Befragungsablauf von Bedeutung sind. Dies können z. B. sein:

a) Kontakt- und Eisbrecherbefragen
– Sie sollen das Interesse des zu Befragenden wecken.

b) Übungs- und Vorbereitungsfragen
– damit sollen Themenwechsel erleichtert werden.

c) Ablenkungs- und Pufferfragen
– solche Fragen haben den Zweck, durch Wegführen vom bisherigen Thema mögliche Ausstrahlungseffekte zu vermeiden.

d) Motivationsfragen
– Sie sollen die Antwortbereitschaft erhöhen und evtl. vorhandene Hemmungen abbauen.

e) Kontrollfragen
   – damit kann festgestellt werden, ob die gestellten Fragen der Wahrheit entsprechend beantwortet wurden und ob die Fragen auch richtig verstanden worden sind.

Quelle: Hans Christian Weis, Marketing, Kiehl 1993, Seite 110

9.4 Absatzpolitische Instrumente

9.4.1 Objektpolitik

Im Rahmen der Objektpolitik ist man bemüht, das eigene Produkt ständig zu verbessern oder neue Produkte auf den Markt zu bringen, um sich so einen Wettbewerbsvorteil zu verschaffen bzw. den Mitbewerbern gegenüber nicht schlechter darzustehen.

So kann z. B. durch die Grundrissgestaltung von Kaufeigenheimen oder Mietwohnungen ein verbesserter funktionaler Ablauf geschaffen werden. Entscheidend für Bauträger ist allerdings auch die Lage der Grundstücke, auf dem die eigenen Objekte errichtet werden sollen. So können insbesondere bei der Erstellung der Exposees oder der Gestaltung von Anzeigen eigene Lage- und Produktvorteile sowohl optisch als auch textlich hervorgehoben werden, um sich so vom Angebot der Mitbewerber abzuheben.

So sind Wohnungsunternehmen zunehmend bemüht, sich neben der traditionellen Wohnungsbewirtschaftung mit neuen Betätigungsfeldern zu befassen.

Hier sind insbesondere Soziale-, Hauswirtschaftliche-, Technische- und Sonstige Dienstleistungen zu nennen.

Im Rahmen einer Projektarbeit der Fachschule für Wirtschaft in Bochum haben Fachschüler/innen eine Unternehmensbefragung bei 50 Wohnungsunternehmen in Nordrhein-Westfalen durchgeführt. Sie kamen bei einer Rücklaufquote von 44 % (= 22 Unternehmen) zu folgenden Ergebnissen:

Soziale Dienstleistungen

	sind wir tätig	Tätigkeit geplant	nicht geplant	Unternehmens beteiligung
Altenbetreuung und Pflege	23 %	9 %	**68 %**	22 = 100 %
Sozialarbeiter	**45 %**	14 %	41 %	22 = 100 %
Essen auf Rädern	10 %	0 %	**90 %**	21 = 100 %
Sozialpädagogische Dienste für Kinder und Jugendliche	4 %	23 %	**73 %**	22 = 100 %
Baby-Sitting, Kinderbetreuung	11 %	0 %	**89 %**	19 = 100 %
Mieterzeitung	**50 %**	14 %	36 %	22 = 100 %
Freizeit und Kulturangebote	28 %	24 %	**48 %**	21 = 100 %

Hauswirtschaftliche Dienstleistungen

	sind wir tätig	Tätigkeit geplant	nicht geplant	Unternehmens beteiligung
Hauswart	**76 %**	0 %	24 %	21 = 100 %
Reinigungsdienst	33 %	29 %	**38 %**	21 = 100 %
Einkaufshilfen	5 %	19 %	**76 %**	21 = 100 %
Wäscheservice	16 %	0 %	**84 %**	19 = 100 %
Umzugsservice	6 %	33 %	**61 %**	18 = 100 %
Rundumservice bei Anmietung einer Wohnung	25 %	30 %	**45 %**	20 = 100 %

Technische Dienstleistungen

	sind wir tätig	Tätigkeit geplant	nicht geplant	Unternehmens beteiligung
Gartenpflege	**65 %**	0 %	35 %	20 = 100 %
Installation von Gemeinschafts-anlagen	**53 %**	16 %	31 %	19 = 100 %
Beratung/Vermitt-lung von Sicher-heitssystemen	5 %	35 %	**60 %**	20 = 100 %
Mitbestimmung bei Moderni-sierung	**35 %**	30 %	**35 %**	20 = 100 %

Sonstige Dienstleistungen

	sind wir tätig	Tätigkeit geplant	nicht geplant	Unternehmens beteiligung
Car-Sharing	9 %	5 %	**86 %**	22 = 100 %
Versicherungs-beratung und Vermittlung	0 %	9 %	**91 %**	22 = 100 %
Vermittlung von Telekom-verträgen	14 %	18 %	**68 %**	22 = 100 %
Sonstiges	25 %	8 %	**67 %**	12 = 100 %

9.4.2 Preispolitik/Konditionen

Ziel der Preispolitik generell ist es, seine eigenen Absatzchancen über eine flexible Preisgestaltung zu erhöhen. Das ist einfach gesagt, für die wohnungwirtschaftliche Praxis aber nicht immer ohne Probleme anwendbar. Da ist zunächst der Markt für Wohnungseigentum, der von relativ liberal-marktwirtschaftlichen Rahmenbedingungen gekennzeichnet ist. Hier entscheidet der Gesamtpreis des jeweiligen Objektes und die aus ihm resultierende monatliche Belastung (abhängig von der Finanzierung) im Verhältnis zum gesichert scheinenden langfristig erzielbaren Einkommen über den Kauf.

So wird man z. B. bei der Preisfestsetzung für Kaufeigenheim oder Eigentumswohnungen zunächst die eigenen Kosten kalkulieren und eine angestrebte Gewinnrate dazurechnen (sog. Kosten-Plus-Preise). Dann wird man die Angebote des Wettbewerbs in einer konkreten Lage und vergleichbarer Bauausführung prüfen, um ggf. seine eigenen Preisvorstellungen an den „Marktpreis" heranzuführen. Überhöht angesetzte Verkaufspreise führen schnell zu Absatzproblemen. Wenn erst einmal der Verkauf ins Stocken gerät, ist es sehr problematisch, dann über Preisnachlässe z. B. die letzten Eigentumswohnungen noch abzusetzen; der Ärger mit den bereits vorhandenen Käufern innerhalb der Wohnanlage ist vorprogrammiert.

Im Mietwohnungsbau sind die Rahmenbedingungen sehr viel restriktiver. So muss hier unterschieden werden zwischen öffentlich geförderten und frei finanzierten Wohnungen. Bei öffentlich geförderten Wohnungen ist die Bindung an die Kostenmiete zu nennen; die Gesamtkosten und die Höhe der staatlichen Subventionen bestimmen die Miethöhe. Der Begriff „Preis" verbietet sich eigentlich bei diesem „Teilmarkt".

Differenzierter stellt sich der Markt für frei finanzierte Objekte dar. Die Entwicklung von Angebot und Nachfrage hat durchaus Auswirkungen auf die Miethöhe, aber auch hier greifen die Vorschriften des Miethöhegesetzes restriktiv in den Preisbildungsprozess ein.

Die Preisgestaltung bei Mietwohnungen erfolgt unter einem anderen Aspekt. Anders als beim Vertrieb von Reiheneigenheimen oder Eigentumswohnungen ist hier eine langfristige Entwicklung des Mietzinses ausschlaggebend für die Renditeerwartung. Aus der nachstehenden Grafik lassen sich die Entwicklung der Wohnungsmieten und der Lebenshaltungskosten entnehmen. Über den dargestellten Zeitraum von etwa 30 Jahren ist der Anstieg der Mieten mit durchschnittlich 4,9 % je Jahr ausgewiesen, während bei den Lebenshaltungskosten nur eine durchschnittliche Steigerung von 3,5 % je Jahr festzustellen ist. Deshalb hat ein Vermieter sich z. B. sehr wohl zu überlegen, ob er bei der Gestaltung der Entwicklung der Mieten die sog. Indexmiete nach § 10a MHG vertraglich vereinbaren sollte.

Entwicklung der Wohnungsmiete und Index Lebenshaltungskosten

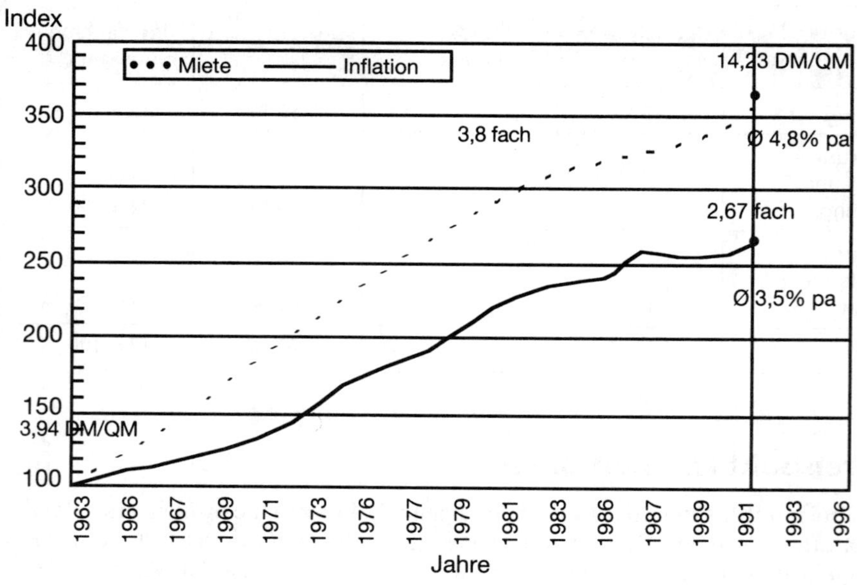

Quelle: Schriften für Sozialökologie 46, a.a.O., Seite 26

Auf die Bedeutung der Kosten vorgelagerter Märkte für die Preisgestaltung (Kosten für Erwerb des Baugrundes/Kosten des Gebäudes und Finanzierungskosten) sei an dieser Stelle nur hingewiesen (s. hierzu vertiefend Kapitel 1.3.4).

Für den Mietwohnungsmarkt sind die Konditionen und Bindungen weitestgehend durch Gesetze festgelegt (BGB, MHG, NMV, WoBindG, II. BV etc.).

Lediglich im Bereich des Wohneigentums (z. B. Reiheneigenheime/Eigentumswohnungen) sind Gestaltungsmöglichkeiten gegeben: z. B. bei Neubauten Beratung und Beschaffung von Finanzierungsmitteln, Übernahme von Zwischenfinanzierungen oder Bürgschaften, andere Kaufpreisfälligkeit als nach der Makler- und Bauträgerverordnung (also z. B. erst nach Bezug), Gewährung von Restkaufgeldhypotheken oder das Angebot einer Gewährleistungsfrist von z. B. 20 Jahren, also weit über die Fristen nach VOB und BGB hinausgehend.

Diese Aufzählung zeigt, dass die Instrumente, mit denen im Rahmen der Konditionsgestaltung den Bedürfnissen und Wünschen der Kunden entsprochen werden kann, keineswegs eng begrenzt sind. Richtig ist allerdings, dass der Einsatz dieser Mittel Geld kostet und sich demnach in der Preiskalkulation wiederfinden muss.

9.4.3 Kommunikationspolitik

9.4.3.1 Corporate Identity

In Literatur und Praxis taucht immer häufiger der Begriff „Corporate Identity" auf. Er wird in folgende Kernbausteine unterteilt:

Corporate Identity

Kommunikation	Erscheinungsbild	Persönlichkeit und Verhalten
Corporate Communication	Corporate Design	Corporate Culture

Ziel in den Unternehmungen muss es sein, dass sich diese drei Elemente der Corporate Identity in Einklang miteinander befinden. Gelingt dies nicht, so wird dies innerhalb und eben auch außerhalb des Unternehmens wahrgenommen.

Inhalte der Corporate Communication sind alle Werbe- und Marketingmaßnahmen des Unternehmens. Dazu gehören z. B. Pressemitteilungen, Prospektmaterial, Exposees, Objektbesichtigungen etc. Hierdurch können Unternehmungen ihr Image verbessern.

Zum Erscheinungsbild gehört insbesondere die visuell-formale Gestaltung der Firmenpersönlichkeit, wie z. B. Firmenlogo, verwendete Farben, Schriftbild usw. Nachstehend sind einige Firmenzeichen dargestellt, die von Studierenden der Fachschule Hösel im Rahmen der Projektarbeit entwickelt wurden.

Heimbau GmbH

bdks Bauträger- und Projektentwicklungsgesellschaft mbH

MB Immobilienservice

Das Verhalten als drittes Element der Corporate Identity legt die grundlegenden Regeln für das Auftreten und Verhalten der Mitarbeiter des Unternehmens nach innen und außen fest. Sie betrifft z. B. das Führungsverhalten, die Personalentwicklung, Umgangsformen und Konferenzstil im Innern und insbesondere die sachkompetente und verbindliche Darstellung nach außen.

9.4.3.2 Werbung

Der zunehmende Wettbewerb auf den Märkten erfordert ein immer intensiveres Werben um den potenziellen Kunden. Aufgabe der Werbung ist es, über geeignete Werbeträger und Werbemittel die Konsumenten als Nachfrager über Produkte und Dienstleistungen zu informieren, mit dem Ziel, den eigenen Absatz zu sichern bzw. zu steigern.

Als Werbeträger kommen insbesondere Zeitungen und Zeitschriften in Frage, in denen durch reine Textanzeigen oder mit gestalteten Inseraten geworben wird. Die Werbewirkung hängt dabei ab von der Größe, der Platzierung, der Textgestaltung und der drucktechnischen Ausführung (Schriftgröße, Bild, Flächenaufteilung).

Zunächst gilt es zu klären, wie die Werbebotschaft an die potenziellen Kunden gebracht werden soll. Dies lässt sich nach folgenden Schritten vollziehen:

a) Zielgruppe
   – wen will ich erreichen?
     z. B. Mieter, Käufer von Eigentumswohnungen oder Reiheneigenheimen

b) Zeitpunkt
   – wann will ich ihn erreichen?
     z. B. nach Freiwerden einer Wohnung oder bereits vor Baubeginn einer Maßnahme

c) Ort/Region
   – wo will ich ihn erreichen?
     z. B. lokal bei Mietern, regional bei Bauträgermaßnahmen oder auch überregional bei großen Gewerbeobjekten

d) Aufbau der Anzeige
   – wie will ich ihn erreichen?
     z. B. grafische Gestaltung und Größe der Anzeige, textliche Gestaltung, Informationsgehalt

e) Media-Mix
   – über welche Medien will ich ihn erreichen?
     z. B. Tageszeitungen, Fachzeitschriften und seit kurzem auch übers Internet

Nach Klärung der Fragen lässt sich dann daraus ein Werbeplan erstellen, an dessen Ende die Gesamtkosten ermittelt werden können.

Werbeplan für eine Eigentumsmaßnahme

Werbeträger	Thema	Motiv	Größe/Anzahl	Kosten	Datum
Anzeige in der WAZ					
Anzeige in der NRZ					
Anzeige in der FAZ					
Fachzeitschrift					
Prospekte					
Werbebrief für Eigennutzer					
Werbebrief für Anleger					
Reserve					
Gesamtkosten					

Besonderes Gewicht ist auf die Gestaltung der Anzeigen zu legen. Sie sind immer auch ein Kompromiss zwischen der Größe der Anzeige (wieviel Informationen kann man unterbringen) und den daraus resultierenden Kosten. So ist bei einer Anzeige in einer überregionalen Zeitung, samstags, 2 Spalten breit und 160 mm hoch von ca. 8 000,– DM auszugehen.

Bei diesen Kosten ist leicht einzusehen, dass solche Anzeigen „sitzen" müssen. Deshalb sind zunächst mehrere Entwürfe anzufertigen, die z. B. nach einem Punktbewertungsmodell auf ihre Wirksamkeit getestet werden können.

Nachstehend Anzeigen von Projektgruppen der Fachschule Hösel, die von anderen Studierenden nach fünf Kriterien bewertet wurden. Sie sind aus drucktechnischen Gründen jeweils verkleinert darstellt.

Neben dieser Objektwerbung dienen die gestalteten Anzeigen durch die Verwendung der Logos auch der Firmenwerbung.

Die Ergebnisse der Bewertung ergeben folgendes Bild:

	(1)	(2)	(3)	(4)	Punkte max.
Signalwirkung = Erwecken der Aufmerksamkeit	9	12	19	16	20
Weiterlesewirkung: = Veranlassung zum Weiterlesen	13	13	17	15	20
Kognitive Wirkung: = Klarheit der Kernbotschaft	14	13	16	15	20
Affektive Wirkung: = Wahl des Werbeappells	9	11	14	14	20
Verhaltenswirkung: = Aufforderung zu einer entsprechenden Handlung	7	11	15	14	20
Gesamtpunkte	52	60	81	74	100

Die einzelnen Wirkungen sind mit je 20 % gleichgewichtet. Bei Zugrundelegung einer entsprechenden „Notenskala" ergab sich folgende Bewertung:

Anzeige Nr. 1 – 52 Punkte – durchschnittlich/ausreichend
Anzeige Nr. 2 – 60 Punkte – durchschnittlich/ausreichend
Anzeige Nr. 3 – 81 Punkte – gut
Anzeige Nr. 4 – 74 Punkte – befriedigend

Sind diese Anzeigen geschaltet worden, ist der nächste Schritt die Erfolgskontrolle. Zu diesem Zweck kann man die Ergebnisse z. B. wie folgt zusammenstellen:

Anzeige/ Typ/ Datum	Resonanz		Abschlüsse	
	Anzahl insgesamt	Qualität der Interessenten	Anzahl	Werbe-kosten je Abschluss
WAZ Typ 1 16.02. d.J.	23	mittel bis gut	3	3 000,– DM
NRZ Typ 2 23.02. d.J.	16	mittel	1	9 000,– DM
FAZ Typ 3 03.03. d. J.	36	mittel bis gut	8	2 200,– DM

Aus den Ergebnissen lassen sich dann auch weitere Rückschlüsse auf die Effizienz der verwendeten Anzeigentypen und Medien ziehen.

Wie schon aus dem Werbeplan (s. o.) zu ersehen ist, kommt als Werbeträger auch die Direktwerbung zur Anwendung. Sie ist die unaufgeforderte, unmittelbare Ansprache von nach bestimmten Kriterien ausgewählten Zielgruppen und ist durchaus auch für die Wohnungswirtschaft von Bedeutung.

Damit der Werbebrief den gewünschten Erfolg bringt, ist seine Gestaltung ebenso sorgfältig vorzunehmen wie bei Anzeigen auch. In Anlehnung an die so genannte AIDA-Formel (Attention/Interest/Desire/Aktion) ist z. B. folgender Aufbau sinnvoll:

- Aufmerksamkeit erregen
- Interesse wecken
- Zustimmung gewinnen
- Handlung auslösen
- Entschluss bekräftigen

Bei der konkreten Formulierung des Textes ist u. a. darauf zu achten, dass

- das Datum genannt ist
- die Anrede persönlich erfolgt (mit Titel)
- ein zündender Eingangssatz formuliert wird
- der Text klar, sachlich und ehrlich ist
- der Stil lebendig und interessant ist
- das Schriftbild durch Absätze und Hervorhebungen aufgelockert wird
- der Brief kurz ist (z. B. eine DIN-A4-Seite)
- weitere Informationen als Prospekt beigefügt werden sollten
- der Brief unterschrieben ist
- mit dem P. S. eine zusätzliche Aufforderung zur Handlung verbunden ist.

Auch an dieser Stelle ein von Studierenden der Fachschule Hösel gestalteter Werbebrief. Die kritische Beurteilung sei dem Leser überlassen.

BEST-BAU

Bauträgergesellschaft mbH
Königsallee 1-3
40239 Düsseldorf

Herrn
Prof. Dr. Christian Pawlitzek
Monetenstraße 1

42799 Leichlingen

Eine Anlage die sich lohnt, Best-Bau das neue Wohnbehagen

Sehr geehrter Herr Prof. Dr. Pawlitzek,

Leeren Sie Ihren Sparstrumpf, und investieren Sie in den Renditevorteil Ihrer Zukunft!
Nahe der Leverkusener Waldsiedlung errichten wir für Sie eine „Super Kapitalanlage".
Es wird Sie ihren Sparstrumpf kosten, aber die Vorteile liegen klar auf der Hand:

- **Steuervorteile (Ersparnisse) durch Investition**
- **hohe Renditen**
- **inflationssichere Anlage**

Unsere hohe Bauqualität sowie unser gut durchdachtes Gesamtkonzept, zu dem z. B. die Vermietung sowie auch die Bewirtschaftung Ihrer neuen Anlage gehören, sichern Ihnen auf lange Sicht Renditen in Höhe von bis zu **8% im Durchschnitt.** Die Sparzinsen für ein bankübliches Sparbuch betragen z. Z. ca. 3,5%. Wenn Sie uns fragen, zu wenig für klevere Anleger.

Wann dürfen wir Sie von unserem Konzept überzeugen?

Mit freundlichen Grüßen
Best-Bau GmbH

i. A. Wendt

P.S. Bei Einsendung der beigefügten Antwortkarte liegen ausführliche Informationen noch MORGEN auf Ihrem Schreibtisch!

TELEFON 01 90 / 333 222
FAX 01 30 / 333 225

Deutsche Bank,
Düsseldorf
(BLZ 300 700 10)
Kto.-Nr. 345345

BfG Düsseldorf
(BLZ 300 600 29)
Kto.-Nr. 303045

Geschäftsführer:
Guido Krüger
André Balmes
Thorsten Wendt

Sofern dann nun hoffentlich durch Anzeigenwerbung oder als Ergebnis der Direktwerbung Kundenkontakte zustande gekommen sind, gilt es, das persönliche Gespräch mit dem Kunden zu führen. Wieviele Gespräche beim Vertrieb von Wohnimmobilien bis zum Verkaufsabschluss notwendig sind, hängt von der Art des Objektes ab. So ist es durchaus zu beobachten, dass beim Verkauf an Kapitalanleger bereits beim ersten Gespräch ein Abschluss zustande kommt. Bei Bauträgermaßnahmen (z. B. Reiheneigenheime/Eigentumswohnungen) wird dies nicht so sein; hier fällt die Kaufentscheidung i. d. R erst nach einigen Terminen.

Dennoch ist der erste persönliche Kontakt mit dem unbekannten Kunden von größter Bedeutung. Ob sich der Kunde interessiert mit dem Angebot befasst und auch die Kaufentscheidung erwägt, entscheidet sich oft schon zu Beginn eines solchen Gesprächs. Nachstehend der Ablauf eines professionell geführten Erstkontaktes.

Modellaufbau eines Erstkontaktgesprächs
1. Begrüßung 2. Kontaktgespräch (Small talk) 3. Bedarfsanalyse a) Welchen sachlichen Immobilienbedarf hat der Kunde? (Kaufbedingungen) b) Welchen emotionalen Bedarf hat der Kunde? (Kaufwünsche) c) Welche Überlegungen führen zum Kauf einer Immobilie? (Kaufmotive) 4. Kurzfinanzierungs-Check (finanzielle Möglichkeiten des Käufers) 5. Präsentation des Angebotes a) Lage b) Gesamtobjekt c) Einzelimmobilien 6. Dialog über das Angebot 7. Konkreter Abschluss des Gesprächs (evtl. auch Kaufabschluss)

Quelle: Klaus Nielen, Immobilien-Verkauf, 1995, Seite 188/189

9.4.3.3 Public-Relations

Während Werbung eher kurzfristig ausgelegt ist und Handlungen beeinflussen will, zielt Public-Relations (Öffentlichkeitsarbeit) auf die Beeinflussung von Meinungen ab, ist längerfristig angelegt und führt zu mittelbarer Kaufbeeinflussung.

Die einzusetzenden Instrumente unterscheiden sich deshalb von denen der Werbung ganz erheblich. Allgemein ist u. a. an folgende Maßnahmen zu denken:

- Pressekonferenzen
- Tage der offenen Tür
- Vortragsveranstaltungen
- Ausstellungen
- Kundenzeitschriften/Mieterzeitungen
- Beiträge in Fachzeitschriften
- Veröffentlichung des Geschäftsberichtes etc.

Die Ausgaben für Public-Relations sind wesentlich geringer als die für Werbung aufzuwendenden Mittel. Dennoch legt sie Grundlagen, die auch der Werbung und ihrem Erfolg zugute kommen.

9.5. Marketingplanung

9.5.1 Formulierung der Planziele

Marketingplanung ist auch organisatorisch im Unternehmen zu institutionalisieren, damit die ihr gestellten Aufgaben gelöst werden können. Sie ist ein fortlaufender Prozess, um unter Einbeziehung der gegenwärtigen Situation künftige Marktprobleme zu lösen.

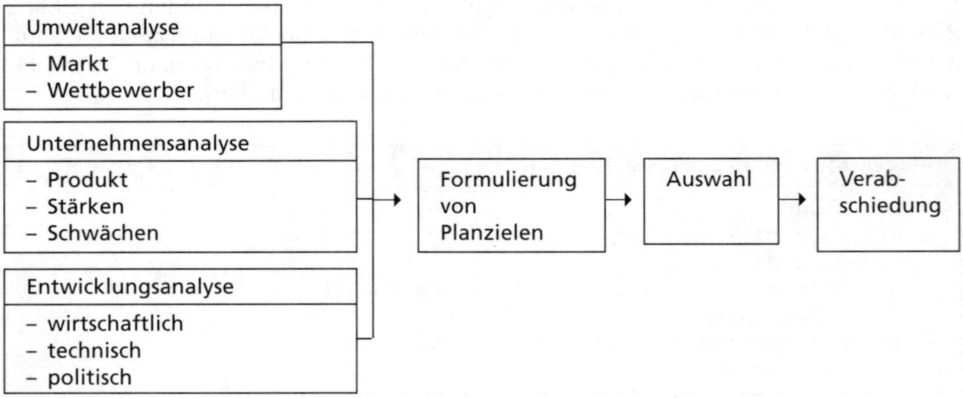

Hilfe bei der Entscheidung über angestrebte Planungsstrategien bietet die so genannte Portfolio-Analyse. Sie wurde zunächst für die optimale Zusammenstellung von Wertpapieren entwickelt, um das Gesamtrisiko möglichst gering zu halten. Diese Matrix dient der Darstellung der gegenwärtigen und geplanten Stellung der einzelnen Geschäftsfelder; für die Wohnungswirtschaft z. B. Reiheneigenheime, Eigentumswohnungen, Altenwohnheime, Mietwohnungen etc.

Es geht also darum, ein Produkt-Portfolio zu entwickeln, das Erzeugnisse mit unterschiedlichen Marktrisiken und -chancen so mit den Stärken und Schwächen der Unternehmung kombiniert, dass die langfristige Sicherung des Unternehmens gewährleistet werden kann.

Die allgemeine 9-Felder-Portfolio-Matrix hat folgendes Aussehen:

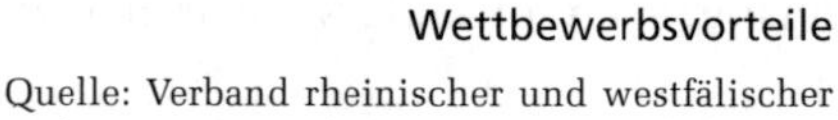

Quelle: Verband rheinischer und westfälischer Wohnungsunternehmen e. V., 1992, Heft Nr. 1, Seite 20

Aus der Kombination von Marktattraktivität und Wettbewerbsvorteil ergeben sich die Felder

(1) Abschöpfungs- oder Desinvestitionsstrategie
(2) Selektionsstrategie
(3) Investitions- und Wachstumsstrategie

Diese allgemeine Portfolio-Matrix lässt sich für ein beispielhaftes Wohnungsunternehmen wie folgt darstellen:

Marktattraktivität			
hoch	Reihen-eigenheime	Eigentums-wohnungen	Freistehende Eigenheime
mittel	Miet-wohnungen	Studenten-appartements	Gehobene Senioren-wohnheime
gering	Sozial-wohnungen	Wohnheime	Villen
	gering	mittel	hoch

Wettbewerbsstärke des Wohnungsunternehmens

Quelle: Verband rheinischer und westfälischer Wohnungsunternehmen e. V., 1992, Heft 1, Seite 21

Die sich daraus ergebenden allgemeinen Strategien sind nachstehend sehr detailliert dargestellt. Sie sind auf die Besonderheiten des Wohnungsmarktes übertragbar. Das bedeutet, dass sich Wohnungsunternehmen nicht nur in einem Bereich – z. B. sozialer Wohnungsbau oder Eigentumswohnungen in reinen Wohngebieten – engagieren sollten, sondern dass die Bemühungen darauf ausgerichtet sein müssen, für möglichst unterschiedliche Segmente Aktivitäten zu entwickeln.

Elemente der Marketingpolitik	**Norm-Strategien**		
	Investitions- und Wachstumsstrategien	**Selektive Strategien**	**Abschöpfungs- oder Desinvestitionsstrategien**
1. Objektpolitik	Sortiment ausbauen; Diversifizieren; Innovation	Spezialisierung; Schwerpunktbildung (Randtypenbereinigung); Imitation	Programmbegrenzung (keine neuen Produkte; Aufgaben ganzer Linien)
2. Abnehmermärkte und Marktanteile	Gewinne, Basis verbreitern – Neue Regionen – Neue Anwendungen	Gezielt wachsen, Position verteidigen	Aufgaben zugunsten von Erträgen – Kundenselektion – Regionaler Rückzug
3. Preis- und Konditionenpolitik	Preisführer (nach oben und unten)	Stabilisieren des Preisniveaus, tendenzielle Niedrigpreispolitik	Tendenzielle Hochpreispolitik (Preisabschläge nicht mitmachen)
4. Vertriebs- und Kommunikationspolitik	Aktiver Einsatz von – Werbemitteln – Zweitmarken – Markennamen	Gezielter Einsatz für Produktwerbung	Zurückgehender Einsatz des vertriebspolitischen Instrumentariums
5. Risiko	Akzeptieren	Begrenzen	Vermeiden
6. Investitionen	Vertretbares Maximum (Invest. > Abschr.)	Gezielt auf Cash-flow (Invest. = Abschr.)	Minimum bzw. Stilllegen (Invest. < Abschr.)

Quelle: in Anlehnung an: Hans Christian Weis, a. a. O., Seite 447

9.5.2 Marketing-Mix

Unter Marketing-Mix versteht man allgemein die Kombination von absatzpolitischen Instrumenten, die ein Unternehmen zu einem bestimmten Zeitpunkt einsetzt. Die Bedeutung der einzelnen Instrumente hängt ab vom Betriebstyp, vom Produkt und vom Käuferverhalten. Bei manchen Produkten spielt der Preis eine wesentliche Rolle, bei anderen ist die Produktpolitik wichtig, und für Autos, Computer usw. ist ein gut funktionierender Kundendienst unentbehrlich.

Wie dieser Mix im Einzelenen ausgestaltet sein kann, soll die nachstehende Grafik verdeutlichen.

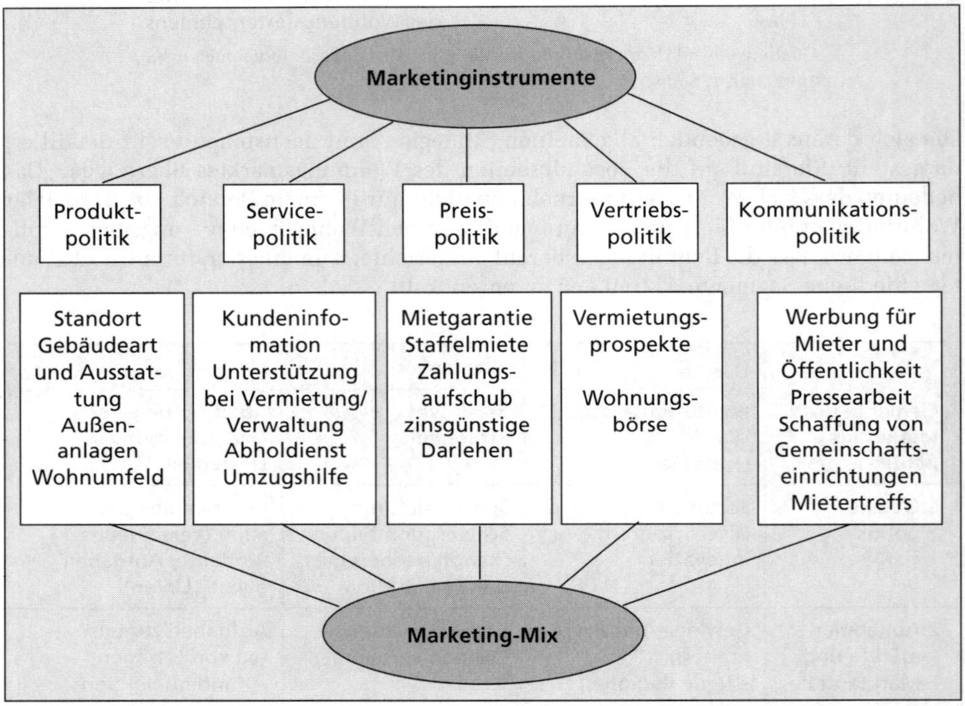

Quelle: Verband norddeutscher Wohnungsunternehmen e. V.; Marketing in der Wohnungswirtschaft, HVH, 1998, Seite 3

Vorschläge zur Bestimmung des Marketing-Mixes sind in der weiterführenden Literatur zu finden. Das einzelne Wohnungsunternehmen muss für sich und seine Situation am z. B. regionalen Markt seine eigene Gewichtung festlegen. Dabei ist sicherlich zu unterscheiden, ob z. B. Mietwohnungen im Vermietermarkt zu vermieten sind oder ob im wachsenden Markt für Reiheneigenheime bei regem Wettbewerb zu verkaufen sind.

Optimal war das Marketing-Mix dann, wenn das gewünschte Ziel erreicht wurde. So ist auch hier eine ständige Kontrolle und gegebenenfalls Anpassung vorzunehmen.

Fragen:

1. Definieren Sie den Begriff Marketing
2. Unterscheiden Sie zwischen Verkäufer- und Käufermarkt.
3. Nennen Sie 4 Gründe für die Besonderheit des Gutes „Wohnen".
4. Erläutern Sie die Phasen des Marketingentscheidungsprozesses.
5. Definieren Sie – Marktanalyse
   – Marktbeobachtung
   – Marktprognose
6. Beschreiben Sie Probleme bei der Marktprognose.
7. Erläutern Sie die Methoden der Marktforschung.
8. Unterscheiden Sie zwischen Teilerhebung und Vollerhebung.
9. Nennen Sie mögliche Auswahlverfahren zur Festlegung einer Stichprobe im Rahmen der Teilerhebung.
10. Nennen Sie die absatzpolitischen Instrumente.
11. Welchen Stellenwert hat die Objektpolitik für die Wohnungswirtschaft.
12. Erläutern Sie die Preisgestaltung bei Mietwohnungen und beim Vertrieb von Eigentumsmaßnahmen.
13. Nennen Sie die Inhalte der Kommunikationspolitik.
14. Definieren Sie den Begriff „Corporate-Identity".
15. Erläutern Sie Aufbau und Inhalte eines Werbeplans für den Vertrieb einer Eigentumsmaßnahme.
16. Welche Bedeutung kommt der Gestaltung und Platzierung von Anzeigen zu?
17. Wie kann man die Wirksamkeit von Anzeigen testen?
18. Beschreiben Sie Inhalte und Aufbau eines Werbebriefes.
19. Beschreiben Sie den Aufbau eines Erstkontaktgespräches.
20. Unterscheiden Sie zwischen „Werbung" und „Public-Relations".
21. Beschreiben Sie die Portfolio-Analyse und ihre Anwendungsmöglichkeiten in der Wohnungswirtschaft.

22. Nennen Sie Elemente der Marketing-Politik.

23. Nennen Sie 4 Marktsegmente.

24. Definieren Sie den Begriff „Marketing-Mix".

Themenkreis 10:
Investition und Finanzierung

10.1 Begriffe und Zusammenhänge

Was versteht man unter

Investitionen?	Finanzierung?
= Verwendung von Geldmitteln, um Sach- und Finanzvermögen zu schaffen.	= Beschaffung von Geldmitteln, um kurz-, mittel- oder langfristig Vermögen zu bilden.

10.1.1 Investition

– Begriff

Unter Investitionen versteht man die Verwendung von Geldmitteln zur Beschaffung von Sach- oder Finanzvermögen, um das gesetzte Unternehmensziel zu erreichen.

Beispiele:

Grundstücke, Heizöl, Beteiligungen an anderen Unternehmen

Nicht zu den Investitionen zählen z. B. Ausgaben für die Tilgung von Darlehen oder das Zahlen von Gehältern, weil damit keine Vermögenswerte gebildet werden.

– Investitionsgründe

Das Unternehmensziel eines Wohnungsunternehmens, z. B. die Vermietung von Wohnungen, wird erreicht, wenn es Grundstücke erwirbt und sie bebaut oder sich an anderen Wohnungsunternehmen beteiligt. Die Investition stellt also eine Geldanlage dar, die den Fortbestand eines Unternehmens langfristig sichern soll.

Während der Investitionsdauer soll mit dem Investitionsgut ein Ergebnis erwirtschaftet werden, das bei eingesetztem Eigenkapital über dem anderer risikoloser Geldanlagen und bei eingesetztem Fremdkapital über den an die Gläubiger zu zahlenden Fremdkapitalzinsen liegt. Mit dem erwirtschafteten Gewinn soll zusätzlich auch das Risiko der Investition abgegolten werden.

So will z. B. ein Bauherr mit der Errichtung eines Mietwohnhauses während der Lebensdauer (ca. 100 Jahre) einen entsprechenden Mietertrag erzielen.

In bestimmten Fällen besteht sogar ein Zwang zu investieren, wenn man bei einem vorhandenen Gebäude den erwarteten Ertrag auf Dauer erhalten möchte oder bei staatlichen Auflagen, z. B. Einbau von Filtern in Schornsteinen aus Gründen des Umweltschutzes oder Schutzvorrichtungen für Arbeiter.

– Investitionsarten

Die jeweilige Branche bestimmt grundsätzlich die Art der Investition.
Industrieunternehmen kaufen z. B. Maschinen, Kräne, Fahrzeuge oder andere Güter.
Wohnungsunternehmen lassen Gebäude von Bauunternehmen errichten.

Nach ihrer Auswirkung auf den vorhandenen Investitionsbestand bezeichnet man Investitionen als

- Erweiterungsinvestitionen oder Nettoinvestitionen,
  wenn sie den bisherigen Investitionsbestand vergrößern (Beispiel: Neubau von Wohngebäuden zur Vergrößerung des Bestandes);
- Ersatz- oder Reinvestitionen,
  wenn ein bisheriges Investitionsgut erneuert wird (Beispiel: Abriss eines 100 Jahre alten Mietwohnhauses und Errichtung eines Neubaus);
- Rationalisierungsinvestitionen,
  wenn das neue Investitionsgut mehr leistet als das bisherige (Beispiel: eine vorhandene Koksheizungsanlage wird ersetzt durch eine Beheizung mit Öl oder Fernwärme).

Die Summe aller Investitionen im Unternehmen selbst (z. B. Fuhrpark, EDV-Anlage usw.) innerhalb eines Jahres bezeichnet man als Bruttoinvestitionen.

10.1.2 Finanzierung

– Begriff

Mit der Finanzierung sorgt man in einem Unternehmen für die notwendigen Finanzmittel, um alle Zahlungsverpflichtungen erfüllen zu können, die sich aus der Unternehmenstätigkeit ergeben.

Bei diesen Finanzmitteln handelt es sich um Kapital aus diversen Quellen und in unterschiedlichen Formen, z. B. als Eigenkapital von den Gesellschaftern oder Fremdkapital von Gläubigern.

10.1.3 Investition und Finanzierung im Rechnungswesen

Die Investitionen eines Unternehmens findet man als Anlagevermögen auf der Aktivseite der Bilanz, z. B. das eigene Verwaltungsgebäude und Mietwohnhäuser. Sie sollen dem Unternehmen auf Dauer dienen und sind nicht zum Verkauf bestimmt.

Darüber hinaus investiert ein Unternehmen auch in Objekte, die es wieder verkaufen möchte, das so genannte Umlaufvermögen, wie z. B. unbebaute Grundstücke zur Bebauung mit Eigentumswohnungen.

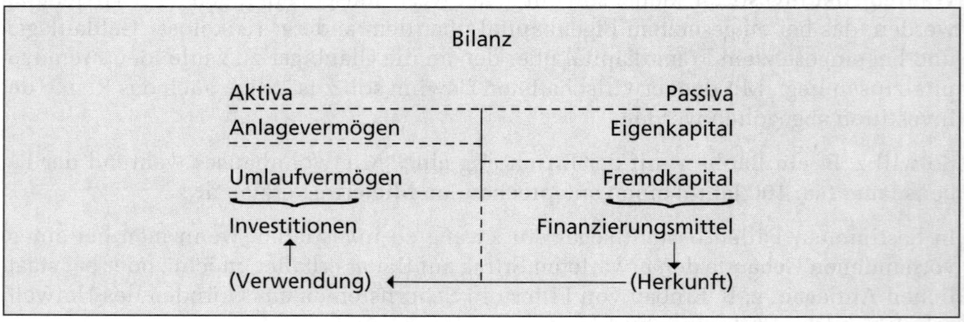

– Das Verhältnis von Anlage- und Umlaufvermögen (= die Vermögensstruktur)

Wohnungsunternehmen haben i. d. R. ein im Verhältnis größeres Anlagevermögen als z. B. Banken. Der Bestand an Grundstücken mit den Mietwohnhäusern wird unter dem

Anlagevermögen ausgewiesen, denn sie erwirtschaften ihre Gewinne hauptsächlich aus der Vermietung von Wohnungen.

Im Gegensatz dazu benötigt eine Bank für ihren Betriebszweck kein umfangreiches Anlagevermögen. Hier treten auf der Aktivseite die Forderungen hervor, d. h. die Kredite, die man den Kunden gewährt hat. Das Umlaufvermögen wird somit bei einer Bank branchentypisch bedingt höher sein als bei einem Wohnungsunternehmen.

Während ein Industrieunternehmen im Anlagevermögen Fabrikgebäude und Maschinen ausweist, erscheinen im Umlaufvermögen die zum Verkauf hergestellten Produkte.

10.2 Investitionsplanung

Hat ein Unternehmen die Auswahl zwischen alternativen Investitionen, wird es grundsätzlich prüfen, welche Alternative einen höheren Gewinn im Laufe der Investitionsphase bringt.

Ein Wohnungsunternehmen wird unter Berücksichtigung des Unternehmensziels bzw. der jeweiligen Satzung z. B. abwägen, ob es Mietwohnungen errichtet oder Eigentumswohnungen zum Verkauf baut. Es wird zusätzlich prüfen, ob diese Gebäude besser in Berlin oder in Leipzig stehen sollen.

Weitere Überlegungen sind denkbar. Die Angebotspalette auf dem Markt könnte z. B. im Sortiment einen bestimmten Artikel erfordern, ohne den man nicht konkurrenzfähig wäre, so dass auch dort eine Investition notwendig ist. Ein Wohnungsunternehmen errichtet deshalb möglicherweise in Satellitenstädten unabhängig von der Rentabilität Einkaufsmöglichkeiten, weil es sonst die Wohnungen nicht vermieten könnte.

Die Rentabilität einer Investition darf deshalb nicht isoliert von dem gesamten Unternehmensziel, und zwar der kostengünstigen Versorgung der Bevölkerung mit Wohnraum, betrachtet werden. Das Wohnungsunternehmen wird deshalb auch Gemeinschaftsanlagen (Saunen, Schwimmbäder, Tischtennisräume für die Jugend) oder Gästewohnungen schaffen, um andere Ziele zu erreichen, z. B. zufriedene Mieter, eine niedrige Mieterfluktuation, einen geringen Leerstand, weniger Vandalismusschäden, weniger Verwaltungsaufwand, ein besseres Image, finanzkräftige Bewerber. Letztendlich dienen auch diese Maßnahmen dem Ziel, die Investition rentabel zu gestalten.

10.3 Unternehmensfinanzierung

10.3.1 Bedarf eines Unternehmens an Finanzierungsmitteln

Um sich mit dem notwendigen Anlage- und Umlaufvermögen auszustatten, muss man im Unternehmen die künftigen geschäftlichen Ziele festlegen und Aktivitäten möglichst genau planen, d. h. ein Wohnungsunternehmen muss sich entscheiden, ob es z. B. weitere Grundstücke erwerben will oder vorhandene veräußern möchte.

Damit wird der Zusammenhang zwischen den geplanten Investitionen und ihrer Finanzierung sichtbar.

Der Finanzierungsbedarf eines Jahres setzt sich zusammen aus den Beträgen für die Bruttoinvestitionen (z. B. Kauf eines Grundstücks oder Fahrzeugs für das Unternehmen) und zusätzlich den Summen für die täglich fällig werdenden laufenden Verpflichtungen (z. B. Löhne, Strom, Steuern).

Der Finanzierungsbedarf wird ermittelt für

- zwingende laufende Verpflichtungen, d. h. den Ausgaben für z. B. Löhne und Gehälter, unaufschiebbare Reparaturen, Zins- und Tilgungsleistungen für Darlehen, und

– verschiebbare Maßnahmen (z. B. Kauf eines Vorratsgrundstücks zur Bebauung in den nächsten Jahren oder Beginn einer Modernisierung).

10.3.2 Sicherung der Finanzierungsmaßnahmen

Bei der Finanzierung muss man jederzeit dafür sorgen, dass für die zwingenden Verpflichtungen das Geld

– im eigenen Unternehmen vorhanden ist
  oder
– Dritte (z. B. Banken) bereit sind, es zur Verfügung zu stellen.

Außerdem hat man die so genannte Fristenkongruenz zu beachten, d. h., dass die Laufzeit der Finanzierung der angenommenen Lebensdauer des Investitionsgutes anzupassen ist.

Eine finanzielle Investition im Anlagevermögen sollte auch mit langfristig zur Verfügung stehendem Kapital (= Eigen- oder Fremdkapital) finanziert werden. Da unter den Gläubigern insbesondere die Kreditinstitute auf diese Finanzierungsregel achten, bezeichnet man sie auch als die so genannte „goldene Bankregel".

Eigenkapital ist i. d. R. am sichersten. Es steht dem Unternehmen am längsten zur Verfügung, weil keine Rückzahlungsverpflichtung existiert, ausgenommen gegebenenfalls bei Genossenschaften, weil Genossenschaftsmitglieder kündigen können und die Genossenschaft dann den Genossenschaftsanteil auszahlen muss. Außerdem besteht keine Verpflichtung Dritten gegenüber, hierfür Zinsen zu zahlen.

Fremdkapital muss zurückgezahlt werden, so dass in den Kreditverträgen die Rückzahlungsverpflichtung der Investitionsdauer angepasst werden muss. Zusätzlich muss Fremdkapital verzinst werden. Aus den Erträgen der Investition sollte man die hierfür erforderlichen Zins- und Tilgungsleistungen erwirtschaften, weil sonst andere Investitionsbereiche des Unternehmens diese Mittel mitverdienen müssten.

Umlaufvermögen kann auch mit kurzfristig rückzahlbaren Krediten finanziert werden, weil man dieses Vermögen schneller in flüssige Mittel verwandeln kann, wenn man z. B. ein erstelltes Reihenhaus verkauft.

Dabei sollte man versuchen, auch einen Teil des Umlaufvermögens langfristig zu finanzieren. Denn es wäre in einer Rezession denkbar, dass ein Wohnungsunternehmen zum Verkauf bestimmte Eigentumswohnungen nicht sofort veräußern kann.

In der Praxis ist die Eigenkapitaldecke der Unternehmen gering. Man betrachte nur die Bilanzen von Wohnungsunternehmen. Der Anteil des Eigenkapitals an der Bilanzsumme beträgt ca. 20 %, das Anlagevermögen erreicht aber fast 80 % des Gesamtvermögens.

Verständlich wird dieses Verhältnis, wenn man bedenkt, dass beim Wohnungsbau das Investitionsvolumen extrem groß ist, so dass ein Unternehmen die Beträge, die für einen Zeitraum von ca. 100 Jahren investiert werden, gewöhnlich nicht aus eigenen Mitteln aufbringen kann.

Die Kapitalgeber akzeptieren diese Abweichung von der Fristenkongruenz wegen der sicheren Finanzierung aufgrund des Grundstücksbestandes der Wohnungsunternehmen, den man bei anderen Branchen in diesem Umfang nicht findet.

Die Sicherheit für die Gläubiger stellt hier in erster Linie nicht die allgemeine finanzielle Situation und Ertragslage oder die Geschäftsentwicklung des Unternehmens dar, sondern das einzelne Grundstück mit dem Gebäude als Pfandobjekt, aus dem mit den Mieterträgen die Zins- und Tilgungsleistungen für die Darlehen erbracht werden können.

Wohnungen in guter Lage sind grundsätzlich gut vermietbar, so dass die Mieterträge auch langfristig als gesichert angesehen werden können.

Selbst dann, wenn das Objekt einmal notleidend werden sollte und wegen des Leerstandes die Zins- und Tilgungsleistungen nicht erbracht werden können, stellen Grundstücke für Gläubiger eine hohe Sicherheit dar.

Grundstücke stellen zudem Sachwerte dar, deren Nominalwert schon allein infolge der Inflation im Laufe der Zeit steigt, so dass den Gläubigern dadurch ein höherer Substanzwert haftet. Hat ein Gläubiger z. B. vor 10 Jahren ein Darlehen von 500 000 DM bei einem Grundstückswert von 1 000 000 DM gewährt, so haftet ihm wegen der jährlichen Inflationstendenz heute dafür ein Grundstückswert von ca. 1 400 000 DM, abgesehen von Wertminderungen infolge der Abnutzung des Gebäudes und anderer wertändernder Einflüsse.

10.3.3 Wirtschaftsplan eines Unternehmens als Grundlage der Liquiditätsplanung

– Zielsetzung

Um unter anderem die Zahlungsfähigkeit eines Unternehmens zu sichern, muss man versuchen, sich einen Überblick über die Zahlungsströme, d. h. die Ausgaben und Einnahmen mindestens des kommenden Jahres zu verschaffen, damit kein überraschender Finanzbedarf, z. B. für unberücksichtigte Großreparaturen, auftritt. Zusätzlich bietet diese Übersicht eine finanzielle Entscheidungsgrundlage für solche Investitionsvorhaben des kommenden Jahres, die sich zeitlich vorziehen oder hinausschieben lassen.

– Erfolgsplan

Zunächst betrachtet man die G.u.V.-Rechnung des letzten Jahres und versucht, ihr den voraussichtlichen Aufwand und Ertrag des kommenden Jahres gegenüberzustellen.

Die G.u.V.-Rechnung des letzten Jahres kann nicht unverändert als Grundlage für eine Einnahmen-Ausgaben-Rechnung dienen. Man muss Änderungen einarbeiten, die sich z. B. aus Lohn- bzw. Mieterhöhungen ergeben. Aus dieser geschätzten G.u.V.-Rechnung (= Aufwands-Ertrags-Rechnung) des kommenden Jahres, dem so genannten Erfolgsplan, kann man für den Finanzplan den weiteren Teil der zu erwartenden Zahlungsströme (Ausgaben und Einnahmen) ableiten.

– Finanzplan

Zusätzlich sind dann für (zum Teil schon längerfristig) geplante Aktivitäten des Unternehmens die finanziellen Folgen zu berücksichtigen, die im kommenden Jahr (unter Umständen erstmalig) auftreten (z. B. Bauvorhaben, Modernisierungsvorhaben, Instandsetzungsmaßnahmen, Verkäufe von Eigentumswohnungen usw.) und die man bei der finanziellen Vorschau berücksichtigen muss.

Diese Gegenüberstellung von voraussichtlichen Ausgaben und Einnahmen des folgenden Jahres nennt man Finanzplan.

Man verfährt dabei folgendermaßen:

1. Aus den Verbindlichkeiten der letzten **Bilanz** kann man die voraussichtlichen Ausgaben des kommenden Jahres ermitteln. Die Forderungen aus der Bilanz führen im nächsten Jahr voraussichtlich zu Einnahmen.

2. Aus der voraussichtlichen **G.u.V.-Rechnung** des kommenden Jahres ermittelt man aus dem geschätzten Aufwand und Ertrag diejenigen Beträge, die wahrscheinlich zu Ausgaben und Einnahmen des nächsten Jahres führen.

Überwiegen die Einnahmen, hat das Unternehmen im folgenden Jahr insgesamt genügend finanzielle Mittel für die Geschäftstätigkeit.

– Liquiditätsplan

Als nächstes addiert man in dem so genannten Liquiditätsplan die Einnahmen und Ausgaben bis zu bestimmten Stichtagen, um zu prüfen, ob das Unternehmen an den gewählten Tagen im Laufe des Jahres über genügend finanzielle Mittel verfügt. Man wird dabei als Termine diejenigen Tage wählen, an denen hohe Ausgaben zu erwarten sind, z. B. den Beginn eines jeden Monats.

Die **Erstellung eines Wirtschaftsplanes** soll an einem Beispiel verdeutlicht werden.

Man geht von der Bilanz des letzten Jahres aus:

Bilanz zum 31. Dezember 01			
	DM		DM
Anlagevermögen (Mietwohnhäuser)	10.000.000	Eigenkapital	3.000.000
Umlaufvermögen (Eigentumswohnungen)	5.000.000	Fremdkapital Darlehen	12.950.000
Forderungen	820.000	kurzfristige Verbindlichkeiten (Mietvorauszahlungen)	50.000
Bank/Kasse	180.000		
Bilanzsumme	16.000.000	Bilanzsumme	16.000.000

Der **Wirtschaftsplan** für das kommende Jahr 02 ergibt sich aus:

Teil I: Der Erfolgsplan für das Jahr 02

Das Unternehmen erstellt die voraussichtliche G.u.V.-Rechnung (Aufwand und Ertrag) des Jahres 02.

	Umsatzerlöse	DM	1.900.000	} Ertrag
./.	Personalaufwand	DM	600.000	Aufwand
	Zinsaufwand	DM	1.000.000	
	Abschreibungen	DM	200.000	
=	Jahresüberschuss	DM	100.000	

Da der Ertrag überwiegt, kann das Unternehmen im nächsten Jahr mit einem positiven Ergebnis rechnen.

Teil II: Der Finanzplan für das Jahr 02

Aus der Bilanz zum 31. Dezember 01 und der voraussichtlichen G.u.V.-Rechnung des Jahres 02 erstellt man den Finanzplan für das Jahr 02:

Finanzplan für das Jahr 02		
	(voraussichtliche) Ausgaben	Einnahmen
a) Zahlen aus der Bilanz zum 31. 12. 01:	Wir werden für die aufgenommenen Darlehen folgende Tilgungsleistungen erbringen DM 120.000,–	Käufer von Eigentumswohnungen werden unsere Restforderungen begleichen: DM 45.000,– Mieter werden ihre Mietrückstände begleichen: DM 20.000,–
b) Zahlen aus dem Erfolgsplan für das Jahr 02:	Wir werden Löhne und Gehälter bezahlen: DM 600.000,– Die Zinszahlungen betragen: DM 1.000.000,– (Die Abschreibungen bewirken in diesem Jahr keine Ausgabe.)	Die Umsatzerlöse werden betragen: DM 1.850.000,– (Das Unternehmen hat zwar rechnerisch einen Ertrag inHöhe von 1.900.000,– DM, aber nur eine Einnahme von 1.850.000 DM, weil die Mieter bereits im letzten Jahr 50.000,– DM der Mieten im voraus gezahlt hatten.)
	(DM 1.720.000,–)	(DM 1.915.000,–) (Einnahmenüberschuss DM 195.000,–)
c) Zahlen aus dem Baubereich:	Bau eines Mietwohnhauses DM 2.000.000,–	Verkauf von Eigentumswohnungen: DM 700.000,–
Summe (Ausgabenüberschuss	DM 3.720.000,– DM 1.105.000,–)	DM 2.615.000,–

Ergebnis:

Ohne den Baubereich (Teil c) hätte man einen Einnahmenüberschuss von 195 000 DM, so dass die geplanten geschäftlichen Aktivitäten des kommenden Jahres nach dem Finanzplan durchgeführt werden können. Will man auch die Bauplanung realisieren, muss das Unternehmen sich überlegen, wie sich die kommende Finanzierungslücke in Höhe von 1 105 000 DM schließen ließe.

Teil III: Der Liquiditätsplan für das Jahr 02

Als nächstes addiert man in einem so genannten Liquiditätsplan alle erwarteten Einnahmen sowie die zwingenden und beeinflussbaren Ausgaben des kommenden Jahres, jeweils bis zu frei gewählten Stichtagen, um die Liquidität des Unternehmens an den Stichtagen festzustellen. (Aus Gründen der Übersicht werden im Beispiel die Quartalsenden als Stichtage gewählt.)

Liquiditätsplan für das Jahr 02

Stichtage:	I (31. 3.)		II (30. 6.)		III (30. 9.)		IV (31. 12.)		
	./.	+	./.	+	./.	+	./.	+	
	TDM		TDM		TDM		TDM		
Vortrag:				(60)		(105)		(150)	
1. **regelmäßige Einnahmen** aus:									
Umsatzerlösen (Mietzahlungen)		425		475		475		475	Summe: 1.850
Kunden begleichen Forderungen		45		–		–		–	45
Mieter begleichen Mietrückstände		20		–		–		–	20
		+ 490		+ 535		+ 580		+ 625	+ 1.915
2. **zwingende Ausgaben**									
Löhne	150		150		150		150		600
Zinszahlungen	250		250		250		250		1.000
Tilgung	30		30		30		30		120
	430		430		430		430		./. 1.720
Differenz		+ 60		+ 105		+ 150		+ 195	+ 195
3. **beeinflussbare und zeitlich verschiebbare Einnahmen und Ausgaben**									
Bau eines Mietwohnhauses									./. 2.000.000
Verkauf von Eigentumswohnungen									+ 700.000

Ergebnis:

Betrachtet man nur die regelmäßigen Einnahmen und die zwingenden Ausgaben, liegt zu den hier gewählten Stichtagen (Quartalsenden) jeweils ein Einnahmenüberschuss vor, so dass das Unternehmen seinen laufenden Zahlungsverpflichtungen im Jahre 02 nachkommen kann.

Die Finanzierung des Mietwohnhauses ist nicht aus eigenen Mitteln möglich. Soll dennoch gebaut werden, müssen zusätzliche Maßnahmen ergriffen und/oder die für das nächste Jahr geplanten Aktivitäten geändert werden.

Denkbar wären: Kreditverhandlungen oder ein beschleunigter Verkauf von vorhandenen Eigentumswohnungen.

Zusammenfassung

Wirtschaftsplan		
Ziel: Vorschau der Aktivitäten des nächsten Jahres und deren finanzielle Auswirkung auf den Geldbestand		
Der Wirtschaftsplan besteht aus dem		
Teil I Erfolgsplan →	Teil II Finanzplan →	Teil III Liquiditätsplan
Inhalt: = Erfolgsquellen (Aufwand und Ertrag) des kommenden Jahres mit den besonderen Angaben für – die Neubauplanung – Instandsetzung – Instandhaltung – allgemeine Finanzierung	Inhalt: = Gegenüberstellung der gesamten Ausgaben und Einnahmen des kommenden Jahres	Inhalt: = Addition der Einnahmen und der Ausgaben bis zu bestimmten Stichtagen innerhalb eines Jahres
Fragestellung: Wird das Unternehmen im kommenden Jahr mit Verlust oder Gewinn arbeiten?	Fragestellung: Besteht im kommenden Jahr ein finanzieller Überschuss oder eine Unterdeckung?	Fragestellung: Ist das Unter nehmen zu den gewählten Stichtagen des kommenden Jahres liquide?

10.3.4 Finanzierungsarten

– Übersicht

Ein Unternehmen kann eine bestehende Finanzierungslücke mit Hilfe verschiedener Finanzierungsarten schließen. Man unterscheidet:

a) **Eigenfinanzierung**

= Die Finanzierungsmittel werden

im Rahmen der *eigenen* Geschäftstätigkeit des Unternehmens selbst erwirtschaftet. (= *Selbst*finanzierung) Beispiele: – nicht ausgeschüttete Gewinne – freigesetztes Kapital aus Abschreibungen	von den *Eigen*tümern bzw. den Gesellschaftern zusätzlich von außen eingebracht. (= *Beteiligungs*finanzierung) Beispiele: – Kapitaleinlagen – Ausgabe neuer Aktien
↕ *Innen*finanzierung	↕ *Außen*finanzierung

b) **Fremdfinanzierung**

= Die Finanzierungsmittel werden dem Unternehmen von Dritten (Nichteigentümern) überlassen,

wobei die Beträge erst im eigenen Unternehmen erwirtschaftet werden, dem Dritten aber erst in späteren Jahren zustehen (z. B. Bildung von Pensionsrückstellungen).	und zwar im Rahmen einer Kreditfinanzierung in Form von – Geldmitteln, – einer Kreditleihe (z. B. Bürgschaft) oder – Sachmitteln (z. B. beim Leasing).

10.3.5 Kreditarten

Im Rahmen der Fremdfinanzierung bieten Gläubiger je nach ihren Refinanzierungsmöglichkeiten und nach den Bedürfnissen der Schuldner unterschiedliche Arten von Krediten an.

Die Unterschiede zeigen sich z. B. in den Zinssätzen oder den notwendigen Sicherheiten. Manche Kredite kommen nur in einigen Branchen oder bei bestimmten Geschäften vor.

Übersicht **Kreditarten**

Unterscheidungsmerkmale	(Beispiele)	Bezeichnung
1. Verwendungszweck:	– für eine Maschine	= Produktionskredit
	– für eine Weltreise	= Konsumkredit
2. Kreditleistung:	– Geld	= z. B. Hypothekarkredit
	– Kreditwürdigkeit	= z. B. Bürgschaft
	– Sachmittel	= z. B. Leasing
3. Kreditgeber:	– Vertragspartner:	
	– Lieferer	= Liefererkredit
	– Kunden	= Kundenkredit
	– Kapitalsammelstelle	= z. B. Bankkredit
4. Laufzeit:	– kurz (bis 1 Jahr)	= z. B. Dispositionskredit
	– mittel (über 1–4 Jahre)	= z. B. Zwischenkredit
	– lang (über 4 Jahre)	= z. B. Hypothekarkredit
5. Verfügbarkeit:	– laufend	= z. B. Kontokorrentkredit
	– einmalig	= z.B. Darlehen
6. Sicherheiten:	– keine	= ungesicherter Personalkredit (Blankokredit)
	– weitere Personen	= z. B. verstärkter Personalkredit
	– Sachen	= Realkredit

Wenn ein Wohnungsunternehmen für den Hausbau von einer Hypothekenbank Geld erhält, dann zählt dieser Kredit z. B. zu den

- langfristig (ca. 30 Jahre)
- gesicherten (hypothekarisch)
- Realkrediten.

10.3.6 Kreditsicherheiten

Ein Gläubiger wird normalerweise versuchen, die Rückzahlung des gewährten Kredites und die Zahlung der Zinsen mit Hilfe von Kreditsicherheiten zu sichern, um das Risiko eines Forderungsverlustes zu mindern.

– Übersicht

Kreditsicherheiten entstehen per

Vertrag				Gesetz
Die Sicherheit wird gewährt durch				
eine weitere Person:	Rechte	bewegliche Sachen	Immobilien	bewegliche Sachen
Beispiele: – Bürgschaft	– Forderungsabtretung (Zession)	– Eigentumsvorbehalte – Sicherungsübereignung	– Grundpfandrechte (Hypothek, Grundschuld, Rentenschuld)	– Vermieterpfandrecht

In der Wohnungswirtschaft dienen häufig als Kreditsicherheit die Bürgschaft, die Abtretung von Forderungen (Zessionen) und Grundpfandrechte.

10.4 Objektfinanzierung in der Wohnungswirtschaft

10.4.1 Finanzierung eines Bauvorhabens

Im Gegensatz zur Unternehmensfinanzierung, bei der man den Finanzierungsbedarf für das gesamte Unternehmen ermittelt, ist es Aufgabe der Objektfinanzierung, z. B. für ein Bauvorhaben, zum jeweiligen Fälligkeitstermin in der Bau- und Bewirtschaftungsphase ausreichende Finanzmittel zu beschaffen.

In der Bauphase müssen z. B. die Leistungen der Bauunternehmer bezahlt werden.

Wegen der hohen Kosten wird ein Bauwerk i. d. R. nicht vollständig aus eigenen Mitteln errichtet, sondern zum größten Teil mit langfristigen Darlehen finanziert.

Der Eigenkapitalanteil darf nicht zu niedrig angesetzt werden, weil sonst die Zins- und Tilgungsleistungen zu hoch wären. Darüber hinaus sind Kreditgeber i. d. R. wegen des Risikos nicht bereit, die gesamten Anschaffungs- bzw. Baukosten zu finanzieren.

Die Aufgaben im Rahmen der Baufinanzierung bestehen darin,

1. die Gesamtkosten zu ermitteln,
2. die Fälligkeitstermine für die zu erwartenden Zahlungen zu bestimmen und
3. dafür zu sorgen, dass über die benötigten Finanzmittel zu den jeweiligen Fälligkeitsterminen verfügt werden kann.

Die Gesamtkosten erhält man aus der kaufmännischen und der technischen Abteilung. Die voraussichtlichen Fälligkeitstermine muss man den Verträgen mit den Bauunternehmen sowie dem Zeitplan der Bauerstellung entnehmen.

Bei den vorhandenen Eigenmitteln muss man darauf achten, die Laufzeit von Festgeldern den Zahlungszeitpunkten anzupassen.

Steht der Fremdkapitalbedarf fest, ist zu prüfen,

- von welchen Kreditgebern,
- in welcher Höhe,
- zu welchen Sicherheiten und
- zu welchen Konditionen

man die finanziellen Mittel erhalten kann.

10.4.2 Kreditgeber für die Finanzierung von Bauvorhaben

Typische Kreditgeber für die Finanzierung von Bauvorhaben in der Wohnungswirtschaft sind:

- Hypothekenbanken
- Geschäftsbanken und Sparkassen
- Lebenversicherungsgesellschaften und
- Bausparkassen

Die Darlehen dieser Institute unterscheiden sich infolge ihrer abweichenden Refinanzierungsmöglichkeiten, d. h. der Art, wie sie selbst das zu vergebende Kapital erhalten.

– Hypothekenbanken

erhalten ihr Kapital von Personen, die ihr Geld langfristig anlegen wollen. Der Geldanleger erhält einen festverzinslichen Hypothekenpfandbrief, den die Bank z. B. erst nach ca. 15 Jahren wieder einlöst. Während der Laufzeit können diese Pfandbriefe aber auch über eine Bank an der Wertpapierbörse verkauft werden.

Da der Hypothekenbank das Geld langfristig zu einem gleichbleibenden Zinssatz zur Verfügung steht, kann sie auf der anderen Seite auch ihren Kreditnehmern das Kapital mit einer langen Zinsfestschreibung, z. B. 10-30 Jahre, anbieten.

Hypothekenbanken dürfen zum Schutz der Pfandbrieferwerber nach § 12 Hypothekenbankgesetz Kredite nur gegen Grundpfandrechte als Sicherheit bis zu 60 % des Beleihungswertes gewähren.

Hypothekenbanken dürfen allerdings auch aus eigenen Mitteln, die also nicht von Pfandbrieferwerbern stammen, Dritten Kredite gewähren. Diese Kredite sind etwas teurer, sie ersparen aber möglicherweise die Darlehensaufnahme bei einem anderen Kreditinstitut, um eine Finanzierungslücke zu decken.

Hypothekendarlehen werden gewöhnlich als Tilgungsdarlehen mit einem Tilgungssatz von 1 % bei gleichbleibender Annuität gewährt, so dass sie nach ca. 30 Jahren getilgt sind. Je höher der Zinssatz, desto eher ist das Darlehen zurückgezahlt, weil die höheren, jeweils durch die Tilgung ersparten Zinsbeträge der Tilgung zugeschlagen werden und somit eine schnellere Rückzahlung erfolgt.

– Geschäftsbanken und Sparkassen

Geschäftsbanken refinanzieren sich aus Kundeneinlagen mit unterschiedlichen Fristen, z. B. Sicht-, Termin- und Spareinlagen. Oft sind sie an Hypothekenbanken beteiligt und können deshalb viele Mischformen anbieten bzw. vermitteln. Der Kreditnehmer muss prüfen, ob die Angebote seinen Bedürfnissen entsprechen und die Konditionen günstig sind.

Das traditionelle Geschäft der Sparkassen war die Aufnahme von Spargeldern, deren Zinssätze ständig an die Marktlage angepasst werden mussten.

Die kurzfristige Refinanzierung zwingt diese Institute, bei der Kreditvergabe dafür zu sorgen, insbesondere Zinserhöhungen im Einlagenbereich den Kreditnehmern weitergeben zu können. Insofern ist es nicht ungewöhnlich, wenn diese Kreditinstitute Darlehen mit kurzen Zinsfestschreibungszeiten oder zu variablen Zinssätzen anbieten.

– Lebensversicherungsgesellschaften

Eine Lebensversicherung kann dem Versicherten

- zur Vorsorge dienen (z. B. für die Versorgung der Hinterbliebenen) oder/und
- als eine Kapitalanlage.

Dementsprechend bieten die Lebensversicherungen grundsätzlich zwei Arten von Versicherungen an:

- die **Risikolebensversicherung** (= Versicherung auf den Todesfall)

  Bei dieser Versicherungsart zahlt die Versicherungsgesellschaft einen beim Vertragsabschluss vereinbarten Betrag beim Tode des Versicherungsnehmers an die Hinterbliebenen aus.

  Dieser Betrag könnte dazu dienen, nach dem Tode des Versicherten den allgemeinen Lebensunterhalt der Hinterbliebenen zu ermöglichen.

  Es könnte aber auch bezweckt werden, mit dem Betrag aus der Lebensversicherung ein noch bestehendes Darlehen zurückzuzahlen (sog. Restschuldversicherung). Die Prämie passt sich dabei der Restschuld an und sinkt bei Tilgungsdarlehen während der Darlehenszeit.

  Bausparkassen verlangen in der Regel eine Risikolebensversicherung in Form einer Restschuldversicherung, um ihre Sicherheit zu erhöhen, weil sie mit ihren Grundpfandrechten im Grundbuch bereits den zweiten Rang akzeptieren.

- die **Kapitallebensversicherung (= kapitalbildende Lebensversicherung)**
  (ist eine gemischte Versicherung, und zwar auf den Todes- und Erlebensfall)
  Diese Versicherung wird über eine vorher vereinbarte Versicherungssumme und außerdem über eine vom Versicherungsnehmer wählbare Versicherungsdauer abgeschlossen, z. B. 20 oder 30 Jahre.

  Sie ist wesentlich teurer als eine Risikolebensversicherung. Während ein 30-jähriger für eine Police über 100.000 DM bei einer Risikolebensversicherung z. B. 130 DM im Jahr zahlt, müsste er bei einer Kapitallebensversicherung mit einer Laufzeit von 25 Jahren bei einer Versicherungssumme von 60.000 DM ca. 1.800 DM im Jahr aufwenden.

  Während der Versicherungsdauer zahlt der Versicherungsnehmer laufend Prämien an die Versicherungsgesellschaft, die dieses Geld ertragbringend nach bestimmten Kriterien anlegen muss.

  Am Ende der gewählten Versicherungsdauer wird das angesammelte Kapital einschließlich des von der Versicherung erwirtschafteten Überschusses an den Versicherungsnehmer ausgeschüttet. Die Höhe des Betrages kann man bei einer langen Laufzeit vorher nur schätzen. Ein genauer Vergleich über den Anlageerfolg der Versicherungsgesellschaften ist daher nur rückwirkend möglich.

  Stirbt der Versicherungsnehmer vor Ablauf der gewählten Versicherungsdauer, erhalten die Hinterbliebenen die vereinbarte Versicherungsumme wie bei einer Risikolebensversicherung, zuzüglich eines bis zum Todestage erwirtschafteten Überschusses.

Die Versicherungsgesellschaften können das Kapital, das sie für Auszahlungen an Versicherungsnehmer nicht benötigen, unter anderem den Wohnungsunternehmen und Privatpersonen für den Wohnungsbau zur Verfügung stellen.

Privatpersonen können eine Kapitallebensversicherung auf folgende Weise für ihre Baufinanzierung einsetzen:

1. als so genanntes **Policendarlehen**
   Die Lebensversicherungsgesellschaft gewährt ein mitunter zinsgünstiges Darlehen an den Versicherungsnehmer bei einer bereits bestehenden Kapitallebensversicherung bis zur Höhe des so genannten Rückkaufwertes. Darunter versteht man den Betrag, den die Versicherungsgesellschaft bei einer Kündigung des Versicherungsvertrages an den Versicherten auszahlen müsste. Der Rückkaufswert erlangt erst nach Jahren eine nennenswerte Höhe, weil in den ersten Jahren mit den Prämienzahlungen die Spesen der Versicherungsgesellschaft gedeckt werden. Die Laufzeit des Policendarlehens kann vereinbart werden. Das Darlehen wird spätestens mit Auszahlung der Versicherungssumme getilgt.

2. als dinglich gesichertes
   Festdarlehen von der **Lebensversicherungsgesellschaft**
   Die Lebensversicherungsgesellschaft gewährt ein Festdarlehen, z. B. über 100 000 DM, und schließt gleichzeitig eine neue Kapitallebensversicherung ab.
   Bei den Konditionen des Festdarlehens muss man auf die Beleihungsgrenze und die Zinsfestschreibungszeiträume achten, die mitunter ungünstig sein können. Als Sicherheit dient der Versicherungsgesellschaft das Grundstück des Darlehensnehmers, wobei die Beleihungsgrenze oft nur bei 40–45 % des Beleihungswertes liegt.
   Der Darlehensnehmer zahlt während der Laufzeit für das Festdarlehen nur die Zinsen. Statt der Tilgungsbeträge zahlt er die Prämien für die Kapitallebensversicherung. Am Ende der Laufzeit wird das Darlehen mit der Versicherungssumme und den inzwischen erwirtschafteten Überschüssen getilgt.
   Sofern die Versicherungssumme nur dazu dienen soll, genau das Darlehen am Ende der Laufzeit zu tilgen, kann die gewählte Versicherungssumme niedriger als das Festdarlehen sein. Legt man die Erfahrungen der letzten Jahre zugrunde, könnte z. B. eine Versicherungssumme von 60 000 DM ausreichen, um zuzüglich des erwarteten Überschusses nach einer Laufzeit von 25 Jahren ein Darlehen von 100 000 DM zu tilgen.

Stirbt der Darlehensnehmer während der Laufzeit, zahlt die Versicherung die vereinbarte Versicherungssumme zuzüglich des bis dahin erwirtschafteten Überschusses an die Hinterbliebenen aus, so dass bei dieser Kombination stets ein Schutz für den Todesfall vorhanden ist. Sofern der Versicherungsnehmer bei einer Versicherungssumme von 60 000 DM und einem Darlehen von 100 000 DM in den ersten Jahren stirbt, zahlt die Versicherungsgesellschaft an die Hinterbliebenen nicht die benötigten 100 000 DM zur Rückzahlung des Darlehens aus, sondern nur 60 000 DM, weil die ersten Prämien mit den Verwaltungskosten der Versicherungsgesellschaft verrechnet werden. Um auch dieses Risiko auszuschalten, kann man für die Anfangsjahre eine zusätzliche Risikolebensversicherung über den jeweiligen Darlehensbetrag (= Restschuldversicherung) abschließen.

3. als dinglich gesichertes **Festdarlehen von einem Kreditinstitut**
   Hierbei gewährt nicht die Versicherungsgesellschaft, sondern ein Kreditinstitut das Festdarlehen. Gleichzeitig schließt der Darlehensnehmer bei einer Versicherungsgesellschaft eine Kapitallebensversicherung ab. Während der Laufzeit des Festdarlehens zahlt der Darlehensnehmer nur die Darlehenszinsen an die Bank und die Prämien an die Lebensversicherungsgesellschaft. Den Auszahlungsanspruch in Höhe der Versicherungssumme muss der Versicherungsnehmer an das Kreditinstitut abtreten. Am Ende der Laufzeit überweist die Versicherungsgesellschaft den erforderlichen Betrag zur Tilgung des Darlehens an das Kreditinstitut. Auch hier kann man eine Versicherungssumme wählen, die zusammen mit dem erwarteten Überschuss ausreicht, das Darlehen zu tilgen.

Die **Vorteile der Finanzierung mit einer Kapitallebensversicherung** bestehen
- in der zusätzlichen **Sicherheit** der Hinterbliebenen **im Todesfall** des Darlehensnehmers. (Diese Sicherheit kann man allerdings auch bei jedem Darlehen erreichen, wenn der Darlehensnehmer eine Restschuldversicherung abschließt.)

- bei einem **vermieteten Objekt** als **höhere Steuerersparnis.** Der jährliche Zinsbetrag, den man hier als Werbungskosten bei den Einkünften aus Vermietung und Verpachtung im Rahmen seiner Einkommensteuererklärung geltend machen kann, bleibt bei einem Festdarlehen unverändert hoch. Bei dem Tilgungsdarlehen von einer Hypothekenbank sinken die jährlichen Zinsbeträge, dementsprechend auch die Steuerersparnis.
- in der **steuerfreien** Auszahlung der erzielten **Überschüsse** aus der Kapitallebensversicherung, wenn der Vertrag mindestens 12 Jahre läuft und wenigstens 5 Jahre lang regelmäßig Beiträge eingezahlt wurden.

Als Nachteile der Finanzierung und einer Kapitallebensversicherung könnte man nennen:

- die Unsicherheit über die tatsächlichen Überschüsse bis zur Auszahlung,
- die für den Verbraucher nicht nachvollziehbare Gebührenhöhe, d. h., wieviel die Gesellschaft von der eingezahlten Prämie für Verwaltung und Risiko verwendet und welcher Betrag für den Kunden tatsächlich kapitalbildend angelegt wird.
- die niedrige Rendite.
  Der Rückkaufwert erreicht mitunter erst nach 3-8 Jahren den Betrag der eingezahlten Prämien.
- die fehlende Flexibilität.
  Wer z.B. vor 12 Jahren kündigt, verliert seine Steuervorteile.
- steigen die Zinsen nach der Zinsbindungsphase z. B. von 15 Jahren, muss der Kunde die hohen Zinsen auf den Ursprungsbetrag von 100 % bezahlen, weil er bisher noch nichts getilgt hat.

Übersicht:

Ein **Festdarlehen** wird **mit Hilfe einer Kapitallebensversicherung getilgt**

Sachverhalt:

- Person: Alter 30 Jahre, männlich
- Aufnahme eines **Festdarlehens** bei einem Kreditinstitut oder einer Kapitallebensversicherung über 100 000,– DM
- gleichzeitiger Abschluss einer **Kapitallebensversicherung:**
  - vertraglich vereinbarte Vertragsdauer: 25 Jahre
  - vertraglich vereinbarte Versicherungssumme: 53 000,– DM
  - (geschätzter) Auszahlungsbetrag aus der Kapitalversicherung nach 25 Jahren (= Ablaufleistung) 100 000,– DM

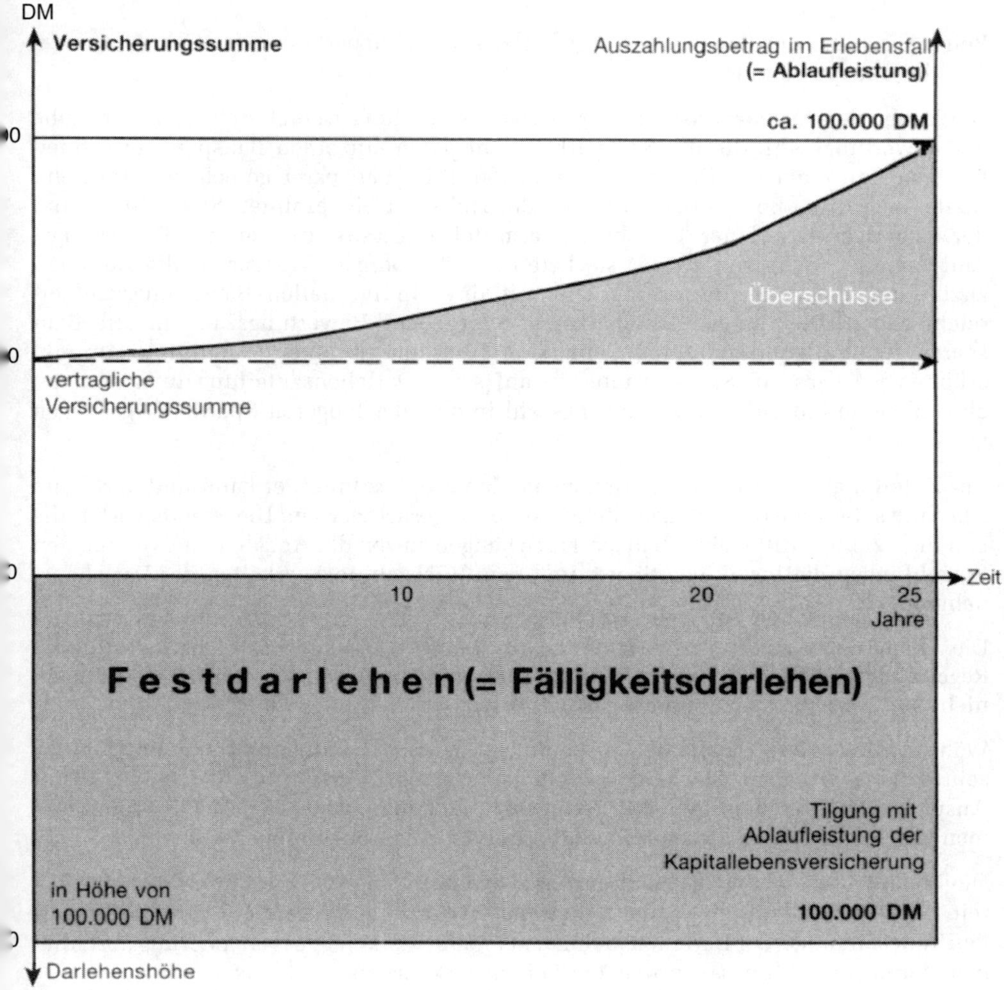

Lebensversicherungsgesellschaften bieten neuerdings auch Tilgungsdarlehen ohne gleichzeitigen Abschluss einer Kapitallebensversicherung zur Baufinanzierung an. Die Zinsen für diese Darlehen können im Rahmen einer Verbundfinanzierung bis zur Endfälligkeit von ca. 30 Jahren festgeschrieben werden.

– Bausparkassen

Eine Bausparkasse stellt eine Sparergemeinschaft dar.

Die Bausparer schließen mit der Bausparkasse einen Bausparvertrag über eine bestimmte Bausparsumme ab und leisten regelmäßig (monatlich) Sparbeiträge an die Bausparkasse mit dem **Ziel,** aus dem angesammelten Kapital aller Bausparer von der Bausparkasse ein im Verhältnis zu anderen Kapitalanbietern besonders **zinsgünstiges Darlehen** zu einem unveränderlichen Zinssatz für wohnungswirtschaftliche Zwecke zu erhalten, das man auch mit einer zweiten Rangstelle im Grundbuch absichern kann.

Die Darlehenshöhe ist die Differenz zwischen dem angesparten Bausparguthaben (einschließlich der Zinsen) und der Bausparsumme.

Das Bausparen besteht

- zuerst aus einer Ansparphase und nach der sog. Darlehenszuteilung
- aus der Darlehensphase.

Beim Abschluss des Bausparvertrages verlangt die Bausparkasse eine Gebühr von ca. 1 % der Bausparsumme.

Die Dauer der **Ansparphase** bis zur Darlehenszuteilung richtet sich nach der Höhe der Bewertungszahl, die die Bausparkasse für jeden einzelnen Bausparer errechnet. Um den Zeitpunkt der Darlehenszuteilung für alle Bausparer gerecht zu ermitteln, richtet sich diese Bewertungszahl nach der Höhe der eingezahlten Sparbeiträge und der bisherigen Spardauer. Gleichzeitig ermittelt die Bausparkasse eine Bewertungszahl für alle Bausparer, zu der sie bereit ist, denjenigen Bausparern die Darlehen zuzuteilen, die diese Bewertungszahl mit ihrer individuellen Bewertungszahl erreicht haben. Die von der Bausparkasse vorgegebene Bewertungszahl für alle Bausparer zur Darlehenszuteilung kann sich bis zum nächsten Zuteilungszeitpunkt erhöhen, so dass ein Sparer weiterhin auf seine Darlehenszuteilung warten muss, obwohl seine individuelle Bewertungszahl infolge der längeren Spardauer gestiegen ist.

Der Zuteilungszeitpunkt des Darlehens ist daher unbestimmt, er kann und darf beim Abschluss des Bausparvertrages nicht fest vorhergesagt werden. Die jeweils vorhandenen finanziellen Mittel einer Bausparkasse hängen ab von der Anzahl neuer Sparer, den Einzahlungen der bisherigen Sparer und dem Rückzahlungsverhalten der Darlehensnehmer.

Die Ansparphase dauert im Normalfall ca. 7–9 Jahre. Ein Bauspardarlehen wird in der Regel nicht zugeteilt, wenn die Ansparphase weniger als 18 Monate beträgt und noch nicht 40 % der Bausparsumme angespart wurde.

Während dieser Zeit erhält der Bausparer eine niedrige Verzinsung von z. B. 2,5 % für sein Bausparguthaben. Bausparkassen bieten diverse Tarife an, bei denen man in der Ansparphase z. B. auch höhere Zinsen erhält, falls man später kein Darlehen aufnehmen will, sondern nur die staatlichen Vorteile in Anspruch nehmen möchte.

Die Bausparkassen begnügen sich mit dem zweiten Rang im Grundbuch und sind bereit, das Darlehen bis zu 80 % des Beleihungswertes zu gewähren. Zur Absicherung für den Todesfall muss der Darlehensnehmer aber eine Risikolebensversicherung abschließen, deren Auszahlungsanspruch an die Bausparkasse abzutreten ist.

Die Verzinsung des Bauspardarlehens beträgt ca. 4,5 %, wobei noch weitere Nebenkosten hinzukommen (z. B. Darlehensgebühr, Bearbeitungsgebühren, Risikolebensversicherung). Der Zinssatz ist dem Bausparer bereits bei Abschluss des Bausparvertrages bekannt und ist für die gesamte Laufzeit des Darlehens festgeschrieben.

Die **Annuität** beim Bauspardarlehen beträgt ca. 12 % (4,5 % Zinssatz und ca. 7,5 % Tilgungssatz). Bei einem Darlehen von 500 000 DM beträgt die monatliche Zins- und Tilgungsrate bei einer Bausparkasse 5 000 DM, bei einem Tilgungsdarlehen von einer Bank mit einem Zinssatz von 8 % und einem Tilgungssatz von 1 % müsste der Darlehensnehmer 3 750 DM bezahlen.

Die Annuität stellt eine hohe liquiditätsmäßige Belastung für einen Kreditnehmer dar, so dass er sein Bauvorhaben nicht ausschließlich mit einem Bausparvertrag finanzieren sollte, sofern er nicht über ausreichend finanzielle Mittel verfügt.

Während ein Darlehen von einer Hypothekenbank bei einem Tilgungssatz von 1 % nach ca. 30 Jahren zurückgezahlt ist, dauert die günstige **Darlehensphase** beim Bausparen nur ca. 11 Jahre.

Auch Wohnungsunternehmen können Bausparverträge abschließen und bis zur Zuteilungsreife des Bauspardarlehens ansparen. Beim Verkauf von Eigentumswohnungen könnte man den zuteilungsreifen Bausparvertrag auf einen Käufer übertragen, der dann sofort das zinsgünstige Bauspardarlehen in Anspruch nehmen kann. Das Wohnungsunternehmen wird den Zinsverzicht (gegenüber anderen Anlageformen) aus der Ansparphase in den Verkaufspreis der Wohnung einkalkulieren. Diese Bausparverträge werden **Vorratsverträge** genannt und dienen als Finanzierungshilfe für den Erwerber beim Verkauf von Eigentumsmaßnahmen.

Ansonsten können Bausparverträge grundsätzlich nur an Familienangehörige übertragen werden.

Sofern ein Bausparvertrag **noch nicht zuteilungsreif** ist, der Bausparer jedoch seinen Bausparvertrag für die Baufinanzierung verwenden will, kann er den Bausparvertrag zur **Zwischenfinanzierung** einsetzen.

Dazu muss er aber den Zwischenkredit in der Höhe der gesamten Bausparsumme aufnehmen und kann sich nicht auf die Höhe des künftigen Bauspardarlehens beschränken, weil das Bausparguthaben erst mit der Zuteilung ausgezahlt wird.

Hat ein Bausparer auf einen Bausparvertrag mit einer Bausparsumme von 100 000 DM erst 30 000 DM eingezahlt, muss er für den Zwischenkredit über 100 000 DM bei einer Verzinsung von 8 % im Jahr 8 000 DM Zinsen bezahlen. Er nimmt damit für sein eigenes (niedrig verzinstes) Guthaben in Höhe von 30 000 DM ein (höher zu verzinsendes) Darlehen auf. Mit der Zuteilung des Bausparvertrages dient die Bausparsumme zur Ablösung des Zwischenkredites. Jetzt muss nur noch das Bauspardarlehen verzinst und getilgt werden.

Sofern der Sparer **noch keinen Bausparvertrag hat,** bieten Bausparkassen an, sich die gesamte Bausparsumme, z. B. von einer Bank, vorfinanzieren zu lassen und einen Bausparvertrag über das so genannte **Bankvorausdarlehen** abzuschließen. Bei Zuteilung wird das Bankvorausdarlehen mit dem Betrag der Bausparsumme getilgt. Bei diesem Finanzierungsmodell ist der Zeitraum, in dem der Sparer für sein eigenes Bausparguthaben ein Darlehen aufnimmt, noch länger als bei einer Zwischenfinanzierung, so dass man prüfen muss, ob nicht die direkte Finanzierung mittels eines Darlehens von einer Hypothekenbank günstiger ist.

Auch das Bankvorausdarlehen ist wie bei der Zwischenfinanzierung ein Festdarlehen, so dass man während der Laufzeit nur die Zinsen für das Darlehen in Höhe der Bausparsumme und die Bausparbeiträge für den Bausparvertrag aufbringen muss. Das Verfahren ähnelt dem Festdarlehen bei einer Kapitallebensversicherung. Das Darlehen wird hier nur von dem Kapital des zuteilungsreifen Bausparvertrages abgelöst.

Schematische Darstellung

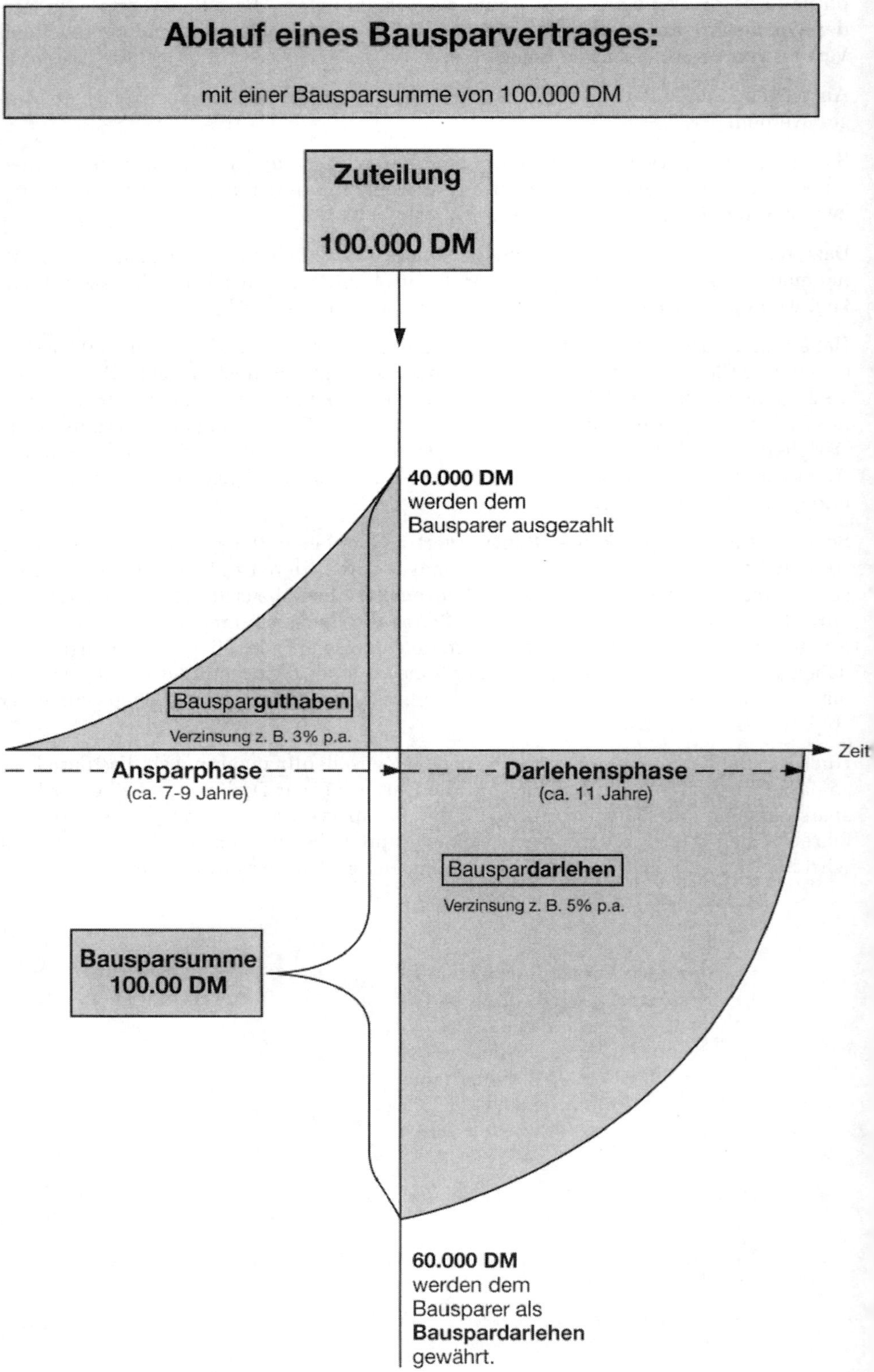

10.4.3 Darlehensmerkmale und Darlehensabwicklung

Kreditgeber bieten ihr Kapital nicht zu einheitlichen Konditionen (z. B. bei den Zinssätzen oder Bearbeitungsgebühren) und nicht bis zur gleichen Höhe der Gesamtkosten an. Jedes Unternehmen hat bestimmte Vorschriften, die es beachten muss (z. B. Gesetze oder unternehmensinterne Grundsätze), und jeder Kapitalgeber kalkuliert unabhängig von den anderen, so dass alle Kreditnehmer gezwungen sind, sich eine Marktübersicht zu verschaffen.

10.4.3.1 Tilgungsarten

Die Art der Tilgung entscheidet über die monatliche Belastung und die gesamte Darlehensdauer. Eine hohe Belastung könnte zu Liquiditätsschwierigkeiten führen.

Man unterscheidet bei Darlehen drei Tilgungsarten:

1. **Tilgungsdarlehen** (auch **Annuitäten- oder Amortisationsdarlehen** genannt) werden laufend mit Teilbeträgen getilgt, wobei die Höhe der Annuität gleichbleibt und die ersparten Zinsbeträge der Tilgung zugerechnet werden.

   Beispiel:

Jahr	Anfangskapital	Zinsen (Zinssatz 9 %)	Tilgung (anfänglicher Tilgungssatz 1 %)	Annuität	Restkapital
1	100.000,–	9.000,–	1.000,–	**10.000,–**	99.000,–
2	99.000,–	8.910,–	1.090,–	**10.000,–**	97.910,–
3	97.910,–	usw.			

   Ein Tilgungsdarlehen mit einer Verzinsung von 9 % und einem Tilgungssatz von 1 % ist damit nicht erst nach 100 Jahren zurückgezahlt, sondern bereits nach 26,7 Jahren. Bei einer höheren Verzinsung reduziert sich die Darlehensdauer, weil die jeweils der Tilgung zugeschlagenen ersparten Zinsbeträge höher sind.

   Beispiele:

	Laufzeit eines **Tilgungsdarlehens** bei einem **Tilgungssatz** (im ersten Jahr) von 1 %	2 %	4 %
bei einem **Zinssatz** von	**Laufzeit**		
4 %	41,0 Jahre	28,8 Jahre	17,7 Jahre
7 %	30,7 Jahre	22,2 Jahre	15,0 Jahre
9 %	26,7 Jahre	19,8 Jahre	13,7 Jahre
(über die gesamte Laufzeit)			

Tilgungsdarlehen sind in der Wohnungswirtschaft üblich. Der Gläubiger erhält in einem überschaubaren Zeitrahmen sein Geld zurück und der Vermieter hat eine unveränderte Belastung, die regelmäßigen Mieteinnahmen gegenübersteht.

2. **Abzahlungsdarlehen** (auch **Ratendarlehen** genannt) werden laufend mit Teilbeträgen getilgt, wobei die Tilgungsbeträge gleichbleiben und die Annuität wegen der sinkenden Zinsbeträge geringer wird.

Beispiel:

Jahr	Anfangskapital	Zinsen (Zinssatz 9 %)	Tilgung (Tilgungssatz 1 %)	Annuität	Restkapital
1	100.000,–	9.000,–	**1.000,–**	10.000,–	99.000,–
2	99. 000,–	8.910,–	**1.000,–**	9.910,–	98.000,–
3	98.000,–	usw.			

Ein Darlehen mit einer Verzinsung von 9 % und einem Tilgungssatz von 1 % ist erst nach 100 Jahren zurückgezahlt. Hier würde jeder Gläubiger mit Sicherheit eine höhere Tilgung verlangen, um die Laufzeit auf maximal 30 Jahre zu verkürzen.

3. **Festdarlehen** (auch **Fälligkeitsdarlehen** genannt) werden während der Laufzeit nur verzinst und erst am Ende mit dem Gesamtbetrag zurückgezahlt.

Beispiel:

Jahr	Anfangskapital	Zinsen (Zinssatz 9 %)	Tilgung (Tilgungssatz vom 1. bis zum vorletzten Jahr = 0 %, Im letzten Jahr = 100 %)	Annuität	Restkapital
1	100.000,–	9.000,–	–,–	9.000,–	100.000,–
2	100.000,–	9.000,–	–,–	9.000,–	100.000,–
3	100.000,–	usw.	–,–		
n	100.000,–	9.000,–	**100.000,–**	109.000,–	–,–

Diese Darlehensart wählt man bei Zwischenfinanzierungen und bei der Finanzierung mit Kapitallebensversicherungen, wenn das Darlehen am Ende der Laufzeit z. B. mit dem Kapitalbetrag aus der Lebensversicherung zurückgezahlt werden soll.

10.4.3.2 Einfluss des Beleihungswertes auf die Höhe des Darlehens

Kreditgeber gewähren ein Darlehen aus Gründen der Risikominderung i. d. R. nicht in Höhe der Gesamtkosten, sondern nur bis zu der Beleihungsgrenze des Beleihungswertes, den sie nach eigenen Berechnungsmethoden für das Grundstück ermitteln. Die Beleihungswertermittlung ähnelt der Verkehrswertermittlung nach der Wertermittlungsverordnung. Grundlage sind das Ertrags- und Sachwertverfahren (s. auch Themenkreis 4).

Der Beleihungswert soll als dauerhafter Wert auch dann am Markt erzielbar sein, wenn das Grundstück bei Zahlungsschwierigkeiten des Schuldners kurzfristig verkauft oder versteigert werden muss. Deshalb liegt er stets unterhalb des Verkehrswertes.

Selbst in der Höhe des Beleihungswertes (des „sicheren Verkaufswertes“) sind viele Kreditgeber nicht bereit, ein Darlehen zu geben. Sie legen grundsätzlich als Obergrenze für die Darlehenshöhe eine Beleihungsgrenze von diesem Beleihungswert fest, bis zu der sie grundpfandrechtlich gesicherte Darlehen gewähren.

Beispiel:

Die Gesamtherstellungskosten eines Einfamilienhauses (Grundstücksgröße 540 m^2, umbauter Raum des Hauses 700 m^3) betragen 1 000 000 DM. Der Bauherr hat 300 000 DM Eigenmittel und beantragt bei einer Hypothekenbank ein Darlehen in Höhe von 700 000 DM.

Die Hypothekenbank ermittelt den Beleihungswert und die Höhe des erststelligen (I a) Darlehens z. B. folgendermaßen:

Bodenwert:	(540 m² x DM 920,–)		= DM 496.800,–
Baukosten:	(700 m³ x DM 470,–)	= DM 329.000,–	
	+ pauschale Zulagen für Nebenkosten, Außenanlagen (ca. 18 %)	+ DM 59.200,–	
		= DM 388.200,–	
	./. (ca. 10 %) Sicherheitsabschlag	./. DM 38.800,–	= DM 349.400,–
	Sachwert des Einfamilienhauses:		DM 846.200,–
Beleihungswert gem. § 12 Hypothekenbankgesetz:			DM 845.000,–
Beleihungsgrenze: 60 % des Beleihungswertes und gleichzeitig Höhe des (erststelligen) I a-Darlehens			= DM 507.000,–

Als Faustformel kann man sagen, dass 60 % des Beleihungswertes ca. 45 % der Gesamtkosten entsprechen.

Den **Restbetrag**

- darf eine Hypothekenbank nicht aus Mitteln finanzieren, die sie von den Pfandbrieferwerbern erhalten hat (sog. Deckungsstock). Sie hat aber die Möglichkeit, bei entsprechender Bonität des Kunden und gegen weitere Sicherheiten (z. B. Bürgschaften) aus Eigenmitteln einen höheren Darlehensbetrag zu gewähren, der dann etwas teurer sein wird, z. B. $^1/_8$ %. Die Höhe des Restdarlehens hängt von den Sicherheiten ab;
- können aber auch Kreditgeber zur Verfügung stellen, die bereit sind, eine höhere Beleihungsgrenze zu akzeptieren (z. B. Bausparkassen bis zu 80 % oder Geschäftsbanken);
- muss man aus eigenen Mitteln finanzieren.

Übersicht:

Beleihungsgrenze bei Darlehen von einer Hypothekenbank

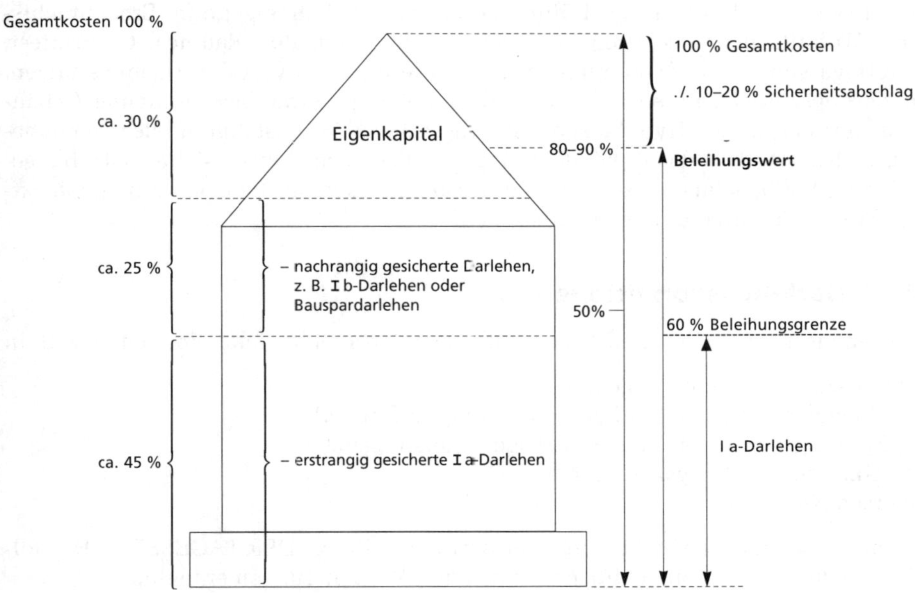

– **Beleihungsunterlagen**

Kreditgeber vergewissern sich über die zu beleihenden Objekte, indem sie diverse Beleihungsunterlagen verlangen, um die rechtliche, wirtschaftliche und finanzielle Situation des Objekts und die persönliche Bonität des Schuldners prüfen zu können.

Je nachdem, ob ein Bauvorhaben oder ein Objekterwerb erfolgen soll und ob es sich bei dem Darlehensnehmer um eine Privatperson oder ein Unternehmen handelt, verlangen die Kreditinstitute in der Regel folgende typische Beleihungsunterlagen:

Beleihungsunterlagen:	Begründung:
– Grundbuchauszug	– Eigentümernachweis und vorhandene Belastungen
– Katasterunterlagen (Auszug aus dem Liegenschaftsbuch, dem Gebäudebuch, der Flurkarte)	– genaue Lage, Größe und Schnitt des Grundstücks
– Baubeschreibung, Bauzeichnungen, technische Berechnungen	– Art des Objekts und Qualität
– Wirtschaftlichkeitsberechnung	– Die ermittelte Kostenmiete kann mit der ortsüblichen Miete verglichen werden, so dass man die Vermietbarkeit beurteilen kann.
– Einnahmeüberschussrechnung (= Ertragsberechnung bzw. Rentabilitätsberechnung) (Gegenüberstellung der Ausgaben und Einnahmen)	– Die Liquidität des einzelnen Objekts kann erkannt werden, d. h., ob z. B. auch die laufenden Zinszahlungen aus den Einnahmen des Objekts möglich sind.

Weitere Beleihungsunterlagen sind je nach dem Baufortschritt bzw. bei bestehenden Bauwerken sowie bei natürlichen und juristischen Personen vorzulegen, z. B.:

Vermögensübersicht, Einkommensnachweis, Geschäftsberichte für mehrere Jahre, Gesellschaftsverträge, Kaufvertrag, Teilungserklärung bei Wohneigentum, Erbbaurechtsvertrag, Wohnflächenberechnung, Berechnung des umbauten Raumes, Grenzattest, Mietverträge von Geschäftsraummietern, detaillierter Nachweis der Eigenleistungen, Finanzierungszusagen anderer Gläubiger, Erschließungsbeitragsbescheinigung, Gebäudeversicherungspolice, Hypothekensicherungsschein (= Bestätigung der Versicherungsgesellschaft, dass das Gebäude z. B. gegen Feuerschaden versichert ist), Baugenehmigung, Rohbauabnahmeschein, Schlussabnahmeschein, Bausparvertrag, Objekttaxe (= Wertschätzung), Einheitswertbescheid.

10.4.3.3 Darlehenskonditionen

Die Darlehensangebote der Kreditgeber unterscheiden sich in vielen Bereichen, z. B. in

- den Auszahlungsbedingungen,
- der Höhe der Zinssätze (und dem Beleihungsaufschlag),
- der Zahlungsweise von Zins- und Tilgungsleistungen,
- der Zinsfestschreibungszeit und
- diversen Nebenkosten.

So konnte man am 6. November 1999 der Berliner Zeitung „DER TAGESSPIEGEL“ folgende Darlehenskonditionen einiger Banken und Versicherungen entnehmen:

Versicherungen 5 Jahre	**Nominalzins %**	**Ausz. in %**	**Effekt.-zins %**	**Zinszahl.**	**1a %**	**1b %**	**Aufschl. in %**	**Bereitstellung in %**	**P.**
Condor Lebensvers.	5,10	100	5,20	vn	45	80	0,625	–	
Karlsruher Lebensvers.	5,12	100	5,27	mv	50	80	0,625	3,00	A
Universa Vers.	5,08	99,5	5,30	vn	45	80	0,625	0,25	M
Securitas Vers.	5,25	100	5,38	mn	45	80	0,750	2,50	A
Deutscher Herold Vers.	5,25	100	5,38	mn	50	–	–	0,25	M
Banken 5 Jahre	**Nominalzins %**	**Ausz. in %**	**Effekt.-zins %**	**Zinszahl.**	**1a %**	**1b %**	**Aufschl. in %**	**Bereitstellung in %**	**P.**
Allg. Deutsche Direktbank	5,50	100	5,33		60	90	–	0,25	M
HID-GmbH	5,27	100	5,40	mn	60	90	–	2,50	M
Cosmos/SKG Bank	5,35	100	5,48	mv	45	90	–	3,00	A
Gladbacher Bank AG	5,40	100	5,52		60	80	0,150	2,50	M
Saar LB*	5,40	100	5,54	vn	60	80	variab.	0,25	A
Versicherungen 10 Jahre	**Nominalzins %**	**Ausz. in %**	**Effekt.-zins %**	**Zinszahl.**	**1a %**	**1b %**	**Aufschl. in %**	**Bereitstellung in %**	**P.**
Berlinische Leben Vers.	5,50	100	5,62	vn	45	70	–	0,25	M
AXA Colonia Konzern AG	5,72	100	5,87	mn	45	80	0,625	0,20	M
Universa Vers.	5,70	99,5	5,89	vn	45	80	0,625	0,25	M
Hanse-Merkur Vers.	5,72	100	5,90	mv	50	80	0,500	3,00	A
Inter Vers.	5,75	100	5,90	mn	40	80	0,750	–	
Banken 10 Jahre	**Nominalzins %**	**Ausz. in %**	**Effekt.-zins %**	**Zinszahl.**	**1a %**	**1b %**	**Aufschl. in %**	**Bereitstellung in %**	**P.**
Alg Deutsche Direktbank	5,75	100	5,91		60	90	–	0,25	M
HID-GmbH	5,82	100	5,98	mn	60	90	–	0,26	M
Bankhaus Bauer AG	5,84	100	6,00	vn	60	80	0,150	3,00	A
Cosmos/SKG Bank	5,85	100	6,01	mv	45	90	–	3,00	A
Berliner Bank AG	6,29	100	6,48	mn	60	–	–	0,25	M

Erläuterungen:
Effektivzins: Anfänglicher effektiver Jahreszins.
Zinszahlung: Zahlungsweise von Zinsen (und Tilgung);
v = vierteljährlich m = monatlich, n = nachschüssig, m = mittelschüssig, v = vorschüssig,
d. h., die Zahlung für einen Zeitraum (Monat = m, Vierteljahr = v) ist zu leisten

- zu **Beginn** (**vorschüssig** = v)
  eines Monats = vm,
  eines Vierteljahres = vv
- in **Mitte** (**mittelschüssig** =m)
  eines Monats = mm,
  eines Vierteljahres = mv,
- am **Ende** (**nachschüssig** = n)
  eines Monats = mn
  eines Vierteljahres = vn

Beleihungsgrenze:
1a = Beleihungsgrenze; 1b Maximale Beleihungsgrenze bei Zinsaufschlag.
Aufschl. in %: Höhe des Zinsaufschlags für den Teil des Kredits, der über den 1a-Teil hinausgeht.
Bereitstellung in %: Zinsen für zugesagte, aber nicht ausgezahlte Darlehen (Bereitstellungszinsen)

In letzter Zeit bieten die Kreditgeber die Baudarlehen auch direkt im Internet an. Direktanbieter bieten Dalehen zu günstigen Konditionen an. Der Zinsvorteil kann gegenüber einem traditionellen Anbieter zwischen 0,3 und 0,9 % betragen. Bei einer Darlehenssumme von 300 000,– DM und einer 15-jährigen Laufzeit könnte man z. B. 20 000,– DM sparen. (Die Internetadressen von einigen Direktanbietern lauten: www.advance-bank.de, www.defad-direkt.de, www.dghyp.de, www.baufinanz-direktservice.de, www.hypotheken-discount.de, www.hypovereinsbank.de).

Neben den rechnerisch ermittelbaren Konditionen sollte man nicht übersehen, dass sich auch Kreditgeber in der Art und Weise unterscheiden, wie sie die Kunden bedienen. Das Verfahren kann schnell und großzügig gehandhabt werden, es kann aber mitunter auch schleppend erfolgen. Insbesondere in der Wohnungswirtschaft kann es um hohe Beträge gehen, so dass Zeitverzögerungen sofort hohe Zinsverluste mit sich bringen. Eine Auswahl des Geschäftspartners wird sich bei gleichen Konditionen letztendlich auch nach dem **Kundenservice** eines Kreditgebers richten.

• Die Auszahlungsbedingungen

Ein Bauherr kann auf die Auszahlung der Darlehen nicht warten, bis das Bauwerk fertig ist. Vor und während der Bauphase müssen Planungskosten und ständig Handwerkerrechnungen bezahlt werden, die der Bauherr nicht alle aus eigenen Mitteln begleichen kann.

Die Darlehensgeber sind allerdings bereit, Teilbeträge der Darlehen dann auszuzahlen (= zu valutieren), wenn bestimmte Teile des Bauwerks errichtet wurden. Darlehensgeber zahlen **Teilbeträge** z. B. bei Fertigstellung der Kellerdecke (50 %), des Innen- bzw. Außenputzes (25 %) und der Bezugsfertigkeit (25 %) aus.

Sollte der Bauherr vor diesen Terminen über das zur Verfügung stehende Eigenkapital hinaus Baugeld benötigen, muss er den Zeitraum bis zu den Teilfertigstellungen von derselben oder einer anderen Bank zwischenfinanzieren lassen. In diesem Fall lässt sich die zwischenfinanzierende Bank den Auszahlungsanspruch des Bauherrn an die endfinanzierende Bank abtreten. Der **Zwischenkredit** wird nur verzinst und bei Teilfertigstellung mit Dauerfinanzierungsmitteln abgelöst. Wegen des höheren Risikos liegen die Zinssätze für Zwischenfinanzierungen über denen von Dauerfinanzierungsmitteln.

Sofern ein Darlehen von der Bank zugesagt ist, der Darlehensnehmer es aber nicht abruft, berechnen die Darlehensgeber für den nicht abgerufenen Teil des Darlehens in der Regel **Bereitstellungszinsen**, z. B. 0,2 % p.M. (pro Monat) oder 2,4 % p.a. (pro anno).

Manche Gläubiger verlangen für die Auszahlung von Teilbeträgen **Teilvalutierungszuschläge**.

Manche Darlehensgeber verlangen noch **Zinsaufschläge** für die Gewährung von **kleinen Darlehensbeträgen,** z. B. bei 50 000 DM.

• Die Kosten des Darlehens

Die Kapitalanbieter nennen bei den zu zahlenden Zinsen den Nominal- und einen Effektivzinssatz, den sie nach der Preisangabenverordnung ermitteln müssen.

Der **Nominalzinssatz** ist die Grundlage für die Berechnung der Zinsen von dem Nominalbetrag des Darlehens (= Darlehenssumme im Darlehensvertrag). Wer ein Darlehen über 100 000 DM aufnimmt und einen Nominalzinssatz von 7 % vereinbart, der hat pro Jahr 7 000,– DM an Zinsen zu bezahlen. In den Folgejahren bezieht sich der Nominalzinssatz auf den Restbetrag des Darlehens.

Banken berechnen aber neben den reinen Zinsen zusätzlich noch diverse andere Kosten. Zu diesen **Nebenkosten** zählen z. B. das Damnum (auch Disagio genannt), Bürgschaftsgebühren, Schätzgebühren (sog. Taxkosten), Teilauszahlungszuschläge, Zuschläge bei kleineren Darlehen, Zinszuschlag bei Überschreitung der Beleihungsgrenze, Bereitstellungszinsen für die Zeit zwischen der Darlehenszusage und der Auszahlung, Kosten für abzuschließende Restschuldversicherungen, Kosten für die Finanzierung aus einer Hand, Vermittlungsprovision, Bearbeitungsgebühren, Kontoführungsgebühren.

Betragen die Nebenkosten in unserem Fall beispielsweise einmalig 3 000 DM, so müsste man diese Kosten auf die gesamte Laufzeit des Darlehens verteilen und den Zinsen zurechnen, um die **tatsächliche (= effektive) Belastung** für das Darlehen zu erhalten. Bei einer Laufzeit von 10 Jahren hätte man rechnerisch eine Belastung von 7 300 DM, so dass die tatsächliche „Verzinsung“ bei 7,3 % läge.

Die Nebenkosten erhöhen den Effektivzins z. B. folgendermaßen (vgl. Zeitschrift „Finanztest“, Sonderheft 1998 „Richtig finanzieren“, S. 31):

Die Nebenkosten betragen vom Darlehen	Zinsbindung 5 Jahre	Zinsbindung 10 Jahre	Zinsbindung 15 Jahre
	Der Effektivzinssatz erhöht sich dadurch um		
1 %	0,26 %	0,16 %	0,13 %
2 %	0,52 %	0,33 %	0,27 %
3 %	0,78 %	0,49 %	0,41 %
4 %	1,05 %	0,66 %	0,55 %

Banken sind verpflichtet, den **effektiven Jahreszinssatz** nach § 4 **Preisangabenverordnung (PAngV)** zu berechnen und anzugeben. Dem Kunden soll es damit erleichtert werden, die Belastungen der Darlehensangebote schneller vergleichen zu können. Dabei ist jedoch zu beachten, dass die Banken nach dieser Vorschrift nicht alle der oben genannten Nebenkosten in die Berechnung einbeziehen müssen, so dass die gewünschte Vergleichbarkeit i. d. R. nicht gegeben ist. **Bestandteil des effektiven Jahreszinssatzes** sind der Nominalzinssatz, ein Damnum, der Zeitpunkt der Tilgungsverrechnung, der Zeitpunkt der Zinszahlungen, eine Bearbeitungsgebühr, eine Kreditvermittlungsprovision. Nicht enthalten sind z. B. Kontoführungskosten, Schätzkosten, Bereitstellungszinsen oder Teilauszahlungszuschläge.

Der Zeitschrift „Finanztest“, Sonderheft 1998 „Richtiges finanzieren“, kann man den Unterschied zwischen dem Effektivzinssatz nach der Preisangabenverordnung und dem tatsächlichen Effektivzinssatz hinsichtlich einiger Nebenkosten entnehmen:

Beispiel:
Ein Darlehen von 300 000,– DM (Nominalzins 7 %, Tilgung 1 %) wird nach jeweils drei Monaten in Teilbeträgen von 100 000,– DM ausgezahlt. Je nach Zinsbindung, Art und Höhe der Nebenkosten liegt der tatsächliche Effektivzinssatz erheblich höher als der Effektivzinssatz nach der Preisangabenverordnung.

Der Unterschied zwischen dem Effektivzinssatz nach der Preisangabenverordnung und dem tatsächlichen Effektivzinssatz:

	Effektiver Jahresszinsatz (pro Jahr)				
Zinsbindung	**nach der Preis-angaben-verordnung 1)**	zusätzlich Konto-führungs-kosten 2)	zusätzlich Schätz kosten 3)	zusätzlich Bereit-stellungs-zinsen 4)	zusätzlich Teilaus-zahlungs-zuschlag 5)
3 Jahre	**7,23 %**	7,24 %	7,39 %	7,86 %	7,98 %
5 Jahre	**7,23 %**	7,24 %	7,34 %	7,66 %	7,73 %
10 Jahre	**7,23 %**	7,24 %	7,30 %	7,48 %	7,53 %
15 Jahre	**7,23 %**	7,24 %	7,29 %	7,44 %	7,48 %

1) bei monatlicher Zins- und Tilgungsverrechnung
2) 2,– DM pro Monat
3) 900,– DM (0,3 % der Darlehenssumme)
4) ab dem dritten Monat nach Darlehenszusage 0,25 % pro Monat auf den noch nicht ausgezahlten Darlehensteil
5) bis zur vollen Auszahlung des Darlehens 1 % auf den ausgezahlten Betrag

Ein mathematisch genauer Vergleich ist für den Darlehensnehmer sehr schwer möglich. Hierzu müssten alle Kosten mit ihren Zahlungszeitpunkten während der Darlehenslaufzeit berücksichtigt werden. Denkbar wäre z. B. die Addition aller Kosten mit dem anschließenden Vergleich der jeweiligen Restschuld nach der gleichen Laufzeit der verschiedenen Darlehen. Enthält der Darlehensvertrag eine Anpassungsmöglichkeit der Konditionen, dann ist der effektive Jahreszins für den Zeitraum bis zur ersten Anpassung zu ermitteln. Die tatsächlichen Belastungen nach diesem Zeitraum sind zu Beginn nicht bekannt. Man bezeichnet deshalb den Effektivzinssatz auch als den sog. **anfänglichen Effektivzinssatz.**

Das **Damnum** (oder auch Disagio genannt) ist ein Zinsbetrag für die gesamte Laufzeit bzw. nur für die Zinsfestschreibungszeit, den der Schuldner bereits bei der Auszahlung leistet.

Vereinbart man in unserem Beispiel ein Damnum von 2 %, dann behält der Kreditgeber zu Beginn der Darlehenszeit von seinem Darlehen (in Höhe von 100 000 DM) gleich 2 000 DM ein, so dass dem Schuldner tatsächlich nur ein Betrag von 98 000 DM ausgezahlt wird.

Die tatsächliche Zinsbelastung soll sich dadurch nicht verändern. Bei einer Laufzeit von einem Jahr würde die Bank den Zinssatz für den gesamten Darlehensbetrag (= Nominalbetrag) auf 5 % (nominal) reduzieren, um insgesamt wieder 7 000 DM Zinsen zu erhalten. Der ermittelte Zinssatz von 5 % zusammen mit einem Damnum von 2 % ist für die Bank günstiger als eine Verzinsung von 7 %, weil sie das Damnum bereits zu Beginn der Laufzeit erhält. Man muss also auch die Zahlungszeitpunkte berücksichtigen, wenn man die tatsächliche Verzinsung ermitteln will.

Die DBV-winterthur-Versicherung bot am 11. Februar 2000 z. B. folgende Baudarlehen mit gleicher Effektivverzinsung an:

Auszahlung	Nominalzinssatz	Festschreibungszeit	anfänglicher effektiver Jahreszins, bezogen auf die Festschreibungszeit
90,15 %	3,40 %	5 Jahre	**5,86 %**
94,95 %	4,50 %	5 Jahre	**5,86 %**
100,00 %	**5,65 %**	5 Jahre	**5,86 %**
90,20 %	4,85 %	10 Jahre	**6,40 %**
95,10 %	5,50 %	10 Jahre	**6,40 %**
100,00 %	**6,15 %**	10 Jahre	**6,40 %**

Um einen Auszahlungsbetrag von 100 000 DM bei einem gleichen Effektivzinssatz von 10,26 % für 3 Jahre zu erhalten, könnte man z. B. aus folgenden Kombinationen wählen:

	Variante (1)	Variante (2)	Variante (3)	Variante (4)	Variante (5)
Effektivzins nach PAngV	**10,26 %**	**10,26 %**	**10,26 %**	**10,26 %**	**10,26 %**
Nominalkapital (DM)	100 000,–	106 818,49	105 840,25	100 000,–	105 458,65
Damnum	0	6,38 %	5,52 %	0	5,17 %
Auszahlungsbetrag	**100 000,–**	**100 000,–**	**100 000,–**	**100 000,–**	**100 000,–**
Nominalzinssatz	10 %	8 %	8,5 %	10,25 %	8 %
Jahresraten	2	2	1	1	2
Zinsbetrag (DM)	5 000	4 000	8 500	10 250	4 000
Zahlungsweise	nachschüssig	nachschüssig	nachschüssig	nachschüssig	vorschüssig

Quelle: Joachim Kober: Finanzmatische Effektivzins-Berechnungsmethoden, Mannheim 1992, S. 164

Läuft ein Darlehen über mehrere Jahre, muss der Betrag des Damnums über den Zeitraum, auf den sich die Zinsfestschreibung bezieht, verteilt werden. In der Praxis muss man berücksichtigen, dass Banken nach Ablauf einer Zinsfestschreibungszeit erneut ein Damnum berechnen.

Der Schuldner zahlt bei einem vereinbarten Damnum den gesamten Darlehensbetrag in Höhe von 100 000 DM an den Gläubiger zurück, nicht etwa nur den Auszahlungsbetrag von 98 000 DM.

Ein Damnum kann in bestimmten Fällen bis zu 10 % (Stand: 2000) steuerlich geltend gemacht werden und mindert so das zu versteuernde Einkommen des Schuldners.

Sofern man für sein Bauwerk nicht mit dem Auszahlungsbetrag (98 000 DM) auskommt, muss man den Darlehensbetrag (100 00 DM) erhöhen (z. B. auf 102 000 DM), so dass 98 % den benötigen Geldbetrag (98 % von 102 000 DM = 99 960 DM) betragen.

Eine zweite Möglichkeit für den Darlehensnehmer, zu Beginn den vollen Darlehensbetrag von 100 000 DM zu erhalten, besteht in der Aufnahme eines Tilgungsstreckungsdarlehens in der Höhe des Damnums. Dabei wird zuerst das Tilgungsstreckungsdarlehen zurückgezahlt, die Tilgung des Hauptdarlehens wird dabei solange ausgesetzt. Infolgedessen verlängert sich die Rückzahlung des Hauptdarlehens. Um den Schuldner liquiditätsmäßig nicht zu überlasten, sollte die Gesamtbelastung aus Haupt- und Tilgungsstreckungsdarlehen die Annuität des Hauptdarlehens nicht überschreiten. Darlehensgeber und Darlehensnehmer können verschiedene Rückzahlungsvarianten vereinbaren.

Beispiel:

> Bei einem Darlehen von 100 000 DM (Zinssatz 8 %, Tilgungssatz 1 %) mit einem Damnum von 2 % und einem Tilgungsstreckungsdarlehen in Höhe von 2 000 DM (Zinssatz 8 %) zahlt der Schuldner stets die für das Hauptdarlehen vereinbarte Annuität in Höhe von 9 000 DM.

	Hauptdarlehen			Tilgungsstreckungsdarlehen			
	Kapital	Zinsen (8 %)	Tilgung (1 %)	Kapital	Zinsen (8 %)	Tilgung (Rest zur Annuität)	
Jahr	DM	DM	DM	DM	DM	DM	DM
1	100 000,–	8 000,–	–	2 000,–	160,–	840,–	9 000,–
2	100 000,–	8 000,–	–	1 160,–	92,80	907,20	9 000,–
3	100 000,–	8 000,–	726,98	252,80	20,22	252,80	9 000,–
4	99 273,02	7 941,84	1 058,16	–	–	–	9 000,–
5	98 214,86	usw.					

Tilgungsstreckungsdarlehen werden in letzter Zeit immer weniger vereinbart.

- **Die Zahlungsweise von Zins- und Tilgungsleistungen**

Es kann vereinbart werden, dass die Zinsen und die Tilgungsbeträge am Ende eines jeden Jahres oder **„unterjährig"**, d. h. bereits während des Jahres, z. B. monatlich, gezahlt werden müssen. Eine unterjährige Zahlungsweise erhöht den Effektivzinssatz für den Darlehensnehmer.

Werden die Zahlungen am Ende des Zeitraumes, d. h. am Ende eines Jahres, eines Halbjahres, eines Quartals oder eines Monats geleistet, bezeichnet man diese Zahlungsweise als **nachschüssig**. Banken bieten auch Darlehen an, bei denen der Darlehensnehmer die Zins- und Tilgungsleistungen zu Beginn eines Jahres, Halbjahres, Quartals oder Monats (= **vorschüssig**) oder jeweils in der Mitte dieser Zeitabschnitte (= **mittelschüssig**) zu erbringen haben.

Für einen Schuldner ist es am günstigsten, die Zins- und Tilgungsleistungen jeweils am Jahresende zu leisten. Zahlt er vor dem Jahresende, verteuert sich sein Darlehen und erhöht sich die Effektivverzinsung, denn er verzichtet auf die Zinserträge, die die zu zahlenden Zins- und Tilgungsleistungen selbst noch bei einer zinsbringenden Anlage bis zum Jahresende erzielt hätten, sofern er diese Beträge bereits zu diesem Zeitpunkt überhaupt hatte.

- **Der Zinsaufschlag wegen Überschreitung der Beleihungsgrenze**

Die angegebenen Nominalzinssätze beziehen sich auf den erststelligen Beleihungsrahmen (I a-Darlehen). Dieser Rahmen beträgt bei den aufgeführten Instituten in der Übersicht auf S. 597 45 %–60 %. Daraus wird ersichtlich, dass Versicherungen in der Regel eine geringere Beleihungsgrenze für I a-Darlehen zugrunde legen. Geschäftsbanken sind bei der Darlehensvergabe nicht an das Hypothekengesetz gebunden, so dass der I a-Rahmen auch über 60 % liegen kann. Sofern das Darlehen den I a-Rahmen überschreitet, verteuert sich in der Regel dieser Teil des gesamten Darlehens (I b-Darlehen). I b-Darlehen liegen außerhalb des erststelligen Beleihungsrahmens und werden neben einer Grundschuld in der Regel zusätzlich durch eine Bürgschaft gesichert, um das höhere Risiko des Darlehensgebers zu berücksichtigen. Verbürgt sich zum Beispiel der Staat im Rahmen der Wohnungsbauförderung für I b-Darlehen, verzichten die Darlehensgeber wegen der hohen Sicherheit des Bürgen auf einen Zinszuschlag. In jedem Fall muss der Darlehensnehmer an den Bürgen eine einmalige oder laufende Bürgschaftsgebühr entrichten.

- **Die Zinsfestschreibungszeit**

Die Zinssätze für kurzfristige bzw. langfristige Kredite richten sich nach der Preisentwicklung auf den Geld- und Kapitalmärkten und können sich täglich verändern.

Die Zinsentwicklung für Hypothekendarlehen in den letzten Jahrzehnten können Sie der folgenden Grafik entnehmen:

Die Entwicklung der Hypothekenzinsen von 1972 bis 1999

Nominalzinssätze bei 100 % Auszahlung, 10 Jahre fest

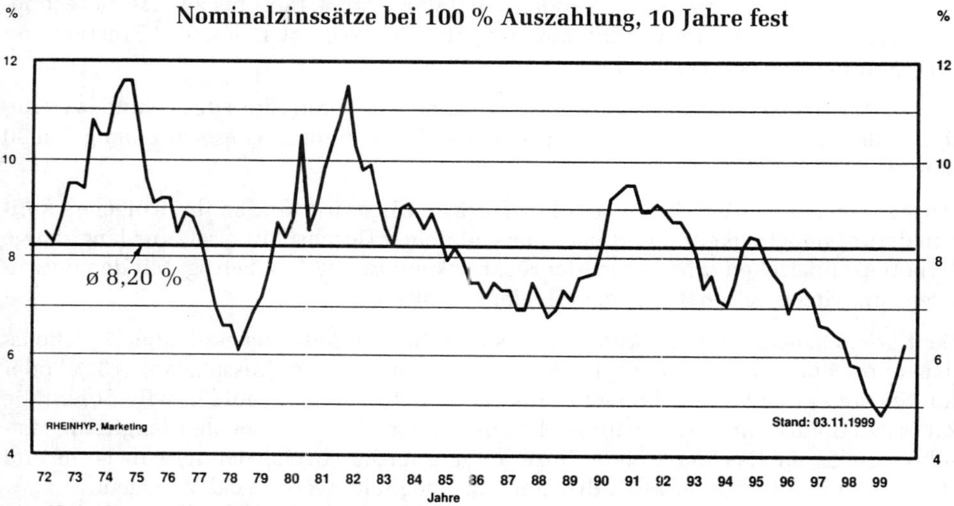

Quelle: Rheinische Hypothekenbank

Vereinbart ein Wohnungsunternehmen mit der Hypothekenbank für das Darlehen einen täglich veränderlichen Zinssatz (= **variablen Zinssatz**), geht es das Risiko steigender Zinsen ein, die es möglicherweise nicht sofort wieder mit einer Mieterhöhung von seinen Mietern verlangen kann.

Um dieses Risiko auszuschließen, kann man mit Kreditinstituten bei der Darlehensaufnahme vereinbaren, die Zinssätze für eine vorher bestimmte Laufzeit festzuschreiben, sog. **Zinsfestschreibungszeit**. Kreditinstitute müssen sich bei den vereinbarten Zinssätzen für die gewährten Baudarlehen danach richten, für welche Zeit ihnen ihre Kunden das Kapital zu festen Zinssätzen zur Verfügung stellen. So wäre es in besonderen Fällen denkbar, dass man sogar ein Darlehen mit einer Zinsfestschreibung bis zur vollständigen Rückzahlung nach z. B. 30 Jahren erhält. Üblicherweise bietet man Darlehen mit einer Zinsfestschreibung von 5, 10 und 15 Jahren an (Manche Hypothekenbanken bieten sogar Wohnungsbaudarlehen mit einer Zinsfestschreibungszeit über die gesamte Laufzeit des Darlehens von ca. 30 Jahren an, z. B. die Rheinische Hypothekenbank am 21. Februar 2000 zu einem Nominalzinssatz von 7,25 % [effektiv 7,50 %]).

Die Zinssätze der einzelnen Zinsfestschreibungszeiträume unterscheiden sich nach der Zinsentwicklung, die der einzelne Darlehensgeber in der Zukunft erwartet. Geschäftsbanken boten im Jahre 1999 z. B. Baukredite bei einer 100 % Auszahlung zu folgenden Nominalzinssätzen an (Vgl. Hausbesitzer abc: „Aktuelle Zinsen", Verlag Wirtschaft, Recht und Steuern, Planegg/München, Sonderheft April '99 sowie Ausgabe 5/99).

	Stichtag 15. März 1999	Stichtag 12. November 1999
Zinsfestschreibungszeit	Zinssätze	Zinssätze
keine (variabel)	5,25 %	5,25,%
1 Jahr	4,45 %	–
2 Jahre	4,35 %	5,75 %
3 Jahre	4,45 %	5,63 %
4 Jahre	4,25 %	5,70 %
5 Jahre	4,16 %	5,70 %
10 Jahre	4,70 %	6,22 %
15 Jahre	5,49 %	6,54 %
30 Jahre	6,17 %	6,90 %

Aus der Übersichert kann man entnehmen, dass die Geschäftsbanken am 15. März 1999 in den nächsten 5 Jahren mit sinkenden Zinssätzen von 4,45 % bis zu 4,16 % rechneten. Über einen Zeitraum von 30 Jahren gingen sie davon aus, dass der Zinssatz von 6,17 % für angemessen erscheint.

Am 12. November 1999 ging man bereits von einem höheren Zinssatz aus und erwartete grundsätzlich steigende Zinssätze bis zu 6,90 % bei einer Zinsfestschreibung von 30 Jahren.

Darlehensgeber werden sich bei der langfristigen Zinserwartung an ihren eigenen Refinanzierungsmöglichkeiten und dem marktüblichen Durchschnittssatz für langfristige Hypothekendarlehen orientieren, der rückblickend ca. 8-8,5 % betrug. Mit den derzeitigen Zinssätzen befindet man sich in einem „Zinstal".

Der Darlehensnehmer muss prüfen, ob er sich z. B. während einer geplanten Darlehensdauer von 30 Jahren in den ersten Jahren mit einem geringen Zinssatz (ab 5,75 %) oder für längere Zeit mit einem höheren Zinssatz (z. B. 6,9 %) verschulden will. Sofern die Zinssätze niedrig sind, sollte ein Darlehensnehmer die Zinssätze eher langfristig festschreiben lassen. Das Risiko einer Zinserhöhung verschiebt sich damit in die Ferne und stellt sich nicht in Kürze, wenn die Zinssätze möglicherweise wieder steigen.

Auf jeden Fall sollte sich ein Darlehensnehmer auf eine Zinsänderung nach Ablauf der Zinsfestschreibungszeit einstellen. Die Wahrscheinlichkeit einer Zinssatzerhöhung besteht vor allem dann, wenn er einen Zinssatz hat festschreiben lassen, der langfristig unter dem Durchschnitt liegt. Wer am 15. März 1999 ein Darlehen mit einem Zinssatz von 4,45 % und einer einjährigen Zinsfestschreibung vereinbarte musste nach einem Jahr bei der Anschlussfinanzierung bereits mit einem Zinssatz von ca. 6 % rechnen. In manchen Fällen kann man sich mit einer **Zinsbegrenzungsgebühr** vor zu starken Zinserhöhungen schützen. Der Zinssatz schwankt dann je nach der allgemeinen Zinsentwicklung innerhalb einer vorher vereinbarten Bandbreite, z. B. zwischen 7 % und 9 %.

BGB § 609a

Gemäß § 609a BGB kann jeder Schuldner ein Darlehen nach 10 Jahren mit einer Kündigungsfrist von 6 Monaten kündigen, auch wenn er eine Zinsfestschreibung von 15 Jahren vereinbart hatte. Dieses Recht ist unabdingbar, d. h., dass eine entgegenstehende vertragliche Regelung unwirksam ist. Ein Darlehen mit veränderlichem Zinssatz kann der Schuldner jederzeit unter Einhaltung einer Kündigungsfrist von 3 Monaten kündigen.

Die Kündigung eines Darlehens wird man als Schuldner in einer Niedrigzinsphase erwägen, wenn man vor Jahren das Darlehen mit hohen Zinssätzen aufgenommen hatte.

Bei einer geplanten Umschuldung darf man nicht nur die reinen Zinssätze als Entscheidungsgrundlage wählen, sondern sämtliche Nebenkosten und Rechtsfolgen dieser Maßnahme. Es entstehen erneut Kosten für den Notar, die Grundbucheintragung, möglicherweise Schätz- und Bearbeitungsgebühren usw.

10.4.3.4 Darlehensabwicklung

Kreditgeber informieren die Öffentlichkeit in regelmäßigen Abständen über die aktuellen Darlehenskonditionen, z. B. auch im Internet. Wohnungsunternehmen erhalten diese Informationen auch in Rundschreiben, so dass sie laufend informiert sind.

Sofern man günstige Konditionen gefunden hat, wird man mit dem oder den Kreditgebern Kontakt aufnehmen, um eventuell noch zu verhandeln, wenn man z. B. die Zinsen reduzieren möchte, weil man größere Beträge abnehmen will, oder bei den Bereitstellungszinsen bzw. den Auszahlungszeitpunkten der Teilvalutierungen besondere Wünsche hat.

Nachdem der Darlehensvertrag von dem Darlehensnehmer unterschrieben wurde, wird die Bank für die dingliche Sicherung des beantragten Darlehens sorgen und dem Kunden eine Grundschuldbestellungsurkunde zusenden. Darin findet man einen sog. **Eventualzinssatz** (z. B. 16 %), der über dem im Darlehensvertrag vereinbarten Nominalzinssatz (z. B. 7 %) liegt. Er dient dem Kreditgeber dazu, mögliche Zinserhöhungen bereits dinglich gesichert zu haben und bei einer eventuellen Zwangsvollstreckung die Zinsrückstände und Nebenkosten aus dem Grundstück vollstrecken zu können.

Die Grundschuldbestellung muss von einem Notar beglaubigt werden. Da Gläubiger von dem Schuldner stets verlangen, bereits im Darlehensvertrag und der Grundschuld zu erklären, sich für den Fall von Zahlungsrückständen der „sofortigen Zwangsvollstreckung nach § 794 ZPO zu unterwerfen" (sog. **Unterwerfungsklausel**), müssen Darlehensverträge und Grundschuldbestellungen in diesem Falle gemäß § 800 ZPO in notariell beurkundeter Form erfolgen.

ZPO §§ 794, 800

Anschließend beantragt der Notar beim Grundbuchamt die Eintragung der Grundschuld. Sobald der Gläubiger als Grundschuldberechtigter im Grundbuch steht, wird er den Darlehensbetrag an den Darlehensnehmer wie vereinbart auszahlen. Falls es sich um eine Briefgrundschuld handelt, beauftragt in der Praxis der Grundstückseigentümer das Grundbuchamt, den Grundschuldbrief sofort dem Grundschuldberechtigten zuzusenden, damit kein Dritter daraus unbefugt Rechte geltend machen kann.

Am Ende der Laufzeit des Darlehens ist der Darlehensgeber i. d. R. nach dem Vertrag verpflichtet, dem Darlehensnehmer eine (notariell beglaubigte) Löschungsbewilligung zu überreichen, damit der Grundstückseigentümer die Grundschuld löschen kann. Der Grundstückseigentümer muss den Antrag und seine eigene (notariell beglaubigte) Löschungsbewilligung zusammen mit der Löschungsbewilligung des Grundschuldgläubigers und dem Grundschuldbrief bei einer Briefgrundschuld dem Grundbuchamt einreichen, das die Grundschuld löscht (= rötet) und den Brief entwertet.

10.4.3.5 Moderne Finanzierungsvereinbarungen

10.4.3.5.1 Die Cap-Vereinbarung

Das größte finanzielle Risiko für einen Darlehensnehmer besteht wegen der langen Laufzeit bei Baudarlehen in der Erhöhung seines Zinsaufwandes.

Bei Baudarlehen mit variablen Zinssätzen kann sich der Zinssatz täglich erhöhen, bei Baudarlehen mit einer vereinbarten Zinsfestschreibungszeit besteht die Erhöhungsmöglichkeit erst nach Ablauf dieser Periode.

Erhöht sich z. B. bei einem Dartehen über 400 000 DM der Zinssatz von 5 % auf 9 %, so muss der Darlehensnehmer zusätzlich 16 000 DM Zinsen im Jahr aufbringen. Diese Zinserhöhungen können zur Insolvenz eines Darlehensnehmers führen.

Um besser kalkulieren zu können und sich vor Zinserhöhungen zu schützen, vereinbaren die meisten Darlehensnehmer eine Zinsfestschreibungszeit von z. B. 5 oder 10 Jahren, mitunter für die gesamte Laufzeit.

Der Nachteil bei einer Zinsfestschreibungszeit besteht darin, dass der Darlehensnehmer im Gegensatz zu einem variablen Zinssatz i. d. R. einen etwas höheren Zinssatz akzeptieren muss, wenn die Darlehensgeber in den nächsten Jahren mit steigenden Zinssätzen rechnen oder weil die Darlehensgeber das eigene Risiko von Zinssatzsteigerungen damit ausgleichen wollen.

Um für den Darlehensnehmer das Risiko von Zinssatzschwankungen zu begrenzen, bieten Darlehensgeber sog. Cap-Versicherungen an.

Eine **Cap-Vereinbarung** bietet dem Darlehensnehmer zwei Vorteile.

Sie garantiert gegen eine einmalige Prämienzahlung für eine vereinbarte Laufzeit

1. bei steigenden Kapitalmarktzinsen	eine **garantierte Zinssatzobergrenze,**
2. bei sinkenden Kapitalmarktzinsen	an einer allgemeinen Zinssatzsenkung während der Laufzeit des Darlehens **teilzunehmen** bis zu einer vereinbarten Zinssatzuntergrenze.

Beispiel für eine Cap-Vereinbarung:

Der marktübliche Zinssatz soll z. B. nominal 5,5 % (effektiv 6,1 %) betragen. Der Darlehensnehmer zahlt eine einmalige Cap-Prämie in Höhe von 0,8 % und eine einmalige Bearbeitungsgebühr von 1 %. Der Darlehensgeber erklärt sich daraufhin z. B. bereit, in den nächsten 5 Jahren

1. bei einem allgemein steigenden Kapitalzinssatz den vereinbarten Zinssatz von 5,5 % nicht über 8 % anzuheben.
2. bei einem allgemein sinkenden Kapitalzinssatz den vereinbarten Zinssatz von 7 % ebenfalls zu senken, nicht aber unter 6 %.

10.4.3.5.2 Das Vorratsdarlehen

Diese Darlehensart wird auch als „Forward-Darlehen" bezeichnet oder als „ZinSave-Darlehen" bzw. „KondiSafe-Modell" angeboten.

Wer z. B. im Jahre 1991 ein Baudarlehen in Höhe von 200 000 DM zum Effektivzinssatz von 9,33 % mit zehnjähriger Zinsbindung aufnahm und es im Jahre 1999 während einer Niedrigzinsphase zurückzahlen wollte, um ein Baudarlehen mit einem niedrigeren Zinssatz aufzunehmen, musste nach Berechnung der Verbraucherzentrale Sachsen mit einer Vorfälligkeitsentschädigung an die alte Bank in Höhe von 21 010 DM rechnen (Vgl. Zeitung „Der Tagesspiegel" vom 14. August 1999).

Mit einem **Vorratsdarlehen** bietet der Darlehensgeber i. d. R. in einer Niedrigzinsphase ein Darlehen zu günstigen Konditionen zur Ablösung eines höher verzinslichen bestehenden Darlehens an, dessen Zinsfestschreibung z. B. erst in zwei Jahren endet. Die Aufnahme von Vorratsdarlehen eignen sich während einer Niedrigzinsphase, wenn

- der Darlehensnehmer sein Darlehen in einer Hochzinsphase aufgenommen hat,
- mit einer Zinsfestschreibungszeit, die in den nächsten Jahren enden wird, und
- der Darlehensnehmer außerdem zu diesem späteren Zeitpunkt wieder mit einem höheren Zinssatz rechnet.

Für die Vorratshaltung verlangt der Darlehensgeber einen Zinsaufschlag von beispielsweise 0,2 % pro Monat bis zur Zuteilung.

Beträgt der derzeitige Kapitalmarktzins z. B. 6 % und wird das Vorratsdarlehen zwei Jahre vorgehalten, berechnet der Darlehensgeber hierfür bis zur Zuteilung 6,42 % Zinsen. Die Laufzeit der Vorratsdarlehen ist i. d. R. auf drei Jahre begrenzt. Der verlangte Zinszuschlag ähnelt den sonst üblichen Bereitstellungszinsen.

Für das anschließende neue Darlehen, das das alte Darlehen ablösen soll, wird ein Zinssatz von z. B. 6,3 % vereinbart. Bei diesem Zinssatz wird sich der Darlehensgeber von der neuen Zinsfestschreibungszeit und der ewarteten Zinsentwicklung leiten lassen. Der Darlehensnehmer muss den Darlehensbetrag später allerdings auch dann abnehmen, wenn die Zinsen z. B. auf 5,5 % gesunken sein sollten.

Mit einem Vorratsdarlehen kann ein Darlehensnehmer eine Niedrigzinsphase nutzen, wenn zu ewarten ist, dass die Zinsen bei Ablösung eines laufenden Darlehens wieder gestiegen sein werden. Er kann bereits in einem günstigen Zeitpunkt die künftige finanzielle Belastung rechtzeitig sichern.

Sofern ein Darlehensnehmer allerdings damit rechnet, dass die Zinsen zu dem späteren Zeitpunkt sich nicht ändern oder sogar sinken werden, kann er auf ein Vorratsdarlehen selbstverständlich verzichten. In welchem Maße sich ein Vorratsdarlehen wirklich lohnt, hängt von der tatsächlichen Entwicklung des Kapitalmarktzinses in den nächsten Jahren ab, die für eine Privatperson schwer einzuschätzen sein dürfte. Ob der Darlehensnehmer eine Niedrigzinsphase zur Absicherung des Zinssatzes nutzt, hängt von seiner Risikobereitschaft ab.

10.4.3.5.3 Das Eigenheimvorausdarlehen

Der Staat fördert mit einer Eigenheimzulage gemäß Eigenheimzulagengesetz den Bau oder den Kauf von selbstgenutzten Neu- bzw. Altbau-Wohnungen, sofern bestimmte Einkommensgrenzen nicht überschritten werden.

Das Finanzamt überweist dem Berechtigten acht Jahre lang die Eigenheimzulage.

Darlehensgeber berücksichtigen diese staatliche Eigenheimzulage i. d. R. gleich bei der Finanzierung eines Bauvorhabens bzw. Kauf einer Wohnung. Hierbei wird die Eigenheimzulage in unterschiedlichen Variationen in die künftige Finanzierung eingeplant.

Die Eigenheimzulage dient dabei entweder
1. als **Sondertilgung**,
2. als **Zulagedarlehen**,
   a. in Form eines Tilgungsdarlehen,
   b. in Form eines Annuitätendarlehens,
3. als **Bausparmodell**.

1. Die Eigenheimzulage als Mittel zur Sondertilgung

Die Eigenheimzulage wird jährlich dazu genutzt, das bestehende Darlehen zusätzlich (ohne Vorfälligkeitsentschädigung) vorzeitig in der Höhe der Zulage zu tilgen. Das Darlehen wird dadurch schneller getilgt. Infolgedessen sind die Auswirkungen einer möglichen Zinserhöhung nach Ablauf einer Zinsfestschreibungszeit geringer, weil das Darlehen mit einem niedrigeren Betrag valutiert.

Beispiel:
Ein Ehepaar mit zwei Kindern nimmt zum Bau für ein selbstgenutztes Eigenheim ein Tilgungsdarlehen in Höhe von 200 000 DM (Zinssatz 7 %, anfänglicher Tilgungssatz 1 %) auf. Nach 10 Jahren beträgt die Restschuld ohne Verwendung der Eigenheimzulage ca. 170 000 DM. Sofern man die Eigenheimzulage in Höhe von 8 000 DM (5 000 DM + 3 000 DM Kinderzulage) jährlich acht Jahre lang zur Sondertilgung verwendet, beträgt die Restschuld nur noch 70 000 DM.

2. Die Eigenheimzulage als Grundlage für ein Zulagedarlehen

Die Eigenheimzulage bietet hier die Grundlage für ein Darlehen, sog. Zulagedarlehen, das in die Gesamtfinanzierung eingebaut wird. Dieses Darlehen kann im Rahmen des ursprünglich geplanten Fremdmittelanteils liegen, aber auch zusätzlich den Anteil der Fremdmittel erhöhen.

a. Die Eigenheimzulage dient zur Tilgung des Zulagedarlehens
Das Ziel besteht hier darin, mit der Eigenheimzulage das Zulagedarlehen zu tilgen. Der Darlehensnehmer nimmt infolgedessen ein Tilgungsdarlehen auf in Höhe des Siebenfa-

chen bzw. Achtfachen des jährlichen Eigenheimzulagen-Betrages (Die Banken akzeptieren hier unterschiedliche Darlehenshöhen und bieten verschiedene Rückzahlungsvarianten an). Die Eigenheimzulage dient nur zur Tilgung des Darlehens. Die Zinsen erbringt der Darlehensnehmer aus eigenen Mitteln.

Beispiel:
Ein Ehepaar mit zwei Kindern erhält zum Bau eines Eigenheimes auf diese Weise ein zusätzliches Darlehen von einer Bank („Zulagedarlehen") in Höhe von z. B. 64 000 DM. Die Tilgung erfolgt mithilfe der Eigenheimzulage in 8 Jahren á 8 000 DM..

b. Die Eigenheimzulage dient zur Erbringung der Tilgung sowie der Zinsleistungen für das Zulagedarlehen
Bei dieser Form werden die jährlichen Beträge der Eigenheimzulage dazu verwandt, die Zinsen und die Tilgungsbeträge des Zulagedarlehens in der notwendigen Höhe zu bedienen, um das Zulagedarlehen nach acht Jahren vollständig zu tilgen.

Beispiel:
Ein Ehepaar mit zwei Kindern erhält zum Bau eines Eigenheimes auf diese Weise bei einem Zinssatz von z. B. 7 % ein zusätzliches Darlehen in Höhe von ca. 50 000 DM. Für die Tilgung und die Zinszahlungen sorgt jährlich der Staat mit der Eigenheimzulage.

3. Das Bausparmodell

Dabei wird z. B. ein sog. **Eigenheimvorausdarlehen** angeboten, bei dem die Eigenheimzulage in einer Kombination aus Kredit- und Bausparvertrag berücksichtigt wird.

Der Darlehensnehmer erhält zu Beginn ein Festdarlehen in der Höhe der gesamten Eigenheimzulage von z. B. 40 000 DM und schließt einen Bausparvertrag mit einer Bausparsumme von z. B. 100 000 DM ab. Der jährlich vom Staat ausgezahlte Betrag der Eigenheimzulage wird auf den Bausparvertrag überwiesen. Bis der Bausparvertrag nach z. B. acht Jahren zuteilungsreif ist, zahlt der Darlehensnehmer keine Zinsen für das Festdarlehen. Nach der Zuteilung des Bausparvertrages wird das Festdarlehen in Höhe von 40 000 DM mit der zugeteilten Bausparsumme in Höhe von 100 000 DM getilgt. Der Darlehensnehmer tilgt anschließend das zinsgünstige Bauspardarlehen von 60 000 DM.

Bei dieser Finanzierungskonstruktion ist zu prüfen, ob sich das Verfahren in jeder Zinsphasenentwicklung eignet.

Ein Darlehensnehmer muss bei seiner Finanzierungsplanung beachten, dass die Förderungsbedingungen von Wohnungsbauförderungsanstalten eine bestimmte Verwendung für die Eigenheimzulage vorsehen können, z. B. die Eigenheimzulage ausschließlich zur erhöhten Tilgung von Baudarlehen verwenden.

10.4.3.5.4 Konstantmodelle von Bausparkassen

Bei einem Bausparvertrag spart man z. B. acht Jahre an und erhält dann die Bausparsumme ausgezahlt, bestehend aus dem angesparten Bausparguthaben und dem Bauspardarlehen. Das Bauspardarlehen muss anschließend ca. 11 Jahre lang verzinst und getilgt werden.

Denjenigen Bauherrn, die sofort bauen wollen, ohne einen angesparten Bausparvertrag zu haben, bieten Bausparkassen eine sog. **Bausparsofortfinanzierung** an.

Dabei erhält der Bauherr ein sog. **Bauvorausdarlehen** über die gesamte Bausparsumme von z. B. 100 000 DM. Diese gesamte Summe muss er z. B. mit 6,5 % verzinsen. Die Tilgung wird ausgesetzt. Statt der Tilgung schließt der Bauherr gleichzeitig einen Bausparvertrag ab, den er bis zur Zuteilung regelmäßig anspart. Nach der Zuteilung zahlt er das Bauvorausdarlehen mit der erhaltenen Bausparsumme zurück.

Beispiel:

Bauvorausdarlehen		Bausparvertrag		monatliche Belastung
Festdarlehen in Höhe von 100 000 DM	**Zinsen:** 7 000 DM/p.a., ca. 583 DM/p.M. (unverändert 8 Jahre lang) **Tilgung:** 0 DM (dafür Bausparvertrag)	Bausparsumme: 100 000 DM	wird z.B. 8 Jahre angespart, 400 DM/p.M.	983 DM
		nach Zuteilung:		
Festdarlehen 100 000 DM wird mit der Bausparsumme 100 000 DM getilgt.		**Bauspardarlehen** 60 000 DM	wird 11 Jahre verzinst und getilgt, z. B. 600 DM/p.M.	600 DM

Der Nachteil bei dieser Finanzierung besteht in der Verzinsung des Bauvorausdarlehens, das stets in voller Höhe mit einem Zinssatz von z. B. 7 % verzinst werden muss. Auf der anderen Seite spart der Darlehensnehmer einen Bausparvertrag an und erhält dort für sein angespartes Bausparguthaben nur niedrige Habenzinsen von z. B. 3 %. Infolgedessen verzichtet er in dieser Ansparphase im Vergleich zum einem Tilgungsdarlehen, das laufend getilgt wird, auf Zinsen in Höhe von jeweils 4 % des Bausparguthabens.
In der Zwischenzeit haben die Bausparkassen ihre Angebote verbessert und bieten als sog. **Konstantmodell** folgende Neuerungen an (Stand: Februar 2000):
– zinsgünstige Bauvorausdarlehen bzw. Bausparsofortdarlehen,
– feste Zinssätze über eine Laufzeit von 12 bis 29 Jahren,
– konstante Raten über die gesamte Laufzeit.
Beispiel: Die Rückzahlung des Darlehens besteht aus zwei Teilen:
a. Der Bausparer erhält z. B. 140 000 DM als Bauvorausdarlehen. Davon zahlt er 40 000 DM als sofortige Sondereinzahlung auf einen neu einzurichtenden Bausparvertrag mit einer Bausparsumme in Höhe von 140 000 DM ein. 100 000 DM kann er sofort für den Hausbau verwenden. Bis zur Zuteilung des Bausparvertrages zahlt der Bausparer nur die Zinsen für das Bauvorausdarlehen bei einem festen Zinssatz sowie die Ansparrate für den Bausparvertrag.
b. **Nach der Zuteilung** löst der Bausparer mit der Bausparsumme, bestehend aus dem Bausparguthaben und dem Bauspardarlehen, das Bauvorausdarlehen ab. Anschließend muss er ca. 11 Jahre lang das Bauspardarlehen tilgen und verzinsen, wiederum mit einem festen Zinssatz.

Die monatliche Belastung bleibt für den Bausparer über die gesamte Laufzeit gleich (konstant).
Die folgende Übersicht zeigt die Konditionen verschiedener Konstantmodelle einer Bausparkasse bei einer Finanzierungssumme von 100 000 DM. Die Darlehenszinsen des Bauspardarlehen betragen 5 %. (Stand: Februar 2000):

	Modell 1	Modell 2	Modell 3	Modell 4
Bauspar-voraus darlehen	Nominal-zinssatz: 6,6 % (fest bis zur Zuteilung)	Nominal-zinssatz 6,4 % (fest bis zur Zuteilung)	Nominal-zinssatz: 6,3 % (fest bis zur Zuteilung)	Nominal-zinssatz: 6,05 % (fest bis zur Zuteilung)
	Zinsen 550,– DM/p.M.	Zinsen 533,33 DM/p.M.	Zinsen 525,– DM/p.M.	Zinsen 504,17 DM/p.M.
Ansparrate für Bausparvertrag	200,– DM/p.M.	266,67 DM/p.M.	375,– DM/p.M.	495,83 DM/p.M.
Gesamtzahlung	**750,– DM/p.M.**	**800,– DM/p.M.**	**900,– DM/p.M.**	**1 000,– DM/p.M.**
Zuteilung in	**ca. 13 Jahren**	**ca. 10 Jahren**	**ca. 8 Jahren**	**ca. 6,5 Jahren**
Annuität für Bauspar-darlehen	**750,– DM/p.M.**	**800,– DM/p.M.**	**900,– DM/p.M.**	**1 000,– DM/p.M.**
Gesamtlaufzeit	**ca. 22,5 Jahre**	**ca. 19 Jahre**	**ca. 15 Jahre**	**ca. 12,5 Jahre**

Damit hat der Bausparer über einen Zeitraum von bis zu ca. 22,5 Jahren eine Sicherheit wegen der festen Zinssätze Bausparvorausdarlehens und des Bauspardarlehens. Gleichzeitig verlangt die Bausparkasse monatlich über die gesamte Laufzeit gleichbleibende Raten von z. B. 750,– DM, so dass sich die regelmäßige Belastung des Bausparers nicht verändert.

Selbstverständlich muss man auch bei diesem Finanzierungsmodell die Konditionen mit denen der Konkurrenz vergleichen, insbesondere hinsichtlich der Zinsen, die von Institut zu Institut unterschiedlich sein können.

10.4.3.5.5 Festdarlehen mit Fondstilgung

Um die stark steigenden Aktienkurse in den letzten Jahren zu nutzen, bieten Darlehensnehmer Festdarlehen an, bei denen der Darlehensnehmer seinen Tilgungsbetrag zum Ansparen in Investmentfonds erbringen muss, wobei man sich die Fonds aus einer Palette von Fonds aussuchen kann. Während der Laufzeit kann man von den möglicherweise steigenden Wertpapierkursen profitieren, trägt aber auf der anderen Seite auch ein Kursrisiko.

10.4.3.5.6 Die Swap-Finanzierung

Kreditinstitute im Ausland bieten mitunter Darlehen zu günstigeren Konditionen an als inländische Banken. In der Schweiz beispielsweise berechnen Kreditinstitute für Baudarlehen derzeit nur einen Zinssatz von ca. 3,5 % (Vgl. Hans-Peter Bökmann: „Baudarlehen in Schweizer Franken" Zeitung „Handelsblatt" vom 23. November 1999).

Ein Darlehensnehmer sollte deshalb prüfen, ob ein Fremdwährungsdarlehen z. B. in sfr oder Yen von einer Bank in der Schweiz oder in Japan sinnvoll erscheint. Ein deutscher Darlehensnehmer wird das Geschäft über eine Bank in Deutschland abwickeln. Die Darlehen werden oft nur zu hohen Mindestbeträgen gewährt.

Für den Darlehensnehmer besteht während des Zeitraumes zwischen der Aufnahme des Darlehens und den späteren Zinszahlungen sowie der Tilgung ein Währungsrisiko. Es könnte sein, dass der deutsche Darlehensnehmer das Darlehen zu einem Kurs von 100 sfr = 120 DM aufgenommen hatte, jedoch später bei der Zinszahlung oder der Tilgung für 100 sfr plötzlich 130 DM aufwenden muss. In den letzten zwei Jahren stieg der Kurs des Yen gegenüber der DM z. B. um 50 %.

Bei einem Swapgeschäft vereinbaren zwei Vertragsparteien z. B. den Austausch von zukünftigen Zinszahlungen (swap = tauschen). Da ein fester Zinssatz vereinbart werden kann, besteht die Möglichkeit, sich vor Zinsänderungen abzusichern. Die Finanzierung z. B. von Bauvorhaben mit ausländischer Währung und einer Swapvereinbarung bezeichnet man als **Swap-Finanzierung**.

In der heutigen Zeit erfolgen diese Finanzierungsform wegen der soliden wirtschaftlichen Randdaten aus verschiedenen Gründen oft mit sfr. Zum einen ist der Zinsunterschied zwischen einem Baudarlehen im Inland und dem Baudarlehen im Ausland sehr hoch (z. B. zwischen 6,5 % und 3,5 %), zum anderen erscheint es bei der derzeiten wirtschaftlichen Lage unwahrscheinlich, dass sich der Kurs des sfr für den deutschen Darlehensnehmers in den nächsten Jahren stark zu seinen Ungunsten verändern wird.

10.4.3.5.7 Die Globalfinanzierung

Im Rahmen des steigenden Leerstands von Wohnungen in einigen Teilmärkten und der wachsenden Konkurrenz auf dem Immobilienmarkt müssen auch Wohnungsunternehmen überlegen, wie sie auch im Bereich der Finanzierung die Kosten senken können, um dadurch wettbewerbsfähig zu bleiben.

Ein Wohnungsunternehmen mit diversen belasteten Grundstücken und unterschiedlichen Darlehensgebern könnte z. B. überlegen, ob es möglichst viele Darlehen ablöst und nur mit einem einzigen Institut ein Gesamtdarlehen mit einer Gesamtgrundschuld aushandelt.

Nicht nur die Verwaltung der Darlehen insgesamt dürfte sich dadurch erleichtern, Darlehensnehmer können auf die Weise bei hohen Beträgen auch ihre wirtschaftliche Nachfragemacht ausnutzen und günstigere Konditionen durchsetzen. Dabei muss geprüft werden, inwieweit Vorfälligkeitsentschädigungen für die Ablösung der Darlehen den Zinsvorteil des Großdarlehens zunichte machen.

Unternehmen mit unbelastetem Altbestand könnten z. B. insgesamt nur den erstrangigen Beleihungsraum anbieten, so dass der Darlehensgeber eher bereit ist, Forderungen des Darlehensnehmers im Rahmen einer eher unternehmensbezogenen Finanzierung nachzugeben.

Dieser Finanzierungsvorschlag soll kein Patentrezept für eine Lösung in allen Situationen darstellen und kann nicht repräsentativ sein für alle Wohnungsunternehmen. Er soll eher dazu dienen, die eigenen Aktivitäten hinsichtlich der eigenen Kostenreduzierung zu überprüfen und selbst Lösungsansätze zu suchen. Jedes Wohnungsunternehmen muss alle Möglichkeiten nutzen, sämtliche Kosten zu reduzieren, d. h. selbstverständlich auch die Finanzierungskosten.

10.4.3.5.8 Allfinanz-Angebote für Privatkunden

Geschäftsbanken, Bausparkassen und Lebensversicherungen heben in letzter Zeit zunehmend die klare Trennung ihrer typischen Geschäfte auf. Die Anbieter versuchen verstärkt, dem Kunden ein optimales Finanzierungspakt anzubieten, das auf die individuellen Bedürfnisse zugeschnitten wird. Infolge der Kooperation, der wechselseitigen Beteiligung und der Konzentration von Banken und Versicherungsgesellschaften werden dem Darlehensnehmer z. B. von einem Anbieter gleichzeitig die Finanzierung von grundbuchlich gesicherten Darlehen einer Hypothekenbank, ein Bausparvertrag und die Finanzierung über eine Kapitallebensversicherung angeboten.

10.4.4 Staatliche Wohnungsbauförderung

10.4.4.1 Ziele der staatlichen Wohnungsbauförderung

Die soziale Verpflichtung der Bundesrepublik Deutschland im Artikel 20 des Grundgesetzes führte nach dem Zweiten Weltkrieg im Jahre 1950 zu einem besonderen Gesetz (I. Wohnungsbaugesetz – I. WoBauG –), nach dem der Bund, die Länder und die Gemeinden der Bundesrepublik Deutschland verpflichtet sind, den Wohnungsbau zu fördern, bevorzugt den sozialen Wohnungsbau, d. h. Wohnungen, die nach Größe, Ausstattung und Miete oder Belastung für die breiten Schichten des Volkes bestimmt und geeignet sind. Ab 1956 gilt das II. WoBauG.

Nach § 1 II. WoBauG will man zwei Ziele erreichen: II. WoBauG § 1

- den Wohnungsmangel beseitigen
  und
- für weite Kreise der Bevölkerung breitgestreutes Eigentum schaffen.

Unter **Wohnungsbau** versteht man nach § 2 II. WoBauG II. WoBauG § 2

- den Neubau,
- den Wiederaufbau zerstörter oder beschädigter Gebäude,

- den Ausbau oder die Erweiterung bestehender Gebäude sowie
- die Modernisierung im Sinne des § 17 a II. WoBauG

Gefördert werden können gemäß § 2 Abs. 2 II. WoBauG

- Familienheime in der Form von Eigenheimen, Kaufeigenheimen und Kleinsiedlungen,
- Eigentumswohnungen und Kaufeigentumswohnungen,
- Genossenschaftswohnungen,
- Mietwohnungen,
- Wohnteile ländlicher Siedlungen,
- sonstige Wohnungen,
- Wohnheime und
- einzelne Wohnräume.

10.4.4.2 Unterschiede zwischen den Wohnungsarten nach ihrer Förderung (öffentlich geförderte soziale und frei finanzierte Wohnungen)

Nach dem II. WoBauG wird nur der soziale Wohnungsbau gefördert, der hinsichtlich der Größe, Ausstattung und Miethöhe für die breiten Schichten der Bevölkerung bestimmt und geeignet sein soll. Alle anderen Wohnungen (z. B. Baracken oder Luxuswohnungen) gehören nicht dazu.

Der Gesetzgeber unterscheidet hinsichtlich der Förderung des sozialen Wohnungsbaus folgende **Arten von Wohnraum** (§ 5 II. WoBauG):

- den **öffentlich geförderten sozialen,**
  und
- den **frei finanzierten** Wohnungsbau.

- Als **öffentlich gefördert**
  gilt ein Wohnungsbau nur dann, wenn die staatlichen Mittel bei der Bewilligung als **„öffentliche Mittel"** nach § 6 II. WoBauG bezeichnet werden. Auch wenn die Gelder für die Wohnungsbauförderung von der öffentlichen Hand gewährt werden, gelten sie nicht sofort als „öffentliche Mittel". Diese Zuordnung ist wichtig, weil sich damit gesetzliche Belegungs- und Preisbindungen (nach WoBindG, II. BV, NMV) verknüpfen, z. B.
  - darf die Vergabe der Wohnungen nur nach Vorlage eines **Wohnberechtigungsscheines** erfolgen (= Belegungsbindung),
  - darf der Vermieter nur die **Kostenmiete** (= Preisbindung) verlangen.

  Die Förderung von öffentlich geförderten sozialen Wohnungen bezeichnet man als den sog. Ersten Förderungsweg.

- **Als frei finanziert**
  gilt ein Wohnungsbau dann, wenn er weder öffentlich gefördert noch als steuerbegünstigt anerkannt ist. Nach dem II. WoBauG kann er jedoch auch staatlich gefördert werden, wenn er die Voraussetzungen des sozialen Wohnungsbaus erfüllt, und zwar nach den Wohnungsgrößen, der Ausstattung und der Miethöhe. Es darf sich also z. B. um keinen Luxusbau handeln.

  Die Förderung frei finanzierter Wohnungen ist im WoBauG in den §§ 88–88 c (mit Aufwendungsdarlehen und Aufwendungszuschüssen), im § 88 d (vereinbarte Förderung) und im § 88 e (einkommensorientierte Förderung) geregelt.

  Die im Gesetz noch aufgeführten steuerbegünstigten Wohnungen sind gegenstandslos geworden. Steuerbegünstigte Wohnungen (ehemals gefördert nach den §§ 82, 83, 92a ff. II. WoBauG) erhielten eine Grundsteuervergünstigung für die Dauer von 10 Jahren ab Bezugsfertigkeit. Diese Förderungsart lief zum 31.12.1999 aus. Ab 01.01.2000 gelten diese Wohnungen als frei finanzierte Wohnungen.
  Nach Ablauf der Förderungszeiträume gelten auch öffentlich geförderte Wohnungen als frei finanziert (vgl. §§ 15-18 WoBindG).

Die Wohnungen kann man nach der **Art ihrer Förderung** folgendermaßen einteilen:

Nach dem II. WoBauG wird nur der **Soziale Wohnungsbau** gefördert, das sind Wohnungen, die nach ihrer – – Ausstattung und – Miete oder Belastung für die breiten Schichten der Bevölkerung bestimmt und geeignet sind.				Sonstiger Wohnungsbau Größe,
Öffentlich geförderte	**frei finanzierte**			(z. B. Luxus- Woh- nun- gen)
gefördert mit sog. **„öffentlichen Mitteln"**	gefördert mit sog. **„nicht öffentliche Mittel "**			
nach **§ 6 II. WoBauG** Gewährung von – öffentlichen Baudarlehen, – Aufwendungszuschüssen – Aufwendungsdarlehen – Zinszuschüssen – Annuitätsdarlehen (§ 42 II. WoBauG)	nach **§ 88-88c II. WoBauG** Gewährung von Aufwendungs- – zuschüssen und – darlehen	nach **§ 88 d II. WoBauG**	nach **§ 88 e II. WoBauG**	
		Vereinbarte Förderung		
		Förderungs- • art, • höhe und • dauer werden zwischen Staat und dem Bauherrn ausgehandelt	als **einkommesorientierte Förderung** – objektbezogene Grundförderung (wie nach § 88d II. WobauG) **und** außerdem – subjektbezogene **Zusatzförderung**	
Die Folgen der Förderung für die Vergabe der Wohnungen:				
Vergabe:	**Vergabe:**	**Vergabe:**	**Vergabe:**	**Vergabe:**
(WoBindG) Wohnberechtigungsbescheinigung (innerhalb der Einkommensgrenzen nach § 25 II. WoBauG	(§ 88 a) – „Freimacher" öffentlich geförderter Wohnungen oder – Einkommen maximal 60 % über § 25 II. WobauG	(§ 88 d) hinsichtlich der Personengruppen und der Einkommenshöhe je nach den Vereinbarungen im Fördervertrag	(§ 88 e) wie nach § 88 d II. WoBauG	(BGB) frei
Die Folgen der Förderung für die Mietpreisbildung:				
Miete:	**Miete:**	**Miete:**	**Miete:**	**Miete:**
Kostenmiete	Kostenmiete	je nach Vereinbarung, ansonsten preisfrei nach MHG	je nach Vereinbarung ansonsten preisfrei nach MHG	preisfrei nach MHG
Die Zweckbindungsdauer:				
Zweckbindungsdauer	**Zweckbindungsdauer**	**Zweckbindungsdauer**	**Zweckbindungsdauer**	**Zweckbindungsdauer**
gemäß §§ 15–17 WoBindG (ca. 30–60 Jahre)	solange die Aufwendungs--darlehen, -zuschüsse die Miete senken	je nach Vereinbarung in der Regel nicht über 15 Jahre	je nach Vereinbarung	keine

10.4.4.3 Verschiedene Förderungsmöglichkeiten

Der Staat fördert den Wohnungsbau, indem er

direkt Gelder zur Verfügung stellt oder **indirekt finanzielle Hilfen** gewährt (z.B. Steuern, Bürgschaften);	**direkte** und **indirekte** Förderung
die Vergünstigungen demjenigen zukommen lässt, der das **Bauwerk** errichten ließ (Objektförderung), oder der **Person** direkt, die die finanzielle Bedürftigkeit nachweisen muss (= Subjektförderung), z. B. beim Wohngeld;	**Objekt-** und **Subjekt**förderung
während der **Bauphase** die finanziellen Mittel gewährt (= Kapitalsubvention) oder **nach der Bezugsfertigkeit** die laufenden Aufwendungen senkt (= Aufwandssubvention);	**Kapital-** und **Aufwands**subvention
Zuschüsse oder **Darlehen** gewährt. Sofern man vom Staat einen Zuschuss erhält, braucht man den Betrag nicht zurückzuzahlen. Ein Darlehen muss stets zurückgezahlt werden. Zuschüsse und Darlehen kommen z.B. vor als Baudarlehen, Baukostenzuschüsse, Aufwendungsdarlehen, Aufwendungszuschüsse, Zinszuschüsse, Aufwendungshilfen (die sich zum Teil aus Aufwendungsdarlehen und Aufwendungszuschüssen zusammensetzen).	**Zuschüsse** und **Darlehen**

Das II. WoBauG ist ein Bundesgesetz und gibt in vielen Bereichen den Bundesländern nur den Förderrahmen vor. Jedes Land erstellt nach den eigenen Bedürfnissen der Region und den finanziellen Möglichkeiten des Haushalts eigene Förderprogramme (Eine regelmäßig erscheinende Übersicht der Wohnungsbauförderungen in den einzelnen Bundesländern bietet: Anneliese Winckler-Otto: „Die Finanzierungshilfen des Bundes, der Länder und der internationalen Institutionen", Sonderausgabe Wohnungsbau, Ausgabe 1999/2000, Heft 2, (Stand: Juli 1999): Fritz Knapp Verlag, Frankfurt/Main, ISSN 1443-1152).

Die von den Ländern tatsächlich gewählten Förderungswege weichen i. d. R. voneinander ab und werden laufend den sich ändernden Zielsetzungen und Marktsituationen angepasst.

Die **unterschiedlichen Auswirkungen der Förderung**

a. mit öffentlichen Baudarlehen
(während der Bauzeit, vor der Bezugsfertigkeit)

Gesamtkosten	Finanzierungsplan	Laufende Aufwendungen	Erträge
	zinsgünstige staatliche Baudarlehen für ca. 30 Jahre →	dadurch niedriger	**Vom Mieter zu zahlende Miete** z. B. 8,– bis 9,– DM (= **Durchschnittsmiete**) Gesetzliche Grundlagen; **WoBindG, NMV**
	↓ **Nach der Tilgung** der staatlichen Baudarlehen gilt die Wohnung als **frei finanziert.** →		Die Mietberechnung richtet sich dann nach dem **MHG.**

b. mit Aufwendungshilfen (Aufwendungsdarlehen und Aufwendungszuschüssen) (nach der Bezugsfertigkeit)

Gesamtkosten	Finanzierungsplan	Laufende Aufwendungen	Erträge
(wie a.) zuzüglich – Verwaltungskostenbeitrag für die Förderungsanstalt – höhere Zwischenfinanzierungszinsen	Darlehen von Hypothekenbanken für ca. 30 Jahre zum marktüblichen Zinssatz ↓	höhere Kapitalkosten Kostenmiete z. B. ca. 20,- DM/m² pro Monat	staatliche Aufwendungshilfen von ca. 11,- bis 12,- DM/m²/ pro Monat senken die vom Mieter zu zahlende Miete auf z. B. 8,– bis 9,– DM **(WoBindG, NMV)**
	Nach der Tilgung des Baudarlehens wird ———	——— das ———→	**Aufwendungsdarlehen getilgt. (WoBindG, NMV)**
			Erst danach gilt die Wohnung als frei finanziert. Die Mietberechnung richtet sich dann nach dem **MHG.**

10.4.4.4 Staatliche Förderungsmaßnahmen nach dem II. WoBauG

Gemäß § 3 II. WoBauG fördert der Staat den Wohnungsbau insbesondere durch II. WoBauG § 3

- den Einsatz öffentlicher Mittel (§§ 25–68),
- die Übernahme von Bürgschaften (§§ 24 und 36 a),
- Gewährung von Wohngeld (§ 46 und dem Wohngeldgesetz),
- Gewährung von Prämien für Wohnbausparer (vgl. Wohnungsbau-Prämiengesetz S. 618),
- Bereitstellung von Bauland (§§ 89 und 90),
- Maßnahmen zur Baukostensenkung (§ 91),
- Steuervergünstigungen (§§ 92 a–96),
- Vergünstigungen bei vorzeitiger Rückzahlung öffentlicher Mittel (§§ 69 und 70) in Verbindung mit der Ablösungsverordnung,
- Gewährung von Aufwendungszuschüssen und Aufwendungsdarlehen (§§ 88–88 c),

○ **Voraussetzungen und Folgen bei der Gewährung öffentlicher Mittel (= 1. Förderungsweg)**

(In allen Bundesländern wird die Förderung mit „Öffentlichen Mitteln" gemäß § 6 II. WoBauG als 1. Förderungsweg bezeichnet. Alle anderen Förderungen tragen in den Bundesländern unterschiedliche Nummerierungen.)

Wer öffentliche Mittel beansprucht, muss sie nach den Vorschriften der §§ 25–68 II. WoBauG verwenden. II. WoBauG §§ 25–68

Die Wohnung darf gemäß § 39 II. WoBauG eine bestimmte Größe nicht überschreiten. II. WoBauG § 39

Der Bauherr darf vom künftigen Mieter **keine sog. verlorenen Baukostenzuschüsse** verlangen, d. h. Beträge, die nicht an die Mieter zurückgezahlt werden.

Die Annahme von Mieterdarlehen oder Mietvorauszahlungen vor der Bezugsfertigkeit muss die Wohnungsbauförderungsanstalt vorher zulassen. Beim **Mieterdarlehen** gewährt der Mieter dem künftigen Vermieter zum Bau des Hauses ein verzinsliches oder unverzinsliches Darlehen, das der Vermieter während der Vermietung zurückzahlt. **Mietvorauszahlungen** werden mit kommenden Mietverbindlichkeiten des Mieters verrechnet.

II. WoBauG § 25

Der Mieter oder derjenige, der seine öffentlich geförderte soziale Wohnung selbst bewohnen möchte, darf ein bestimmtes „maßgebendes Familieneinkommen" nach § 25 II. WoBauG nicht überschreiten.

II. WoBauG § 54a

Werden **Kaufeigenheime** erstellt, darf man gemäß § 54a II. WoBauG nur angemessene Kosten als Kaufpreis kalkulieren.

II. WoBauG § 45

Will ein Bauherr mit seinen Kindern die von ihm errichtete öffentlich geförderte Wohnung selbst beziehen, kann er gemäß § 45 II. WoBauG zusätzlich ein zinsloses **Familienzusatzdarlehen** beantragen. Die Darlehenshöhe richtet sich nach der Zahl der Kinder.

○ Gewährung von Aufwendungszuschüssen und Aufwendungsdarlehen

II. WoBauG §§ 88–88c

Der Staat, d. h. die öffentliche Hand, fördert hierbei den Wohnungsbau (nach der Bezugsfertigkeit) auch mit Aufwendungszuschüssen und Aufwendungsdarlehen (= Aufwendungshilfe), bezeichnet diese Gelder jedoch nicht als „öffentliche Mittel" im Sinne des § 6 II. WobauG. Zusätzlich sind weitere Förderungsmittel möglich, z. B. Baudarlehen oder Baukostenzuschüsse und auch Bürgschaften.

Diesen Förderungsweg nennt man mitunter auch den sog. Zweiten Förderungsweg, wobei die Bezeichnung nicht ländereinheitlich ist. Der Staat verfolgt mit diesem Förderungsweg das Ziel, dem Personenkreis, der zwar über den Einkommensgrenzen des öffentlich geförderten Wohnungsbaus liegt, sich aber nicht die ungeförderten Mieten des frei finanzierten Wohnungsbaus leisten kann, für einen bestimmten Zeitraum (ca. 10–15 Jahre), eine preisgebundene Wohnung zu mieten.

Die Wohnungen dürfen während des Zeitraums, in dem sich die laufenden Aufwendungen durch die Förderung vermindern, nur an Personen vergeben werden, die

- entweder eine öffentlich geförderte Wohnung freimachen oder
- deren Gesamteinkommen die in § 25 II. WobauG bestimmte Einkommensgrenze nicht um mehr als 60 % übersteigt.

Der Vermieter darf während des Förderungszeitraumes (bis zur Rückzahlung des Aufwendungsdarlehens) vom Mieter nur die Kostenmiete verlangen, die er mit Hilfe einer Wirtschaftlichkeitsberechnung ermittelt.

II. WoBauG § 88d

○ Die „Vereinbarte Förderung"

Mit den oben genannten Förderungswegen übt der Staat keinen Zwang zum preiswerten Bauen aus. Dem Bauherrn werden die entstehenden Kosten subventioniert, so dass es zu überhöhten Baukosten kam und wegen der hohen Mieten zusätzlich Nachforderungen notwendig waren.

Bei der „Vereinbarten Förderung" werden frei finanzierte Wohnungen gefördert. Es erhält derjenige Bauherr die Subventionen, der am kostengünstigsten bauen kann. Die Mittel gelten nicht als öffentliche Mittel.

Die Förderungsanstalt in dem jeweiligen Bundesland kann die Vergabe der Förderungsmittel flexibel nach dem jeweiligen Bedarf festlegen und mit dem Bauherrn für einen Zeitraum von ca. 15 Jahren inhaltliche Regelungen vereinbaren über

- die Höhe und die Einsatzart der Mittel,
- die Zweckbestimmung,
- Belegungsrechte,
- Benennungsrechte,
- die Beachtung der Einkommensgrenzen,
- die Höhe des Mietzinses

und etwaige Änderungen während der Dauer der Zweckbestimmung.

Die Wohnungsvergabe:

Der Gesetzgeber lässt die Einzelheiten offen.

Die **Belegungsrechte** (z. B. für kinderreiche Familien) sind im § 88 d inhaltlich nicht festgelegt. Es ist den Bundesländern überlassen, ob Mieter auch bestimmte Einkommensgrenzen nicht überschreiten dürfen, um diese Wohnungen zu beziehen.

Bei einem **Benennungsrecht** ist der Vermieter verpflichtet, die Wohnung nur einem Bewerber zu überlassen, der von der zuständigen Stelle vorgeschlagen wurde. Die bundeseinheitliche Regelung des § 88 d überlässt die Entscheidung über den Bedarf von Benennungsrechten den einzelnen Bundesländern.

Sowohl die Belegungsbindungen wie die Benennungsrechte können durch beschränkt-persönliche Dienstbarkeiten als sog. Unterlassungsdienstbarkeit nach §§ 1090 ff. BGB im Grundbuch gesichert werden.

Die Miethöhe:

Das Mietverhältnis unterliegt keiner gesetzlichen Preisbindung, so dass die Vorschriften zur Kostenmiete nicht anzuwenden sind.

Bei der „Vereinbarten Förderung" gilt das MHG für Mietänderungen.

Zusätzlich muss der Vermieter aber die Verpflichtungen des Förderungsvertrages und diejenigen Vereinbarungen beachten, die er während der Förderungsdauer im Mietvertrag treffen musste, z. B.

- „Die Mieterhöhung darf nur zu einer Miete führen, die maximal 5 % unter der ortüblichen Vergleichsmiete liegt."
- „Die Mieterhöhung bedarf der Zustimmung der zuständigen Stelle."

Das MHG gilt für die Mietpreishöhe uneingeschränkt,

- nach Ablauf der Förderungsdauer oder
- bereits ab Vertragsbeginn, wenn keine Vereinbarungen hinsichtlich der Mietpreishöhe bzw. Mietveränderungen getroffen wurden.

Eine Fehlbelegungsabgabe muss ein Mieter nicht zahlen, weil das Gesetz über den Abbau der Fehlsubventionierung im Wohnungswesen (AFWoG) für Wohnungen nach § 88 d nicht anwendbar ist.

○ Die „Einkommensorientierte Förderung"

II. WoBauG § 88e

ist eine Variante der „Vereinbarten Förderung". Das zusätzliche Ziel besteht darin, von dem Mieter diejenige Mietbelastung zu verlangen, die seinem jeweiligen Einkommen angemessen ist.

Die Förderung besteht aus einer **Grundförderung und** einer **Zusatzförderung.**

Die **Grundförderung** erfolgt zum Zwecke
- des Erwerbs von Belegungsrechten und
- der Festlegung von höchstzulässigen Mieten.

Die Höhe ist unabhängig von den tatsächlichen Gesamtkosten und den laufenden Aufwendungen. Man stellt eine Investitionsrechnung auf und berücksichtigt dabei z. B. auch steuerliche Auswirkungen. Selbstverständlich wird der Eigentümer mit einer eigenen Kalkulation (z. B. mit Hilfe einer Wirtschaftlichkeitsberechnung) die tatsächlichen Belastung ermitteln.

Die **Zusatzförderung** erfolgt zum Zwecke

einer **einkommensorienterten Mietbelastung** des jeweiligen Mieters. Sie soll sicherstellen, dass die Miethöhe dem Einkommen des Mieters angepasst ist. Dem Mieter wird je nach der Höhe des Gesamteinkommens eine Zusatzförderung gewährt, deren Höhe sich an der Differenz zwischen seiner zumutbaren Mietbelastung und der mit dem Bauherrn vereinbarten Miete orientiert. Die Zusatzförderung wirkt wie ein Wohngeld.

Die Höhe der jeweils auszuzahlenden Zusatzförderung wird vom Staat festgestellt, nachdem der Mieter zu bestimmten Stichtagen die erforderlichen Einkommensnachweise erbracht hat. Der Förderungsbetrag wird je nach Vereinbarung mit der Förderungsanstalt an den Vermieter oder den Mieter überwiesen.

Die einzelnen Bundesländer bestimmen insbesondere

- die Höhe der Grundförderung,
- die höchstzulässigen Mieten und deren Erhöhung,
- die Art und Dauer der Belegungsrechte der geförderten Wohnungen
- und die begünstigten Personengruppen,
- die Höhe der Zusatzförderung und deren Anpassung unter Berücksichtigung der höchstzulässigen Mieten und des Haushaltseinkommens der Mieter,
- den gesamten Leistungszeitraum für die Zusatzförderung,
- den Zeitraum für die Auszahlung der Zusatzförderung und die Voraussetzung innerhalb dieses Zeitraumes.

Die„Einkommensorientierte Förderung“ nach § 88e II. WoBauG stellt eine Weiterentwicklung der „Vereinbarten Förderung“ nach § 88 d II. WobauG dar. Neben der Verringerung des Subventionsaufwandes soll mit diesem Weg die Fehlbelegung der Wohnungen vermieden werden.

II. WoBauG §§ 87a, b

○ Frei finanzierte Wohnungen für Angehörige des öffentlichen Dienstes

können mit Darlehen bzw. Zuschüssen, sog. Wohnungsfürsorgemitteln, gefördert werden.

○ Staatliche Bürgschaften für den Wohnungsbau

Mit der Übernahme von Bürgschaften ermöglicht der Staat den Banken, den Beleihungsrahmen zu erweitern, so dass der Bauherr überhaupt bauen kann und weniger Eigenkapital einsetzen muss. Man unterscheidet insofern Darlehen, die innerhalb der Beleihungsgrenze erststellig gesichert sind, sog. Ia-Darlehen, und nachrangige Darlehen, die zusätzlich mit staatlichen Bürgschaften gesichert werden, sog. **Ib-Darlehen.**

○ Gewährung von Bausparprämien

Um das Ansparen von Kapital zu wohnungswirtschaftlichen Zielen zu honorieren und das Bausparen zu unterstützen, können Bausparer in der Ansparphase finanzielle Vorteile erhalten in Form von staatlichen Wohnungsbauprämien nach dem **Wohnungsbau-Prämiengesetz (WoPG).** (WoPG)

Danach erhält man einmalig eine **Prämie von 10 %** für den Betrag, den man innerhalb eines Jahres auf sein Bausparguthaben eingezahlt hat, einschließlich der Guthabenzinsen und der beim Vertragsabschluss gezahlten Abschlussgebühr von ca. 1 %. Die Prämie wird maximal **für eine Sparleistung von 1 000 DM** für Alleinstehende, die das 16. Lebensjahr vollendet haben, und 2 000 DM für Verheiratete gewährt, wenn das zu versteuernde Einkommen im jeweiligen Sparjahr 50 000 DM bei Alleinstehenden bzw. 100 000 DM bei Verheirateten nicht überschreitet. Liegt man mit dem Einkommen über diesen Grenzen, erhält man für das jeweilige Jahr keine Wohnungsbauprämie.

Den Prämienantrag muss der Sparer nach dem jeweiligen Kalenderjahr bei seiner Bausparkasse einreichen, die ihn dann an das zuständige Finanzamt des Sparers weiterleitet. Das Finanzamt teilt der Bausparkasse die Höhe der festgesetzten Prämie mit. Das Finanzamt überweist die Prämie an die Bausparkasse aber erst dann, wenn die Voraussetzungen für die Auszahlung der Prämie vorliegen, in der Regel nach Ablauf der Sperrfrist von 7 Jahren vom Vertragsabschluss an gerechnet oder innerhalb der Sperrfrist, wenn das Bausparguthaben für wohnungswirtschaftliche Zwecke verwendet wird, um z. B. eine Eigentumswohnung zu kaufen.

○ Die Arbeitnehmer-Sparzulage nach dem 5. Vermögensbildungsgesetz

Sofern der Bausparer zugleich auch ein Arbeitnehmer ist, kann er nach dem 5. Vermögensbildungsgesetz (5. VermBG) seinen Arbeitgeber beauftragen, von dem Gehalt einen bestimmten Betrag vermögenswirksam anzulegen, z. B. auf einem Bausparkonto bei der Bausparkasse. Der Arbeitnehmer erhält hierfür vom Staat eine Arbeitnehmer-Sparzulage in Höhe von **10 % für maximal 936 DM im Kalenderjahr.** Die Sparzulage muss jährlich vom Arbeitnehmer bei seinem Finanzamt beantragt werden und wird nur dann gewährt, wenn das zu versteuernde Einkommen im jeweiligen Kalenderjahr 35 000 DM bei Alleinstehenden und 70 000 DM bei Verheirateten nicht überschreitet. Auch wer über diesen Einkommensgrenzen liegt, sollte sich für vermögenswirksames Sparen entscheiden, weil sich vielfach die Arbeitgeber daran beteiligen, und zwar unabhängig von der Einkommenshöhe des Arbeitnehmers. Der Arbeitnehmer erhält die Arbeitnehmer-Sparzulage erst ausgezahlt, wenn der Bausparvertrag zugeteilt wird oder nach Ablauf der siebenjährigen Sperrfrist bzw. dann, wenn das Bausparguthaben zu wohnungswirtschaftlichen Zwecken eingesetzt wird. Für vermögenswirksame Leistungen kann man nicht noch zusätzlich eine Wohnungsbauprämie beantragen. Ein Alleinstehender, der pro Jahr 1 000 DM auf seinen Bausparvertrag einzahlt und zusätzlich von seinem Arbeitgeber 936 DM überweisen lässt, erhält also einmalig für das Sparjahr eine staatliche Förderung von 100 DM + 93,60 DM = 193,60 DM.

5. VermBG

○ Steuervergünstigungen für den Wohnungsbau

Der Staat fördert den Wohnungsbau auch indirekt in Form von Steuervorteilen. Die Vergünstigungen bestehen bei verschiedenen Steuerarten.

Bei der **Einkommensteuer** hat der Bauherr Vorteile, wenn er statt des normalen Abschreibungsbetrages nach § 7 Abs.4 EStG 50 Jahre lang von 2 % der Anschaffungs- bzw. Herstellungskosten höhere Abschreibungsbeträge bzw. Sonderabschreibungen in seiner Einkommensteuererklärung ansetzen kann, weil sich dadurch das zu versteuernde Einkommen und damit seine in diesem Jahr zu zahlende Einkommensteuer mindert.

Besondere Steuersätze bestehen bei

- **vermieteten Gebäuden** nach § 7 Abs.5 EStG **(= degressive Abschreibung)** (jeweils 5 % im Jahr der Fertigstellung und in den folgenden 7 Jahren, jeweils 2,5 % in den folgenden 6 Jahren und jeweils 1,25 % in den folgenden 36 Jahren).
  Damit hat man nach 8 Jahren bereits 40 % der Herstellungskosten steuermindernd abgesetzt, während man im Normalfall nur 16 % der Herstellungskosten hätte ansetzen können.
- erhöhten Abschreibungen bei Gebäuden **in Sanierungsgebieten** und **städtebaulichen Entwicklungsgebieten** nach § 7 h EStG (10 Jahre lang jeweils bis zu 10 % der Modernisierungs- und Instandsetzungskosten),

- erhöhten Abschreibungen **bei Baudenkmalen** nach § 7 i EStG (10 Jahre lang jeweils bis zu 10 % der Modernisierungs- und Instandsetzungskosten),

Bei allen besonderen Abschreibungsarten darf man nicht übersehen, dass die Bauherren oder Käufer maximal nur ihre gesamten Herstellungskosten bzw. den Kaufpreis in Höhe von 100 % absetzen können. Der Vorteil einer höheren Abschreibung in den ersten Jahren besteht in dem Liquiditäts- und Zinsvorteil. Der Bauherr oder Käufer zahlt in den ersten Jahren weniger Steuern und kann über diesen Betrag verfügen und ihn z. B. anderweitig zinsbringend anlegen.

Bezieher hoher Einkommen haben wegen des steigenden Grenzsteuersatzes bei Abschreibungen eine höhere Steuerersparnis als Personen mit niedrigen Einkommen. Um diesen Nachteil abzuschaffen, gewährt der Staat den Eigentümern **selbst genutzter Wohnungen** nach dem Gesetz zur Neuregelung der steuerrechtlichen Wohneigentumsförderung eine **Eigenheimzulage.**

Sie beträgt 8 Jahre lang

- bei **Neubauten** 5 % der Bemessungsgrundlage, **maximal 5 000 DM/p.a.,**
- bei **Altbauten** 2,5 % der Bemessungsgrundlage, **maximal 2 500 DM/p.a.**

Die Eigenheimzulage wird nur Personen gewährt, deren **Gesamtbetrag der Einkünfte** (z. B. aus selbstständiger und nichtselbstständiger Tätigkeit, Vermietung und Verpachtung usw. abzüglich der jeweiligen Werbungskosten) im Beantragungsjahr (= **ersten Jahr**) und im Jahr davor (sog. **Vorjahr**) zusammen nicht **160 000 DM** bei Alleinstehenden und **320.000 DM** bei Verheirateten nicht übersteigt. Liegt der Eigentümer im ersten Jahr innerhalb der Einkommensgrenzen, erhält er die Förderung in den restlichen Jahren ohne Einkommensüberprüfung.

Grundsteuervergünstigungen für steuerbegünstigte und öffentlich geförderte Wohnungen bestehen ab 01.01.2000 nicht mehr.

○ Wohngeld

Zusätzlich fördert der Staat „indirekt“ den Wohnungsbau, indem er den Mietern und Selbstnutzern nach dem Wohngeldgesetz (WoGG) Wohngeld bzw. einen Lastenzu-
WoGG schuss gewährt, um die Nachfrage auf dem Wohnungsmarkt zu erhöhen.

Die Höhe der Leistungen nach dem WoGG richten sich nach

- der **Höhe des Familieneinkommens,**
- der **Zahl der Familienmitglieder** und
- der Höhe der **zuschussfähigen Miete** bzw. der **Belastung bei einem Eigentümer.**

Wer als Alleinstehender eine 100 m^2 große Wohnung zum Preis von 3 000 DM mietet, erhält weder die gesamte Wohnfläche noch den vollen Mietpreis gefördert, sondern nur den ihm nach dem WoGG zustehenden Teil und die zuschussfähige Miete, die sich am ortsüblichen Niveau orientiert.

○ Sonstige Förderungsmaßnahmen

Weiterhin unterstützt der Staat den Wohnungsbau, indem er preiswertes Bauland zur Verfügung stellt, um die Grundstückskosten zu senken, und indem er die Bauforschung fördert, um die Baukosten zu reduzieren.

10.4.4.5 Gesellschaftliche Bedeutung der Wohnungsbauförderung

In Anbetracht des Wohnungsmangels in den letzten Jahrzehnten und der hohen Wohnungsmieten in den Ballungsräumen wird die besondere Bedeutung der Wohnungsbauförderung insbesondere für die einkommensschwache Bevölkerung erkennbar.

Viele Wohnhäuser wären wahrscheinlich nicht gebaut worden, und Maßnahmen für Modernisierungen von Wohnungen sowie Vorhaben in Sanierungsgebieten wären wegen des hohen Kapitalbedarfs ohne staatliche Förderung nicht realisierbar gewesen, wenn man bedenkt, dass z. B. bei einer Stadtsanierung nicht nur wirtschaftliche Gründe eine Rolle spielen dürfen.

Auf bestimmten Teilmärkten existiert in den letzten Jahren bereits ein Überangebot, so dass der Staat jeweils prüfen sollte, ob er dort die Wohnungsbauförderung gezielter vornehmen muss oder ganz einstellen könnte.

10.4.4.6 Förderungsverfahren (Der Antrag)

Die Förderungsmittel müssen rechtzeitig vor dem Baubeginn bei der Bewilligungsstelle des jeweiligen Bundeslandes eingereicht werden. Anhand der Technischen Förderungsbestimmungen und der Unterlagen über die geplante Finanzierung mit der ermittelten Kostenmiete entscheidet sich, ob die geplante Baumaßnahme gefördert wird. Der Bauherr erhält einen **Bewilligungsbescheid oder** einen **Förderungsvertrag,** der die Einzelheiten der Förderung enthält (z. B. Förderungsart, -höhe, -zeitraum).

10.4.4.7 Staatliche Auflagen während der Förderungsdauer

Um sicher zu gehen, dass mit den Fördermitteln auch die geplanten wohnungswirtschaftlichen Ziele erreicht werden, müssen die Empfänger bestimmte Auflagen erfüllen.

Die gesetzliche Grundlage für die **öffentlich geförderten sozialen** Wohnungen stellt das Wohnungsbindungsgesetz (= Gesetz zur Sicherung der Zweckbestimmung von Sozialwohnungen – WoBindG –) dar. Mit dem Begriff Sozialwohnungen sind hier nur die öffentlich geförderten gemeint.

Der Vermieter muss insbesondere zwei **Bindungen** erfüllen:

1. Er darf die Wohnungen gemäß § 4 WoBindG nur an Personen mit einem passenden Wohnberechtigungsschein vergeben (= **Belegungsbindung**) WoBindG § 4
und
2. während der Vermietung gemäß § 8 WoBindG nur die **Kostenmiete** vom Mieter verlangen, die er nach der II. Berechnungsverordnung berechnen muss. WoBindG § 8

Die Eigenschaft der Wohnung, **„öffentlich gefördert“** zu sein, **endet** gemäß §§ 15–17 WoBindG nach einer bestimmten Zeit, die sich an der Art der Förderung und der Rückzahlung orientiert. WoBindG §§ 15–17

Sofern der Bauherr Bau- oder Aufwendungsdarlehen erhalten hat, endet die Eigenschaft vom Schluss des Jahres an, in dem das staatliche Darlehen vollständig planmäßig zurückgezahlt wurde.

Je nach Bundesland kann ein geförderter Wohnungsbau bis zu ca. 60 Jahren als „öffentlich gefördert“ gelten.

Anschließend unterliegen die Wohnungen nicht mehr den Vorschriften des WoBindG, sondern gelten als **frei finanzierte** Wohnungen, so dass Mieterhöhungen nach dem Miethöhegesetz (MHG) erfolgen.

Die Grundlage für die staatlichen Auflagen bei **geförderten frei finanzierten** Wohnungen im Rahmen der „Vereinbarten Förderung“ stellt allein der jeweilige **Förderungsvertrag** dar.

10.5 Die Kalkulation der Mietpreise von Mietwohnungen (Die Wirtschaftlichkeitsberechnung)

10.5.1 Ziel der Aufstellung einer Wirtschaftlichkeitsberechnung

Mit einer Wirtschaftlichkeitsberechnung stellt ein Vermieter die gesamten Aufwendungen eines Objektes zusammen, um zu ermitteln, ob seine Mieteinnahmen die laufenden Aufwendungen decken. Bei dieser Aufstellung wird er seine tatsächlichen oder die von ihm selbst kalkulierten Ansätze wählen, z. B. bei den Instandhaltungskosten. Auf diese Weise können der Vermieter selbst und Dritte prüfen, ob die Kapitalinvestition rentabel ist.

10.5.2 Inhalte einer Wirtschaftlichkeitsberechnung

Eine Wirtschaftlichkeitsberechnung besteht aus

- dem Vorspann oder Deckblatt mit der Grundstücks- und Gebäudebeschreibung,
- der Gegenüberstellung der Gesamtkosten des Objektes (Grundstücks- und Baukosten) und ihrer Finanzierung,
- der Gegenüberstellung der laufenden Aufwendungen (Kapital- und Bewirtschaftungskosten) und den Mieterträgen nach der Bezugsfertigkeit.

Schema einer Wirtschaftlichkeitsberechnung

Gesamtkosten	**Finanzierungsplan**	B e z u g s f e r t i g k e i t	**Laufende Aufwendungen**	**Mieterträge**
Grundstück **Baukosten** **Baunebenkosten** (z. B. Architektenleistungen, Zwischenfinanzierungskosten, Damnum)	**Fremdkapital** **Eigenkapital**		**I. Kapitalkosten** – Fremdkapitalzinsen – Eigenkapitalzinsen – Erbbauzinsen **II. Bewirtschaftungskosten** a. Abschreibung b. Verwaltungskosten c. (Betriebskosten) d. Instandhaltungskosten e. Mietausfallwagnis	• **Vom Mieter zu** zahlende Miete • **Garagenerträge** • **sonstige Erträge** • **staatliche Förderung** (Aufwendungsdarlehen, Aufwendungszuschüsse)
Summe =	**Summe**		**Summe** =	**Summe**
Mittelverwendung ←	Mittelherkunft			
——— **Bau**phase ——→			——— **Bewirtschaftungs**phase ——→	

10.5.3 Wirtschaftlichkeitsberechnung bei einem frei finanzierten Mietwohnhaus

Ein Wohnungsunternehmen muss auch bei frei finanzierten Wohnungen wissen, ob es mit seiner Vermietung einen Verlust oder einen Gewinn erzielt.

Hierzu stellt es vor dem Bau eines Mietwohnhauses die (zu erwartenden) laufenden Aufwendungen des Objektes den am Markt (wahrscheinlich) erzielbaren Mieten (z. B. ortsübliche Vergleichsmiete aus dem Mietspiegel) gegenüber. Bei den Ansätzen für die laufenden Aufwendungen (z. B. Abschreibung, Instandhaltungskosten, Verwaltungskosten) muss überlegt werden, welche Höhe angemessen ist. Die Sätze werden sich an den tatsächlichen Selbstkosten des jeweiligen Wohnungsunternehmens orientieren. Die Werte erhält man aus der Rechnungswesenabteilung (Kostenrechnung).

Laufende Aufwendungen:	**Mieterträge:**
• Kapitalkosten – (tatsächliche) Fremdkapitalzinsen	• Miete
• **Bewirtschaftungskosten** – **Abschreibungen** (orientieren sich an der zu erwartenden Lebensdauer des Hauses, z. B. bei 80 Jahren mit 1,25 % p.a., und kürzeren Zeiträumen, z. B. bei 10 Jahren für Gartenanlagen mit 10 %) – **Verwaltungskosten** (aus der Kostenrechnung) – **(Betriebskosten) als Umlage** – **Instandhaltungskosten** (aus der Kostenrechnung) – **Mietausfallwagnis** (aus der Kostenrechnung)	– geschätzt nach der ortsüblichen Vergleichsmiete, z. B. aus dem Mietspiegel
Gewinn oder	**Verlust**

Darüber hinaus wird das Wohnungsunternehmen die geplante Investition mit anderen Kapitalanlagen vergleichen. Hierzu ermittelt man vor dem Bau des Hauses die zu erwartende Höhe der Eigenkapitalverzinsung.

Ermittelt man z. B. einen jährlichen Überschuss der Mieterträge über die laufenden Aufwendungen (= Gewinn) in Höhe von 50 000,- DM und vergleicht diesen Betrag mit dem investierten Eigenkapital von z.B. 1 000 000 DM, verzinst sich das investierte Eigenkapital mit 5 % p.a. Bei dieser Verzinsung wurden mögliche finanzielle Vorteile aus Steuern nicht berücksichtigt.

10.5.4 Musterbeispiel einer Wirtschaftlichkeitsberechnung bei einem frei finanzierten Mietwohnhaus

Ausgangssituation:
Ein Wohnungsunternehmen will im Jahre 07 ein Mietwohnhaus in Berlin errichten.

Angaben zum Grundstück:
- Größe: 2 876 m²
- Anschaffungskosten im Jahre 00: 550 DM/m² (= 1 581 800 DM)
- Verkehrswert im Jahre 07: 600 DM/m² (= 1 725 000 DM)

Angaben zum Mietwohnhaus:
- 4 Vollgeschosse
- 20 Wohnungen (davon 1 Wohnung für Behinderte)
- umbauter Raum: 7 780 m³
- Wohnfläche: 1 790,20 m²
- Ausstattung: Zentralheizung, Warmwasserversorgung, Einbaumöbel in der Küche, Gemeinschaftsantenne, maschinelle Waschanlage

Angaben zu den Baumaßnahmen:
- Bau einer Privatstraße: 56 700 DM
- Entschädigungszahlung an Pächter für vorzeitige Vertragsauflösung: 20 500 DM
- Abrisskosten für eine Ruine auf dem Grundstück: 21 000 DM
- Baukosten in Höhe von 3 617 700 DM
- behindertengerechter Ausbau einer Wohnung: 72 000 DM
- Kosten für Feuerlöscher: 3 100 DM
- Heizkosten während der Bauzeit im Winter: 5 000 DM
- Kosten für die Entwässerungs- und Versorgungsleitungen vom Hausanschluss bis an das öffentliche Netz sowie Kosten für das Anlegen von 10 ebenerdigen Stellplätzen, Wegen, Spielplätzen, Einzäunen des Geländes und die Kosten für das Pflanzen von Sträuchern und Bäumen: 615 800 DM

Angaben zu den Baunebenkosten:
- Architekten- und Ingenieurleistungen gemäß HOAI: 567 400 DM
- Finanzierungskosten (siehe Anlage zu den Gesamtkosten)
- behördliche Prüfungen während der Bauzeit (Rohbau- und Schlussabnahme, Prüfstatiker): 88 000 DM
- Bauherrenhaftpflicht- und Bauleistungsversicherung, Grundsteuer während der Bauzeit: 23 900 DM
- Richtfestkosten: 3 370 DM

Angaben zur Baufinanzierung:
- Tilgungsdarlehen von Hypothekenbanken
  (1) 3 300 000 DM (Zinssatz 7 %, Tilgungssatz 1 %)
  (2) 2 176 800 DM (Zinssatz 7,5 %, Tilgungssatz 1 %)

Angaben zu den Mieterträgen:
- Das Wohnungsunternehmen orientiert sich am Mietspiegel und kalkuliert bei einer guten Wohnlage mit einer Nettokaltmiete in Höhe von 20,– DM/m²/p.M.

Musterbeispiel:

Wirtschaftlichkeitsberechnung
für **freifinanzierte** Wohnungen

A. Grundstücks- und Gebäudebeschreibung

I. Grundstückseigentümer[2] / ~~Erbbauberechtigter~~ * Wohnungsbau GmbH

Forsythienstraße 1 , 14163 Berlin

(Fernruf)

~~Betreuer / Beauftragter~~ * ......

......

(Fernruf)

Architekt für a) Planung: Dipl.-Ing. D. Hoch, Rosengasse 7, 13112 Berlin
(Name, Anschrift) (Fernruf)

b) Bauleitung: dto.
(Name, Anschrift) (Fernruf)

II. Grundstück

1. Lage des Grundstücks: Berlin-Tempelhof, Dudenstraße 35-37
(Ortsteil) (Straße und Hausnummer)

......

2. **Grundbuch** / ~~Erbbaugrundbuch~~ * von Tempelhof des Amtsgerichts Tempelhof-Kreuzberg

Band 17 Blatt 240 Flur 88 Flurstück 99

Band ...... Blatt ...... Flur 88 Flurstück 100

3. Größe des Grundstücks:[3] 2.876 m²

III. Bauvorhaben

1. Neubau/~~Wiederaufbau/Wiederherstellung/Ausbau/Erweiterung/Verdichtung/Sanierung~~.*
2. Mietwohnungen/~~Genossenschaftswohnungen/Kauf-Eigentumswohnungen/Familienheim (Kauf-Eigenheime/Kleinsiedlungen~~)*
3. 1 Gebäude mit 4 Vollgeschossen, insgesamt 20 Wohnungen

mit 1.790,20 m² Wohnfläche, je Wohnung i. D. ...... m² Wohnfläche, davon

...... Wohnungen mit ...... Zimmer ...... Wohnungen mit ...... Zimmer

...... " " ...... " ...... " " ...... "

...... " " ...... " ...... " " ...... "

...... " " ...... " ...... " " ...... "

...... gewerbliche Räume ...... mit ...... m² Nutzfläche

...... gewerbliche Räume ...... mit ...... m² Nutzfläche

4. 10 Stellplätze ~~in Palette/Parkhaus/Tiefgarage/Einzelgaragen~~* mit ...... m² Nutzfläche

davon ...... gedeckte Plätze mit ...... m² Nutzfläche

5. Ausstattung der ~~öffentlich geförderten~~ Wohnungen: Gemeinschaftsantenne, Wascheinrichtung
~~Ofen, Etagen- oder~~ Zentralheizung, Warmwasserversorgung, ~~Aufzug~~, Einbaumöbel, ~~Kühlschrank, Müllschlucker~~*
6. Ausstattung der sonstigen Wohnungen, Art der gewerblichen Räume und der Nebengebäude:[4]

......

Nichtzutreffendes streichen.

RNK Verlags-Nr. 2746

B. Gesamtkosten

	Gesamtbetrag DM	Auf die öffentlich geförderten Wohnungen entfallender Teilbetrag DM	Auf die sonstigen Wohnungen und den Geschäftsraum entfallender Teilbetrag DM	Sonstiger nicht geförderter Raum (z. B. Garagen) DM
1. Baugrundstück				
1.1 Wert des Baugrundstückes Grundstücksfläche: 2.876 m² Kaufpreis: 550 DM/m² = 1.581.800 Verkehrsw.: 600 DM/m² = 1.725.000	1.725.000			
1.2 Erwerbskosten				
1.3 Freimachen 20.500				
1.4 Herrichten des Bauplatzes 21.000	41.500			
2. Erschließungskosten:				
2.1 Öffentliche Erschließung				
2.2 Nichtöffentliche Erschließung 56.700	56.700			
2.3 Andere einmalige Abgaben				
Summe 1-2	1.823.200			
3. Kosten des Bauwerkes 3.1 3.2 3.4				
Umbauter Raum m³ 7.780 DM/m³ 465 DM	3.617.700			
Wert verwendeter Gebäudeteile				
3.3 Betriebstechnische Anlagen	7.000			
3.5 Besondere Ausführungen	72.000			
4. Gerät	3.100			
5. Außenanlagen				
5.1 Einfriedungen				
5.2 Geländebearb. u. -gest.				
5.3 Versorgungsanlagen				
5.4 Wirtschaftsgegenstände				
5.5 Kunstwerke und künstl. gestaltete Bauwerke				
5.6 Anlagen f. Sonderzwecke				
5.7 Verkehrsanlagen				
5.8 Grünflächen				
5.9 Sonstige Außenanlagen	615.800			
6. Zusätzliche Maßnahmen z. N.	5.000			
7. Baunebenkosten 7.1-				
7.3 Architekten- und Ingenieurleistungen	567.400			
7.3.7 Verwaltungstätigkeit des Bauherrn	100.000			
7.4 Behördliche Prüfungen, Genehmigungen, Abnahmen	88.000			
7.5 Besondere künstlerische Gestaltung usw.				
7.6 Finanzierung, Abgaben	373.530			
7.7 Allgemeine Baunebenkosten[5]	27.270			
Summe 3-7	5.476.800			
8. Einstellplätze: ..... Pl. je ..... DM				
Summe 3-8				
Summe 1-8	7.300.000			

2

C. Finanzierungsplan

Darlehensgeber	Gesamtbetrag DM	Auf die öffentlich geförderten Wohnungen entfallender Teilbetrag DM	auf die sonstigen Wohnungen und den Geschäftsraum entfallender Teilbetrag DM
I. Fremdmittel (einschließlich Arbeitgeberdarlehen in der Reihenfolge der dinglichen Sicherung).			
(1) Bankdarlehen	3.300.000		
(2) Bankdarlehen	2.176.800		
II. Verlorene Baukostenzuschüsse			
III. Eigenleistungen (Wohnteil / Gewerbeteil)			
a) Geldmittel			
b) Sach- u. Arbeitsleistgn. nach beigefügter Aufstellung			
c) Baugrundstück: Wohnteil 1.823.200			
d) Verwend. Gebäudeteile			
insgesamt:			
e) davon zu v. H. Zinsen	1.823.200		
f) davon zu v. H. Zinsen			
IV. Ersatz der Eigenleistung			
a) Familienzusatzdarlehen für WE			
b) Aufbaudarlehen für WE			
c) Mieterdarlehen für WE			
d) für WE			
Summe:	7.300.000		

3

D. Laufende Aufwendungen

I. Kapitalkosten

	v. H.	Tilgung für ~~öffentlich geförd.~~ Wohnungen DM	Tilgung für sonstige Wohnungen und Geschäftsraum DM	v. H.	Zinsen (einschl. Verwaltungskosten) für ~~öffentlich geförd.~~ Wohnungen DM	Zinsen (einschl. Verwaltungskosten) für sonstige Wohnungen und Geschäftsraum DM
1. Fremdkapital (1)	1	33.000		7	231.000	
(2)	1	21.768		7,5	163.260	
2. Eigenleistung: (Bei Lastenberechnung nicht ausfüllen)						
3. Ersatzeigenleistung:						
4. Summe der Tilgung:		54.768				
5. Abschreibung:		128.013				
+/-		73.245				
6. Erbbauzinsen: ……m² × ……DM						
Summe der Kapitalkosten:					394.260	

II. Bewirtschaftungskosten

1. Abschreibung: * 6 — ~~öffentl. geförd.~~ — sonstige

Gebäude 1,25% — 60.763 DM — ……DM

Anlagen und Einrichtungen (nach beiliegender Berechnung) — 5.670 DM — ……DM — 128.013

Außenanlagen 10% — 61.580 DM

2. Verwaltungskosten:

20 Wohnungen × 500 DM: — 10.000

……Garagen × ……DM

3. Betriebskosten: werden gem. § 4 MHG sowie den vertraglichen Vereinbarungen per Umlage erhoben.

Grundsteuer:

Sonstige Betriebskosten: 7

……m² Wohnfläche × ……DM: ……m² Nutzfl. × ……DM

……m² Nutzfläche - Garage ……DM

4. Instandhaltungskosten:

1.790,2 m² Wohnfläche × 15 DM: ……m² Nutzfl. × ……DM — 26.853

……Garagen × ……DM — (98% = 559.126)

5. Mietausfallwagnis: **

Wohnteil : 2 v. H. von 570.537 DM — 11.411

Garagen : 2 v. H. von ……DM

Gewerbeteil: …… v. H. von ……DM

Aufwendungen insgesamt: 570.537

4

E. Durchschnittsmiete / Belastung

	für ~~öffentlich geförderte~~ Wohnungen DM	für sonst. Wohnungen u. Geschäftsraum DM
Aufwendungen insgesamt[8]	570.537	
Verbleibende Aufwendungen		

~~Öffentlich geförderte~~ Wohnungen:

570.537 DM : 12 = 47.544,75 DM : 1.790,20 m² = 26,56 DM / m² / Monat

Sonstige Wohnungen / Geschäftsraum:

.... DM : 12 = ... DM : .... m² = ... DM / m² / Monat

Auswertung der Wirtschaftlichkeitsberechnung bei einem frei finanzierten Mietwohnhaus

Da das Wohnungsunternehmen sich am Mietspiegel orientiert und mit einer ortsüblichen Miete für dieses Objekt von 20,– DM/m²/p.M. rechnet, erzielt das Wohnungsunternehmen pro Jahr jeweils nur **Mieteinnahmen** in Höhe von **410 208,– DM** (1 790,20 m² x 20,– DM x 12). Die **laufenden Aufwendungen** summieren sich hingegen auf **570 537,– DM.**

Demnach ergibt sich eine Unterdeckung. Der jährliche **Verlust** beträgt **160 329,– DM.**

Das Wohnungsunternehmen könnte die Planung des Mietwohnhauses nun aufgeben oder aber auch nach Möglichkeiten suchen, es dennoch zu realisieren. Dabei könnte man sich in der Planungsphase z. B. folgende Fragen zur Beantwortung vorlegen:

a) Ist das Grundstück nach der vorhandenen **Geschossflächenzahl** des Bebauungsplanes (z. B. 0,8) **optimal bebaut?**

Bei einer Grundstücksgröße von 2 876 m² könnte man eine Geschossfläche von 2876 m² x 0,8 = 2 300,8 m² erreichen. Daraus errechnet sich eine Wohnfläche von ca. 75–80 % der Geschossfläche = 1 725,6 – 1 840,6 m². Bei einer Wohnfläche von 1 840,6 m² hätte man bei einer Miete von 20,– DM bereits einen jährlichen Mietertrag von 441 744,– DM.

Bestehen vielleicht noch Chancen zur Erhöhung der Geschossfläche, indem man (weitere) Ausnahmen und Befreiungen nach § 31 BauGB ausnutzt?

b) Lassen sich möglicherweise die **Baukosten** und/oder die **Baunebenkosten** senken?

Kann man beispielsweise auf kostspielige Ausstattungen verzichten oder die Bauerstellungsphase verkürzen, um Zwischenfinanzierungszinsen zu sparen?

c) Welche Möglichkeit besteht, die **Fremdkapitalkosten** zu senken? Bei der jetzigen Zinssituation könnte man z. B. versuchen, mit den Kreditgebern günstigere Zinssätze für die Baudarlehen auszuhandeln. Eine Zinssatzsenkung von 1 % würde bei den in unserem Fall aufgenommenen Bankdarlehen von 5 476 800 DM die laufenden Aufwendungen um 54 768,– DM reduzieren.

d) Wie ist die **wirtschaftliche Lage** und die **Entwicklung** in der Bundesrepublik Deutschland und insbesondere in der Region des jeweiligen Mietwohnhauses?

Kann man mit einem wirtschaftlichen Aufschwung rechnen, bei dem möglicherweise die Mieten steigen, so dass man (kurzfristig) **Verluste** akzeptiert, weil man sie (langfristig) mit künftigen Gewinnen mehr als **ausgleichen** kann?

Inwieweit hat man kurzfristig (für 1–2 Jahre) oder mittelfristig (für 3–4 Jahre) die Möglichkeit, auf den **Ansatz bestimmter Posten der laufenden Aufwendungen ganz oder teilweise zu verzichten,** ohne dabei die Liquidität des Objektes zu gefährden?

Es ist stets zu beachten, dass die laufenden Mieteinnahmen des Objektes die zwingenden und nicht beeinflussbaren Ausgaben decken sollten. Ansonsten ist das Wohnungsunternehmen gezwungen, diese Unterdeckung z. B. aus Überschüssen anderer Mietwohnhäuser zu finanzieren.

Als **z w i n g e n d e Ausgaben**		
könnte man in unserem Beispiel annehmen:		
Fremdkapitalzinsen:	231 000 DM 136 260 DM	
Tilgung:	33 000 DM 21 768 DM	(Zur Deckung der Tilgung dient in einer Wirtschaftlichkeitsberechnung der Betrag der Abschreibungen.)
Eigenkapitalverzinsung:	0 DM	
Abschreibung:	0 DM	
Verwaltungskosten:	10 000 DM	(enthalten in den Gehältern der Angestellten des Wohnungsunternehmens)
Betriebskosten (als Umlage):		
Instandhaltungskosten:	0 DM	(in den ersten beiden Jahren, weil Baumängel noch von den Bauunternehmern im Rahmen der Gewährleistung nach der VOB behoben werden. Mit weiteren Ausgaben rechnet dieses Wohnungsunternehmen bei diesem Neubau nicht.)
Mietausfallwagnis:	0 DM	(bei sehr guter Vermietbarkeit)
zwingende Ausgaben:	**495 881 DM**	

Doch selbst diese zwingenden Ausgaben lassen sich mit den **erwarteten Mieteinnahmen** von **410 208,– DM** nicht bestreiten.

e) Lässt sich vielleicht **eine höhere** als die geplante **Miete** von 20,– DM/m²/p.M. am Markt erzielen?
Bei einer Neuvermietung könnte man bei einer außergewöhnlich guten Lage eventuell **24,– DM/m²/p.M.** verlangen. Sofern der Markt diese **Nettokaltmiete** zuließe, hätte das Wohnungsunternehmen einen **jährlichen Ertrag** von **515 577,60 DM** (= 1 790,2 m² x 24,– DM x 12).

Das Wohnungsunternehmen könnte zwar die zwingenden Ausgaben in Höhe von 495 881,– DM bestreiten.
Aber selbst die Mieteinnahmen bei einer Miete von 24,– DM/m²/p.M. führen zu einem **jährlichen Verlust von 54 959,40 DM** (570 537,– DM ./. 515 577,60 DM).

Rein rechtlich könnte der Vermieter auch die eine Miete von 26,56 DM/m²/p.M. verlangen, weil gemäß § 5 WiStG keine Mietpreisüberhöhung vorliegt, wenn die vereinbarte Miete die ortsübliche zwar um mehr als 20 % übersteigt, der Vermieter aber nur die Entgelte verlangt, die zur Deckung der laufenden Aufwendungen erforderlich sind und das Mietwohnhaus nach dem 01.01.91 fertig gestellt wurde.

In den letzen Jahren haben sich die Wohnungsmärkte entspannt, so dass man damit rechnen muss, dass der Mieter weder bereit ist, monatlich die 24,– DM/m² noch die 20,– DM/m² zu bezahlen. Selbst in guten Lagen betragen die Mietobergrenzen ca. 15,– DM/m²/p.M.. Die Miethöhen schwanken je nach Ort und Regionen. Ein Investor muss vor der Baumaßnahme die wirtschaftlichen Grundlagen ermitteln und die Folgen seiner Investition berechnen.

Die Kalkulation der Eigenkapitalverzinsung bei einem frei finanzierten Mietwohnhaus

Sofern sich das Mietwohnhaus in einer noch besseren Lage befände und nach dem Mietspiegel dort eine Miete von 30,– DM/m²/p.M. zulässig wäre, könnte das Wohnungsunternehmen sogar eine Verzinsung von 4,5 % für sein eingesetztes Eigenkapital (1 823 200,– DM) in Höhe von 82 457,– DM erreichen.

Das Ergebnis ermittelt man folgendermaßen in einer Rückwärtsrechnung:

(1) Man geht von den (angenommenen) **Mieterträgen** aus:
30,– DM x 1 790,20 m² x 12 = **644 472,– DM.**
(2) Anschließend ermittelt man den geschätzten **Mietausfall**
2 % von 644 472,– DM = 12 889,- DM.
(3) Die **Differenz** zwischen dem Gesamtertrag von 644 472,– DM und den vorhandenen Positionen ist der gesuchte Betrag, der der **Eigenkapitalverzinsung** dient. 82 457,– DM von 1 823 200,– DM stellen 4,5 % Verzinsung dar.

Laufende Aufwendungen	DM		**Mieterträge**
Kapitalkosten:			
Fremdkapital	231 000 163 260		
Eigenleistung	82 457	(= 4,5 % von 1 823 200,– DM)	**30,– DM**
Bewirtschaftungskosten		↑	x 1 790,20 m²
Abschreibung	128 013		
Verwaltungskosten	10 000		x 12
(Betriebskosten)	(als Umlage)		
Instandhaltungskosten	26 853		
Mietausfallwagnis (2 % von 644 472,– DM) ← ② →	12 889	③	↓ ①
Summe:	644 472 DM	←	**644 472 DM**

10.5.5 Die Kalkulation eines Investors bei einem Mietwohnhaus mit Vereinbarter Förderung (§ 88 d II. WoBauG)

Bei der Vereinbarten Förderung ist die Art und die Höhe der Förderung nicht im § 88 d II. WoBauG vorgegeben. In jedem Bundesland existieren eigene Förderungssätze, die sich zudem in kurzen Abständen ändern können.

Die Miete ist nicht an die Kostenmiete gebunden. Es handelt sich hierbei um frei finanzierte Wohnungen, die mit staatlichen Mitteln gefördert werden. Der Bauherr erhält dabei z. B. ein Baudarlehen, ergänzende Aufwendungshilfen und die Auflage, für eine vorgegebene Zeit vom Mieter nicht mehr als eine bestimmte Miete zu verlangen.

Die gesamten Fördermodalitäten werden von der Förderungsanstalt des Bundeslandes individuell in einem Fördervertrag mit den Bauherrn vereinbart, z. B.

– die Dauer der Zweckbestimmung (z. B. 17 Jahre),
– die Belegungsrechte,
– die Höhe des Mietzinses und der Mietveränderungsmöglichkeiten.

Für die Berechnung der Miete muss der Vermieter gleichzeitig

a. die Vorschriften des **MHG**
sowie
b. die Vereinbarungen aus dem **Fördervertrag**

beachten.

Beispiel:
Die Förderungsrichtlinien für die Vereinbarte Förderung sehen in einem Bundesland folgende Förderung vor:

Baudarlehen:	3 000 DM/m² Zinssatz 4 % Tilgungssatz 1,5 %
zusätzlich:	
Aufwendungsdarlehen / Aufwendungszuschüsse (AD/AZ):	7,– DM je m²/Wohnfläche/p.M. Degression: –,50 DM/m² alle 15 Monate Laufzeit: 17 Jahre
Auflage:	
maximale Einstiegsmiete:	10,– DM/m²/p.M.
	Die Degression der Aufwendungsdarlehen / Aufwendungszuschüsse darf als Mieterhöhung an die Mieter weitergegeben werden.
Mindestens erforderliches Eigenkapital:	20 % der Gesamtkosten

○ **Die Kalkulationsrechnung**

Auch bei diesem Bauvorhaben erstellt der Bauherr eine Wirtschaftlichkeitsberechnung für das erste Jahr nach der Bezugsfertigkeit. Die Beträge richten sich nach den Kalkulationen des Investors. Sie sind nicht staatlich vorgegeben.

Gleichzeitig versucht er zusätzlich, die wirtschaftlichen Entwicklungen der kommenden Jahre in seine Investitionsentscheidung einzubeziehen, d. h. die geschätzten Mietveränderungen, mögliche Gewinne nach dem Verkauf des Objektes in der Zukunft.

Die Gesamtkosten und der Finanzierungsplan sollen folgende Inhalte haben:

Gesamtkosten		Finanzierung	
	DM		DM
Grundstück	2 000 000	Fremdmittel	
		Förderdarlehen	15 000 000
Baukosten	13 000 000	Hypothekenbankdarlehen	200 000
Baunebenkosten	4 000 000	Eigenleistung	3 800 000
Summe:	19 000 000	Summe:	19 000 000

Die laufenden Aufwendungen und die Erträge im ersten Jahr bestehen aus folgenden Beträgen:

Laufende Aufwendungen	v. H.	DM	v. H.	DM
I. Kapitalkosten		Tilgung		Zinsen
1. Fremdkapital				
a. Dariehen	1,5 %	225 000	4,0%	600000
b. Darlehen	1,0 %	2 000	6,0%	12 000
c. Darlehen				
2. Eigenleistung				
3. Summe der Tilgung		227 000		
4. Abschreibung	./.	46 000		
	+	181 000		
		Summe der Kapitalkosten:		612 000
II. Bewirtschaftungskosten				
1. Abschreibung				
0,6 % Gebäudeabschreibung				42 000
Anlagen und Einrichtungen	(gemäß separater Berechnung)			4 000
2. Verwaltungskosten				
80 Wohnungen	x	500,00 DM		40 000
3. Betriebskosten		(als Umlagen)		
4. Instandhaltungskosten				
5000,00 m² Wohnfläche	x	13,00 DM		65 000
5. Mietausfallwagnis	4 %			31 792
	Aufwendungen im ersten Jahr insgesamt:			794 792

794 792 DM/p.a. : 12 =
66 232,67 DM/pro Monat : 5 000 m² Wohnfläche = 13,24 DM/p.M./m²

Erträge	(pro Jahr)
Aufwendungsdarlehen / Aufwendungszuschüsse (AD/AZ) (7,– DM/m² x 12 x 5 000 m²)	1 420 000
Mietermiete (10,– DM/m² x 12 x 5 000 m²)	600 000
Summe:	**1 020 000**

Der Investor hat einen Überschuss in Höhe von 225 208 DM (1 020 000 DM ./. 794 792 DM). Dieser Betrag stellt seinen Gewinn dar. Seine Eigenleistung von 3 800 000 DM verzinst sich somit im ersten Jahr mit ca. 5,9 %.

Bei jeder Kalkulation hat der Investor zu prüfen, ob die **Liquidität** gewährleistet ist. In unserem Beispiel liegt bei der Tilgung eine Unterdeckung in Höhe von 181 000 DM vor. Der Vermieter erhält mit den kalkulierten Abschreibungsbeträgen in der Miete nur 46 000 DM/p.a. Für die Tilgungsbeträge benötigt aber jährlich 227 000 DM. Der Vermieter müsste hier prüfen, ob er den fehlenden Betrag von 180 000 DM z. B. dem jährlichen Überschuss entnimmt, um den fehlenden Betrag auf diese Weise zu erhalten.

Die weitere Entwicklung in den folgenden Jahren muss der Investor mit Hilfe der vorhandenen Daten (z. B. die Förderungsdegression der Aufwendungsdarlehen/Aufwendungszuschüsse), von zu ermittelnden und zu schätzenden wirtschaftlichen Daten (z. B. der zu erwartenden Mietentwicklung und des möglichen Leerstandes) rechnerisch erfassen. Diese Unsicherheit stellt ein hohes Risiko für den Bauherrn bei der Vereinbarten Förderung dar.

○ **Die Mieterhöhungen**

Da es sich um frei finanzierte Wohnungen handelt, richtet sich eine Mieterhöhung nach den Vorschriften des MHG. Das heißt, der Vermieter kann die Miete z. B. nach § 2 MHG erhöhen oder mit dem Mieter einen Staffelmietvertrag gemäß § 10 MHG abschließen.

Zusätzlich muss der Vermieter die Vereinbarungen beachten, zu denen er sich im Fördervertrag mit dem Förderinstitut verpflichtet hat. Dieser Vertrag könnte zum Bereich Mieterhöhungen folgende Ausführungen enthalten:

a. „Der Vermieter darf nur eine anfängliche durchschnittliche Miete von 10,– DM/m²/p.M. (ohne Betriebskosten) verlangen."
b. „Mieterhöhungen können nach Ablauf von jeweils 15 Monaten um jeweils –,50 DM/m²/p.M. im Rahmen des MHG vorgenommen werden."
c. „Sofern sich die in den § 26 und § 28 II. BV enthaltenen pauschalierten Ansätze für Verwaltungskosten bzw. Instandhaltungskosten erhöhen, können diese Erhöhungsbeträge gegenüber dem Mieter im Rahmen des MHG geltend gemacht werden."

Falls die ortsübliche Vergleichsmiete z. B. 13,– DM/m²/p.M. beträgt, darf der Vermieter aufgrund des Fördervertrages (Buchstabe a.) beim Einzug (z. B. am 01.01.00) dennoch nur 10,– DM/m²/p.M. vom Mieter verlangen.

Da gemäß des Fördervertrages der erste Subventionsabbau nach 15 Monaten in Höhe von –,50 DM/m²/p.M. erfolgt, kann der Vermieter die entsprechende Mieterhöhung im Rahmen des § 2 MHG erst zum 01.04.01 durchführen. Er muss demnach im Januar 01 dem Mieter das Mieterhöhungsverlangen zusenden, damit der Mieter anschließend einen zweimonatigen Überlegungszeitraum (Februar und März 01) hat. Diese Mieterhöhung auf 10,50 DM/m²/p.M. verstößt auch hinsichtlich der ortsüblichen Vergleichsmiete nicht gegen das MHG, weil die Obergrenze von 13,– DM/m²/p.M. nicht überschritten wurde.

Steigt die ortsübliche Vergleichsmiete z. B. auf 14,– DM/m²/p.M., darf der Vermieter vom Mieter keine Mieterhöhung verlangen, weil der Vermieter im Fördervertrag vereinbart hat, auf bestimmte gesetzliche Mieterhöhungsmöglichkeiten des MHG während der Laufzeit des Fördervertrages zu verzichten.

10.5.6 Wirtschaftlichkeitsberechnung bei einem mit öffentlichen Mitteln geförderten Mietwohnhaus

Soweit der Staat den Wohnungsbau fördert, verpflichtet er den Vermieter, als Gegenleistung vom Mieter nur diejenige Miete zu verlangen, die die laufenden Aufwendungen deckt, sog. Kostenmiete/Durchschnittsmiete (vgl. § 72 Abs.1 II. WoBauG, § 8 Abs.1 WoBindG, § 3 NMV).

Zur Ermittlung dieser Kostenmiete muss der Vermieter eine Wirtschaftlichkeitsberechnung erstellen, deren Ansätze er nicht willkürlich wählen darf. Die Berechnungsvorschriften für die anzusetzenden Beträge muss er der **Zweiten Berechnungsverordnung** (II. BV) entnehmen. Es handelt sich dabei mitunter um Pauschalsätze, die zum Schutz des Mieters relativ niedrig liegen.

10.5.7 Musterbeispiel einer Wirtschaftlichkeitsberechung bei einem öffentlich geförderten sozialen Mietwohnhaus

Der Sachverhalt ist identisch mit den Angaben über das Bauvorhaben unter 10.5.4. Unterschiede ergeben sich bei den mit einem (*) gekennzeichneten Stellen.

Angaben zum Grundstück:
- Größe: 2 876 m²
- Anschaffungskosten im Jahre 00: 550 DM/m² (= 1 581 800 DM)
- heutiger Verkehrswert: 600 DM/m² (= 1 725 000 DM)

Angaben zum Mietwohnhaus:
- **(*) Baujahr im Jahre 04 (*)**, 4 Vollgeschosse
- 20 Wohnungen (davon 1 Wohnung für Behinderte)
- umbauter Raum: 7 780 m³
- Wohnfläche: 1 790,20 m²
- Ausstattung: Zentralheizung, Warmwasserversorgung, Einbaumöbel in der Küche, Gemeinschaftsantenne, maschinelle Waschanlage

Angaben zu den Baumaßnahmen:
- Bau einer Privatstraße: 56 700 DM
- Entschädigungszahlung an Pächter für vorzeitige Vertragsauflösung: 20 500 DM
- Abrisskosten für eine Ruine auf dem Grundstück: 21 000 DM
- Baukosten in Höhe von 3 617 700 DM
- behindertengerechter Ausbau einer Wohnung: 72 000 DM
- Kosten für Feuerlöscher: 3 100 DM
- Heizkosten während der Bauzeit im Winter: 5 000 DM
- Kosten für die Entwässerungs- und Versorgungsleitungen vom Hausanschluss bis an das öffentliche Netz sowie Kosten für das Anlegen von 10 ebenerdigen Stellplätzen, Wegen, Spielplätzen, Einzäunen des Geländes und die Kosten für das Pflanzen von Sträuchern und Bäumen: 615 800 DM

Angaben zu den Baunebenkosten:
- Architekten- und Ingenieurleistungen gemäß HOAI: 567 400 DM
- **(*) Finanzierungskosten (siehe Anlage zu den Gesamtkosten) (*)**
- behördliche Prüfungen während der Bauzeit (Rohbau- und Schlussabnahme, Prüfstatiker): 88 000 DM
- Bauherrenhaftpflicht- und Bauleistungsversicherung, Grundsteuer während der Bauzeit: 23 900 DM
- Richtfestkosten: 3 370 DM

Angaben zur Baufinanzierung:
- **(*) Tilgungdarlehen von der Wohnungsbauförderungsanstalt des Bundeslandes (*) in Höhe von 5 391 000 DM zu folgenden Konditionen:**
  - **Auszahlung 100 %,**
  - **einmalige Bearbeitungsgebühren in Höhe von 3 % des Darlehens,**
  - **Zinssatz 0,5 % p.a.,**
  - **Verwaltungskosten für die ausgezahlten Beträge während und nach der Bauzeit 0,5 % p.a.,**
  - **Tilgungssatz 1 %.**

Die Kostenansätze für die Gesamtkosten und die laufenden Aufwendungen zur Erstellung von Wirtschaftlichkeitsberechnungen für frei finanzierte bzw. öffentlich geförderte Wohnungen unterscheiden sich in folgenden Bereichen:

	frei finanziert:	öffentlich gefördert:
		(nach II. BV)
Gesamtkosten:		
Grundstückswert	höherer Verkehrswert	niedrigerer Kaufpreis (nach 5 Jahren wird auch der Verkehrswert akzeptiert)
Verwaltungstätigkeit für den Bauherrn	tatsächliche Kosten aus dem Betriebsabrechnungsbogen	vorgegebene Ansätze aus § 8 II. BV
Bereitstellungszinsen während der Bauzeit	Beträge der Hypothekenbanken	(niedrigere) Beträge der Förderungsanstalt
Laufende Aufwendungen:		
Kapitalkosten für Baudarlehen	höhere Zinssätze der Hypothekenbanken	niedrigere Zinssätze für öffentliche Baudarlehen
Eigenkapitalverzinsung	abhängig von der Marktmiete	in § 20 II. BV vorgegeben 4 % (6,5 %)
Abschreibungssätze	nach geschätzter Nutzungsdauer (hier 80 Jahre = 1,25 %) (+ besondere Abschreibungen)	in § 25 II. BV vorgegeben 1 % der Baukosten (+ besondere Abschreibungen)
Verwaltungskosten	tatsächliche Kosten aus dem Betriebsabrechnungsbogen (hier: 500,– DM)	in § 26 II. BV vorgegeben 420,– DM/p.a. pro Wohnung
Instandhaltungskosten	vom Unternehmen selbst kalkulierte (hier: 15,– DM)	in § 28 II. BV vorgegeben nach Bezugsfertigkeit und Ausstattung sowie mietvertraglichen Regelungen
Mietausfallwagnis	vom Unternehmen nach Erfahrungssätzen kalkuliert	in § 29 II. BV vorgegeben 2 % der Erträge

Der Staat fördert über die jeweilige Wohnungsbauförderungsanstalt des Bundeslandes die hier erstellten Wohnungen neben öffentlichen Baudarlehen **zusätzlich nach Bezug,** indem er zur Reduzierung der laufenden Aufwendungen dem Vermieter für den Zeitraum von 15 Jahren **Aufwendungshilfen** gewährt. Diese Aufwendungshilfen werden während der 15 Jahre jeweils nach einigen Jahren abgebaut.

10.5.7.1. Hinweise zur Erstellung der Wirtschaftlichkeitsberechnung:

1. Die Gesamtkosten

- Baugrundstück
  Man muss von dem Kaufpreis und dem Verkehrswert den niedrigeren Wert einsetzen: hier 1 581 800 DM.
- Baunebenkosten
  Bei den Architekten- und Ingenieurleistungen ermittelt man den Wert nach der HOAI auch dann, wenn man als Wohnungsunternehmen eigene Architekten als Angestellte beschäftigt und tatsächlich einen anderen Betrag aufwenden musste.
- Für die Arbeitsleistung des Bauherrn während der Bauzeit kann man nach § 8 II. BV einen pauschalierten Betrag einsetzen, dessen Höhe von der reinen Baukostensumme (ohne Baunebenkosten) abhängt, hier: 1,6 % von 4 320 600 DM (Positionen 3.–5.) = 69 130 DM. II. BV § 8

  Eine Umsatzsteuer darf zusätzlich nur dann berechnet werden, wenn man die Leistung von einem Dritten (z. B. Bauträger) ausführen lässt, nicht aber dann, wenn der Bauherr die Bauerstellung selbst verwaltet.

2. Der Finanzierungsplan

Der Gesamtbetrag muss die Summe der Gesamtkosten decken (hier: 7 071 000 DM).

Nach den vorliegenden Förderungsrichtlinien muss der Bauherr mindestens 15 % der Gesamtkosten selbst aufbringen (hier: 1 060 650 DM). Als Mindesteigenleistung wird das Grundstück verlangt (= 1 680 000,– DM).

Den Rest gewährt der Staat als öffentliches Baudarlehen in Höhe von 5 391 000 DM.

3. Die laufenden Aufwendungen

– Die Abschreibung

II. BV § 25

Der Abschreibungssatz von 1 % ist nicht zu verwechseln mit dem Abschreibungssatz von 2 % im Einkommensteuerrecht (§ 7 Abs. 4 EStG). Mit einem Ansatz von 1 % in der Mietberechnung schützt der Staat den Mieter vor einer höheren Miete.

Da die Abschreibung für den Vermieter keine Ausgabe darstellt, können die hierfür in der Miete enthaltenen Beträge der Darlehenstilgung dienen.

II. BV § 25 Abs.3

Während man mietpreisrechtlich davon ausgeht, dass die eigentliche Bausubstanz 100 Jahre hält, muss man bei bestimmten Anlagen und Einrichtungen, z. B. Einbaumöbel, die kürzere Lebensdauer berücksichtigen. Wenn der Vermieter gezwungen ist, einen Gegenstand bereits nach 25 Jahren zu erneuern, muss er für diesen Wert in seiner Miete einen viermal höheren Abschreibungssatz einkalkulieren, um diese finanzielle Leistung erbringen zu können. Der Abschreibungsprozentsatz müsste dann 4 % betragen.

Der Gesetzgeber hat im § 25 Abs.3 II. BV die Abschreibungssätze für diese kurzlebigen Wirtschaftsgüter vorgegeben. Der Bauherr muss die Werte dieser Gegenstände zusammenstellen und die ermittelten Beträge zusätzlich zu dem Grundabschreibungsbetrag von 1 % auf die gesamten Baukosten als Sonderabschreibung ansetzen (vgl. Anlage zu den laufenden Aufwendungen).

Nach Ablauf der kalkulierten Nutzungsdauer hat der Vermieter den erforderlichen Betrag, um die Geräte neu zu kaufen. Es muss aber kein Austausch erfolgen, sofern sie noch funktionsfähig sind.

II. BV § 29

– Das Mietausfallwagnis

Das Mietausfallwagnis ist eine kalkulatorische Größe, die der Vermieter unabhängig von den tatsächlichen Mietausfällen einsetzen darf. Der Ansatz von 2 % ist aber nur für den Teil der Erträge zulässig, die der Vermieter von den Mietern erhält. Auf Zahlungen des Staates im Rahmen der Förderung darf der Vermieter kein Mietausfallwagnis berechnen, weil diese Zahlungen mit keinem Risiko behaftet sind.

In unserem Beispiel erhält der Vermieter von den Mietern nur 8,– DM/m^2/pro Monat (im Jahr 171 859,– DM). Nur von diesem Wert darf er das Mietausfallwagnis von 2 % berechnen (= 3 437,– DM). Vom Staat erhält der Vermieter 59 425,– DM als Aufwendungshilfe.

Bei dem Betrag von 8,– DM handelt es sich um die geförderte Einstiegsmiete/erstmalige Durchschnittsmiete (vom Mieter zu zahlende Miete) beim Einzug des Mieters in das bezugsfertige Haus. Der Betrag wird von den jeweiligen Länderparlamenten festgelegt und ist dementsprechend in Deutschland nicht einheitlich. Er orientiert sich an der finanziellen Belastbarkeit der betreffenden Mieter.

Bei den laufenden Aufwendungen handelt es sich für den Vermieter wie bei einer Gewinn- und Verlustrechnung nur um zum Teil kalkulatorisch ermittelte Aufwendungen, nicht aber um tatsächliche Ausgaben, die den Kassenbestand berühren. Bei der **liquiditätsmäßigen Betrachtung** muss man prüfen, ob die Einnahmen ausreichen, um die Ausgaben zu decken. Da die vom Mieter erhaltenen Beträge für die angesetzten Abschreibungen nicht zu einer Ausgabe führen, kann ein Vermieter von diesem Betrag die Tilgungsverpflichtung erfüllen. In unserem Fall reichen die zulässigen Abschreibungsbeträge in Höhe von 59 580 DM nicht aus, um die relativ hohen Tilgungen des öffentlichen Darlehens zu decken.

Der Vermieter muss sich überlegen, aus welchen Quellen er die notwendigen Tilgungsbeträge nehmen könnte. Zum Beispiel könnte er die Verzinsungsbeträge des Eigenkapitals zur Tilgung heranziehen, statt sie an die Gesellschafter auszuzahlen. Regelmäßig fallen auch in den ersten Jahren kaum Instandhaltungsarbeiten an, so dass auch diese Beträge in dieser Zeit zur Verfügung stehen.

Nach § 22 II. BV kann der Vermieter in bestimmten Fällen Tilgungsbeträge als Kapitalkosten ansetzen (sog. Zinsersatz), sofern die Wohnungsbauförderungsanstalt diesem Ansatz zustimmt. II. BV § 22

Musterbeispiel:

Wirtschaftlichkeitsberechnung

für öffentlich geförderte Wohnungen

A. Grundstücks- und Gebäudebeschreibung

I. Grundstückseigentümer [2] / ~~Erbbauberechtigter~~ * Wohnungsbau GmbH

Forsythienstraße 1, 14163 Berlin (Fernruf)

~~Betreuer/Beauftragter~~ * .... (Fernruf)

Architekt für a) Planung: Dipl.-Ing. D. Hoch, Rosengasse 7, 13112 Berlin (Name, Anschrift) (Fernruf)

b) Bauleitung: dto. (Name, Anschrift) (Fernruf)

II. Grundstück

1. Lage des Grundstücks: Berlin-Tempelhof, Dudenstraße 35 - 37 (Ortsteil) (Straße und Hausnummer)

2. **Grundbuch** / ~~Erbbaugrundbuch~~ * von Tempelhof des Amtsgerichts Tempelhof-Kreuzberg

Band 17 Blatt 240 Flur 88 Flurstück 99

Band .... Blatt .... Flur 88 Flurstück 100

3. Größe des Grundstücks:[3] 2.876 m²

III. Bauvorhaben

1. Neubau/~~Wiederaufbau/Wiederherstellung/Ausbau/Erweiterung/Verdichtung/Sanierung~~*
2. Mietwohnungen/~~Genossenschaftswohnungen/Kauf-Eigentumswohnungen/Familienheim (Kauf-Eigenheime/Kleinsiedlungen)~~*
3. 1 Gebäude mit 4 Vollgeschossen, insgesamt 20 Wohnungen

mit 1.790,20 m² Wohnfläche, je Wohnung i. D. .... m² Wohnfläche, davon

.... Wohnungen mit .... Zimmer .... Wohnungen mit .... Zimmer

.... " " " .... " " "

.... " " " .... " " "

.... " " " .... " " "

.... gewerbliche Räume .... mit .... m² Nutzfläche

.... gewerbliche Räume .... mit .... m² Nutzfläche

4. 10 Stellplätze ~~in Palette/Parkhaus/Tiefgarage/Einzelgaragen~~* mit .... m² Nutzfläche

davon .... gedeckte Plätze mit .... m² Nutzfläche

5. Ausstattung der ~~öffentlich geförderten~~ Wohnungen: Gemeinschaftsantenne, Wascheinrichtung ~~Ofen-, Etagen- oder~~ Zentralheizung, Warmwasserversorgung, Aufzug, Einbaumöbel, ~~Kühlschrank, Müllschlucker~~*
6. Ausstattung der sonstigen Wohnungen, Art der gewerblichen Räume und der Nebengebäude:[4]

....

* Nichtzutreffendes streichen. Ziffern [1-8] siehe Erläuterungen

Verlags-Nr. 2746

B. Gesamtkosten

	Gesamtbetrag DM	Auf die öffentlich geförderten Wohnungen entfallender Teilbetrag DM	Auf die sonstigen Wohnungen und den Geschäftsraum entfallender Teilbetrag DM	Sonstiger nicht geförderter Raum (z. B. Garagen) DM
1. Baugrundstück				
1.1 Wert des Baugrundstückes Grundstücksfläche: 2.876 m² Kaufpreis: 550 DM/m² = 1.581.800 Verkehrsw.: 600 DM/m² = 1.725.000	1.581.800			
1.2 Erwerbskosten 20.500				
1.3 Freimachen				
1.4 Herrichten des Bauplatzes 21.000	41.500			
2. Erschließungskosten:				
2.1 Öffentliche Erschließung				
2.2 Nichtöffentliche Erschließung 56.700				
2.3 Andere einmalige Abgaben	56.700			
Summe 1-2	1.680.000			
3. Kosten des Bauwerkes 3.1 3.2 3.4				
Umbauter Raum: m³ 7.780, DM/m³ 465, DM	3.617.700			
Wert verwendeter Gebäudeteile				
3.3 Betriebstechnische Anlagen	7.000			
3.5 Besondere Ausführungen	72.000			
4. Gerät	3.100			
5. Außenanlagen				
5.1 Einfriedungen				
5.2 Geländebearb. u. -gest.				
5.3 Versorgungsanlagen				
5.4 Wirtschaftsgegenstände				
5.5 Kunstwerke und künstl. gestaltete Bauwerke				
5.6 Anlagen f. Sonderzwecke				
5.7 Verkehrsanlagen				
5.8 Grünflächen				
5.9 Sonstige Außenanlagen	615.800			
6. Zusätzliche Maßnahmen z. N.	5.000			
7. Baunebenkosten				
7.1-7.3 Architekten- und Ingenieurleistungen	567.400			
7.3.7 Verwaltungstätigkeit des Bauherrn	69.130			
7.4 Behördliche Prüfungen, Genehmigungen, Abnahmen	88.000			
7.5 Besondere künstlerische Gestaltung usw.				
7.6 Finanzierung, Abgaben	318.600			
7.7 Allgemeine Baunebenkosten[5]	27.270			
Summe 3-7	5.391.000			
8. Einstellplätze: ...... Pl. je ...... DM				
Summe 3-8				
Summe 1-8	7.071.000			

2

C. Finanzierungsplan

Darlehensgeber	Gesamtbetrag DM	Auf die öffentlich geförderten Wohnungen entfallender Teilbetrag DM	auf die sonstigen Wohnungen und den Geschäftsraum entfallender Teilbetrag DM
I. Fremdmittel (einschließlich Arbeitgeberdarlehen in der Reihenfolge der dinglichen Sicherung).			
Öffentliches Baudarlehen der	5.391.000		
Wohnungsbauförderungsanstalt			
II. Verlorene Baukostenzuschüsse			
III. Eigenleistungen (Wohnteil / Gewerbeteil)			
a) Geldmittel			
b) Sach- u. Arbeitsleistgn. nach beigefügter Aufstellung			
c) Baugrundstück — Wohnteil: 1.680.000			
d) Verwend. Gebäudeteile			
insgesamt: — Wohnteil: 1.680.000			
e) davon zu **4** v. H. Zinsen	1.060.650		
f) davon zu 6,5 v. H. Zinsen	619.350		
IV. Ersatz der Eigenleistung			
a) Familienzusatzdarlehen für ... WE			
b) Aufbaudarlehen für ... WE			
c) Mieterdarlehen für ... WE			
d) ... für ... WE			
Summe:	7.071.000		

3

D. Laufende Aufwendungen

I. Kapitalkosten

	Tilgung v. H.	Tilgung für öffentlich geförd. Wohnungen DM	Tilgung für sonstige Wohnungen und Geschäftsraum DM	Zinsen (einschl. Verwaltungskosten) v. H.	Zinsen für öffentlich geförd. Wohnungen DM	Zinsen für sonstige Wohnungen und Geschäftsraum DM
1. Fremdkapital	1,25	67.388		0,5	26.955	
				0,5	26.955	
2. Eigenleistung: (Bei Lastenberechnung nicht ausfüllen)				4	42.426	
				6,5	40.258	
3. Ersatzeigenleistung:						
4. Summe der Tilgung:		67.388				
5. Abschreibung:		59.580				
+/–		7.808				
6. Erbbauzinsen: ……m² × ……DM						
Summe der Kapitalkosten:					136.594	

II. Bewirtschaftungskosten

1. Abschreibung: * 6

	öffentl. geförd.	sonstige	
Gebäude 1%	53.910 DM	……DM	
Anlagen und Einrichtungen (nach beiliegender Berechnung)	5.670 DM	……DM	59.580

2. Verwaltungskosten:

20 Wohnungen × 420 DM: …… 8.400

……Garagen × …… DM ……

3. Betriebskosten: werden gem. § 27 II. BV und § 20 NMV im Umlageverfahren erhoben

Grundsteuer:

Sonstige Betriebskosten: 7

……m² Wohnfläche × ……DM: ……m² Nutzfl. × ……DM

……m² Nutzfläche - Garage ……DM

4. Instandhaltungskosten:

1.790,2 m² Wohnfläche × 13,– DM: ……m² Nutzfl. × ……DM 23.273

……Garagen × ……DM

5. Mietausfallwagnis: **

Wohnteil : 2 v. H. von 171.859 DM 3.437

Garagen : 2 v. H. von ……DM

Gewerbeteil: …… v. H. von ……DM

Aufwendungen insgesamt: 231.284

4

E. Durchschnittsmiete / Belastung

	für öffentlich geförderte Wohnungen DM	für sonst. Wohnungen u. Geschäftsraum DM
Aufwendungen insgesamt[8]	231.284	
Staat zahlt zusätzlich Aufwendungshilfe	59.425	
Mieter zahlen	171.859	
Verbleibende Aufwendungen		

Öffentlich geförderte Wohnungen:

171.859 DM : 12 = 14.322 DM : 1.790,2 m² = 8,– DM / m² / Monat

Sonstige Wohnungen / Geschäftsraum:

.... DM : 12 = ... DM : .... m² = ... DM / m² / Monat

Auswertung der Wirtschaftlichkeitsberechnung bei einem öffentlich geförderten Mietwohnhaus

Die laufenden Aufwendungen betragen hier infolge des öffentlichen Baudarlehens und der niedrigen Berechnungsansätze der II. BV insgesamt 231 284,– DM/p.a. oder 10,77 DM/m² pro Monat.

Der Mieter braucht hingegen im ersten Jahr nach der Bezugsfertigkeit nur 8,– DM/m² im Monat zu bezahlen, weil der Staat die Miete mit zusätzlichen Aufwendungshilfen in Höhe von 59 425,– DM/p.a. oder 2,77 DM/m² pro Monat subventioniert.

Anlage zu den Gesamtkosten:

(Position: 7 Baunebenkosten, 7.6 Finanzierung, Angaben):

- **Die Berechnung der Finanzierungskosten während der Bauzeit**

1. **0,5 % Verwaltungskosten für das öffentliche Baudarlehen Wohnungsbauförderungsanstalt während der Bauzeit (18 Monate)**

Mittelabruf		Monate nach Baubeginn	Dauer	**0,5 % Verwaltungskosten**	
DM				DM	DM
2 696 000,–	50 %	3	15	16 850,–	
1 078 000,–	20 %	9	9	4 043,–	
1 078 000,–	20 %	4	4	1 797,–	
539 000,–	10 %	nach Bezug			
5 391 000,–				Summe:	**= 22 690,– DM**

2. **Bearbeitungsgebühren**
   3 % von 5 391 000,– DM = **161 730,– DM**

3. **Eigenkapitalzinsen während der Bauzeit (18 Monate)**
   4 % von 1 060 650,– DM = 63 639,– DM
   6,5 % von 619 350,– DM = 60 387,– DM = **124 026,– DM**

4. **Sonstiges** = **10 154,– DM**

Summe: = 318 600,–DM

Anlage zu den laufenden Aufwendungen:

Position: II. Bewirtschaftungskosten

- **Berechnung der Abschreibungsbeträge:**

– **1 % von den Baukosten** (5 391 000,– DM)		**= 53 910,– DM**
– **Sonderabschreibungen auf Anlagen und Einrichtungen** (§ 25 Abs.3 II. BV)		
❍ Öfen und Herde 3 % von 15 000,– DM	= 450,– DM	
❍ Einbaumöbel 3 % von 30 000,– DM	= 900,– DM	
❍ Sammelheizung einschließlich einer damit verbundenen Anlage zur Versorgung mit Warmwasser 3 % von 108 000,– DM	= 3 240,– DM	
❍ Gemeinschaftsantenne 9 % von 5 000,– DM	= 450,– DM	
❍ maschinelle Wascheinrichtung 9 % von 7 000,– DM	= 630,– DM	**= 5 670,– DM**
Abschreibungen insgesamt		**= 59 580,– DM**

10.5.7.2 Änderungen der vorhandenen Wirtschaftlichkeitsberechnung

10.5.7.2.1 Rechtliche Grundlagen

Der Vermieter einer öffentlich geförderten Wohnung darf nicht nur zu Beginn der Vermietungsphase nach der Bezugsfertigkeit des Mietwohnhauses vom Mieter maximal die Kostenmiete verlangen, sondern während der gesamten Zeit, in der die Wohnungen als öffentlich gefördert gelten (§§ 8, 8a, 15–17 WoBindG).

Daraus können sich während der gesamten Vermietungsphase Mieterhöhungen bzw. auch Mietsenkungen ergeben.

Nach der Bezugsfertigkeit können sich ändern

- die Gesamtkosten,
- die laufenden Aufwendungen und
- die staatlichen Förderungsbeträge (z. B. Aufwendungsdarlehen/Aufwendungszuschüsse).

Haben sich die **Gesamtkosten** geändert, so sind in der Wirtschaftlichkeitsberechnung die geänderten Gesamtkosten anzusetzen, sofern der Bauherr die Umstände nicht zu vertreten hat (z. B. Erschließungskosten nach dem Bezug des Hauses). Eine Änderung der Gesamtkosten wirkt sich auf den Finanzierungsplan und die laufenden Aufwendungen aus.

Sind **bauliche Änderungen** vorgenommen worden, die der Bauherr nicht zu vertreten hat (z. B. zwingender Einbau von Filtern für Schornsteine aufgrund einer neuen Rechtsvorschrift), so dürfen die dadurch entstandenen Kosten den Gesamtkosten hinzugerechnet werden.

Der Vermieter darf die Kostenmiete ausnahmsweise auch nach einer **Modernisierung** erhöhen, d. h. nach einer zu vertretenden baulichen Änderung. Unter einer Modernisierung versteht man nur bauliche Maßnahmen, die den Gebrauchswert des Wohnraums nachhaltig erhöhen, die allgemeinen Wohnverhältnisse auf die Dauer verbessern oder nachhaltig Einsparung von Heizenergie oder Wasser bewirken. Zum Schutz des Mieters muss die Wohnungsbauförderungsanstalt der geplanten Modernisierung zustimmen. Hierbei wird man insbesondere prüfen, ob die Maßnahme wirtschaftlich sinnvoll ist und die Mieterhöhung für die Mieter öffentlich geförderter Wohnungen tragbar erscheint (§ 11 Nr.7 II. BV).

Ändern sich nach der von der Wohnungsbauförderungsanstalt genehmigten Durchschnittsmiete die **laufenden Aufwendungen** (Kapitalkosten, Bewirtschaftungskosten), so tritt die jeweils entsprechend geänderte Durchschnittsmiete an die Stelle der bisherigen Durchschnittsmiete, soweit die Erhöhung auf Umständen beruht, die der Vermieter nicht zu vertreten hat. Als Erhöhung der Aufwendungen gilt auch eine durch Gesetz oder Rechtsverordnung zugelassene Erhöhung eines (pauschalen) Ansatzes (z. B. für Verwaltungskosten) in der Wirtschaftlichkeitsberechnung (vgl. § 8a WoBindG).

Reduzieren sich die staatlichen Aufwendungsdarlehen/Aufwendungszuschüsse, kann der Vermieter dementsprechend die Miete des Mieters erhöhen.

Aus der Vielzahl möglicher Mietänderungen werden nur zwei Beispiele dargestellt, und zwar Mieterhöhungen

1. **nach dem Abbau der staatlichen Förderung**
   – hier: Reduzierung der Aufwendungshilfe und
2. **nach einer baulichen Änderung**
   – hier: Erweiterung des Kinderspielplatzes –

Als Grundlage für die Mieterhöhungen dient die Wirtschaftlichkeitsberechnung aus dem Abschnitt 10.5.7.

10.5.7.2.2 Der Abbau der staatlichen Förderung

Sachverhalt: Im Januar 07 reduzierte sich die staatliche Förderung (Aufwendungshilfe) um –,50 DM/m²/pro Monat.

Bisher erhielt der Vermieter jährlich 109 908,– DM vom Staat in Form einer Aufwendungshilfe.

Dieser Betrag reduziert sich um –,50 DM x 1 7902,0 m² x 12 = 10 741,20 DM

Mieterhöhungsberechnung:

Die Mieter haben den Betrag der reduzierten Förderung (10 741,10 DM) und das entsprechende Mietausfallwagnis von 2 % zu tragen.
Die **Mieterhöhung** setzt sich zusammen aus:

10 741,20 DM	(= 98 %)	staatlicher **Förderungsabbau**
219,21 DM	(= 2 %)	**Mietausfallwagnis**
10 960,41 DM	(= 100 %)	Mieterhöhung

: 12
: 1 790,20 m² = **0,5102** DM/m²/pro Monat

Die Miete erhöht sich damit von 8,– DM/m²/p.M. im Jahre 06
um –,51 DM/m²/p.M. **auf 8,51 DM**/m²/p.M. im **Januar 07.**

Nach § 10 Abs.1 Satz 2 WoBindG ist die Mieterhöhungserklärung nur wirksam, wenn der Vermieter die Mieterhöhung berechnet und erläutert. Sofern sich nur die laufenden Aufwendungen ändern, braucht der Vermieter dem Mieter keine vollständige Wirtschaftlichkeitsberechnung zuzusenden, sondern gemäß § 39 Abs. 1 Satz 3 II. BV nur einen **Auszug aus der Wirtschaftlichkeitsberechnung** mit folgenden Angaben:

- Bezeichnung des Gebäudes,
- der Höhe der einzelnen Aufwendungen und
- der Erträge (Mieterträge mit Vergütungen und beispielsweise Aufwendungsdarlehen/-zuschüsse).

Der Vermieter könnte dem Mieter die Mieterhöhung in dem anschließend aufgeführten Auszug aus der Wirtschaftlichkeitsberechnung rechnerisch darstellen:

Neuberechnung der Miete nach dem Abbau der staatlichen Förderung

– Auszug aus der Wirtschaftlichkeitsberechnung –

Bezeichnung des Gebäudes | Ort, Datum

Name und Anschrift des Mieters

I. Für das gesamte Mietwohnhaus
(Gesamtwohnfläche: 1 790,20 m²)

	bisherige Aufwendungen	Änderungen	neue Aufwendungen
	DM/Jahr	DM/Jahr	DM/Jahr
Laufende Aufwendungen:			
1. Kapitalkosten			
1.1 Fremdkapitalkosten	26 955,–		26 955,–
	26 955,–		26 955,–
1.2 Eigenleistung			
zu 4 % Zinsen	42 426,–		42 426,–
zu 6,5 % Zinsen	40 258,–		40 258,–
	(136 594,–)		(136 594,–)
2. Bewirtschaftungskosten			
2.1 Abschreibungen	59 580,–		59 580,–
2.2 Verwaltungskosten	8 400,–		8 400,–
2.3 Betriebskosten (als Umlage)			
2.4 Instandhaltungskosten	23 273,–		23 273,–
2.5 Mietausfallwagnis	3 437,–	**+ 219,21**	**3 656,21**
Summe der laufenden Aufwendungen	231 284,–	+ 219,21	231 503,21
a b z ü g l i c h :			
Förderungsmittel des Staates (Aufwendungshilfe)	59 425,–	**./. 10 741,20**	**48 683,80**
Mietermiete:	171 859,–	**+ 10 960,41**	**182 819,41**
Erhöhung der Mietermiete in %:		**6,3776 %**	

Erhöhung für das gesamte Mietwohnhaus
monatlich (10 960,41 DM : 12 : 1 790,20 m²): 0,5102 DM/p.M.

II. Für die Wohnung des Mieters XY
(z.B. 80 m²)

Änderungsgrundlage	x	Änderungsfaktor	=	Mieterhöhungsbetrag
bisherige Einzelmiete: (8,– DM x 80 m²)				
monatlich 640,– DM	x	6,3776 %	=	40,82 DM
Neue Einzelmiete für den Mieter XY			=	**680,82 DM/p.M.**

10.5.7.2.3 Die bauliche Änderung

Sachverhalt:	Der Vermieter wird im Sommer des Jahres 07 nach einem neuen Gesetz verpflichtet, den Kinderspielplatz auf dem Mietwohngrundstück zu erweitern.

Der Vermieter hat die notwendige bauliche Änderung wegen der gesetzlichen Verpflichtung nicht zu vertreten und kann infolgedessen gemäß § 11 II. BV diese Maßnahme zum Anlass für eine Mieterhöhung nehmen. (Eine Spielplatzerweiterung ist gleichzeitig auch eine Modernisierungsmaßnahme, die nach § 11 II. BV dasselbe Mietberechnungsverfahren ergäbe.)

Die Baukosten in Höhe von 29 000 DM finanziert der Vermieter mit eigenen Mitteln.

In der Wirtschaftlichkeitsberechnung ändern sich die **Gesamtkosten**, und zwar erhöhen sich die Kosten für die **Außenanlagen** von 615 800 DM um 29 000 DM auf 644 800. Die Summe der Gesamtkosten beträgt nun 7 100 000 DM.

Im **Finanzierungsplan** erhöht sich der Eigenkapitalanteil von 1 680 000,– DM um 29 000,– DM auf 1 709 000,– DM.

Bei den **laufenden Aufwendungen** erhöhen sich **die Zinsen für die Eigenleistungen.** Dabei ist bachten, dass der neue Eigenkapitalanteil, der zu 4 % verzinst werden darf, sich an der Höhe von 15 % der neuen Gesamtkosten orientiert.

Somit wird von neuen Gesamtkosten (= 7 100 000,– DM) der Eigenkapitalanteil in Höhe 15 % (= 1 065 00,– DM) zu 4 % verzinst (= 42 600,– DM). Der darüber hinausgehende Betrag der Eigenleistungen (= 644 000,– DM) wird zu 6,5 % (= 41 860,– DM) verzinst.

Bei der Berechnung der **Abschreibung** wird der Betrag der neuen Baukosten von 29 000,– DM prozentual auf die Restnutzungsdauer des Gebäudes verteilt. Da das Gebäude im Jahre 04 errichtet wurde, geht man im Jahre 07 von einer Restnutzungsdauer von 97 Jahren aus. Der Abschreibungssatz beträgt somit 1 %: 97 x 100 = 1,03 %. Die Baukosten für den Spielplatz werden demnach mit 299,– DM abgeschrieben (1,03 % von 29 000,– DM).

Die Erhöhung des Mietausfallwagnisses ermittelt man, indem man die Erhöhungen der laufenden Aufwendungen (174,– DM + 1 602,– DM + 299,– DM = 2 075,– DM) gleich 98 % setzt, durch 98 dividiert und mit 2 multipliziert (= 42,– DM).

Die Mieterhöhung für das ganze Haus beträgt demzufolge 2 117,– DM/p.a.
bzw.
:12
: 1 790,20 m² = **0,0985 DM**/m²/pro Monat

Die von den Mietern zu zahlende Miete pro m² erhöht sich damit nach dem Abbau der Förderung (von 8,– DM um 0,51 DM auf 8,51 DM) nunmehr erneut im **Sommer 07 von 8,51 DM**/m²/p.M. um **0,10 DM**/m²/p.M. **auf 8,61 DM**/m²/pro Monat.

Damit der Mieter die Mieterhöhung insgesamt rechnerisch nachvollziehen kann, reicht es bei dieser Mieterhöhung nicht aus, ihm nur die Änderungen der laufenden Aufwendungen mitzuteilen. Der Vermieter muss dem Mieter deshalb eine vollständige Wirtschaftlichkeitsberechnung zusenden, aus der man die bisherigen Ansätze, die Änderungen und die neuen Beträge entnehmen kann.

Neuberechnung der Miete nach einer nicht zu vertretenden baulichen Änderung

– Wirtschaftlichkeitsberechnung –

Bezeichnung des Gebäudes — Ort, Datum

Name und Anschrift des Mieters

I. Für das gesamte Mietwohnhaus
(Gesamtwohnfläche: 1 790,20 m²)

	bisherige Gesamtkosten	Änderungen	neue Gesamtkosten
	DM/Jahr	DM/Jahr	DM/Jahr
Gesamtkosten:			
Grundstückskosten	1 680 000,–	–	1 680 000,–
Baukosten:	5 391 000,–	+ 29 000,–	5 420 000,–
	7 071 000,–	+ 29 000,–	7 100 000,–
Finanzierungsplan:			
Fremdmittel:	5 391 000,–		5 391 000,–
Eigenleistungen:			
– davon zu 4 % Zinsen: (= 15 % der Gesamtkosten):	1 060 650,–		1 065 000,–
– davon zu 6,5 % Zinsen:	619 350,–	+ 29 000,–	644 000,–
	7 071 000,–	+ 29 000,–	7 100 000,–

Laufende Aufwendungen:

	bisherige Aufwendungen	Änderungen	neue Aufwendungen
	DM/Jahr	DM/Jahr	DM/Jahr
1. Kapitalkosten			
1.1 Fremdkapitalkosten	26 955,–		26 955,–
	26 955,–		26 955,–
1.2 Eigenleistung			
zu 4 % Zinsen	42 426,–	+ 174,–	42 600,–
zu 6,5 % Zinsen	40 258,–	+ 1 602,–	41 860,–
	(136 594,–)	(+ 1 776,–)	(138 370,–)
2. Bewirtschaftungskosten			
2.1 Abschreibungen	59 580,–	+ 299,–	59 879,–
		(98 % = 2 075,–)	
2.2 Verwaltungskosten	8 400,–		8 400,–
2.3 Betriebskosten (als Umlage)			
2.4 Instandhaltungskosten	23 273,–		23 273,–
2.5 Mietausfallwagnis	3 656,21	+ 42,–	3 698,21
Summe der laufenden Aufwendungen:	231 503,21	+ 2 117,–	233 620,21

Erträge:			
Förderungsmittel des Staates (Aufwendungshilfe):	48 683,80		48 683,80
Mietermiete:	182 819,41	+ 2 117,–	184 936,41
Summe der Erträge	231 503,21		233 620,21
Erhöhung der Mietermiete in %:		**1,1580 %**	
Erhöhung für das gesamte Mietwohnhaus monatlich (2 117,– DM : 12 : 1 790,20 m²):		0,09855 DM/p.M.	

II. Für die Wohnung des Mieters XY
(z. B. 80 m²)

Änderungsgrundlage	x	**Änderungsfaktor**	=	**Mieterhöhungsbetrag:**
bisherige Einzelmiete:				
monatlich 680,82	x	1,1580 %	=	**7,88 DM**
Neue Einzelmiete für den Mieter XY			=	**688,70 DM/p.M.**

10.6 Die Kalkulation des Verkaufspreises von Eigentumsmaßnahmen

10.6.1 Die Kapitalbindung bei der Finanzierung von Mietwohnhäusern und Verkaufsobjekten

Die übliche Finanzierung eines Wohnungsunternehmens beim Bau eines Mietwohnhauses setzt sich zum Beispiel aus 15 % Eigenkapital und 85 % Fremdkapital zusammen. Das Fremdkapital ist langfristig gebunden und besteht aus Tilgungsdarlehen, die der Bauherr in ca. 27 Jahren an die Gläubigerbanken zurückzahlt. Sofern das Bauwerk staatlich gefördert wurde, könnte es sein, dass anschließend noch die Aufwendungsdarlehen zurückgezahlt werden müssen. Die Zins- sowie die Tilgungsbeträge der Darlehen sollte der Vermieter in den Mietpreis einkalkulieren, um aus den Mieteinnahmen seinen finanziellen Verpflichtungen aus dem Gebäude nachkommen zu können.

Bei **Verkaufsobjekten** ist das Eigen- und Fremdkapital im Gegensatz zu Mietwohnhäusern nur kurzfristig gebunden, und zwar von dem Kauf des Grundstücks und der Bauinvestition bis zum Verkauf des Einfamilienhauses bzw. der Eigentumswohnung an die Käufer. Dieser Zeitraum beträgt nicht 27 Jahre wie bei Mietwohnungen, sondern nur 2–3 Jahre. Der Zeitraum hängt also davon ab, wie schnell die Objekte verkauft werden können.

10.6.2 Die Bauträgerkalkulation

Sofern ein Wohnungsunternehmen als Bauträger Kapital in Verkaufsobjekte investiert, müssen die dafür kalkulierten Eigenkapitalzinsen bzw. zu zahlende Fremdkapitalzinsen bei dem Kalkulationsverkaufspreis berücksichtigt werden. Will der Bauträger die Objekte günstig finanzieren, muss er versuchen, die Kapitalbindungsphase zu minimieren und möglichst schnell Geld von den Käufern zu erhalten.

In der Praxis ist das Wohnungsunternehmen bereits häufig Eigentümer des Baugrundstücks.

Die Finanzierung des Fremdkapitals für den Bau könnte wie bei Mietwohnungen über langfristige Tilgungsdarlehen erfolgen, die die Käufer dann anteilsmäßig übernehmen. Diese Form der Finanzierung hätte den Nachteil, dass man die unterschiedlichen Ansparformen, -arten und -höhen der Käufer nicht berücksichtigte. Manche Käufer haben bereits vor Jahren Bausparverträge oder Kapitallebensversicherungen abgeschlossen, mit deren Hilfe sie ihr Objekt finanzieren wollen.

Der Bauträger könnte also den Grundstückskauf aus eigenen Mitteln bzw. kurzfristigen Krediten finanzieren. Den späteren Kapitalbedarf während der Bauphase könnte man ebenfalls mit kurzfristigen Krediten decken und nach bestimmten Bauabschnitten von dem Käufer eine Abschlagszahlung verlangen. Da die Zahlungen der Käufer meist von Gläubigern (Banken, Bausparkassen, Lebensversicherungen usw.) langfristig finanziert werden, müssen sich die Termine an deren Sicherungsbedürfnissen orientieren, d. h. die Auszahlungen können nur nach bestimmten Fertigstellungsabschnitten des Hauses verlangt werden (z. B. Fertigstellung der Kellerdecke oder des Rohbaues, des Innenputzes usw.). Außerdem darf ein Bauträger vom Käufer Abschlagszahlungen nur nach den Vorgaben der Makler- und Bauträgerverordnung verlangen.

Die Bauträgerkalkulation für eine Eigentumsmaßnahme setzt sich vereinfacht aus folgenden Positionen zusammen:

Der Bauträger beginnt mit einer Marktanalyse
und ermittelt auf diese Weise den möglichen Verkaufspreis.

Verkaufspreis		**= 4 500,– DM/m²**
Davon zieht man die voraussichtlichen Kosten ab:		
Grundstück	= 250,– DM/m²	
Erschließung	= 300,– DM/m²	
Bauland	= 550,– DM/m²	
(z. B.) x 2 (= angenommener Bodenanteil für eine Eigentumswohnung)	= 1 100,– DM/m²	
Baukosten	= 2 750,– DM/m²	
Herstellungskosten	= 3 850,– DM/m²	
Zwischenfinanzierungszinsen	= 200,– DM/m²	
Gesamtkosten		**= 4 050,– DM/m²**

Die Differenz zwischen Verkaufspreis und den Gesamtkosten ist der **Gewinn** in Höhe von **450,– DM/m²**.

Beträgt der Marktpreis nur 4 000,– DM, müsste der Bauträger überlegen, ob er bereit ist, auf den Gewinn von 450,– DM zu verzichten, und inwieweit die Möglichkeit besteht, die Zwischenfinanzierungszinsen von 200,– DM zu senken.

10.6.3 Die Auswirkungen der Makler- und Bauträgerverordnung (MaBV) auf die Kalkulation

§ 3MaBV

Zur **Sicherung des Käufers** muss der Bauträger die Verbraucherschutzbestimmungen der Makler- und Bauträgerverordnung beachten. Nach **§ 3 Abs.2 MaBV** wird die Höhe der Abschlagszahlungen zu bestimmten Fertigstellungszeitpunkten begrenzt. Damit zahlt ein Käufer den entsprechenden Teilbetrag immer erst dann, wenn der Teilabschnitt des Hauses errichtet wurde. Danach darf ein Wohnungsunternehmen während der Bauphase von einem Käufer jeweils

- nur **prozentual festgelegte Teilbeträge** der Kaufvertragssumme verlangen und
- diese Raten ferner nur i**n bis zu 7 Teilbeträgen** entsprechend dem Bauablauf entgegennehmen.

Die Höhe der Abschlagszahlungen:

von der Vertragssumme:		
30 % (20 %)	• nach Beginn der Erdarbeiten – bei **Verkaufs**maßnahmen – (bzw. wenn ein **Erbbaurecht** bestellt werden soll)	
	von der restlichen Vertragssumme:	
28 % (32 %)	• 40 %	nach Rohbaufertigstellung, einschließlich Zimmererarbeiten
5,6 % (6,4 %)	• 8 %	für die Herstellung der Dachflächen und Dachrinnen
2,1 % (2,4 %)	• 3 %	für die Rohinstallation der Heizungsanlagen
2,1 % (2,4 %)	• 3 %	für die Rohinstallation der Sanitäranlagen
2,1 % (2,4 %)	• 3 %	für die Rohinstallation der Elektroanlagen
7 % (8 %)	• 10 %	für den Fenstereinbau, einschließlich der Verglasung
4,2 % (4,8 %)	• 6 %	für den Innenputz, ausgenommen Beiputzarbeiten
2,1 % (2,4 %)	• 3 %	für den Estrich
2,8 % (3,2 %)	• 4 %	für die Fliesenarbeiten im Sanitärbereich
8,4 % (9,6 %)	• 12 %	nach Bezugsfertigkeit und Zug um Zug gegen Besitzübergabe
2,1 % (2,4 %)	• 3 %	für die Fassadenarbeiten
3,5 % (4 %)	• 5 %	nach vollständiger Fertigstellung
100 % (100 %)		

Sofern einzelne Leistungen nicht anfallen, wird der jeweilige Vomhundertsatz enteilig auf die übrigen Raten verteilt.

Damit wird erreicht, dass die Leistung des Bauträgers in Form des errichteten Hauses bereits erbracht wurde, bevor der Käufer seinen Kaufpreis zahlt. Sollte der Bauträger zahlungsunfähig werden, hat der Käufer eine bereits erbrachte Teilleistung.

Ein Käufer kann aber auch auf andere Weise vor dem Konkurs eines Bauträgers geschützt werden. Sofern sich eine Bank für die möglichen Ansprüche des Käufers gegenüber dem Bauträger verbürgt, darf ein Bauträger gemäß § 7 MaBV bereits vor den in § 3 MaBV genannten Auszahlungsterminen Abschlagszahlungen vom Käufer verlangen. Damit kann man sich dem jeweiligen Finanzierungsbedarf während der Bauphase exakt anpassen. Der Bau verteuert sich nur durch die Avalprovision der Bank für die Bürgschaft.

10.6.4 Die Bedeutung der Zwischenfinanzierungszinsen für die Kalkulation des Verkaufspreises

Da die Zahlungszeitpunkte der Käufer bekannt sind, kann sich der Bauträger den eigenen Kapitalbedarf und den Bindungszeitraum überschlägig ausrechnen, um den Betrag der Zwischenfinanzierungszinsen zu kalkulieren. Dabei muss man berücksichtigen, dass es ausschlaggebend für die Höhe der Zwischenfinanzierungszinsen ist, zu welchem Zeitpunkt die Eigentumsobjekte verkauft werden. Lassen sich die Objekte erst nach der vollständigen Fertigstellung veräußern, muss der Bauträger für eine längere Zeit die Zinskosten für die Vorfinanzierung der Grundstücks- und Baukosten aufwenden. Neben der Zeitdauer bis zum Verkauf beeinflusst der Zinssatz für kurzfristige Kredite die Höhe der Kosten für die **Zwischenfinanzierung.**

Es ist aber auch denkbar, dass die Abschlagszahlungen der Käufer, die von den – im Gegensatz zu den tatsächlichen Baukosten – (höheren) Verkaufspreisen berechnet werden, noch nicht sofort benötigt werden, um die Rechnungen für die Bauunternehmen zu begleichen. In diesen Fällen kann der Bauträger die Gelder zinsbringend anlegen und erzielt daraus einen Zinsgewinn, der zum Ausgleich für unvorhergesehene Risiken genommen werden kann oder bei Verkaufsschwierigkeiten dazu dienen kann, den Verkaufspreis zu reduzieren.

10.6.4.1 Die Berechnung der Zwischenfinanzierungszinsen für die Verkaufskalkulation

Sachverhalt:

Der Bauträger errichtet in Berlin ein Verkaufsprojekt mit 70 Einfamilienhäusern. Der Verkaufspreis für alle 70 Häuser wurde der jetzigen Marktsituation entsprechend mit 500 000 DM kalkuliert. Die Kaufpreise werden von den Erwerbern in Abschlagsraten gemäß § 3 Abs.2 MaBV abgerufen. Für das Grundstück musste der Bauträger 7 500 000 DM bezahlen. Die Baukosten wurden von der technischen Abteilung mit 23 000 000 DM veranschlagt.

Die auf den folgenden Seiten dargestellten drei Fälle zeigen deutlich, wie sich die unterschiedlichen Verkaufszeitpunkte der einzelnen Häuser auf die Höhe der Zwischenfinanzierungskosten auswirken. Der Zinssatz für die Aufnahme des Zwischenfinanzierungskredits wurde mit 7 % kalkuliert. Ein Guthaben aus Abschlagszahlungen in der Bauphase soll von dem Bauträger zu einem Zinssatz von 3 % zinsbringend angelegt werden.

Der unterschiedliche Verkaufserfolg wirkt sich zinsmäßig für den Bauträger folgendermaßen aus:

Verkaufszeitpunkt: der Häuser:	Auswirkung auf die Zwischenfinanzierungszinsen:	
Fall 1 (vor Baubeginn):	Zins**ertrag**	20 487,50 DM
Fall 2 (während der Bauphase):	Zins**aufwand**	396 709,17 DM
Fall 3 (nach Fertigstellung):	Zins**aufwand**	1 077 250,— DM

Erläuterungen:

Fall 1: Der Bauträger hat zum **Baubeginn** am 01.04.01 bereits die **Kaufverträge mit allen Käufern abgeschlossen.**

Sofern der Bauträger finanzielle Mittel für den Grundstückskauf oder den Bau aufwenden musste, ohne hierfür von Erwerbern bereits Geld zu erhalten, muss der Bauträger diese Ausgaben bei Banken kurzfristig zwischenfinanzieren.

Der Bauträger hatte in unserem Fall den Betrag für das Baugrundstück in Höhe von 7 500 000,– DM am 01.01.101 vorzufinanzieren. Dieser Betrag musste für 1 Monat zu einem Zinssatz von 7 % zwischenfinanziert werden (= 87 500 000,– x 7 % für einen Monat = 42 750,– DM) und wird in den Verkaufspreis als Zwischenfinanzierungszinsen einkalkuliert.

Die nächsten Abschlagszahlungen können gemäß § 3 Abs.2 MaBV bereits nach Beginn der Erdarbeiten (= Baubeginn) am 01.04.01 von allen Käufern in Höhe von 30 % der Vertragssumme (= Summe aller Kaufpreise: 35 000 000,– DM) 10 500 000,– DM abgerufen werden und führen dazu, dass der Bauträger über ein zwischenzeitliches Guthaben in Höhe von 1 850 000,– DM verfügt. Dieser Betrag kann für 3 Monate mit einem Guthabenzins von 3 % angelegt werden und erbringt dem Bauträger einen Zinsertrag in Höhe von 13 875,– DM (1 850 000,– DM x 3 % für drei Monate = 13 875,– DM).

Der rechtzeitige Verkauf der Eigentumswohnungen mit den damit verbundenen frühen Abschlagszahlungen der Käufer führte bei dieser Verkaufsabwicklung zu einem Zinsgewinn im Rahmen der Zwischenfinanzierung in Höhe von 20 487,50 DM.

Fall 2: Der Bauträger hat zum **Baubeginn** am 01.04.01 **erst mit 7 Käufern Kaufverträge** abgeschlossen. Die restlichen 63 Häuser können erst während der Bauphase verkauft werden.

Es wird unterstellt, dass der Bauträger von den restlichen 63 Häusern während der Bauphase vom 01.05.01 bis zum 01.01.02 monatlich jeweils 7 Häuser verkaufen kann.

Der Bauträger erhält im Verhältnis zum obigen „Fall 1" die Abschlagszahlungen der Käufer nicht bereits nach Beginn der Erdarbeiten, sondern erst später. Infolgedessen ist er gezwungen, die Rechnungen der Bauunternehmer mit Hilfe von Zwischenkrediten einer Bank zu begleichen. Erst zum 01.11.01 besteht für den Bauträger aus den Abschlagszahlungen der Käufer ein Guthaben in Höhe von 1 682 000,– DM, das zu einem Zinsertrag in Höhe von 4 205,– DM führt (1 682 000,– DM x 3 % x 1 Monat).

Insgesamt muss der Bauträger bei dieser Verkaufsabwicklung Zwischenfinanzierungszinsen in Höhe von 396 709,17 DM selbst aufbringen.

Fall 3: Der Bauträger kann alle 70 Häuser **erst nach der vollständigen Fertigstellung** am 01.01.02 **verkaufen.**

Hier müssen alle Ausgaben für den Bau bis zum 01.01.02 vom Bauträger zwischenfinanziert werden, so dass Zwischenfinanzierungszinsen in Höhe von 1 088 500,– DM entstehen.

Am 01.01.02 kann der Bauträger den gesamten Verkaufspreis in Höhe von 35 000 000,– DM von den Käufern verlangen. Da die Kosten für das Grundstück und die Baukosten nur insgesamt 35 000 000,– DM betragen, führen die Mehreinnahmen von 4 500 000,– DM zu einem Zinsertrag in Höhe von 11 250,– DM.

Insgesamt beträgt der Zwischenfinanzierungsaufwand bei dieser Verkaufsabwicklung 1 077 250,– DM.

Die Berechnung der voraussichtlichen Zwischenfinanzierungszinsen zur Kalkulation des Verkaufspreises

Projektangaben:

Projektangaben	
Grundstücksgröße gesamt	27.500,00 m²
- davon innere Erschließungsfläche	5.500,00 m²
- davon Bauflächen	22.000,00 m²
Ø Parzellengröße	314,29 m²
Ø Kaufpreis Grundstück pro Parzelle	78.571,43 DM
Anzahl der Häuser	70,00 Stk.
Wohnfläche je Haus	110,00 m²
Wohnfläche gesamt	12.100,00 m²
GFZ	0,55

Kostenaufstellung:

Kostenaufstellung		**gesamt**	**pro Ø-Haus**	**pro m² Grd**	**pro m² Wfl.**
Kaufpreis Grundstück		5.000.000 DM	71.429 DM	227 DM	649 DM
Nebenerwerbskosten		500.000 DM	7.143 DM	23 DM	65 DM
Erschließungskosten		2.000.000 DM	28.571 DM	91 DM	260 DM
Baukosten		19.000.000 DM	271.429 DM		2.468 DM
Kosten Außenanlagen		1.500.000 DM	21.429 DM		195 DM
Baunebenkosten inkl. Zwifi		2.500.000 DM	35.714 DM		325 DM
Summe Gesamtkosten		**30.500.000 DM**	**435.714 DM**		**3.961 DM**
Deckungsbeitrag ~	14,75%	4.500.000 DM	64.286 DM		584 DM
Summe Verkaufspreise		**35.000.000 DM**	**500.000 DM**		**4.545 DM**

Fall 1: Alle Wohnungen sind zum Baubeginn bereits verkauft.

Zwischenfinanzierungsberechnung - Mustersiedlung

Zwischenfinanzierungsberechnung		Abruf der	Monate		Verkäufe		Kosten Grd.	Baukosten			Einnahmen nach MaBV				Summe	Summe	Zwischenfinanzierung	
Datum		Kaufpreisgelder			in WE		in DM	in %	in DM	Raten	in %		in DM	Summe in DM	Kosten	für Zwifi	Soll-Zinsen	Haben-Zinsen
		nach der MABV			einzel	gesamt	7.500.000		23.000.000		pro BA	gesamt	35.000.000				7,00%	3,00%
01.07.00	- Kaufvertrag		0	0														
01.12.00	- Baureife		5	5														
01.01.01	- Kaufpreisbelegung		1	6		0,0	7.500.000	0%	0			0	0	0	7.500.000	7.500.000	43.750,00	0,00
01.04.01	- Baubeginn	30,00% der Kaufpreise	3	9	70	70,0	7.500.000	5%	1.150.000	Rate 01	30,00%	30,00%	10.500.000	10.500.000	8.650.000	-1.850.000	0,00	-13.875,00
01.05.01			1	10		70,0	7.500.000	10%	3.450.000			0,00%	0	10.500.000	10.950.000	450.000	2.625,00	0,00
01.06.01			1	11		70,0	7.500.000	10%	5.750.000			0,00%	0	10.500.000	13.250.000	2.750.000	16.041,67	0,00
01.07.01			1	12		70,0	7.500.000	10%	8.050.000			0,00%	0	10.500.000	15.550.000	5.050.000	29.458,33	0,00
01.08.01	Rohbaufertigstellung	40,00% d. restl. 70 % d. Kaufpreise															0,00	0,00
	- Fertigst. d. Dachflächen inkl. d. Dachrinnen	8,00% d. restl. 70 % d. Kaufpreise															0,00	0,00
	- Rohinstalation der Heizungsarbeiten	3,00% d. restl. 70 % d. Kaufpreise															0,00	0,00
	- Rohinstalation der Sanitärarbeiten	3,00% d. restl. 70 % d. Kaufpreise															0,00	0,00
	- Rohinstalation der Elektroarbeiten	3,00% d. restl. 70 % d. Kaufpreise	1	13		70,0	7.500.000	10%	10.350.000	Rate 02	39,90%	39,90%	13.965.000	24.465.000	17.850.000	-6.615.000	0,00	-16.537,50
01.09.01	- Fertigst. d. Fensterarbeiten inkl. d. Verglasung	10,00% d. restl. 70 % d. Kaufpreise	1	14		70,0	7.500.000	10%	12.650.000	Rate 03	7,00%	7,00%	2.450.000	26.915.000	20.150.000	-6.765.000	0,00	-16.912,50
01.10.01	- Fertigstellung :																0,00	0,00
	- Innenputz	6,00% d. restl. 70 % d. Kaufpreise															0,00	0,00
	- Estricharbeiten	3,00% d. restl. 70 % d. Kaufpreise															0,00	0,00
	- Fliesenarbeiten	4,00% d. restl. 70 % d. Kaufpreise	1	15		70,0	7.500.000	10%	14.950.000	Rate 04	9,10%	9,10%	3.185.000	30.100.000	22.450.000	-7.650.000	0,00	-19.125,00
01.11.01	- Bezugsfertigkeit	12,00% d. restl. 70 % d. Kaufpreise	1	16		70,0	7.500.000	10%	17.250.000	Rate 05	8,40%	8,40%	2.940.000	33.040.000	24.750.000	-8.290.000	0,00	-20.725,00
01.12.01	- Fertigstellung des Außenputzes	3,00% d. restl. 70 % d. Kaufpreise	1	17		70,0	7.500.000	15%	20.700.000	Rate 06	2,10%	2,10%	735.000	33.775.000	28.200.000	-5.575.000	0,00	-13.937,50
01.01.02	vollständige Fertigstellung	5,00% d. restl. 70 % d. Kaufpreise	1	18		70,0	7.500.000	10%	23.000.000	Rate 07	3,50%	3,50%	1.225.000	35.000.000	30.500.000	-4.500.000	0,00	-11.250,00
	Summe		18	18	70	70	7.500.000	100%	23.000.000		100,00%	100,00%	35.000.000	35.000.000			91.875,00	-112.362,50
			Monate		WE		Kosten gesamt				Einnahmen gesamt						*-20.487,50*	

Fall 2: Die Wohnungen werden während der Bauphase verkauft.

Zwischenfinanzierungsberechnung - Mustersiedlung

Zwischenfinanzierungsberechnung Datum		Abruf der Kaufpreisgelder nach der MABV	Monate		Verkäufe in WE einzel	Verkäufe in WE gesamt	Kosten Grd. in DM 7.500.000	Baukosten in %	Baukosten in DM 23.000.000	Einnahmen nach MaBV in % pro BA	Einnahmen nach MaBV in % gesamt	Einnahmen nach MaBV in DM 35.000.000	Summe in DM	Summe Kosten	Summe für Zwifi	Zwischenfinanzierung Soll-Zinsen 7,00%	Zwischenfinanzierung Haben-Zinsen 3,00%
01.07.00	- Kaufvertrag		0	0													
01.12.00	- Baureife		5	5													
01.01.01	- Kaufpreisbelegung		1	6		0,0	7.500.000	0%	0		0	0	0	7.500.000	7.500.000	43.750,00	0,00
01.04.01	- Baubeginn	30,00% der Kaufpreise	3	9	7	7,0	7.500.000	5%	1.150.000	30,00%	3,00%	1.050.000	1.050.000	8.650.000	7.600.000	133.000,00	0,00
01.05.01			1	10	7	14,0	7.500.000	10%	3.450.000		3,00%	1.050.000	2.100.000	10.950.000	8.850.000	51.625,00	0,00
01.06.01			1	11	7	21,0	7.500.000	10%	5.750.000		3,00%	1.050.000	3.150.000	13.250.000	10.100.000	58.916,67	0,00
01.07.01			1	12	7	28,0	7.500.000	10%	8.050.000		3,00%	1.050.000	4.200.000	15.550.000	11.350.000	66.208,33	0,00
01.08.01	Rohbaufertigstellung	40,00% d. restl. 70 % d. Kaufpreise														0,00	0,00
	- Fertigst. d. Dachflächen inkl. d. Dachrinnen	8,00% d. restl. 70 % d. Kaufpreise														0,00	0,00
	- Rohinstalation der Heizungsarbeiten	3,00% d. restl. 70 % d. Kaufpreise														0,00	0,00
	- Rohinstalation der Sanitärarbeiten	3,00% d. restl. 70 % d. Kaufpreise														0,00	0,00
	- Rohinstalation der Elektroarbeiten	3,00% d. restl. 70 % d. Kaufpreise	1	13	7	35,0	7.500.000	10%	10.350.000	39,90%	22,95%	8.032.500	12.232.500	17.850.000	5.617.500	32.768,75	0,00
01.09.01	- Fertigst. d. Fensterarbeiten inkl. d. Verglasung	10,00% d. restl. 70 % d. Kaufpreise	1	14	7	42,0	7.500.000	10%	12.650.000	7,00%	11,19%	3.916.500	16.149.000	20.150.000	4.001.000	23.339,17	0,00
01.10.01	- Fertigstellung :															0,00	0,00
	- Innenputz	6,00% d. restl. 70 % d. Kaufpreise														0,00	0,00
	- Estricharbeiten	3,00% d. restl. 70 % d. Kaufpreise														0,00	0,00
	- Fliesenarbeiten	4,00% d. restl. 70 % d. Kaufpreise	1	15	7	49,0	7.500.000	10%	14.950.000	9,10%	14,06%	4.921.000	21.070.000	22.450.000	1.380.000	8.050,00	0,00
01.11.01	- Bezugsfertigkeit	12,00% d. restl. 70 % d. Kaufpreise	1	16	7	56,0	7.500.000	10%	17.250.000	8,40%	15,32%	5.362.000	26.432.000	24.750.000	-1.682.000	0,00	-4.205,00
01.12.01	- Fertigstellung des Außenputzes	3,00% d. restl. 70 % d. Kaufpreise	1	17	7	63,0	7.500.000	15%	20.700.000	2,10%	11,33%	3.965.500	30.397.500	28.200.000	-2.197.500	0,00	-5.493,75
01.01.02	vollständige Fertigstellung	5,00% d. restl. 70 % d. Kaufpreise	1	18	7	70,0	7.500.000	10%	23.000.000	3,50%	13,15%	4.602.500	35.000.000	30.500.000	-4.500.000	0,00	-11.250,00
Summe			18	18	70	70	7.500.000	100%	23.000.000	100,00%	100,00%	35.000.000	35.000.000			417.657,92	-20.948,75
			Monate		WE		Kosten gesamt			Einnahmen gesamt						*396.709,17*	

Fall 3: Alle Wohnungen werden erst nach der Fertigstellung verkauft.

Zwischenfinanzierungsberechnung - Mustersiedlung

Zwischenfinanzierungsberechnung Datum		Abruf der Kaufpreisgelder nach der MABV	Monate		Verkäufe in WE einzel	gesamt	Kosten Grd. in DM 7.500.000	Baukosten in %	in DM 23.000.000	Einnahmen nach MaBV Raten	in % pro BA	in % gesamt	in DM 35.000.000	Summe in DM	Summe Kosten	Summe für Zwifi	Zwischenfinanzierung Soll-Zinsen 7,00%	Haben-Zinsen 3,00%
01.07.00	- Kaufvertrag		0	0														
01.12.00	- Baureife		5	5														
01.01.01	- Kaufpreisbelegung		1	6		0,0	7.500.000	0%	0			0	0	0	7.500.000	7.500.000	43.750,00	0,00
01.04.01	- Baubeginn	30,00% der Kaufpreise	3	9		0,0	7.500.000	5%	1.150.000		30,00%	0,00%	0	0	8.650.000	8.650.000	151.375,00	0,00
01.05.01			1	10		0,0	7.500.000	10%	3.450.000			0,00%	0	0	10.950.000	10.950.000	63.875,00	0,00
01.06.01			1	11		0,0	7.500.000	10%	5.750.000			0,00%	0	0	13.250.000	13.250.000	77.291,67	0,00
01.07.01			1	12		0,0	7.500.000	10%	8.050.000			0,00%	0	0	15.550.000	15.550.000	90.708,33	0,00
01.08.01	Rohbaufertigstellung	40,00% d. restl. 70 % d. Kaufpreise															0,00	0,00
	- Fertigst. d. Dachflächen inkl. d. Dachrinnen	8,00% d. restl. 70 % d. Kaufpreise															0,00	0,00
	- Rohinstalation der Heizungsarbeiten	3,00% d. restl. 70 % d. Kaufpreise															0,00	0,00
	- Rohinstalation der Sanitärarbeiten	3,00% d. restl. 70 % d. Kaufpreise															0,00	0,00
	- Rohinstalation der Elektroarbeiten	3,00% d. restl. 70 % d. Kaufpreise	1	13		0,0	7.500.000	10%	10.350.000		39,90%	0,00%	0	0	17.850.000	17.850.000	104.125,00	0,00
01.09.01	- Fertigst. d. Fensterarbeiten inkl. d. Verglasung	10,00% d. restl. 70 % d. Kaufpreise	1	14		0,0	7.500.000	10%	12.650.000		7,00%	0,00%	0	0	20.150.000	20.150.000	117.541,67	0,00
01.10.01	- Fertigstellung :																0,00	0,00
	- Innenputz	6,00% d. restl. 70 % d. Kaufpreise															0,00	0,00
	- Estricharbeiten	3,00% d. restl. 70 % d. Kaufpreise															0,00	0,00
	- Fliesenarbeiten	4,00% d. restl. 70 % d. Kaufpreise	1	15		0,0	7.500.000	10%	14.950.000		9,10%	0,00%	0	0	22.450.000	22.450.000	130.958,33	0,00
01.11.01	- Bezugsfertigkeit	12,00% d. restl. 70 % d. Kaufpreise	1	16		0,0	7.500.000	10%	17.250.000		8,40%	0,00%	0	0	24.750.000	24.750.000	144.375,00	0,00
01.12.01	- Fertigstellung des Außenputzes	3,00% d. restl. 70 % d. Kaufpreise	1	17		0,0	7.500.000	15%	20.700.000		2,10%	0,00%	0	0	28.200.000	28.200.000	164.500,00	0,00
01.01.02	vollständige Fertigstellung	5,00% d. restl. 70 % d. Kaufpreise	1	18	70	70,0	7.500.000	10%	23.000.000	Rate 1	3,50%	100,00%	35.000.000	35.000.000	30.500.000	-4.500.000	0,00	-11.250,00
Summe			18	18	70	70	7.500.000	100%	23.000.000		100,00%	100,00%	35.000.000	35.000.000			1.088.500,00	-11.250,00
			Monate		WE		Kosten gesamt				Einnahmen gesamt						*1.077.250,00*	

10.7 Das Immobilienleasing

10.7.1 Das Wesen des Immobilienleasing

„Das Immobilienleasing" besteht i. d. R. aus einer Vielzahl von einzelnen Verträgen.

„Kernstück" ist dabei der **Leasingsvertrag,** mit dem Leasingsnehmer gegen Zahlung von Leasingraten für eine vereinbarte Zeit (sog. **Grundmietzeit**) ein Nutzungsrecht an einer Immobilie des Leasinggebers erhält.

Die Immobilie (Grundstück und Gebäude) wird nach den Wünschen des Leasingnehmers vom Leasinggeber finanziert, gekauft und gebaut und nach Fertigstellung eventuell betreut.

Gleichzeitig vereinbart man im Leasingvertrag Regelungen für die Nutzungsphase nach der Grundmietzeit, z. B. ein Ankaufsrecht für den Leasingnehmer.

Da die Inhalte der einzelnen Verträge aus steuerlichen Gründen für jeden Fall individuell gestaltet werden, begegnet man in der Praxis einer Vielzahl von Vertragsbeziehungen, die mitunter stark voneinander abweichen.

Die Rechtsbeziehungen beim Immobilienleasing

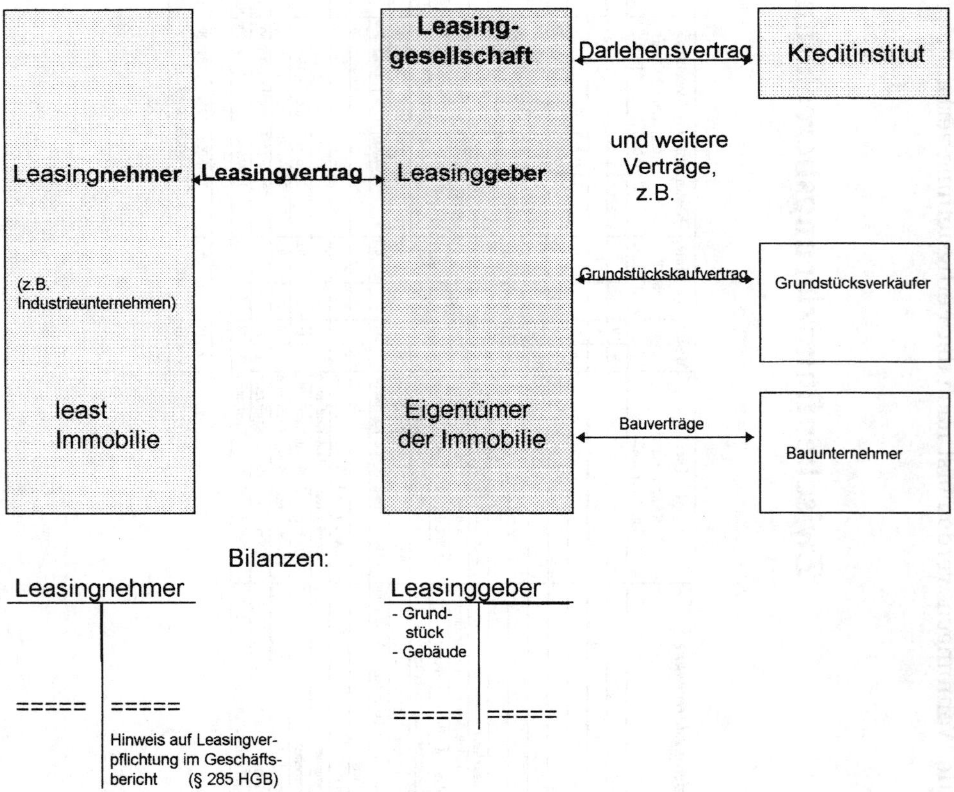

10.7.2 Der Immobilienleasing-Vertrag

Der Immobilienleasing-Vertrag regelt die Beziehungen zwischen dem Leasingnehmer und dem Leasinggeber. Darin werden die Verpflichtungen des Leasinggebers zur Beschaffung der Immobilie und der Errichtung des Bauwerkes, der Nutzung der Immobilie durch den Leasingnehmer und die Rechte und Pflichten der Vertragsparteien nach der Grundmietzeit geregelt.

10.7.2.1 Der Inhalt

Er stellt mit dem Nutzungsrecht des Leasingsnehmers im Wesentlichen einen Mietvertrag dar, der aber inhaltlich stark von einem Mietvertrag nach dem BGB abweicht.

Da es sich bei den Vertragsparteien um Gewerbetreibende handelt, brauchen die Schutzvorschriften des BGB für Wohnraummietverträge nicht beachtet zu werden, so dass der Vertrag vielseitig nach den jeweiligen Bedürfnissen ausgestaltet wird.

Der Immobilienleasing-Vertrag gewährt dem Leasingnehmer meist ein unkündbares **Nutzungsrecht** an der Immobilie des Leasinggebers auf längere Zeit (z. B. 20 Jahre), der **sog. Grundmietzeit.**

Der Leasingnehmer (z. B. ein Industrieunternehmen) zahlt dafür die vereinbarte Leasingrate.

Nach der Grundmietzeit können im Leasingvertrag verschiedene Rechte für Leasinggeber und Leasingnehmer vereinbart werden, z. B.:

Der Leasingnehmer
- kann das Objekt weiterhin mieten,
- kann das Objekt zu einem bei Vertragsbeginn vereinbarten Restbuchwert erwerben. (Dieses Recht kann auch dinglich im Grundbuch als Ankaufsrecht in Form einer Auflassungsvormerkung gesichert werden.)

Der Leasinggeber
- hat das Recht, von dem Leasingnehmer den Kauf des Objektes zum Restbuchwert zu verlangen, sog. Andienungsrecht, oder
- kann das Objekt an einen Dritten veräußern.

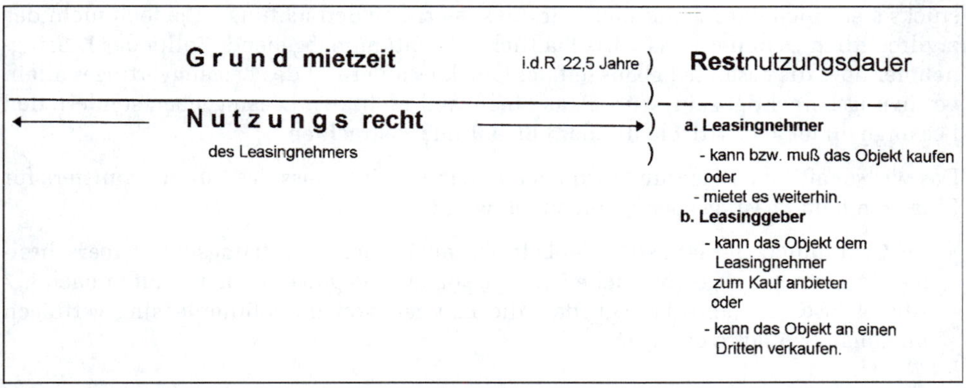

10.7.2.2 Inhaltliche Unterschiede des Immobilienleasingvertrages zum Mietvertrag nach dem BGB

Der Leasingvertrag unterscheidet sich zu einem Mietvertrag nach dem BGB in der Zahlungsverpflichtung, der Berechnung der finanziellen Gegenleistung des Leasingnehmers (= der Leasingraten) und der Verpflichtung des Leasingnehmers hinsichtlich seiner Instandhaltungspflichten am Objekt.

10.7.2.2.1 Die Leasingraten

- Der Leasingnehmer ist auch dann zur Zahlung (der Leasingraten) während der Grundmietzeit verpflichtet, wenn die Nutzung des Gebäudes nicht mehr gegeben ist.
- Die Höhe der Leasingraten
  - orientiert sich bei der Ermittlung an den **Investitionskosten** (Grundstückspreis und Baukosten), die die Leasinggesellschaft zum Bau dieses Objektes aufwenden musste, und an den **Kosten nach der Bezugsfertigkeit** (z. B. Zins- und Tilgungsleistungen für die Darlehen, öffentliche Lasten und den Gewinn für die Leasinggesellschaft). Die Leasingraten können sich nicht an einer ortsüblichen Vergleichsmiete orientieren, weil es sich hier um einmalige Gebäude handelt, die i. d. R. nach den Wünschen des Nutzers (Leasingnehmers) errichtet werden.
  - werden während der Grundmietzeit vom Leasinggeber **nicht verändert,** abgesehen von Zinsveränderungen bei den aufgenommenen Darlehen.
  - zu den einzelnen Zahlungsterminen **können** den Wünschen des Leasingnehmers **angepasst werden.** Die einzelnen Raten während der Grundmietzeit müssen nicht immer gleichbleibend hoch sein, sondern können einen steigenden oder fallenden Verlauf haben. Insgesamt bleibt die Summe der Raten in der Grundmietzeit gleich.

10.7.2.2.2 Besondere Pflichten des Leasingnehmers während der Grundmietzeit

Der Leasingnehmer verpflichtet sich, das **Gebäude** während der Vertragsdauer in einem zu dem **vertragsmäßigen Gebrauche geeigneten Zustand zu erhalten.** Er übernimmt damit eine Pflicht, die nach dem Wesensmerkmal eines Mietvertrages i. d. R die Aufgabe des Vermieters ist.

10.7.2.2.3 Die Vertragsdauer

Um die steuerlichen Vorteile aus der rechtlichen Gestaltung zu nutzen, muss der Leasinggeber Eigentümer des Objektes sein. Der Leasinggeber ist als Käufer des Grundstücks stets auch der Eigentümer. Für die steuerliche Betrachtung ist jedoch nicht das zivilrechtliche, sondern das wirtschaftliche Eigentum maßgebend. Sollte der Leasingnehmer über die gesamte Lebenszeit des Objektes aufgrund des Leasingvertrages allein verfügungsberechtigt sein, würde das Finanzamt nicht den Leasinggeber, sondern den Leasingnehmer als (wirtschaftlichen) Eigentümer betrachten.

Das wirtschaftliche Eigentum wird nach einem Leasingerlass des Bundesministers für Finanzen dem Leasinggeber zugerechnet, wenn

- die Grundmietzeit nicht 90 % der betriebsgewöhnlichen Nutzungsdauer überschreitet. Da die betriebsgewöhnliche Nutzungsdauer von gewerblichen Bauten nach § 7 Abs. 4 EStG 25 Jahre beträgt, darf die Laufzeit von Immobilienleasing-Verträgen maximal 22,5 Jahre betragen.

10.7.3 Immobilienleasing-Objekte

Immobilienleasing kommt im Wohnungsbau nicht vor, weil Wohnungsunternehmen nicht nur an einer Nutzung der Objekte für eine gewisse Zeit interessiert sind, sondern an dauerhaftem Eigentum.

Leasingnehmer findet man oft bei gewerblichen Bauten, z. B. Industriebauten, Bürogebäuden, Hotels. Ca. 20 % der gewerblichen Bauinvestitionen in Deutschland werden mittels Leasing finanziert.

Es gibt drei Möglichkeiten, wie der Leasinggeber zu dem gewünschten Objekt kommt:

1. Das Objekt wird von dem Leasinggeber nach den Wünschen des Leasingnehmers neu errichtet **(„Neubau-Leasing“).**
2. Ein **bestehendes Objekt** ist für den Leasingnehmer geeignet. Der Leasinggeber muss es erst **von dem Dritten erwerben** („buy-and-lease“).
3. Der Leasingnehmer ist bereits Eigentümer des bestehenden Objektes. Er überträgt zuerst das Eigentum an den Leasinggeber und erhöht mit dem Geld des Kaufpreises seine Liquidität und löst damit eventuell auch stille Reserven auf, weil der Verkaufspreis i. d. R höher ist als der Buchwert. Anschließend least er dasselbe Objekt wieder von dem Leasinggeber („sale-and-lease-back“).

In den letzten Jahren haben sich auch die Bundesländer und Kommunen des alternativen Finanzierungsmittels „Leasing“ bedient. Krankenhäuser, Messehallen, Jugendhaftanstalten, Arbeitsämter, Kläranlagen usw. werden von Privatpersonen finanziert und anschließend von den öffentlichen Gebietskörperschaften geleast.

10.7.4 Die Finanzierung des Immobilienleasing-Objektes

Beim Leasing sorgt der Leasinggeber für die vollständige Finanzierung des Bauwerkes. Das Kapital stellen Kreditinstitute zur Verfügung. Als Sicherheit dient ihnen bis zur Beleihungsgrenze das Objekt selbst, das sie beleihen, und darüber hinaus die Bonität des Leasingnehmers, der mit seinen Leasingraten letztlich die Zins- und Tilgungsbeträge für die aufgenommenen Darlehen aufbringen muss. Es ist denkbar, dass der Leasinggeber zusätzlich die Leasingraten des Leasingnehmer an das Kreditinstitut abtritt oder sogar verkauft (sog. Forfaitierung).

Ein Leasingnehmer wird i. d. R. nicht bereit sein, während der Grundmietzeit von 90 % der betriebsbedingten Nutzungsdauer mit seinen Leasingraten 100 % der Gesamtkosten des Objektes zu tilgen (sog. Vollamortisation) und anschließend die bereits „bezahlte“ Immobilie von dem Leasinggeber zu erwerben. Beim Immobilienleasing ist es in der Praxis deshalb üblich, während der Grundmietzeit die Gesamtkosten bis zum steuerlichen Restwert nach der normalen Abschreibung abzutragen (sog. Teilamortisation). Anschließend könnte der Leasingnehmer das Objekt zum Restbuchwert erwerben, wenn eine Kaufoption für ihn vereinbart war.

Mitunter beschaffen Leasinggeber Teile des notwendigen Kapitals, indem sie Fonds gründen und auf diese Weise Geld von privaten Anleger sammeln.

10.7.5 Die Vorzüge des Leasings für einen Leasingnehmer

10.7.5.1 Finanzielle Aspekte

Da Kreditinstitute den Bau von Gebäuden nicht zu 100 % beleihen, muss jeder Bauherr stets einen Teil der Gesamtkosten aus eigenen Mittel bestreiten. Dieses Kapital ist vielfach nicht vorhanden. Sofern es vorhanden sein sollte, wird es langfristig gebunden und stellt somit für finanzschwache Industrieunternehmen ein Investitionshindernis dar, weil das Geld nicht für den eigentlichen Produktionsprozess eingesetzt werden kann, z. B zum Kauf von Rohstoffen.

Für einen Leasingnehmer ergeben sich gegenüber dem Kauf folgende Vorteile:

- Sofern man über **kein Eigenkapital** verfügt, kann man das gewünschte Objekt **dennoch bauen** und anschließend **nutzen.**
- Sofern zum Vertragsbeginn **Eigenkapital vorhanden** ist, schont man mit Leasing die eigene **Liquidität** und kann es für dringendere Projekte des Unternehmens **investieren.**

Die Möglichkeit, z. B. die Höhe der Leasingraten den finanziellen Einnahmen des Leasingnehmers anzupassen, und andere Gestaltungsmöglichkeiten der Verträge führen zu steuerlichen Vorteilen für den Leasingnehmer. Sofern der Leasinggeber als Eigentümer des Objektes steuerliche Nachteile erleidet, wird er die Leasingraten des Leasingnehmers um diese Beträge erhöhen.

10.7.5.2 Die Leistungen des Leasinggebers

Der Leasingnehmer schließt nicht nur den Leasingvertrag ab, um ein Objekt zu nutzen. Ausschlaggebend für den Vertragsabschluss sind die weiteren Dienstleistungen des Leasinggebers.

Für Leasingnehmer (z. B. Industrieunternehmen oder Kommunen) gehört die Errichtung von Bauwerken nicht zu den täglichen Arbeiten, sondern stellt die Mitarbeiter vor völlig neue Probleme, in die sie sich bei der komplizierten Rechtsmaterie des Grundstücks- und Baurechts sowie in die Verfahrensabläufe schwer einarbeiten können. Es ist zudem unwirtschaftlich, sich für die Errichtung nur eines Bauwerkes Spezialkenntnisse anzueignen, die später nicht mehr benötigt werden.

Das Leasingunternehmen ist **spezialisiert** auf die Auswahl von Grundstücken, der Projektierung von Bauten, dem Bau, der Finanzierung, der Verwaltung fertiger Bauten und sorgt für die Beratung in steuerlichen Fragen.

Die Vielzahl von Dienstleistungsangeboten entlastet den Leasingnehmer von vielen Fragen und Problemen um die benötigte Immobilie, so dass er sich auf seine eigenen Aufgaben in der Wirtschaft konzentrieren kann.

Der Leasinggeber trägt das **Verwertungsrisiko** des Objektes nach der Grundmietzeit. Der Leasingnehmer kann sich i. d. R. anschließend ohne finanzielle Folgen von dem Objekt trennen, wenn er es nicht mehr nutzen möchte.

10.8 Immobilienerwerb zur Selbstnutzung und als Geldanlage

10.8.1 Die Ermittlung der finanziellen Belastung einer Privatperson beim Bau oder Erwerb eines selbst genutzten Eigentumsobjektes (Die Lastenberechnung)

10.8.1.1 Ziele der Lastenberechnung

Mit einer Wirtschaftlichkeitsberechnung ermittelt man die Durchschnittsmiete bei Vermietung von Objekten.

Die Lastenberechnung hingegen dient dem Eigentümer, z. B. eines Eigenheims oder einer selbst genutzten Eigentümerwohnung, seine laufende finanzielle Belastung zu ermitteln. Er will damit prüfen, ob er sich das Wohnen in dem Objekt finanziell leisten kann.

10.8.1.2 Inhalt einer Lastenberechnung

Bei einer Lastenberechnung geht man wie bei einer Wirtschaftlichkeitsberechnung von den Gesamtkosten des Objektes aus (z. B. Grundstückskosten, Baukosten bzw. Kaufpreis) und stellt die Finanzierungsmittel gegenüber.

Bei der Zusammenstellung der Lasten sollen in erster Linie die tatsächlichen Ausgaben des Eigentümers und nicht die Aufwendungen ermittelt werden. Es entfallen also diejenigen Positionen einer Wirtschaftlichkeitsberechnung, die kalkulatorische Ansätze darstellen, z. B. die Eigenkapitalverzinsung.

Zu den Positionen **„Belastung"** in einer Lastenberechnung zählen

1. aus dem **Kapitaldienst**
   - die Fremdkapitalkosten **(= Zinsen)** und
   - die **Tilgungsbeiträge** für das Fremdkapital, (nicht hingegen die kalkulatorischen Zinsbeträge für das eingebrachte Eigenkapital),
2. aus der **Bewirtschaftung**
   - (keine Abschreibungsbeträge, weil sie keine Ausgabe darstellen)
   - die **Ausgaben für die Verwaltung,** wenn hierfür tatsächlich an Dritte Beträge gezahlt werden (z. B. für die Verwaltung von Eigentumswohnungen)
   - die **Betriebskosten,**
   - die **Instandhaltungskosten,**
   - (kein Mietausfallwagnis, weil der Eigentümer das Objekt selbst bewohnt)

10.8.1.3 Beispiele von Lastenberechnungen

10.8.1.3.1 Die Lastenberechnung ohne staatliche Förderung

Sachverhalt:

Die Gesamtkosten der 110 m² großen Eigentumswohnung betragen 591.200 DM
Finanzierung:

– Tilgungsdarlehen von Banken (7 % Zinsen, 1 % Tilgung)	470.000 DM
– Eigenmittel	121.200 DM
	591.200 DM

Ermittlung der **monatlichen Belastung:**

I. Kapitalkosten	
Tilgung und Zinsen	3.133,– DM
II. Bewirtschaftungskosten	
Kosten für den Verwalter der Eigentumswohnung	45,– DM
Betriebskosten	500,– DM
Instandhaltungskosten	120,– DM
insgesamt: monatlich	3.798,– DM

10.8.1.3.2 Die Lastenberechnung mit staatlicher Förderung – in Form eines öffentlichen Baudarlehens –

Bei einem selbst genutzten Eigentumsobjekt mit staatlicher Förderung ist nicht nur der Eigentümer interessiert, ob er es sich leisten kann, auch der Staat will wissen, ob das Einkommen des Eigentümers nach Abzug der Belastungen zum Lebensunterhalt ausreicht. Ist die wirtschaftliche Existenzgrundlage des Antragstellers gefährdet, wird das Objekt nicht gefördert.

Der Staat fördert nur Wohnflächen innerhalb bestimmter Grenzen, die sich nach der Familiengröße richten. Sofern die Wohnung größer ist, muss der Bauherr die Kosten für die darüber hinausgehende Wohnfläche selbst finanzieren.

Die staatliche Förderung unterscheidet sich meist von der Förderung für Mietwohnungen. Der vom Selbstnutzer aufzubringende Eigenkapitalanteil wird in den Förderungsrichtlinien der einzelnen Bundesländer festgelegt und liegt gegenüber dem Mietwohnungsbau i. d. R. etwas niedriger, z. B. bei ca. 10 %. Der Staat gewährt für Eigentumsmaßnahmen besondere Fördermittel, z. B. Familienzusatzdarlehen (§ 45 II. WoBauG).

Die zumutbare Einstiegsbelastung liegt höher als bei einer vergleichbaren Mietwohnung.

Auch der Käufer oder Bauherr einer öffentlich geförderten sozialen Wohnung darf ein bestimmtes Einkommen nicht überschreiten, wenn er das Objekt selbst bewohnen möchte. Er benötigt eine Selbstbenutzungsgenehmigung (Angemessenheitsbescheinigung) gemäß § 6 WoBindG, die einem Wohnberechtigungsschein ähnelt.

Sofern man aber vier öffentlich geförderte Wohnungen gebaut hat, kann man eine davon selbst dann beziehen, wenn man die Einkommensgrenzen überschreitet.

Bei der Erstellung der Lastenberechnung müssen die Vorschriften der II. BV (§§ 40–41) beachtet werden. So darf z. B. für die Verwaltung einer Eigentumswohnung nur ein Höchstsatz von 500 DM in der Lastenberechnung angesetzt werden, auch dann, wenn die tatsächliche Ausgabe höher ist.

§ 40–41 II. BV

Das Verfahren zur Erstellung einer **Lastenberechnung nach der II. BV** wird an folgendem Beispiel dargestellt:

Sachverhalt:

Ein verheiratetes Ehepaar (Alter 35 Jahre) mit drei Kindern (9, 10 und 12 Jahre alt) will sich eine Eigentumswohnung in der Musterstadt unter folgenden Voraussetzungen kaufen.

Familieneinkommen (brutto): 84 000,– DM/p.a. (7 000,– DM/p.M.)

anrechenbares Familieneinkommen
(gemäß § 25 II. WoBauG): 55 200,– DM/p.a. (4 600 DM/p.M.)

Wohnfläche: 110 m²
Kaufpreis: 591 200 DM

Staatliche Förderbedingungen:
- Es werden maximal 100 m² Wohnfläche gefördert.
- Die Förderung erfolgt in Form von öffentlichen Baudarlehen, und zwar 4 000 DM/m² (Auszahlung 97 %, 0,6 % Zinsen, 1 % Tilgung).
- Das Familienzusatzdarlehen beträgt 7 000 DM (0 % Zinsen, 1 % Tilgung).
- Die Konditionen für das Bankdarlehen betragen: Zinssatz: 7 %, Tilgungssatz: 1 %
- Die vorgeschriebene Mindest-Eigenleistung beträgt 15 % des Kaufpreises.

Zur Finanzierung:

– Eigenleistung	DM	89.200,–
– Baudarlehen	DM	400.000,–
– Familienzusatzdarlehen	DM	7.000,–
– Restbetrag als Ia-Bankdarlehen	DM	95.000,–
Summe	DM	591.200,–

Ermittlung der monatlichen Belastung:

I. Kapitalkosten		
(Tilgung und Zinsen	DM	6.400,–
der aufgenommenen	DM	70,–
Darlehen)	DM	7.600,–
Summe	DM	16.470,–
II. Bewirtschaftungskosten		
Abschreibungen	DM	–,–
Verwaltungskosten	DM	500,–
Grundsteuer (Erfahrungswert)	DM	1.000,–
Instandhaltungskosten	DM	1.430,–
Summe (pro Jahr):	DM	19.400,–

: 12 = 1.616,67 DM (pro Monat)
: 110 m² = 14,70 DM/m² (pro Monat)

Die Mindesteigenbelastung:

Dieser Betrag fällt für die gesamte Wohnfläche von 110 m² an. Da der Staat bei diesem Ehepaar nur eine Wohnfläche von 100 m² fördert, wird die (rein rechnerische) Belastung für die Wohnfläche von 100 m² in Höhe von 17 636 DM/pro Jahr (= 19 400,– : 110 x 100) ermittelt.

Die monatliche Belastung beträgt 14,70 DM/m²/pro Monat. Sie darf auf der einen Seite nicht zu hoch sein, weil sie dann nicht tragbar wäre, sie darf auf der anderen Seite nicht zu niedrig sein, weil der Staat eine Mindesteigenleistung vom Erwerber erwartet, z. B. 8,– DM/m²/p.M. Die Höhe der Mindesteigenleistung orientiert sich i.d.R. an der vergleichbaren Einstiegsmiete von öffentlich geförderten Wohnungen.

Die tatsächliche Belastung in Höhe von 14,70 DM/m²/pro Monat liegt über der Mindesteigenleistung (Mindestbelastung) von 8,– DM. Läge sie darunter, würde die Förderungsanstalt die staatliche Förderung soweit reduzieren, bis die Belastung den Wert von 8,– DM/m²/pro Monat erreichte.

Die Ermittlung der Belastbarkeit

Den Betrag der tatsächliche monatlichen Belastung aus der gesamten Wohnfläche von 110 m² (= 1 616,67 DM) vergleicht man mit dem vorhandenen Nettoeinkommen des Bewerbers, um festzustellen, ob sich der Erwerber das Objekt auch finanziell langfristig leisten kann.

Einnahmen:	Gehalt (netto)	4 800,– DM
	Sonstiges	420,– DM
	Eigenheimzulage	416,– DM
	Summe:	**5 636,– DM**
Belastung:	monatliche Belastung	1 616,– DM
	einschließlich der restlichen Betriebskosten	275,– DM
	Lebensunterhalt	3 200,– DM
	Summe:	**5 091,– DM**
Restbetrag:	**Überschuss (+)**	**545,– DM**

Da dem Erwerber nach Abzug aller Belastungen ein positiver Restbetrag von 545,– DM verbleibt, kann das Objekt gefördert werden.

Dabei ist zu beachten, dass die vom Staat gewährte Eigenheimzulage nur für einen Zeitraum von 8 Jahren gezahlt wird. Unterstellt man dieselben Beträge, hätte die Familie in unserem Beispiel aber auch nach Wegfall der Eigenheimzulage noch einen Überschuss von 129,– DM.

10.8.2. Finanzielle Auswirkungen des Kaufs einer Eigentumswohnung – unter Berücksichtigung steuerlicher Aspekte –

10.8.2.1 Das Privatvermögen in Deutschland

Das **Vermögen** der privaten Haushalte in Deutschland in Form vor Geld-, Immobilien- und Gebrauchsvermögen betrug Ende 1998 ca. **15 Billionen DM**. Davon entfielen auf das **Geldvermögen** ca. **5,7 Billionen DM**, wovon allein im Jahre 1998 ca. 247 Milliarden gebildet wurden (Vgl. „Wirtschaft in Zahlen '99“: Bundesministerium für Wirtschaft und Technologie, Referat Öffentlichkeitsarbeit, Berlin, Stand: November 1999).

Die folgende Grafik zeigt die Vermögensbilanz privater Haushalte im Jahre 1997:

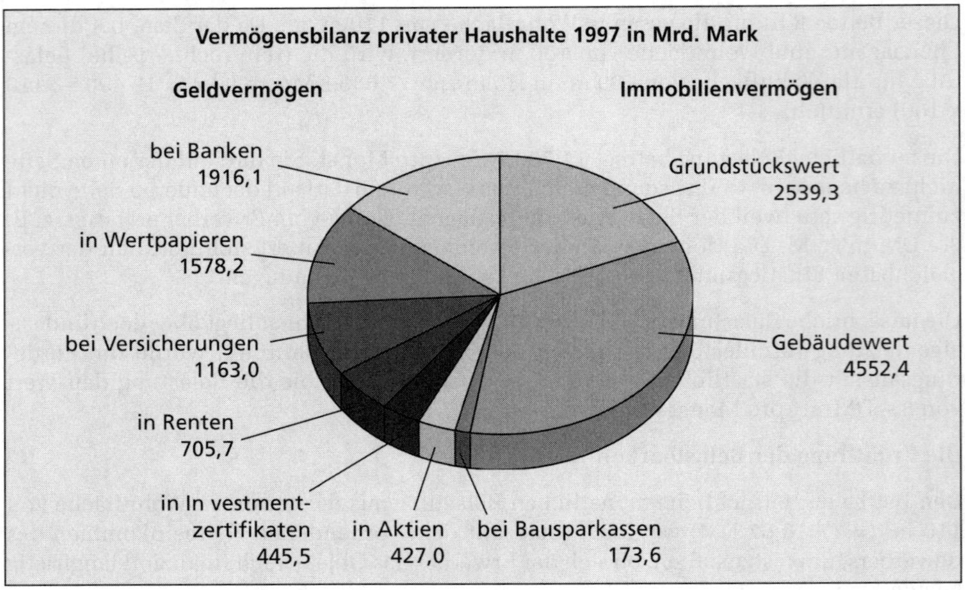

Quelle: Deutsche Bundesbank (veröffentlicht in der Tageszeitung „Berliner Zeitung“ am 20./21. Februar 1999)

Es ist anzunehmen, dass die Eigentümer des Geldvermögens einen Teil auch in Immobilien investieren werden. Als Erwerbsgründe für Immobilien nannten Grundstückseigentümer beispielsweise: Unabhängigkeit vom Vermieter, finanziell günstiger als Miete, Kapitalanlage, Sicherheit, Alterssicherung. Nach dem Ergebnis einer EMNID-Befragung sahen 75 % der Befragten in Immobilien die gewünschte Form der Altersvorsorge. Nur 25 % hatten diesen Wunsch jedoch erst realisiert. Bei dieser augenfälligen Differenz zwischen dem Wunsch und der Realität kann man davon ausgehen, dass noch viele Bürger am Kauf von Immobilien interessiert sind. Dem entspricht die niedrige Wohneigentumsquote in Deutschland (alte Bundesländer) von 41 %, im Gegensatz z. B. zu Großbritannien mit über 60 % oder Frankreich mit ca. 50 % (Vgl. Armin Hentschel, Institut für Soziale Stadtentwicklung e.V., Berlin: „Miete oder Eigentum – ein Vergleich unter ökonomisch-politischen Aspekten“ in Zeitschrift „Wohnungswirtschaft und Mietrecht“ 12/1999).

Eine Geldanlage kann erfolgen in Neubauten oder Altbauten, zur Selbstnutzung oder zur Vermietung als reine Kapitalanlage. Kapitalanleger werden zum Immobilienerwerb bereit sein, wenn sich die Anlage in Immobilien im Gegensatz zu anderen Anlageformen als attraktiv erweist, z. B. hinsichtlich der Verzinsung.

10.8.2.2 Kauf einer Neubauwohnung

Die finanziellen Auswirkungen sollen an dem folgenden Beispiel gezeigt werden:

Sachverhalt:

Ein Ehepaar mit 2 Kindern erwirbt eine Eigentumswohnung, Baujahr 2000, unter folgenden Bedingungen:

Anschaffungskosten	500 000,– DM	– **vorhandenes Eigenkapital** – **Bausparkassendarlehen** (Zinssatz 5 %, Tilgungssatz 7 %) – **Bankdarlehen** (Zinssatz 8 %, Tilgungssatz 1 %)	75 000,– DM 100 000,– DM 325 000,– DM
Summe:	**500 000,– DM**	Summe:	500 000,– DM

10.8.2.2.1 Die selbst genutzte Neubau-Eigentumswohnung

Die Belastung aus dem Fremdkapital beträgt:

Bauspardarlehen	12.000 DM/p.a.
Bankdarlehen	29.250 DM/p.a.
	41.250 DM/p.a. **(= 3.437,50 DM im Monat)**

Rechnet man für die monatliche **Bewirtschaftung** noch **500,– DM** hinzu, betrüge der **monatliche Liquiditätsbedarf** ca. 4 000 DM.

Die staatliche Förderung nach dem Eigenheimzulagengesetz:

Bauherren und Käufer selbst genutzer Immobilien erhalten bei einem Gesamtbetrag der Einkünfte pro Jahr (bis 80 000 DM bei Alleinveranlagung sowie bis 160 000 DM bei Zusammenveranlagung) als **staatliche Förderung** (8 Jahre lang) für sog. Neubau-Objekte, das sind Wohnungen, die bis zum zweiten auf das Jahr der Fertigstellung folgende Jahr angeschafft wurden,

- einen **Fördergrundbetrag („Bauzulage")** nach dem Eigenheimzulagengesetz in Höhe von 5 000,– DM/p.a. (= ca. 417,– DM/p.M.) und
- bei z. B. 2 Kindern noch eine **Kinderzulage** in Höhe von 1 500 DM/p.a. je Kind (hier: 3 000,– DM/p.a. = 250,– DM/p.M.)

  (Vgl. § 5 EigZulG:

  Die Einkunftsgrenzen wurden geändert mit dem Artikel des Gesetzes zur Änderung des Wohngeldgesetzes und anderer Gesetze vom 22. Dezember 1999 (BGBl. I 1999, S. 2671: Die Eigenheimzulage kann beantragen, wessen Gesamtbetrag der Einkünfte im 1. Jahr der Förderung zusammen mit dem Gesamtbetrag der Einkünfte des Vorjahres nicht mehr als 160 000 DM für Alleinstehende bzw. 320 000 DM für Verheiratete beträgt, zuzüglich 60 000 DM für jedes Kind. Es werden also die Gesamteinkünfte für zwei Jahre zugrunde gelegt. Ein Ehepaar mit zwei Kindern erhält die Eigenheimzulage also noch bis zu Gesamteinkünften in zwei zugrunde zu legenden Jahren in Höhe von 440 000 DM [320 000 DM + 120 000 DM (für die Kinder)]).

Die **monatliche Gesamtbelastung** reduzierte sich dann in der 8-jährigen Förderzeit von 4 000,– DM um 667,– DM auf **3 333,– DM.**
Geht man von einem Bruttogehalt eines 4-Personen-Haushaltes von 8 000 DM und einem Netto-Monatseinkommen von 6 000 DM aus, blieben der Familie im Monat noch ca. 2 600,– DM zur privaten Lebensführung (für Lebensmittel, Kleidung usw).

10.8.2.2.2 Die vermietete Neubau-Eigentumswohnung

Die monatliche Belastung für Zins- und Tilgung sowie die Bewirtschaftungskosten soll identisch sein mit dem selbst genutzten Objekt (insgesamt ca. 4 000,– DM). Von diesem Betrag muss man die monatlichen Mieteinnahmen von beispielsweise 1 500,– DM abziehen, so dass sich ein **monatlicher Liquiditätsbedarf** von **2 500,– DM** ergibt.

In der **Einkommensteuererklärung** werden Einnahmen und Werbungskosten unter der Einkommensart Vermietung und Verpachtung erfasst.

Als **Werbungskosten** gelten die im jeweiligen Jahr gezahlten

• **Zinsen**	5 000,– DM für das Bauspardarlehen 26 000,– DM für das Bankdarlehen	(keine Tilgungsbeträge)
• **Bewirtschaftungskosten**	(soweit als Werbungskosten ansetzbar) z. B. 6 000,– DM	(keine Hausgeldzahlungen für die Instandhaltungsrücklage)

Zusätzlich kann man die Abschreibungsbeträge **(= Absetzung für Abnutzung)** für die Herstellungskosten des Gebäudes ohne Grundstückskosten geltend machen (hier z. B. 450 000,– DM). Hierbei könnte man im ersten Jahr z. B. wählen zwischen der

- **normalen Abschreibung** nach **§ 7 Abs. 4 EStG**
  (2 % p.a. der Herstellungskosten des Gebäudes) = 9 000,– DM
  oder
- der sog. **degressiven Abschreibung** nach **§ 7 Abs. 5 EStG**
  (von 5 % im ersten Jahr) = 25 000,– DM

Wählte man bei den Objekten die degressive Abschreibung, könnte man in seiner Einkommensteuererklärung unter den Einkünften aus Vermietung und Verpachtung folgende Beträge ansetzen:

Einkünfte aus Vermietung und Verpachtung:

Werbungskosten		**Mieteinnahmen**	
Zinsen (Bauspardarlehen)	5 000,– DM	angenommene Mieteinnahmen:	18 000,– DM
Zinsen (Bankdarlehen)	26 000,– DM		
Bewirtschaftungskosten	6 000,– DM		
Sonderabschreibung (degressive Abschreibung (§ 7 Abs.5 EStG)	22 500,– DM		
Zwischensumme:	59 500,– DM	Zwischensumme:	18 000,– DM
Differenz: **= Verlust aus Vermietung und Verpachtung**	**41 500,– DM**		

Dieser Verlust in Höhe von 41 500,– DM (sog. negativen) Einkünften aus Vermietung sind verrechnungsfähig mit anderen positiven Einkünften, z. B. Einkünften aus unselbstständiger Arbeit.

Die Steuerersparnis hängt von dem jeweils zu versteuernden Einkommen ab. Der Einkommensteuertarif besteht aus vier Tarifzonen. Bei einem angenommenen nachhaltigen

Grenzsteuersatz (von z. B.)	=	51 %
+ 5,5 % Solidaritätszuschlag (von diesen 51 %)	=	2.805 %
beträgt der Einkommensteuersatz	=	53,805 %

Die Steuerersparnis erhält man, indem die ausgewiesenen Verluste mit dem Grenzsteuersatz multipliziert werden:

Ermittlung der Einkommensteuerersparnis:

Verlust aus Vermietung und Verpachtung	**x**	jeweiliger **Einkommen-steuersatz**	**=**	**Einkommen-steuerersparnis**
41 500,– DM	x	(hier:) 53,805 %	=	22 329,08 DM

Betrachtet man nun im Jahre 2000 die Investitionsentscheidung zum Kauf einer Eigentumswohnung mit Anschaffungskosten in Höhe von 500 000,– DM unter Berücksichtigung der Einkommensteuerersparnis, ergeben sich folgende finanzielle Auswirkungen:

Ermittlung der Kapitalrendite:

Ausgaben:		Einnahmen:	
Zinsen (Bauspardarlehen)	5 000,– DM	Mieteinnahmen	18 000,– DM
Zinsen (Bankdarlehen)	26 000,– DM		
Bewirtschaftungskosten	6 000,– DM		
		Einkommensteuerersparnis bzw. -rückerstattung	22 329,08 DM
Zwischensumme:	37 000,– DM	Zwischensumme:	40 329,08 DM
		Einnahmenüberschuss:	**3 329,08DM**

Damit erhält dieser Investor für die Anschaffungskosten in Höhe von 500 000,– DM **im ersten Jahr** 3 329,08 DM. Das entspricht einer **Kapitalrendite** von **0,67 %.**

10.8.2.3 Kauf einer Eigentumswohnung (Altobjekt)

Der Sachverhalt:

Ein Käufer erwirbt eine Eigentumswohnung, Baujahr 1980, unter folgenden Bedingungen:

Anschaffungskosten	400 000,– DM	– **vorhandenes Eigenkapital**	75 000,– DM
		– **Bausparkassendarlehen** (Zinssatz 5 %, Tilgungssatz 7 %)	100 000,– DM
		– **Bankdarlehen** (Zinssatz 8 %, Tilgungssatz 1 %)	225 000,– DM
Summe:	**400 000,– DM**	Summe:	**400 000,– DM**

10.8.2.3.1 Die selbst genutzte Eigentumswohnung (Altobjekt)

Beispiel (1):

Ziel des Kaufes: Die Selbstnutzung

Die Belastung aus dem Fremdkapital beträgt:

Bausparkassendarlehen	12 000,– DM/p.a.
Bankdarlehen	20 250,– DM/p.a.
	32 250,– DM/p.a. (= 2 687,50 DM/p.M.)

Zuzüglich der veranschlagten monatlichen Bewirtschaftungskosten von 500,– DM beträgt die **monatliche Gesamtbelastung ca. 3 200,– DM.**

Die staatliche Förderung nach dem Eigenheimzulagengesetz:

Die Eigenheimzulage kann beantragen, wessen Gesamtbetrag der Einkünfte im 1. Jahr der Förderung zusammen mit dem Gesamtbetrag der Einkünfte des Vorjahres nicht mehr als 160 000,– DM für Alleinstehende bzw. 320 000,– DM für Verheiratete beträgt, zuzüglich 60 000,– DM für jedes Kind. Für sog. **Altobjekte**, das sind Wohnungen, die nicht bis zum zweiten auf das Jahr der Fertigstellung folgende Jahr angeschafft wurden, erhält ein Ehepaar mit 2 Kindern 8 Jahre lang vom Finanzamt

– einen **Fördergrundbetrag** nach dem Eigenheimzulagengesetz in Höhe von 2 500,– DM/p.a. = ca. 208,– DM/p.M.

und zuzüglich

- bei z. B. 2 Kindern noch eine Kinderzulage in Höhe von **1.500,– DM/p.a. je Kind** (hier: 3 000,– DM/p.a) = ca. 250,– DM/p.M.

Die **monatliche Gesamtbelastung** reduzierte sich durch die staatliche Förderung von 3 200,– DM um 458,– DM auf 2 742,– DM.

Geht man von einem Bruttogehalt eines 4-Personen-Haushaltes von 8 000,– DM und einem von Netto-Monatseinkommen von 6 000,– DM aus, blieben der Familie im Monat noch ca. 3 258,– DM zur privaten Lebensführung (für Lebensmittel, Kleidung usw.).

10.8.2.3.2 Die vermietete Eigentumswohnung (Altobjekt)

Beispiel (2):

Ziel des Kaufes: reine Kapitalanlage

Die monatliche Belastung soll wie im Fall der Selbstnutzung für Zins- und Tilgung sowie die Bewirtschaftung mit 3 200,– DM identisch sein.

Von diesem Betrag muss man die monatlichen Mieteinnahmen von beispielsweise 1 200,– DM abziehen, so dass sich der **monatliche Liquiditätsbedarf auf 2 000,– DM** reduziert.

Die Einnahmen und Werbungskosten werden in der Einkommensteuererklärung unter Einkünften aus Vermietung und Verpachtung erfasst.

Als **Werbungskosten** werden die im jeweiligen Jahr gezahlten

- **Zinsen** (z. B. 5 000,– DM für das Bauspardarlehen und 18 000,– DM für das Bankdarlehen) sowie die
- **Bewirtschaftungskosten** von z. B. 6 000,– DM angesetzt.

Zusätzlich kann man die Abschreibungsbeträge (= **Absetzung für Abnutzung**) für die Herstellungskosten des Gebäudes ohne Grundstückskosten geltend machen (hier z. B. 350 000,– DM). Dabei könnte man im ersten Jahr (nur) die

- **normale Abschreibung** nach **§ 7 Abs. 4 EStG**

in Höhe von 2 % p.a. der Herstellungskosten des Gebäudes geltend machen	= 7 000,– DM
oder	
2,5 % bei den Gebäuden, die **vor dem 01.01.1925** fertiggestellt wurden	= 8 750,– DM

In der **Einkommensteuererklärung** unter den Einkünften aus Vermietung und Verpachtung könnte man bei einer Eigentumswohnung, Baujahr 1980, folgende Beträge ansetzen:

Einkünfte aus Vermietung und Verpachtung:

Werbungskostern		Mieteinnahmen	
Zinsen (Bauspardarlehen)	5 000,– DM	angenommene Mieteinnahmen	14 400,– DM
Zinsen (Bankdarlehen)	18 000,– DM		
Bewirtschaftungskosten	6 000,– DM		
normaleAbschreibung (§ 7 Abs. 4 EStG)	7 000,– DM		
Zwischensumme:	36 000,– DM	Zwischensumme	14 400,– DM
Differenz: = **Verlust aus Vermietung und Verpachtung**	**21 600,– DM**		

Diese negativen Einkünfte aus Vermietung und Verpachtung sind verrechnungsfähig mit anderen positiven Einkünften.

Wer einen Gesamtbetrag der jährlichen Einkünfte von 300 000,– DM hat, spart im Jahre 2000 bei einem Grenzsteuersatz von 53,805 % (51 % + 5,5 % Solidaritätszuschlag) einen Steuerbetrag von 11 621,88 DM (53,805 % von 21 600,– DM).

Wessen Gesamtbetrag der jährlichen Einkünfte 100 000,– DM beträgt, der spart wegen des niedrigeren Grenzsteuersatzes von ca. 30 % für diese Einkunftshöhe (nur) ca. 6 500,– DM Steuern (30 % von 21 600,– DM).

Betrachtet man zur **Ermittlung der Kapitalrendite** die finanziellen Auswirkung der Investitionsentscheidung in Höhe von 400 000,– DM und vergleicht die Einnahmen und Ausgaben bei einer Person mit einem Gesamtbetrag der jährlichen Einkünfte von 300 000,– DM, erhält man im ersten Jahr

Ermittlung der Kapitalrendite:

Ausgaben:		Einnahmen:	
Zinsen:	5 000,– DM	Mieteinnahmen	14 400,– DM
Zinsen:	18 000,– DM	Einkommensteuer- • -ersparnis bzw. • -rückerstattung	11 621,88 DM
Bewirtschaftungskosten	6 000,– DM		
Zwischensumme:	29 000,– DM	Zwischensumme:	26 021,88 DM
Ausgabenüberschuss:	2 978,12 DM		

Damit erhält dieser Investor für die Anschaffungskosten von 400 000,– DM im ersten Jahr **keine Verzinsung** für sein eingesetztes Kapital.

Er müsste sich überlegen, ob er z. B. die Mieteinnahmen erhöhen kann. Auf der Ausgabenseite werden sich die Zinsausgaben in den nächsten Jahren wegen der Darlehenstilgung reduzieren, so dass die Zinsbelastungen sinken werden.

Nicht berücksichtigt wurden Instandhaltungen oder Instandsetzungsmaßnahmen, die insbesondere bei alten Objekten die Rendite zusätzlich negativ beeinflussen.

10.8.3 Sonstige Anlagen

Mit dem Kauf z. B. einer Eigentumswohnung erwirbt ein Anleger direkt das Eigentum an einer Immobilie. Er kann sie selbst nutzen oder vermieten. Er verwaltet sie selbst und vertritt seine Rechte z. B. in den Wohnungseigentümerversammlungen.

Neben der Möglichkeit des direkten Erwerb mit der unmittelbaren Nutzungsmöglichkeit bestehen Anlageformen in Immobilien, bei denen der Anleger einer Gesellschaft nur sein Kapital zur Verfügung stellt, um aus der Immobilienanlage einen möglichst hohen Gewinn zu erhalten. An einer Selbstnutzung sind diese Anleger nicht interessiert.

10.8.3.1 Investmentfonds

Wer sein Geld direkt in Wertpapiere oder Grundstücke anlegen möchte und anschließend optimal verwalten will, der braucht

- die notwendige Kenntnisse,
- ein notwendiges Mindestkapital, insbesondere bei Grundstücken,
- die notwendige Zeit für die laufende Verwaltung.

Vielen Geldanlegern fehlen diese Voraussetzungen.

Sie wollen ihr Geld möglichst

- ohne eigenen Zeitaufwand,
- sicher und risikolos,
- hoch verzinslich,
- wertsteigernd und
- schnell liquidierbar

anlegen.

Investmentfonds stellen für diese Personengruppe eine ideale Anlagemöglichkeit in Wertpapieren oder in Grundstücken dar.

❍ Die Beteiligung

Eine **Kapitalanlagegesellschaft** nimmt von den Anlegern selbst **kleine Beträge** (auch unter 100,– DM) entgegen und legt das gesammelte Geld nach dem Grundsatz der **Risikostreuung** im eigenen Namen für gemeinschaftliche Rechnung der Anleger in Aktien, festverzinslichen Wertpapieren oder Grundstücken an.

Bei einem Investmentfonds beteiligt sich eine unbegrenzte Zahl von Anlegern (nach oben „offen") nicht direkt, sondern indirekt über einen Fonds an Wertpapieren und Grundstücken. Jeder Anleger erhält von der Kapitalanlagegesellschaft für seine Beteiligung an dem Sondervermögen einen Anteilsschein ausgestellt (**sog. Investmentzertifikate**). Die Anteilsscheine werden nicht an einer Wertpapierbörse gehandelt, sondern z. B. von Geschäftsbanken an- und verkauft.

Kapitalanlagegesellschaften müssen gemäß KAGG ihre ausgegebenen Anteilsscheine jederzeit zurückkaufen. Die Anteilsscheine können damit problemlos wieder in Bargeld verwandelt werden, sie sind somit **fungibel**.

❍ Der rechtliche Schutz des Anlegers

Kapitalanlagegesellschaften gelten nach dem Kreditwesengesetz (KWG) als Kreditinstitute und werden deshalb vom **Bundesaufsichtsamt für das Kreditwesen** (BAKred) staatlich überwacht.

Zusätzlich unterliegen alle Kapitalanlagegesellschaften zum Schutz der Anleger den Vorschriften des **Gesetzes über Kapitalanlagegesellschaften** (KAGG). Danach müssen Kapitalanlagegesellschaften die in den Investmentfonds gehaltenen Anlagen getrennt vom eigenen Vermögen als **Sondervermögen** verwalten. Bei einer eventuellen Insolvenz der Kapitalanlagegesellschaft gehört das Sondervermögen nicht zur Insolvenzmasse, sondern wird ausgesondert.

Jeder Investmentfonds muss gemäß KAGG eine unabhängige Depotbank damit beauftragen, bestimmte Überwachungsaufgaben und Kontrollaufgaben zu übernehmen, z. B.

- die zum Fonds gehörenden Geldbeträge, Wertpapieren zu verwahren sowie den Bestand an Grundstücken zu überwachen,
- die Ausgabe und Rücknahme von Anteilscheinen vorzunehmen,
- die Ausgabe- und Rücknahmepreise zu berechnen,
- die Erträgnisausschüttungen vorzunehmen.

Eine Kapitalanlagegesellschaft kann mehrere Investmentfonds bilden, deren Vermögen sich inhaltlich nach dem jeweiligen Anlageziel richtet, z. B. Aktien oder Grundstücke.

❍ Die steuerliche Behandlung

Die Erträge werden jährlich ausgeschüttet und zählen bei der Ermittlung der Einkommensteuer zu den Einkünften aus Kapitalvermögen.

❍ Übersicht: Die rechtliche Konstruktion von Investmentfonds

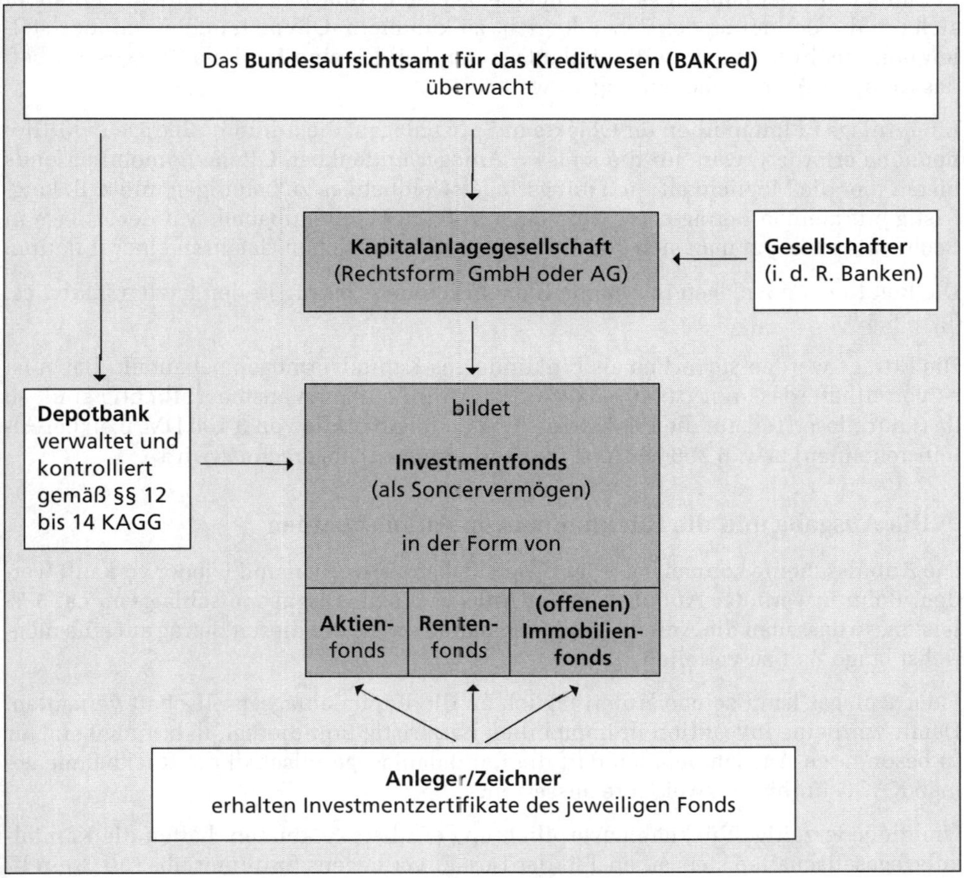

10.8.3.1.1 Investmentfonds in der Form offener Immobilienfonds

❍ Das Anlageziel

Wenn eine Kapitalanlagegesellschaft nach dem KAGG das Geld der Anleger in **Grundstücke** investiert, liegt ein sog. **offener Immobilien**fonds vor. Sobald das angesammelte Geld ausreicht und man geeignete Objekte gefunden hat, legt der Fonds die eingezahlten Beträge der Anleger ständig in neuen Grundstücken an.

❍ Die Risikostreuung

Die Zahl der im Fonds vorhandenen Grundstücke ist nach unten gesetzlich gemäß KAGG auf 10 Grundstücke begrenzt, nach oben hingegen unbegrenzt (offen). (Der offene Immobilienfonds „Grundwertfonds" verwaltete im Jahre 1999 z. B. 149 Grundstücke)

Der Fonds beobachtet ständig die Märkte und legt das Kapital dort an, wo hohe und sichere Renditen erwartet werden. Der Fonds streut das Risiko der Anlage, indem er die Grundstücke

- an **verschiedenen Standorten** im Inland und sogar im Ausland erwirbt und
- an **verschiedenen Branchen und Nutzer** vermietet, z. B. Geschäftshäuser, Bürogebäude, Einkaufszentren, Hotels, Mietwohnhäuser.

❍ Die Motive eines Anlegers

Für einen Anleger handelt es sich um eine bequeme Anlage in Immobilien. Er braucht sich um die Betreuung der Gebäude nicht zu kümmern. Offene Immobilienfonds stellen eine institutionalisierte Kapitalanlage dar, bei der eine Kapitalanlagegesellschaft das Geld der Anleger fachkundig verwaltet.

Eine Anlage in Immobilien für Objekte in Spitzenlagen, die mitunter Beträge in Millionenhöhe erfordert, wäre für die meisten Anleger undenkbar. Offene Immobilienfonds bieten hier die Möglichkeit, sich mit geringen Geldbeträge zu beteiligen und z. B. langfristig mit kleinen Beträgen ein Vermögen in Immobilien aufbauen. Mit der Anlage in Sachwerten schützt man sich gleichzeitig vor den möglichen Gefahren einer Inflation.

Die Rendite von Anlagen in offenen Immobilienfonds betrug in den letzten Jahren ca. 3,7 – 5,5 %.

Die Erträge werden steuerlich als Einkünfte aus Kapitalvermögen behandelt. Dabei ist es vorteilhaft, dass nur ca. 40 – 80 % der Erträge einkommensteuerpflichtig sind, so dass nur dieser Teil auf die Freibeträge für Kapitaleinkünfte von 3 100 DM/p.a. (bei Alleinstehenden) bzw. 6 200 DM/p.a. (bei Verheirateten) angerechnet wird.

❍ Die Ausgabe und die Rücknahme von Anteilscheinen

Die Anteilsscheine können bei jeder Geschäftsbank erworben und wieder verkauft werden. Beim Erwerb der Anteile müssen Anleger einen **Ausgabeaufschlag von ca. 5 %** leisten, so dass man die Anteile langfristig halten sollte, um diesen Betrag auf eine möglichst lange Zeit zu verteilen.

Jeder Anleger kann seinen Anteil täglich an die Kapitalanlagegesellschaft verkaufen. Damit wird eine Investition in Immobilien kurzfristig liquidierbar, d. h. fungibel. Nur in besonderen Ausnahmefällen darf die Kapitalanlagegesellschaft die Rücknahme gemäß KAGG für bis zu zwei Jahre aussetzen.

Um die jederzeitige Rücknahmeverpflichtung erfüllen zu können, halten die Kapitalanlagegesellschaften stets einen Teil des Gesamtvermögens (mitunter über 30 %) in liquiden Mitteln (z. B. festverzinsliche Wertpapiere und Guthaben auf Bankkonten). Ein hoher Anteil an liquiden Mitteln ermöglicht es dem Fonds darüber hinaus, Immobilien kurzfristig zu erwerben, sobald sich hierzu eine günstige Gelegenheit bietet.

Offene Immobilienfonds im Überblick	
Ziel der Geldanlage:	Immobilien
Anzahl der Grundstücke/Gebäude eines Fonds:	sehr viele, Risikostreuung (mindestens 10 Grundstücke)
„offen"	• unbegrenzte Anlegerzahl, • unbegrenzte Zahl von Grundstücken • unbegrenzte Dauer des Fonds
Ausgeber:	Kapitalanlagegesellschaft
Zeichnungsbetrag:	gering, z. B. unter 100,– DM
Ausgabeaufschlag:	ca. 5 %
Bewertung des Fondsvermögens:	Die Immobilien werden jährlich von unabhängigen Gutachtern bewertet.
Öffentlichkeit der Verkaufs- und Rücknahmepreise:	Die Preise der Anteilscheine werden täglich in Tageszeitungen veröffentlicht.
persönliche Haftung des Anlegers:	keine
Wertentwicklung/Rendite:	ca. 3,7 – 5,5 % (in den Jahren 1997–1999) (Vgl. Stiftung Warentest: Zeitschrift Finanztest, 2/2000, S. 27)
steuerliche Behandlung:	• Einkünfte aus Kapitalvermögen, • nur ca. 50 % der Erträge sind einkommensteuerpflichtig
Einwirkungsmöglichkeit des Anlegers auf die Geldanlage:	kein Mitspracherecht
gesetzliche Grundlage:	KAGG (Ziel: Anlegerschutz)
Staatliche Überwachung:	Kapitalanlagegesellschaften werden vom Bundesaufsichtsamt für das Kreditwesen (BAKred) überwacht.
Veräußerbarkeit (= Fungibilität)	jederzeit an die Kapitalanlagegesellschaft möglich (Bei außergewöhnlichen Umständen kann die Rücknahme bis zu 2 Jahren ausgesetzt werden.)

10.8.3.2 Geschlossene Immobilienfonds

○ Der Begriff „geschlossene“ Immobilienfonds

Bei einem **geschlossenen** Immobilienfonds sammelt ein Unternehmen als Initiator (z. B. Wohnungsunternehmen, Banken, „Emissionshäuser") von den Anlegern das notwendige Eigenkapital für ein vorher geplantes Immobilienobjekt. Sobald die erforderliche Summe vorhanden ist, wird der Fonds „geschlossen", es können sich keine weiteren Anleger mehr an dem Fonds beteiligen.

○ Die rechtliche Konstruktion von geschlossenen Immobilienfonds

Bei dem gesammelten Kapital der Anleger handelt es sich um kein Sondervermögen des Initiators.

Die geschlossenen Immobilienfonds sind jeweils rechtlich selbstständig, z. B. Gesellschaft des bürgerlichen Rechts (GbR), Kommanditgesellschaft (KG) oder Bruchteilseigentümergemeinschaft. Sie werden in Rechtsformen gegründet, die es ermöglichen, die in der Bauphase entstehenden steuerlichen Vorteile (z. B. Abschreibungsmöglichkeiten) direkt auf die Anleger zu verteilen.

Die Anleger werden direkt Teilhaber an den geschlossenen Immobilienfonds, z. B. Kommanditisten oder Gesellschafter einer GbR.

Unternehmen, die geschlossene Immobilienfonds gründen, unterliegen nicht den strengen Vorschriften des KAGG und keiner staatlichen Aufsicht des Bundesaufsichtsamtes für das Kreditwesen. Es gelten allein z. B. die Vorschriften des BGB oder des HGB.

❍ Übersicht: Die rechtliche Konstruktion von geschlossenen Immobilienfonds

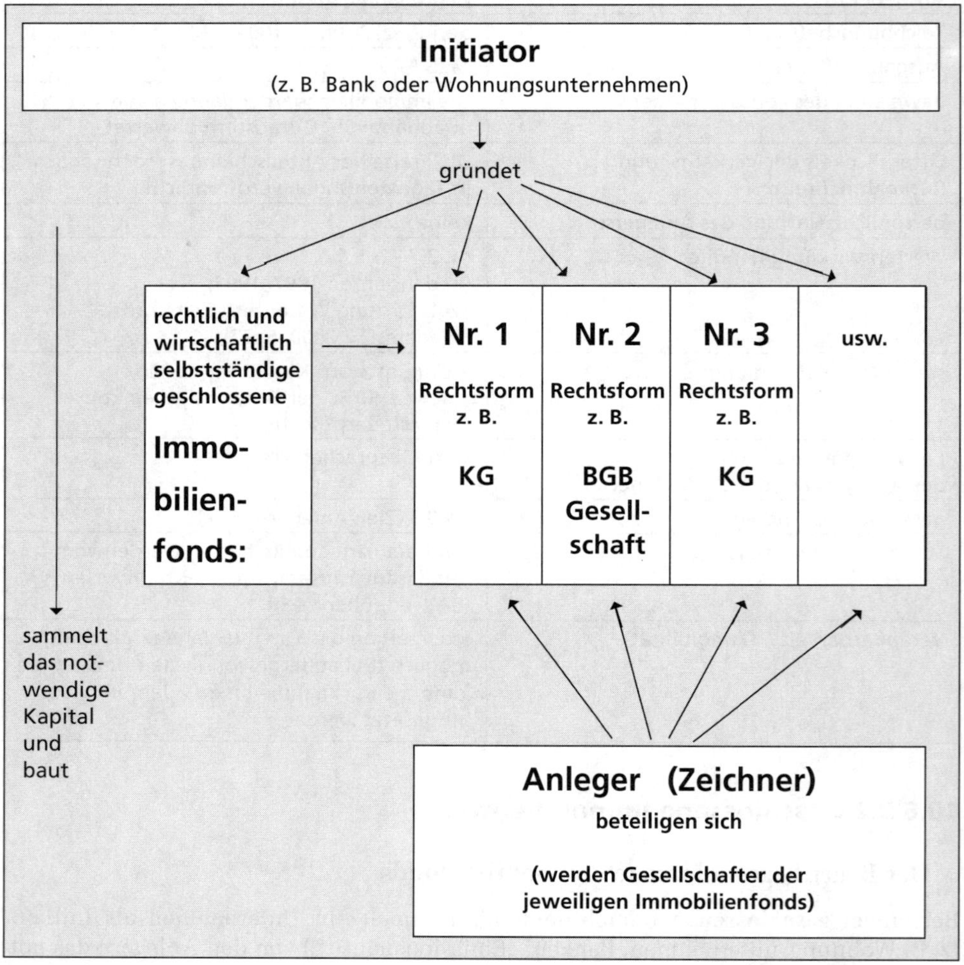

❍ Die wirtschaftliche Konstruktion von geschlossenen Immobilienfonds

Die Initiatoren mussten in den letzten Jahrzehnten bei den Gesamtkosten nicht kostengünstig planen, sondern verfolgten insbesondere das Ziel, hohe steuerliche Abschreibungsmöglichkeiten zu schaffen. Die Gesamtkosten enthielten z. B. zu 20 % Positionen, denen keine bauliche Substanz gegenüberstand und die man sonst bei der Erstellung von Bauwerken nicht findet bzw. versucht zu vermeiden, z. B. Kosten für die Vermittlung von Eigenkapital, Finanzierungsvermittlungskosten für die Zwischenfinanzierung und die Endfinanzierung, Kosten für die Erstvermietung, Mietgarantien. Die Kosten werden als **sog. Weichkosten** bezeichnet.

10.8.3.2.1 Die Beteiligung an einem geschlossenen Immobilienfonds

❍ Die Anlagemotive eines Zeichners

Die Anleger verfolgten mit der Beteiligung an einem geschlossenen Immobilienfonds in den letzten Jahrzehnten in erster Linie das Ziel, über hohe Verlustzuweisungen ihre Einkommensteuer zu reduzieren.

❍ Die Höhe der Beteiligung

Der Anleger muss sich mit hohen Beträgen beteiligen, z. B. 25 000 DM. Zusätzlich wird meist ein Agio in Höhe von ca. 5 % fällig.

❍ Das Risiko der Beteiligung

Die Anleger haften als Kommanditist gemäß HGB bzw. als BGB-Gesellschafter gemäß BGB. Vertragliche Regelungen können den Haftungsumfang reduzieren, z. B. die quotale Haftung bei einer BGB-Gesellschaft.

Ein geschlossener Immobilienfonds besteht i. d. R. nur aus einem oder wenigen Objekten. Damit ist das wirtschaftliche Risiko z. B. des Vermietungsleerstandes größer als bei offenen Immobilienfonds. In einigen Fällen haben Initiatoren dieses Risiko reduziert, indem sie Fonds mit z. B. 30 Grundstücken und einem Gesamtvolumen von 1 Milliarde DM auflegten. Hierzu bedarf es einer großen Kapitalkraft.

Das Risiko ist möglicherweise geringer für Anleger, die Beteiligungen von denjenigen Initiatoren erwerben, die z. B. schon seit Jahrzehnten am Markt sind und von denen inzwischen sehr viele geschlossene Immobilienfonds ohne wirtschaftliche Probleme existieren. Hier entwickelt sich ein Vertrauen in den Initiator.

❍ Die Weiterveräußerung einer Beteiligung

Erworbene Anteile an einem geschlossenen Immobilienfonds lassen sich nicht so leicht wieder veräußern wie Investmentzertifikate eines offenen Immobilienfonds. Der Initiator ist gesetzlich nicht verpflichtet, die Anteile zurückzukaufen. Deshalb muss der Anleger selbst versuchen, einen Käufer zu finden. In einigen Fällen haben die Initiatoren einen Zweitmarkt organisiert, um eine Hemmschwelle für den Ersterwerb zu beseitigen.

Der Wiederverkauf ist bei neueren Objekten mitunter deshalb problematisch, weil

- das Obiekt mit zu hohen Kosten erworben und errichtet wurde,
- das Objekt überschuldet ist,
- die steuerlichen Vorteile bereits von den Ersterwerbern genutzt wurden,
- die Ertragslage wegen schlechter Vermietung ungünstig ist.

Insofern kann es sein, dass ein Erwerber seinen Anteil nur unterhalb seines ursprünglichen Nominalwertes wieder veräußern kann.

Der Wiederverkauf von Beteiligungen an älteren Objekten nach 15 bis 20 Jahren richtet nach dem Verkehrswert, der z. B. auch 100 % des ursprünglichen Kaufpreises betragen kann.

❍ Motive eines Initiators zur Auflage eines geschlossenen Immobilienfonds

Initiatoren geschlossener Immobilienfonds nutzen die Qualifikationen ihrer Sachbearbeiter, um einen Markt für Anleger im Immobilienbereich abzudecken. Sie können in der Bauphase den Bau betreuen und nach dem Bezug z. B. das Objekt verwalten.

Geschlossene Immobilienfonds	
Ausgeber:	Initiatoren (z. B. Banken, Wohnungsunternehmen)
gesetzliche Grundlage:	z. B. BGB, HGB (kein Spezialgesetz)
Anzahl der Grundstück/ Gebäude eines Fonds:	**sehr wenige** (1 Grundstück oder mehrere)
Zeichnungsbetrag:	**sehr hoch** (zwischen 10 000 – 100 000 DM und mehr)
Zusammensetzung der Gesamtkosten der Objekte:	**hoher Weichkostenanteil,** d. h. Kosten normalenweise beim Bau eines Gebäudes nicht anfallen, z. B. Vermittlungsprovision für Kapitalbeschaffung.
Wertentwicklung:	Der Wert der Beteiligung wird **nicht regelmäßig** von unabhängigem Gutachter **bewertet**.
Preisentwicklung:	Die Preise der Beteiligungen werden **nicht öffentlich festgelegt.** Sie bestimmen sich nach Angebot und Nachfrage.
Haftung des Zeichners – für die Verbindlichkeiten des Fonds und – Verlustrisiko der eigenen Einlage:	**hoch** (je nach Rechtsform des Immobilienfonds und der vertraglich vereinbarten Regelungen)
Rendite:	je nach Beteiligung und den einzelnen steuerlichen Regelungen
steuerliche Behandlung:	**je nach Rechtsform:** Einkünfte aus Vermietung und Verpachtung, Einkünfte aus Gewerbebetrieb
Wiederveräußerbarkeit:	**schwer,** (Es existiert keine Rücknahmeverpflichtung des Initiators und kein öffentlicher Markt für die Beteiligungen. Einige Initiatoren helfen beim Verkauf und haben einen Zweitmarkt organisiert.)

○ Unterschiede zu offenen Immobilienfonds

Die Anleger bei geschlossenen Immobilienfonds

- haben die Möglichkeit, ihr Risiko einzustufen, denn
  - sie kennen die Rechtsform der Beteiligung und ihre Mitgesellschafter,
  - sie kennen das konzipierte Produkt, d. h. die Zahl und die Lage sowie die Nutzungsart der Immobilie,
- können im Rahmen ihrer Beteiligung bei Gesellschafterversammlungen die Geschäfte mitgestalten, z. B. bei der Vermietung, der Belastung und beim Verkauf.

Jeder Anleger muss sich mit einem hohen Betrag beteiligen und hat möglicherweise eine höhere Chance, im Laufe der Jahre mit der Entschuldung und mit Wertsteigerungen an der Substanz seiner Immobilien teilzunehmen. Demgegenüber existiert ein größeres Haftungsrisiko.

Offene Immobilienfonds bestehen zu einem großen Teil aus liquiden Mitteln, was die Rendite reduziert. Bei einem geschlossenen Immobilienfonds hingegen wird das Geld der Anleger vollständig in eine bestimmte Immobilien investiert.

Die geringe Möglichkeit einer Weiterveräußerung zwingt einen geschlossenen Immobilienfonds zu einer Anlage über einen sehr langen Zeitraum, z. B. von 15-20 Jahren.

10.8.3.2.2 Auswirkungen neuester Änderungen des Steuerrechts auf geschlossene Immobilienfonds

Der ab dem Jahre 1999 neu in das Einkommensteuergesetz aufgenommene **§ 2 b EStG** führte zu einer gravierenden Änderung hinsichtlich der Verlustzuweisungen für die Beteiligungen an geschlossenen Immobilienfonds.

Gemäß **§ 2 b EStG Abs. 1** dürfen

> **Negative Einkünfte** auf Grund von Beteiligungen
>
> - an Gesellschaften oder
> - Gemeinschaften oder
> - ähnlichen Modellen
>
> **dürfen nicht mit anderen Einkünften ausgeglichen werden**, wenn bei dem Erwerb oder der Begründung der Einkunftsquelle
>
> **die Erzielung eines steuerlichen Vorteils im Vordergrund steht.**

Damit können Anleger Verluste (= negative Einkünfte) aus der Beteiligung an einem geschlossenen Immobilienfonds nur noch dann z. B. mit Einkünften aus selbständiger Tätigkeit verrechnen, wenn bei dem Fonds die Erzielung eines steuerlichen Vorteils nicht im Vordergrund steht oder z. B. mit Gewinnen aus Beteiligungen an anderen Immobilienfonds.

Da genauere Erlasse des Finanzministeriums noch nicht vorliegen (Stand: Februar 2000), sind Einzelheiten unklar, so dass Beteiligungen mit einer hohen steuerlichen Ungewissheit behaftet sein werden. Bisher kann man deshalb nicht sicher sein, ob eine Anlage unter den § 2 b EStG fällt. Unklar ist z. B., was man unter Beteiligungen an einem ähnlichen Modell zu verstehen hat.

Da die geschlossenen Immobilienfonds häufig aus steuerlichen Gründen initiiert wurden, werden jetzt viele Anleger ihr Geld in alternative Objekte oder in renditeorientierte geschlossene Immobilienfonds investieren, mit denen man derzeit eine Rendite von 6 %-7 % erzielen kann.

Damit rückt das Motiv des Anlegers weg von der kurzfristigen Steuerersparnis hin zu einer langfristigen Anlage, so dass der kaufmännische Aspekt der Wirtschaftlichkeit des Objektes in den künftigen Jahrzehnten alleiniges Verkaufsargument sein wird.

Initiatoren werden verstärkt Modelle anbieten, bei denen der Eigenkapitalanteil z. B. bis zu 100 % beträgt.

Denkbar sind auch mögliche Auswirkungen auf die Rechtsformen der geschlossenen Immobilienfonds. Vielleicht wählt man aus Gründen der Haftungsminimierung für die Anleger künftig auch Rechtsform der GmbH oder AG.

Die Initiatoren werden nicht mehr steuerorientierte, sondern renditeorientierte Fonds oder auch Mischformen im In- und Ausland anbieten müssen, die sich wirtschaftlich langfristig auch ohne Steuervorteile rentieren. Infolge des Wegfalls der steuerlichen Vorteile in den neuen Bundesländern werden die Objekte künftig wohl eher auch dort errichtet, wo hohe Renditen zu erwarten sind, beispielsweise in Gewerbe- und Büroimmobilien in den Ballungszentren München, Stuttgart, Frankfurt/Main und Düsseldorf (Vgl. Berliner Zeitung, Nummer 290, 11./12. Dezember 1999).

Die derzeitigen Standorte und Nutzungsarten von geschlossenen Immobilienfonds zeigen folgende Übersichten.

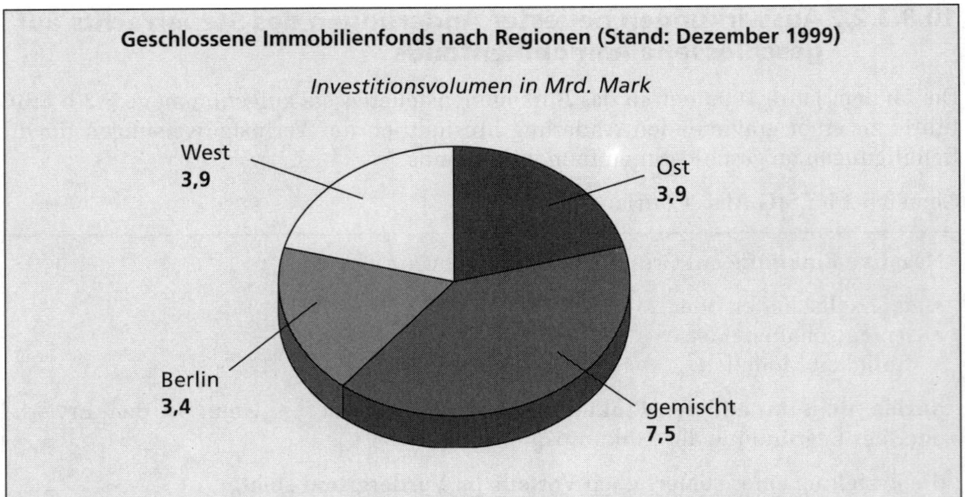

Verteilung Geschlossener Fonds nach Regionen in Deutschland

(vgl. Berliner Zeitung vom 11./12. Dezember 1999)

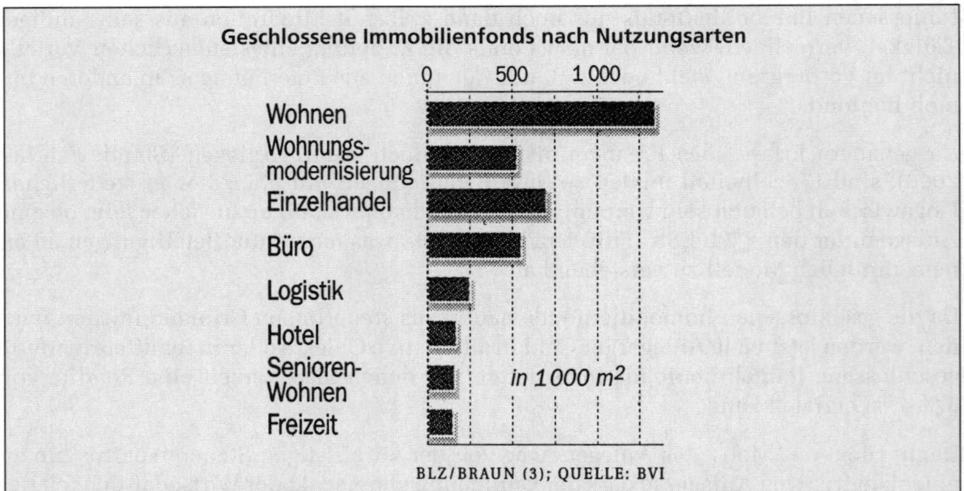

Investitionsbereiche der Geschlossenen Immobilienfonds

(vgl. Berliner Zeitung vom 11./12. Dezember 1999)

Die offenen Immobilienfonds in Deutschland verwalteten im Jahre 1999 insgesamt ein Volumen von ca. 1 15 Milliarden DM. Allein im Jahre 1999 erhöhte sich der Betrag um 30 Milliarden DM.

Geschlossene Immobilienfonds verwalteten im Jahre 1999 insgesamt ca. 18,7 Milliarden DM.

Nach der letzten Steueränderung konkurrieren die Beteiligungen an geschlossenen Immobilienfonds direkt mit der Geldanlage in offene Immobilienfonds, weil in beiden Fällen die Steuerersparnis nicht das primäre Anlageziel sein wird.

Die Risiken bei einem geschlossenen Immobilienfonds, das Geld nur in ein oder wenige Objekte zu investieren und die schlechte Wiederveräußerbarkeit, könnten dazu führen, dass viele Anleger sich bei einer Investition in Immobilien eher an offenen Immobilienfonds beteiligen werden.

Demgegenüber konnten vertrauensvolle Initiatoren beweisen, dass renditeorientierte geschlossene Immobilienfonds eine Beteiligung an einer Immobilie bieten, die als Sachwertanlage sicher ist und sich langfristig wirtschaftlich lohnt. Je stärker das Vertrauen und je höher die wirtschaftliche Attraktivität der Anlage ist, um so leichter wird auch die Möglichkeit sein, bei Bedarf die Beteiligung an Dritte weiterzuveräußern.

Fragen

1. Weshalb zählt die Darlehenstilgung nicht zu den Investitionen?
2. Weshalb investieren Unternehmen?
3. Was versteht man unter Nettoinvestitionen?
4. Wo findet man die Beträge der Investitionen in der Bilanz?
5. Warum sollten Unternehmen grundsätzlich nach dem Prinzip der Fristenkongruenz investieren?
6. Welche unterschiedlichen Folgen hat die Finanzierung mit Eigen- und Fremdkapital?
7. Weshalb gelten Grundstücke als sichere Kreditsicherungsmittel?
8. Welche Aufgaben erfüllen der Finanz- und der Liquiditätsplan eines Unternehmens?
9. Welche Unterschiede bei der Aufgabenstellung bestehen in einem Wohnungsunternehmen zwischen der Unternehmens- der Objektfinanzierung?
10. Nennen Sie drei Aufgaben der Baufinanzierung!
11. Warum fallen für Objekte des Umlaufvermögens während der Bauzeit weniger Zinsen an als bei Objekten des Anlagevermögens?
12. Zu welchen vier Punkten müssen Sie sich bei der Aufnahme von Fremdkapital Gedanken machen?
13. Nennen Sie drei typische Kreditgeber für die Baufinanzierung und mindestens ein Unterschiedsmerkmal zwischen den Kreditgebern!
14. Weshalb ist es normalerweise nicht ratsam, den gesamten Fremdkapitalbedarf mit Bausparmitteln zu decken?
15. Wovon hängt die Laufzeit eines Tilgungsdarlehens ab?
16. Begründen Sie, ob bei sonst gleichen Konditionen folgende Aussage falsch ist oder stimmt:
    „Je niedriger der Zinssatz bei einem Tilgungsdarlehen ist, je kürzer ist die Laufzeit des Darlehens."
17. Was versteht man unter einem Vorrats- bzw. Forward-Darlehen?
18. Erläutern Sie die rechtliche und wirtschaftliche Situation eines Darlehensnehmers, in der es für ihn sinnvoll erscheint, ein Vorrats- bzw. Forward-Darlehen aufzunehmen!
19. Erläutern Sie den Begriff „anfänglicher" Effektivzins!
20. Was versteht man unter einem Damnum bzw. Disagio?
21. Muss der Schuldner einem Darlehen mit einem Damnum
    a. den Auszahlungsbetrag oder
    b. den Nominalbetrag zurückzahlen?

22. Unter welchen Voraussetzungen wird sich ein Darlehensnehmer für ein Konditionsangebot mit einem hohen Damnum entscheiden?

23. Welche Kosten zählen zu den Geldbeschaffungskosten?

24. Was versteht man unter Darlehenskonditionen? (Nennen Sie Beispiele!)

25. Begründen Sie folgende Aussage: „Ein niedriger Zinssatz bedeutet noch nicht, dass die Finanzierung günstig ist."

26. Weshalb kann die Finanzierung mit einem variablen Zinssatz riskant sein?

27. Begründen Sie, ob folgende Aussage richtig oder falsch ist: „Bei einer 5-jährigen Zinsfestschreibung ist der vereinbarte Zinssatz stets niedriger als bei einer 10-jährigen Zinsfestschreibungszeit."

28. Welche Vereinbarung mit der Bank würden Sie zur Finanzierung eines Mietwohnhauses hinsichtlich der Zinsfestschreibung treffen, wenn die jetzigen Zinsen für Darlehen
a. bei 7 % bzw. b. bei 9 % liegen?

29. Wie verändert sich während der Laufzeit des Darlehens die Annuität bei folgenden Darlehensarten:
a. Abzahlungsdarlehen, b. Tilgungsdarlehen, c. Fälligkeitsdarlehen.

30. Kann man als Darlehensnehmer bei einer Zinsvereinbarung über 8 % und einer vereinbarten Laufzeit von 15 Jahren das Darlehen kündigen, wenn man nach 10 Jahren von einem anderen Kreditinstitut ein Darlehen mit einem Zinssatz von 7 % bekäme?

31. Welche Kosten entstehen, wenn man ein bestehendes Darlehen mit dem Darlehen einer anderen Bank umschulden möchte?

32. Welche Unterschiede bestehen zwischen der Finanzierung
a. von Mietwohnhäusern und
b. zu verkaufenden Eigenheimen?

33. Welche finanziellen Bedingungen können sich bei einem privaten Schuldner während der Laufzeit eines Darlehens ändern und zu Zahlungsschwierigkeiten führen?

34. Welche Auszahlungstermine würden Sie bei der Erstellung eines Mietwohnhauses mit der Hypothekenbank vereinbaren?

35. Wann ist es sinnvoll, mit Bausparmitteln zu finanzieren?

36. Welche Vor- und Nachteile bestehen für einen Bausparer?

37. Was versteht man unter einem Versicherungspolicendarlehen von einer Versicherungsgesellschaft?

38. Welche Unterschiede bestehen bei einem Grundstück zwischen dem Verkehrswert, dem Bodenrichtwert, dem Einheitswert und dem Beleihungswert?

39. Wie ermitteln Hypothekenbanken die Beleihungsgrenze
    a. bei einem Neubau und
    b. bei einem Altbau?

40. Nennen Sie Beleihungsunterlagen, die ein Darlehensgeber bei der Aufnahme eines Darlehens für ein Bauvorhaben verlangt!

41. Welcher Zusammenhang besteht zwischen den Auszahlungszeitpunkten und der Zwischenfinanzierung?

42. a. Beschreiben Sie kurz das Verfahren bei der Aufnahme eines Darlehens, das durch eine Briefgrundschuld gesichert werden soll!
    b. Welcher Unterschied besteht bei der Sicherung mit einer Buchgrundschuld?

43. Beschreiben Sie kurz das Verfahren bei der Löschung einer Brief- und einer Buchgrundschuld nach Rückzahlung des Darlehens!

44. Welche Unterschiede existieren bei der staatlichen Wohnungsbauförderung zwischen:
    - direkter und indirekter Förderung,
    - Objekt- und Subjektförderung,
    - Kapital- und Aufwendungssubventionen,
    - Zuschüssen und Darlehen?

45. Wie wirken sich bei einem Mietwohnungsbau
    a. öffentliche Baudarlehen und
    b. Aufwendungshilfen
    auf den Finanzierungsplan der Wirtschaftlichkeitsberechnung aus?

46. Nennen Sie sieben staatliche Förderungsmaßnahmen nach dem II. WoBauG!

47. Wie wirken sich bei öffentlich geförderten Wohnungen Mieterdarlehen auf die vom Mieter zu zahlende Miete aus?

48. Welche Kaufpreisbeschränkung existiert bei öffentlich geförderten Kaufeigenheimen?

49. Wer erhält Familienzusatzdarlehen?

50. Wie erfolgt die staatliche Wohnungsbauförderung bei der sog. „Vereinbarten Förderung" im Gegensatz zu der Förderung einer öffentlich geförderten sozialen Wohnung?

51. Wie erfolgt die staatliche Wohnungsbauförderung bei der sog. „Einkommensorientierten Förderung"?

52. Welche Miethöhe darf der Vermieter während der Förderung von dem Mieter verlangen bei
    a. einer öffentlich geförderten sozialen Wohnung,
    b. einer Wohnung, die nach der „Vereinbarten Förderung" gefördert wurde und
    c. einer Wohnung, die mittels „Einkommensorienter Förderung" gefördert wurde?

53. Welche rechtlichen Voraussetzungen muss ein Wohnungsunternehmen bei einer Mieterhöhung beachten bei einer Wohnung, die nach der sog.
a. „Vereinbarten Förderung" bzw. b. „Einkommensorientierten Förderung" gefördert wurden?

54. Wie unterscheiden sich die Zweckbindungsdauer bei einer
a. öffentlich geförderten sozialen Wohnung und
b. einer Wohnung nach der „Vereinbarten Förderung"?

55. Welche staatlichen Bedingungen muss ein Vermieter von öffentlich geförderten Wohnungen beachten?

56. Wann gilt für eine öffentlich geförderte Wohnung das MHG?

57. Bei welchen Ansätzen unterscheiden sich die Wirtschaftlichkeitsberechnungen, die ein Vermieter erstellt
a. für seine eigene Kalkulation bei einem frei finanzierten Mietwohnhaus und
b. bei einer Wirtschaftlichkeitsberechnung nach der II. BV?

58. Wann darf man bei einer Wirtschaftlichkeitsberechnung höhere Abschreibungssätze als 1 % ansetzen?

59. Wie berechnet man bei einer öffentlich geförderten sozialen Wohnung das neue Mietausfallwagnis bei einer Mieterhöhung?

60. Welche unterschiedliche Zielsetzung besteht zwischen einer Wirtschaftlichkeitsberechnung, einer Lastenberechnung und einer Ertragsberechnung?

61. Wie finanziert man ein Darlehen außerhalb des ersten Ranges?

62. Wann ändern sich bei einem öffentlich geförderten sozialen Mietwohnhaus die Beträge bei den laufenden Aufwendungen?

63. Darf man bei einem Baudarlehen den Betrag einer Zinserhöhung nach dem Ablauf der Zinsfestschreibungszeit auf die Miete abwälzen
a. bei einer öffentlich geförderten sozialen Wohnung bzw.
b. bei einer frei finanzierten Wohnung?

64. Welche Positionen zählen zu den Baunebenkosten?

65. Wie ermitteln Sie
a. die Verwaltungskosten des Bauherrn und
b. die Verwaltungskosten nach Bezugsfertigkeit?

66. Welcher Zusammenhang besteht bei den laufenden Aufwendungen einer Wirtschaftlichkeitsberechnung zwischen der Tilgung, der Abschreibung und den Kapitalkosten?

67. Unter welchen Voraussetzungen erhält man eine Wohnungsbauprämie?

68. Was versteht man unter einer Sperrfrist bzw. Bindungsfrist bei einem Bausparvertrag?

69. Unter welchen Voraussetzungen bekommt ein Bausparer eine Arbeitnehmer-Sparzulage?

70. Aus welchen Elementen besteht eine Bauträgerkalkulation?

71. Welchen Einfluss hat die Makler- und Bauträgerverordnung auf die Bauträgerkalkulation?

72. Welche Unterschiede bestehen zwischen der Finanzierung des Bauwerkes zwischen einem Bauträger und einem Baubetreuer?

73. Welche unterschiedlichen Auswirkungen hat eine Geldanlage in eine
a. Wohnung (Altobjekt bzw. Neubauwohnung),
b. selbst genutzt bzw. vermietet hinsichtlich
(1) der staatlichen Förderung und
(2) der steuerrechtlichen Behandlung?

74. Wie wirkt sich der Einkommensteuertarif auf die Steuervorteile eines Geldanlegers in Immobilien aus?

75. Was versteht man unter dem „Zinsvorteil", den bestimmte Abschreibungsarten bewirken?

76. Unter welchen Voraussetzungen erhält man eine Eigenheimzulage?

77. Wie hoch ist die Eigenheimzulage im ersten Jahr
a. bei einer Neubauwohnung,
b. bei einer Wohnung mit dem Baujahr 1910?

78. Erläutern Sie drei Möglichkeiten, wie die Eigenheimzulage in die Finanzierung eines Einfamilienhauses eingebaut werden könnte.

79. Welche inhaltlichen Unterschiede bestehen zwischen einem Immobilienleasingvertrag und einem Mietvertrag nach dem BGB?

80. Nennen Sie die Vorzüge des Leasings für einen Leasingnehmer!

81. Was versteht man unter steuer- bzw. renditeorientierten geschlossenen Immobilienfonds?

82. Weshalb lohnt die Investition in steuerorientierte geschlossene Immobilienfonds seit dem Jahre 2000 nicht mehr?

83. Welcher Unterschied besteht zwischen dem Eigentümer einer Eigentumswohnung, dem Inhaber eines dinglichen Wohnrechts nach dem BGB und dem Zeichner eines Anteils an einem geschlossenen Immobilienfonds?

84. Wie kann der Zeichner eines Anteils an einem geschlossenen Immobilienfonds seine Beteiligung veräußern?

Themenkreis 11:

Steuern bei Immobilien

Wirtschaftliche Entscheidungen über Immobilien sind stets u. a. auch mit steuerlichen Überlegungen verbunden. Steuerliche Überlegungsansätze können bei rational ausgerichteten Entscheidungen nur eine Mittelfunktion einnehmen in Abhängigkeit von übergeordneten Zielen, z. B. Einnahmenerzielung, der in Immobilien investierenden privaten bzw. unternehmerischen Haushalte. Die Steuerthematik und fiskal- bzw. förderpolitisch flankierenden Ansätze, z. B. Eigenheimzulagengesetz, und das damit verbundene Grundwissen begleiten Immobilien im Gesamtzyklus der Besitzdauer, und zwar in der

- Anschaffungsphase
- Bewirtschaftungsphase
- Veräußerungs- bzw. Nachfolgephase

Die Breite des Stoffgebietes erfordert eine entsprechende Abgrenzung der hier zu besprechenden Steuerthematik. Im Mittelpunkt stehen zwei Investitionsbereiche:

- Investitionen in Immobilien zur Kapitalanlage, verbunden mit der Erzielung von Einnahmen aus Vermietung und Verpachtung, § 21 EStG
- Investitionen in Immobilien zur Selbstnutzung durch private Haushalte, § 12, § 10 f. EStG, EigZulG, § 4 InvZulG

Unternehmerisch betriebliche Überlegungsansätze, wie sie im Rechnungswesen, und hier wiederum in den Bereichen des Körperschafts- und Gewerbesteuerrechts greifen, sind hier außer Betrachtung. Steuern und steuerliche Grundansätze dagegen, wie sie durchgehend Thema bei Immobilien sowohl im Privat- wie Betriebsvermögen sind, stehen ebenso im Mittelpunkt der Darlegungen.

11.1 Steuersystematik/Steuerliche Grundbegriffe

11.1.1 Überblick zur Steuersystematik

Steuerbegriff

Die Abgabenordnung versteht unter Steuern AO § 3 Abs.1

- Geldleistungen, die nicht eine Gegenleistung für eine besondere Leistung darstellen und von einem öffentlich-rechtlichen Gemeinwesen (z. B. Bund, Land, Gemeinde) zur Erzielung von Einnahmen allen auferlegt werden, bei denen der Tatbestand zutrifft, an den das Gesetz die Leistungspflicht (Steuerpflicht) knüpft.

- Zölle und Abschöpfungen (z. B. Abschöpfung im Rahmen des EG-Agrarmarktes).

Der Zweck, Einnahmen zu erzielen, kann Nebenzweck sein.

Steuern sind, somit in einer Reihe mit den öffentlichen Abgaben wie Gebühren, (z. B. Gewerbeerlaubnis), Beiträge (z. B.: Anschlussbeiträge) Sonderabgaben (z. B. Solidaritätszuschlag).

Grundstruktur im Steuerrecht	
Allgemeine Steuergesetze	**Einzelsteuergesetze**
Regeln z. B. allgemein geltende Bestimmungen bzw. zumindest für mehrere Einzelsteuern (z. B. Einkommensteuer) überwiegend geltende Bestimmungen, z. B. Abgabenordnung (AO) Bewertungsgesetz (BewG)	Einzelne Steuerarten werden in ihren materiellen Besonderheiten geregelt (z. B. im EStG, LStG, UStG).

Steuerliche Rechtsquellen

Rechtsnormen, das sind:
- Grundgesetz
- Allgemeine Steuergesetze (z. B. BewG)
- Einzelsteuergesetze (z. B. EStG)
- Verordnungen (z. B. EStDV)

Konsequenz:
Bindend für Finanzverwaltung/Steuerpflichtige/Gerichte

Rechtsauslegung, das sind:
- Richtlinien (z. B. EStR)
- Erlasse (z. B. Erlass eines Finanzministeriums)
- Verfügungen (z. B. Verfügung einer Oberfinanzdirektion)

Konsequenz:
Bindend für Finanzverwaltung bei Gesetzesanwendungen

- Rechtsprechung (z. B. BFH)

Konsequenz:
Bindend nur für die Einzelfallentscheidung, ansonsten Entscheidungs- bzw. Orientierungshilfe

11.1.2 Steuerliche Grundbegriffe

Die nachfolgend gelisteten steuerlichen Grundbegriffe lassen sich einteilen in personenbezogene und sachbezogene Begriffe:

Personenbezogene Begriffsansätze, z. B.:

- **Steuerpflichtiger**
  (Person, die eine Steuer schuldet, z. B. Einkommensteuerschuld/für eine Steuer haftet, z. B. Arbeitgeber für Lohnsteuer/eine Steuer für Rechnung eines Dritten einzubehalten und abzuführen hat, z. B. Lohnsteuer der Arbeitgeber/eine Steuererklärung abzugeben hat/Bücher und Aufzeichnungen zu führen hat, z. B. Kaufmann)

AO § 43 GrEStG § 13

- **Steuerschuldner**
  (Die Einzelsteuergesetze bestimmen, wer Steuerschuldner ist, z. B. § 13 GrEStG, die an einem Erwerbsvorgang beteiligten Parteien
  Steuerschuldner = Steuerträger, z. B. bei ESt/KSt/Steuerschuldner/Steuerträger, z. B. bei UST/Verbrauchsteuern)
- **Steuerträger**
  (derjenige, der die Steuern wirtschaftlich im Endergebnis trägt, durch sie belastet wird; z. B. Endverbraucher durch Umsatzsteuer)
- **Steuerzahler**
  (Person, die an den Steuergläubiger Steuern abführt, ohne jedoch unbedingt Steuerträger sein zu müssen)

– **Steuergläubiger** GrStG
(öffentlich-rechtliches Gemeinwesen, dem das Steueraufkommen zufließt; z. B. Gemeinde mit dem Heberecht für die Grundsteuer, § 1 GrStG) § 1 AO § 3 Abs.1

– **Angehöriger**
(Person, die in steuerlicher Hinsicht von Bedeutung sind, z. B. in § 4 Satz 2 EigZulG)

Sachorientierte Begriffsansätze z. B.

– **Steuergegenstand**
(Tatbestand, an den das Einzelsteuergesetz die Steuerpflicht knüpft; z. B. Erwerbsvorgänge bei inländischen Grundstücken, § 1 GrEStG) GrEStG § 1

– **Steuergeheimnis** EStG
(Amtsträger haben die in Ausübung ihrer Tätigkeit gewonnenen Informationen als Steuergeheimnis zu wahren) § 2 ff. EStG § 7

– **Schutz von Bankkunden**
(Bei der Ermittlung des Sachverhaltes – § 88 AO – haben die Finanzbehörden auf das Vertrauensverhältnis zwischen Kreditinstituten und deren Kunden besonders Rücksicht zu nehemen)

– **Ermessen**
(Handlungsspielraum der Finanzbehörde in Anwendung rechtlicher Bestimmungen)

– **Bemessungsgrundlage für Steuern**
(Wertansatz als Basis für steuerliche Festsetzungen; z. B. als zu versteuerndes Einkommen, Anschaffungs- bzw. Herstellungskosten als Grundlage für die Ermittlung der Absetzung für Abnutzung)

– **Freibetrag**
(als der Teil, der von der Besteuerung ausgenommen wird, bei der Bemessungsgrundlage zum Abzug kommt; z. B. Sparerfreibetrag als Abzugsbetrag bei den Einkünften aus Kapitalvermögen) EStG § 20 Abs.4

– **Freigrenze**
(als der Betrag, bis zu dem ein Heranziehen zur Bemessung/Besteuerung unterbleibt, im Fall der Überschreitung jedoch voll in die Bemessung einzubeziehen ist; z. B. Spekulationsgewinne, wenn der Gesamtgewinn nach Abzug der Werbungskosten weniger als 1.000 DM beträgt) EStG § 23 Abs.3

– **Pauschbetrag**
(als der Betrag, der aus Gründen der Steuervereinfachung als freier, nicht nachzuweisender Abzugsbetrag angesetzt werden darf; z. B. Arbeitnehmer-Pauschbetrag für Werbungskosten 2.000 DM, § 9 a Nr. 1 EStG) EStG § 9a Satz 1 Nr.1

– **Steuersatz**
(als der z. B. vom-Hundert-Satz, der angewandt auf die Steuerbemessungsgrundlage die jeweilige Steuerschuld ergibt; z. B. Steuerberechnung der Grunderwerbsteuer, § 11 GrEStG) GrEStG § 11

– **Durchschnittsteuersatz**
(als der vom-Hundert-Satz, den z. B. die Einkommensteuer – ohne Solidaritätszuschlag – im Verhältnis zum zu versteuernden Einkommen hat)

– **Grenzsteuersatz**
(als der vom-Hundert-Satz, mit dem Einkommenzuwächse bzw. auch -verringerungen steuerlich be- bzw. entlastet werden)

– **Sachliche Zuständigkeit**
(Richtet sich nach dem Gesetz über die Finanzverwaltung, z. B. Grunderwerbsteuer: sachlich zuständig FA für Grundbesitz und Verkehrsteuern)

– **Örtliche Zuständigkeit**
(Regelt, welches FA für die Feststellung der Besteuerungsgrundlagen/Erhebung der Steuern zuständig ist, z. B. Einkommensteuer: Wohnsitzfinanzamt)

11.1.3 Einteilung der Steuern

Die Steuersystematik ist angereichert mit einer Vielzahl von Einzelsteuern. Um einen Überblick zu schaffen, lassen sich die einzelnen Steuerarten nach allgemein gültigen Einteilungskriterien systematisieren. Hierbei gelten im Besonderen:

- **Steuern nach dem Empfänger,**
  d. h. welchem Adressaten das Steueraufkommen allein bzw. nach einem bestimmten Verteilungsschlüssel mehreren Adressaten zufließt.

Steuern

Bundessteuern	Landessteuern	Gemeindesteuern	Gemeinschaftssteuern
z. B. Zölle, Verbrauchssteuern	z. B. ErbSt, KfzSt, GrESt, BierSt	z. B. GrdSt, GewSt, HundeSt	KSt/ESt, USt

- **Steuern nach diversen Merkmalen**

Ertragsteuern	Verkehrsteuern	Realsteuern	Verbrauchsteuern
Einkommensteuer Körperschaftsteuer	Umsatzsteuer Grunderwerbsteuer Versicherungssteuer Kraftfahrzeugsteuer	Gewerbesteuer Grundsteuer	Mineralölsteuer, Biersteuer Branntweinsteuer

- **Steuern nach der Überwälzbarkeit**
  Danach wird allgemein zwischen direkten und indirekten Steuern unterschieden. Direkte Steuern sind solche, bei denen der rechtliche Steuerschuldner und derjenige, der nach dem Willen des Staates diese Steuer wirtschaftlich tragen soll (Steuerträger), identisch sind. Sind Steuerträger und Steuerschuldner nicht identisch, bezeichnet man diese Steuern als indirekte Steuern.

Steuern

Direkte Steuern	Indirekte Steuern
ESt, KSt, GrSt, ErbSt, GrESt	z. B. USt, TabakSt, MineralölSt, Branntweinsteuer

11.1.4 Überblick über Einkunftsarten/Ermittlung des Gesamtbetrages der Einkünfte

11.1.4.1 Gewinneinkünfte/Überschusseinkünfte

Die Einkommensteuer hat zum Besteuerungsgegenstand das Einkommen natürlicher Personen. Steuerrechtlich materiell schließt diese Besteuerung an die wirtschaftliche Leistungsfähigkeit des Steuerpflichtigen an. Entsprechend der Ermittlungssystematik für die Höhe der Einkünfte unterscheidet das Einkommensteuerrecht

- Gewinneinkünfte
  und
- Überschusseinkünfte

- **„Gewinneinkünfte“** aus
  - Land- und Forstwirtschaft, § 13 ff. EStG
  - Gewerbebetrieb, § 15 ff. EStG
    (z. B. gewerbebetriebliche Aktivitäten in Vermietung, Verpachtung, Baubetreuung, Bauträgertätigkeit, Vermittlungstätigkeit)
  - Selbstständiger Arbeit, § 18 EStG
    (z. B. Honorare aus reiner Planungstätigkeit als Architekt)
- **„Überschusseinkünfte“** aus
  - Nicht-selbstständiger Arbeit, § 19 EStG
    (z. B. Löhne/Gehälter als Arbeitnehmer)
  - Kapitalvermögen, § 20 EStG
    (z. B. Dividenden bei Genossenschaften/Kapitalgesellschaften, Zinserträge aus Kapitalanlagen, anteilige Zinserträge aus der Anlage der Instandhaltungsrücklage der Wohnungseigentümergemeinschaft)
  - Vermietung und Verpachtung, § 21 f. EStG
    (z. B. Mieten/Pachten, soweit die Einkunftsquelle dem Privatvermögen zuzuordnen ist)
  - Sonstige Einkünfte, § 22 f. EStG
    (z. B. Einkünfte aus privaten Veräußerungsgewinnen bei Immobilienverkäufen aus dem Privatvermögen)

Die Bewirtschaftungsergebnisse aus dem Grundvermögen können somit im Bereich der Gewinneinkünfte oder dem der Überschusseinkünfte liegen, je nachdem, welchem Bereich das Grundvermögen und die damit daraus fließenden Einkünfte zuzuordnen sind.

11.1.4.2 Ermittlung des Gesamtbetrages der Einkünfte

Beschränkung der Verlustverrechnung gemäß § 2 Abs. 3 EStG/Mindestbesteuerung

Nach dem alten Steuerrecht waren die positiven und negativen Einkünfte grundsätzlich untereinander unbeschränkt verrechnungsfähig bei der Ermittlung des Gesamtbetrages der Einkünfte gemäß § 2 EStG. Das Steuerentlastungsgesetz 1999/2000/2002 schränkt seit dem 1.1.1999 diese Verrechnungsfähigkeit im Steuerjahr enorm ein, so dass gegebenenfalls bei hohen negativen Einkunftsarten ein Mindestbetrag zur Besteuerung verbleibt. Gleiches gilt für § 10d EStG Verlustabzug als Verlustrücktrag bzw. Verlustvortrag.

Neue Berechnungsabfolge bei der Ermittlung des Gesamtbetrages der Einkünfte gemäß § 2 Abs. 3 i. V. m. § 10d EStG:

1. Stufe: Innerhalb der gleichen Einkunftsart weiterhin uneingeschränkter Verlustausgleich möglich.

2. Stufe: In Höhe von 100.000 DM (bei zusammen veranlagten Ehegatten 200.000 DM) kann der Verlust mit positiven Einkünften verrechnet werden.

3. Stufe: Verluste 100.000 DM übersteigend (Ehegatten 200.000 DM) können im gleichen Veranlagungszeitraum nur bis zur Höhe von 50 % der verbleibenden positiven Einkünfte verrechnet werden.

4. Stufe: Nicht ausgeglichene „Restverluste“ können gemäß § 10d EStG jeweils in das vorangegangene Jahr zurückgetragen werden oder uneingeschränkt in künftige Jahre vorgetragen werden (Veranlagungszeiträume 1999 und 2000: Begrenzung des Verlustrücktrages bis zur Höhe von 2 Mio. DM; ab 2001: auf 1 Mio. DM).

Besonderheit:

Verlustrücktrag oder auch Verlustvortrag nur unbegrenzt verrechenbar mit den positiven Einkünften derselben Einkunftsart.

Die Verrechnung erfolgt vorrangig vor dem Ansatz von Sonderausgaben, außergewöhnlichen Belastungen und sonstigen Abzugsbeträgen.

Verlustvorträge aus dem Jahr 1998 sowie aus den früheren Jahren unterliegen nicht dieser Begrenzung.

Eine hier nicht zu besprechende Sondersituation liegt bei den negativen Einkünften aus der Beteiligung an Verlustzuweisungsgesellschaften und ähnlichen Modellen vor, § 2b EStG.

Fazit:

Verlustverrechnung kann sich zeitlich erheblich in die Zukunft verlagern.

„Produktion" von Werbungskosten bedarf einer verfeinerten Betrachtung (z. B. Finanzierungsplan, Modernisierungsmaßnahmen).

Verlustverrechnung kann je nach Entwicklung der Einkünfte auch „ins Leere" gehen.

11.2 Einkommensteuer bei Immobilien zur Vermietung/Verpachtung/bzw. zur betrieblichen Nutzung

Immobilien können entsprechend ihrer Vermögenszuordnung im Betriebsvermögen bzw. Privatvermögen sein. Im Betriebsvermögen können sie der betrieblichen Selbstnutzung, aber auch der Zweckbestimmung entsprechend der Vermietung und Verpachtung dienen, § 13, § 15, § 18 EStG. Hier spricht man von Gewinneinkünften, § 2 Nr. 2 EStG.

Für die Ermittlung der Gewinneinkünfte gilt:

EStG § 4 Abs.1
- Betriebsvermögensvergleich, § 4 Abs.1 EStG
  (z. B. buchführungspflichtige Betriebe der Grundstücks- und Wohnungswirtschaft) oder

EStG § 4 Abs.3
- Betriebseinnahmen/Betriebsausgaben, § 4 Abs.3 EStG
  (z. B. nicht buchführungspflichtige Betriebe der Grundstücks- und Wohnungswirtschaft)

EStG § 13 f.
- Durchschnittssätze, § 13 f. EStG
  (z. B. Gewinnermittlung aus Land- und Forstwirtschaft nach Durchschnittssätzen)

Für die Ermittlung der Überschusseinkünfte gilt:

EStG §§ 8, 9
- Einnahmen/Werbungskosten, §§ 8, 9 EStG
  (z. B. Überschussrechnung bei Vermietung und Verpachtung, § 2 Abs.1 Nr.6 i. V. m. § 21 EStG)

11.2.1 Ausgewählte Einnahmearten

Investitionen in Immobilien zur privaten Selbstnutzung, selbst genutztes Wohneigentum durch Privathaushalte sind kein Thema der steuerlichen Einnahmebetrachtung. Selbst genutztes Wohneigentum ist Konsumgut der privaten Lebensführung, vgl. dazu Förderung des selbst genutzten Wohneigentums.

– Einnahmearten in der unternehmerisch/gewerblichen Grundstücks- und Wohnungswirtschaft bei Vermietung und Verpachtung/evtl. Veräußerung aus dem Anlagenbestand

Einnahmen sind alle Erlöse, die im Rahmen der Gewinneinkünfte entstehen, auf den tatsächlichen Zufluss kommt es zunächst nicht an.

Diese lassen sich einteilen in

- **betriebstypische Einnahmen**
- **„betriebsatypische" Einnahmen** bzw. Einnahmen, die nicht dem eigentlichen, laufenden Unternehmensgegenstand zuzuordnen sind.

- **Betriebstypische Einnahmen**
  z. B.
  - Mieten/Pachten und Umlagen/Erbbauzinsen/Zuschläge/Vergütungen/Kostenerstattungen

- **„Betriebsatypische" Einnahmen**
  z. B. Mehrerlöse aus Anlageverkäufen (z. B. bei Immobilien und Mobilien)

– Einnahmearten bei Einkünften aus Vermietung und Verpachtung

Einnahmen sind hier **Zuflüsse,** die im Rahmen der Überschusseinkünfte bei Vermietung und Verpachtung anfallen. Der Art nach bestehen mit den Einnahmen der Grundstücks- und Wohnungswirtschaft Übereinstimmungen.

1. **Typische Einnahmen**
   bei Vermietung und Verpachtung im Privatvermögen, z. B.
   – Mieten/Pachten und Umlagen aus Betriebskosten
   – Betriebskostenpauschalen
   – Erbbauzinsen

2. **Sonstige, seltenere Einnahmen**
   – Zuschüsse
   (z. B. Zuschüsse für Erhaltungs- und Herstellungskosten, wenn kein Abzug bei der Ermittlung der späteren Abschreibungsgrundlage vorgenommen wird)
   – Entgelte für besondere Erlaubnisse/Gestattungsentgelte
   (z. B. Entgelte für Reklameflächen, Anbringung von Automaten)
   – Entschädigungen des Mieters/Pächters
   (z. B. für übermäßige Beanspruchung der Mietsache)
   – Abstandszahlungen des Mieters/Pächters
   (z. B. für eine vorzeitige Auflösung des Vertragsverhältnisses)
   – Vorsteuererstattung bei Option gemäß § 9 UStG

Nicht zu den Einnahmen aus Vermietung und Verpachtung zählen und somit steuerfrei bleiben beispielsweise:

– Einnahmen aus der Erlaubnis an Dritte zur Ausbeutung von Bodenschätzen
– Einnahme aus Entschädigungszahlungen für Vermögensschäden am Immobilienobjekt
– Einnahmen aus Verkaufserlösen von Immobilien, soweit sie
  - dem Privatvermögen zugehörig sind,
  - der Zeitraum zwischen Anschaffung und Veräußerung mehr als zehn Jahre beträgt § 23 EStG und
  - in der Zahl der privaten Immobilienverkäufe keine Gewerbsmäßigkeit gesehen wird
  (z. B. wesentliche Zählweise, Verkauf von nicht mehr als 3 Objekten innerhalb von 5 Jahren, wenn die jeweiligen Verkaufsobjekte nicht mehr als 10 Jahre im Eigentum waren).

11.2.2 Ausgewählte Ausgabearten/Werbungskosten

Auch in diesem Zusammenhang sollen Ausgabearten/Werbungskosten steuerlich eingeengt werden auf die unternehmerische/gewerbliche Grundstücks- und Wohnungswirtschaft bzw. auf die Einkunftsart Vermietung und Verpachtung.

– Ausgabearten in der unternehmerischen Grundstücks- und Wohnungswirtschaft bei Vermietung und Verpachtung

Betriebliche Ausgaben/Aufwendungen können tatsächlicher, aber auch nur fiktiver Art (z. B. steuerliche AfA) sein, auf den tatsächlichen zahlungsmäßigen Abfluss kommt es zunächst nicht an.

Die Ausgabearten wiederum lassen sich einteilen in

- betriebstypische Ausgaben,
- „betriebsatypische" Ausgaben bzw. Ausgaben, die ebenfalls nicht dem eigentlichen, laufenden Unternehmensgegenstand zuzuordnen sind.

- **Betriebstypische Ausgaben**
  z. B.
  - Betriebskosten
  - Erhaltungsaufwand
  - Abschreibungen
    (Ausweis unter steuerlichen Gesichtspunkten)
  - Personalaufwendungen
    (z. B. Löhne, Gehälter, soziale Abgaben)
  - Zinsen und ähnliche Aufwendungen
  - Geldbeschaffungskosten
  - Steuern aus Ertrag und Vermögen
    (im steuerlichen Ansatz Gewerbesteuer, Grundsteuer, nicht aber ESt, KSt)
  - Sächliche Verwaltungskosten
  - Vertriebskosten der Vermietung
- **„Betriebsatypische" Ausgaben**
  z. B.
  - Verluste aus dem Abgang von Gegenständen des Anlagevermögens
    (z. B. bei Immobilien und Mobilien)

– Werbungskosten bei Einkünften aus Vermietung und Verpachtung

EStG § 9 Abs.1 Werbungskosten sind Aufwendungen zur Erwerbung, Sicherung und Erhaltung von Einnahmen, hier von Einnahmen aus Vermietung/Verpachtung bei Immobilien.

Auch hier kann zwischen tatsächlichen und fiktiven Werbungskosten (z. B. steuerliche AfA) unterschieden werden, jedoch kommt es bei der Berücksichtigung von tatsächlichen Werbungskosten auch auf den zahlungsmäßigen Abfluss im Besteuerungszeitraum an.

Die Werbungskosten kann man unterteilen in:

Werbungskosten	
Kosten im Finanzierungsbereich z. B. – Schuldzinsen während der Bauzeit – Geldbeschaffungskosten – Schuldzinsen nach Fertigstellung – Renten oder wiederkehrende Leistungen	Kosten im Bewirtschaftungsbereich z. B. – Abschreibung auf die Anschaffungs- oder Herstellungskosten des Gebäudes – Erhaltungsaufwendungen (Instandhaltungskosten) – Betriebskosten – Verwaltungskosten

Die oben angesprochenen Werbungskosten sollen skizzenhaft umrissen werden.

- **Werbungskosten aus dem Finanzierungsbereich**

1. **Schuldzinsen während der Bauzeit**
   Soweit sie beim Käufer der Immobilie entstehen, sind sie für diesen grundsätzlich unbeschränkt abzugsfähige Werbungskosten.

2. **Geldbeschaffungskosten**
   Hier kann man unterscheiden zwischen laufzeitabhängigen Kosten, im Besonderen das Disagio für die Zeit der Zinsfestschreibung, und laufzeitunabhängige Kosten wie Schätzgebühren für die Immobilie, Kosten für Notar und Gericht, für die Bestellung von Grundpfandrechten zur Absicherung der Finanzierung, Bearbeitungsgebühren, Provisionszahlungen für eine Finanzierungsvermittlung.

   Diese Geldbeschaffungskosten sind ebenfalls unbeschränkt abzugsfähige Werbungskosten.

   Das Disagio (auch Damnum, Abgeld, Auszahlungsverlust), selbst eine spezielle Art der Werbungskosten, soll hier noch etwas erweitert betrachtet werden. Der Darlehensnehmer bekommt in diesem Fall nicht den Nominalbetrag (= Schuldbetrag) des Darlehens ausgezahlt, sondern einen Auszahlungsbetrag, der um den Betrag des Disagios gekürzt ist. Diese Differenz, Disagio, ist das Entgelt des Darlehensgebers für die Einräumung eines niedrigeren Nominalzinssatzes als sonst marktüblich bei voller Auszahlung des Darlehens. Das Disagio ist somit eine teilweise Vorwegnahme der Zinszahlung für den Zeitraum der Festschreibung des Nominalzinssatzes des Darlehens (z. B. 5, 10 oder 15 Jahre).

   Die Höhe des Disagios, der vorweggenommenen Zinszahlung, entspricht in etwa der Differenz zwischen dem Nominalzinssatz bei voller Darlehensauszahlung und dem niedrigeren Nominalzinssatz bei Hinnahme eines Disagios, multipliziert mit den Jahren der Zinsfestschreibung.

Der Investor, der, aus welchen Überlegungen auch immer, die Darlehensaufnahme mit Disagio wählt, hat bestimmte steuerliche Vorgaben für die Abzugsfähigkeit des Disagios als Werbungskosten zu beachten:
- Disagio darf der Höhe nach marktübliche Sätze nicht übersteigen. Aus Gründen der Vereinfachung setzt die Finanzverwaltung ein Limit von 10 v. H. des Darlehensbetrages.
- Zeitdifferenz zwischen Zahlung des Damnums und Auszahlung des Darlehens darf nicht mehr als drei Monate betragen.

Auch in der Bewirtschaftungsphase des Vermietungsobjektes erneut anfallende Geldbeschaffungskosten (z. B. erneuter Anfall eines Disagios bei Verlängerung der Zinsfestschreibung) sind steuerlich als Werbungskosten ansatzfähig.

3. **Schuldzinsen nach Fertigstellung**
   Soweit es sich um Schuldzinsen im Zusammenhang mit dem Vermietungsobjekt handelt, sind diese unbeschränkt als Werbungskosten steuerlich ansatzfähig.

4. **Renten oder andere wiederkehrende Leistungen,**
   z. B. bei Leibrenten der Ertragsanteil aus der Jahresrente; im Fall des Erbbaurechts gehört der jährliche Erbbauzins zu den ansatzfähigen Werbungskosten.

- **Werbungskosten aus dem Bewirtschaftungsbereich**

Auch hier sollen ausgewählte Bereiche skizzenhaft umrissen werden.

1. **Abschreibung auf Anschaffungs- und/oder Herstellungskosten**
   Soweit es sich um abnutzbare Wirtschaftsgüter wie z. B. das Gebäude oder Einrichtungsgegenstände des Vermietungsobjektes handelt, unterliegen diese einer Abnut-

zung. Sie können über ihre wirtschaftliche Nutzungszeit abgeschrieben werden. Die Abschreibungsbeträge sind als Werbungskosten ansatzfähig.

Die steuerlichen Abschreibungsarten bei Immobilien werden unter 11.2.4 dargestellt.

2. **Erhaltungsaufwendungen (Instandhaltungskosten)**
   Soweit es sich um laufende oder aperiodisch auftretende Reparaturen wie z. B. Neubeschichtung einer Badewanne, Erneuerung der Dacheindeckung, Reparatur defekter Schlösser am Mietobjekt handelt, sind diese Kosten grundsätzlich als Werbungskosten ansatzfähig.

3. **Betriebskosten**
   Zu den Arten der Betriebskosten, z. B. Heizung, Prämien zur Sachversicherung vgl. Betriebskosten. Diese sind ebenfalls als Werbungskosten ansatzfähig.

4. **Verwaltungskosten**
   Als ansatzfähige Kosten können hier beispielhaft auftreten:
   - Verwaltergebühren bei Fremdverwaltung
   - Eigenkosten der Selbst- bzw. Mitverwaltung, z. B. Kosten der Mietersuche, Kosten der Objektüberwachung, Kosten der Wahrnehmung von Eigentümerverpflichtungen (z. B. Eigentümerversammlung), Kontoführungsgebühren für Mietkonto, Büroraumkosten und andere Verwaltungskosten für evtl. umfangreiche Verwaltungsaufgaben, Beiträge zu Hausbesitzervereinen
   - Abstandszahlungen an Mieter für eine vorzeitige Aufhebung von Mietverträgen

11.2.3 Anschaffungs- und Herstellungskosten, Basisbegriffe steuerlicher Bemessungsgrundlage

Allgemeine steuerliche Einordnung

Die Höhe der Anschaffungs- bzw. Herstellungskosten bei Immobilien ist in mehrfacher Sicht Bemessungsgrundlage für steuerliche Ansätze. Außen vor bleiben im Rahmen dieser Betrachtung die unterschiedlichen Ansatz- und Bewertungsvorschriften bilanzierender Unternehmen im Rechnungswesen, wie sie Steuer- und Handelsbilanz kennen. Die Betrachtung konzentriert sich steuerlich auf die Thematik Anschaffungskosten/Herstellungskosten im Rahmen der Überschussrechnung bzw. der Einnahmen-/Ausgabenrechnung und dort auf die diesbezüglichen Werbungskosten bzw. Betriebsausgaben. Steuerliche Ansätze, die an die Herstellungs- bzw. Anschaffungskosten einer Immobilie anknüpfen und damit diese Kosten – soweit es das abnutzbare Wirtschaftsgut (z. B. Gebäude) betrifft – zur Bemessungsgrundlage machen, sind z. B.

- Absetzung für Abnutzung der Gebäude gemäß § 7 Abs.4, 5 EStG
- Erhöhte Absetzungen für Gebäude gemäß §§ 7h, 7i EStG
- Sonderabschreibungen für Gebäude im Bereich des Fördergebietsgesetzes
- Ermittlung der Spekulationseinkünfte im Veräußerungsfall, § 23 Abs.3 EStG i. V. m. § 52 Abs. 39 EStG
- Überprüfung des möglichen Vorliegens eines anschaffungsnahen Herstellungsaufwandes, R 157 Abs. 4 EStR
- Bemessungsgrundlage für den Fördergrundbetrag gemäß § 8 EigZulG

11.2.3.1 Begriff Anschaffungskosten

Die Thematik der Anschaffungskosten betrifft hier den Immobilienbereich steuerlich in folgenden Bereichen:

- Anschaffung eines unbebauten Grundstücks als Erwerber
- Anschaffung eines bebauten bzw. noch zu bebauenden Grundstücks als Erwerber

- Bestandspflege von bebauten Grundstücken im zeitlichen Bereich der anschaffungsnahen Aufwendungen

Eine gesetzliche Definition gibt § 255 Abs.1 Satz 1 HGB. Danach sind Anschaffungskosten **Aufwendungen,** die geleistet werden, um einen Vermögensgegenstand (hier z. B. eine Immobilie) zu erwerben und ihn in einen betriebsbereiten Zustand zu versetzen, soweit sie dem Vermögensgegenstand **einzeln** zugeordnet werden können. Zu den Anschaffungskosten gehören auch die Nebenkosten sowie die nachträglichen Anschaffungskosten. Anschaffungspreisminderungen sind abzuziehen. HGB § 255 Abs.1 Satz 1

Der gesetzliche Begriff stellt auf bestimmte Merkmale ab. Nachfolgend Merkmale und ihre inhaltliche Bestimmung:

- **Erwerbsvorgang**
  Der Anschaffungsvorgang stellt grundsätzlich ab auf den Erwerb (z. B. durch Kauf, Tausch, Zuschlag im Wege des Zwangsversteigerungsverfahrens, teilentgeltlichen Erwerb). Verbunden ist damit ein entsprechender Aufwand – eine **Gegenleistung**. Der Vermögensgegenstand ist bereits bestehend (Grundstück bzw. Grundstück mit Gebäude) bzw. der Erwerb richtet sich vertraglich auf ein Grundstück mit einem noch zu errichtenden Gebäude (z. B. Erwerb/Anschaffung/Kauf vom Bauträger eines noch nicht fertiggestellten Gebäudes). Dem unentgeltlichen Erwerb (z. B. im Wege der Schenkung) fehlt somit die Gegenleistung und damit das Erfordernis Anschaffungsvorgang, Anschaffungskosten.
  Konsequenz: z. B. einer unmittelbar im Schenkungswege „erworbenen" Eigentumswohnung fehlt es an der Gegenleistung und damit auch an Anschaffungskosten, eine Förderung durch die Eigenheimzulage ist nicht möglich, § 8 f. EigZulG. EigZulG § 8 f.
- Zuordenbarkeit der Kosten
  Die Aufwendungen im Rahmen der Anschaffungskosten müssen direkt zuordenbar sein. Eventuell anfallende **Gemeinkosten,** die erst im Wege einer Kostenverteilung zu ermitteln wären, sind nicht in die Anschaffungskosten einzubeziehen (z. B. anteilige Büroraumkosten).
- **Zusammensetzung der Anschaffungskosten**

Gleichung:		
Anschaffungskosten	=	Anschaffungspreis + Anschaffungsnebenkosten ./. Anschaffungskostenminderungen + nachträgliche Anschaffungskosten/ anschaffungsnahe Aufwendungen

  Im Einzelnen:
- **Anschaffungspreis**
  Anschaffungspreis ist die Gegenleistung für den erworbenen Vermögensgegenstand, Immobilie. Gegenleistung, z. B. Kaufpreis, Tauschleistung, Meistgebot, Wert – zu dem die Leistung an Erfüllungsstatt angenommen wird; zur Gegenleistung vgl. auch § 9 GrEStG. GrEStG § 9
- **Anschaffungsnebenkosten**

Aufwendungen, die zusätzlich erforderlich sind, um die Immobilie zu erwerben.

Beispiele: Notar- und Gerichtsgebühren für den Erwerbsvorgang, Kosten für die Begutachtung, Anlieger- und Erschließungsbeiträge, Grunderwerbsteuer, Maklergebühren für die Objektvermittlung.

Kostenhöhe:
z. B. Grunderwerbsteuer ab 1.1.1997 3,5 % aus dem Anschaffungspreis; Notar- und Gerichtsgebühren ca. 1,5 %.

- **Anschaffungskostenminderungen**

Alle Arten von Nachlässen wie Skonti, Rabatte, zurückerstattete Entgelte, und zwar auf Anschaffungspreis wie auch auf Anschaffungsnebenkosten

Beispiel: Berichtigung des Kaufpreises wegen einer abweichenden Bauausführung, z. B. abweichende Wohnfläche trotz zugesicherter Eigenschaft.

- **Nachträgliche Anschaffungskosten/anschaffungsnahe Aufwendungen**

  Diese Aufwendungen entstehen zeitlich nach dem Übergang des wirtschaftlichen Eigentums (Besitz, Nutzen, Lasten und Risiken am Kaufobjekt der Immobilie), sie fallen jedoch in einem engen zeitlichen Zusammenhang mit der Anschaffung an. Sie werden begrifflich auch als „anschaffungsnahe Aufwendungen" bezeichnet. Steuerlich ist der Begriff „anschaffungsnahe Aufwendungen" zur Überprüfung angezeigt, wenn z. B. Reparaturarbeiten, Beseitigung offener Mängel, Verbesserungsarbeiten am Objekt (= allgemeine Modernisierungsaufwendungen) anfallen und diese Kosten bei der Bemessung des ursprünglichen Anschaffungspreises fiktiv im Preis als berücksichtigt in Kauf genommen wurden.

  Der BFH geht dabei neben den noch darzustellenden zeitlich/quantitativen Merkmalen von folgenden Indizien bei den Aufwendungen aus:

  Aufwendungen, die
  - im Anschluss an die Anschaffung des Gebäudes gemacht werden und
  - im Verhältnis zum Kaufpreis hoch sind und
  - im Vergleich zum Zustand des Gebäudes im Anschaffungszeitpunkt
    - das Wesen des Gebäudes verändern oder
    - den Nutzungswert erheblich erhöhen oder
    - die Nutzungsdauer erheblich verlängern

  Vom Sachverhalt des „anschaffungsnahen Aufwands" und damit eines anschaffungsnahen Herstellungsaufwandes ist nicht auszugehen, wenn in den ersten drei Jahren nach der Anschaffung die Aufwendungen für voran dargestellte Maßnahmen insgesamt 15 % des Anschaffungskostenanteils des Gebäudes nicht übersteigen. Nicht unter diese anschaffungsnahe Betrachtung fallen Aufwendungen für laufend anfallenden Erhaltungsaufwand (R 157 Abs.4 Satz 6 EStR) sowie Aufwendungen zur Beseitigung versteckter Mängel (R 157 Abs.4 Satz 7 EStR).

  Konsequenz:
  Trifft der Sachverhalt „anschaffungsnaher Aufwand" zu und waren die zwischenzeitlichen Steuerbescheide diesbezüglich vorläufig bzw. unter dem Vorbehalt der Nachprüfung, dann sind diese Aufwendungen nicht als sofort abzugsfähige Erhaltungsaufwendungen bei den Werbungskosten bzw. Betriebsausgaben anzusetzen, sie sind dann im Gesamtbetrag den usprünglichen Anschaffungskosten zuzurechnen. Die Zurechnung zu den Anschaffungskosten erhöht damit allerdings auch die Bemessungsgrundlage für die Abschreibung.

  Beispiel:

  Anschaffung einer älteren Mietwohnanlage 1997, Übergang des wirtschaftlichen Eigentums am 1.7.1997; damit ist Beobachtungszeitraum für die Thematik „anschaffungsnaher Aufwand" 1.7.1997 bis 30.6.2000.

Angenommener Gebäudewertanteil i. R. der Anschaffungskosten 1.200.000 DM. Folgende Aufwendungen für Instandsetzung fallen an:

Fall 1		Fall 2	
1. Erneuerung des rissigen Fassadenputzes Termin 30.9.1997	49.000 DM	dto. Termin: 30.9.1997	49.000 DM
2. Erneuerung der schadhaften Dacheindeckung Termin: 7.4.1998	79.000 DM	dto. Termin: 7.4.1998	79.000 DM
3. Erneuerung schadhafter Fenster Termin: 4.5.1999	55.000 DM	dto. Termin jedoch 6.3.2001	55.000 DM
Summe im Beobachtungszeitraum 1.7.1997 bis 30.6.2000	183.000 DM = 15,25 %	Summe im Beobachtungszeitraum 1.7.1997 bis 30.6.2000	128.000 DM = 10,67 %

Fall 1

Anschaffungsnaher Aufwand, weil die Summe aller Aufwendungen für Instandsetzung im Beobachtungszeitraum mehr als 15 % der Anschaffungskosten des Gebäudes beträgt. Damit durch Neufestsetzung, Bemessungswertanteil des Gebäudes 1.383.000 DM
= 1.200.000 DM + 183.000 DM

Fall 2

Kein anschaffungsnaher Aufwand, weil 15%-Grenze im Beobachtungszeitraum nicht überschritten wird. Die Aufwendungen sind im jeweiligen Jahr voll als Erhaltungsaufwand i. R. der Werbungskosten/ Betriebsausgaben absetzbar.

11.2.3.2 Begriff Herstellungskosten

Die Thematik der Herstellungskosten eines Gebäudes betrifft hier den Immobiliensektor steuerlich in folgenden Bereichen:

- Herstellung (Errichtung) eines Gebäudes als Bauherr
- Bestandspflege bestehender Gebäude als Bauherr in Aktivitäten der Modernisierung/Sanierung/Ausbau/Erweiterung

Eine gesetzliche Definition gibt § 255 Abs. 2 HGB.

Herstellungskosten sind die Aufwendungen, die durch den Verbrauch von Gütern und die Inanspruchnahme von Diensten für HGB § 255 Abs.2

- die Herstellung eines Vermögensgutes (z. B. Gebäude)
- seine Erweiterung (z. B. Ausbau des Dachgeschosses)
- oder für eine über seinen ursprünglichen Zustand hinausgehende wesentliche Verbesserung (z. B. grundlegende Modernisierung)

entstehen.

Analog dazu ist die Auslegung des Herstellungskostenbegriffs in R 33 EStR und in der Unterscheidung zwischen Erhaltungs- und Herstellungsaufwand in R 157 EStR (Herstellungskosten). Weitere Auslegungsansätze finden sich in R 33a EStR in der Unterscheidung zwischen Aufwendungen im Zusammenhang mit den Herstellungskosten eines Gebäudes (z. B. Beiträge für Anlage eines Kinderspielplatzes durch die Gemein- EStR R 33 R 33a R 157 Abs.5

de) und Aufwendungen im Zusammenhang mit einem Grundstück (z. B. Errichtung eines Spielplatzes auf dem Mietwohngrundstück). In letzterem Fall liegt ein selbstständig zu bewertendes Wirtschaftsgut vor. Ebenso bezüglich der Herstellungskosten der gärtnerischen Gestaltung des Grundstücks bei einem Wohngebäude, R 157 Abs.5 EStR.

Die Unterschiede in der Auslegung des Herstellungskostenbegriffs finden sich vor allem in der Abgrenzung der aktivierungspflichtigen von den aktivierungsfähigen Bestandteilen der Herstellungskosten, wie sie im Handels- (§ 255 HGB) und Steuerrecht (R 33 EStR) im Rechnungswesen anzutreffen sind.

HGB § 255 EStR R 33

Obwohl sich hier die Überlegungsansätze auf nicht bilanzierende Unternehmen richten bzw. auf Immobilien der Einkunftsart Vermietung und Verpachtung, soll das Kostenartengebäude der Herstellungskosten wegen seiner prägenden Struktur in Handels- und Steuerrecht kurz gegenübergestellt werden.

Herstellungskostenarten eines Gebäudes im Überblick

Kostenarten	Handelsrecht	Steuerrecht
Materialeinzelkosten, direkt zuordenbare Fremdrechnungen	P	P
Materialgemeinkosten, quotenmäßige Zuordnung, z. B. für Materialprüfung	W	P
Fertigungseinzelkosten, direkt zuordenbare Löhne/Gehälter	P	P
Fertigungsgemeinkosten, nicht direkt zuordenbare Kosten, z. B. anteilige Raumkosten der technischen Abteilung	W	P
Sonderkosten der Fertigung, z. B. Kosten für Modelle	P	P
Kosten der allgemeinen Verwaltung, z. B. Kosten der Geschäftsleitung	W	W
Kosten für Soziale Einrichtungen des Betriebes	W	W
Kosten für freiwillige soziale Leistungen	W	W
Kosten für betriebliche Altersversorgung	W	W
Zinsen für Fremdmittel während der Bauzeit	W	W
Vertriebskosten, z. B. Maklerprovisionen	V	V

P = Ansatz-Pflicht
W = Ansatz-Wahlrecht
V = Ansatz-Verbot

– Abgrenzung von Herstellungs- und Erhaltungsaufwand

Im Rahmen der Bestandspflege eines bebauten Grundstücks ist steuerlich bedeutsam, ob Maßnahmen am Objekt dem Bereich Instandhaltung/Instandsetzung zugeordnet werden können, also steuerlich sofort abzugsfähiger Erhaltungsaufwand sind, oder ob diese Maßnahmen als Herstellungsaufwand gebäudewerterhöhend zu beurteilen sind.

EStR R 157

Herstellungsaufwand ist immer dann anzunehmen, wenn nach der ursprünglichen Fertigstellung des Gebäudes etwas Neues, bisher von der Sache her nicht Vorhandenes geschaffen wird, R 157 EStR.

Beispiel:

Erstmaliger, nachträglicher Einbau einer Aufzugsanlage. Herstellungsaufwand erhöht die Bemessungsgrundlage für das Abschreibungsvolumen.

Die Erfassung als Herstellungsaufwand kann unterbleiben, wenn die Aufwendungen für die einzelne Baumaßnahme nicht mehr als 4.000 DM (Rechnungsbetrag ohne Umsatzsteuer) je Gebäude betragen, R 157 Abs.3 Satz 2 EStR. EStR R 157 Abs.4 Satz 2

Beispiel:

Nachträglicher Einbau eines Handwaschbeckens im WC, netto 680,– DM.

Herstellungsaufwand ist auch dann anzunehmen, wenn statt wie vorher eine Mehrung der Substanz eine erhebliche Wesensänderung im Gebäude durch bauliche Maßnahmen stattfindet.

Beispiel:

(1) Durch bauliche Maßnahmen wird die Infrastruktur im Gebäude geändert; aus Großwohnungen werden Appartements.
(2) Durch umfangreiche Maßnahmen wird eine Nutzungsänderung herbeigeführt; aus Büroanlagen werden Wohnungen.

Einen weiteren Überprüfungsansatz bildet das Urteil des BFH vom 9.5.1995 (IX R 116). Danach liegt ebenfalls Herstellungsaufwand vor, wenn durch Instandsetzungs- und Modernisierungsaufwendungen das Gebäude (bzw. ein Gebäudeteil) über seinen **ursprünglichen Zustand hinausgehend wesentlich** verbessert wird.

Für den ursprünglichen Zustand ist der Zustand im Zeitpunkt der Herstellung bzw. im Erwerbsfall der im Zeitpunkt des Erwerbs heranzuziehen. Als wesentliche Verbesserung im Sinne einer wesentlichen Erhöhung des Gebrauchswertes wäre beispielhaft zu nennen:

> Modernisierung einer einfachen Altbauwohnung in eine gehobene Komfortwohnung, verbunden mit einer Erweiterung der Wohnfläche (z. B. Anbau eines Balkons); wertmäßiges Indiz dafür, nachhaltig deutlicher Anstieg der erzielbaren Miete.

Zusammenfassend zum Bisherigen:

Instandsetzungs- und Modernisierungsaufwendungen (unabhängig von der Kostenhöhe) an Bestandsimmobilien sind als Erhaltungsaufwand und damit als sofort abzugsfähige Werbungskosten/Betriebsausgaben einzuordnen, wenn

- das Gebäude (Gebäudeteil, z. B. Wohnung) nicht erweitert wird (Wohnfläche/Nutzfläche)
- **kein** anschaffungsnaher Aufwand vorliegt bzw.
- **keine** deutliche Erhöhung des Gebäudewertes mit den baulichen Maßnahmen einhergeht (z. B. deutliche Verländerung der Nutzungsdauer) bzw.
- **kein** Vollverbrauch des Gebäudes besteht.

Sonderfall:

Herstellungs- und Erhaltungsaufwand fallen räumlich + zeitlich + sachlich zusammen.

Beispiel:

Erstmaliger Einbau einer Aufzugsanlage (Herstellungsaufwand) in eine Bestandsimmobilie und in diesem Zusammenhang gleichzeitig Renovierung des Treppenhauses (eigentlich Erhaltungsaufwand).
Gesamtaufwand ist in diesem Fall Herstellungsaufwand.

Zeitphasen
für den Anschaffungs- und Herstellungsaufwand einer Immobilie

Anschaffungskosten

1. **Anschaffungsphase**
   – Anschaffung eines unbebauten Grundstücks
   – Anschaffung eines bebauten Grundstücks
   abgeschlossen mit Übergang des wirtschaftlichen Eigentums

Herstellungskosten

2. **Errichtungsphase**
   – Neubau
   – Wiederaufbau
   sofern in Bauherrneigenschaft abgeschlossen mit Fertigstellung

3. **Bewirtschaftungsphase mit zusätzlichen baulichen Maßnahmen**

Erhaltungsaufwand

3.1 Maßnahmen der bloßen Instandsetzung/Instandhaltung (ohne den Sachverhalt anschaffungsnaher Aufwand)

Herstellungsaufwand

3.2 Maßnahmen mit der Qualität eines Herstellungsaufwandes
- Maßnahmen mit substanzmehrender Art
- Maßnahmen mit einer wesentlichen Nutzungsänderung
- Maßnahmen mit einer deutlichen Erhöhung des Gebrauchswertes
- Maßnahmen (evtl.) in einem förmlich festgesetzten Sanierungsgebiet in Form von Modernisierung und Instandhaltung gemäß § 7h EStG i. V. m. § 177 BauGB
- Maßnahmen bei Baudenkmalen gemäß § 7i EStG
- Maßnahmen im Fördergebiet in Form von nachträglichen Herstellungskosten/Modernisierung gemäß § 3 Abs.1 InvZulG

Zusammenfassung über das Zusammenwirken von wirtschaftlichen Handlungsabläufen und einkommensteuerlichen Grundbegriffen – am Beispiel eines Vermietungsobjektes im Privatvermögen	
Wirtschaftliche Handlungsabläufe	**Einkommensteuerliche Einordnung**
1. Kauf eines Grundstücks, bebaut mit einem Einfamilienhaus zur Vermietung für das Privatvermögen	1. Steuerlich liegt durch die Widmung des Objektes eine Investition in die Einkunftsart Vermietung/Verpachtung vor. Bauliche Maßnahmen liegen zu Beginn nicht vor, womit ein reiner Anschaffungsvorgang gegeben ist. Angeschafft wird das Grundstück mit einem fertigen Gebäude. Die Kosten dafür sind begrifflich „Anschaffungskosten"; diese setzen sich aus dem „Anschaffungspreis" (z. B. Kaufpreis laut Notarurkunde) und den „Anschaffungsnebenkosten" (z. B. Grunderwerbsteuer, Maklergebühren, Notar- und Gerichtsgebühren) zusammen. Anschaffungskosten (soweit Gebäudewertanteil) sind z. B. Bemessungsgrundlage für die Gebäude-AfA.
2. Aufwendungen für Instandhaltungs-/ Instandsetzungsmaßnahmen am Gebäude des Vermietungsobjektes	2. Steuerlich spricht man von Erhaltungsaufwendungen zur Sicherung und Erhaltung der Mieteinnahmen, einer speziellen Werbungskostenart. Beispiel: Erneuerung der Dacheindeckung. Erhaltungsaufwendungen sind im Jahr der Ausgabe voll als Werbungskosten abzugsfähig, wirken sich damit sofort steuermindernd aus.

	Ausnahme: Besteht ein enger zeitlicher Zusammenhang zwischen der Anschaffung des Objektes und sind die dazugehörigen Erhaltungsaufwendungen erheblich, dann kann sog. „Anschaffungsnaher Aufwand" vorliegen. Von „Anschaffungsnahem Aufwand" ist auszugehen, wenn in einem Zeitraum von drei Jahren nach der Anschaffung des Objektes die Erhaltungsaufwendungen mehr als 15 % der anteiligen Anschaffungskosten des Gebäudes betragen. Anschaffungsnahe Aufwendungen führen zu einer nachträglichen Erhöhung der ursprünglichen Anschaffungskosten. Sofort abzugsfähige Erhaltungsaufwendungen sind dann nicht gegeben.
3. Bauliche Maßnahmen am Gebäude des Vermietungsobjektes, z. B. Dachgeschossausbau	3. Steuerlich spricht man hier von „Nachträglichen Herstellungskosten". Diese liegen z. B. immer dann vor, wenn das Vermietungsobjekt durch bauliche oder andere Maßnahmen eine wesentliche Mehrung in der Substanz (z. B. Dachgeschossausbau, erstmaliger Einbau einer Aufzugsanlage) oder eine wesentliche Änderung in seiner Wesensart erfährt (z. B. Umbaumaßnahmen von Gewerberaum zu Wohnraum). Dies liegt in diesem Fall vor. Die „Nachträglichen Herstellungskosten" sind den „Anschaffungskosten" zuzurechnen. Sie erhöhen die Bemessungsgrundlage z. B. für die Gebäude-AfA. Steuermindernd wirken sie sich erst langfristig über die Werbungskostenart „AfA" aus.
4. Vermietung des Mietobjektes und laufende Einnahmen/ Ausgaben für die Bewirtschaftung	4. Steuerlich wird die Einnahmenerzielungsabsicht verdeutlicht. Die Ermittlung der „Einkünfte aus Vermietung und Verpachtung" erfolgt durch Gegenüberstellung der „Einnahmen" und der „Ausgaben", steuerlich „Werbungskosten", in einer sog. „Überschussrechnung". Der Überschuss aus der Saldierung von Einnahmen/Werbungskosten kann negativ/positiv sein und ist im Rahmen der Gesamteinkünfte für die Besteuerung zu berücksichtigen, soweit die Beschränkung der Verlustverrechnung (§ 2 Abs. 3 EStG) dies zulässt.
5. Veräußerung des Mietobjektes	5. Steuerlich wird für diesen Fall durch die Veräußerung der Mietsache aus dem Privatvermögen die Vermietung/Verpachtung aufgegeben und mit dem Verkaufserlös möglicherweise in eine andere Einkunftsart übergewechselt (z. B. Einkünfte aus Kapitalvermögen). Ein Mehr- oder Mindererlös aus Verkaufspreis und ursprünglichen Anschaffungskosten ist bei einer Immobilie im Privatvermögen einkommensteuerlich neutral. Ausnahmen: Bei Veräußerung wird 10-jährige Spekulationsfrist nicht eingehalten bzw. Häufigkeit der Veräußerungsfälle lässt Vermutung der Gewerbsmäßigkeit zu.

11.2.4. Absetzung für Abnutzung bei Gebäuden und Gebäudeteilen

Der Ansatz der Absetzung für Abnutzung (AfA) wird hier in Fortsetzung zu 11.2.2 als eine Art von Werbungskosten/Betriebsausgaben dargestellt. Der steuerliche Ansatz dieser AfA unterscheidet sich grundlegend von den übrigen aufgezeigten Werbungskosten/Betriebsausgaben; er ist nicht durch einen Zahlungsabfluss im jeweiligen Kalenderjahr belegt, sondern errechnet sich fiktiv pro Jahr aus dem Wertverzehr des abnutzbaren Gebäudes bzw. seiner Gebäudeteile über die betriebsgewöhnliche Nutzungsdauer, § 7 Abs.1 Satz 2 EStG. Für die planmäßige Abschreibung von Gebäuden sind die

EStG § 7 Abs.1 Satz 2

Abschreibungsvorschriften gemäß § 7 EStG in gleicher Weise im Rahmen der Überschusseinkünfte wie im Rahmen der Gewinneinkünfte anzuwenden. Daneben sind für besondere Ereignisse (z. B. Sturm Hagel-/Brand-/Hochwasserschäden) gegebenenfalls besondere steuerliche Ansätze möglich.

11.2.4.1 Abschreibungsbereiche einer Immobilienanlage

Auch wenn hier der Schwerpunkt der Betrachtung bei der Gebäudeabschreibung liegt, soll trotzdem kurz ein Überblick über abschreibungsrechtliche Ansatzbereiche gegeben werden.

Übersicht zu Abschreibungsbereichen

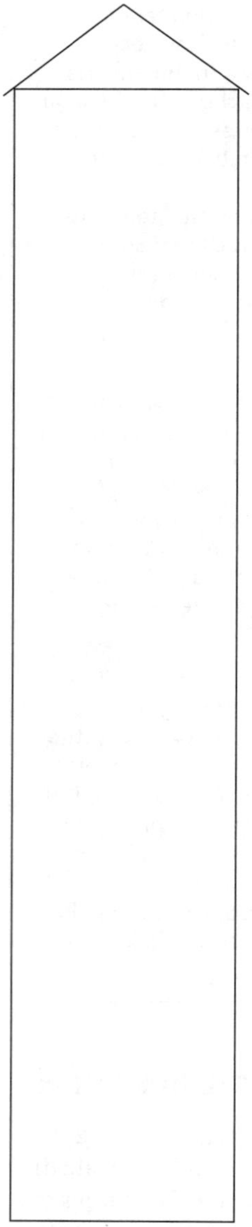

AK	für **Grund und Boden**, Keine planmäßige Abschreibung, kein abnutzbares Wirtschaftsgut
AK/HK	für **Gebäude bzw. Gebäudeteile** Planmäßige Abschreibung gemäß § 7 EStG, abnutzbares Wirtschaftshut
AK/HK	für **Betriebsvorrichtungen**, wie, z. B. Lastenaufzüge/Hebebühnen/Notstromaggregate/Photovoltaikanlagen/Wasserenthärtungsanlagen. Planmäßig Abschreibung als selbstständiges Wirtschaftsgut gemäß Nutzungsdauer/Afa-Satz der amtlichen AfA-Tabellen i. V. m. § 7 Abs.1 EStG (z. B. Schaukästen an der Hauswand/ND 5 Jahre/AfA-Satz 20 %) **Fazit:** Eigene Bemessungsgrundlage
AK/HK	für selbstständige **Wirtschaftsgüter** im Bereich der **Außenanlagen**, sog. Grundstückseinrichtungen. Beispiele: Parkplätze/Hofbefestigungen/Außenbeleuchtung/Grünanlagen (z. B. Umzäunung aus Mauerwerk/ND 20 Jahre/AfA-Satz 5 %). AfA der amtlichen AfA-Tabellen wie oben i. V. m. § 7 Abs.1 EStG. **Fazit:** Eigene Bemessungsgrundlage
AK/HK	für **mitvermietete Einrichtungsgegenstände im Gebäude** wie z. B. Einbauküchen/Wohnmobiliar/Büromöbel und -geräte; AfA gemäß amtlicher AfA-Tabellen wie oben (z. B. Teppiche unter 1000 DM/m²/ND 15 Jahre/AfA-Satz 7 %). Unabhängig davon auch sofortige Abschreibung als „geringwertiges Wirtschaftsgut" im Einzelwert bis 800 DM netto möglich, § 6 Abs. 2 Satz 1 EStG

EStG

§ 7 Abs.4 § 7 Abs.5 Der Gesetzgeber unterscheidet im Rahmen der Gebäudeabschreibung in § 7 EStG zwischen der normalen linearen AfA gemäß § 7 Abs.4 EStG und der degressiven AfA gemäß § 7 Abs.5 EStG.

11.2.4.2 Normale lineare Gebäude-AfA gemäß § 7 Abs.4 EStG

Das Abschreibungsvolumen und damit die Bemessungsgrundlage für die Ermittlung des AfA-Betrages wird bestimmt von der Höhe der Anschaffungs- bzw. Herstellungskosten des abnutzbaren Gebäudes bzw. seiner Gebäudeteile. Der Begriff Gebäude/Gebäudeteile ist u. a. in R 42 Abs.5 EStR und in R 42a EStR geregelt. EStR R 42 Abs.5 R 42a

- Ein Gebäude ist ein Bauwerk auf eigenem oder fremdem Grund und Boden, das Menschen oder Sachen durch räumliche Umschließung Schutz gegen äußere Einflüsse gewährt, den Aufenthalt von Menschen gestattet, fest mit dem Grund und Boden verbunden, von einiger Beständigkeit und standfest ist.

Analog wie ein Gebäude ist auch ein Nutzungsrecht zu behandeln, z. B. Gebäude auf Erbbaurecht, R 42 Abs.5 Satz 3 EStR. EStR R 42 Abs.5 Satz 3

Zur näheren Bestimmung der Normal-AfA gemäß § 7 Abs.4 EStG gilt nachfolgender Überblick:

Überblick
AfA-Arten nach § 7 Abs.4 EStG

(1) Gebäude/Gebäudeteile gemäß § 7 Abs.4 Ziff.1 Nr.2 EStG

Klassifizierungsmerkmal	**Ergebnis**
1. **Genereller Anwendungsbereich** Immer, ohne besondere Voraussetzungen, sofern dem Betriebsvermögen zuzurechnen bzw. dem Privatvermögen bei Vermietung/Verpachtung	AfA-Methode mit der geringsten steuerlichen Entlastung
2. Vermögenszuordnung/Widmung/Fertigstellung	
Gruppe 2.1: Gebäude/Gebäudeteile im Betriebsvermögen, nicht Wohnzwecken dienend, aber Fertigstellung vor dem 1.1.1925, § 7 Abs.4 Nr.2b EStG	AfA-Satz: 2,5 % der Bemessungsgrundlage
Gruppe 2.2: Gebäude/Gebäudeteile im Betriebsvermögen, nicht Wohnzwecken dienend, aber Fertigstellung nach dem 31.12.1924, jedoch Bauantrag vor dem 1.4.1985, § 7 Abs.4 Nr.2a EStG	AfA-Satz: 2 % der Bemessungsgrundlage
Gruppe 2.3: Gebäude/Gebäudeteile im Betriebsvermögen, Wohnzwecken dienend, aber Fertigstellung vor dem 1.1.1925, § 7 Abs.4 Nr.2b EStG	AfA-Satz: 2,5 % der Bemessungsgrundlage
Gruppe 2.4: Gebäude/Gebäudeteile im Betriebsvermögen, Wohnzwecken dienend, aber Fertigstellung nach dem 31.12.1924, § 7 Abs.4 Nr. 2a EStG	AfA-Satz: 2 % der Bemessungsgrundlage

Gruppe 2.5: Gebäude/Gebäudeteile im Privatvermögen, nicht Wohnzwecken (z. B. Gewerbeobjekte, Arbeitszimmer), jedoch Vermietungszwecken bestimmt, Bauantrag bzw. rechtswirksam geschlossener Kaufvertrag nach dem 31.12.1924, § 7 Abs.4 Nr.2a EStG	AfA-Satz: 2 % der Bemessungsgrundlage
Gruppe 2.6: Gebäude/Gebäudeteile im Privatvermögen, Wohnzwecken dienend (z. B. Eigentumswohnung), jedoch Vermietungszwecken bestimmt, Fertigstellung vor dem 1.1.1925, § 7 Abs.4 Nr.2b EStG	AfA-Satz: 2,5 % der Bemessungsgrundlage
Gruppe 2.7: Gebäude/Gebäudeteile im Privatvermögen, Wohnzwecken dienend, jedoch Vermietungszwecken bestimmt, Fertigstellung nach dem 31.12.1924, § 7 Abs.4 Nr.2a EStG	AfA-Satz: 2 % der Bemessungsgrundlage
3. **Nutzungsdauer**	
Gruppe 3.1 Gebäude/Gebäudeteile gemäß § 7 Abs.4 Nr.2a EStG	AfA-Zeitraum: 50 Jahre
Gruppe 3.2: Gebäude/Gebäudeteile gemäß § 7 Abs.4 Nr.2b EStG	AfA-Zeitraum: 40 Jahre
Gruppe 3.3: Gebäude/Gebäudeteile mit einer geringeren Nutzungsdauer als 50 Jahre bzw. 40 Jahre, § 7 Abs.4 Satz 2 EStG	AfA-Zeitraum entsprechend der voraussichtlich kürzeren Nutzungsdauer Die AfA ist bis zur vollen Absetzung der Anschaffungs- oder Herstellungskosten vorzunehmen, R 44 Abs.4 Satz 3 EStR
4. **Beginn der AfA gemäß R 44 Abs. 1 EStR**	Im Fall der Anschaffung, mit Übergang der wirtschaftlichen Verfügungsmacht, schlüssig mit Übergabe bei Bezugsfertigkeit Im Fall der Herstellung im Zeitpunkt der Fertigstellung
5. **Bemessungsgrundlage** Anschaffungs- bzw. Herstellungskosten, hier Aufteilung der Anschaffungskosten bei Anschaffung eines bebauten Grundstücks	Der Kaufpreis ist nach dem Verhältnis der Verkehrswerte auf den Grund und Boden und auf das Gebäude aufzuteilen, H 43 ESt-Hinweise
6. **AfA im Jahr der Anschaffung oder Herstellung** gemäß R 44 Abs.2 Satz 1 EStR	AfA-Betrag für den Rest des Jahres, also pro rata temporis

7. **AfA bei nachträglichen Anschaffungs- oder Herstellungskosten** auf Gebäude/Gebäudeteile in den Fällen des § 7 Abs.4 Satz 1 und Abs.5 EStG	Bisherige Bemessungsgrundlage zuzüglich nachträgliche Anschaffungs- oder Herstellungskosten, H 43 ESt-Hinweise
8. **Ende der AfA gemäß R 44 Abs.9 Satz 1 EStR**	AfA-Betrag nur anteilig für den Zeitraum zwischen dem Beginn des Jahres und der Entnahme (bei Betriebsvermögen), Veräußerung oder Nutzungsänderung (z. B. Aufgabe der Vermietung/ Verpachtung)
9. **AfA bei nachträglichen Anschaffungs- oder Herstellungskosten** auf Gebäude/Gebäudeteile in den Fällen des § 7 Abs.4 Satz 2 EStG	Buchwert bzw. Restbuchwert zuzüglich nachträgliche Anschaffungskosten oder Herstellungskosten, H 43 ESt-Hinweise bzw. aus Vereinfachungsgründen die weitere AfA dann nach dem bisher angewandten Vom-Hundert-Satz bemessen, R 44 Abs.11 Satz 2 EStR

(2) Gebäude/Gebäudeteile gemäß § 7 Abs.4 Satz 1 Nr.1 EStG

Klassifizierungsmerkmal	**Ergebnis**
1. **Genereller Anwendungsbereich**	Wirtschaftsgebäude im Betriebsvermögen
2. **Vermögenszuordnung/Widmung/Bauantrag** Gruppe: Gebäude/Gebäudeteile im Betriebsvermögen, nicht Wohnzwecken dienend, jedoch Bauantrag nach dem 31.3.1985, § 7 Abs.4 Satz 1 Nr.1 EStG	AfA-Satz: 4 % der Bemessungsgrundlage
3. **Nutzungsdauer** – gemäß § 7 Abs.4 Satz 1 Nr.1 EStG – gemäß § 7 Abs.4 Satz 2 EStG	AfA-Zeitraum 25 Jahre AfA-Zeitraum entsprechend der voraussichtlich kürzeren Nutzungsdauer
4. **Beginn der AfA** 5. **Bemessungsgrundlage** 6. **AfA im Jahr der Anschaffung oder Herstellung** 7. **AfA bei nachträglichen Anschaffungs- oder Herstellungskosten** 8. **Ende der AfA** 9. **AfA bei nachträglichen Anschaffungs- oder Herstellungskosten**	siehe Ausführungen unter (1) zu § 7 Abs.4 Ziff.1 Nr.2 EStG

Beispiele zu § 7 Abs.4 EStG

Beispiel Nr.1

Anschaffung einer im Jahr 1990 errichteten Eigentumswohnung. Beurkundung des Kaufvertrages am 30.6.2000; Übergang der wirtschaftlichen Verfügungsmacht, des wirtschaftlichen Eigentums mit Besitz, Nutzen und Lasten 15.8.2000. Eigentumsübergang mit Auflassung und Eintragung 17.11.2000. Vermietung liegt vor. Anschaffungspreis 280.000 DM, davon Bodenwert 70.000 DM, Gebäudewert 210.000 DM. Anschaffungsnebenkosten 20.160 DM. Der AfA-Betrag für das Jahr 2000 sowie für das Folgejahr ist zu ermitteln.

Lösung:

Wohnung nach 1924 fertiggestellt, somit gilt als AfA-Satz 2 % p. a., jedoch jahresanteilig genau. Bemessungsgrundlage ist der Gebäudewertanteil zuzüglich Anteil aus den Anschaffungsnebenkosten.

Gebäudewertanteil = $^3/_4$ des Anschaffungspreises
+ $^3/_4$ der Anschaffungsnebenkosten

Bemessungsgrundlage = 225.120 DM

AfA-Betrag für die Zeit 15.8.2000 bis 31.12.2000

AfA-Betrag für 2000: $\frac{225.120 \text{ DM} \times 2 \times 135}{100 \times 360} = 1.688{,}40 \text{ DM}$

AfA-Betrag in den Folgejahren der Vermietung $\frac{225.120 \text{ DM} \times 2}{100} = 4.502{,}40 \text{ DM}$

Beispiel Nr.2:

Anschaffung eines Ladenlokals im Teileigentum im Januar 2000. Fertigstellung zum 31.3.2000. Übergang des wirtschaftlichen Eigentums 10.4.2000. Bodenwertanteil inkl. Anschaffungsnebenkosten 145.000 DM, Gebäudewertanteil inkl. Anschaffungsnebenkosten 300.000 DM. Vermietungsabsicht liegt vor.

Die AfA-Beträge für die Jahre 2000/2001 sind zu ermitteln, wobei alternativ zwischen einer Anschaffung für das Privatvermögen bzw. Betriebsvermögen zu unterscheiden ist.

Lösung:

AfA-Satz für Privatvermögen: 2 % p. a., jedoch jahresanteilig genau
AfA-Satz für Betriebsvermögen: 4 % p. a., jedoch jahresanteilig genau

in 2000: $\frac{300.000 \text{ DM} \times 2 \times 260}{100 \times 360} = 4.333{,}33 \text{ DM}$

in 2001: $\frac{300.000 \text{ DM} \times 2}{100} = 6.000{,}00 \text{ DM}$

AfA-Beträge für Betriebsvermögen:

in 2000: $\frac{300.000 \text{ DM} \times 4 \times 260}{100 \times 360} = 8.666{,}67 \text{ DM}$

in 2001: $\frac{300.000 \text{ DM} \times 4}{100} = 12.000{,}\text{– DM}$

Beispiel Nr.3

Anschaffung einer gebrauchten Mietwohnanlage. Der reine Kaufpreis beträgt 2.400.000 DM. Der Gebäudewertanteil als Bemessungsgrundlage für die AfA ist zu ermitteln.

Zusatzinformation:

Nachbereitet durch den Käufer ergibt sich, dass der Verkehrswert des Bodens laut Richtwertkartei 1.200.000 betragen würde und der Verkehrswert des Gebäudes 1.600.000 DM.

Lösung:

Der Kaufpreis ist im Verhältnis der Verkehrswerte aufzuteilen.

Bodenwert : Gebäudewert = 6 : 8

Gebäudewert: $\frac{2.400.000 \text{ DM} \times 8}{14} = 1.371\,429,\text{– DM}$

Beispiel Nr. 4:

Bei einem Wohngebäude im Bestand entstehen durch bauliche Maßnahmen im Jahr 2000 nachträgliche Herstellungskosten über 70.000 DM.

Baujahr des Gebäudes: 1970

Gebäudewertanteil im Zeitpunkt der Anschaffung 1985: 1.500.000 DM.

Der AfA-Betrag für 2000 sowie 2001 ist zu ermitteln.

Lösung:

Nachträgliche Herstellungskosten erhöhen die ursprüngliche Bemessungsgrundlage und damit das AfA-Volumen in der Regelabschreibungszeit; weiterhin werden nachträgliche Herstellungskosten im Jahr der Maßnahme fiktiv so angesetzt, als ob sie schon zu Beginn des Jahres ausgeführt gewesen wären.

AfA-Volumen neu für 2000:	1.570.000 DM
AfA-Betrag für 2000:	31.400 DM
AfA-Volumen für 2001:	1.570.000 DM
AfA-Betrag für 2001:	31.400 DM

11.2.4.3 Degressive Gebäude-AfA gemäß § 7 Abs.5 EStG

Im Vorfeld sind die generellen Voraussetzungen gleich wie bei der linearen Gebäude-AfA, was die Bemessungsgrundlage für die Gebäude-AfA sowie für den Gebäudebegriff betrifft.

In der Abschreibungsmethode und damit im Jahresbetrag der AfA unterscheiden sich beide AfA-Arten grundlegend.

Bei der linearen Gebäude-AfA bleibt der AfA-Satz grundsätzlich während der AfA-Dauer gleich und damit auch die jährlichen AfA-Beträge (Ausnahme: nachträglicher Herstellungsaufwand).

Bei der degressiven Gebäude-AfA bleiben zwar auch die Anschaffungs- bzw. Herstellungskosten stets Bemessungsgrundlage für die Ermittlung des AfA-Betrages (Ausnahme: nachträglicher Herstellungsaufwand), jedoch sind die AfA-Beträge in Periodenabschnitten fallend, weil die AfA-Sätze nach unten gestaffelt sind.
Die anfänglich höheren AfA-Beträge bringen für den Investor/Steuerpflichtigen ein größeres Volumen an Werbungskosten/Betriebsausgaben und damit normalerweise auch eine höhere einkommensteuerliche Entlastung.
Der nachfolgende Überblick soll die degressive Gebäude-AfA gemäß § 7 Abs.5 EStG näher bestimmen.

Überblick
Degressive AfA nach § 7 Abs.5 EStG
für Anschaffungsvorgänge und Bauanträge
nach dem 31.12.1995

Gebäude/Gebäudeteile gemäß § 7 Abs.5 Nr.3b EStG

Klassifizierungsmerkmal	**Ergebnis**
1. **Genereller Anwendungsbereich**	Nicht generell wie bei linearer Gebäude-AfA, sondern bestimmte Voraussetzungen
2. **Vermögenszuordnung/Widmung**	Wohnzwecken dienende Gebäude/Gebäudeteile, unabhängig, ob Betriebs- bzw. Privatvermögen
3. **Herstellung/Anschaffung**	Vom Steuerpflichtigen entweder in Bauherrneigenschaft hergestellt bzw. spätestens bis zum Ende des Jahres der Fertigstellung angeschafft
4. **Ausschluss vorausgehender AfA bzw. Sonderabschreibung**	Der Hersteller darf für veräußerte Gebäude weder eine lineare AfA noch erhöhte Absetzungen oder Sonderabschreibungen in Anspruch genommen haben, § 7 Abs.5 Satz 2 EStG
5. **AfA-Sätze für Gebäude- bzw. Gebäudeteile mit Anschaffungs- bzw. Bauantrag nach dem 31.12.1995, § 7 Abs.5 Nr.3b EStG**	5 % im Jahr der Fertigstellung + 7 Folgejahre + 2,5 % je 6 Folgejahre + 1,25 % je 36 Folgejahre
6. **Nutzungsdauer**	AfA-Zeitraum 50 Jahre

7. **Beginn der AfA gemäß R 44 Abs.1 EStR**	Mit Übergang des wirtschaftlichen Eigentums; schlüssig mit Übergabe bei Bezugsfertigkeit
8. **AfA im Jahr der Anschaffung oder Herstellung, abweichend von R 44 Abs.2 Satz 1 EStR, § 7 Abs.5 Nr.3b EstG**	AfA-Betrag stets für das ganze Jahr, also volle p. a.-Abschreibung
9. **AfA bei nachträglichen Anschaffungs- oder Herstellungskosten auf Gebäude/Gebäudeteile in den Fällen des § 7 Abs.5 EStG**	Bisherige Bemessungsgrundlage zuzüglich nachträglicher Anschaffungs- oder Herstellungskosten, H 43 ESt-Hinweise

Beispiele zu § 7 Abs.5 EStG

Beispiel Nr.1

Anschaffung einer Eigentumswohnung aus dem Bauträgerprogramm eines Wohnungsunternehmens am 20.12.1999. Nutzungszweck: Vermietung und Verpachtung als Wohnraum. Fertigstellung sowie Übergabe der Wohnung an den Käufer 16.5.2000. Anschaffungskosten 320.000 DM, davon Bodenwertanteil 96.000 DM

Steuerliche Begründung für die Anwendung der degressiven AfA!

Lösung: Anschaffung erfolgte vor Fertigstellung; für die Höhe der AfA gilt § 7 Abs. 5 Nr. 3b EStG, weil rechtswirksam abgeschlossener Kaufvertrag nach dem 31.12.1995 erfolgte.

AfA-Betrag für das Jahr 1999/2000!

Lösung:

- In 1999 liegt zwar die Anschaffung – Fertigstellung und Übergabe ist jedoch erst 2000; AfA jedoch erst mit Fertigstellung und Übergabe an den Käufer durch diesen möglich, somit 1999 noch kein AfA-Betrag.
- In 2000 liegen Fertigstellung und Übergabe an den Käufer, womit der erstmalige AfA-Ansatz für den Käufer möglich ist. AfA-Ansatz im vollen Jahresbetrag wegen der Besonderheit der degressiven AfA; Betrag 11.200 DM (= 5 %/ 224.000 DM).

Beispiel Nr.2

Wohnungsunternehmen errichtet 2000 in Bauherrneigenschaft auf einem gemischt genutzten Grundstück ein Gebäude, das gemäß den Wohn-/Nutzflächen zu $^1/_3$ gewerblicher, zu $^2/_3$ wohnwirtschaftlicher Nutzung dient. Bauantrag 30.6.1999. Anschaffungskosten für das Grundstück 1.400.000 DM, Herstellungskosten für das Gebäude 3.000.000 DM. Für das Gebäude bzw. seine Gebäudeteile ist der AfA-Betrag für die höchste Steuerentlastung gemäß § 7 EStG zu wählen.

Lösung:

Das Gebäude ist hinsichtlich der Nutzung in Gebäudeteile einzuordnen.
Der gewerbliche Gebäudeteil in Höhe von $^1/_3$ = 1.000.000 DM dient nicht Wohnzwecken und entsteht aufgrund eines Bauantrages nach dem 31.3.1985 und ist außerdem dem Betriebsvermögen zuzuordnen. AfA-Ansatz gemäß § 7 Abs.4 Satz 1 Nr. 1 EStG i. V. m. § 7 Abs.5a EStG.
AfA-Satz 4 vom Hundert.
Der wohnwirtschaftliche Gebäudeteil in Höhe von $^2/_3$ = 2.000.000 DM der Herstellungskosten dient Wohnzwecken, ist steuerlich unerheblich im Betriebsvermögen, Bauantrag

wird nach dem 31.12.1995 gestellt, womit für den AfA-Ansatz § 7 Abs.5a i. V. m. § 7 Abs. 5 Satz 1 Nr. 2b EStG gilt. AfA-Satz 5 vom Hundert im Jahr der Fertigstellung.

Zusammenfassung am Beispiel der Überschussrechnung zu V. u. V. (§ 2 Abs.1 Nr.6 EStG i. V. m. § 2 Abs.2 EStG und § 21 EStG)			
Einkünfte aus Vermietung und Verpachtung (V. u. V.) in 19.. für Objekt ...			
Einnahmen	**DM**	**Werbungskosten**	**DM**
Typische Einnahmen, z. B.		Typische Werbungskosten, z. B.	
– Mieten	......	– AfA-Beträge	......
– Umlagen, Betriebskosten	......	– Finanzierungskosten	......
		– Verwaltungkosten	......
		– Erhaltungsaufwand	......
Summe	...... ↓	Summe	......
DM-Saldo			
Verrechnungsfähig mit anderen positiven Einkünften gemäß § 2 EStG			

11.2.4.4 Erhöhte Absetzungen bei Gebäuden

– Allgemeine steuerliche Einordnung

Das Einkommensteuerrecht kennt typische erhöhte Absetzungen, das sind § 7c, 7h, 7i, und 7k EStG.

Gemäß dem Jahressteuergesetz 1996 kommen für neu begründete Fälle nach dem 31.12.1995 nur noch die Absetzungsarten der §§ 7h, 7i EStG in Betracht.

Der Gesetzgeber will mit diesen erhöhten Absetzungsarten – verstreut über bestimmte Anknüpfungspunkte – speziell u. a. auch den Wohnungsbau zu Vermietungszwecken steuerlich zusätzlich fördern, und zwar mehr als dies bereits durch die degressive AfA erfolgt.

Auch dies ist wie bei der degressiven Gebäude-AfA eine Möglichkeit – unter Aussparung des Einsatzes von Mitteln aus öffentlichen Haushalten – den Investitionswillen im Mietwohnungsbau zu stützen.

Die flankierende steuerliche Unterstützung ist geboten, weil unter erwerbswirtschaftlichen Aspekten oftmals Bestandsmieten, aber auch Mieten nach Durchführung wohnungswirtschaftlich wünschenswerter Baumaßnahmen, keinen hinreichenden Beitrag zur Kapitalrentabilität, geschweige denn zur Eigenkapitalrentabilität ergeben. Eine positive Unterstützung erfährt die Rentabilitätsbetrachtung für den Investor erst nach Steuern durch einkommensteuerliche Entlastungen, wie sie die degressive Gebäude-AfA, aber auch in viel besserem Maße die hier angesprochenen erhöhten Absetzungsarten auf Gebäude mit sich bringen.

Die nachfolgenden Schemata sollen einen Überblick über die zur Zeit noch aktuellen erhöhten Absetzungsarten geben. Die Überblicke werden getrennt gegeben, weil die Grundlagen/Anknüpfungspunkte hierfür erheblich divergieren.

– Überblick zu § 7h EStG Erhöhte Absetzungen bei Gebäuden in Sanierungsgebieten und städtebaulichen Entwicklungsbereichen

Dieser steuerliche Förderungsansatz konzentriert sich auf Maßnahmen der **Moderni-**
Bau GB **sierung** und **Instandsetzung** im Sinne des § 177 BauGB an Gebäuden. Objektnutzung:
§ 177 Vermietung und Verpachtung bzw. betriebliche Verwendung.

Weiterhin hat der Förderungsansatz zum Ziel, Gebäude, die geschichtlich, künstlerisch oder städtebaulich von Bedeutung sind, zu erhalten, zu erneuern oder wieder einer funktionsgerechten Verwendung zuzuführen.

Basis ist hierfür die **vorhandene Gebäudesubstanz.**

Förderkonzeption:

Geförderte Maßnahme

Herstellungskosten für Modernisierungs- und Instandhaltungsmaßnahmen im Sinne des § 177 BauGB. BauGB § 177

+

Geförderter Gegenstand

Maßnahmen an Gebäuden im förmlich festgelegten Sanierungsgebiet oder städtebaulichen Entwicklungsbereich
und ebenso für
Maßnahmen an Gebäuden, die wegen ihrer geschichtlichen, künstlerischen oder städtebaulichen Bedeutung erhalten bleiben sollen. Die Maßnahmen richten sich auf eine Erhaltung, Erneuerung und funktionsgerechte Verwendung dieser Gebäude, verpflichtend abgestimmt zwischen dem Investor und der zuständigen Gemeinde.

Anspruchsgrundlage

Bescheinigung/Bescheinigungsverfahren gemäß § 7h Abs.2 EStG i. V. m. R 83a EStR EStG § 7h Abs.2 EStR R 83a

Bemessungsgrundlage

Herstellungskosten für Modernisierungs- und Instandhaltungsmaßnahmen sowie auf Anschaffungskosten, soweit diese auf geförderte Maßnahmen i. S. des § 7h Abs.1 Satz 1, 2 EStG entfallen.

./.

gekürzt um Zuschüsse aus Sanierungs- oder Entwicklungsfördermitteln, § 7h Abs.1 Satz 4 EStG

Satz für erhöhte Absetzungen

Beginnend mit dem Jahr des Abschlusses der Maßnahme und in den folgenden neun Jahren kann der Steuerpflichtige jährlich bis zu 10 v. H. über 10 Jahre, bezogen auf die Bemessungsgrundlage, als erhöhte Absetzung geltend machen, § 7h Abs.1 Satz 1 EStG.

Die Nachholung versehentlich unterlassener erhöhter Absetzungen auf Herstellungskosten nach § 7h EStG ist nicht möglich (R 83a EStR).

Soweit sich diese Maßnahmen auf Erhaltungsaufwand bei Gebäuden erstrecken, können sie gemäß § 11a EStG auch sofort steuermindernd zum Abzug gebracht werden bzw. auch auf Antrag über zwei bis fünf Jahre gleichmäßig verteilt werden. EStG § 11a

Beispiel:

> Kaufpreis eines Wohngebäudes im Sanierungsgebiet 350.000,– DM, davon Gebäudewertanteil 150.000,– DM. Aufwendungen für anerkannte Sanierungsmaßnahmen im Herstellungsbereich 800.000,– DM.
>
> **Ergebnis:**
> 10 % aus 800.000,– DM gemäß § 7h EStG; 2 % bzw. 2,5 % aus 150.000,– DM gemäß § 7 Abs.4 EStG. Damit sind nach 10 Jahren die gemäß § 7h EStG begünstigten Investitionen abgeschrieben. Die AfA setzt sich einheitlich fort für den Restwert aus dem Wertanteil der Anschaffungskosten Gebäude.

– Überblick zu § 7i EStG
Erhöhte Absetzungen bei Baudenkmalen

Dieser steuerliche Förderungsansatz hat von der Systematik her Parallelen zu § 7h EStG.

EStG § 7i

Besonderheiten bei § 7i EStG sind:

- Gebäude muss nach den jeweiligen landesrechtlichen Vorschriften ein Baudenkmal sein
  +
- Maßnahmen am Gebäude und spätere Nutzung des Gebäudes unterliegen einem erhöhten Abstimmungsbedarf mit den zuständigen Stellen

Die steuerlich begünstigten Aufwendungen sind geregelt wie in § 7h EStG, bis zu 10 v. H. im Jahr der Herstellung und in den folgenden neun Jahren.

Vergleichende Zusammenfassung zur steuerlichen Gebäudeabschreibung		
Ausgangssituation: Steuerlich wirksame, kumulierte Abschreibungsbeträge im 10-Jahres-Vergleich, bei gleichem Abschreibungsvolumen von angenommen 2.000.000 DM		
Abschreibung im Sanierungsgebiet gem. § 7 Abs.4 EStG i.V.m. § 7h EStG bzw. § 7i EStG	**Abschreibung außerhalb eines Sanierungsgebietes Neubauobjekt gem. § 7 Abs.5 Nr.3b EStG**	**Abschreibung außerhalb eines Sanierungsgebietes Altobjekt Fertigstellung 1960**
Gebäudewertanteil vor Sanierung 400.000 DM (ursprüngliche Fertigstellung Altsubstanz 1960) Sanierungsaufwand 1.600.000 DM	Gebäudewertanteil 2.000.000 DM (Bauantrag nach dem 31.12.1995)	Gebäudewertanteil 2.000.000 DM
10 x 2 %/ 400.000 DM = 80.000 DM + 10 x 10 %/1.600.000 DM = 1.600.000 DM Summe: 1.680.000 DM	8 x 5 %/ 2.000.000 DM = 800.000 DM + 2 x 2,5 %/2.000.000 DM = 100.000 DM Summe: 900.000 DM	10 x 2 %/2.000.000 DM = 400.000 DM Summe: 400.000 DM

11.2.5 Förderung des selbst genutzten Wohneigentums

11.2.5.1 Überblick über Förderansätze

Das Steuerentlastungsgesetz 1999/2000/2002 brachte in der Förderung eine grundlegende Änderung. Die ursprünglich immer ganz oder teilweise einkommensteuerlich flankierte Förderung ist weiter auf dem Rückzug.

Förderansätze des selbst genutzten Wohneigentums

Förderung nach dem Eigenheimzulagengesetz (EigZulG)	Förderung nach § 10f EStG für bestimmte Objekte mit besonderen Voraussetzungen (s. dazu auch §§ 7h, 7i EStG, 11.2.4.4)	Förderung nach § 4 Abs.1 InvZulG (vgl. Investitionszulagen Nr. 11.3.4)

Ab 1999 grundsätzlicher Förderungsweg nach EigZulG für Anschaffungs- bzw. Herstellungskosten nur noch Steuer-unabhängig über das Zulagensystem des Eigenheimzulagengesetzes	Weiterhin Förderungsmöglichkeit für Aufwendungen an zu eigenen Wohnzwecken genutzten „Gebäuden“ in Sanierungsgebieten und städtebaulichen Entwicklungsbereichen, auch in Baudenkmalen
	Steuerlicher Ansatz im Rahmen der Einkommensteuerveranlagung durch Ansatz der Aufwendungen wie Sonderausgaben vom zu versteuernden Einkommen, d. h. mit dem Jahr des Abschlusses der Baumaßnahmen können diese Kosten mit bis zu jeweils 10 % im Jahr 10 Jahre lang wie Sonderausgaben vom zu versteuernden Einkommen abgezogen werden
	Steuerliche Förderung ist dem Betrage nach abhängig von der Steuerlast des Anspruchsberechtigten

11.2.5.2 Grundzüge der Förderung nach dem Eigenheimzulagengesetz

Die Förderung nach dem Eigenheimzulagengesetz löste mit Wirkung ab 1996 die Steuerbegünstigung des selbst genutzten Wohneigentums gemäß § 10e EStG ab, sie ist im Förderansatz im Prinzip unabhängig von der jeweiligen steuerlichen Belastung des Anspruchsberechtigten.

Übersicht über Eckpunkte der steuerlichen Förderung

Merkmale	Inhalte
1. Anspruchsberechtigter § 1 EigZulG	Natürliche, unbeschränkt steuerpflichtige Personen, unabhängig von ihrem Alter und der persönlichen Steuerbelastung, § 1 EigZulG i. V. m. § 1 Abs.1 EStG. **Konsequenz:** Damit z. B. auch Rentner, Arbeitslose, Auszubildende Rahmenbegriffe für den Anspruchsberechtigten: z. B. – Bauherr bzw. Erwerber einer Wohnung – Zivilrechtlicher Eigentümer einer Wohnung (§§ 873, 925 BGB) bzw. auch schon wirtschaftlicher Eigentümer gemäß § 39 Abs.2 Nr.1 AO – Alleineigentümer bzw. Bruchteilseigentümer (§ 741 BGB). Sofern die Anspruchsvoraussetzungen erfüllt, steht die Zulage einer Person bzw. mehreren Bruchteilsberechtigten (keine Ehegatten) in Bruchteilen zu. Sonderfall Ehegatten: Zusammenlebende, unbeschränkt einkommensteuerpflichtige Ehegatten können die Förderung für zwei Objekte in Anspruch nehmen – also unabhängig von der eigentumsrechtlichen Darstellung –, jedoch nicht gleichzeitig für zwei im räumlicher Zusammenhang liegende Objekte, § 6 EigZulG.

	Konsequenz: Damit z. B. quantitative Förderungsbegrenzung von Bruchteilsgemeinschaften, die nicht als Ehegatten zählen. **Beispiel:** In Lebensgemeinschaft stehende Personen erwerben eine Eigentumswohnung zur Selbstnutzung, anteilig zu je ein halb, dann teilen sich angemeldete Förderungen jeweils im gleichen Verhältnis bei gleichzeitigem Objektverbrauch der Anspruchsberechtigten.
2. Begünstigtes Objekt § 2 EigZulG	Herstellung oder Anschaffung einer selbst genutzten Wohnung – im eigenen Haus – bzw. in einer Eigentumswohnung – Ausbauten und Erweiterungen an einer Wohnung – nicht Ferien- oder Wochenendwohnungen, die baurechtlich nicht ganzjährig bewohnt werden dürfen. Für den Begriff Wohnung gelten die bewertungsrechtlichen Bestimmungsmerkmale (Abgeschlossenheit, eigener Zugang, eigene Küche, d. h. Kochgelegenheit mit Anschlussmöglichkeiten für Kocheinrichtungen, eigenes Bad/Dusche und eigene Toilette, Wohnfläche mindestens 23 m^2)
3. Nutzung zu eigenen Wohnzwecken § 4 EigZulG	Anspruchsberechtigter selbst bzw. auch erfüllt bei Überlassung zur unentgeltlichen wohnwirtschaftlichen Nutzung durch einen Angehörigen im Sinne des § 15 AO. **Konsequenz:** Damit z. B. können Eltern/Elternteil Wohnung anschaffen und ihrem Kind am Ausbildungsort/Studienplatz überlassen und trotzdem die Förderung erhalten.
4. Einkunftsgrenze § 5 EigZulG	→ Steuerbereinigungsgesetz 1999 mit Wirkung zum 1.1.2000 Der Anspruchsberechtigte kann die Eigenheimzulage ab dem Jahr in Anspruch nehmen (Erstjahr), in dem der Gesamtbetrag der Einkünfte (zur Ermittlung § 2 Abs.3 EStG) zuzüglich des Gesamtbetrages der Einkünfte des vorangegangenen Jahres (Vorjahr) 160.000 DM bei Alleinveranlagung (z. B. Alleinstehende) und bei Zusammenveranlagung/Ehegatten (§ 26b EStG) 320.000 DM nicht übersteigt. Hinzu kommen 60.000 DM pro Kind. Als Beurteilungszeitraum für die Einkunftsgrenze gilt zunächst in Zusammenrechnung das Jahr der Fertigstellung oder Anschaffung und das vorausgegangene Jahr. Die Voraussetzung für die Einkunftsgrenze kann jedoch auch erst im Verlauf des Förderzeitraums (§ 3 EigZulG) eintreten, Eigenheimzulage kann dann für den restlichen Förderzeitraum beansprucht werden; Nachholung für verstrichenen Förderzeitraum nicht möglich. Einkommensprüfung erfolgt nur einmalig zu Beginn des Förderzeitraums. **Konsequenz:** Steuerung z. B. des Gesamtbetrages der Einkünfte mit entsprechend negativen Einkünften bei anderen Einkunftsarten (z. B. Vermietung und Verpachtung); weiterhin: spätere Überschreitung der Einkunftsgrenze förderungsrechtlich unerheblich.
5. Objektbeschränkung § 6 EigZulG	Jeder Anspruchsberechtigte nur einmal im Leben für ein begünstigtes Objekt (siehe § 2 EigZulG). Eine eventuell frühere Inanspruchnahme einer Wohnungseigentumsförderung nach §§ 7b,

	10e EStG sowie nach §§ 15 Abs.1 bis 4, 15b BerlinFG wird entsprechend auf die Objektbeschränkung angerechnet. Ehegatten in der Ehe Anspruch auf insgesamt zwei Objekte. **Konsequenz:** Objektverbrauch sorgfältig abwägen, z. B. bei geringfügigen Herstellungskosten für Ausbau keine Förderung beantragen, einmal wegen eines damit verbundenen Objektverbrauches und weiterhin wegen des Ausschlusses der Überförderung gem. § 9 Abs.6 EigZulG; danach darf die Eigenheimzulage insgesamt die Herstellungs- oder Anschaffungskosten des begünstigten Objektes nicht überschreiten.
6. Förderzeitraum § 3 EigZulG	Umfasst das Jahr der **Herstellung** (= Bezugsfertigkeit) bei Bauherreneigenschaft des Anspruchsberechtigten oder das der **Anschaffung** (= wirtschaftliches Eigentum, also Jahr, in dem Besitz, Nutzen, Lasten und Risiken auf den Anspruchsberechtigten übergehen) und die sieben folgenden Jahre. **Konsequenz:** Beginn z. B. des Förderzeitraumes soll so konzipiert werden, dass auch die notwendige Selbstnutzung verwirklicht werden kann, ansonsten Verlust von nicht nachholbaren Förderjahren.
7. Bemessungsgrundlage für Fördergrundbetrag § 8 EigZulG	Herstellungs- oder Anschaffungskosten der Wohnung zuzüglich Grund und Boden, abzüglich des Wertanteils, der nicht zu eigenen Wohnzwecken dient. **Konsequenz:** Bemessungsgrundlage ist wohl nicht begrenzt, jedoch durch den Fördergrundbetrag von höchstens 5.000 DM (bei Neubauten) und 2.500 DM (bei Altbauten) pro Förderjahr auf praktisch höchstens 100.000 DM eingeengt. Beispielhaft für nicht eigenen Wohnzwecken dienend: Steuerlich anerkanntes Arbeitszimmer, betraglich i. d. R. jedoch nicht wirksam wegen der oben genannten praktischen Grenze von 100.000 DM.
8. Eigenheimzulage und Höhe § 9 EigZulG	Zusammensetzung der Eigenheimzulage für den Anspruchsberechtigten: **Fördergrundbetrag** + **Kinderzulage** + **Zulagen für Baumaßnahmen zur Energieeinsparung** Fördergrundbetrag (§ 9 Abs.2 EigZulG) – für Neubestand 5 % der Bemessungsgrundlage, höchstens 5.000 DM im jeweiligen Förderjahr, längstens 8 Jahre – für Altbestand 2,5 % der Bemessungsgrundlage, höchstens 2.500 DM pro Jahr im Förderzeitraum Altbestand bzw. Altbauobjekt liegt immer dann vor, wenn der Anspruchsberechtigte die Wohnung nicht spätestens zum Ende des zweiten auf das Jahr der ursprünglichen Fertigstellung folgenden Jahres angeschafft hat. – Ausbauten/Erweiterungen werden nach dem Jahressteuergesetz 1997 wie Altbestand gefördert, zugleich wird die Förde-

	rung in diesem Teilbereich auf 50 % der Herstellungskosten begrenzt. Kinderzulage (§ 9 Ab.5 EigZulG) für jedes zum inländischen Haushalt eines Anspruchsberechtigten gehörige Kind, für das ein Kinderfreibetrag bzw. Kindergeld gezahlt wird. Zulage für Energieeinsparung (mit zeitlichen Begrenzungen bei den Investitionsmaßnahmen) – Zulage für den Einbau von z. B. Wärmepumpen, Solaranlagen (§ 9 Abs.3 EigZulG) mit 2 % der Aufwendungen, höchstens 500 DM jährlich – Zulage für ein Niedrigenergiehaus (§ 9 Abs.4 EigZulG) mit 400 DM jährlich im Förderzeitraum
9. Entstehung/ Festsetzung/ Antrag und Auszahlung der Eigenheimzulage §§ 10, 11, 12, 13 EigZulG	Entstehung Im Erstjahr unmittelbar mit dem Beginn der Nutzung; im Folgejahr mit Beginn des Kalenderjahres Festsetzung: Durch das für die Besteuerung des Anspruchsberechtigten zuständige Finanzamt für den gesamten Förderzeitraum, ggf. bei Änderung Neufestsetzung (z. B. Geburt eines weiteren Kindes) Antrag Eigenheimzulage wird nur auf Antrag gezahlt Auszahlung: – für das Erstjahr innerhalb eines Monats nach Bekanntgabe des Bescheides – für jedes weitere Jahr des Förderzeitraumes am 15. März d. J.
10. Sonderfall: Eigenheimzulage bei Anschaffung von Genossenschaftsanteilen § 17 EigZulG	Diese Neuregelung berücksichtigt die Anschaffung von Genossenschaftsanteilen nur unter folgenden Grundvoraussetzungen: (1) Der Anspruchsberechtigte erwirbt Geschäftsanteile in Höhe von mindestens 10.000 DM an einer nach dem 1.1.1995 in das Genossenschaftsregister eingetragenen Wohnungsbaugenossenschaft. (2) Die Satzung räumt den Genossenschaftsmitgliedern unwiderruflich und vererblich das Recht auf Erwerb des Eigentums an der von ihnen genutzten Wohnung ein; dieses Recht kann allerdings nur dann ausgeübt werden, wenn die Mehrheit der in einem Objekt wohnenden Genossenschaftsmitglieder der Bildung und Übertragung von Wohnungseigentum schriftlich zugestimmt hat. Der Fördergrundbetrag beträgt jährlich 3 % der Bemessungsgrundlage (= geleistete Einlage), höchstens 2.400 DM für jedes Jahr im Förderzeitraum, außerdem eine Kinderzulage nach § 9 Abs.5 Satz 1 EigZulG von jährlich 500 DM. Die Eigenheimzulage darf die Bemessungsgrundlage nicht überschreiten. Förderung gemäß § 17 EigZulG ist kein Objektverbrauch gem. § 6 EigZulG. **Konsequenz:** Bemessungsgrundlage und maximaler Zeichnungsbetrag für Genossenschaftsanteile 80.000 DM.

Beispiel zum Eigenheimzulagengesetz:

Erworben wird mit Kaufvertrag vom 1.4.2000 eine Eigentumswohnung mit 78 m² Wfl.; ursprüngliche Fertigstellung 30.11.1998. Ort der Eigentumswohnung: Regensburg. Anschaffungskosten: 288.000 DM, davon Bodenwertanteil 70.000 DM. Käufer verheiratet, 1 Kind. Bezug 1.7.2000. Vorkosten vor Bezug: Geldbeschaffungskosten und Darlehenszinsen 4.560 DM. Erhaltungsaufwand wie Malerarbeiten, neuer Teppichboden, Wasserhähne 8.900 DM, nicht mehr berücksichtigungsfähig nach Wegfall von § 10i EStG.

Die Wohnungsbauförderung gemäß Eigenheimzulagengesetz ist Gegenstand des dem Erwerbsvorgang vorausgegangenen Kundengesprächs zwischen Kaufinteressent und Makler.

In einer kurzgefassten Prüfungsfolge sollen Voraussetzungen und Ergebnis der Wohnungsbauförderung gemäß Eigenheimzulagengesetz für diesen Erwerbsfall handlungsorientiert überprüft werden.

Frage 1: Ist Kaufobjekt förderungsfähig?

Antwort: Ja, Eigentumswohnung erfüllt Wohnungsbegriff.

Frage 2: Welche Förderart ist ggf. anwendbar?

Antwort: Förderung mit Zulagen gemäß Eigenheimzulagengesetz

Frage 3: Liegen in der Person des/der Käufer Hindernisse in der Anwendung der Förderung?

(1) Selbstnutzung, § 4 EigZulG?
(2) Objektbeschränkung, Objektverbrauch, § 6 EigZulG?
(3) Gesamtbetrag der Einkünfte, § 5 EigZulG?

Antwort: (1) Selbstnutzung durch Erwerber/Steuerpflichtigen noch im Jahr der Anschaffung.

(2) Die Ehegatten hatten zwar früher ein Objekt, das voll z. B. nach § 7b EStG gefördert wurde, zwischenzeitlich aber keine weitere Objektförderung, z. B. nach § 10e EStG, Förderung somit grundsätzlich nach Eigenheimzulagengesetz möglich. Unabhängig davon ist es unerheblich, welcher Ehegatte erwirbt bzw. in welchem Anteilsverhältnis dieses Kaufobjekt erworben wird.

(3) Im Jahr der Anschaffung (2000) sowie im Jahr davor (1999) liegt voraussichtlich der Gesamtbetrag der Einkünfte der Ehegatten zusammengefasst erheblich unter der zulässigen Höchstgrenze von z. Z. 320.000 DM + 60.000 DM = 380.000 DM.
Einer Förderung nach dem EigZulG in der Person der Erwerber steht somit nichts im Wege.

Frage 4: Ist das Kaufobjekt ein Alt- oder Neubau i. S. des EigZulG?

Höhe des Fördersatzes 5 % oder 2,5 %?

Antwort: In diesem Fall gem. § 9 Abs.2 EigZulG ein Neubauobjekt, weil der Erwerb in der erforderlichen Zeitspanne zur ursprünglichen Fertigstellung liegt. Damit Fördersatz von 5 % der Bemessungsgrundlage, Fördergrundbetrag in diesem Fall 5.000 DM.

Frage 5: Höhe der Eigenheimzulage?

Antwort: Fördergrundbetrag 5 % der Bemessungsgrundlage (= Anschaffungskosten i. H. von 288.000 DM), jedoch wegen der Höchstgrenze von 5.000 DM:
5.000 DM/p. a. im Förderzeitraum von 8 Jahren
Kinderzulage: 1.500 DM pro Kind pro Jahr im Förderzeitraum
Zusatzförderungen zur Energieeinsparung liegen nicht vor!
Gesamtbetrag der Eigenheimzulage p. a.: 6.500 DM x 8 Jahre = 52.000 DM im gesamten Förderzeitraum

Zusammenfassung Aktuelle Wohnungsbauförderung bei selbst genutztem Wohneigentum	
1. Eigenheim-zulagengesetz	Diese Förderart löst, beginnend mit 1996 und fortgesetzt mit dem Steuerentlastungsgesetz 1999, die steuerlich progressionsabhängige Förderung nach § 10e EStG bzw. § 10i EStG ab: Die Eigenheimzulage ist in ihrem Konzept so angelegt, dass alle Anspruchsberechtigten unabhängig von ihrer Steuerbelastung eine betraglich begrenzte Zulage für ihr angeschafftes selbst genutztes Wohneigentum erhalten.
2. § 10f EStG	Förderungsart mit eingeengtem Anwendungsbereich auf z. B. Sanierungsgebiete. Förderung konzentriert sich z. B. auf Erhaltung/Wiederherstellung vorhandener Wohnungen. Steuerlich mittelfristig hohe Entlastung möglich über den Ansatz der Aufwendungen für begünstigte Maßnahmen wie Sonderausgaben, verteilt über 10 Jahre. Optimierung: Eigenheimzulagengesetz für Anschaffung der „Altsubstanz" + Sonderausgabenansatz für Sanierungsaufwand gem. § 10f EStG.
3. Sonderfall: (Investitionszulage gemäß § 4 Abs. 3 InvZulG)	Förderungsart mit geografischer Begrenzung auf die neuen Bundesländer sowie Berlin, jedoch nicht früheres West-Berlin. Förderung begrenzt auf Herstellungsarbeiten/Erhaltungsarbeiten an einer Wohnung im eigenen Haus/Eigentumswohnung; InvZulG sieht betragliche Begrenzungen der Zulage vor.

Zusammenfassung zu Steuersystematik und Einkommensteuer

1. Wirtschaftliche Entscheidungsprozesse und damit auch Entscheidungen über Immobilien werden entsprechend der angelegten Steuersystematik von dieser nicht unwesentlich beeinflusst.
2. Steuersystematisch wird Zuordnungstechnisch zwischen Gewinneinkünften und Überschusseinkünften getrennt. Vorgänge bei Immobilien können je nach Voraussetzung dem einen oder dem anderen Bereich zuzuordnen sein.
3. Steuerliche Fachbegriffe und damit handlungs- und verständigungsbestimmende Begriffe markieren das Informationsfeld Steuern bei Immobilien.
4. Steuern bei Immobilien werden hier objektbezogen eingeordnet. Damit scheiden Überlegungsansätze, wie sie bei der Unternehmensbesteuerung im Rahmen der Ansatz- und Bewertungsvorschriften zwischen Handels- und Steuerbilanz auftreten, aus.
5. Die steuerliche Darstellung konzentriert sich einmal auf die Immobilie als Kapitalanlage zur Einnahmenerzielung.
6. Die Bewirtschaftungsergebnisse des Grundvermögens sind einkommens- bzw. körperschaftsteuerpflichtig. Hier auf die einkommensteuerliche Betrachtung eingeengt, werden dazu die dazugehörigen Einnahmen den Werbungskosten/Betriebsausgaben gegenübergestellt.

7. Von grundlegender steuerlicher Bedeutung sind die Begriffe Anschaffungs- und Herstellungskosten. Ihr Volumen ist Anknüpfungsbasis für steuerliche Berechnungen, so z. B. im Besonderen für das Abschreibungsvolumen. Die Anschaffungs- und Herstellungskosten einer Immobilie sind nur scheinbar statisch, sie können sich durch entsprechende Investitionsentscheidungen nachträglich erhöhen, aber auch durch besondere Ereignisse reduzieren.
   Als Begriffe stehen hierfür z. B. Anschaffungspreis, Anschaffungsnebenkosten, anschaffungsnahe Aufwendungen, Herstellungskosten, nachträglicher Herstellungsaufwand, Modernisierung, Erhaltungsaufwand.

8. Eine besonders gewichtige Werbungskostenart/Betriebsausgabe ist die Absetzung für Abnutzung bei Gebäuden. Hier muss neben der Objektart und der Vermögenszugehörigkeit ein Fächer von Bedingungen für die Wahl der richtigen AfA-Art beachtet werden.
   Jede AfA-Art hat für sich typisierende Merkmale. Die sich daraus ergebenden steuerlichen Wirkungen sind bedeutsam.
   Gleiche Anknüpfungspunkte liegen bei den erhöhten Absetzungsarten bei Gebäuden vor. Eine vergleichende Zusammenschau macht dies in ihren steuerlichen Auswirkungen deutlich.

9. Immobilien sind aber auch Gegenstand der privaten wohnwirtschaftlichen Selbstnutzung und damit steuerlich nicht Gegenstand der Einnahmenerzielung. Gleichwohl können sie Gegenstand der Förderung selbst genutzten Wohneigentums sein. Für das Bundesgebiet einheitlich gilt hier das Eigenheimzulagengesetz und mit besonderen Voraussetzungen die Förderung gemäß § 10f EStG, für die neuen Bundesländer zusätzlich das Investitionszulagengesetz. Beim wegen seiner Anwendungsbreite besonders vorgestellten Eigenheimzulagengesetz sind differenzierende Voraussetzungen beim Anspruchsberechtigten sowie beim Förderobjekt zu beachten. Der Grundsatz der von der Steuerbelastung des Anspruchsberechtigten unabhängigen Förderung ist beim Eigenheimzulagengesetz gegeben.

Fragen:

1. Der Steuerbegriff gemäß Abgabenordnung kann von zwei Zielrichtungen geprägt sein. Von welchen?

2. Das Steuerrecht macht u. a. bestimmte Tatbestände, Vorgänge zum Steuergegenstand, auch Steuerobjekt, mit der die jeweilige Steuerpflicht verknüpft ist, nennen Sie drei anwendungsbezogene Beispiele!

3. Was ist steuerlich bei der Freigrenze im Gegensatz zum Freibetrag zu beachten?

4. Die Bemessungsgrundlage ist Wertansatz, Basis für steuerliche Festsetzungen. Welche typischen Anwendungsbeispiele für Bemessungsgrundlagen stehen dafür im Einkommensteuerrecht?

5. Das Einkommensteuerrecht kennt auch im Werbungskostenbereich das Arbeiten mit Pauschbeträgen. Welche Vorteile hat der Ansatz über Pauschalen? Beispiele?

6. Wie ist rechnerisch der Begriff Durchschnittssteuersatz definiert?

7. Welche Möglichkeiten kennt das Steuersystem, um materiell bei der Besteuerung in etwa Leistungsfähigkeit und Gerechtigkeit vorzusehen?

8. Einkünfte aus Vermietung und Verpachtung gehören steuersystematisch zur Gruppe der Überschusseinkünfte. Welche Einkünfte gehören außerdem zu dieser Gruppe? Wie wird der Überschuss bei den Einkünften aus Vermietung und Verpachtung ermittelt?
9. Nennen Sie typische Beispiele für Einnahmen bei der Einkunftsart Vermietung und Verpachtung!
10. Nennen Sie typische Beispiele für Werbungskosten bei der Einkunftsart Vermietung und Verpachtung!
11. Aus welchen Teilbegriffen setzen sich die Anschaffungskosten zusammen?
12. Unter welchen materiellen Voraussetzungen ist vom Sachverhalt des anschaffungsnahen Aufwandes auszugehen?
13. Beim Sachverhalt nachträglicher Herstellungskosten kann vereinfacht an drei bauliche Vorgänge angeknüpft werden. An welche?
14. Welche allgemeinen Bedingungen gelten für die lineare AfA gemäß § 7 Abs.4 Satz 1 EStG bei Immobilien im Privatvermögen?
15. Um die degressive AfA gemäß § 7 Abs.5 EStG wählen zu können, sind bestimmte Voraussetzungen zu erfüllen. Welche?
16. Für die besondere steuerliche Förderung bei Vermietungsobjekten gibt es verschiedene Anknüpfungspunkte. Welche steuerlichen Anknüpfungspunkte sind hier zu unterscheiden?
17. Für die besondere steuerliche Förderung bei selbst genutztem Wohneigentum gibt es verschiedene Anknüpfungspunkte. Welche steuerlichen Anknüpfungspunkte sind hier zu unterscheiden?

11.3 Wohnungsbauförderung nach dem Investitionszulagengesetz 1999

Das Investitionszulagengesetz vom 18. August 1997, mit Wirkung zum 1.1.1999, löst förderungsrechtlich das Fördergebietsgesetz lückenlos ab. Durch diese Neuerung wird die Steuer-orientierte Förderung des Fördergebietsgesetzes abgelöst von einer rein Zulage-orientierten Förderung des Investitionszulagengesetzes. Auch die Dimensionen und Zielsetzungen des InvZulG sind etwas anders strukturiert als bisher.

11.3.1 Grundlinien des Investitionszulagengesetzes

Teilbereich hier:	Förderung von Wohnimmobilien in ihrer Bestandsfortentwicklung aber auch z. T. in Neubauten durch Gewährung einer Steuer-unabhängigen Investitionszulage
Fördergebiet:	Gemäß § 1 InvZulG: Neue Bundesländer sowie Berlin, jedoch nicht früheres West-Berlin

Investitionszulage für		
Kapitalanlageobjekte		**Objekte der Selbstnutzung**
bei Modernisierungsmaßnahmen an Mietwohngebäuden gemäß § 3 Abs. 1 Nr. 1 bis 3 InvZulG	bei Mietwohnungsneubau im innerörtlichen Bereich gemäß § 3 Abs. 1 Nr. 4 InvZulG	bei Modernisierungsmaßnahmen an einer eigenen, Wohnzwecken dienenden Wohnung im eigenen Haus gemäß § 4 InvZulG

11.3.2 Modernisierungsmaßnahmen an Mietwohngebäuden

Typisierende Merkmale

A	**Begünstigte Investitionsmaßnahme** **§ 3 Abs. 1 Nr. 1-3 InvZulG**	(1) (2) (3)	Nachträgliche Herstellungsarbeiten an Gebäuden Anschaffung von Gebäuden, soweit nachträgliche Herstellungsarbeiten nach dem rechtswirksamen Vertragsabschluss durchgeführt werden Erhaltungsarbeiten an Gebäuden
B	**Besondere Rahmenbedingungen** **§ 3 InvZulG**	(1) (2) (3) (4)	Historische Fertigstellung vor dem 1. Januar 1991 + Abschluss der begünstigten Investitionsmaßnahme vor dem 1.1.2005 + Widmung: Gebäude dient mindestens 5 Jahre nach Beendigung der Maßnahme der entgeltlichen Überlassung zu Wohnzwecken + Es werden keine erhöhten Absetzungen gemäß §§ 7h, 7i EStG in Anspruch genommen

C	**Investitionszulage** **§ 3 Abs. 4 Nr. 1 i. V. m. § 3 Abs. 3 InvZulG**		Zur Bemessungsgrundlage gehören: Aufwendungen, soweit sie insgesamt in den Jahren 1999 bis 31.12.2004 1.200 DM/m² Wohnfläche **nicht** übersteigen ./. 5.000 DM Sockelbetrag (Selbstbehalt) = Bemessungsgrundlage x 15 % = Investitionszulage
D	**Ertragsteuerliche Behandlung der Investitionszulage** **§ 9 InvZulG**	(1) (2) (3)	Investitionszulage gehört nicht zu den Einkünften im Sinne des Einkommensteuergesetzes + Sie mindert nicht die steuerlichen Anschaffungs- und Herstellungskosten + Sie mindert nicht die Erhaltungsaufwendungen

11.3.3 Mietwohnungsneubau im innerörtlichen Bereich

Typisierende Merkmale

A	**Begünstigte Investitionsmaßnahme** **§ 3 Abs. 1 Nr. 4 InvZulG**	(1) (2)	Anschaffung neuer Gebäude bis zum Ende des Jahres der Fertigstellung Herstellung neuer Gebäude
B	**Besondere Rahmenbedingungen** **§ 3 InvZulG**	(1) (2) (3) (4)	Abschluss der begünstigten Investitionsmaßnahme vor dem 1.1.2002 + Widmung: Gebäude dient mindestens 5 Jahre nach Beendigung der Maßnahme der entgeltlichen Überlassung zu Wohnzwecken + Lage des Gebäudes im Zeitpunkt der Anschaffung oder Herstellung: – förmlich festgelegtes Sanierungsgebiet oder – förmlich festgelegtes Gebiet mit Erhaltungssatzung (§ 172 Abs. 1 Satz 1 Nr. 1 Baugesetzbuch) oder – Kerngebiet gemäß Bebauungsplan im Sinne von § 7 Baunutzungsverordnung + Im Falle der Anschaffung wurde für das Gebäude keine Investitionszulage in Anspruch genommen
C	**Investitionszulage** **§ 3 Abs. 4 Nr. 2 i. V. m. § 3 Abs. 3 InvZulG**		Zur Bemessungsgrundlage gehören: Aufwendungen für die Anschaffung/Herstellung im Sinne von § 3 Abs. 4 InvZulG, soweit sie in den Jahren 1999 bis 31.12.2001 anfallen und 4.000 DM m² Wohnfläche **nicht** übersteigen ./. 5.000 DM Sockelbetrag (Selbstbehalt) = Bemessungsgrundlage x 10 % = Investitionszulage
D	**Ertragsteuerliche Behandlung der Investitionszulage** **§ 9 InvZulG**	(1) (2)	Investitionszulage gehört nicht zu den Einkünften im Sinne des Einkommensteuergesetzes + Sie mindert nicht die steuerlichen Anschaffungs- und Herstellungskosten

11.3.4 Modernisierungsmaßnahmen an einer eigenen, Wohnzwecken dienenden Wohnung im eigenen Haus

Typisierende Merkmale

A	**Begünstigte Investitionsmaßnahme** **§ 4 Abs. 1 InvZulG**	(1) (2)	Herstellungsarbeiten und Erhaltungsarbeiten an einer Wohnung im eigenen Haus oder an einer Eigentumswohnung
B	**Besondere Rahmenbedingungen** **§ 3 InvZulG**	(1) (2) (3)	Historische Fertigstellung vor dem 1. Januar 1991 + Durchführung der Maßnahme im Zeitraum nach dem 31.12.1998 und vor dem 1.1.2005 + Selbstnutzung nach Beendigung der Maßnahme; auch Angehörige im Sinne des § 15 AO
C	**Investitionszulage** **§ 4 Abs. 3 i. V. m. § 4 Abs. 2 InvZulG**		Zur Bemessungsgrundlage gehören: Herstellungs- und Erhaltungsaufwendungen, soweit sie den Höchstbetrag von 40.000 DM nicht übersteigen ./. 5.000 DM Sockelbetrag (Selbstbehalt) = Bemessungsgrundlage x 15 % = Investitionszulage
D	**Ertragsteuerliche Behandlung der Investitionszulage** **§ 9 InvZulG**	(1) (2)	Investitionszulage gehört nicht zu den Einkünften im Sinne des Einkommensteuergesetzes + Sie mindert nicht die steuerlichen Anschaffungs- und Herstellungskosten

Zusammenfassung zum Investitionszulagengesetz

1. Das Investitionszulagengesetz vom 18. August 1997 löst mit Wirkung vom 1.1.1999 bündig das Fördergebietsgesetz ab.
2. Das Fördergebietsgesetz war in seinem Förderansatz noch rein steuerorientiert, gerichtet auf eine ertragsteuerliche Entlastung des Investors im Neubaubereich wie im Bereich der Modernisierung.
   Das Investitionszulagengesetz dagegen richtet seinen Förderansatz beim Förderobjekt schwergewichtig auf Modernisierungsmaßnahmen an Bestandsimmobilien zur Vermietung und nur nachgeordnet auf den Mietwohnungsneubau. Die Förderung des selbst genutzten Wohneigentums ist ebenfalls auf Modernisierungsmaßnahmen ausgerichtet – in allen Fällen zusätzlich mit einer betraglichen Begrenzung der förderungsfähigen Bemessungsgrundlage.
3. Die Förderung nach dem Investitionszulagengesetz ist eine Zulage des Staates, die völlig unabhängig ist von der persönlichen steuerlichen Belastung des Investors.

Fragen:

1. Wie ist geografisch das Fördergebiet nach dem Investitionszulagengesetz 1999 definiert?

2. Die Förderung von Modernisierungsmaßnahmen gemäß InvZulG ist betraglich begrenzt. Welche zwei Maßnahmearten können hierbei unterschieden werden? Wie kann außerdem die jeweilige Maßnahmeart durch ein Anwendungsbeispiel verdeutlicht werden?

3. Die staatliche Investitionszulage ist eine Kostensubvention. In welcher Weise wird dadurch die steuerliche Bemessungsgrundlage Anschaffungs- bzw. Herstellungskosten der Immobilie tangiert, wie gegebenenfalls der Ansatz von Werbungskosten?

11.4 Umsatzsteuer

11.4.1 Grundlagen zur Umsatzsteuer im Überblick

Die Umsatzsteuer kann ihren Wesensinhalten nach verschiedenen Steuerbegriffen zugeordnet werden.

Steuerart

Begriffliche Zuordnung der Umsatzsteuer

→ Verkehrsteuer	Sie knüpft an wirtschaftliche Verkehrsvorgänge an (Umsätze) z. B. Baubetreuungsleistungen/Maklerleistungen
→ Indirekte Steuer	Steuerschuldner (Leistungserbringender Unternehmer) und Steuerträger (Kunde, auch Endverbraucher) sind nicht personengleich z. B. Umsatzsteuer auf gewerbliche Wohnraumvermittlung: Steuerschuldner gewerblicher Makler, Steuerträger über die Abrechnung der Vermittlungsprovision der Wohnraummieter
→ Gemeinschaftsteuer	Steueraufkommen fließt anteilig dem Bund, den Ländern und den Gemeinden zu
→ „Wertschöpfungsteuer"	Auf jeder Leistungsstufe (Wertschöpfungsebene) wird bei gegebener Vorsteuerabzugsberechtigung nur die neue Wertschöpfung (Mehrwert) umsatzsteuerlich belastet.

Steuerpflicht/Anforderungsprofile

Für die grundsätzliche Steuerpflichtigkeit von Umsätzen müssen bestimmte Anforderungsprofile erfüllt sein.

Umsatzarten gemäß § 1 UStG +

- → Lieferungen und sonstige Leistungen
- → Einführen von Gegenständen aus dem Drittlandsgebiet
- → Innergemeinschaftlicher Erwerb im Inland
- → Entnahme/Verbrauch für nicht unternehmensbezogene Anlässe

Anforderungsprofile für die Leistungserbringung

- → Unternehmereigenschaft

+

- → im Inland

+

- → gegen Entgelt

+

- → im Rahmen des Unternehmens

Unternehmerprofil gemäß § 2 UStG

Gemäß § 2 Abs.1 Satz 1 UStG ist Unternehmer, wer eine gewerbliche oder berufliche Tätigkeit unter nachfolgenden Rahmenbedingungen ausübt: UStG § 2

- **Selbstständigkeit (Abschnitt 17 UStR)**
  in der Ausübung und Entfaltung der Tätigkeit im allgemeinen Wirtschaftsverkehr
- **Nachhaltigkeit (Abschnitt 18 Abs.2 UStR)**
  im Sinne eines sich wiederholenden Bemühens um Umsätze

- **Einnahmenerzielungsabsicht (Abschnitt 18 Abs.3 UStR)**
  im Sinne eines Bemühens um Entgeltlichkeit erbrachter Leistungen; auch bei fehlender Absicht, Gewinne zu erzielen

Diese umsatzsteuerlichen Unternehmermerkmale müssen vollzählig erfüllt sein, um vom Unternehmerbegriff auszugehen.

Unternehmer können der Person nach sein:

- **Natürliche Personen,**
  z. B. Einzelpersonen als Vermieter; Einzelunternehmer als Makler; Selbstständige, z. B. Architekten; Einzelunternehmer als Miethausverwalter
- **Personenvereinigungen,**
  z. B. in der Rechtsform als KG, OHG, GbR, wie vorher mit beliebigem Unternehmensgegenstand
- **Juristische Personen,**
  z. B. in der Rechtsform als GmbH, AG mit ebenfalls beliebigem Unternehmensgegenstand (Beispiel: Bauträger, Baubetreuer, Wohnungsunternehmen, Maklerbetrieb)

Trifft der Unternehmerbegriff nicht zu, dann handelt es sich bei der erbrachten Leistung um einen „Nicht-steuerbaren Umsatz", die Umsatzsteuer darf nicht zum Ansatz gebracht werden.

Beispiel:
Ein Privatmann ergreift die einmalige Gelegenheit, auftragsgemäß das zum Verkauf stehende Grundstück seines Bekannten erfolgreich gegen Maklerprovisionsvereinbarung an einen Bauträger zu vermitteln. Weitere Vermittlungsbemühungen um andere Vorgänge liegen nicht vor.

Steuerliche Würdigung
Es fehlt der Unternehmerbegriff mangels Nachhaltigkeit, eine Umsatzsteuerberechnung steht nicht an. Gleichwohl ist das erzielte Entgelt einkommensteuerpflichtig, und zwar nicht unter Einkünfte aus Gewerbebetrieb (fehlende Gewerbsmäßigkeit), sondern unter „Sonstige Einkünfte" gemäß § 22 EStG.

11.4.2 Übersicht zu Umsätzen nach der tatsächlichen Besteuerungsmöglichkeit

Steuerbare Umsätze ↙	↘	Nichtsteuerbare Umsätze
Steuerpflichtige Umsätze	**Steuerfreie Umsätze**	
Umsatzsteuer fällt an Bemessungsgrundlage §§ 10, 17 UStG	Umsatzsteuer fällt grundsätzlich nicht an (z. B. gemäß § 4 UStG)	**Ein Merkmal der Unternehmereigenschaft fehlt** Umsatzsteuer fällt nicht an
Jeweils gültiger Umsatzsteuersatz (§ 12 UStG) ist auf das zugrunde liegende Entgelt/Bemessungsgrundlage anzuwenden Umsatzsteuer (= Traglast)	Vorsteuerabzugsberechtigung entfällt in aller Regel	Vorsteuerabzugsberechtigung entfällt
	Zahllast gegenüber dem Finanzamt bzw. Anspruch auf Vorsteuerguthaben besteht nicht	Umsatzsteueroption nicht möglich
Umsatzsteuer auf in den Umsatz eingehende Vorleistungen ist als Vorsteuer abziehbar, (§§ 15, 15 a UStG)	**Sonderfall:** Abzugrenzen ist hierbei zwischen steuerfreien Umsätzen:	

Saldo aus Umsatzsteuer und abziehbarer Vorsteuer ist Umsatzsteuerschuld (Zahllast) bzw. Vorsteuerguthaben gegenüber dem Finanzamt	be denen **auf die Steuerfreiheit nicht verzichtet werden kann** **und** solchen, bei denen unter Umständen auf die **Steuerfreiheit verzichtet werden kann** (Umsatzsteueroption, § 9 UStG) und damit zu steuerpflichtigen Umsätzen werden mit Vorsteuerabzugsberechtigung

Steuerpflichtige Umsätze

Beispiele aus der Grundstücks- und Wohnungswirtschaft

Soweit die Voraussetzungen für die Steuerbarkeit der Umsätze gegeben sind und keine Steuerbefreiungen gemäß § 4 UStG vorliegen, ist von steuerpflichtigen Umsätzen auszugehen. Typische steuerpflichtige Umsätze aus dem Tätigkeitsbereich der Grundstücks- und Wohnungswirtschaft sind z. B. folgende Leistungen: UStG §4

- Leistungen im Rahmen der Baubetreuung
- Verwaltungsbetreuung von Wohnungseigentum
- Verwaltungsbetreuung von Miethausbesitz Dritter
- Provisionspflichtige Vermittlungstätigkeit für Kauf- und Verkaufsobjekte

Diese Leistungen sind mit jeweils gültiger Umsatzsteuer zu belegen. Andererseits besteht für diese unternehmerischen Leistungen wiederum das Recht auf Vorsteuerabzug aus vorliegenden Eingangsrechnungen, soweit diese steuerpflichtigen Umsatzvorgängen zuzuordnen sind.

Steuerfreie Umsätze und Umsatzsteueroption

Beispiele aus der Grundstücks- und Wohnungswirtschaft und dazu tangierende Bereiche

Zur Gruppe der steuerbaren Umsätze gehören auch die steuerfreien Umsätze. Bei den steuerfreien Umsätzen wird hier allein auf die Regelungen gemäß § 4 UStG eingegangen.

Bei steuerfreien Umsätzen besteht grundsätzlich ein Vorsteuerabzugsverbot für dafür eingesetzte Vorleistungen. Eine Ausnahme besteht dann, wenn durch eine zulässige Option nach § 9 UStG auf die Steuerfreiheit verzichtet werden kann. UStG §9

Umsatzsteuerbefreiungen

Beispiele für Steuerbefreiungen bei Lieferungen und sonstigen Leistungen gemäß § 4 UStG

- Gewährung und Vermittlung von Krediten, § 4 Nr. 8a UStG
- Umsätze im Geschäft mit Wertpapieren und die Vermittlung dieser Umsätze (ausgenommen Verwahrung und die Verwaltung von Wertpapieren), § 4 Nr. 8b UStG
- Übernahme von Bürgschaften, § 4 Nr. 8g UStG
- Umsätze, die unter das Grunderwerbsteuergesetz fallen, § 4 Nr. 9a UStG
- Leistungen aufgrund eines Versicherungsverhältnisses im Sinne des Versicherungssteuergesetzes, § 4 Nr. 10a UStG
- Umsätze aus der Tätigkeit als Bausparkassenvertreter, Versicherungsvertreter und Versicherungsmakler, § 4 Nr. 11 UStG

- Vermietung und Verpachtung von Grundstücken, § 4 Nr. 12 a UStG
- Bestellung, Übertragung und die Überlassung der Ausübung von dinglichen Nutzungsrechten an Grundstücken, § 4 Nr. 12c UStG

+

- ***Nicht befreit*** sind die Vermietung von Wohn- und Schlafräumen, die ein Unternehmer zur kurzfristigen Beherbergung von Fremden bereithält, die Vermietung von Plätzen für das Abstellen von Fahrzeugen, die kurzfristige Vermietung auf Campingplätzen und die Vermietung und Verpachtung von Maschinen und sonstigen Vorrichtungen aller Art, die zu einer Betriebsanlage gehören (Betriebsvorrichtungen), auch wenn sie wesentliche Bestandteile eines Grundstücks sind, § 4 Nr. 12 Satz 2 UStG
- Leistungen der Gemeinschaften der Wohnungseigentümer wie folgt gemäß § 4 Nr. 13 UStG:
  Die Leistungen, die die Gemeinschaften der Wohnungseigentümer im Sinne des Wohnungseigentumsgesetzes in der im Bundesgesetzblatt Teil II, Gliederungsnummer 403-1, veröffentlichten bereinigten Fassung in der jeweils geltenden Fassung an die Wohnungseigentümer und Teileigentümer erbringen, soweit die Leistungen in der Überlassung des gemeinschaftlichen Eigentums zum Gebrauch, seiner Instandhaltung, Instandsetzung und sonstigen Verwaltung sowie der Lieferung von Wärme und ähnlichen Gegenständen bestehen.

Umsatzsteueroption bei Vermietung von Nichtwohnraum/Gewerbeimmobilien

Das Umsatzsteuergesetz lässt jedoch in bestimmten Fällen den Verzicht auf die Umsatzsteuerbefreiung (Umsatzsteueroption) zu. Dies wird dann bedeutsam, wenn dadurch das Recht zur Vorsteuerabzugsberechtigung erlangt wird und in den dazugehörigen Eingangsrechnungen beachtliche Umsatzsteuerbeträge (Vorsteuern) ausgewiesen sind. Typische Fälle dafür sind umfangreiche Neubau-, Sanierungs- und Modernisierungsarbeiten im Zusammenhang mit Immobilien.

UStG § 9

In § 9 UStG werden strenge Anforderungen an den Verzicht auf Steuerbefreiung (Umsatzsteueroption) gestellt. Danach kann der Unternehmer (z. B. der Vermieter von Gewerberaum) einen Umsatz (z. B. Vermieterleistung) steuerpflichtig behandeln (d. h. die Ausgangsrechnung – Miete – mit Umsatzsteuer belegen), wenn der Umsatz an einen anderen Unternehmer für dessen Unternehmen ausgeführt wird.

Verschärfend kommt z. B. bei der Vermietung oder Verpachtung von Grundstücken hinzu, dass nunmehr diese Umsatzsteueroption weiter davon abhängig gemacht wird, ob der Leistungsempfänger (Mieter/Pächter) selbst wiederum ausschließlich nur steuerpflichtige Umsätze ausführt.

Damit wird der Kreis der für Neubauobjekte (= Gebäude mit einer Fertigstellung ab dem 1.1.1998 bzw. Baubeginn ab dem 11.11.1993) infrage kommenden Mieter eingeengt. Eine Vermietung z. B. an Banken, Ärzte etc. mit Umsatzsteueroption ist bei diesen Objekten nicht möglich. Als Mieter mit Umsatzsteueroption kommen in Betracht z. B. Produktions- und Handelsbetriebe (vgl. auch Abschnitte 148, 148 a UStR).

Fallbeispiel für eine Umsatzsteueroption bei Vermietung und Verpachtung

> Ein Privatinvestor errichtet auf seinem Grundstück in München im Jahre 2000 ein Gebäude. Im Erdgeschoss sind Gewerberäume vorgesehen, in zwei weiteren gleich großen Obergeschossen Wohnungen für verschiedene Einzelmieter.
>
> Die Gewerberäume im Erdgeschoss werden an eine Lebensmittelkette vermietet. Der Investor möchte gemäß § 9 UStG auf die Steuerbefreiung verzichten (Umsatzsteueroption).
>
> Die Herstellungskosten betragen insgesamt 3.600.000 DM brutto (Umsatzsteuerbetrag, Vorsteuer 496.551 DM) und verteilen sich gleichmäßig auf das gesamte Gebäude.

Lösung:

Die Umsatzsteueroption kann sich nur auf das Erdgeschoss mit dem seinerseits voll umsatzsteuerpflichtigen Gewerberaummieter erstrecken. Man spricht in diesem Fall von einer Einzeloption für einen Teilbereich des Gebäudes im Gegensatz zu einer Gesamtoption auf ein ganzes Gebäude.

Eine Umsatzsteueroption für die beiden Wohngeschosse ist nicht möglich, es fehlt an den Voraussetzungen von § 9 UStG (z. B. keine Unternehmereigenschaft der Wohnraummieter).

Folgen der Umsatzsteueroption für die Errichtungsphase:

Der Investor ist berechtigt zum Vorsteuerabzug, anteilig aus den Herstellungskosten für die Gewerbeflächen im Erdgeschoss. Das heißt, $^1/_3$ der in den Herstellungskosten enthaltenen Umsatzsteuer kann als Vorsteuer gegenüber der Finanzverwaltung geltend gemacht werden, in diesem Fall 165.517 DM.

Die Herstellungskosten für den Teilbereich Gewerberäume sind um die erstattete Vorsteuer zu kürzen, damit auch Kürzung der Bemessungsgrundlage für die Gebäude-AfA gemäß § 7 Abs.4 EStG.

EStG § 7 Abs.4

Für die Wohngeschosse besteht keine Vorsteuerabzugsberechtigung und damit auch keine Kürzung der anteiligen Bemessungsgrundlage für die Gebäude-AfA gemäß § 7 Abs.4 EStG.

Durch die Inanspruchnahme des Vorsteuerabzugs aus der Errichtungsphase unterliegt das Erdgeschoss einem sog. „Beobachtungszeitraum" von 10 Jahren, § 15 a UStG.

Das heißt, ändern sich die Voraussetzungen für die Inanspruchnahme des Vorsteuerabzugs in diesem Zeitraum, steht evtl. eine zeitanteilige Berichtigung des gewährten Vorsteuerabzugs an.

UStG § 15a

Folgen der Umsatzsteueroption für die Bewirtschaftungsphase:

Mieten für die Gewerberäume einschließlich Nebenkosten (Abschnitt 29 Abs.3 UStR) werden umsatzsteuerpflichtig; anteilige Vorsteuern aus der Bewirtschaftung der Gewerberäume sind abzugsfähig.

Mieten und Mietnebenkosten für die Wohnungen dürfen nicht mit Umsatzsteuer belegt werden.

Besteuerung der Kleinunternehmer

UStG § 1 Abs.1 Nr.1

UStG § 19 Abs.1

Bleiben die Umsätze nach § 1 Abs.1 Nr.1 UStG aus unternehmerischer Tätigkeit unter den Grenzen gemäß § 19 Abs.1 UStG und weist der Unternehmer bei seinen Ausgangsrechnungen keine Umsatzsteuer/Mehrwertsteuer aus, so wird dieser steuerlich wie ein Nichtunternehmer behandelt, d. h., er ist auch nicht zum Vorsteuerabzug aus Eingangsrechnungen berechtigt (vgl. hierzu auch Abschnitte 246, 251 UStR).

Betragliche Grenzen:

Umsätze im vorangegangenen Kalenderjahr maximal 32.500,– DM und im laufenden Kalenderjahr voraussichtlich 100.000,– DM nicht übersteigend.
Weitere Besonderheit:
Im Jahr des Geschäftsbeginns darf der Umsatz 32.500,– DM bzw. bei Beginn während des Jahres den jahresanteiligen Umsatzwert nicht überschreiten.

Die betraglichen Grenzen für die Besteuerung der Kleinunternehmer werden somit zunächst vom Gesetzgeber gezogen. Unternehmer, die unter diese Grenzen fallen, haben die Entscheidungsfreiheit, ob sie umsatzsteuerlich als Kleinunternehmer eingestuft sein wollen oder nicht, § 19 Abs.2 UStG; Abschnitt 247 UStR. Im praktischen Fall kann die Einstufung als Kleinunternehmer bedeutsam sein.

Beispiel:

Die Vermietung von Plätzen für das Abstellen von Fahrzeugen ist grundsätzlich umsatzsteuerpflichtig. Die Steuerpflichtigkeit entfällt nur, wenn die Stellplatzvermietung als Nebenleistung zu einer vom gleichen Vermieter erbrachten umsatzsteuerbefreiten Wohnungsvermietung einzuordnen ist.
(Für zusammenhängende, einheitliche Leistungen gilt der Grundsatz: Die Nebenleistung teilt „umsatzsteuerlich" das Schicksal der Hauptleistung.)
Fehlt dieser Zusammenhang, dann ist die Stellplatzmiete umsatzsteuerpflichtig. Ist der Vermieter unter dem Blickwinkel seiner Umsätze Kleinunternehmer, z. B. hat er nur einen Stellplatz zur Vermietung und sonst keine anderen Umsätze, dann kann er sich auf den Status des Kleinunternehmers berufen. In diesem Fall kommt es zu keiner Erhebung der Umsatzsteuer im Rahmen der Stellplatzmiete, auch der Verwaltungsaufwand für Umsatzsteuererklärungen entfällt.

11.4.3 Ablaufschema zur Umsatzsteueroption hier: Vermietung von Gewerbeimmobilien

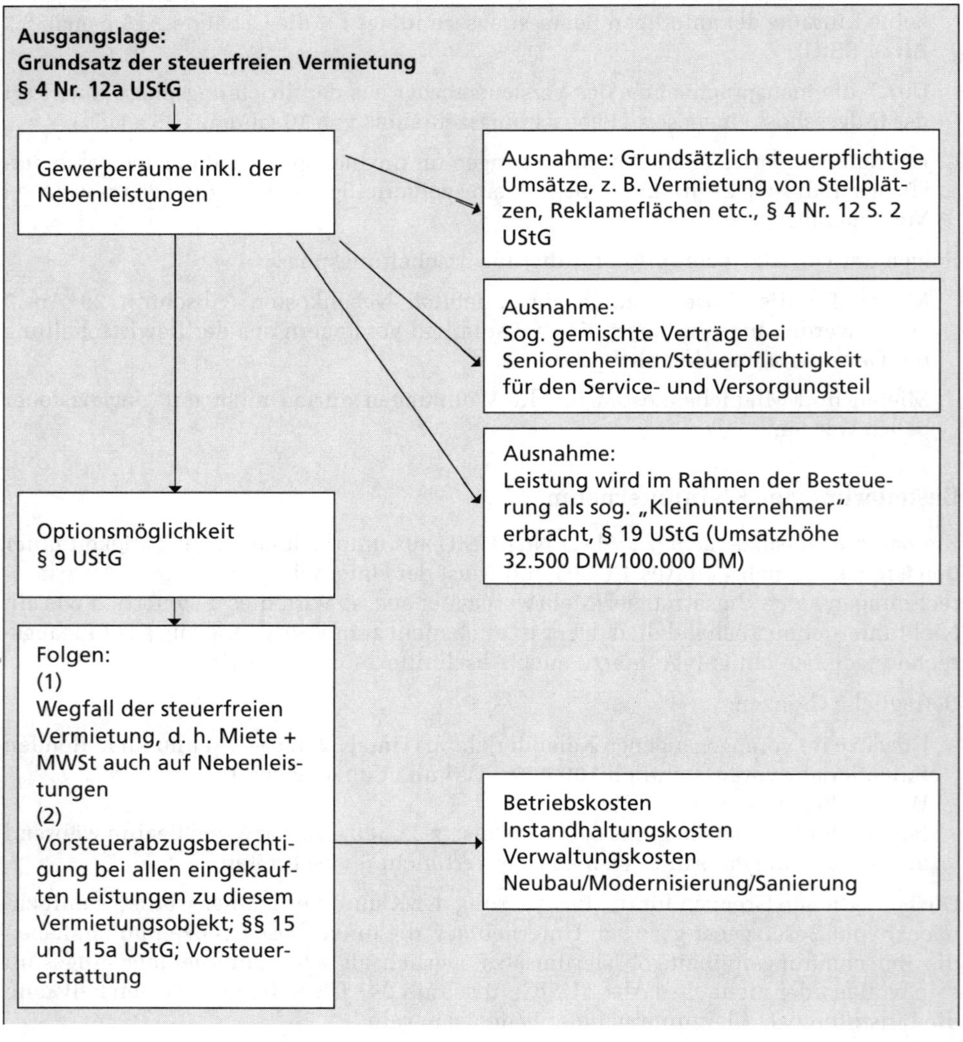

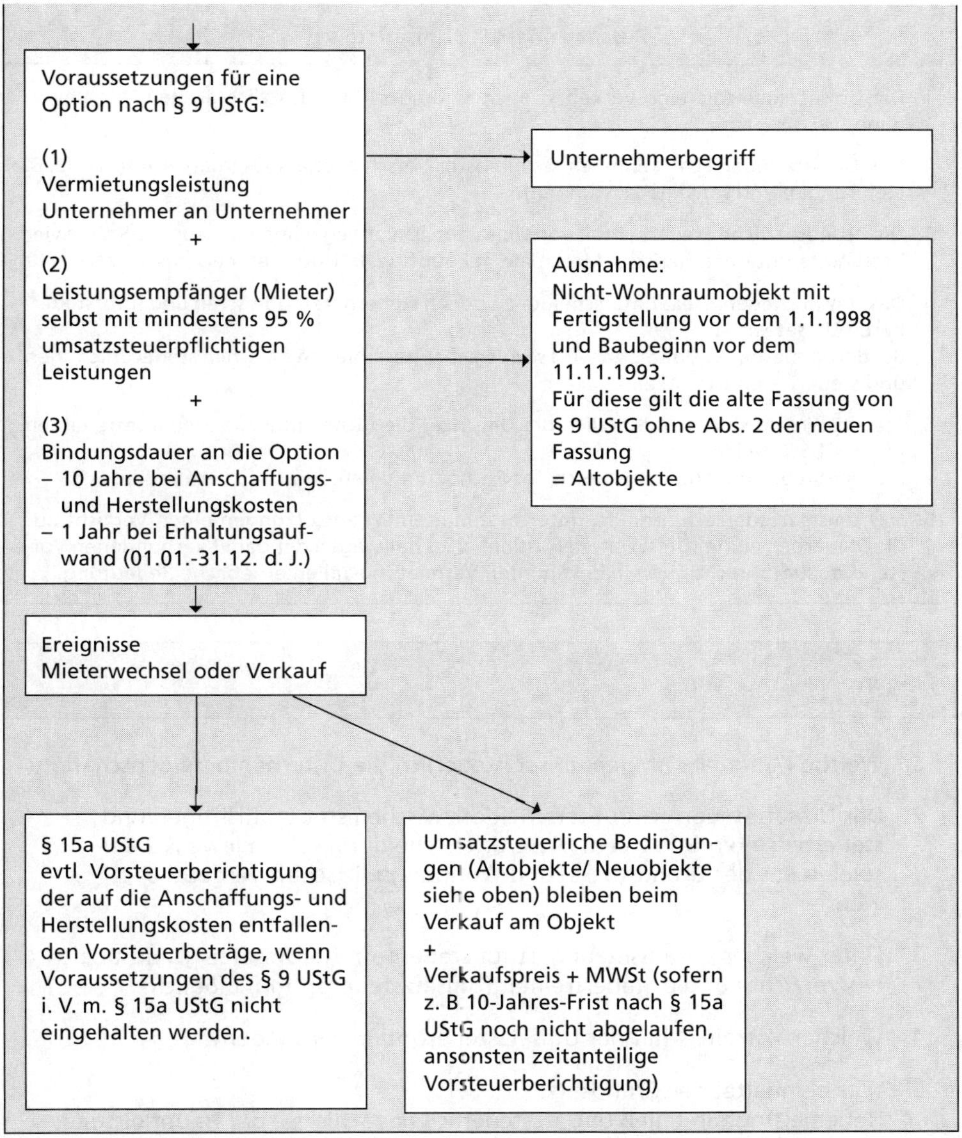
Voraussetzungen für eine Option nach § 9 UStG:
(1)
Vermietungsleistung
Unternehmer an Unternehmer
+
(2)
Leistungsempfänger (Mieter) selbst mit mindestens 95 % umsatzsteuerpflichtigen Leistungen
+
(3)
Bindungsdauer an die Option
– 10 Jahre bei Anschaffungs- und Herstellungskosten
– 1 Jahr bei Erhaltungsaufwand (01.01.-31.12. d. J.)
Unternehmerbegriff
Ausnahme:
Nicht-Wohnraumobjekt mit Fertigstellung vor dem 1.1.1998 und Baubeginn vor dem 11.11.1993.
Für diese gilt die alte Fassung von § 9 UStG ohne Abs. 2 der neuen Fassung
= Altobjekte
Ereignisse
Mieterwechsel oder Verkauf
§ 15a UStG
evtl. Vorsteuerberichtigung der auf die Anschaffungs- und Herstellungskosten entfallenden Vorsteuerbeträge, wenn Voraussetzungen des § 9 UStG i. V. m. § 15a UStG nicht eingehalten werden.
Umsatzsteuerliche Bedingungen (Altobjekte/ Neuobjekte siehe oben) bleiben beim Verkauf am Objekt
+
Verkaufspreis + MWSt (sofern z. B 10-Jahres-Frist nach § 15a UStG noch nicht abgelaufen, ansonsten zeitanteilige Vorsteuerberichtigung)

Zusammenfassung Umsatzsteuer

1. Die Umsatzsteuer ist eine Verkehrssteuer. Sie knüpft grundsätzlich an den Umsatzvorgang (Leistung) an.
2. Das Umsatzsteuerrecht kennt im Grundraster verschiedene steuerbare Umsätze (z. B. Lieferungen und sonstige Leistungen).
3. Die grundsätzliche Steuerbarkeit von Umsätzen ist vorweg gemäß § 1 Abs. 1 UStG an vier bestimmte unternehmerische Merkmale geknüpft (z. B. Unternehmereigenschaft).
4. Das Umsatzsteuergesetz unterscheidet zwischen steuerbaren Umsätzen und nichtsteuerbaren Umsätzen.
   Bei den steuerbaren Umsätzen wird wiederum unterschieden zwischen steuerpflichtigen und steuerfreien Umsätzen.
5. Steuerpflichtig sind grundsätzlich die Umsätze, die nicht unter die Steuerbefreiungen von § 4 UStG fallen.
   Mit der Steuerpflichtigkeit ist auch das Recht zum Vorsteuerabzug verbunden.
6. Das Umsatzsteuerrecht erlaubt unter bestimmten Voraussetzungen einen Verzicht auf die Steuerbefreiung (Umsatzsteueroption). Dies hat wegen der damit verbundenen Vorsteuerabzugsberechtigung in bestimmten Vermietungsfällen erhebliche Bedeutung.

Fragen:

1. Welche Merkmale prägen umsatzsteuerlich die Unternehmereigenschaft?
2. Das Umsatzsteuerrecht unterscheidet zwischen steuerpflichtigen und steuerbefreiten Umsätzen. Diese Unterscheidung soll an jeweils 2 Beispielen aus der Grundstücks- und Wohnungswirtschaft verdeutlicht werden.
3. Unter welcher Voraussetzung ist für steuerbefreite Umsätze grundsätzlich ein Verzicht auf die Steuerfreiheit (Umsatzsteueroption) möglich?
4. Welcher Vorteil ist mit der Umsatzsteueroption verbunden?
5. Was beinhaltet der Grundsatz:
   Nebenleistungen teilen umsatzsteuerlich das Schicksal der Hauptleistung.
6. Was bedeutet es im Umsatzsteuerrecht, Kleinunternehmer zu sein?
7. Wer ist Kleinunternehmer?

11.5. Grunderwerbsteuer

11.5.1 Gegenstand der Grunderwerbsteuer

Steuersystematisch ist die Grunderwerbsteuer – ebenso wie die Umsatzsteuer – den Verkehrssteuern zuzuordnen.

Einkommensteuerlich ist sie Teil der Anschaffungskosten im Rahmen der Anschaffungsnebenkosten eines Grundstücks und damit nicht sofort abzugsfähig bei den Betriebsausgaben bzw. Werbungskosten.

Einkommensteuerliche Berücksichtigung findet sie somit erst z. B. im Rahmen der Absetzungen für Abnutzung (AfA) bei Gebäuden, bei der Förderung des selbst genutzten Wohneigentums im Rahmen der Bemessungsgrundlage und dort ggf. wiederum bei der Eigenheimzulage. GrEStG § 1

Gemäß § 1 GrEStG unterliegen dieser Steuer Erwerbsvorgänge an inländischen Grundstücken.

Die Besteuerung knüpft somit an **zwei Tatbestände** an:

- **Erwerbsvorgang**
- **Grundstück im Inland**

Wesentliche Beispiele für **Erwerbsvorgänge** nach § 1 Abs.1 GrEStG sind: GrEStG § 1 Abs.1

- **Kaufvertrag** über ein Grundstück, der den Anspruch auf Übereignung begründet
- **Tauschvertrag** über Grundstücke, der für beide Vertragsteile den Anspruch auf Übereignung eines Grundstücks begründet
- **Meistgebot** im Zwangsversteigerungsverfahren
- Verträge über die Bestellung und Übertragung eines **Erbbaurechts** sowie grundsätzlich ein dazugehöriger Heimfall
- Verträge über die **Abtretung** eines Übereignungsanspruchs (z. B. bereits geschlossene Kaufverträge oder aus dem Zuschlag aus einem Meistgebot)

Der Grundstücksbegriff im Sinne des Grunderwerbsteuergesetzes knüpft an den Grundstücksbegriff des Bürgerlichen Gesetzbuches an. Den Grundstücken stehen gleich: z. B. GrEStG § 2 Abs.1 GrEStG § 2 Abs.2

- Erbbaurechte
- Gebäude auf fremdem Boden

11.5.2 Allgemeine Ausnahmen von der Besteuerung

Das Grunderwerbsteuergesetz kennt in § 4 GrEStG „Besondere Ausnahmen von der Besteuerung", wie z. B. Erwerb eines Grundstücks durch einen ausländischen Staat fiir Zwecke von Botschaftsanlagen. Weiterhin gibt es Ausnahmen von der Besteuerung bei Grundstücksübertragungen „auf" oder „von" einer Gesamthand, §§ 5, 6 GrEStG, und ebenso bei der Umwandlung eines Grundstücks von gemeinschaftlichem Eigentum in Flächeneigentum, § 7 GrEStG. GrEStG § 3ff.

Die „allgemeinen Ausnahmen von der Besteuerung" sind im alltäglichen Gebrauch eher von Bedeutung, sie sind in § 3 GrEStG aufgezählt.

Von der Besteuerung sind demnach z. B. ausgenommen:

- **Erwerbsvorgänge**, in denen der für die Berechnung der Steuer maßgebliche Wert **5.000,– DM** nicht übersteigt (z. B. Grundstücksabrundungen) GrEStG § 3

- **Grundstückserwerb von Todes wegen** und **Grundstücksschenkungen** (Im Fall einer Schenkung unter Auflage ist der Wert solche Auflagen grunderwerbsteuerpflichtig)
- **Erwerb** eines zum Nachlass gehörigen Grundstücks durch Miterben zur Teilung des Nachlasses.
- **Erwerb** durch Ehegatten des Veräußerers
- **Grundstückserwerb** durch den früheren Ehegatten des Veräußerers im Rahmen der Vermögensauseinandersetzung nach der Scheidung
- **Erwerb** eines Grundstücks durch Personen, die mit dem Veräußerer in gerader Linie verwandt sind
- **Rückerwerb** eines Grundstücks durch den Treugeber bei Auflösung des Treuhandverhältnisses

11.5.3 Bemessungsgrundlage der Grunderwerbsteuer

Der Steuersatz beträgt für Erwerbsvorgänge, beginnend mit dem Jahr 1997 3,5 v. H. der **Bemessungsgrundlage.** Bemessungsgrundlage ist der **Wert der Gegenleistung.**

GrEStG § 9

Wesentliche Beispiele für den Ansatz als **Gegenleistung** sind:

- Beim Kauf der beurkundete **Kaufpreis** sowie die bewerteten und vom Käufer übernommenen **sonstigen Leistungen** und die dem Verkäufer **vorbehaltenen Nutzungen**
- Beim Meistgebot im Zwangsversteigerungsverfahren die Höhe des **Zuschlages** sowie der Wert der Rechte, die nach den Versteigerungsbedingungen bestehen bleiben
- Bei einer Leistung an Erfüllungsstatt der Wert, zu dem die Leistung an **Erfüllungsstatt** angenommen wird (z. B. Handwerker nehmen für ihre Leistungen an Erfüllungsstatt Immobilien eines Bauträgers)

GrEStG § 13 Ziff.1

Steuerschuldner für die im Grunderwerbsteuerbescheid ausgewiesenen Grunderwerbsteuern sind gemäß § 13 Ziff.1 GrEStG regelmäßig die an einem **Erwerbsvorgang** als Vertragsteile **beteiligten Personen** bzw. in besonderen Erwerbsfällen die gesetzlich festgelegten Parteien (z. B. beim Meistgebot nur der Meistbietende).

GrEStG § 15

Die Steuer wird einen Monat nach Bekanntgabe des Steuerbescheides fällig.

GrEStG § 22

Der Erwerber eines Grundstücks darf in das Grundbuch erst dann eingetragen werden, wenn eine **Unbedenklichkeitsbescheinigung** des zuständigen Finanzamtes vorliegt. Das Finanzamt wird keine steuerlichen Bedenken einwenden und damit die Bescheinigung erteilen, wenn die verbeschiedene Grunderwerbsteuer entrichtet, sichergestellt oder gestundet worden ist oder wenn Fälle der Steuerfreiheit gegeben sind.

11.5.4 Nichtfestsetzung der Steuer, Aufhebung oder Änderung der Steuerfestsetzung

GrEStG § 16 Abs.1

Gemäß § 16 Abs.1 GrEStG wird die Grunderwerbsteuer nicht festgesetzt bzw., wenn der Grunderwerbsteuerbescheid schon ergangen ist, aufgehoben – in den Fällen, in denen der Erwerbsvorgang rückgängig gemacht wird, bevor das grundbuchliche Eigentum an den Erwerber übergegangen ist.

GrEStG § 16 Abs.2

Gleiches gilt, wenn unter bestimmten Voraussetzungen eine Rückabwicklung einer grundbuchlich vollzogenen Eigentumsübertragung ansteht (z. B. bei erfolgreicher Anfechtung eines Kaufvertrages).

Weiterhin kann der Tatbestand einer Änderung der Steuerfestsetzung vorliegen. Dies ist z. B. dann der Fall, wenn innerhalb von zwei Jahren seit Entstehung der Grunderwerbsteuerschuld eine nachträgliche Herabsetzung der Gegenleistung (z. B. Kaufpreises) stattfindet. In diesem Fall würde auf Antrag eine Änderung der Steuerfestsetzung erfolgen. GrEStG § 16 Abs.3

Zusammenfassung zur Grunderwerbsteuer

1. Grunderwerbsteuer ist eine Verkehrssteuer. Sie gehört zur Gruppe der Anschaffungsnebenkosten beim Grundstückserwerb.
2. Voraussetzung für die Steuererhebung sind Erwerbsvorgänge bei Grundstücken im Inland.
3. Grunderwerbsteuerbefreiungen sind auf einige wenige Fälle begrenzt (z. B. Erwerb durch Verwandte, Grundstückserwerb von Todes wegen und Grundstücksschenkungen).
4. Bemessungsgrundlage für die Berechnung der Grunderwerbsteuer in Höhe von 3,5 v. H. ist der Wert der Gegenleistung(en), (z. B. Kaufpreis, übernommene sonstige Leistungen).
5. Steuerschuldner sind die an einem Erwerbsvorgang als Vertragsteile beteiligten Personen.
6. Erwerber eines Grundstücks darf als Eigentümer im Grundbuch erst eingetragen werden, wenn eine sog. Unbedenklichkeitsbescheinigung des zuständigen Finanzamtes vorliegt, d. h. die Grunderwerbsteuer entrichtet, sichergestellt oder gestundet wurde.

Fragen:

1. Worin unterscheiden sich im Hinblick auf die Grunderwerbsteuer Erwerber/Bauherr eines bebauten/zu bebauenden Grundstücks?
2. Fälle für grunderwerbsteuerpflichtige Erwerbsvorgänge sind an 3 Beispielen zu benennen!
3. Fälle für Grunderwerbsteuerbefreiungen sind an 3 Beispielen zu benennen!
4. Beispiele für die Gegenleistung bzw. ihre Zusammensetzung als Bemessungsgrundlage der Grunderwerbsteuer sind zu nennen!

11.6 Grundsteuer

11.6.1 Gegenstand der Grundsteuer

GrStG § 1 Gemäß § 1 GrStG steht das Recht zur Erhebung der Steuer der Gemeinde zu, auf deren Gebiet der Grundbesitz liegt.

Unter steuersystematischen Gesichtspunkten ist die Grundsteuer den Realsteuern zuzuordnen, sie knüpft an den bloßen Grundbesitz an.

Einkommensteuerlich ist die Grundsteuer bei fertiggestellten Gebäuden Teil der ansatzfähigen Betriebsausgaben bzw. Werbungskosten.

Bei wohnwirtschaftlich selbst genutzten Wohnungen im Privatvermögen findet die Grundsteuer, die Teil der Betriebskosten einer Wohnung ist, keine ertragsteuerliche Berücksichtigung als Werbungskosten.

Unter Aspekten der Verwaltungsbetreuung ist die Grundsteuer bei Vermietungsobjekten ein „durchlaufender Posten", weil sie im Rahmen umlagefähig vereinbarter Betriebskosten auf die Mieter umgelegt werden darf.

GrStG § 2 Besteuert wird der Grundbesitz im Sinne des Bewertungsgesetzes.

Das Grundsteuergesetz kennt darüber hinaus eine Reihe von Steuerbefreiungen, wie z. B.:

GrStG § 3
- Steuerbefreiung für Grundbesitz bestimmter Rechtsträger
  (z. B. Grundbesitz, der von einer inländischen juristischen Person des öffentlichen Rechts für einen öffentlichen Dienst oder Gebrauch benützt wird; bzw. auch Grundbesitz, der von bestimmten Institutionen für gemeinnützige oder mildtätige Zwecke benützt wird)

GrStG § 4
- Sonstige Steuerbefreiungen
  (z. B. Grundbesitz, der dem Gottesdienst einer Religionsgemeinschaft als Körperschaft des öffentlichen Rechts gewidmet ist)

Grundsteuervergünstigungen für öffentlich geförderte und steuerbegünstigte Wohnungen entsprechend dem II. WoBauG sind für neu errichtete Wohnungen nicht mehr vorgesehen und zum 31.12.1999 ausgelaufen.

GrStG § 9 Abs.1 GrStG § 10 Abs.1 Die Grundsteuer wird nach den Verhältnissen bezüglich der Art des Grundstückes zu Beginn des Kalenderjahres festgesetzt. Steuerschuldner ist derjenige, dem das Grundstück bei der „Feststellung des Einheitswertes" zuzurechnen ist (bzw. im Fall der Neuordnung eines dann beizulegenden Wertes).

GrSt § 12 Die Grundsteuer ruht auf dem Steuergegenstand, Grundstück, als öffentliche Last, d. h. sie ist im Vollstreckungsfall über das Grundstück im bevorrechtigten Rang, auch ohne Grundbucheintrag.

Bei der Ermittlung der Grundsteuer, basierend auf den nachfolgend genannten „antiquierten" Einheitswerten (vgl. 11.7), ist mit einer Reform des Grundsteuerrechts zu rechnen.

11.6.2 Bemessungsgrundlage der Grundsteuer

Bei der Ermittlung der Grundsteuer werden bislang folgende zusammenhängende Rechengrößen herangezogen:

GrStG § 13ff.

„Einheitswert"	**x Steuermesszahl**	**= Steuermessbetrag**
Einheitswert nach Art des Grundstücks (Bewertungsgesetz) auf der Grundlage des Einheitswertbescheides	Steuerlich festgelegter Promillesatz nach Art des Grundstücks	

Steuermessbetrag x Hebesatz = Grundsteuer

Produkt aus Steuermesszahl und Einheitswert	Gemeinde bestimmt, mit welchem Prozentsatz die Grundsteuer zu erheben ist (Hebesatz)	

Beispiel: GrStG § 25

Einheitswert einer Eigentumswohnung 38.000,– DM;
Hebesatz der Gemeinde z. B. 300 v. H.;
Steuermesszahl gemäß § 15 Abs.1 GrStG 3,5 v. T.
Betrag der Grundsteuer im Jahr?

Lösung:

$$\text{Steuermessbetrag} = \frac{3{,}5}{1.000} \times 38.000 \text{ DM}$$
$$= 133 \text{ DM}$$

$$\text{Grundsteuerbetrag} = 133 \text{ DM} \times \frac{300}{100}$$
$$= 399 \text{ DM}$$

Die Grundsteuer wird von der jeweiligen Gemeinde festgesetzt, sie wird grundsätzlich zu je einem Viertel im Jahresbetrag zur Quartalsmitte fällig, andere Fälligkeiten sind festsetzbar. GrStG §§ 27, 28

11.6.3 Erlass der Grundsteuer

Auf Antrag ist unter bestimmten Umständen ein Erlass der Grundsteuer möglich. Das Gesetz kennt **zwei Erlassgründe** für die Grundsteuer auf Grundbesitz: GrStG § 34 Abs.2

1. Erlass für **Kulturgut** und Grünanlagen, bei Vorlage dort näher bestimmter Voraussetzungen GrStG § 32
2. Erlass wegen wesentlicher Ertragsminderung GrStG § 33

Der in der kaufmännischen Verwaltungsbetreuung in wechselnder Folge immer wieder zu beachtende Ausfall von Mieterträgen (z. B. Forderungsausfall, Leerstand) bei bebauten Grundstücken soll in seinen wesentlichen steuerlichen Voraussetzungen kurz umrissen werden.

Voraussetzungen für den Erlass der Grundsteuer auf Antrag sind:

1. Istmiete (z. B. eines Wohngebäudes) ist um mehr als **20 v. H.** gemindert unter der Sollmiete
   \+
2. Vermieter der Wohnanlage hat die Minderung des Rohertrages an Mieten nicht zu vertreten (z. B. Vermieter verlangt nur marktgerechte Miete und ist durch seine Aktivitäten um stetige Vermietung bemüht)

In diesem Fall wird die Grundsteuer in Höhe des Prozentsatzes erlassen, der vier Fünfteln des Prozentsatzes der Minderung entspricht. GrStG § 33 Abs.1

Rechenbeispiel:

Wohngebäude, Jahressollmiete 100.000,– DM; Istmiete 1993 75.000,– DM wegen Forderungsausfall an Mieten.
Vermieter trifft nachweislich kein Verschulden.
Prozentuale Höhe beim Erlass der Grundsteuer wegen wesentlicher Ertragsminderung?

Ertragsminderung:
25 v. H. (damit mehr als 20 v. H., wie erforderlich)

Grundsteuerschuldminderung
(Erlass in Prozent): 25 v. H. x 80 v. H. = 20 v. H.

Zusammenfassung zur Grundsteuer

1. Die Grundsteuer ist eine Realsteuer, sie knüpft an den bloßen Grundbesitz an. Besteuert wird der Grundbesitz im Sinne des „Bewertungsgesetzes".
2. Verwaltungstechnisch gehört die Grundsteuer im Rahmen der Hausbewirtschaftung zu den mietvertraglich umlegbaren Betriebskosten der II. BV.
3. Voraussetzung für die Steuererhebung ist der Grundsteuerbescheid der Gemeinde.
4. Für bestimmte Rechtsträger und Körperschaften sind Steuerbefreiungen vorgesehen. Daneben gibt es auf Antrag noch die Möglichkeit auf Erlass der Grundsteuer, z. B. wegen wesentlicher Ertragsminderung bei einem Vermietungsobjekt.

Fragen:

1. Wer ist Steuerschuldner der Grundsteuer?
2. Aus welchen Faktoren setzt sich die Bemessung der Grundsteuer zusammen?
3. Unter welchen Voraussetzungen ist ein Erlass der Grundsteuer wegen wesentlicher Ertragsminderung möglich?

11.7. Bewertungsgesetz

11.7.1 Wertbegriffe des Grundvermögens nach dem Bewertungsgesetz

Im Mittelpunkt steht hier die Bewertung von Immobilien im Privatvermögen gemäß Bewertungsgesetz. Das heißt somit folgende Wertbegriffe:

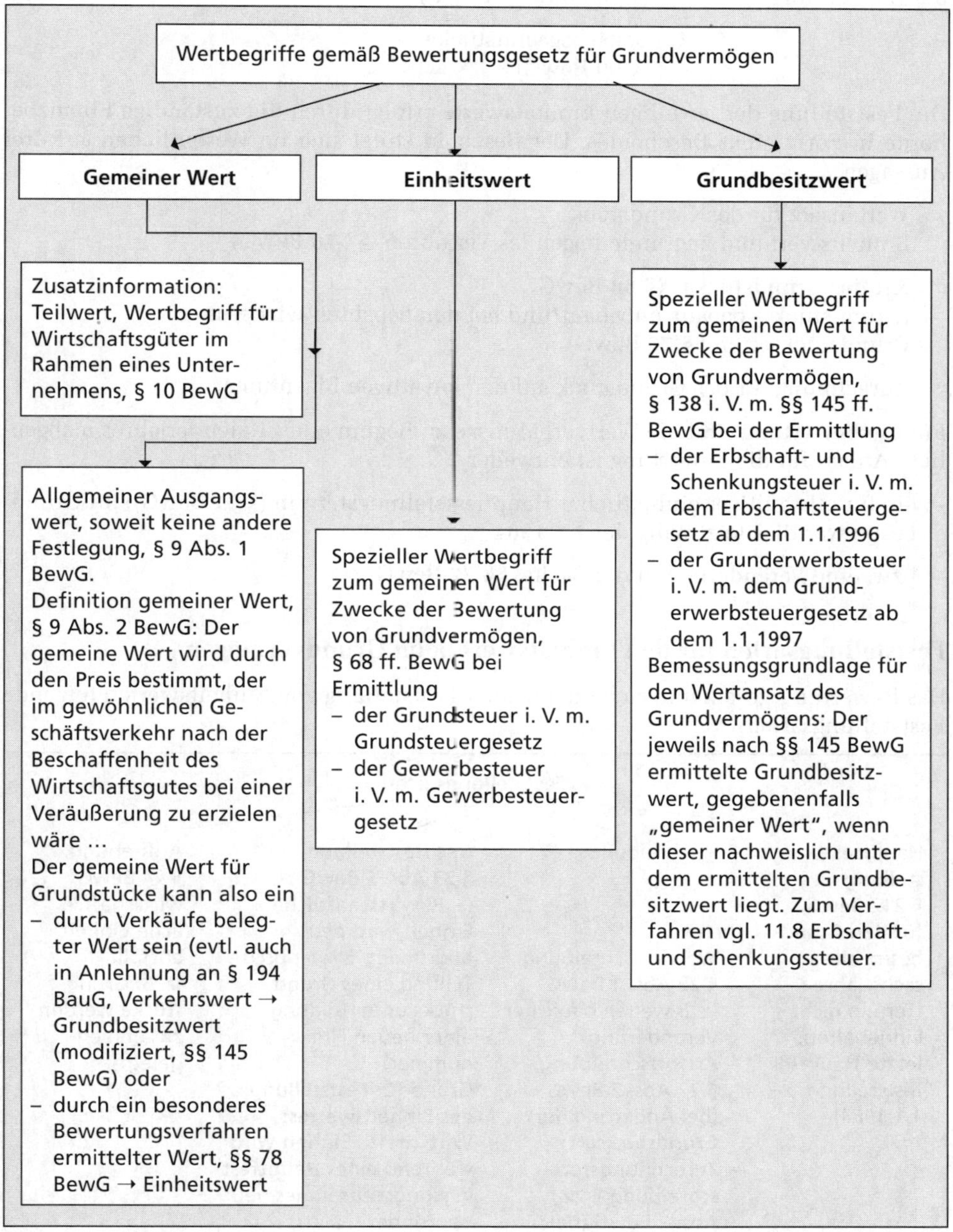

11.7.2 Einheitswert

Die Feststellung von Einheitswerten erfolgt durch die örtlich zuständige Finanzbehörde, § 180 Abs. 1 Nr. 1 AO. Einheitswerte werden ermittelt für inländischen Grundbesitz, § 19 BewG, und zwar für

Betriebe der Land- und Forstwirtschaft (§§ 38, 48a und 51a BewG)

Hier Gegenstand der Betrachtung → Grundstücke (§§ 68 und 70 BewG)

Betriebsgrundstücke (§ 99 BewG)

Die Feststellung der jeweiligen Einheitswerte erfolgt durch die zuständige Finanzbehörde in Form eines Bescheides. Der Bescheid stützt sich im Wesentlichen auf drei Aussagen:

- → Wertansatz für das Grundstück
  Einheitswert und zugrunde liegendes Verfahren, §§ 78 BewG)
- → Art des Grundstücks, §§ 68 BewG
  (Grundstück – bebaut/unbebaut/und bei den bebauten wiederum Grundstücksarten §§ 75 BewG)
- → Zurechnung für das Grundstück auf den jeweiligen Eigentümer

Für die Bewertung sind die Wertverhältnisse zu Beginn eines Kalenderjahres maßgeblich. Anlass für die Bewertung ist entweder

- ein für alle gültiger einheitlicher Hauptfeststellungstermin (§ 21 BewG); für Grundbesitz war dies letztmalig der 1.1.1964
- bzw. eine Veränderung in der Sache, §§ 22 BewG

Feststellungsarten für den Einheitswert beim Grundvermögen

Das Bewertungsgesetz unterscheidet bei der Feststellung von Einheitswerten folgende Feststellungsarten:

Feststellungsarten

Hauptfeststellung, § 212 BewG, für den Grundbesitz alle sechs Jahre (Termin nicht eingehalten, letzte Hauptfeststellung 1.1.1964)	Fortschreibung	Nachfeststellung, § 23 Abs. 1 BewG (z. B. wirtschaftliche Einheit wird neu begründet, etwa durch Teilung eines Grundstücks unter Bildung einer neuen Flurnummer)	Aufhebung, § 24 BewG, wirtschaft. liche Einheit entfällt (z. B. Grundstücke werden zusammengelegt)
	Arten: – Wertfortschreibung § 22 Abs. 1 BewG (z. B wegen baulicher Veränderung) – Artfortschreibung, § 22 Abs. 2 BewG (bei Änderung der Grundstücksart) – Zurechnungsfortschreibung § 22 Abs. 2 BewG (bei Wechsel der Eigentumsverhältnisse)	Grund für Feststellung des Einheitswertes: Wirtschaftl. Einheit wird während eines Hauptfeststellungszeitraumes neu begründet	

Gerade die abweichend vom Gesetz weit zurückhängende Hauptfeststellung (1.1.1964) der Einheitswerte, u. a. auch für Grundvermögen, bringt diese steuer- und verfassungsrechtlich ins Gespräch. Mit einer Anpassung/Anhebung der Einheitswerte ist zu rechnen und somit wahrscheinlich auch mit steuerlichen Auswirkungsn auf alle Steuerarten, die Einheitswerte mit als Bemessungsgrundlage haben.

11.7.3 Einheitswertermittlung beim Grundvermögen

11.7.3.1 Begriff/Umfang und Arten des Grundvermögens

– Begriff/Umfang des Grundvermögens

Gemäß § 68 BewG gehören Grundvermögen:

- Grund unf Boden
  - Gebäude
  - sonstige Bestandteile (z. B. Außenanlagen, subjektive dingliche Rechte)
  - Zubehör (z. B. Treppenläufer, Mülltonnen)
- Erbbaurecht
- Wohnungseigentum, Teileigentum, Wohnungserbbaurecht, Teilerbbaurecht

soweit es sich nicht um land- und forstwirtschaftliche oder um Betriebsgrundstücke handelt.

Bewertungsgegenstand ist die zu bewertende wirtschaftliche Einheit. Jede wirtschaftliche Einheit des Grundvermögens ist als ein Grundstück einzuordnen. BewG § 2 BewG § 70

– Grundstücksarten

Nach dem Bewertungsgesetz ist hierbei zu unterschieden zwischen

- unbebauten Grundstücken BewG § 72
- bebauten Grundstücken BewG § 74

Unbebaut sind Grundstücke nach dem Gesetz im Wesentlichen dann, wenn sich darauf keine benutzbaren/bezugsfertigen Gebäude befinden. Bewertungsrechtlich wird bei den unbebauten Grundstücken weiterhin unterschieden in unbebauten, baureifen Grundstücke, ohne dass dem augenblicklich eine besondere Bedeutung zukommt. BewG § 73

Die Gruppe der bebauten Grundstücke wird zunächst davon geprägt, dass sich auf ihnen benutzbare/bezugsfertige Gebäude befinden. BewG § 74

Im Rahmen der Bewertung bebauter Grundstücke lassen sich folgende Grundstücksarten unterscheiden: BewG § 75

- Mietwohngrundstücke
  (Grundstücke, die zu mehr als 80 %, berechnet nach der Jahresrohmiete, Wohnzwecken dienen und nicht Einfamilienhäuser/Zweifamilienhäuser sind.)
- Geschäftsgrundstücke
  (Grundstücke, die zu mehr als 80 %, berechnet nach der Jahresrohmiete, eigenen oder fremden gewerblichen oder öffentlichen Zwecken dienen.)
- Gemischt genutzte Grundstücke
  (Grundstücke, die teils Wohnzwecken, teils eigenen oder fremden gewerblichen oder öffentlichen Zwecken dienen und nicht zu den anderen Grundstücksarten zählen.)

- ❍ Einfamilienhäuser
  (Wohngrundstücke, die nur eine Wohnung enthalten; auch eine nur unwesentliche Mitbenutzung zu gewerblichen oder öffentlichen Zwecken ändert nichts an dieser Grundstücksart.)
- ❍ Zweifamilienhäuser (Wohngrundstücke, die nur zwei Wohnungen enthalten.)
- ❍ Sonstige, bebaute Grundstücke (Grundstücke, die nicht unter obige Grundstücksarten fallen, z. B. Vereinshäuser, Jagdhütten.)

11.7.3.2 Verfahren der Bewertung

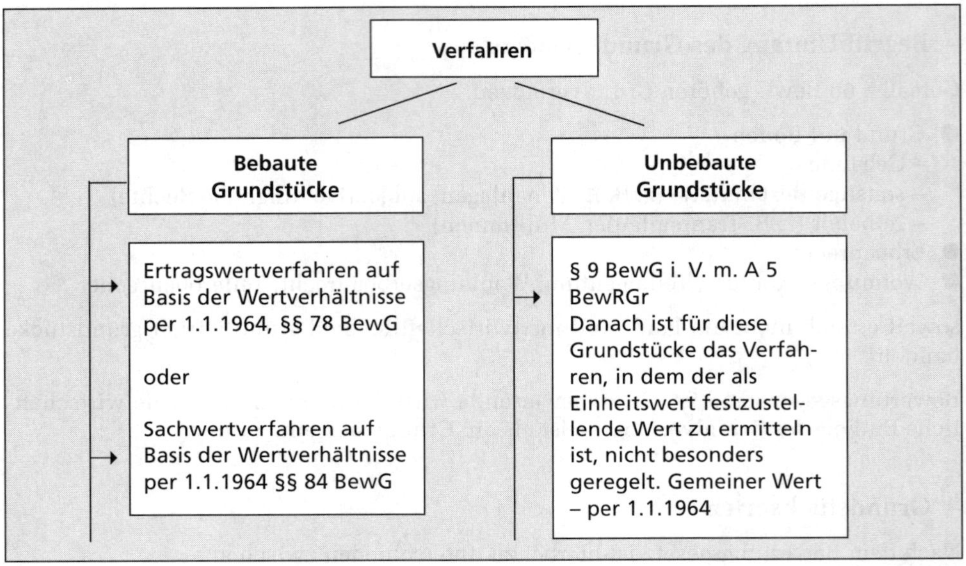

11.7.3.3 Verfahren zur Bewertung unbebauter Grundstücke

Basis:
Richtwertkarten der örtlich zuständigen Finanzämter und daraus ermittelte Durchschnittswerte, basierend auf den Wertverhältnissen per 1.1. 1964

Gemäß BewRGr zu § 9 BewG gilt auszugsweise:

Der Wert unbebauter Grundstücke umfasst den Wert des Grund und Bodens (Bodenwert) und den Wert der Außenanlagen. Bei der Ermittlung der Bodenwerte ist im Allgemeinen von durchschnittlichen Werten auszugehen, die sich für ein Gebiet, eine Straße oder einen Straßenabschnitt ohne Beachtung der Grundstücksgrenzen und ohne Rücksicht auf die besonderen Eigenschaften der einzelnen Grundstücke je Quadratmeter ergeben. Aus den durchschnittlichen Werten sind die Bodenwerte der Grundstücke abzuleiten, indem im Einzelfall die Größe des Grundstücks sowie seine Besonderheiten und seine Abweichungen gegenüber den durchschnittlichen Verhältnissen berücksichtigt werden …

Einheitswert

Bodenwert	Basis 1.1.1964/Richtwertkarten der Finanzverwaltung
+	
Wert der Außenanlagen	Baupreisverhältnisse per 1.1. 1964 /Ansatz hilfsweise nach A 45 BewRGr zu § 89 BewG i. V. m. A 17 BewRGr
=	
Summe = Einheitswert	Abrundung auf volle hundert DM nach unten, § 30 BewG

11.7.3.4 Verfahren zur Bewertung bebauter Grundstücke

(1) Ertragswertverfahren, §§ 78 bis 82 BewG

Zur Verfahrenswahl, § 76 Abs. 1 BewG: Der Wert für bebaute Grundstücke ist grundsätzlich im Wege des Ertragswertverfahrens zu ermitteln. Der für ein bebautes Grundstück anzusetzende Wert darf nicht geringer sein als der Einheitswert, mit dem der Grund und Boden als unbebautes Grundstück zu bewerten wäre (Mindestwert, §§ 77 BewG).

Ablaufschema
(in Anlehnung an A 18 ff. BewRGr zu §§ 78 BewG)

Einheitswert

Jahresrohmiete

X

Vervielfältiger

+ Zuschläge

./. Abschläge

Einheitswert
(Abrundung § 30 BewG
Mindestwert § 77 BewG)

Der Grundstückswert (Einheitswert) ergibt sich somit nach diesem Verfahren (gemäß A 18 BewRGr) durch Anwendung eines Vervielfältigers (vgl. A 26 bis 29 BewRGr) auf die Jahresrohmiete (vgl. A 21 bis 25 BewRGr) und umfasst somit auch den Bodenwert/ Gebäudewert/Wert der Außenanlagen.

Zur Definition des Jahresrohertrages und seiner Zusammensetzung vgl. § 79 BewG; Basis: Wertverhältnisse per 1.1. 1964.

Zur Definition der Vervielfältiger vgl. § 80 BewG mit der Ausrichtung auf Grundstücksart/Baujahr /Bauart und Bauausführung /Einwohnerzahl der jeweiligen Gemeinde per 1.1.1964.

Zu Zuschläge/Abschläge vgl. § 82 BewG (z. B. Bauschäden/nachhaltige Ausnutzung des Grundstücks für Reklamezwecke gegen Entgelt).

(2) Sachwertverfahren, §§ 83 bis 90 BewG

Zur Verfahrenswahl § 76 Abs. 2 und 3 BewG:

Das sind z. B. besonders exklusiv konzipierte Ein- und Zweifamilienhäuser; Objekte, bei denen eine Jahresrohmiete nicht ermittelt werden kann.

Ablaufschema
in Anlehnung an A 34 ff. BewRGr zu §§ 83 BewG

Einheitswert

↓

Bodenwert	gemeiner Wert für unbebaute Grundstücke, Richtwerte der Finanzämter per 1.1.1964, A 35 BewRGr zu § 84 BewG
+	
Gebäudewert	m^3 umbauter Raum nach DIN 277 multipliziert mit Raummeterpreis per 1.1.1964 sowie evtl. Korrektur durch Zuschläge/Abschläge, vgl. A 37 bis 39 BewRGr
+	
Wert der Außenanlagen	vgl. A 45 BewRGr
=	
Ausgangswert	
x	
Prozentuale Wertzahl für Angleichung an den gemeinen Wert	Wertzahlen werden durch Rechtsverordnung, z. B. nach Gemeindegrößenklassen, einzelnen Grundstücksarten oder Grundstücksgruppen festgesetzt im Rahmen von 85 bis 50 % des Ausgangswertes
=	
Einheitswert	Abrundung, § 30 BewG/Mindestwert § 77 BewG

Fragen:

1. Welche Wertbegriffe stehen sich im Ertragssteuerrecht und im Bewertungsgesetz gegenüber?
2. Welche Zweckbestimmung haben die Wertbegriffe des Ertragssteuerrechtes?
3. Welche Zweckbestimmung haben die Wertbegriffe des Bewertungsgesetzes?
4. Der Einheitswert wird durch Bescheid festgestellt und hat, sobald dieser rechtskräftig wird, Bestand. Welche Vorgänge sind Veranlassung für eine erneute Feststellung des Einheitswertes?
5. Das Bewertungsgesetz kennt für die Ermittlung des Einheitswertes verschiedene Verfahren. Welche Verfahren sind üblicherweise welchen Grundstücken zuzuordnen?
6. Aus welchen Rechenkomponenten setzt sich der Einheitswert nach dem Ertragswertverfahren zusammen?
7. Aus welchen Rechenkomponenten setzt sich der Einheitswert nach dem Sachwertverfahren zusammen?

11.8 Erbschaft- und Schenkungsteuer

– Allgemeine Einordnung

Im Jahressteuergesetz 1997 wird die Erbschaft- und Schenkungsteuer rückwirkend zum 1. Januar 1996 neu geregelt. Im neuen Bewertungsrecht für Grundbesitz soll dem vom Bundesverfassungsgericht eingeforderten Gleichheitsgrundsatz (Art. 3 Grundgesetz) nachgekommen werden. Nach dem neuen Bewertungsrecht entwickeln sich die steuerlichen Grundstückswerte, (Grundbesitzwerte) in Richtung Marktwerte/Verkehrswerte, allerdings im Regelfall mit immer noch erheblich unter diesen liegenden Wertansätzen. Die aktuelle Diskussion weist darauf hin, dass für Fälle der Erbschaft und Schenkung mit einer weiteren Anpassung der Grundbesitzwerte in Richtung Verkehrswerte zu rechnen ist.

Art. 3 GG

§ 145 ff. BewG

Die Wertermittlung der Grundbesitzwerte gemäß § 145 ff. BewG ist eine Bedarfsbewertung, weil diese nur im Besteuerungsfall (Erbschaft/Schenkung) durchgeführt wird.

§ 139 BewG

Die Wertverhältnisse zum 01.01.1996 gelten für Feststellungen von Grundbesitzwerten bis zum 31.12.2001. Die Grundbesitzwerte werden auf volle 1.000 DM abgerundet, § 139 BewG.

– Grundmerkmale der Besteuerung von Grundbesitz im Erbschafts- bzw. Schenkungsfall

– Wertermittlung

§ 145 Abs.3 BewG

(1) **Unbebaute Grundstücke, § 145 Abs.3 BewG**
Wertansatz mit den von den Gutachterausschüssen der Gemeinden errechneten Bodenrichtwerten per 1.1.1996

Ansatz: Grundstücksgröße in m²
x Wert/DM/m² nach den Bodenrichtwerten
./. 20 % Ermäßigung
= Steuerpflichtiger Bodenwert

§ 146 Abs.2 BewG

(2) **Bebaute, vermietete Grundstücke, § 146 Abs.2 BewG**
(soweit sie sich nach der üblichen Miete bewerten lassen)
Wertansatz mit dem 12,5fachen der im Durchschnitt der letzten drei Jahre erzielten Nettojahreskaltmiete, d. h. ohne Einbeziehung der Betriebskosten. Abzüglich Wertansatz für Wertminderung wegen Alters i. H. von 0,5 % pro Jahr bis zu einer Obergrenze von 25 %, gerechnet vom Jahr der ursprünglichen Bezugsfertigkeit.

Mindestwert, § 146 Abs.6 BewG

Der Wertansatz für ein bebautes Grundstück darf nicht geringer sein als der Wert als unbebautes Grundstück gemäß § 145 Abs.3 BewG (d. h. 80 % des Bodenrichtwertes).

Beispiel: Mietwohngebäude,
Jahresnettokaltmiete im
Jahr 1 120.000,– DM
Jahr 2 95.000,– DM
Jahr 3 130.000,– DM
vor dem Veranlagungsfall
Alter des Gebäudes: 40 Jahre
Grundstücksgröße 600 m², Bodenrichtwert 450,– DM/m²

Berechnung: Grundlage Ertragswertverfahren und Abgleichung mit dem Bodenrichtwert

Jahreskaltmiete im Durchschnitt der letzten 3 Jahre 115.000,– DM x 12,5	1.437.500,– DM
Abzug wegen Alterwertminderung 40 x 0,5 = 20 %	– 287.500,– DM
Grundbesitzwert für Mietwohnanlage	1.150.000,– DM
Abgleichung mit Mindestansatz von 80 % des Bodenrichtwertes 600 m² x 450,– DM/m² = 270.000,– DM/80 % = 216.000,– DM < 1.150.000,– DM	
= Steuerpflichtiger Wert des bebauten Grundstücks	1.150.000,– DM

(3) **Ein- und Zweifamlienhäuser**
Wertermittlungsansatz wie unter (2), jedoch wegen der im Vergleich zu Mehrfamilienhäusern anteilig größeren Grundstücksflächen sind auf den ermittelten Wert noch 20 % hinzuzurechnen.

(4) Die Vorschriften gelten entsprechend auch für Grundstücke, die nicht oder nur zum Teil Wohnzwecken dienen (§ 146 Abs.2 Satz 3 BewG), ebenso entsprechend für Wohnungseigentum und Teileigentum (§ 146 Abs. 8 BewG).

– Steuerklassen, Freibeträge

ErbStG
§ 15
§ 19

Steuerklasse	Personenkreis (§ 15 ErbStG)	Freibetrag (§ 16 ErbStG)
I	1. Ehegatte 2. Kinder und Stiefkinder 3. Kinder verstorbener Kinder und Stiefkinder 4. Kinder lebender Kinder und Stiefkinder 5. Eltern und Voreltern bei Erwerb von Todes wegen	DM 600.000 DM 400.000 DM 400.000 DM 100.000 DM 100.000
II	1. Eltern und Voreltern bei Schenkung 2. Geschwister Abkömmlinge ersten Grades von Geschwistern 3. Stiefeltern 4. Schwiegerkinder, Schwiegereltern 5. Geschiedene Ehegatten	DM 20.000
III	Alle übrigen Erwerber und die Zweckzuwendungen	DM 10.000

Dazu gibt es für den Erwerb von Todes wegen noch besondere Versorgungsfreibeträge gemäß § 17 ErbStG für den Personenkreis der Steuerklasse I.

Der für Betriebsvermögen geltende Freibetrag von 500.000,– DM bleibt unverändert, für übersteigende Teile gilt ein Bewertungsabschlag von 40 %.

Steuersätze (§ 19 ErbStG)

Steuerpflichtiger Erwerb DM	% in der Steuerklasse I	II	III
bis 100.000	7	12	17
500.000	11	17	23
1.000.000	15	22	29
10.000.000	19	27	35
25.000.000	23	32	41
50.000.000	27	37	47
über 50.000.000	30	40	50

Rechenbeispiel

Variante 1:

Vater schenkt seiner Tochter eine Mietwohnanlage mit einem Grundbesitzwert gemäß § 146 BewG von 1.200.000 DM. Der Mindestwert als unbebautes Grundstück gemäß § 146 Abs. 6 i. V. m. § 145 Abs. 3 BewG beträgt 350.000 DM. Das Grundstück ist frei von Lasten. Weitere Schenkungen des Vaters an die Tochter sind nicht vorausgegangen. Die

§ 17 ErbStG Tochter ist 35 Jahre alt, somit kein Versorgungsbeibetrag gemäß § 17 ErbStG.

Lösung:

	Steuerpflichtiger Grundbesitzwert	1.200.000 DM
./.	Persönlicher Freibetrag in Bezug zum Vater (§ 16 ErbStG)	400.000 DM
	Steuerliche Bemessungsgrundlage	800.000 DM
	Steuerklasse I/Steuersatz 15 %/Steuerbetrag	**120.000 DM**

Variante 2:

Steuerlich günstigerer Lösungsansatz.
Vater und Mutter sind Grundstückseigentümer. Beide schenken persönlich aus ihrer Bruchteilsgemeinschaft heraus ihrer Tochter die obige Mietwohnanlage.

Lösung:

	Steuerpflichtiger Grundbesitzwert	1.200.000 DM
./.	Persönliche Freibeträge in Bezug auf Vater und Mutter (gemäß § 16 ErbStG 2 x 400.000 DM	800.000 DM
	Steuerliche Bemessungsgrundlage	400.000 DM
	Steuerklasse I/Steuersatz 11 %/Steuerbetrag	**44.000 DM**
	Steuerersparnis gegenüber Variante 1	**76.000 DM**

Zusammenfassung zur Erbschaft- und Schenkungsteuer

1. Die Erbschaft- und Schenkungsteuer ist unabhängig von der Ertragskraft des Steuerpflichtigen; sie knüpft lediglich an den sog. Erwerbsvorgang an.
2. Voraussetzung für die Steuererhebung ist neben dem Tatbestand eines steuerpflichtigen Erbschafts- oder Schenkungsvorganges das Vorhandensein einer Freibeträge und Freigrenzen übersteigenden Erbschaft/Schenkung.
3. Das Vermögen aus der Erbschaft/Schenkung kann sich wiederum aus verschiedenen Vermögensarten zusammensetzen (z. B. Bankguthaben, Grundvermögen).
4. Die Höhe eines gegebenenfalls der Erbschaft- und Schenkungsteuer unterliegenden Vermögens ergibt sich durch Addition der jeweils nach Vermögensart maßgeblichen Wertansätze unter Abzug von Schulden und von Freibeträgen. Im Weiteren sind Freigrenzen zu beachten.
5. Für den Wertansatz gelten die Grundbesitzwerte, die gemäß dem Bewertungsgesetz zum Stichtag zu ermitteln sind. Für die Ermittlung der Grundbesitzwerte an unbebauten Grundstücken sind die Bodenrichtwerte per 1.1.1996 maßgeblich.

Fragen:

1. In welcher zeitlichen Wiederholung sind die persönlichen und sachlichen Freibeträge erneut ansetzbar?
2. Welches Wertermittlungsverfahren liegt im Erbfall/Schenkungsfall steuerlich bei bebauten Grundstücken vor?
3. Was ist grundbuchlich zur Optimierung der Freibeträge, z. B. der Eltern gegenüber ihren Kindern, zu beachten?

Themenkreis 12: **Versicherungen**

Vorbemerkung

Die Öffnung des europäischen Binnenmarktes ist seit dem 1.7.1994 Realität. Versicherungsmonopole bestehen in der Bundesrepublik Deutschland seit diesem Zeitpunkt nicht mehr. Die Überführung in die Konkurrenzsituation wurde von den bisherigen Monopolisten weitgehend problemlos vollzogen. Dramatische und kurzfristige Entwicklungen wurden von der Fachwelt auch nicht erwartet. Vielmehr wurde davon ausgegangen, dass, falls sich gravierende Änderungen ergeben, diese langfristig erfolgen werden. Wie sich solche Änderungen ergeben könnten, lässt sich an den aktuellen Entwicklungen bei den Kfz-Versicherungen ablesen.

Die zunehmende Produktvielfalt und Individualisierung bei den für die Immobilienwirtschaft relevanten Versicherungen geht einher mit steigendem Beratungsbedarf und zunehmender Bedeutung der Qualität des Versicherungsvermittlers.

Für die Entscheidungsträger in Unternehmen der Immobilienwirtschaft hat die neue Situation zur Folge, dass Organisation und Kontrolle des Versicherungswesens erhöhter Wachsamkeit bedarf und sich nicht allein auf traditionelle Wege verlassen kann.

Dies gilt um so mehr, da der Versicherungsbereich bei Immobilienunternehmen häufig (bei ehemals gemeinnützigen Wohnungsunternehmen fast schon „traditionell") nicht im Prüfungsauftrag an die Wirtschaftsprüfungsgesellschaften enthalten ist.

Die zuverlässige Vorprüfung der Produkte am Versicherungsmarkt besteht nicht mehr! Der Haftung des Versicherungsvermittlers für seine Tätigkeit gegenüber dem Versicherungsnehmer kommt damit zentrale Bedeutung zu. Die Immobilienwirtschaft hat diesen Haftungsaspekt, der gleichsam ein zusätzliches „Netz und doppelten Boden" bedeutet, noch nicht in dem Maße erkannt, wie dies bei den Versicherungsvermittlern selbst der Fall ist.

Unverändert ist nach wie vor das ungelöste Problem, wie das notwendige Spezialwissen über Versicherungen, unabhängig von der Betriebsgröße beschafft werden kann: für kleinere und mittlere Unternehmen bietet sich eine Kooperation auf diesem Spezialgebiet an.

12.1 Aufgaben der Versicherungen

Versicherung ist eine mögliche Form der Vorsorge mit dem Ziel, wirtschaftlichen Schaden von Einzelpersonen oder Unternehmen abzuwenden, der eintreten kann, wenn subjektive Gefahren für **Personen – Sachen – Vermögen** tatsächlich eintreffen. (Zu den Vermögensversicherungen zählen insbesondere die Haftpflichtversicherungen. Die Schäden, welche hierdurch abgedeckt werden, tragen das gemeinsame Merkmal des schwer Kalkulierbaren, z. T. der Unbegrenzbarkeit. Alle staatlich verordneten Versicherungen [wie z. B. Kfz-Haftpflicht] sind diesem Bereich zuzuordnen. Ein elementarer Schaden aus dem Risikobereich der privaten Haftpflichtversicherung kann möglicherweise am stärksten in den Bereichen des persönlichen Vermögens eingreifen.) Versichert werden können ungewisse, jedoch abschätzbare Gefahren, die von einem Versicherer im Wege des Risikoausgleiches unter einer Vielzahl von Versicherten gegen Zahlung einer Prämie versichert werden.

Beispiele:

Ein Hauseigentümer haftet für einen Schaden, den ein Besucher infolge eines Sturzes auf einer schadhaften Treppe seines Hauses erleidet.

Ein Einkaufszentrum wird durch einen Brand schwer geschädigt.

Ein Maklerunternehmen muss hohe Prozesskosten infolge eines verlorenen Prozesses tragen.

12.2 Einteilung der Versicherungen

Es gibt eine erstaunliche Vielfalt von Versicherungen, die von der Strahlen-Haftpflichtversicherung, Fotoapparateversicherung, langfristigen Rindviehlebensversicherung bis zur Lizenzverlustversicherung und Feuer-Betriebsunterbrechungsversicherung sowie der Haftpflichtversicherung für Seilbahnen reichen.

Für das Verständnis der Systematik der Versicherungen ist die nachfolgende Darstellung der Formen der Versicherung hilfreich.

Formen der Versicherung sind	
Sozialversicherung *	Individualversicherung **

* Sozialversicherungen dienen der sozialen Sicherung von Arbeitnehmern und sind Zwangsversicherungen. Ihre Zweige sind:
Rentenversicherung der Arbeitnehmer (BfA, LVA etc.)
Rentenversicherung der Handwerker und Landwirte (LVA etc.)
Krankenversicherung (Ortskrankenkassen etc.)
Unfallversicherung (Berufsgenossenschaften)
Arbeitslosenversicherung (Bundesanstalt f. Arbeit)

** Individualversicherungen können Schutz vor zahlreichen Gefahren bieten, die durch Sozialversicherungen nicht abgedeckt werden. Im Gegensatz zu der Sozialversicherung sind bei der Individualversicherung gleichartige Risiken in einer Vielzahl von Zweigen zusammengefasst. Beispiele von Versicherungszweigen, die für die Grundstücks- und Wohnungswirtschaft Bedeutung haben, sind:

Allgemeine Haftpflichtversicherung
Verbundene Wohngebäudeversicherung
Rechtsschutzversicherung
Feuerversicherung

Diese Hauptversicherungszweige sind in zahlreiche Unterarten und Nebenversicherungszweige mit weiteren Unterarten aufgeteilt.

Im Hinblick auf die Zusammenfassung von Versicherungszweigen wird unterschieden zwischen:

Kombinierter Versicherung (ein Versicherungszweig und -vertrag):

Beispiel:

Verbundene Wohngebäudeversicherung

Gebündelter Vertrag (mehrere Versicherungszweige und -verträge):

Beispiel:

Familienversicherung (Privathaftpflicht-, Hausrat-, Unfallversicherung)

Die Versicherungen lassen sich aus **versicherungswirtschaftlicher Sicht** weiter danach gliedern:

– was versichert ist

Personen-, Sach-, Vermögens-
versicherung

bzw. **– was im Versicherungsfall geleistet wird**

Schaden-, Summen-
versicherung

Man kann auch nach dem **Umfang staatlicher Aufsicht bei den Versicherungen (insbesondere unter dem Gesichtspunkt des Verbraucherschutzes)** unterscheiden:

Für den Versicherungsnehmer ist (unter Berücksichtigung von Übergangsregelungen) zu unterscheiden in Versicherungen innerhalb der europäischen Gemeinschaft, die uneingeschränkt/eingeschränkt der staatlichen Aufsicht in der Bundesrepublik Deutschland unterliegen. Dieses ist geregelt durch das

- Gesetz über die Beaufsichtigung der Versicherungsunternehmen (Versicherungsaufsichtsgesetz – VAG) vom 6.6.1931
  bzw.
- Gesetz über die Errichtung eines Bundesaufsichtsamtes für das Versicherungswesen (BAG) vom 31.7.1990.

Versicherungsmonopole gibt es in der Bundesrepublik Deutschland seit dem 1.7.1994 – nachdem entsprechende Übergangsregelungen abgelaufen sind – nicht mehr. Der Markt für Versicherungen ist zukünftig EG-weit geöffnet. Dies bedeutet, dass ein potenzieller Versicherungsnehmer zukünftig im Bereich der Europäischen Gemeinschaft unter anbietenden Versicherungen auswählen kann. Allerdings ist nicht auszuschließen, dass im Hinblick auf den Verbraucherschutz erhebliche Unterschiede zwischen den Versicherungen bestehen, die, wie bisher, im vollen Umfang der deutschen Aufsicht unterliegen, und denjenigen, die der Aufsicht ihres Heimatlandes unterworfen sind (sog. Sitzlandkontrolle). Bei der Auswahl von Versicherungen sollte auf jeden Fall dieser Gesichtspunkt berücksichtigt werden.

Versicherungen nach bundesrepublikanischem Recht unterlagen und unterliegen auch weiterhin in vollem Umfange

- dem **Gesetz über den Versicherungsvertrag (VVG)** vom 30.5.1908

Die **Allgemeinen Versicherungsbedingungen (AVB)** haben Geltung für jeweils einen ganzen Versicherungszweig aufgrund freiwilliger Branchenvereinbarungen. Sie unterliegen nicht mehr einer präventiven rechtlichen Prüfung. Der Versicherer hat bei Vertragsabschluss ausdrücklich auf sie hinzuweisen und sie dem Versicherungsnehmer in geeigneter Weise zur Kenntnis zu geben (§ 2 AGBG).

Beispiele:

Allgemeine Wohngebäude-Versicherungsbedingungen (VGB 88),
Allgemeine Hausratversicherungsbedingungen (VHB 92),

die wiederum erforderlichenfalls ergänzt werden durch

- **Klauseln**
  z. B. Klausel 921 – Aquarien in der Wohngebäudeversicherung

Abweichend von § 6 Nr.1 VGB 88 gilt als Leitungswasser auch Wasser, das aus Aquarien bestimmungswidrig ausgetreten ist.

Die Regelungen können noch durch

- **Individuelle Vereinbarungen**

ergänzt werden.

(Spezielle Regelungen stehen über allgemeinen.)

Dieses erprobte System, das dem Verbraucherschutz einen hohen Stellenwert beimisst, gilt nicht bzw. nicht in vollem Umfang bei Erstversicherern mit Sitz in einem Voll-Mitgliedsland der Europäischen Gemeinschaft außerhalb der Bundesrepublik Deutschland.

Eine weitere Abgrenzung ergibt sich auch durch die Versicherungen, die **aufgrund gesetzlicher Verpflichtung** abzuschließen sind (Pflichtversicherungen), z. B. für Jäger, Notare, Steuerberater, Kraftfahrzeughalter, und solche, die vom Versicherungsnehmer **aus freiwilliger Entscheidung** abgeschlossen werden.

Man kann die Versicherungen nach wohnungswirtschaftlichen Kriterien einteilen:

Unter wohnungswirtschaftlicher Betrachtung ist eine Unterscheidung bei den Individualversicherungen von Bedeutung. Hier stellt sich die Frage: Wer trägt die Kosten der Sach- und Haftpflichtversicherungen bei Wohn- und Geschäftsraummietverhältnissen?

Bei Mietverhältnissen über Geschäftsräume ist im gesetzlich zulässigen Rahmen vertraglich zu vereinbaren, welcher Vertragspartner die Kosten für welche Versicherung trägt.

Im Bereich der Wohnungsverwaltung sind Versicherungen teilweise Betriebskosten im Rahmen der Bewirtschaftungskosten.

12.3 Versicherungsvermittler

Für denjenigen, der sich um Versicherungsschutz bemüht, kommen folgende Versicherungsvermittler in Frage:

12.3.1 Angestellte im Außendienst

(traditionell als „Versicherungsinspektoren" bezeichnet) die rechtlich unselbstständig gegen Gehalt für die Versicherung tätig werden. Sie sind im rechtlichen Sinne Handlungsgehilfen.

HGB §§ 59–83

12.3.2 Versicherungsvertreter

HGB § 84 Abs.1 HGB § 92 Abs.1

Selbstständiger Handelsvertreter i. S. v. § 84 Abs.1 Handelsgesetzbuch (HGB) ist:

„Versicherungsvertreter ist, wer als Handelsvertreter damit betraut ist, Versicherungsverträge zu vermitteln oder abzuschließen."

Es ist also ausdrücklich zu unterscheiden zwischen

Versicherungsvertretern,
die berechtigt
zur Vermittlung bzw. zum Abschluss
von Versicherungen sind.

Diese Unterscheidung ist in vielfältiger Hinsicht (z. B. bei der Vollmacht zur Erteilung von Deckungszusagen) bedeutsam. Ohne besondere, ausdrückliche Vollmacht ist der Versicherungsvertreter jedoch nicht befugt, Schadensregulierungen vorzunehmen. Der hauptamtliche Versicherungsvertreter wird auch Generalagent genannt, dem andere Versicherungsvertreter (z. B. nebenberuflich tätige) unterstellt sein können. Generalagenten können Versicherungen nur einer oder auch mehrerer Versicherungsgesellschaften vermitteln.

12.3.3 Versicherungsmakler

HGB § 93 Abs.1

Wer „... gewerbsmäßig für andere Personen, ohne von ihnen aufgrund eines Vertragsverhältnisses ständig damit betraut zu sein, die Vermittlung von ... Versicherungen ... übernimmt, hat die Rechte und Pflichten eines Handelsmaklers." Der Versicherungsmakler ist bei rechtlicher Betrachtungsweise im Gegensatz zum „Angestellten im Außendienst" und dem „Versicherungsvertreter" zur Wahrnehmung der Interessen des Versicherungsnehmers verpflichtet. Trotzdem entstehen dem Versicherungsnehmer für seine Einschaltung keine Kosten. Er erhält eine „Courtage" von der Versicherung für abgeschlossene Verträge. Die Beauftragung eines Versicherungsmaklers durch den Versicherungsnehmer bzw. -interessenten erfolgt durch einen Geschäftsbesorgungsvertrag. Er hat weitgehende Pflichten gegenüber dem Versicherungsnehmer. So z. B. eine Analyse des Risikos, Prüfung des Deckungsbedarfes, Prüfung einer Unterversicherung. Für die Grundstücks- und Wohnungswirtschaft mit ihrer Vielfalt an Risiken bietet die Einschaltung eines Versicherungsmaklers, wenngleich nicht die Regel, erhebliche Vorteile.

Versicherungswirtschaftlicher Sachverstand, in Verbindung mit weitgehender Haftung ohne zusätzliche Kosten werden vom Versicherungsmakler geboten. Zudem verschafft er sich einen Überblick aus dem Angebot verschiedener Versicherungen, vergleicht die Angebote und berät seinen Kunden, den Versicherungsnehmer, bei der Auswahl aus diesem Angebot. Die Entscheidung darüber, welche Versicherung aus dem Angebot letztendlich abgeschlossen wird, liegt beim Versicherungsnehmer. Darüber hinaus machen die einschlägigen Berufsverbände für Versicherungsmakler die Mitgliedschaft vom Abschluss einer Vermögensschadenhaftpflichtversicherung abhängig. Diese erhöht somit de facto die Sicherheit für den Versicherungsnehmer, der sich eines Versicherungsmaklers bedient.

Unter Berücksichtigung aller Umstände stellt die Einschaltung eines Versicherungsmaklers eine zukunftsorientierte organisatorische Lösung des Versicherungsbereiches eines Unternehmens der Grundstücks- und Wohnungswirtschaft dar. Sie verschafft dem Unternehmen kostengünstig Spezialwissen einer ständig im Wandel begriffenen Wirtschaftssphäre, verbunden mit einem strengen Haftungsrisiko des eingeschalteten Versicherungsmaklers. Insbesondere Klein- und Mittelbetriebe dürften erhebliche Vorteile aus einer solchen organisatorischen Lösung ziehen.

12.4 Versicherungsberater

Er darf keinesfalls mit den Versicherungsvermittlern verwechselt werden. Seine Tätigkeit ist ausschließlich auf

Beratung – Betreuung – Vertretung (außergerichtlich)

des Versicherungsnehmers bzw. -interessenten beschränkt. Seine Tätigkeit schließt die Vermittlung von Versicherungsverträgen ausdrücklich aus und ist erlaubnispflichtig i. S. des Rechtsberatungsgesetzes. Die Rechtsberatung – um eine solche handelt es sich bei der Tätigkeit eines Versicherungsberaters – darf dieser nur für denjenigen Bereich durchführen, für den ihm der zuständige Amts- und Landgerichtspräsident die Erlaubnis erteilt hat. Sie kann dem Versicherungsberater erst nach vorangegangener Prüfung seiner Zuverlässigkeit, persönlicher Eignung und Sachkunde erteilt werden. Die Erlaubnis umfasst die Beratung und außergerichtliche Vertretung von Versicherten bei der Vereinbarung, Änderung oder Prüfung von Versicherungsverträgen und der Wahrnehmung von Ansprüchen aus dem Versicherungsvertrag gegenüber Versicherungsunternehmen. Er erhält seinen Auftrag im Rahmen eines Werkvertrages. Ein typischer Auftrag an einen Versicherungsberater könnte z. B. lauten: Wie kann das Versicherungswesen eines speziellen Unternehmens der Grundstücks- und Wohnungswirtschaft neu geordnet werden?

Rechtsberatungsgesetz (RBerG) Artikel 1 § 1 Abs.1 Satz 2 Nr. 2

12.5 Versicherungsvertrag

Im BGB finden sich keine, wie bei vielen anderen Vertragsarten, Regelungen über den Versicherungsvertrag. Lediglich allgemeine Bestimmungen, wie z. B. über die Geschäftsfähigkeit, Vertretung und Vollmacht, Schutz des Hypothekengläubigers bei der Gebäudeversicherung, sind im BGB geregelt. Ansonsten gilt die Rechtsgrundlage über den Versicherungsvertrag aus dem Gesetz über den Versicherungsvertrag (VVG) vom 30. Mai 1908.

Als spezielle Regelung geht es den allgemeinen Bestimmungen des BGB vor.

Das Versicherungsvertragsgesetz gliedert sich in 5 Abschnitte.

1. Abschnitt: Allgemeine Vorschriften (Anzeigepflicht; Gefahrerhöhung; Prämie; Versicherungsagenten)
2. Abschnitt: Schadensversicherung (Vorschriften für die gesamte Versicherung; Inhalt des Vertrages; Veräußerung der versicherten Sache; Versicherung für fremde Rechnung; Haftpflichtversicherung)
3. Abschnitt: Lebensversicherung
4. Abschnitt: Unfallversicherung
5. Abschnitt: Schlussvorschriften

Somit wird grundsätzlich geltende Vertragsfreiheit im Versicherungsvertragsgesetz durch zwingende bzw. halbzwingende Vorschriften beschränkt.

12.5.1 Pflichten des Versicherungsnehmers

Die Pflichten des Versicherungsnehmers werden unterschieden in

Prämienzahlungspflicht (einklagbare Rechtspflicht) und
gesetzliche (VVG) und vertragliche (z. B. AVB) Obliegenheiten (nicht einklagbar).

Der Versicherungsnehmer hat Obliegenheiten zu beachten:

- vor Abschluss des Vertrages: z. B. Erfüllung einer Anzeigepflicht in Form von Angaben, die in einem Antragsformular verlangt werden
- während der Dauer des Vertrages: z. B. Erfüllung einer Anzeigepflicht bei Veräußerung des versicherten Gebäudes
- im Schadensfall: z. B. Anzeigepflicht innerhalb bestimmter Fristen an die Versicherung; aber auch z. B. eine Schadensminderungspflicht

Anmerkung: Bedient sich der Versicherungsnehmer eines Versicherungsmaklers, ist darauf zu achten, ob die nachfolgende Klausel vereinbart wurde.

Beispiel:

- Maklerklausel
  Der den Versicherungsvertrag betreuende Makler ist bevollmächtigt, Anzeigen und Willenserklärungen des Versicherungsnehmers entgegenzunehmen. Er ist durch den Maklervertrag verpflichtet, diese unverzüglich an den Versicherer weiterzuleiten.

Welche Folgen die Verletzung einer Obliegenheitspflicht durch den Versicherungsnehmer hat, hängt u. a. auch vom Grad des Verschuldens des Versicherungsnehmers an der Obliegenheitsverletzung ab.

VVG § 6

12.5.2 Pflichten des Versicherers

Gesetzliche Pflicht des Versicherers:

VVG § 1 Abs.1

Nach dem Gesetz über den Versicherungsvertrag vom 30. Mai 1908 ist nach § 1 Abs.1 bei der Schadensversicherung der Versicherer verpflichtet, nach dem Eintritt des Versicherungsfalls beim Versicherungsnehmer den dadurch verursachten Vermögensschaden nach Maßgabe des Vertrages zu ersetzen. Bei der Lebensversicherung und der Unfallversicherung sowie bei anderen Arten der Personenversicherung ist der Versicherer verpflichtet, nach dem Eintritt des Versicherungsfalls den vereinbarten Betrag an Kapital oder Rente zu zahlen oder die sonst vereinbarte Leistung zu bewirken.

Ob die Leistung der Versicherung in Geld oder im Naturalersatz zu leisten ist, bestimmt sich nach den gesetzlichen oder vertraglichen Regelungen.

Die Ansprüche aus einem Versicherungsvertrag verjähren im allgemeinen in 2 Jahren und nicht im Rahmen der im BGB geregelten Fristen.

12.5.3 Sonderheiten des Versicherungsvertrages

12.5.3.1 Allgemeine Vertragsbedingungen (AVB)

Die Allgemeinen Vertragsbedingungen (AVB) sind mit den Allgemeinen Geschäftsbedingungen bei Wohn- und Geschäftsraummietverträgen vergleichbar. Manchmal abwertend als „Kleingedrucktes“ apostrophiert, sind sie wesentlicher Bestandteil des Versicherungsvertrages und somit vollinhaltlich gültig.

Es sind Allgemeine Vertragsbedingungen im Sinne des **Gesetzes zur Regelung des Rechts der Allgemeinen Geschäftsbedingungen (AGB-Gesetz)** vom 9.12.1976 (vgl. auch 5.1.3.5).

Anders als Klauseln haben die Allgemeinen Vertragsbedingungen Gültigkeit für jeweils einen ganzen Versicherungszweig.

Beispiel:

Allgemeine Wohngebäude-Versicherungsbedingungen (VGB 88)

– AGB-Gesetz und Allgemeine Versicherungsbedingungen

Bedingungen unterliegen dem AGB-Gesetz. Die bis zur EG-weiten Öffnung des Versicherungsmarktes 1994 übliche behördliche Genehmigung der allgemeinen Versicherungsbedingungen besteht nicht mehr. Die (teilweise) namensgleiche Verwendung von allgemeinen Versicherungsbedingungen beruht auf freiwilliger Branchenvereinbarung.

12.5.3.2 Besondere Bedingungen

Im Gegensatz zu den „Allgemeinen" Vertragsbedingungen werden durch die „Besonderen" Bedingungen innerhalb der Allgemeinen Bedingungen Sondertatbestände geregelt.

Beispiele:

Die besonderen Bedingungen für die Vermögensschäden-Haftpflichtversicherung für Grundstücks- und Hypothekenmakler
oder
die besonderen Bedingungen für die Vermögensschäden-Haftpflichtversicherung von Haus-, Grundstücks- und Wohneigentumsverwaltern

und zwar im Rahmen der Allgemeinen Versicherungsbedingungen zur Haftpflichtversicherung für Vermögensschäden (AVB).

12.5.3.3 Klauseln

Klauseln sind spezielle Regelungen im Rahmen der Allgemeinen Versicherungsbedingungen (AVB).

Beispiel:

Klausel 0922 Klima-, Wärmepumpen- und Solarheizungsanlagen für die Verbundene Wohngebäude-Versicherung (VGB 88)

- Der Versicherungsschutz erstreckt sich auch auf die Schäden durch Wasser oder sonstige wärmetragende Flüssigkeiten wie Sole, Öle, Kühlmittel, Kältemittel und dergleichen, die aus Klima-, Wärmepumpe- oder Solarheizanlagen bestimmungswidrig ausgetreten sind.
- Innerhalb versicherter Gebäude sind versichert
  - Frost- und sonstige Bruchschäden an den Rohren der in Nr. 1 genannten Anlagen,
  - Bruchschäden durch Frost an sonstigen Einrichtungen der in Nr. 1 genannten Anlagen.
- Außerhalb versicherter Gebäude sind versichert Frost- und sonstige Bruchschäden an Rohren der in Nr. 1 genannten Anlagen, soweit diese Rohre der Versorgung der versicherten Gebäude oder Anlagen dienen und sich auf dem Versicherungsgrundstück befinden.

Auch während der Laufzeit eines Versicherungsvertrages sollten laufend Änderungen von Klauseln beachtet werden, die erforderlichenfalls eine Anpassung des Vertrages empfehlenswert machen. Ist ein Versicherungsmakler eingeschaltet, hat er den Versicherungsnehmer hierüber zu informieren.

12.5.3.4 Individuelle Vereinbarungen

Individuelle Vereinbarungen regeln den individuellen Versicherungsbedarf.

12.6 Vermögensversicherung

Unter dem Begriff der Vermögensversicherung werden alle Versicherungszweige eingeordnet, die der Abwehr eines Schadens am Vermögen des Versicherungsnehmers dienen.

12.6.1 Haftpflichtversicherung

Der Haftungsumfang ist in einer Reihe von Gesetzen geregelt.

Die **Haftung unter Vertragspartnern** (gesetzliche Haftung aus Vertragsverhältnissen) und **die Haftung aus unerlaubter Handlung** sind im Bürgerlichen Gesetzbuch geregelt.

BGB § 823 Abs.1

Für eigenes Handeln regelt § 823 Abs.1 BGB die Haftung:

Wer vorsätzlich oder fahrlässig das Leben, den Körper, die Gesundheit, die Freiheit, das Eigentum oder ein sonstiges Recht eines anderen widerrechtlich verletzt, ist dem anderen zum Ersatze des daraus entstehenden Schadens verpflichtet.

BGB § 831 Abs.1

Für das Handeln anderer Personen bestimmt § 831 Abs.1 BGB die Haftung folgendermaßen:

Wer einen anderen zu einer Verrichtung bestellt, ist zum Ersatze des Schadens verpflichtet, den der andere in Ausführung oder Verrichtung einem Dritten widerrechtlich zufügt. (Haftung des Aufsichtspflichtigen für den Verrichtungsgehilfen oder z. B. auch Haftung eines Tierhalters)

Weitere Haftungstatbestände sind z. B. auch in folgenden Gesetzen geregelt:
Produkthaftungsgesetz (ProdHaftG) Wasserhaushaltsgesetz (WHG) Umwelthaftungsgesetz (UmweltHG) Weitere Haftungstatbestände können sich individuell ergeben – z. B. Prospekthaftung

In der Haftpflichtversicherung wird zwischen

- **unechten Vermögensschäden** (z. B. Personen- oder Sachschaden), die bestimmungsgemäß versichert sind, und
- **echten (sog. reinen) Vermögensschäden** (weder durch Personen- noch durch Sachschäden entstanden) unterschieden. Letztere sind sowohl im Rahmen des Versicherungsvertrages als auch der Allgemeinen Vertragsbedingungen (z. B. Allgemeine Versicherungsbedingungen für die Haftpflichtversicherung AHB) nicht gedeckt. Hierfür sind im Rahmen von Besonderen Bedingungen Regelungen zu treffen.

Die verschiedenen Haftpflichtversicherungen, seien es Pflichtversicherungen oder Versicherungen auf freiwilliger Basis, dienen der Absicherung von Gefahren, deren mögliche finanzielle Konsequenzen Größenordnungen bis zur existenziellen Bedrohung annehmen können. Weder ein Mieter noch ein Vermieter oder Makler – ob Einzelperson oder Unternehmen – sollte sich diesen Gefahren ohne entsprechenden Versicherungsschutz aussetzen. Die Haftpflichtversicherungen scheinen, insbesondere für den nicht laufend damit Beschäftigten, auf den ersten Blick unkompliziert zu sein. Tatsächlich sind Haftpflichtverträge mit ihren Allgemeinen Vertragsbedingungen, Besonderen Bedingungen, Klauseln etc. vielfältig.

12.6.2 Haus- und Grundbesitzerhaftpflichtversicherung

Versichert ist in der Haus- und Grundbesitzerhaftpflichtversicherung die gesetzliche Haftpflicht des Versicherungsnehmers als Haus- und/oder Grundstücksbesitzer, z. B. als Eigentümer, Nießbraucher, Pächter, Mieter, Leasingnehmer. Mitversichert ist auch die gesetzliche Haftpflicht des Versicherungsnehmers als Bauherr oder Unternehmer von Bauarbeiten bis zu einer veranschlagten Bausumme von 50 000 DM je Bauvorhaben. Wird durch den Versicherungsnehmer auf dem Grundstück ein Betrieb oder Beruf ausgeübt, wird der Versicherungsschutz für das Haftpflichtrisiko aus dem Haus- und Grundbesitz nur durch eine gesonderte Betriebs- oder Berufshaftpflicht gewährt.

Beispiel:

> Ein Unternehmen, das einen Immobilienbestand verwaltet, hat eine Haus- und Grundbesitzerhaftpflichtversicherung für den gesamten Bestand abgeschlossen. In einem der verwalteten und damit versicherten Gebäude ist die Verwaltung des Unternehmens untergebracht. Für dieses Objekt bedarf es einer gesonderten Betriebs- oder Berufshaftpflichtversicherung.

Bei Wohnungseigentümergemeinschaften ist regelmäßig eine Gemeinschaft der Wohnungseigentümer der Versicherungsnehmer. Versichert ist die gesetzliche Haftpflicht der Gemeinschaft der Wohnungseigentümer, was das gemeinschaftliche Eigentum betrifft.

12.6.3 Bauherrenhaftpflichtversicherung

Bei der Bauherrenhaftpflichtversicherung ist zu unterscheiden, ob es sich um Bauherren handelt, die Planung, Bauleitung und Bauausführung an Dritte vergeben haben, oder um solche, die in eigener Regie bauen. Mitversichert ist bei Neubauten die gesetzliche Haftpflicht als Besitzer des zu bebauenden Grundstücks für die Dauer der Bauzeit.

12.6.4 Privat-Haftpflichtversicherung

Versichert ist in der Privat-Haftpflichtversicherung die gesetzliche Haftpflicht des Versicherten als Privatperson, was die Gefahren des täglichen Lebens betrifft, und auch als Familien- und Haushaltungsvorstand. In der Grundstücks- und Wohnungswirtschaft ist zu beachten, dass bei Sondereigentümern auch die Haftpflichtansprüche der Gemeinschaft der Wohnungseigentümer wegen Beschädigung des Gemeinschaftseigentums versichert sind. Besonders zu versichern sind jedoch Haftpflichtansprüche aus Schäden, die im Zusammenhang stehen mit der Vermietung gewerblich genutzter Räume sowie von Wohnungen mit mehr als zwei Räumen und der Vermietung von Einstellräumen für Kraftfahrzeuge. „Besondere Bedingungen“ bestehen auch, und sind gegebenenfalls zu vereinbaren, für den Einschluss von

- Mietsachschäden, d. h. zur Abdeckung der gesetzlichen Haftpflicht aus der Beschädigung von Wohnräumen und sonstigen zu privaten Zwecken gemieteten Räumen in Gebäuden;

- Sachschäden durch häusliche Abwässer (Beispiel: geplatzter Schlauch einer Geschirrspülmaschine).

Diese Haftungserweiterung umfasst jedoch nur die gemieteten Räume sowie die damit fest verbundenen Sachen. (Beispiel: Ein fest verklebter Teppichboden ist eingeschlossen, ein lose verlegter nicht.) Auch sind Schäden durch natürlichen Verschleiß, Abnutzung etc. nicht eingeschlossen.

12.6.5 Gewässerschadenhaftpflichtversicherung

Bei der Gewässerschadenhaftpflichtversicherung handelt es sich um eine Versicherung, die in den vergangenen Jahren erheblich an Bedeutung gewonnen hat. Drastisch gestiegene Kosten für die ordnungsgemäße Entsorgung von verseuchtem Boden machen diese Versicherung im Rahmen der Privat- und der Haus- und Grundbesitzerhaftpflichtversicherung nahezu unentbehrlich. Grundsätzlich zu unterscheiden sind Gewässerschadenversicherungen mit Einschluss des Anlagenrisikos oder ohne Einschluss.

12.6.6 Betriebshaftpflichtversicherung

Sie bietet Schutz für Schäden, die vom Unternehmer oder von Betriebsangehörigen (Dritten) durch betriebliche Einrichtungen, durch gelieferte oder hergestellte Sachen zugefügt werden oder aber Betriebsangehörige selbst erleiden, für den Fall, dass ein Verschulden der oder des Versicherten vorliegt. Diese Art von Haftpflichtversicherung wird unter anderem angeboten

- für Industrie, Handel und Gewerbe,
- für Gaststätten und Beherbergungsbetriebe.

Besonders zu beachten ist, dass bei einer Immobilienverwaltung das Betriebsgebäude, in dem sich die Verwaltung befindet, im Rahmen einer Betriebshaftpflichtversicherung gegen das Haus- und Grundbesitzerrisiko zu versichern ist.

12.6.7 Rechtsschutzversicherung

Die Versicherungswirtschaft bietet eine ganze Reihe von verschiedenen Rechtsschutzversicherungen an.

Beispiele:

> Verkehrsrechtsschutz, Personen- und Familien-Rechtsschutz, Sozialgerichtsrechtsschutz, Arbeitsrechtsschutz, Rechtsschutz für Grundstückseigentum und Miete. Die Versicherung deckt u. a. die möglicherweise nicht unerheblichen Rechtsanwaltskosten (auch des gegnerischen Anwalts) sowie die Gerichtskosten (einschließlich der Kosten für Zeugen und Sachverständige).

Hervorzuheben sind z. B.:

- Strafrechtsschutzversicherung
  Ausgenommen vorsätzliche Straftaten, wird sie zum Schutz vor den Kosten der Verteidigung in einem Strafverfahren oder einem Verfahren wegen einer Ordnungswidrigkeit abgeschlossen.

- Firmenrechtsschutzversicherung
  Sie umfasst: Schadenersatzrechtsschutz, Arbeitsrechtsschutz für den Arbeitgeber, Strafrechtsschutz und Sozialrechtsschutz.

12.6.8 Vermögensschadenhaftpflichtversicherung

Gegenstand der Versicherung ist gemäß der Allgemeinen Versicherungsbedingungen zur Haftpflichtversicherung für Vermögensschäden (AVB):

Der Versicherer gewährt dem Versicherungsnehmer Versicherungsschutz (Deckung) für den Fall, dass er wegen eines bei der Ausübung beruflicher Tätigkeit von ihm selbst begangenen Verstoßes für einen Vermögensschaden verantwortlich gemacht wird.

Vermögensschäden lassen sich somit wie folgt definieren:

> Vermögensschäden sind solche Schäden, die weder Personenschäden (Tötung, Verletzung des Körpers oder Schädigung der Gesundheit von Menschen) noch Sachschäden (Beschädigung, Verderben, Vernichtung oder Abhandenkommen von Sachen) sind, noch sich aus solchen – von dem Versicherungsnehmer oder einer Person, für die er einzutreten hat, verursachten – Schäden herleiten. Als Sache gilt insbesondere auch Geld.

Aus der Verwaltung von eigenem oder fremdem Haus- und Grundbesitz können sich z. B. Haftungsschäden aus folgenden Sachverhalten ergeben:

> Doppelvermietungen, verspätete Kündigung, Nichterhebung von Umlagen, Nichtausnutzung zulässiger Mieterhöhungen, verspätete Mängelrügen, Verjährenlassen von Mietforderungen oder Schadenersatzansprüchen.

Aus der Bearbeitung von eigenen und fremden Bauvorhaben können sich z. B. aus folgenden Sachverhalten Haftungsschäden ergeben:

> Zahlung des Kaufpreises vor Eintragung einer Auflassungsvormerkung, unrichtige Feststellung von Straßenanliegerbeiträgen, Fehler in der Endabrechnung mit dem Bauherrn, Nichtbeachtung von Vorkaufsrechten

Für verschiedene Tätigkeitsbereiche in der Grundstücks- und Wohnungswirtschaft wird im Rahmen von Besonderen Bedingungen zu den Allgemeinen Versicherungsbedingungen zur Haftpflichtversicherung für Vermögensschäden (AVB) Versicherungsschutz angeboten.

Beispiele:

- Für Grundstücks- und Hypothekenmakler
  Der Versicherungsschutz erstreckt sich auf die Tätigkeit als hauptberuflicher Haus-, Grundstücks- und Hypothekenmakler/Sachverständiger und Gutachter auf dem Gebiet des Grundstücks- und Wohnungswesens, Bevollmächtigter Vertreter bei der Vornahme von Rechtsgeschäften über Grundstücke, grundstücksgleiche Rechte und Grundpfandrechte für den Fall, dass der Versicherungsnehmer von einer bestimmten Weisung seines Auftraggebers versehentlich abweicht.
- Für Haus-, Grundstücks- und Wohneigentumsverwalter
  Versicherungsschutz besteht für die Tätigkeit des Versicherungsnehmers als Haus-, Grundstücks- und Wohneigentumsverwalter, jedoch nicht als Vermögensverwalter.
- Für Wohnungs- und Baubetreuungsunternehmen
  Der Versicherungsschutz umfasst die Bearbeitung von eigenen und fremden Bauvorhaben auf rechtlichem und finanziellem Gebiet; dazu gehören auch der Erwerb des Baugrundstücks und die bestimmungsgemäße Veräußerung des fertig gestellten Bauwerks, die Einholung von behördlichen Bescheiden und Genehmigungen einschließlich der behördlichen Abnahme des Bauwerks, die Ausschreibung, Einholung und Prüfung von Angeboten und die Vergabe von Bauarbeiten, Verwaltung von eigenem und fremdem Haus- und Grundbesitz, Bearbeitung von Personal- und Gehaltssachen.

12.6.9 Vermögensschaden-Haftpflicht-Versicherung für Unternehmensleiter (D+O-Versicherung)

Strukturelle Veränderungen in der Immobilienwirtschaft haben dazu geführt, dass sich zahlreiche Unternehmen dieser Branche neuen Geschäftsfeldern zugewandt haben. Diese Entwicklung, spektakuläre Schieflagen von immobilienwirtschaftlichen Unternehmen aber auch Risiken aus dem Bereich der Altlasten haben die Risiko-Aspekte für Unternehmensleiter verdeutlicht.

Geschäftsführer und Vorstände von Immobilienunternehmenn aber auch Aufsichtsräte und teilweise Beiräte unterliegen für ihre Tätigkeit einer persönlichen Haftung auch mit ihrem Privatvermögen. Zur Abdeckung von Risiken aus Vermögensschäden (Schäden, die weder Personen- noch Sachschäden sind) hat sich die Vermögensschaden-Haftpflicht-Versicherung für Unternehmensleiter (D+O-Versicherung) entwickelt (Directors‘ and Officers‘ Liability Insurance).

Die Sorgfaltspflichten für Geschäftsführer bzw. Vorständen werden in den §§ 937, 116 Aktiengesetz, § 43 GmbH-Gesetz, §§ 34, 41 Genossenschaftsgesetz vereinfacht ausgedrückt unter dem Begriff der Sorgfalt eines ordentlichen und gewissenhaften Geschäftsleiters zusammengefasst. Tatsächlich sind die Pflichten der Unternehmensleiter vielfältig. Dies wird dann offenkundig, wenn Pflichtverletzungen zum Streitfall werden.

In der Immobilienwirtschaft kommen folgenden Pflichten beispielsweise besondere Bedeutung zu:

- Organisation,
- Kontrolle,
- Überschuldung/Zahlungsunfähigkeit,
- Selbstkontrahierungsverbot,
- Schadensersatz bei Konkursverschleppung,
- Verstöße gegen die ordnungsgemäße Abführung der Sozialabgaben und
- Prospekthaftung.

Neue Entwicklungen zeichnen sich durch das Gesetz zur Kontrolle und Transparenz im Unternehmensbereich (KonTraG) ab. Der Vorstand eines vom KonTraG betroffenen Unternehmens ist u. a. zukünftig verpflichtet, ein geeignetes Überwachungssystem einzurichten, das mögliche existenzbedrohende zukünftige Risiken für das Unternehmen erkennt.

Bei D+O-Versicherungen gilt das „Claimes made Prinzip“. Danach wird bei der Frage ob im Schadenfall Deckungsschutz besteht, entscheidend darauf abgestellt, ob Schadenersatzansprüche gegen die versicherten Personen während der Dauer des Versicherungsvertrages geltend gemacht werden. Im Regelfall wird auch noch unterstellt, dass die Pflichtverletzung, aus der sich der Schadensfall herleitet, während der Dauer des Versicherungsvertrages erfolgt ist.

Branchenüblich wird die D+O-Versicherung vom Immobilienunternehmen für die Leitungs- und Aufsichtsorgane abgeschlossen. Wenngleich diese Versicherung ihrer eigentlichen Bedeutung nach nicht für Prokuristen konzipiert ist, da sie nicht unbeschränkt und mit ihrem Privatvermögen haften, wird zunehmend versucht, auch diesem Kreis der leitenden Angestellten entsprechenden Versicherungsschutz zu geben.

Die Bedeutung der D+O-Versicherung wird zunehmen.

12.7 Sachversicherung

12.7.1 Verbundene Wohngebäudeversicherung

Für die Grundstücks- und Wohnungswirtschaft hat diese Versicherungssparte, wenn man von der Sachversicherung überwiegend gewerblich genutzter Gebäude absieht, die größte Bedeutung. Für die Versicherungswirtschaft gehört sie im Bereich der Sachversicherungen zu den bedeutendsten Sparten.

In den **Allgemeinen Wohngebäude-Versicherungsbedingungen (VGB 88)** ist in § 1 aufgeführt, was zu den versicherten Sachen im Sinne dieser Versicherung gehört. VGB 88 § 1

Versichert sind die in dem Versicherungsvertrag bezeichneten Gebäude.

Zubehör, das der Instandhaltung eines versicherten Gebäudes oder dessen Nutzung zu Wohnzwecken dient, ist mitversichert, soweit es sich in dem Gebäude befindet oder außen an dem Gebäude angebracht ist.

Weiteres Zubehör sowie sonstige Grundstücksbestandteile auf dem im Versicherungsvertrag bezeichneten Grundstück (Versicherungsgrundstück) sind nur aufgrund besonderer Vereinbarung versichert. Nicht versichert sind in das Gebäude eingefügte Sachen, die ein Mieter auf seine Kosten beschafft oder übernommen hat und für die er die Gefahr trägt. Die Versicherung dieser Sachen kann vereinbart werden.

Versicherbar sind gem. § 4 der VGB 88 folgende Gefahren und Schäden:

Entschädigt werden versicherte Sachen, die durch

- Brand, Blitzschlag, Explosion, Anprall oder Absturz eines bemannten Flugkörpers, seiner Teile oder seiner Ladung,
- Leitungswasser,
- Sturm, Hagel zerstört oder beschädigt werden oder infolge eines solchen Ereignisses abhanden kommen,
- Bruchschäden an Rohren der Wasserversorgung und Frostschäden an sonstigen Leitungswasser führenden Einrichtungen.
- Erweiterte Elementarschäden, ausgenommen Hochwasser durch Sturmflut. Diese erweiterte Elementarschaden-Deckung wird allerdings in ausgewiesenen Überschwemmungsgebieten nicht angeboten.

Mit dem Wegfall der Gebietsmonopole sind traditionell bestehende regionale Unterschiede offenkundig geworden.

Wie bei allen Versicherungen ist der zu versichernde Immobilienbestand vor dem Abschluss der Verbundenen Wohngebäude-Versicherung sorgfältig zu analysieren. Dies schließt die Analyse der möglichen Risiken ebenso ein wie die lückenlose Erfassung des zu versichernden Bestandes, aber auch möglicherweise Gefahr erhöhende Umstände. Dieser so selbstverständlich erscheinende Hinweis ist in der praktischen Umsetzung nicht einfach. In aller Regel bedarf es hierzu der Zusammenarbeit des Versicherungsvermittlers mit seiner versicherungsspezifischen Kenntnis und desjenigen, der mit den Besonderheiten des zu versichernden Immobilienbestandes vertraut ist. In regelmäßigen Abständen ist eine Überprüfung dieser Versicherung im Hinblick auf eingetretene Veränderungen dringend zu empfehlen. Nur dadurch lassen sich Schäden vermeiden, für die der Versicherungsnehmer glaubte versichert zu sein – und erst mit Eintritt des Schadens feststellen muss, dass dies nicht der Fall ist. Der Versicherungsnehmer muss auch mit den Grundzügen dieser Versicherung vertraut sein, um einen Anpassungsbedarf zumindest zu erkennen und mit seinem Versicherungsvermittler gemeinsam nach Lösungen zu suchen.

Beispiele:

- In einer Stadt wird die Bauschuttdeponie geschlossen. Bisher konnte auch Brandschutt dort relativ preisgünstig abgelagert werden. Die Deponierungskosten werden erfahrungsgemäß drastisch steigen, wenn der Brandschutt sortiert und möglicherweise auf Sondermülldeponien gebracht werden muss.
- Ein bisher zu reinen Wohnzwecken genutztes Gebäude wird nun auch teilweise gewerblich genutzt. Der Versicherungsnehmer wähnt sich in dem Glauben, dass ein eventueller Mietausfall eines Leitungswasserschadens automatisch auch für die gewerblich vermieteten Räume versichert ist.

Dazu gibt es zu den Allgemeinen Wohngebäude-Versicherungsbedingungen (VGB 88) eine Reihe von Klauseln, z. B.:

- Versicherte Gefahren und Schäden
  Überspannungsschäden durch Blitz unter Einschluss von Folgeschäden
- Versicherte Sachen
  Aquarien der Wohngebäude-Versicherung,
  Klima-, Wärmepumpen- und Solarheizungsanlagen,
  erweiterte Versicherung von Wasserzuleitungs- und Heizungsrohren auf dem Versicherungsgrundstück,
  erweiterte Versicherung von Wasserzuleitungs- und Heizungsrohren außerhalb des Versicherungsgrundstückes,
  erweiterte Versicherung von Ableitungsrohren auf dem Versicherungsgrundstück
- Versicherte Kosten
  Mehrkosten infolge behördlicher Wiederherstellungsbeschränkungen für Restwerte
- Versicherungssumme (Unterversicherung, Selbstbehalte, Entschädigungsgrenzen)
  Umsatzsteuer bei Gleitender Neuwertversicherung,
  Selbstbehalt bei ungekürzter Wohngebäude-Versicherungssumme

– Die Stellung des Hypothekengläubigers

Im Regelfall muss ein Bauherr, der sein Bauobjekt mit einer Hypothek beleihen will, seinem Hypothekengläubiger den Nachweis bereits vor Auszahlung der Hypothek darüber führen, dass er das Objekt ausreichend gegen Feuer (in der Bauphase) und gegen Leitungswasser-, Sturm- und Hagelschäden (ab dem Zeitpunkt der Fertigstellung) versichert hat.

VVG §§ 97 ff.

Die §§ 97 ff. des Gesetzes über den Versicherungsvertrag vom 30. Mai 1908 regeln die Einzelheiten der Feuerversicherung in Beziehung zum Hypothekengläubiger.

12.7.2 Verbundene Hausratversicherung

Versichert ist der gesamte Hausrat gegen Zerstörung oder Schäden oder Abhandenkommen durch Brand, Blitzschlag, Explosion, Anprall oder Absturz eines Luftfahrzeuges, seiner Teile oder seiner Ladung, Einbruchdiebstahl, Raub oder den Versuch einer solchen Tat, Vandalismus nach Einbruch, Leitungswasser, Sturm oder Hagel. Es ist angeraten, bei der Hausratversicherung wie bei allen anderen Versicherungen, regelmäßig zu überprüfen, inwieweit neue Allgemeine Vertragsbedingungen, Klauseln oder Besondere Bedingungen auf dem Versicherungsmarkt angeboten werden. Die Qualität eines Versicherungsvermittlers lässt sich auch daran messen, welche Vertragspflege er anbietet. Beim Abschluss einer Hausratversicherung ist auf eine genaue Abgrenzung zur Gebäudeversicherung zu achten. Besondere Beachtung verdient, dass u. U. auch Schäden am Eigentum des Vermieters im Rahmen der Hausratversicherung gedeckt sind.

Beispiel:

Die Wohnungseingangstür wird beim Einbruchdiebstahl beschädigt.

Im Rahmen von Besonderen Bedingungen wird auch Versicherungsschutz für den Hausrat gegen Elementarschäden wie Überschwemmung des Versicherungsortes, Erdbeben, Erdsenkung, Erdrutsch, Schneedruck, Lawinen angeboten.

12.7.3 Feuerversicherung

Auf die Unterscheidung der Sachversicherung von Wohngebäuden und Gebäuden, die überhaupt nicht oder zumindest nicht überwiegend zu Wohnzwecken genutzt werden, ist nachdrücklich hinzuweisen.
Die **Geschäfts-Gebäudeversicherung von rein oder überwiegend gewerblich genutzten Gebäuden** ist möglich als

Feuerversicherung im Rahmen der Allgemeinen Feuerversicherungsbedingungen (AFB 87) AFB 87

Leitungswasserversicherung im Rahmen der Allgemeinen Leitungswasser-Bedingungen (AWB 87) AWB 87

Sturmversicherung im Rahmen der Allgemeinen Sturmversicherungs-Bedingungen (ASTB 87) ASTB 87

Mietverlustversicherung im Rahmen der Allgemeinen Bedingungen für die Mietverlustversicherung (ABM 88) ABM 88

Wird in die vorgenannte Bündelung auch der Geschäftsinhalt, das sind im Wesentlichen die technischen und kaufmännischen Betriebseinrichtungen sowie die vorhandenen Vorräte und Waren, eingeschlossen, bezeichnet man die Versicherung als Geschäfts-Inhaltsversicherung.

Ab einer Inhaltsversicherungssumme von über 2 Mio. DM kommt die Industrie-Feuer-Versicherung zur Anwendung.

12.8 Personenversicherung

Sie ist von Bedeutung im Rahmen der Personalwirtschaft von Unternehmen der Grundstücks- und Wohnungswirtschaft, z. B. für die betriebliche Altersversorgung. In diesem Zusammenhang wird jedoch auf die Personenversicherungen nicht näher eingegangen.

12.9 Schadensregulierung

Wird eine Schadensregulierung fällig, beweist sich, ob der Versicherungsschutz richtig und ausreichend war. Die Wahl des Versicherungsvermittlers muss auch Überlegungen einschließen, welche Betreuung im Schadensfall zu erwarten ist. Im Regulierungsfall trifft dasselbe wie beim Abschluss des Versicherungsvertrages zu: Er spielt sich in einer Sphäre hochspezialisierten Wissens ab. Zudem spielt der Zeitfaktor im Schadensfall häufig eine entscheidende Rolle.

12.9.1 Sachverständigenverfahren

Die Feststellung von einzelnen Voraussetzungen des Anspruchs aus der Versicherung oder die Höhe des Schadens (§ 64 VVG) kann vereinbarungsgemäß Sachverständigen

VHB 92 § 23 übertragen werden. So z. B. in § 23 der Allgemeinen Hausratversicherungsbedingungen (VHB 92). Vereinfacht stellt sich das Sachverständigenverfahren so dar, dass beide Parteien schriftlich einen Sachverständigen benennen und diese beiden Sachverständigen wiederum vor Beginn des Verfahrens gemeinsam schriftlich einen dritten Sachverständigen als Obmann. Die Feststellungen der Sachverständigen sind, ausgenommen sie weichen offensichtlich von der wirklichen Sachlage erheblich ab, für beide Seiten bindend. Beide Seiten haben auch die Kosten ihres Sachverständigen zu tragen.

Anmerkung:

Nach gängiger Handhabung werden von Versicherungen im Sachverständigenverfahren nur Sachverständige eingeschaltet, die öffentlich bestellt und vereidigt sind.

12.9.2 Versicherungswerte

Ist Neuwertersatz vereinbart, bedeutet dies eine Versicherung des versicherten Gegenstandes in dem Umfang, den die Wiederbeschaffung eines neuwertigen Gegenstandes gleicher Güte und Qualität verursacht.

VGB 88 § 14
VGB 88 § 13

Dass diese stark vereinfachte Darstellung differenzierter betrachtet werden muss, soll an der nachfolgenden Darstellung über die verschiedenen Versicherungswerte am Beispiel der Verbundenen Wohngebäudeversicherung kurz skizziert werden.

VGB § 14 und § 18/1b

Bei der Verbundenen Wohngebäudeversicherung können vom Grundsatz her folgende Versicherungswerte vereinbart werden:

VGB 88 § 14/1c

Neuwert
Gleitender Neuwert
zur Abgrenzung vom
Zeitwert
= Neuwert abzüglich Wertminderung durch Abnutzung
Anwendung z. B. bei sehr alten, weitgehend „verbrauchten" Gebäuden
Gemeiner Wert
= der für den Versicherungsnehmer erzielbare Verkaufspreis
Anwendung z. B. bei zum Abbruch bestimmten, nicht mehr nutzbaren Gebäuden

Der **Neuwert** ist der ortsübliche Neubauwert eines Wohngebäudes inklusive Architektengebühren und sonstiger Konstruktions- und Planungskosten bzw. der Wiederbeschaffungspreis von Sachen gleicher Art und Güte in neuwertigem Zustand, z. B. bei Einbauten als Gebäudebestandteil. Bei der Neuwertversicherung trägt der Versicherungsnehmer die Verantwortung, dass die Versicherungssumme in der richtigen Höhe festgelegt wird. Eine Entschädigung umfasst somit den bei Festsetzung der Versicherungssumme bestimmten Neuwert, zuzüglich der ebenfalls zum damaligen Zeitpunkt bestimmten Nebenkosten und des Versicherungsfalls. Der Versicherungsnehmer muss sich jedoch, um eine Unterversicherung zu vermeiden, in eigener Verantwortung um eine angemessene Erhöhung der Versicherung zur Anpassung an steigende Baupreise kümmern.

Für dieses Problem hat die Einrichtung der **Gleitenden Neuwertversicherung** eine insbesondere für den Versicherungsnehmer spürbare Erleichterung gebracht. Die Gleitende Neuwertversicherung dient jedoch auch der Verwaltungsvereinfachung, indem sie die ortsüblichen Tagespreise auf Versicherungswerte 1914 zurückführt. Ortsübliche Tagespreise sind diejenigen, welche sich auf die zeitlich entsprechenden Marktpreise beziehen.

Bei der Gleitenden Neuwertversicherung ist es nicht notwendig, dass sich der Versicherungsnehmer laufend um eine Anpassung der Versicherungssumme seines Gebäudes an steigende Baupreise kümmert, um eine Unterversicherung zu vermeiden.

Eine regelmäßige Anpassung an Baupreiserhöhungen erfolgt, vereinfacht dargelegt, nach folgendem Verfahren:

Die Grundlage des Versicherungswertes ist bei der Gleitenden Neuwertversicherung der **„Versicherungswert 1914“**. Dieser Versicherungswert 1914 wird durch Rückrechnung des tatsächlichen Neubauwertes auf eine Berechnungsbasis 1914 ermittelt. Die Berechnungsbasis 1914 hat sich durchgesetzt. Im Jahre 1914, unmittelbar vor bzw. bei Beginn des 1. Weltkrieges, lagen relativ stabile Preise vor.

Die Umrechnung erfolgt mit der Formel:

$$\frac{\text{Neubauwert x 100}}{\text{Baupreisindex für Wohngebäude}} = \text{Versicherungssumme 1914 in DM}$$

(Veröffentlicht vom Bundesamt für Statistik)

Beispiel einer Ermittlung der Versicherungssumme 1914:

$$\frac{\text{Neubauwert z. B. DM 1.000.000,– x 100}}{\text{Baupreisindex für Wohngebäude (Stand 1990)} = 1.633,4} = \text{DM } 61.221,99$$

Gerundet auf volle 100 DM ergibt sich aus diesem Beispiel eine Versicherungssumme 1914 von 61 300 DM.

Der ermittelte „14er“-Wert dient dann als Preisbasis für die jeweiligen Indexanpassungen.

Liegt der „14er“-Wert vor und ist der zugrunde gelegte Baupreisindex bekannt, lässt sich der tatsächliche Neubauwert zu einem beliebigen Stichtag jederzeit ermitteln.

Berechnung des Neubauwertes 1992 für das vorstehende Beispiel:

$$\frac{\begin{matrix}\text{Versicherungs-} & & \text{Baupreisindex} \\ \text{wert 1914} & \text{x} & \text{für Wohngebäude} \\ = \text{DM } 61.300,\text{–} & & \text{(Stand 1991)} = 1.842,9\end{matrix}}{100} = \text{Neubauwert Stand 1992} = \text{DM } 1.129.697,\text{–}$$

Bei allen derartigen Berechnungen mit dem „14er“-Wert ist jedoch jeweils zu prüfen, falls dies nicht zuverlässig bereits bekannt ist, welcher Index zugrunde gelegt wurde. Es gibt z. B. Landesbrandversicherungsanstalten, die nicht auf den vom Bundesamt für Statistik veröffentlichten Baupreisindex für Wohngebäude zurückgreifen, sondern eigene Erhebungen über die Baupreissteuerung anstellen und ihren Versicherungen zugrunde legen.

Während somit bei der Gleitenden Neuwertversicherung kein Risiko mehr für den Versicherungsnehmer hinsichtlich der Baupreissteuerung besteht, ist der Berechnung des Neubauwertes als Basiswert für die Rückführung auf den Versicherungswert 1914 ganz besondere Sorgfalt zuzuwenden.

Neben der sachgerechten eigenen Feststellung des Neubauwertes bestehen folgende Möglichkeiten:

- **Sachverständigengutachten**
  Die Kosten der Ermittlung des Neubauwertes durch einen Bausachverständigen muss allerdings der Versicherungsnehmer tragen. Es ist zudem sinnvoll, wenn sich der Versicherungsnehmer mit dem Versicherer über die Auswahl des zu beauftragenden Bausachverständigen einigt. Auf die Festlegung der Haftung des Bausachverständigen für seine Ermittlungen ist zu achten. Der Vorteil der Ermittlung des Neubauwertes durch einen Bausachverständigen liegt auf der Hand, insbesondere wenn sich die Ermittlung des Neubauwertes schwierig gestaltet oder derjenige, der sich um eine derartige Versicherung bemüht, nicht über die notwendige Sachkenntnis verfügt.
- **Vereinfachte Wertermittlung für Ein- und Zweifamilienhäuser**
  Die Versicherungswirtschaft hat eine vereinfachte Wertermittlung für Ein- und Zweifamilienhäuser entwickelt, die ausschließlich zu Wohnzwecken genutzt werden.

Grundlage dieser Ermittlung ist die Wohnfläche sowie die Klassifizierung des Gebäudes in einem Bewertungsschema, welches die Berücksichtigung besonderer, vom Standard abweichender Ausstattungen erlaubt.

- **Wertermittlung für Mehrfamilienhäuser**
  Grundlage der Ermittlung ist nicht wie bei Ein- und Zweifamilienhäusern die Wohnfläche, sondern der umbaute Raum. Der ermittelte Rauminhalt wird mittels einer Bewertungstabelle gewichtet.

Beispiel der Klassifizierung:

einfache mittlere gute sehr gute	Ausführung und Ausstattung

12.9.3 Unterversicherung

Sie kann vorliegen,

- wenn bereits bei Abschluss des Versicherungsvertrages von einem zu niedrigen Versicherungswert ausgegangen wurde;
- wenn dem versicherten Gegenstand während der Laufzeit des Vertrages weitere hinzugefügt wurden, ohne eine entsprechende Erhöhung der Versicherungssumme;
- wenn eine notwendige Erhöhung der Versicherungssumme aufgrund von Preissteigerungen unterblieb.

Tritt ein Schadensfall ein und wird festgestellt, dass eine Unterversicherung vorliegt, leistet die Versicherung nur in eingeschränktem Umfang. Selbst wenn die Schadenshöhe geringer ist als die nicht ausreichende Versicherungssumme, erfolgt eine Regulierung nur nach prozentualer Kürzung entsprechend der festgestellten Unterversicherung.

Beispiel:

Eine Versicherung wurde mit einer Versicherungssumme von 50.000,– DM abgeschlossen. Der Versicherungswert wird bei Eintritt eines Schadens mit tatsächlich 100.000,– DM ermittelt. Die Versicherung leistet nur für den versicherten Gegenstand

- bei teilweisem Schaden von beispielsweise 30.000,– DM nur anteilig 15.000,– DM, da die Unterversicherung 50 % beträgt;
- bei Totalschaden wird bei festgestellter Unterversicherung nicht, wie manchmal irrtümlich angenommen, bis zur Höhe der vereinbarten, jedoch zu geringen Versicherungssumme geleistet, sondern nur nach anteiliger Kürzung. Im vorgenannten Beispiel würden bei dem festgestellten Versicherungswert (= tatsächlicher Wert) von 100.000,– DM lediglich 50 % des Schadens, d. h. 50.000,– DM von der Versicherung zu leisten sein. Die Formel hierfür:

$$\frac{\text{Schadenssumme x Versicherungssumme}}{\text{Versicherungswert}}$$

Es gibt jedoch Möglichkeiten, dass der Versicherer darauf verzichtet, sich auf eine Unterversicherung zu berufen. Er leistet dann im Schadensfall bis zur Höhe der vereinbarten Versicherungssumme, auch wenn eine Unterversicherung vorliegt. Dies muss jedoch im Versicherungsvertrag ausdrücklich vereinbart sein.

Beispiel:

Ist Klausel 7712 zu den Allgemeinen Hausratversicherungsbedingungen (VHB 92) ausdrücklich vereinbart und wurde eine Versicherungssumme von 1.000,– DM je m^2 Wohnfläche versichert, verzichtet die Versicherung auf die Anrechnung einer Unterversicherung, selbst wenn diese gegeben ist.

12.9.4 Überversicherung

Liegt die Versicherungssumme erheblich über dem Versicherungswert (= tatsächlicher Wert), ist die Versicherung auch nicht bei Eintritt eines Totalschadens verpflichtet, diese den wirklichen Wert der versicherten Sache weit übersteigende Versicherungssumme an den Versicherungsnehmer zu leisten.

12.9.5 Doppelversicherung

Eine mit betrügerischer Absicht (mit der Absicht, sich einen rechtswidrigen Vermögensvorteil zu verschaffen) abgeschlossene Doppelversicherung hat die Nichtigkeit der abgeschlossenen Versicherungen zur Folge.

Eine ohne diese Absicht entstandene Doppelversicherung zieht im Schadensfalle eine Regulierung durch die beteiligten Versicherungen nach sich, die maximal die Höhe des Gesamtschadens umfasst. Die beteiligten Versicherungen teilen sich den Schaden intern.

12.9.6 Fälligkeit der Geldleistungen des Versicherers bzw. deren Verjährung

Die gesetzlichen Regelungen hierzu in § 11 des Gesetzes über den Versicherungsvertrag vom 30. Mai 1908 werden hinsichtlich der Fälligkeit der Geldleistungen teilweise in den Allgemeinen Vertragsbedingungen ergänzt. VVG § 11

12.9.7 Teil- und Totalschaden am Beispiel der Maschinenversicherung

Ein Teilschaden ist gegeben, wenn die versicherte Sache beschädigt oder teilweise zerstört ist. Dies gilt dann, wenn die Wiederherstellungskosten, d. h. die Kosten, die zur Wiederherstellung des früheren betriebsfähigen Zustandes notwendig sind, den Zeitwert nicht übersteigen. Der Zeitwert entspricht dem Wert, den die beschädigte oder teilweise zerstörte Sache vor dem Eintritt des Schadens unter Berücksichtigung der mitversicherten Fundamente sowie der Fracht- und Montagekosten hatte.

Ein Totalschaden im Rahmen der Allgemeinen Maschinenversicherungsbedingungen (MAB 86) liegt beispielsweise vor, wenn die Wiederherstellungskosten den Zeitwert der versicherten Sache übersteigen würden. In diesem Falle leistet der Versicherer Entschädigung in Höhe des Zeitwertes nach Abzug des Wertes der Reste.

12.9.8 Selbstbehalt

Die Vereinbarung eines Selbstbehaltes bedeutet, dass von vornherein festgelegt wird, dass im Schadensfalle ein bestimmter Anteil des Schadens vom Versicherungsnehmer selbst getragen wird. Dies kann z. B. vereinbart werden in Form eines bestimmten Prozentanteiles. Die Vereinbarung einer sog. Integralfranchise bedeutet, dass bis zu einer vereinbarten Untergrenze der Schaden vom Versicherungsnehmer vollständig zu tragen ist. Übersteigt er diese vereinbarte Grenze, trägt ihn die Versicherung vollständig. Bei einer Abzugsfranchise wird hingegen grundsätzlich von jedem Schaden ein vereinbarter Betrag abgezogen.

Die Vereinbarung einer Selbstbeteiligung kann immer dann in Erwägung gezogen werden, wenn damit eine Vielzahl von Kleinstschäden, die einen großen Verwaltungsaufwand verursachen, von der Versicherung ausgeschlossen werden und damit zu einer Reduzierung einer Prämie führen. Dem steht jedoch entgegen, dass eine Betriebskostenabrechnung unter Beachtung von Selbstbehaltsvereinbarungen, die einen mehrjährigen Zeitraum umfassen, in der praktischen Abwicklung nahezu unlösbare Probleme aufwirft.

12.9.9 Repräsentanten

Dem Versicherungsnehmer stehen die sog. Repräsentanten gleich. Was hierunter zu verstehen ist, wird beispielsweise geregelt in den Allgemeinen Wohngebäude-Versicherungsbedingungen (VGB 88)

... hier unter § 25 Zurechnung von Kenntnis und Verhalten

– Ferner muss sich der Versicherungsnehmer Kenntnis und Verhalten seiner Repräsentanten im Rahmen von §§ 9 Nr. 1a,10,11,12,20,21 zurechnen lassen.
– Soweit nicht etwas anderes vereinbart ist, stehen dem Versicherungsnehmer als Repräsentanten gleich:
  - Personen, die in dem Geschäftsbereich, zu dem die versicherten Sachen gehören, aufgrund eines Vertretungs- oder eines ähnlichen Verhältnisses anstelle des Versicherungsnehmers die Obhut über diese Sachen ausüben;
  - Personen, die damit betraut sind, rechtserhebliche Tatsachen anstelle des Versicherungsnehmers zur Kenntnis zu nehmen und dem Versicherer zur Kenntnis zu bringen;
  - Personen, denen das versicherte Gebäude aufgrund eines Miet-, Pacht- oder ähnlichen Verhältnisses für längere Zeit in alleinige Obhut gegeben worden ist;
  - volljährige Personen, die mit dem Versicherungsnehmer in häuslicher Gemeinschaft leben, wenn sie in dem versicherten Gebäude gemeinsam mit dem Versicherten eine gemeinsame Wohnung nutzen.

... Bestimmungen über Verträge mit Wohnungseigentümergemeinschaften folgen.

Im konkreten Fall können Repräsentanten sein: Betriebsleiter, Prokuristen, aber auch Hausverwalter. § 25 Abs.2 Satz c. ist besonders zu beachten.

Da ihm das Verhalten der Repräsentanten genauso angerechnet wird wie eigenes Verhalten, muss der Versicherungsnehmer im Rahmen seiner Organisation dafür Sorge tragen, dass seine Repräsentanten mit den Versicherungsbestimmungen vollinhaltlich vertraut sind und diese mit derselben Sorgfalt beachten, zu der er selbst verpflichtet ist. Dies betrifft auch Änderungen während der Laufzeit von Versicherungen. Wegen der möglicherweise weitreichenden Bedeutung empfiehlt es sich, konkrete schriftliche Regelungen hierüber, z. B. im Rahmen des Geschäfts- oder Dienstverteilungsplanes, zu treffen.

12.10 Versicherungsaufsicht

Die Aufsicht über die Versicherungen wird teilweise von Bundes- und Landesbehörden ausgeübt. Das Bundesaufsichtsamt für das Versicherungswesen (BAV) ist auch für die laufende Beaufsichtigung des Geschäftsbetriebes der Versicherungsunternehmen zuständig.

12.11 Organisation und Kontrolle des Versicherungswesens in einem Unternehmen der Grundstücks- und Wohnungswirtschaft

Versicherungsbedarf und Schadensregulierung stellen Regelkreise dar, die in das gesamte Unternehmensgeschehen eingebunden sind. Veränderungen der Unternehmenstätigkeit, Veränderungen am Immobilien- und Versicherungsmarkt müssen laufend auf ihre Auswirkungen auf das Versicherungswerk eines Unternehmens überprüft und gegebenenfalls angepasst werden.

Beispiele:

Ein Immobilienmakler, der seine bisherige Tätigkeit – beschränkt auf Wohnobjekte – nun auch auf Gewerbeobjekte ausdehnt.
Ein Wohnungsunternehmen, das erstmals neben dem Vermietungsgeschäft auch die Verwaltung von Eigentümergemeinschaften übernimmt.
Eine Immobilienverwaltung hat erstmals ein Objekt mit einer Sprinkleranlage zu betreuen.
Es wird erstmalig eine Betreuung einer Sanierungsmaßnahme nach Städtebauförderungsrecht übernommen.

12.11.1 Erkennen von Risiken und Erfassung des Versicherungsbedarfs

Die Vielfalt der Risiken in der Grundstücks- und Wohnungswirtschaft einerseits und der Versicherungsmöglichkeiten andererseits machen eine fachmännische Beurteilung aus versicherungswirtschaftlicher Sicht notwendig. Diese Erkenntnis – z. B. im steuerlichen Bereich bereits eine Selbstverständlichkeit – scheint für den Versicherungsbereich in der Grundstücks- und Wohnungswirtschaft in seiner vollen Tragweite noch nicht in angemessenem Umfang verbreitet zu sein. Die Versicherungswirtschaft bietet laufend neue Versicherungsmöglichkeiten an.

12.11.2 Abwicklung von versicherten Schäden

Die Abwicklung von Schäden im Rahmen der vorhandenen Versicherungen erfordert zumindest soviel Sachkenntnis, dass Vorgänge im Unternehmen als potenzielle Versicherungsschäden erkannt und fristgemäß der Versicherung zur Schadensregulierung gemeldet werden. Während es beispielsweise bei Haftpflicht- oder Brandschäden noch naheliegend ist, an eine Abwicklung im Rahmen einer bestehenden Versicherung zu denken, gestaltet sich dies bei anderen Versicherungen wesentlich schwieriger. Möglicherweise im Rahmen einer Wohngebäudeversicherung auftretende Schadensfälle können leicht in der allgemeinen Abwicklung von Reparaturen untergehen, ohne als Versicherungsschaden erkannt zu werden. Die Sachbearbeiter eines Unternehmens der Grundstücks- und Wohnungswirtschaft müssen deshalb mit den Grundzügen der Versicherungslehre vertraut sein oder vertraut gemacht werden und außerdem laufend über das bestehende Versicherungswerk ihres Unternehmens informiert sein. Aus dieser Kenntnis hat auch der Anstoß zu Veränderungen im Versicherungsbedarf aus der konkreten Sachbearbeitung zu erfolgen.

12.11.3 Kontrolle der Versicherungsverträge und der Schadensregulierungen

Controlling
der Versicherungsverträge und Schadensregulierungen
ist Bestandteil einer ordnungsgemäßen Geschäftsführung!

Es gibt verschiedene taugliche Ansätze, wie das Controlling des Versicherungsbereiches organisiert werden kann. Auf jeden Fall handelt es sich um einen im Organisationsschema deutlich zu kennzeichnenden Bereich.

Im Berichtswesen eines Unternehmens der Grundstücks- und Wohnungswirtschaft müssen die Kennziffern,

- welche Versicherungsbeiträge fallen an,
- welche Schadensregulierungen wurden durchgeführt,

einen festen Bestandteil haben.

Auf Geschäftsleitungsebene ist die laufende Abstimmung und Anpassung folgender Bereiche regelkreisartig durchzuführen:

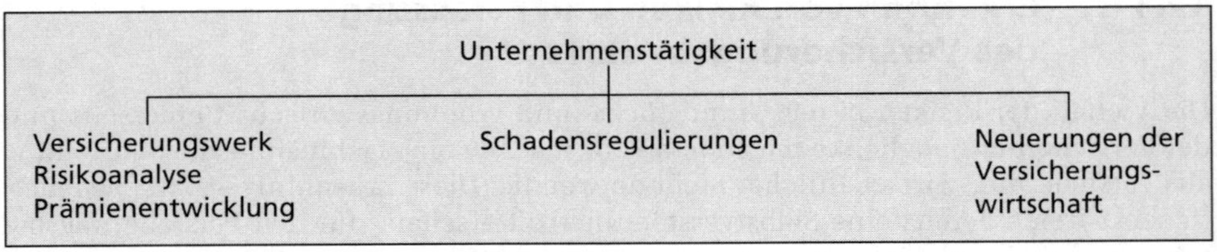

12.12 Ausblick

Institutionell wird zukünftig mit Angeboten von Versicherungen in der Bundesrepublik Deutschland gerechnet werden müssen, die aus traditionellen Versicherungen ausländischer Prägung erwachsen.

Eine Tendenz zeichnet sich aus dem Trend zum kostengünstigen Bauen ab. Wenn die technische Qualität des Bauens insbesondere von Mehrfamilienwohnhäusern langfristig erheblichen Veränderungen unterliegt, ergeben sich infolge dieser Entwicklungen Auswirkungen auf die technische Grundkalkulation zum Beispiel der Verbundenen Wohngebäudeversicherung.

Die Ausgliederung von Versicherungsabteilungen in eigene Gesellschaften mit Vermittleraufgaben – besonders bei Unternehmen mit großen Immobilienbeständen – wird zukünftig verstärkt der Beobachtung unter dem Gesichtspunkt des Provisionsabgabeverbotes zu sehen sein. Die Haftung zwischen Mutter- und Tochterunternehmen derartiger Ausgliederungen, mit oder ohne Maklerstatus, wird wohl auch noch manche interessante Diskussion, rechtlicher und wohnungswirtschaftlicher Art, auslösen.

Fragen:

1. Halten Sie die Auffassung für richtig, dass die Höhe der Versicherungsprämie allein entscheidend für die Beurteilung darüber ist, ob eine Versicherung für den Versicherungsnehmer vorteilhaft ist?
2. Was kann versichert werden?
3. Welche Formen der Versicherung kennen Sie?
4. Welchem Zweck dienen Sozialversicherungen?
5. Nennen Sie Beispiele für Versicherungen, die aufgrund gesetzlicher Verpflichtung abzuschließen sind.
6. Welche Versicherungsvermittler sind Ihnen bekannt?
7. Welche Versicherungen darf der Versicherungsberater vermitteln?
8. In welche Abschnitte gliedert sich das Versicherungsvertragsgesetz (VVG)?
9. Erläutern Sie den Begriff „Vermögensversicherung" und nennen Sie ein Beispiel.
10. Welche Sachversicherung hat für die Grundstücks- und Wohnungswirtschaft die größte Bedeutung?
11. Was bedeutet die Vereinbarung eines „Selbstbehalts"?

Themenkreis 13: **Der Makler als Dienstleister am Immobilienmarkt**

Es gibt Märkte, auf denen Makler agieren, und Märkte, auf denen Makler völlig fehlen. Der Makler repräsentiert ein zu anderen Vertriebssystemen (z. B. Handelssystem: Groß-/Einzelhandel) alternatives Organisationsinstrument eines Marktes. Makler gibt es nicht nur in der Immobilienwirtschaft. Als Handelsmakler finden wir sie z. B. auf bestimmten Warenbörsen, an den Wertpapierbörsen (vereidigte Kursmakler, freie Makler), im Versicherungsgeschäft (Versicherungsmakler) und der Güterbeförderung (insbesondere Schiffsfrachtenmakler).

Der grundlegende Unterschied zwischen den Handelsmaklern und **Zivilmaklern** besteht in den Gütern, die Gegenstand ihrer Geschäfte sind. Bei Handelsmaklern sind es Waren im Sinne des Handelsgesetzbuches. Gegenstände, mit denen sich „Zivilmakler" befassen, sind keine Waren.

Im Gegensatz zu **Handelsvertretern,** die laufend Geschäfte für einen bestimmten Auftraggeber **vermitteln** oder **abschließen,** haben es Makler mit stets wechselnden Auftraggebern zu tun. Sie **vermitteln** nur Verträge. **Zivilmakler weisen** außerdem Vertragsabschlussgelegenheiten **nach.**

Das Recht der Zivilmakler ist im **Bürgerlichen Gesetzbuch** geregelt, das Recht der Handelsmakler im Handelsgesetzbuch. In der Folge ist nur von Zivilmaklern die Rede, die sich mit **Immobilien,** also Grundstücken, grundstücksgleichen Rechten, Mietwohnungen, Gewerberäumen sowie mit Darlehen beschäftigen.

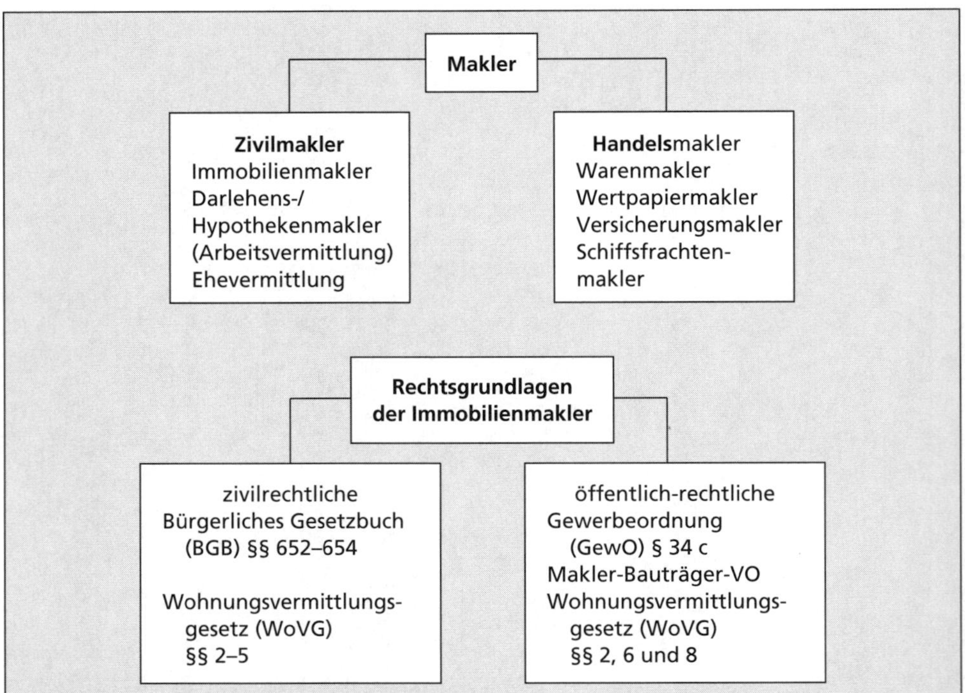

Nicht Gegenstand unserer Betrachtungen sind deshalb die Vorschriften über die Arbeitsvermittlung und über die Ehevermittlung.

Neben den zivilrechtlichen Vorschriften des BGB hat der Immobilienmakler auch noch speziell für ihn geltende – teils zivilrechtliche und teils öffentlich-rechtliche – Vorschriften des Wohnungsvermittlungsgesetzes sowie öffentlich-rechtliche Vorschriften der Gewerbeordnung und der Makler-Bauträger-Verordnung (MaBV) zu beachten. GewO § 34c

Zivil- und öffentlich-rechtliche Vorschriften sind streng auseinander zu halten. Zivilrechtliche Vorschriften regeln in ihrer Außenwirkung die Rechtsverhältnisse zwischen den Rechtssubjekten (natürliche und juristische Personen), gegenseitige Rechte und Pflichten, z. B. aus einem abgeschlossenen Vertrag. Öffentlich-rechtliche Vorschriften regeln den Rechtsbezug zwischen dem „Staat" als Träger öffentlicher Gewalt in allen Ausgestaltungsformen (Bund, Länder, Gemeinden, Fachkörperschaften) und den Staatsbürgern.

13.1 Maklerfunktionen

Der Makler ist selbst nicht **Marktpartei.** Er nimmt vielmehr im Marktgeschehen immer die Stellung eines Dritten ein. Seine Aufgabe ist es, das Umsatzgeschehen auf dem Markt zu fördern. Seine Dienstleistungen sind **Marktdienstleistungen.** Sie bestehen im Wesentlichen

- in der **Information** über konkrete aktuelle Vertragsmöglichkeiten am Markt („Nachweise");
- im aktiven **Vermitteln** von Verträgen zwischen den Marktparteien und
- in der **Beratung** der Auftraggeber.

Jede dieser Maklertätigkeiten setzt einen Auftrag seitens einer der Marktparteien voraus. Denkbar und in Deutschland auch zulässig ist eine „Doppeltätigkeit" für beide Parteien.

– Informationsfunktion

Im BGB wird die Informationsleistung des Maklers mit „Nachweis von Vertragsabschlussgelegenheiten" umschrieben. In der Maklerpraxis gehen die Informationen allerdings weit über die Daten hinaus, die einen **Nachweis** kennzeichnen. BGB § 652

Der Nachweis einer Vertragsabschlussgelegenheit kann ein **„Objektnachweis"** sein: Einem Interessenten wird ein käufliches oder mietbares Immobilienobjekt unter Angabe der genauen Objektanschrift und des Verkäufers/Vermieters benannt. Beim **„Interessentennachweis"** benennt der Makler dem Objektanbieter einen aktuellen Interessenten (Name und Anschrift) für sein Objekt. Der in der Praxis selten vorkommende **„Darlehensnachweis"** hat das Angebot eines betragsmäßig bezifferten Darlehens mit allen Konditionen zum Gegenstand. Anzugeben ist auch der Darlehensgeber (in der Regel ein Kreditinstitut).

Dem (Kauf-/Miet-)**Interessenten** gegenüber besteht für den Makler nach den Vorschriften der MaBV eine **Informationspflicht,** die sich bezieht einerseits auf **Objektmerkmale** (Lage des Grundstücks, Grundstücksgröße usw.) und **Objektangebotsbedingungen** (Kauf-/Mietpreis) und andererseits auf **Maklervertragsbedingungen** (Provision, Laufzeit eines etwaigen Maklervertrages), die zwischen dem Makler und dem Interessenten gelten sollen.

Da es sich um eine öffentlich-rechtliche „Ordnungsvorschrift" handelt, entsteht aus dieser Pflicht **kein** Anspruch des Interessenten auf Information. Wenn der Makler dieser Verpflichtung nicht nachkommt, begeht er aber eine **Ordnungswidrigkeit,** die mit Bußgeld geahndet wird.

Die **Objektmerkmale,** über die der Makler informieren muss, zeigt der nachstehende Überblick:

<table>
<tr><th rowspan="2">Kaufobjekte</th><th colspan="2">Mietobjekte</th></tr>
<tr><th>Gebäude</th><th>Räume</th></tr>
<tr><td colspan="2">Grundstücksmerkmale:
Lage, Größe und Nutzungsmöglichkeit

Gebäudemerkmale:
Art, Alter und Zustand
Ausstattung, Wohn- und Nutzfläche
Zahl der Zimmer</td><td>Raummerkmale:
Lage des Grundstücks und der Räume
Ausstattung
Nutzfläche
Wohnfläche
Zahl der Räume</td></tr>
<tr><td>Kaufbedingungen:
Preisforderung
zu übernehmende Belastungen</td><td colspan="2">Mietbedingungen:
Miete, (Pacht), Kaution
Mietvorauszahlungen
Mieterdarlehen
Baukostenzuschüsse und Ähnliches</td></tr>
<tr><td colspan="3">Name, Vorname und Anschrift des</td></tr>
<tr><td>Verkäufers</td><td colspan="2">Vermieters/Pächters</td></tr>
</table>

Aus dieser Übersicht erkennt man, dass eine Reihe von wichtigen Merkmalen, die sich auf das Objekt beziehen, nicht unter die Informationspflicht fällt. So müsste beispielsweise bei Kaufobjekten nicht über bestehende **Mietverträge, Mieteinnahmen** und **Bewirtschaftungskosten** bei vermieteten Objekten oder über den **Erschließungsgrad** eines unbebauten Grundstückes informiert werden. Auch wenn dies nicht vorgeschrieben ist, wird der Makler aber schon aus eigenem Geschäftsinteresse dem Interessenten solche weiteren grundlegenden Informationen liefern.

Das Mittel, das der Makler einsetzt, um seiner Informationspflicht nachzukommen, ist das **Exposee.** Es handelt sich um eine systematische, gegliederte Zusammenstellung aller wichtigen Objektdaten und Objektangebotsbedingungen (s. 13.5.6).

Das Exposee hat darüber hinaus die Funktion, durch regelmäßige Informationen über die Objekte zur **Markttransparenz** beizutragen.

Bei der Gestaltung des Exposees spielen auch Gesichtspunkte der **Werbung** für das Objekt („Objektwerbung") eine wichtige Rolle. Man trifft deshalb in der Praxis häufig visuell (durch Fotos, Grundrisszeichnungen) unterstützte Exposeegestaltungen an.

Die Auftraggeber der Makler haben in der Regel ein über die reine Nachweis- und konkrete Objektinformation hinausgehendes **Aufklärungsbedürfnis.** Dem hat vor allem die Rechtsprechung Rechnung getragen, indem sie durch viele Einzelentscheidungen den Rahmen für **individuelle Aufklärungspflichten** abgesteckt hat.

Als **Grundsatz** gilt: Der Auftraggeber (Objekt-, aber auch Interessentenauftraggeber) hat Anspruch auf Aufklärung über alle Umstände, die für seine Entscheidung zum Vertragsabschluss bedeutsam sein können. Voraussetzung ist stets, dass der Makler diese Umstände selbst kennt. Er braucht ohne gesonderten Auftrag keine Erkundigungen einziehen, um sich die Kenntnis solcher Umstände zu verschaffen.

Zu unterscheiden ist zwischen einer Aufklärungspflicht, die ohne weiteres unterstellt werden kann, und einer solchen, die erst entsteht, wenn der Makler die besondere Aufklärungsbedürftigkeit seines Auftraggebers erkennt.

Beispiele für Aufklärungspflichten, die auf jeden Fall gegeben sind, wenn ein Auftragsverhältnis vorliegt:

- Der Makler erfährt, dass das Dachgeschoss des Einfamilienhauses, das er vermitteln soll, ohne Genehmigung ausgebaut wurde. Darüber muss er den Interessenten auf jeden Fall informieren.
- Der Makler erfährt, dass in 50 m Entfernung eines von ihm zu vermittelnden Baugrundstücks für ein Einfamilienhaus eine Autobahntrasse geplant ist. Auch hier besteht auf jeden Fall eine Informationspflicht, weil unterstellt werden kann, dass die Kenntnis dieses Umstandes für jeden Interessenten wichtig ist.
- Kurz vor dem beabsichtigten Abschluss des notariellen Kaufvertrages über ein Grundstück erfährt der Makler, dass der Kaufinteressent völlig vermögenslos ist und der vorgesehene Kaufpreis auch mit Fremdmitteln nicht aufgebracht werden kann. Darüber muss er den Verkäufer informieren.

Beispiele für eine Aufklärungspflicht, die voraussetzt, dass der Makler die Aufkärungsbedürftigkeit des Auftraggebers erkennt:

- Ein Interessent sucht beim Makler einen Laden. Der Makler bietet ihm ein geeignet erscheinendes Objekt an. Er weiß aus früheren Verhandlungen, dass eine Gaststätte in diesem Lokal nicht betrieben werden kann. Bei den Verhandlungen erklärt der Interessent, dass er einen Teil des Ladens als Bierbar nutzen will. Jetzt muss der Makler darauf hinweisen, dass das Gewerbeaufsichtsamt eine solche Nutzung wahrscheinlich nicht genehmigen wird.
- Der Makler bietet seinem Auftraggeber eine vermietete Eigentumswohnung an, die vor Umwandlung Teil eines Mietwohnhauses war. Der Interessent äußert die Absicht, nach Erwerb der Wohnung beim Mieter Eigenbedarf anmelden zu wollen. Hier muss der Makler den Interessenten über die besondere Kündigungssperrfrist bei diesem Objekt aufklären.

– Vermittlungsfunktion des Maklers

Die Teilnehmer am Immobilienmarkt wollen nicht nur über aktuelle Vertragsabschlussmöglichkeiten des Immobilienmarktes und ihre Marktchancen informiert werden. Viele legen darüber hinaus auch Wert auf Vermittlungsleistungen, die Makler anbieten.

Vermitteln heißt erfolgsorientierte, also auf einen Vertragsabschluss zielende **Verhandlungen führen.** Dies setzt jeweils voraus, dass sich der Makler intensiv mit den Vorstellungen und Wünschen der Marktpartner befasst. Um zum Ergebnis zu kommen, muss er seine **rhetorischen Fähigkeiten** und sein **Verhandlungsgeschick** einsetzen.

Zu unterscheiden ist ein Vermitteln für **eine** Marktpartei von einem Vermitteln zwischen den **beiden** Marktparteien.

- Im ersten Fall hat der Makler nur einen Auftraggeber. Er führt Verhandlungen für ihn. Dabei ist es seine Aufgabe, den Verhandlungspartner als möglichen Geschäftsabschlusspartner des Auftraggebers zu dessen Bedingungen zu einem Vertragsabschluss zu bewegen. Er vertritt einseitig die Interessen seines Auftraggebers. Diese Art der Marktstellung des Maklers herrscht z. B. in den Vereinigten Staaten und in Großbritannien vor. Eine gleichzeitige Maklertätigkeit für beide Seiten gilt gerade in Großbritannien als Verstoß gegen die Berufspflichten des Maklers. Auch in Deutschland weist die gesetzliche Ausgangslage in diese Richtung. Jedenfalls darf ein Makler nicht „dem Inhalt des (Makler-)Vertrages zuwider" für die andere Seite BGB § 654
tätig sein. Allerdings kann eine solche Doppeltätigkeit **vereinbart** werden.
- Der zweite Fall beruht auf einer **vereinbarten** Doppeltätigkeit. Einem alten Leitbild vom „ehrlichen Makler" entsprechend, hat sich in deutschen Maklerkreisen **teilweise** die Vorstellung vom Makler als einem **neutralen** Vermittler zwischen den beiden Parteien durchgesetzt bzw. erhalten. Daraus ergibt sich auch die Praxis der Doppeltätigkeit mit der Folge, dass eine Provisionszahlungspflicht für beide Marktparteien im Abschlussfall entsteht.

Man muss sich dessen bewusst sein, dass wir es mit zwei grundverschiedenen Maklerauffassungen zu tun haben. Im ersten Fall gefährdet der Makler seinen Provisionsanspruch, wenn er auch die Interessen der anderen Seite vertritt, im zweiten Fall führt eine Verletzung der Neutralitätspflicht zum Provisionsverlust gegenüber demjenigen der beiden Marktpartner, zu dessen Nachteil das einseitige Vermitteln des Maklers ging.

Da Vermitteln immer bedeutet, Verhandlungen vor allem über **Vertragsinhalte** zu führen, gehört es zu den elementaren Voraussetzungen für die Vermittlungstätigkeit, dass der Makler gründliche Kenntnisse nicht nur der Marktsituation und der wirtschaftlichen Bedeutung von Vertragsabschlüssen hat, sondern auch die Rechtsgrundlagen der Verträge kennt, über die er eine Einigung herbeiführen soll.

– Beratung als Maklerleistung

Die Beratung ist keine **rechtstypische** Maklerleistung. Trotzdem kann sich ein Makler entweder zur Beratung seines Auftraggebers vertraglich verpflichten oder Beratungsleistungen freiwillig erbringen. Nur in besonderen Fällen kann als Nebenpflicht zur schon erwähnten Aufklärungspflicht eine Beratungspflicht hinzutreten. Dies gilt vor allem dann, wenn ein Makler im Geschäftsverkehr (also etwa in Briefbogen oder Firmenprospekten) auf die Beratung als Leistungsbereich hinweist.

In den letzten Jahren ist unter dem Einfluss vor allem britischer Maklerfirmen immer häufiger der Begriff vom „Immobilienberater" verwendet worden. Damit soll zum Ausdruck gebracht werden, dass ein Kunde neben Nachweis- und Vermittlungsleistung auch eine Beratung des Maklers in Anspruch nehmen kann. Es gibt jedoch Grenzen der Beratungstätigkeit. So darf ein Makler weder in **steuerlichen** noch in **Rechtsangelegenheiten** beraten. Dies verbieten das Steuerberatungs- und das Rechtsberatungsgesetz. Zulässig sind allerdings im Rahmen eines Maklerauftrages auch **Hinweise** auf steuerliche und rechtliche Sachverhalte insbesondere im Zusammenhang mit der Vertragsvermittlung. Sie können sogar im Einzelfall als „Nebenpflicht" des Maklers geboten sein (z. B. über die Formbedürftigkeit von Grundstückskaufverträgen, die Grunderwerbsteuerpflicht, Genehmigungserfordernisse, Vorkaufsrechte usw.).

Raum für Beratungsleistungen gibt es vor allem in **wirtschaftlichen** Fragen, z. B. der Wirtschaftlichkeit eines Objektes oder der Rentabilität des einzusetzenden Kapitals, Fragen der Finanzierung, der Standortwahl, der Objektbewertung, um nur einige Beispiele zu nennen.

Auch die Beratungsleistungen des Maklers sind erfolgsorientiert. Im Allgemeinen werden sie stets im Zusammenhang mit einem Maklerauftrag angeboten. Durch die Beratung soll der Auftraggeber mehr **Entscheidungssicherheit** gewinnen.

Marktfunktionen des Immobilienmaklers		
Information	Vermittlung	Beratung
Marktinformation (Nachweis von Vertragsgelegenheiten) Objektinformation (Exposee) Aufklärung über für die Entscheidung wichtigen Umstände	für eine Partei (einseitige Interessenvertretung) für beide Parteien (neutrale Vermittlung)	vertraglich vereinbarte Leistung (keine Rechts- oder Steuerberatung) freiwillige Leistung in Ausnahmefällen als Nebenpflicht

13.2 Leistungsarten und Leistungsbereiche

Schon bevor ein Makler seinen Betrieb beginnt, muss er sich klar darüber werden, welche Arten von Leistungen er im Rahmen seiner Maklertätigkeit erbringen kann und will. Außerdem muss er festlegen, auf welche Bereiche des Immobilienmarktes sich seine Leistungsaktivitäten erstrecken sollen.

Die **Bestimmung der Leistungsarten** hängt weitgehend von seinen Fähigkeiten, Kenntnissen und Erfahrungen ab und/oder auch von den Möglichkeiten, qualifizierte Mitarbeiter, die die entsprechende Qualifikation besitzen, zu beschäftigen (Analyse betrieblicher Leistungsmöglichkeiten).

Die **Bestimmung des Leistungsbereiches** hängt zwar auch von eigenen Vorstellungen darüber ab, was mit dem Maklerunternehmen verwirklicht werden soll (Unternehmensphilosophie). Eine größere Rolle aber spielen die Möglichkeiten, die der Markt bietet. Der Makler muss also zur Bestimmung der „Marktsegmente", auf denen er tätig werden will, zuerst den Markt und die darin liegenden Chancen für den Betrieb analysieren („Marktanalyse").

Leistungsarten und Leistungsbereiche können dann in einer Matrix dargestellt werden, die die „Sachzielstruktur" des Unternehmens widerspiegelt.

– Leistungsarten

Die Leistungen des Maklers sind ein Spiegelbild seiner Marktfunktionen. Wie schon gezeigt, entspricht der Funktion der Marktinformation der **Nachweis** von Vertragsabschlussgelegenheiten in den Formen des Objekt- und des Interessentennachweises. Die zweite Leistungsart ist die – ebenfalls marktrelevante – **Vermittlung von Verträgen.** Nach § 652 BGB verdient der Makler nur dann eine Provision, wenn er **entweder** einen zum Vertragsabschluss führenden Nachweis dieser Gelegenheit **oder** den Vertrag selbst vermittelt hat. Es handelt somit sich um **unmittelbar** ertragsorientierte Leistungen.

BGB § 652

Beratungsleistungen sind ebenso wie **Service-** oder **Betreuungsleistungen** nur mittelbar ertragsorientiert, weil – wenn nicht ausdrücklich vereinbart – allein für diese Leistungen **keine Vergütung** bezahlt wird. Wenn sie trotzdem in der Maklerpraxis eine eher zunehmende Rolle spielen, dann deshalb, weil sie das Zustandekommen der angestrebten Verträge beschleunigen und absichern.

Beispiele:

- Ein Hinweis auf besondere steuerliche Vergünstigungen, die mit einem Objekterwerb zusammenhängen, können den Ausschlag für den Kauf dieses Objektes geben.
- Durch Beschaffung von für den Kauf notwendigen Unterlagen, z. B. Plankopien, Grundbuchauszügen usw. (Betreuungsleistungen), kann der Makler den Verkauf beschleunigen.
- Auch Serviceleistungen, etwa die Organisation von Objektbesichtigungen, tragen zum Erfolg bei, ohne dass der hierfür entstehende Zeitaufwand berechnet wird.

– Leistungsbereiche

Das Geschäftsfeld der überwiegenden Zahl der Makler sind die **regionalen** Märkte. Auf ihnen wird der größte Teil der Immobilien umgesetzt. Im Wesentlichen werden folgende regionale Marktbereiche von Maklern bedient:

- Wohnungsmarkt (Wohnungsvermittlung)
- Markt für gewerbliche Räume (Vermittlung von Mietverträgen über Büroflächen, Ladenlokale, Lagerhallen)

- Markt für Baugrundstücke (Vermittlung von Kaufverträgen und Erbbaurechten über Grundstücke zur Bebauung mit Einfamilienhäusern, Geschossbau, Gewerbe- und Industriegebäuden)
- Markt für Wohnobjekte (Vermittlung von Kaufverträgen über Eigentumswohnungen, Ein-/Zweifamilienhäuser, Mietwohnhäuser, Landhäuser und Ferienobjekte)
- Markt für Existenzbetriebe (Vermittlung von Geschäften, Gaststätten, Handwerksbetrieben)

Die Vermittlung von Objekten, die vorwiegend auf den **überregionalen** Immobilienmärkten gehandelt werden, übernehmen größere Maklerfirmen.

- Markt für Anlageobjekte (Vermittlung von Kaufverträgen über Großobjekte, Objekte der Geschäftszentren, Bürohäuser)
- Markt für Hotels (Vermittlung von Kauf- und Pachtverträgen)
- Markt für Industriebetriebe und Unternehmen (Vermittlung von Kauf- und Pachtverträgen, Beteiligungs- und Kooperationsverträgen, Lizenzverträgen u. dergl.)
- Markt für sonstige Immobilien des überregionalen Marktes (z. B. Parkhäuser, Seniorenheime, Kliniken, Ferienobjekte usw. – Vermittlung entsprechender Verträge)

Welche Märkte von Maklerunternehmen abgedeckt werden, ist eine Frage der **Spezialisierung** oder der **Breite seine Unternehmenszweckes (Zweckbasis).** Je kleiner ein Betrieb, desto stärker ist der Zwang zur Spezialisierung. Eine breite Zweckbasis, wie sie vor allem bei **„Immobilienentwicklern"** anzutreffen ist, setzt dagegen ein größeres Unternehmen mit mehreren sich ergänzenden Abteilungen oder eine konzernartige Gliederungsstruktur mehrerer rechtlich selbstständiger, wirtschaftlich aber verbundener Unternehmen voraus. **Maklerleistungen** sind bei solchen Unternehmen nur ein Teil ihres gesamten Leistungsspektrums.

Die Breitengliederung der Maklerfirma kann unterschiedliche Zielsetzungen haben. Bei Immobilienentwicklern steht der **„projektbegleitende Service"** im Vordergrund. Von der Standortanalyse über die Beschaffung des Baugrundstücks, die Bebauung und den Vertrieb oder das Verwaltungsmanagement wird eine Komplettleistung geboten, bei der reine Maklerleistungen nur noch an den Nahtstellen der Märkte auftreten. Es handelt sich um eine Unternehmensstruktur, bei der sich die Leistungen der einzelnen Unternehmenseinheiten zu einer Gesamtleistung ergänzen.

Eine andere Zielsetzung verfolgt eine Gliederung der Zweckbasis, die den Gesichtspunkt der **„Diversifikation"** in den Vordergrund stellt. Die stark konjunkturanfälligen Immobilienmärkte führen zu der Überlegung, wie durch Risikostreuung die Auswirkungen dieser Erscheinung gemildert werden können. Neben Maklerleistungen werden deshalb z. B. auch Hausverwaltungsabteilungen in das Unternehmen integriert, die zu verhältnismäßig sicheren laufenden Einnahmen führen. Es kommt auf die richtige Mischung der Geschäftsfelder an. Ein Darstellungsmittel dieser Mischung ist die Portfolio-Matrix. Mit ihrer Hilfe kann visualisiert werden, welche Geschäftsfelder sich gut ergänzen.

Beispiel:

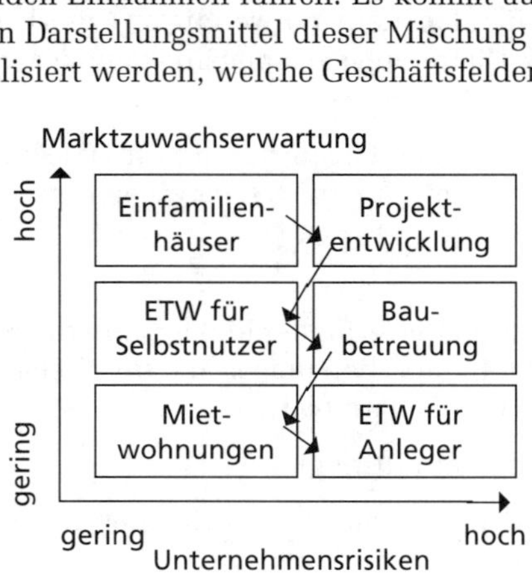

– Leistungsmatrix eines Maklerbetriebes

Aus der Kombination von Leistungsarten und Leistungsbereichen ergibt sich die Sachzielstruktur eines Maklerunternehmens. Sie gibt Aufschluss darüber, **welche** Arten von Maklerleistungen (Nachweis, Vermittlung, Beratung, Betreuung, Service) **auf welche Weise** in den einzelnen ausgewählten Marktbereichen erbracht werden sollen. Ein Matrixschema kann z. B. wie folgt aussehen:

Leistungs-	Leistungsart				
bereiche	Vermittlung	Nachweis	Beratung	Betreuung	Service
Mietwohnungen	getrennte Verhand-lungen	tele-fonisch	Hausrat-versiche-rung	keine	Einzel-besichti-gung
Geschäfts- bzw. Gewerberäume	getrennte Verhand-lungen	Stufen-nachweis per Fax	Flächen-berech-nungen	Beschaf-fung von Unterlagen	Besichti-gungsergeb-nisprotokolle
Eigentums-wohnungen	neutrale Vermitt-lung	Stufen-nachweis	Steuer-tips	Darlehns-beschaf-fung	Übergabe WEG-Fibel

Hierzu einige Erläuterungen:

In dem Beispielsfall hat sich der Makler entschieden, in den Bereichen der Wohnungs- und Gewerberaumvermietung und des Verkaufs von Eigentumswohnungen Maklerleistungen zu erbringen. Er hat sie in der Matrix konkret definiert.

Im Bereich der Wohnungsvermietung zieht er bei der Vermittlung der Wohnungen getrennte Verhandlungen möglichen Dreiergesprächen vor. Der Makler will zur Vorgangsbeschleunigung mit Mietinteressent und Vermieter getrennte Verhandlungen bis zum Abschluss des Mietvertrages führen, wobei er dafür sorgen muss, dass die Verhandlungspositionen des Vermieters von vornherein klar sind. Den Nachweis der Wohnung erbringt er grundsätzlich bereits bei einer telefonischen Anfrage des Interessenten, so dass hier schon abgeklärt werden kann, ob die Lage der Wohnung überhaupt in Frage kommt. Da der Makler über große Erfahrungen im Versicherungsbereich verfügt, bietet er den Mietinteressenten auch Beratung in Fragen der Hausratversicherung an. Betreuungsleistungen, z. B. Wohnungsabnahme und -übergabe darf er nicht erbringen, wenn er nicht wegen der Vorschriften des Wohnungsvermittlungsgesetzes seinen Provisionsanspruch gefährden will. Als Service hat er anstelle von Sammelbesichtigungen stets eine Einzelbesichtigung der zu vermittelnden Wohnung geplant.

Im Bereich der Geschäfts- bzw. Gewerberaumvermietung führt er ebenfalls getrennte Verhandlungen (zumindest Vorverhandlungen bis zur Abschlussreife). Die Nachweise erfolgen, weil es nach Ansicht des Beispielmaklers in diesem Markt auf Schnelligkeit ankommt, per Fax, wobei die Kernnachweisdaten nur bei signalisiertem Interesse herausgegeben werden. Im Rahmen der Beratungsleistungen will er ein Flächenberechnungsangebot nach den neuen Flächenberechnungsmethoden „MF-B" (Büro) und „MF-H" (Handelsraum) anbieten, um damit eindeutige Flächendefinitionen für einen etwaigen Mietvertrag zur Verfügung stellen zu können. Im Betreuungsbereich will er die jeweils nötigen Unterlagen bei den Behörden, zu denen er einen guten Kontakt hat, besorgen. Um die Besichtigungs- und Verhandlungsergebnisse jederzeit für seine Partner und für die Mitarbeiter des eigenen Betriebes zur Entscheidungsaufbereitung abrufbar zu machen, will er Protokolle darüber anfertigen.

Bei Eigentumswohnungen will unser Beispielsmakler als Vermittler für beide Seiten tätig werden. Er setzt zum Zwecke der Provisionssicherung auf den Stufennachweis. Auf Anfrage gibt er also zuerst immer eine Objektbeschreibung ohne genaue Nachweisdaten heraus. Erst wenn sich der Empfänger an einem Angebot interessiert zeigt und für den Kauffall Provision verspricht, werden die vollen Nachweisdaten nachgeliefert. Er ist aufgrund seiner Fachkenntnisse in der Lage, steuerliche Tips zu geben, Finanzierungspläne zu erstellen, und kann wegen seiner guten Verbindungen zu Kreditinstituten die jeweils notwendigen Finanzierungsmittel beschaffen. Um den Aufklärungsbedarf der werdenden Wohnungseigentümer zu befriedigen, händigt er als Service den Interessenten eine hauseigene Wohnungseigentums-Fibel aus.

Wichtig ist, die Methode zu erkennen, wie ein Sachzielkonzept zustande kommt. Die Einzelleistungen, die den verschiedenen Leistungsbereichen (Wohnungsvermittlung, Vermittlung von Eigentumswohnungen usw.) zugeordnet werden, müssen inhaltlich so bestimmt sein, dass sie einerseits den eigenen Möglichkeiten entsprechen, andererseits den Erwartungen der von Bereich zu Bereich unterschiedlichen Auftraggeberkreise gerecht werden.

Fragen:

1. Unterscheiden Sie den Zivilmakler vom Handelsmakler.
2. Worin liegt der Unterschied zwischen dem Handelsvertreter und dem Makler?
3. In welchen Gesetzen findet man die Rechtsgrundlagen für den Zivilmakler?
4. Wodurch unterscheiden sich Grundstücksmakler und Grundstückshändler?
5. Welche Bedeutung hat die „Informationsfunktion" der Makler?
6. Wo sind die „Informationspflichten" der Makler geregelt, und worauf beziehen sie sich?
7. Welches Mittels bedient sich der Makler, um seiner Informationspflicht nachzukommen?
8. Was gehört zu einem „Objektnachweis"?
9. Welcher Grundsatz gilt für die „Aufklärungspflicht" des Maklers?
10. Was versteht man unter dem Begriff des „Vermittelns"?
11. Es gibt zwei Grundpositionen, die ein Vermittlungsmakler gegenüber seinem Auftraggeber einnehmen kann. Wie können sie beschrieben werden?
12. Welche Vor- und Nachteile hat eine Beratungstätigkeit für den Makler?
13. Ist der Makler zur Beratung verpflichtet?
14. Welche Maklerleistungen sind unmittelbar, welche nur mittelbar ertragsorientiert?
15. Worin unterscheiden sich unmittelbar und mittelbar ertragsorientierte Maklerleistungen?
16. Nennen Sie Beispiele für Bereiche (Teilmärkte), auf denen Makler Leistungen erbringen.
17. Welche Bedeutung hat eine Leistungsmatrix für das Maklergeschäft?

13.3 Maklerbetrieb

13.3.1 Betriebsorganisation

Da jeder Maklerbetrieb Marktdienstleistungen zu erbringen hat, treten die Fragen der innerbetrieblichen Arbeitsabläufe oft hinter den Fragen der im „Außendienst" zu erbringenden Leistungen zurück. In der Tat übernimmt der Innendienst die Funktion als eine Servicestelle des Außendienstes, dem eigentlichen Marktleistungsträger. Trotzdem muss beachtet werden, dass die Leistungseffizienz des Außendienstes entscheidend davon abhängt, wie der Betrieb selbst seine Aufgaben erledigt. Wird z. B. ein Objekt in der Zeitung inseriert, woraus sich aufgrund der Anfragen eine große Anzahl von Besichtigungswünschen ergeben, dann sind die vom Außendienst durchgeführten Besichtigungen völlig vergeblich, wenn das Inserat bei den Lesern Erwartungen geweckt hat, die (wie sich bei der Besichtigung erst ergibt) vom Objekt nicht erfüllt werden.

Bei der Organisation des Maklerbetriebes muss stets zwischen den **Aufgabenbereichen** des Innen- und Außendienstes streng unterschieden werden. Auch beim kleinsten denkbaren Maklerbetrieb, der aus der Betriebslogistik immer aus zwei Personen bestehen müsste, hat eine der beiden Personen die Innendienstfunktion und die andere, auf die sich die eigentlichen Maklerleistungen konzentrieren, die Außendienstfunktion. Maklerarbeit ist **„Feldarbeit".** Sie findet vorwiegend nicht im Büro, sondern beim Kunden, den Behörden, Kreditinstituten usw. statt. Die Kunden können nicht wie beim Ladengeschäft zum Betrieb kommen, um die „Ware" zu besichtigen. Sie müssen – wie der sie begleitende Makler – das Objekt, wo es liegt und steht, intensiv in Augenschein nehmen.

Die Grundgliederung des Maklerbetriebes erfolgt nach den Aufgabenbereichen:

- **Verwaltung** (Innendienst)
  Rechnungswesen und Finanzen
  Personal
  Ausstattung
  Material
  Rechtsangelegenheiten

- **Akquisition** („Einkauf" – Außendienst mit **Unterstützung** durch den Innendienst)
  Werbung
  Auftragseinholung
  Objektaufbereitung

- **Marktleistungen** („Verkauf" – Außendienst mit **Unterstützung** durch den Innendienst)
  Nachweis
  Vermittlung
  Beratung, Betreuung, Service

Im Aufgabenbereich der Akquisition wird der Außendienst durch den Innendienst vor allem bei der Werbung und Exposeeerstellung (Objektaufbereitung) unterstützt, im Marktleistungsbereich vor allem durch Angebotsversand (Nachweise) und Terminkoordination (Vereinbarung von Besichtigungs-, Verhandlungsterminen u. dergl.).

Mit zunehmender **Betriebsgröße** findet – wie in anderen Betrieben – beim Maklerbetrieb eine zunehmende Aufgabendifferenzierung statt. In der Maklerbranche überwiegen allerdings die kleineren Betriebe. Folgt man den Zahlen des Betriebsvergleichs des Instituts für Handelsforschung an der Universität in Köln, besteht im Bundesdurchschnitt ein Maklerbetrieb aus fünf Personen (ohne freie Mitarbeiter). Grundlage dieser

Erhebung sind Betriebe, die im RDM organisiert sind. Gelegenheitsmakler und Kleinstmakler sind nicht berücksichtigt.

Im Außendienst werden in Maklerunternehmen oft auch **freie Mitarbeiter** eingesetzt. Sie arbeiten auf der Grundlage einer Provisionsbeteiligung, wenn es infolge ihrer Tätigkeit zu einem Geschäftsabschluss kommt. Ihrem rechtlichen Status nach handelt es sich um **Handelsvertreter** im Sinne des Handelsgesetzbuches. Sie vertreten Maklerunternehmen bei der Auftragsakquisition und der Vertragsvermittlung. Überwiegend handelt es sich bei der Auftragsakquisition um „Abschlussvertreter", die befugt sind, für das vertretene Unternehmen **Maklerverträge** abzuschließen. Im Bereich der Miet- und Kaufvertragsvermittlung übernehmen sie Maklerfunktionen, sind also Vermittler..

Bei Beschäftigung von freien Mitarbeitern ist streng darauf zu achten, dass in den Handelsvertretervertrag keine Regelungen aufgenommen werden, die den Mitarbeiter zum „Angestellten" werden lassen (z. B. Arbeitszeitregelungen, Urlaubsansprüche, vor allem aber Fixgehälter). Ist der Vertrag als Anstellungsvertrag zu werten, treten Arbeitgeberpflichten auf (Abführung der Sozialversicherungsbeiträge, Lohnsteuereinbehalt usw.). Der „freie Mitarbeiter" ist dann „Scheinselbstständiger".

Nach der Definition des Handelsgesetzbuches ist „Handelsvertreter, wer als **selbstständiger Gewerbetreibender** ständig damit betraut ist, für einen anderen Unternehmer Geschäfte zu **vermitteln** oder in dessen Namen **abzuschließen.** Selbstständig ist, wer im Wesentlichen frei seine Tätigkeit gestalten und seine Arbeitszeit bestimmen kann. Wer **nicht** selbstständig ist, gilt als Angestellter".

Betriebsaufbau und Betriebsabläufe müssen so gestaltet werden, dass sie den im Vordergrund stehenden **Kommunikations-** und **Informationsnotwendigkeiten** insbesondere im Akquisitions- und Marktleistungsbereich gerecht werden. Leistungsfähige Telefon-/ Telefaxanlagen (einschl. „Handy"), Makler- und Textprogramme mit der entsprechenden leistungsfähigen Hardware sind wichtige Bestandteile. Da Makler und ihre Mitarbeiter ihr Wissen und Können in einer beschränkt zur Verfügung stehenden Arbeitszeit einsetzen, spielt der **Zeitfaktor** bei der Steuerung der betrieblichen Ablaufprozesse die wichtigste Rolle.

13.3.2 Erlöse und Kosten

In einem ausschließlich auf die Erbringung von Maklerleistungen eingestellten Betrieb sind die Provisionseinnahmen die weitaus überwiegende, wenn nicht gar alleinige Erlösquelle. Zur Minderung des Kosteneinsatzrisikos können Makler auch Vereinbarungen über einen Aufwendungsersatz treffen. Schließlich sind in beschränktem Umfange auch Vergütungsvereinbarungen zulässig, wenn Makler besondere Dienstleistungen erbringen, die außerhalb der üblichen Leistungsbereiche angesiedelt sind.

Provisionen sind frei vereinbar. Es gibt weder eine **„Gebührenordnung"** noch Gebührenrichtlinien. Auch die „Zusammenstellung üblicher Maklergebühren", wie sie etwa von Maklerverbänden herausgegeben werden, haben keinerlei Empfehlungscharakter. Sie geben nur Auskunft darüber, was nach dem Ergebnis einer Umfrage überwiegend an Provisionen vereinbart wird.

Die **Höhe** der von einem Maklerbetrieb vereinbarten Provisionen bestimmt allerdings, zusammen mit anderen Inhalten eines Maklervertrages, den Umfang der Maklerleistungen die erbracht werden können.

Mit den Provisionserlösen müssen nicht nur die **Kosten der Auftragsbearbeitung** (variable Kosten), sondern auch die **„Kosten der Betriebsbereitschaft"** (Fixkosten) abgedeckt werden. Die Auswertungen der Ergebnisse des schon seit 1975 durchgeführten

Betriebsvergleichs des Instituts für Handelsforschung lassen den Schluss zu, dass der Anteil der Fixkosten an den Gesamtkosten der Maklerbetriebe im Schnitt zwischen 65 % und 70 % liegt. Aus den Erlösen aus Maklerleistungen muss also ein relativ hoher **Deckungsbeitrag** für diesen Fixkostenblock abgeführt werden.

Zu den wichtigsten **Fixkosten** des Maklerbetriebes gehören die Personalkosten (wobei kleinere Betriebe besonders stark durch den „Unternehmerlohn" belastet werden). Sie liegen im Schnitt allein zwischen 50 % und 55 % der Gesamtkosten. Innerhalb der **variablen Kosten** fallen vor allem jene für die Werbung ins Gewicht. Sie liegen im Schnitt zwischen 12 % und 18 % der Gesamtkosten.

Maklerleistungen sind **umsatzsteuerpflichtig.** Der Umsatzsteuersatz beträgt 16 %. Nicht der Umsatzsteuer unterliegt die Vermittlung von Darlehen. Da der überwiegende Teil der Auftraggeber der Makler keine Unternehmer in Sinne des Umsatzsteuergesetzes sind, wirkt sich die Umsatzsteuer bei diesen als Verteuerung der Maklerleistung aus.

Die betriebswirtschaftlichen Ergebnisse (Gewinne) der deutschen Maklerbetriebe hängen stark von der jeweiligen konjunkturellen Situation auf dem Immobilienmarkt ab. Nach den langjährigen Ergebnissen des Kölner Instituts für Handelsforschung wird im Schnitt ein Plus zwischen 5 % und 12 % erwirtschaftet. In umsatzschwachen Jahren arbeitete die Branche mit Verlust.

Neben dem betriebswirtschaftlichen Ergebnis gibt es noch eine andere Kennzahl für Maklerbetriebe. Sie spiegelt die Leistungsstärke wider, ohne allerdings einen Schluss auf das finanzielle Ergebnis zuzulassen. Es handelt sich um die **Erfolgswahrscheinlichkeit.** Sie zeigt an, wie hoch der Prozentsatz der erfolgreich vermittelten Aufträge, gemessen an der Zahl aller in einer Geschäftsperiode bearbeiteten Aufträge, war. Ein Maklerbetrieb oder eine Maklergruppe, z. B. ein Maklerverbund, kann auf dem Wege der Ermittlung der Erfolgswahrscheinlichkeit **(„Erfolgsanalyse")** den Erfolg bei den verschiedenen Objektarten, Objektgrößenklassen, Arten der vermittelten Verträge und bei den verwendeten Maklervertragstypen (z. B. einfache und qualifizierte Alleinaufträge) feststellen. Hieraus können wichtige Schlussfolgerungen für die betriebliche Geschäftspolitik gezogen werden.

Der aus der Erfolgswahrscheinlichkeit abgeleitete Erfolgsquotient (die durch 100 dividierte Erfolgswahrscheinlichkeit) ist gleichzeitig ein Faktor, mit dem es möglich ist zu erkennen, zu welchen Bedingungen die Übernahme eines Maklerauftrages sinnvoll ist. Hierzu müssen allerdings noch weitere betriebsstatistische Feststellungen getroffen werden.

Durchschnittliche Betriebswirtschaftliche Ergebnisse der RDM-Maklerbetriebe mittlerer Größe

	Ergebnis			Kostenstruktur		
	1995	1990	1985	1995	1990	1985
Fixkosten	64,7 %	61,2 %	66,8 %	67,0 %	67,7 %	67,4 %
Variable Kosten	29,9 %	26,4 %	30,1 %	31,0 %	29,2 %	30,3 %
ertragsabhängige Kosten*	2,0 %	2,8 %	2,3 %	2,0 %	3,1 %	2,3 %
Gewinn	3,4 %	9,6 %	0,8 %			
	100,0 %	100,0 %	100,0 %	100,0 %	100,0 %	100,0 %

*) Gewerbesteuer

Erfolgsanalyse
Formel: $Eq = \frac{Ew}{100}$
Ew = Erfolgswahrscheinlichkeit Eq = Erfolgsquotient Erfolgsanalyse kann sich beziehen auf die Ermittlung des Anteils **aller** zum Erfolg geführten Aufträge, gemessen an allen bearbeiteten Makleraufträgen (Totalanalyse), oder des Anteils zum Erfolg geführter Aufträge über bestimmte Objekttypen, Typen des vermittelten Vertrages, Maklervertragstypen u.dergl. (Partialanalyse).

13.3.3 Prinzipien des Maklergeschäftes

Um zu verstehen, an welchen Leitbildern sich das Maklergeschäft orientiert, muss man sich mit seinen Prinzipien beschäftigen. Drei dieser Prinzipien ergeben sich aus dem gesetzlichen Leitbild, eines dieser Prinzipien ergibt sich aus einem erst durch Vertrag herzustellenden Leitbild, und ein weiteres Prinzip kennzeichnet die wirtschaftliche Interessenkonstellation zwischen Makler und Auftraggeber.

Die drei Prinzipien, die sich aus dem gesetzlichen Leitbild ergeben, sind das **Erfolgsprinzip**, das **Prinzip der Entscheidungsfreiheit des Auftraggebers** und das **Prinzip der gegenseitigen Unabhängigkeit** (zwischen Makler und Auftraggeber).

Das vierte, nicht in einem gesetzlichen Leitbild verankerte Prinzip, ist das **Neutralitätsprinzip**, und das fünfte – wirtschaftliche – ist das **Prinzip der Interessenidentität** (zwischen Makler und Auftraggeber).

– Erfolgsprinzip

Das Erfolgsprinzip besagt, dass der Makler nicht für seinen Zeit- und Kosteneinsatz im Interesse des Auftraggebers entschädigt wird, sondern nur für den Fall des Eintritts des Erfolges. Der Erfolg ist gleichzusetzen mit dem Zustandekommen eines wirksamen Vertrages.

Die für den Erfolgsfall vereinbarte Provision wird bei Eintritt dieses Erfolges also unabhängig davon geschuldet, ob der Vertragsabschluss den Makler nur einige Telefongespräche und eine Objektbesichtigung oder eine wochenlange intensive Auftragsbearbeitung mit fünfzig Objektbesichtigungen und zehn Inserateschaltungen gekostet hat. Eine Ausrichtung der Provisionshöhe nach den Kosten würde einer Aushöhlung des Erfolgsprinzips gleichkommen.

Die Wirksamkeit des Erfolgsprinzips kann zwar durch die Vereinbarung eines **Aufwendungsersatzes** für den Nichterfolgsfall eingeschränkt, aber nicht ganz beseitigt werden.

Weil der Auftraggeber weiß, dass er dem Makler **nur** im Erfolgsfall Provision bezahlen muss, ist dies für ihn **einer** der Gründe, einen Makler einzuschalten.

Beispiel für die Wirksamkeit des Erfolgsprinzips zugunsten des Auftraggebers:

> Der Makler erhält einen Auftrag zum Verkauf eines Einfamilienhauses. Zwischen ihm und dem Auftraggeber wird als Preis ein Betrag von 450.000 DM festgelegt. Dem Makler gelingt es während der Auftragslaufzeit nicht, zu diesen Bedingungen einen abschlussbereiten Interessenten beizubringen. Der beste Interessent bietet nur

420.000 DM. Der Verkäufer lehnt ab. Die Bearbeitung des Auftrages führte nicht zum Erfolg und damit zu keinem Provisionsanspruch.

Der Makler hat die Möglichkeit, seine Geschäftspolitik so auszurichten, dass die Erfolgswahrscheinlichkeit nahe an die 100 % herankommt. Er muss nur darauf achten, dass die **Objektangebotsbedingungen,** zu denen er Aufträge annimmt, stets **marktrealistisch** sind. Andere Aufträge muss er ablehnen, wenn er die im Beispiel dargestellten Auswirkungen des Erfolgsprinzips vermeiden will.

– Prinzip der Entscheidungsfreiheit

Dieses Prinzip wird oft als ein Bestandteil des Erfolgsprinzips angesehen, was aber dazu führt, dass die unterschiedlichen Konsequenzen aus der Wirksamkeit beider Prinzipien nicht mehr richtig erkannt werden.

Das Erfolgsprinzip gilt beispielsweise auch beim Werkvertrag. Wer einen Schreiner beauftragt, einen Schrank herzustellen, ist auch nur dann zur Entrichtung des „Werklohnes" verpflichtet, wenn der Schreiner den Schrank mängelfrei hergestellt hat. In einem wichtigen Punkt unterscheiden sich aber Werk- und Maklervertrag. Der Schreiner verpflichtet sich einerseits zur Herstellung und der Besteller andererseits zur Abnahme des Schrankes. Beim Maklervertrag wird weder der Makler zur Erbringung noch der Auftraggeber zur Abnahme erbrachter Maklerleistungen verpflichtet.

Beispiel für die Wirksamkeit des Prinzips der Entscheidungsfreiheit des Auftraggebers:

> Im Gegensatz zum vorherigen Beispiel, in dem die Wirkung des Erfolgsprinzips demonstriert wurde, gelingt es dem Makler jetzt, einen kaufbereiten Interessenten zum **vereinbarten Kaufpreis** herbeizubringen. Der Auftraggeber aber will nun aus familiären Gründen das Haus nicht mehr verkaufen. Er muss also die Maklerleistung – Herbeibringung eines abschlussbereiten Interessenten – nicht abnehmen.

Nicht die Fehleinschätzung des Preises durch den **Makler,** sondern der Sinneswandel des **Auftraggebers** ist hier Ursache des Nichterfolges. Auch in diesem Fall muss der Makler seine Kosten aus eigener Tasche bezahlen. Der Sinneswandel des Auftraggebers führt auch nicht zu irgendwelchen Schadenersatzansprüchen, weil dieser sich gewissermaßen legitim „willkürlich" verhalten hat. Nur wenn die Beauftragung des Maklers selbst schon gegen den Grundsatz von Treu und Glauben verstoßen hätte (z. B. Beauftragung des Maklers, obwohl schon zu diesem Zeitpunkt überhaupt keine Verkaufsabsicht bestand), wären Schadenersatzansprüche denkbar.

Weil der Auftraggeber die Maklerleistung nicht abnehmen muss, obwohl ein kaufbereiter Interessent gefunden war, ergeben sich für ihn viele legitime Verhaltensmöglichkeiten. Er kann jederzeit eine Vielzahl von Maklern zum Verkauf einschalten, die Angebotsbedingungen ändern, die Verkaufsabsicht aufgeben, mit bestimmten Interessenten nicht verhandeln usw. Inwieweit die Auswirkungen des Prinzips der Entscheidungsfreiheit des Auftraggebers abgemildert werden können, ist im Gegensatz zum Erfolgsprinzip somit keine Frage der Objektangebotsbedingungen. Es handelt sich vielmehr um den Regelungsbereich der **Maklervertragsbedingungen.**

Diese Auswirkungen können begrenzt werden vor allem durch Vereinbarung eines **Alleinauftrages.** Durch ihn wird der Auftraggeber verpflichtet, auf sein sonst gegebenes Recht, mehrere Makler einzuschalten, zu verzichten.

– Prinzip der gegenseitigen Unabhängigkeit

Dieses Prinzip sichert die **Drittstellung** des Maklers. Ist er von einer der beiden Marktparteien wirtschaftlich (durch ein Beteiligungsverhältnis) oder rechtlich (etwa durch ein Anstellungsverhältnis) abhängig, verliert er seine Drittstellung. Er wird der Partei zugerechnet, von der er abhängig ist. Schon eine Beteiligung von 20 % am Unternehmen des Auftraggebers macht den Makler zur „Partei".

Das gleiche gilt, wenn der Makler eine der beiden Parteien wirtschaftlich oder rechtlich „beherrscht“. Auch dadurch büßt er seine Drittstellung ein, weil diese Partei keine vom Makler unabhängige Entscheidungsmöglichkeit in der entsprechenden Geschäftsangelegenheit hat.

Das Prinzip spielt eine große Rolle in der sog. „Verflechtungsrechtsprechung“.

Beispiel:

> Ein Bauträger beauftragt eine Makler-GmbH, an deren Stammkapital er mit 50 % beteiligt ist, seine im Bau befindlichen Reihenhäuser anzubieten und Kaufverträge zu vermitteln. Die Makler-GmbH kann in diesem Fall vom Käufer eines Hauses keine Provision verlangen, da sie durch die Bauträgerbeteiligung ihre „Drittstellung“ verloren hat. Da die Makler-GmbH durch das Beteiligungsverhältnis stets die Interessen des Bauträgers im Auge behalten muss, verliert sie ihre Fähigkeit, Maklerleistungen **zugunsten** des Erwerbers zu erbringen. Die Makler-GmbH repräsentiert die Interessen der Verkäuferseite. Sie wird ihr zugerechnet.

Natürlich kann in diesem Fall der **Bauträger** der Makler-GmbH „Provision“ bezahlen. Ihrem Charakter nach handelt es sich allerdings nicht um eine **Maklergebühr** im klassischen Sinne, sondern um eine „Vertriebsprovision“, wie sie sonst etwa Handelsvertretern gewährt wird.

Das Prinzip der gegenseitigen Unabhängigkeit spielt aber nicht nur eine Rolle bei wirtschaftlichen oder rechtlichen Verflechtungen zwischen Unternehmen. Auch eine Ehepartner- oder Verwandtenbeziehung kann zur Folge haben, dass Ehepartner/Verwandte in ihrer Eigenschaft als Makler dessen, zu dem diese enge familiäre Beziehung besteht, nicht in der Lage sind, den Interessen der anderen Auftraggeberseite gerecht zu werden. Allerdings kann dies nicht vornherein unterstellt werden. Es ist immer eine Prüfung des Einzelfalls erforderlich.

Schließlich kann auch ein wohl nur höchst selten anzutreffendes Vorliegen eines Arbeitgeber-/Arbeitnehmerverhältnisses (unabhängig davon, ob der Makler Arbeitnehmer oder Arbeitgeber ist) provisionsschädlich sein, wenn z. B. der Makler, der gleichzeitig Arbeitnehmer ist, die Wohnung seines Arbeitgebers vermitteln soll.

Wichtig ist zu erkennen, dass die Rechtsprechung, dem Grundgedanken einer Maklertätigkeit entsprechend, eine ähnliche Unabhängigkeit des Maklers von seinem Auftraggeber fordert, wie sie einen „**Frei**berufler“, z. B. Anwalt, Architekt, Steuerberater, Arzt, auszeichnet. Der Makler bleibt zwar Gewerbetreibender, rückt in dieser Hinsicht aber in die Nähe eines freien Berufes.

– Neutralitätsprinzip

Dieses Prinzip ist nur im Zusammenhang mit jener „Maklerauffassung“ zu beachten, nach der der Makler den Interessen beider Seiten in einem ausgewogenen Verhältnis gerecht werden soll. (Siehe „Vermittlungsfunktion des Maklers“ 13.1) Er verlangt von beiden Seiten Provision nicht in dem Sinne, dass er **zweimal eine** verdiente Provision verlangt, sondern dass **eine** Provision auf **zwei** Parteien aufgeteilt wird, weil die Maklerleistung beiden Parteien zugute kommt.

Das Neutralitätsprinzip ist vor allem beim **Vermittlungsmakler** zu berücksichtigen, wenn er mit beiden Marktparteien in eine Maklervertragsbeziehung tritt. Am Ende eines erfolgreich abgewickelten Vermittlungsgeschäftes muss **jede** der beiden Parteien das Bewusstsein haben, dass das Vermittlungsergebnis ausgewogen ist und keine Seite zu Lasten der anderen unangemessene Vorteile aus dem Geschäftsabschluss zieht.

In der Zeit vor dem 19. Jahrhundert, als Makler in der Regel noch eine halbamtliche Position hatten und darauf vereidigt wurden, und vor allem dort, wo die Gesamtheit der Makler ein Vermittlungsmonopol hatte (wie heute die Anwälte weitgehend ein Rechtsberatungsmonopol), galt das Neutralitätsprinzip zwingend. Heute setzt seine Geltung voraus, dass Makler sich durch Gestaltung von Vertragsbeziehungen zu beiden Auftraggebern in die Position der Neutralität begeben.

– Prinzip der Interessenidentität

Das Interesse des Auftraggebers eines Maklers ist zum Zeitpunkt der Auftragserteilung **identisch** mit dem Interesse des Maklers. **Beide** wollen den Erfolg, nämlich den Vertragsabschluss. Der Makler muss **aus eigenem Interesse** dem **legitimen Interesse des Auftraggebers** gerecht werden, weil er nur dann eine Maklerprovision verdient. Ist der Auftraggeber ein Objektverkäufer, will er durch die Einschaltung eines Maklers sein Ziel, den Objektverkauf, erreichen. Der Makler muss innerhalb der ihm zur Verfügung stehenden Zeit einen abschlussbereiten Interessenten finden und mit dem Auftraggeber bekannt machen. Schließt dieser dann (auch nach Ablauf des Maklervertrages) mit dem Interessenten einen notariellen Kaufvertrag über sein Objekt ab, ist der durch die Maklereinschaltung beabsichtigte Erfolg eingetreten.

Das Prinzip der Interessenidentität hat für das Maklergeschäft eine gravierende wirtschaftliche Bedeutung. Der Makler muss sich immer der Tatsache bewusst sein, dass er für seinen Auftraggeber ein um so **wichtigerer** Vertragspartner ist, je höher die Wahrscheinlichkeit ist, mit der er dessen Verkaufsinteresse gerecht wird.

Das bedeutet konkret: Die Bedingungen, zu denen das Objekt des Auftraggebers angeboten und der Makler Leistungen erbringen soll, müssen so beschaffen sein, dass der Makler zu einem **Erfolgsoptimum** gelangt.

Das Ansetzen eines überhöhten Verkaufspreises beeinträchtigt die Interessen von Auftraggeber und Makler gleichermaßen. Das Gleiche gilt für die Vereinbarung von Maklervertragsbedingungen, die den betriebswirtschaftlichen Aktionsradius des Maklers verringern. Kann sich der Makler mit mehr Zeit- und Geldeinsatz der Auftragsbearbeitung widmen, erreicht er den Erfolg schneller und mit größerer Wahrscheinlichkeit als in einem Fall, in welchem dem Makler nicht viel mehr übrig bleibt, als auf den Zufall zu vertrauen.

In der Praxis hat sich deshalb bei den professionell arbeitenden Maklern ein Maklervertrag in den beiden Varianten des „einfachen" und des „qualifizierten" Alleinauftrages als Regelauftrag durchgesetzt, der allerdings kein Maklervertrag im Sinne des BGB, sondern ein „Maklerdienstvertrag" ist. Der Dienstvertragsbestandteil besteht in der Verpflichtung des Maklers, für den Auftraggeber tätig zu werden, die beim BGB-Maklervertrag nicht gegeben ist.

13.3.4 Auftragsakquisition des Maklers

Auftragsakquisition ist die Hereinholung von Maklleraufträgen zu Bedingungen, die einen positiven Beitrag zum Betriebsergebnis erwarten lassen. Aus dieser Begriffsdefinition ergibt sich unmittelbar, dass nicht jeder Auftrag, der einem Makler erteilt wird, dem gerecht wird, was unter Auftragsakquisition verstanden werden muss. Der Grundsatz gilt sowohl für Aufträge, die von Objektanbietern als auch von Interessenten, die ein Objekt suchen, erteilt werden.

– Objekt- und Interessenakquisition

Makler denken überwiegend vom Objekt her. Sie suchen für Objekte, die verkauft oder vermietet werden sollen, Interessenten und lassen sich Alleinaufträge geben. Ebenso könnten Makler aus der Perspektive der Interessentenseite ihr Maklergeschäft betreiben. Sie könnten z. B. in einem konkret umschriebenen Auftrag für einen Miet- oder Kaufinteressenten eine Wohnung suchen und sich hierfür einen Suchalleinauftrag geben lassen.

Es gibt auch keinerlei gesetzliche Vorgaben für die eine oder andere Richtung. Lediglich im öffentlichen Maklerrecht (Gewerbeordnung, Makler-Bauträger-Verordnung) wird der Begriff des „Auftraggebers" beschränkt auf die Interessentenseite, der nach einer Auslegung die „Verbraucherfunktion" zukommen soll. Sie beschreibt aber lediglich die Pflichten in der Berufsausübung gegenüber den Interessenten, ohne damit die Pflicht zu verbinden, mit Interessenten stets Auftragsverhältnisse eingehen zu müssen.

Weil die Interessentenakquisition in der beruflichen Praxis der Makler nur eine geringe Bedeutung hat, beschränken sich die nachfolgenden Überlegungen auf die **Objektakquisition.**

– Aktive und passive Auftragsakquisition

Die Unterscheidung zwischen aktiver und passiver Auftragsakquisition bezieht sich auf die Position des Maklers im Akquisitionsgeschehen. Ist der Makler der „aktive" Teil, der an Objektanbieter herantritt, damit diese einen Auftrag erteilen (der Makler **bewirbt** sich um den Auftrag), dann spricht man von aktiver Auftragsakquisition.

Sucht der Objektanbieter einen Makler, der für ihn tätig werden soll, spricht man von passiver Auftragsakquisition. Der Makler **nimmt** einen ihm angetragenen Auftrag **an.**

Aus der Sicht des Maklers ist die **aktive** Auftragsakquisition die schwierigere Akquisitionsmethode, weil der Makler sich in eine Bewerberkonkurrenz begibt. Bei der passiven Auftragsakquisition hat sich der mögliche Auftraggeber bereits unter mehreren Vergabemöglichkeiten für den angesprochenen Makler entschieden. Die Methode der passiven Auftragsakquisition setzt voraus, dass der Makler in den Augen des möglichen Auftraggebers ein öffentliches Vertrauen besitzt. („Diesem Makler kann man den Verkauf eines Objektes anvertrauen.")

Die passive Auftragsakquisition ist deshalb eine „Methode" (Vorgehensweise), weil der Makler durch eine entsprechende Unternehmenspolitik sich in eine Marktposition begeben kann, die ihn gegenüber der Konkurrenz bei den Auftraggebern, die einen Makler suchen, in eine Vorteilsposition bringt.

Der Makler kann z. B. durch eine langfristig durchgehaltene **Firmenwerbung** einen Bekanntheitsgrad anstreben, der ihn zum gesuchten Geschäftspartner macht.

– Potenzielle und aktuelle Marktteilnehmer

Wir unterscheiden zwei unterschiedliche „Akquisitionsfelder". Die Bemühungen des Maklers können sich auf **aktuelle** oder **potenzielle** Marktteilnehmer richten.

Unter aktuellen Marktteilnehmern versteht man solche, die sich bereits am Immobilienmarkt mit ihrem Angebot oder ihrer Objektnachfrage befinden.

Potenzielle Marktteilnehmer sind **„Marktteilnehmer von morgen".** Für ihre Zurechnung zu diesem Personenkreis ist deren objektive gegenwärtige Situation maßgeblich. Es kann mit einer hinreichenden Wahrscheinlichkeit damit gerechnet werden, dass sie in absehbarer Zeit auf dem Markt als Anbieter oder Nachfrager auftreten.

Die Unterscheidung im Rahmen der Auftragsakquisition ist wichtig, weil der Akquisitionserfolg eines Maklers auch davon abhängt, zu welchem **Zeitpunkt** die Geschäftsbeziehung angebahnt wird. Je früher, desto besser. Der erste Makler hat stets einen Akquisitionsvorsprung.

Beispiel:

> Hat z. B. ein Landwirt einen Makler kennen gelernt, von dem er positiv beeindruckt ist, **bevor** er sich entschließt, zu Bauland gewordene Grundstücke zu verkaufen, ist die Wahrscheinlichkeit groß, dass er sich an diesen und keinen anderen Makler wen-

det. Hätte diese Beziehung zu diesem Zeitpunkt noch nicht bestanden, würde die Wahrscheinlichkeit für die Erteilung eines Auftrages an diesen Makler erheblich geringer sein. Der Makler hatte in diesem Fall zu einem Zeitpunkt Beziehungen zu diesem Landwirt aufgenommen, als ein Verkauf der Grundstücke noch gar nicht spruchreif war (weil es z. B. noch keinen Bebauungsplan gab). Die Geschäftsbeziehung, die vom Landwirt aufgenommen wurde (daher passive Auftragsakquisition), entstand aus einer vorher schon bestehenden zwischenmenschlichen Beziehung.

Es gibt eine große Anzahl von Gruppen potenzieller Marktteilnehmer, angefangen von Erbengemeinschaften, die das in Immobilien bestehende Erbgut verkaufen wollen, bis hin zu Eigentümern von Mietwohnblocks, in denen immer wieder Wohnungen zur Vermietung anstehen.

– Vorgang der Akquisition

Die Auftragsakquisition beginnt mit der **Kontaktaufnahme** zum Marktteilnehmer mit dem Ziel, jetzt oder (bei potenziellen Marktteilnehmern) zu einem späteren Zeitpunkt einen Maklerauftrag zur Objektvermittlung zu erhalten. Bei potenziellen Marktteilnehmern muss der Kontakt bis zu dessen Markteintritt gepflegt werden.

Im Regelfall nimmt der „Akquisitionsprozess“, d. h. der Weg zum Auftrag, folgenden Verlauf:

- **Besichtigung eines Objektes.** Die Besichtigung erfolgt am besten mit einem Grundrissplan, um Abweichungen zwischen der Planzeichnung und dem tatsächlichen Objektbestand zu erkennen.
- **Erfassung** der Objektdaten. Sie sind Grundlage für die spätere Erstellung eines Exposees.
- **Objektgrobanalyse** als Vorbereitung für die Bestimmung der Zielgruppe für das Angebot und des erzielbaren Preises. Grundlage der Analyse sind das Ergebnis der Objektbesichtigung und die Objektdaten.
- Vereinbarung des **Preisansatzes,** zu dem das Objekt angeboten werden soll. Ziel: Der Preisansatz muss **marktrealistisch** sein.
- Abschluss des **Maklervertrages.** Ziel: Die Vertragsbedingungen müssen eine intensive Auftragsbearbeitung ermöglichen.

Bei diesem Verlauf handelt es sich um eine **logische** Vorgehensweise. Die zuverlässige Datenerfassung setzt eine genaue Objektbesichtigung voraus. Eine Objektgrobanalyse ist erst denkbar nach Besichtigung und Datenerfassung. Erst wenn man sich ein Bild darüber gemacht hat, für welche Interessentenschicht das Objekt besonders geeignet und auf welchem Markt es am besten anzubieten ist, kann eine Vorstellung über den erzielbaren Preis gewonnen werden. Wenn schließlich darüber Einigkeit erzielt wurde, hat es Sinn, die Maklervertragsbedingungen auszuhandeln.

– Maklervertragsabschluss

Beim Abschluss des Maklervertrages geht es darum, die Erbringung der sich darauf gründenden Maklerleistungen durch ein Provisionsversprechen des Auftraggebers im Erfolgsfall rechtlich abzusichern.

Ein Maklervertrag bedarf in der Regel keiner **Form.** Er kann also auch mündlich oder durch schlüssiges Verhalten zustande kommen. Bei der Vertragsbeziehung zwischen Makler und Interessent ist diese Vertragsform auch oft anzutreffen. Ihr Nachteil liegt darin, dass die Absprache vom Makler nicht bewiesen werden kann, wenn der Auftraggeber sie bestreitet. Beweispflichtig ist stets derjenige, der eine Forderung stellt.

Das Vertragsverhältnis zwischen dem Objektanbieter – sofern er sich zur Provisionszahlung verpflichten soll – und dem Makler wird in der Praxis überwiegend unter Einsatz von **Vertragsformularen** begründet. Wie schon gezeigt, liegt es gleichermaßen im Interesse des Auftraggebers und des Maklers, die Vertragsbedingungen so zu gestalten, dass dem Makler unter wirtschaftlichen Gesichtspunkten ein hoher Zeit- und Kosteneinsatz zur Herbeiführung des Erfolges möglich ist. Normalerweise ist dies nur bei Makler-Alleinaufträgen der Fall. Wie ebenfalls schon erwähnt, ist zu unterscheiden zwischen dem einfachen und dem so genannten qualifizierten Alleinauftrag.

Einfache Alleinaufträge, bei denen der Auftraggeber während der Laufzeit des Vertrages auf die Einschaltung weiterer Makler verzichtet, können mit Hilfe eines Formulars wirksam vereinbart werden (siehe Formularbeispiel auf Seite 826). **Qualifizierte Alleinaufträge,** bei denen der Makler zur ausschließlichen Bezugsperson in Sachen Objektverkauf wird, müssen im Einzelnen ausgehandelt werden. Man spricht von **„Individualvereinbarung“.**

Diese Prozedur ist deshalb erforderlich, weil es kein gesetzliches Leitbild zum Alleinauftrag gibt, an dem sich die Rechtsprechung orientieren könnte. Leitbild ist ausschließlich die gesetzliche Vorschrift über das Provisionsversprechen nach § 652 BGB. Diesem Leitbild aber widerspräche es, wenn eine Provision unabhängig davon vereinbart würde, ob der zustande kommende Vertrag auf die Tätigkeit des Maklers zurückzuführen ist. Dies aber ist genau das Merkmal eines qualifizierten Alleinauftrages.

BGB § 652

Der Grundgedanke des qualifizierten Alleinauftrages liegt darin, dass die **Leistungspflichten** des Maklers zugunsten des Auftraggebers im Vordergrund stehen. Über den Makler laufen alle Verhandlungen. Er verpflichtet sich, das gesamte Verkaufsgeschehen bis zum Vertragsabschluss zu lenken und alle damit zusammenhängenden Einzelmaßnahmen zu koordinieren. Dieser Vertrag müsste deshalb überwiegend nicht nach makler-, sondern nach dienstvertraglichen Gesichtspunkten beurteilt werden. Dem steht aber die Rechtsdogmatik im Wege. Der qualifizierte Alleinauftrag bedarf deshalb einer **Individualvereinbarung,** also einer Vereinbarung, bei der die einzelnen Vertragsteile detailliert ausgehandelt werden.

Eine Individualvereinbarung kommt nur zustande, wenn beide Vertragspartner erkennbar die Möglichkeit haben, im Wege des Verhandelns ihrem Vertragswillen Geltung zu verschaffen und dies von der jeweils anderen Seite auch akzeptiert wird. Wer Formulare einsetzt, verlässt diese Verhandlungsebene. Er gibt zu erkennen, dass er nur gewillt ist, auf der Basis dieses vorformulierten Vertrages Geschäfte abzuschließen. Dem Vertragspartner wächst in solchen Fällen der Schutz des AGB-Gesetzes zu.

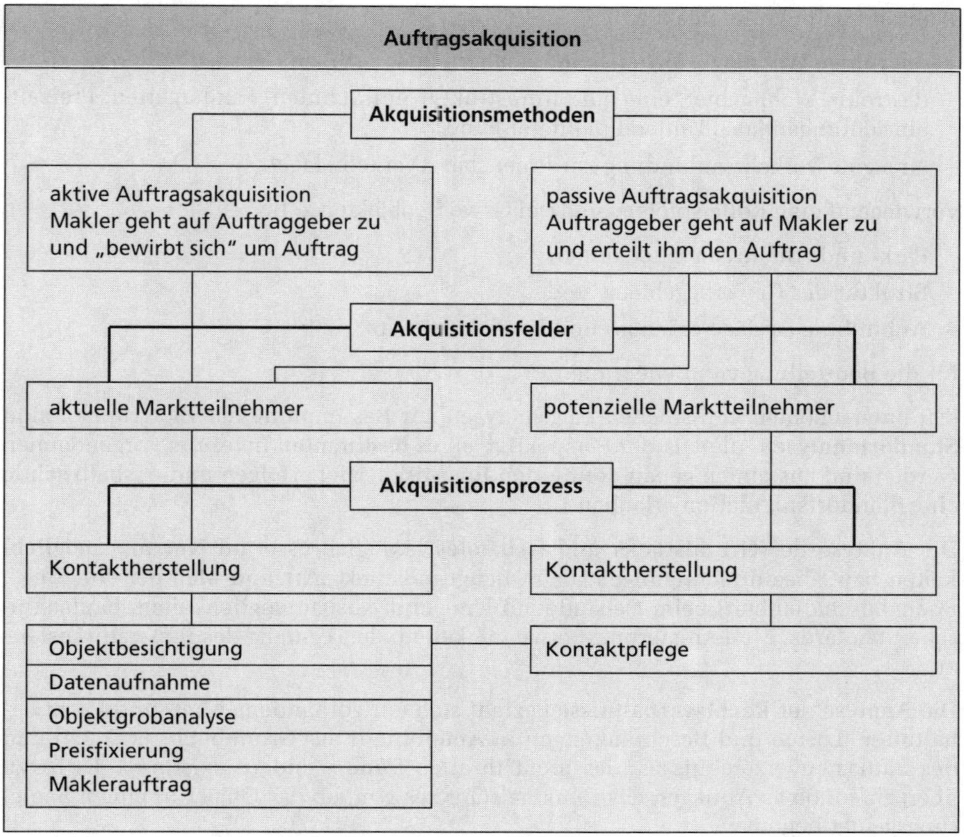

13.3.5 Objektanalyse

Schon bei der Auftragsakquisition wurde dargestellt, dass es nach erfolgter Besichtigung des Objektes und Aufnahme der Objektdaten wichtig ist, eine Grobanalyse durchzuführen. Deren Ziel ist es, eine Vorstellung über die Zielgruppe zu bekommen, die mit dem Angebot angesprochen werden soll.

Eine genaue **Detailanalyse** wird überwiegend erst nach Auftragsannahme durchgeführt. In manchen Fällen wird der Maklerauftrag erst nach der genauen Objektanalyse und der Objekteinwertung durch den Makler erteilt. In der Regel handelt es sich dabei um größere Liegenschaften, die unterschiedliche Nutzungsmöglichkeiten bieten. Die Aufgabe des Maklers besteht dann darin, Verwertungskonzepte zu entwickeln, von denen eines in Abstimmung mit dem Auftraggeber beim Verkauf werblich herausgestellt wird. Die diesem Konzept entsprechende Zielgruppe steht im Vordergrund bei der Selektion der Interessenten.

– Inhalt der Objektanalyse

Die Objektanalyse bezieht sich auf die **Lage** des Objektes, die Eigenschaften und Größenverhältnisse des **Grundstücks und Gebäudes,** die **Rechtsverhältnisse,** die **Wirtschaftlichkeit** und **Kapitalrentabilität** des Objektes.

Ziel der **Lageanalyse** ist es, die besonderen Lagemerkmale zu erfassen und im Hinblick auf mögliche Zielgruppen zu beurteilen. Man geht von der **Art** des Objektes aus. Bei Objekten für wohnliche Eigennutzung z. B. dominieren andere, für die Objektbeurteilung wichtige Lagemerkmale als bei Gewerbeobjekten. Stets werden die örtlichen Verhältnisse, das Umland und die Verkehrslage in die Analyse einbezogen.

Während beim Wohnobjekt z. B.

- die ruhige Wohnlage, angenehme Nachbarn (also örtliche Gegebenheiten),
- das reine Wohngebiet, eine gute Infrastruktur mit Schulen, Kindergärten, Freizeiteinrichtungen (also Umlandqualitäten) und
- eine gute Verkehrsanbindung zur Innenstadt (Verkehrslage)

vorwiegend eine Rolle spielen, sind bei Gewerbeobjekten z. B.

- Park- und Anfahrtsmöglichkeiten,
- Struktur des Gewerbegebietes und
- Anbindung an das Schienen- und Fernstraßennetz

für die Beurteilung von Bedeutung.

(Zu unterscheiden von solchen Lageanalysen zur Bestimmung der Zielgruppen sind **Standortanalysen,** die aus der Perspektive eines **bestimmten** Investors vorgenommen werden und aus einem genau definierten Investitionsziel erfolgen und deshalb schon eine Standortkalkulation erlauben.)

Die Analyse des **Grundstücks und Gebäudes** lässt Schlüsse auf **Nutzungsmöglichkeiten** bzw. -beeinträchtigungen (beim Baugrundstück „Art und Maß der Nutzung", Bodenbeschaffenheit) beim Gebäude auf Um- und Ausbaumöglichkeiten, bautechnische Standards, Modernisierungsnotwendigkeiten, den Umfang des Reparaturanstaus zu.

Die Analyse der **Rechtsverhältnisse** bezieht sich auf vorhandene Miet- und Pachtverhältnisse, Lasten und Beschränkungen in Abteilung II des Grundbuchs (s. 2.2.4) und des Baulastenverzeichnisses (das nicht in allen Bundesländern existiert!). Es ist zu überprüfen, ob es Auflagen des Denkmalschutzes gibt, ob das Objekt in einem Sanierungsgebiet liegt usw.

– Zweck der Objektanalyse

Die Objektanalyse dient der Zielgruppenfindung, der Bewertung des Objektes und als Datengrundlage für das Werbekonzept (Inserat und Exposee).

Bei Kapitalanlegern spielt in erster Linie die Frage der **Rentabilität** des einzusetzenden Kapitals und die Wirtschaftlichkeit des Objektes eine Rolle. Soll diese Käuferschicht mit einem Objekt angesprochen werden, dann erfordert dies eine **Analyse** der **Nachhaltigkeit** der **Erträge** und der **Aufwendungen,** der **steuerlichen** Ersparnismöglichkeiten sowie der wirtschaftlichen **Entwicklungsmöglichkeiten** des Objektes.

Die **Bewertung** des Objektes dient der Überprüfung des Preisansatzes. Auch sie erfolgt zielgruppenorientiert, d. h. von den für das jeweilige Objekt in Frage kommenden Interessenten her. Es ist völlig klar, dass es hier erhebliche Unterschiede geben kann. Aufgabe des Maklers ist es, für das in Auftrag übernommene Objekt nicht „irgendeinen", sondern **den Interessenten** zu finden, dessen Vorstellungen das Objekt am ehesten entspricht.

BauGB § 194 Im Unterschied zur Ermittlung des Verkehrswertes, bei der „ungewöhnliche oder persönliche Verhältnisse" außer Betracht bleiben müssen, hat ein Makler gerade auch auf die Besonderheiten Rücksicht zu nehmen, die die Interessenlage des Objektanbieters und des für das Objekt besonders geeigneten Interessenten kennzeichnen.

Schließlich dient die Objektanalyse auch der Erstellung eines objekt-/zielgruppenbezogenen **Werbekonzepts**, wobei im Mittelpunkt die textliche und bildliche Gestaltung des Objektinserates und des Exposees steht.

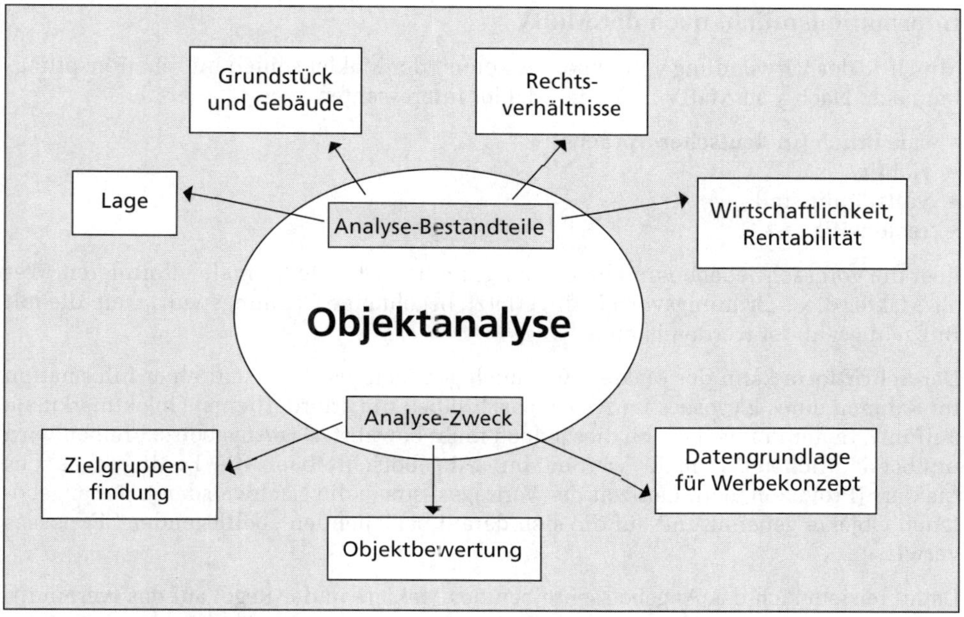

13.3.6 Das Maklerexposee

Mit Verwendung von Exposees erfüllt der Makler vier Aufgaben. Man spricht auch von den vier **Exposeefunktionen.**

- Das Exposee vermittelt die zum Objektangebot gehörenden **Sachinformationen.** Damit erfüllt der Makler auch seine Informationspflicht gegenüber Interessenten für Objekte nach § 11 MaBV. MaBV § 11
- Durch Einsatz von Exposees trägt der Makler zur Schaffung von **Markttransparenz** bei. Er erfüllt damit seine volkswirtschaftliche Informationsfunktion.
- Das Exposee dient als **Werbemittel** für das Objekt im Rahmen der „Objektwerbung".
- Schließlich kann das Objekt auch als Mittel der **Firmenwerbung** (Imagewerbung) eingesetzt werden (Nebenaspekt).

– Exposee: Mittel zur Sachinformation

Seit In-Kraft-Treten der Makler-Bauträger-Verordung (MaBV), die dem Makler die Information der Interessenten für Objekte über eine Reihe von Objektmerkmalen vorschreibt, ist das Exposee zu einem unverzichtbaren Informationsmedium geworden. Mit dem Exposee erfüllt der Makler seine vom **Verbraucherschutz** her gebotene Funktion, über den Markt konkret zu informieren. MaBV § 11 MaBV § 10

Im Gegensatz zum **Prospekt,** in dem **„Vorhaben",** also z. B. Bauvorhaben („Projekte"), beschrieben werden, bezieht sich das Exposee auf die Darstellung der wichtigsten Merkmale eines bereits vorhandenen Objektes. Es kann vom Interessenten jederzeit in Augenschein genommen werden. Auf das Exposee finden infolgedessen die strengen Vorschriften zur Prospekthaftung keine Anwendung. Der Gesetzgeber geht davon aus, dass im Normalfall die wichtigste Entscheidungsgrundlage für den Erwerb einer Immobilie die Besichtigung ist.

Das Exposee ist aber einerseits eine wichtige **Vorabinformation** über das Objekt und andererseits eine wichtige **Ergänzung** der Erkenntnisse, die sich aus der Besichtigung ergeben haben. (Über den **Umfang** der vorgeschriebenen Exposeeinformation s. 13.1)

Informationspflicht nach der MaBV

Mit Hilfe der Verwendung von Exposees kommt der Makler seinen Informationspflichten nach. Nach § 11 MaBV muss der Makler Interessenten

- **schriftlich (in deutscher Sprache)**
- **richtig**
- **vollständig** und
- **rechtzeitig**

über die vorgeschriebenen und bereits dargestellten Objektmerkmale informieren. Wer als Makler diese Ordnungsvorschrift verletzt, begeht eine Ordnungswidrigkeit, die mit Bußgeld geahndet werden kann.

Der **Schriftform** kann der Makler zwar auch genügen, wenn er statt einer Information im Rahmen eines Exposees im Angebotsschreiben die erforderlichen Objektmerkmale aufführt. In der Praxis hat sich dies jedoch nicht bewährt. Das Angebotsschreiben wird unübersichtlicher. Vielmehr werden im „Angebotschreiben" die Bedingungen des Maklers (Provision, evtl. Laufzeit des Vertrages) sowie die Nachweisdaten der angebotenen Objekte genannt und auf die sich darauf beziehenden „beiliegenden" Exposees verwiesen.

Damit bezieht sich das Angebotsschreiben des Maklers in der Regel auf das (verbindliche) Angebot eines **Maklervertrages,** verbunden mit Objektnachweisen, während das Exposee das (unverbindliche) **Objektangebot** mit den wichtigsten Objektdaten darstellt.

Richtig informieren heißt, die Objektmerkmale so darstellen, dass sie mit der Wirklichkeit übereinstimmen. Im Allgemeinen wird sich der Makler auf die Angaben des Objektanbieters verlassen können. Die persönlich vorgenommene gründliche Objektbesichtigung ist aber trotzdem notwendig, weil nur auf diese Weise eine gewisse Kontrolle der Angaben des Objektanbieters möglich ist. Außerdem hat es sich als zweckmäßig erwiesen, dass der Makler sich die Objektunterlagen, zumindest eine Kopie davon, aushändigen lässt, soweit sich aus ihnen die für die Kundeninformation wichtigen Objektdaten ergeben.

Die Vorschrift zur richtigen Objektinformation kann zivilrechtliche Auswirkungen haben. Für falsche Angaben im Exposee **haftet** der Makler, wenn ein Interessent auf dieser Kenntnisgrundlage ein Objekt erwirbt. Zwar wird im Verhältnis Verkäufer/Käufer im notariellen **Kaufvertrag** in der Regel bei Bestandsimmobilien eine Gewährleistung ausgeschlossen. Der Haftungsanspruch des Käufers gegenüber dem Makler aus dem **Maklervertrag** bleibt davon aber unberührt.

Vollständig ist die Exposeeinformation bereits dann, wenn die unter 13.1 aufgezählten Objektmerkmale im Exposee enthalten sind. Wie schon ausgeführt, reicht in der Praxis diese Information für eine Kauf- oder Mietentscheidung allein nicht aus. Sie müssen also noch ergänzt werden. Dabei kommt es darauf an, welche Informationen gerade für den Personenkreis wichtig sind, dem das Objekt angeboten werden soll.

Die MaBV nennt **zwei** Zeitpunkte, zu denen die Interessenten für ein Objekt **spätestens** informiert sein müssen. Über die Maklervertragsbedingungen

- Provision
- Laufzeit des Maklervertrages
- evtl. Ermächtigung zur Entgegennahme von Vermögenswerten, die an den Objektanbieter weitergeleitet werden sollen (z. B. Kaufpreiszahlungen)
- die damit verbundenen Sicherungspflichten des Maklers (Bankbürgschaft zugunsten des Interessenten!)

muss der Makler schon am Anfang der Vertragsbeziehung (bei Entgegennahme des Auftrages) informieren.

Dagegen muss der Interessent über die unter 13.1 beschriebenen Objektmerkmale spätestens dann informiert sein, wenn er in Verhandlungen mit dem Anbieter treten will. Das bedeutet, dass der Makler das Exposee spätestens dann aushändigen muss, wenn der Interessent Verhandlungsinteresse bekundet.

– Exposee: Mittel zur Verstärkung der Markttransparenz

Wie unter dem Kapitel „Organisation des Immobilienmarktes" (1.4.3) schon dargestellt, erhöht sich die Transparenz des Immobilienmarktes durch Einschaltung von Maklern. Jeder einzelne Makler trägt dazu durch Verwendung von Exposees bei. Um dieser volkswirtschaftlichen Aufgabe aber voll gerecht werden zu können, ist es notwendig, dass die Objektinformationen so aufbereitet werden, dass verschiedene angebotene Objekte tatsächlich miteinander **vergleichbar** werden.

Ein Mindestmaß an Vergleichbarkeit wird schon durch die **Preisangabenverordnung** erzwungen. Sie besagt, dass beim Anbieten von Waren und Leistungen stets der Endpreis angegeben werden muss, wenn sich das Angebot an Letztverbraucher wendet. Im Gegensatz zum Handelsrecht zählt zum Begriff der Ware in der Preisangabenverordnung auch die Immobilie in allen ihren Erscheinungsformen. PangV § 1

Wenn nur mit Waren oder Leistungen **geworben** wird (z. B. in der Zeitungsanzeige), ist die Angabe eines Preises nicht erforderlich. Wird aber ein Preis in der Werbung genannt, muss der Endpreis auf jeden Fall auch genannt sein, und zwar gegenüber Preisbestandteilen in hervorgehobener Form. Diese Vorschriften der PangV sind – ähnlich wie jene der MaBV – Ordnungsvorschriften. Wer sie nicht beachtet, handelt ordnungswidrig.

Allein über eine Endpreisangabe kann aber bei Immobilien eine Vergleichbarkeit verschiedener Objekte nicht erreicht werden. Darum müssen Makler noch einen schriftlichen Objektbeschrieb durch Exposees liefern.

Verstärkt wird die Vergleichbarkeit der Objekte (die zur Markttransparenz führt) durch ein einheitliches **Exposeeschema**, das allen Exposees zugrunde gelegt wird. Hierfür gibt es keine Vorschriften und keine DIN-Normen. Es handelt sich also um eine **berufsständische** Angelegenheit der Makler selbst, wie sie dies regeln wollen. Bisher gibt es nur firmenintern verwendete Exposeeschemata.

– Exposee: Mittel der Objektwerbung

Objektwerbung ist für Makler besonders wichtig. Die beiden herausragenden Werbemittel sind die Zeitungsanzeige (Inserat) und das Exposee.

Im Gegensatz zu Werbezielen auf dem Warenmarkt, bei denen es auf eine Umsatzmaximierung ankommt und deshalb die höchstmögliche Zahl von Kunden mit der Werbebotschaft angesprochen werden soll, muss ein Makler jeweils **eine** bestimmte Immobilie bewerben. Da das Objekt nicht öfter verkauft werden kann, konzentriert sich das Werbeziel besonders stark auf die **Selektion** möglicher Interessenten.

Die Selektion erfolgt schon mit Hilfe des Inserats. Je wirklichkeitsgetreuer das Objekt dargestellt wird, desto stärker ist der Selektionseffekt. Das Exposee ist das zweite wichtige Mittel, mit dem aus den verschiedenen möglichen Interessenten für ein Objekt jene gezielt angesprochen werden können, die mit ihren Wünschen dem Objekt besonders nahe kommen. Es enthält zwar auch die **allgemeinen** Merkmale des anzubietenden Objektes, betont aber vor allem die **besonderen** Objektmerkmale, die für die Zielgruppe von großem Interesse sind.

Durch die **positive** Darstellung der Wirklichkeit wirbt das Exposee für das Objekt. Der Makler muss sich stets vor Augen halten, dass ein und dieselben Merkmale von Personen unterschiedlich gewertet werden. Was nicht der Zielgruppe angehörende Personen vielleicht als negativ empfinden, ist in den Augen der zur Zielgruppe gehörenden positiv.

Beispiele:

Für wen Basteln ein Freizeithobby ist, für den ist ein Haus, an dem „gebastelt" werden kann, positiv – für andere nicht.

Wer der grenzenlosen Freiheit huldigt, für den sind Zäune ein Hindernis, für den Ängstlichen eine Notwendigkeit.

Der Gesellige braucht große Räume, der Einsame kleine.

– Exposee: Mittel der Firmenwerbung

Das Exposee als Werbemittel bewirbt in erster Linie das Objekt. Es kann aber auch der **Firmenwerbung** dienen. Hier spielen eine Rolle z. B. Papierfarbe (wenn die Farbe als Ausdrucksmittel der Firmenwerbung benutzt wird), die Verwendung eines Firmensignets, der Einsatz eines firmeneigenen Werbeslogans u. dergl.

Bewirkt werden soll damit, dass der Empfänger des Exposees eine Verbindung zwischen Objekt und dem das Objekt anbietenden Makler herstellt. Der Interessent soll sich stets daran erinnern, dass ein bestimmtes Objekt von diesem und keinem anderen Makler angeboten wurde. Es kommt in der Praxis nicht selten vor, dass bei der Vielzahl der Angebote, die Interessenten von verschiedenen Maklern anfordern, einer nicht mehr weiß, welcher Makler ihm ein bestimmtes Objekt angeboten hat. Dies hat vielfach zu Provisionsstreitigkeiten geführt.

Exposeefunktionen

- Sachinformation zum Angebot eines bestehenden Objektes
  Mindestumfang der Information ist in MaBV vorgeschrieben
- Verstärkung der Markttransparenz auf dem jeweiligen Teilmarkt
  Vorgeschriebene Preisangaben und Objektmerkmale, sowie einheitliches Exposeeschema verbessern Vergleichbarkeit der Angebote
- Exposee wirbt für das Objekt
  Werbeziel: Selektion der Interessenten nach Zielgruppenmerkmalen
- Exposee kann für Firma des Maklers werben
  Es bringt Objektangebot mit anbietendem Makler in Zusammenhang

– Exposeeinhalt

Zum Umfang des Exposees gibt es unterschiedliche Auffassungen. Durchgesetzt hat sich im Zusammenhang mit der Entwicklung von EDV-Maklerprogrammen die Einteilung der Exposees in Kurzexposees und Langexposee (bzw. ausführliche Exposees).

Kurzexposees werden aber nicht oder nur selten im Geschäftsverkehr mit Kunden eingesetzt. Sie dienen vielmehr dem Objektinformationsaustausch zwischen Maklern, z. B. bei den Immobilienbörsen. Kurzexposees enthalten nur wenige, aber die für einen ersten Überblick wesentlichen Grundinformationen wie Objektart, Lage, Flächen, Raumzahl, Preis.

Das Langexposee enthält neben den Daten, über die Informationspflicht besteht, alle übrigen, für den Interessenten wichtigen Objektmerkmale. Zum Umfang des Langexposees haben sich einige wichtige Grundsätze entwickelt:

- Alles Wesentliche **knapp** darstellen. Es ist auch davon auszugehen, dass Objektinteressenten viele Exposees anfordern und erhalten. Jeder Makler tritt damit in eine Informationskonkurrenz mit den Exposees von Mitbewerbern. Exposees mit überlangen textlichen Ausführungen werden häufig nicht oder nicht ganz gelesen.
- Was wesentlich ist, entscheidet die anzusprechende **Zielgruppe.** Merkmale, die bei der Zielgruppe besondere Aufmerksamkeit finden, sind hervor zuheben.
- Die verwendete **Sprache** muss zielgruppengerecht sein. In Fachkreisen verwendete Fachausdrücke sind für den angesprochenen Personenkreis oft nichtssagend. So soll in Exposees kein „Wohnungseigentum“ oder „Teileigentum“ angeboten werden, sondern eine „Eigentumswohnung“ (mit Garage). Auf Wortabkürzungen soll möglichst verzichtet werden.
- **Keine Schönfärberei.** Durch eine verschönerte Darstellung des Objektes werden viele Objektbesichtigungen mit Interessenten veranlasst, deren Erwartung enttäuscht wird. Auch aus **wettbewerbsrechtlichen** Gründen (§ 3 Gesetz gegen den unlauteren Wettbewerb – UWG) darf das Objekt keine Darstellung enthalten, die „irreführt“. UWG § 3
- **Bilder und Grundrissskizzen** können mehr zum Ausdruck bringen als die Sprache. Sie erwecken konkrete Vorstellungen. darum sollten diese Darstellungsmittel zur Exposeeergänzung eingesetzt werden.
- Das Exposee ist von Fall zu Fall durch **besondere** Informationen zu ergänzen. Da das Exposee nicht auch alles das enthalten kann, was dem besonderen Aufklärungsbedürfnis nur eines bestimmten Interessenten entspricht, müssen von Fall zu Fall weitere Informationen erteilt werden. Im Exposee wird z. B. nichts über die rechtlichen Konsequenzen beim Kauf einer vermieteten Wohnung stehen. Es ist aber denkbar, dass ein bestimmter Interessent über die Bedeutung des Grundsatzes „Kauf bricht Miete nicht“ aufgeklärt werden muss. BGB § 571
- Andererseits gilt, wie schon ausgeführt, dass nicht über jedes wichtige Objektmerkmal eine Informationspflicht nach § 11 MaBV besteht. MaBV § 11 Das Exposee ist also durch solche weiteren Objektdaten zu ergänzen, die für den Interessenten stets bedeutsam sind, z. B. dass die zum Kauf angebotene Wohnung zu einem Mietpreis von 750 € i. M. vermietet ist.

Mit dem hier abgedruckten Exposee wird die Zielgruppe indirekt durch die Thematisierung „Natur und Geschichte erleben“ angesprochen. Wer das im Exposee beschriebene Haus erwirbt, muss über seine Zeit verfügen können, naturverbunden sein und in der Tradition stehen.

Muster eines Exposees

CASA – Immobilien

Exposee Nr. 108

Natur und Geschichte erleben!

Denkmalgeschütztes Einfamilienhaus
mit großem Areal und idyllischem Weiher
in Stephansburg, Am grünen Holz 2,

Lage: Stephansburg liegt
- 35 km westlich von Mönchingen,
- 5 km von der S-Bahn-Haltestelle der Linie S 3 entfernt
- am westlichen Dorfrand an der Landstraße nach Augenstadt

Am Tag stündlich Busverbindung zur S-Bahn.
Die Umgebung ist dörflich geprägt.

Grundstück: Grundstücksgröße: 3.360 m².

Das Eckgrundstück ist etwa 42 m breit und 80 m tief
Auf dem Grundstück befindet sich ein idyllischer Weiher mit ca. 500 m² und einer maximalen Tiefe von ca. 2,5 m.
Überwiegend handelt es sich um eine Wiese mit vereinzelten Sträuchern. Am östlichen Grundstücksrand stehen mehrere alte Schatten spendende Erlen.
Das voll erschlossene Grundstück ist nur an den beiden Straßenseiten eingezäunt.

Haus: Das Haus wurde etwa in der Zeit zwischen 1820 und 1828 gebaut, und ist 1974 in die Liste der denkmalgeschützten Gebäude aufgenommen worden.
1995 wurde es saniert und entspricht – abgesehen von den Raumgrößen und den geschützten Raumteilen – vom Standard her heutigen Wohnansprüchen.

Räume:	Zwei kleinere alte Backstein-Gewölbekeller
Erdgeschoss:	zwei Wohnräume (15 m² und 19 m²) eine Küche (16 m²) und ein WC
1. OG:	3 Zimmer (12 m², 25 m² und 14 m²) Bad mit WC.

Gesamtwohnfläche: 135 m².

Auf dem Grundstück befindet sich eine Doppelgarage.

Angebot: **Preis: DM 350.000,--.**
Beziehbar sofort.

Besichtigung: Da das Haus nicht bewohnt ist, kann es nur mit uns besichtigt werden.

Haben Sie Interesse? Dann rufen Sie uns an: Tel: 05 55/55 55 55 55

Das Exposee ist nicht das einzige Werbeinstrument des Maklers. Es werden vielfach auch Firmenprospekte eingesetzt. Darüber hinaus gibt es Akquisitionsprospekte, die bei deutschen Maklern allerdings noch wenig Beachtung finden.

Firmenprospekte dienen ausschließlich der Firmenwerbung. In ihnen werden Firma des Maklers, Unternehmensleitbild, Geschichte, Mitarbeiter, deren fachliche Kompetenz, Tätigkeitsschwerpunkte, Referenzen dargestellt um Vertrauen zu schaffen. Dem möglichen Geschäftspartner soll näher gebracht werden, mit wem er es zu tun hat. Mit ihnen werden „Marktteilnehmer von morgen" (potenzielle Marktteilnehmer) angesprochen.

Im Gegensatz zu Firmenprospekten werden die bisher weniger verbreiteten **Akquisitionsprospekte** zu Vorbereitung der Auftragsakquisition eingesetzt. In ihm wird der

Leistungsumfang des Unternehmens und die Gegenleistung des Geschäftspartners dargestellt. Man könnte den Akquisitionsprospekt mit einer „Produktbeschreibung" mit Preisangabe, wie sie im Handel gebräuchlich ist vergleichen. Das „Produkt" des Maklers ist seine Dienstleistung. Auch ein Akquisitionsprospekt ist ein Mittel der Firmenwerbung, das aber bereits stark „objektorientiert" ist.

In einem Schaubild hat Sailer[1] die Unterschiede der von Maklern eingesetzten Werbemittel außerhalb des Inserates wie folgt dargestellt:

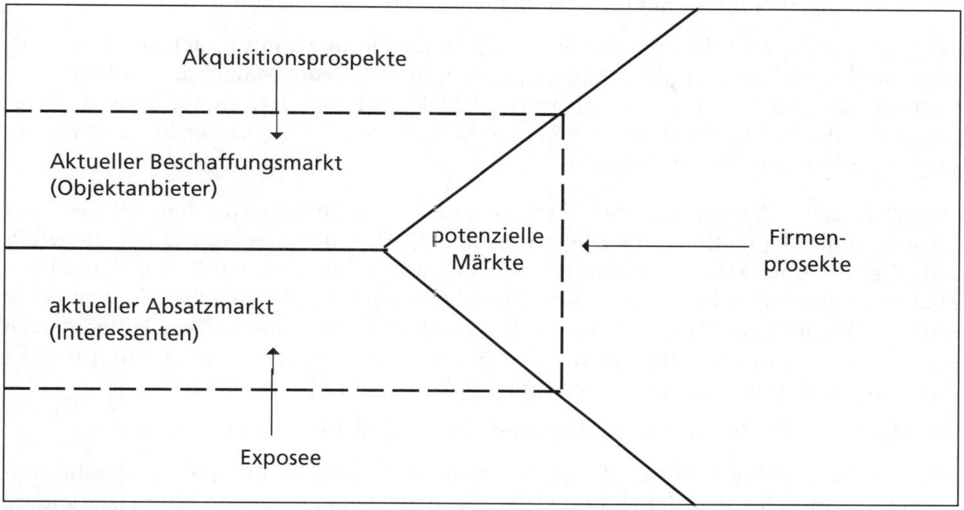

[1] Siehe „Kompendium für Makler, Hausverwalter und Sachverständige" 9. Auflage S. 150

13.3.7 Anzeigenwerbung des Maklers

Werbung ist der **planvolle** Einsatz von **Werbemitteln** zur Erzielung **bestimmter** Absatzerfolge. Vorausgesetzt wird bei dieser Definition eine **Werbeplanung.** Makler gehören zu den Branchen, die einen beachtlichen Teil ihrer Erlöse in die Werbung stecken, um damit den weiteren Absatzerfolg zu sichern.

Solche Firmen arbeiten in der Regel auf der Grundlage von **Werbebudgets,** d. h. von finanziellen Vorgaben für die Werbung. Die Bestimmung eines **Jahresbudgets** erfolgt meist auf der Grundlage der Werbekosten vergangener Perioden. Es handelt sich also um Erfahrungsgrößen. Anhaltspunkte für die Bestimmung des für Werbung zur Verfügung stehenden Betrages können auch aus einem Betriebsvergleich gewonnen werden. Andere Unternehmen bestimmen ihr Werbebudget auf der Grundlage des in der kommenden Periode geplanten (erwarteten) Absatzes.

Die Werbeplanung bestimmt, welche **Werbemittel** unter Einschaltung welcher **Werbeträger** auf der Grundlage des im Werbebudget vorgegebenen Finanzrahmens für welche Werbeziele eingesetzt werden sollen.

Bedingt durch die Unwägbarkeiten der „Absatzplanung" im Maklergeschäft (dies wäre gleichbedeutend mit der Planung der Herbeiführung von Vertragsabschlüssen), ist es sehr schwierig, Werbung auf der Grundlage von **jährlich** fest vorgegebenen Finanzmitteln zu betreiben. Deshalb tritt in der Praxis neben den Jahreswerbeplan oft eine **auftragsbezogene** Werbeplanung. Es werden bei Entgegennahme eines Alleinauftrages die durchzuführenden Werbemaßnahmen und die bereitzustellenden Mittel festgelegt.

Dies gilt allerdings nur für die **Objektwerbung.** Sie ist jene Werbung, die auf den unmittelbaren Absatzerfolg zielt. Ein bestimmtes Objekt soll mit Hilfe der Objektwerbung möglichst schnell, in einer Zeitspanne von wenigen Monaten verkauft werden. Sie ist also stets auf die Herbeiführung eines Erfolges in der **Gegenwart** ausgerichtet.

Dagegen ist die **Firmenwerbung zukunftsbezogen.** Sie bringt das Unternehmen „in die Köpfe" der kommenden Marktteilnehmer. Wer von sich aus einen Makler einschalten will, wird sich an eine ihm bekannte Firma wenden. Durch Firmenwerbung sichert sich ein Makler den Zugang zum Markt der Zukunft. Objekt- und Firmenwerbung haben nicht immer die gleichen Werbeträger. Der **Werbeträger** transportiert die Werbebotschaft des „Werbemittels" an die „Zielpersonen" (Werbesubjekte).

Der Unterschied zwischen der Objekt- und Firmenwerbung könnte auch von ihrer Wirkung her beschrieben werden: Wer sich aufgrund eines vom Makler angebotenen Objektes an ihn wendet, reagiert auf dessen Objektwerbung. Wer sich aufgrund seiner Bekanntheit oder auf Empfehlung an einen Makler wendet, um diesen zu beauftragen, reagiert auf dessen Firmenwerbung.

Die wichtigsten Werbemittel des Maklers sind das Zeitungsinserat, das Exposee, der Firmen- und Akquisitionsprospekt (siehe 13.3.6). Daneben spielen die Leuchtmittel- und Plakatwerbung sowie Werbung in Schaukästen eine gewisse Rolle. Sporadisch kommt auch die Rundfunk- und Fernsehwerbung vor. Zum **Werbemittel** Inserat gehören die **Werbeträger** Tageszeitung Fach- und Publikumszeitschriften. Unter diesen Werbeträgern spielt die Tageszeitung in ihren verschiedenen Ausgestaltungsformen (lokal, regional und überregional verbreitete Zeitungen) die größte Rolle.

Der Makler steht – bevor er eine Werbeentscheidung trifft – vor der Aufgabe,

- den Inhalt der Werbebotschaft richtig (zielgruppengerecht) und frei von irreführenden und missverständlichen Formulierungen zu „texten", d. h. in Worte zu kleiden;
- das richtige Werbemittel für die Werbebotschaft auszuwählen und
- denjenigen Werbeträger einzuschalten, bei dem die Kosten pro erreichbarer Zielperson am geringsten sind. Man spricht in diesem Zusammenhang von der besten „qualitativen Reichweite" des Werbeträgers.

Werbeberatungsfirmen, die auch die Schaltung von Inseraten übernehmen, stehen Maklern beratend zur Seite. Die Zeitungsverlage stellen darüber hinaus auch kostenlos „Media-Mappen" mit Preislisten zur Verfügung. Aus ihnen ergeben sich das Verbreitungsgebiet, die Verkaufs-/Vertriebsauflage und oft auch Zielgruppenmerkmale der Leserschicht.

Das Inserat dient überwiegend der Objektwerbung, wird aber auch als Mittel für die Firmenwerbung genutzt. Der „klassische" Aufbau eines Maklerinserates, der beide Werbeziele miteinander verbindet, kann schematisch wie folgt dargestellt werden:

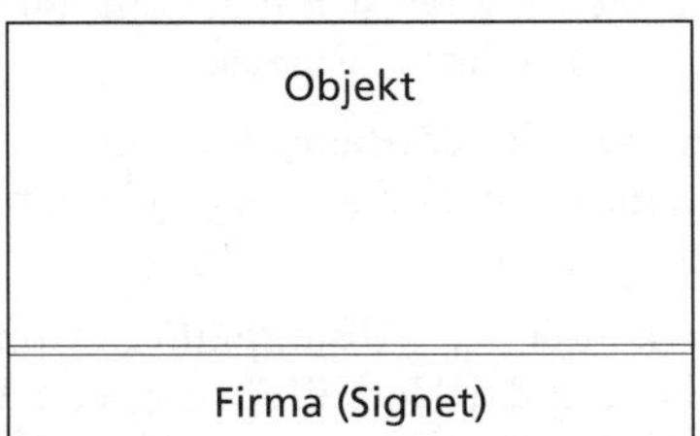

Makler können auch **gemeinschaftlich** für ihren Berufsstand werben. So stellen sie im Rahmen eines Inserates oft ihre Zugehörigkeit zu einem Verband, der für seine Mitglieder Standesrecht geschaffen hat, als Seriositätsmerkmal heraus. Diese Werbung wird als **Gemeinschaftswerbung** bezeichnet. Elemente der Gemeinschaftswerbung kann auch ein Objektangebotsinserat enthalten, wenn in ihm z. B. auch das RDM-Siegel oder das VDM-Zeichen verwendet wird.

Über das **Exposee** als Mittel der Objektwerbung (und sekundär auch für die Firmenwerbung) wurde bereits das Wichtigste ausgeführt (s. 13.3.6).

Firmenprospekte dienen ausschließlich der Firmenwerbung. In ihnen wird die Firma des Maklers (Geschichte, Mitarbeiter, deren fachliche Kompetenz, Tätigkeitsschwerpunkte, Referenzen) dargestellt, um Vertrauen zu schaffen. Dem potenziellen Geschäftspartner soll nähergebracht werden, mit wem er es zu tun hat.

Im Gegensatz zu Firmenprospekten werden die bisher weniger verbreiteten **Akquisitionsprospekte** zur Vorbereitung der Auftragsakquisition eingesetzt. In ihnen werden der Leistungsumfang des Unternehmers und die Gegenleistung des Geschäftspartners dargestellt. Man könnte den Akquisitionsprospekt mit einer „Produktbeschreibung" mit Preisangabe, wie sie im Handel gebräuchlich ist, vergleichen. Auch ein Akquisitionsprospekt ist ein Mittel der Firmenwerbung, das aber bereits stark „objektorientiert" ist.

– Werbewirkung von Immobilieninseraten

Über Objektwerbung soll ein Absatzerfolg erreicht werden. Angeboten wird ein **einmaliges** Objekt.

Der Wirkungserfolg der Werbung für reproduzierbare Waren/Produkte nimmt in der Regel mit häufiger werdender Schaltung zu (wenn auch nur degressiv, also mit abnehmendem Wirkungszuwachs). Die Ware erhält „Markenqualität".

Beim Immobilieninserat (Einzelobjekt) flacht die Werbewirkung viel stärker ab. Durch häufigeres Inserieren eines Objektes mit gleichbleibendem Text erhält eine Immobilie keine Markenqualität. Im Gegenteil, das „Objektimage" sinkt.

Die Objektwerbung sollte deshalb darauf abzielen, den Verkaufserfolg mit möglichst wenig Schaltungen zu erreichen. Maßgeblich für den Wirkungserfolg sind die Erstkontakte zwischen Werbemittel und Werbesubjekt. Es muss dafür gesorgt werden, dass die Werbebotschaft beim Erstkontakt eine möglichst starke positive Reaktion der Zielpersonen auslöst. Die Antriebsstärke der Werbebotschaft steigt mit zunehmender Verdichtung der Zielgruppe. Dies kann an der folgenden Grafik dargestellt werden:

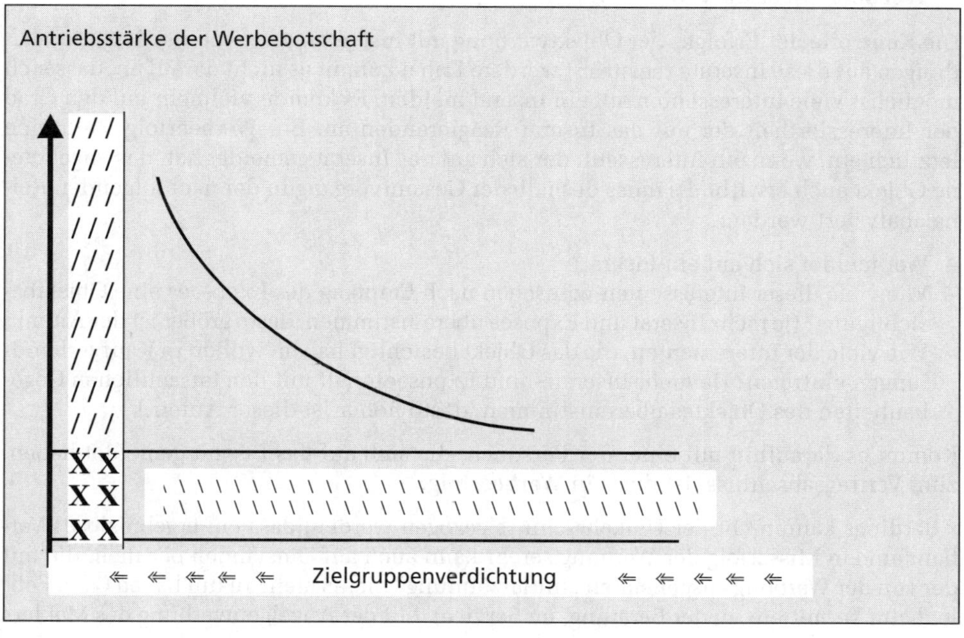

Je stärker die Zielgruppe durch Individualisierung beschränkt und damit eingeengt wird, desto stärker reagiert der von der Werbebotschaft Betroffene. Er fühlt sich in seiner individuellen Interessenlage angesprochen. Diese Einengung der Zielgruppe kann an nachfolgender „Zielgruppenpyramide“ deutlich gemacht werden:

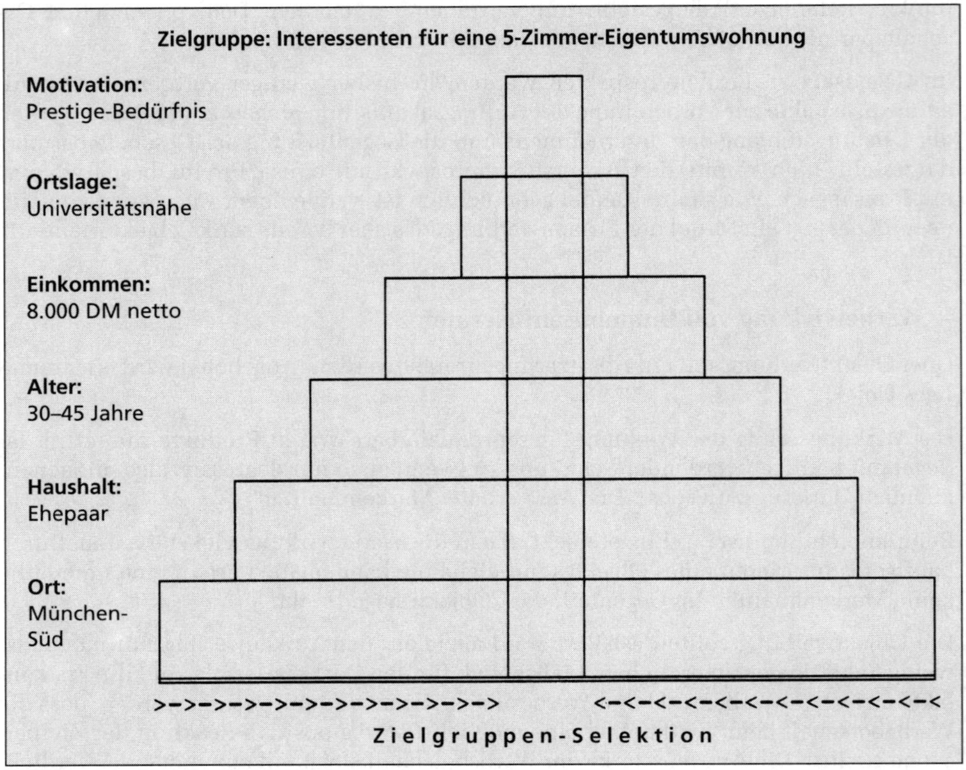

– **Werbeerfolgsanalyse**

Die **Kontrolle** des Erfolges der Objektwerbung mit Inseraten setzt voraus, dass die Meldungen auf diese Inserate registriert werden. Dabei kommt es nicht darauf an, dass sich möglichst viele Interessenten auf ein Inserat melden. Es kommt vielmehr auf den Grad der Interessiertheit der auf das Inserat Reagierenden an. Ein Werbeerfolg stellt sich letztlich ein, wenn ein Interessent, der sich auf das Inserat gemeldet hat, das angebotene Objekt auch erwirbt. Es muss deshalb der Gesamtvorgang in der nachfolgenden Reihe analysiert werden:

- Wer meldet sich auf ein Inserat?
- Wie viele dieser Interessenten wünschen nach Empfang des Exposees eine Objektbesichtigung? (Je mehr Inserat und Exposee übereinstimmen, desto größer ist der Anteil.)
- Wie viele der Interessenten, die das Objekt besichtigt haben, wollen in Kaufverhandlungen eintreten? (Je mehr Inserate- und Exposeeinhalt mit den tatsächlichen Gegebenheiten des Objektes übereinstimmen, desto höher ist dieser Anteil.)

Kommt es daraufhin mit einer der Personen, die sich auf das Inserat gemeldet haben, zum Vertragsabschluss, ist dies ein **Werbeerfolg**.

Allerdings kann nicht der Umkehrschluss gezogen werden, dass ein ergebnisloses Verhandeln ein Misserfolg der Werbung sei. Er kann auch auf Umständen beruhen, die mit der von der Werbung ausgehenden „Initialzündung“ nichts mehr zu tun haben (z. B. Fehler beim Vermitteln, in der Beratung, im Service). Mit der Anzeigenwerbung des Maklers hat sich intensiv Kippes im Kapitel „Marketing in der Immobilienwirtschaft" im Kompendium für Makler, Hausverwalter und Sachverständige in der 9. Auflage 1999 befasst.

Maklerwerbung
Werbepraxis im Überblick

	Objektwerbung	Firmenwerbung	Gemeinschaftswerbung
zielt ab auf	Gegenwartserfolg	Zukunftserfolg	Vertrauensgewinn
geeignete Werbeträger	Zeitungen Angebotsschreiben Schaufenster	Zeitungen Akquisitionsschreiben Schaufenster	Radio, Litfasssäulen
geeignete Werbemittel	Inserate Exposees Videopräsentation	Inserate Prospekte Erinnerungsgeschenke	Funkspots Plakate

Fragen:

1. Welches organisatorische Grundschema gilt für einen Maklerbetrieb?
2. Welcher Zusammenhang besteht zwischen Betriebsgröße und Spezialisierung?
3. Was versteht man unter den Begriffen „Erfolgswahrscheinlichkeit" und „Erfolgsquotient" im Maklergeschäft?
4. Worauf zielt eine Erfolgsanalyse im Maklergeschäft ab?
5. Was versteht man unter dem „Erfolgsprinzip" im Maklergeschäft?
6. Was versteht man unter dem Prinzip der Entscheidungsfreiheit des Auftraggebers im Maklergeschäft?
7. Was versteht man unter dem Prinzip der gegenseitigen Unabhängigkeit im Maklergeschäft?
8. Was versteht man unter dem Prinzip der Interessenidentität?
9. Welches Ziel wird durch die Auftragsakquisition verfolgt?
10. Wodurch unterscheiden sich aktive und passive Auftragsakquisition?
11. Wodurch unterscheiden sich aktuelle und potenzielle Auftraggeber (Marktteilnehmer)?
12. In welchen Schritten vollzieht sich die Objektakquisition?
13. Es gibt unterschiedliche Qualitätsstufen von Makleraufträgen. Nennen Sie drei der bekanntesten.
14. Was sind regelmäßige Bestandteile der Objektanalyse?

15. Welche Feststellungen sind bei Anlageobjekten besonders wichtig?
16. Nennen Sie die vier „Exposeefunktionen".
17. Wodurch unterscheiden sich Exposee und Prospekt?
18. Welche allgemeinen Vorschriften enthält § 11 MaBV für die Informationspflicht des Maklers?
19. Wann spätestens muss der Interessent vom Makler das Exposee erhalten?
20. Haftet der Makler für die Richtigkeit der Exposeeangaben?
21. Wodurch wird über Exposees Markttransparenz erzeugt?
22. Was soll über das Exposee als Mittel der Objektwerbung erreicht werden?
23. Worauf zielen Objekt- und Firmenwerbung (Imagewerbung) ab?
24. Was ist der wichtigste Werbeträger für die Objektwerbung des Maklers?
25. Wo findet man Angaben über Verbreitungsgebiet, Vertriebsauflage und Inseratepreise einer Tageszeitung?
26. Welche Wirkung der Werbebotschaft des Inserates ist für Makler wichtig?

13.4 Vertragsvermittlung und Vertragsvorbereitung

Vermitteln ist das **Führen von Verhandlungen** mit dem möglichen Geschäftspartner des Auftraggebers. **Verhandeln** ist das Fördern des Zustandekommens eines Ergebnisses durch aktives **rhetorisches** Einwirken auf den Entscheidungswillen eines anderen. Die **Freiheit** dieses Entscheidungswillens muss dabei gewahrt bleiben.

Über die Stellung des Vermittlers (Neutralität, einseitige Interessenvertretung) wurde bereits das Wesentliche ausgeführt (s. 13.1).

13.4.1 Kaufvertragsvermittlung

Es sind drei Vermittlungsmethoden zu unterscheiden:

- Verhandeln **zu dritt**
  Der Makler ist Verhandlungs- und gegebenenfalls Protokollführer. Aus den Verhandlungsprotokollen ergeben sich die Daten, die der Notar zur Vertragsvorbereitung erhält.

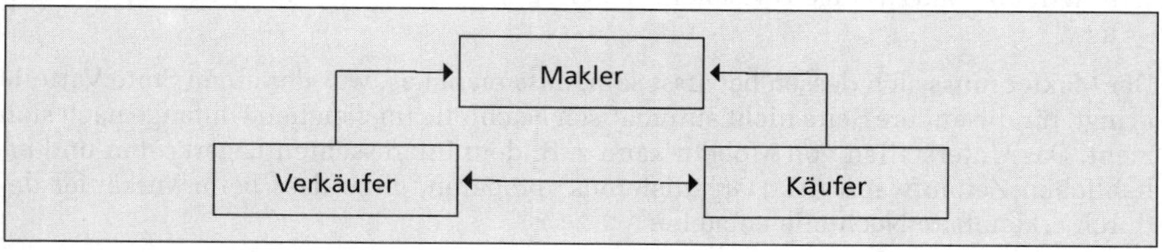

- Getrennte Verhandlungsführung
  Der Makler verhandelt getrennt mit den Parteien und übermittelt an den jeweils anderen Partner die Ergebnisse. Er veranlasst nach Einigung die Beurkundung.

- Verhandlung unter Hinzuziehung von Beratern (Steuerberater, Rechtsanwälte, Architekten – als Berater einer Partei).
  Wer den Berater hinzuzieht, muss ihn bezahlen. Auch der Makler kann zur Unterstützung seiner Vermittlungsbemühungen einen Berater einschalten. In diesem Fall spielt dieser eine neutrale Rolle, oder er ist indirekt Parteiberater – je nach Stellung des Maklers.

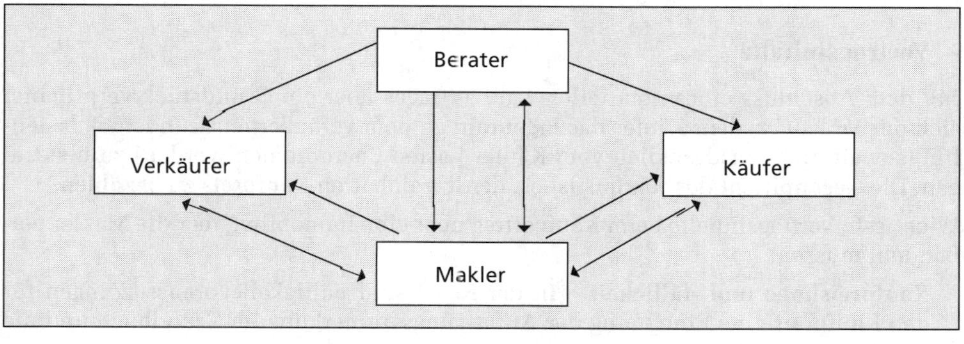

Schaltet eine Partei einen Berater ein, ist dieser verpflichtet, deren Interessen zu vertreten. Schaltet der Makler einen Berater ein, unterstützt er den Makler in seiner Position entweder als Interessenvertreter einer Partei, so dass auch der Berater indirekt Interessenvertreter dieser Partei wird, oder als neutraler Vermittler, wobei auch der Berater auf Neutralität bedacht sein muss.

Ziel der Verhandlungsführung ist die Herbeiführung einer Einigung über die wichtigsten Vertragsinhalte. Voraussetzung für den Verhandlungserfolg ist das Erkennen der verschiedenen **Interessenschwerpunkte** der Verhandlungspartner. Welche Vorstellungen will der Interessent mit dem Kauf der Immobilie im Einzelnen verwirklichen? Welche der Interessen will er vorrangig gewährt wissen? Wo liegen die Interessenschwerpunkte des Verkäufers?

Beispiele für mögliche Interessen des Kaufinteressenten:

Er will das Haus möglichst sofort beziehen;
er will steuerliche Vorteile ausschöpfen;
er will das Geld für seine Tochter anlegen;
er will umbauen;
er will sofort Möbel unterstellen;
er will eine kurzfristige Zwischenfinanzierung seines Bausparvertrages vermeiden usw.

Der Makler muss sich dessen bewusst sein, dass manches, was der einen Seite Vorteile bringt, für die andere Seite **nicht** automatisch Nachteile im gleichen Umfange nach sich zieht. Das Unterstellen von Möbeln kann z. B. dem Interessenten Lagerkosten und erheblichen Zeitaufwand des „Organisierens“ ersparen, ohne dass beim Verkäufer dadurch erkennbare Nachteile entstehen.

BGB § 313

Der Makler muss sich ferner bewusst sein, dass er selbst im Grundstücksgeschäft keine rechtswirksamen Einzelvereinbarungen treffen oder gar den ganzen Vertrag schon rechtswirksam herbeiführen kann. Vielmehr muss die Formvorschrift des § 313 BGB (notarielle **Beurkundung** – Beglaubigung genügt nicht!) gewahrt bleiben. Seine Vermittlung bezieht sich in diesem Bereich nur auf die Herbeiführung **unverbindlicher Bereitschaftserklärungen** beider Seiten. Er darf auch nicht vortäuschen, dass die „Vereinbarungen“, die vor der notariellen Beurkundung getroffen werden, verbindlich sind. Er würde sonst seinen Provisionsanspruch aufs Spiel setzen, weil er seine **Aufklärungspflicht** (siehe 13.1) verletzt hat. Es ist aus diesem Grunde nicht zweckmäßig, die ausgehandelten Vertragsinhalte in sog. **„Vorverträgen“** aufzunehmen, weil sich daraus der Anschein der Rechtsverbindlichkeit ergeben könnte. Die Parteien müssen wissen, dass sie bis zur Unterschriftsleistung beim Notar in ihrer Entscheidung zum Vertragsabschluss nicht nur gegenseitig, sondern auch dem Makler gegenüber frei bleiben (siehe „Prinzip der Entscheidungsfreiheit des Auftraggebers“, 13.3.3).

Alle Vereinbarungen, auch Nebenabsprachen, müssen im späteren Kaufvertrag richtig enthalten sein, sonst ist der ganze Vertrag unwirksam.

– Vertragsinhalte

Mit dem Abschluss eines notariellen Kaufvertrages über ein Grundstück verpflichtet sich der Verkäufer, dem Käufer das **Eigentum** an dem veräußerten Grundstück lastenfrei (soweit nicht ausdrücklich vom Käufer Lasten übernommen werden) zu übertragen. Die Gegenpflicht des Käufers ist es, den vereinbarten Kaufpreis zu **bezahlen**.

Wichtigste Vertragsinhalte beim Kaufvertrag über eine Immobilie, über die Makler verhandeln müssen:

Kaufpreishöhe und -fälligkeit – In der Regel sind Fälligkeitsvoraussetzungen für den Kaufpreis eine Eintragung der Auflassungsvormerkung im Grundbuch und die

Bewilligung der Löschung aller vom Käufer nicht übernommenen Grundpfandrechte und Lasten. Bei Stundung von Kaufpreiszahlungen muss auch eine Einigung über eine mögliche Verzinsung der gestundeten Kaufpreisteile erzielt werden.

Besondere Fragen ergeben sich bei der **Verrentung** von Kaufpreisteilen (Berechnung der Leibrente auf der Grundlage der Bundessterbetafel, Wertsicherungsklausel zur Anpassung an den Geldwertschwund, dingliche Absicherung der Rente, Genehmigung der Vereinbarung durch das Bundesamt für Wirtschaft). Hier muss der Makler sein Augenmerk darauf richten, dass eine sachgerechte Bezugsgrundlage (in der Regel ein Preisindex für die Lebenshaltung oder ein europäscher Verbraucherpreisindex) gewählt wird. Hat die Rente Versorgungscharakter, kann auch ein Einkommenstarif Bezugsgrundlage sein.

Preisrelevant sind auch **Nutzungsvorbehalte** des Verkäufers (wenn er z. B. die verkaufte Wohnung über den Zeitpunkt des Besitzüberganges hinaus noch bewohnen will). Soll ein Nutzungsentgelt vereinbart werden und wenn ja, in welcher Höhe? Soll zur Sicherung des Käufers ein Teil der Kaufpreisforderung verfallen, wenn der Verkäufer die Wohnung nicht rechtzeitig räumt? Der Makler muss hier seine Marktkenntnis bei der Ermittlung eines angemessenen Nutzungsentgeltes einbringen.

Auch **zusätzliche Verkäuferleistungen** können vereinbart werden, z. B. Renovierung der Räume, Instandsetzung defekter haustechnischer Einrichtungen. Der Makler gibt hier z. B. Hinweise auf die Kosten und auf gute Handwerksfirmen.

Welche **zusätzlichen Leistungen** soll der **Käufer** übernehmen? (Beispiele: Zahlung der Maklergebühr des Verkäufers, Übernahme eines noch zu zahlenden Erschließungsbeitrages an die Gemeinde)

Übernimmt der Verkäufer eine **Gewähr** für den Bestand der verkauften Immobilie? Bei Bestandsimmobilien beträgt die Gewährleistungsfrist nach dem BGB ein Jahr (Kaufvertragsrecht), bei neu fertig gestellten Häusern fünf Jahre (Werkvertragsrecht). Der Makler wird darauf hinweisen, dass im Normalfall die Gewährleistung bei Bestandsimmobilien (im Gegensatz zu Bauträgerobjekten) vertraglich ausgeschlossen wird.

Der Verkäufer kann aber auch **bestimmte Eigenschaften** des Objektes im Kaufvertrag zusichern (z. B. eine bestimmte Tragfähigkeit der Zwischengeschossdecken eines Fabrikationsgebäudes oder die fachgerechte Außenisolierung des Betonfundaments usw.). Für die Richtigkeit im Kaufvertrag zugesicherter Eigenschaften übernimmt er dann die Haftung. Erkennt der Makler, dass der Kaufinteressent besonderen Wert auf eine Objekteigenschaft legt, wird er dem Verkäufer nahelegen, diese Eigenschaft im Vertrag zuzusichern.

Die Bestimmung des Termins für den **Besitzübergang** ist entscheidend für die Frage, ab wann dem Käufer Erträge und Nutzung des Hauses zustehen und er die Lasten und Kosten zu tragen hat. Zu diesem Zeitpunkt geht auch die Gefahr des zufälligen Untergangs (etwa durch Blitzschlag) oder der Verschlechterung des Objektes (etwa durch Rohrbruch) auf den Käufer über. Besonders wichtig ist der Zeitpunkt jedoch auch für die Geltendmachung steuerlicher Vergünstigungen, da er auch als Anschaffungszeitpunkt im steuerlichen Sinne gilt. Vor allem im Hinblick auf die steuerlichen Auswirkungen wird der Makler die besondere Interessenlage des Kunden ermitteln.

Der Makler sorgt im Rahmen der Verhandlungen dafür, dass der Kaufinteressent in alle wichtigen Unterlagen des Hauses, insbesondere in Mietverträge, bei einer Eigentumswohnanlage in die Teilungserklärung und Gemeinschaftsordnung, den amtlichen Lageplan beim Baugrundstückskauf usw. Einblick erhält. Beim Notar müssen sie die Kenntnis der Unterlagen bestätigen können. Wird bei der Beurkundung des Kaufvertrages auf eine andere Urkunde (z. B. Teilungserklärung) Bezug genommen, kann der Notar in diesem Fall auf ein Vorlesen dieser Bezugsurkunde verzichten. BeurkG § 13a

– Vertragsparteien

Zur Ermittlung der Daten für den notariellen Kaufvertrag gehört auch die Feststellung der **Vertragsparteien.**

Verkäufer können nur die im Grundbuch eingetragenen Personen sein. Ausnahmsweise kann die Verfügungsberechtigung auf andere (z. B. Testamentsvollstrecker, Insolvenzverwalter, Abwesenheitspfleger) übergegangen sein. Dies erfährt der Makler aus dem Grundbuch (siehe 2.2.4). Dort sind in Abteilung II etwaige **Verfügungsbeschränkungen** eingetragen.

Zeitweise kann das Grundbuch unrichtig sein. Ist z. B. eine Erbengemeinschaft entstanden, ist es denkbar, dass zum Verkaufszeitpunkt die Berichtigung der Eigentumsverhältnisse im Grundbuch noch nicht durchgeführt ist. Dann kann der Verkauf nur gegen Vorlage eines vom zuständigen Nachlassgericht ausgestellten **Erbscheines** erfolgen.

Schwierigkeiten können auftreten, wenn der im Grundbuch stehende **Alleineigentümer** verheiratet und der Ehegatte mit dem Objektverkauf nicht einverstanden ist. Es gibt folgende Fallgestaltungen:

- Die Eheleute haben vertraglich Gütertrennung vereinbart. In diesem Fall gibt es beim Verkauf keine Probleme, da er nicht abhängig ist von der Zustimmung des anderen Ehegatten.
- Der Alleineigentümer hat mit seinem Ehegatten Gütergemeinschaft vereinbart, und das Objekt gehört zum „Gemeinsamgut“. Dann liegt ein Fall des Gesamthandseigen-
BGB § 1424 tums vor. Beide Eheleute können nur gemeinsam verkaufen.

  Anders liegt der Fall, wenn das Objekt sog. Vorbehaltsgut des verkaufenden Ehegatten ist. Vorbehaltsgut kann durch Erben, Schenkung oder durch Vereinbarung im Vertrag über die Gütergemeinschaft entstehen.
- Die Eheleute leben „in gesetzlichem Güterstand“. Dann muss der nicht im Grundbuch eingetragene Ehegatte einem Verkauf zustimmen, wenn es sich bei dem Verkaufsobjekt um das Gesamtgut (oder um den wesentlichen Teil des Gesamtgutes) des
BGB § 1365 verkaufenden Ehegatten handelt. Ist weiteres Vermögen vorhanden, ist eine Zustimmung nicht erforderlich.

Sind zwei oder mehrere Eigentümer im Grundbuch eingetragen, dann müssen **alle** mit dem Verkauf einverstanden sein.

Sind auf der **Käuferseite** zwei oder mehrere Personen beteiligt, ist festzustellen, zu welchen Anteilen das Objekt erworben werden soll (Begründung einer „Bruchteilsgemeinschaft“).

Die aufzunehmenden Personaldaten müssen mit den Eintragungen des amtlichen Per-
BeurkG § 10 sonalausweises übereinstimmen. Der Notar selbst muss sich von der Identität der den Vertrag schließenden Personen überzeugen. Dies geschieht durch Vorlage des Personalausweises oder eines Reisepasses. Er kann sich aber auch durch einen am Vertrag nicht beteiligten, ihm aber persönlich bekannten Dritten, z. B. den Makler, die Identität bestätigen lassen, falls der Ausweis vergessen wurde.

Aufgabe des Notars ist es, den übereinstimmenden Vertragsabschlusswillen der beiden
BeurkG § 13 Vertragsparteien festzustellen, ihn zu formulieren, vorzulesen und durch seine Unterschrift zu bestätigen.

BeurkG § 17 Außerdem muss er die Beteiligten über die **rechtliche** Tragweite ihrer vereinbarten Regelungen aufklären.

13.4.2 Vorbereitung von Mietverträgen

Bei der Mietvertragsvermittlung müssen zwei Bereiche streng unterschieden werden. Der erste Bereich ist die **Wohnungsvermittlung,** die durch das Wohnungsvermittlungsgesetz eine eigene Rechtsgrundlage erhalten hat. Der zweite Bereich ist die **Gewerbe- oder Geschäftsraumvermittlung.**

Die Mietvertragsvermittlung unterscheidet sich von der Vermittlung von Kaufverträgen besonders dadurch, dass zum Zustandekommen eines Mietvertrages keine rechtskundige Person in Gestalt des Notars hinzugezogen werden muss. Deshalb muss der Makler, der Vertragsinhalte aushandeln soll, über eigene eingehende Kenntnisse des gesetzlichen Mietvertragsrechts und der hierzu ergangenen wichtigen Rechtsentscheide verfügen.

Zwar kann er auf **Formularverträge** beim Abschluss von Mietverträgen zurückgreifen. Sie unterliegen allerdings nach dem „Gesetz über Allgemeine Geschäftsbedingungen" (AGB-Gesetz) der **Inhaltskontrolle** durch die Gerichte. Die im Handel erhältlichen oder von Hauseigentümervereinen herausgegebenen Formulare für Wohnraummietverträge können zum Zeitpunkt ihrer Verwendung Klauseln enthalten, die nach der Rechtsprechung unwirksam sind. (Zu den Inhalten und Arten des Wohnungsmietvertrages siehe 5.1) Der Makler, der Verträge vermittelt, muss dann erkennen, ob und gegebenenfalls welche Klauseln in Formularverträgen nach dem jeweiligen Stand der Rechtsprechung unwirksam sind.

Sowohl die Wohnungs- als auch die Geschäftsraumvermittlung dominiert in den Groß- und Mittelstädten. Bei der Wohnungsvermittlung rührt dies daher, dass dort die **Mieterwohnung** vorherrscht gegenüber der **„Eigentümerwohnung"** (= jede Form der vom Eigentümer selbst genutzten Wohnung, darf mit der „Eigentumswohnung" nicht verwechselt werden).

Bei der Geschäftsraumvermittlung hängt dies mit der stärkeren **Arbeitsplatzkonzentration** in den Mittel- und Großstädten gegenüber kleinstädtischen und ländlichen Räumen zusammen. In den Stadtkernen findet man die Geschäftszentren mit der Zusammenballung von Ladengeschäften, Büros und Kanzleien. Auch öffentliche Dienststellung decken ihren Raumbedarf oft durch Anmietung von zentral gelegenen Räumen in Großstädten. Ebenso sind Gewerbeparks und Einkaufszentren eher in Ballungsräumen als auf dem flachen Land angesiedelt.

– Beschränkungen bei der Wohnungsvermittlung

Der Makler, der Wohnungen vermittelt, hat es mit einem Marktgut zu tun, bei dem die Nachfrager, also die Wohnungssuchenden, als besonders schützenswert gelten. Das meist knappe „Dach über dem Kopf" dient – wie die Nahrung – der elementaren **Existenzsicherung** der Haushalte. Gegenüber den Nahrungsmitteln gibt es aber den grundlegenden Unterschied, dass letztere bei uns eher im Überfluss produziert werden. Die Sättigungsgrenze ist deshalb bald erreicht. Der Bedarf steigt nicht mehr quantitativ, sondern nur qualitativ. Bei Wohnraum wird die Sättigungsgrenze bei steigenden Einkommen jedoch nie erreicht werden. In den vergangenen Jahrzehnten stieg der Wohnflächenverbrauch in Westdeutschland im Schnitt um 0,5 m^2 pro Jahr.

Trotzdem gibt es Zeiten, in denen von **„Wohnungsnot"** gesprochen wird. Dabei handelt es sich um eine „Not der Wohnungssuchenden", nicht um eine Not der „Wohnungsbesitzenden". Trotzdem zielen die gesetzlichen Bestimmungen und staatlichen Maßnahmen nicht nur darauf ab, die Wohnraumbeschaffung für **neu** entstehende oder **zuwandernde** Haushalte zu erleichtern („Objektförderung", Steuererleichterungen), sondern auch die Preisentwicklung für die Nutzung des Mietwohnraums (Mietenanstieg) nicht ausschließlich den Marktkräften zu überlassen.

Aus der Begrenzung des Mietanstiegs ergeben sich bestimmte **ökonomische Gegenwirkungen.** Die Verbilligung der Wohnraumnutzung führt zu Erscheinungen, die mit dem volkswirtschaftlichen Begriff des **„Hortens"** bezeichnet werden. Mieter, die sich wirtschaftlich eine Wohnung zu Wohnungsmarktbedingungen leisten könnten, bleiben in dem verbilligten Wohnraum, weil sie ihre wirtschaftliche Situation durch einen Umzug selbst dann verschlechtern würden, wenn sie mit weniger Wohnfläche vorlieb nehmen würden. Im Bereich des öffentlich geförderten Wohnungsbaus wird dieser Erscheinung mit einer „Fehlbelegungsabgabe" begegnet, die aber vielfach nicht erhoben wird oder deren Erhebung wieder eingestellt wurde. Bei Wohnungen, die Marktgut sind, gibt es jedoch kein ähnliches Instrumentarium. Je mehr wegen eines niedrigen Mietzinses „zusätzlicher", d. h. nicht benötigter Wohnraum gehortet wird, desto mehr Wohnraum muss andererseits produziert werden, um das Versorgungsniveau ins Gleichgewicht zu bringen. Der ständig steigende Wohnflächenkonsum pro Person ist besonders bei älteren Haushalten teilweise ein Ausdruck dieses „Hortens".

Da Makler auf diesem „sozial empfindlichen" Markt agieren, wurde deren Tätigkeitsbereich durch engmaschige, gesetzliche Bestimmungen (Wohnungsvermittlungsgesetz – WoVG) eingeschränkt. Die Vereinbarungsmöglichkeiten und die Höhe von Maklerprovisionen wurden begrenzt.

– Provisionsverbote

Nicht jede frei werdende oder neu erstellte Wohnung kann von Maklern gegen Provisionsversprechen angeboten werden. Hierzu zählen alle preis- und belegungsgebundenen Wohnungen, die wegen dieser Bindungen kein „Marktgut" sind. Zwar kann sich der **Vermieter** dem Makler gegenüber zu einer Provisionszahlung verpflichten, wenn er die Suche des Mieters einem Makler übertragen will. Er darf sie aber nicht über den Mietpreis auf den Mieter abwälzen. Der Mieter selbst darf nicht mit Provision belastet
WoVG § 2 werden.

Auch bei Wohnungen, die **Marktgut** sind, gibt es Vermittlungsbeschränkungen. Sie ergeben sich aus **Verflechtungstatbeständen** zwischen Vermieter und Makler. Wer Eigentümer, Vermieter (z. B. auch Zwischenmieter), Verwalter oder Mieter von Wohnraum ist, darf grundsätzlich keine Provision verlangen, wenn er einen Vertragsabschluss herbeiführt. Dies gilt für jeden, also auch für Personen, die nicht gewerbsmäßig das Maklergeschäft betreiben.

Der Begriff des Wohnungsvermittlers ist im Wohnungsvermittlungsgesetz sehr weit gefasst. Es fallen – soweit zivilrechtliche Vorschriften anzuwenden sind – auch Gelegenheitsvermittler darunter. Deshalb braucht der Mieter (als Vormieter in Bezug auf den Nachmieter) kein gewerbsmäßiger Makler zu sein. Auch als Privatmann kann er seine Vormieterstellung nicht dazu nutzen, vom Nachmieter für das Zustandebringen eines Mietverhältnisses mit dem Vermieter eine Provision zu verlangen. Er darf auch keine „Abstandszahlungen" oder überhöhte Ablösesummen für Mobiliar u. dergl. verlangen.

Das Provisionsverbot gilt auch bei einer rechtlichen oder wirtschaftlichen Verflechtung zwischen dem Wohnungsanbieter und Makler:

Beispiel für eine rechtliche Verflechtung:

> Der Gesellschafter der Verwaltungs GmbH, die die Wohnungen verwaltet, ist gleichzeitig Geschäftsführer der Makler GmbH, die die Wohnungen vermittelt, ohne an der Makler GmbH beteiligt zu sein (rechtliche Verflechtung über Geschäftsführervertrag).

Beispiel für eine wirtschaftliche Verflechtung:

> Der Verwalter, der sein Verwaltungsgeschäft als Einzelunternehmer betreibt, ist an der Makler GmbH beteiligt, die die verwalteten Wohnungen vermittelt (wirtschaftliche Verflechtung über Kapitalbeteiligung).

Verwalter von Wohnraum wurden deshalb in das Provisionsverbot einbezogen, weil sie als **Interessenvertreter des Eigentümers** gelten und damit Maklerleistungen zugunsten von Mietinteressenten nicht erbringen können. Die Rechtsprechung geht sogar davon aus, dass das Provisionsverbot für den Verwalter schon dann gilt, wenn er Verwaltungsleistungen als kostenlose Serviceleistungen (z. B. Abnahme der Wohnung, Inkasso der Mietkaution u. dergl.) übernimmt. Entscheidend – so die Rechtsprechung – sei nicht, ob der Makler kraft eines Verwaltervertrages zu solchen Leistungen verpflichtet sei, sondern, ob beim Mieter der Eindruck entstehe, dass der Makler Verwalter im Sinne der gesetzlichen Bestimmungen sei.

Nicht vom „Provisionsverbot" berührt sind Verwalter nach dem **Wohnungseigentumsgesetz,** weil sie gerade nicht Wohnraum i. S. d. WoVG verwalten, sondern nur das gemeinschaftliche Eigentum. Sie sind damit nicht Interessenvertreter des Vermieters. Vielmehr haben sie die Interessen der Wohnungseigentümergemeinschaft zu vertreten. Dies ist auch die herrschende Meinung der Rechtsprechung.

Zwar sind auch bei der Kaufvertragsvermittlung Verflechtungen dieser Art provisionsschädlich. Durch besondere **Vertragsgestaltungen** kann aber eine Provisionspflicht vereinbart werden. Bei der Wohnungsvermittlung sind solche Vereinbarungen jedoch unwirksam. Das WoVG enthält insoweit zwingende Vorschriften.

Es gibt außerdem ein Provisionsverbot für den Fall, dass ein Makler lediglich zur Vermittlung eines **Mietvertragsverlängerungsvertrages** eingeschaltet wird.

(Zur Begrenzung der Maklerprovision siehe 13.5.1 und 13.5.2)

– Mietvertragsinhalte

Wie beim Kaufvertrag muss der Makler bei Vermittlung eines Wohnraummietvertrages zunächst feststellen, wer die Vertragsparteien sind. Auf der Vermieterseite stehen die im Grundbuch eingetragenen Eigentümer bzw. Verfügungsberechtigten. Bei einer Personenmehrheit entscheidet in Fragen der Verwaltung, zu der auch die Vermietung von Wohnraum gehört, die Anteilsmehrheit.

Mieten Eheleute eine Wohnung, sollten beide Mietvertragspartner des Vermieters sein.

Es ist darauf zu achten, dass der Vertrag neben Bestimmungen zu **Mietpreis** und **Betriebskostenumlagen,** soweit nicht vorgedruckt, eine Klausel aufgenommen wird, nach der der Vermieter berechtigt ist, von den Mietanpassungsmöglichkeiten des Miethöhegesetzes (siehe 5.6.2) Gebrauch zu machen. Es hat sich ferner als zweckmäßig herausgestellt, in den Mietvertrag den Betriebskostenkatalog nach § 27 II. BV einzubeziehen, II. BV § 27
damit nicht alle umlagefähigen Betriebskosten im Vertrag aufgezählt werden müssen.

Bei Vereinbarung der Heizkostenumlage müssen die Umlagevorschriften der Heizkostenverordnung beachtet werden (siehe 5.2.7.3).

Wird eine **Staffelmiete** vereinbart, werden dadurch andere Mietanpassungsmöglichkeiten mit Ausnahme der Betriebskostenumlagen ausgeschlossen. Die Mietstaffeln müssen in absoluten DM-Beträgen ausgedrückt werden und jeweils mindestens ein Jahr lang gelten. Die Mietzeit, für die die Mietstaffeln im voraus vereinbart werden, darf nicht mehr als 10 Jahre betragen. Staffelmietvereinbarungen können aber auch in Mietverträgen mit unbestimmter Laufzeit getroffen werden.

Festgelegt werden muss der **Beginn** des Mietverhältnisses und die **Dauer.** In der Praxis überwiegt der auf unbestimmte Zeit abgeschlossene Mietvertrag. Bei befristeten **Mietverträgen**, die eine bestimmte Zeit laufen, unterscheidet man zwischen dem Zeitmietvertrag mit dem Recht auf Fortsetzung des Mietverhältnisses durch den Mieter und dem Zeitmietvertrag, bei dem dieses Recht ausgeschlossen ist. Im zweiten Fall muss in den Mietvertrag die spätere Verwendungsabsicht des Vermieters aufgenommen wer-

BGB § 564c Abs.1 den. Es gibt nur folgende, für diesen Vertragstyp zugelassene Verwendungsmöglichkeiten:

BGB § 564c Abs.2

- Eigennutzung oder Nutzung durch Familienangehörige oder andere zum Haushalt des Vermieters gehörende Personen
- Beseitigung, wesentliche Veränderung oder Instandsetzung der Räume, soweit durch die Fortsetzung des Mietverhältnisses diese Maßnahmen erheblich erschwert würden

  und

- bei Werksmietwohnungen, wenn der Vermieter die Räume für einen anderen „zur Dienstleistung Verpflichteten" benötigt (vorausgesetzt, dass das Dienstverhältnis mit dem Mieter nicht mehr besteht).

Dieser „echte" Zeitmietvertrag kann wirksam nur auf die Dauer von längstens 5 Jahren abgeschlossen werden.

Sorgfältig müssen auch die Vereinbarungen, in denen sich Mieter zur Übernahme von **Schönheits- und Kleinreparaturen** verpflichten, formuliert werden. Die hierzu ergangenen Rechtsentscheide sind zu berücksichtigen.

Es können auch **Indexmieten** in Wohnungsmietverträgen vereinbart werden. Zulässig sind aber nur Indexklauseln, die den Anforderungen des MHG entsprechen. Dies ist der Fall, wenn eine Laufzeit des Mietvertrages von mindestens 10 Jahren oder ein Optionsrecht des Mieters auf Verlängerung des Mietvertrages, bis eine Laufzeit von 10 Jahren erreicht wird, vereinbart ist. Jedenfalls muss das ordentliche Kündigungsrecht des Vermieters für die ersten 10 Jahre ausgeschlossen sein. Bezugsgrundlage für die Anpassung kann nur der Index für die Gesamtlebenshaltung sein, der vom Statistischen Bundesamt veröffentlicht wird. Außerdem muss nach der Klausel auch der Mieter berechtigt sein, bei Sinken der Bezugsgröße eine Anpassung der Miete nach unten verlangen zu können.

– Geschäftsraumvermittlung

Hauptgegenstand der **Geschäftsraumvermittlung** sind Büroräume und Ladenlokale. Während bei Wohnungen nur ein verhältnismäßig kleiner Teil der Vermietungsfälle über Makler geht, bedienen sich die Vermieter und Mieter von Gewerberäumen überwiegend der Makler. In diesem Bereich dominieren größere, überregional tätige Spezialfirmen.

Da das Mietrecht, das sich nicht auf Wohnraum bezieht, vertraglich weitgehend frei gestaltet werden kann, gibt es einige charakteristische Erscheinungen, die beim Wohnungsmietvertrag nicht anzutreffen sind:

Bei Mietverträgen über Geschäftsräume überwiegen **langfristige** Mietverträge. Mieter lassen sich im Vertrag häufig „Optionsrechte" einräumen. Darunter versteht man das Recht des Mieters, durch einseitige Erklärung das Mietverhältnis für eine bestimmte Zeit einmal oder wiederholt verlängern zu können.

Die Langfristigkeit der Verträge führt zur dynamischen Mietpreisgestaltungen. Neben Staffelmieten, wie sie auch das Wohnungsmietrecht kennt, werden Wertsicherungsklauseln zur Mietanpassung und teilweise auch umsatzabhängige Mieten vereinbart. Bei den Wertsicherungsklauseln (**„Gleitklauseln"**) unterscheidet man zwischen solchen mit automatischer Anpassung und solchen mit Leistungsvorbehaltsregelungen.

Bei der automatischen Anpassung gilt die jeweils höhere Miete als geschuldet, wenn sich die Bezugsgrundlage für die Mietänderung um eine vereinbarte Mindestspanne ändert. Solche Klauseln gelten nach der Preisklauselverordnung (§ 4 PrKV) als genehmigt, wenn die Kündigung durch den Vermieter für mindestens 10 Jahre ausgeschlossen und die Bezugsgrundlage die der Änderung zugrunde liegt, entweder der vom Statistischen Bundesamt ermittelte Preisindex für die Gesamtlebenshaltung oder ein vom Statistischen Amt der Europäischen Gemeinschaft ermittelter Verbraucherpreisindex ist.

Die Mietanpassung bei vereinbarten **Leistungsvorbehaltsklauseln** beruhen ebenfalls auf der Änderung einer bestimmten Bezugsgrundlage. Nur folgt darauf nicht eine automatische Anpassung. Vielmehr bleibt die Neubestimmung des Mietzinses einer neu zutreffenden Vereinbarung vorbehalten. Für den Fall, dass es zu keiner Einigung kommt, ist meist bestimmt, dass dann ein unabhängiger Sachverständiger die Höhe der neuen Miete bestimmen soll.

Bei Ladenlokalen ist oft Bestandteil des Mietvertrages ein **Wettbewerbsverbot** des Vermieters einerseits und die Verpflichtung des Mieters zur Aufrechterhaltung eines **Geschäftsbetriebes** andererseits („Betriebspflicht").

Dem Gewerberaummieter werden im Vergleich zu Wohnungsmietverhältnissen einerseits größere Gestaltungsmöglichkeiten bei den angemieteten Räumen oder Gebäuden (z. B. Umbauten) zugestanden, andererseits übernimmt er in der Regel umfangreichere Pflichten der Instandhaltung.

Die Kündigung des Mietverhältnisses bedarf keiner besonderen Begründung oder eines „berechtigten Interesses". Auch eine **Änderungskündigung** ist möglich. Dabei handelt es sich um eine Kündigung, die mit der Bereitschaftserklärung zur Fortsetzung des Mietverhältnisses zu geänderten Bedingungen verbunden ist.

Bei Mietverhältnissen über Ladenlokale, Lager- und Fabrikationsräume gibt es die Möglichkeit der weiteren Ausgestaltung des **Vermieterpfandrechts,** das in der Regel Sicherungsrechten von Kreditinstituten vorgeht. Nur auf Waren, bei denen sich der Lieferer das Eigentum vorbehalten hat, greift das Vermieterpfandrecht nicht. Der Lieferer hat gegebenenfalls einen Herausgabeanspruch gegen den Vermieter. Beim Wohnungsmietverhältnis gibt es zwar auch ein Vermieterpfandrecht, das aber in der Praxis keine große Bedeutung erlangt hat. In der Regel unterliegt der überwiegende Teil der in die Wohnung eingebrachten Gegenstände dem gesetzlichen Pfändungsschutz.

13.5 Rechtsgrundlagen des Maklergeschäfts

13.5.1 Maklerprovision

Voraussetzungen dafür, dass beim Makler ein Provisionsanspruch entsteht, sind nach § 652 BGB BGB § 652

- ein beweisbares Provisionsversprechen dessen, der die Provision bezahlen soll (Maklervertrag);
- die Tätigkeit des Maklers, auf die sich das Provisionsversprechen bezieht. Nach dem gesetzlichen Leitbild kann es sich nur entweder um den „Nachweis einer Vertragsabschlussgelegenheit" oder um die „Vermittlung des Vertrages" handeln;
- das Zustandekommen des Vertrages („Hauptvertrag"), der mit Einschaltung des Maklers beabsichtigt ist;
- der Ursachenzusammenhang zwischen der Nachweis- oder Vermittlungstätigkeit und dem Zustandekommen des Hauptvertrages.

– Maklervertrag

Ein **Maklervertrag** muss mit derjenigen Marktpartei zustande kommen, die die Provision zahlen soll. Wie schon ausgeführt, kann der Makler mit **beiden** Parteien einen

Maklervertrag schließen. Eine bestimmte Form muss er dabei nicht beachten. Wichtig ist nur, dass er im strittigen Fall das „Provisionsversprechen“ auch beweisen kann.

Stillschweigend kommt dann ein Maklervertrag zustande, wenn derjenige, der die Dienste des Maklers in Anspruch nimmt, weiß, dass er dafür im Erfolgsfall eine Provision bezahlen soll. Deshalb ist es stets wichtig, dies dem „Auftraggeber“ schon ganz am Anfang der Vertragsbeziehung mitzuteilen.

Makler verwenden in der Praxis auch **Vertragsformulare**. Dies gilt besonders im Geschäftsverkehr zwischen Makler und Objektanbieter.

Wenn ein Maklervertrag eine direkte oder indirekte (sich aus den Umständen ergebende) Verpflichtung des Auftraggebers zum Erwerb oder zur Veräußerung einer Immobilie enthält, ist er nur wirksam, wenn er notariell beurkundet ist. Eine indirekte Verpflichtung wird von der Rechtsprechung unterstellt, wenn der Maklervertrag bei Nichtbeurkundung eines beabsichtigten Hauptvertrages die Zahlung einer Vertragsstrafe, eines „Reuegeldes“ oder eines pauschalen Aufwendungsersatzes vorsieht, dessen Höhe auf eine eigentlich gewollte Vertragsstrafe schließen lässt. Der Bundesgerichtshof ist der Meinung, dass dies bereits dann anzunehmen sei, wenn die Pauschale 10 % der vereinbarten Provision überschreite. Letztlich sei jedoch für die Wertung der „Druck“, der auf den Auftraggeber durch die Vereinbarung in Richtung auf Vertragsabschluss ausgeübt werde, entscheidend.

Bei der **Wohnungsvermittlung** ist vorgeschrieben, dass der Makler vom Vermieter oder einem zur Vermietung Berechtigten einen „Auftrag“ haben muss, wenn er die Wohnung anbieten will. Dies ist jedoch eine öffentlich-rechtliche Vorschrift, die nur verhindern soll, dass der Makler ohne die entsprechende Legitimation Wohnungen, die er z. B. nur vom „Hörensagen“ kennt, anbietet.

– Nachweis oder Vermittlung

Der **„Nachweis einer Vertragsabschlussgelegenheit“** setzt voraus, dass das Objekt, das angeboten, oder der Interessent, der benannt wird, tatsächlich am Markt als Anbieter bzw. Nachfrager vorhanden ist. Die bloße Benennung eines Objektes, z. B. einer Eigentumswohnung oder eines Grundstücks mit Anschrift und Eigentümer, ist kein Nachweis, wenn der Eigentümer gar nicht verkaufen oder vermieten will. Das Gleiche gilt für die Benennung einer Person als Interessent, obwohl gar kein Kauf- oder Anmietungsinteresse besteht. Wer seinen Provisionsanspruch mit einem erfolgten Nachweis begründet, wird als **„Nachweismakler“** bezeichnet.

Die Rechtsprechung unterscheidet zwischen einem ausreichenden und nicht ausreichendem Nachweis. Wer sich ohne Schwierigkeit aufgrund der Nachweisinformationen mit dem vorgesehenen Vertragspartner in Verbindung setzen kann, um Verhandlungen zu führen, hat einen ausreichenden Nachweis erhalten. Wenn der Kunde dagegen selbst weitere Erkundigungen einziehen muss, um diese Verbindung aufzunehmen, hat er keinen ausreichenden Nachweis erhalten. Dieser Nachweis würde jedenfalls nicht zu einem Provisionsanspruch im Erfolgsfall führen.

Makler arbeiten bei Objektangeboten häufig mit so genannten **Nachweisbestätigungen,** mit denen sie beweisen können, dass sie den Nachweis geführt haben, falls dies bestritten werden sollte. Eine ähnliche Funktion haben **Provisionsbestätigungen.** Sie unterscheiden sich von Nachweisbestätigungen dadurch, dass mit ihr nicht nur ein Objektnachweis geführt, sondern auch die Provisionsverpflichtung vom Interessenten bestätigt wird.

Wenn ein Makler seine Leistung mit einer Vertragsvermittlung begründen kann, wird er als **Vermittlungsmakler** bezeichnet. Vermittlung ist eine eigenständige Leistung. Ihr muss kein Nachweis vorausgehen. Wenn z. B. der Inhaber eines Ladens an einen Makler herantritt mit der Bitte, mit seinem Ladennachbarn Verhandlungen aufzunehmen, um ihn zu einer Untervermietung seines Ladens zu bewegen, und der Makler vermittelt tatsächlich einen Vertrag, hat er eine Vermittlungsprovision verdient. Einen Nachweis hat er in diesem Fall nicht erbracht. Ähnliches gilt z. B., wenn eine Gemeinde einen Makler beauftragt, ihr bestimmte Grundstücke, die sie dem Makler bezeichnet und deren Eigentümer sie dem Makler nennt, zu beschaffen. Auch dann ist der Makler reiner Vermittlungsmakler.

Schließt der Auftraggeber mit dem Makler ausschließlich einen Vermittlungsvertrag ab, erhält der Makler im Erfolgsfall keine Nachweis-, sondern nur eine Vermittlungsprovision. Er muss dann auch eine Vermittlungsleistung erbringen, wenn er einen Provisionsanspruch erwerben will. Ein Nachweis genügt dann nicht. (Zum Fragenbereich neutrale oder Vermittlung nur für eine Seite mit den entsprechenden Rechtsfolgen siehe 13.1)

– Hauptvertrag

Der Hauptvertrag muss rechtswirksam sein, wenn er zum Provisionsanspruch führen soll.

An der Rechtswirksamkeit fehlt es,

- wenn der Vertrag der vorgeschriebenen Form nicht entspricht (z. B. notarielle Beurkundungsform beim Grundstückskaufvertrag); BGB § 313
- wenn es sich um ein **Scheingeschäft** handelt, das von den Parteien gar nicht gewollt ist (z. B. ein Grundstückskaufvertrag wird mit einem Interessenten zu einem überhöhten Preis nur zum Schein abgeschlossen, um zu verhindern, dass der Vorkaufsberechtigte zum Zuge kommt und das Vorkaufsrecht sodann erlischt); BGB § 117
- wenn er **sittenwidrig** ist, was außerordentlich selten vorkommt; BGB § 138
- solange eine erforderliche **Genehmigung** des Vertrages aussteht, z. B. die Genehmigung des Vormundschaftsgerichts, wenn ein Minderjähriger Vertragspartner des Grundstücksgeschäfts ist; BGB § 1821
- wenn der Vertrag unter einer **aufschiebenden Bedingung** geschlossen wurde. Beispiel: Ein Bauträger will den abgeschlossenen Kaufvertrag über das Baugrundstück nur dann wirksam werden lassen, wenn es ihm gelingt, innerhalb einer bestimmten Frist eine Baugenehmigung für ein Bauvorhaben in einem genau beschriebenen Umfang zu erhalten. Der Provisionsanspruch entsteht erst mit Eintritt dieser Bedingung. BGB § 652 Abs.2

Der Provisionsanspruch wird dagegen nicht berührt, wenn der Vertrag einvernehmlich wieder **aufgehoben** oder in den Bedingungen geändert wird oder wenn eine der beiden Parteien von einem **gesetzlichen Rücktrittsrecht** Gebrauch macht.

Als von vornherein unwirksam gilt ein Vertrag, der erfolgreich angefochten wird

– wegen **Irrtums**, es wird z. B. die falsche Parzellennummer versehentlich im Kaufvertrag als Vertragsgegenstand bezeichnet BGB § 119

oder

– wegen **arglistiger Täuschung**, der Verkäufer verschweigt z. B. bewusst einen gravierenden Mangel am Objekt, um einen höheren Preis zu erzielen. BGB § 123

– Ursachenzusammenhang

Der Makler muss den zustande gekommenen Vertrag durch seinen Nachweis oder durch seine Vermittlung mitbewirkt haben. Hier gibt es oft sehr schwer zu beurteilende Fälle. Die Rechtsprechung hat allerdings einige Grundsätze aufgestellt, an die sich der Makler halten kann:

- **Mitverursachung** genügt. Die Maklertätigkeit muss nicht allein den Entschluss zum Vertrag beim Auftraggeber hervorgerufen haben. Auch ein Steuerberater kann z. B. durch seine steuerlichen Hinweise zum Vertragsabschluss beigetragen haben. Haben zwei Makler kurz hintereinander das gleiche Objekt einem Interessenten angeboten, steht dem ersten Makler der Provisionsanspruch zu.

- Dagegen besteht der Ursachenzusammenhang dann nicht, wenn er **unterbrochen** wurde. Beispiel: Beim Auftraggeber hat das Maklerangebot zunächst Interesse geweckt. Zu einem Abschluss aber kam es nicht, weil eine Einigung über den Preis nicht erzielt werden konnte. Der Auftraggeber verliert das Objekt aus den Augen und widmet sich anderen Angeboten. Durch ein späteres Angebot eines anderen Maklers wird neues Interesse geweckt, was schließlich zum Vertrag führt. In diesem Falle ist der Ursachenzusammenhang zwischen dem Angebot des ersten Maklers und dem Hauptvertragsabschluss unterbrochen.

- Hätte dagegen der **Auftraggeber** von sich aus nach dem Scheitern der Verhandlungen wieder Verbindung mit dem Verkäufer aufgenommen, um sich zu erkundigen, ob das Objekt noch zu haben sei, und wäre daraufhin ein Vertrag zustande gekommen, wäre das Maklerangebot ursächlich. Denn ohne dieses Angebot wäre es nicht zum Vertragsabschluss gekommen.

  Als Grundsatz gilt, dass der Ursachenzusammenhang nur dann unterbrochen ist, wenn das Maklerangebot entweder „versandet“, also nicht weiter verfolgt wird, oder geführte Verhandlungen **endgültig** scheitern und nur durch einen **Anstoß von außen** völlig neues Interesse geweckt wird.

- Nur der direkte Ursachenzusammenhang führt zum Provisionsanspruch. Er liegt vor, wenn das vom **Makler** angebotene Geschäft **identisch** mit dem tatsächlich zustande gekommen ist. Die Identität bezieht sich auf die Art des Vertrages, der angeboten wurde (z. B. Kaufvertrag), das angebotene Objekt (z. B. Eigentumswohnung Nr. 40) und auf den vom Makler benannten Vertragspartner (z. B. Xaver Seicht).

  Kommt statt des Kaufvertrages ein Mietvertrag zustande oder ist Vertragsgegenstand die Wohnung Nr. 41 oder der Vertragspartner Werner Klar, dann entsteht kein Provisionsanspruch, obwohl der Makler „indirekt“ doch zum Vertrag beigetragen hat. Die Parteien hätten sich z. B. nicht auf einen Miet- statt Kaufvertrag einigen können, hätte sie der Makler nicht miteinander bekannt gemacht. Von der ebenfalls verkäuflichen Eigentumswohnung Nr. 41 hätte der Auftraggeber nichts erfahren, hätte er vom Hausmeister nicht den Tipp bekommen, als er die angebotene Wohnung Nr. 40 besichtigte. Werner Klar hätte die Wohnung nicht kaufen können, wenn er nicht von Xaver Seicht einen Hinweis bekommen hätte.

  Im letzten Fall aber hätte der Makler einen Schadenersatzanspruch an Xaver Seicht, wenn er ihm nachweisen kann, dass er **schuldhaft** gehandelt hat, als er Werner Klar den Tipp gab. Ein schuldhaftes Handeln läge aber z. B. nicht vor, wenn sich Xaver Seicht an Werner Klar in dessen Eigenschaft als Steuerberater gewandt hätte mit der Bitte, das Angebot des Maklers doch in steuerlicher Hinsicht zu prüfen.

Der Makler wird, bevor er eine Provisionsrechnung stellt, prüfen, ob **alle** hier genannten vier Grundvoraussetzungen des Provisionsanspruchs gegeben sind. Fehlt auch nur eine, kann er keine Provision geltend machen.

– Provisionshöhe

Maklerprovisionen sind **frei** vereinbar. Es gibt weder eine Gebührenordnung (ähnlich der HOAI für Architekten und Ingenieure) noch Richtlinien oder Gebührenkartelle. Die von den Verbänden herausgegebenen Übersichten über Maklergebühren sind in keiner Weise verbindlich. Sie sind nur Ergebnis von Umfragen. Sie dienen als Beurteilungsgrundlage im Rechtsstreit, wenn feststeht, dass der Makler eine Provision verdient hat, aber die Höhe nicht vereinbart wurde. BGB § 653 Abs.2

Auf der Grundlage **„üblicher Maklergebühren"** erfolgt auch die Umzugskostenerstattung der Behörden an Bedienstete, wenn sie wegen Versetzung eine neue Wohnung über einen Makler gefunden haben. Dies sollte der Mieter wissen, wenn er Provisionsvereinbarungen trifft.

Die Maklerprovisionen sind von Bundesland zu Bundesland verschieden. Teilweise verlangen Makler von beiden Parteien Provision, teilweise nur von einer Seite. Die Gesamtprovision beträgt bei Durchschnittsobjekten etwa 5–6 %, jeweils zuzüglich Umsatzsteuer. In Bayern und Baden-Württemberg z. B. wird die Provision überwiegend auf Verkäufer und Käufer aufgeteilt. In Berlin, Hamburg und Hessen wird sie ausschließlich vom Käufer getragen. Manche Makler arbeiten auf der Grundlage einer ausschließlichen „Innenprovision" (Provision nur vom Objektanbieter).

Bei Großobjekten verringert sich die Gesamtprovision auf einen Satz zwischen 2 % und 4 %.

Bei der Vermittlung von Mietverträgen über Geschäftsräume werden im Schnitt 3 Monatsmieten, bei langfristigen Verträgen teilweise auch 3,6 Monatsmieten (entspricht 3 % aus einer 10-Jahresmiete) vereinbart.

Zu den Provisionssätzen hinzu kommt jeweils eine **Umsatzsteuer** von (derzeit) 16 %.

Gebührenabsprachen (etwa innerhalb von Verbänden) sind verboten. Sie würden gegen das Gesetz gegen Wettbewerbsbeschränkungen („Kartellgesetz") verstoßen.

Aufwendungsersatz kann der Makler nur verlangen, wenn er dies ausdrücklich vereinbart hat. Darunter versteht man die Erstattung von Auftragsbearbeitungskosten (ohne Zeitkosten). Bei Berechnung der eigenen Arbeitszeit handelt es sich nicht mehr um einen Aufwendungsersatz im Sinne des BGB, sondern um eine „Vergütung" für eine Dienstleistung nach dem Dienstvertragsrecht. BGB § 652 Abs.2

Gesetzliche Beschränkungen gibt es, wie schon erwähnt, im Bereich der **Wohnungsvermittlung.** Die Provision darf zwei Monatsmieten (ohne abzurechnende Nebenkosten, aber zuzüglich Umsatzsteuer) nicht übersteigen.

13.5.2 Vereinbarungsbegrenzung bei Vertragsformularen

Wie in anderen Geschäftsbereichen, sind auch auf Vertragsformulare der Makler die Vorschriften des **AGB-Gesetzes** anzuwenden. Es handelt sich um ein Gesetz, das vorwiegend dem Schutz der Verbraucher, aber auch anderer Personenkreise dient, die sich im Geschäftsverkehr mit Anbietern von Waren und Leistungen „Allgemeinen Geschäftsbedingungen" unterwerfen müssen.

Der Gesetzgeber hat den Begriff der Allgemeinen Geschäftsbedingungen auf alle Arten **vorformulierter** Verträge (erstes Merkmal), die in einer **Vielzahl** von Fällen (zweites Merkmal) verwendet werden sollen, ausgedehnt. Das dritte Merkmal, das eine Allgemeine Geschäftsbedingung charakterisiert, besteht darin, dass der Verwender sie seinem Vertragspartner **„stellt".** Er bringt damit zum Ausdruck, dass er nur auf der Grundlage dieser Vertragsbedingungen seine Geschäfte macht. Daraus ergibt sich für ihn eine typische Überlegenheitsposition im Geschäftsverkehr. Allgemeine Geschäftsbedingungen sind in der Regel das Ergebnis einer gründlichen Analyse der rechtlichen Regelungsmöglichkeiten durch den Verwender, die der Vertragspartner, der sich diesen Bedingungen unterwirft, in der Regel kaum nachvollziehen kann. AGB-Gesetz § 1

Werden Allgemeine Geschäftsbedingungen gegenüber Verbrauchern verwendet, unterliegen sie der Inhaltskontrolle der Gerichte selbst dann, wenn sie nur **einmal** verwendet werden. AGB-Gesetz § 24 a

Dies triff für den überwiegenden Teil der Maklerverträge zu.

Der Sinn des AGB-Gesetzes besteht darin, den Vertragspartner bei Verwendung solcher Bedingungen so zu stellen, dass er sich auch **unbesehen** diesen Bedingungen unterwerfen kann, ohne damit rechnen zu müssen, unangemessen benachteiligt zu werden.

Eine **unangemessene Benachteiligung** unterstellt das Gesetz im Zweifel dann, wenn die Bedingungen des Vertrages erheblich von dem gesetzlichen Leitbild abweichen.

Wer als Makler Vertragsformulare verwendet, muss also stets prüfen, an welchen Stellen er dabei vom gesetzlichen Leitbild abweicht und wie weit er davon abweicht. Das Leitbild des Maklerrechts spiegelt sich in den vier Voraussetzungen für das Entstehen eines Provisionsanspruches wider, die oben beschrieben wurden. Mit anderen Worten: Ob eine Vertragsbedingung in einem Maklervertrag wirksam oder unwirksam ist, wird an § 652 BGB gemessen.

Unwirksam ist damit z. B. die sog. **„Vorkenntnisklausel".** In dieser will der Makler erreichen, dass sich der Kunde dann auf Vorkenntnis einer ihm angebotenen „Vertragsabschlussgelegenheit" nicht berufen kann, wenn dieser sie nicht unverzüglich nach Erhalt des Angebots geltend macht. Durch diese Klausel würde das Erfordernis der Ursächlichkeit eines Maklernachweises „abbedungen". Dies widerspräche dem Leitbild des § 652 BGB.

BGB § 652

Unwirksam ist auch die Vereinbarung von **Folgeprovisionen,** weil der Makler etwa zwischen den Parteien später zustande kommende weitere Geschäfte weder nachgewiesen noch vermittelt hat.

Als unwirksam gelten auch sog. **Verweisungs-** oder **Hinzuziehungsklauseln** in Alleinaufträgen. Sie sollen dem Makler auch in Fällen zur Möglichkeit einer Provisionsvereinbarung verhelfen, die er nach einem vom Gesetz gewollten Ablauf des Geschehens nicht hätte treffen können.

Das AGB-Gesetz schließt allerdings die Möglichkeit vom gesetzlichen Leitbild abweichender Vereinbarungen nicht aus. Führen sie nicht zu einer unangemessenen Benachteiligung, sind sie also für den Vertragspartner des Verwenders hinnehmbar, dann sind sie auch in Allgemeinen Geschäftsbedingungen wirksam.

Es können außerdem im Rahmen der **Vertragsfreiheit** auch Vereinbarungen wirksam getroffen werden, die dem gesetzlichen Leitbild völlig widersprechen. Wirksam werden sie aber nur, soweit sie **im Einzelnen ausgehandelt** sind. Man spricht von **Individualvereinbarungen.** So sind z. B. die für den **qualifizierten Alleinauftrag** charakteristischen Verweisungs- und Hinzuziehungsklauseln, die zur Einschaltung des Maklers in jedem Falle führen, als Individualvereinbarung wirksam.

Eine Individualvereinbarung darf nicht von vornherein als eine ungerechte oder unausgewogene Vereinbarung missverstanden werden. Dies mag zwar in vielen Fällen zutreffen. Der gesetzlichen Regelung des AGB-Gesetzes liegt aber eine sog. **Rechtsfiktion** zugrunde. Solche Rechtsfiktionen sind oft nötig, wenn man zu „generalisierenden" Regelungen kommen will. Die Rechtsfiktion des AGB-Gesetzes geht dahin, dass in den Gesetzen ein Gerechtigkeitsoptimum vermutet wird. Ein vertragliches Abweichen vom Gesetz bedeutet dann im Zweifel immer ein Mehr oder Weniger an Ungerechtigkeit.

Da das gesetzliche Leitbild des Maklervertrages, das in der Zeit zwischen 1895 und 1899 entstanden ist und nicht das Recht des gewerbsmäßigen, sondern des Gelegenheitsmaklers regelt, dem Prinzip der Interessenidentität und damit auch dem Auftraggeberinteresse widerspricht, kann hier nicht von einem Gerechtigkeitsoptimum ausgegangen werden. Die Vereinbarung eines qualifizierten Alleinauftrages ist deshalb durchaus berufsethisch verantwortbar und rechtlich vertretbar. Individuell ausgehandelt ist sie auch rechtlich wirksam.

– Alleinauftragsformulare

Makler verwenden in der Praxis Formulare oder gespeicherte Textbausteine, um ihre Vertragsbeziehung gegenüber dem Objektanbieter abzusichern. Im Geschäftsverkehr mit Kauf- oder Mietinteressenten ist dagegen der Formulareinsatz selten. Eine der am häufigsten verwendeten Vertragsformulare sind verschiedene Varianten von Alleinauftragsfomularen. Es handelt sich dabei stets um „einfache Alleinaufträge", bei dem das Recht der Auftraggeber zum Selbstverkauf nicht ausgeschlossen wird.

Wesentliche Merkmale solcher Formulare sind

- eine Bestimmung der Laufzeit des Vertrages
- die Verpflichtung des Maklers zum Tätigwerden
- eine Aufklärungsverpflichtung im Hinblick auf den erzielbaren Preis
- die Verpflichtung des Auftraggebers, während der Laufzeit des Alleinauftrages keine weiteren Makler einzuschalten oder die Tätigkeit anderer Makler für den Auftraggeber nicht zu dulden

Auf der folgenden Seite wird mit Genehmigung des Richard Boorberg Verlages ein Makler-Allein-Auftrag abgedruckt, wie er so oder in abgewandelter Form in der Branche weit verbreitet ist.

Hier sind die o. g. Grundpflichten von Makler und Auftraggeber enthalten. Ausgegangen wird davon, dass der Alleinauftraggeber sich selbst zur Zahlung einer Provision verpflichtet wobei der Makler sich das Recht sichert, auch für den Kaufinteressenten provisionspflichtig tätig zu werden. Ob er von diesem Recht Gebrauch macht, hängt in der Praxis davon ab, in welcher Höhe die vom Verkäufer zu zahlende Provision vereinbart wird.

Makler-Allein-Auftrag

Auftraggeber:	
Makler:	
Auftragsobjekt: **Verhandlungspreis:**	

1. Maklerauftrag: Gegenstand des Maklerauftrags ist der Nachweis von Kaufinteressenten bzw. die Vermittlung eines Kaufvertragsabschlusses über das Auftragsobjekt.

2. Auftragsdauer: Der Auftrag läuft vom ____________________ bis ____________________.
Wird er nicht unter Einhaltung einer Monatsfrist gekündigt, verlängert er sich jeweils um ein Vierteljahr. Nach Ablauf eines Jahres bedarf dieser Auftrag einer schriftlichen Erneuerung.

3. Pflichten des Maklers: Der Makler verpflichtet sich

a) zur fachgerechten, nachhaltigen Bearbeitung dieses Makler-Allein-Auftrages unter Ausnutzung aller sich ergebenden Abschlußchancen sowie

b) zur Aufklärung des Auftraggebers über die Durchsetzbarkeit seiner Angebotsbedingungen.

4. Pflichten des Auftraggebers: Der Auftraggeber verpflichtet sich,

a) während der Laufzeit des Auftrags keine Maklerdienste Dritter in Bezug auf das Auftragsobjekt in Anspruch zu nehmen und

b) dem Makler alle für die Durchführung des Auftrags wichtigen Angaben vollständig und richtig zu machen.

5. Maklerprovision: Die vom Verkäufer zu zahlende Provision beträgt einschließlich MwSt. ______ % des Kaufpreises samt den vom Käufer übernommenen sonstigen Leistungen, dem Verkäufer vorbehaltenen Nutzungen sowie dem Zubehör und einem etwa mitveräußerten Inventar. Die Provision ist fällig am Tage des rechtswirksamen Zustandekommens des beabsichtigten Kaufvertrages.

Die Provision ist auch zu zahlen, wenn ein wirtschaftlich gleichartiges oder gleichwertiges Geschäft zustande kommt. Der Anspruch hängt nicht davon ab, ob der schließlich vereinbarte Kaufpreis mit vorangegangenen Kaufpreisvorstellungen übereinstimmt.

Der Makler darf auch für den Käufer als Nachweis- und Vermittlungsmakler provisionspflichtig tätig werden.

6. Aufwendungsersatz: Der Makler hat Anspruch auf Ersatz nachgewiesener Aufwendungen, die sich unmittelbar aus der Auftragsbearbeitung ergeben, wie z. B. für Inserate, Exposés, Telefon, Telefax, Porti, etwaige Eingabekosten ins Internet und in ähnliche Kommunikationsdienste sowie Kosten für Besichtigungsfahrten.

Der Aufwendungsersatz darf zunächst eine Gesamtsumme von DM ____________________ einschließlich Mehrwertsteuer pro Monat Laufzeit dieses Vertrages nicht übersteigen.

Der Aufwendungsersatz ist fällig mit Beendigung dieses Auftrages.
Geleistete Aufwendungen sind auf eine etwa anfallende Maklerprovision aus diesem Auftrag in vollem Umfange anzurechnen.

7. Schadensersatz: Falls der Auftraggeber für Dritte (z. B. Miteigentümer) ohne entsprechende Vollmacht handelt oder seine Vertragspflichten verletzt, ist er dem Makler zum Ersatz des sich daraus ergebenden Schadens verpflichtet.

8. Außerordentliches Kündigungsrecht: Der Auftraggeber kann diesen Makler-Allein-Auftrag vorzeitig widerrufen, wenn der Makler trotz vorhergehender schriftlicher Abmahnung seiner Tätigkeitspflicht nach Ziffer 3 a) nicht nachkommt.

9. Sonstige Vereinbarungen:
(ggf. Beiblatt verwenden)

Vollmacht: Der Auftraggeber erteilt dem Makler Vollmacht zur Einsicht in das Grundbuch, die Grundakte, das Liegenschafts- und Altlastenkataster, die Bauakte, das Baulastenverzeichnis sowie in alle übrigen behördlichen Akten und in die Akte der Realgläubiger, soweit sich die jeweiligen Unterlagen auf das Auftragsobjekt beziehen. Der Makler kann auch schriftliche Auszüge aus den Unterlagen und Akten anfordern. Er ist außerdem berechtigt, das Auftragsobjekt allein oder mit Interessenten zu besichtigen.

Ort und Datum	Auftraggeber	Makler

Boorberg-Vordruck M-61 010 (78.610/100.0) · Makler-Allein-Auftrag (Standard)
Richard Boorberg Verlag, München · **Nachdruck und Vervielfältigung verboten!**

13.5.3 Verwirkung des Provisionsanspruchs

In Fällen, in denen sich der Makler in besonders krasser Weise treuwidrig gegen seinen Auftraggeber verhält, kann er seinen Provisionsanspruch verwirken, und zwar auch dann, wenn dem Auftraggeber durch das Verhalten des Maklers kein Schaden entsteht, der sonst zusätzlich über den Schadensersatzanspruch ausgeglichen werden könnte.

Es gibt zahlreiche Einzelfallentscheidungen zur Verwirkung des Provisionsanspruchs. So hat der Bundesgerichtshof geurteilt, dass ein Makler seines Maklerlohnes unwürdig sei, der mit „an Vorsatz grenzender Leichtfertigkeit" seinen Auftraggeber veranlasst, eine formnichtige Ankaufsverpflichtung zu unterzeichnen, um bei ihm den Eindruck einer Verpflichtung zum Kauf und zur Zahlung einer erfolgsunabhängigen Provision (in Wirklichkeit Vertragsstrafe) bei Nichtkauf zu erwecken.

Seinen Provisionsanspruch hatte auch ein Makler verwirkt, der seinen Auftraggeber (den Erwerber einer vermieteten Eigentumswohnung) nicht darüber aufgeklärt hat, dass bei diesem Umwandlungsobjekt eine zusätzliche Kündigungssperrfrist zu beachten sei. (Der Erwerber hatte die Wohnung in der Absicht gekauft, den Mietvertrag zu kündigen, um sie selbst zu beziehen.)

Ein Fall der Provisionsverwirkung ergibt sich unmittelbar aus dem Gesetz. Nach § 654 BGB ist der Provisionsanspruch gegenüber seinem Auftraggeber dann verwirkt, wenn der Makler „dem Inhalt des Vertrages zuwider" (gemeint ist der Maklervertrag) für den anderen Teil tätig gewesen ist. Aus diesem Grunde ist es immer ratsam, eine Doppeltätigkeit maklervertraglich abzusichern, wenn dies so gewollt ist.

BGB § 654

13.5.4 Besonderheiten bei der Wohnungsvermittlung

Auf die **Provisionsverbote** des Wohnungsvermittlungsgesetzes wurde bereits unter 13.4.3 hingewiesen. Dieses Gesetz enthält weitgehend zwingendes Recht, von dem zum Nachteil des Mieters auch in Individualvereinbarungen nicht abgewichen werden darf. Das bedeutet, dass die im BGB genannten vier Voraussetzungen zum Entstehen eines Provisionsanspruches bei der Wohnungsvermittlung zwingend gegeben sein müssen.

WoVG § 2 Abs.1 i. V. m. Abs.5

Beispiel:

> Ein Vermieter schickt einen Wohnungsinteressenten zu dem Makler, den er zur Vermietung seiner Wohnung beauftragt hat. Er soll einen Mietvertrag ausfertigen. Der Mieter hatte die Wohnung durch einen Bekannten in Erfahrung gebracht. Mit dem Vermieter hat er sich über alle Bedingungen bereits geeinigt. Füllt der Makler nun den Mietvertrag entsprechend den Angaben des Vermieters aus, kann er keine Provision verlangen, da er weder vermittelt noch nachgewiesen hat. Selbst wenn er seine Bereitschaft, den Vertrag auszufertigen, von einem Provisionsversprechen des Interessenten abhängig machen würde und der Interessent die Provision auch zusichert, bestünde kein Anspruch. Von einem zwingenden Recht kann nämlich auch durch Vereinbarung nicht abgewichen werden.

Während Ansprüche aus einem Maklervertrag in zwei, unter Kaufleuten in vier Kalenderjahren **verjähren,** gilt im Bereich der Wohnungsvermittlung für zu Unrecht vereinnahmte Provisionen und Auslagenerstattungen eine Verjährungsfrist von vier Jahren, gerechnet von der Leistung an.

WoVG § 5

Schadenersatzansprüche aus Nebenpflichtverletzungen verjähren im Allgemeinen erst in 30 Jahren.

Der Wohnungsvermittler darf neben der Provision keine **weiteren Entschädigungsvereinbarungen** für Nebenleistungen treffen, z. B. über Einschreibgebühren, Reservierungsgebühren u. dergl. Nur die Erstattung nachzuweisender Auslagen kann vereinbart werden, was in der Praxis jedoch selten anzutreffen ist (§ 3 Abs. 2 WoVG).

WoVG § 3 Abs.2

Zur Begrenzung der Provision auf zwei Monatsmieten siehe unten.

WoVG § 3 Abs.3 Verboten ist ferner die Vereinbarung von **Kopplungsgeschäften**. Kommen z. B. Makler und Mietinteressent überein, dass dieser eine Wohnung vermittelt erhält, wenn er den Umzug über ein mit dem Makler befreundetes Speditionsunternehmen durchführt, bleibt zwar der Maklervertrag wirksam, eine Verpflichtung zur Einschaltung des Spediteurs entsteht aber nicht.

13.5.5 Ordnungsvorschriften

– Wohnungsvermittlungsgesetz (WoVG)

Das Wohnungsvermittlungsgesetz enthält zum Schutz der Wohnungssuchenden einige öffentlich-rechtliche Vorschriften, deren Nichteinhaltung eine Ordnungswidrigkeit darstellt. Die Gewerbebehörde kann sie mit einem Bußgeld bis zu 5.000 DM ahnden. Der Makler muss Folgendes beachten:

- WoVG § 3 Abs.1 Er darf die Provision nur in einem **Bruchteil oder Vielfachen** der Monatsmiete angeben. Dieser Satz muss nach der Preisangaben-Verordnung die Umsatzsteuer enthalten. Der Begriff Nettomiete bezeichnet in der Branche die Monatsmiete ohne Betriebskosten. Kalt- oder Warmmiete bezeichnet die Miete ohne bzw. mit Heiz- und Warmwasserkosten.
- WoVG § 6 Abs.1 Er darf Wohnungen nur anbieten, wenn er vom Vermieter oder einem Berechtigten hierfür einen **Auftrag** hat. Berechtigter kann auch der Vormieter sein, wenn er mit Einverständnis des Vermieters einen Mietnachfolger sucht.
- WoVG § 6 Abs.2 Der Wohnungsvermittler muss beim öffentlichen Anbieten von Wohnungen (z. B. in Inseraten) für jede Wohnung den **Mietpreis** angeben mit einem Zusatz, aus dem sich ergibt, ob zu diesem Mietpreis noch **Nebenkosten** hinzukommen.
- Der Wohnungsvermittler darf unter Angabe seines **Namens** und unter Kennzeichnung seiner **Maklereigenschaft** Wohnungen öffentlich suchen oder anbieten.
- Der Wohnungsvermittler darf **vom Mieter** nicht mehr als **2 Monatsmieten** Provision zuzügl. USt. „fordern, sich versprechen lassen oder annehmen“, wobei Nebenkosten, über die gesondert abzurechnen ist, nicht in die Berechnungsgrundlage einfließen dürfen. Neben den zivilrechtlichen Wirkungen bei einem Verstoß gegen diese Vorschrift (Rückforderungsanspruch des Mieters hinsichtlich des überhöhten Betrages) kann ein Bußgeld bis zu **50.000 DM** verhängt werden, also bis zum 10-fachen des Bußgeldes für sonstige Verstöße gegen das WoVG!

– Preisangaben-Verordnung

Da Makler Leistungen im Sinne der **Preisangaben-Verordnung (PangV)** erbringen und die Objekte, die sie anbieten, unter den Warenbegriff dieser Verordnung fallen, müssen neben Bauträgern bzw. Wohnungsunternehmen auch Makler diese Verordnung beachten. Die PangV will Letztverbrauchern mit Hilfe der Preisangabevorschriften Preisvergleiche ermöglichen. Deshalb ist vorgeschrieben:

- Jeder, der Waren oder Leistungen (also auch Maklerleistungen) gewerbs- oder geschäftsmäßig **anbietet,** muss stets den **Endpreis** einschließlich aller Preisbestandteile (z. B. Umsatzsteuer) angeben. Gibt er auch Preisbestandteile an, muss der Endpreis **hervorgehoben** werden. Zu Waren i. S. d. PangV zählen im Gegensatz zum Handelsrecht auch Immobilien.
- Wird nur mit Waren oder Leistungen **geworben,** besteht keine Preisangabepflicht. Nur wenn **unter Angabe von Preisen** geworben wird, müssen auch hier die Endpreise (gegebenenfalls hervorgehoben) angegeben werden.

Zwischen **„Angebot“** und **„Werben“** i. S. d. PangV besteht folgender Unterschied: Beim Angebot wird die Ware so konkret dargestellt, dass derjenige, der damit angesprochen wird, in der Lage ist, seine Kaufabsicht zu bekunden. Der Anbieter lädt den Interessenten zur Abgabe eines Kaufangebots im Rechtssinne ein („Invitatio ad Offerendum“).

Beispiel: Warenauslage im Schaufenster. Sofern die Informationen nicht ausreichen, um ein Kaufangebot abgeben zu können, handelt es sich nicht mehr um ein Angebot, sondern um Werbung.

Ein **Maklerinserat,** in dem ein Objekt „angeboten" wird, ist nach der PangV in der Regel „Werbung" und trotz der umgangssprachlichen Bezeichnung noch kein Angebot. Wer als Makler ein Objekt inseriert, muss also keinen Preis angeben. Manchmal wünschen dies Auftraggeber auch nicht. Das Exposee oder gar die Baubeschreibung des Bauträgers samt Grundrissplänen ist dagegen wohl als „Angebot" zu betrachten und verpflichtet zur Preisangabe.

Bei Immobilien gelten als **Preisbestandteile,** deren Angabe auch bei der „Werbung" stets zur Endpreisangabe verpflichtet, z. B. der m²-Preis für eine Eigentumswohnung oder ein Baugrundstück, der Hinweis auf das erforderliche Eigenkapital oder die geforderte Anzahlung, die Angabe der monatlichen Belastung usw.

Werden Eigentumswohnungen oder Häuser mit Garage angeboten, muss im Endpreis auch der **Garagenpreis** einbezogen sein, wenn nicht deutlich zum Ausdruck gebracht wird, dass Haus und Garage auch getrennt erworben werden können.

Nicht zum Endpreis für das Objekt gehören Notargebühren, Gerichtskosten, Grunderwerbsteuer, Maklergebühren, weil sie nicht an den Objektanbieter zu bezahlen sind.

– **Angebot von Darlehen**

Makler, die sich mit der Vermittlung von Darlehen befassen oder die Beschaffung von Darlehen als Serviceleistung übernehmen, müssen ebenso wie die Kreditinstitute selbst den **effektiven Jahreszins** oder – wenn die Konditionen nicht für die ganze Darlehenslaufzeit fest vereinbart sind – den **anfänglichen effektiven Jahreszins** angeben. In der Regel erhalten sie die entsprechenden Angaben von den Kreditinstituten.

Bei Berechnung des effektiven Jahreszinses sind alle **preisbestimmenden Faktoren,** besonders Disagio, Bearbeitungsgebühren, Bereitstellungszinsen, Schätzgebühren u. dergl., zu berücksichtigen. Die Zinsen müssen tagegenau berechnet werden. Beim anfänglichen effektiven Jahreszins ist der Auszahlungsverlust (Disagio) nicht auf die ganze Laufzeit des Darlehens, sondern auf die Zeit, während der die Konditionen nicht geändert werden können („Zinsbindungsdauer"), aufzuteilen.

In der Immobilienwirtschaft spielt der anfängliche effektive Jahreszins als einer der möglichen Maßstäbe für einen Konditionenvergleich eine große Rolle.

Bei den Preisangabevorschriften handelt es sich wie beim öffentlich-rechtlichen Teil des WoVG um **Ordnungsvorschriften.** Durch Überwachung sorgt der Staat in Gestalt der Gewerbebehörden für deren Einhaltung und setzt sie mit Hilfe von Bußgeldandrohungen durch. Die Einhaltung dieser Vorschriften kann im Rahmen der „behördlichen Nachschau" nach § 15 MaBV überprüft werden. Die Bußgeldobergrenze für Ordnungswidrigkeiten bei Preisangaben liegt bei 50.000 DM. Zu MaBV siehe 1.2.3.2. MaBV § 15

Verstöße gegen eine Reihe dieser Vorschriften haben aber auch eine **wettbewerbsrechtliche** Bedeutung. Wer sie nämlich verletzt, um damit auch einen Wettbewerbsvorsprung vor den Mitbewerbern zu erreichen, handelt „sittenwidrig" im Sinne des § 1 des Gesetzes gegen den unlauteren Wettbewerb. UWG § 1

13.5.6 Makler im Wettbewerb

Makler stehen mit ihrem Angebot in ständigem Wettbewerb zu anderen Maklern, aber auch zu Bauträgern, die vergleichbare „Waren" anbieten.

Während für die Einhaltung der Ordnungsvorschriften der Staat zuständig ist, sorgen für die Einhaltung der Wettbewerbsvorschriften die **Mitbewerber** selbst sowie die **Industrie- und Handelskammern** und **rechtsfähige Vereine,** deren Ziel die Stärkung des gesunden Leistungswettbewerbs und die Bekämpfung unlauteren Wettbewerbs ist. Auch Berufsorganisationen können diese Aufgaben erfüllen, wenn die Verbandssatzung dies vorsieht.

UWG § 13 Der Gesetzgeber hat in § 13 UWG sowohl den Mitbewerbern als auch den Kammern und vorgenannten Verbänden eine „Klagebefugnis" eingeräumt, damit sie ihren Wettbewerbsstandpunkt auch mit gerichtlicher Hilfe durchsetzen können. Diese Klagebefugnis kann allerdings durch Urteil entzogen werden, wenn sie missbraucht wird („Abmahnmissbrauch").

– Wettbewerbsregeln der Verbände

Leitfaden für ein wettbewerbsrechtliches unbedenkliches Verhalten sollen die **Wettbewerbsregeln** des RDM von 1963 und des VDM von 1978 sein, die das Bundeskartellamt nach § 24 ff. GWB auf Antrag dieser Verbände anerkannt, veröffentlicht und in das dort bestehende Register für Wettbewerbsregeln eingetragen hat. Die Regeln sind inhaltlich weitgehend deckungsgleich. Gebunden sind daran formell die jeweiligen Mitglieder der Verbände durch Anerkennung im Aufnahmeverfahren. Wettbewerbsregeln sollen in einem, den Grundsätzen des lauteren Wettbewerbs entsprechenden Verhalten anregen. Sie haben aber auch für die Rechtsprechung eine gewisse Bedeutung, weil sie Bezugsgrundlage für die Anschauung der am Verkehr beteiligten Kreise sind. Die Gerichte sind jedoch an die Regeln nicht gebunden. Die Wettbewerbsregeln und die Rechtsprechung zu Wettbewerbsverstößen bei Maklern entsprechen einander jedoch weitgehend.

Die wesentlichen Inhalte der Regeln sind:

- Gebot eines Verhaltens, das dem Ansehen des Berufsstandes keinen Schaden zufügt und die bessere Leistung fördert
- Verbot einer Negativwerbung, die die Konkurrenz diskriminiert und die Leistungen des eigenen Unternehmens überzeichnet
- Verbot der Einwirkung auf einen Auftraggeber, einem Mitbewerber den Alleinauftrag zu entziehen
- Verbot, Objekte ohne Zustimmung des Verfügungsberechtigten anzubieten
- Gebot klarer Kennzeichnung der Maklereigenschaft in der Werbung
- Verbot von Kennziffernanzeigen durch Makler und von Zuschriften auf Kennziffernanzeigen, ohne die Maklereigenschaft klarzulegen
- Verbot des unlauteren Führens von Titeln und früheren Berufsbezeichnungen
- Verbot unwahrer, missverständlicher und unvollständiger Angaben in der Werbung
- Verbot des Übertreibens in der Werbung (Werbung mit Superlativen)
- Verbot der Werbung mit kostenloser Maklertätigkeit und des Versprechens von Sondervorteilen („Zugaben"), um einen Auftrag zu bekommen
- Verbot von Kopplungsgeschäften
- Verbot, die Erbringung von Maklerleistungen von der Zahlung von Einschreib- oder Bearbeitungsgebühren abhängig zu machen

Wettbewerbsverstöße von Mitgliedern der Verbände werden nach den Regeln der Satzung geahndet.

– Vorschriften des Gesetzes gegen den unlauteren Wettbewerb (UWG)

Es sind hauptsächlich zwei Gruppen von Wettbewerbsverfehlungen zu unterscheiden,
UWG § 1 nämlich Verstöße gegen § 1 UWG (**Handlungen** zu Zwecken des Wettbewerbs, die gegen
UWG § 3 die guten Sitten verstoßen) und Verstöße gegen § 3 UWG (irreführende **Werbung**).

In beiden Fällen handelt es sich um sog. „Generalklauseln“, die Grundlage der Rechtsprechung für eine unüberschaubare Zahl von unterschiedlichen Einzelfällen sind.

Wir haben schon gesehen, dass ein Verstoß gegen solche Ordnungsvorschriften gleichzeitig Wettbewerbsverstöße sind, die „zu Zwecken des Wettbewerbs“ begangen wurden. Dazu zählt jede Missachtung der Preisangabevorschriften der PangV, der Vorschriften des WoVG über die in Zeitungsanzeigen zu machenden Angaben und die Vorschrift, wonach ein Makler einen Auftrag vom Vermieter zum Anbieten der Wohnung haben muss. Aber auch die Missachtung von Vorschriften der Gewerbeordnung (z. B. gewerbsmäßige Tätigkeit als Makler ohne Erlaubnis nach § 34c GewO) und der Makler-Bauträger-Verordnung (z. B. Verstoß gegen die Informationspflicht) kann auch ein Wettbewerbsverstoß sein.

Die „Liste“ von Verstößen gegen § 1 UWG, über die Gerichte zu entscheiden hatten, ist so groß, dass nur auf die wichtigsten hingewiesen werden soll. In den meisten Fällen bestätigen sie die Verbote und Gebote der oben dargestellten Wettbewerbsregeln: UWG § 1

- Einwirken auf den Verkäufer eines Objektes, einem Mitbewerber den Alleinauftrag zu entziehen: Anstiftung zum Vertragsbruch
- Versprechen eines überhöhten Preises, um einen Alleinauftrag zu bekommen: Ausschaltung der Konkurrenz mit einem unlauteren Mittel
- Diskriminierende Äußerungen über Mitbewerber

  Beispiel: „Wenn Sie für ein Einfamilienhaus bei unserer Konkurrenz um einiges mehr zahlen müssen als bei uns, sind Sie selbst schuld ...“
- Anbieten von Objekten ohne Zustimmung des Verfügungsberechtigten: führt zur „Verwilderung“ der Angebotspraktiken
- Angebot von Provisionsanteilen, die der Makler vom Käufer erhält, damit der Verkäufer einen Auftrag erteilt und den Vertrag über ihn (den Makler) abschließt: Verletzung der Käuferinteressen
- Angebot von Provisionsanteilen an den Berater des Auftraggebers, um ihn im erwünschten Sinne zu beeinflussen: Anstiftung zum „Parteiverrat“
- Anforderung von Objektangeboten der Konkurrenz über Tarnadressen: unlautere Art der Beschaffung von Informationen, die ein Makler sonst nur unmittelbaren Kaufinteressenten erteilt

Noch häufiger hatten sich die Gerichte mit **irreführenden** Werbeaussagen von Maklern zu befassen. Bei der Frage, ob eine bestimmte Werbeaussage irreführt, kommt es nicht auf ihren objektiven Wahrheitsgehalt an, sondern darauf, wie diese Werbeaussage von den angesprochenen Kreisen bei flüchtiger Betrachtungsweise **aufgefasst** wird. Wenn bereits bei einem nicht ganz unbeachtlichen Teil falsche Vorstellungen erweckt werden, liegt bereits eine Irreführung vor. In der Regel wird man aber davon ausgehen können, dass der Wahrheit entsprechende Angaben, wenn sie sorgfältig formuliert sind, auch zu richtigen Vorstellungen führen. UWG § 3

Die Irreführung kann sich auf das Maklerunternehmen selbst beziehen, auf Leistungsumfang und Leistungsfähigkeit, aber auch auf die angebotenen Objekte. Beispiele für irreführende Werbung, mit denen sich Gerichte befassen mussten:

- Chiffreanzeigen von Maklern: Sie erwecken den Anschein einer Privatanzeige.
- Benutzung privater Briefbogen in Geschäftsangelegenheiten: Auch hier wird der Eindruck beim Kunden erweckt, er habe es mit einem Privatmann zu tun.
- Verschleierung der Maklereigenschaft im Briefbogen (z. B. „Wirtschaftsberatung“): Hinter einem Wirtschaftberater vermutet auch im Zusammenhang mit einem Immobilienangebot ein Großteil der Leser keinen Makler und damit kein provisionspflichtiges Angebot.

- Unklare Abkürzungen im Inserat wie „Im“ für Immobilien: Auch hier wird die Maklereigenschaft für viele nicht deutlich.
- Vortäuschung einer Firma durch Firmierung, z. B. „Profil-Immobilien“: Eine Firma kann nur führen, wenn das Unternehmen im Handelsregister eingetragen ist.
- „Mayer & Müller Immobilien“: Wegen des kaufmännischen &-Symbols nicht zulässig, wenn die beiden Gesellschafter nur eine Gesellschaft bürgerlichen Rechts bilden und keine Handelsgesellschaft.
- „Ältestes Büro am Platze“, wenn das Büro 1956 gegründet wurde und das zweitälteste Maklerunternehmen 1958 gegründet wurde: Objektiv zwar richtig, erweckt aber doch bei vielen die Vorstellung eines mit Abstand ältesten Büros. Bei diesem kleinen Zeitunterschied stimmt der mit dem Werbehinweis suggerierte Effekt mit den Tatsachen nicht überein.
- „Fachmakler“, wenn keine Spezialisierung vorliegt: Bei vielen Lesern wird eine falsche Vorstellung über das Objektsortiment des Maklers erzeugt.
- „Keine Maklerprovision“, wenn der Makler mit dem anderen Vertragspartner doch eine Provision vereinbart hat: Manche Leser könnten zu der Auffassung gelangen, das Geschäft sei insgesamt nicht mit einer Provision „belastet“ – dagegen unbedenklich: „Keine zusätzliche Käuferprovision“.
- „Besonders preisgünstiges Einfamilienhaus mit 125 m^2 Wohnfläche, Preis nur 320.000 DM“, wenn verschwiegen wird, dass es sich um Erbbaurecht handelt.
- „Notarieller Festpreis“: Suggeriert, dass der Notar für die Einhaltung des Festpreises in irgendeiner Form einsteht, was nicht zutrifft.
- „Günstige Finanzierung“: Vermittelt wird bei manchen der Eindruck, der das Objekt anbietende Makler stelle die Finanzierungsmittel zur Verfügung.

Diese Beispiele mögen genügen, um deutlich zu machen, worauf es bei der Werbung ankommt.

– Verfolgung unlauteren Wettbewerbs

Bei der Verfolgung unlauteren Wettbewerbs kommt es darauf an, zu verhindern, dass die Wettbewerbshandlung oder die zu beanstandende Werbung **wiederholt** wird. Es muss also die Wiederholungsgefahr ausgeräumt werden.

Der durch die Werbung beeinträchtigte Mitbewerber muss also zunächst den Wettbewerbsverstoß schriftlich abmahnen. Dabei kommt es entscheidend darauf an, die Wettbewerbshandlung bzw. die Werbeformulierung, die beanstandet wird, genau zu bezeichnen.

Die Abmahnung wird mit der Aufforderung verbunden, innerhalb eines bestimmten Zeitraumes eine **Unterlassungserklärung** an den abmahnenden Mitbewerber zu schicken, in der sich der Abgemahnte verpflichtet, bei Verwirkung einer **Vertragsstrafe** in bestimmter Höhe für den Fall der Zuwiderhandlung die beanstandete Handlung künftig zu unterlassen. Die Vertragsstrafe muss dem Abmahnenden gegenüber versprochen werden (übliche Vertragsstrafenhöhe 2.500 bis 5.000 €).

Durch die Rechtsprechung ist anerkannt, dass eine einfache Unterlassungsverpflichtung **ohne** Vertragsstrafeversprechen die Wiederholungsgefahr nicht ausräumt.

Anerkannt wird auch in der Regel die **Eilbedürftigkeit** von Unterlassungsansprüchen, da die angegriffene Wettbewerbshandlung jederzeit wiederholt werden kann.

Konnte die Wiederholungsgefahr nicht ausgeräumt werden, weil sich der Wettbewerber weigerte, sich zur Unterlassung zu verpflichten, kann wegen der Eilbedürftigkeit eine **einstweilige Verfügung** bei der zuständigen Wettbewerbskammer des Landgerichts beantragt werden. Es handelt sich um eine vorläufige Maßnahme. Erst in einer späteren Hauptverhandlung wird dann endgültig über die Unzulässigkeit der Werbung entschieden.

Die Hauptverhandlung kann vermieden werden, wenn der Wettbewerber sich gegenüber seinem Mitbewerber verpflichtet, keine Rechtsmittel gegen die einstweilige Verfügung einzulegen (Antrag auf Hauptverhandlung) und sich nunmehr zur Unterlassung zu verpflichten **(„Abschlusserklärung“).**

Jeder Mitbewerber ist berechtigt, bereits zur Abmahnung einen Anwalt einzuschalten, dessen Kosten der Abgemahnte tragen muss, wenn die Abmahnung sich als berechtigt herausstellt oder ihre Berechtigung anerkannt wird.

Die Kosten von Wettbewerbsprozessen sind wegen der Streitwerte (zwischen 10.000 und 25.000 €) sehr hoch. Insbesondere der **Werbung** soll deshalb große Beachtung geschenkt werden, weil sich hier die häufigsten Wettbewerbsstreitigkeiten entzünden. Ein verlorener Rechtsstreit über zwei Instanzen kann Kosten von über 50.000 DM verursachen. Nicht wenige kleinere Makler haben wegen einer Unachtsamkeit in der Werbung ihre Existenz aufs Spiel gesetzt.

Fragen:

1. Was ist die Voraussetzung für erfolgreiches Verhandeln?
2. Worauf zielt die Verhandlungsführung des Maklers bei seinen Vermittlungsbemühungen ab?
3. Wer sind mögliche Verhandlungspartner des Maklers auf der Verkäuferseite?
4. Wann bedarf ein im Grundbuch eingetragener Alleineigentümer der Zustimmung des Ehegatten zum Verkauf eines Grundstücks?
5. Was ist die Aufgabe des Notars beim Abschluss eines Grundstückskaufvertrages?
6. Was ist die Ursache für Beschränkungen im Bereich der Wohnungsvermittlung?
7. Im Wohnungsvermittlungsgesetz sind „Provisionsverbote“ enthalten. Auf welche Vermittlungsfälle beziehen sie sich?
8. Welche gesetzlichen Voraussetzungen ergeben sich für das Entstehen eines Provisionsanspruchs des Maklers aus dem BGB?
9. Wie kommt ein Maklervertrag „stillschweigend“ zustande?
10. Wodurch unterscheiden sich Nachweis und Vermittlung?
11. In welchen Fällen kommt ein notarieller Grundstückskaufvertrag noch nicht mit Unterzeichnung der Kaufurkunde zustande?
12. Was geschieht mit der Maklerprovision, wenn der vermittelte Vertrag erfolgreich angefochten wurde?
13. Was geschieht mit der Provision, wenn der Verkäufer vom vermittelten Kaufvertrag zurücktritt, weil der Käufer den Kaufpreis nicht bezahlt hat?
14. Wann kann von der „Unterbrechung des Ursachenzusammenhangs“ im Maklergeschäft gesprochen werden?
15. Zwischen Nachweis und Vertragsabschluss muss ein **direkter** Ursachenzusammenhang bestehen. Was ist darunter zu verstehen?
16. Wonach bemisst sich die Provision, wenn der Anspruch entstanden, die Höhe aber unklar ist?

17. Kann ein Makler seine Aufwendungen stets in Rechnung stellen, wenn er keinen Erfolg hatte?
18. Worin erblickt die Rechtsprechung eine **unangemessene Benachteiligung** des Auftraggebers des Maklers im Rahmen der Verwendung von Vertragsformularen?
19. Unter welcher Voraussetzung verwirkt ein Makler seinen Provisionsanspruch (unabhängig davon, ob beim Auftraggeber je ein Schaden entstanden ist)?
20. Wann verjähren Provisionsansprüche von Maklern?
21. Wann verjähren Rückforderungsansprüche für zu Unrecht verlangte **Wohnungvermittlungs**provisionen?
22. Welche Ordnungsvorschriften hat ein Wohnungsvermittler nach dem WoVG zu beachten?
23. Was ist die Hauptvorschrift der Preisangaben-Verordnung?
24. Gilt ein m^2-Preis für eine Eigentumswohnung als Endpreis?
25. Was versteht man unter dem anfänglichen „effektiven Jahreszins"?
26. Wer ist in der Bundesrepublik zuständig für die Aufrechterhaltung eines leistungsgerechten Wettbewerbs?
27. Was sind die beiden Kernvorschriften („Generalklauseln") des Gesetzes gegen den unlauteren Wettbewerb (UWG)?
28. Auf welche Weise kann ein von unlauterem Wettbewerb betroffener Mitbewerber Unterlassungsansprüche durchsetzen?
29. Wer ist an die Wettbewerbsregeln der Verbände gebunden?

Themenkreis 14:
Controlling

14.1 Einführung

Vielfalt der Controllingliteratur

Sowohl formell als auch inhaltlich wird der Begriff des Controlling in Literatur und Praxis sehr unterschiedlich definiert. Theoretische Ansätze sind in nahezu unübersehbarem Umfang vorhanden. Horváth spricht zu Recht von einer „Theoretisierungswelle". (Controlling, 6. Auflage, München 1996)

Der Grund für diese verwirrende Vielfalt der Ansätze mag auch darin liegen, dass verschiedene Elemente des Controlling traditionell in Unternehmen bereits vorhanden waren, bevor es als ein die Unternehmensführung zusätzlich ergänzendes und unterstützendes, alle Bereiche der Unternehmen erfassendes System diskutiert wurde. Die Zusammenführung dieser Elemente unter einem einheitlichen Controlling-Konzept führt naturgemäß zu Akzeptanz- und Abgrenzungsproblemen. Controlling ist in der Immobilienwirtschaft erst in Ansätzen und dort nur in den größeren Unternehmen verankert.

14.1.1 Erläuterung am Beispiel einer Expedition

Wie umfassend, vernetzt und integriert das Controlling-Konzept ist, soll eingangs an einem nichtfachspezifischen Beispiel erläutert werden:

Eine Gruppe von begeisterten jugendlichen Bergsteigern hat im Laufe der Jahre bei Klettertouren und Eisbegehungen viele Erfahrungen gesammelt. Einer von ihnen stellt bei einem abendlichem Zusammensein die Frage, ob es nicht denkbar sei, gemeinsam einen Achttausender zu besteigen. Die Frage wird ernsthaft diskutiert, und bald ist sich die Gruppe darin einig, eine Expedition in das Himalaja-Gebiet ins Auge zu fassen. Um diesem **fernen Ziel** näherzukommen, bedarf es einer Reihe von **Erkundigungen.**

- Zunächst muss festgestellt werden, ob überhaupt im absehbaren Zeitrahmen Expeditionsziele im Himalaja zugänglich sind.
- Dann bedarf es der Klärung, ob die Expedition eine Besteigung auf einer bereits begangenen Route machen möchte oder ein Berggipfel auf einer neuen Route bestiegen werden kann.
- Hierzu ist es notwendig, zahlreiche Informationen über bisherige Expeditionen, deren Ziel, Schwierigkeiten, aber auch deren Vorbereitungen zu sammeln.
- Schließlich müssen auch Erkundigungen über die bei solchen Expeditionen anfallenden Kosten eingeholt werden, damit festgestellt werden kann, ob sich die Gruppe dies finanziell überhaupt leisten kann.

Sehr bald erkennt das Bergsteigerteam aufgrund der zusammengetragenen Informationen, dass einerseits mit Hilfe eines Zuschusses vom Alpenverein die Durchführung einer Expedition **grundsätzlich** möglich ist, dass das Vorhaben andererseits aber einer **langfristigen Planung** bedarf. Immerhin kann bereits festgelegt werden, dass ein bestimmter Berg auf einer bereits mehrfach begangenen Route, aber ohne Sherpas und ohne künstlichen Sauerstoff begangen werden soll. Besonders klar wurde dabei allen Beteiligten, dass nicht nur die bereits geschilderten „bürokratischen" Probleme zu lösen sind, sondern vor allem auch für die sportliche **Vorbereitung der Expediti-**

onsteilnehmer Sorge zu tragen ist. Um den Vorbereitungsprozess zu **steuern** und zu **koordinieren,** wählt die Gruppe einen Expeditionsleiter und legt fest, wer für Finanzen, Zeitplan, Transport, Trainingsprogramm und medizinische Betreuung **zuständig** sein soll.

Nach dieser Aufgabenverteilung stellt der für die medizinische Vorbereitung zuständige Expeditionsteilnehmer bald fest, dass das Trainingsprogramm der Expeditionsteilnehmer zwingend von medizinischen Untersuchungen begleitet werden muss. Er muss auch dafür sorgen, dass die notwendigen Schutzimpfungen, welche für die Einreise in das Himalaja-Gebiet vorgeschrieben sind, rechtzeitig und in vollem Umfang erfolgen.

Nach wenigen Wochen stellen die Expeditionsteilnehmer fest, dass zur künftigen **Vermeidung von Koordinationsproblemen** regelmäßige Treffen notwendig sind, in denen aus den einzelnen Verantwortungsbereichen **berichtet** wird und eine **gegenseitige Abstimmung** über das weitere Vorgehen erfolgt. Allerdings stellt sich ebenfalls bereits nach kurzer Zeit heraus, dass viel **Zeit gespart** werden kann, wenn **Kurzberichte** die Informationstreffen ergänzen und zudem einer der Expeditionsteilnehmer die **Kontrolle** darüber übernimmt, ob alle verteilten Aufgaben wie vereinbart termingerecht erfüllt werden.

Nachdem der zu besteigende Berggipfel feststand, findet eine **Verfeinerung des Vorbereitungsprozesses** auf dieses festgelegte Ziel hin statt. Hierzu gehört vor allem die **detaillierte Zeitplanung.** Ferner wird erkannt, dass die **Ausrüstung** auf das absolute Minimum reduziert werden muss, da auf Träger als Hilfskräfte verzichtet wurde. Dafür beschließt das Expeditionsteam eine längere Akklimatisierungszeit im Himalaja. Aus diesem Grunde muss die Zeit für den Voraustransport der Expeditionsausrüstung erheblich verkürzt werden. Der für den Transport Zuständige versendet die Ausrüstung deshalb nicht, wie ursprünglich beabsichtigt, auf dem Schiff, sondern mit dem Flugzeug. Die Expeditionsteilnehmer reisen ebenfalls mit dem Flugzeug an.

Während der Akklimatisierungszeit entscheiden sie, dass vier Seilschaften unter Berücksichtigung des **augenblicklichen Leistungsstandes** gebildet werden. Diese sollen auf getrennten Wegen und auf eigene Verantwortung versuchen, den ausgewählten Berggipfel zu besteigen. Es wird festgelegt, dass der Expeditionsleiter selber an der Besteigung nicht teilnimmt, um aus dem Basislager die einzelnen Seilschaften per **Funk zu koordinieren.**

Während der Besteigung tauchen bei den Seilschaften **unverhofft Probleme** auf. Eine muss wegen einer riesigen Lawine die vorgesehene Expeditionsroute ändern. Glücklicherweise kann der Expeditionsleiter auf **Erfahrungen früherer Expeditionen zurückgreifen,** die vor dem gleichen Problem standen und hierbei bereits eine Ersatzroute erkundet haben. Nachdem zwei der vier Seilschaften glücklich den Himalaja-Gipfel erreicht haben, muss der **Expeditionsleiter** für die anderen zwei Seilschaften die Rückkehr in das Basislager **anordnen.** Er hat nämlich über Satellitenempfang von einem **überraschend** zu erwartenden Wettersturz Kenntnis erlangt. Beim diesem Abstieg verletzt sich einer der Bergsteiger und bedarf dringender Hilfe. Wie für einen solchen Notfall bereits vorausgeplant, werden über Funk die in der Nähe befindlichen Bergsteigerkameraden zu ihm geleitet. Gleichzeitig steigt der im Basislager befindliche Expeditionsarzt den Bergsteigern entgegen, die den verletzten Kameraden ins Tal transportieren. Es gelingt **allen gemeinsam,** sicher das Basislager zu erreichen und von dort aus geordnet ins Tal abzusteigen.

In diesem Beispiel sind wesentliche Elemente des Controlling, ausgehend von einem definiertem Ziel, enthalten:

- Sammlung und Aufbereitung von Informationen
- Sich daraus ergebende weitere Zielkonkretisierung (einen bestimmten Berggipfel

ohne Sherpas erreichen)
- Daran anknüpfende langfristige Planung
- Reaktion auf die Lernergebnisse aus den konkreten Verfahrensabläufen (Einführung der Kurzberichte)
- Überwachung der termingerechten Aufgabenerfüllung
- Gezielte Vorbereitung der Teilnehmer auf ihre Aufgabe
- Taktisches Vorgehen zur Zielerreichung (vier Seilschaften)
- Steuerung und Koordinierung (vom Basislager aus)
- Operatives Vorgehen (Alternativroute nach Lawine)
- Risikobegrenzung (medizinische Versorgung).

Nun dient Controlling im betriebswirtschaftlichen Sinne nicht der Freizeitoptimierung, so dass die Bergbesteigung ein Bild bleiben muss. In den Unternehmen dient Controlling im strategischen Bereich der langfristigen Sicherung oder dem gesicherten Wachstum des Unternehmens. Strategische Entscheidungen, die dieses Ziel im Auge haben, können sich beziehen auf die Neudefinition von Geschäftsfeldern, auf neue Absatzwege, auf Forschung und Entwicklung, Personalentwicklung, Immobilienentwicklung (insbesondere von Unternehmen mit großem Immobilienbestand), Kapitalanpassung usw. Der langfristige Aufbau und die Erhaltung betrieblicher „Ressourcen" (die für den betrieblichen Leistungsprozess ausschöpfbaren Faktoren) liegen ebenso im Blickfeld der Unternehmensführung und des Controlling wie die Festlegung der langfristig zu erreichenden Ziele. Hiervon leitet sich die strategische Planung und von dieser wiederum die operative Planung der Einzelschritte und – als verbindendes Element – das taktische Vorgehen ab. Strategische Entscheidungen können gerade im Hinblick auf die globalen Herausforderungen im Zeitalter des **Internets**, in dem das Wissen unserer Zeit per Mouse-Klick abgerufen werden kann, dazu führen, dass traditionelle Grundlagen von Unternehmen bewusst verändert werden. Fusionen und Outsourcing-Prozesse sind hierfür charakteristisch.

14.2 Grundlagen

14.2.1 Begriff und Abgrenzungen

Controlling nicht nur Kontrolle

Unter Controlling versteht man im Allgemeinen das **Planen, Steuern** und **Kontrollieren** von betrieblichen **Leistungsprozessen.** Grundlage sind klar **definierte Ziele,** deren Erreichung mit Hilfe des Controlling ermöglicht werden soll. Die Begriffsähnlichkeit zwischen Controlling und Kontrolle verleitet dazu, unter diesem Begriff ausschließlich die „Kontrolle" betrieblicher Leistungsprozesse zu verstehen. Dies ist jedoch zu kurz gegriffen, denn Kontrolle bringt nur die **Überwachungsfunktion** des Controlling zum Ausdruck. Aus dem technischen Sprachgebrauch ist uns jedoch geläufig, dass z. B. Controller/Kontroller (etwa in EDV-Anlagen oder bei Elektromotoren) Steuerungsinstrumente bzw. „Schalter" sind. Übertragen auf den Begriff des Controlling bedeutet dies, dass Controlling **steuernd** in Ablaufprozesse eingreift und sie nicht nur überwacht.

14.2.1.1 Controlling und andere Überwachungsinstanzen

Unterschiedliche Ziele der Überwachung

Stellt man sich unter demjenigen, der für das betriebliche Controlling zuständig ist, (also unter dem „Controller") jemanden vor, der eine selbstständige Überprüfungsfunktion ausübt, dann ergibt sich ein weiteres Problem: Ein Controller kann nicht gleichzeitig Planer und Steuermann eines Leistungsprozesses sein und ihn gleichzeitig „von außen" überwachen. Wenn zu Controlling also auch das Kontrollieren von betrieblichen Leistungsprozessen gehört, ist zu unterscheiden zwischen einer Überwachung, die in einem **Funktionszusammenhang** mit der Planung und Steuerung der Prozesse steht und „Überwachungsinstanzen“, die unabhängig agieren und nicht in den Verantwortungsbereich des „Steuermannes“ einbezogen sind. Diese Instanzen gehören nicht zum Controlling. Zwar stellen auch sie Fehler oder Organisationsmängel fest, überprüfen darüber hinaus Funktionstüchtigkeiten oder Ordnungsmäßigkeiten usw. Zum betrieblichen Controlling zählen aber weder Aufsichtsbehörden oder externe Prüfer noch betrieblich installierte Prüfungsinstanzen wie die „interne Revision“. Die Überwachungsfunktion des Controlling könnte nur dann und insoweit mit den Aufgabenbereichen solcher Instanzen gleichgesetzt werden, wenn die durch das Controlling verfolgten Ziele identisch mit den Zielen dieser Instanzen wären. Dies ist aber regelmäßig nicht der Fall.

In der Grundstücks- und Wohnungswirtschaft kennen wir schon seit langem eine Reihe solcher Instanzen, die **nicht** zum Controlling gehören. Hierzu zählen jene, deren Ziel die Sicherstellung eines bestimmten Umfanges des Verbraucherschutzes ist, z. B. die Gewerbebehörde (betriebliche Nachschau), die Prüfer nach MaBV (jährliche Pflichtprüfung, Prüfung aus besonderem Anlass).

Andere Prüfungsinstanzen sind Bauaufsichtsbehörden (Gebrauchsabnahme von Bauwerken mit Feststellung der Übereinstimmung des erstellten mit dem genehmigten Bauwerk), Technische Überwachungsvereine (Prüfung der Betriebssicherheit technischer Einrichtungen, z. B. Aufzüge), der genossenschaftliche Prüfungsverband (Feststellung der Ordnungsmäßigkeit der Geschäftsführung und der wirtschaftlichen Verhältnisse der Genossenschaft).

14.2.1.2 Controlling und interne Revision

Controlling mit Entscheidungskompetenz – interne Revision als Stabsstelle

Die ebenfalls nicht dem Controlling zuzurechnende **interne Revision** ist eine betriebliche Abteilung, die nicht nur die Einhaltung gesetzlicher Vorschriften und interner Anordnungen der Geschäftsführung überprüft, sondern auch das betriebliche Kontrollsystem selbst überwacht. Die interne Revision prüft schwerpunktmäßig in bestimmten Zeitintervallen, was sich in der **Vergangenheit** abgespielt hat. Controlling „kontrolliert“ laufend, ob die für die **Zukunft gesetzten Ziele** erreicht werden können. In der Betriebsorganisation ist die **interne Revision** in der Regel eine Stabsstelle (mit Beratungsfunktion gegenüber der Geschäftsleitung), während **Controller** in dem ihnen vorgegebenen Rahmen über Entscheidungskompetenzen verfügen. Ob das unternehmenseigene Controlling funktioniert, darüber zu wachen ist eine der Aufgaben der internen Revision. Dabei spielt auch eine Rolle, ob der Aufwand für das Controlling in einem angemessenen Verhältnis zum Ergebnis steht (Kosten-Nutzen-Analyse). Controlling darf nicht Selbstzweck sein. Die Beschaffung und der interne Austausch von Informationen, die Erarbeitung von Kennzahlen, die interne Vernetzung, um einige Beispiele anzuführen, dürfen nicht die Unternehmensabläufe „verkomplizieren“, statt diese zu vereinfachen und zu unterstützen.

„Zahlenspielereien“ und „Datenfriedhöfe“ sind im Rahmen des Controlling-Konzeptes zu vermeiden. Die interne Revision hat solche Fehlentwicklungen des Controlling zu überwachen und zu verhindern.

Durch Kosten-Nutzen-Analysen ist auch das Controlling zur Rechenschaft über den Erfolg seiner Tätigkeit verpflichtet.

Die interne Revision ist schon seit langer Zeit in größeren Immobilienunternehmen als Stabsstelle installiert. Deshalb wurden ihr in Zeiten, in denen der Controllinggedanke noch nicht die heutige Aktualität besaß, Aufgaben übertragen, die nach herrschender betriebswirtschaftlicher Auffassung heute in das Strukturgebäude des Controlling gehören. Trotz des sehr späten Einzug des Controlling in die Immobilienwirtschaft sollte der herrschenden betriebswirtschaftlichen Abgrenzung zwischen interner Revision und Controlling der Vorrang vor wohnungswirtschaftlichen Eigenbestimmungen eingeräumt werden.

14.3 Betrachtungsweisen des Controlling

14.3.1 Funktionale Betrachtungsweise

Unter Controlling versteht man unter funktionalen Aspekten im Allgemeinen das

- **Planen** (= was ist zu planen?)
- **Steuern** (= welche Prozesse werden gesteuert, zu welcher Zeit, welche Auswege müssen bei Auftreten von Störfällen gefunden werden?)
- **Koordinieren** (= was, ist wann und in welchem Umfang zu koordinieren?)
- **und Kontrollieren** (= welche Kontrolle ist worüber notwendig?)

von betrieblichen **Leistungsprozessen** auf der Grundlage klar **definierter Ziele.**

Planen, Steuern, Koordinieren, Kontrollieren

Diese Ziele gilt es, mit Hilfe des Controlling zu erreichen. Die **Festlegung** der Ziele selbst ist nicht Aufgabe des Controlling, sondern Führungsaufgabe. Controller assistieren jedoch bei der Zielfestlegung durch Zurverfügungstellung von Informationen.

14.3.1.1 Planen als Grundlage

Planen vorgeschrieben – beim Bau

Teilweise ist **Planen** in der Immobilienwirtschaft gesetzlich vorgeschrieben. Man denke an die Durchführung von Bauvorhaben. Hier ist Grundvoraussetzung für den Baubeginn ein Bauplan, der bei der Baubehörde eingereicht werden muss. Dieser wird allerdings – in Abstimmung mit dem Bauherrn – vom Architekten erstellt.

– bei der WE-Verwaltung

Planen muss auch der Wohnungseigentumsverwalter. Zu seinem gesetzlichen Aufgabenbereich gehört z. B. die Aufstellung eines **Wirtschaftsplanes.** Dies ist gleichzeitig der finanzielle Rahmen, nämlich die „Budgetvorgabe“ für die Bewirtschaftung des Objektes, die ebenfalls Sache des Verwalters ist. Auf jeder ordentlichen Eigentümerversammlung legt der Verwalter die Jahresabrechnung vor, die Grundlage für einen „Soll-Ist-Vergleich“ ist. Verglichen werden die Abrechnungszahlen mit denen des Wirtschaftsplanes.

Planen als Vorgabe von Sollgrößen

Planen ist stets verbunden mit der Vorgabe von **Sollgrößen.** Dabei geht es nicht immer nur um finanzielle Größen, wie sie sich etwa aus einem **Werbeetat** ergeben. Sollgrößen können auch **Stückzahlen** sein, (z. B. geplante Zahl der Makleraufträge, der Zeitungsanzeigen pro Auftrag, oder die **Qualität** kennzeichnende Merkmale (z. B. Alleinaufträge/einfache Maklerverträge im Maklergeschäft) oder bestimmte Standards bei Mietpreisvereinbarungen im Rahmen der Objektbewirtschaftung.

Plangrößen in der II. BV

Die II. BV enthält Vorschriften, die einerseits gesetzliche Höchstbeträge festlegen, andererseits aber auch als betriebswirtschaftliche Sollgrößen angesehen werden können.

§ 26 II. BV

§ 28 II. BV

- In § 26 sind die Verwaltungskosten je Wohnung, bei Eigenheimen, Kaufeigenheimen und Kleinsiedlungen je Wohngebäude sowie für Garagen oder ähnliche Einstellplätze vorgegeben. Die Verwaltungskosten umfassen u. a. die Kosten der Arbeitskräfte und Einrichtungen, der Aufsicht, der gesetzlichen und freiwilligen Prüfung.
- In § 28 sind die nach dem Datum der Bezugsfertigkeit gestaffelten Kostensätze aufgeführt, welche für Instandhaltungsmaßnahmen zur Erhaltung des bestimmungsgemäßen Gebrauches aufgewendet werden müssen.
- In § 29 wird eine Sollgröße für die Ertragsminderung infolge uneinbringlicher Rückstände von Mieten, Pachten, Vergütungen und Zuschlägen oder durch Leerstehen von Räumen, die zur Vermietung bestimmt sind, aufgeführt.

§ 29 II. BV

Die vorgenannten Sollgrößen werden in regelmäßigen Abständen vom Gesetzgeber den allgemeinen Entwicklungen angepasst. Da die aufgeführten Kostensätze lediglich Obergrenzen für die Ermittlung der Kostenmiete im sozialen Wohnungsbau darstellen, können sie durchaus eine betrieblichen Controllingkritik unterzogen werden. (Müssen die Kostensätze immer ausgeschöpft werden oder kann ein „Soll" definiert werden, das darunter liegt?)

Betriebskosten-Controlling

Vergleichbare Sollgrößen lassen sich für die **Betriebskosten** aus den Regelungen der II. BV nicht entnehmen. Die Erstellung von Sollgrößen für Betriebskosten bedarf somit eigener Erhebungen und Festlegungen. Betriebsvergleiche können wichtige Orientierungshilfen für ein „Betriebskosten-Controlling" liefern.

Die regelmäßig vom BM Bau veröffentlichten Vergleichszahlen für Heizkosten basieren auf der Marktübersicht der TECHEM AG und sind regional differenziert.

14.3.1.2 Steuerung der Leistungsprozesse

Steuern bei Auftreten von Störfällen

Jeder Leistungsprozess beruht auf einer Ablaufplanung. Er bedarf des steuernden Eingriffs, wenn der **geplante Ablauf** gestört und damit die Erreichung des anvisierten Zieles in Frage gestellt wird. Aufgabe des Controllers ist es, in einem solchen Fall einen „Ausweg" zu finden. Diese Steuerungsfunktion ist auch in immobilienwirtschaftlichen Unternehmen in vielfältiger Weise anzutreffen. Denken wir an die Durchführung eines Bauvorhabens. Über das Vermögen eines beauftragten Bauunternehmens wird das Insolvenzverfahren eröffnet. Die mit ihm vereinbarte Bauleistungen können nicht erbracht werden. Es drohen Zeitverluste und damit die Gefahr, dass der geplante Fertigstellungszeitpunkt nicht erreicht wird. Ausweg könnte sein, zusammen mit den Beschäftigten des Bauunternehmens, die mit diesem Bauvorhaben bereits befasst waren, eine Interimsfirma zu gründen, um mit ihr die Leistung durchzuführen.

14.3.1.3 Koordination

Zeitliche, räumliche, sachliche Koordination

Koordinationsaufgaben müssen nicht nur dann wahrgenommen werden, wenn es zu Störfällen kommt, sondern gerade um Störfälle oder Abweichungen vom geplanten Unternehmensverlauf zu verhindern. Koordiniert, d. h. zeitlich, räumlich und sachlich aufeinander abgestimmt werden müssen die Leistungen der Personen („human factor") bzw. Abteilungen eines Unternehmens, die an einem Projekt arbeiten. Grundsätzlich führt jede Änderung von Bedingungen, die den Leistungsprozess mitbestimmen, zu einem Koordinations- und Steuerungsproblem, das bewältigt werden muss.

Wenn z. B. eine Modernisierung in einer Mietwohnanlage durchgeführt wird und die dabei anfallenden Modernisierungskosten auf die Mieter umgelegt werden sollen, ist es wichtig, dass die einzelnen Schritte der technischen und der kaufmännischen Abteilung zeitlich miteinander verzahnt werden. Die Benachrichtigung der Mieter über Zeit und Höhe der zu erwartenden Mieterhöhung sowie den Beginn der Pflicht zur Zahlung der erhöhten Miete setzt voraus, dass von der technischen Abteilung die richtigen Informationen zur richtigen Zeit zur Verfügung gestellt werden (**Koordination** der Termine, des Modernisierungsumfanges zur Berechnung der Modernisierungsumlage usw.). Macht im Falle einer Modernisierung ein betroffener Mieter sein Kündigungsrecht nach § 541b BGB geltend, weil die Durchführung der Maßnahme für ihn oder seine Familie eine Härte bedeuten würde, muss dies unverzüglich der mit der Durchführung beauftragten technischen Abteilung zur Änderung (Steuerung) des Bauzeitenplanes mitgeteilt werden.

Koordinationsaufgaben werden im Übrigen in der Bauwirtschaft vielfältig praktiziert. So liegt es weitgehend im Verantwortungsbereich des Architekten, den Bauablauf auf der Grundlage des Bauzeitenplanes zu k**oordinieren** und die Arbeiten am Bau zu überwachen (**Objektüberwachung).** Auch die **„Projektsteuerung"** wird meist von Architekten übernommen. Man könnte sagen, dass die Vorbereitung und Durchführung von

Bauvorhaben im technischen Leistungsbereich von Controlling durchdrungen ist. Der Architekt ist quasi der Controller des Bauherrn. Größere Unternehmen beschäftigen in ihrer Funktion als Bauherrn oft noch spezielle „Baustellencontroller", meist Bauingenieure. Vorgeschrieben ist im Übrigen in ganz Europa bei Baustellen einer bestimmten Größenordnung aus dem Aspekt des Gesundheitsschutzes die Ernennung eines verantwortlichen „Baustellen**koordinators**".

Weitere Beispiele:

1. Erfahrungen der Verkaufsabteilung eines Bauträgers werden dem Architekten zum Zweck der Anpassung der Baupläne zugeleitet. Möglicherweise lassen sich auch bei laufenden, bereits im Verkauf befindlichen Bauvorhaben noch verkaufsfördernde Änderungen vornehmen.
2. Fertighausfirmen können besonders schnell reagieren. Wenn sich z. B. erweist, dass Balkone zu klein sind, der Grundriss der Kinderzimmer von den Kaufinteressenten als ungünstig beurteilt wird oder die Ausstattung der Bäder keinen Anklang findet, kann dem durch Programmmodifikationen sofort Rechnung getragen werden. Die Lockerung des Bauordnungsrechts in Richtung genehmigungsfreies Bauen öffnet neue Chancen für künftig schnelleres Reagieren auf Kundenwünsche.
3. Veränderte Rahmenbedingungen bei der Nachfrage nach Seniorenwohnungen mit einem Pflegeangebot können sich aus Veränderungen des gesetzlichen Rahmengefüges der Kostenträger von Pflegeleistungen ergeben. Ist erkennbar, dass sich solche Rahmenbedingungen ändern, müssen umgehend – auch wenn das Vorhaben bereits in der Bauphase ist – realisierungsfähige Nutzungsalternativen in Betracht gezogen werden.
4. Erkennbare langfristige Veränderungen der Bürokommunikation mit einem zu erwartenden Rückgang des Bedarfs von Büroflächen müssen rechtzeitig in Planungsüberlegungen einer Büroimmobilie mit einfließen.

Koordinationsservice

In der **Koordination** sehen manche Controller ihre Hauptaufgabe. In der Tat nützt es nichts, wenn verschiedene am Leistungsprozess beteiligte Mitarbeiter die ihnen übertragenen Aufgaben zum falschen Zeitpunkt, mit falschen Mitteln oder ohne die hierfür erforderliche Fach- oder Handlungskompetenz in Angriff nehmen. Der Controller fungiert hier als **Koordinationsservice**. Aufgabe des Controllers ist es deshalb auch, das **Horten von Herrschaftswissen** zu vermeiden und dem Schweigen von Kollegen untereinander entgegenzuwirken.

Die Bedeutung der Koordination im Rahmen des Controlling-Konzeptes nimmt zu mit der

- Unternehmensgröße (sowohl in vertikaler als auch in horizontaler Ausprägung), der
- Aufnahme neuer Geschäftsfelder, sei es durch Produktdifferenzierung oder durch Dienstleistungsdiversifizierung sowie einer
- Regionalisierung bzw. Filialisierung der Unternehmensbereiche.

14.3.1.4 Kontrolle

Abweichungsanalysen

Soll-Ist-Vergleiche

Schließlich ist zu **kontrollieren,** ob und inwieweit die gesteckten Ziele erreicht werden. Wie groß sind die Abweichung des Erreichten vom Vorgegebenen (Abweichungsanalyse)? Die Erkenntnisse aus der Kontrolle können dazu führen, dass künftig die Ziele relativiert, die Ablaufpläne angepasst, die Steuerungsmechanismen geändert oder die Koordination verbessert wird. Kontrollieren heißt nicht nur Fehler suchen, sondern auch deren Ursachen erforschen. Erst dann können richtige Schlussfolgerungen aus einer Abweichungsanalyse bzw. einem Soll-Ist-Vergleich gezogen werden. Ist beispielsweise beim Vertrieb von Eigentumswohnungen **absehbar,** dass nicht – wie geplant – ein Viertel aller Einheiten bis zur Rohbaufertigstellung verkauft sein dürfte, sondern nur ein Achtel, kann dies daran liegen, dass zu spät mit den Verkaufsaktivitäten begonnen wurde. Dann ist weiter zu erforschen, was der Grund dafür war. Ist etwa die Anfertigung der Verkaufsunterlagen zu spät in Auftrag gegeben worden? Oder lag es daran, dass die im Baustellenbüro akquirierten Interessenten nicht sofort vom Innendienst betreut wurden? Gibt es also Friktionen im eigenen Unternehmen? Oder liegt die Ursache in dem sich verhärtenden Markt, also „außen"? In diesem Fall müsste überlegt werden, welchen Einfluss dies auf künftige **Zielvorgaben** hat oder ob eine andere Marketingstrategie eingesetzt werden soll.

14.3.1.5 Controlling als funktionsübergreifendes System

Aus dem bisher ausgeführten ergibt sich bereits, dass Controlling „funktionsübergreifend"! ist. Es erfasst alle Unternehmensbereiche.

An nachfolgendem Schaubild soll in Anlehnung an Koch (Stichwort „Steuerung" in Küpper/Weber, Grundbegriffe des Controlling, Stuttgart 1995) der Controllingprozess verdeutlicht werden:

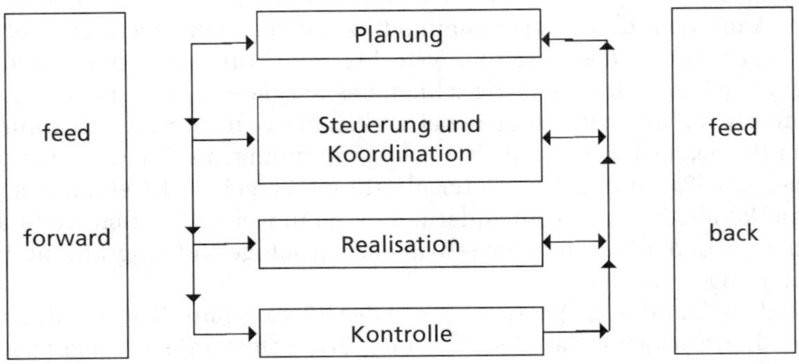

Informationszyklus

Aus der Perspektive der Unternehmensführung ergibt sich aus dem Controlling ein Rückkoppelungseffekt **(feed back),** der zu Plankorrekturen und Einführung neuer Plan- und Vorgabegrößen **(feed forward)** führt. Der Vergleich der Istgrößen nach Realisation mit Planvorgaben führt zur Planrevision. Das ständige Vergleichen der Planvorgaben mit dem Ergebnis der Plandurchführung (Soll – Ist – Vergleich) durch die „Kontrolle" macht nur Sinn, wenn es in den betrieblichen **Informationszyklus** von unten nach oben mit der unternehmerischen Reaktionsfolge von oben nach unten eingebunden wird. Durch diesen Informationsfluss werden auch die Controllingfunktionen miteinander verbunden und stellen damit ein einheitliches System dar. Fehlt es an der Rückkoppelung (wird nach oben abgeschottet), kann dies zu erheblichen Fehlentscheidungen führen.

14.3.2 Institutionale Betrachtungsweise

Unter Controlling versteht man unter **institutionellen Gesichtspunkten** in Anlehnung an Horváth (a. a. O.) jede **Tätigkeit**, die dem Controlling im Unternehmen dient.

Es wird hier der Frage nachgegangen, wie Controlling in einem Betrieb verankert wird. Konkret ist unter diesem Aspekt eine Antwort auf die Frage zu geben,

- wer
- mit welcher Kompetenz
- an welcher Stelle

mit Controllingaufgaben betraut wird.

der Controller

Bei der „Implementierung" des Controlling als „Stelle" im Unternehmen spielt die Frage der Unternehmensgröße eine besondere Rolle. In der Literatur wird darauf verwiesen, dass im Schnitt auf 200 Mitarbeiter ein Controller trifft (Jürgen Weber a. a. O. Stichwort „Controller").

14.3.2.1 Controlling und Betriebsgröße

Große und komplexe Unternehmen beschäftigten in der Regel mehrere Controller, die unterschiedlichen Bereichen zugeordnet sind. Sie sind miteinander „vernetzt". Sie handeln in Übereinstimmung miteinander und treffen sich regelmäßig zu sog. „Controllerkonferenzen", die vom Chefcontroller oder „Zentralcontroller" geleitet werden. Die Hierarchie der Controller entspricht in der Regel der Hierarchie des unternehmerischen Führungssystems. Der Zentralcontroller oder das Controllerkollegium sind der Konzernspitze unterstellt, wobei ihnen als entscheidende Aufgabe das Berichtswesen zukommt.

Controllerhierarchie, Controllerkollegium

Mittlere Unternehmen verfügen – wenn überhaupt – über ein oder zwei Controller. Dennoch spielt Controlling eine wichtige Rolle, wobei die Aufgaben – soweit sie nicht in den Händen angestellter Controller ruht – auf mehrere Schultern systematisch verteilt werden. An die Stelle von Controllerkonferenzen treten die von der Geschäftsführung einberufenen **„Controllingkonferenzen"**.

Controllingkonferenzen

Bei kleineren Betrieben findet deshalb Controlling meist in Personalunion mit der Geschäftsleitung und/oder als delegierte Aufgabe in Personalunion durch qualifizierte Mitarbeiter statt, deren Kernaufgabe auf einem anderen Gebiet liegt. Im Zweifel sollten Controllingaufgaben im Hinblick auf die damit verbundene notwendige Handlungskompetenz auf der „geschäftsleitungsnahen" Ebene angesiedelt werden.

Controlling in Personalunion

Bei Institutionalisierung des Controlling im Unternehmen ist zu beachten, dass Controllingaufgaben einerseits mit den **Risikopotenzialen** des Unternehmens, andererseits mit der Komplexität der betrieblichen Ablaufprozesse zunehmen. So wird dem Controlling etwa in der Kreditwirtschaft oder in mit hoher Technologie ausgestatteten Industrieunternehmen ein höherer Stellenwert zugemessen, als etwa in Großhandelsunternehmen. Im immobilienwirtschaftlichen Bereich ist dem Controlling im kapitalintensiven Projektentwicklungsbereich ein größerer Raum einzuräumen als im konventionellen Bauträgerbereich. Im Bereich des Objektmanagements wird ebenfalls in Controlling mehr investiert werden müssen als in die von Routineabläufen geprägte einfache Objektverwaltung.

mehr oder weniger Controlling?

Beispiele für mangelhaftes Controlling:

Ein Multiplex-Kino wird wegen des fehlenden „Standort-Controllings" am falschen Standort errichtet. Es entsteht möglicherweise ein **„Totalschaden"** mangels geeigneter Umnutzungsmöglichkeiten.

Eine Büroimmobilie wird zum Zeitpunkt eines Konjunkturtales für die Investoren fertiggestellt. Der jahrelange Leerstand großer Teile der Büroflächen führt zu einem Ertragseinbruch (trotz steuerlicher Kompensation) für die Investoren, der erst nach vielen Jahren oder einem Kapitalverzicht, z. B. im Wege eines Insolvenzverfahrens der Investoren, bereinigt werden kann.

Allerdings kann auch im Objektverwaltungsbereich fehlendes Controlling wegen der Vielfalt der mit der Objektverwaltung verbundenen Kostenbereiche (qualitativ und quantitativ) zu ähnlich verhängnisvollen Ergebnissen führen wie etwa bei kapitalintensiven Projektentwicklungen. Gefährlich sind solche Entwicklungen besonders deshalb, weil sie „schleichend" sind und daher die Neigung besteht, sie zu bagatellisieren. Wegen der Vielfalt und Komplexität stellen sich die negativen Ergebnisse bei der Wirtschaftlichkeit einer Immobilie (Ertragseinbußen, Kapitalverzehr) erst nach einem längeren Zeitraum ein.

Beispiele:

Laufende und aperiodische sowie durch Modeerscheinungen ausgelöste Instandhaltungsmaßnahmen werden nicht in notwendigem Umfang durchgeführt. Nur das Allernotwendigste wird zur Aufrechterhaltung des technischen Gebäudebetriebes repariert. Folge: Obwohl die Immobilie buch- und bilanzmäßig in Ordnung ist, ist sie „abgewirtschaftet". Sie wird ihrer regelmäßigen Lebensdauer entsprechend nicht mehr genutzt werden können.

Modische Veränderungen hinsichtlich der Ausstattung von Küchen (soweit nicht vom Mieter gestellt) oder Bäderdekorationen können bei aller Attraktivität dazu führen, dass trotz voller Funktionsfähigkeit infolge fehlender Akzeptanz durch die Mieter Abschläge beim Mietzins gemacht werden müssen.

Die Unterlassung der regelmäßigen Anpassung des äußeren Erscheinungsbildes von Einkaufszentren, von gastronomischen Betrieben, aber auch von Außenanlagen und Kinderspielplätzen bei Wohnimmobilien zerstört das „Image" der Anlage und führt zu Verkaufs-/Vermietungsschwierigkeiten.

Veränderte Verbrauchergewohnheiten im Bereich der Telekommunikation erfordern flexible Hausinstallationen, die beim Neubau beachtet werden bzw. beim Immobilienbestand nach Ansammlung entsprechender Finanzierungsmittel nachgerüstet werden müssen.

Veränderungen im Sicherheitsbewusstsein der Nutzer von Wohn- und/oder Gewerbeimmobilien erfordern neue technische Sicherheitseinrichtungen. Nach einer Einbruchserie lassen sich Tiefgaragenplätze einer Wohnanlage nur noch vermieten, nachdem die Tiefgarage mit einer kontrollierten Zugangseinrichtung versehen wurde und gleichzeitig eine laufende Videoüberwachung der gesamten Garagenanlage erfolgt.

Man erkennt aus diesen Beispielen, wie vielfältig Controllingaufgaben in immobilienwirtschaftlichen Unternehmen sein können und wie wichtig es deshalb ist, festzulegen, wer im Einzelnen dafür zuständig sein soll.

Controllingberatung

Controllingberatung kann aber auch „eingekauft" werden. **Externe** Controllingfachleute beraten, nachdem sie Unternehmen und Betriebsorganisation gründlich analysiert haben, nicht nur die Geschäftsleitung, sondern auch die Mitarbeiter, die an den Nahtstellen des betriebsinternen Informationsflusses agieren.

Die nachfolgende Grafik fasst die Systematik des Controlling in Bezug auf Unternehmen unter institutionellen Gesichtspunkten zusammen.

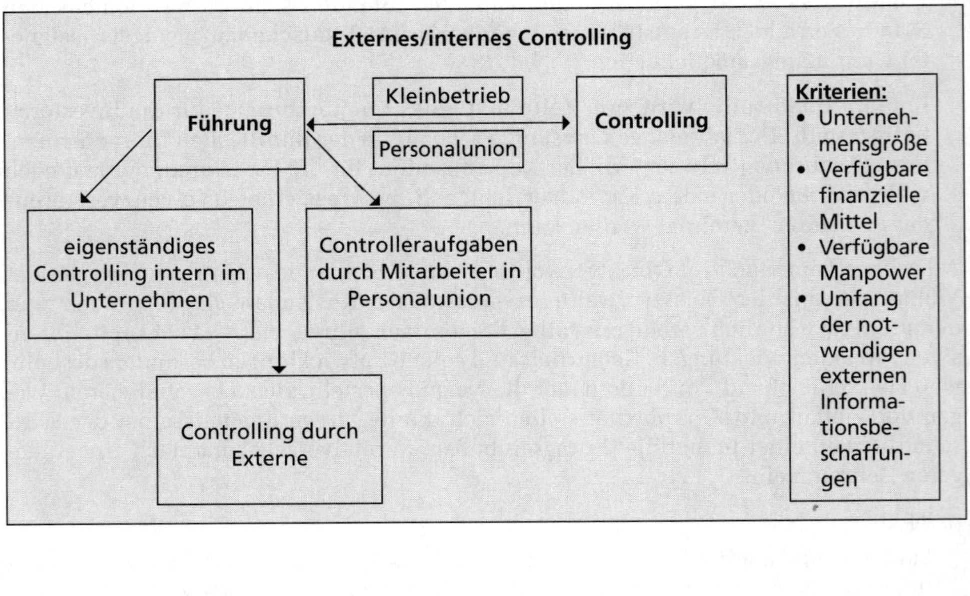

14.3.2.2. Betriebsgrößen immobilienwirtschaftlicher Unternehmen

Eine allgemeingültige **Größenklassifizierung** sämtlicher **immobilienwirtschaftlicher Unternehmen** existiert bisher nicht.

Denkbar ist eine Größenklassifizierung nach den Bestimmungen des HGB: § 267 HGB

Größe	Bilanzsumme (Mio. DM)	Umsatzerlöse (Mio. DM)	Anzahl der Mitarbeiter
Kleine Kapital-gesellschaften	3,9	8	50
Mittelgroße Kapital-gesellschaften	> 3,9 15,5	> 8 32	> 50 250
Große Kapital-gesellschaften	> 15,5	> 32	> 250

In der Wohnungswirtschaft hat sich folgende Größenklassifizierung durchgesetzt:

Größe	Anzahl der Wohneinheiten
Kleine Unternehmen	100
Mittelgroße Unternehmen	> 100 1.000
Größere Unternehmen	> 1.000 5.000
Große Unternehmen	> 5.000

Bei **Maklerbetrieben** handelt es sich in der Regel um „Kleinstbetriebe". Hier wird unterschieden zwischen Vollerwerbsbetriebe und Makler, die ihre Tätigkeit eher gelegentlich ausüben und mehr hobbymäßig organisieren. Die Rede ist hier ausschließlich von Vollerwerbsbetrieben.

Grabener, der jährlich Untersuchungen über Maklerbetriebe auf der Grundlage von Betriebsbefragungen durchführt, letztmals erschienen als Ergänzungsveröffentlichung „Betriebsbefragung 1999" zu Immobilien Punkt 4/99 (Grabener Verlag, Schwedeneck), unterscheidet wie folgt:

Größe		Anteil 1997	Anteil 1998
Kleinbetriebe	5	77 %	76 %
Mittelgroße Betriebe	> 5 15	19 %	20 %
Großbetriebe	> 15	4 %	4 %

Controlling wird sich bei kleineren Maklerbetrieben auf die Hauptrisikopotenziale des Geschäftes konzentrieren, die sich aus der Wirksamkeit der unter 13.3.3 geschilderten Prinzipien ergeben. Ziel dabei könnte es sein, die Erfolgsquote zu erhöhen. Ein weiterer gewichtiger Analysegegenstand des Controlling wird in der Werbeerfolgsanalyse bestehen, zumal die Werbeausgaben eines Maklerbetriebes doch erheblich sind. Ein anderes Controllingfeld kann sich auf die Leistungen beziehen, die der Außendienst im Rahmen seiner Akquisitions- und Vertriebsleistungen erbringt. Klar ist, dass speziell bei kleinen Unternehmen die Einführung eines umfassenden Controlling die Gefahr einer Überorganisation in sich birgt und die Kosten des Controlling in kein vernünftiges Verhältnis zu dessen Nutzen geraten.

Bei **Bauträgerunternehmen,** die reine Organisatoren von Bauvorhaben für den Markt sind und die sie in eigenem Namen auf eigene Rechnung durchführen, gibt es bislang noch keine Größeneinteilung, die allgemein gängig wäre. Man könnte hier sicher von Kleinunternehmen bei einer Mitarbeiterzahl von bis zu 10 Personen, von mittleren Unternehmen bei einer Mitarbeiterzahl von über zehn bis 50 Personen und von großen Unternehmen mit einer Mitarbeiterzahl darüber sprechen. Allerdings sind auch andere Einteilungskriterien denkbar, z. B. die Jahresleistung in Form von Stückzahlen oder Umsätzen.

Für die Immobilienwirtschaft ist charakteristisch, dass Controlling zuerst Eingang gefunden hat bei immobilienwirtschaftlichen Tochtergesellschaften von Großunternehmen, bei denen Controlling selbst schon längst institutionalisiert war. Die immobilienwirtschaftlichen Tochtergesellschaften wurden einfach in das Controlling des Konzerns mit einbezogen. Dies trifft nicht nur für industrieabhängige Wohnungsunternehmen zu, sondern auch für Immobiliengesellschaften, die im Rahmen des „Real Estate Managements" von großen immobilienintensiven Unternehmen zur Ökonomisierung des eigenen Immobilienbestandes gegründet wurden. Es ist völlig klar, dass solche Unternehmen über eigene Controller verfügen, in deren Aktionsfeld die immobilienwirtschaftlichen Aktivitäten dieser „Töchter" (beginnend von der Projektentwicklung über die Projektsteuerung und die Vermarktung bis hin zu den Aktivitäten des „Facility Managements" (Immobilien-/Anlagen-/Einrichtungsmanagement) einbezogen sind.

Real Estate Management

Wir haben es in diesem Bereich auch mit **sehr großen** Unternehmen zu tun. So verfügt etwa die DT-Immobilien GmbH (Immobiliengesellschaft der Deutschen Telekom) über 13.000 Mitarbeiter.

14.3.2.3 Controllinggerechte Organisationsstruktur

überschaubare Betriebsorganisation

Der Wirkungsgrad des Controlling hängt davon ab, inwieweit Informationen zur Verfügung stehen oder beschafft werden können. Diese Informationen müssen geeignet sein, eine Vorstellung von der Leistungsfähigkeit, den ausschöpfbaren Leistungspotenzialen des Unternehmens und seinen Risikofeldern entwickeln zu können. Dies ist auch eine Frage der Überschaubarkeit der Betriebsorganisation.

Profit-Center

Eine hierfür geeignete Form der Betriebsorganisation ist die Einteilung des Betriebes in viele leicht **abrechnenbare** Unterbetriebe („Profit-Center"). Sie bilden eine ideale Grundlage für eine unternehmerische **Budgetpolitik.**

Profit-Centers können auf der horizontalen wie auf der vertikalen Organisationsebene gegründet werden.

– Aufteilung nach horizontalen (spartenbezogenen) Gesichtspunkten:

Bei Immobilienunternehmen mit einer breiten Zweckbasis kann jede Abteilung, die für den Markt Leistungen erbringt, ohne weiteres in Profit-Center umgewandelt werden. Profit-Center können innerhalb dieses Unternehmens unter diesem Blickwinkel z. B. die organisatorisch in Abteilungen gefassten **Geschäftsbereiche** („Sparten") Wohnungsbau, Wohnungseigentumsverwaltung, Objektbetreuung sein. Aber auch bei Unternehmen mit schmaler Zweckbasis ist eine Profit-Center-Struktur möglich.

Beispiele:

Bei der Verwaltung von Wohnungsbeständen kann eine Aufspaltung in Mietwohnobjekte, Geschäftshäuser und Eigentumswohnanlagen erfolgen.
Die Verwaltung überregionaler Wohnungsbestände kann in regionale Verwaltungseinheiten aufgeteilt werden.
Bei einem größeren Maklerbetrieb können die Vermittlungsbereiche Kaufobjekte und Mietobjekte in eine Profit-Center-Struktur gefasst werden.

– Aufteilung nach vertikalen Gesichtspunkten:

Betrachtet man den Betrieb nach der Chronologie der Leistungsfolge, so kann z. B. bei der Miethausverwaltung die Reihenfolge Objektvermietung, Objektübergabe, Betreuung laufender Mietverhältnisse, Mietvertragsbeendigung maßgeblich für eine Profit-Center-Struktur werden. Sie tritt gegenüber einer „spartenbezogenen" Profit-Centerbildung allerdings **seltener** in Erscheinung.

Beispiel:

Ein Bauträgerunternehmen kann nach der klassischen Einteilung: **Beschaffung von Baugrundstücken – Objektfinanzierung – Durchführung der Baumaßnahme – Abnahme – Verkauf** in eine Profit-Center-Struktur überführt werden. Jede dieser aufeinander folgenden Leistungsbereiche bilden dann je ein Profit-Center.

– Angliederung neuer Geschäftsfelder als Profit-Center

Die Aufteilung in Profit-Center wird oft auch dort veranlasst, wo neben dem Kerngeschäft des Unternehmens noch weitere komplementäre Leistungsbereiche angegliedert werden.

Beispiele:

Ein Kreditinstitut erweitert seinen Leistungspalette um die Immobilienvermittlung, die als eigene Abteilung organisiert wird. Diese Abteilung fungiert als eigenständiges Profit-Center.

Ein Bauträger gliedert eine eigene Verwaltungsabteilung an, um das Nachfolgegeschäft der WE-Verwaltung übernehmen zu können.

Eine Wohnungsbaugenossenschaft organisiert im Rahmen eines neuen eigenständigen Geschäftsbereiches Pflegedienste für Nutzer der Genossenschaftswohnungen als Profit-Center.

Ein kommunales Wohnungsunternehmen übernimmt die Verwaltung des gesamten Liegenschaftsvermögens der Kommune.

Die Schaffung von Profit-Centers ermöglicht und erleichtert das **Benchmarking**, d. h. den regelmäßigen Erfolgsvergleich mit Profit-Centers im eigenen oder in anderen Unternehmen, die vergleichbare Produkte herstellen bzw. Dienstleistungen erbringen. Benchmarking

– risikoausgleichende Geschäftsfelder

Die Angliederung neuer Geschäftsfelder kann unterschiedliche Ursachen und Zielrichtungen haben. Das Unternehmen kann den Aspekt der **Diversifikation** (Risikostreuung) im Auge haben. Durch Diversifikation sollen Gewinne verstetigt werden. Eine Strategie, um dieses Ziel zu erreichen, kann darin bestehen, Geschäftsbereiche einander zuzuordnen, die unterschiedlichen Konjunkturzyklen unterworfen sind. Beim Maklergeschäft folgt beispielsweise tendenziell mit einem „time-lag" (Zeitverzögerung) der Entwicklung der Wohnungsmieten die Entwicklung der Kaufpreise für Wohnobjekte. Die Konjunkturschwäche in dem einen Geschäftsfeld wird durch die bessere konjunkturelle Situation im anderen Geschäftsfeld abgemildert. Innerbetrieblich können die Geschäftsaktivitäten den Geschäftsverläufen entsprechend verlagert werden. Eine andere Diversifizierungsstrategie kann darin bestehen, Marktsegmente mit strukturell hohen Risikopotenzialen andere Marktsegmente mit strukturell niedrigen Risikopotenzialen zuzuordnen um auf diese Weise zu einem Risikoausgleich zu gelangen. So wird birgt die Verwaltung von Wohnungseigentumsanlagen vom Markt her gesehen nur ein geringes Risikopotenzial, während das Bauträgergeschäft durch wiederkehrende starke Marktumbrüche gekennzeichnet ist.

Ein weiteres Beispiel für Diversifizierung zur Risikostreuung:

Ein reines Maklerunternehmen für Kapitalanlageobjekte, das sich als sehr konjunkturanfällig erwiesen hat, gliedert seinem Unternehmen durch Zukauf eine Finanzdienstleistungsberatung an, die im Zusammenwirken mit einem Kreditinstitut Investmentfonds vertreibt. Dem liegt die Erkenntnis zugrunde, dass es ein reziprokes Entwicklungsverhältnis zwischen Kapital- und Immobilienmarkt gibt. Stärken und Schwächen der Märkte balancieren sich so im Unternehmen aus.

Solchen Überlegungen liegen nicht selten sog. **Portfolio Analysen** des Unternehmens zugrunde. Deren Ziel ist es allgemein, die Marktentwicklungschancen der verschiedenen Geschäftsfelder mit den betrieblichen Wettbewerbschancen abzugleichen, um zu erkennen, in welcher Konstellation die betrieblichen Potentiale „wachstumsorientiert“ bei kalkuliertem Risiko eingesetzt werden können. Die Portfolio Analyse kann auch dazu führen, dass nicht nur neue wachstumsträchtige Geschäftsfelder eingegliedert, sondern schrumpfende Geschäftsfelder **ausgegliedert,** bzw. Aktivitäten hierin eingestellt werden.

-- komplementäre Geschäftsfelder

Ein anderes Motiv der Angliederung neuer Geschäftsfelder kann darin bestehen, zum Produkt alle dazu gehörenden (komplementären) Nebenleistungen zu erbringen („Alles aus einer Hand!“)

Beispiele für Angliederung komplementärer Leistungsbereiche:

Ein Verwaltung von Mietwohnungen und Eigentümergemeinschaften installiert
- einen Altenpflegedienst und
- den Betrieb eines Kindergartens

um gegenüber Mietern und Wohnungseigentümern einerseits eine Kundenbindung zu erzeugen, andererseits zusätzliche Erträge zu erzielen.

Ein Objektbetreuungsunternehmen mit einem überalteten Objektbestand gliedert einen Regiebetrieb an, mit dem durch systematische Modernisierungsmaßnahmen eine Verjüngung des Hausbestandes erreicht wird.

Ein Bauträgerunternehmen, dessen Produktionsprogramm im Bau von Reiheneinfamilienhäusern, Doppelhäusern und klein dimensionierten Wohnungseigentumsanlagen besteht, übernimmt zusätzlich als Generalunternehmer die Modernisierung alter Wohnobjekte unter Einsatz moderner Gebäudesystemtechnik, die er für seine Bauvorheben ohnehin nutzt.

Filialen

Für überregional agierende Unternehmen kann die Gründung von Filialen in den immobilienwirtschaftlichen Schwerpunktregionen erforderlich oder ratsam werden. Die „Vor-Ort-Präsenz“ führt in der Regel zur Intensivierung der Geschäftstätigkeit. Dies gilt auch bei einem international agierendes Unternehmen vor allem im Zuge der EG-Öffnung für die Länder der Europäischen Union.

Synergie-Effekte

Synergie-Effekte, d. h. die Übertragung von Know-how aus der Bearbeitung des bisherigen Geschäftsfeldes auf die Bearbeitung eines neuen Geschäftsfeldes, für die dieses Know-how nützlich ist, können auch bei immobilienwirtschaftlichen Betrieben ausgeschöpft werden, wenn die beiden Geschäftsbereiche zielgerichtet zueinander koordiniert werden.

Beispiele:

Aus der Kundenpflege bei der Verwaltung von Eigentumswohnungen sammeln sich beim Verwalter Erkenntnisse darüber an, welche anlageinteressierte Eigentümer einen Beratungsbedarf für den Erwerb weiterer Eigentumsobjekte haben. Diese Erkenntnisse könnte er sich als Makler nutzbar machen.

Die Außendienstorganisation eines Maklerbetriebes kann infolge der bestehenden und laufend wechselnden Kundenkontakte Akquisitionspotenzial für Versicherungen erschließen.

Ein Bauträgerunternehmen kann seine Erfahrung bei der Planung und Durchführung von Bauvorhaben auch für bauwillige Eigentümer von Baugrundstücken nutzbar machen, indem es Baubetreuungsdienste anbietet.

– Konzentration auf den Kernbereich/Spezialisierung

Manche Unternehmen entscheiden sich nicht für Diversifikation, sondern für den umgekehrten Weg: Die Konzentration aller geschäftlichen Aktivitäten auf einen Kernbereich. Outsourcing

Auch diesen Weg kann das Controlling unterstützen. Es plant und überwacht die Auslagerung aller Nebenbereiche, teilweise auf neue Tochterunternehmen, teilweise auf fremde Unternehmen („Outsourcing"). Diese entlasten das auf Konzentration bedachte Unternehmen, indem sie die für das Kerngeschäft erforderlichen Randbedingungen durch Nebenprodukte und Hilfsdienste schaffen. Die Leistungen werden als Fremdleistungen von dort zurückgekauft. Soweit es sich um neue Tochterunternehmen handelt, sind sie in das Konzerncontrolling mit einbezogen. Die Auslagerung von Leistungen auf eine neu gegründete eigene Gesellschaft kann als Alternative zu einer Profit-Center-Struktur angesehen werden.

Beispiele:

Ein großes überregional wirkende Maklerunternehmen kann seine Beratungsleistungen, die es im Zusammenhang mit Vermittlungsleistungen erbringt, auslagern auf ein neu gegründetes Immobilien-Consultingunternehmen. Der Vorteil besteht darin, dass dieses Unternehmen auch vom Bestehen von Vermittlungsaufträgen unabhängige Beratungsleistungen anbieten und erbringen kann. Ebenso könnte etwa der Leistungsbereich der Immobilienbewertung, die im Zusammenhang mit der Objektakquisition anfällt, ausgegliedert und damit zu einem eigenständigen Geschäftsfeld umfunktioniert werden.
Ein Industrieunternehmen könnte die Immobilienverwaltung seines gesamten Immobilienbestandes auf eine eigene Immobiliengesellschaft übertragen, die gleichzeitig alle die Leistungen erbringt, die ein Full-Service-Facility-Management im Repertoire hat. Es kann mit anderen Worten neben der kaufmännischen und technischen Immobilienverwaltung auch zentrale Dienste anbieten und den Verwaltungsumfang auf den Anlagen- und Einrichtungsbereich der Immobilie ausdehnen.
Eine Kommune könnte nicht nur ihren kommunalen Wohnungsbestand durch ein kommunales Wohnungsunternehmen mitverwalten lassen, sondern auch die Verwaltung sämtlicher anderer kommunaler Liegenschaften wie z. B. Rathaus, Hallenbad, Kindergarten, Schulen auf das Unternehmen delegieren.

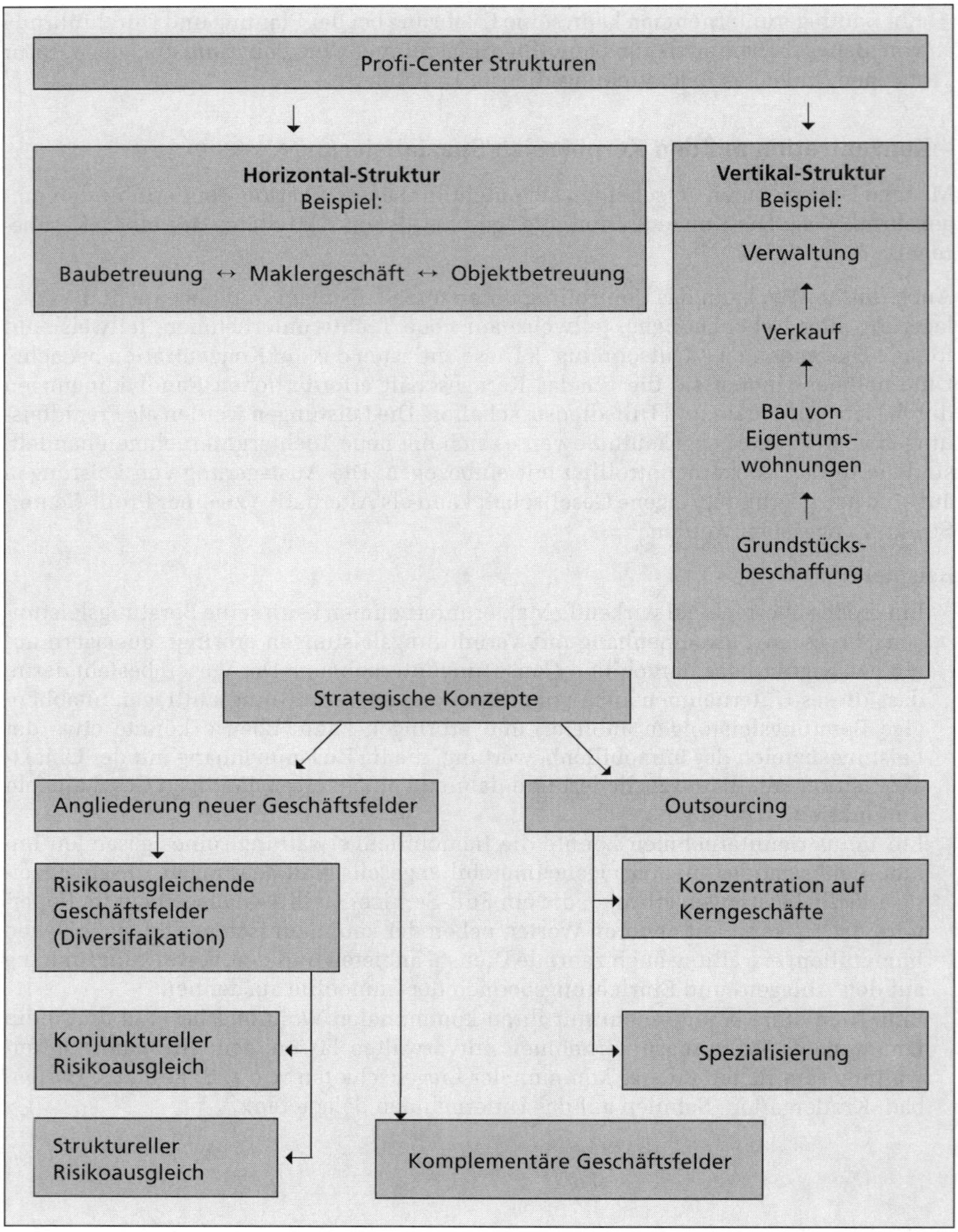

14.3.2.4 Kostencontrolling der unternehmerischen Teilbereiche

Kostenstellen

Controlling kann sich auf bestimmte Teilbereiche des Unternehmens beziehen. Dabei können solche Teilbereiche als **„Kostenstellen"** aufgefasst werden. Mit Hilfe eines **Betriebsabrechnungsbogens** lässt sich die Kostenrelevanz der verschiedenen Kostenstellen ermitteln, indem die **Gemeinkosten**, gegliedert nach **Kostenarten** (etwa nach dem Kontenrahmen) den Kostenstellen, bei denen sie anfallen, zugerechnet werden. Dies reicht aber für Controllingzwecke nicht aus, zumal die Gemeinkostenumlagen kaum mit der nötigen Exaktheit nach dem Kostenverursachungsprinzip bestimmt werden können.

Aussagekräftiger sind Ergebnisse der **Teilkostenrechnung**, bei denen die **variablen Kosten,** die für die Produkteinheit/Produktgruppe (Dienstleistungseinheit/Dienstleistungsgruppe, Einzelauftrag/Auftragsgruppe usw.) aufzuwenden sind, ins Zentrum der Betrachtung rücken. Sie allein sind die für die Betrachtung relevanten Kosten. Es handelt sich dabei um eine **Kostenträgerrechnung** bzw. Kostenträgerergebnisrechnung. Vom Erlös einer Leistungsgruppe (Kostenträger) werden die darauf entfallenden variablen Kosten abgezogen. Der Rest, ausgedrückt in Prozenten, bezogen auf den Erlös der Einheit/Gruppe wird als **Deckungsbeitrag** bezeichnet. Der Vergleich der relativen Deckungsbeiträge verschiedener Leistungsbereiche und die Entwicklung dieser einzelnen Deckungsbeiträge sind wichtige Informationen für das Controlling. Dass die Teilkostenrechnung ein gutes Controllinginstrument ist, dürfte klar sein. Der Themenbereich wird in der allgemeinen betriebswirtschaftlichen Literatur ausführlich behandelt, so dass die kurzen Erläuterungen hier genügen sollen.

Teilkostenrechnung

variable Kosten

Deckungsbeitrag

Die Teilkostenrechnung ist im Übrigen auch Grundlage für die Möglichkeit der **Budgetierung**, d. h. der Zuweisung von Kostenbudgets, die den Spielraum für den variablen Kosteneinsatz (starr oder dynamisch) für die Erbringung einer sachlich definierten Leistung vorgeben.

Budgetierung

14.3.2.5 Beispielhafte Einzelbereiche des Controlling

Grundsätzlich muss Controlling jeweils parallel zur Organisationsstruktur des Unternehmens angesiedelt werden. Damit entsprechen in institutioneller Hinsicht die Controllingbereiche den einzelnen Organisationseinheiten des Betriebes. Bei kleineren Unternehmen beschränkt sich Controlling oft nur auf die kostenintensiven Bereiche, weil ein Zuviel an Controlling („Controllingbürokratie") das Unternehmensergebnis eher belasten als fördern würde. Es wurde schon mehrfach auf **Bereiche** hingewiesen, auf die sich Controlling beziehen könnte, z. B. auf das „Baustellen-Controlling" bei der Objektüberwachung. Nachfolgend sollen noch weitere Einzelbereiche dargestellt werden, auf die sich Controlling beziehen kann:

- **Gebäude-Controlling**

Die einfachste und regelmäßig unzureichende Form des Gebäude-Controllings eines Immobilienbestandes besteht in einer Sichtkontrolle. Ein angemessenes Gebäude-Controlling muss jedoch von dieser subjektiven Betrachtungsweise („Wir kennen unseren Immobilienbestand selbstverständlich hervorragend") weiterentwickelt werden zu einem Abgleich derartiger subjektiver Auffassungen mit **objektiven** Erfahrungswerten. Diese können z. B. darin bestehen, dass Instandhaltungs- oder Instandsetzungsintervalle in einen Gesamtplan einfließen. Gleichzeitig sind Beobachtungen über Veränderungen, die einen bisherigen Instandhaltungs-/Instandsetzungsrhythmus verändern können (z. B. Modeveränderungen), im Rahmen des Controlling-Konzeptes in die Planungen mit einzubeziehen.

Facility Management

Beispiel:

> Ein zunehmendes ökologisches Bewusstsein von Mietern lässt die Auswechslung einer ansonsten noch voll gebrauchstauglichen Gebäudeausstattung infolge der darin verarbeiteten Materialien notwendig erscheinen.

- **Personal-Controlling**

Beim Personal-Controlling in der Immobilienwirtschaft ist regelmäßig zu überprüfen, ob das Personal sich ändernden Anforderungen gerecht wird und ein Sinnbezug bei den Mitarbeitern im Hinblick auf ihre Leistungen im Rahmen der Gesamtleistung des Betriebes vorhanden ist.

Beispiel:

> Bei einem massierten Auftreten von Vandalismus in einem Wohngebiet ist zu überprüfen, ob die bisher für Vergabe, Abrechnung und Kontrolle von Repa-

raturen zuständigen Außendienstmitarbeiter nicht kurzfristig zur verstärkten Objektüberwachung in Verbindung mit Sicherheitsdiensten – also präventiv – eingesetzt werden sollten, um dem zunehmenden Vandalismus entgegenzuwirken. (Gegenrechnung: Drastische Reduzierung der enorm gestiegenen Reparaturkosten)

Personalentwicklung

Aus einer konsequenten Anwendung des Personal-Controllings ergibt sich, ob die Mitarbeiter fachlich so gebildet bzw. weitergebildet worden sind, dass ihr flexibler Einsatz möglich ist. Wie vielfältig die Tätigkeitsbereiche in der Immobilienwirtschaft sind, ergibt sich u. a. auch aus dem Ausbildungsrahmenplan der Ausbildungsordnung des Kaufmanns in der Grundstücks- und Wohnungswirtschaft. Längerfristige **Personalentwicklung** ist dem strategischen Controlling zuzuordnen (siehe 14.3.3.1).

- **Abrechnungscontrolling**

Das Abrechnungscontrolling befasst sich mit der richtigen und vollständigen Erfassung abzurechnender Leistungen. Dies gilt für alle Bereiche, in denen Abrechnungspreise vereinbart werden oder Kosten gegenüber Dritten abzurechnen sind. Soweit nicht gesetzlich vorgegeben oder vertraglich vereinbart, ist darauf zu achten, dass Abrechnungsvorgänge sich im Rahmen einer Kosten-Nutzen-Analyse rechtfertigen.

Beispiel:

Heizkostenverordnung

Abgesehen von der Erfüllung rechtlicher Erfordernisse wie z. B. über die verbraucherabhängige Abrechnung der Heiz- und Warmwasserkosten (HeizkostenV) ist abzuwägen, ob Betriebskosten und Heizkosten pauschaliert oder abgerechnet werden sollen. (Wenig Beachtung haben bisher die nach § 11 HeizkostenV vorgesehenen Ausnahmen von einer verbrauchsabhängigen Abrechnung gefunden).
In diesem Zusammenhang sind die **Abrechnungskosten** selbst danach zu überprüfen, ob sie in einem angemessenen Verhältnis zu den abzurechnenden Kosten stehen. Eine solche Überprüfung hat nicht nur nach dem Vollzug von rechtlichen Vorschriften wie § 11 Abs.1 Satz 3 und Satz 5 HeizkostenV zu erfolgen, sondern unter betriebswirtschaftlichen Gesichtspunkten für jede Abrechnung.

Im Bereich des Abrechnungscontrollings ist auch zu prüfen, ob Abrechnungen, die **lediglich** zur Erfüllung traditioneller Abläufe oder gesetzlicher Vorschriften erfolgen, zusätzlich unter betriebswirtschaftlichen Gesichtspunkten (Benchmarking) nutzbar gemacht werden können.

Outsourcing

Betriebsvergleiche im Abrechnungsbereich sind ebenso anzustreben wie eine grundsätzliche Überprüfung der Zielsetzung, die mit Abrechnungen erreicht werden sollen. So ist z. B. daran zu denken, dass als Ergebnis eines solchen Abrechnungscontrollings **Outsourcing** als kostengünstigere Lösung von Teilbereichen erscheinen kann.

Beispiele:

Die Vergabe von gärtnerischer Pflege von Außenanlagen an einen gärtnerischen Fachbetrieb kann sich nach einer sorgfältig durchgeführten Betriebsabrechnung als kostengünstiger erweisen, im Vergleich zur Durchführung der Arbeiten durch das eigene Unternehmen.
Es kann sich herausstellen, dass die Vorhaltung eines umfangreichen Maschinenparks zur Durchführung der Pflege und Unterhaltung eines großen Parkplatzes eines Einkaufszentrums höhere Kosten verursacht als bei Vergabe an ein spezialisiertes Unternehmen.

Beim Abrechnungscontrolling ist darauf zu achten, dass sich das notwendige Zahlenmaterial ohne zusätzliche Kosten gleichsam als Nebenprodukt aus den Abrechnungsvorgängen ergibt.

- **Dienstleistungscontrolling**

Die Dienstleistung als Schwerpunkt immobilienwirtschaftlicher Tätigkeit bedarf der regelmäßigen ergebnisorientierten Überprüfung sowohl unter quantitativen als auch qualitativen Gesichtspunkten („Bieten wir unseren Kunden genügend Dienstleistung bzw. eine bessere Dienstleistung als die Mitbewerber?"). Der Kundennutzen steht im Mittelpunkt der Betrachtungen.

Kundennutzen

Beispiele:

> Ein Bauträgerunternehmen bietet im Rahmen der Veräußerung seiner Eigenheime nicht eine übliche Standardfinanzierung, sondern eine kundenorientierte Finanzierungsberatung an, einschließlich der Anfertigung alternativer Finanzierungspläne.
> Eine Wohnungsbaugenossenschaft beschränkt sich nicht nur auf die Vergabe der Genossenschaftswohnungen an die Genossen, sondern berät sie auch in allen Fragen, die mit dem Umzug zusammenhängen.

- **Erfolgscontrolling im Maklergeschäft**

Wie effizient ein Maklerunternehmen arbeitet, lässt sich u. a. an seiner Erfolgsquote messen. Ist sie im Vergleich zum Branchendurchschnitt unbefriedigend, müssen Maßnahmen ergriffen werden, die dazu führen, den betrieblichen Erfolgsquotienten zu erhöhen. Dies setzt eine Analyse der „Nichterfolgsfälle" voraus. Dabei ist zu unterscheiden zwischen solchen Nichterfolgsfällen, die im Einflussbereich des Maklerunternehmens liegen und solchen, die seinem Einfluss entzogen werden.

Beispiel:

> Es wird festgestellt, dass die Hälfte aller Nichterfolgsfälle darauf zurückzuführen ist, dass die bei der Auftragsakquisition angesetzten Angebotspreise zu hoch waren. Um künftig diese Ursachenquelle des Nichterfolgs auszuschalten, werden neue Akquisitionsgrundsätze erarbeitet, die sich einerseits auf die Preisberatung und andererseits auf die Bewertung der zu akquirierenden Objekte bezieht. Die erfolgreiche Umsetzung der neuen Akquisitionsleitlinien wird durch Schulungsmaßnahmen für den Außendienst unterstützt.

14.3.3 Zeitraumbezogene Betrachtungsweise des Controllings

Unter **zeitbezogenen Gesichtspunkten** unterscheidet man zwischen dem

- **strategischen,**
- **taktischen und**
- **operativen Controlling.**

Dieser Unterscheidung liegen unterschiedliche **Planungshorizonte** zugrunde. Im Zentrum der Überlegungen des strategischen Controlling stehen Fragen der langfristigen Sicherung der Unternehmensexistenz in einer sich ständig ändernden Umwelt. Strategisches Controlling beruht auf der Notwendigkeit einer weit vorausschauenden Planung. Das Dilemma besteht darin, dass mit zunehmender Langfristigkeit die Aussagekraft der sich aus **Prognosen** ergebenden Informationen unsicherer werden. Dabei nimmt die Komplexität der beim strategischen Controlling zu berücksichtigenden Entwicklungen mit ferner werdender Zukunft zu. Bei Prognosen werden künftige Entwicklungen durch jeweils untere und obere **Entwicklungspfade** eingegrenzt. Beide Pfade laufen naturgemäß stetig auseinander. Gleichzeitig beeinflussen sich Entwicklungen in verschiedenen Bereichen gegenseitig, so dass die Vorstellungen über das, was künftig erwartet werden kann, um so mehr an nachvollziehbaren Konturen verlieren, je weiter der Blick in die Zukunft reicht. Die **Status-quo Prognose** schreibt dagegen die Entwick-

Langfristperspektiven des strategischen Controlling

lung durch lineare Fortsetzung der Vergangenheit in die Zukunft fort, klammert daher heute noch unbekannte Entwicklungsmöglichkeiten bzw. die darin enthaltenen Risikoräume aus. Sie wird häufig Entscheidungen zugrunde gelegt.

Langfristperspektiven spielen in der Immobilienwirtschaft eine besondere Rolle. Dies trifft nicht so sehr auf Makler zu, die ihr Geschäft auf dem relativ bekannten Gegenwartsfeld planen, durchführen und abschließen. Sie können auch leicht auf Umweltänderungen reagieren. Größere Bedeutung hat die Langfristperspektive aber bereits für Bauträger (man denke an die lange Gesamtproduktionsdauer im Wohn- und Gewerbebau), vor allem aber für Unternehmen, die einen Objektbestand **langfristig bewirtschaften**. Ein Wohngebäude mit eine Nutzungsdauer von 100 Jahren durchläuft die Wandlungen mehrerer Generationen.

14.3.3.1 Strategisches Controlling

Controlling als Frühwarnsystem

Aufgrund der Erkenntnis der Unsicherheit, die die Zukunft in sich birgt, trat immer stärker der Gedanke in den Vordergrund, das strategische Controlling auch zu einer Art **Frühwarnsystem auszubauen**. Einerseits wird die sich ändernde Umwelt permanent beobachtet und auf Entwicklungen hin durchleuchtet, die für das Unternehmen gefährlich werden könnten. Andererseits werden auch Veränderungen innerhalb des Unternehmens registriert. Das strategische Controlling stellt dabei stets darauf ab, ob und inwieweit durch solche Veränderungen die langfristige Zielplanung des Unternehmens tangiert wird.

Diese selbst fällt nicht in den Kompetenzbereich des Controlling. Ein Einfluss auf diese Planung kann und muss vom Controlling ausgehen, wenn die Untersuchung etwaiger Leistungsdefizite auf Ursachen hinweist, die auch durch Steuerungsmechanismen des Unternehmens bei bereits gewährleisteter optimaler Koordination des Leistungsprozesses nicht beseitigt werden können. Hier sind Wege aufzuzeigen und Informationen zu liefern, die zu einer neuen Zielorientierung führen. Es ist Sache der Unternehmensleitung, Vorschläge des Controllers, soweit sie zur Korrektur bisheriger Ziele führen, aufzunehmen und gegebenenfalls in eine neue Zielplanung einfließen zu lassen.

14.3.3.2 Operatives Controlling

kurz- und mittelfristige Pespektiven

Während die strategische Ebene des Controlling den **langfristigen Planungshorizont** abdeckt, ist die operative Ebene gegenwartsbezogen und begleitet aus der Gegenwartssituation das **kurz- und mittelfristige Vorgehen.**

„Rollierende" Planung und Steuerung, die unmittelbar die Gegenwartseinflüsse berücksichtigen und Zeiträume von nicht mehr als einem Jahr erfassen, kennzeichnen operative Controllingaktivitäten. Auf Störungen und Planabweichungen wird sofort reagiert. Zu den wichtigsten Informationsgrundlagen zählen die Ergebnisse der kurzfristigen **kalkulatorischen Erfolgsrechnung** (Monatszahlen, Quartalszahlen).

Dem operativen Vorgehen liegt quasi ein **„Fahrplan"** mit einer zeitbezogenen Auflistung der zurückzulegenden Teilstrecken zugrunde. Der Koordination kommt dabei ein besonderer Stellenwert zu.

14.3.3.3 Taktisches Controlling

In der Literatur wird häufig das taktische Controlling mit dem operativen Controlling identifiziert, zu ihm gerechnet oder überhaupt nicht in Erwägung gezogen. Dies führt dann nicht selten zu einem zusammenhanglosen Nebeneinander der beiden Ebenen des strategischen und operativen Controlling. Es fehlt am Bindeglied zwischen diesen

„zwei Welten". Taktisches Vorgehen sorgt für die Ankoppelung des operativen Feldes an die langfristigen Perspektiven. Es sorgt dafür, dass das operative Vorgehen an den langfristigen Zielen ausgerichtet bleibt.

Beispiel:

> Wenn Fernziel eines Wohnbauunternehmens der Aufbau einer überregionalen Geschäftsstruktur mit Filialnetzen in einem Bundesland ist, dann sorgt taktisches Controlling dafür, dass dieses Ziel nicht aus den Augen verloren wird, auch wenn in einem konjunkturellen Tief Filialgründungen im Augenblick nicht geraten erscheinen lassen. Zu den taktischen (vorbereitenden) Maßnahmen können zwischenzeitlich der Aufbau einer Datensammlung und Marktanalysen zählen, die im entscheidenden Augenblick die Standortwahl erleichtern.

Die zeitliche Koordination des Controlling lässt sich wie folgt darstellen:

Koordination von Controlling

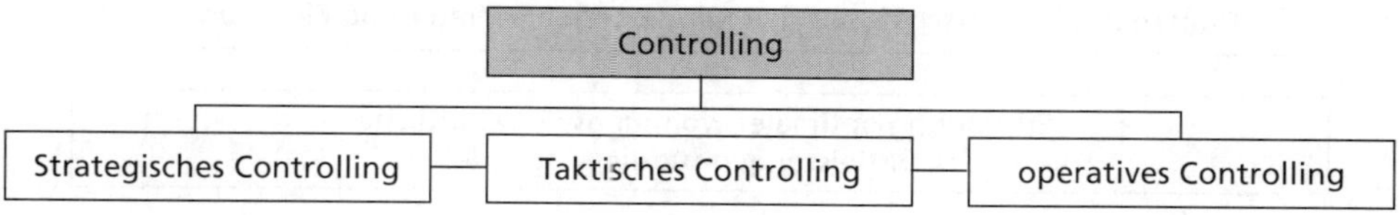

Auch hinsichtlich der Tätigkeitsschwerpunkte des strategischen und operativen Controlling gibt es unterschiedliche Gewichtungen. Ziegenbein („Controlling", 5. Auflage, Ludwigshafen 1995) sieht folgende Tätigkeitsschwerpunkte beim Vergleich des strategischen und operativen Controlling:

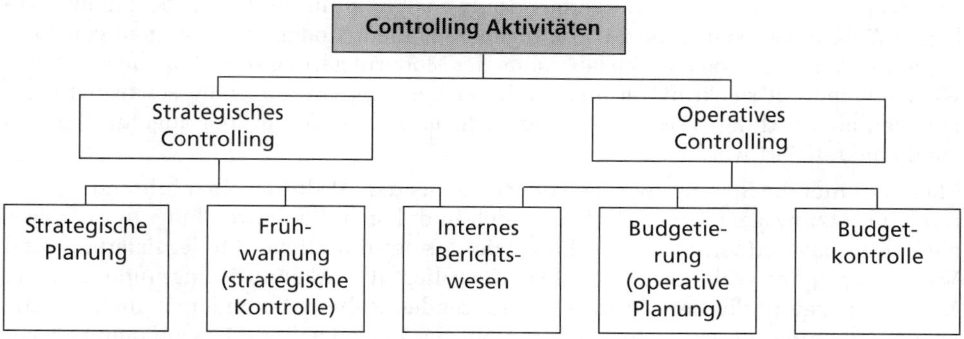

Zweifellos gehören die hier nicht erwähnte Steuerung und Koordination der Leistungsprozesse vorwiegend dem operativen Controllingbereich an.

14.4 Zielausrichtungsfunktion des Controlling

Messbarkeit der Zielerreichung

Controlling dient dem Erreichen der von der Unternehmensführung vorgegebenen **Ziele**. Man spricht deshalb auch von der „Zielausrichtungsfunktion" des Controlling. Dies setzt voraus, dass Controller darüber im Bilde sein müssen, welche Leistungsziele das Unternehmen erreichen will. Diese Ziele müssen so formuliert sein, dass ihr Erreichen oder Nichterreichen **messbar** wird. In der Regel gehört es zum Kernbereich des Controlling, das Management durch Versorgung mit Informationen über Leistungs- und Auslastungspotenziale bei der Definition der Ziele zu unterstützen. Ziele dürfen nicht irreal sein.

Das nachfolgende Beispiel der Zielformulierung des Selbsthilfe-Bauvereins e.G. Flensburg zeigt eine der möglichen Zielausrichtungen einer gemeinnützigen Wohnungsbaugenossenschaft. Derartig formulierte Zielpyramiden sind in der Immobilienwirtschaft noch wenig verbreitet.

Zielpyramide
Selbsthilfe-Bauverein e.G. Flensburg

Erlangung und Bewahrung einer führenden Position in dem von der Satzung vorgegebenen Aufgabenbereich

⇕

Kontinuierliche Modernisierung und Verbesserung des Wohnungsbestandes

⇕

Leistung eines angemessenen Beitrages zur Stadtentwicklung

⇕

Dauerhafte Versorgung der Mitglieder mit qualitativ guten und kostengünstigen Wohnungen bzw. Wohnungseigentum

⇕

Dauerhafte Partnerschaft mit den Mitgliedern als Mieter und Eigentümer

⇕

Erbringung optimaler wohnungswirtschaftlicher Dienstleistungen für die Mitglieder

⇕

Mitglieder- und marktorientierte Ausweitung des Wohnungsbestandes

Im Interesse des Controlling liegt es nun, die Position genau zu definieren, die erreicht oder gegeben sein muss, um als „führendes“ Unternehmen zu gelten. Wie ist „kontinuierliche Modernisierung und Verbesserung des Wohnungsbestandes bei einem gegebenen Wohnungsbestand von x Wohnungen und einem Modernisierungsgrad von 20 % zu definieren, wie hoch soll die Jahresrate der Modernisierung sein? Welche Form und welche Quantität steckt hinter dem Ziel, der Leistung eines angemessenen Beitrages zur Stadtentwicklung? Das und einiges mehr muss bei diesem hier angeführten Beispiel konkretisiert werden.

Man sieht hier die Spanne zwischen dem Oberziel der „Wahrung einer führenden Position“ im satzungsgemäßen Aufgabenbereich und dem auf die Erreichung dieses Oberziels hin zugeordneten letzten Einzelziel „Kontinuierliche Modernisierung und Verbesserung des Wohnungsbestandes“. Dem liegt die Erkenntnis zugrunde, dass im Konkurrenzkampf die Bewahrung einer führenden Rolle unter anderem auch wichtig ist, den Wohnungsbestand quasi auf der Höhe der Zeit zu halten. Dass auf dem Weg zur Erreichung des Oberzieles auch die Interessen der Mitglieder der Genossenschaft berücksichtigt werden müssen, dass es sich somit um einen Wegabschnitt zur Zielerreichung handelt, wird weiterhin deutlich. Die Mitglieder- und marktorientierte Ausweitung des Wohnungsbestandes dient ganz offensichtlich dem Ziel der „Erlangung einer führenden Position“.

Wir erkennen aber aus diesen Zielformulierungen, dass ihre Erreichung nicht ohne weiteres messbar ist. So wird man bei dem Ziel „Dauerhafte Partnerschaft mit Mitgliedern als Mieter und Eigentümer“ zwar den Aspekt der „Dauer“ zeitlich messen können. Unter „Partnerschaft“ ist aber eine nicht messbare qualitative Beziehung zu verstehen, die eher im Bereich der Unternehmensethik angesiedelt ist.

14.4.1 Beispiele für operative Einzelziele in immobilienwirtschaftlichen Unternehmen

Nachfolgend werden einige „quantifizierbare“, also in Zahlen messbare **Einzelziele** im immobilienwirtschaftlichen Bereich dargestellt:

1. Die Geschäftsleitung eines Bauträgerunternehmens will bei gleich bleibendem Bauvolumen im Interesse der Verringerung der Eigen- und Fremdkapitalbindung die Verkaufsaktivitäten so intensivieren, dass in den kommenden Jahren jeweils zum Zeitpunkt der Fertigstellung des Rohbaus mindestens 50 % dieses Bauvolumens verkauft sind. Es war aufgrund des sich verhärtenden Marktes auf 30 % gesunken.
2. Ein Makler, der bisher seine Maklerauftäge überwiegend im Rahmen der aktiven Auftragsakquisition hereingeholt hat, will den Auftragsanteil, der auf passive Auftragsakquisition zurückzuführen ist, innerhalb von zwei Jahren auf 60 % steigern, ohne das Auftragsvolumen zu verringern.
3. Ein Wohnungseigentumsverwalter, der zur Zeit 50 Anlagen mit insgesamt 1 000 Wohneigentumseinheiten verwaltet, will innerhalb von drei Jahren seinen Verwaltungsbestand so umstrukturieren, dass bei gleich bleibender Zahl der Einheiten (und des Vergütungsumsatzes) nur noch 40 Anlagen verwaltet werden. Es müssen also kleinere Anlagen aufgegeben und größere akquiriert werden.
4. Ein Wohnungsunternehmen, in dessen Altbestand noch viele Mietverhältnisse eine Teilbruttomiete aufweisen, strebt innerhalb von zwei Jahren die Umstellung all dieser Mietverhältnisse auf Nettokaltmieten an, wobei zur Erreichung dieses Zieles Zugeständnisse im Mietpreis bzw. Mieterhöhungsverzichte für eine bestimmte Zeit angeboten werden sollen. Nach Abschluss der Maßnahme sollen alle Betriebskosten umgelegt werden können.
5. Ein Wohnungsunternehmen stellt fest, dass Wohnungswechsel für das Unternehmen kostenträchtig sind. Es setzt sich deshalb das Ziel, die Zahl der Kündigungen im Jahr um 25 % durch ein Bündel von Maßnahmen zu senken.
6. Die Altersstruktur der Mitglieder einer traditionsreichen Wohnungsbaugenossenschaft weist eine deutliche Überalterung auf. Die Wohnungsbaugenossenschaft setzt sich zum Ziel, innerhalb von 5 Jahren 10 % neue, jüngere Mitglieder für die Genossenschaft zu gewinnen.
7. Eine große Wohnungsverwaltung stellt im Rahmen eines internen Benchmarking (interner Vergleich der Leistungsprozesse) fest, dass die Pflege eines Teiles der Grünanlagen in ihren Wohnquartieren außergewöhnlich kostenintensiv ist. Sie setzt sich zum Ziel, innerhalb von 3 Jahren diese Kosten dem allgemeinen Kostenniveau vergleichbarer Wohnanlagen anzugleichen. Dabei sollen die kostengünstigen Leistungsstandards der Grünanlagenpflege für alle Anlagen einheitlich eingeführt werden.
8. Ein industrieverbundenes Wohnungsunternehmen muss feststellen, dass der Anteil der Neumieter, die aus dem „Mutterunternehmen" kommen, laufend abnimmt. Um diesem existenziellen Problem zu begegnen, setzt sich das Unternehmen folgendes Ziel: Erhöhung des Anteils der Neumieter innerhalb von 3 Jahren um 50 %.
9. Ein kommunales Wohnungsunternehmen setzt sich zum Ziel, innerhalb der nächsten 2 Jahre keine Zwangsräumung wegen Mietschulden mehr durchzuführen.
10. Ein Unternehmen, welches gewerbliche Immobilien im Rahmen eines geschlossenen Immobilienfonds erstellt hat und noch verwaltet, setzt sich zum Ziel, in den nächsten 5 Jahren 20 % des Jahresnettokaltmiete in die Verbesserung des technischen Gebäudezustandes zu investieren.

Betrachtet man diese Beispielziele, fällt auf, dass es sich bereits um abgeleitete Einzelziele aus Oberzielen handelt. In Bezug zu Oberzielen verhalten sich so definierte Ziele wie **Mittel** zum **Zweck.**

14.4.2 Oberziele und operatives Handeln

Ziele und Handlungsanleitungen

Wie dargelegt wurde, sind im Rahmen des Zielgefüges eines Immobilienunternehmens neben den quantifizierbaren Einzelzielen entsprechend der dargestellten Beispiele zwingend Oberziele, aber auch konkrete operative Handlungsanleitungen notwendig. Nachfolgend werden denkbare Oberziele zu einigen der oben genannten Beispiele für Einzelziele und gleichzeitig auch Handlungsanleitungen zur Erreichung der Einzelziele dargestellt.

Das Beispiel 1 – „Verringerung der Kapitalbindung beim Bauträgerunternehmen" könnte als eines unter mehreren Einzelzielen eingebettet sein in ein Oberziel: „Verbesserung der Ertragslage des Unternehmens um ...".

Konkrete Handlungsanleitung: Beschleunigung der Koordination der einzelnen Schritte im Vorfeld der Verkäufe neuer Objekte, vor allem durch rechtzeitiges Aufstellen eines Verkaufsbüros „vor Ort" bereits ab Rohbaufertigstellung. Erstellung eines strikt einzuhaltenden zeitgerechten Besetzungsplanes. Gleichzeitige Errichtung einer informativen Bautafel, mit Hinweis auf Beratungsmöglichkeit. Deutlicher Hinweis auf Verkaufsbüro sowohl in Zeitungsinseraten als auch in Verkaufsprospekten.

Bei Beispiel 2 – „ Erhöhung des Anteils der passiven Auftragsakquisition" könnte das Oberziel in der Erhöhung der Erfolgsquote bestehen. Bei passiver Akquisition (der Auftraggeber überträgt von sich aus dem Makler den Verkauf oder die Verkaufsvermittlung) sind die Akquisitionskosten niedriger als bei einer aktiven Akquisition (der Makler bewirbt sich, in Konkurrenz mit anderen Maklern) um einen Auftrag. Hier ist die Erfolgsquote niedriger, und die Kosten sind im Regelfall höher.

Konkrete Handlungsanleitung: Steigerung des Bekanntheitsgrades durch verstärkte Firmenwerbung. Dabei ist der Werbeetat so umzustrukturieren, dass zielgruppenbezogene Werbeträger stärker als bisher für die Werbung genutzt werden können. Ergänzend hierzu soll ein Kontaktmittlersystem aufgebaut werden.

Zum Beispiel 3 – „Optimierung der Struktur des verwalteten Wohnungsbestandes" wäre als Oberziel „Kostensenkung" denkbar.

Konkrete Handlungsanleitung: Institutionalisierung eines Hausverwaltungsmarketings, um eine Plattform zur Verbindungsaufnahme einerseits mit „ meinungsführenden" Eigentümern und Verwaltungsbeiräten und andererseits mit Bauträgem zu schaffen. Erstellen einer Werbebroschüre und einer Referenzliste. Sukzessive Abgabe von Wohnungseigentumsgemeinschaften mit einer problematischen Eigentümerstruktur.

Zum Beispiel 8 – „Erhöhung des Anteils der Neumieter aus dem Bereich des Mutterunternehmens" – könnte als Oberziel die Verstärkung der Bindung zum Mutterunternehmen und Begegnung der Gefahr der Veräußerung des Unternehmens durch das Mutterunternehmen sein.

Konkrete Handlungsanleitung: Angebot frei werdender Wohnungen an Mitarbeiter des Mutterunternehmens zu Vorzugsbedingungen. Aufbau eines besonderen Service im Rahmen der Umzugshilfe für Werksangehörige. Hierzu begleitend Intensivierung der Kontaktpflege zur Personalabteilung des Mutterunternehmens

Zum Beispiel 9 – „Vermeidung von Zwangsräumungen wegen Mietschulden" könnte als Oberziel „Nachweis der Existenzberechtigung eines Kommunalen Wohnungsunternehmens" ebenso angeführt werden wie der Vollzug der gesellschaftsrechtlich verankerten Sozialverpflichtung der Geschäftstätigkeit.

Konkrete Handlungsanleitung: Anstreben einer Mietschuldenübernahmevereinbarung mit der Kommune, präventive Koordination von Hilfsmaßnahmen mit einschlägigen Behörden wie Sozialamt und Freien Wohlfahrtsverbänden etc.

Zum Beispiel 10 – „Verbesserung des technischen Gebäudezustandes" – könnte ein Oberziel „Verbesserung der Konkurrenzfähigkeit der Marktstellung des Objektes" gehören.

Konkrete Handlungsanleitung: Ausschöpfung der Mieterhöhungsreserven, Informationsoffensive gegenüber Eigentümer um deren Wohlverhalten sicherzustellen.

Der Überblick zeigt, wie betriebliche Einzelziele aus Oberzielen des Unternehmen abgeleitet werden können. Es darf dabei aber nicht verkannt werden, dass Oberziele vorher definiert sein müssen, um aus ihnen Unterziele herleiten zu können. Die planerische Aufgliederung in Einzelziele begründet bei großen Unternehmen über mehrere organisatorische Ebenen hinweg Ziel-Mittel-Beziehungen. Ziegenbein (a. a. O., S. 26) hat die aus der Zielhierarchie sich ergebende Gliederung wie folgt dargestellt:

Organisatorische Einheit		Ziel-Mittel-Beziehung
Nr.	Bezeichnung	
1	Unternehmen	Ziel 1 ↕
2	Zweig	Mittel 1= Ziel 2 ↕
3	Bereich	Mittel 2 = Ziel 3 ↕
4	Abteilung	Mittel 2 = Ziel 4

14.5 Unternehmensphilosophie, Unternehmensleitbild, Unternehmenskultur

Qualitative Ziele

Von quantifizierbaren Zielen sind **qualitative** Ziele zu unterscheiden, deren Erreichen nicht ohne weiteres in Zahlen messbar ist. Sie entspringen der **Unternehmensphilosophie**, die die Absichten des Unternehmers aus seiner Gesellschaftsauffassung erklärt und die sich in der langfristigen angelegten Unternehmenspolitik widerspiegelt. Die Unternehmensphilosophie kann auf ethischen Postulaten (wertgebundene Grundhaltungen) beruhen, die auch zu ökonomisch **nachteiligen** Geschäftsverzichten führen können. Unternehmensziele werden dabei verbunden mit Bekenntnissen zu Werten, die im außerökonomischen Bereich liegen.

Beispiele:

Die Zusicherung eines Wohnungsunternehmens an seine Mieter, diese auch im Alter wohnlich zu versorgen, wenn Pflegebedarf besteht.

Ein kommunales Wohnungsunternehmen wird kraft Satzung zu einer sozialverträglichen Geschäftspolitik verpflichtet, die dazu dienen soll, dass Mietenniveau in der Kommune so niedrig wie möglich zu halten.

Ein Bauträger verpflichtet sich auch unter Inkaufnahme eines geringeren Betriebsergebnisses, seine Geschäftspolitik so auszurichten, dass die Umwelt so wenig wie möglich beeinträchtigt wird.

Unternehmensleitbild

Häufig – nicht immer – werden **Unternehmensleitbilder** unter Einbeziehung solcher Bekenntnisse formuliert. Kippes regt zur Formulierung eines Unternehmensleitbildes für ein Unternehmen der Immobilienwirtschaft folgende Themenschwerpunkte an:

- berufsethische Grundaussagen,
- Verhältnis zu den Mitarbeitern,
- Verhältnis zu Kunden,
- Bereitschaft zu geschäftlicher Kooperation.

(Kippes, Stephan, „Corporate Identity für Makler, Bauträger und Hausverwalter", in Rechtshandbuch Immobilien, Band II, Teil 11, Loseblattsammlung Verlag Beck München, S. 11)

Unternehmenskultur

Dabei ist darauf zu achten, dass solche Leitbilder von den Mitarbeitern des Unternehmens uneingeschränkt mitgetragen werden können. Wie ein solches Leitbild sich als Orientierungsmuster auf das Verhalten der Mitarbeiter auswirkt, prägt die **Unternehmenskultur**.

Die Formulierung eines Unternehmensleitbildes ist eine originäre Aufgabe des Eigentümers des Unternehmens. Die Formulierung eines solchen Leitbildes fällt um so leichter, je weniger Anteilseigner vorhanden sind.

Beispiele:

Der Alleininhaber eines Maklerbetriebes kann das Unternehmensleitbild autark festlegen, wenn er sein Gewerbe ohne Mitarbeiter betreibt.
In einem kommunalen Wohnungsunternehmen, das zu 100 % der Kommune gehört, wird es viele Vorstellungen geben, die sich aus dem Stadtrat bzw. aus den Mitgliedern des Aufsichtsrates dieses Unternehmens ergeben.
Eine besondere Situation ergibt sich für Wohnungsbaugenossenschaften, bei denen die Identität zwischen Eigentümer und Nutzer der Wohnungen der Genossenschaft vorliegt.

Unternehmensleitbild auch Leitbild der Belegschaft

Ein Unternehmensleitbild kann um so überzeugender nach außen vertreten werden, je größer die Übereinstimmung aller Beteiligten – einschließlich der Belegschaft – hierüber ist. Dabei kann die Formulierung des Unternehmensleitbilds **„top down“**, d. h. von oben nach unten in die Belegschaft hinein erfolgen. Nicht immer ist mit einer Akzeptanz dessen, was von oben nach unten durchgesetzt werden soll, durch die Belegschaft zu rechnen. Das gegenteilige Verfahren wäre ein Prozess der Leitbildfestlegung **„bottom up“**, d. h. von unten nach oben zur Unternehmensspitze. Dies setzt eine qualifizierte Belegschaftsvertretung voraus. Als Nachteil wird empfunden, dass dabei oft nur auf die Belegschaft zugeschnittene Teilaspekte zum Tragen kommen. Als dritte Variante gilt das Gegenstromprinzip, das die Reaktion der Belegschaft auf die von der Unternehmensführung vorformulierten Leitbilder aufnimmt und möglicherweise für Korrekturen sorgt. (Siehe auch Kippes, a. a. O. S. 14)

Nachfolgend werden in einem Schaubild ausgehend vom definierten Unternehmensleitbild das darauf basierende Zielsystem einerseits und die diesem System zuzuordnenden Controllingebenen andererseits dargestellt. Oberziele manifestieren sich im auf lange Sicht definierten Unternehmensleitbild. Dem entspricht der strategische Controllingansatz. Die Oberziele stehen in einem Bezug zu den nach unten aufgefächerten Einzelzielen. Sie spiegeln in ihrer Gesamtheit das Oberziel wider. Deren Umsetzung wird vom operativen Controlling begleitet. Das „Verbindungsstück“, das dafür sorgt, dass die verschiedenen Einzelziele auf die Oberziele ausgerichtet bleiben und nicht aus dem Ruder laufen, werden hier als Synchronisationsziele bezeichnet. Sie werden erreicht mit Hilfe taktischer Controllingmaßnahmen.

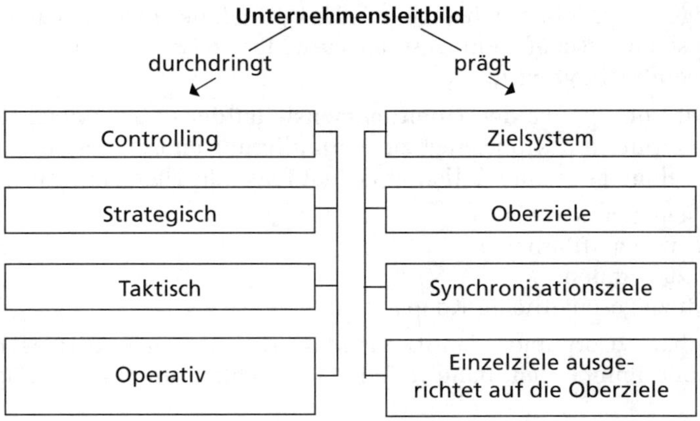

14.6 Immobilienwirtschaftliche Geschäftsfelder unter Controllingaspekten

Bisher wurde bereits durch Beispielsdarstellungen aus verschiedenen immobilienwirtschaftlichen Unternehmensbereichen vermittelt, dass Controllingaufgaben in der Immobilienwirtschaft sehr weitgestreut sind. Im Kapitel 1.2.2 wurden im Einzelnen die bedeutenden Geschäftsbereiche immobilienwirtschaftlicher Unternehmen behandelt. Hierzu gehört im Bereich der **Projektentwicklung und Projektrealisation** die Mitwirkung immobilienwirtschaftlicher Unternehmen an **Erschließungs- und Bodenordnungsmaßnahmen,** die **Beschaffung von Baugrundstücken** und die **Errichtung von Gebäuden.** Ein weiterer, von Maklern abgedeckter Bereich ist der **Vertrieb (Verkauf und Vermietung),** teilweise auch die **Beschaffung der Finanzierung.** Dem Bereich der **Objektverwertung** und **Betreuung** gehören die Geschäftsbereiche der **Bewirtschaftung** und **Wohnungseigentumsverwaltung** an. In die Bewirtschaftungsphase fällt **Modernisierung** und **Sanierung** bis sich schließlich der Kreis durch **Abbruch** und **Neuverwertung** des Grunstücks schließt.

Welchen **Prozessen** die Immobilie in ihrem **Lebenszyklus** unterliegt, wird mit dem nachfolgenden Schema verdeutlicht.

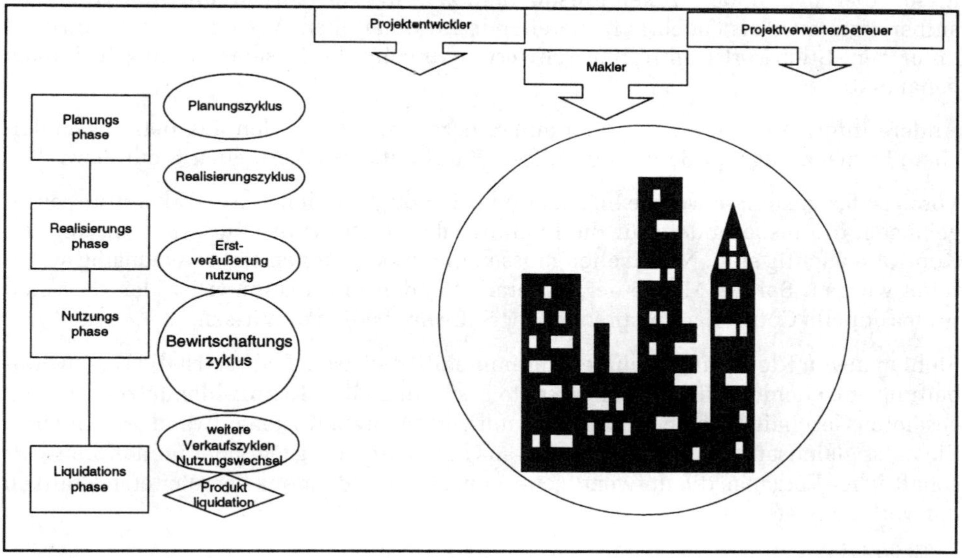

14.7 Controllinginstrumente Information und Berichtswesen

Instrumente des Controlling sind:

- **Informationsbeschaffung** = wer benötigt wann welche Informationen,
- **Informationsverarbeitung** = wer benötigt welche Informationen in welcher Form und Qualität und das
- **betriebsinterne Berichtswesen.**

Wie schon zum Ausdruck gebracht, sind Einzelziele Gegenstand der Planung. Prozesse planen (und damit Planziele definieren), sie zu steuern, zu koordinieren und zu kontrollieren setzt voraus, dass die hierfür erforderlichen Informationen nicht nur beschafft, sondern auch zweckdienlich aufbereitet werden. Sie beziehen sich sowohl unmittelbar auf das eigene Unternehmen als auch auf das unternehmerische Umfeld und auf die gesamtwirtschaftlichen Verhältnisse.

Bei Behandlung der **Zielausrichtungsfunktion** des Controlling wurden Beispiele für messbare Ziele dargestellt. Betrachten wir noch einmal den dort angeführten 4. Beispielsfall (siehe 14.4.1). Ein Wohnungsunternehmen will einheitlich bei allen Mietverhältnissen in einer bestimmten Zeit Nettokaltmieten einführen. Hier konnte das Ziel nur deshalb formuliert werden, weil eine entsprechende **Informationsgrundlage** bereits vorhanden war. Die betroffenen Mietverhältnisse waren erfasst. Es war bekannt, welche Betriebskosten anfallen und welche davon bereits auf die Mieter umgelegt sind. Bekannt war, inwieweit die Mietverträge eine Anpassung von Pauschalen zuließen und in welchen Fällen die vertragliche Grundlage fehlte. Ermittelt war auch das Erlöspotenzial, das durch die Umstellung erschlossen werden kann. Mit anderen Worten: Der betriebliche Informationsstand ließ bereits die Festlegung eines solchen Zieles zu.

14.7.1 Informationsbeschaffung und -verarbeitung

betriebliche Statistik

Grundsätzlich können Informationen aus dem **eigenen** Betrieb wie im soeben genannten Beispielsfall gewonnen werden. Informationsgrundlage war im oben genannten Beispiel eine aussagekräftige **betriebliche Statistik** über die bestehenden Mietverhältnisse. Aber auch andere Erkenntnisquellen, z. B. die **Kostenrechnung**, liefern bereits aufbereitete oder erst noch aufzubereitende Informationen. Vielfach werden deshalb unter dem Stichwort Controlling schwerpunktmäßig die Kostenrechnungstechniken behandelt.

Andere Informationen werden von außen bezogen, z. B. Zahlen aus Betriebsvergleichen, Entwicklung von Baukostenindices, Kaufkraftkennziffern einer Stadt usw.

Vorab ist festzustellen, welche Informationen benötigt werden, um zu Erkenntnissen zu gelangen, die insbesondere für die Planung, aber auch für die Budgetierung und die Kontrolle wichtig sind. Nicht selten müssen die Informationen erst zweckmäßig aufbereitet werden. Bei der Menge der zu verarbeitenden Informationen ist klar, dass sich professionelle Controller entsprechender Software bedienen müssen.

Datenverarbeitung zur Gewinnung von Kennzahlen

Sieht man von Kleinstunternehmen der Immobilienwirtschaft ab, so ist die Datenverarbeitung entscheidend für die zeitgerechte Erstellung eines **Kennzahlennetzes**, das den gesamten Geschäftsbereich umfasst und mit vertretbarem Kostenaufwand erstellt wird. Sie muss gleichsam als „Abfallprodukt" aus der Bearbeitung täglicher immobilienwirtschaftlicher Vorgänge die notwendigen Kennzahlen und daraus hergeleiteten Grafiken zur Verfügung stellen.

Beispiele:

Aus der Abwicklung von Reparaturaufträgen/Instandhaltungsaufträgen muss sich täglich ersehen lassen, welche Struktur und Schwerpunkte sich aus den Instandhaltungsaufträgen des vorhandenen Wohnungsbestandes ergeben.
Die Buchhaltung muss täglich Kennzahlen über Mietaußenstände liefern.
Die Betriebsabrechnung muss automatisiert die Kostenstruktur des Personaleinsatzes wiedergeben.
Eine Maklersoftware muss ohne weiters in der Lage sein, durch Eingabe der Daten der Auftragsannahme und der Auftragserledigung die durchschnittliche Bearbeitungsdauern von Aufträgen zu ermitteln. Aus der Entwicklung dieser Auftragsbearbeitungszeiten können Rückschlüsse auf Markttendenzen gezogen werden.

Die Bedeutung des Informationwesens im Controlling zeigt sich darin, dass Controllern nicht selten die Aufgabe übertragen wird, ein auf das Gesamtunternehmen zugeschnittenes angemessenes **Kostenrechnungssystem** zu **entwickeln** und/oder Vorschläge für die Umstellung der Betriebsorganisation zu erarbeiten, die es ermöglichen, zu einer eindeutigen Leistungsmessung und Kostenzuordnung für betriebliche Einheiten zu kommen. Dies sind Grundinformationen für die Vorgaben von „Budgets“, also von Sollvorgaben. Auf die controllingfreundliche Organisationsform der Profit-Center wurde bereits 14.3.2.3 eingegangen.

Eine Methode der aussagekräftigen Darstellung aufbereiteter Informationen ist das Arbeiten mit **Kennzahlen** und **Grafiken**. Es handelt sich um eine Methode, das betriebsinterne Berichtswesen entscheidungsorientiert zu gestalten.

14.7.2 Benchmarking

Im Rahmen des Immobiliencontrolling spielt Benchmarking eine größer werdende Rolle. In der Immobilienwirtschaft ist Benchmarking für allzu viele Brancheninsider allerdings noch ein Buch mit sieben Siegeln. Dabei ist kaum ein Berufsstand so sehr darauf angelegt, über Benchmarking die Betriebsergebnisse beeinflussen zu können, wie z. B. der der Makler, die gewohnt sind, im Rahmen von Gemeinschaftsgeschäften miteinander zu kooperieren.

Unter Benchmarking ist ein bewusst herbeigeführter **Know-how-Transfer** zwischen mit einander konkurrierenden Unternehmen zu verstehen, mit dem Ziel, die sich daraus ergebenden **Synergien** zur Verbesserung der eigenen Stellung am Markte zu nutzen.

Der Benchmarkingphilosophie liegt die Erkenntnis zugrunde, dass es in einer Branche immer Unternehmen geben wird, die sich ausschließlich als Mitbewerber am Markte sehen und deshalb nie auf die Idee kämen, einem Konkurrenten Einblick über eigene Vorteilspositionen und Stärken zu geben, geschweige denn die eigenen Schwachstellen offen zu legen. Die psychologische Hemmschwelle ist außerordentlich hoch. Bestenfalls wird im Rahmen der Öffentlichkeitsarbeit versucht, ein Positivprofil des Unternehmens nach außen zu vermitteln, das aber oft geschönt ist. Es handelt sich bei diesen Unternehmen eher um die Gruppe der „Geheimniskrämer“.

Benchmarking setzt auf eine andere Gruppe von Unternehmen. Deren Kalkül besteht darin, durch eine organisierte Kommunikationspolitik anderen Konkurrenten Einblick in die Leistungsprozesse und die Ergebnisstruktur des eigenen Unternehmens zu gewähren unter der strikten Voraussetzung, dass auch die in das Benchmarking einbezogenen Konkurrenten die Karten auf den Tisch legen, auf die es dabei ankommt. Die Unternehmen studieren gewissermaßen bei den jeweiligen Konkurrenz, wie diese die Geschäfte handhaben und wie deren Erfolge (oder Misserfolge) zustande kommen. Diese Erkenntnisse werden für das eigene Unternehmen nutzbar gemacht. Der Know-How-Transfer sorgt auf diese Weise zu einem Informations- und Wettbewerbsvorsprung aller Beteiligten gegenüber denen, die sich einem solchen Know-How-Transfer verschließen. Um vergleichen zu können, werden vergleichbare Informationsgrundlagen geschaffen und in betriebliche Kalkulationen umgesetzt. Gearbeitet wird aber auf der Grundlage von **Kennzahlen**. Man kann sich eine Benchmarkingkonferenz vorstellen als eine Konferenz der Klassenbesten. Dabei ist kennzeichnend, dass jeder Teilnehmer in jeweils einem anderen Bereich „Klassenbester“ ist. Jeder hat „Benchmarks“ zu bieten.

Beim Benchmarking gilt gewissermaßen eine „physikalische“ Gesetzmäßigkeit: Je größer die Zahl der Unternehmen ist, die sich an Benchmarking – aus welchen Gründen auch immer – nicht beteiligen, desto größer die Wettbewerbswirkung zugunsten derer, die Benchmarking praktizieren. Der Informations- und Wettbewerbsvorsprung geht stets zu Lasten der (vielen) Nichtinformierten.

In der Praxis bezieht sich Benchmarking in der Regel nicht auf alle Unternehmensbereiche. Diese würde zu weit führen. Im Zentrum des Benchmarking stehen vor allem aber solche Teilbereiche, die sehr kostenträchtig sind, z. B. der Personalbereich bei Dienstleistungsunternehmen.

Benchmarking-Partner müssen nicht alle der gleichen Branche oder Sparte angehören. Makler können im Rahmen ihrer Wohnungsvermittlungsabteilung Vermietungs-Know-how von Objektbetreuern übernehmen, Objektbetreuer andererseits von Maklern Werbe-Know-how. Es liegt nahe, dass Facility Manager technisches Know-how- gegen Bewirtschaftsungs-Know-how von Hausverwaltern „eintauschen".

Im Immobiliengeschäft der Makler kam es bisher schon zu Formen der Kooperation. Man denke an die Immobilienbörsen und anderen Maklerkooperationen. Zwar wurde Benchmarking hier in der Regel nicht bewusst genutzt. Durch den Objektaustausch im EDV-Verbund zum Zwecke von Gemeinschaftsgeschäften aber sind gute Ansätze für die Praktizierung von Benchmarking gegeben. Benchmarkingthemen könnten sein die Objektakquisition, Objektwerbung, Provisionspolitik, Marktzugangsstretegien. Voraussetzung wäre ein Austausch von betrieblichen Kennzahlen (Erfolgsquote, Verhältnis der passiven zur aktiven Auftragsakquisition, Objektumschlagszeiträume, Werbeerfolgskennzahlen usw.) die die Stärken und Schwächen der beteiligten Unternehmen im Vergleich widerspiegeln. Voraussetzung für ein erfolgreiches Benchmarking sind in der Regel eine vergleichbare Leistungsbereiche der beteiligten Unternehmen, auch wenn sie unterschiedlichen Sparten angehören.

In den USA, wo Benchmarking schon seit vielen Jahren praktiziert wird, gibt es allerdings auch Kritik daran. Es wurde festgestellt, dass auf Dauer ein systematisch gepflegter Know-how-Transfer offenkundig auch eine Vereinheitlichung von Leistung und Produkten bewirkt, wenn auch auf hohem Niveau, was – wenn die Entwicklungspotenziale ausgeschöpft sind, dazu führen kann, dass „New-Comer" oder Außenseiter benchmarkingfixierte Unternehmen wieder überholen. Die ruft dann nach mehreren Jahren – konsequent weiter gedacht – wieder neue Benchmarkingkonstellationen hervor.

Benchmarking wird im Übrigen auch im Vorfeld von Fusionen zwischen Unternehmen betrieben.

14.7.3 Kennzahlen

Die Betriebswirtschaftslehre kennt eine große Anzahl von Kennzahlen, die für das Controlling von erheblichem Erkenntniswert sein können. Hingewiesen sei nur auf Eigenkapitalrentabilität, Gesamtkapitalrentabilität, Umsatzrendite, Liquiditätskennzahlen usw. Hierzu gibt es eine umfangreiche betriebswirtschaftliche Literatur, so dass darauf an dieser Stelle nicht eingegangen werden soll.

Allgemein kann jedoch Folgendes festgehalten werden: Kennzahlen können sowohl innerbetriebliche als auch branchenübliche Vergleichsdarstellungen sein. Es kann sich um absolute und um relative Zahlen handeln. Relative Kennzahlen haben häufig eine größere Aussagekraft (z. B. Eigenkapitalanteil, Lohnnebenkosten usw.). Von absoluten Zahlen abgekoppelt können sie aber in die Irre führen.

Kennzahlen, die aus innerbetrieblichen Vergleichen gewonnen werden können, sind z. B. Erfolgskennzahlen der verschiedenen Profit-Center bei horizontaler Gliederung. Denkbar sind auch Vergleiche von Profit- Center mit gleichen Aufgabenstellungen zwischen den Unternehmen (überbetriebliche Vergleiche). Dies setzt eine entsprechende Informationskooperation zwischen den Unternehmen voraus.

Unter dem Stichwort Benchmarking werden solche Kooperationen diskutiert. Dabei wird davon ausgegangen, dass ein solcher Informationsaustausch zu **Synergieeffekten** bei den beteiligten Unternehmen führt.

Betriebsvergleich

Beim **Vergleich von Unternehmen** gleicher Branche werden Kennzahlen von Betrieben gleicher Struktur in Relation gesetzt. Hierzu zählen auch die Ergebniszahlen und die Zahlen über die Kostenstruktur im Rahmen von Betriebsvergleichen.

Als Beispiel für einen **Betriebsvergleich** in der Immobilienwirtschaft sei auf die Zahlen des Instituts für Handelsforschung an der Universität Köln verwiesen, das jährlich im Auftrag des Ring Deutscher Makler Erhebungen für solche Vergleiche durchführt. Eine Zusammenfassung wird jährlich in der AIZ veröffentlicht.

Daraus ergibt sich z. B., dass 1998 das durchschnittliche betriebswirtschaftliche Ergebnis mit 0,5 % gegenüber einem Ergebnis vom Vorjahr mit 0,4 % fast gleich geblieben ist. Die Kosten für Inserate betrugen bei Unternehmen, deren Umsatz zu mehr als 50 % aus Vermittlungsprovisionen bestand, im Schnitt 13,5 % des Umsatzes, im Vorjahr 13,9 %.

Grabener hat in seinen Untersuchungen festgestellt, dass die Erfolgsquote der Makler 1999 bei Alleinaufträgen bei 84 % und bei gewöhnlichen Makleraufträgen nur bei 32 % lag. (Grabener Henning, „Betriebsbefragung 1999“)

Für die Unternehmen der Wohnungswirtschaft fehlt es an einer allgemein zugänglichen Darstellung. Damit fehlt auch eine wesentliche Voraussetzung für ein überbetriebliches Benchmarking in diesem Bereich.

Dabei bietet sich gerade für diese Unternehmen mit den Schwerpunkten in der Wohnungsverwaltung und Wohnungserstellung an, durch Kennzahlen

- ein internes Informationsnetz für das Controlling,
- eine Orientierungshilfe für die Leistungsverbesserung sowie
- eine Leistungspositionierung in der Branche

vorzunehmen.

Der Umgang mit Kennzahlen, insbesondere von branchenvergleichenden, ist in der Immobilienwirtschaft im Übrigen noch nicht sehr ausgeprägt.

Dabei gibt es eine große Vielfalt möglicher Vergleiche.

Beispiele aus dem Bereich der Verwaltung von Wohnungen:

- Kosten der einzelnen Betriebskostenarten im Verhältnis zur Wohnfläche
- Kostenentwicklung bei der Behebung von Verstopfungen der Abwasserleitungen
- Kosten der Instandhaltung im Verhältnis zur Wohnfläche
- Instandhaltungskosten aufgegliedert nach Gewerken zur Wohnfläche

Die letztgenannte Aufgliederung würde eine Aussage darüber zulassen, welche Gewerke besonders kostenträchtig sind.

Wie tief eine Durchdringung des Unternehmens mit Kennzahlen sinnvoll ist, hängt von den jeweiligen individuellen Gegebenheiten ab.

Der Informationsbedarf und die Aussagefähigkeit sind regelmäßig zu überprüfen und einer Nutzen-/Kostenanalyse zu unterziehen.

Die Bezugsgrößen, z. B. Wohneinheiten, Vertragseinheiten, Nutzfläche, Wohnfläche usw. sind den individuellen Verhältnissen anzupassen. Bei der Verwendung von Kennzahlen im Rahmen von Betriebsvergleichen ist auf die Gleichartigkeit der Bezugsgrößen zu achten.

Tiefergehende Kennzahlen, wie z. B. zur durchschnittlichen Höhe der notwendigen Instandhaltungsaufwendungen bei Mieterwechsel oder zu den durchschnittlichen Gesamtkosten bei der Durchführung von Zwangsräumungen wegen Mietschulden sind ebenso von Bedeutung wie monatlich ermittelte Kennzahlen über den Abbau von Mietaußenständen nach Mahnungen der verschiedenen Mahnstufen (1. und 2. Mahnung) und nach Mahnbescheiden.

Beispiel für Module als Bestandteile zum strukturellen Aufbau eines Kennzahlensystems für ein Wohnungsunternehmen:

Strukturen	Strukturbereiche	Quellen für Kennzahlen
Unternehmensstruktur	**Kapital/ Vermögen**	Bilanzsumme Eigenkapitalanteil
	Verwaltete Einheiten	Wohnungen gewerbliche Einheiten Sonstige Einheiten
	Bautätigkeit	Verkaufsmaßnahmen für den eigenen Bestand Betreuungsmaßnahmen für Dritte
	Personalbestand	hauptamtlich Beschäftigte nebenamtlich Beschäftigte Auszubildende
Eigentumsstruktur	**Grund und Boden**	Eigentum Erbbaurechte
	Betriebs- und Geschäftsausstattung	Eigentum Miete Leasing
Immobilienstruktur	**Gebäude**	Baualter Modernisierungsgrad Instandhaltungs-/Instandsetzungsaufwendungen Ausstattungsstandard Art der Beheizung
	Infrastruktur	Garagen Stellplätze Nachversorgungsangebot Anbindung an öffentlichen Personennahverkehr
	Außenanlagen	Grünbereich nach Pflegeaufwand Kinderspielplatzangebot Sicherheitsbeleuchtung (Wohnstraßen/-wege)
Finanzierungsstruktur	**Zinsbindung**	langfristig mittelfristig kurzfristig
	Darlehensgeber	öffentliche Förderung Realkreditinstitute Versicherungen Käufer von Belegungsbindungen Bausparkassen
	Entschuldungsgrad	objektbezogen baualtersbezogen

Strukturen	Strukturbereiche	Quellen für Kennzahlen
Kundenstruktur	**Mieter**	Vertragsdauer, Altersstruktur, Haushaltsgröße, Mietwohnberechtigung (§ 25 II. WoBauG), von Fehlbelegungsabgabe betroffen (AFWoG)
	Käufer	Alter Einkommenssituation Wiederholungskäufe Selbstnutzer Anleger
	Auftraggeber für wirtschaftliche/technische Betreuungen	institutionelle Investoren Privatpersonen öffentliche Hand
Personalstruktur	**Qualifikationsstand**	Angelernt gelernt Auszubildende
	Betriebszugehörigkeit	Dauer
	Krankenstand	nach Altersgruppen Geschäftsbereichen usw.
	Altersstruktur **Bereichszugehörigkeit**	bis 25, 26 bis 50, 51 bis 65 Kaufmännisch technisch nebenamtlich Auszubildende, Leitungsebenen (1 ...)
Bewirtschaftungsstruktur	**Personalaufwand**	Hausmeister Wohnungsbesichtigungen Wohnungswechsel
	Sachaufwand	
	Vertragsaufwendungen	Wartungsverträge Dienstleistungsverträge
	Betriebskosten	gem. Raster der II. BV
	Mietausfall	innerhalb/außerhalb des Rahmens des § 29 II. BV wegen Wohnungswechsel Modernisierung Mietschulden usw.

Strukturen	Strukturbereiche	Quellen für Kennzahlen
Preisstruktur	**Mieten**	Preisgebunden nicht preisgebunden Ertragsverzichte bei • preisgebundenen Wohnungen • nicht preisgebundenen Wohnungen Über-/Unterdeckung bei nicht preisgebundenen Wohnungen Relation zur ortsüblichen Miete Garagenmieten
	Verkaufsobjekte	Neubauobjekte – Relation zum marktüblichen Preis Altbestandsobjekte – Relation zum marktüblichen Preis
	Verwaltungsgebühren je Eigentumswohnung	Relation zu den Ansätzen nach § 26 II. BV Relation zu den marktüblichen Ansätzen
	Vergütungen für wirtschaftliche Betreuung	Relation zu den Ansätzen nach § 8 Abs.3 II. BV Relation zu den marktüblichen Sätzen

bereichs- und zeitraumbezogene Kennzahlen

Kennzahlen können bereichs- und zeitraumbezogen sein.

So bezieht sich ein Vergleich der Betriebs- und Heizkosten **unterschiedlicher** Objekte im verwalteten Immobilienbestand auf einen **Kostenbereich**.

Eine Gegenüberstellung von Kennzahlen **gleicher** Objekte des verwalteten Immobilienbestandes im Vergleich zu den zurückliegenden Jahren bezieht sich auf **Jahreszeiträume**.

Kennzahlen können auch **Sollvorgaben** sein. Die Gegenüberstellung solcher Kennzahlen der nach der Unternehmensplanung zur Verfügung stehenden Instandhaltungskosten gegenüber dem tatsächlichen Anfall ist ein Beispiel hierfür.

Eine **Gliederung** der Kennzahlen in Zeitreihen (wöchentlich, monatlich, jährlich) erhöht deren Aussagefähigkeit ebenfalls erheblich, ebenso wie eine weitere Aufteilung etwa der Baukostenstruktur in **Gewerke**-Kennzahlen.

Ein **Benchmarking** mit branchenüblichen Kennzahlen ist in der Immobilienwirtschaft noch nicht weit verbreitet. Die Gefahr, dass hierdurch Schwachstellen im Unternehmen aufgezeichnet werden, sollte jedoch der Chance untergeordnet werden, dass das Unternehmen sich realisierbare Zielvorgaben im Lichte von Kennzahlen schafft.

Aus dem Benchmarking, das überwiegend auf Kennzahlen beruht, lassen sich strategische und kooperative Unternehmensziele herleiten.

Beispiel:

> Wir erstreben innerhalb von zwei Jahren 80 % der Leistung des Branchenführers in einem bestimmten Produktbereich.

14.7.4 Grafiken

Der Unternehmer muss in der Lage sein, auf der Grundlage eines Controllerberichtes schnell und zuverlässig und ohne weitere Rückfragen Entscheidungen treffen zu können. Jeder, der im Betrieb eine Controllingfunktion ausübt, muss also die von ihm gewonnenen Erkenntnisse der Geschäftsleitung gegenüber so präsentieren, dass sie daraus für die Unternehmensführung relevante Schlüsse ziehen kann, also z. B. vorgegebene Ziele korrigieren, organisatorische Änderungen veranlassen usw.

Das bedeutet, dass zu den Fertigkeiten des Controllers auch die grafische Darstellung von Entwicklungen, Mengen und Verhältnissen zählt. Die optische Unterstützung durch Grafiken erleichtert die Aufnahme von Informationen enorm. Die heute angebotene Standardsoftware verfügt über Grafikprogramme, so dass die Produktion grafischer Darstellungen keine besonderen Probleme mehr aufwirft.

Beispiel für Liniengrafik:

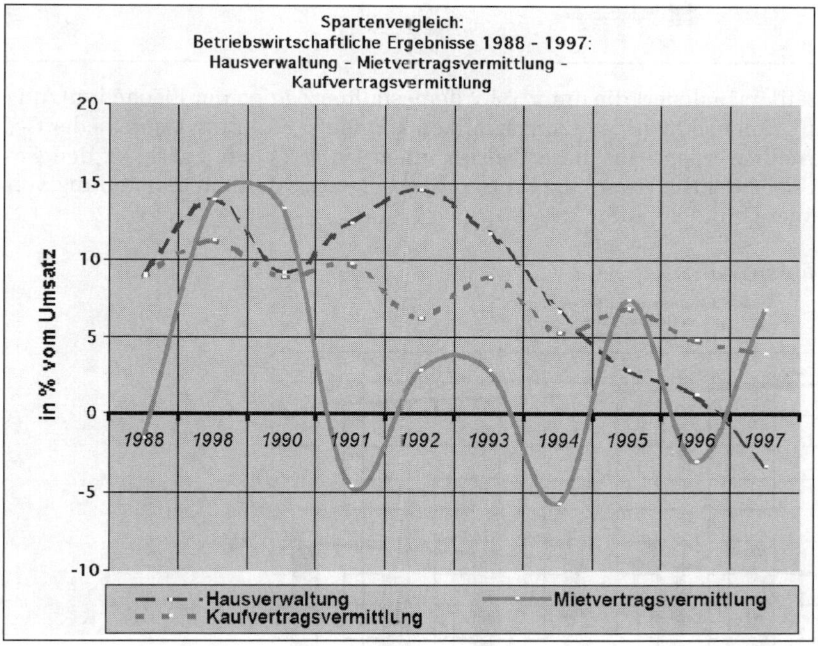

In dieser Grafik wird das betriebswirtschaftliche Ergebnis von RDM-Unternehmen über einen Zeitraum von 10 Jahren dargestellt, die schwerpunktmäßig auf unterschiedlichen Geschäftsfeldern tätig sind, nämlich Hausverwaltung, Mietvertragsvermittlung und Kaufvertragsvermittlung. Liniengrafiken eignen sich zur Darstellung zeitlicher Entwicklungen.

Beispiel für Kreisgrafik:

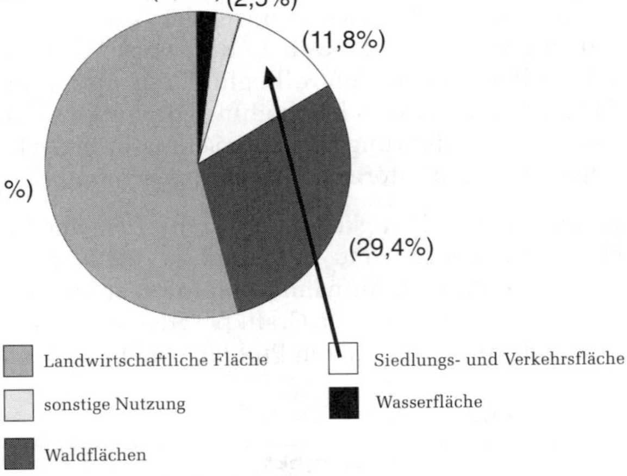

Die Flächengrafik visualisiert die unter 1.3.2 dargestellten Zahlen der Flächennutzung in Deutschland. Solche Flächennutzungsgrafiken können z. B. für das Gebiet jeder Gemeinde dargestellt werden. Auf diese Weise können Unterschiede zwischen den Gemeinden sehr sehr deutlich werden. Kreisgrafiken eigenen sich zur Darstellung von Anteilen an einer Grundgesamtheit.

Beispiel für Säulengrafik:

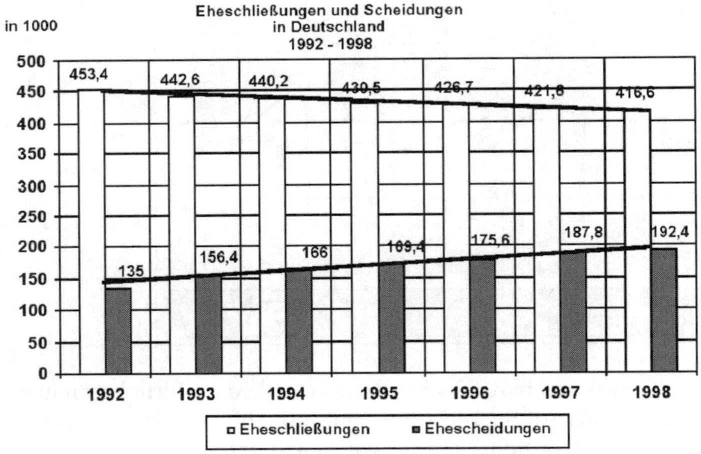

Durch die Nebeneinanderstellung zweier „Säulen“ in Verbindung mit den zugehörigen Trendlinien lässt auch hier eine zeitliche Entwicklung sehr gut ablesen. Zu erkennen ist daraus, dass 1992 die Ehescheidungsrate im Vergleich zu den Eheschließungen etwa $^1/_3$ betrug, 1998 bereits knapp die Hälfte. Sowohl Eheschließungen als auch Ehescheidungen sind wohnungswirtschaftlich von Bedeutung, weil sie in der Regel Wohnraumnachfrage auslösen.

14.7.5 Berichtswesen

Reporting Das Berichtswesen deckt den **Informationsbedarf der Unternehmensleitung** ab. Betrachtet man den Stellenanzeigenteil großer Tageszeitungen, fällt auf, dass überwiegend zu dem Aufgabenprofil der dort gesuchten Controller standardmäßig ein aussagekräftiges Berichtswesen, das „Reporting“, gehört.

Die Qualität unternehmerischer Entscheidungen hängt u. a. von der Qualität des Berichtwesens ab. Die Bedeutung des Berichtswesens wiederum hängt von folgenden Faktoren ab:

- Größe des Unternehmens
- Komplexität der Unternehmensstruktur
- Grad der technischen Informationsversorgung des Managements (Ausmaß und Qualität der aus dem Netz durch das Management unmittelbar abrufbaren Informationen)

Je größer das Unternehmen und je komplexer die Unternehmensstruktur, desto wichtiger wird das Berichtswesen. Je größer die „Techniklücken" beim direkten Abruf von betriebsinternen Informationen durch das Management, desto größer die „Bringschuld" der Controllers hinsichtlich der Informationsversorgung des Managements.

Es gibt in der Literatur unterschiedliche Vorstellungen über die Organisation des Berichtswesens. Klar ist, dass es Aufgabe des Controllers ist, das für die Berichte zur Verfügung stehende Informationsmaterial so zu „verdichten", dass der Informationsempfänger sofort sachgerechte Schlussfolgerungen daraus ziehen kann, ohne vorher einige Tage „Berichtsstudium" betreiben zu müssen.

Unterschieden werden kann nach Ziegenbein zwischen monatlichen „Standardberichten" (mit der Gefahr der „Überinformation"), „Abweichungsberichten", die für den Controller nur dann veranlasst sind, wenn er über das tolerierbare Maß hinaus Abweichungen von den Plangrößen festgestellt hat und „Bedarfsberichten" zur Entscheidungsvorbereitung. (a. a. O. S. 408 ff.)

Kleinere Unternehmen, wie sie überwiegend in der Immobilienwirtschaft vorhanden sind, können das Berichtewesen, das ja an die Person dessen gebunden ist, der Controllingaufgaben wahrnimmt, auch auf das innerbetriebliche EDV-gestützte Informationssystem übertragen. Wichtig ist, dass die verwendeten EDV-Programme so ausgestattet sind, dass eine Visualisierung und damit Verdichtung der Information über Schaubilder problemlos möglich ist.

Mit Hilfe eines guten Maklerprogramms könnten z. B. Informationen abrufbar und in ein grafisches Schaubild umwandelbar sein, die die Entwicklung des Erfolgsquotienten oder der Bearbeitungszeiten von Aufträgen oder den aktuellen Grad der Inanspruchnahme des Budgets für Inserate widerspiegelt.

Fragen:

1. Was versteht man unter „Controlling"?
2. Wie kann Controlling von interner Revision abgegrenzt werden?
3. Welche Bedeutung hat das Planen im Rahmen des Controlling?
4. Welche Bedeutung hat die Steuerungsfunktion im Rahmen des Controlling?
5. Was umfasst die Koordination?
6. Wovon hängt die Bedeutung der Koordination im Rahmen des Controlling ab?
7. Wie kann Controlling im Betrieb verankert werden?
8. Welche Kriterien zur Messung einer Betriebsgröße in der Immobilienwirtschaft gibt es?
9. Welche Organisationsstruktur ist controllinggerecht?
10. Welche Bedeutung hat das „Benchmarking" im Rahmen des Controlling?
11. Worauf bezieht sich die Kostenstellenrechnung?
12. Was ermittelt die Teilkostenrechnung?
13. Welche (beispielhaften) immobilienwirtschaftlichen Einzelbereiche können Gegenstand des Controlling sein?
14. Welche Merkmale kennzeichnen das „strategische Controlling"?
15. Was liegt im Blickfeld des „operativen Controlling"?
16. Wozu dient taktisches Controlling?
17. Welches Merkmal sollen Ziele und Vorgaben aufweisen, damit Controlling ergebnisorientiert agieren kann?
18. Was bringt eine „Unternehmensphilosophie" zum Ausdruck?
19. Welche Wirkung haben Unternehmensleitbilder?
20. Was gehört zu den Instrumenten des Controlling?
21. Welche Aufgabe hat das interne Berichtswesen?
22. Wozu dienen Kennzahlen?

Themenkreis 15:
Technisches Grundwissen in der Grundstücks- und Wohnungswirtschaft

15.1 Vorbereiten der Baustelle

Nach Abschluss der Planungsarbeiten und Erteilung der Baugenehmigung kann mit den vorbereitenden Bauarbeiten begonnen werden. Oft befinden sich auf dem Grundstück noch Bauwerke und Bauwerksteile, für die u. U. im Antragsverfahren eine Abbruchgenehmigung einzuholen ist. Der Umgang mit „besonders überwachungsbedürftigen Abfällen", z. B. belasteter Bauschutt, teerölimprägniertes Holz oder asbesthaltige Materialien ist in Verordnungen und Satzungen geregelt und wird durch die jeweiligen Fachbehörden kontrolliert. Dies gilt auch für kontaminierte Böden bei sog. Altlastverdachtsflächen. Der Bauherr ist für die ordnungsgemäße Entsorgung (Verwertung/Beseitigung) verantwortlich. Vorhandener Baumbestand ist entsprechend den Baumschutzsatzungen der Kommunen vor Beschädigung zu schützen. Müssen Bäume gefällt werden, ist eine Fällgenehmigung einzuholen. Auch der Oberboden (Mutterboden) muss vor Baubeginn abgetragen und gesondert gelagert werden.

15.2 Einmessen des Gebäudes

Entsprechend dem Lageplan wird die Grundfläche des zu erstellenden Gebäudes eingemessen und abgesteckt (Bild 1). Ein Schnurgerüst ermöglicht das genaue Einfluchten des äußeren Verlaufs der Gebäudeaußenwände. Es besteht aus drei fest in den Boden eingerammten Holzpfählen, die einen meist rechten Winkel bilden und durch zwei waagerecht verlaufende Bretter verbunden sind. Auf der Oberseite der Bretter eingeschlagene Nägel oder Einkerbungen markieren die Gebäudefluchten. Von diesen Punkten aus werden später Fluchtschnüre eingespannt, deren Kreuzungspunkte mit Hängeloten auf die Bauwerkssohle gelotet werden.

Bild 1

15.3 Einrichten der Baustelle

Da beim Erstellen eines Bauwerks eine Vielzahl von Arbeiten zu koordinieren sind, ist die Einrichtung der Baustelle genauso gründlich vorzunehmen wie die Planung des Gebäudes. Die Fahrwege der Baufahrzeuge und der Standort der Baumaschinen müssen so ausgewählt werden, dass beim späteren Betrieb keine Behinderungen eintreten. Das gilt auch für die Lagerplätze der Baustoffe, die Unterkünfte und Sozialeinrichtungen der am Bau Beschäftigten.

15.4 Arbeiten im Erdreich

15.4.1 Bodenerkundung – Beurteilungsgrundlagen für eine schadensfreie Gründung

Vor dem Einrichten eines Gebäudes sind die Bodenverhältnisse zu prüfen, denn sowohl die Art des Bodens als auch der Verlauf der Bodenschichten haben einen Einfluss auf die Standfestigkeit des Gebäudes und Belastung durch Feuchtigkeit. Die örtlichen Bauämter können möglicherweise Auskunft über den Untergrund geben. Liegen keine Kenntnisse über den Baugrund vor, werden Ingenieurbüros beauftragt Bodenuntersuchungen durchzuführen. Durch Schürfen, Bohren oder Sondieren an verschiedenen Stellen im Gründungsbereich des späteren Gebäudes erhält man Aufschluss über die Bodenverhältnisse. Die gewonnenen Erkenntnisse bestimmen die Art der Gründung und Maßnahmen für den Feuchtigkeitsschutz. Aber auch die Kosten für das Ausheben der Baugrube und der Absicherung gegen Einstürzen hängen von der Art des Baugrundes ab.

– Der Baugrund

In DIN 1054 „Baugrund, zulässige Belastung des Baugrundes" ist die Einordnung der Böden für Bodenuntersuchungen festgelegt.

- Fels, als festes Naturgestein, ist hinsichtlich der Tragfähigkeit der beste Baugrund.

  Den im Laufe der Erdgeschichte durch Verwitterung oder Ablagerung entstandenen Boden bezeichnet man als gewachsenen Boden und unterteilt ihn in: organische, bindige und nichtbindige Böden.

  Organische Böden, z. B. Torf oder Schlamm, sind nicht tragfähig und daher als Baugrund ungeeignet.

- Bindige Böden bestehen aus sehr feinen, schuppenförmigen Teilchen, welche im trockenen Zustand eine zusammenhängende Masse bilden. Mit zunehmendem Wassergehalt ändert sich ihr Zusammenhang (Konsistenz) und damit ihre Tragfähigkeit. Aus der ursprünglich festen Masse kann durch Anreicherung mit Wasser ein weiches, breiiges, wenig tragfähiges Gefüge entstehen. Bei zunehmender Belastung wird das Wasser erst schnell, danach langsam abgegeben. Außerdem kann bindiger Boden bedingt durch die feinen Poren Feuchtigkeit aus tiefer liegenden Schichten „hochsaugen". Zu den bindigen Böden zählen:

  Ton   Lehm   Mergel

- Nichtbindige Böden bestehen aus einzelnen Körnern, die nicht aneinander haften. Sie enthalten zwischen den Körnern viele Einzelporen. Die Tragfähigkeit vergrößert sich mit der Größe der Körnung und der Dichte der Lagerung. Eingedrungenes Wasser kann wegen der gegenüber bindigen Böden größeren Poren leicht versickern. Nichtbindige Böden sind:

  Sand   Kies   und ihre Mischungen (z. B. sandiger Kies)

Vom gewachsenen Boden wird der geschüttete Boden unterschieden. Ihn trifft man z. B. auf ehemaligen Müllhalden oder verfüllten Gruben an. Bevor er als tragfähiger Untergrund dienen kann, muss er künstlich verdichtet werden.

Für das Bearbeiten der Böden, Ausheben der Baugrube, Anlegen von Böschungen werden in DIN 18300 „Erdarbeiten" 7 Boden- und Felsklassen festgelegt. Sie reichen vom Mutterboden, der nach dem Abheben gesondert gelagert werden muss, über leichtlösbare Böden bis zu schwerlösbarem Fels. Diese Unterscheidung bildet die Grundlage für die Art der eingesetzten Aushubgeräte und der Ausbildung der Baugrubenböschungen.

15.4.2 Ausheben der Baugrube

Das Ausheben der Baugrube erfolgt in der Regel mit Baggern oder Schaufelradladern, seltener „von Hand". Über den Verlauf von Leitungen oder alten Gebäuderesten sollte man vorher Bescheid wissen, damit eine Absicherung frühzeitig erfolgen kann und die Arbeiten nicht unnötig verzögert werden. Während des Aushebens ist die Grubenböschung gegen Abrutschen zu sichern. Dies geschieht z. B. bei bindigen Böden durch Abdecken der Böschung, Abstufungen (Bermen) oder durch besondere Bodenverfestigungsverfahren. Bei tieferen Baugruben wird das Einstürzen der Baugrubenwände durch Einrammen von Spundwänden oder Betonpfählen vor dem Bodenaushub verhindert. Diese Maßnahmen sichern auch die angrenzende Bebauung oder Verkehrsflächen. Falls erforderlich, muss man die Fundamente angrenzender Gebäude unterfangen, damit Bauschäden verhindert werden. Eine vorherige Zustandsaufnahme der Gebäude vereinfacht die Beweisführung, wenn es zu Streitfällen kommt.

15.4.3 Gründungen

Nachdem die vorher festgelegte Tiefe der Baugrube erreicht ist, kann mit den Gründungsarbeiten begonnen werden. Die Gründung hat die Aufgabe, die Last eines Gebäudes auf den Baugrund abzutragen. Dabei gibt der Boden oft unter der Baulast nach. Dieses Nachgeben bezeichnet man als Setzung. Die Gründungsart eines Gebäudes ist so zu wählen, dass es durch Setzungen nicht beschädigt wird und seine Standfestigkeit auf Dauer gesichert ist. Die Art der Belastung und die Beschaffenheit des Baugrundes, die Bodenart, Schichtung des Bodens und die Grundwasserlage bestimmen die Gründungsart.

15.4.3.1 Flachgründungen

Wird ein Gebäude unmittelbar auf ausreichend tragfähigem Boden erstellt, so ist eine Flachgründung möglich. Hierbei sind zu unterscheiden:

– **Streifenfundamente**

Streifenfundamente (Bild 2) werden angeordnet unter Bauteilen, die durch Streckenlasten, z. B. Wände, gleichmäßig belastet sind. Sie werden in der Regel aus unbewehrtem Beton hergestellt. Muss ein Streifenfundament zusätzlich noch Einzellasten, z. B. aus Stützen oder Kamine aufnehmen, so wird es aus bewehrtem Beton hergestellt, um die Gefahr von ungleichmäßigen Setzungen zu verringern.

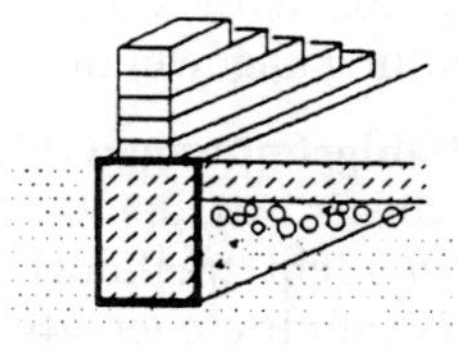
Streifenfundament

Bild 2

Nach den geforderten Druckfestigkeiten werden Betone in Druckfestigkeitsklassen eingeteilt. Werden Bauteile aus Beton durch Belastung auf Biegung beansprucht, entstehen in bestimmten Bereichen des Bauteils Zugspannungen. Diese werden von Stahlstäben (Bewehrung), die vor dem Betonieren auf der eingeschalten Fläche des Bauteils verlegt werden, aufgenommen. Man spricht dann von Stahlbeton. Bauteile, die nur Druckspannungen aufnehmen müssen, brauchen nicht bewehrt zu werden, sie werden aus unbewehrtem Beton hergestellt.

– **Einzelfundamente**

Werden Einzellasten auf den Baugrund abgetragen, so verwendet man Einzelfundamente (Bild 3/1). Diese werden aus unbewehrtem oder bewehrtem Beton erstellt.

– **Fundamentplatten**

Bei wenig tragfähigem und unterschiedlich geschichtetem Baugrund oder bei Einzelfundamenten, die zu dicht zusammenliegen, eignet sich eine Stahlbeton-Fundamentplatte (Bild 3/2), welche den Untergrund überall gleichmäßig belastet.

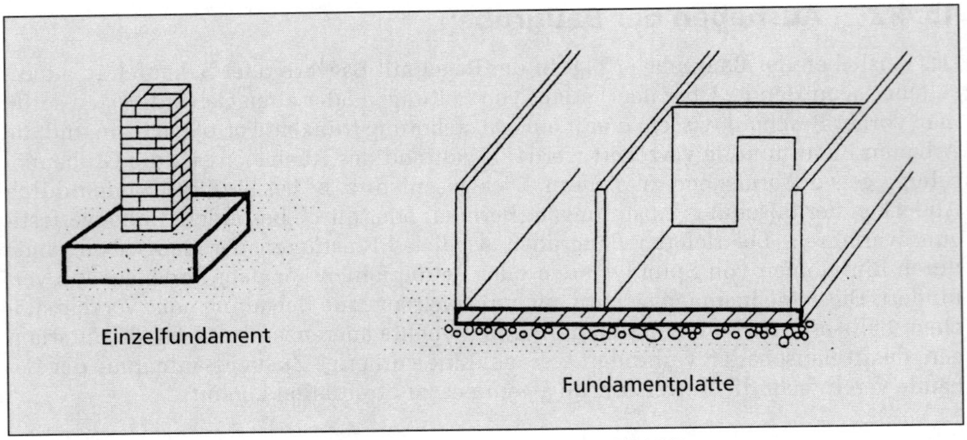

Bild 3/1 Bild 3/2

15.4.3.2 Tiefgründungen

Steht nicht tragfähiger Baugrund an, z. B. stark wasserhaltiger oder mooriger Boden und befindet sich tragfähiger Untergrund erst in größerer Tiefe, müssen Tiefgründungen angewendet werden.

– **Pfeilergründungen**
Gemauerte oder betonierte Pfeiler, die auf tragfähigen Boden hinabreichen, stützen Wandecken und -kreuzungen ab. Dazwischen liegende Wände können durch aufliegende Stahlbetonbalken abgefangen werden. Wegen des großen Aufwandes beim Abstützen und Verbau der Baugrube wird allerdings die kostengünstigere Pfahlgründung angewendet.

– **Pfahlgründungen** (Bild 4)
Bei dieser Art der Gründung tragen Betonpfähle, die durch nicht tragfähige Schichten bis auf tragfähigen Untergrund reichen, die Bauwerkslasten.

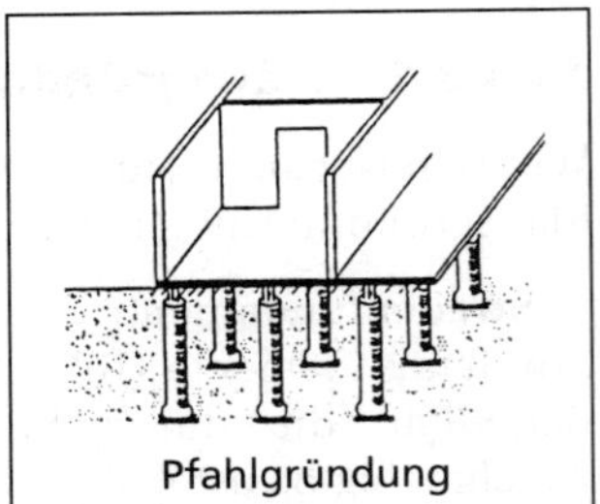

Pfahlgründung

Bild 4

15.4.4 Verlegen der Entwässerungsleitungen

Ist die Baugrube ausgehoben und sind die Fundamente angelegt, erfolgt das Verlegen der Grundleitungen für die Entwässerung. Entsprechend der Lage der anzuschließenden Fallleitungen für Schmutz- und Regenwasser werden die Anschlussstellen an die Grundleitungen in der Baugrubensohle mit kleinen Holzpfählen markiert. Da alle Grundleitungen mit Gefälle von möglichst 2 % in Fließrichtung zu verlegen sind, ist das Festlegen der Höhenpunkte der Anschlüsse sorgfältig vorzunehmen. Rohrgräben müssen je nach Tiefe und Bodenart durch geeigneten Verbau gegen Einstürzen gesichert werden. Nach dem Verlegen werden die Rohrleitungen sorgfältig mit geeignetem Boden verfüllt.

Blick in eine Baugrube

Bild 5

Die Rohrleitungen, Muffenrohre aus Steinzeug, Kunststoff oder Beton, werden in einem Sand-Kiesbett in der Rohrgrabensohle möglichst gradlinig verlegt.

DIN 1986 Blatt 1 und 2 „Grundstücksentwässerungsanlagen, Technische Bestimmungen für Bau und Betrieb“ und ergänzende Vorschriften der örtlichen Tiefbauämter legen die einschlägigen Vorschriften fest.

Zusammenfassung:
Vorbereitende Arbeiten zur Erstellung des Rohbaus

- Vorbereiten der Baustelle
  - Entfernen von alten Bauwerksteilen
  - Einmessen des Gebäudes
  - Einrichten der Baustelle
- Bodenerkundung/Feststellen der Baugrundbeschaffenheit
  - Tragfähigkeit/Verhalten gegenüber Feuchtigkeit
    - Bodenarten
  - Bearbeitbarkeit
    - Bodenklassen
- Gründung
  - Flachgründungen
    - Streifenfundament
    - Einzelfundament
  - Tiefgründungen
    - Pfeilerfundament
    - Pfahlgründung
- Verlegen der Entwässerungsleitungen

Fragen:

1. Auf einem unbebauten Grundstück soll ein 5geschossiges Wohn- und Geschäftshaus erstellt werden.
   Das gesamte Erdgeschoss ist für den Geschäftsbereich vorgesehen. Im Untergeschoss ist der Bau einer Tiefgarage vorgesehen.
   Erläutern Sie die zu erwartenden Arbeiten bis zur Fertigstellung der Kellersohle.
2. Welche Vorteile bieten nichtbindige Böden gegenüber bindigen Böden?
3. Worin unterscheidet sich ein Einzelfundament vom Streifenfundament?
4. Wann ist eine Pfahlgründung erforderlich?

15.5 Rohbauarbeiten

15.5.1 Werkstoffe

Mauerwerk wird aus Mauersteinen hergestellt, die durch Mörtel miteinander verbunden werden. Damit später ein fester Mauerwerkskörper entstehen kann, müssen bestimmte Verbandsregeln eingehalten werden. Das Mauerwerk muss tragfähig sein und übernimmt Aufgaben des Schall-, Wärme- und Feuchtigkeitsschutzes.

15.5.1.1 Mauersteine

Die Mauersteine teilt man nach ihrer Herkunft in natürliche und künstliche Mauersteine ein. Natürliche Mauersteine, im Steinbruch gewonnen und aufwendig bearbeitet, werden zur Erstellung von Mauerwerk nur selten verwendet. Im Hochbau verarbeitet man künstliche Mauersteine.

Es gibt eine Vielzahl von Mauersteinen, die sich in Rohstoff, Form und Größe unterscheiden. Die Größen (Formate) der Steine sind so gewählt, dass Steine unterschiedlichen Formats problemlos miteinander verarbeitet werden können.

Steinformate (Beispiele)

Formatbezeichnung	Abmessungen in cm		
Stein	-länge	-breite	-höhe
1 DF	24	11,5	5,3
NF (1,5 DF)	24	11,5	7,1
2 DF	24	11,5	11,3
3 DF	24	17,5	11,3
4 DF	24	24	11,3
5 DF	30	24	11,3

DF=Dünnformat
NF=Normalformat

Zur Rationalisierung des Mauervorgangs werden großformatige Mauersteine (ab 10 DF) verwendet. Ihre Verarbeitung erfordert oft den Einsatz von besonderen Versetzgeräten. Grundlage für die Abmessungen ist DIN 4172 „Maßordnung im Hochbau", die zugleich eine Vorfertigung anderer Bauteile wie Fenster und Türen ermöglicht. Auch in ihren Eigenschaften unterscheiden sich die Mauersteine, so dass je nach dem Zweck, den das Mauerwerk erfüllen muss, die Auswahl eines geeigneten Mauersteines zu treffen ist.

Wichtige Eigenschaften der künstlichen Mauersteine:

- **Druckfestigkeit**

Da eine wesentliche Aufgabe der Wände darin besteht Lasten des Bauwerkes zu tragen oder an andere Konstruktionselemente weiterzuleiten, müssen die Mauersteine bestimmte Druckfestigkeiten ausweisen. Als Druckfestigkeit bezeichnet man die Kraft, die ein Mauerstein je mm^2 mindestens aufnehmen muss. Die Mauersteine werden in Druckfestigkeitsklassen eingeteilt.

- **Frostbeständigkeit**

Werden Mauersteine in Außenbauteilen verwendet und sind dort nicht vor Eindringen von Feuchtigkeit geschützt, so müssen sie frostbeständig sein. Man spricht dann von Vormauersteinen. Mauersteine, die diese Eigenschaft nicht haben und durch Putz oder andere Maßnahmen wie Verblendung oder Verschieferung vor Feuchtigkeit zu schützen sind, nennt man Hintermauersteine.

- **Wärmedämmung/Wärmespeicherung**

DIN 4108 „Wärmeschutz im Hochbau" setzt bestimmte Werte für das Wärmedämmverhalten von Bauteilen fest. Die Wärmeschutz-Verordnung im Rahmen des Energieeinsparungsgesetzes (EnEG) schreibt den zulässigen Wärmeverlust bzw. Wärmebedarf für Gebäude vor.

Dementsprechend müssen auch die zum Erstellen von Gebäuden verwendeten Mauersteine ein bestimmtes Wärmedämmvermögen aufweisen, wenn andere Dämmmaßnahmen nicht erfolgen. Gute Dämmeigenschaften bei Mauersteinen erreicht man, indem man ihre Rohdichte durch Lochung der Steine oder Zugabe von porenbildenden Stoffen, z. B. bei Porenbetonsteinen oder „Poroton“-Ziegeln, verringert.

Zur Gewährleistung eines guten Raumklimas ist allerdings auch die Fähigkeit der Wärmespeicherung erforderlich. Sie bewirkt einen Ausgleich bei stärkeren Unterschieden der Raumlufttemperatur sowohl im Sommer als auch im Winter. Je dichter der Mauerstein ist, desto günstiger ist die Wärmespeicherung. Durch die Gestaltung der inneren Struktur der Mauersteine (geschlossenes/offenes Porengefüge) ist bei verschiedenen Mauersteinen ein Kompromiss zwischen guter Wärmedämmung einerseits und Wärmespeicherfähigkeit andererseits gefunden worden.

○ **Atmungsfähigkeit**
Eine weitere Eigenschaft, die ein gutes Raumklima gewährleistet, ist die Atmungsfähigkeit der Mauersteine. Dabei geht es um die Feuchtigkeitsaufnahme und -abgabefähigkeit (Wasserdampfsorption).

Diese Eigenschaft hat eine ausgleichende Wirkung auf den Verlauf der Raumluftfeuchte analog zur ausgleichenden Wirkung der Wärmespeicherfähigkeit auf die Raumlufttemperatur.

○ **Schalldämmung**
Anforderungen an den Schallschutz werden sowohl an Außenbauteile als auch an Bauteile im Inneren von Gebäuden gestellt. Guter Schallschutz ist sichergestellt, wenn Mauersteine mit großer Rohdichte ausgewählt werden.

– Arten der Mauersteine

Nach der Formgebung, einer Produktionsphase, die alle Mauersteine durchlaufen, müssen sie erhärten. Mauerziegel erhärten durch einen Brennvorgang. Alle anderen Mauersteine erhalten ihre Festigkeit durch ein erhärtendes Bindemittel. Entsprechend der prinzipiell unterschiedlichen Art des Erhärtens der Mauersteine kann man diese in gebrannte und ungebrannte Mauersteine einteilen.

• Gebrannte Steine

○ **Mauerziegel** (DIN 105)
Mauerziegel sind Steine, die aus einem Gemisch von Ton, Lehm und eventuellen Zusatzstoffen geformt und bei Temperaturen um 1000 °C gebrannt werden. Sie werden als Vollziegel oder Lochziegel mit festgelegtem Lochanteil hergestellt. Für besondere Anforderungen an Mauerwerk, z. B. besonders hohe Druckfestigkeit, höhere Wärmedämmung und Frostbeständigkeit, sind innerhalb der Produktion besondere Arbeitsschritte erforderlich.

○ Klinker werden aus den gleichen Rohstoffen hergestellt wie gewöhnliche Mauerziegel. Sie sind allerdings bis zur Sinterung (Übergang in den flüssigen Zustand) gebrannt und erhalten dabei einen Quarzzusatz, der mit schmilzt und die Poren verstopft. Klinker sind damit nahezu dicht. Sie haben eine besonders hohe Druckfestigkeit und geringe Wasseraufnahmefähigkeit. Sie sind frostbeständig und verwendbar für hochbelastete Bauteile.

○ Vormauerziegel, zur Herstellung von Sichtmauerwerk oder Verblendflächen, erhalten bei der Herstellung eine besondere Porenstruktur, die sie frostbeständig macht.

○ Leichtziegel entstehen durch Zugabe von porenbildenden Stoffen zu den Grundstoffen. Mit besonderem Mörtel verarbeitet, ergeben sie ein Mauerwerk mit hoher Wärmedämmung.

○ Großblockziegel und Großformatziegel weichen in ihrem Format von den üblichen Steinformaten (Vorzugsformate) ab und ermöglichen zeitsparendes Bauen.

- **Ungebrannte Steine**

Ungebrannte Mauersteine werden je nach Mauersteinart durch Mischen von körnigem Zuschlag – Sand, Bims, Kies o. ä. – mit Kalk oder Zement als Bindemittel hergestellt.

○ **Kalksandsteine** (DIN 106)
Kalksandsteine sind Mauersteine, die aus gebranntem Kalk (CaO), Quarzsand (SiO_2) und Wasser hergestellt werden. Nach innigem Vermischen der Rohstoffe werden sie geformt und in Härtekesseln unter Dampfdruck gehärtet. Angeboten werden sie als Voll- und Lochsteine in kleineren Formaten oder als großformatige Block- oder Hohlblocksteine. Sichtflächen können mit frostbeständigen Vormauersteinen und Verblendern erstellt werden.

○ **Hüttensteine** (DIN 398)
Unter hydraulischem Bindemittel versteht man ein Gemisch aus gekörnter Hochofenschlacke und einem Bindemittel, welches ohne Kohlenstoffdioxid der Luft erhärtet (hydraulisches Bindemittel); dies stellt die Grundsubstanz der Hüttensteine dar.

○ **Mauersteine aus Leichtbeton** (DIN 18151/DIN 18152)
Sie werden aus porigem, mineralischem Zuschlag und hydraulischen Bindemitteln hergestellt. Als Zuschlag verwendet man Natur- oder Hüttenbims, Ziegelsplitt oder Blähton. Angeboten werden sie als kleinformatige Vollsteine, als großformatige Blöcke oder als Hohlblocksteine. Diese haben zur Gewichtsersparnis durchgehende Luftkammern. Wegen ihrer Druckfestigkeit und guten Wärmedämmung können mit ihnen Innen- und Außenwände erstellt werden. Da sie nicht frostbeständig sind, müssen sie vor Witterung durch einen Putz oder eine Wandverkleidung geschützt werden.

○ **Mauersteine aus Beton** (DIN 18153)
Sie werden häufig auch als „Schwerbetonsteine" bezeichnet. Es sind großformatige Mauersteine aus Normalbeton mit fünfseitig geschlossenen Luftkammern. Die Luftkammern steigern die Wärmedämmfähigkeit und tragen zur Gewichtsersparnis bei. Nach der Anzahl der Kammern unterscheidet man wie bei Hohlblocksteinen aus Leichtbeton: Ein-, Zwei-, Drei- und Vierkammersteine.

○ **Porenbeton-Blocksteine und -Plansteine** (DIN 4165/DIN 4166)
Bei der Herstellung dieser Mauersteine (früher: Gasbetonsteine) wird feingemahlener Quarzsand mit Zement und Kalk als Bindemittel gemischt. Nach der Zugabe von Wasser und einem gasbildenden Treibmittel wird die Mischung in Formen gegeben. Das entstehende Gas verflüchtigt sich während der weiteren Produktionsschritte, hinterlässt jedoch luftgefüllte Poren. Nach dem Abbinden entstehen halbfeste Blöcke, aus denen die späteren Bausteine oder -platten geschnitten werden. Unter Heißdampf erhärtet der Stein zu seiner späteren Festigkeit.

Beispiele für Mauersteine mit ihren technischen Angaben

DIN	Steinart	Kurzzeichen	Druckfestigkeit N/mm²	Rohdichte kg/dm³	Format
105	Vollziegel	Mz	8,0–2,8	1,8–2,0	DF/NF
	Hochlochziegel	Hlz	2,0–28	0,6–2,0	DF/2 DF-20 DF
106	Kalksandvollsteine	KS	12–28	1,6–2,0	DF/NF-10 DF
	Kalksandlochsteine	KSL	6,0–28	1,2–1,6	2 DF-16 DF
18151	Hohlblock-Steine aus Leichtbeton	Hbl	2,0–8,0	0,5–1,4	24x

– Bezeichnung der Mauersteine

Für die Bezeichnung der Mauersteine verwendet man Kurzzeichen und gibt wichtige Eigenschaften wie Rohdichte, Druckfestigkeit und Format an.

15.5.1.2 Mörtel und Beton

Mörtel und Beton sind vom Herstellungsprinzip her gleichartige Baustoffe. Sie bestehen aus einem Gemisch aus meist körnigem Rohstoff (Zuschlagstoff) und einem mineralischen Bindemittel. Durch Zugabe von Wasser (Anmachwasser) entsteht ein Bindemittelleim, der die Zuschlagkörner umhüllt und die Hohlräume zwischen den Zuschlagkörnern ausfüllt. Das Bindemittel erhärtet, so dass aus dieser Mischung ein fester künstlicher Baustoff entsteht. Die Art des Zuschlagstoffes und die Auswahl des Bindemittels bestimmen den Einsatz dieses Baustoffes. Durch Beimischen anderer Stoffe (Zusatzmittel/-stoffe) lassen sich bestimmte Eigenschaften, z. B. Erhärtungsdauer, Wasserdichtigkeit, Verarbeitbarkeit und Frostbeständigkeit, verändern. Die Eigenschaften und deren Prüfung sind in Normen festgeschrieben.

– Zuschlagstoffe

Um die Bindemittelmenge geringzuhalten, wählt man einen gemischtkörnigen Zuschlag, damit einerseits möglichst wenig Hohlräume entstehen, andererseits die Gesamtoberfläche der zu verbindenden Körner gering gehalten wird. Als Zuschlag für Mörtel verwendet man Sand mit der Korngröße 0 mm–4 mm, für Beton Kies mit Korngrößen zwischen 0,25 mm–63 mm. Steht Kies oder Sand als Zuschlagstoff nicht zur Verfügung, eignen sich auch Brechsande, Splitt oder Schotter, die in Steinbrüchen anfallen. Will man niedrigere Rohdichten erreichen, um z. B. die Wärmedämmfähigkeit zu verbessern, wählt man leichtere Zuschlagstoffe (Bims, Blähton oder Blähschiefer). Zur Verbesserung des Schallschutzes oder zur Verhinderung von Strahlendurchgang bei Betonbauteilen (Reaktorbau, Röntgenräume u. ä.) erreicht man höhere Rohdichten durch Schwerspat, Stahlschrott oder Magneteisenstein als Zuschläge.

– Bindemittel

Bindemittel, die nach dem Verarbeiten des Mörtels oder Betons erhärten, stellt man durch Brennen von Kalkstein her. Die chemische Zusammensetzung des Kalksteins bestimmt die Art und die Eigenschaften des gewonnenen Bindemittels und dessen späteren Verwendungszweck.

- **Baukalke**

Mit Sand und Wasser wird das Bindemittel zu Mörtel vermischt. Kalke, die das zur Erhärtung erforderliche Kohlenstoffdioxid der Luft entziehen, nennt man Luftkalke. Aus Mergel, einem tonhaltigen Kalkgestein, gewinnt man Kalke, die nach anfänglicher Erhärtung an der Luft auch ohne die Zufuhr von Kohlenstoffdioxid erhärten (hydraulische oder hochhydraulische Kalke) und höhere Festigkeiten als Luftkalke erreichen.

- **Zemente**

Zemente sind Bindemittel zur Herstellung von Beton und Mörtel. Sie erhärten sowohl an der Luft als auch unter Wasser (hochhydraulische Bindemittel).

Zur Zementherstellung wird tonhaltiger Kalkstein (Mergel) verwendet. Durch Zugabe bestimmter Mengen Hüttensand (gemahlene Hochofenschlacke) oder Trass (gemahlenes, vulkanisches Gestein) kann man die Zusammensetzung des Zementes verändern und so Zemente für unterschiedliche Anwendungen herstellen.

- **Baugipse**

Baugipse verwendet man zur Herstellung von Putzmörtel. Schwefelsaurem Kalk (Calciumsulfat) wird durch Brennen das chemisch gebundene Kristallwasser entzogen. Mit der Brenndauer und -höhe verlängert sich die spätere Erhärtungszeit. Gips ist nicht wasserbeständig, besitzt aber eine gute Atmungsfähigkeit. Im Vergleich zum Baukalk hat Gips eine gute Haftfähigkeit und ist feuerhemmend. Wegen des hohen Schwefelanteils fördert er allerdings die Rostbildung.

- **Anhydritbinder, Mischbinder, Putz- und Mauerbinder u.ä.**

Bei diesen Bindemitteln zur Herstellung von Mörtel handelt es sich um Gemische aus gemahlenen Rohstoffen, die allein nicht erhärten, aber durch Zugabe von Kalk oder Zement zum Erhärten angeregt werden.

– Mörtelarten

Je nach Verwendungszweck werden die Mörtel aus den Zuschlagsstoffen und Bindemitteln in unterschiedlichen Mischungsverhältnissen hergestellt. Ihre Verwendung reicht vom hochbelastbaren Mauermörtel über Putzmörtel für Innen- und Außenputze bis hin zum Estrichmörtel zur Herstellung von Unterböden für Gehbeläge. Sie werden entweder auf der Baustelle angemacht oder als Fertigmörtel an die Baustelle geliefert.

Beispiele für Mörtelarten, Zusammensetzung und Verwendung

Mörtelart	Bindemittel	Zuschlag	Verwendung
	Art und Anteil	Art und Anteil	
Mauermörtel	hochhydraulischer Kalk	Sand	
	1	4,5	Mauerwerk mittlere Druckfestigkeit
	Zement		
	1	4	Mauerwerk hohe Druckfestigkeit
Putzmörtel	hydraulischer Kalk	Sand	
	1	3	Innen- und Außenputz
	Kalkhydrat/ Gips	Sand	
	1/0,1–0,2	3 bis 4	Innenputz auch bei Bädern
Estrichmörtel	Zement	Sand, Körnung: 8–16 mm	
	1	3–5	Unterboden für Gehbeläge

– Betonarten

Nach den geforderten Druckfestigkeiten werden Betone in Druckfestigkeitsklassen eingeteilt. Werden Bauteile aus Beton durch Belastung auf Biegung beansprucht, entstehen in bestimmten Bereichen des Bauteils Zugspannungen. Diese werden von Stahlstäben (Bewehrung), die vor dem Betonieren auf der eingeschalten Fläche des Bauteils verlegt werden, aufgenommen. Man spricht dann von Stahlbeton. Bauteile, die nur Druckspannungen aufnehmen müssen, brauchen nicht bewehrt zu werden, sie werden aus unbewehrtem Beton hergestellt. Wird für die Bauteile Wasserundurchlässigkeit gefordert, z. B. bei Kellerwänden mit hoher Feuchtigkeitsbelastung, so kann wasserundurchlässiger Beton (WU-Beton) verwendet werden.

Zusammenfassung:
Erforderliche Werkstoffe für Rohbauarbeiten

- Mauersteine
  - Eigenschaften
  - Arten der Mauersteine
    - Gebrannte Mauersteine
      Mauerziegel
      Klinker
      Vormauerziegel
      Leichtziegel
      Großblock-/Großformatziegel
    - Ungebrannte Mauersteine
      Kalksandsteine
      Hüttensteine
      Mauersteine aus Leichtbeton
      Mauersteine aus Beton
      Porenbeton-Blocksteine und Plansteine
  - Bezeichnungen der Mauersteine
- Mörtel und Beton
  - Zuschläge
  - Bindemittel
    - Baukalke
    - Zemente
    - Baugipse
    - Anhydritbinder, Misch-, Putz- und Mauerbinder
  - Mörtel- und Betonarten

Fragen:

1. Auf dem Baustoffmarkt gibt es eine große Anzahl von Mauersteinen. Nennen Sie die wichtigsten Eigenschaften, die Mauersteine haben sollten.

2. Zur Gestaltung einer Außenwand soll ein Mauerstein ausgewählt werden.

2.1 Welche Eigenschaft muss dieser Mauerstein haben?

2.2 Welchen Mauerstein würden Sie empfehlen?

3. Die DIN-Kurzbezeichnung eines Mauersteines gibt Aufschluss über seine wichtigsten Eigenschaften.

3.1 Was ist ein „DIN 106-KSL-28-1,6–2 DF"?
„DIN 105-HLz-6-0,6–10 DF"?

3.2 Für welche Bereiche werden diese Steine angewendet?

4. Porenbeton-Steine besitzen besondere Eigenschaften. Inwieweit sind sie für das Erstellen von Außenmauerwerk geeignet? (Welche Vorteile bieten sie, worin bestehen die Nachteile?)

5. Mörtel und Beton sind ähnliche Werkstoffe.

5.1 Worin liegen ihre Gemeinsamkeiten, worin unterscheiden sie sich?

5.2 Welche Werkstoffe verwendet man zur Herstellung von Innenputzmörtel?

5.3 Welches Bindemittel verwendet man zur Herstellung von hochbelastbarem Mauerwerk?

5.4 Was versteht man unter Stahlbeton?

15.5.2 Wände

Gebäude werden nach außen durch Wände abgeschlossen. Auch die Abgrenzung der Räume innerhalb eines Gebäudes erfolgt mit Hilfe von Wänden. Entsprechend ihrer Funktion werden sie aus unterschiedlichen Baustoffen und in verschiedenen Herstellungsverfahren gefertigt. Aus einzelnen Mauersteinen, die durch Mauermörtel verbunden sind, entstehen gemauerte Wände. Unter besonderen wirtschaftlichen und konstruktiven Bedingungen können Wände auch aus Beton gegossen werden. Fachwerkwände oder großflächige Bauelemente aus Glas und Holz stellen weitere Möglichkeiten der Ausführung von Wänden dar. Außerdem können Gebäude durch Montage geschosshoher Wandtafeln aus Beton oder Ziegelmaterial erstellt werden.

15.5.2.1 Kellerwände – Ausführungsgrundsätze für trockenes Kellermauerwerk und Möglichkeiten nachträglicher Schutzmaßnahmen gegen eindringende Feuchtigkeit

Zur Aufbewahrung von Wirtschaftsgütern oder zur Nutzung als Waschküche, Heizräume, Abstellräume und Hausanschlussräume werden Wohnhäuser normalerweise unterkellert. Der Ausbau der Kellerräume zu Hobby-, zusätzlichen Nassräumen (Duschen und Bäder) bis hin zu Schlaf- und Wohnräumen ist in Zeiten mangelnden Wohnraums nichts Ungewöhnliches. Auch bei anderen Gebäuden ist eine Unterkellerung zur Aufnahme der haustechnischen Versorgung oder für Tiefgaragen oftmals erforderlich.

Da nachträgliche Veränderungen der Kelleraußenwände wegen ihrer Lage im Erdreich sehr schwierig sind, müssen diese besonders gründlich geplant werden.

Das gilt neben der richtigen Bemessung durch den Statiker besonders für den Schutz gegen Feuchtigkeit.

– Schutz gegen Feuchtigkeit

Die im Erdreich fast immer befindliche Feuchtigkeit kann, wenn sie in die Kellerwände eindringt, erhebliche Bauschäden anrichten. Darum muss das Bauwerk vor dem Eindringen von Feuchtigkeit geschützt werden. Die zu ergreifenden Schutzmaßnahmen hängen von der Art der einwirkenden Feuchtigkeit ab. Übt die Feuchtigkeit einen Druck auf die Wände aus, wie bei Gebäuden, die ständig im Grundwasser stehen, spricht man von „drückendem Wasser“. Versickerndes oder im Boden gehaltenes Regenwasser, aber auch aufsteigendes Grundwasser üben auf die Bauteile zwar keinen Druck aus, können aber durch Kapillarwirkung in Baustoffe eindringen. Man spricht hierbei von „nichtdrückendem Wasser“. Daher sind bei der Auswahl der geeigneten Abdichtung die Bodenart, die Geländeform und der höchste Grundwasserstand zu berücksichtigen. Daneben sollte schon vor der Planung von Dichtungsmaßnahmen an eine mögliche Umnutzung der Kellerräume gedacht werden, da Wohnräume anderen wohnklimatischen Bedingungen unterliegen als einfache Kellerräume.

Maßnahmen zum Schutze des Bauwerkes vor drückendem und nichtdrückendem Wasser regelt Norm DIN 18195 „Bauwerksabdichtungen“.

Die wichtigsten Abdichtungselemente sind: Fußbodensperrschichten, waagerechte und senkrechte Wandsperrschichten und Sperrschichten im Sockelbereich.

- **Fußbodensperrschichten**

Kellerfußböden können feucht werden, wenn aus dem Baugrund Feuchtigkeit aufsteigt. Die Durchfeuchtung ist um so stärker, je weniger das Wasser in den Untergrund versickern kann. Eine Auffüllung der Baugrube mit einer Kiesschicht, die mit einer Kunststofffolie geschützt wird, wirkt dem Aufsteigen der Feuchtigkeit entgegen. Eine solche Kiesschicht nennt man „kapillarbrechende Schicht“. Ist mit größeren Feuchtigkeitsmengen zu rechnen und soll der Kellerboden, z. B. wegen der Nutzung des Raumes als Wohnraum, besonders trocken sein, so wird zusätzlich zur kapillarbrechenden

Schicht auf der späteren Betonsohle eine Bitumen- oder Kunststoff-Dichtungsbahn verlegt, die durch einen Estrich geschützt wird.

Bei besonders hoher Feuchtigkeitsbeanspruchung kann der Kellerboden durch mehrlagige Abdichtungen trockengehalten werden.

- **Waagerechte Sperrschichten**

In gemauerten Kellerwänden kann Bodenfeuchtigkeit aufsteigen. Besondere Schwachpunkte sind die Übergänge der Fundamente zum Mauerwerk. Es wird daher, meist auf der ersten Schicht, eine Bitumenbahn als Sperrschicht verlegt. Unterhalb der Kellerdecke, jedoch mindestens 30 cm über dem Gelände, ist eine zweite waagerechte Sperrschicht anzuordnen. Liegt die Kellerdecke höhengleich mit dem Gelände, so ist eine weitere Sperrschicht 30 cm über der Geländeoberkante vorzusehen. Bei Innenwänden kann von der Anordnung der oberen Abdichtung abgesehen werden.

- **Senkrechte Sperrschichten**

Senkrechte Sperrschichten, die auf Außenmauern des Kellergeschosses aufgebracht werden, schützen gegen seitlich eindringende Feuchtigkeit. In der Regel handelt es sich um mehrlagige bituminöse Anstriche oder zementgebundene Dichtungsschlämmen, die auf einen Zementputz aufgebracht werden. Die überstehenden waagerechten Sperrschichten sind mit der senkrechten Sperrschicht zu verbinden. Eine Hohlkehle am Übergang zwischen Fundament und Mauerwerk sorgt für eine Ableitung des versickernden Wassers in die Dränung (früher „Drainage"). Eine Schutzschicht aus Bitumenwellplatten, Faserzementplatten oder bitumengetränktem Polystyrol soll Beschädigungen der Abdichtung beim Verfüllen des Arbeitsraumes verhindern. Kellerwände aus Beton können durch besondere Zusatzmittel wasserdicht (Sperrbeton) ausgeführt werden. Eine Abdichtung ist dann nicht erforderlich.

- **Dränung (Drainage)**

Damit versickernde Feuchtigkeit möglichst rasch vom Bauwerk weggeleitet wird, ordnet man rings um das Gebäude im Fundamentbereich der Kelleraußenwände eine Dränung an. Hierbei handelt es sich um eine Rohrleitung, die das Sickerwasser in das Ka-

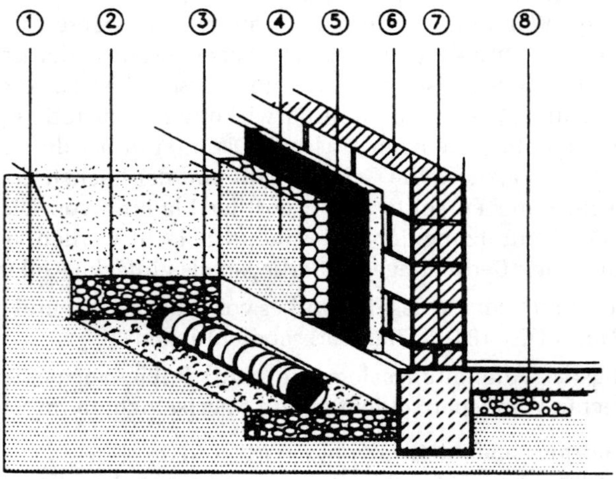

Abdichtung einer Kellerwand

1 Verfüllung
2 Sickerschicht
3 Dränung
4 Schutzschicht
5 Dichtungsanstrich auf Putz
6 Mauerwerk
7 Sperrschicht
8 Kapillarbrechende Schicht

Bild 6

nalsystem einleitet. Früher verwendete man hierzu kurze, hintereinander verlegte Tonrohre, heute übernehmen lange, geschlitzte, flexible Kunststoffrohre diese Aufgabe (s. hierzu Bild 6).

- **Sperrschichten im Sockelbereich** (Bild 7)

Stark durch Feuchtigkeit belastet ist der Bereich der Gebäude unmittelbar über dem Gelände (Sockelbereich). An ihm fallen das von den Geschosswänden abfließende Wasser und Spritzwasser an. Daneben ist er Schnee und Frost ausgesetzt. Ein Großkiesstreifen kann den Spritzwasseranfall vermindern. Frostbeständige Mauersteine, Klinker, Fliesen, Fertigbetonteile oder ein Sperrputz schützen den Sockelbereich vor Feuchtigkeitsschäden.

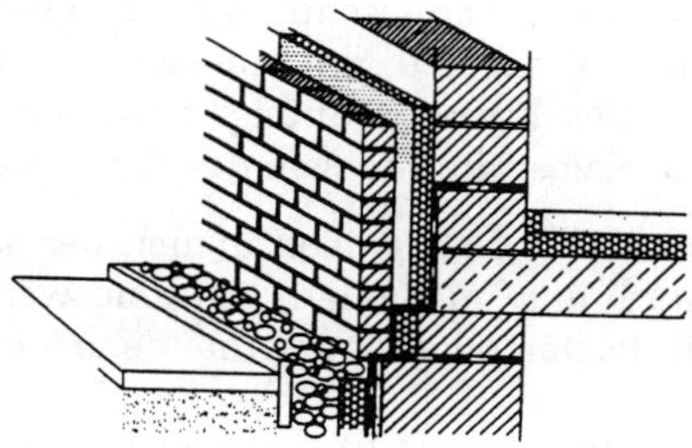
Abdichtung im Sockelbereich

Bild 7

- **Abdichten gegen drückendes Wasser**

Drückendes Wasser tritt z. B. bei im Grundwasser stehenden Gebäuden auf. Es kann sich jedoch auch um nicht rasch abfließendes Sickerwasser handeln, welches sich im Bereich der Kelleraußenwand staut (Stauwasser). Will man in diesen Fällen auf Kellerräume nicht verzichten, so erfordert der Schutz des Gebäudes vor Feuchtigkeit eine sehr aufwendige Abdichtung oder den Bau einer „Wanne". Diese wird z. B. ausgeführt aus WU-Beton und als „weiße Wanne" bezeichnet.

15.5.2.2 Außenwandsysteme – Beurteilungsgrundlagen für den Wärme- und Feuchtigkeitsschutz von Außenwänden – Möglichkeiten zur Verbesserung des Wärmeschutzes

Geschossaußenwände, kurz als Außenwände bezeichnet, stellen den äußeren Abschluss von Gebäuden dar und bestimmen weitgehend das Erscheinungsbild des Gebäudes. Sie übernehmen neben dem Abtragen der Gebäudelasten zugleich auch Aufgaben des Witterungsschutzes, des Schallschutzes und des Wärmeschutzes. Wegen des starken Anstiegs der Energiekosten werden an den Wärmeschutz erhöhte Anforderungen gestellt.

– Wärmeschutz im Hochbau

Das Wohlbefinden des Menschen ist abhängig von den ihn umgebenden klimatischen Bedingungen. Hierzu gehören die Temperatur, aber auch der Feuchtigkeitsgehalt und die Reinheit der Luft. Bei zu hohen Außentemperaturen fühlt sich der Mensch ebenso unwohl wie bei zu niedrigen.

- **Die relative Luftfeuchte/Die Taupunkttemperatur**

Luft ist in der Lage, Wasser in Form von Wasserdampf aufzunehmen. Die Menge der aufnehmbaren Feuchtigkeit ist abhängig von der Lufttemperatur. Dieses Abhängigkeitsverhältnis erfasst der Begriff „relative Luftfeuchte". Eine relative Luftfeuchte von z. B. 50 % besagt, dass die Luft mit der Hälfte ihrer Wasseraufnahmefähigkeit bei einer bestimmten Temperatur angereichert ist. Wird weitere Feuchtigkeit bei gleichbleibender Lufttemperatur zugeführt und die Aufnahmekapazität der Luft erreicht, so erhält man eine relative Luftfeuchte von 100 %. Bei weiterer Zufuhr von Feuchtigkeit kann diese von der Luft nicht mehr aufgenommen werden. Der überschüssige Wasserdampf fällt als Kondenswasser aus. Diese Temperatur nennt man „Taupunkttemperatur" oder kurz „Taupunkt". Das gleiche passiert, wenn mit Feuchtigkeit angereicherte Luft abgekühlt wird. Feuchtigkeitsschäden, wie zerstörter Putz, herabfallende Tapeten oder faulendes Holz sind die Folge.

Sinken die Temperaturen in Räumen auf ein für uns Menschen unverträgliches Maß, so sind wir gewohnt, durch Wärmezufuhr (Heizen) den Wärmeverlust wieder auszugleichen. Die dazu benötigte Energie gewinnen wir z. B. durch Verbrennen fossiler Stoffe. Diese stehen uns allerdings nicht in beliebiger Menge zur Verfügung, sondern müssen teuer bezahlt werden. Alle Maßnahmen zum Wärmeschutz haben damit neben dem raumklimatischen und konstruktiven (Verhinderung von Kondensatbildung) auch einen wirtschaftlichen Aspekt.

DIN 4108 „Wärmeschutz im Hochbau" bildet die Grundlage für wärmedämmtechnische Maßnahmen, die eine schadensfreie Konstruktion der Bauteile sichern. In der „Wärmeschutzverordnung" bzw. dem „Gesetz zur Energiekosteneinsparung" legt der Gesetzgeber die Grenzen des Wärmeverlustes bzw. Wärmebedarf bei Gebäuden fest.

Technische Messgrößen dienen der sachgerechten Auswahl der Baustoffe und ihrer Anordnung im Bauteil, um eine wärmedämmtechnisch richtige Ausführung zu gewährleisten oder eine vorhandene fehlerhafte Konstruktion zu verbessern.

- **Die Wärmeleitfähigkeit** λ (klein Lambda)

Alle Stoffe geben die Wärme in unterschiedlicher Größe weiter. Diesen Transport der Wärmeenergie nennt man: „Wärmeleitung". Die Größe der Wärmeleitung hängt von der Art des Stoffes ab. Je dichter ein Stoff ist, desto besser leitet er die Wärme.

Das Maß der Wärmeleitfähigkeit wird durch die Wärmeleitfähigkeit λ (klein Lambda) gekennzeichnet. Stoffe mit einer großen Wärmeleitfähigkeit sind also zur Wärmedämmung schlechter geeignet als Stoffe mit einer niedrigen Wärmeleitfähigkeit.

Luft ist ein sehr schlechter Wärmeleiter. Die meisten Dämmstoffe sind so angelegt, dass sie möglichst viel Luft oder ein spezielles Gas enthalten. Die Grafik zeigt die „Wärmeleitfähigkeit" einiger üblicher Dämmstoffe.

Wärmeleitfähigkeit und Wärmedurchlasswiderstände einiger Baustoffe

Stoff	Wärmeleitfähigkeit λ W/mK	Dicke s in m	Wärmedurchlasswiderstand $R_\lambda = s/\lambda$ (m^2*K/W)
Aluminium	204	0,05	$25*10^{-5}$
Stahl	52	0,05	$96*10^{-5}$
Glas	0,81	0,05	$6*10^{-2}$
Holz (Tanne)	0,26	0,05	$19*10^{-2}$
Mineralwolle	0,06	0,05	$8*10^{-1}$
PUR-Schaumstoff	0,03	0,05	$17*10^{-1}$

- **Der Wärmedurchlasswiderstand R_λ**

Während die Wärmeleitfähigkeit eine stoffspezifische Eigenschaft darstellt, zeigt der Wärmedurchlasswiderstand R_λ (s. Tabelle) die Dämmwirkung eines Bauteils in Abhängigkeit von der Dicke des gewählten Stoffes.

Je größer dieser Wert ist, desto besser ist das Dämmverhalten des Bauteils.

- **Der Wärmedurchgangskoeffizient k** (k-Wert)

Die Kennzeichnung des wärmedämmtechnischen Verhaltens von Bauteilen wie Wände, Decken, Fenster und Türen geschieht mit dem Wärmedurchgangskoeffizienten, kurz „k-Wert". In ihm wird sowohl das Dämmverhalten des Bauteils (Wärmedurchlasswiderstand R_λ) als auch die Lage des Bauteils im Gebäude berücksichtigt. Er gibt den tatsächlichen Wärmeverlust eines Bauteils an. Je größer der k-Wert eines Bauteils ist, desto größer ist der Wärmeverlust.

Bei der Erstellung der Unterlagen zum Bauantrag ist neben dem Nachweis der Standsicherheit (Statik) auch die Berechnung des Wärmeverlustes oder Wärmebedarfs des Gebäudes zu erstellen und nachzuweisen, dass der vom Gesetzgeber vorgeschriebene Höchstwert nicht überschritten wird.

– Die Wärmeschutzverordnung (WSchV)

Schäden, insbesondere Feuchtigkeitsschäden auf der Innenseite der Bauteile, werden vermieden durch die Einhaltung der k-Werte für Bauteile nach DIN 4108 („Wärmeschutz im Hochbau"). Die Wärmeschutzverordnung" (WSchV) dagegen zielt auf eine Verringerung des Energiebedarfs und der Schadstoffemissionen durch das Beheizen von Wohnräumen. Wärmeverluste und Wärmegewinne werden dabei berücksichtigt. Sie sieht dazu zwei Nachweisverfahren vor: das vereinfachte Verfahren (Bauteilverfahren) und das Energiebilanzverfahren.

Beim vereinfachten Verfahren muss nachgewiesen werden, dass der Wärmeverlust (Transmissionswärmeverlust) bei Bauteilen, z. B. Außenwände und Fenster bestimmte Höchstwerte (k_{max}) nicht überschreitet. Solare Wärmegewinne durch transparente Bauteile, z. B. Fenster dürfen dabei berücksichtigt werden. Dieses Verfahren darf z. B. anstelle des Energiebilanzverfahrens angewendet werden für Wohnhäuser mit nicht mehr als zwei Vollgeschossen und nicht mehr als drei Wohneinheiten. Beim wesentlich aufwendigeren Energiebilanzverfahren ist der Nachweis zu führen, dass der Jahresheizwärmebedarf (vorh. Q''_H) eines Wohnhauses den zulässigen Heizwärmebedarf (zul. Q''_H) nicht überschreitet. Der Jahresheizwärmebedarf ergibt sich aus der Differenz aller Wärmeverluste und aller Wärmegewinne z. B. solarer Wärmegewinne aus Sonneneinstrahlung und Wärmegewinne aus sog. Wärmerückgewinnungsanlagen. Der zulässige Jahresheizwärmebedarf ist abhängig vom Verhältnis (A/V-Verhältnis) der gesamten wärmeübertragenden Umfassungsfläche (A) eines Gebäudes zu dem hiervon eingeschlossenen Bauwerksvolumen (V).

Als „Niedrigenergiehaus" werden Häuser bezeichnet und gefördert, bei denen der Jahresheizwärmebedarf den nach WSchV geforderten Wert um mindestens 25 % unterschreitet. Einige Bundesländer legen zur Förderung des Niedrigenergiestandards auch 35 % fest. Zukunftsweisend gilt das Konzept des „Passivhauses", bei dem durch eine besondere Lüftungstechnik ganz auf eine Heizungsanlage verzichtet werden kann.

– Die einschalige Außenwand (Bild 8)

Der Versuch, die vielfältigen Aufgaben, die eine Außenwand zu erfüllen hat, optimal zu lösen, hat zu verschiedenen Wandsystemen geführt.

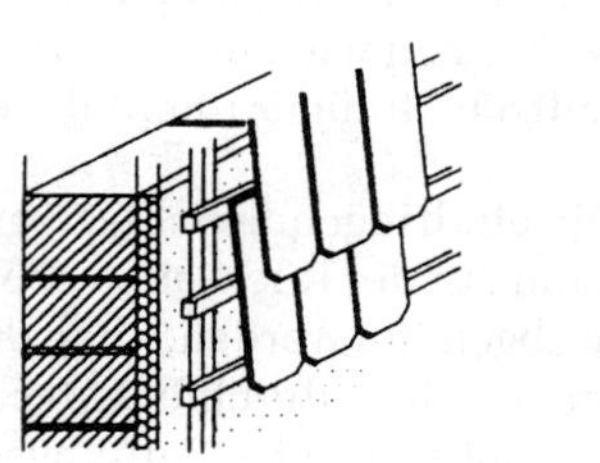

Einschalige Außenwand mit Verkleidung und Wärmedämmung

Bild 8

Einschalige Außenwände werden aus nicht witterungsbeständigen Mauersteinen erstellt. Da bei diesem Wandsystem eine zusätzliche Wärmedämmung fehlt, werden nur Mauersteine mit guten wärmedämmtechnischen Eigenschaften verwendet. Geeignet sind Porenmauerziegel oder Porenbetonsteine. Ein aufgebrachter Witterungsschutz verhindert eine Durchfeuchtung der Wand. Dies kann ein wasserabweisender Putz sein, der direkt auf das Mauerwerk aufgetragen wird. Andere Lösungen wie Verkleidungen mit kleinformatigen Fassadenplatten oder großformatigen Fassadentafeln eignen sich ebenso wie Vorhangfassaden aus Profilblechen. Bei Verwendung von Mauersteinen mit geringem Wärmedämmwert wird eine zusätzliche Wärmedämmung aus Mineralfaserplatten erforderlich, um die Forderungen der DIN 4108 „Wärmeschutz im Hochbau" und der „Wärmeschutzverordnung" zu erfüllen.

Üblich ist heute auch das Aufkleben einer Wärmedämmung, die einen besonderen Spachtelputz auf Kunststoffbasis als Wetterschutz erhält. Dieser Putz muss wasserdampfdurchlässig sein. Dieses Wärmedämmverbundsystem („Thermohaut") eignet sich auch als Modernisierungsmaßnahme für Altbauten.

– Einschaliges Verblendmauerwerk

Beim einschaligen Verblendmauerwerk handelt es sich um Außenmauerwerk, bei dem die wärmedämmende Hintermauerschale im Verband mit einer Verblendung ausgeführt wird. Man nennt diese Art des Mauerwerks auch Sichtmauerwerk.

– Zweischaliges Mauerwerk ohne Luftschicht (Bild 9)

Den Übergang vom einschaligen Mauerwerk zum zweischaligen Mauerwerk mit Luftschicht stellt das zweischalige Mauerwerk ohne Luftschicht dar. Eine sowohl tragende als auch wärmedämmende Mauerwerksschale (Hintermauerschale) wird durch eine zweite (Vormauerschale) vor Witterungseinflüssen geschützt. Diese Schale darf durch Deckenauflagerung nicht belastet werden. Beide Schalen sind mit Drahtankern verbunden. Damit eindringender Schlagregen die Hintermauerung nicht durchfeuchtet, wird zwischen den Schalen eine durchgehende Mörtelfuge angeordnet.

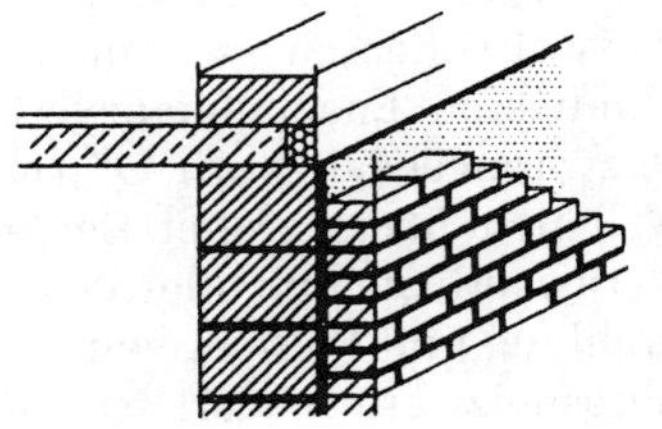

Zweischalige Außenwand ohne Luftschicht mit durchgehender Mörtelfuge

Bild 9

– Zweischaliges Mauerwerk mit Luftschicht (Bild 10)

Trennt man die Vormauerschale durch eine mindestens 6 cm dicke Luftschicht von der Hintermauerschale, so spricht man von zweischaligem Mauerwerk mit Luftschicht. Die Luftschicht übernimmt dabei zwei Aufgaben:

Die eindringende Schlagregenfeuchtigkeit kann auf der Rückseite der Vormauerschale abgeleitet werden, ohne dass die Hintermauerschale durchfeuchtet wird. Die Luftschicht steht über Lüftungsöffnungen mit der Außenluft in Verbindung. Dadurch kann der durch die Innenschale diffundierende Wasserdampf an die Außenluft abgegeben werden (Dampfdruckausgleich). Will man die Wärmedämmung der Außenwand erhöhen, so ist eine zusätzliche matten- oder plattenförmige Wärmedämmung dafür geeignet. Der lichte Abstand der Mauerwerksschalen darf aber 12 cm nicht überschreiten. Die Dicke der Luftschicht muss dann mindestens 4 cm betragen. Drahtanker verbinden die Vormauerschale mit der Hintermauerschale.

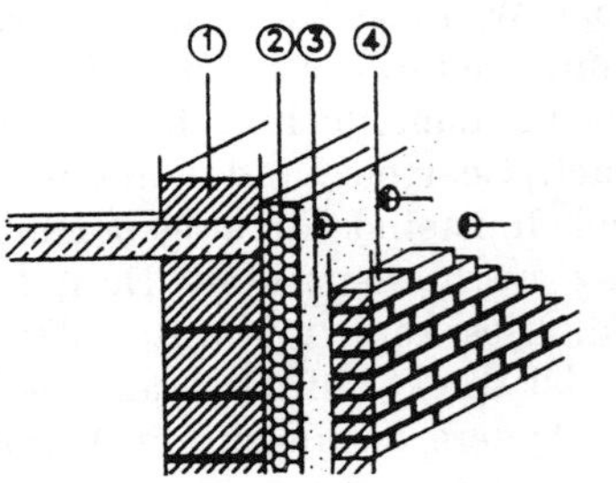

Zweischalige Außenwand mit Luftschicht und Wärmedämmung

1 Hintermauerschale
2 Wärmedämmung
3 Luftschicht
4 Vormauerschale

Bild 10

- **Zweischaliges Mauerwerk mit Kerndämmung** (Bild 11)

Zweischalige Wandsysteme mit Luftschicht führen zu großen Wanddicken. Dadurch geht zum Wohnen nutzbare Grundrissfläche verloren. Zweischaliges Mauerwerk mit Kerndämmung bietet zusätzlichen Raumgewinn. Wegen der möglichen Durchfeuchtung aufgrund von Schlagregen müssen die verwendeten Wärmedämmstoffe wasserabweisend (hydrophob) sein. Das Hintermauerwerk darf nur beschränkt wasserdampfdurchlässig sein. Wegen des hohen Durchfeuchtungsrisikos muss für diese Art der Wandausführung ein Prüfzeugnis vorliegen.

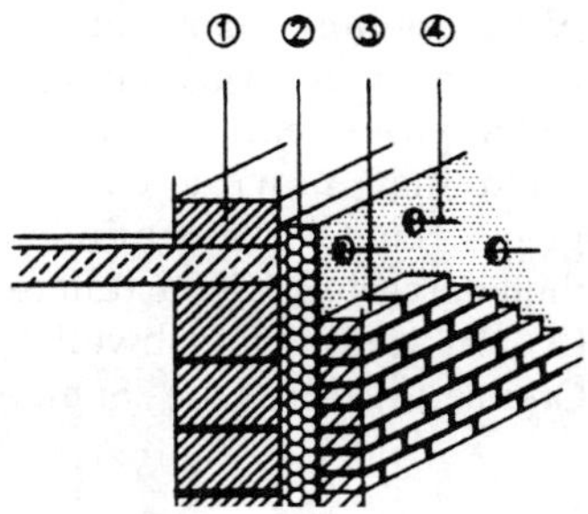

Zweischalige Außenwand mit Kerndämmung

1 Hintermauerschale
2 Kerndämmung
3 Vormauerschale
4 Drahtanker

Bild 11

15.5.2.3 Innenwände – Beurteilungsgrundsätze für einen ausreichenden Schallschutz bei Innenwänden – Grundsätze für den nachträglichen Einbau von Trennwänden

Innenwände übernehmen wie die Außenwände unterschiedliche Aufgaben. Neben der Funktion des Abtragens von Lasten und der Aussteifung der Außenwände (statische Funktion) müssen sie Aufgaben des Brandschutzes und des Schallschutzes übernehmen.

- **Baulicher Schallschutz**

Die Gesundheit des Menschen wird durch Lärmeinwirkung geschädigt. Diese Erkenntnis hat dazu geführt, dass überall Maßnahmen zum Lärmschutz ergriffen werden. Diese Maßnahmen reichen vom Lärmschutz am Arbeitsplatz über den Lärmschutz bei Verkehrswegen bis hin zu Lärmschutzmaßnahmen in und an Gebäuden.

Der Schallschutz im Hochbau (DIN 4109) umfasst in seinen verschiedenen Teilen sowohl Maßnahmen zum Schutz gegen Außenlärm als auch Schallschutzmaßnahmen innerhalb von Gebäuden. Die Kenntnisse über bauakustische Vorgänge und die entwickelten Messmethoden ermöglichen einen wirkungsvollen und zugleich wirtschaftlichen Schallschutz.

• **Der Schall**
Schall entsteht durch in Schwingung versetzte Luft. Dabei treten in regelmäßigen Abständen Luftverdichtungen und -verdünnungen auf. Man spricht von „Schallwellen". Diese können sich in gasförmigen, flüssigen und festen Stoffen ausbreiten. Treffen sie auf das menschliche Ohr, werden sie dort durch Nervenimpulse in Schallempfindungen umgesetzt. Die Lautstärke lässt sich als Druck objektiv messen. Allerdings ist die Schallempfindlichkeit eine eher subjektive Größe. Die Rockmusik der Kinder wird oft als störend empfunden, während das eigene, gleich laute Musizieren Freude macht.

Für das Lautstärkeempfinden des menschlichen Ohres spielt die Tonhöhe (Frequenz), gemessen in Hertz (1 Hz = 1 Schwingung pro Sekunde), eine wichtige Rolle.

Bei gleichem Schalldruck empfindet man hohe Töne lauter als tiefe Töne.

• **Der Schallpegel**
Früher wurde die Lautstärke in DIN-Phon angegeben. Für heutige Messungen benutzt man den Begriff „Schallstärke" in Dezibel (dB). Eine Erhöhung der logarithmisch aufge-

bauten Maßeinheit z. B. um 10 dB bedeutet eine Verdoppelung der empfundenen Lautstärke. In einem so genannten „bewerteten Schallpegel“ mit der zusätzlichen Kennzeichnung A wird das frequenzabhängige Lautstärkeempfinden des Menschen dargestellt. Seine untere Grenze 0 dB(A) ist die „Hörschwelle“, seine obere Grenze 140 dB(A) die „Schmerzgrenze“.

Geräusch	Lautstärke in dB(A)
sehr leise Uhr	0– 10
Gehen auf weichem Teppich	20
Sprache (gerade noch hörbar)	30
ruhige Wohnstraße	50
Radio/Fernsehen	60– 80
übliche Schreibmaschine	70
starker Straßenverkehr	80–100
Düsenflugzeug (mittl. Höhe)	110–120

- **Das bewertete Schalldämm-Maß R'w**

Als Größe zur Festlegung des schalldämmenden Verhaltens von Bauteilen dient das „bewertete Schalldämm-Maß R'w“. Es entsteht durch Anpassung einer Messkurve, die aufgrund von frequenzabhängigen Messwerten eines Bauteils erstellt wurde, an eine „Sollkurve“. Diese Sollkurve stellt das prinzipiell geforderte Schalldämmverhalten einer Wand dar.

– Schallausbreitung (Bild 12)

Schalldämmtechnische Maßnahmen sind abhängig vom Medium, in dem sich der Schall ausbreitet. Als Luftschall bezeichnet man Schall, der sich in der Luft in Wellenform ausbreitet. Werden Bauteile durch äußere Einwirkungen wie Hämmern, Bohren oder durch Schallwellen zum Schwingen gebracht, so geben sie diese Schwingungen als Körperschall an die angrenzenden Räume ab. Wird eine Decke durch Begehen in Schwingung versetzt, so entsteht Trittschall. Wenn Schall auf ein raumtrennendes Teil, z. B. eine Decke oder Wand trifft, so breitet er sich auf unterschiedlichen Wegen aus:

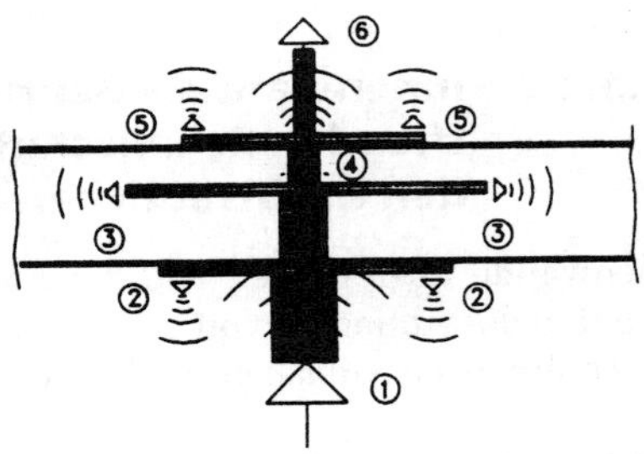

Schallausbreitung bei einer Wand

Bild 12

• Auftretende Schallenergie	auf die Wand treffende Schallenergie
• Reflektierter Schall	Schallanteil, der von der Wand zurückgeworfen wird
• In der Wand fortgeleiteter Schall	Schallanteil, der als Schwingung in der Wand fortgeleitet wird
• Absorbierter („geschluckter“) Schall	Schallanteil, der von der Wand „geschluckt“ wird
• Abgestrahlter Schall	von der Wand abgestrahlte Schallwelle
• Hindurchgelassener Schall	Schallanteil, der als Schallwelle durchgelassen wird

– Die Luftschalldämmung einschaliger Wände

Unter Schallschutz versteht man Maßnahmen, die die Schallübertragung von einer Schallquelle zum Hörer vermindern. Sind Schallquelle und Hörer in verschiedenen Räumen, so geschieht das hauptsächlich durch Schalldämmung, sind sie im selben Raum, so geschieht dies durch Schallschluckung. Das bedeutet, dass der Schall an den Begrenzungsflächen, an Gegenständen oder Personen eines Raumes an Energie verliert.

Die Luftschalldämmung einer einschaligen Wand ist in erster Linie abhängig von ihrem Gewicht je Flächeneinheit. Aber auch die Steifigkeit einer Wand hat Einfluss auf ihr Schalldämmverhalten.

Ist die Schalldämmung einer Wand unzureichend, so ist eine Wand mit größerer Dicke die richtige Lösung, weil die Flächenmasse erhöht wird. Diese Vorgehensweise ist allerdings begrenzt. Einerseits kann man das Gewicht einer Wand nicht beliebig vergrößern, da es ja von der Geschossdecke getragen werden muss, andererseits vergrößert sich die Steifigkeit der Wand. Das bedeutet, dass sie durch bestimmte Frequenzen leicht in Schwingung zu versetzen ist. Dies geschieht, wenn man z. B. eine verputzte Holzwolle-Leichtbauplatte vollflächig auf eine Wand aufbringt.

– Die Luftschalldämmung mehrschaliger Wände

Mehrschalige Wandsysteme unterscheiden sich von einschaligen Wänden in der Art und Weise ihres Schwingungsverhaltens. Die Schalldämmung der mehrschaligen Bauweise gegenüber der Einzelschale beruht hauptsächlich darauf, dass die Schalen nicht starr miteinander verbunden sind. Die Luftschicht wirkt dann wie eine Feder zwischen zwei Massen, die deren Schwingung auffängt. Bei der Ausbildung der Konstruktion mehrschaliger Wandsysteme sind folgende Grundsätze zu beachten:

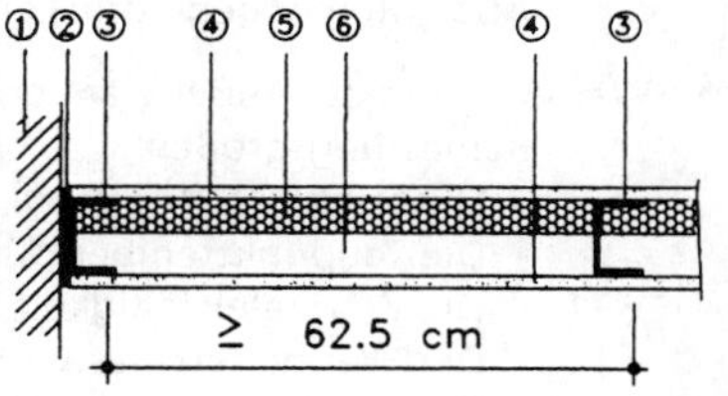

Anschluss einer zweischaligen Wand an eine einschalige Wand

1 einschalige Wand
2 elastische Fuge
3 Ständer
4 Beplankung
5 Schallschluckstoff
6 Luftraum

Bild 13

Bei Wänden aus zwei oder mehreren biegeweichen Schalen (Leichtbauwände) verbessert sich der Schallschutz, wenn der Abstand der Schalen groß genug gewählt wird und die Ständer einen ausreichend großen Abstand voneinander haben (Bild 13).

Zur Vermeidung „stehender Wellen" ist auf der Innenseite einer Schale ein weichfedernder, offenporiger Schallschluckstoff aufzubringen.

Um eine Schallübertragung auf die angrenzenden Bauteile (Wände und Decken) zu verhindern, sind die Trennwände durch schwingungsdämpfende Stoffe abzufedern. Zusätzlich muss hier auf der angrenzenden Wand ein Schallschluckstoff aufgebracht werden, um die Längsleitung des Schalls in das Bauteil zu verhindern (Stoßstellendämmung).

Zusammenfassung:
Bauliche Schutzmaßnahmen bei Wänden

- Feuchtigkeitsschutz bei Kellerwänden
  - Fußbodensperrschichten
  - Waagerechte Sperrschichten
  - Senkrechte Sperrschichten
  - Dränung
  - Abdichtung im Sockelbereich
  - Abdichten gegen „drückendes Wasser"
- Wärmeschutz bei Außenwänden
  - Bemessungsgrößen
    - Die relative Luftfeuchte
    - Die Taupunkttemperatur
    - Die Wärmeleitfähigkeit
    - Der Wärmedurchlasswiderstand
    - Der Wärmedurchgangskoeffizient (k-Wert)
  - Außenwandsysteme
    - Die einschalige Außenwand
    - Das einschalige Verblendmauerwerk
    - Das zweischalige Mauerwerk
- Schallschutz bei Innenwänden
  - Bemessungsgrößen
    - Der bewertete Schallpegel
    - Das bewertete Schalldämm-Maß „R'w"
  - Formen der Schallausbreitung
  - Luftschalldämmung bei Wänden
    - Luftschalldämmung bei einschaligen Wänden
    - Luftschalldämmung bei mehrschaligen Wänden

Fragen:

1. Skizzieren Sie einen senkrechten Schnitt durch eine Kelleraußenwand mit allen Abdichtungsmaßnahmen gegen „nichtdrückendes Wasser".
2. Bezeichnen Sie die Abdichtungselemente und geben Sie deren Aufgabe an.
3. Erläutern Sie die Begriffe „relative Luftfeuchte" und „Taupunkt".
4. Die Außenwand eines Wohnhauses ist zu modernisieren, da sie den Anforderungen an den Wärmeschutz nicht mehr genügt.
   Erläutern Sie drei Sanierungsmöglichkeiten mit Angabe der verwendeten Baustoffe.
5. Auf welchen Wegen pflanzt sich Schall in einer Wand fort?
6. Worin unterscheiden sich einschalige Wände und mehrschalige Wände hinsichtlich der Luftschalldämmung?
7. Worauf ist bei der Ausführung von mehrschaligen Wänden zu achten, wenn guter Schallschutz gewährleistet werden soll?

15.5.3 Geschossdecken – Ausführungsgrundsätze und Maßnahmen zur Verbesserung des Schallschutzes

Geschossdecken grenzen die Räume nach oben ab. Sie können aus unterschiedlichen Werkstoffen hergestellt werden. Während im Einfamilienhaus vereinzelt noch Holzbalkendecken eingebaut werden, ist die weitestverbreitete Form der Deckenausbildung die Stahlbetondecke als Massiv- oder Hohlkörperdecke.

– **Massivdecken aus Beton** (Bild 14)

Massivdecken bestehen in der Regel aus Stahlbeton. Die verbreiteste Art der Stahlbetondecke ist die Stahlbeton-Plattendecke. Die Mindestdicke einer solchen Platte beträgt 7 cm, bei hohen Belastungen und großen Spannweiten bis zu 16 cm. Die übliche Form der Herstellung einer Massivdecke besteht darin, dass man die Deckenplatte einschalt. Bei größeren Bauvorhaben verwendet man zur Rationalisierung des Schalvorgangs anstelle von Stützen, Trägern und Schaltafeln vormontierte Schaltische, die jeweils geschossweise umgesetzt werden können. Anschließend erhält die Decke eine Bewehrung zur Aufnahme von Zugspannungen aus Baustahlmatten oder Einzelstäben. Danach kann die Decke betoniert werden. Der dazu erforderliche Beton wird im Betonwerk gemischt und mit Mischfahrzeugen als Transportbeton zur Baustelle geliefert. Hier wird er dann mit Betonkübeln und Kranen auf die Decke gebracht und dort verarbeitet. Üblich ist auch ihn in die Schalung zu pumpen (Pumpbeton). Da das Einschalen und die Herstellung der Bewehrung am Bauobjekt handwerklich sehr aufwendig sind, wird zunehmend mit vorgefertigten Deckenplatten gearbeitet.

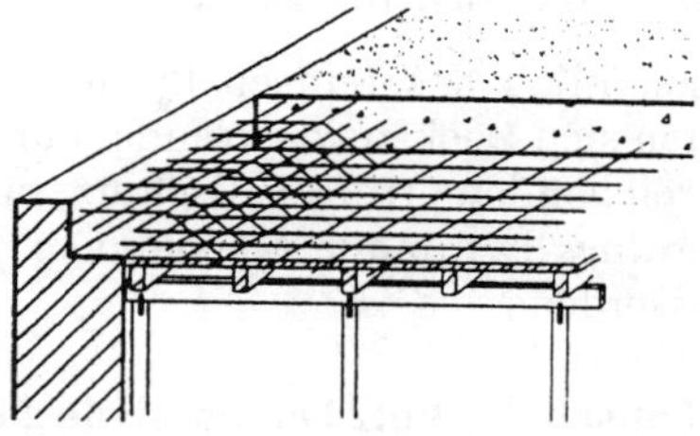
Stahlbeton-Massivdecke
mit Schalung und Bewehrung

Bild 14

– **Stahlbeton-Hohlplatten/ Stahlsteindecken**

Bei größeren Lasten und großen Spannweiten ergeben sich große Plattenhöhen und damit große Deckeneigenlasten, die vom Mauerwerk getragen werden müssen. Zur Herabsetzung der Eigenlast werden Stahlbetonplatten mit Hohlräumen ausgeführt. Dies geschieht entweder durch eine besondere Schaltechnik oder durch den Einbau von Hohlkörpern bei Stahlsteindecken (Bild 15).

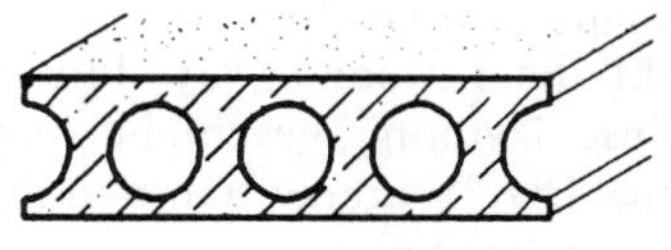
Stahlbeton-Hohlplattendecke
(Ausschnitt aus einer Rohdecke)

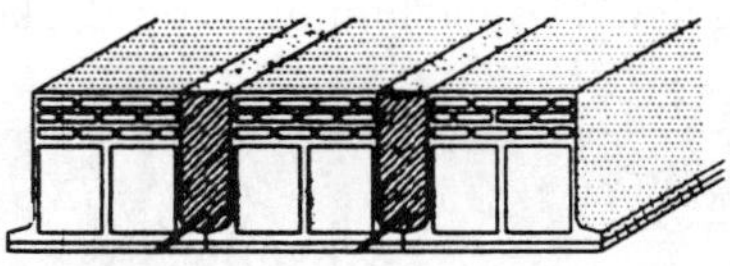
Stahlsteindecke mit Ziegelhohlkörpern
(Ausschnitt aus einer Rohdecke)

Bild 15

– **Stahlbeton-Plattenbalken/-Rippendecken** (Bild 16)

Diese Konstruktionen haben, genau wie Hohlplatten, das Ziel, die Eigenlast der Betondecke zu verringern. Immer ist der tragende Kern Stahlbeton. Bei der Plattenbalkendecke wird die dünne Platte von Stahlbetonbalken getragen. Bei den Rippendecken bleibt der Raum zwischen den Rippen frei oder er wird mit Zwischenbauteilen aus Leichtbeton oder Ziegel-Deckensteinen ausgefüllt. Diese Zwischenbauteile dienen zur Verbesserung des Schall- und Wärmeschutzes.

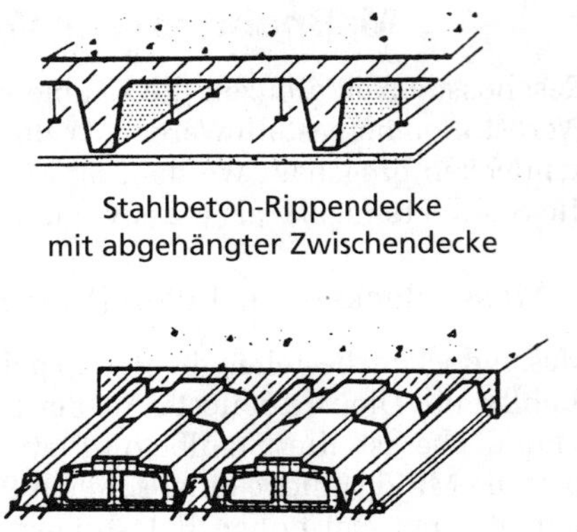

Stahlbeton-Rippendecke mit abgehängter Zwischendecke

Stahlbeton-Rippendecke mit Hohlkörpern

Bild 16

– Schallschutz bei Decken

Hinsichtlich des Luftschallschutzes verhalten sich Decken wie Wände. Für einen ausreichenden Trittschallschutz müssen allerdings bestimmte Maßnahmen ergriffen werden.

- **Trittschallschutz bei Massivdecken**

Trittschall entsteht, wenn durch Tritte, rückende Möbel, fallende Gegenstände usw. die Decke (der Fußboden) zu Schwingungen angeregt wird (Körperschall). Diese Schwingung wird in den darunterliegenden Raum als Luftschall abgestrahlt.

- **Maßnahmen zur Verbesserung des Trittschallschutzes von Rohdecken**

Eine Erhöhung der Trittschalldämmung allein durch Vergrößerung der Flächenmasse, z. B. größere Dicke der Decke oder Ausgleichs-Estrich, gelingt nicht. Auch harte Bodenbeläge wie Parkett, Linoleum oder Kunststoffe ohne Trägerschichten verbessern weder die Luftschall- noch die Trittschalldämmung. Hier ist nur eine Verbesserung durch weichfedernde Gehbeläge möglich. Zu den weichfedernden Gehbelägen, aufgebracht auf einem Ausgleichs-Estrich, zählen z. B. Korklinoleum und Teppichböden.

- **Schwimmender Estrich**

Ein Estrich besteht aus grobem Sand und Zement als Bindemittel. Er wird mit Wasser zu einem „erdfeuchten" Mörtel gemischt. Als „schwimmenden Estrich" bezeichnet man ihn dann, wenn er sowohl von der Rohdecke als auch von den Wänden getrennt ist. Diese Trennung geschieht durch weichfedernde Dämmstoffe (z. B. Mineralfaserplatten). Die Trennung von den angrenzenden Wänden ist wichtig, da sonst Schallbrücken entstehen.

Der Vorteil des „schwimmenden Estrichs" zur Verbesserung der Trittschalldämmung liegt darin, dass er einerseits die Luftschalldämmung erhöht, andererseits zur Verbesserung der Wärmedämmung von Decken beiträgt.

Zusammenfassung:
Konstruktive Ausführung von Geschossdecken

→ Ausführungsmöglichkeiten der Rohdecke
  – Massivdecken aus Beton
  – Stahlbeton-Hohlplatten/Stahlsteindecken
  – Stahlbeton-Plattenbalken/-Rippendecken

→ Ausführungsmöglichkeiten der Fertigdecke
  – Trittschallschutz-Verbesserungsmaßnahmen
    - weichfedernde Gehbeläge
    - schwimmender Estrich

Fragen:

1. Welchen Vorteil haben Stahlbeton-Hohlplattendecken gegenüber Massivdecken aus Beton?
2. In einem Altbau reicht der Schallschutz der Decken nicht aus, da es sich um Holzbalkendecken handelt. Darum ist der Einbau neuer Geschossdecken vorgesehen.
   Beschreiben Sie die Ausführungsmöglichkeiten, die ausreichenden Luft- und Trittschallschutz bieten.
3. Worauf ist beim Einbau eines „schwimmenden Estrichs" besonders zu achten?

15.5.4 Dächer

Dächer haben die Aufgabe, Bauten vor Witterungseinflüssen (Regen, Schnee, Wind, Hitze und Kälte) zu schützen. Als gebäudeabschließendes Bauteil gelten für Dächer auch die entsprechenden Vorschriften für den Wärmeschutz. Die Form des Daches und die Auswahl eines geeigneten Dacheindeckwerkstoffs üben daneben einen wesentlichen Einfluss auf die Gesamterscheinung eines Bauwerks aus.

15.5.4.1 Dachformen

Bevor die Entwicklung wasserdichter Werkstoffe einsetzte, verwendete man zur Dacheindeckung meist kleinere Platten aus schiefrigem Gestein, künstlich hergestellte, geformte Dachziegel oder von Hand gefertigte Holzplatten, so genannte Holzschindeln. In der Küstenregion der Nord- und Ostsee wurden Schilfrohr (Reet) gebündelt und als Dacheindeckwerkstoff verwendet. Diese Arten der Dacheindeckwerkstoffe sind auch weitgehend heute noch gebräuchlich. Da sie allerdings keine Abdichtung darstellen, sondern lediglich das Niederschlagswasser ableiten, müssen die Dachflächen geneigt sein. Abhängig von den klimatischen Verhältnissen und den Dacheindeckwerkstoffen, der Gebäudeform und der Nutzung des Dachraumes haben sich unterschiedliche Formen geneigter Dächer entwickelt.

Die nachfolgenden Skizzen zeigen einige Dachformen (Bild 17/1) und die Bezeichnung einzelner Teile der geneigten Dächer (Bild 17/2).

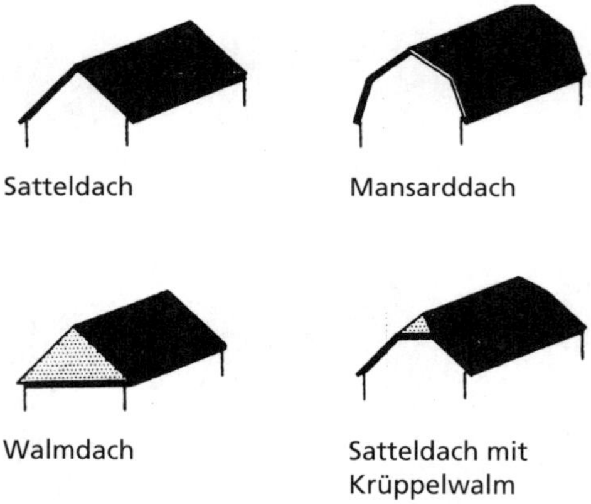

Übliche Dachformen

Bild 17/1

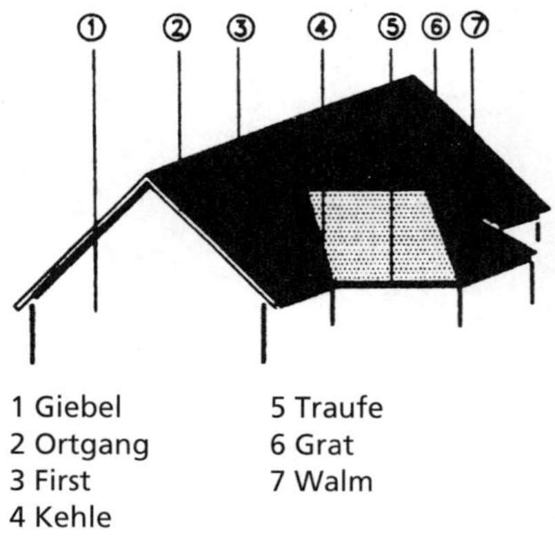

Bezeichnung der Dachteile

Bild 17/2

15.5.4.2 Dachtragwerke – Technische Ausführung von Dachtragwerken – Beurteilungskriterien zum Dachgeschossausbau

Auf das Dach wirken Windkräfte und Schneelasten ein. Zusätzlich müssen die Dachtragwerke auch noch die Last der Dachhaut (Dacheindeckung) aufnehmen und auf darunterliegende Geschosswände weiterleiten. Für den Wohnungsbau sind im Wesentlichen drei Tragwerkskonstruktionen von Bedeutung:

Pfettendächer
Sparrendächer
Kehlbalkendächer

– **Pfettendächer**

Beim Dachgerüst des Pfettendaches (Bild 18) werden die Dachlasten von den Sparren auf Pfetten übertragen. Am unteren Ende der Sparren liegen auf dem Außenmauerwerk die „Fußpfetten". Sie dienen der Befestigung der Sparren und leiten die Kräfte auf die Außenwände weiter. Bei Sparrenlängen von weniger als 4,50 m reicht neben den beiden Fußpfetten eine Firstpfette aus. Diese liegt auf den Querwänden bzw. Giebelwänden auf. Längere Sparren sind zusätzlich durch Mittelpfetten zu unterstützen. First- und Mittelpfetten werden bei Bedarf jeweils im Abstand von etwa 4,00 m durch Stiele unterstützt. Zusätzlich werden zur Längsaussteifung und zur Verkürzung der Stützweite an den Stielen „Kopfbänder" angeordnet, die die Kräfte in den Stiel einleiten. Ein Zangenpaar, rechtwinklig zur Firstpfette bzw. Mittelpfette angeordnet, verhindert ein seitliches Ausweichen der Sparren und dient der Queraussteifung des Daches.

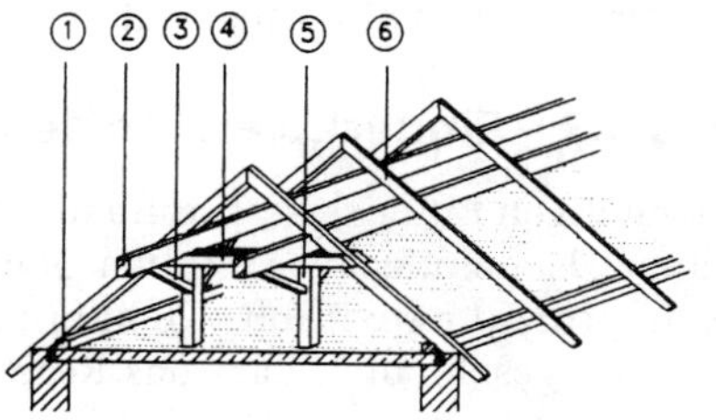

Pfettendach

1 Fußpfette
2 Mittelpfette
3 Kopfband
4 Zangen
5 Stiel
6 Sparren

Bild 18

Die üblichen Dachneigungen für Pfettendächer liegen zwischen 5° und 50°. Die Vorteile des Pfettendaches liegen in der problemlosen Auswechslung der Sparren zur Herstellung großflächiger Dachöffnungen. Nachteilig wirkt sich die Einschränkung der Grundrissgestaltung bei einem Dachausbau aus.

– **Sparrendächer**

Bei den Sparrendächern (Bild 19) werden die anfallenden Lasten (Wind-, Schnee- und Eigenlast) nur von den Sparren auf einen Dachbalken (bei Holzbalkendecken) oder auf die Stahlbetondecke übertragen. Die Sparren stützen sich gegenseitig. An den Fußpunkten müssen die Sparren so befestigt werden, dass ein seitliches Ausweichen der Sparren nicht möglich ist. Dachneigungen von weniger als 35° sollten bei Sparrendächern daher vermieden werden. Gewünschte Dachüberstände können durch Anbringen von „Aufschieblingen" oder durch eine besondere Fußausbildung des Sparrens erreicht werden. Eine Längsaussteifung des Daches erfolgt über „Windrispen", die diagonal unter die Sparren genagelt werden.

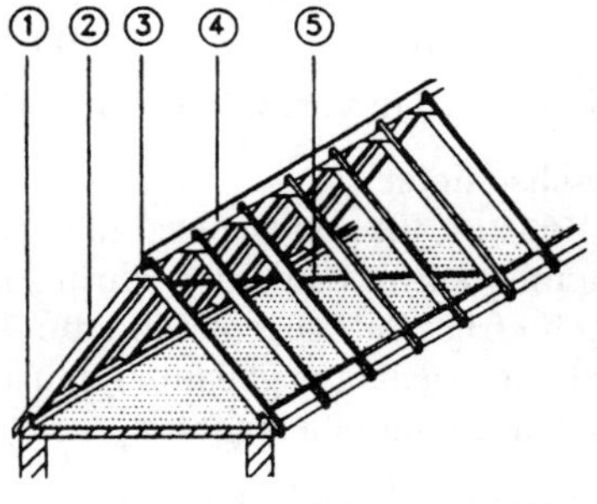

Sparrendach

1 Sparrenfuß mit Schwelle
2 Sparren
3 Firstlasche
4 Firstbohle
5 Windrispe

Bild 19

– **Kehlbalkendächer**

Bei längeren Sparren, wenn sie wegen der Gebäudeabmessungen und der gewünschten Dachneigung erforderlich sind, wird deren Durchbiegung verhindert, indem man in einer Höhe von 2,30 m – 2,50 m (Raumhöhe) einen „Kehlbalken" zwischen zwei gegenüberliegenden Sparren einbaut. Zur Längsaussteifung erhalten auch Kehlbalkendächer Windrispen. Sparren- und Kehlbalkendächer bieten einen freien Dachraum und erleichtern dadurch den Ausbau des Dachgeschosses und erfordern weniger Holz. Dadurch, dass die einzelnen Sparren die Dachlast tragen, ist der Einbau von Dachfenstern und Dachgauben allerdings auf maximal 2 Sparrenfeldbreiten begrenzt.

15.5.4.3 Eindeckwerkstoffe für geneigte Dächer

Die heutigen Eindeckwerkstoffe für geneigte Dächer haben noch viel mit den altertümlichen Dacheindeckwerkstoffen gemeinsam, wurden sie doch nach dem gleichen Grundprinzip entwickelt. Kleinformatige, schuppenförmige Platten wurden so übereinander geschichtet, dass das Regenwasser ablaufen konnte ohne in den Dachraum eindringen zu können. Die Wahl des Werkstoffes richtete sich nach den vorhandenen natürlichen Rohstoffen. In waldreichen Gegenden wurde Holz als Rohstoff für die Platten verwendet. Stand spaltbares Steinmaterial zur Verfügung, so wurden die Dächer mit Steinplatten eingedeckt. Im Flachland und im Küstenbereich dagegen bildeten Stroh und Schilfrohr (Reet) den Rohstoff für die Dacheindeckung.

– **Dachziegel**
Der Rohstoff für den Dachziegel ist ein Gemisch aus Ton und Lehm. Dieser wird zerkleinert und zu einer formbaren, gleichmäßig durchfeuchteten Mischung aufbereitet (siehe Ziegelherstellung). Nach seiner Formgebung unterscheidet man Strangdachziegel und Pressdachziegel.

Vor dem Brand muss der Rohling trocknen, damit beim Brennen keine Schwindrisse entstehen. Durch verschiedene Verfahren ist es möglich den Ziegel unterschiedlich zu färben. Die Farbgebung reicht vom naturfarbenen Ziegel, bis zu Ziegeln mit farbig glasierter Oberfläche.

– **Dachsteine** (früher: Betondachsteine)
Dachsteine werden aus einer Mischung von Quarzsand, Zement, Farbzusätzen und Wasser hergestellt.

Nach dem Mischen und Formen der Rohstoffe erhärten die Dachsteine in einer Härtekammer bei Temperaturen um 100 °C und einer relativen Luftfeuchte von 100 %.

Auch sie sind in verschiedenen Farben und in unterschiedlichen Formen lieferbar.

– **Dachschiefer**
Den Rohstoff für den Dachschiefer liefert der im Meer schichtenweise abgelagerte Tonschlamm, der im Laufe der Jahrmillionen erhärtete. Die charakteristische Spaltbarkeit, das schiefrige Gefüge, entstand durch großen Druck der Erdrinde. Der im Tage-, Stollen- oder Untertagebau abgebaute Dachschiefer wird in verschiedenen Formen und Größen im Baustoffhandel angeboten.

– **Faserzement-Dachplatten** (früher: Asbestzement-Platten)
Der Ausgangsstoff zur Herstellung von Faserzement-Dachplatten ist ein Gemisch aus Wasser und Zement, der die Platte hart werden lässt. Feine Fasern im Mischgut verleihen der Platte ihre Biegefestigkeit. Bis vor kurzem verwendete man als Faserstoff Asbest wegen seiner hohen Zugfestigkeit und Nichtbrennbarkeit. Seit der Erkenntnis über die gesundheitsschädigende Wirkung von Asbest werden zunehmend Fasern aus Zellulose und Kunststoff eingesetzt.

Faserzementwerkstoffe werden u. a. als kleinformatige Platten für Dach und Wand (Formen etwa wie beim Dachschiefer), als Wellplatten oder Großprofile mit unterschiedlicher Einfärbung und Oberflächengestaltung angeboten.

15.5.4.4 Dachaufbau geneigter Dächer – Technische Ausführung – Maßnahmen zur Nutzung des Dachgeschosses als Wohnraum

Das Dach muss das Gebäude nicht nur gegen Einflüsse von außen schützen, sondern auch den bauphysikalischen Anforderungen entsprechen. Hierbei handelt es sich im

Wesentlichen um Anforderungen, die sich aus dem Wärmeschutz ergeben. Während früher der gesamte Dachraum allenfalls als Speicher oder Trockenraum genutzt wurde, werden die Dachräume heute weitgehend zu Wohnräumen ausgebaut. Das Dach gilt damit als Umfassungsbauteil im Sinne der Wärmeschutzverordnung. Zugleich gelten die Forderungen der DIN 4108 „Wärmeschutz im Hochbau".

Durch den Einbau einer ausreichenden Wärmedämmung werden die Forderungen nach Wärmeschutz erfüllt. Da Dächer stärker der Sonneneinstrahlung ausgesetzt sind als die Außenwände, muss diese allerdings stärker dimensioniert werden, um eine starke Aufheizung des Dachgeschosses zu verhindern.

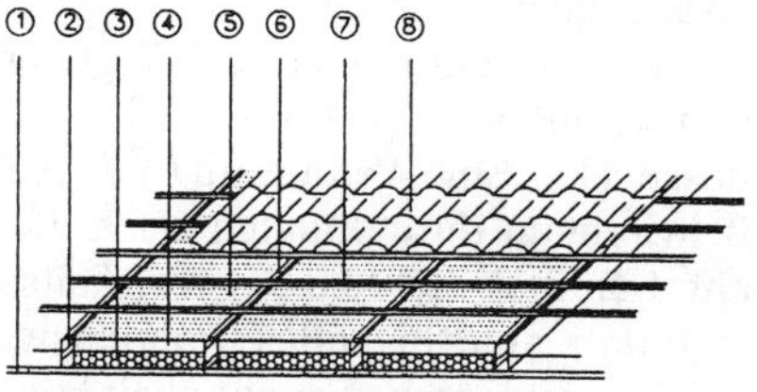

Durchlüftetes Dach (früher: Kaltdach)

1 Gipskartonplatte
2 Sparren
3 Wärmedämmung
4 Durchlüfteter Zwischenraum
5 Unterspannbahn
6 Konterlattung
7 Traglattung
8 Dacheindeckung

Bild 20

Neben dem Einbau einer Wärmedämmung sind zusätzlich konstruktive Maßnahmen zu ergreifen, um Schäden durch Kondenswasserbildung zu verhindern. Dies geschieht durch ausreichende Belüftung des Dachaufbaus (durchlüftetes Dach) (Bild 20).

Da die Dacheindeckwerkstoffe zwar wasserableitend, nicht aber wasserdicht sind, muss der Dachraum auch vor Staub und durch Wind eingeblasene Feuchtigkeit (Regen und Flugschnee) geschützt werden. Darum wird der Einbau einer diffusionsoffenen Unterspannbahn erforderlich.

Inzwischen bietet die Baustoffindustrie die unterschiedlichsten Systeme zur Ausbildung des Dachaufbaus an, welche sich im Wesentlichen durch die handwerklichen Ausführungsmöglichkeiten und die Art der Dämmstoffe unterscheiden. Diese reichen von einfachen Rollbahnen aus Mineralfaserdämmstoffen bis hin zu Plattenelementen aus Polystyrol mit angeformten Dachlatten und Belüftungskanälen.

15.5.4.5 Das Flachdach – Beurteilungsgrundlagen für eine schadensfreie Ausführung – Ausführungsmöglichkeiten zur Nutzung und Begrünung von Dachflächen

Unter Flachdächern versteht man Dächer, die wegen der geringen Dachneigung mit einer meist mehrlagigen Abdichtung versehen werden. Diese Abdichtung muss absolut wasserdicht sein, da ein rascher Abtransport des Regenwassers nicht erfolgen kann. Auch Flachdächer müssen mit einer Wärmedämmung versehen sein. Hinsichtlich der Durchlüftungsebenen, die zur Verhinderung von Kondenswasserschäden erforderlich sind, unterscheidet man das nicht durchlüftete vom durchlüfteten Dach.

– **Das durchlüftete Dach** (früher: Kaltdach)
Beim durchlüfteten Flachdach, das sich lediglich durch die Art der Dacheindeckung vom geneigten Dach unterscheidet, liegt die Dachabdichtung auf einer eigenen Konstruktion, meist einer Holzkonstruktion, die von der eigentlichen Decke getrennt ist. Die Wärmedämmung, geeignet sind Mineralfasermatten, liegt auf der Decke. Kondenswasserbildung wird dadurch verhindert, dass der Zwischenraum zwischen Decke und Unterkonstruktion der Dichtung ständig mit der Außenluft in Verbindung steht. Damit keine zu starke Durchfeuchtung (Wasserdampf aus den darunter liegenden Wohnräumen) der Wärmedämmung erfolgt, muss die Geschossdecke einen ausreichenden Wasserdampfdiffusionswiderstand aufweisen oder es muss, z. B. bei Holzbalkendecken, eine Folie als Dampfsperre eingebaut werden.

– **Das nicht durchlüftete Dach** (früher: Warmdach) (Bild 21)

Beim nicht durchlüfteten Dach liegt der Abdichtungsaufbau direkt auf der letzten Geschossdecke. Eine Verbindung zur Außenluft, wie beim durchlüfteten Dach, besteht nicht. Damit es nicht zu Feuchtigkeitsschäden durch eindringendes Kondenswasser oder eingeschlossene Feuchtigkeit kommen kann, müssen so genannte Dampfdruckausgleichsschichten vorgesehen werden. Daneben verhindern eingebaute Trennschichten Rissbildungen durch Bewegungen des Gebäudes oder von Gebäudeteilen.

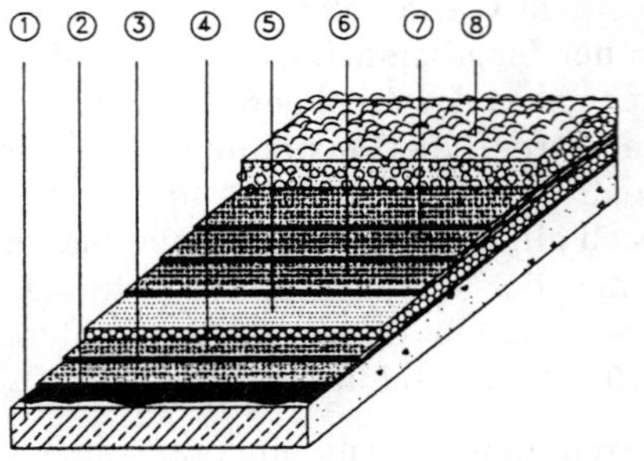

Aufbau eines nicht durchlüfteten Daches (früher Warmdach)

1 Rohdecke
2 Voranstrich
3 Trenn- und Ausgleichsschicht
4 Dampfsperre
5 Wärmedämmung
6 Ausgleichsschicht
7 Abdichtung (2lagig)
8 Oberflächenschutz

Bild 21

– **Das Umkehrdach**

Das Umkehrdach stellt eine besondere Form des nicht durchlüfteten Flachdaches dar. Die Dachabdichtung liegt hierbei direkt auf der Decke. Geschützt wird sie durch eine Wärmedämmung, die nur geringe Mengen Feuchtigkeit aufnimmt.

Bei dieser Art der Flachdachausführung kann die Dachfläche als Terrasse genutzt werden. Außerdem stellt sie eine einfache Möglichkeit der Sanierung fehlerhafter Flachdachkonstruktionen dar.

– **Begrünte Flachdächer**

Die zunehmend dichtere Bebauung hat das Grün der Natur aus den Städten verbannt. Die Begrünung der Dächer kann einen kleinen Beitrag dazu leisten die Natur in die Städte zurückzuholen. Außerdem entlasten Gründächer die Kanalisation, da das Regenwasser in den Grünflächen gespeichert wird.

– Dachabdichtungswerkstoffe

• **Bitumenbahnen**

Bitumendachbahnen bzw. -dichtungsbahnen bestehen aus einem Trägerstoff, z. B. Gewebe aus Jute-, Glas- oder Kunststofffasern und der auf den Trägerstoff aufgebrachten Tränk- und Deckmasse. Werden hohe Anforderungen an die Dampfdichtigkeit gestellt, erhalten die Dachbahnen zusätzlich eine Metalleinlage aus Kupfer oder Aluminium. Verklebt werden die Bahnen mit heiß-flüssigem Bitumen. Eine Besonderheit sind die „Schweißbahnen". Sie erhalten bei der Herstellung schon gleich die zur Verklebung erforderliche Klebemasse.

• **Kunststoffdachbahnen**

Neben den Bitumendachbahnen werden heute auf dem Markt auch Dachbahnen aus Kunststoff angeboten. Wegen ihrer besonderen Eigenschaften sind mit ihnen einlagige Abdichtungen möglich.

Je nach Art des Kunststoffes können sie zusammen mit Bitumendachbahnen verarbeitet werden, andere wiederum sind nicht bitumenverträglich.

• **Der Oberflächenschutz**

Die Oberfläche der Dachabdichtung wird durch Umwelteinflüsse, Sonneneinstrahlung, mechanische Beanspruchungen und Temperaturunterschiede belastet und muss deswegen geschützt werden.

Man unterscheidet zwischen leichtem und schwerem Oberflächenschutz. Ein leichter Oberflächenschutz besteht aus einer werkseitigen Bekiesung oder Besplittung. Andere Dachbahnen sind durch eine besondere Rezeptur der Deckmasse geschützt.

Unter schwerem Oberflächenschutz versteht man Kiesschüttungen, die mindestens 5 cm dick aufgebracht werden. Für begehbare oder befahrbare Dächer ist ein Plattenbelag als Oberflächenschutz vorzusehen. Auch die Bepflanzung der Dächer stellt einen Oberflächenschutz dar.

Zusammenfassung:
Konstruktionsmerkmale der Ausführung von Dächern

- Geneigte Dächer
  - Dachformen und Bezeichnungen der Dachteile
  - Dachtragwerke
    - Pfettendächer
    - Sparrendächer
    - Kehlbalkendächer
  - Dacheindeckwerkstoffe
    - Dachziegel
    - Dachsteine
    - Dachschiefer
    - Faserzement-Dachplatten
  - Dachaufbau geneigter Dächer
    - Das durchlüftete Dach
- Das Flachdach
  - Das durchlüftete Dach
  - Das nicht durchlüftete Dach
    - Dachdichtungswerkstoffe
      - Bitumendachbahnen
      - Kunststoffdachbahnen
      - Oberflächenschutz
  - Das Umkehrdach
  - Dachbegrünungen

Fragen:

1. Nennen und skizzieren Sie Dachformen geneigter Dächer.

2. Nennen Sie die Bezeichnungen der Dachteile eines Walmdaches und tragen Sie diese in eine Skizze ein.

3. Worin unterscheidet sich der Dachziegel vom Dachstein?

4. Ein bisher ungenutzter Dachraum eines Hauses soll zu einer Wohnung umgebaut werden.

4.1 Inwieweit beeinflusst das Dachtragwerk die Grundrissplanung (Lage und Größe der Räume, Belichtungsmöglichkeiten)?

4.2 Durch welche Maßnahmen ist eine bauphysikalisch einwandfreie Konstruktion von Außenflächen gewährleistet? (Lösung mit Schnittskizze)

5. Aus welchen Konstruktionselementen besteht ein nicht durchlüftetes Flachdach und welche Aufgabe haben sie?

6. Welche Vorteile bieten begrünte Dächer?

15.6 Treppen

Innerhalb und außerhalb von Gebäuden stellen Treppen neben Rampen und Aufzügen die Verbindung zwischen unterschiedlich hoch liegenden Ebenen von Gebäuden her. Die Gestaltung einer Treppe ist abhängig von der Nutzung und der Art des Gebäudes, in dem sich die Treppe befindet. Richtlinien für den Bau von Treppen legen die Bauordnungen der jeweiligen Bundesländer fest. Es wird gefordert, dass jedes nicht zu ebener Erde liegende Geschoss über mindestens eine Treppe erreichbar sein muss (notwendige Treppen).

Die Benennung der Treppen erfolgt nach der Lage, Grundrissform, Bauart und dem Werkstoff der Treppen.

15.6.1 Steigungsverhältnis

Als Steigungsverhältnis (Neigung) einer Treppe bezeichnet man das Verhältnis der Steigungshöhe (s) zur Auftrittsbreite (a). Damit eine Treppe sicher begangen werden kann, darf sich dieses Verhältnis nicht ändern. Aus der Schrittmaßformel:

$2 \cdot s + a = 63$ (min 61 cm)

wird üblicherweise das Steigungsverhältnis bestimmt. Legt man bei der Festlegung des Steigungsverhältnisses mehr Wert auf Bequemlichkeit, verwendet man die Bequemlichkeitsformel:

$a - s = 12$

Ein Steigungsverhältnis, das die Sicherheit beim Herabgehen auf einer Treppe stärker berücksichtigt, wird nach der Sicherheitsformel:

$a + s = 42$ berechnet.

15.6.2 Treppenformen

Die Form einer Treppe (Bild 22) hängt im Wesentlichen von der Größe und Bedeutung des Gebäudes ab. Daneben spielen der verfügbare Platz und die Wahl des Materials eine entscheidende Rolle. Die geraden Treppenläufe erfordern zwar oft den meisten Platz, sind aber in der Regel einfacher herzustellen als viertel- oder halbgewendelte Treppen.

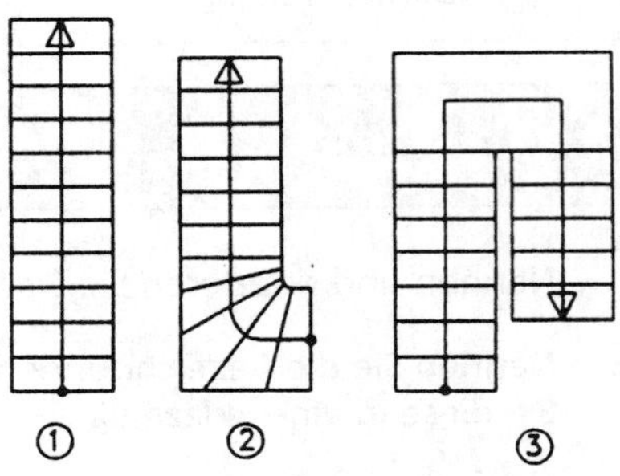

Treppenformen (Beispiele)

1 einläufige, gerade Treppe
2 einläufige, im Antritt viertelgewendete Treppe
3 einläufige Treppe mit Halbpodest

Bild 22

15.6.3 Sicherheitsvorschriften

Die Bauordnungen der Länder legen die Sicherheitsvorschriften für notwendige Treppen und Treppenräume fest. Zu diesen Vorschriften gehört u.a. eine ausreichende Beleuchtung der Treppenhäuser sowie Mindestbreiten der Treppenläufe. Handläufe und Geländer, die ein Abstürzen verhindern sollen, dienen ebenso der Verkehrssicherheit wie eine ausreichende Kopfhöhe. Brandschutzbestimmungen, die die Auswahl der Werkstoffe und die Anordnung von Treppen festlegen, dienen der Fluchtmöglichkeit im Brandfall.

– **Werkstoffe für Treppen**

Während früher die meisten Treppen aus Holz gefertigt waren, bevorzugt man heute in mehrgeschossigen Wohnhäusern Stahlbetontreppen, entweder als Ortbeton- oder Fertigteiltreppen. Rohstufen erhalten Beläge aus Natur- oder Werkstein.

In Einfamilienhäusern dagegen verwendet man auch Treppen aus einer Stahlkonstruktion mit aufgelegten Holz- und Werksteinstufen.

Zusammenfassung:
Grundlagen für die Planung und Ausführung von Treppen

→ Das Steigungsverhältnis
- Die Schrittmaßformel
- Die Bequemlichkeitsformel
- Die Sicherheitsformel

→ Treppenform (Beispiele)
- Die einläufige gerade Treppe
- Die viertelgewendelte Treppe
- Die einläufige Treppe mit Podest

→ Sicherheitsvorschriften zur Gestaltung von Treppen
- Beleuchtung
- Mindestbreiten von Treppen
- Handläufe
- Kopfhöhe
- Brandschutz

→ Werkstoffe für die Ausführung von Treppen
- Holztreppen
- Stahlbetontreppen
- Treppen mit Stahlunterkonstruktion und Holz-/Werksteinstufen

Fragen:

1. Nach welchen Gesichtspunkten wird die Neigung einer Treppe bestimmt?
2. Skizzieren Sie Grundformen von Treppen.
3. Welche Vorteile und Nachteile haben gewendelte Treppen?
4. Welche wichtigen Sicherheitsvorschriften gelten für Treppen und Treppenhäuser?
5. In einem mehrgeschossigen Wohnhaus (Geschosshöhe 4,20 m) sollen das Treppenhaus (Treppenhausbreite 2,40 m) umgestaltet und die vorhandene Holztreppe ersetzt werden.
   Planen Sie eine Treppe, die bei möglichst geringem Platzbedarf die Anforderungen an eine Wohnhaustreppe erfüllt.

15.7 Trinkwasserversorgung und Entwässerung

15.7.1 Trinkwasserversorgung

Der selbstverständliche tägliche Umgang mit Wasser lässt manchmal vergessen, dass Trinkwasser ein wichtiges Lebensmittel darstellt. Es unterliegt dem Lebensmittelgesetz und seine Güteanforderungen müssen DIN 2000 „Zentrale Trinkwasserversorgung" entsprechen. Trinkwasser muss z. B. keimarm und frei von gesundheitsschädlichen Erregern sein.

15.7.1.1 Trinkwassergewinnung und -verteilung

Das zur Gewinnung von Trinkwasser erforderliche Wasser steht nicht überall in gleicher Qualität und Menge an. Außerdem wird es je nach geografischer Lage unterschiedlich gewonnen. In Gegenden, in denen eine zentrale Trinkwasserversorgung fehlt, wird es nach einer Untersuchung des Gesundheitsamtes aus einem auf dem Grundstück erstellten Brunnen gewonnen. Man spricht dann von einer örtlichen Trinkwasserversorgung. Der Regelfall der Trinkwasserversorgung ist jedoch der Anschluss an das öffentliche Trinkwassernetz (Bild 23). Von einer öffentlichen Versorgungsleitung aus wird in das Gebäude eine Anschlussleitung verlegt, die mit einer Absperrvorrichtung versehen ist. Die Anschlussleitung endet mit der Hauptabsperrvorrichtung und dem Wasserzähler. Hinter dem Wasserzähler befindet sich ein weiteres Absperrventil mit Entleerungsmöglichkeit. Von dort aus beginnen die hauseigenen Verbrauchsleitungen. Diese untergliedern sich in:

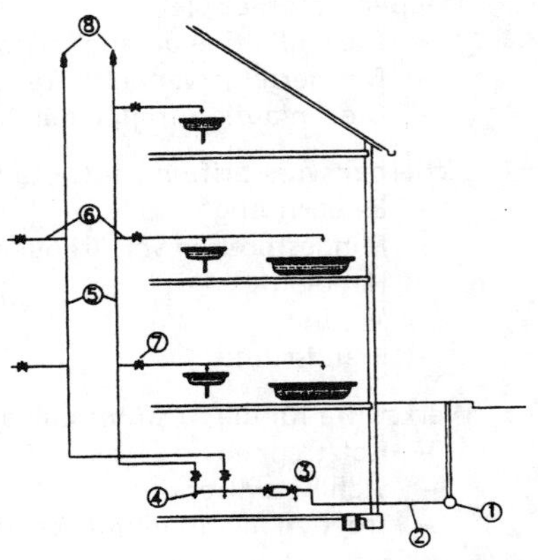

Leitungsteile der Trinkwasserversorgung

1 Versorgungsleitung
2 Anschlussleitung
3 Wasserzähler
4 Verteilungsleitung
5 Steigleitung
6 Zweigleitung
7 Absperrventil
8 Rohrbe- und -entlüfter

Bild 23

Verteilungsleitung (möglichst im Keller)
Steigleitungen
Zweigleitungen (Stockwerksleitungen)

15.7.1.2 Grundsätze zur Installation von Trinkwasserleitungen – Maßnahmen zur Modernisierung des Leitungssystems

In DIN 1988 „Wasserleitungsanlagen in Grundstücken" sind die technischen Bestimmungen für den Bau und Betrieb von Leitungen geregelt. Die Leitungen werden mit Gefälle verlegt, so dass eine vollständige Entleerung möglich ist. An bestimmten Leitungsabschnitten sind Absperrventile eingebaut, damit bei Reparaturarbeiten nicht das ganze System leer laufen muss.

Bei Neuanlagen ist der Einbau von Rohrbe- und -entlüftern in Warm- und Kaltwasserleitungen vorgeschrieben. Vorzusehen sind sie auch, wenn Altanlagen renoviert werden. Zusammen mit Rückflussverhinderern sorgen sie dafür, dass bei Unterdruck kein Schmutzwasser in das Trinkwasserleitungssystem gelangen kann (Beispiel: eingelegter Brauseschlauch in der gefüllten Badewanne). Am höchsten Punkt der Leitung angebracht, erleichtern sie auch das Füllen und Entleeren der Leitungen. In das Leitungssystem eingebaute Druckminderer verhindern bei starkem Wasserdruck auftretende Fließgeräusche und tragen auch zur Schonung der Armaturen bei.

Häufig reicht bei hohen Gebäuden der Versorgungsdruck in den oberen Geschossen nicht aus. Druckerhöhungsanlagen stellen dann einen ausreichenden Versorgungsdruck für diese Geschosse her. Auch schall- und wärmedämmtechnische Maßnahmen sorgen für einen störungsfreien Betrieb der Trinkwasserversorgung. So werden z. B. Leitungen beim Durchführen durch Decken oder Wände mit schwingungsdämpfendem Material ummantelt. Zum Schutz vor Frost bzw. Wärmeverlust bei Warmwasserleitungen werden die Rohrleitungen mit wärmedämmendem Material umhüllt.

15.7.2 Haus- und Grundstücksentwässerung

Die Verknappung des Trinkwassers und seine immer teurer werdende Aufbereitung stellen die Wasserversorgungsunternehmen vor erhebliche Schwierigkeiten. Die Ursachen liegen in einer stärkeren Belastung des Grundwassers einerseits und einer Zunahme der chemischen Verschmutzung des Oberflächenwassers. Dafür verantwortlich ist nicht nur die Industrie, sondern im großen Maße sind es auch die privaten Haushalte. Der großzügige Umgang mit Reinigungsmitteln belastet das abgeleitete Schmutzwasser ebenso wie das unachtsame Einleiten von Chemikalien (Farbresten, Öle beim privaten Ölwechsel und der sorglose Umgang mit Pflanzenschutzmitteln).

Nach dem Wasserhaushaltsgesetz (1954/74/76) muss das Abwasser aus hygienischen Gründen und wegen der Gefahr der Verschmutzung und Verseuchung des Grundwassers abgeführt und geklärt werden.

Bei der öffentlichen Abwasserbeseitigung werden die Abwasser über ein Kanalnetz einer Sammelkläranlage zugeführt, bevor sie einem Vorfluter (Bach, Fluss, See, Grundwasser) zufließen.

Um die öffentlichen Kanalsysteme zu entlasten, fördern die Kommunen Maßnahmen zur Versickerung des Regenwassers auf dem Grundstück, z. B. durch „Entsiegeln" von Verkehrsflächen und den Einsatz versickerungsfähiger Oberflächen. Daneben stellt die Nutzung des Regenwassers zu hauswirtschaftlichen Zwecken (Regenwasserrückgewinnung) auch eine Entlastung der Trinkwasserversorgung dar und leistet einen Beitrag zum Gewässerschutz.

15.7.2.1 Arten der Kanalnetze

Neben der Möglichkeit die Abwässer eines Hauses und Grundstückes über private Kleinkläranlagen in einen Vorfluter zu leiten, ist der Anschluss an eine öffentliche Kläranlage der Regelfall. Kanalnetze, welche in einer solchen Anlage enden, können im Mischsystem oder im Trennsystem geführt werden.

Beim Mischsystem werden Schmutzwasser und Regenwasser in einem Rohrleitungssystem abgeführt.

Das Trennsystem erfordert zwei unabhängige Kanalsysteme. Da bei diesem System schon auf dem Grundstück zwei getrennte Grundleitungssysteme erforderlich sind, entstehen durch zusätzliche Regenleitungen erhöhte Kosten für den Bauherrn.

15.7.2.2 Grundsätze zur störungsfreien Installation und Erweiterung von Entwässerungsanlagen im Haus

Falsch angeordnete Sanitärgegenstände und Entwässerungsleitungen führen zu erheblichen Belästigungen bis hin zu Überschwemmungen von Kellerräumen. Deshalb sind bei der Ausführung der Sanitärinstallation bestimmte Fachregeln zu beachten.

– **Der Geruchverschluss**

Da alle Entwässerungsgegenstände über Anschluss- und Fallleitungen mit den Grundleitungen verbunden sind (Bild 24), muss verhindert werden, dass Abgase aus den Leitungssystemen in die Räume eindringen können. Dazu sind die Sanitärgegenstände (Wasch- und Duschbecken, Badewannen und Bodeneinläufe, Toiletten usw.) mit Geruchverschlüssen ausgestattet. In den Geruchverschlüssen soll ständig Wasser in einer bestimmten Höhe stehen (Sperrwasser). Dieses verhindert das Austreten der Gase aus den Ablaufstellen.

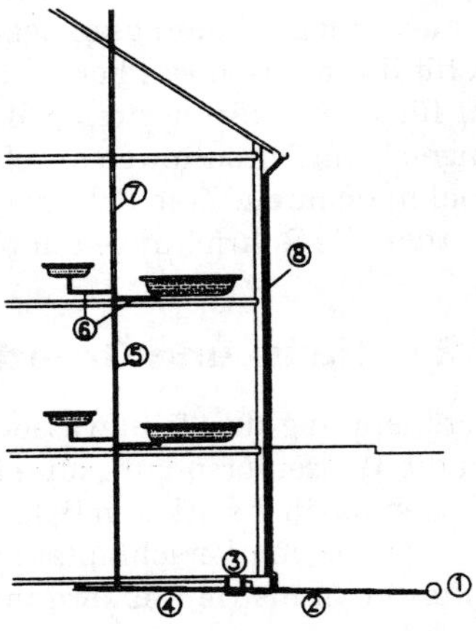

Leitungsteile der Entwässerung

1 Straßenkanal
2 Anschlusskanal
3 Revisionsschacht
4 Grundleitung
5 Fallleitung
6 Anschlussleitung
7 Lüftungsleitung
8 Regenfallleitung

Bild 24

– **Lüftungsleitungen**

Das abfließende Wasser bewirkt häufig in den Leitungen einen Unterdruck (Sog). Dieser Unterdruck kann die Geruchverschlüsse entweder teilweise oder völlig leersaugen. Darum sind die Fallleitungen über Dach zu entlüften. Diese Teile der Fallleitung bezeichnet man daher auch als Lüftungsleitung.

– **Durchmesser der Leitungen/Gefälle**

In den Rohrleitungen müssen günstige Strömungsverhältnisse erreicht werden. Durch die Wahl eines zu großen Querschnitts wird das Rohr zu wenig gefüllt (ungünstiger Füllungsgrad). In diesem Fall kann es zu Ablagerungen in den Leitungen kommen, weil keine genügend große Wassermenge die festeren Stoffe mitspült. Ist der Querschnitt zu klein gewählt, entstehen hohe Fließgeschwindigkeiten, die unangenehme Geräusche hervorrufen.

Ähnliche Folgen hat die falsche Gefälleausbildung. In DIN 1986 „Entwässerungsanlagen für Gebäude und Grundstücke“ sind Rohrdurchmesser und Gefälle für Leitungen festgelegt.

– **Anschlüsse benachbarter Sanitärgegenstände**

Durch unsachgemäße Anordnung von Anschlussleitungen können die Geruchverschlüsse der Sanitärgegenstände leer gesaugt werden und die übelriechenden Gase in den Leitungen treten aus. Ebenso kann es zu Rückspülungen in gegenüberliegenden Leitungen kommen. Dabei kann dann das Abwasser aus dem gegenüberliegenden Sanitärgegenstand herausgedrückt werden. Die Norm schreibt daher eine bestimmte Anordnung für benachbarte Sanitäranschlüsse vor.

Zusammenfassung:
Leitungsführung und -bestandteile der Trinkwasserversorgung und der Haus- und Grundstücksentwässerung:

→ Trinkwassergewinnung und -verteilung
- Die örtliche Trinkwasserversorgung
- Die öffentliche Trinkwasserversorgung
  - Anschlussleitung
  - Hauptabsperrvorrichtung mit Wasseruhr
  - Verteilungsleitung
  - Steigleitungen
  - Zweigleitungen
  - Absperrvorrichtungen/Rohrbe- und -entlüfter
  - Rückflussverhinderer
  - Druckminderer/-erhöhungsanlagen

→ Haus- und Grundstücksentwässerung – Leitungsführung und Bestandteile
- Arten der Kanalnetze
  - Mischsystem
  - Trennsystem
- Leitungsteile
  - Grundleitungen
  - Fallleitungen
  - Anschlussleitungen
  - Der Geruchverschluss

Fragen:

1. Über ein öffentliches Trinkwassernetz werden die Haushalte mit Trinkwasser versorgt.

1.1 Aus welchen Leitungsabschnitten besteht die Trinkwasserversorgung in den Wohnhäusern?

1.2 Welche Funktion übernehmen Absperreinrichtungen?

1.3 Durch welche zusätzlichen technischen Einrichtungen im Leitungssystem ist ein störungsfreier Betrieb gewährleistet?

2. Das Abwasser von Gebäuden und Grundstücken muss abgeführt und geklärt werden.

2.1 Welche Entwässerungssysteme sind möglich?

2.2 Worin liegen ihre Vor- bzw. Nachteile?

3. In einem Wohnhaus leiden die Bewohner unter ständiger Geruchsbelästigung aus dem Entwässerungssystem.
Welche Ursachen können diese Belästigung hervorrufen?

15.8 Elektroinstallation

15.8.1 Stromversorgung

Die sich ausweitende technische Ausstattung unserer Wohnungen ist nur möglich mit einer ausreichenden Stromversorgung. Der elektrische Strom wird in Wasser-, Kohle- oder Kernkraftwerken gewonnen, aber auch in Recourcen schonenden Kraft-Wärmekopplungs- und Großwindanlagen. Um die einzelnen Verbraucher zu erreichen, haben die Energieversorgungsunternehmen (EVU) unser Land mit einem dichten Versorgungsnetz überzogen. An Umspannungsstationen wird der hochgespannte Strom transformiert und schließlich steht er mit einer Spannung von 380/220 Volt der häuslichen Versorgung zur Verfügung. Dazu wird er in Leitungen durch die Kelleraußenwand oder als Freileitungsanschluss von einem Dachständer aus in das Gebäude, nach Möglichkeit in einen Hausanschlussraum, geführt. Die Leitung endet dann in einem verplombten Hausanschlusskasten. Hier beginnt die Verteilung auf die jeweiligen Endverbraucher.

15.8.2 Stromverteilung in Wohngebäuden

Hinter dem Hausanschlusskasten beginnt die Hauptleitung, die in einem Zählerschrank oder bei Mehrfamilienhäusern in mehreren Zählerschränken endet. Dort befinden sich die zur Abrechnung mit dem EVU erforderlichen Stromzähler.

Die Stromverteilung erfolgt durch Einrichten von Stromkreisen. So wird z. B. die Beleuchtung einer Wohnung oder einzelner Räume in einem Stromkreis zusammengefasst. Daneben gibt es dann einen Stromkreis für Steckdosen und andere Stromkreise für Verbrauchsmittel, die mit hoher Stromleistung arbeiten wie Waschmaschinen und Durchlauferhitzer. Außerdem können zusätzliche Stromkreise für verschiedene Stromtarife eingerichtet werden.

Bei Störungen innerhalb des Leitungssystems durch Überlastung oder Kurzschluss sorgen Leitungsschutzschalter, oft als Sicherungen bezeichnet, für eine Unterbrechung der Stromzufuhr. Die jeweiligen Stromkreise besitzen eine eigene, ihrer Stromleistung entsprechenden Absicherung. Während es früher üblich war, die Stromverteilung auf die einzelnen Wohnungen und ihre Absicherung unmittelbar im Bereich der Zählerkästen vorzunehmen, legt man heute die Stromverteilung in die Nähe der jeweiligen Wohnungen und sieht gleichzeitig Reserveplätze vor, um die Verteilung bei Bedarf erweitern zu können.

15.8.3 Elektroinstallation in Wohnungen – Grundlagen zur Ausstattung und nachträglichen Erweiterung des Leitungsnetzes

Der Umfang einer Elektroinstallation ist u. a. gekennzeichnet durch die Anzahl der Stromkreise, Steckdosen und Auslässe. Bei einer guten Installationsausführung werden genügend Stromkreise und Steckdosen vorgesehen. Dadurch kann eine Erweiterung der technischen Ausstattung oder Veränderung der Nutzung der Räume ohne kostspielige Nachinstallation durchgeführt werden. Orientierungshilfen hierzu bieten die Hauptberatungsstelle für Elektrizitätsanwendung e.V. (HEA) und die einschlägigen DIN-Normen.

Die elektrischen Leitungen können unterschiedlich geführt werden. Aufputzleitungen eigenen sich für untergeordnete Räume wie Speicher, Garagen oder Keller. Der Vorteil liegt in der geringen Wahrscheinlichkeit der unbeabsichtigten Beschädigung und leichten Veränderung der Leitungsführung.

In Wohnräumen legt man die Leitungen „unter Putz". Um sie hier vor Beschädigungen zu schützen, ordnet man sie in senkrecht oder waagerecht verlaufenden Installationszonen an. Diese liegen in festgelegten Abständen von Decken, Fußböden, Türen und Fenstern sowie Raumecken.

Die gesundheitliche Beeinflussung durch elektromagnetische Wellen (Elektrosmog) ist noch nicht ausreichend erforscht. Schutz vor elektromagnetischen Wellen bieten abgeschirmte Leitungen. Außerdem lassen sich Stromkreise in schutzbedürftigen Räumen, z. B. Schlafräumen durch Netzfreischalter freischalten.

Die Anordnung der elektrischen Leitungen in Leitungskanälen, vom Bürohaus- und Industriebau her bekannt, ist im Wohnungsbau bei Neuinstallationen noch nicht üblich, allerdings bei Umbaumaßnahmen eine gebräuchliche Möglichkeit, um die Verlegekosten zu senken.

Für die Elektro-Installation in Nassräumen sind Sicherheitsbereiche festgelegt. Steckdosen, Schalter und Auslässe, z. B. für Warmwasserbereiter dürfen danach nur in bestimmten Bereichen um die Wasserentnahmestellen herum angeordnet sein. Ablaufstellen oder Badewannen, Duschen, Handwaschbecken und alle metallischen Rohrleitungen erhalten einen Potenzialausgleich, damit der Benutzer der Nassräume durch Fehlerströme (verschleppte Spannung) nicht gefährdet wird.

Zusammenfassung:
Die Stromversorgung und -verteilung in Wohngebäuden:

→ Die Stromversorgung durch die Energieversorgungsunternehmen
- Die Stromgewinnung
- Die Stromverteilung bis zum Endverbraucher

→ Die Stromverteilung in Wohngebäuden
- Der Hausanschluss
- Zählereinrichtungen
- Stromkreise und Absicherungen

→ Die Elektroinstallation in Wohnungen
- Ausstattungsmerkmale
- Möglichkeiten der Leitungsverlegung
  - Aufputz-Verlegung
  - Unterputz-Verlegung
  - Leitungskanäle
- Installationszonen
- Elektroinstallation in Nassräumen

Fragen:

1. Die Versorgung der Haushalte mit elektrischem Strom ist Aufgabe der Energieversorgungsunternehmen (EVU). Welche Einrichtungen installieren sie in Wohnhäusern?
2. Was versteht man unter Stromkreisen und wozu werden diese eingerichtet?
3. Wodurch ist eine gute Installationsausstattung gekennzeichnet?
4. Warum muss beim Umbau älterer Wohnhäuser häufig die Elektroinstallation erneuert werden?
5. Durch welche Maßnahmen werden Unfälle durch elektrischen Strom in Nassräumen verhindert?

15.9 Heizungstechnik

Der menschliche Körper ist nur bedingt in der Lage sich wechselnden Umgebungstemperaturen anzupassen. So muss in der kälteren Jahreszeit die Heizung für ein angenehmes Raumklima sorgen. Sie soll mit ihrer Wärmeproduktion und -verteilung dazu beitragen, dass der „Wärmehaushalt" des Menschen im Gleichgewicht gehalten wird. Herrscht dieser Gleichgewichtszustand, so fühlt sich der Mensch behaglich. Allerdings kann die Heizungstechnik diese Aufgabe nur begrenzt leisten, denn die Faktoren, die die Behaglichkeit beeinflussen, sind außer der Kleidung und der farblichen Gestaltung der Räume insbesondere die Lufttemperatur, mittlere Wandtemperatur, Luftfeuchte, Luftbewegung und Luftreinheit. Auf die Kleidung und die Farbgestaltung hat die Heizung ebensowenig Einfluss wie auf die Luftreinheit und Luftfeuchtigkeit.

15.9.1 Heizungssysteme

15.9.1.1 Einzelheizungen

Einzelheizungen übernehmen die Wärmeversorgung einzelner Räume. Die Zeiten, in denen ein einzelner Eisenofen, gefeuert mit Kohle oder Öl, einen oder mehrere Räume mit Wärme versorgt hatte, sind fast vorbei und nur noch in Altbauten anzutreffen.

Üblich als Einzelheizungen sind gasgefeuerte Etagenheizungen, bei denen eine Wohneinheit mit Wärme versorgt wird. Auch die elektrische Speicherheizung (Nachtstromspeicherheizung) stellt ein noch übliches Einzelheizsystem dar. Bei diesem System wird die Elektrizität ausschließlich während der Schwachlastzeit (Nachtstrom) in Wärme umgewandelt. Diese Wärme wird in einem Speicherkern gespeichert. Die Wärmeabgabe erfolgt durch Abstrahlung und durch im Gerät eingebaute Ventilatoren, die durch Raumthermostaten gesteuert werden.

Andere Arten der Einzelheizungen werden allenfalls als Ergänzung zur Heizungsversorgung installiert. Als Beispiel hierzu könnte das elektrische Strahlungsheizgerät angeführt werden, das an sehr kalten Tagen das Badezimmer oder die Dusche kurzzeitig auf eine angenehme Temperatur bringt. Kachelöfen oder Kamine sind meistens in Einfamilienhäusern anzutreffen. Dort sorgen sie für eine rustikale Atmosphäre, dienen aber in den seltensten Fällen als ausschließliches Heizungssystem.

15.9.1.2 Zentralheizungen – Grundsätze zur Ausführung eines modernen Heizungssystems – Umrüstungsmöglichkeiten einer Heizungsanlage

Die zentrale Versorgung von Ein- und Mehrfamilienhäusern mit Wärme gilt heute als die verbreitetste Methode. Bei diesem System wird das ganze Gebäude von einer Heizungsanlage über Rohrleitungen und Heizkörper mit Wärme versorgt. Unterschieden werden die Systeme nach der Art des Mediums, welches die Wärme transportiert (Wärmeträger). Am häufigsten dient Wasser als Wärmeträger, seltener Wasserdampf bzw. Luft.

Das Einrichten und Unterhalten dieser Anlagen erfordert höhere Kosten und die Abrechnung der tatsächlichen Heizkosten für mehrere Wohnungen ist schwierig. Auf der anderen Seite bieten sie mehr Komfort und tragen wegen der günstigeren Brennstoffausnutzung und des geringen Schadstoffausstoßes zur Reinhaltung der Luft bei.

– **Wasserheizungen**
Bei Wasserheizungen wird der Wärmeträger „Wasser" in einem Kessel erwärmt und über Rohrleitungssysteme den Heizkörpern zugeführt. Von dort wird die Wärme durch Konvektion und/oder Strahlung an die Raumluft abgegeben. Das abgekühlte Wasser wird in den Kessel zurückgeleitet. Früher erfolgte die Umwälzung des warmen Wassers

nach dem Prinzip der Schwerkraft (Schwerkraft-Wasserheizung), da warmes Wasser leichter ist als kaltes.

Wegen des Druckverlustes auf dem Weg vom Heizkessel zum Heizkörper und zurück erfordern Schwerkraftwasserheizungen ein großes Wasservolumen und große Leitungsquerschnitte. Durch das große Wasservolumen wird die Anlage sehr träge und ist schlecht regelbar. Außerdem nimmt die Zirkulation bei sinkenden Heiztemperaturen ab. In Übergangszeiten zirkuliert das Heizungswasser in der Anlage deshalb schlechter als bei tiefen Wintertemperaturen. Die schlechte Regelung ist allerdings auch auf die Energieabgabe der Festbrennstoffe (meist Koks) zurückzuführen, die sich nicht einfach abstellen lässt.

Die Nachteile der Schwerkraftheizungen und das veränderte Angebot an Brennstoffen (Gas und Öl) haben dazu geführt, dass in neuen Anlagen nur noch Pumpenheizungen eingebaut und bestehende Schwerkraftheizungen auf Pumpenbetrieb umgestellt werden. Die Pumpe gleicht die Druckverluste aus, die durch Reibungswiderstände entstehen. Bei Umrüstung von Schwerkraft- und Pumpenheizung muss der große Leitungsquerschnitt bei der Auswahl und Einstellung der Pumpe berücksichtigt werden oder das Leitungssystem durch Rohre mit kleinerem Querschnitt erneuert werden.

– Bestandteile der Wasserheizungsanlagen

• Brenner/Kessel

In Abhängigkeit vom verwendeten Brennstoff ist dem Kessel, in dem die Übertragung der Energie auf den Wärmeträger „Wasser“ erfolgt, ein Brenner vorgeschaltet. Die Art des Brenners ist abhängig vom Brennstoff. Öl als Brennstoff wird vor dem Entzünden entweder verdampft (Verdampfungsbrenner) oder zerstäubt (Zerstäubungsbrenner). Gas kann dagegen ohne Aufbereitung verbrannt werden. Neben den Vorteilen, die sich daraus ergeben, müssen die erhöhten Unfallgefahren beachtet werden, die bei unkontrolliert ausströmenden Gasen entstehen.

Regelbare Brenner arbeiten besonders wirtschaftlich, denn sie passen ihre Feuerungsleistung dem anfallenden Wärmebedarf an.

Im Kessel erfolgt die Übertragung der Energie. Die Kessel werden nach der Art der Feuerung, dem Kesselwerkstoff, dem Heizmedium und der Betriebstemperatur unterschieden. Je nach Art der Feuerung werden Spezialkessel oder Umstell-/Wechselbrandkessel angeboten. Spezialkessel eignen sich nur für eine Feuerungsart. Für den Betrieb von Heizungsanlagen spielt die Kesseltemperatur eine wichtige Rolle. Damit der Wasserdampf in den Abgasen nicht kondensiert, sollte die Heizwassertemperatur nicht unter 60°C – 70°C liegen. Hochtemperaturkessel arbeiten deswegen mit einer Vorlauftemperatur von 90°C, das ist die Temperatur, mit der das Heizwasser in den Heizungskreislauf eingespeist wird und einer Rücklauftemperatur, der Temperatur, mit der das Wasser aus dem Heizkreislauf zurückkommt, von 70°C. Bei diesen verhältnismäßig hohen Temperaturen sind die Wärmeverluste des Wärmeerzeugers im Aufstellraum ziemlich hoch.

Zur Einsparung von Energie können Kessel mit hohen Wirkungsgraden und geringen Wärmeverlusten (Bereitschaftsverlusten) eingesetzt werden. Niedertemperaturkessel (NT-Kessel) z. B. passen ihre Vorlauftemperatur durch selbsttätige Einrichtungen der Außentemperatur und der Tageszeit an oder können auf eine niedrige Vorlauftemperatur eingestellt werden. Dadurch verringern sich die Bereitschaftsverluste im Kessel und die Rohrleitungsverluste im gesamten Leitungssystem. Allerdings müssen die Heizflächen in den Räumen vergrößert werden. Brennwertkessel erzielen Energieeinsparungen dadurch, dass sie über Abgaswärmetauscher die im Abgas enthaltene Wärme nutzen.

Besondere Kesselanlagen (Kombikessel) können das Trinkwassersystem mit Warmwasser versorgen. Dazu wird auf den Heizungskessel ein zusätzlicher, mit Trinkwasser gefüllter Behälter aufgesetzt. Vom Heizungskessel wird dann in Heizschlangen heißes Wasser geführt, welches das Trinkwasser erwärmt.

- **Heizungsumwälzpumpen**

Heizungsumwälzpumpen sorgen für eine ausreichende Umwälzung des Wassers im Heizungssystem. Die Auswahl einer geeigneten Pumpe ist von der Art und Größe des Rohrnetzes abhängig. Auch der u. U. geringere Wärmebedarf bei zum Teil abgestellten Heizkörpern (Teillastbetrieb) muss berücksichtigt werden. Dazu werden Pumpen angeboten, deren Drehzahl in Abhängigkeit von der benötigten Wassermenge eingestellt werden kann, um Fließgeräusche zu vermeiden und Energie einzusparen. Um die Betriebssicherheit einer Heizungsanlage zu erhöhen, kann eine zweite Pumpe eingebaut werden. Diese sollte von Zeit zu Zeit in Betrieb sein oder beide Pumpen werden in einem bestimmten Rhythmus betrieben.

- **Rohrleitungssysteme**

Die Rohrleitungen in Wasserheizungsanlagen können nach dem „Zweirohrsystem" oder nach dem „Einrohrsystem" verlegt werden. „Zweirohrsysteme" bestehen aus jeweils getrennt geführtem Heizungsvor- und -rücklauf.

Bei Einrohrsystemen wird das Vor- und Rücklaufwasser in einer gemeinsamen Leitung geführt. Abzweige an den Heizkörpern versorgen diese mit warmem Wasser und führen anschließend in die gemeinsame Leitung zurück. Da die Temperatur von Heizkörper zu Heizkörper geringer wird, müssen sie in Fließrichtung vergrößert werden. Der Vorteil dieses Systems liegt in den niedrigen Erstellungskosten. In einem mehrgeschossigen Wohnhaus könnte man ein solches System verwenden, wenn die einzelnen Geschosse einen eigenen Heizkreis bekommen. So wäre z. B. die Abrechnung der Energiekosten genauer zu erstellen.

- **Schornsteinanlagen**

Über den Schornstein gelangen die Verbrennungsgase in die Außenluft. Außerdem sorgen sie für die Zufuhr von Verbrennungsluft. Hergestellt werden sie als gemauerte Schornsteine aus Ziegel-, Schamotte- oder Kalksandsteinen, häufiger jedoch aus Formstücken, die ummauert werden. Zwischen Formstück und Ummauerung eingebracht, schützt ein wärmedämmendes Material den Schornstein vor Auskühlung.

Schornsteinanlagen sollen nach Möglichkeit nicht an Außenwänden liegen, da die Rauchgase sonst zu stark abgekühlt werden und ein störungsfreier Abzug nicht gewährleistet ist. Außerdem führt ein Abkühlen der Gase zum „Versotten" des Schornsteins. Gemeint ist damit eine Durchfeuchtung des Mauerwerks durch schwefelhaltiges Kondenswasser. Für die Querschnitte der Schornsteine, die Ausführung der Schornsteinmündungen sowie die Anordnung von Reinigungsöffnungen sind bestimmte Ausführungsvorschriften festgelegt.

An der Rauchgastemperatur und Zusammensetzung überprüft der Schornsteinfeger den Verbrennungsgrad des Brennstoffes (Wirkungsgrad der Heizungsanlage). Bei einer schlechten Verbrennung gelangen schadstoffhaltige Gase in die Atmosphäre. Der Gesetzgeber hat in der „Verordnung über Feuerungsanlagen" bestimmte Grenzwerte festgelegt.

– Die Wärmeverteilung in Räumen

Die in den Heizungsanlagen erzeugte Wärme muss in den Räumen optimal verteilt werden. Betriebskosten, Regelbarkeit, gleichmäßige Verteilung und Raumluftqualität sind die Kriterien, nach denen Verteilungssysteme konzipiert wurden.

- **Flächenheizungen**

Flächenheizungen bezeichnet man auch als Strahlungsheizungen, weil die Wärmeabgabe über die große, dem Raum zugewandte Heizfläche zum größten Teil durch Strahlung erfolgt. Als Heizflächen dienen Decken, Fußböden oder Wände.

Gebräuchlich sind im Wohnungsbau Fußbodenheizungen. Auf einer Wärmedämmung werden die Heizrohre schlangenförmig oder spiralförmig verlegt. Jeder mit einer Fußbodenheizung ausgestattete Raum erhält je nach Größe einen oder mehrere Heizkreise.

Von einer zentralen Verteilerstelle aus können Regulierventile die Wasserströme steuern und auf die erforderliche Wärmeleistung abstimmen. Fußbodenheizungen erfordern keine sichtbaren Heizkörper und sind wegen der geringen Konvektion sehr hygienisch (keine Staubaufwirbelung). Wegen des hohen Strahlungsanteils sind geringere, ausgeglichene Raumlufttemperaturen möglich. Der hohe Anschaffungspreis und aufwendige Reparaturarbeiten wirken sich nachteilig auf diese Heizart aus. Hinzu kommt eine träge Regelung, da große Estrichmassen aufzuheizen sind. Häufig sind wegen begrenzter Heizleistung Zusatzheizkörper z. B. in Bädern und Küchen erforderlich.

Ähnlich funktionieren Wandflächenheizungen. Sie sind im Wohnungsbau unüblich, weil die mögliche Stellfläche sehr stark eingeschränkt wird.

- **Heizkörper**

Die vom Heizkessel aufgenommene Wärme wird durch den Wärmeträger (Wasser oder Dampf) über Rohrleitungen zu den Heizkörpern transportiert. Von dort wird sie über Konvektion und/oder Strahlung an den Raum abgegeben. Die Anteile an Konvektions- und Strahlungswärme sind von der Bauart und der Oberflächentemperatur des Heizkörpers abhängig.

- **Radiatoren** (Gliederheizkörper)

Unter Radiatoren versteht man Heizkörper, deren Glieder durch Verschraubung (Nippelung) oder Schweißung fest verbunden sind. Ihre Wärmeabgabe erfolgt durch Konvektion (60 %) und durch Strahlung (40 %). Ihre Wirkung ist dann optimal, wenn sie unter den Fenstern aufgestellt werden. Wegen ihrer Bautiefe werden sie in wärmegedämmten Heizungsnischen eingebaut.

Um ihre Heizwirkung nicht zu beeinträchtigen, sollten sie nicht durch Verkleidungen verdeckt werden. Sind aus optischen Gründen Verkleidungen erforderlich, so sollten diese leicht entfernbar sein, da sich auf den Radiatoren Staub absetzt, der durch die Konvektion an die Raumluft abgegeben wird. Gefertigt werden sie als Guss- oder Stahlradiatoren. Gussradiatoren haben wegen der geringeren Korrosion eine längere Lebensdauer als Stahlradiatoren. Sie sind allerdings wegen der größeren Wärmespeicherung träger in der Regelung als Stahlradiatoren. Die Abmessung und die Wärmeleistung der Radiatoren sind weitgehend genormt. Wegen der Korriosionsgefährdung dürfen bei Dampfheizungen keine Stahlradiatoren verwendet werden.

- **Plattenheizkörper**

Will man den Bau von Heizungsnischen umgehen, so bieten sich Plattenheizkörper an. Sie haben nur eine geringe Bautiefe (20 mm ... 30 mm). Um die benötigte Wärmeleistung abzugeben, sind Plattenheizkörper meist wesentlich länger als Radiatoren. Es muss also genügend Wandfläche zur Verfügung stehen. Der Strahlungsanteil der Wärmeabgabe ist wegen der großen Heizfläche größer als bei Radiatoren. Das kann wegen der geringeren Umwälzung der Luft und der damit zusammenhängenden geringeren Staubaufwirbelung gewünscht sein. Die Wärmeleistung kann durch mehrreihige Anordnung der Heizkörper vergrößert werden. Dann geht allerdings der Vorteil der geringen Bautiefe verloren.

- **Konvektoren**

Konvektoren sind Heizkörper, die aus waagerecht verlaufenden Rohren bestehen, die zur Vergrößerung der Heizflächen von rechteckigen Blechlamellen umgeben sind. Diese werden aus verzinktem Stahl, Kupfer oder Aluminium gefertigt.

Die Wärmeabgabe dieser Heizkörper geschieht ausschließlich durch Konvektion, weswegen eine Verkleidung oder ein Einbauschacht (Kaminwirkung) erforderlich ist. Der

Vorteil dieser Heizkörper liegt in ihrer „Unsichtbarkeit". Eingebaut in Schächten oder in verkleideten Nischen, ermöglichen sie eine uneingeschränkte Möblierung oder Grundrissplanung.

Nachteilig wirken sich allerdings die u. U. sehr große Staubaufwirbelung und die höheren Erstellungskosten aus.

– Fernheizungen

Kraftwerks- und Industrieanlagenbetreiber bieten nicht verwertbare Wärme zum Betreiben von Heizungsanlagen an. In Rohrleitungen wird die Wärme in Form von Hochdruckdampf, Warmwasser oder Heißwasser zum Verbraucher geführt. Dort wird sie direkt oder über einen Wärmeaustauscher in das Leitungssystem der Heizungsanlage eingespeist.

– Sonnenheizung und Wärmepumpe

Beide Systeme, die Umwandlung der Sonnenenergie (Lichtenergie) über Kollektoren in Wärme und die Nutzung des Wärmeinhalts des Erdreichs, der Außenluft und des Grundwassers, sind für den Betrieb von Heizungsanlagen noch nicht wirtschaftlich einsetzbar, jedoch als Unterstützung wohl eine Alternative. Ihr Einsatz ist noch auf die Erwärmung von Brauchwasser (Warmwasserversorgung) beschränkt.

Zusammenfassung:
Heizungssysteme – Bestandteile und Wirkungsweise:

- Einzelheizungen
  - Die Etagenheizung
  - Die Nachtstromspeicherheizung
- Zentralheizungen
  - Wasserheizungen
    - Brenner/Kessel
    - Heizungsumwälzpumpen
    - Rohrleitungssysteme
      - Das Einrohrsystem
      - Das Zweirohrsystem
    - Schornsteinanlagen
    - Die Wärmeverteilung
      - Flächenheizungen
      - Radiatoren
      - Plattenheizkörper
      - Konvektoren
  - Fernheizung
  - Sonnenheizung und Wärmepumpe

Fragen:

1. Heizungen sollen den Wärmehaushalt des Menschen ausgleichen.

1.1 Welche Heizungssysteme gibt es?

1.2 Welche Vor- bzw. Nachteile haben sie?

2. Nennen Sie die Bestandteile einer Wasserheizungsanlage.

3. Für die Wärmeverteilung gibt es verschiedene Möglichkeiten.

3.1 Welchen Vorteil bietet eine Fußbodenheizung gegenüber der Wärmeverteilung durch Radiatoren?

3.2 Welche Einschränkungen müssen bei der Fußbodenheizung gemacht werden?

3.3 Welche Vor- bzw. Nachteile haben Konvektoren?

4. Die Wohnungen in einem mehrgeschossigen Wohnhaus sollen zu Eigentumswohnungen umgebaut werden. Das Haus ist mit einer Schwerkraftheizung (Koks) ausgestattet.
Beschreiben Sie die Möglichkeiten einer Umgestaltung des Heizungssystems.

15.10 Türen und Fenster

Türen und Fenster haben die Aufgabe Wandöffnungen in Gebäuden zu schließen. Da es sich um großflächige Bauteile handelt, bestimmen sie außerdem die Gestaltung der Gebäude.

15.10.1 Türen

Türen schließen die Eingangsöffnungen von Gebäuden und Innenräumen. Da die Lage der Türen weitgehend die Formgebung und konstruktive Ausführung bestimmt, werden sie in Innen- und Außentüren unterteilt.

15.10.1.1 Hauseingangstüren – Technische Ausführung einer modernen Haustür

Die Aufgaben der Hauseingangstüren bestehen darin, dass sie das Gebäude vor Witterungseinflüssen, Wärmeverlusten und Lärmeinwirkungen schützen sollen. Da sie die direkte Verbindung des Gebäudes zur Außenwelt darstellen, sollen sie einfach zu bedienen sein, doch gleichzeitig einen Schutz vor Einbruchsversuchen bieten. Sie sollen so ausgebildet sein, dass sie bei geringem Wartungsaufwand diese Zwecke langfristig erfüllen.

– **Werkstoffe für Haustüren**
Entscheidet man sich für den Werkstoff „Holz" zur Herstellung einer Hauseingangstür, so kann man zwischen einer Vollholztür oder einer Tür aus Holzwerkstoffen wählen. Die Flächen werden dann zum Schutz mit Lasuren oder Farbanstrichen versehen. Auf dem Baumarkt werden daneben auch Haustüren aus verschiedenen Metallen (Aluminium, Kupfer) angeboten. Will man den Innenbereich hinter der Haustür belichten, eignen sich dazu Ganzglastüren oder Türen mit Glasfüllungen, die in einen Holz-, Metall- oder Kunststoffrahmen eingearbeitet sind.

– **Formen und Haustüren**
Die Formgebung der Haustür soll sich an der äußeren Gestaltung des Gebäudes orientieren. Bei der anschließenden Auswahl der Werkstoffe ist zu berücksichtigen, dass die verlangten Türfunktionen bei bestimmten Werkstoffen nur mit hierfür geeigneten Konstruktionen sichergestellt werden können. Die Formgebung reicht vom einfachen rechteckigen Türflügel über Türen mit einem oder zwei Seitenfeldern bis hin zu Türen mit Rund-, Segment- oder Stichbogen.

– **Haustürkonstruktionen**
Die Türumrahmung, das Türblatt und die Beschläge bilden die Grundelemente der Haustür. Die Türumrahmung hat die Aufgabe, das Türblatt zu tragen, die Beschläge sorgen für das Öffnen und Schließen des Türblattes.

Die gebräuchlichste Form der Türumrahmung für Haustüren ist der Blendrahmen. Er wird gefertigt aus Vollholz, Metall, seltener aus Kunststoff. Vollholzblendrahmen erhalten ein Profil (Verfalzung), das ein dichtes Schließen der Tür gewährleisten muss. Um die Winddichtigkeit zu erhöhen und ein geräuscharmes Betätigen der Tür sicherzustellen, wird in das Profil zusätzlich eine Gummidichtung eingearbeitet. Blendrahmen aus Metall sind Hohlprofile, deren Stabilität durch Verstärkungsrippen verbessert wird. Kunststoffrahmen enthalten meistens einen Metallprofilkern, der kunststoffummantelt ist.

Neben den Schlössern – bei Haustüren meist Zylinderschlösser, die vom eigentlichen Schließmechanismus getrennt sind – sorgen die Bänder für das funktionsgerechte Schließen der Tür.

Das Türblatt einer Haustür wird meistens als „Rahmentür" ausgebildet. Als Rahmentür bezeichnet man ein Türblatt aus einem sichtbaren Rahmen und einer oder mehreren Füllungen. Die Füllungen können aus Vollholz, Sperrholz oder Glas bestehen. Die Wahl der Rahmenquerschnitte, Rahmenverbindungen und die Füllungen bestimmen weitgehend die Qualität des Türblattes.

15.10.1.2 Innentüren – Grundsätze für die Auswahl und Erneuerung von Innentüren

Innentüren dienen als Zugang und Abschluss von Innenräumen. Entsprechend der Raumnutzung müssen sie neben dem Sichtschutz u. U. Aufgaben des Feuerschutzes und des Schallschutzes übernehmen.

– Ausführungsmöglichkeiten für Innentüren

Die Türumrahmung wird in der Regel als Zarge aus Stahl und Holz ausgeführt. Als Zarge bezeichnet man ein Konstruktionselement, welches in die Leibung der Türöffnung eingepasst wird. Wird die gesamte Leibung durch die Zarge verdeckt, spricht man von einer Umfassungszarge, erfasst sie nur den Randbereich (Ecke) der Leibung, von einer Eckzarge. Zargen haben die Falzung, in die die Tür einschlägt. Zur Erhöhung des Schließkomforts (Geräuscharmut, Dichtigkeit) sind in die Falzungen Gummiprofile eingearbeitet.

Neben der Rahmentür, die die teuerste Ausführung darstellt, werden Sperrtüren eingebaut. Sie sind nach Norm gefertigte, glatte Türblätter. Sie werden aus Holz oder Holzwerkstoffen gefertigt. Sie bestehen aus dem Rahmen, der Deckplatte und einer Einlage. Der Rahmen, auf den die Deckplatte aus Furnieren oder furnierten Spanplatten aufgeleimt wird, bildet die tragende Konstruktion. Die Art der Einlage bestimmt u. a. das Gewicht und damit die schalldämmende Wirkung einer Tür und die Widerstandsfähigkeit gegenüber mechanischen Einwirkungen.

Die Einlagen sind z. B. aus Lochspanplatten oder aus einer Wabenkonstruktion aus Karton. Sperrtüren werden entweder als Halbfabrikate in genormten Größen mit oder ohne Falz oder einbaufertig mit Schloss, Bändern und Türumrahmung geliefert.

Nach der Öffnungsrichtung bzw. der Lage der Bänder unterscheidet man Pendel-, Falt- und Schiebetüren. Die häufigste Form ist allerdings die Drehflügeltür. Bestellt werden sie als DIN-Rechts- und DIN-Linkstüren. Entscheidend für diese Bezeichnung ist die Lage der Bänder. Bei einer DIN-Rechtstür sieht man die Bänder auf der rechten Seite der Tür, bei einer DIN-Linkstür auf der linken Seite. Weniger üblich sind im Wohnungsbau Ganzglastüren. Deren Türblatt wird von einer einzigen rahmenlosen, sehr biegesteifen Glasscheibe gebildet. Verarbeitet wird Einscheiben-Sicherheitsglas.

Für untergeordnete Räume, z. B. Kellerräume, verwendet man Latten- oder Brettertüren, deren Umrahmung meistens als Blend- oder Blockrahmen ausgeführt wird.

15.10.2 Fenster – Ausführung und Möglichkeiten zur Verbesserung des Schall- und Wärmeschutzes bei Fenstern

Fenster dienen der Belichtung und Belüftung von Räumen. Die Fensterflügel sind in Blechrahmen oder Zargen drehbar befestigt. Sie sollen zugdicht und wasserdicht schließen und u. U. Aufgaben des Schall- und Wärmeschutzes übernehmen. Damit sich eine möglichst große Lichtfläche ergibt, sind die Rahmen schmal zu halten. Fenster können aus Holz, Aluminium oder Kunststoff gefertigt werden.

Bei der Auswahl eines Fensters sollte man die entsprechenden Normen (z. B. DIN 18051 „Holzfenster für den Wohnungsbau", 18055 „Fenster – Fugendurchlässigkeit und Schlagregensicherheit") zum Vergleich der Fenster heranziehen.

– Die Verglasung

Bei der Verglasung unterscheidet man Einfachverglasung, Doppelverglasung, Isolierverglasung und Sicherheitsverglasung.

Einfachverglasungen (EV) werden wegen des unzureichenden Wärmeschutzes nicht mehr verwendet. Doppelverglasungen (DV) sind unwirtschaftlich und anfällig gegen Kondensatbildung in den Scheibenzwischenräumen. Üblicherweise verwendet man Isolierverlasungen, deren wärmedämmende Wirkung auf dem luftgefüllten Zwischenraum mehrerer Scheiben beruht. Diese Wirkung kann durch eine Gasfüllung, z. B. Argon oder Xenon und/oder durchsichtiger, wärmereflektierender Beschichtung verbessert werden.

Einbruchsicherheit bietet Verbundsicherheitsglas (VSG). Zwischen zwei oder mehreren miteinander verklebten Scheiben wird jeweils eine reißfeste Folie eingearbeitet, die eine Zerstörung der Scheibe verhindert. Diese Scheiben können mit anderen Scheiben kombiniert werden, um die Anforderungen an den Schall- und Wärmeschutz zu erfüllen. Einen störungsfreien Betrieb der Fenster gewährleisten der Fenstergröße und Öffnungsart angepasste Fensterbeschläge.

– Fensterarten

Je nach Bewegungsrichtung unterscheidet man:

- **Drehflügelfenster**
Beim Drehflügelfenster sind die Flügel seitlich links oder rechts angeschlagen und lassen sich nach innen oder außen öffnen.

- **Kippfenster**
Die Flügel eines Kippfensters werden am unteren Rahmenholz angeschlagen und können nach innen gekippt werden. Diese Bauart wird häufig als Oberlicht im Fenster eingesetzt.

- **Drehkippfenster**
Bei Drehkippfenstern sind die Flügel seitlich und unten angeschlagen. Durch Umlegen des Beschlages kann der Flügel entweder nach innen gekippt oder gedreht werden. Eine zwischen Blendrahmen und Flügelrahmenoberstück eingebaute Schere hält den Flügel in gekippter Stellung fest.

- **Klappfenster**
Sie haben Flügel, die im oberen Rahmenholz angeschlagen sind und nach außen geöffnet werden können.

- **Schwingflügelfenster**
Beim Schwingflügelfenster sind die Flügel in der Mitte der beiden senkrechten Rahmenhölzer durch ein Drehlager mit dem Blendrahmen verbunden, so dass beim Öffnen der untere Teil des Flügels nach außen, der obere Teil nach innen schwingt.

- **Wendeflügelfenster**
Wendeflügelfenster haben Flügel, die in der Mitte der oberen und unteren Rahmenhölzer durch ein Drehlager angeschlagen sind. Beim Öffnen schlägt ein Teil nach innen, der andere nach außen.

- **Schiebefenster**
Schiebeflügel sind auf Rollen und Schienen gesetzte Flügel, die oben in Nuten geführt werden und seitlich verschoben werden können.

– Sonnenschutzeinrichtungen

Zum Schutz gegen starke Sonneneinstrahlung und gegen Einbruch werden heute Rollosysteme und Spezialverglasungen (Sonnenschutzglas, Mehrscheibensicherheitsgläser) angeboten.

Zusammenfassung:
Türen/Fenster – Konstruktionsmerkmale und Ausführungsmöglichkeiten

→ Hauseingangstüren
- Werkstoffe für Haustüren
- Formen der Haustüren
- Haustürkonstruktionselemente
  - Der Türrahmen
  - Das Türblatt
  - Türbeschläge

→ Innentüren
- Kontruktionselemente
  - Die Zarge
  - Der Türrahmen
  - Das Türblatt
- Türarten (Öffnungsarten)
  - Die Pendeltür
  - Falt- und Schiebetüren
  - Die Drehflügeltür

→ Fenster
- Die Verglasung
  - Die Einfachverglasung (EV)
  - Die Doppelverglasung (DV)
  - Die Isolierverglasung (IV)
  - Verbundsicherheitsglas (VSG)
- Fensterarten (Öffnungsrichtung)
- Sonnenschutzeinrichtungen

Fragen:

1. Hauseingangstüren schließen das Gebäude nach außen ab.

1.1 Welche Anforderungen werden an eine Hauseingangstür gestellt?

1.2 Aus welchen Konstruktionselementen besteht eine Haustür?

1.3 Aus welchen Werkstoffen können Hauseingangstüren gefertigt werden?

2. Innentüren sind in unterschiedlichen Qualitäten erhältlich.
Wie sollten die Konstruktionselemente einer Innentür, die zugleich Schallschutzaufgaben übernimmt, ausgebildet sein?

3. Bei der Bestellung einer Tür spielt die Angabe der Öffnungsrichtung eine entscheidende Rolle.
Woran ist die Öffnungsrichtung zu erkennen und wie wird sie angegeben?

4. Einfachverglaste Fenster werden kaum noch angeboten.
Worin liegen die Unterschiede bei der Verwendung von Doppelverglasung und Isolierverglasung?

5. Worin liegt der Vorteil eines Schwingflügelfensters gegenüber einem Kippfenster?

15.11 Oberflächengestaltung der Bauteile von Alt- und Neubauten – Werkstoffe und technische Ausführung

Das Erstellen der raumumfassenden Bauteile der Gebäude darf sich nicht allein auf statische und bauphysikalische Gesichtspunkte beschränken. Die ständige Nutzung der Gebäude erfordert darüber hinaus eine Gestaltung der Oberflächen, die auch Aspekte der Hygiene und Ästhetik mit einbezieht. Gemeint ist hiermit nicht nur die strukturelle Ausbildung der Oberflächen, sondern auch deren farbliche Gestaltung. Durch die Auswahl der hierzu verwendeten Werkstoffe und ihre Verarbeitung wird der Gebrauchswert der Gebäude weitgehend mitbestimmt. Nicht umsonst nennt man diese Arbeiten „Veredelung des Rohbaus".

15.11.1 Möglichkeiten der Wertverbesserung durch Wand- und Bodenbeläge

Abgesehen von der Möglichkeit durch besondere Arbeitsverfahren wie das Erstellen von Sichtbetonflächen und die Auswahl bestimmter Werkstoffe, z. B. Klinker und Verblender, weisen Wände und Decken eine für den Gebrauch der Gebäude ungeeignete Oberfläche auf. Sie sind schwer zu reinigen und bieten kaum einen Schutz vor eindringender Feuchtigkeit. Sie tragen den Charakter des Rohen und Unfertigen.

Der Baumarkt bietet eine Vielzahl von Werkstoffen an, die der unterschiedlichen Nutzung der Räume und den Komfortanforderungen Rechnung tragen. Bei der Auswahl geeigneter Werkstoffe sind neben dem individuellen Geschmack und dem Preis auch allgemeine Anforderungen wie Verschleißfestigkeit, Gleit- und Trittsicherheit, Verhalten gegenüber Schall, Wärme und Feuchtigkeit sowie Möglichkeiten der Reinigung und Pflege zu berücksichtigen.

15.11.1.1 Beläge aus Natur- und Betonwerksteinplatten

Naturwerksteinplatten werden gefertigt aus Natursteinen, die sich vor allem in der Härte, Farbgestaltung und Frostbeständigkeit unterscheiden. In Steinbrüchen wird das gebrochene Gestein zu Rohplatten geschnitten, deren Oberfläche in Steinmetzbetrieben je nach Nutzung bearbeitet wird. Glatte Oberflächen erhält man z. B. durch Schleifen und Polieren, rauhere Oberflächen u. a. durch Stocken und Scharrieren. Für die Gestaltung von Außenwänden (Fassaden) eignen sich Gesteine wie Granit, Quarzit, Basaltlava und Sandstein. Als Beläge im Innenbereich von Gebäuden verwendet man Marmor, Travertin, Solnhofener Platten, Schiefer u. a.

Ihre Verlegung erfolgt direkt auf der Decke oder einem schwimmenden Estrich nach einem vorher festzulegenden Verlegeplan. Dieser bestimmt die Anordnung der einzelnen Platten und den Fugenverlauf unter Berücksichtigung der Raumform und Lichtverhältnisse.

An Wänden werden sie – ähnlich dem Verlegen von Fliesen – in einem Mörtelbett verlegt. Großformatige, schwere Platten werden mit Stahlankern, die in das Mauerwerk eingelassen werden, befestigt.

Richtlinien zu Verlegung, Aufmaß und Abrechnung enthält die VOB Teil C, DIN 18332 „Naturwerksteinarbeiten".

– **Betonwerksteinplatten**
Betonwerksteinplatten werden aus Zement und Zuschlagstoffen hergestellt. Als Zuschlagstoffe dienen Kies oder gebrochenes Gestein in unterschiedlich großer Körnung. Zur Einfärbung können zusätzlich Farbpigmente zugefügt werden. Neben einschichti-

gen Platten, die man in unterschiedlichen Formaten aus großen Blöcken herausschneidet, werden Bodenplatten aus Betonwerkstein zweischichtig hergestellt. Sie bestehen aus einem Unterbeton und einer 10 mm–15 mm dicken, schleiffähigen und abriebfesten Vorsatzschicht aus Beton.

Verlegt werden Betonwerksteinplatten entweder im Dickbettverfahren oder im Dünnbettverfahren. Beim Dickbettverfahren legt man die Platten in ein etwa 2 cm dickes, leichtverdichtetes Mörtelbett. Beim Dünnbettverfahren, welches einen ebenen und ausreichend ausgehärteten Untergrund erfordert, werden die Platten mit einem Klebstoff auf den Untergrund aufgeklebt. Die Art des Klebers ist abhängig vom jeweiligen Untergrund.

– **Terrazzofußboden**

Beim Terrazzofußboden handelt es sich um einen zweischichtigen, fugenlosen Belag, der vor Ort hergestellt wird. Auf einen 30 cm dicken Unterbeton wird die 20 mm dicke Terrazzovorsatzschicht aufgebracht. Der Vorsatz, welcher aus zementgebundenem Kalkstein oder Marmorsplitt besteht, kann durch Farbpigmente eingefärbt werden. Nach dem Verdichten und Erhärten wird der Belag geschliffen.

15.11.1.2 Beläge aus keramischen Werkstoffen

Als Beläge für Böden und Wände wird eine Vielzahl von glasierten und unglasierten keramischen Werkstoffen unter der Bezeichnung „Fliesen“ angeboten. Bedingt durch den Herstellungsprozess und die verwendeten Rohstoffe haben die Platten allerdings sehr unterschiedliche Eigenschaften und sind daher je nach Verwendungszweck auszuwählen. So eignen sich einige Platten nur für den Innenbereich, andere wiederum für den Innen- und Außenbereich. Werden Platten als Bodenbelag gewählt, so sollen sie trittsicher und je nach Beanspruchung abriebfest und widerstandsfähig gegenüber mechanischer Beanspruchung sein. Als Bodenbelag für eine Küche muss u. U. eine andere Plattenart gewählt werden als für die Wandbekleidung eines Bads.

Verlegt werden die Platten je nach Untergrund im Dickbett- oder Dünnbettverfahren. Es ist darauf zu achten, dass aus dem Untergrund keine Bewegungen, z. B. beim Schwindprozess einer nicht ausreichend erhärteten Betondecke, in den Belag übertragen werden. Dadurch könnte der Verbund gelöst werden, die Plattierung liegt dann hohl oder reißt. Besser ist daher das Verlegen auf einem „schwimmenden Estrich“, der allerdings ausreichend ausgehärtet sein muss. In Nassräumen ist zusätzlich auf eine geeignete Abdichtung zu achten, die auch einen Teil des Wandbereiches oberhalb der Bodenplattierung mit einbezieht.

Bei der Sanierung vorhandener Beläge oder beim Aufbringen von Wand- oder Bodenbelägen in Altbauten eignet sich das Dünnbettverfahren besonders, da der neue Belag auf dem alten aufgeklebt werden kann. In Nassräumen bringt ein spezieller Elastik- oder Dichtkleber genügend Wasserdichtigkeit, so dass auf eine Abdichtung verzichtet werden kann. Ist die Oberfläche, auf welcher der neue Belag aufgebracht werden soll, nicht eben, so muss siedurch einen Putz geebnet werden. Wenig Aufwand erfordern Trockenputze bzw. Trockenanstriche (Gipskartonplatten) oder besonders geeignete Spanplatten, die allerdings in Nassräumen nach Möglichkeit nicht verwendet werden sollen.

15.11.1.3 Beläge aus Holz, Holzwerkstoffen und Textilien

Alle Beläge aus steinigem Material haben den Vorteil der Pflegeleichtigkeit und der Unempfindlichkeit gegenüber Feuchtigkeit. Wegen ihrer glatten, häufig glasartigen Oberfläche sind sie wenig „atmungsfähig“ und vermitteln ein Gefühl der Kälte. Außerdem zeigt sich bei ungünstigen Temperaturen Kondenswasser an ihrer Oberfläche. Beläge aus Holz oder Textilien dagegen strahlen Wärme aus, sind klimaausgleichend und wirken lebendiger.

– **Beläge aus Holz und Holzwerkstoffen**
Ihre Einsatzmöglichkeiten reichen von der Bekleidung von Decken und Wänden bis hin zu Fußbodenbelägen. Sachgerecht auf einer Unterkonstruktion aufgebracht, verbessern sie die Schall- und Wärmedämmung von Decken und Wänden.

Angeboten werden die Beläge als Massivhölzer oder als furnierte Holzwerkstoffe (Span- oder Tischlerplatten), die zu profilierten Brettern mit Nut und Feder verarbeitet werden.

Zur Bekleidung von Decken und Wänden sind gehobelte Bretter mit angearbeiteter Nut und Feder sowie Paneele üblich. Als Paneele bezeichnet man profilierte, brettähnliche Holzwerkstoffe, die aus furnierter Span- oder Tischlerplatte geschnitten werden. Gebräuchlich für Decken sind auch rechteckige oder quadratische Kassetten, die ebenfalls aus furnierten Span- oder Tischlerplatten geschnitten werden.

Zur Herstellung von Holzfußböden eignen sich sowohl für Alt- als auch für Neubauten Hobeldielen oder Parkett, verlegt als Stab-, Mosaik-, oder Lamellenparkett. Weniger üblich ist der Holzpflaster-Fußboden.

– **Beläge aus Textilien**
Sieht man von der Verwendung von Textilien als Wandbekleidung einmal ab, so werden Beläge aus Textilien in der Regel als Teppichboden verlegt. Verarbeitet werden zur Teppichbodenherstellung Naturfasern wie Baumwolle, Wolle, Kokos, Jute, Sisal u. a., aber auch Chemiefasern aus Zellulose, z. B. Viskose und synthetische Fasern wie Polyamid, Polyacryl und Polyester. Die Qualität dieser Böden ist abhängig vom verwendeten Material und Herstellungsverfahren. Aufschlüsse über die Qualität und damit Eignung für gewünschte Zwecke gibt ein Teppich-Siegel, welches von einem neutralen Institut, nach verbindlicher DIN-Prüfung (DIN 16951/16952) des Teppichs, vergeben wird.

Neben den Vorteilen der guten Trittschall- und Wärmedämmfähigkeit, der schallschluckenden Wirkung und guten Reinigungsmöglichkeit sind Mängel in der Hygiene und der Nachteil der elektrostatischen Aufladung zu nennen. Empfindliche Menschen (Allergiker) sollten entweder ganz auf Teppiche verzichten oder sich eingehend bei der Auswahl beraten lassen. Da, wo die statische Aufladung besonders unerwünscht ist, z. B. bei Räumen mit Rechneranlagen, wählt man einen antistatischen Belag und geeignete Kleber.

– **Beläge aus ein- oder mehrschichtigen Bahnen- oder Plattenwaren**
Die Palette des Angebots für diese Bodenbeläge reicht vom trägerlosen PVC-Belag bis zum aufwendig produzierten Elastomerbelag mit Unterschicht aus Schaumstoff. Die Qualität und Lebensdauer ist höchst unterschiedlich und u. a. vom Füllstoffanteil abhängig. Die Zusammensetzung der Rohstoffe und der Aufbau des Belags bestimmen die Einsatzmöglichkeiten. PVC-Beläge mit Jutefilz als Trägerschicht eignen sich z. B. nicht für Nassräume, PVC-Beläge auf PVC-Schaumstoff sind dagegen auch in Nassräumen zu verwenden.

Wegen der problematischen Entsorgung der Kunststoffbeläge empfiehlt sich heute der Linoleum-Belag. Zur Herstellung von Linoleum werden natürliche Rohstoffe wie Leinöl, Naturharze, Kork- und Holzmehl zu Bahnen verarbeitet. Linoleum ist zwar widerstandsfähig gegenüber Fetten und Ölen, schwer entflammbar und antistatisch, für Räume mit dauerndem Anfall von Feuchtigkeit aber nicht geeignet.

15.11.2 Gestaltung der Räume durch Beschichtungen (Putze und Anstriche)

Zur Ausbildung der Oberfläche von Decken, Wänden und anderen zu beschichtenden Bauteilen, z. B. Fenster und Türen, stehen bestimmte handwerkliche Verfahren und Werkstoffe zur Verfügung, mit denen man die Oberflächen farblich strukturell gestalten kann.

15.11.2.1 Putze

Als Putz bezeichnet man einen auf Wänden und Unterseiten von Decken aufgebrachten Mörtelbelag. Dieser Belag kann ein- oder mehrschichtig ausgebildet sein. Zusammengesetzt ist der Mörtel aus mineralischen oder organischen Bindemitteln mit oder ohne Zuschlagstoff. Seine Zusammensetzung richtet sich nach der Art der unterschiedlichen Anforderungen, die an dieses Konstruktionselement gestellt werden.

– **Außenputze**
Außenputze sind dem Frost, der Feuchtigkeit und der Sonneneinstrahlung ausgesetzt und müssen deswegen witterungsbeständig sein. Sie sind zwar Wasser abweisend, dürfen aber nicht dampfdicht sein, da es sonst zu Kondenswasserbildung kommen kann. Die Zusammensetzung und der Untergrund, auf den der Putz aufzubringen ist, müssen aufeinander abgestimmt sein, da es sonst zu Rissbildung und Lösung des Putzes vom Untergrund kommen kann. Zur Sanierung schadhafter Außenputzflächen wird heute eine „Thermohaut“ aufgebracht. Hierbei handelt es sich um eine aufgeklebte Wärmedämmung aus Polystyrol-Platten, auf die ein Kunstharz-Putz aufgetragen wird.

– **Innenputze**
Innenputze, heute häufig maschinell einlagig auf Decken und Wänden aufgetragen, benötigen eine geringere Festigkeit, sollen aber möglichst raumklima-regelnde Eigenschaften haben. In Verkehrsbereichen wie Treppenhäusern kann man Innenputze verwenden, die durch Zugabe farbiger Körnung einerseits eine sehr abriebfeste Oberfläche besitzen, andererseits der farblichen Gestaltung dienen. Die Verwendung von Leichtzuschlägen wie Bims, Blähton oder geschäumte Polystyrol-Kügelchen verbessert die Wärmedämmfähigkeit des Putzes.

Will man die erforderliche Erhärtungszeit des Mörtels reduzieren oder ist der Untergrund für das Aufbringen einer Putzschicht ungeeignet, so verwendet man heute in Neubauten und zur Sanierung von Innenflächen bei Altbauten einen Trockenputz. Hierbei handelt es sich um großformatige Gipskarton- oder Faserplatten, die auf einer Trägerkonstruktion oder mit Mörtelbatzen auf den Untergrund aufgebracht werden können. Hinter diesen Platten können dann ohne aufwendige Stemmarbeiten Leitungen verlegt werden. Ebenso können mit Hilfe dieser Konstruktion eine Verringerung der Raumhöhe bei Altbauten und u. U. gleichzeitig erforderlicher Brandschutz erreicht werden.

15.11.2.2 Anstriche

Die farbliche Gestaltung der Decken und Wände ist ein Bedürfnis mit alter Tradition. Erinnert sei an die Höhlenmalereien der Steinzeit, die Ausgestaltung von Kirchen und Schlössern. Hierbei standen religiöse Vorstellungen und Repräsentationsaspekte im Vordergrund. Das Aufbringen von Anstrichen, man spricht vom „Beschichten“, dient heute eher dem Schutz und der leichten Reinigung der Oberflächen.

– **Wirkung der Farben**
Man benutzt Farben, um die räumliche Wirkung der Anordnung der Bauteile zu verstärken bzw. zu mindern. Lang gestreckte Räume wirken bei hellen Seitenwänden und satter, dunklerer Färbung der Rückwände verkürzt. Will man einen sehr hohen Raum

niedriger erscheinen lassen, wählt man eine dunkle Farbe für die Decke und helle Wände.

Farben haben neben der räumlichen Wirkung auch einen Einfluss auf die psychologische Befindlichkeit des Menschen. Helle, gelbe Farbtöne in kleineren Räumen wirken warm und rufen eine freundliche, belebende Stimmung hervor. Grün wirkt beruhigend und ausgleichend und fördert die Konzentrationsfähigkeit. Rote Farben, verteilt auf wenige Stellen eines Raumes, wirken belebend, zu häufig und großflächig verwendet, aufreizend bis aggressiv. Die Medizin weiß um die heilende oder krankmachende Wirkung der Farben. Gefärbtes Licht wird zu Therapiezwecken eingesetzt. Rot soll z. B. bei Rheuma, Gicht und Erkältungen helfen, zum Abbau von Ängsten, Phobien und Depressionen wird gelbes Licht eingesetzt.

– **Anstrichstoffe und -aufbau**

Zur Behandlung von Oberflächen können farbgebende und farblose Anstriche verwendet werden. Farblose Anstriche, verwendet z. B. als farbloser Fassaden- oder Holzschutz, sollen Wasser abweisend wirken, ohne die Porenstruktur des Untergrundes zu verändern. Eingesetzt werden Kunstharze, die in organischen Lösungsmitteln gelöst sind. Nach der Verflüchtigung des Lösungsmittels verbleibt ein dünner Film mit imprägnierender Wirkung.

Farbige Anstrichmittel im Bauwesen bestehen aus Farbpigmenten, die durch ein Bindemittel mit dem Untergrund verbunden werden. Ein Lösungsmittel, z. B. Wasser, Verdünnungsmittel und Trockenbeschleuniger, sorgt für die Verarbeitbarkeit des Anstrichmittels. Beigemischte Füllstoffe geben der Beschichtung eine gewünschte Struktur. Der Anstrichstoff und Aufbau eines Anstrichs richten sich nach den Anforderungen und dem vorhandenen Untergrund. Nicht alle Anstrichstoffe sind für alle Untergründe geeignet. Je nach Putzart und Zusammensetzung muss der geeignete Anstrichstoff gewählt werden. In der Regel besteht ein Anstrich aus einem ein- oder mehrschichtigen Grundanstrich (Grundierung) und einem Deckanstrich (Schlussanstrich), der ein- oder mehrlagig aufgetragen werden kann. Der Untergrund muss trocken, fest und frei von Schmutz und schlecht haftenden Teilen sein. Risse müssen vor dem Aufbringen des Anstriches fachgerecht geschlossen werden. Außerdem sind die Verarbeitungsrichtlinien der Hersteller des Beschichtungsstoffes einzuhalten.

Beanspruchung, Beständigkeitsanforderungen und Merkmale sowie die Abrechnung von Anstricharbeiten sind in verschiedenen Normen (VOB Teil C, DIN 18 363 „Anstricharbeiten“, DIN 53 778 TI-T4 „Kunststoffdispersionsfarben für Innen“, DIN 55 945 „Lacke, Anstrichstoffe und ähnliche Beschichtungsstoffe; Begriffe“ u. v. a.) beschrieben.

15.11.3 Gestaltung der Räume durch Wandbekleidungen (Tapeten)

Bekleidungen für Decken und Wände dienen überwiegend der Raumgestaltung, weniger zum Schutz des Untergrundes. Die häufigste Art der Bekleidung ist das Tapezieren.

Tapeten sind Wand- und Deckenbekleidungen, bei denen die der Wand zugekehrte Seite aus Papier besteht. Die Tapetenoberfläche ist mit Farbe bedruckt oder mit dekorativem Strukturmaterial belegt. Zusätzliche Struktureffekte können durch Papierprägung erzielt werden. Farben, Glanzeffekte, Musterprägungen und natürliche Materialstrukturen bewirken den flächen- und raumgestalterischen Ausdruck. Die technische Entwicklung und ständiger Geschmackswandel führen zu ständiger Neuentwicklung. Bei der Auswahl einer geeigneten Tapete müssen Raumnutzung, die Lichtverhältnisse und gewünschte Möblierung sowie die Raumproportionen berücksichtigt werden. DIN 18366 „Tapezierarbeiten“, als Bestandteil der VOB Teil C, gibt Aufschluss über die Güteanforderungen und Verarbeitungsrichtlinien. Sie beschreibt die verschiedenen Tapetenarten von der einfachen, nicht unbedingt lichtechten Naturell-Tapete, der schweren Velours-Tapete bis zu Metalltapeten. Spezialtapeten, hierzu gehören Vinyltapeten (PVC), genügen besonderen Anforderungen wie: Feuchtraumbeständigkeit, hohe Strapazierbarkeit, Reinigungsfähigkeit, Desinfizier- und Dekontaminierbarkeit.

Andere Spezialtapeten haben wegen ihres besonderen Materialausdrucks, der durch Verwendung von Textilfasern, Gräsern, Kork oder Granulaten erreicht wird, repräsentativen Charakter. Allerdings verlangen diese Tapeten gründliche Vorarbeiten und genaues Verkleben. Dafür sind ihre Erneuerungsintervalle größer zu bemessen, als dies bei einer normalen Tapete der Fall ist. Außerdem sind sie „zeitlos schön" und somit nicht dem modischen Wandel unterworfen.

Zusammenfassung:
Möglichkeiten zur Oberflächengestaltung von Bauteilen

→ Wand- und Bodenbeläge
- Beläge aus Natur- und Betonwerksteinplatten
  - Naturwerksteinplatten
  - Betonwerksteinplatten
  - Terrazzofußboden
- Beläge aus keramischen Werkstoffen
- Beläge aus Holz, Holzwerkstoffen und Textilien
  - Beläge aus Holz und Holzwerkstoffen
  - Beläge aus Textilien

→ Beschichtungen (Putze und Anstriche)
- Putze
  - Außenputze
  - Innenputze
- Anstriche

→ Wandbekleidungen (Tapeten)

Fragen:

1. Es gibt unterschiedliche Möglichkeiten die Oberfläche von Bauteilen zu gestalten.

1.1 Nennen Sie die Gestaltungsmöglichkeiten.

1.2 Welche Werkstoffe werden für die jeweiligen Gestaltungsmöglichkeiten verwendet?

2. Welche Grundsätze gelten für die farbliche Gestaltung von Räumen?

3. Die Bäder eines Altbaus (Raumhöhe 4,20 m) und das Treppenhaus sollen modernisiert werden. Erläutern Sie die Möglichkeiten der Boden-, Wand- und Deckengestaltung.

15.12 Grundlagen des ökologischen Bauens

Neben dem Bedürfnis sich zu ernähren, ist der Schutz vor Witterung und Feinden ein wichtiges Grundbedürfnis der Menschen. Aus dieser Grundsituation heraus hat sich das Erstellen von Gebäuden entwickelt. Naturverbundenheit, Einfachheit und Zweckmäßigkeit bestimmten das Erscheinungsbild der frühgeschichtlichen „Behausungen". Die Primitivbauten des Menschen waren aus Lehm, Holz, Reisig, Steinen, Sand und Stroh gefertigt worden, wenn keine natürlichen Schutzbereiche zur Sicherheit vor Witterung und natürlichen Feinden zur Verfügung standen. Auf Langlebigkeit war dieses Bauen nicht angelegt und das Beschaffen der Werkstoffe stellte keine größeren Eingriffe in das natürliche Umfeld dar. Hatte die Behausung ihren Zweck erfüllt, so verrottete sie, ohne dass die Umgebung sich wesentlich veränderte – die Baustoffe zerfielen oder wurden neu genutzt. Eine Störung des natürlichen Gleichgewichts erfolgte nicht.

Modernes Bauen dagegen ist mit wesentlichen Veränderungen verbunden. Großflächig angelegte Siedlungen, Ausbau der Infrastruktur und die Produktion sowie Entsorgung neuzeitlicher Baustoffe stellen einen massiven Eingriff in die unbebaute Natur dar. Geplant und gebaut wird hauptsächlich nach gestalterischen, konstruktiven und ökonomischen Gesichtspunkten. Überlegungen, inwieweit unser heutiges Bauen unser natürliches Umfeld zerstört und wie man dieser Gleichgewichtsstörung begegnen muss, entwickeln sich erst ganz allmählich mit unterschiedlichen Grundansätzen und Zielvorstellungen. Dies zeigt sich an den verschiedenen Richtungen des Bauens:

- Alternatives Bauen erfolgt als Erprobung neuer Bauformen und Werkstoffe
- Biologisches Bauen (Baubiologie) erfolgt unter besonderer Berücksichtigung der Wechselbeziehung zwischen dem Haus – seinen Bestandteilen, Werkstoffen und Raumzuordnungen – und dem Menschen.
- Klima- und landschaftsgerechtes Bauen berücksichtigt verstärkt die Einbindung des Gebäudes in die klimatischen und landschaftlichen Gegebenheiten.
- Die Biotektur bezieht die Natur, z. B. durch Begrünung von Dächern und Fassaden, mit in das Bauobjekt ein.
- Die Bionik versucht Bausysteme der Natur auf Baukonstruktionen zu übertragen.

Ökologisches Bauen kann als Versuch angesehen werden alle vorgenannten Richtungen zu einem Gesamtkonzept zusammenzufassen und umzusetzen.

15.12.1 Planen eines Gebäudes unter ökologischen Gesichtspunkten

Die Berücksichtigung und Umsetzung der Grundsätze des ökologischen Bauens sollen schon in der Frühphase der Planung eines Gebäudes beginnen.

15.12.1.1 Die Planung der Form, Größe und Gestaltung eines Gebäudes

Die Planung der Form, Größe und äußere Gestaltung eines Gebäudes sollte sich an den landschaftlichen Gegebenheiten orientieren, wenn es harmonisch in seine Umgebung eingegliedert werden soll. Die Ausrichtung des Gebäudes entsprechend der örtlichen klimatischen Bedingungen erspart später Energie. Die Berücksichtigung der möglichen Verkehrsanbindung macht den u. U. aufwendigen Bau neuer Verkehrswege zur Erschließung überflüssig. Das Einbeziehen vorhandener Vegetation, die Neuanlage von Grünzonen und der Verzicht auf Versiegelung von Flächen erhält Natur mit ihren klimaverbessernden Eigenschaften und verringert die Belastung der Abwassersysteme.

Mit besonderen Messverfahren sind Störungen des natürlichen Magnetfeldes oder elektromagnetische und elektrische Felder, z. B. unter Hochspannungsleitungen, feststellbar, die einen gesundheitsschädigenden Einfluss ausüben können.

15.12.1.2 Auswahl der Werkstoffe und Konstruktionen

Neben der Berücksichtigung des Umfeldes muss der Auswahl der zu verwendenden Baustoffe zunehmend Aufmerksamkeit gewidmet werden, denn diese beeinflussen die möglichen Konstruktionen und die raumklimatischen Bedingungen eines Bauwerks. Daneben enthalten einige Baustoffe giftige Substanzen, die zu ihrer Herstellung und Verarbeitung erforderlich sind. Auch der Energiebedarf zur Herstellung von Baustoffen ist unterschiedlich groß. Bei Baustoffen mit vergleichbaren Anforderungen sollte man sich für den weniger energieintensiven entscheiden. Zur Herstellung von Stahlbeton z. B. benötigt man viel mehr Energie als zur Produktion von Leichtziegeln. Bei der Konstruktion einer Wand oder Decke ist daher zu überlegen, inwieweit auf Beton zugunsten von Ziegelmaterial verzichtet werden kann, zumal Ziegelmaterial schneller austrocknet und raumklimatisch regulierend wirkt. Ähnliches sollte bei der Auswahl anderer Baustoffe überlegt werden. Der im Einkauf billigere Baustoff kann sich als sehr teuer erweisen, wenn er für gesundheitliche Schäden verantwortlich ist und ein Gebäude saniert werden muss.

15.12.1.3 Die Planung der „Haustechnik" unter ökologischen Gesichtspunkten

Gebäude müssen mit Strom, Wärme und Wasser versorgt werden. Strom und Wärme als Energie werden durch Umwandlung anderer Energieformen gewonnen. Ökologischer Umgang mit der Energie betrifft sowohl die Energiegewinnung als auch den Energieverbrauch.

Die Energieversorgungsunternehmen sollten zunehmend regenerierbare Energiequellen (Sonne, Wind und Wasser) in Verbindung mit dezentraler Energiegewinnung nutzen. Haustechnische Anlagen dagegen sind so zu planen, dass der Energieverlust und die Belastung der Umwelt durch Freisetzung schädlicher Stoffe bei der Energieumwandlung so gering wie möglich gehalten werden. Der Einsatz energiesparender Heizungs- und Warmwasseraufbereitungsanlagen kann einen großen Beitrag dazu leisten. Die Industrie bietet Heizungsanlagen an, die mit geringen Energieverlusten und niedrigen Emissionswerten arbeiten. Der Energiebedarf wird zusätzlich durch gute Wärmedämmmaßnahmen eingeschränkt. Die Ausnutzung der Sonnenenergie durch die Gestaltung des Grundrisses und der Außenwände des Gebäudes liefert einen weiteren Beitrag zur Entlastung der Heizungsanlage. So sollten Wohnräume nach Süden, Wirtschafts- und Schlafräume eher nach Norden ausgerichtet werden. Zur Südseite ausgerichtete, unbeheizte und vom Wohnraum zu trennende Wintergärten wirken mit ihrem „Treibhauseffekt" als Klimapuffer. Auch mehrfach-verglaste Fenster, in Verbindung mit flexiblen Sonnenschutzeinrichtungen, verbessern die Energiebilanz. Die Installation von Sonnenkollektoren und Wärmepumpen kann die Energieversorgung zusätzlich unterstützen.

Mit Wasser versorgen wir uns aus dem natürlichen Wasserkreislauf. Da der geschlossene Wasserkreislauf eines Gebäudes eine Trennung von Trink- und Brauchwasser nicht zulässt, kann der Nutzer fast nur durch den sparsamen Wasserverbrauch auf eine Schonung des natürlichen Wasserkreislaufes Einfluss nehmen. Allerdings gibt es bereits Überlegungen, leicht verschmutztes Abwasser aus Badewanne und Dusche in Behältern zu sammeln und zur Spülung der Toilette zu nutzen. Regenwasser, in Behältern gesammelt, kann zur Bewässerung von Grünanlagen dienen, für die sonst wertvolles Trinkwasser genutzt wird.

15.12.2 Grundsätze zur Entsorgung von Baustoffen

Die Haltbarkeit der im Bauwesen verwendeten Baustoffe und die Nutzbarkeit der aus ihnen hergestellten Bauteile sind begrenzt. Auch die Art der Nutzung der Gebäude verändert sich, so dass Veränderungen der Bausubstanz erforderlich werden. Schadhaftigkeit von Bauteilen können zum Abbruch eines Gebäudes führen, wenn eine Sanierung unwirtschaftlich ist. Im Abfallgesetz (AbfG) von 1986 regelt der Gesetzgeber, wie mit „beweglichen Sachen, derer sich der Besitzer entledigen will oder deren geordnete Entsorgung zur Wahrung des Wohls der Allgemeinheit, insbesondere des Schutzes der Umwelt, geboten ist" umzugehen ist. Die Entsorgung ist anzeigepflichtig und wird von der Gewerbeaufsicht überwacht. Das AbfG bildet zugleich die Grundlage für wichtige technische Bestimmungen für den Umgang mit Gefahrenstoffen. Die Entsorgung erfolgt durch Verwertung (Recycling) oder Beseitigung (Verbrennen oder Deponieren).

Die Möglichkeit der Verwertung setzt eine Trennung der einzelnen Stoffe voraus. Die Trennung erfolgt bei kleineren Maßnahmen vor Ort oder auf einem Sammelplatz der jeweiligen Firmen nach reinem Bauschutt, Metall, Holz, usw. Die Verwertung von Baustellenabfällen ist weitgehend auf die Aufarbeitung des reinen Bauschutts beschränkt. Dieser wird zerkleinert und überwiegend im Straßenbau verwendet. Alle anderen Stoffe werden entweder verbrannt oder deponiert. Zum Schutz der Umwelt dürfen Abfallstoffe nur auf für sie geeigneten Deponien gelagert werden. Auch Verbrennungsanlagen eigenen sich nur für die Entsorgung bestimmter Stoffe. Darum wird Abfall nach einem Abfallschlüssel, einer fünfstelligen Zahl, sortiert. Diese Art der Entsorgung kann zu erheblichen Kosten führen, insbesondere dann, wenn es sich um Baustoffe handelt, die nur auf Sonderdeponien zu lagern sind.

Zusammenfassung:
Planungsgrundsätze für ökologisches Bauen:

- → Einbeziehen des natürlichen Umfeldes in die Gestaltung des Gebäudes
  - Berücksichtigung der klimatischen Bedingungen
  - Einbezug der vorhandenen Infrastruktur und Vegetation
- → Auswahl umweltschonender und emissionsarmer Haustechnik
  - Heizungsanlagen
  - Maßnahmen zur Ausnutzung der Sonneneinstrahlung
  - Umgang mit Trinkwasser
- → Entsorgen von Baustoffen
  - Recycling von Baustoffen
  - Deponieren/Verbrennen

Fragen:

1. Bauen nach ökologischen Gesichtspunkten gewinnt zunehmend an Bedeutung.

1.1 Erläutern Sie die unterschiedlichen Richtungen, die im Gesamtkonzept des ökologischen Bauens zusammengefasst werden.

1.2 Welche Grundsätze des ökologischen Bauens können schon bei der Planung eines Gebäudes berücksichtigt werden?

2. Welche Maßnahmen können bei einem vorhandenen Gebäude ergriffen werden, um Prinzipien des ökologischen Bauens umzusetzen?

3. Erläutern Sie Maßnahmen zur sachgerechten Entsorgung von Baustoffen bei einer größeren Umbaumaßnahme.

Literaturverzeichnis

Adrian, Gerhard, Albert, Ingolf, Riedel, Eckhard: Die Mitarbeiterbeurteilung. Hinweise und Hilfen für Beurteiler, 5. überarbeitete Auflage, Stuttgart, 1994

Anwaltspraxis Deutscher AnwaltVerein: Steuerentlastungsgesetz 1999/2000/2002, 2. Auflage, Deutscher Anwalt Verlag Bonn, 1999

Bachmann, Eckhard: Materialien 26 – „Miet- und Nutzungsverträge Ausgaben 1990" des Gesamtverbandes der Wohnungswirtschaft, Köln 1991

Bärmann, Pick: Wohnungseigentumsgesetz, 14. Auflage, München, 1997

Bärmann: Wohnungseigentum, München, 1991

Bauer, Fischer: Steuerratgeber Vermietung/Verpachtung/Selbstnutzung, 3. Auflage, Stuttgart 1996

Beck'sche Textausgaben: Aktuelle Steuergesetze 2000, München, 2000

Beck-Texte im dtv: Einkommensteuerrecht 13. Auflage, München, 2000

Beuermann, Rudolf: Miete und Mieterhöhung bei preisfreiem Wohnraum, 2. Auflage, Berlin 1994

Bielefeld: Der Wohnungseigentümer, 4. Auflage, Düsseldorf, 1990

Blöcker/Pistorius: Die Betriebskosten in der Wohnungswirtschaft, Hamburg, 1995

Börstinghaus, Ulf: Mieterhöhungen bei Wohnraummietverträgen, 2. Auflage, Herne/Berlin 1995

Bolk, W. u. a.: Taschenbuch für den Außenprüfer und Steuerberater 1998, Verlag Neue Wirtschaftsbriefe Herne, 1998

Bolz, N. u. a.: Aktuelles Steuerrecht Special Band 3, Boorberg Verlag Stuttgart, 1999

Braun, Hans Peter, Haller, Peter, Oesterle, Eberhard: Facility Management: Erfolg in der Immobilienbewirtschaftung, Berlin u. a. 1996

Brych, Pause: Bauträgerkauf und Baumodelle, 3. Auflage, München, 1999

Bub, Wolf-Rüdiger, Treier, Gerhard (Hrsg.): Handbuch der Geschäfts- und Wohnraummiete, 3. Auflage, München, 1999

Bub: Wohnungseigentum von A–Z, 6. Auflage, München, 1991

Bub: zu §§ 16, 26, 28 WEG in Staudinger BGB, 12. Auflage Verlag Dr. Arthur L. Sellier & Co – Walter de Gruyter & Co, Berlin

Bussiek, Jürgen: Wie entsteht eine Unternehmensplanung?, 2. überarbeitete Auflage, Wiesbaden 1991

DATEV: Tabellen und Informationen für den steuerlichen Berater, Ausgabe 2000, Nürnberg, 2000

Decker, Franz: Die neuen Methoden des Lernens, 2. Auflage, Würzburg, 1999

Decker, Franz: Führen Jugendlicher im Betrieb, München, 1986

Deckert: Die Eigentumswohnung, Loseblatt-Sammlung 1981 und folgende Jahre

Demharter: Grundbuchordnung, 23. Auflage, München, 2000

Deutsches wissenschaftliches Steuerinstitut der Steuerberater e.V.: Handbuch der Bewertung 1999, Verlag C.H. Beck München, 1999

Dielmann, Klaus: Betriebliches Personalwesen, Stuttgart, 1981

DIN 31051 – Instandhaltung. Begriffe und Maßnahmen, 1985

Dommning, H.: Landesbauordnung Schleswig-Holstein, Köln, 1993

Dopfer, Thomas: „Der westdeutsche Wohnungsmarkt", München, 2000

Drees, G.: Recycling von Baustoffen im Hochbau, Wiesbaden, Berlin, 1989

Dröge, Ferdinand: Handbuch der Mietpreisbewertung für Wohn- und Gewerberaum, 2. Auflage, Neuwied, Kriftel, Berlin, 1997

Dröge, F.: Handbuch der Mietpreisbewertung für Wohn- und Gewerberaum, 2. Auflage, Luchterhand Verlag Neuwied, 1999

Drumm, Hans J.: Personalwirtschaftslehre, 3. neu bearbeitete und erweiterte Auflage, Berlin 1995

Dütz, Wilhelm: Arbeitsrecht. Grundrisse des Rechts, 2. Auflage, München, 1994

Eberstadt, R.: Handbuch des Wohnungswesens und der Wohnungsfrage, 3. Auflage, Jena, 1917

Eekhoff, J.: Wohnungspolitik, Tübingen, 1993

Eggert, P.: Schaffung von Wohneigentum für breite Schichten der Bevölkerung, Hammonia Verlag Hamburg, 1999

Eichener, V., und Schauerte, M.: Die Wohnzufriedenheit der Mieter der VEBA Wohnen AG InWIS-Bericht Nr. 1/94, Bochum

Eichener, V., und Schneiders, K.: Wohnpolitik in den neuen Bundesländern InWIS-Bericht Nr. 8/95, Bochum

Eichler, K.: Institut für ökologische Raumentwicklung e.V., Dresden, unveröffentlichtes Schaubild aus Dissertation, 1978

Falk, B. (Hrsg.): Immobilien-Handbuch (Lose-Blatt-Ausgabe), ab 1990
Freywald, D. v.: Heizkosten-Abrechnung leicht gemacht, 4. Auflage, Freiburg im Breisgau, 1993
Frick, Knöll, Neumann, Weinbrenner: Baukonstruktionslehre, Teil 1/Teil 2, Stuttgart, 1992
Friedrichs, J. (Hrsg.): Stadtentwicklungen in kapitalistischen und sozialistischen Ländern, Hamburg, 1978
Fritz, Jürgen: Gewerberaummietrecht, 2. Auflage, München, 1995
Frohmüller, Müller, Schönenborn: Steuerrecht für Schule und Praxis, 7. Auflage, Bad Homburg v. d. H., 1993
Frommhold, Hasenjäger: Wohnungsbaunormen, Normen – Verordnungen – Richtlinien, DIN Deutsches Institut für Normung e. V., Berlin, Köln, 1991
Galonska, J.: Marketing in der Wohnungswirtschaft; in: Der Langfristige Kredit, Heft 4, 1989
Galonska, J.: Personalmanagement in der Wohnungswirtschaft – Grundlagen, Perspektiven, Strategien, in: Taschenbuch für den Wohnungswirt, Hamburg, 1993
Gaukler, Eduard, Weber, Wolfgang: Handwörterbuch des Personalwesens. Enzyklopädie der Betriebswirtschaftslehre, Bd. 5, 2. neu bearbeitete und ergänzte Auflage, Stuttgart 1992
Gesamtverband der Wohnungswirtschaft: Die Wohnungsgemeinnützigkeit im Widerstreit der Interessen, Materialien Heft 22 Köln, 1988, sowie Das neue Recht für die gemeinnützige Wohnungswirtschaft, Schriftenreihe 29, Köln, 1988
Gesamtverband gemeinnütziger Wohnungsunternehmen (Hrsg.): Wohnungsbewirtschaftung durch Modernisierung. Beispiele aus der Praxis gemeinnütziger Wohnungsunternehmen. Schriftenreihe Bd. 13, Köln, 1979
Gesamtverband gemeinnütziger Wohnungsunternehmen, Hammonia-Verlag GmbH: Instandhaltung und Modernisierung des Wohnungsbestandes – Ziele, Maßnahmen, Kosten und Finanzierung, Hamburg, 1976
Gesetz zur Aufhebung des Reichsheimstättengesetzes vom 17. Juni 1993
Göhring: Wie hoch darf die Miete sein? Freiburg, o. J.
Görrisch, D.: Aufzugsbetrieb und -wartung von A–Z, 2. Auflage, Hammonia-Verlag Hamburg, 2000
Gotthold, J.: Stadtentwicklung zwischen Krise und Planung, Köln, 1978
Grabener, Henning J.: Immobilienmakler in Deutschland – ein Beruf im Wandel, 1. Auflage, Schwedeneck 1996, Ergänzung 1999
Grassner, Appold: Fachkenntnisse der Sanitärinstallateure, Hamburg, 1981
Großhans, Hartmut: Mieterbeteiligung in der Bundesrepublik Deutschland, in: Nachrichtendienst des Vereins für öffentliche und private Fürsorge, Nr. 6, Frankfurt/Main 1985
Grundlagen, Perspektiven, Strategien, in: Taschenbuch für den Wohnungswirt, Hammonia-Verlag GmbH Hamburg 1993, S. 225–238
Haegele/Schöner/Stöber: Grundbuchrecht, 11. Aufl., München 1997
Hampe, A.: Die freie Mietpreisbildung, Ökonomische Studien Heft 2, Stuttgart, 1958
Hannig, Uwe: Geschäftsordnungen für Vorstand und Aufsichtsrat der Wohnungsgenossenschaften und kommunalen Wohnungsgesellschaften, in: Taschenbuch für den Wohnungswirt, Hammonia-Verlag GmbH, Hamburg 1993, S. 254–263
Hebel: Handbuch für den Wohnungsbau, Technische Information für die Planung und Bauausführung, Emmering-Fürstenfeldbruck 1991
Heix, G.: Wohnflächenberechnung, Verlag für Wirtschaft und Verwaltung Hubert Wingen Essen, 1999
Hellerforth, M.: Praktiker-Leitfaden Marketing in der Immobilienwirtschaft, Hammonia Verlag Hamburg, 1999
Heuer, J. H. B., Nachtkamp, H. H. (Hrsg.): Schriften für Sozialökologie 46, Von der Wohnungs- zur Immobilienwirtschaft, Awos, Bochum, 1993
Hille, Hans-Eduard: Freie Mitarbeit und andere Formen freier Zusammenarbeit, 3. Auflage, Bonn, 1996
Höbel, R.: Methoden von Wohnungsbedarfsprognosen InWIS - Bericht Nr. 5/94, Bochum
Hoffmann, M.: Wohnungspolitik der DDR, Düsseldorf, 1972
Horváth, Peter: Controlling, 7. Auflage, München, 1998
Ihlas, Horst: Organhaftung und Haftpflichtversicherung, Berlin, 1997
Innenminister des Landes Schleswig-Holstein (Hrsg.): Landesvermessung und Liegenschaftskataster, Kiel, 1992
Jahn, Gudrun: Bauwerkserhaltung – ein Thema mit Zukunft, in: Die Wohnungswirtschaft 1/1994, S. 58–60
Jasper, Sönken: Investitionsförderung in den neuen Bundesländern, Lose-Blatt-Sammlung, Bonn, 1993
Jenkis, Helmut: Grundlagen der Wohnungsbaufinanzierung, München, 1995

Jenkis, H. W.: Raumordnung und Raumordnungspolitik, München, 1996
Jenkis, H. W.: Kompendium der Wohnungswirtschaft, 2. Aufl., München 1994
Jeschke, Gerhard: Unternehmenskultur als Instrument der Unternehmensführung, in: Taschenbuch für den Wohnungswirt, Hammonia-Verlag, Hamburg 1994, S. 156–166
Jeschke, Wolfgang: Managementmodelle. Ein kritischer Vergleich, München 1992
Jokl, S.: Wohnungsbaufinanzierung, 3. Auflage, Fritz Knapp Verlag Frankfurt a. M., 1998
Kippes, Stephan: Corporate Identity für Makler, Bauträger und Hausverwalter, in: Rechtshandbuch Immobilien, Band II, Teil 11, Loseblattsammlung Verlag Beck
Kippes, Stephan: Hausverwaltungsmarketing, Stuttgart, 1998
Kippes, Stephan: Der Immo-Profitexter, München, 1996
Kleiber, Simon, Weyers (Hrsg.): Grundstücksmarkt und Grundstückswert, Zeitschrift, Neuwied (fortlaufend)
Kleiber, Simon, Weyers: Wertermittlungsverordnung 1998, WertV 98, Köln 1999
Koeble, W. (Hrsg.): Rechtshandbuch Immobilien I + II, (Lose-Blatt-Sammlung), München ab 1985
Köhler, Wolfgang, Kossmann, Ralph: Handbuch der Wohnraummiete, 5. Auflage, München, 2000
Küpper, Hans-Ulrich, Weber, Jürgen: Grundbegriffe des Controlling, 6. Auflage, Stuttgart, 1995
Lammel, S.: Heizkostenverordnung, Kommentar, München, 1990
Literaturverzeichnis
Lochmann, Hans-Dieter, Köllgen, Rainer (Hrsg.): Facility Management, Strategisches Immobilienmanagement in der Praxis, Bd. 12, Köln, 1999
Lotz, K. E., Ulmer, G. A.: Einführung in die Bau- und Wohnökologie, Schönaich, 1986
Lütge, F.: Deutsche Sozial- und Wirtschaftsgeschichte, Berlin, Göttingen, Heidelberg, 1952
Lütge, F.: Wohnungswirtschaft, 2. Auflage, Stuttgart, 1949
Maier, W./Maus, G.: Praxishandbuch der Abschreibungen, Verlag Neue Wirtschaftsbriefe Herne/ Berlin, 1999
Mangoldt, R. v.: Die städtische Bodenfrage, Göttingen, 1907
Marcks, P.: Makler- und Bauträgerverordnung mit § 34c GewO und VwV § 34c, München, 6. Aufl., 1998
Marketing-Forum 1992 – Vorträge, Heft 1 – hrsg. vom Verband rheinischer und westfälischer Wohnungsunternehmen e. V., Hamburg
Martin, Anton: Sachversicherungsrecht, Kommentar, 3. neu bearbeitete Auflage, München, 1992
Meissner, H. G., Marketing für gemeinnützige Wohnungsunternehmen, Stuttgart, 1987
Mehrmann, E./Wirtz, T.: Controlling für die Praxis, 2. Auflage, Econ-Verlag Düsseldorf, 1996
Müller: Praktische Fragen des Wohnungseigentums, 3. Auflage, München, 1999
Nachbarrechtsgesetz für das Land Schleswig-Holstein vom 24. 2. 1971
Nävy, Jens: Facility Management, Grundlagen, Computerunterstützung, Einführungsstrategie, Praxisbeispiel, Berlin u. a., 1998
Neuberger, Oswald: Führung und geführt werden. Basistexte Personalwesen, Bd. 3, 5. Auflage, Stuttgart, 1996
Nielen, Klaus D.: Immobilien-Einkauf – Neue Vermittlungsaufträge erfolgreich akquirieren; Schwedeneck, 1994
Nielen, Klaus D.: Immobilien-Verkauf – Erfolgreiches Vermarkten, Verkaufen und Vermieten von Wohnimmobilien
Olfert, K., Steinbuch, P. A.: Personalwirtschaft, Kiel, 1990
Olfert, Prof. Dipl.-Kfm. K. (Hrsg.): Kompendium der praktischen Betriebswirtschaft; Marketing von Prof. Dr. Hans Christian Weis, 8. Auflage, Ludwigshafen, 1993
Otto, Franz: Mietverträge für Geschäftsräume, 7. Auflage, Planegg, 1995
Palandt, Otto: Bürgerliches Gesetzbuch (BGB) u. a., Beck'sche Kurzkommentare, Bd. 7, 56. Auflage, München, 1996
Palandt-Bassenge: BGB-Standard-Kommentar (WEG), 51. Aufl., München 1992
Palandt: Bürgerliches Gesetzbuch, Kommentar, München, 1994
Paulik, Helmut (Hrsg.): Der Ausbilder im Unternehmen, Berufsbild, Prüfungsvorbereitung, pädagogisches Grundwissen, 13. durchgesehene Auflage, Landsberg, 1992
Peters, K. H.: Die Bodenreform, Hamburg, 1971
Peters: Aufgaben des Verwalters, 3. Auflage, Köln, 1989
Pfeifer, Frank-Georg: Nebenkosten, Vereinbarung und Umlage, 4. Auflage, Düsseldorf 1994
Pillath, Rüdiger (Hrsg.): Neue Mitarbeiter erfolgreich anwerben, auswählen und einsetzen, 6. überarbeitete Auflage, Freiburg, 1994
Pistorius: Die Kostenmiete, Hamburg
Plückebaum, Wendt, u. a.: Einkommensteuer, 19. Auflage, Osnabrück, 1999
Preißner, A.: Praxiswissen Controlling, Carl Hanser Verlag München Wien, 1999

Prölss, Erich R., Martin, Anton: Versicherungsvertragsgesetz. Kommentar zu WG und EGVVG, Beck'sche Kurzkommentare, Bd. 14 (mit einem umfangreichen Verzeichnis für Spezialliteratur), 26. neu bearbeitete Auflage, München, 1998
Recknagel, Sprenger: Taschenbuch für Heizung und Klimatechnik, 69. Auflage, München, Wien, 1999
Richardi, Reinhardt, Woltozke, Otfried (Hrsg.): Münchner Handbuch zum Arbeitsrecht, in 3 Bdn., München, 1992
Richter, Manfred: Personalführung im Betrieb. Die theoretischen Grundlagen und ihre praktische Anwendung, 4. bearbeitete Auflage, München, 1999
Rittner: Der Gewerberaum-Mietvertrag
Rosenstiel, Lutz v., Nedringer, Friedmann W., Spieß, Erika, u. a.: Führungsnachwuchs im Unternehmen. Wertkonflikte zwischen Individuum und Organisation, München, 1989
Rössler, Langner: Schätzung und Ermittlung von Grundstückswerten, 7. Auflage, Neuwied, 1996
RWE Energie: Bau-Handbuch, Technischer Ausbau, Heidelberg 1, 1989
Sailer, E. u. a.: Kompendium für Makler, Hausverwalter und Sachverständige, 9. Auflage, Richard Boorberg Verlag Stuttgart, 1999
Sailer, Langemaack: Kompendium für Makler, Hausverwalter und Sachverständige, München, Stuttgart, Hannover, 9. Auflage, 1999
Sailer, Erwin: Immobilien Fachwissen von A–Z, 5. Auflage, Kiel, 2000
Sandner, Dr. S.: Bodennutzungsentwicklung und Bodenbewertung nach neuem Planungsrecht in den Kommunen der neuen Bundesländer, Möglichkeiten für die Finanzierung von Boden und Gebäuden, insbesondere in der Landwirtschaft, Dissertation, 1993
Schade, Schubart u. a.: Soziales Miet- und Wohnrecht, Lose-Blatt-Sammlung, Luchterhand Verlag Neuwied
Schaub, Günther: Arbeitsrechts-Handbuch: Systematische Darstellung und Nachschlagewerk für die Praxis, überarbeitete Auflage, München, 1996
Schauerte, M.: Die Bestimmungsgründe des Investitionsverhaltens auf dem Mietwohnungsmarkt. InWIS-Bericht Nr. 4/95, Bochum
Schmid, M. J.: Mietnebenkosten, Luchterhand Verlag Neuwied, 1995
Schmid, P.: Biologische Architektur, Köln, 1988
Schmidt, H. A.: Die Geschäftsraummiete, 5. Auflage, Stuttgart, 1993
Schmidt-Futterer, Blank: Mietrecht von A–Z, 13. Auflage, München, 1991
Schmitt, H.: Hochbaukonstruktion, Braunschweig, 1981
Schneidewind, G./Schiml, K.: Beck-Ratgeber Steuerlexikon, München, 1997
Schönhofer, Rheinisch: Haus- und Grundbesitz in Recht und Praxis, Freiburg/Breisgau, Loseblatt-Sammlung
Schubart, Kohlenbach, Wienicke: Wohn- und Mietrecht, Kommentar, Neuwied, 1993
Schultz, M.: Geschäftsraummiete, München, 1993
Schulz, M.: Geschäftsraummiete, Beck'sche Musterverträge, Bd. 20, München, 1993
Schumacher, Berndt: Führen durch Beurteilung, München, 1985
Seraphim, H. J., Heuer, J. B.: (Städtische) Siedlung (HDSW IX), Stuttgart, Tübingen, Göttingen, 1956
Seuß, Metz, Blank: Vermieten und Verwalten, Planegg/München, 1993
Spiethoff, A.: Boden und Wohnung (Bonner staatswissenschaftliche Untersuchungen), Jena, 1934
Statistisches Jahrbuch der Bundesrepublik Deutschland, Wiesbaden, bis 1994
Staudt, Erich, Kriegesmann, Bernd, Thomzik, Markus: Facility Management, Der Kampf um Marktanteile beginnt, Frankfurter a. M., 1999
Sternel, Friedemann: Mietrecht aktuell, Erläuterungen der neuen Mietgesetze, aktuelle Rechtsprechung, Gesetzestexte, 3. aktualisierte und erweiterte Auflage, Köln, 1996
Straßheimer, Petra: Internationales Corporate Real Estate Management, in: Schriften zur Immobilienökonomie, Bd. 12, Köln, 1999
Strutz, Hans (Hrsg.): Handbuch Personalmarketing, 2. erweiterte Auflage, Wiesbaden, 1993
Stürzer, Koch: Vermieter-Lexikon, 2. Auflage, Freiburg im Breisgau, 1994
Stürzer, R./Koch, M.: Vermieterlexikon, 5. Auflage, Hauffe Verlagsgruppe Freiburg, 2000
Supranowitz, S.: Zum Begriff „komplexer Wohnungsbau" i. S. des § 51 Buchst. c VermG, in: Zeitschrift für Vermögens- und Investitionsrecht, Heft 12, S. 234 ff., München, Frankfurt a. M., 1983
Taschenlexikon Bautechnik: Hrsg. VEB Bibliograph. Institut Leipzig, 1983
Tipke, Lang: Steuerrecht – Ein systematischer Grundriss, 13. Auflage, Köln, o. J.
Toepfer, Armin: Aufgabenfelder des betrieblichen Personalwesens für die 90er-Jahre, Neuwied, 1989
Töpfer, A., Poersch, M.: Aufgabenfelder des betrieblichen Personalwesens für die 90er-Jahre, 1989

Unternehmensleitbild: Hrsg. v. Verband westfälischer und lippischer Wohnungsunternehmen e. V., Münster, 1995
Veltrup, Christoffel: Förderung der Wirtschaft in den neuen Bundesländern, Lose-Blatt-Sammlung, 1992
Verband deutscher Hypothekenbanken: Die Steuerreform aus immobilienwirtschaftlicher Sicht, Fritz Knapp Verlag Frankfurt a. M., 1998
Vermessungs- und Katastergesetz (Schleswig-Holstein) vom 6. 12. 1974
Verordnung für die Honorare und Leistungen der Architekten und Ingenieure, Textausgabe mit Tabellenanhang, bearbeitet von W. Pott, W. Dahlhoff, Essen, 1991
Viskorf, H.-U./Hettler, S. Hrsg.: KFR Kommentierte Finanzrechtsprechung, Lose-Blatt-Sammlung, Verlag Neue Wirtschaftsbriefe Herne
Weber, Jürgen: Grundbegriffe des Controlling, Stuttgart, 1995
Weber, Marx: Rechtsentscheide zum Wohnraummietrecht, Freiburg im Breisgau, 1993
Weber, Marx: Geschäftsraummiete, Planegg, 2000
Wegener, Sailer, Raab: Der Makler und sein Auftraggeber, 5. Auflage, München, Stuttgart, Hannover, 1997
Wegner, Hans-Albert: Alles klar, lieber Nachbar? Nachbarrecht von A-Z, Planegg, 1997
Werner, Pastor, Müller: Baurecht von A–Z, 6. Auflage, München, 1999
Westdeutsche ImmobilienHolding: Kostengünstiges und flächensparendes Bauen – für die Immobilienwirtschaft ein Markt mit hoher Dynamik, Marktbericht V, Düsseldorf, 1998
Wetekamp, Axel: Mietsachen, 3. Auflage, München, 1998
Wetekamp, Axel: Kommentar zum BGB-Mietrecht, Neuwied, 1996
Weyers, Hans-Leo: Versicherungsvertragsrecht, Juristische Lernbücher, Bd. 28, 2. neu bearbeitete Auflage, Frankfurt, 1995
Wibera: Gutachten über die Bemessung der nachhaltig zu kalkulierenden Instandhaltungskosten für Mietpreisberechnungen. Gutachten im Auftrag des Gesamtverbandes der gemeinnützigen Wohnungsunternehmen, Düsseldorf, 1974
Wick, K., Wick, R.: Form und Farbe, Bonn, 1972
Wöhe, G.: Einführung in die Allgemeine Betriebswirtschaftslehre, 20. Aufl., München, 2000
Wohnungsbestandes – Ziele, Maßnahmen, Kosten und Finanzierung, Hamburg, 1976
Wohnungsleerstände – was tun? Materialien zum Siedlungs- und Wohnungswesen und zur Raumplanung, Selbstverlag des Instituts für Siedlungs- und Wohnungswesen, Münster, 1986
Wolfert, Klaus, Steinbuch, Pitter A.: Personalwirtschaft. Kompendium der praktischen Betriebswirtschaft, 6. aktualisierte Auflage, Kiel, 1995
Wulf, H.: Große Farbwarenkunde, Köln-Braunsfeld, 1979
Wunderer, Rolf, Grundwald, Wolfgang: Führungslehre, Grundlagen der Führung, Berlin 1980
Wunderer, Rolf: Führung und Zusammenarbeit, Neuwied, 2000
Zechel, Peter u. a.: Facility Management in der Praxis: Herausforderung in Gegenwart und Zukunft, 2. Auflage, Renningen-Mannheim, 1998
Ziegel Bauberatung, Bundesverband der Deutschen Ziegelindustrie, Bonn
Ziegenbein, Klaus: Controlling, 6. Auflage, Ludwigshafen, 1998
Zütphen, G. van: Der Hausmeister und seine Mieter, Hammonia Verlag Hamburg, 1999

Sachwortregister